tv-Brockhaus-Lexikon
20 Bänden

dtv-Brockhaus-Lexikon
in 20 Bänden

Band 4: Cuc–Eis

Deutscher
Taschenbuch
Verlag

In diesem Lexikon werden, wie in allgemeinen Nachschlagewerken üblich, etwa bestehende Patente, Gebrauchsmuster oder Warenzeichen nicht erwähnt. Wenn ein solcher Hinweis fehlt, heißt das also nicht, daß eine Ware oder ein Warenname frei ist.

1984
© F. A. Brockhaus, Wiesbaden, und
Deutscher Taschenbuch Verlag GmbH & Co. KG, München
Mit Genehmigung erarbeitet nach Unterlagen der Lexikon-Redaktion
des Verlages F. A. Brockhaus, Wiesbaden
Umschlaggestaltung: Celestino Piatti
Gesamtherstellung: C. H. Beck'sche Buchdruckerei, Nördlingen
Printed in Germany · ISBN 3-423-03304-5

Reihenfolge und Schreibung der Stichwörter

Die Stichwörter folgen einander nach dem Abc. Für das Einordnen gelten alle **fett**gedruckten Buchstaben, auch wenn das Stichwort aus mehreren Wörtern besteht; die Umlaute ä, ö, ü und die wie Umlaute gesprochenen Doppelbuchstaben ae, oe, ue werden behandelt wie die einfachen Buchstaben a, o, u; also folgen z. B. aufeinander: **Goten, Gotha, Göthe, Goethe**. Wenn sie nicht wie ä, ö, ü gesprochen werden, werden ae, oe, ue wie getrennte Buchstaben behandelt.

Wird ein Stichwort in zwei oder mehreren Formen oder Schreibungen aufgeführt, so ist die erste Form die geläufigere.

Wörter aus Sprachen mit nichtlatein. Schrift erscheinen als Stichwörter in einer der Aussprache der Wörter (z. B. Russisch) oder dem allgemeinen Sprachgebrauch (z. B. Chinesisch) angepaßten Umschrift; die wissenschaftliche Transliteration (buchstabengetreue Umsetzung) wird, in wichtigen Fällen auch als Verweisung gebracht. Wörter, die mit einem Buchstaben beginnen, für den es in der lateinischen Schrift keine Entsprechung gibt, sind unter einem ähnlichen oder dem nächstfolgenden Buchstaben (Laut) eingeordnet.

Betonung und Aussprache

Wo beim Stichwort Zweifel über die Betonung auftreten können, ist sie durch einen Punkt, bei Doppellauten durch einen Strich unter dem betonten Laut angegeben, z. B. O̱tranto, Ala̱un.

Getrennte Aussprache zusammenstehender Buchstaben wird in Zweifelsfällen durch senkrechten Strich | angezeigt, z. B. Alt|aussee.

Die Aussprache (und Betonung) von fremdsprachlichen oder schwierigen Wörtern und Namen steht in eckiger Klammer hinter dem Stichwort. Sie wird nach dem Internationalen Lautschriftsystem der Association Phonétique Internationale bezeichnet. Die verwendeten Zeichen bedeuten:

a = helles a, dt. Blatt, frz. patte	ɪ = offenes i, dt. bin, Ei	ʒ = stimmhaftes sch, frz. jour
ɑ = dunkles a, dt. war, engl. rather	ĩ = nasales i, portugies. Infante	θ = stimmloses th, eng. thing
ã = nasales a, frz. blanc	ł = dunkles l, poln. Stanisław	u = geschlossenes u, dt. Kuh
ʌ = dumpfes a, engl. but	λ = lj, ital. egli	ʊ = offenes u, dt. bunt, Haus
β = halboffener Reibelaut b, span. Habanera	ŋ = deutscher ng-Laut, dt. lange	ũ = nasales u, portugies. Atum
ç = deutscher Ich-Laut	ɲ = nj-Laut Champagner	v = deutsches stimmhaftes w, dt. Wald
ð = stimmhaftes engl. th, engl. the	ɔ = offenes o, dt. Kopf	w = halbvokalisches w, engl. well
æ = breites ä, engl. hat	o = geschlossenes o, dt. Tor	x = deutscher Ach-Laut, dt. Krach
ɛ = offenes e, dt. fett	õ = nasales o, frz. on	y = deutsches ü
e = geschlossenes e, engl. egg, dt. Beet	ø = geschlossenes ö, dt. Höhle	ɥ = konsonantisches y, frz. huile, Suisse
ə = dumpfes e, dt. alle	œ = offenes ö, dt. Hölle	: bezeichnet Länge des vorhergehenden Vokals
ẽ = nasales e, frz. fin	œ̃ = nasales ö, frz. un	' bezeichnet Betonung und steht vor dem Vokal der betonten Silbe, z. B.
γ = geriebenes g, span. Tarragona, niederländ. Gogh	s = stimmloses s, dt. was	'ætlɪ = Attlee
i = geschlossenes i, dt. Wiese	z = stimmhaftes s, dt. singen	
	ʃ = stimmloses sch, dt. Schuh	

b d f g h j k l m n p r t geben in den meisten Sprachen etwa den Lautwert wieder, den sie im Deutschen haben. Im Englischen wird ›r‹ mit der Zungenspitze am Gaumen gebildet.

Sprachliche Herkunft der Wörter

Herkunftsangaben stehen, wo sie wichtig oder aufschlußreich sind, in der eckigen Klammer hinter dem Stichwort. Sie sind für den Laien bestimmt und auf die kürzest mögliche Form gebracht. Im allgemeinen wird nur die Herkunftssprache genannt, z. B. anno [lat.]; das Herkunftswort wird gebracht, wenn es zweckdienlich ist, z. B. Marmelade [von portugies. marmelo ›Quitte‹]; ebenso die wörtliche deutsche Entsprechung des fremden Begriffs, z. B. Aigospotamoi [grch. ›Ziegenflüsse‹].

Hinweise

Nennung der Werke fremdsprachiger Autoren

Bei in **Texten** oder **Werkkatalogen** (WE., WW.) genannten Werken in frz. und engl. Sprache werden dt. Übersetzungstitel nur dann angegeben, wenn sie erheblich vom Original abweichen; entspricht der Übersetzungstitel dem Originaltitel, steht hinter diesem nur die Angabe ›dt.‹. Bei allen anderen Sprachen wird der Titel im allgemeinen im Original und in dt. Übersetzung bzw. nur in dt. Fassung angeführt.

Bei der Nennung **weiterführender Literatur** (LIT.) wird dagegen nur der Titel der dt. Übersetzung angeführt, soweit eine solche vorliegt.

Abkürzungen

Endungen oder Wortteile werden zur Raumersparnis weggelassen, wo sie ohne Schwierigkeit ergänzt werden können, z.B. abgek. für abgekürzt; Abt. für Abteilung; geistl. für geistlich(e). Alle hier nicht verzeichneten Abkürzungen haben eigenes Stichwort.

Abg. . . . . . Abgeordneter	hg. v. . . . . . herausgegeben von	NO . . . . . . Nordost(en)
Abk. . . . . . Abkürzung	hl., Hl. . . . . heilig; Heilige(r)	NRW . . . . . Nordrhein-Westfalen
ags. . . . . . . angelsächsisch	Hptst. . . . . Hauptstadt	N.T. . . . . . Neues Testament
ahd. . . . . . . althochdeutsch	Hptw. . . . . Hauptwort	NW . . . . . . Nordwest(en)
allg. . . . . . allgemein	HW . . . . . . Hauptwerk(e)	O . . . . Ost(en)
Art. . . . . . . Artikel	Hwb. . . . . . Handwörterbuch	o.J. . . . . . . ohne Jahr
A.T. . . . . . Altes Testament	Hzgt. . . . . . Herzogtum	Ordn. . . . . . Ordnung
Ausw. . . . . Auswahl	i.a. . . . . . . im allgemeinen	orth. . . . . . orthodox
Bad.-Württ. Baden-Württemberg	i.d.F.v. . . . in der Fassung vom	Präs. . . . . . Präsident
Bd., Bde. . . Band, Bände	i.d.R. . . . . in der Regel	prot. . . . . . protestantisch
bed. . . . , . . bedeutend	i.e.S. . . . . . im engeren Sinn	Prov. . . . . . Provinz
begr. . . . . . begründet(e)	i.J. . . . . . . im Jahre	ref. . . . . . . reformiert
bes. . . . . . . besonders	Ind. . . . . . . Industrie	Reg. . . . . . Regierung
best. . . . . . bestimmt	i.S. . . . . . . im Sinn	RegBez. . . . Regierungsbezirk
Bev. . . . . . Bevölkerung	ital. . . . . . . italienisch	Rep. . . . . . Republik
Bez. . . . . . Bezirk; Bezeichnung	i.V. . . . . . . in Vertretung	Rheinl.-Pf. . Rheinland-Pfalz
Cty. . . . . . . County	i.w.S. . . . . im weiteren Sinn	S. . . . . Süd(en)
d.Ä. . . . . . der (die) Ältere	Jahrtsd. . . . Jahrtausend	Samml. . . . . Sammlung
Dep. . . . . . Departamento	Jb. . . . . . . Jahrbuch	Schlesw.- Schleswig-Holstein
Dép. . . . . . Département	Jh. . . . . Jahrhundert	Holst.
d.Gr. . . . . . der Große	kath. . . . . . katholisch	Schriftst. . . . Schriftsteller
Distr. . . . . . Distrikt	Kgr. . . . . . . Königreich	SO . . . . . . Südost(en)
d.J. . . . . . . der (die) Jüngere	Kr. . . . . Kreis	stellv. . . . . . stellvertretende(r)
dt. . . . . deutsch	Krst. . . . . . Kreisstadt	Stellv. . . . . Stellvertreter(in)
Dtl. . . . . . . Deutschland	Kt. . . . . . . Kanton	svw. . . . . . . soviel wie
ehem. . . . . ehemalig, ehemals	Kw. . . . . . . Kurzwort	SW . . . . . . Südwest(en)
eigtl. . . . . . eigentlich	lat. . . . . . . lateinisch	Tb. . . . . . . Taschenbuch
Eigw. . . . . Eigenschaftswort	Lb. . . . . . . Lehrbuch	Tl., Tle. . . . Teil(e)
Erz. . . . . . . Erzählung(en)	Lit. . . . . . . Literatur	u.a. . . . . . . und andere, unter an-
evang. . . . . evangelisch	Lw. . . . . . . Lehnwort	derem
Ew. . . . . . . Einwohner	MA. . . . . . Mittelalter	u.ä. . . . . . . und ähnlich(e)
Ez. . . . . . . Einzahl	MdB . . . . . Mitglied des Bundestags	u.d.T. . . . . unter dem Titel
f., ff. . . . . . folgende (Seiten)	MdL . . . . . Mitglied des Landtags	ü.M. . . . . . über dem Meeres-
Frhr. . . . . . Freiherr	mhd. . . . . . mittelhochdeutsch	spiegel
frz. . . . . . . französisch	Min. . . . . . Minister	Univ. . . . . . Universität
Fstt. . . . . . Fürstentum	MinPräs. . . . Ministerpräsident	urspr. . . . . . ursprünglich
Gatt. . . . . . Gattung	Mio. . . . . . Million(en)	u.v.a. . . . . . und viele(s) andere
gegr. . . . . . gegründet	Mitgl. . . . . . Mitglied	v.a. . . . . . . vor allem
Gem. . . . . . Gemeinde	mlat. . . . . . mittellateinisch	v.Chr. . . . . vor Christi Geburt
gen. . . . . . . genannt	mnd. . . . . . mittelniederdeutsch	Verf. . . . . . Verfassung, Verfasser
Gen.-Sekr. . Generalsekretär	Mrd. . . . . . Milliarde(n)	versch. . . . . verschieden(e)
Ges. . . . . . . Gesetz; Gesellschaft	Mz. . . . . . . Mehrzahl	VerwBez. . . Verwaltungsbezirk
Gesch. . . . . Geschichte	n. . . . . nach	vgl. . . . . . . vergleiche
Ges.W. . . . . Gesammelte Werke	N . . . . Nord(en)	Vors. . . . . . Vorsitzender
Gfsch. . . . . Grafschaft	nat. . . . . . . national	W . . . . West(en)
ggf. . . . . . . gegebenenfalls	nat.-soz. . . . nationalsozialistisch	Wb. . . . . . . Wörterbuch
Ggs. . . . . . Gegensatz	n.Chr. . . . . nach Christi Geburt	Wiss. . . . . . Wissenschaft
Ghzgt. . . . . Großherzogtum	nd. . . . . . . niederdeutsch	WW . . . . . weitere(s) Werk(e)
grch. . . . . . griechisch	Ndsachs. . . . Niedersachsen	Wwschaft . . Woiwodschaft
Hb. . . . . . . Handbuch	ngrch. . . . . neugriechisch	Zeitw. . . . . Zeitwort
hd. . . . . . . hochdeutsch	nhd. . . . . . . neuhochdeutsch	Ztschr. . . . . Zeitschrift
hebr. . . . . . hebräisch	nlat. . . . . . . neulateinisch	zus. . . . . . . zusammen
Hg. . . . . . . Herausgeber(in)	NN . . . . . . Normal Null	zw. . . . . . . zwischen

Der **Verweisungspfeil** → fordert auf, das dahinterstehende Wort nachzuschlagen, um weitere Auskunft zu finden. Weitere **Zeichen:** * geboren, † gestorben, > größer als, < kleiner als.

Cucujo [kuk'uju, portug.], **Pyrophorus noctilu-cus,** Schnellkäfer mit Leuchtorgan auf dem Halsschild.

Cucumis [lat.], Gatt. der Kürbisgewächse, mit 40 Arten, u. a. Zuckermelone (→ Melone) und → Gurke.

Cucurbita [lat.], die Pflanzengatt. → Kürbis.

Cúcuta, San José de C. [saŋxos'e-], Hauptstadt des Dep. Norte de Santander, NO-Kolumbien, (1979) 294 000 Ew.

Cudworth [k'ʌdwəθ], Ralph, engl. Philosoph, * Aller (Somerset) 1617, † Cambridge 26. 6. 1688, Haupt der Cambridger Schule.

Cuellar, → Perez de Cuellar, Javier.

Cuenca [ku'eŋka], **1)** span. Provinzhauptstadt, (1974) 37 400 Ew., 1001 m ü. M. auf einem Bergsporn im Mündungsdreieck von Júcar und Huécar. Die Altstadt hat mittelalterl. Gepräge; romanisch-got. Kathedrale; Casas colgadas (›hängende Häuser‹) über dem steilen Abgrund zum Ufer des Huécar. In der Nähe der Stadt liegen die Felsverwitterungsformen der Ciudad encatada (›verzauberte Stadt‹). **2)** span. Prov., 17 061 km², (1982) 189 000 Ew., im Iberischen Randgebirge. **3) Santa Ana de C.,** Hauptstadt der Prov. Azuay in S-Ecuador, 2541 m ü. M., (1981) 145 000 Ew.; Universität; kath. Erzbischofssitz; Stadt mit kolonialzeitl. Gepräge.

Cuernavaca [kuɛrnaβ'aka], Hauptstadt des Staates Morelos, Mexiko, 1540 m ü. M., (1979) 227 000 Ew.; wegen seiner schönen Lage und des günstigen Klimas seit aztek. Zeiten ein bevorzugter Wohnort. Universität. – H. Cortez ließ 1529/30 die Kathedrale und den nach ihm benannten Palast errichten.

Cueva, indian. Volk, → Cuna.

Cueva [ku'eβa], Juan de la, span. Dramatiker, * Sevilla 1543 oder 1550, † ebd. um 1610, verwendete erstmalig in seinen 14 Stücken Themen aus der span. Nationalgesch.

Cui, César, russ. Zesar Antonowitsch *Kjuj,* russ. Komponist, * Wilna 18. 1. 1835, † Petrograd 24. 3. 1918; Opern, Orchestersuiten, Klavier- und Violinstücke sowie über 300 Lieder.

Cuiabá, Hauptstadt von Mato Grosso, Brasilien, (1970) 83 600 Ew., Univ. (gegr. 1970); kath. Erzbischofssitz.

cui bono [lat.], ›Wem zum Nutzen?‹, Zitat aus Ciceros Reden für Milo (12,32) und S. Roscius (8,84).

Cuicuilco, älteste Tempelpyramide im Hochtal von Mexiko, ein 300–100 v. Chr. (zwei Überbauungen) in 4 Stufen aufgeführter Rundbau.

Cuius regio, eius religio [lat. ›Wes das Land, des die Religion‹], die (nicht wörtlich, aber sinngemäß) den Reichsständen im Augsburger Religionsfrieden von 1555 zugesprochene Befugnis, die Religion ihrer Untertanen zu bestimmen *(ius reformandi,* landesherrl. Kirchenhoheit). Untertanen, die sich weigerten, sich der Religion des Landesherren anzuschließen, durften nach Verkauf ihres Besitzes auswandern.

Cukor [kj'u:kɔ], George, amerikan. Filmregis-

seur ungar. Herkunft, * New York 7. 7. 1899, † Los Angeles 24. 1. 1983, begann als Theaterregisseur am Broadway. Filme: Die Kameliendame (1936); Das Haus der Lady Alquist (Gaslight, 1944); Ein neuer Stern am Himmel (1954); Der blaue Vogel (1976).

Cul de Paris [kydpar'i, frz. ›Pariser Steiß‹] *der,* Polster oder Halbreifengestell, das 1882–89 hinten unter dem Frauenkleid getragen wurde.

Culemeyer-Fahrzeug, → Straßenroller.

Culex [lat.], Gatt. der Stechmücken.

Culham [k'ʌləm], brit. Forschungszentrum südl. von Oxford; Standort der EG-Kernfusions-Großversuchsanlage JET (Joint European Torus).

Culiacán, C.-Rosales, Hauptstadt des Staates Sinaloa, Mexiko, in der pazif. Küstenebene, (1979) 302 000 Ew., 1531 gegr.; Univ.

Cullberg [k'ylbærj], Birgit Ragnild, schwed. Choreographin und Ballettdirektorin, * Nyköping 3. 8. 1908, war 1952–57 Chefchoreographin des Königlich Schwed. Balletts.

Cullinan [k'ʌlinən], Bergwerksort in Transvaal, Rep. Südafrika, 30 km östlich von Pretoria, rd. 7000 Ew.; Fundort (1905) des *C.-Diamanten* (3106 Karat).

Culloden Muir [kəl'ɔdn mj'ue], **C. Moor,** Heide im NO von Inverness (Schottland); hier siegten die Engländer über die Jakobiten, die Anhänger des Hauses Stuart (27. 4. 1746).

Culm, Kulm, poln. Chełmno [x'ɛ-], Stadt in der Wwschaft Toruń (Thorn), Polen, (1975) 19 300 Ew., rechts der Weichsel. – C. erhielt 1233 durch den Dt. Orden Stadtrecht (→ Culmer Recht). 1466 kam es an den König von Polen, 1505 an den Bischof von C., 1772/1814 an Preußen, 1920 an Polen; Stadtkirche St. Marien (14. Jh.), ehem. Dominikanerkirche (13. Jh.), ehem. Zisterzienserinnenkloster (14. Jh.), Rathaus (16. Jh.), Stadtmauern mit Türmen.

Culmer Land, histor. Landschaft am rechten Weichselufer, etwa zw. Graudenz und Thorn.

Culmer Recht, ein Stadt- und Landrecht auf der Grundlage der *Culmer Handfeste* (1233), galt urspr. nur in Culm und Thorn, später im größten Teil des Ordenslandes Preußen und in vielen poln. Städten.

Culmsee, poln. Chełmża [x'ɛłmʒa], Stadt in der Wwschaft Toruń (Thorn), Polen, am Culmsee, (1975) 14 600 Ew.

Culpa [lat. ›Schuld‹], das fahrlässige Verschulden i. Ggs. zum vorsätzl. Verhalten. *C. in contrahendo,* Verschulden bei Vertragsschluß, ist als Haftungsgrund heute allgemein anerkannt.

cultural lag [k'ʌltʃərəl læg, engl. ›kulturelle Phasenverschiebung‹] *der,* Soziologie: von W. F. Ogburn (›Social change‹, 1922) geprägte Bez. für den unterschiedl. Stand in der Entwicklung verschiedener Kulturelemente innerhalb einer Gesellschaft oder Kultur (›partielle Kulturrückständigkeit‹).

Cumae, antike Stadt im Küstengebiet Kampaniens, 12 km nordwestlich von ›Pozzuoli, wurde

Cuma

als älteste grch. Siedlung *(Kyme)* in Italien um 750 v. Chr. gegr. Von hier ging ein starker Einfluß grch. Kultur auf Etrusker und Römer aus. C. war im Mythos Sitz der Sibylle; ihre Orakelgrotte wird in einem Raum angenommen, zu dem ein 131 m langer, in den Berg gehauener Gang mit vielen Seitenarmen führt (ältester Teil dieser Anlage aus dem 6./5. Jh. v. Chr.).

Cumaná, Hauptstadt des Staates Sucre, NO-Venezuela, (1976) 148000 Ew.; Univ. (seit 1958). – C., 1521 gegr., wurde nach Zerstörung durch Indianer 1523 von J. Castellón wieder errichtet. Erdbebenzerstörungen 1766, 1929.

Cumarin, in der Natur weit verbreitete (z. B. Tonkabohnen, Waldmeister) organ. Verbindung (Lacton der Oxizimtsäure) mit waldmeisterartigem Duft. Abkömmlinge des C. werden als blutgerinnungshemmende Mittel angewendet.

Cumaron, Benzofuran, ölige Flüssigkeit. C. wird u. a. aus Steinkohlenteer gewonnen und zu Cumaronharzen verarbeitet.

Cumaronharze, Polymerisationsprodukte der ungesättigten Bestandteile Inden, Cumaron, Cyclopentadien u. a., die daraus durch Einwirkung von Katalysatoren wie Schwefelsäure, Metallchloriden, Borfluorid oder Aktiverden. Man erhält weiche bis harte Harze mit nicht sehr hohen Molekulargewichten. Sie sind mehr oder weniger hell; Verwendung zur Herstellung von Anstrichfarben, in Klebemassen, Kautschukmischungen.

Cumberland [kʹʌmbələnd], ehem. County in NW-England; gehört seit 1974 zur Cty. Cumbria.

Cumberland [kʹʌmbələnd], Ernst August Herzog von Cumberland und zu Braunschweig-Lüneburg, einziger Sohn des Königs Georg V. von Hannover, * Hannover 21. 9. 1845, † Gmunden 14. 11. 1923, hielt auch nach der Annexion Hannovers durch Preußen (1866) an seinen Thronrechten und seinem Titel fest. Sein Bestreben, die Erbfolge im Hzgt. Braunschweig anzutreten (1884), scheiterte am Einspruch des Bundesrats (auf Vorschlag Bismarcks). Erst sein Sohn Ernst August trat 1913 die Regierung an.

Cumberland [kʹʌmbələnd], 1) Richard, engl. Schriftst., * Cambridge 19. 2. 1732, † Tunbridge Wells 7. 5. 1811; Hauptvertreter des empfindsamen Lustspiels in England.

2) Richard, engl. Moralphilosoph, * London 15. 7. 1631, † Petersborough 9. 10. 1718 als Bischof, behauptete gegen Th. Hobbes eine urspr. soziale Neigung des Menschen und unterschied als erster Naturrecht und Offenbarung.

Cumberland-Plateau [kʹʌmbələnd platʹoʊ], südl. Teil der Appalachen-Plateaus, von West Virginia bis Alabama. Über die größte Höhe, die *Cumberland Mountains* im O (bis 1263 m), führt als Durchlaß (rd. 500 m ü. M.) das *Cumberland Gap*, 1750 entdeckt, Übergangsweg bei der frühen Besiedlung des Westens (›Wilderness Road‹ von Virginia zum Ohio).

Cumberland River [kʹʌmbələnd rʹɪvə], linker Nebenfluß des Ohio, USA, kommt vom Cum-

berland-Plateau und mündet bei Smithland; 1106 km lang; mehrere Staudämme.

Cumberland-Soße [kʹʌmbələnd-], kalte Tunke aus Senfpulver, dem Saft und der feingeschnittenen Schale von Apfelsinen und Zitronen, Portwein, Johannisbeergelee, Schalotten und Ingwer; meist zu kaltem Wildbraten gereicht.

Cumbre-Paß, Doppelpaß in den Anden, auf der argentinisch-chilen. Grenze (Iglesias 3816 m, Bermejo 3842 m); in 3190 m Höhe Tunnel (4,5 km lang; seit 1910) für die Eisenbahn Mendoza-Valparaíso, im Winter auch für den Straßenverkehr.

Cumbria [kʹʌmbrɪə], County (seit 1974) in NW-England, 6808 km², (1975) 473800 Ew., u. a. aus Teilen von Cumberland, Westmorland, Lancashire gebildet. VerwSitz ist Carlisle.

Cumbrian Mountains [kʹʌmbrɪən mʹaʊntɪnz], Bergland in NW-England, im Scafell Pike 978 m hoch. Eiszeitl. Vergletscherungen hinterließen Kare, von Moränen abgedämmte Seen, denen das Gebiet den Namen *Lake District* verdankt.

cum grano salis [lat. ›mit einem Körnchen Salz‹], nicht wörtlich zu verstehen, mit gewissen Einschränkungen (nach Plinius' ›Naturalis historia‹ 23,8).

Cuminöl, äther. Öl aus den Früchten des Kreuzkümmels, Cuminum cyminum; Hauptbestandteil *Cuminaldehyd.* C. riecht sehr intensiv, wird nur in Spuren Parfüms zugesetzt.

cum laude [lat.], mit Lob, gut; drittbeste Note im dt. Doktorexamen.

Cummings [kʹʌmɪŋz], Edward Estlin, amerikan. Dichter, * Cambridge (Mass.) 14. 10. 1894, † North Conway (N. H.) 3. 9. 1962. Seine Autobiographie ›The enormous room‹ (1922; dt.) ist eine bittere Anklage gegen Krieg, Gewalt und Erniedrigung des Menschen. Seine Lyrik ist intellektuell, ironisch und durch ein typographisch bizarres Arrangement gekennzeichnet.

Cummingtonit [kʌmɪŋtɒnʹɪt, n. dem Ort Cummington, Mass., Cummington], Mineral, magnesiumreicher Grünerit (→ Amphibole).

Cumol, Isopropylbenzol, organ. Verbindung, hergestellt aus Benzol und Propen. Durch Oxidation mit Luft zu *Cumolhydroperoxid* und dessen Spaltung mit Säure werden Phenol und Aceton gewonnen.

Cumulonimbus [lat.], Wolkengattung, → Wolken.

Cumulus [lat.], Wolkengattung, → Wolken.

Cuna, Cueva, indian. Volk in O-Panama, aus der Sprachgruppe der Chibcha.

Cunard [kjuːʹnɑːd], Sir Samuel, engl. Reeder, * Halifax (Kanada) 1787, † London 28. 4. 1865, richtete 1840 einen regelmäßigen Personen- und Frachtverkehr zw. Europa und Nordamerika ein, aus dem die *C. Steamship Co.* hervorging.

Cunctator [lat.] *der,* Zauderer; Beiname des röm. Feldherrn Fabius Maximus (→ Fabius).

Cuneo, 1) Hauptstadt der Prov. C., Italien, im südl. Piemont, (1976) 56100 Ew.

2) Prov. in Italien, 6903 km², (1976) 545200 Ew.

Cunnilingus [lat. cunnus ›weibl. Scham‹, lingere ›lecken‹] *der*, Form geschlechtl. Betätigung; die weibl. Geschlechtsteile werden durch den Partner mit Zunge und Mund stimuliert; homo- oder heterosexuelle Praktik.

Cunningham [kʹʌnɪŋəm], Merce, amerikan. Tänzer, Choreograph (seit 1942) und Ballettdirektor, * Centralia (Wash.) 16. 4. 1919.

Cuno, Wilhelm, Politiker (parteilos), Verwaltungsfachmann, * Suhl 2. 7. 1876, † Aumühle (bei Hamburg) 3. 1. 1933; 1918–30 Gen.-Dir. der Hamburg-Amerika-Linie (Hapag), 1930–33 des Norddt. Lloyd, war von Nov. 1922 bis August 1923 Reichskanzler. Mit seiner Reg., der neben Politikern (Zentrum, DDP, DVP) Repräsentanten der Wirtschaft angehörten (›Regierung der Wirtschaft‹; auch ›Regierung mit diskontfähiger Unterschrift‹), suchte er vergeblich die Reparationsfrage zu lösen.

Cuon, Gattung der → Hunde.

Cup [kʌp, engl.] *der*, Becher. Pokal (als Siegespreis); auch der Kampf um den Pokal.

Cuphea [grch.], **Höckerblume, Köcherblume, Krummkapsel**, amerikan. Gatt. der Weiderichgewächse. Die Gartenpflanze *C. ignea* blüht granatrot, schwarzviolett und weiß.

Cupido, in der lat. Poesie der Liebesgott, entsprechend dem grch. Liebesgott Eros.

Cupren, korkähnliche Masse aus Polyacetylen (→ Acetylen).

Cupressus [grch.-lat.], Nadelholzgatt. → Zypresse.

Cuprit [von lat. cuprum ›Kupfer‹] *der*, **Rotkupfererz**, Mineral, Cu₂O, rot, rotbraun, z. T. grau, Metallglanz; kristallin, körnig, dicht; haarförmige, karmesinrote Aggregate: *Kupferblüte (Chalkotrichit)*.

Cupro, Cuprospinnfaser, Chemiefaser aus Cellulose (gebleichte Baumwoll-Linters oder veredelter Holzzellstoff), die in einer Mischung von Kupferhydroxid und Ammoniakwasser gelöst wird. *C.-Filamentgarne* (Bemberg, Cupresa), früher *Kupferkunstseide* genannt, werden in Dtl. seit 1973, die *C.-Spinnfasern* (Cuprama), ehedem als *Kupferzellwolle* bezeichnet, seit 1970 nicht mehr erzeugt. Neu sind die *C.-Dialysierhohlfaser* als Spezialtype zur Blutreinigung in künstl. Nieren.

Cuprum [lat.], Kupfer.

Cupula [lat. ›Becher‹], **Fruchtbecher**, becherförmig verholzende Achsenbildung am weibl. Blütenstand der Buchengewächse.

Cura [lat. ›Sorge‹], kath. Kirchenrecht: die Seelsorge und die dafür nötigen kirchl. Jurisdiktionsrechte.

Curaçao [kyrasʹao], weißer oder brauner Likör aus dem Destillat der Schalen der unreifen C.-Pomeranze mit Orangengeschmack.

Curaçao [kurasʹao], Insel vor der Nordküste Venezuelas, die größte Insel der Niederländ. Antillen, 443 km², (1975) 147000 Ew. Hauptstadt ist Willemstad. – C., 1499 von A. de Hojeda entdeckt, wurde 1527 von den Spaniern besiedelt, 1634 von den Niederländern erobert.

Curare, Urare, Curari *das*, pflanzl. Pfeilgift südamerikan. Naturvölker. C. wird aus der Rinde von Strychnos toxifera und Chondodendrum tomentosum im Gebiet des Amazonas und Orinoco gewonnen. Die wichtigsten Alkaloide des C. sind *C-Curarin I, C-Toxiferin I* und *d-Tubocurarin*. – C. blockiert die Übertragung der Nervenerregung auf die Skelettmuskulatur. Während es bei unmittelbarer Aufnahme in die Blutbahn durch die Pfeilwunde in wenigen Minuten Bewegungs- und Atmungsmuskeln lähmt, wirkt es vom Magen aus erst nach Aufnahme von hohen Dosen. – Medizinisch werden d-Tubocurarin und Dimethyl-d-Tubocurarin als muskelerschlaffende Mittel angewendet.

Curcuma, Kurkume [arab.], **Gelbwurzel**, Gatt. der Ingwergewächse mit rd. 60 Arten vom trop. Asien bis N-Australien; die Wurzelstöcke enthalten Heilmittel (gegen Leber- und Gallenleiden) und Gewürz; wesentl. Bestandteil des Curry.

Curé [kyrʹe, frz.], der kath. Pfarrer in Frankreich.

Curepipe [kyrpʹip], Stadt auf dem Plateau der Insel Mauritius, (1979) 55200 Ew.

Curettage [kyretʹa:ʒə, frz.] *die*, Ausschabung mit der Kürette.

Curiatier, altröm. Geschlecht, → Horatier.

Curicó, Stadt in Mittelchile, (1970) 41300 Ew.

Curie [kyrʹi, frz., n. M. Curie] *das*, Einheitenzeichen Ci, nicht gesetzl. (ab 1986) Einheit der Aktivität einer radioaktiven Substanz: 1 Ci = $3,7 \cdot 10^{10} \mathrm{s}^{-1} = 3,7 \cdot 10^{10}$ Bq.

Curie [kyrʹi], 1) Marie, geb. *Skłodowska*, frz. Chemikerin poln. Herkunft, * Warschau 7. 11. 1867, † Sancellemoz (Schweiz) 4. 7. 1934, heiratete 1895 C. 2). Sie arbeitete über die Uranstrahlung (Nobelpreis für Physik 1903) und isolierte 1898 aus der Pechblende zunächst das Polonium, dann mit Pierre C. das Radium. Gleichzeitig mit G. C. Schmidt wies sie 1898 die Radioaktivität des Thoriums nach. Später gelang es ihr, aus Pechblende Radiumsalze und daraus das Metall rein zu gewinnen und seine Eigenschaften festzustellen. Dafür wurde ihr 1911 der Nobelpreis für Chemie zugesprochen.

2) Pierre, frz. Physiker, * Paris 15. 5. 1859, † (Verkehrsunfall) ebd. 19. 4. 1906. Untersuchte mit seinem älteren Bruder Jacques (* 1855, † 1941) das elektr. Verhalten von Kristallen. Dabei entdeckten sie 1880 die Piezoelektrizität und bestätigten die von G. Lippmann vorausgesagte Deformation piezoelektr. Kristalle durch ein elektr. Feld. Jacques C. gründete darauf ein Verfahren zur Messung sehr schwacher Ströme zur Bestimmung der Strahlungsintensität radioaktiver Präparate. 1894 fand C. die für ferromagnet. Stoffe kennzeichnende *Curie-Temperatur* und 1895 das *Curiesche Gesetz*. 1895 heiratete er C. 1). Mit ihr setzte er die von ihr begonnenen Untersuchungen über die Strahlung des Urans fort. Dafür erhielt das Ehepaar mit A. H. Becquerel 1903 den Nobelpreis für Physik.

Curie-Punkt, Curie-Temperatur [kyrʹi-], die

Temperatur, oberhalb deren ferromagnet. oder ferroelektr. Material diese Eigenschaft verliert.

Curiosa [lat.] Mz., merkwürdige, ausgefallene Dinge.

Curitiba, früher *Curityba*, Hauptstadt des Staates Paraná, SO-Brasilien, (1980) 1,03 Mio. Ew., 900–950 m ü. M. am O-Rand des Brasilian. Hochlands. Verarbeitungs- und Handelsplatz für Mate und Holz mit Papier-, Möbel-, Textil-, Metall- u. a. Industrie; gehört zu den am schnellsten wachsenden Großstädten Brasiliens (1950: 141300 Ew.); 2 Univ.; kath. Erzbischofssitz.

Curium [n. M. und P. Curie], **Cm**, chem. Element aus der Reihe der Transurane (Ordnungszahl 96, Massenzahlen bekannter Isotope: 238–250); 1944 von G. Seaborg, R. A. James und A. Ghiorso künstlich hergestellt durch Beschuß von Plutonium mit energiereichen Alphateilchen. – C. ist silberweiß und läuft an der Luft rasch an; es gehört zu den Actinoiden. In Lösung sind nur die Cm^{3+}-Ionen stabil; daneben sind das schwarze *Curiumdioxid, CmO_2*, und das *Curiumtetrafluorid, CmF_4*, bekannt.

Curling [k'ə:liŋ, engl.], Mannschaftssport auf dem Eis. 2 Mannschaften zu je 4 Mann versuchen, den flachrunden Spielstein durch die Bahnlänge möglichst nahe an das Ziel gleiten zu lassen.

Currency [k'ʌrənsɪ, engl. ›Währung‹], Umlaufmittel mit gesetzl. Zahlungskraft. *Currency-Theorie*, entstanden im 19. Jh. in England verbreitete Geldtheorie; ihre Anhänger (u. a. D. Ricardo, S. J. L. Overstone, J.-R. Mc Culloch) fordern eine 100%ige Golddeckung aller ausgegebenen Banknoten.

currentis [lat.], Abk. **c, cr**, des laufenden ... (Monats, Jahres usw.).

Curriculum [lat.] *das*, Mz. *Curricula*, in der Bildungstheorie des Barock gebräuchl. Bez. für Lehrplan, seit der Aufklärung eingedeutscht; von S. B. Robinsohn (1967) durch Übernahme aus dem angloamerikan. Bereich erneut aufgegriffen, um gegenüber einem isolierten Lehrplanverständnis die enge Verbindung zw. Auswahl und Planung von Lehrinhalten, Bildungszielen und Lehrmethoden herauszustellen. Die neuentwickelte *C.-Forschung* sucht den Informationsgehalt und die Bedeutung der einzelnen Lehrstoffe unter Beachtung der individuellen und gesellschaftl. Bedingungen und Ziele zu erfassen und will damit Entscheidungen über die Bewertung einzelner Lehrstoffe und ganzer Lehrgefüge rational kontrollierbar machen.

Curriculum vitae [lat.], Lebenslauf.

Curry [k'ʌrɪ, engl.] *der* oder *das*, **1)** Gericht ostind. Herkunft aus Fisch, Fleisch, Wild, Geflügel oder Gemüse in Currytunke mit Reis.

2) *Currypulver*, scharfes ostind. Mischgewürz aus 10 bis 20 Gewürzen, bes. aus Curcuma, daneben Ingwer, Pfeffer, Muskatblüte, Nelken, Piment, Paprika oder Chillies, Zimt u. a.; fördert die Gallenabsonderung.

Curtainwall [k'ə:tnwɔ:l, engl.], **Vorhangwand**, Hochhausbau: nichttragende Elemente aus Leichtmetall, Beton, Asbestzement, Glas, Kunststoff werden als Außenwände dem Skelett vorgehängt.

Curtea de Argeş [-'ardʒeʃ], Stadt in Rumänien, am Südrand der Südkarpaten, am Argeş, (1973) 19800 Ew. – C. de A. war 1330–1430 Residenz der Fürsten der Walachei. Die Fürstenkirche (um 1330) ist ein Kreuzkuppelbau mit bed. Freskenzyklen; Bischofskirche (1512–17).

Curtes [mittellat.] Mz., Ez. *Curtis die*, großer Wirtschaftshof (Fronhof, Salhof) im frühen MA., bes. in karoling. Zeit. Die meist stark befestigten castra der gleichen Zeit werden fälschlich C. genannt.

Curtis [k'ə:tɪs], Heber Doust, amerikan. Astronom, *Muskegon (Mich.) 27. 6. 1872, † Ann Arbor (Mich.) 9. 1. 1942, erkannte als einer der ersten, daß die Spiralnebel nicht Bestandteile des Milchstraßensystems sind.

Curtiss [k'ə:tɪs], Glenn Hammond, amerikan. Flieger und Flugzeugkonstrukteur, *Hammondsport (N. Y.) 21. 5. 1878, † ebd. 23. 7. 1930, gewann u. a. 1909 den Gordon-Bennett-Pokal; seit 1911 bahnbrechend im Bau von Wasserflugzeugen.

Curtius, Manius oder Marcus, nach röm. Sage ein Jüngling, der Rom dadurch gerettet haben soll, daß er in einen auf dem Forum sich öffnenden Erdspalt sprang und sein Leben den Göttern opferte.

Curtius, 1) Ernst, Historiker, Archäologe und Philologe, Bruder von 3), *Lübeck 2. 9. 1814, † Berlin 11. 7. 1896, Erzieher des nachmaligen Kaisers Friedrich III.; C. regte die Ausgrabung von Olympia an und übernahm deren Oberleitung.
WE. Grch. Gesch., 3 Bde. (1857–61); Die Stadtgesch. von Athen (1891); Peloponnesos, 2 Bde. (1851–52).

2) Ernst Robert, Romanist, Enkel von 1), *Thann (Elsaß) 14. 4. 1886, † Rom 19. 4. 1956. WE. Die literar. Wegbereiter des neuen Frankreich (1919; ⁴1952 unter d. Titel: Frz. Geist im 20. Jh.); Maurice Barrès u. die geistigen Grundlagen der frz. Nationalismus (1921); Balzac (1923, Neuaufl. 1951); Frz. Geist im neuen Europa (1925); Einführung in die frz. Kultur (1930); Europ. Literatur und lat. MA. (1948, ⁹1978); Krit. Essays zur europ. Lit. (1950).

3) Georg, klass. Philologe, Bruder von 1), *Lübeck 16. 4. 1820, † Hermsdorf (Kynast) 12. 8. 1885, Prof. in Prag, Kiel und Leipzig. C. hat der vergleichenden Sprachwiss. ihren Platz in der Philologie verschafft.

4) Julius, Politiker (DVP), *Duisburg 7. 2. 1877, † Heidelberg 10. 11. 1948, Rechtsanwalt, 1926–29 Reichswirtschafts-, 1929–31 Reichsaußen-Min.; setzte sich für die Annahme des Young-Planes ein.

5) Ludwig, Archäologe, *Augsburg 13. 12. 1874, † Rom 10. 4. 1954, Forscher auf dem Gebiet der antiken Kunstgeschichte und Ikonographie.

WE. Die antike Kunst, in: Hb. der Kunstwiss. 1 u. 2 (1913–38); Die Wandmalerei Pompejis (1929, ²1960).

Curzon [kə:zn], 1) Sir (1977) Clifford, engl. Pianist, * London 18. 5. 1907, † ebd. 1. 9. 1982, Schüler A. Schnabels.

2) George Nathaniel, seit 1921 Marquess *C. of Kedlestone* [-kʹedlstən], brit. Politiker, * Kedlestone Hall (Derbyshire) 11. 1. 1859, † London 20. 3. 1925; 1886–94 konservatives Mitgl. des Unterhauses. Als Vizekönig von Indien (1888–1905) dehnte er angesichts des russ. Vordringens den brit. Einfluß nach Tibet, Afghanistan und Persien aus. 1916 wurde er Mitglied des Kriegskabinetts unter Lloyd George, 1919–24 war er Außen-Min.; er wandte sich 1923 gegen die frz. Besetzung des Ruhrgebiets und schlug die → Curzon-Linie als poln. Ostgrenze vor. – Nach seiner Frau wird die überbackene Schildkrötensuppe *Lady Curzon* genannt.

Curzon-Linie [kə:zn-], die Demarkationslinie zw. Polen und dem bolschewist. Rußland, vom brit. Außen-Min. G. Curzon am 11. 7. 1920 (im Namen der Interalliierten Konferenz von Spa) zur Beilegung des Polnisch-sowjetischen Krieges vorgeschlagen, blieb infolge des poln. Sieges bei Warschau und der für Polen sehr viel günstigeren Grenzziehung im Frieden von Riga (1921) zunächst bedeutungslos. Im 2. Weltkrieg jedoch wurde die C.-L. zur Grundlage sowjet. Gebietsansprüche an Polen; seine 1945 festgelegte Ostgrenze entspricht im wesentlichen der C.-L.

Cusanus, → Nikolaus von Kues.

Cusanuswerke e. V. [n. Nikolaus von Kues], Sitz: Bad Godesberg, gegr. 1956, Hochbegabten-Förderungswerk für kath. Studentinnen und Studenten aller Fakultäten.

Cusco, Stadt in Peru, → Cuzco.

Cushing [kʹuʃɪŋ], Harvey, amerikan. Gehirnchirurg, * Cleveland (Ohio) 8. 4. 1869, † New Haven (Conn.) 7. 10. 1939, Prof. an der Harvard-Universität, begründete die moderne Gehirnchirurgie. 1932 beschrieb er die *Cushingsche Krankheit.*

Custard Apple [kʹʌstəd æpl, engl.], trop. Obst, die Frucht der → Netzannone.

Custer [kʹʌstə], George Armstrong, amerikan. Offizier, * New Rumley (O.) 5. 12. 1839, † Little Bighorn River (Mont.) 25. 6. 1876, machte sich in den Indianerkämpfen 1867–70 und 1873–75 einen Namen. In einem Gefecht mit den Sioux unter Häuptling Sitting Bull fiel er mit seiner gesamten Abteilung von 250 Mann.

Custine [kystʹin], Adam Philippe Graf, frz. General, * Metz 4. 2. 1740, † (hingerichtet) Paris 28. 8. 1793, eroberte 1792 Speyer, Mainz und Frankfurt.

Custodia [lat. ›Schutz‹], Kath. Kirche: Gefäß, in dem die große Hostie für die Aussetzung des Allerheiligsten in der Monstranz aufbewahrt wird.

Cutaway [kʹʌtəweı, engl. ›weggeschnitten‹], Abk. *Cut,* Herrenrock aus schwarzem Tuch mit vorn schräg geschnittenen Schößen, mit grauschwarz gestreifter Hose, heller Weste, Krawatte; für den Vormittag.

Cuthbert, * um 635, † Farne Islands 20. 3. 687, einer der meist verehrten Heiligen der angelsächs. und kelt. Kirche. Urspr. Schafhirt, war C. nach 651 Prior des Klosters Old Melrose und in Lindisfarne, seit 676 Einsiedler auf Farne, 684–86 Bischof. – Tag: 20. 3.

Cuticula [lat. ›Häutchen‹], **Kutikula** *die,* äußeres Häutchen von Abschlußgeweben; bei Pflanzen aus Cutin, bei Tieren aus Eiweiß, Chitin oder Kalk; dient als Schutz und Stütze; bei Insekten dreischichtig.

Cutis [lat.] *die,* → Haut. *C. laxa,* angeborene Mißbildung in Form außergewöhnlich dehnbarer Haut (Gummihaut).

Cuttack [kʌtʹæk], Stadt in Orissa, Indien, (1971) 206000 Ew., an der Spitze des Mahanadi-Deltas.

Cutter [kʹʌtə, engl.] *der,* 1) einspänniger nordamerikan. Schlitten für 1–2 Personen.

2) Fleischhackmaschine zur Wurstherstellung mit rotierenden gekrümmten Messern.

3) ein Film- und Rundfunkberuf (→ Schnittmeister).

Cuvée [kyvʹe, frz.] *die,* Mischung versch. Weine, bes. zur Gewinnung eines einheitl. Schaumweins. In Burgund Klassifikationsbegriff: *Tête de C.,* Spitzenwein.

Cuvier [kyvjʹe], Georges Baron von, frz. Naturforscher, * Montbéliard 23. 8. 1769, † Paris 13. 5. 1832, wurde 1795 Prof. in Paris. Er teilte das Tierreich ein in Wirbel-, Weich-, Glieder- und Strahltiere. Knochenvergleiche an rezenten und fossilen Wirbeltieren machten ihn zum Mitschöpfer der Paläontologie; nach seiner ›Katastrophentheorie‹ ist das Leben periodisch durch Katastrophen vernichtet und wieder erschaffen worden.

WE. *Le règne animal,* 4 Bde. (1816, ²1829–30), 11 Bde. (1836–49).

Cuvilliés [kyvijʹe], François de (d. Ä.), Baumeister und Stukkateur, * Soignies (Hennegau) 23. 10. 1695, † München 14. 4. 1768, kam als Zwerg an den bayer. Hof. Kurfürst Max Emanuel erkannte seine Fähigkeiten, ließ ihn zum Architekten ausbilden und schickte ihn zu F. Blondel nach Paris (1720–24). Er ist Mitschöpfer des bayer. Rokoko.

WE. Zimmer in Schloß Brühl (1728–30); Schloß Falkenlust (1729); Reiche Zimmer der Münchener Residenz (1730–37); Amalienburg in Nymphenburg (1734–39); Altes Residenztheater, München (1750–53). Pläne für Schloß Wilhelmsthal bei Kassel (seit 1744).

Cuxhaven, Kreisstadt im RegBez. Lüneburg, Ndsachs., an der Elbmündung, 38 m ü. M., (1981) 58700 Ew., Heilbad; Fischereihafen mit modernem Fischversandbahnhof. Seefahrtschule, Lotsenstation, Bundesforschungsanstalt für Fischerei. Fischindustrie und -handel, Reedereien, Werften, Metallverarbeitung, Verpackungs- u. a. Industrie. – C., 1570 erwähnt, erhielt 1907

Cuyp

Stadtrecht und kam 1937 von Hamburg an Preußen. 1890–92 wurde der Fischerei-, 1912–14 der Amerikahafen gebaut. Der C.-Vertrag (Okt. 1962) zw. Ndsachs. und Hamburg sichert den Ausbau C.s als Fischereihafen.

Cuyp [kœjp], Aelbert, Gerritsz, holländ. Maler, * Dordrecht 10. (?) 10. 1620, begraben ebd. 15. 11. 1691, wichtigster Vertreter der Malerfamilie C.; Landschaften in sonnendurchglühter Atmosphäre, z. T. mit relativ großfigurigen Menschen (häufig als Porträt).

Cuza [k'uza], **Alexandru Ioan I.**, erster Fürst von Rumänien, * Galatz 20. 3. 1820, † Heidelberg 15. 5. 1873, beteiligte sich 1848 an der revolutionären Bewegung in der Moldau. Am 17. 1. 1859 zum Fürsten der Moldau, am 5. 2. auch zum Fürsten der Walachei gewählt, vereinigte er 1862 beide Fürstentümer zum ›Fürstentum Rumänien‹. Durch die erste rumän. Agrarreform (1864) zog er sich die Feindschaft der Bojaren zu und wurde 1866 durch eine Offiziersverschwörung gestürzt.

Cuzco [k'usko], **Cusco,** Hauptstadt des Dep. C., 3416 m ü. M. in den Anden S-Perus, (1976) 170000 Ew.; Universität (seit 1692), kath. Erzbischofssitz. – C. war Hauptstadt des Inka-Reiches; Reste von Bauwerken aus dieser Zeit sind in und um C. erhalten (→ Sacsayhuaman). 1533 fiel die Stadt in die Hand von F. Pizarro, wurde 1536 bei einem Aufstand der Indianer und 1650 (erneut 1950) durch Erdbeben z. T. zerstört. Die Spanier bauten die Stadt im 16./17. Jh. mit vielen Kirchen und Klöstern auf dem Grundriß der Inka-Stadt wieder auf, darunter die Kathedrale (1651–54), Kirche La Compañía (Jesuitenkirche), Kirche und Kloster Santo Domingo (auf Resten des Sonnentempels der Inka, ›Coricancha‹), Kirche und Kloster La Merced.

C. V., Abk. für Cartell-Verband, → katholische Studentenverbindungen.

CVJM, Abk. für → Christliche Vereine Junger Männer.

CVP, Abk. für → Christliche Volkspartei.

CVPS, Abk. für Christlich-demokratische Volkspartei der Schweiz.

cwt, Abk. für centweight (→ hundredweight).

Cyan [von grch. kyaneos ›stahlblau‹], blaue Druckfarbe.

Cyanate, Salze und Ester der Cyansäure (→ Cyanverbindungen).

Cyanide, Salze der Blausäure (→ Cyanverbindungen).

Cyanidin, Pflanzenfarbstoff, u. a. in Mohn, Kornblumen sowie in Kirschen und Pflaumen.

Cyanit [n. der Farbe; vgl. Cyan] der, Mineral, → Disthen.

Cyanophyceae [grch.], die → Blaualgen.

Cyanverbindungen, chem. Verbindungen mit der Atomgruppe CN-, die in ihren chem. Eigenschaften dem Halogenidion ähnlich ist *(Pseudohalogenid)*. – **Cyanwasserstoff,** HCN *(Blausäure),* ist die einfachste C., eine farblose, äußerst giftige, nach bitteren Mandeln riechende Flüssigkeit, Siede-P. 26° C, von extrem schwach sau-

rem Charakter. Ihre Salze sind die **Cyanide,** z. B. das weiße, leichtlösliche giftige *Kaliumcyanid,* KCN *(Cyankali),* und das ähnliche *Natriumcyanid,* NaCN, deren wäßrige Lösungen alkalisch reagieren. Mit Schwermetallsalzlösungen entstehen zunächst schwerlösliche Cyanidniederschläge, die sich im Überschuß von Alkalicyanid unter Bildung der stabilen komplexen *Cyanometallate* wieder lösen, z. B. das Hexacyanoferrat(II)-Ion, $[Fe(CN)_6]^{4-}$, dessen Kaliumsalz als gelbes *Blutlaugensalz* bekannt ist. Einige dieser komplexen Cyanide besitzen erhebliche wissenschaftl. und techn. Bedeutung. – Die Alkalicyanide werden in der Cyanidlaugerei zur Gewinnung von Gold und in der Galvanotechnik verwendet, *Calciumcyanid,* $Ca(CN)_2$, auch zur Vernichtung von Ungeziefer und Pflanzenschädlingen. Durch Aufnahme von Schwefel gehen die Cyanide in die *Rhodanide* über, die Salze der *Rhodanwasserstoffsäure,* HSCN.

Die **Cyansäure** kommt in der Normalform HO-C≡N und auch in der tautomeren Isoform O=C=NH vor, ihre Salze heißen **Cyanate.** Das *Kaliumcyanat,* KOCN, erhält man durch Oxidation von Kaliumcyanid, *Ammoniumcyanat,* NH_4OCN, geht beim Erwärmen in Harnstoff, NH_2-CO-NH_2 über (F. Wöhler 1828). – Eine weitere isomere Form der Cyansäure ist die ›Knallsäure, ihre Salze *(Fulminate)* sind meist sehr explosiv. – *Cyanursäure* ist eine trimere Form der Cyansäure. *Cyamelid* eine weitere polymere Form. *Cyanamid,* H_2N-CN, entsteht aus Calciumcyanamid, *Dicyan,* $(CN)_2$, bei der therm. Zersetzung von $Hg(CN)_2$. – Die organ. Cyanide heißen *Nitrile,* z. B. das *Acetonitril,* CH_3CN, eine farblose Flüssigkeit, Siede-P. 82°C. Durch Anlagerung von Blausäure an Aldehyde entstehen die *Cyanhydrine.*

Cyathea [grch. kyathos ›Becher‹], artenreiche Gatt. der *Cyatheaceae,* einer Familie der Baumfarne.

Cyclamate, Salze der Cyclohexansulfaminsäure, künstliche, kalorienfreie, kochbeständige Süßstoffe *(Sucaryl),* die rasch durch Nieren und Darm ausgeschieden werden.

Cyclamen [von grch. kyklos ›Kreis‹], die Pflanzengattung Alpenveilchen.

cycl(o) . . . [grch. kyklos ›Kreis‹], kreis . . .; Chemie: Vorsilbe bei Namen von Verbindungen, die ringförmig verknüpfte Atomgruppen enthalten.

Cyclohexan, Hexahydrobenzol, C_6H_{12}, ein Cycloparaffin, Stammsubstanz der hydroaromatischen Verbindungen, wird durch Hydrierung von Benzol erhalten, Zwischenprodukt z. B. für Polyamide sowie Lösungsmittel.

Cyclohexanol, Hexalin, C_6H_{12} O, organ. Verbindung, hergestellt durch katalyt. Hydrierung von Phenol. Verwendet als Lösungsmittel, bes. aber zur Herstellung von *Cyclohexanon,* aus dem Caprolactam gewonnen wird.

Cyclohexatri|en-Ring, svw. Benzolring.

Cyclo|olefine, Cyclo|alkene, zykl. Kohlenwasserstoffe, die i. Ggs. zu den Cycloparaffinen Kohlenstoffdoppelbindungen enthalten.

Cycloparaffine, Cyclo|alkane, gesättigte Kohlenwasserstoffe, die einen oder mehrere Ringe enthalten (zyklische Verbindungen). Die Anfangsglieder der homologen Reihe sind Cyclopropan, Cyclobutan usw. Technisch wichtig ist das Cyclohexan. Die Ringe der C. ab fünf Gliedern sind nicht mehr eben, es gibt jeweils mehrere Konformationen, beim Cyclohexan z. B. die ›Sesselform‹ und die (weniger stabile) ›Wannenform‹.

Cyclopentadi|en, zykl. ungesättigter Kohlenwasserstoff, wegen seiner hohen Reaktionsfähigkeit für Diensynthesen u. a. Reaktionen verwendet.

Cyclops [grch.], Gattung der Ruderfußkrebse.

Cyclosilikate, Silikate mit Ringstruktur.

Cyclostomata [grch.], fischähnl. Wirbeltiere, die → Rundmäuler.

Cygnus [grch.-lat.], das Sternbild → Schwan.

Cymbala [grch.-lat.] Mz., **1)** urspr. im Altertum kleine Becken, die an zwei winkelförmig verbundenen Stäben befestigt waren;
2) später Bez. für Becken im allgemeinen;
3) seit dem 9. Jh. Bez. für kleine Glöckchen oder die Schelle, mit der man die Mönche zu Tisch rief;
4) Glockenspiele des 10.–12. Jh.;
5) Triangel;
6) Hackbrett, das in mechanisierter Form zum Klavizimbel wurde.

Cymophan [grch.], Varietät des → Chrysoberyll.

Cyn(e)wulf [k-], engl. Mönch und Dichter aus dem letzten Viertel des 8. Jh. Seine vier Legendendichtungen ›Juliana‹, ›Elene‹, ›Christ II‹ und ›Fata Apostolorum‹, in erhabener Sprache, enthalten eindrucksvolle Naturschilderungen. Die jeweils in die letzten Verse der Dichtungen eingestreuten Runen ergeben seinen Namen.

Cynodon [aus grch. kyon ›Hund‹ und odus ›Zahn‹], die Gräser-Gattung Bermudagras.

Cyperaceae [grch.], die Riedgräser.

Cypern, Mittelmeerinsel, → Zypern.

Cyprianus, Thascius Caecilius, Kirchenvater, *Karthago um 200/210, † ebd. 14. 9. 258 als Märtyrer, leitete als Bischof von Karthago (seit 248) seine Gemeinde durch die Wirren der decischen und valerian. Verfolgung; im Ketzertaufstreit geriet er in Konflikt mit Rom. Seine Schriften standen bis in das MA. in hohem Ansehen. – Heiliger (Tag: 16. 9.).

Cypripedium [grch.], die Orchideengatt. Frauenschuh.

Cyrankiewicz [tsiraŋkj′evitʃ], Józef, poln. Politiker (PPS, PZPR), *Tarnów (Galizien) 23. 4. 1911, Jurist und Publizist, war 1941–45 in dt. KZ-Lagern; setzte sich als Gen.-Sekr. der Poln. Sozialist. Partei (PPS; seit 1945) für deren Verschmelzung mit der Kommunist. Partei zur Verein. Poln. Arbeiterpartei (PZPR) ein (1948 erfolgt). 1947–52, 1954–70 MinPräs., 1948–71 Mitgl. des Politbüros, 1970–72 Staatsratsvorsitzender.

Cyrano de Bergerac [siran′o də bɛrʒər′ak], eigtl. Savinien de Cyrano, frz. Schriftst., *Paris 6. 3. 1619, † ebd. 28. 7. 1655, ein Vorläufer der Aufklärung, der in seinen phantast. Erz. (›Histoire comique des états et empires de la lune‹, postum 1657, dt.; ›Histoire des états et empires du soleil‹, postum 1662, dt.) nicht nur philosoph. Autoritäten, sondern auch religiöse Dogmen angriff. Seiner ins Burleske gesteigerten Prosakomödie ›Le pédant joué‹ (1645) entnahm Molière Einfälle für seine ›Fourberies de Scapin‹. Weltanschaulich kühn ist seine Tragödie ›La mort d'Agrippine‹ (1654). Sein Leben als Freigeist, als duellierfreudiger Offizier und seine übergroße Nase lieferten E. Rostand den Stoff zu dem Versdrama ›C. de B.‹ (1897).

Cyrenaica die, ital. **Cirenaica** [tʃ-], geschichtl. Region in Nordafrika, umfaßt im weiteren Sinne ganz O-Libyen und reicht bis nach Ägypten hinein. Das Gebiet gliedert sich in drei Großlandschaften: 1) *Barka-Hochland* (die engere C.), eine Kalksteintafel, die sich zw. dem Golf von Bengasi und Derna 300 km breit erstreckt; 2) die *Marmarika*, die als 100–200 m hohe küstenparallel verlaufende Kalktafel das Barka-Hochland nach O fortsetzt (nach Ägypten hinein). 3) W-Teil der *Libyschen Wüste*, die sich nach S anschließt. Küstenstädte: Bengasi, El-Beida, Derna, Al-Mardj (früher Barka). Wichtigste Oasengebiete: Djalo (Erdölförderung), Taserbo, Kufra und Djaghabub.

Geschichte. Im 7. Jh. v. Chr. besiedelten Griechen um die von einer Siedlung benannte Stadt Kyrene die C. (altgrch. *Kyrenaika*). 322–96 v. Chr. kam sie unter die Herrschaft der Ptolemäer und wurde 74 v. Chr. römisch. Die Araber eroberten 641/43 n. Chr. das Land und nannten es nach der Stadt Barka. Mit Tripolitanien kam es 1517 an das Osman. Reich, das es 1912 an Italien abtrat. Im ersten Weltkrieg ging der größte Teil an die Senussi verloren und wurde erst 1923–31 zurückerobert und durch ital. Siedler erschlossen. 1940–42 war die C. Kriegsschauplatz, 1949 wurde sie von Großbritannien nach Vertreibung der ital. Siedler als Staat der Senussi organisiert und 1951 als Bundesstaat mit Tripolitanien und dem Fessan zum neuen Kgr. Libyen vereinigt. 1963 wurde die C. in Provinzen aufgeteilt.

Cyriacus, röm. Märtyrer um 309, einer der 14 Nothelfer. Heiliger (Tag: 8. 8.).

Cyrus, pers. Könige, → Kyros.

Cyste|in, HS – CH₂CH(NH₂) – COOH, schwefelhaltige Aminosäure, die im Zellstoffwechsel eine bed. Rolle spielt; Eiweißbaustein. Oxidation der SH-Gruppen zweier C.-Moleküle führt zur Bildung von Disulfidbrückenbindungen zw. zwei Eiweißketten (*Insulin*), flächenförmiger ›Vernetzung‹ (*Keratin*), Bildung von Schlingen (*Trypsin*).

Cysticercus [grch. kerkos ›Schwanz‹], **Finne,** das Larvenstadium mancher Bandwürmer.

Cystin, schwefelhaltige Aminosäure mit Disulfidbindung, Oxidationsprodukt des Cysteins. Vorkommen in Hornsubstanzen und vielen anderen Eiweißen in Form von Cystinbrücken.

Cyst

Cystis [grch.] *die*, Zyste, Blase, Harnblase.

Cystitis, Zystitis [grch.], Entzündung der Harnblase.

Cythere, Cytherea [lat.], Beiname der Göttin Venus; nach Kythere(ia), dem grch. Beinamen der auf der Insel Kythera verehrten Göttin Aphrodite.

cyt(o) ... [grch. kytos ›Höhlung‹], zyt(o) ..., zell ...

Cytochemie, Teilgebiet der Biochemie, das sich mit der chem. Zusammensetzung und Wirkungsweise der Zellen und deren Inhaltsstoffe befaßt.

Cytochrome, Häminproteide, Katalysatoren der Zellatmung in den Geweben, wichtige Glieder der Atmungskette.

Cytonucleoproteine, Eiweißkörper im Zellplasma.

Cytoplasma [grch.], Zellplasma, Teil der → Zelle.

Cytosin, Pyrimidinbase, Baustein der Nucleinsäuren.

Cytostatika [grch.], die → zytostatischen Mittel.

Czartoryski [tʃ-], litauisch-poln. Adelsgeschlecht, wahrscheinlich von einem Enkel → Gedimins im 14. Jh. abstammend, seit 1623 Reichsfürsten. Die C. erlangten im 18. Jh. als ›die Familie‹ große polit. Bedeutung.
1) Adam Jerzy Fürst, Sohn von 2), * Warschau 14. 1. 1770, † Montfermeil bei Paris 15. 7. 1861. Nach der 3. poln. Teilung in St. Petersburg lebend, gewann er die Freundschaft des späteren Kaisers Alexander I. Als russ. Außen-Min. (1804–06) versuchte er vergeblich, seinen ›großen Plan‹ der Neuordnung Europas unter russ. und poln. Führung gegen Preußen und Österreich zu verwirklichen. Als Berater des Kaisers Alexander I., den er auf den Wiener Kongreß begleitete, entwarf C. die Verfassung des Kgr. Polen (Kongreßpolen), wurde aber nicht dessen Statthalter. Obwohl Gegner des Aufstands, stand er 1831 an der Spitze der poln. Nationalregierung. Zum Tod verurteilt, lebte er danach in Paris, wo sein Haus (›Hôtel Lambert‹) zum Zentrum des aristokrat. Flügels der poln. Emigration wurde.
2) Adam Kazimierz Fürst, * Danzig 1. 12. 1734, † Sieniawa (Galizien) 19. 3. 1823, bewarb sich 1764 gegen seinen Vetter St. A. Poniatowski um den poln. Thron.

Czenstochau [tʃ-], Stadt in Polen, → Tschenstochau.

Czepko [tʃ'epko], Daniel, seit 1656 C. von Reigersfeld, Dichter, * Koischwitz (bei Liegnitz) 23. 9. 1605, † Wohlau 9. 9. 1660 als hzgl. Regierungsrat. Mit handschriftl. verbreiteten Werken gehört er der schles. Mystik an. Seine ›Sexcenta Monodisticha Sapientium‹ (gesammelt 1647) waren Vorbild für den ›Cherubinischen Wandersmann‹ von Angelus Silesius.

Czermak [tʃ-], Johann Nepomuk, Sinnesphysiologe, * Prag 17. 6. 1828, † Leipzig 17. 9.

1873, Prof. ebd., führte die Laryngoskopie (Kehlkopfspiegelung) und den Stirnreflektor in die Praxis ein, verbesserte den Kehlkopfspiegel, begründete (1859) die Rhinoskopie (Nasenhöhlenspiegelung).

Czernin [tʃ-], Ottokar Graf C. von und zu Chudenitz, österr.-ungar. Politiker, * Dymokury (bei Poděbrad) 26. 9. 1872, † Wien 4. 4. 1932, stand dem Thronfolger Franz Ferdinand nahe. Unter Kaiser Karl wurde er am 23. 12. 1916 Außen-Min. Er strebte einen Verständigungsfrieden mit der Entente an (Friedensangebote 1916 und 1917), lehnte aber einen österr.-ungar. Sonderfrieden ab. Im Zusammenhang mit den geheimen Friedensverhandlungen, die Kaiser Karl durch den Prinzen → Sixtus von Bourbon-Parma mit Frankreich angeknüpft hatte (›Sixtusaffäre‹), trat C. am 14. 4. 1918 zurück.

Czernowitz [tʃ-], ukrain. und amtl. Tschernowzy, Gebietshauptstadt im W der Ukrain. SSR, im Karpatenvorland, am rechten Hochufer des Pruth, (1976) 209000 Ew.; Mittelpunkt der Bukowina; Universität, Fachschulen, Theater, Philharmonie, Museen. – C., im 12. Jh. gegr., 1408 als zur Moldau gehörig erstmals erwähnt, wurde im 16. Jh. von Türken erobert und war seit 1774 österreichisch. C. war der kulturelle Mittelpunkt des buchenländ. Deutschtums (Univ., gegr. 1875). C. kam 1918 an Rumänien, 1940–41 und erneut 1944 zur Ukraine.

Czerny [tʃ'erni], 1) Adalbert, Kinderarzt, * Szczakowa (Galizien) 25. 3. 1863, † Berlin 3. 10. 1941, Prof. in Breslau, Straßburg, Berlin; Begründer des modernen Kinderheilkunde im dt. Sprachbereich.
2) Carl, österr. Klavierpädagoge, * Wien 20. 2. 1791, † ebd. 15. 7. 1857, Schüler Beethovens, Lehrer Liszts, hat über 1000 Werke komponiert, von denen nur die klavierpädagogischen die Zeit überdauert haben.

Częstochowa [tʃɛ̃stɔx'ɔva], poln. Name der Stadt → Tschenstochau.

Czibulka [tʃ'i-], Alfons Freiherr von, Schriftst., * Schloß Radbor (Böhmen) 28. 6. 1888, † München 22. 10. 1969; österr. Offizier, seit 1918 in München. Romane: ›Der Kerzelmacher von St. Stephan‹ (1937), ›Das Abschiedskonzert‹ (Haydn-Roman, 1944), ›Der Tanz ums Leben‹ (1958), ›Mozart in Wien‹ (1962).

Cziffra [ts'ifro], György, frz. Pianist, * Budapest 5. 11. 1921, verließ Ungarn 1956; bes. Chopin- und Liszt-Interpret.

Czinner [tʃ-], Paul, Filmregisseur, -autor und -produzent, * Wien 30. 5. 1890, † London 22. 6. 1972, verh. mit Elisabeth Bergner, deren Filme er vorwiegend inszenierte und mit der 1933 emigrierte.
Filme: Nju (1924); Fräulein Else (1929); Ariane (1931); Der träumende Mund (1932); Catherine the Great (1934).

Czorneboh [tʃ-], Granitrücken am Rande des Lausitzer Berglandes, 561 m hoch.

D

D, d, der vierte Buchstabe z. B. des dt. Alphabets. Er bezeichnet den stimmhaften dentalen Verschlußlaut.

△ Semitisch	𝐃𝕯	Textur
△ Griechisch	Dd	Renaissance-Antiqua
D Römische Antiqua	𝕯𝖇	Fraktur
ð Unziale	Dd	Klassizistische Antiqua
d Karolingische Minuskel		

1) Als Abk. bedeutet **D** im Lateinischen: Decimus, Decretum, Decuria (Decurio), Devotus, Deus, Dictator, Divus (Diva), Dominus (Domina), Dux u. a.; im Recht Digesta; vor Namen Don (span.), Dom (portugies.); im Telegrammdienst: international festgelegter Dienstvermerk für dringende Telegramme. **D** oder **d:** in lat. Briefen dabam (dem dt. ›gegeben‹ entsprechend).
2) D, Zeichen für → Deuterium; Abk. für Dichtezahl (→ Dichte).
3) d als Maßeinheiten: Einheitenzeichen für → Tag (auch hochgestellt), für → degré beim ebenen Winkel. Vorsatzzeichen für → Dezi.
4) Musik: a) der 2. Ton der C-Dur-Tonleiter. b) als Akkord- und Tonartbez. **D** = D-Dur, **d** = d-Moll. c) Abk. **D** auf Stimmbüchern für Discantus, in der Harmonielehre für Dominante.
5) grch. Zahlzeichen Δ in der älteren Zeit für 10 (deka), später für 4. Das lat. Zahlzeichen D = 500 ist wohl die Hälfte eines grch. Φ oder φ = 1000.
da, Vorsatzzeichen für → Deka.
DA, Abk. für Algerischer Dinar.
d. a., Abk. für lat. dicti anni, besagten Jahres.
D. A., in röm. Inschriften Abk. für Divus Augustus (→ Divus).
D./A., d/a., Abk. für engl. **documents against acceptance,** Handelsausdruck im Überseeverkehr: Auslieferung der Warendokumente gegen Akzept.
d. Ä., Abk. für der Ältere.
DAAD, Abk. für Deutscher Akademischer Austauschdienst.
DAB, Abk. für Deutsches Arzneibuch.
Dabit [dab'i], Eugène, frz. Schriftst., * Paris 21. 9. 1898, † Sewastopol 21. 8. 1936. Sein Roman ›Hôtel du Nord‹ (1929, dt.) wurde das bezeichnendste Werk des Populismus.
Dąbrowa Górnicza [dɔmbr'ɔva gurn'itʃa], Industriestadt in der poln. Wwschaft Katowice (Kattowitz), Oberschlesien, (1975) 78 900 Ew.

Dąbrowska [dɔm-], Maria, poln. Schriftstellerin, * Russów bei Kalisch 6. 10. 1889, † Warschau 19. 5. 1965. Ihr realist., epischer Roman ›Nächte und Tage‹ (4 Bde., 1932–34, dt.) behandelt das Schicksal dreier Generationen zw. 1864 und 1914.
Dąbrowski [dɔm-], Jan Henryk, poln. Nationalheld, * Pierzchowiec bei Krakau 2. (oder 29.) 8. 1755, † Winnogóra (Prov. Posen) 6. 6. 1818, nahm am Aufstand Kościuszkos (1794) teil; bildete 1797 in Oberitalien poln. Legionen, die bis 1801 bestanden, und löste im Nov. 1806 in Großpolen den Aufstand gegen Preußen aus. – D. wurde die spätere poln. Nationalhymne ›Mazurek Dąbrowskiego‹ (›Noch ist Polen nicht verloren‹) gewidmet.
da capo [ital.], Abk. **D. C.,** Musik: von Anfang an. Ein Musikstück soll von Anfang bis zu einer mit ›Fine‹ oder einem Schlußzeichen bezeichneten Stelle wiederholt werden.
Dacca, Dakka, Hauptstadt von Bangladesh, im Ganges-Brahmaputra-Delta, (1980) einschließlich der Außenbezirke 2,6 Mio. Ew.; zwei Universitäten, TH, Forschungsinstitute, Bibliotheken, Museen, zahlreiche Behörden; kath. Erzbischofssitz; Industriezentrum mit Textil-, Glas-, Gummi-, Jute- und Nahrungsmittelind.; Binnenhafen, internat. Flughafen. Indo-islam. Bauten bes. aus dem 17. Jh.: Schloß, Fort, die Moscheen Husani Dalan und Sat Gumbat (7 Kuppeln) mit Mausoleen.
d'accord [dak'ɔːr, frz.], einverstanden.
Dach [zu decken], **1)** Hochbau: der obere Abschluß eines Gebäudes, besteht aus Dachtragwerk (Dachkonstruktion) und Dachdeckung. (Bilder S. 16)
2) auch **Dachfläche,** Bergbau: obere Begrenzungsfläche einer Schicht. Ggs.: Sohlfläche.
Dach, Simon, Dichter, * Memel 29. 7. 1605, † Königsberg 15. 4. 1659, seit 1639 Prof. der Poesie ebd. In seinen Liedern, z. T. vertont von H. Albert, fand er einen eigenen Ton für den Ausdruck sanfter Schwermut und maßvollen Lebensgenusses. Das Lied ›Ännchen von Tharau‹ stammt wahrscheinlich von Dach.
Dachau, Kreisstadt in Oberbayern, Große Kreisstadt, am Rand des *Dachauer Moos,* an der Amper, (1981) 34 000 Ew.; Schloß (1546–73, z. T. 1806–09 abgebrochen), Pfarrkirche St. Jakob (1625). Bei D. lag 1933–45 ein nat.-soz. Konzentrationslager (heute Sühnekloster, Totenmahnmal).
Dachdecker, ein Bauberuf.
Dachdeckung, die äußere Haut eines Daches, soll Regenwasser ableiten, Schnee tragen oder abgleiten lassen, gegen Staubschnee dicht sein, eine Durchlüftung des Dachraumes ermöglichen, eine bestimmte Wärmedämmung haben.
Dach der Welt, das Hochland von → Pamir.

Dach

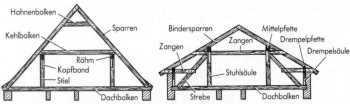

Dach: Dachkonstruktion aus Holz: (links) Kehlbalkensparrendach, (rechts) Pfettendach mit doppelt stehendem Stuhl und Drempel (Kniestock)

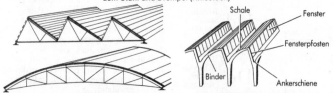

Dach: Dachkonstruktion aus Stahl: (links oben) mehrfaches Sägedach, (links unten) Sichel- oder Tonnendach (Sichelbinder); aus Stahlbeton: (rechts) Schalen-Scheddach

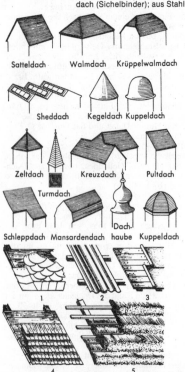

Dach: (oben) Dachformen; (unten) Dachdeckung: 1 Schieferdeckung. 2 Well-Asbestzement-Dachplatten. 3 Dachpappendeckung. 4 Schindeldeckung. 5 Strohdeckung (1, 3, 4 auf Verschalung aufgebracht, 2 an Pfetten befestigt, 5 an Dachlatte gebunden)

Dachgaupe: (oben) Fledermausgaupe, (unten), Schleppgaupe

Dachgaupe, Dachgaube [westmdt.], auch **Dachgauke,** Dachaufbau für ein stehendes Dachfenster.

Dachgeschoß, der über der obersten Vollgeschoßdecke liegende Teil eines Hauses. Der Ausbau von D. (unter Steildächern) zu selbständigen *Dach-, Mansardenwohnungen* ist baurechtlich nur beschränkt möglich.

Dachgesellschaft, Gesellschaft (meist AG oder GmbH) zur einheitl. Leitung eines Konzerns oder Trusts (→Holdinggesellschaft).

Dạchla, Dachel, Dakhla [arab. ›die Innere Oase‹], ägypt. Großoase in der Libyschen Wüste, 170 km westlich Charga, rd. 20000 Ew. Hauptort ist El-Kasr.

Dachlatte, ein Bauholz (Schnittholz) mit rechteckigem Querschnitt von höchstens 32 cm², mit dem Seitenverhältnis von höchstens 1:2.

Dachlauch, die → Dachwurz.

Dachpappe, mit Teer oder Bitumen imprägnierte Rohdachpappe zum Verlegen bes. auf Dächern. Faserrohstoffe sind Altpapier und Lumpen.

Dachreiter, kleiner Glockenturm auf dem Dachfirst, bes. auf den sonst turmlosen Zisterzienserkirchen.

Dachrinne, an der Unterkante (Traufe) des Daches angebrachtes Gerinne, fängt das Regenwasser von den Dachflächen auf und leitet es in das *Fallrohr* ab.

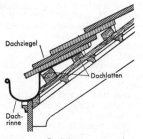

Dachrinne

Dachsbracke, dt. Haushunderasse, Jagdhund; Widerristhöhe: 30–42 cm.

Dach|schiefer, zum Dachdecken geeignete Schiefer oder Tonschiefer mit ebenflächiger Spaltbarkeit.

Dach|schildkröten, Kachụga, Gatt. südasiat. Süßwasserschildkröten.

Dachse, Melịnae, Unterfam. der Marder; gedrungene, plumpe, kurzschwänzige, kurzbeinige Sohlengänger mit kräftigen Grabkrallen an den Vorderfüßen; derbes, grobhaariges Fell; kleine Augen und Ohren. Hauptsinnesorgan ist die Nase; Allesfresser.

Dachse: Europäischer Dachs

Die *Sonnen-D.* (Gatt. *Helịctis*) sind kleine, braune, langschnäuzige Waldtiere mit weißen Gesichtsabzeichen und schmalen Pfoten, gute Kletterer; mehrere Arten in SO-Asien. Die *Schweins-D.* mit nur einer Art (*Arctonix collaris*) haben eine bewegl., rüsselartige Nase; sie leben in SO-Asien und auf Sumatra. Der niedrige, breite *Prärie-* oder *Silber-D.* N-Amerikas jagt Präriehunde und Taschenratten. Der dunkelbraune *Malaiische Stink-D.* oder *Teledu (Mydaus javanẹnsis)* von Borneo, Sumatra und Java hat einen weißen Aalstrich und einen sehr kurzen Stummelschwanz; er kann das Sekret seiner Afterdrüsen gezielt verspritzen. Der **Europ. Dachs** (*Mẹles mẹles*) lebt einsiedlerisch und vorwiegend nächtlich, ist scheu und bevorzugt bes. einsame Gegenden; sein weißer Kopf hat schwarze Längsstreifen über Augen und Ohren; der Körper ist oben grauweiß und schwarz, unten schwarzbraun. Die Nahrung besteht aus Insekten, Regenwürmern, kleinen Säugetieren (bes. Wühlmäusen), Wurzeln, Zwiebeln, Knollen u. a. Feldfrüchten. – Den D. verwandt sind die → Honigdachse.

Dachshunde, Dackel, Teckel, dt. Haushunderassen, bes. geeignet für die Jagd auf Höhlentiere; langgestreckt, kurze Läufe. 3 Züchtungen nach Haarart (kurzhaarig, rauhhaarig, langhaarig) und Größe (Normalteckel, Zwergteckel, Kaninchenteckel).

Dach|stein, verkarstetes Kalkhochplateau in den Nördl. Kalkalpen, im *Hohen Dachstein* 2995 m hoch, mit den östlichsten Gletschern der Alpen; am Nordabfall 2 Höhlensysteme (Riseneishöhle, 20 km lange Mammuthöhle).

Dachwurz, Dachlauch, Echte Hauswurz, Sempervịvum tectọrum, Art der Dickblattgewächse; Felsenpflanze, oft auf Mauern und Dächern angepflanzt.

Dachziegel: 1a Nonne, b Mönch, c beide verlegt; 2 Krempziegel; 3 a Biberschwänze, b Schwalbenschwänze; 4 a Hohlpfanne, b verlegt, c Klauenpfanne; 5 a Muldenfalzziegel, b Längsschnitt, c Querschnitt (Doppelschluß der Falze); 6 Firstziegel

Dachziegel, aus Ton oder tonigen Massen gebrannte Formteile für die Dachdeckung, werden in natürlicher Farbe (rot) durchgehend gefärbt, engobiert (→ Engobe) oder glasiert hergestellt. Nach der Art der Herstellung werden die in Stempelpressen hergestellten *Preß-D.* (*Falzziegel, Reformpfannen, Falzpfannen, Flachdach-*

pfannen, Krempziegel) und die in Strangpressen hergestellten *Strang-D. (Hohlpfannen, Biberschwänze, Strangfalzziegel)* unterschieden. Neben diesen Regelformen gibt es Sonderziegel, so *Mönch-* und *Nonnenziegel* (muldenförmige Unterziegel und gratziegelartige Deckziegel), *Klosterpfannen* (Form eines einteiligen Mönch-Nonnen-Ziegels) oder *Glasdachziegel* zur Belichtung der Dachflächen sowie als Zubehör u. a. *First-, Grat-, Gaupen-, Ortgang-* und *Traufziegel.*

Dackel, der → Dachshund.

dactyl ... [grch. daktylos ›Finger‹], **daktyl** ..., finger ...

Dadaismus [frz. dada ›Holzpferdchen‹, Stammellaut des Kindes?], revolutionäre literarisch-künstler. Bewegung, die die bes. durch den ersten Weltkrieg fragwürdig gewordene überlieferte bürgerl. Kultur lächerlich machen wollte. Sammelpunkt der *Dadaisten* war 1916 das Cabaret Voltaire in Zürich (H. Ball, T. Tzara, R. Huelsenbeck, H. Arp). Die Deklamation von lauten und zusammenhanglosen Wörtern, verbunden mit ›bruistischer‹ (Lärm-)Musik, sollte das chaotische Nebeneinander der Bewußtseinsinhalte darstellen. Der Name ›Dada‹ wurde von gleichdenkenden Künstlern und Schriftstellern in New York übernommen: M. Duchamp, F. Picabia, Man Ray. Die wichtigsten Dadaisten in Berlin waren Huelsenbeck, G. Grosz und J. Heartfield, in Köln M. Ernst, in Hannover K. Schwitters. Der D. dauerte bis etwa 1922 und bildete für viele Künstler eine Durchgangsphase zur Neuen Sachlichkeit und zum Surrealismus; wegbereitend für die Pop Art.

Dädalus, lat. für → Daidalos.

Daddi, Bernardo, ital. Maler, Nachfolger Giottos, war in der ersten Hälfte des 14. Jh. in Florenz tätig; Fresken (S. Croce), Altarwerke, kleine Andachtsbilder (Diptychen und Triptychen).

Dadié [dadj'e], Bernard Binlin, afrikan. Schriftst. frz. Sprache, * Assinie (Elfenbeinküste) 1916; stark naturbezogene, patriot. Werke, die der mündl. Anyi-Tradition folgen.

Dadra and Nagar Haveli [d'ædrə ænd n'æɡə həv'eli], Unionsterritorium in W-Indien, nördl. Bombay, 489 km², (1981) 100000 Ew. Hauptstadt: Silvassa.

DAF, Abk. für → Deutsche Arbeitsfront.

Dağ, Dagh [da:, türk.], Berg.

DAG, Abk. für Deutsche Angestellten-Gewerkschaft, → Angestelltengewerkschaften.

DAG., Abk. für → Deutsche Adelsgenossenschaft.

Dagbamba, → Dagomba.

Dagbane, Sprache der Dagomba.

Dagens Nyheter [›Tagesnachrichten‹], liberale schwed. Morgenzeitung, Stockholm, gegr. 1864 von R. Wall.

Dagerman, Stig, eigtl. Halvard *Jansson,* schwed. Schriftst., * Älvkarleby 5. 10. 1923, † (Selbstmord) Danderyd (bei Stockholm) 4. 11. 1954; Journalist; gestaltete in z. T. an F. Kafka erinnernden Werken Schuld- und Angstgefühle.

WE. Romane: Insel der Verurteilten (1946); Gebranntes Kind (1948); Schwed. Hochzeitsnacht (1949). – Erz.: Die Schlange (1945); Spiele der Nacht (1947). Auch Dramen u. a.

Dagestan, Daghestan [türk. ›Bergland‹], histor. Name der Landschaft zw. der Hauptkette des östl. Großen Kaukasus im W und dem Kasp. Meer im O.

Dagestanische Autonome Sozialistische Sowjetrepublik, russ. **Dagestanskaja** ASSR, seit dem 20. 1. 1921 Teilrep. der Russ. SFSR im N Nordkaukasiens, 50300 km², (1979) 1,63 Mio. Ew.; Hauptstadt: Machatschkala.

Dagh, → Dağ.

Dagmar [ahd. dag ›Tag‹ und mari ›berühmt‹], weibl. Vorname.

Dagö, Dagden, Dagen, estn. **Hiiumaa,** Insel vor der W-Küste Estlands, 965 km², von Ösel durch den Soelasund, vom Festland durch den Mohnsund getrennt. Die Westhalbinsel heißt *Dagerort.* – D., seit 1237 im Besitz des Dt. Ordens, wurde 1560 dänisch, 1582 schwedisch und 1721 russisch. 1918 kam es zur Rep. Estland.

Dagoba, buddhist. Reliquienbehälter, auch das Gebäude oder der Schrein, in dem die Reliquien aufbewahrt werden. Die D. Sri Lankas entsprechen den indischen *Stupa* und den chines. *Pagoden.*

Dagobert [ahd. dag ›Tag‹ und beraht ›glänzend‹], fränk. Könige (Merowinger). **1) D. I.,** Sohn Chlotars II., * um 605/10, † 19. 1. 639, war 623–39 König in Austrasien, seit 629 im ganzen Reich, der letzte wirklich regierende Merowinger. Sein Hausmeier war Pippin d. Ä. **2) D. II.,** Sohn Sigiberts III., * 652, † (ermordet) bei Stenay wohl 23. 12. 679, König von Austrasien (656–61 und 676–79); der noch Unmündige wurde von Grimoald 661 ins Kloster geschickt; später als Schattenkönig zurückgeholt.

Dagomba, Dagbamba, Volk in Ghana. Die mit den Mosi verwandten D. besaßen im 18. Jh. ein blühendes Staatswesen. Städt. Zentren: Yendi (die Hauptstadt des alten D.-Reiches), Tamale, Gambaga. Ihre Sprache *(Dagbane)* gehört zu den Gur-Sprachen.

Dagon [hebraisierte Form des älteren kanaan. Dagan ›Korn‹], westsemit. Getreidegottheit, in Ugarit Vater des Baal, in Palästina Hauptgott der Philister. Die Erzählung vom Raub der Bundeslade (1. Sam. 5,2ff.) soll seine Ohnmacht gegenüber Jahwe erweisen.

Dagover, Lil, urspr. Marie Antonia Siegelinde Martha *Seubert* (in 1. Ehe: Daghofer, in 2.: Witt), Bühnen- und Filmschauspielerin, * Madiun (Java) 30. 9. 1887, † München 23. 1. 1980; seit 1922 zahlreiche Stumm-, dann Tonfilme.

Dagr, altnord. Mythos: die Personifikation des Tages, reitet mit dem Roß *Skinfaxi* (›leuchtende Mähne‹), das Luft und Erde mit glänzendem Licht erfüllt.

Daguerre [dag'ε:r], Louis Jacques Mandé, frz. Maler, einer der Erfinder der Photographie, * Cormeilles (Dép. Val-d'Oise) 18. 11. 1787,

† Bry-sur-Marne 10. 7. 1851, arbeitete mit J. N. → Niepce; erfand 1837 ein Verfahren, ein latentes Jodsilberbild durch Quecksilberdämpfe zu entwickeln und mit Kochsalzlösung zu fixieren *(Daguerreotypie).*

dagurische Sprache, eine mongolische Sprache.

Dahabîye [arab. ›die Goldene‹] *die,* Nilschiff mit Segel, Kajüte; auch Dampfschiff.

Dahl, Johan Christian Claussen, norweg. Maler, * Bergen 24. 2. 1788, † Dresden 14. 10. 1857, seit 1818 in Dresden, seit 1841 Prof. an der Akademie ebd., befreundet mit C. D. Friedrich; realist. Landschaftsgemälde und Reiseskizzen von Italien und Norwegen.

Dahlak [d'axlak], **Dahalak,** Korallen-Inselgruppe im Roten Meer bei Massaua, gehört zur äthiop. Prov. Eritrea.

Dahlbusch-Bombe, nach der stillgelegten Zeche Dahlbusch benanntes Rettungsgerät für eingeschlossene Bergleute: ein zylindrischer Hohlkörper aus Blech, in dem ein Mann Platz hat. Die D.-B. wird mit Winde und Seil in ein dafür hergestelltes Bohrloch zu den Eingeschlossenen hinabgelassen.

Dahlem, Ortsteil des 10. VerwBez. Zehlendorf von Berlin (West-Berlin), hat im Kern einen Dorfanger aus dem 13. Jh. (nordwestlich der U-Bahn-Station D.-Dorf noch zu erkennen) und ehem. Rittergut, war seit 1841 königl. Domäne. Mit ihrer Aufteilung begann 1901 die Entwicklung zum modernen Villenvorort. 1920 nach Berlin eingemeindet.

Dahlem, Franz, Politiker (KPD, SED), * Rohrbach (Lothringen) 13. 1. 1892, † Ost-Berlin 17. 12, 1981, Journalist, in Berlin Hg. der ›Internat. Pressekorrespondenz‹ (Organ der Komintern). 1934 ging er ins Ausland. Mit L. Longo u. a. Marty leitete er 1937–38 in Spanien politisch die Internat. Brigaden. 1942–45 im KZ Mauthausen. In der DDR führendes Mitgl. der SED; mußte 1953 aus ZK und Politbüro ausscheiden; 1957 rehabilitiert.

Dahlerus, Birger, schwed. Industrieller, * Stockholm 6. 2. 1891, † ebd. 8. 3. 1957, Bekannter H. Görings, versuchte Ende August 1939 eine dt.-brit. Verständigung herbeizuführen.

Dahlie [n. dem schwed. Botaniker A. Dahl, * 1751, † 1789], **Georgîne, Dahlia pinnata,** Korbblüter-Gatt. mit rd. 15 Arten aus Mexiko und Guatemala. Durch Kreuzungen entstanden viele Sorten (einfache, halbgefüllte, gefüllte); durch Einkreuzung von *Dahlia juarezii* entstanden die Kaktus-D. mit nadelförm. Blütenblättern; weitere beliebte D.: die niedrigen *Mignon-D., Seestern-* und *Anemonenblütige D., Halskrausen-, Schmuck-* und *Ball-D.*

Dahlke, Paul, Bühnen- und Filmschauspieler, * Streitz (Pommern) 12. 4. 1904, Charakterdarsteller.

Dahlmann, Friedrich Christoph, Historiker und Politiker, * Wismar 13. 5. 1785, † Bonn 5. 12. 1860, wurde 1812 Prof. der Geschichte in Kiel. 1825 Prof. in Göttingen; mußte 1837 als

Führer der → Göttinger Sieben das Land Hannover verlassen. 1842 berief ihn die Univ. Bonn. In der Frankfurter Nationalversammlung 1848 war er einer der Führer der kleindt. Partei. D. vertrat einen am engl. Vorbild geschulten Liberalismus. Er leitete die polit. Geschichtsschreibung kleindt. Prägung ein, die bes. sein Schüler H. von Treitschke weiterführte. Seine ›Quellenkunde der dt. Gesch.‹ (1830), fortges. v. G. Waitz u. a. (2 Bde.), ist ein unerläßliches Hilfsmittel der Geschichtswissenschaft.

Dahme, 1) *die,* linker Nebenfluß der Spree, rd. 100 km lang, entspringt im Fläming, mündet bei Köpenick (Ost-Berlin).

2) Stadt im Kr. Luckau, Bez. Cottbus, (1970) 5400 Ew., an der Dahme, zw. Fläming und Lausitzer Grenzwall; Schloß (Ende 17. Jh., 1945 z. T. abgebrochen), Stadtmauer.

3) Gem. und Ostseebad im Kr. Ostholstein, Schlesw.-Holst., (1981) 1400 Ew., an der Lübecker Bucht.

Dahmen, Karl Fred, Maler, * Stolberg 4. 11. 1917, † Gstadt am Chiemsee 12. 1. 1981, Materialbilder (›Erdformationen‹), Holzcollagen, seit 1963 mehr raumplast. Montagebilder.

Dahn, Felix, Jurist, Historiker und Schriftst., * Hamburg 9. 2. 1834, † Breslau 3. 1. 1912, Prof. in Würzburg, Königsberg, Breslau, schrieb ›Die Könige der Germanen‹, 20 Bde. (1861–1911), histor. Romane, u. a. ›Ein Kampf um Rom‹, 4 Bde. (1876), auch Erzählungen.

Dahomey [daɔm'ɛ, frz.], früherer Name von → Benin.

Dahlie: Kaktus- oder Edeldahlie

Dahrendorf, Ralf, Soziologe, Politiker (FDP), * Hamburg 1. 5. 1929, war seit 1958 Prof. in Hamburg, Tübingen und Konstanz, 1968–69 parlamentar. Staatssekretär im Auswärtigen Amt, in der Kommission der EG 1970–72 für die Außenbeziehungen der EG, 1972 bis 1974 für Bildungs-, Forschungs- und Wissenschaftsfragen zuständig; leitete 1974–84 die ›London School of Economics‹. Beeinflußt durch die Klassentheorie von Marx und durch die amerikan. Soziologie versucht D., eine eigenständige

Dahs

Theorie des sozialen Konflikts und des sozialen Wandels zu entwickeln.

Dahschur, ägypt. Dorf, 25 km südlich von Kairo, in seiner Umgebung 5 Pyramiden des Alten und Mittleren Reiches, darunter die ›Knickpyramide‹ (verschiedene Neigungswinkel im unteren und oberen Teil) und die ›Rote Pyramide‹ des Königs Snofru (4. Dynastie).

Daibutsu [japan. ›Großer Buddha‹], Name für einige Buddha-Statuen in Japan, am bekanntesten die 752 vom Kaiser Shomu errichtete in Nara (Höhe 18 m) und die des Amida (→ Amitabha) in Kamakura von 1252.

Daidalos [›der Kunstreiche‹], lat. **Dädalus,** grch. Mythos: attischer Heros, der auf Kreta das Labyrinth für den Minotaurus geschaffen haben soll. Von Minos im Labyrinth festgehalten, fertigte er für sich und seinen Sohn → Ikarus Flügel und floh nach Sizilien. Er gilt als Begründer der grch. Kunst.

Dáil, Dáil Eireann [dɔıl 'e:rən], das Abgeordnetenhaus der Republik Irland.

Daily Express [d'eılı ıkspr'es], brit. Straßenverkaufszeitung, gegr. 1900 von C. A. Pearson.

Daily Mail [d'eılı meıl], erste erfolgreiche Straßenverkaufszeitung Großbritanniens, gegr. 1896 von den Brüdern Alfred und Harold Harmsworth.

Daily Mirror [d'eılı m'ırə], labourfreundl. brit. Straßenverkaufszeitung, gegr. 1903 als Frauenzeitung von A. Harmsworth.

Daily-Telegraph-Affäre [d'eılı t'eligra:f-, engl.], Verfassungskrise um Kaiser Wilhelm II., ausgelöst durch die Veröffentlichung seiner Gespräche mit brit. Freunden (1907) im ›Daily Telegraph‹ vom 28. 10. 1908. Der Kaiser hatte gesagt, er sei ein Freund Englands, stehe aber mit dieser Meinung in Dtl. in der Minderheit; während des Burenkriegs habe er ein antibrit. Bündnis verhindert. In Großbritannien wurden diese Äußerungen als Anmaßung empfunden, in Dtl. erhob sich ein Sturm der Entrüstung um Person und Rechte des Kaisers. Obwohl dieser den Text vor der Veröffentlichung dem Reichskanzler von Bülow und dem Auswärtigen Amt zugeleitet hatte, war die polit. Prüfung unzureichend. Wilhelm II. sagte in einer öffentl. Erklärung für die Zukunft polit. Zurückhaltung zu. Die D.-T.-A. trug wesentlich zum Sturz Bülows bei.

Daily Telegraph and Morning Post, The D. T. a. M. P. [ðə d'eılı t'eligra:f ənd m'ɔ:nıŋ pəust], konservative brit. Morgenzeitung, gegr. 1855, erste billige Tageszeitung (Penny-Paper) Großbritanniens.

Daimler, Gottlieb, Maschineningenieur, * Schorndorf 17. 3. 1834, † Cannstatt 6. 3. 1900, neben Carl Benz Schöpfer des modernen Kraftwagens. D. wirkte 1872–81 als techn. Direktor der Gasmotorenfabrik Deutz. 1882 gründete er mit W. Maybach eine Versuchswerkstätte in Cannstatt, wo er 1883 einen schnellaufenden Benzinmotor mit Glührohrzündung (Patent 1883) entwickelte. Einen seiner ersten Motoren baute D. 1885 in ein hölzernes Zweirad ein;

1886 wurden ein Boot und ein Pferdewagen mit einem Daimlermotor ausgerüstet. 1890 wurde die durch den Mercedes-Kraftwagen, das erste moderne Automobil (1900/01), bekannte *Daimler-Motorengesellschaft* gegründet, der D. seit 1895 als Mitgl. des Aufsichtsrats angehörte. LIT. F. Schildberger: G. D. u. Karl Benz (1976).

Daimler-Benz AG, Stuttgart-Untertürkheim, der Welt ältestes Kfz-Unternehmen; 1926 entstanden durch Fusion der Daimler-Motorengesellschaft, Stuttgart (gegr. 1890), mit der Benz & Cie., Mannheim (gegr. 1899).

Daimonion [grch.], nach Platon die ›innere Stimme‹ des Sokrates, die ihn warnte, etwas Unrechtes zu tun, ihn jedoch nie positiv zu bestimmten Handlungen aufrief. Das Hören auf dieses D. (statt auf die Götter) führte u. a. zu seiner Verurteilung.

Daina [litauisch], Mz. *Dainos,* lettisch **Daina,** Mz. *Dainas,* Volkslied. Litauische D. sind anonyme Dichtungen nach Art der Volksballade. Lettische D. sind, außer einigen wenigen Volksballaden, anonyme trochäische oder daktylische Vierzeiler mit lyr. oder kontemplativem Inhalt, zum Singen aneinandergereiht.

Dairen, japan. Name für **Talien,** einen Teil der chines. Stadt → Lüta.

Daisne [dɛn], Johan, eigtl. Herman *Thiery* [tjɛr'i], fläm. Schriftst., * Gent 2. 9. 1912, † Brüssel 9. 8. 1978; magisch-realist. Romane (›Der Mann, der sein Haar kurz schneiden ließ‹, 1948), auch Erzählungen, Gedichte.

Daiwa [altpers.], Dew [mittelpers.], in der Lehre Zarathustras ein gefallener Engel oder Dämon, der sich unter Ahriman gegen das Reich Ahura Masdas auflehnt.

DAK, Abk. für **Dt. Angestellten-Krankenkasse,** Ersatzkasse.

Dakar, Hauptstadt von Senegal, an der Südspitze des Kap Verde, (1976) 799 000 Ew. D. ist polit., wirtschaftl. und kulturelles Zentrum des Landes; Sitz eines kath. Erzbischofs und einer Universität; Musée de Négritude; moderner Seehafen (bed. Fischerei); Erdölraffinerie, Konsumgüter-Ind. (Ölmühlen); Flughafen.

Mit drei anderen senegales. Städten besaß D. (gegr. 1857) den Status einer frz. Gemeinde (frz. Bürgerrecht). 1895–1958 war D. Hauptstadt von Französisch-Westafrika, 1959–60 der Mali-Föderation; seit 1960 von Senegal.

Dakhma [von altind. dah ›brennen‹], im Zoroastrismus und bei den Parsen die ›Türme des Schweigens‹, in denen die Toten den Geiern zum Fraß ausgesetzt werden, da Verbrennen oder Vergraben als Befleckung von Feuer oder Erde gelten.

Dakien, Dazien, zur röm. Kaiserzeit das Land zw. Theiß, Donau und Pruth; bewohnt von den **Dakern,** einem Teil der indogerman. Thraker. D. wurde von Trajan 101/02 und 105/06 n. Chr. erobert und 106 röm. Provinz. 270/71 wurde es unter Kaiser Aurelian von den Römern aufgegeben.

Dakka, Hauptstadt von Bangladesh, → Dacca.

Dakota, Name mehrerer nordamerikan. Stammesverbände *(Teton-D., Yankton-D., Yanktonai-D., Santee-D.),* einst die Mehrheit der Indianer der zentralen Prärien und Plains. Heute setzt sich für D. immer mehr die Bez. Sioux durch.

Dakovica, Djakovica [dzj'akɔvitsa, serbokroat.], alban. **Gjakɔvë,** Stadt in S-Serbien, Jugoslawien, (1971) 30000 Ew.

Dakryo|adenitis [grch.], Tränendrüsenentzündung.

daktyl ... [grch. daktylos ›Finger‹], finger ...

Daktyloskopie [grch.], Fingerabdruckverfahren, Auswertung der Merkmale des Hautleistenreliefs, bes. der Fingerbeeren (Fingerabdrücke) im polizeil. Erkennungsdienst (Identifizierung); nach § 81b StPO dürfen dafür, ebenso wie für Zwecke der Durchführung des Strafverfahrens, Fingerabdrücke des Beschuldigten auch gegen seinen Willen aufgenommen werden. Die D. beruht auf der Unveränderlichkeit des Leistenbildes (→ Hautleisten) während des ganzen Lebens und auf der Fülle von Einzelmerkmalen, die in individueller (zufälliger), aber absolut stabiler Kombination Wiederholungen desselben Bildes bei einem anderen Menschen als praktisch ausgeschlossen gelten läßt. Die D. wurde 1851 von B. Welker in der Anthropologie, von Sir F. Galton und E. R. Henry (1901) in die Kriminalistik eingeführt; von H. Wilder (1903) auf Hand- und Fußflächen ausgedehnt.

Daktylus, antiker Versfuß: – ∪ ∪ (die beiden Kürzen können durch eine Länge ersetzt werden).

Daladier [daladj'e], Édouard, frz. Politiker (Radikalsozialist), * Carpentras (Dép. Vaucluse) 18. 6. 1884, † Paris 10. 10. 1970, Lehrer, 1919–40, 1946–58 Abg., war mehrfach Minister, 1927–31 Vors. der Radikalsozialist. Partei, 1933, 1934, 1938–40 MinPräs. Er trat für eine dt.-frz. Entspannung ein und unterzeichnete das Münchner Abkommen (1938). Nach Hitlers Weigerung, Polen zu räumen, erklärte er am 3. 9. 1939 Dtl. den Krieg. Im Sept. 1940 wurde D., der für die Fortsetzung des Krieges eintrat, von der Vichy-Reg. verhaftet und in Riom vor Gericht gestellt. 1943–45 war er in Dtl. interniert. 1947 bis 1954 war D. Präs. der Linksrepublikan. Sammlungsbewegung, 1957–58 Präs. der Radikalsozialist. Partei.

Dalai Lama [tibet. ›Ozean des Wissens‹] *der,* das polit. und – neben dem → Pan-chen Rin-po-che – religiöse Oberhaupt des tibet. Lamaismus, der früher im Potala-Kloster in Lhasa residierende Groß-Lama des Ordens der Gelbmützen; er gilt als Verkörperung des Bodhisattwa Awalokiteschwara, der sich nach dem Tod eines D. L. jeweils in einem gleichzeitig geborenen Knaben in bestimmten körperlichen Merkmalen als neue Inkarnation offenbart. Der gegenwärtige 14. D. L. (* 1935, inthronisiert 1940) floh nach der chines. Besetzung Tibets (1959) nach Indien, lebt in Dharmasala (Nangra-Distrikt) im Asyl.

Dalälv *der,* Hauptfluß der schwed. Landschaft Dalarna, 520 km lang, entsteht aus dem *Österdalälv,* den der Siljansee durchfließt, und dem *Västerdalälv;* mündet in den Bottnischen Meerbusen.

Dalarna, dt. auch **Dalekarli|en,** gebirgige, waldreiche Landschaft in Mittelschweden, um das dichtbesiedelte Becken des Siljansees und die beiden Quellflüsse des Dalälv.

Dalasi, Währungseinheit in Gambia.

Dalat, Da Lat, Gebirgsstadt im südl. Teil Vietnams, 1475 m ü. M., (1973) rd. 90000 Ew.

Dalbe [nach Duc d'Albe, frz. für Herzog von Alba], Pfahlgruppe oder eingerammter Bock in Häfen und Gewässern zum Festmachen oder Führen von Schiffen.

Dalberg, Adelsgeschlecht des Nahegaus, seit 1239 Kämmerer des Bistums Worms, danach auch ›Kämmerer von Worms‹; 1653 Reichsfreiherren.

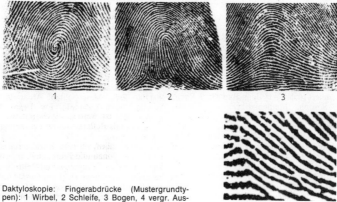

Daktyloskopie: Fingerabdrücke (Mustergrundtypen): 1 Wirbel, 2 Schleife, 3 Bogen, 4 vergr. Ausschnitt mit Einzelheiten des Leistenverlaufs

Dalb

1) Emmerich Joseph Herzog (1810) von, frz. Diplomat, Sohn von 3), * Mainz 30. 5. 1773, † Herrnsheim (heute zu Worms) 27. 4. 1833, republikan. Freigeist, erlangte als bad. Gesandter in Paris die Gunst Talleyrands und dadurch den territorialen Zuwachs Badens im Reichsdeputationshauptschluß 1803, trat 1809 in frz. Dienste, vermittelte die Heirat Napoleons I. mit der österr. Erzherzogin Marie Louise. D. wurde nach Talleyrands Sturz geheimer Gegner des Kaisers; 1814 Mitgl. der provisor. Reg., 1815 frz. Bevollmächtigter am Wiener Kongreß, nach der zweiten Restauration Staats-Min., Pair und Gesandter in Turin.

2) Karl Theodor Reichsfreiherr von, * Herrnsheim (heute zu Worms) 8. 2. 1744, † Regensburg 10. 2. 1817, wurde 1800 Bischof von Konstanz, 1802 Kurfürst von Mainz. Da er sich 1803 eng an Napoleon anschloß, behielt er den Titel des Erzkanzlers des Dt. Reiches, erhielt Regensburg, Aschaffenburg und Wetzlar, 1806 Frankfurt und wurde Fürstprimas des Rheinbundes. 1810 mußte er Regensburg gegen Fulda und Hanau eintauschen; alle fünf Gebiete wurden als Ghzgt. Frankfurt zusammengefaßt. 1813 mußte D. auf seine Landeshoheit verzichten.

3) Wolfgang Heribert Reichsfreiherr von, Bruder von 2), * Herrnsheim (heute zu Worms) 13. 11. 1750, † Mannheim 27. 9. 1806, 1778–1803 Intendant des Mannheimer Nationaltheaters. D., der Schiller vorübergehend förderte, brachte die Uraufführungen von dessen ›Räubern‹ (1782) und ›Fiesko‹ (1784) heraus.

Dalbergie [n. dem schwed. Arzt N. Dalberg, † 1819], **Dalbergia,** Schmetterlingsblüter-Gatt. mit wertvollen Hölzern: *Botanyholz, Cocobolo, Paitanholz* (China), *Ostind. Palisander, Rio Palisander (Rio Jacaranda)* und *Afrikan. Grenadillholz (Senegal-Ebenholz).*

d'Albert [dalb'ɛ:r], Eugen, Komponist, → Albert 1).

Dalcroze [dalkr'o:z], Jacques, eigtl. *Jakob Dalkes,* auch fälschlich *Jacques-Dalcroze* [ʒak-], österr.-schweizer. Musikpädagoge, * Wien 6. 7. 1865, † Genf 1. 7. 1950, entwickelte die ›Rhythmiklehre‹.

Dale [deɪl], Sir Henry Hallet, engl. Physiologe, * London 5. 6. 1875, † Cambridge 22. 7. 1968. Für seine Entdeckungen auf der chem. Übertragung von Nervenimpulsen erhielt er 1936 mit O. Loewi den Nobelpreis für Medizin.

Dalekarlien, → Dalarna.

D'Alembert [dalãb'ɛ:r], Jean-Baptiste *le Rond,* frz. Philosoph, Mathematiker und Literat, → Alembert.

Daleminzen, eigener Name *Glomaci, Glumaci,* alter sorb. Stamm zw. der Elbe und oberen Mulde. Mit der Gründung der Burg Meißen (929) leitete König Heinrich I. die Einbeziehung der D. in die spätere Mark Meißen ein.

Dalén, Nils Gustaf, schwed. Ingenieur, * Stenstorp 30. 11. 1869, † Stockholm 9. 12. 1937, erfand 1906 das *Dalén-Blinklicht,* eine Signalbeleuchtung, die mit einem Acetylenbrenner Lichtblitze ($\frac{1}{10}$ s hell, $\frac{9}{10}$ s dunkel) erzeugte, ferner selbstwirkende Regulatoren für Leuchttürme und Leuchtbojen und erhielt 1912 den Nobelpreis für Physik.

Dalfinger, Ambrosius, Eroberer, * Ulm vor 1500, † Venezuela 1532, wurde für die Welser Statthalter in Venezuela. 1528 kam er nach Coro, führte 1530 die Expedition zum Río Magdalena. Auf dem Zug nach Neugranada wurde er 1532 tödlich verwundet.

Dalí, Salvador, span. Maler, Graphiker, * Figueras bei Barcelona 11. 5. 1904, lebt in Port-Lligat (Costa Brava). Nach kurzem Studium in Madrid schloß er sich 1928 in Paris dem Surrealismus an. Seine veristische Traummalerei ist durch die Psychoanalyse angeregt, seinen theoret. Beitrag nannte er die ›Kritische Methode der Paranoia‹. 1941 brach er in den USA mit dem Surrealismus und bekannte sich in seinen Gemälden zur Tradition in Form und Thema (oft unter Einbeziehung von Bildthemen älterer Meister), ohne jedoch auf techn. Experimente zu verzichten. Objekte und Entwürfe für Schmuck sowie Filme und Aktionen zeigen den breiten Fächer seiner Aktivitäten. – D.-Mus. in Figueras (1974).
LIT. R. Descharnes: S. D. (²1977); S. D., Retrospektive 1920–1980 (1980).

Da lian, amtl. chines. für Dairen, → Lüta.

Dalila, Vulgata: Simsons Geliebte, → Delila.

Dalimils Chronik, Dalimilova kronika, die älteste tschech. Reimchronik, um 1314 entstanden, 1620 erstmals gedruckt; fälschlich einem Domherrn Dalimil zugeschrieben.

Da li mu, amtl. chines. für → Tarim.

Dalin, Olof von, schwed. Schriftst. und Staatshistoriograph, * Vinberg (Halland) 29. 8. 1708, † Drottningholm 12. 8. 1763, schrieb klassizist. Dramen und Epen, witzige Lieder, eine Geschichte Schwedens.

Dalische Rasse [n. der schwed. Landschaft Dalarna], die fälische Rasse (→ Europide).

Dallapiccola, Luigi, ital. Komponist, * Pisino (heute Pizin, Istrien) 3. 2. 1904, † Florenz 19. 2. 1975, gelangte zu einem persönlich geprägten, an A. Berg geschulten Zwölftonstil.
WE. Tre Laudi (1937); Volo di notte (Kurzoper, 1939); Marsyas (Ballett, 1943); Canti di liberazione (1955); Il ritorno d'Ulisse in patria (Oper, 1968); Sicut umbra für Alt und 4 Instrumentalgruppen (1970).

Dallas [d'æləs], Stadt in Texas, USA, (1980) 904100 Ew., Metropolitan Area, mit Fort Worth, (1980) 2,964 Mio. Ew. Urspr. Mittelpunkt eines reichen Baumwollgebiets, ist D. heute das führende Finanz-, Versicherungs- und Handelszentrum im SW der USA und rasch wachsende Industriestadt. Erdölgesellschaften und Industrien der Erdölwirtschaft haben ihren Sitz in D., ferner Flugzeug- und Raketen-, Fahrzeugbau, Herstellung elektron. Geräte sowie die traditionelle Textilindustrie. Modezentrum; Baumwollmarkt. Zw. D. und Fort Worth wurde 1974 ein Großflughafen *(Dallas-Fort Worth Re-*

gional Airport) in Betrieb genommen. Universitäten u. a. Bildungsstätten, Theater, Oper, Museen. – In D. wurde am 22. 11. 1963 der amerikan. Präs. John F. Kennedy ermordet.

Dalmạtica [lat.] *die,* liturg. Obergewand des Diakons in der Kath. Kirche; von Bischöfen und Kardinälen beim Pontifikalamt unter der Kasel getragen.

Dalmạti|en, serbokroat. **Dạlmacija,** Küstenlandschaft am Adriat. Meer, vom Velebit bis zur Bucht von Kotor. Dem Küstenstreifen sind die *Dalmatinischen Inseln* vorgelagert. Die bedeutenderen Inseln sind Brač, Hvar, Vis, Korculă. Wichtigste Städte sind Zadar, Šibenik, Split und Dubrovnik. Die Bevölkerung besteht aus Kroaten (serbokroat. Dalmatinern).

Geschichte. D., im Altertum ein Teil Illyriens, wurde 33 v. Chr. von den Römern unterworfen. Im 7. Jh. drangen Kroaten und Serben ins Land. Die roman. Bevölkerung war seitdem auf die Inseln und Küstenstädte beschränkt, die um 1000 und wieder 1420 unter die Herrschaft Venedigs kamen; im Binnenland setzten sich seit Anfang des 16. Jh. die Türken fest, deren letzte Stützpunkte in D. erst 1699 und 1718 an Venedig fielen. 1797 und wieder 1815 wurde D. österreichisch, seit 1816 als Kgr. 1861 wurde D. als Kronland der westl. Reichshälfte zugeschlagen. Nach dem ersten Weltkrieg fiel es an Jugoslawien; Zara (Zadar) und einige Inseln gehörten von 1920 bis 1947 zu Italien. 1947 kam ganz D. zu Jugoslawien.

Dalmạtiner, 1) die Einwohner von Dalmatien. **2)** Haushunderasse, kurzhaarig, weiß mit dunklen Flecken, verhältnismäßig langer Hals ohne Wamme; Widerristhöhe: 50–60 cm.

Daloa, Stadt in der Rep. Elfenbeinküste, (1979) 100000 Ew.

Dalou [dal'u], Jules, frz. Bildhauer, * Paris 31. 12. 1838, † ebd. 15. 4. 1902, schuf Denkmäler, Porträtbüsten.

dal segno [-s'eɲo, ital.], Abk. *Dal S., D. S.,* vom Zeichen an; in der Notenschrift Anweisung zur Wiederholung eines Musikstückes von der durch ein Zeichen kenntlichen Stelle an.

Dalsland, histor. Landschaft in Schweden, westlich vom Vänersee bis zur norweg. Grenze.

Dalton [d'ɔ:ltən], John, engl. Physiker und Chemiker, * Eaglesfield (Cumberland) 5. oder 6. 9. 1766, † Manchester 27. 7. 1844, war Lehrer, Autodidakt. Bei seinen meteorolog. Untersuchungen gelangte er 1801 gleichzeitig mit W. Henry zu dem → Daltonschen Gesetz. Bei seiner an Newtonsche Gedankengänge anknüpfenden Atomtheorie nahm D. für die Atome versch. chem. Elemente nicht mehr bes. Gestalt, sondern ein best. Atomgewicht an und erklärte damit das Zusammentreten chem. Elemente zu Verbindungen nach konstanten und multiplen Proportionen. D. wurde damit zum Begründer der neueren chem. Atomistik.

Daltonismus [n. dem Erstbeschreiber J. Dalton, der selbst an Rot-Grün-Blindheit litt], Rot-Grün-Blindheit, eine Farbenfehlsichtigkeit.

Dalton-Plan [d'ɔ:ltən-], **Laboratory Plan** [ləb'ɔrətərɪ plæn], von der amerikan. Schulreformerin Helen Parkhurst entwickelte Lehrmethode und Unterrichtsorganisation; 1920 in Dalton (Mass.) eingeführt; fand seitdem bes. in den USA, Großbritannien, Skandinavien und Japan Verbreitung; Vorläufer des programmierten Unterrichts.

Daltonsches Gesetz [d'ɔ:ltən-, n. J. Dalton]. In einem Gasgemisch ist die Summe der → Partialdrucke vom verdünnten Gasen gleich dem gemessenen Gesamtdruck der Mischung.

Dam, Henrik Carl Peter, dän. Biochemiker, * Kopenhagen 21. 2. 1895, † ebd. 24. 4. 1976, wurde 1928 Prof. ebd., 1940–45 in den USA, dann in Kopenhagen. D. erhielt 1943 für die Entdeckung des Vitamin K den Nobelpreis für Medizin.

Daman, Teil des Territoriums Goa, Daman und Diu in Indien, war 1780–1961 portugies. Kolonie.

Damanhụr, Provinzhauptstadt im Nildelta, Ägypten, am Mahmudija-Kanal, (1976) 189000 Ew.

Dạmaraland, 1) Landschaft im mittleren Südwestafrika, nördlich von Windhuk.

2) Heimatland der *Damara* oder *Dama* (→ Bergdama), um den Brandberg und nordwestlich davon; Hauptort: Welwitschia.

Dạmar-Inseln, Inselgruppe nordöstlich von Timor, gehört zu Indonesien.

Damạs, Léon-Gontran, afrokarib. Dichter frz. Sprache, * Cayenne (Französisch-Guayana) 28. 3. 1912, begründete mit A. Césaire und L. S. Senghor die Lyrik der Négritude.

Damạschke, Adolf, Bodenreformer, * Berlin 24. 11. 1865, † ebd. 30. 7. 1935. Aus der Kenntnis des großstädt. Wohnungselends kam er zur Bodenreform, deren Ziele er als Vors. des Bundes dt. Bodenreformer (seit 1898) neu festlegte. Sein Hauptwerk ›Die Bodenreform‹ (1902) wurde grundlegend.

Damạskus, arab. **Dimạschk esch-Scham,** frz. **Damas** [dam'a], Hauptstadt Syriens, 690 m ü. M., am Osthang des Antilibanon, in der vom Fluß Barada bewässerten Oase, (1980) 1,25 Mio. Ew. D. ist eines der bedeutendsten nationalen und religiösen Zentren des Orients mit Universität und arab. Akademie, Museum, Bibliothek; Knotenpunkt wichtiger Verkehrswege: internat. Flughafen; Textil-, Schuh-, Zementind. Das Kunsthandwerk knüpft an die Tradition des MA. an (Woll- und Seidenweberei, Damast) und Waffenschmiede *(Damaszener Klingen); in*ternat. Messe. Aus der Blütezeit der Stadt als Sitz des Kalifats unter den Omajjaden stammt die vom Kalifen Walid I. (705–15) erbaute Große Moschee (Omajjaden-Moschee); an ihrer Stelle stand eine christl. Basilika (Johanneskirche, Ende des 4. Jh. über einem röm. Tempel errichtet); im Hof der Moschee Goldgrundmosaiken mit Landschafts- und Architekturdarstellungen.

Geschichte. Obwohl vorsemit. Ursprungs, wird

Dama

D. erst in den Inschriften Thutmosis' III. (um 1470 v. Chr.) genannt. Nach 1000 v. Chr. war D. Zentrum des Aramäerreiches, über dessen Kämpfe mit Israel das A. T. berichtet. 732 wurde es von Tiglatpileser III. von Assyrien erobert und gehörte dann zum neubabylon., achaimenid. und seleukid. Reich. 64 v. Chr. eroberten die Römer unter Pompejus die Stadt. Später gehörte sie dem Oströmischen Reich; 636 n. Chr. von den Muslimen erobert, wurde D. 665 Sitz der Omajjaden-Kalifen und gelangte zu hoher Blüte. 750 verlegten die Abbasiden ihre Hauptstadt nach Bagdad, seitdem sank die Bedeutung von D., bis es im 12. Jh. als Residenz des Sengiden Nur ad-Din und des Aijubiden Saladin sowie als muslim. Stützpunkt im Kampf gegen die Kreuzfahrer wieder eine Rolle spielte; auch die seit Mitte des 13. Jh. herrschenden Mamluken, die gegen Mongoleneinfälle kämpften, hatten Interesse an D. 1516 fiel die Stadt den Osmanen in die Hände (Selim I.) und blieb bis 1918 türkisch. 1920 wurde es Hauptstadt des frz. Mandats Syrien (1925/26 Zentrum antifrz. Unruhen), 1946 des unabhängigen Staats Syrien.

Damaskus|erlebnis, die Begegnung des Saulus (→ Paulus) mit Christus vor den Toren von Damaskus und seine Berufung zum Apostel (Gal. 1, 10–16, vgl. Apg. 9, 3–19).

Damast [n. Damaskus], Jacquardgewebe, dessen Musterbilder entgegengesetzt zum Grundgewebe binden, so daß durch den Wechsel von Kett- und Schußbindungen (meist Atlas) die Musterung optisch hervortritt.

Damastläufe, Flintenläufe aus zusammengeschweißten harten und weichen Eisendrähten.

Damasus, Päpste: 1) **D. I.** (366–84), * Rom um 305, † ebd. 11. 12. 384, unter ihm begann der glänzende Aufschwung der röm. Kirche im Bund mit dem Staat; förderte die Arbeit des hl. Hieronymus am Bibeltext (Heiliger; Tag: 11. 12.).
2) **D. II.** (Juli–Aug. 1048), stammte aus Bayern, † Palestrina 9. 8. 1048, vorher Bischof Poppo von Brixen, wurde von Heinrich III. zum Papst erhoben.

Damaszener Pflaume [n. Damaskus], Bez. für einige Sorten der Hauspflaume und der Reineclaude.

Damaszieren [n. Damaskus], Verfahren, bes. in der Stahlverarbeitung, zur Erzielung einer Zeichnung und zur Steigerung der Festigkeit und Zähigkeit des Werkstückes (*Damaszener Klingen*). Dünne Vierkantstäbe verschiedener Dicke und Drähte aus weichem (früher Weicheisen) und hartem Stahl werden mehrfach übereinandergelegt, verschweißt und durch Hämmern zu neuen Stäben gestreckt. Die Berührungslinien der Stahlschichten ergeben das Muster.

Dame [frz. aus lat. domina ›Herrin‹], 1) eine Frau oder Tochter ›aus gutem Hause‹, der ›Gesellschaft‹; allgemein eine Frau von Anstand, sicherem Auftreten, Bildung. *Notre D.* [nɔtrd'am], die Mutter Gottes; *Dames de France*

[damdəfr'ās], Titel der königl. Prinzessinnen Frankreichs; *D. d'honneur* [damdɔn'œr, ›Ehrendame‹], Hofdame ehrenhalber. – In Großbritannien Anrede für die Frau oder Witwe eines Barons oder Ritters sowie Titel der Trägerinnen des Ordens des British Empire.
2) Stein im Damespiel; auch dieses Spiel selbst.
3) Abk. **D.,** Schachfigur.
4) dritthöchste Karte der frz. Spielkarte, dem Ober der dt. Karte entsprechend.

Damenfriede, der Frieden von → Cambrai (1529).

Damen-Oberbekleidung, Abk. **DOB,** Teilbereich des Bekleidungsgewerbes.

Damenweg, frz. **Chemin-des-Dames** [ʃmēded'am], 30 km langer Höhenweg auf dem Höhenrücken zw. Aisne und Ailette, südlich von Laon, einst für die Töchter Ludwigs XV. angelegt.

Damespiel, Brettspiel auf den schwarzen Feldern eines schachbrettartigen Bretts. Zwei Spieler bewegen ihre schwarzen oder weißen Steine schräg voran und nehmen einen im nächsten Feld befindlichen gegner. Stein durch Überspringen weg. Die Dame, ein in die letzte gegner. Reihe vorgerückter Stein, kann diagonal nach allen Richtungen, auch über mehrere Felder, gezogen werden und wird durch Aufsetzen eines zweiten Steines markiert. Gewinner ist, wer dem Gegner alle Steine genommen hat oder ihn völlig blockiert. Als Gesellschaftsspiel wird D. auf Brettern mit 64 Feldern und je 12 schwarzen und weißen Steinen, wettkampfmäßig auf Brettern mit 100 Feldern und je 20 Steinen gespielt.

Damgarten, Stadtteil von → Ribnitz-Damgarten.

Damhirsche, Damwild, Dama, Gatt. der Hirsche mit zwei Arten. Der *Europ. D.* (*Dama dama*) lebte zw. den Eiszeiten auch in Europa, nach der Eiszeit nur in Kleinasien, von wo aus er als Wildbahn- oder Parkwild wiedereingeführt wurde. Das obere Ende seiner Geweihstange ist zur Schaufel verbreitert, die am Hinterrand Zacken trägt; die Schulterhöhe beträgt bis 90 cm, das Gewicht bis 100 kg. Die Weibchen (*Damtiere*) sind kleiner und nur halb so schwer. – Der *Mesopotamische D.* (*Dama mesopotamicus*) ist größer (105 cm hoch und bis zu 200 kg schwer), nur noch in SW-Persien.

Damiani, der hl. → Petrus Damiani.

Damianus, Heiliger, → Kosmas und Damianus.

Damiette [dami'et], arab. **Dumjat,** kopt. **Tamiati,** grch. **Tamiathis,** Provinzhauptstadt in Unterägypten, rd. 100000 Ew., am O-Ufer des nach D. benannten Nilarmes. Vor dem Bau des Suez- und Mahmudijakanals war D. wichtige Hafenstadt.

Damm, 1) Erd- und Wasserbau: länglicher Baukörper aus Erde, Kies, Schotter oder Schüttsteinen.
2) *Mittelfleisch, Perineum,* Bezirk zw. After und äußeren Geschlechtsteilen. – Der D. der Gebärenden wird beim Durchtritt des kindl. Kopfes stark gedehnt und kann einreißen

(Dammriß); eine operative Maßnahme ist der vorbeugende *Dammschnitt (Episiotomie)*.

Damman, ehemals Fischerdorf, jetzt Hafenstadt in Saudi-Arabien, gegenüber den Bahrain-Inseln am Persischen Golf, etwa (1974) 128000 Ew. 1937 wurde hier die erste ergiebige Erdölquelle Saudi-Arabiens erbohrt. D. ist der Ausgangspunkt der Bahn nach Er-Riad.

Dammastock, der höchste Gipfel der *Dammagruppe,* Urner Alpen, 3630 m; am südwestl. Abhang Ursprung des Rhonegletschers.

Damme, Gem. im Kreis Vechta, Ndsachs., am Südrand der *Dammer Berge,* (1981) 12900 Ew.

Dämmerschlaf, durch Arzneimittel herbeigeführter Schlafzustand, in dem Schmerzen gerade noch empfunden werden.

Dämmerung, Übergangszeit zw. Tag und Nacht, entsteht durch Reflexion und Streuung der Sonnenstrahlung in höheren Schichten der Atmosphäre, sobald die Sonne für den Bodenbeobachter unter dem Horizont steht. Die *bürgerliche D.* (›Büchsenlicht‹) reicht bis zu einer Sonnentiefe von 6 bis 6,5° und dauert in Mitteleuropa (50° n. Br.) 37–51 Minuten. Die *astronomische D.* reicht bis 16–18°, die *nautische D.* bis etwa 12° Sonnentiefe. In den Tropen ist die D. nur kurz, in der Polarzone lang anhaltend und farbenreich. In polnahen Breiten hat man im Sommer die *Mitternachts-D.* Farbige D.-Erscheinungen sind bei wolkenlosem Himmel das *Hauptpurlurlicht* bei 3–4° Sonnentiefe und der am Gegenhorizont hochsteigende Erdschatten mit der orangegelben, oft grün gesäumten *Gegen-D.* Bei 8 bis 10° Sonnentiefe kann sich ein mattes *Nachpurpurlicht* entwickeln. Beide Purpurlichter erzeugen an Wolken oder Fels- und Eisgipfeln farbenprächtige Effekte *(Alpenglühen).*
Der *Dämmerungsbogen* bildet die verschwommene Grenze zw. dem erhellten und dunklen Teil des Himmels.

Dämmerungseffekt, Nachteffekt, die Erscheinung, daß in der Dämmerung und Nacht eine fehlerfreie drahtlose Peilung mit den üblichen Peilantennensystemen nicht möglich ist, weil sich infolge der Reflexion der Raumwelle an der Ionosphäre Polarisationsänderungen ergeben; vermeidbar u. a. durch *Adcock-System.*

Dämmerungssehen, Sehen bei niederen Lichtintensitäten, bei dem fast nur die Netzhautstäbchen in Funktion sind. Die Sehschärfe bei D. beträgt weniger als $\frac{1}{10}$ der Tagessehschärfe.

Dämmerungs|tiere, Tiere, die bes. in der Dämmerung und nachts aktiv sind; D. haben große Augen, gutes Gehör und oft auch einen feinen Geruchssinn.

Dämmerzustand, zeitlich begrenzte Bewußtseinstrübung mit Einschränkung der Wahrnehmungsfähigkeit und Willenssteuerung, z. T. mit anschließender Amnesie.

Dammfluß, ein Fluß, der so viel Sinkstoffe mit sich führt und ablagert, daß er durch die Erhöhung seines Bettes zw. selbstgeschaffenen Uferdämmen über die umgebenden Talebene fließt.

D. brechen bei Hochwasser leicht aus und verursachen Überschwemmungen. Beispiele: Hwangho, Po, Mississippi, Amazonas.

Dammscher See, poln. **Jezioro Dąbie** [jɛzʲ'ɔrɔ d'ɔmbjɛ], von dem Odermündungsarm Reglitz durchflossener See bei Stettin, 56 km², bis 4,2 m tief, ehem. Bucht des Stettiner Haffs.

Dämmstoffe, poröse Stoffe mit niedriger Rohdichte, die meist in Form von Matten, Platten oder Schüttungen zur Wärmedämmung (Kälteschutz) und/oder zu Schallschutzzwecken (Schallschluckung, Körperschalldämmung) dienen. Als organ. D. werden Holzprodukte (Holzspan- und Holzfasererzeugnisse) und Kunstharzschäume (Schaumstoffe) aus Polystyrol, Phenolharz oder Polyurethan sowie auch Kork, Torf, Stroh, Seegras, Kokosfasern genutzt. Anorgan. D. sind Kieselgur (Diatomeenerde), Blähperlit, Blähglimmer (Vermiculit), Schaumsand und -glas. Die Wärmedämmung poriger Stoffe beruht auf dem Gehalt eingeschlossener Luftteilchen, sie steigt mit zunehmender Porenzahl und abnehmender Porengröße. D. verhindern den Wärmetransport, besitzen aber nur geringes Speichervermögen (kühlen schnell aus).

Dämmung, Hochbau: die Abschirmung eines Raumes gegen störende Einwirkung (Wärmeschutz, Schallschutz).

damnatur [lat. ›wird verworfen‹], darf nicht gedruckt werden.

Damnum [lat. ›Schaden‹] *das,* die Vermögensminderung *(D. emergens,* positiver Schaden) oder der entgangene Gewinn *(lucrum cessans)* insbes. die Differenz zw. dem Nennbetrag eines Darlehens und dem tatsächlich an den Darlehensnehmer ausgezahlten Betrag.

Damodar, Fluß in Indien, 560 km lang, entspringt im Plateau von Chota Nagpur, ist im Unterlauf schiffbar und mündet in den Hooghly.

Damokles, ein Höfling des jüngeren, wohl auch schon des älteren Dionysios von Syrakus (4. Jh. v. Chr.). Dionysios ließ ihn unter einem Schwert, das an einem Pferdehaar hing, alle Genüsse einer fürstl. Tafel kosten. Daher wurde das *Damoklesschwert* sprichwörtlich für die im Glück stets drohende Gefahr.

Dämonen [grch.] Mz., im grch. Altertum bei Homer urspr. die Götter (unter Betonung ihrer übermenschl. Wirksamkeit), später (seit Hesiod) Zwischenwesen zw. Göttern und Menschen, die auf die menschl. Geschicke in gutem oder bösem Sinne einzuwirken vermochten. In vielen Naturreligionen spielt der Glaube an D. eine außerordentl. Rolle. Fast alle Krankheiten und Unglücksfälle, aber auch deren Heilung und Abwendung werden hier auf die D. zurückgeführt. Teile dieses Glaubens haben sich in manchen Kulturreligionen, doch auch in Aberglauben erhalten. So galten in der frühchristl. Kirche die heidn. Götter als D. Die spätantiken Praktiken der D.-Austreibung wurden fortgeführt (→ Exorzismus). Das MA. übernahm dieses Erbe und fügte den german. Geisterglauben hinzu.

Damon und Phintias, zwei Pythagoreer, die zur

Damp

Zeit des Dionys von Syrakus (vermutlich Dionysios' I.) ein Beispiel der Freundestreue gaben (danach Schillers Ballade ›Die Bürgschaft‹, nach einer Fabel von Hygin).

Damp, Gem. im Kr. Rendsburg-Eckernförde, Schlesw.-Holst., Ostseebad, (1981) 1500 Ew. Ferienzentrum (›Damp 2000‹).

Dampf, Stoff in gasförmigem Zustand, sofern er mit einer diesen Stoff ebenfalls enthaltenden flüssigen oder/und festen Phase in Berührung steht *(Wasser-D.).* Im tägl. Sprachgebrauch wird, entgegen obiger Definition, gelegentlich eine Suspension von Flüssigkeitströpfchen in Luft (z.B. Nebel) als D. bezeichnet. Die Konzentration eines Stoffes im D. wird üblicherweise in Form des *Dampfdrucks* angegeben. In offenen Systemen werden i. d. R. durch Verdunstung keine Gleichgewichtswerte erreicht, da der D. laufend abtransportiert wird. Füllt man dagegen einen evakuierten, geschlossenen Behälter teilweise mit einer flüssigen Reinsubstanz und hält die Temperatur konstant, so werden so lange Moleküle aus der Flüssigkeit in den *Dampfraum* übertreten, bis infolge des angestiegenen D.-Drucks die Kondensationsgeschwindigkeit den Wert der Verdampfungsgeschwindigkeit erreicht oder die flüssige Phase aufgebraucht ist. Den so für eine gegebene Temperatur unter Gleichgewichtsbedingungen erreichbaren Maximaldruck nennt man *Sättigungsdampfdruck.* Verändert man das Volumen des Dampfraums, so wird durch Kondensation oder Verdampfung der für die vorliegende Temperatur charakteristische *Gleichgewichtsdampfdruck* wieder eingestellt, solange beide Phasen vorhanden sind. Die Temperaturabhängigkeit der D.-Drucks heißt *Dampfdruckkurve;* sie beginnt am Tripelpunkt, an dem alle drei Aggregatzustände im Gleichgewicht vorliegen, und endet am krit. Punkt (→kritischer Zustand), bei dem die gasförmige und die flüssige Phase identisch werden.

Dampfbad, D. Schwitzbad, bei dem mit Wasserdampf gesättigte oder übersättigte Luft von 40 bis 56° C auf den ganzen Körper *(Dampfstubenbad)* oder auf best. Körperteile *(Dampfkastenbad, Teil-D., Dampfdusche)* einwirkt.

Dampfdom, kuppelförm. Aufbau auf Dampfkesseln, in dem der erzeugte Dampf sich sammelt und mitgerissene Wassertröpfchen sich abscheiden.

Dampfdruck|erniedrigung tritt neben Siedepunkterhöhung und Gefrierpunkternierdrigung auf, wenn einer reinen Flüssigkeit ein löslicher Stoff (fest, flüssig oder gasförmig) zugesetzt wird. Aus den Unterschieden gegenüber dem reinen Lösungsmittel kann u.a. die Menge des zugesetzten Stoffes ermittelt werden.

dämpfen, mit Wasserdampf behandeln; auch abschwächen. 1) Kochkunst: Speisen durch Wasserdampf gar machen.
2) Schweinemast: Kartoffeln für die Verfütterung aufbereiten.
3) Technologie: a) Holz wird gedämpft oder in heißem Wasser erhitzt (›gekocht‹), um es leichter zu Braunschliff (Holzschliff) und besser zu Furnieren verarbeiten und bleibend biegen zu können. b) Textilien aller Art werden zur Erhöhung des Feuchtigkeitsgehaltes gedämpft, zur Entspannung und Fixierung von Fasern, zur Entwicklung und Fixierung der Druckfarben.

Dämpfer, bei Musikinstrumenten Vorrichtung zum Abschwächen der Tonstärke und gleichzeitig zur Veränderung der Klangfarbe: bei Streichinstrumenten ein auf den Steg aufzusetzender Kamm; bei Blasinstrumenten ein in die Stürze einzuführender Holzkegel; beim Klavier die Lautstärkeminderung und Schwingungsunterbrechung nach dem Loslassen einer Taste; soll diese Dämpfung für alle Tasten gleichzeitig aufgehoben werden, wird das rechte Pedal getreten; zur Minderung der Lautstärke wird das linke Pedal getreten.

Dampfhandbuch mit Anweisungen für die Schiffsführung zum Überqueren der freien Meere, hg. seit 1905 von der Deutschen Seewarte, für den Stillen Ozean bis 1922, den Atlant. Ozean bis 1928, die Ostsee bis 1931, den Ind. Ozean bis 1957, danach →Seehandbücher.

Dampf|erzeuger, Dampfkessel, Anlage zur Erzeugung von Dampf (meist Wasserdampf) von bestimmter Temperatur und Druck zur Gewinnung von Sekundärenergie (in Dampfturbinen oder Dampfmaschinen) oder zur Heizung von Gebäuden oder verfahrenstechn. Anlagen.

Dampfhammer, →Maschinenhammer.

Dämpfigkeit, Hartschlägigkeit, Bauchschlägigkeit, ein Hauptmangel des Pferdes, mit Atembeschwerden infolge chronischer, unheilbarer Herz- oder Lungenerkrankung; Gewährfrist: 14 Tage.

Dampfkessel, neuer Name →Dampferzeuger.

Dampfkochtopf, Schnellkochtopf, geschlossenes Metallgefäß, in dem unter Überdruck von etwa 1 bar Speisen in kürzerer Zeit garen als im offenen Kochtopf.

Dampfkompresse, feuchtheißer Umschlag (Auflage), auch mit Zusätzen (z.B. Heublumensack); wirkt krampflösend bei inneren Organen (z.B. Koliken), entspannend bei Muskelhartspann.

Dampfkraftmaschine, eine Wärmekraftmaschine, die aus Dampf mechan. Arbeit gewinnt: →Dampfmaschine, →Dampfturbine.

Dampfkraftwerk, mit Wasserdampf betriebenes Wärmekraftwerk. Die durch Verbrennung von Kohle, Öl, Gas, Holz, in Einzelfällen auch Müll u.a. erzeugte Wärme dient dazu, in Dampferzeugern Wasser zu verdampfen. Der Dampf liefert bei Entspannung in einer Dampfturbine die Energie zum Antrieb eines Turbogenerators.

Dampflokomobile, →Dampfwagen.

Dampflokomotive, →Lokomotive.

Dampfmaschine, durch Dampf angetriebene Wärmekraftmaschine, i. e. S. nur die *Kolbendampfmaschine.* Bei ihr wird der im Dampfzylinder hin- und hergehende Kolben durch den Arbeitsdampf bewegt. Man unterscheidet D., die über einen Kurbeltrieb eine Drehbewegung erzeugen, und *Freikolbenmaschinen,* bei denen die hin- und hergehende Bewegung des Kolbens auf eine Arbeitsmaschine wirkt. Freikolbenmaschinen sind meist doppelwirkende D., Maschinen mit Kurbeltrieb können *einfach-* oder *doppeltwirkend* sein, d. h. der Dampfdruck wirkt auf eine oder abwechselnd beide Seiten des Kolbens. Nach der Expansion des Dampfs in einer oder mehreren Stufen unterscheidet man D. mit *Hochdruck-, Mitteldruck-, Niederdruckzylinder;* z. T. wird eine Abdampfturbine zur Verbesserung des Wirkungsgrades nachgeschaltet.

Dampf kann während des ganzen Arbeitshubes bei gleichbleibendem Druck einströmen *(Volldruckmaschine),* oder das Einlaßventil (Schieber) wird nach einem Teil des Hubs geschlossen, so daß der Dampf dann mehr oder weniger stark entspannt wird *(Expansionsmaschine).* Erstere erzeugen höhere Leistung, letztere haben besseren Wirkungsgrad. Die Regelung des Einlaßendes (z. B. Dampflokomotive) erlaubt stetigen Übergang beim Anfahren unter hoher Last.

Nach Temperatur und Druck des eintretenden Dampfs unterscheidet man *Sattdampf-* und *Heißdampfmaschine,* nach dem Druck auf der Auspuffseite *Gegendruck-, Auspuff-* und *Kondensationsmaschinen.*

Der Überwachung einer D. dient ein *Indikator.* Aus dem von diesem aufgezeichneten *Indikatordiagramm* erkennt man den Druck während der einzelnen Abschnitte der Hübe: Füllung mit Arbeitsdampf, Expansion, Ausschub des entspannten Dampfs und Kompression des Restdampfs im Zylinder.

Geschichtliches. D. Papin baute 1690 eine Versuchs-D., bei der in einem Zylinder Wasser abwechselnd verdampft und kondensiert wurde *(atmosphär. D.).* Von Th. Newcomen stammt eine atmosphär. D. mit Balancier, die trotz hohen Kohleverbrauchs vielerorts angewendet wurde. Die erste rationelle D. mit vom Zylinder getrenntem Kondensator (1765 direktwirkende Niederdruckmaschine, 1782 bis 1784 doppelt-

wirkende Niederdruckmaschine mit Drehbewegung) schuf J. Watt. Die D. mit Drehbewegung wurde seit 1787 als Antriebskraft in Textilbetrieben verwendet; damit wurde die industrielle Revolution eingeleitet. In Dtl. wurde die erste Wattsche D. 1785 bei Hettstedt im Mansfelder Bergrevier in Betrieb genommen. Die ersten Hochdruck-D. bauten R. Trevithick (1798) und O. Evans (1801), die erste Heiß-D. Wilhelm Schmidt (1892), die Gleichstrom-D. J. Stumpf (1908). Heute ist die D. wegen ihres niedrigen Wirkungsgrades und hohen Gewichts nur noch in Sonderfällen im Einsatz.

LIT. C. Matschoss: Die Entwicklung der D., 2 Bde. (1908).

Dampfmesser, Gerät zur Messung der Dampfmenge, die in der Zeiteinheit durch eine Rohrleitung strömt; dient zur Überwachung von Dampferzeugern oder Dampfverbrauchern (Dampfkraftmaschinen, Heizung). In größeren Anlagen verwendet man fast ausschließlich D. nach dem Prinzip des →Venturirohrs.

Dampfnudeln, Mehlspeise aus etwa eigroßen, im Dampf gargemachten Klößchen von Hefeteig.

Dampfpfeife, vorgeschriebene Warn- und Signaleinrichtung an Dampflokomotiven.

Dampfpumpe, kurbellose, auf Vollfüllung arbeitende Kolbenpumpe für Dampf- oder Druckluftantrieb. Pumpenkolben und Dampfkolben sitzen auf einer gemeinsamen Kolbenstange. Die Dampfventile werden in den Endlagen umgesteuert, bei einzylindrigen Simplexpumpen durch die Kolbenstange oder durch Dampf, bei zweizylindrigen Duplexpumpen durch die Kolbenstange des anderen Zylinders. Verwendung bes. für Dampflokomotiven.

Dampfschiff, Dampfer, durch Dampfkraft angetriebenes Wasserfahrzeug mit Dampferzeugungs-, Antriebs- und Hilfsmaschinenanlage. Der Dampferzeuger ist heute meist ein Wasserrohrkessel mit Ölfeuerung, mittleren bis hohen Dampfdrücken (etwa 29 bis 68 bar) und Temperaturen (durch Überhitzung 400° C und mehr).

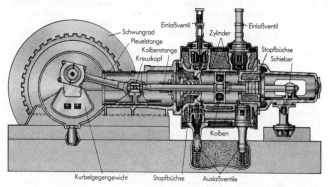

Dampfmaschine: Schema einer liegenden Einzylinder-D. mit Ventilsteuerung

27

Damp

Als Antrieb herrschen Dampfturbinen vor, deren hohe Drehzahl durch Zahnrad- oder Flüssigkeitsgetriebe auf die optimale Drehzahl der Vortriebspropeller *(Schraubendampfer)* herabgesetzt wird. Der Antrieb durch Seiten- oder Heckräder *(Raddampfer)* ist veraltet.

Dampfsperre, Hochbau: eine vollständig oder nahezu dampfundurchlässige (dann oft *Dampfbremse* genannte) Zwischenschicht in einer Wand, Decke oder einem Dach.

Dampfstrahlpumpe, Dampfstrahlsauger, eine Diffusionspumpe, Treibmittelpumpe zur Vakuumerzeugung (Treibmittel: Öl-, Quecksilberdampf) und zum Absaugen von Gasen und Flüssigkeiten (Treibmittel: Wasserdampf). Die D. hat keine bewegl. Teile und ist deshalb wartungsarm. Ihr Wirkungsgrad ist mäßig.

Dampfturbine, Dampfkraftmaschine mit höchster Leistungsgrenze, in der i. Ggs. zur (Kolben-)-Dampfmaschine die potentielle Energie des Dampfes unter hohem Druck nicht direkt in mechan. Arbeit umgesetzt wird, sondern zunächst in kinet. Energie. Der Dampf strömt in die Turbine durch Düsen ein, wo er aufgrund der Druckabsenkung stark beschleunigt wird. Er trifft auf die Laufschaufeln des Turbinenrades, auf die er Energie überträgt, während sich die Geschwindigkeit des Dampfes verringert. Bei *Gleichdruckturbinen* wird die gesamte Druckenergie in den Düsen in Bewegungsenergie umgesetzt, es herrscht vor und hinter der Laufschaufel gleicher Druck. Einstufige D. dieser Art ist die *Laval-Turbine;* die Unterteilung des Gesamtgefälles in Einzelgefälle führt zu der mehrstufigen D. mit Druckstufung, Bauart *Zoelly-Rateau.* Eine Verbesserung der Laval-Turbine ist die *Curtis-Turbine,* bei der der noch nicht vollständig entspannte Dampf in weiteren Laufrädern entspannt wird (Gleichdruck mit Geschwindigkeitsstufung). Bei *Überdruckturbinen* wird der Dampf je etwa zur Hälfte in einer Lauf- und Leitschaufel (Düse) entspannt, z. B. *Parsons-Turbine.* Bei *Axialturbinen* strömt der Dampf in Richtung der Achse, bei *Radialturbinen* in Richtung des Radius. Bei *Kondensationsturbinen* wird der Dampf in einem Kondensator niedergeschlagen; bei *Gegendruckturbinen* ist der Gegen- oder Enddruck höher als bei einer *Kondensationsturbine,* da die Druckenergie nur z. T. in mechan. Arbeit umgewandelt wird. *Abdampfturbinen* nutzen den Abdampf von anderen mit Dampf betriebenen Maschinen aus. Meist sind die ausgeführten Turbinen Kombinationen der Grundtypen Curtis, Laval, Zoelly-Rateau, Parsons.

Geschichtliches. Schon im Altertum war das Prinzip der D. bekannt (Äolusball des Heron von Alexandria, um 62 n. Chr.), ebenso im 17. Jh. (Dampfrad des G. Branca 1629). 1883 schuf der schwed. Ingenieur C. G. P. de Laval als erste techn. D. eine einstufige Gleichdruckturbine und 1884 der Engländer Ch. A. Parsons eine mehrstufige Überdruckturbine. Aber erst seit 1900, nachdem der Amerikaner Ch. G. Curtis die Geschwindigkeitsstufung erfunden hatte und die unmittelbare Kupplung von D. mit elektr. Stromerzeuger möglich war, begann der Siegeszug der D.

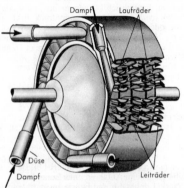

Dampfturbine: Prinzip der Dampfturbine, dargestellt an der Laval-Turbine: Der Dampf strömt aus den Düsen in Richtung der Achse über die Laufräder und drückt dabei die Laufräder vorwärts

Dämpfung, 1) → dämpfen.
2) Physik: Schwächung der Amplitude von Schwingungen oder Wellen durch Umwandlung der Schwingungsenergie in andere Energieformen, z. B. Wärme. Achsschwingungen bei Fahrzeugen werden durch Stoßdämpfer, Zeigerschwingungen bei Meßgeräten durch Dämpferflügel oder Wirbelstromdämpfung gedämpft. Durch Rückkopplung lassen sich auch gedämpfte Schwingungen *entdämpfen (negative Dämpfung)*. Das *Dämpfungsmaß (Dämpfungsfaktor, Verlustfaktor)* gibt das Verhältnis von Verlustwiderstand und induktivem bzw. kapazitivem Widerstand einer Spule oder eines Kondensators an.

Dampfwagen, Straßenfahrzeuge, angetrieben durch Dampfkraftmaschinen über Riemenscheiben; in der histor. Entwicklung der Kraftfahrzeuge Vorläufer des Antriebs durch Verbrennungskraftmaschinen. Erste Versuche im 18. Jh.; zuletzt in Form von *Dampflokomobilen* als Straßenwalze (›Dampfwalze‹) und zum Antrieb von Hofmaschinen (z. B. Dreschmaschinen).

Dampier [dˈæmpjə, n. W. Dampier], neue Hafenstadt in Western Australia, südwestlich von Port Hedland, (1971) 3600 Ew.; Erzverladeeinrichtungen.

Dampier [dˈæmpjə], William, engl. Seefahrer, getauft East Coker (Somerset) 8. 6. 1652, † London März 1715; erkundete auf Fahrten in die Südsee Küstengebiete von Australien, Neuguinea und New Britain.

Dampier-Straße [dˈæmpjə-, n. W. Dampier], Meeresstraße zw. den Inseln New Britain und Umboi.

Damrosch, Leopold, Dirigent und Violinist, * Posen 22. 10. 1832, † New York 15. 2. 1885, wirkte seit 1871 in New York, wo er zu einem Pionier des amerikan. Musiklebens wurde. Seine Söhne, der Chordirigent Frank Heino (* 1859, † 1937) und der Dirigent Walter Johannes D. (* 1862, † 1950), setzten D.s Werk fort.

Damüls, österr. Fremdenverkehrsgem. im Bregenzer Wald, Vorarlberg, 1428 m ü. M., (1981) 300 Ew.; 1313 bis 1326 durch eingewanderte Walser besiedelt.

Damwild, die →Damhirsche.

Dan [n. Dänemark], **Danien** [danjˈɛ̃, frz.], **Danium,** unterste Stufe des Tertiär, früher zur Kreide gerechnet.

Dan [japan. ›Stufe‹, ›Meistergrad‹], die 10 Rangstufen der Meister in den Budokünsten (→Budo); in Japan auch im Ikebana und Brettspiel (Go) verliehen.

Dan, 1) israelit. Stamm (Sohn Jakobs), urspr. im zentralpalästinens. Gebirge westlich von Jerusalem, später in der gleichnamigen Stadt, dem nördlichsten Punkt des Reiches Israel, lebend.

2) Volk in W-Elfenbeinküste und O-Liberia, gehören zu den Mande-Fu; berühmt für ihre künstler. Arbeiten (Schnitzkunst, Gelbguß).

Danaǀe, grch. Mythos: Tochter des Akrisios von Argos; sie wurde durch Zeus, der in Gestalt eines Goldregens zu ihr kam, Mutter des Perseus.

Danaǀer, bei Homer Bez. für alle Griechen oder einen (nicht näher bestimmten) Teil. *Danaergeschenk,* unheilbringendes Geschenk (nach Vergils Aeneis II, 49: ›Quidquid id est timeo Danaos, et dona ferentes‹, ›was es auch sei, ich fürchte die D., auch wenn sie Geschenke bringen‹; Warnung Laokoons an die Troer, das von den Griechen bei ihrer vermeintlichen Abfahrt zurückgelassene hölzerne Pferd in die Stadt hineinzuschaffen).

Danaïden, grch. Mythos: die fünfzig Töchter des Danaos, die (bis auf Hypermnestra, die ihren Bräutigam Lynkeus rettete) in der Brautnacht ihre Männer ermordeten und zur Strafe dafür in der Unterwelt unablässig Wasser in ein durchlöchertes Faß schöpfen mußten. *Danaidenarbeit,* mühevolle vergebl. Arbeit.

Danaïden, Danaïdae, Fam. tropisch-subtrop. Schmetterlinge; über 1000 Arten.

Danakil [arab.], Ez. *Dankali,* eigener Name **Afar** [›Freie‹], ein den Galla verwandtes kuschitisches Hirten- und Fischervolk in der *Danakil-Senke* (Afar-Senke), bes. im Küstengebiet am Roten Meer (in Eritrea und Djibouti). Die D. sind Muslime.

Da Nang, früher frz. *Tourane* [turˈaːn], Stadt im mittleren Vietnam, (1976) 492 000 Ew.

Danaos, myth. König, der als Stammvater der →Danaer galt.

Danatbank, →Darmstädter- und Nationalbank.

Danckelman(n), Eberhard Freiherr von (1695), * Lingen 23. 11. 1643, † Berlin 31. 3. 1722, Erzieher des Kurprinzen Friedrich von Brandenburg, nach dessen Regierungsantritt (Friedrich III.) 1688 faktisch leitender Min. Wegen seiner Machtfülle bewirkten seine Gegner am Hof 1697 seinen Sturz; trotz erwiesener Unschuld wurde er bis 1707 gefangengehalten.

Danckwerth, Caspar, Historiograph und Topograph, * Oldenswort (Nordfriesland) um 1607, † Husum 1672, verfaßte mit Johann Meyer die ›Newe Landesbeschreibung der zwey Hertzogthümer Schleswich und Holstein‹ (1652).

Dancourt [dãkˈuːr], Florent, eigtl. *Carton,* Sieur *d'Ancourt,* frz. Schauspieler und Dramatiker, * Fontainebleau 1. 11. 1661, † Courcelles-le-Roy (Loiret) 6. 12. 1725, verfaßte über 50 Lustspiele, darunter ›Le chevalier à la mode‹ (1687); brachte auch im Dialekt redende Personen auf die Bühne.

Dandelinsche Kugeln [dãdlˈɛ̃-, n. dem frz. Mathematiker P. G. Dandelin, * 1794, † 1847], Kugeln, die einen Kegel und eine durch ihn gelegte Schnittebene berühren.

Dandin [dãdˈɛ̃], literar. Figur bei Rabelais (III, Kap. 41), Racine (›Les Plaideurs‹) und La Fontaine (›Fables‹ IX, 9). George D. in dem gleichnamigen Lustspiel Molières ist ein durch seine Heirat mit einer Adeligen in Unannehmlichkeiten geratener Bauer, dessen Ausspruch: ›Tu l'as voulu, George D.‹ bei selbstverschuldetem Unglück sprichwörtlich wurde.

Dandin, indischer Dichter und Kunsttheoretiker, lebte um 700 n. Chr.; sein ›Dashakumaracarita‹ (in Sanskrit, dt. Die zehn Prinzen, 1922) ist ein kunstvoller Schelmenroman.

Dandolo, venezian. Patriziergeschlecht, aus dem 4 Dogen hervorgingen.

1) Andrea, Doge seit 1343, * Venedig um 1307, † ebd. 1354, veranlaßte Sammlungen von Verträgen Venedigs mit europ. Mächten (›Liber blancus‹, ›Liber albus‹) und schrieb eine Gesch. Venedigs bis 1280.

2) Enrico, Doge seit 1192, * Venedig um 1107, † Konstantinopel 14. 6. 1205, vertrieb die Pisaner aus Pola und Istrien, leitete den 4. Kreuzzug gegen das Byzantin. Reich, eroberte Dalmatien und Konstantinopel (1204) und festigte Venedigs Vormachtstellung in der Levante.

Dandy [dˈændɪ, engl., aus ind.], Modenarr, Geck. Das *Dandytum* entwickelte sich in England seit 1815 aus einer Clique extravaganter Adliger mittleren Alters unter Führung des aus dem Bürgertum stammenden G. Brummell.

Dandy [dˈændɪ], Walter Edward, amerikan. Neurochirurg, * Sedalia (Mo.) 6. 4. 1886, † Baltimore 19. 4. 1946, führte 1918 die Enzephalographie in die Medizin ein.

Dandyfieber [dˈændɪ-, engl.], das →Denguefieber.

Danebrog [dän. broge ›buntes Tuch‹], dän. **Dannebrog** *der,* die dän. Flagge: in Rot ein weißes Kreuz; der Sage nach 1219 (Schlacht bei Lyndanisse in Estland) vom Himmel gefallen.

Danebrogorden, Orden von Dänemark, gestiftet 1671, ursprünglich einklassig, seit 1808 mehrklassig.

Dänemark, amtl. **Kongeriget Danmark** [k'ɔŋəri:γəð d'anmarg], Königreich im N Europas; ohne Färöer und Grönland, die zum Staatsgebiet gehören, 43 069 km², (1980) 5,13 Mio. Ew.; Hauptstadt: Kopenhagen. Amtssprache: Dänisch. Währungseinheit: 1 Dän. Krone (dkr) = 100 Øre.

D. umfaßt die Halbinsel Jütland und 483 nur z. T. bewohnte Inseln; die größten sind: Seeland, Fünen, Langeland, Falster, Lolland, Møn, Læsø, Bornholm. Als Brücke zw. Dtl. und Skandinavien sowie als Schranke zw. Nord- und Ostsee hat D. große verkehrspolit. Bedeutung. Zw. Jütland, das im N im Kap Skagen endet, den großen Inseln und Südschweden führen drei Meeresstraßen, der *Kleine* und der *Große Belt* und der *Sund* (Øresund), in die Ostsee. Die Inseln und der Ostrand Jütlands sind von fruchtbarem Lehmhügelland bedeckt, den Grundmoränen eiszeitl. Gletscher, und haben von Buchten und Förden zerschnittene Küsten. Jütland wird in der Mitte der Länge nach von einem Endmoränenzug durchzogen, vor dem sich westwärts bis zur dünenbesetzten Ausgleichsküste eintönige, unfruchtbare Sandeebenen (Geest) ausbreiten. An der südl. W-Küste finden sich stellenweise auch fruchtbare Marschen. Fester Untergrund (Kreidekalk) tritt nur an wenigen Stellen, z. B. an der Küste von Møn, zutage. Bornholm besteht aus älteren skandinav. Gesteinen. Die höchste Erhebung D.s liegt im östl. Mitteljütland mit 173 m ü. M. Größere Flüsse fehlen; der längste Fluß ist der Gudenå mit 158 km. Zahlreich sind Seen, von denen der Arresee (42 km²) auf Seeland der größte ist. – Das Klima ist mild und feucht; mittlere Temperaturen im Winter um 0°, im Sommer um 15–16° C. Niederschlagsmengen: im W etwa 800 mm, auf Bornholm 450 mm jährlich. Die Pflanzenwelt ist mitteleuropäisch. In W-Jütland sind ausgedehnte Heiden; in O-Jütland und auf den Inseln kommen neben Kulturland noch Buchenwälder und Moore vor (Wald: rd. 11% der Gesamtfläche).

Die *Bevölkerung* besteht zu 96,5% aus Dänen; sie gehören sprachlich zu den Nordgermanen. Rd. 1,7% dt. Minderheit (Nordschleswig). Rd. 0,4% Schweden. 80% der Bev. wohnen in städt. Siedlungen, fast ein Drittel davon in und um Kopenhagen (weitere Großstädte: Århus, Odense, Ålborg). – Religion: Rd. 98% der Bev. gehören zur evang.-luther. Staatskirche, die in 10 Stifte unter der Leitung von Bischöfen gegliedert ist.

Wirtschaft. Die Landwirtschaft ist bei durchschnittl. Betriebsgrößen von unter 30 ha stark technisiert; sie nutzt 62% der Fläche und beschäftigt (einschließlich Forstwirtschaft und Fischerei) rd. 9% der Erwerbstätigen. Viezucht (Rinder, Schweine, Geflügel) und Milchwirtschaft sind die wichtigsten Erwerbszweige. Angebaut werden bes. Zuckerrüben, Gerste, Kartoffeln, daneben Hafer und Roggen. Die Hektarerträge gehören wie die Milcherträge zu den höchsten in Europa. Die Leistung der Landwirtschaft beruht auf dem hohen Stand des landwirtschaftl. Bildungs- und Beratungswesens und den genossenschaftl. Einrichtungen.

Wichtigste Industriezweige sind Metall-, Lebensmittel-, chem. und elektrotechn. Ind., Herstellung von Möbeln, Textilien, Leder; Schiffbau. Hauptindustriegebiet um Kopenhagen.

Ausfuhr: bes. Fleisch, Milch, Milcherzeugnisse, Eier; rd. 70% Industriegüter (Maschinen, Wasserfahrzeuge). Einfuhr: Rohstoffe, Erdöl, chem. Erzeugnisse, Eisen, Stahl. Haupthandelspartner: Bundesrep. Dtl., Schweden, Großbritannien, USA, Norwegen.

Das Verkehrsnetz ist gut ausgebaut (rd. 2000 km Eisenbahn, rd. 65 000 km Straßen, davon 4382 km Hauptstraßen und 236 km Autobahnen). Brücken verbinden Jütland mit Fünen, Seeland mit Falster und Lolland; die wichtigsten Fährstrecken führen über den Großen Belt (Nyborg-Korsør), den Sund (Helsingør-Hälsingborg und Kopenhagen-Malmö), den Fehmarnbelt (Rødbyhavn-Puttgarden, Vogelfluglinie) und von Gedser nach Warnemünde. Haupthafen (Handelsflotte 1979: 5,5 Mio. BRT) und Mittelpunkt des Luftverkehrs ist Kopenhagen.

Staat. Nach dem Gesetz v. 27. 3. 1953 in Verbindung mit der Verf. (Grundlov) vom 5. 6. 1953 ist D. eine parlamentar. Demokratie mit König als Staatsoberhaupt; die Thronfolge ist auf die Nachkommen König Christians X. (Haus Schleswig-Holstein-Sonderburg-Glücksburg) beschränkt und auf die weibl. Mitgl. ausgedehnt. Die gesetzgebende Gewalt liegt beim Parlament und beim (formell mitwirkenden) König. Das Parlament besteht aus einer Kammer (Folketing), die sich aus 179 nach Verhältniswahlrecht und i. d. R. für 4 Jahre gewählten Abg. (u. a. je 2 von Grönland und den Färöern) zusammensetzt. Allg. Wahlrecht für Männer und Frauen über 20 Jahre; Verfassungsänderungen durch Volksabstimmung möglich. – Einteilung in 14 Amtsbezirke und Kopenhagen.

Bildungswesen: allg. Schulpflicht vom 7. bis 16. Lebensjahr. Universitäten in Kopenhagen (gegr. 1479), Århus (1928), Roskilde (1970) und Ålborg (1974) sowie weitere Hochschulen. – Streitkräfte: allg. Wehrpflicht vom 18. bis 50. Lebensjahr; Dienstzeit 9 Monate.

Geschichte. Vorgeschichte → Nordeuropa. Im 9. und 10. Jh. wuchs aus vielen kleinen Fürstentümern das Königreich D. zusammen, das auch Schleswig und das südwestl. Schweden umfaßte. König Godfred († 810) erbaute zum Schutz gegen Karl d. Gr. an der Grenzwall → Danewerk. Unter Gorm dem Alten kam 934 die Mark Schleswig an das Deutsche Reich; sein Sohn Harald Blauzahn ließ sich um 960 taufen. Die von Sven Gabelbart begonnene Eroberung Englands vollendete Knut d. Gr., der ferner 1027 Schleswig erwarb und 1028 Norwegen eroberte; aber nach seinem Tode machte sich Norwegen und 1042 auch England wieder unabhängig. Einen neuen Aufschwung der dän. Macht leitete Waldemar I. d. Gr. (1157–82) ein; er und seine Söhne Knut VI. (1182–1202) und Waldemar II., der

Sieger (1202–41), unterwarfen die heidn. Wenden der mecklenburgisch-pommerschen Ostseeküste, 1201 das dt. Holstein und 1219 Estland; aber die wendisch-dt. Eroberungen gingen durch die Niederlage bei Bornhöved (1227) verloren. König Waldemar IV. Atterdag (1340–75) verkaufte 1346 Estland dem Dt. Orden, erwarb Gotland 1361 und unterlag im Krieg gegen die Dt. Hanse (Friede von Stralsund 1370). Seine Tochter Margarete (1387–1412) war Königin von D. und Norwegen, gewann dazu 1389 Schweden und brachte 1397 die Kalmarer Union der drei skandinav. Reiche zustande, die mit Unterbrechungen, bis 1523 bestand.

Mit Christian I. (1448–81) begann die Reihe der Könige aus dem Haus Oldenburg und dessen Nebenlinien; ihn wählten 1460 auch die Stände Schleswig-Holsteins zum Landesherrn. Unter Christian II. gewann Schweden durch die Erhebung Gustav Wasas 1520–23 seine Unabhängigkeit zurück, während Norwegen immer enger mit D. verbunden wurde. Christian III. (1534–59) vereitelte in der ›Grafenfehde‹ von 1534–36 die von Lübeck unterstützte Wiedereinsetzung seines 1523 gestürzten Vetters Christian II. und führte 1536 die luther. Reformation ein. Das Königtum sah sich durch den Adel mehr und mehr eingeengt. Der kriegerische Christian IV. (1588–1648) griff zugunsten der dt. Protestanten erfolglos in den Dreißigjährigen Krieg ein; an Schweden verlor er im Frieden von Brömsebro 1645 die Prov. Jämtland und Härjedalen, die Inseln Ösel und Gotland, und Friedrich III. (1648–70) mußte im Frieden von Roskilde 1658 die reich. südschwed. Prov. Schonen, Blekinge, Halland abtreten. Diese Niederlagen hatten 1660 den Sturz der Adelsmacht zur Folge; das ›Königsgesetz‹ von 1665 legte einen schroffen Absolutismus fest. Den mit Schweden verbündeten Gottorpern nahm D. im Nord. Krieg von 1700–20 ihren Anteil an Schleswig und erwarb 1773 im Austausch gegen das seit 1676 dän. Oldenburg auch den gottorpischen Besitz in Holstein. Im Geist der Aufklärung wirkten die Reformminister, der ältere Bernstorff (1751–70), Struensee (1771/72) und der jüngere Bernstorff (1773–80, 1784–97), bes. durch die Bauernbefreiung von 1788. Friedrich VI. (seit 1784 Regent, 1808–39 König) mußte nach zwei engl. Seeangriffen auf Kopenhagen 1801 und 1807 die dän. Flotte ausliefern; er schloß sich darauf Napoleon I. an und verlor nach dessen Niederlage im Kieler Frieden 1814 Helgoland an Großbritannien, Norwegen, ausgenommen Island und die Färöer, an Schweden und erhielt 1815 als Ersatz nur das kleine dt. Herzogtum Lauenburg, das ebenso wie Holstein ein Glied des Dt. Bundes wurde.

In der Folgezeit begann eine nat. Reaktion gegen den vorherrschenden Einfluß der dt. Bildung und Literatur, auch erwachte der nat. Gegensatz zwischen den Dänen und den dt. Schleswig-Holsteinern. Die nationalliberalen ›Eiderdänen‹ forderten die völlige Verschmelzung Schleswigs bis zur Eider mit dem Kgr. D. Dagegen verteidigten die Dt. die 1460 verbriefte Untrennbarkeit der beiden Hzgt. Schleswig und Holstein und ihre bisherige Selbständigkeit in Verwaltung und Gesetzgebung (→ Schleswig-Holstein, Geschichte). 1848–50 kam es zum Dt.-Dänischen Krieg, in dem die Schleswig-Holsteiner schließlich, von der Frankfurter Nationalversammlung und Preußen im Stich gelassen, unterlagen. Die europ. Großmächte bestimmten im Londoner Protokoll von 1852 u. a., daß die Herzogtümer eine selbständige Stellung behalten sollten. Trotzdem nahmen die Eiderdänen, die inzwischen in D. die liberale Verfassung von 1849 durchgesetzt hatten, 1863 die Einverleibung Schleswigs in Angriff, und zugleich bestieg Christian IX. (1863–1906) den Thron. Aber im Dt.-Dänischen Krieg von 1864 verlor D. die Herzogtümer Schleswig, Holstein und Lauenburg an Österreich und Preußen. Seitdem hat es nach außen eine bewußte Neutralitätspolitik eingehalten. Im Innern schlug Christian IX. nun eine konservative Richtung ein; in heftigem Kampf gegen die demokratisch-bäuerl. Mehrheit des Folketings führte MinPräs. Estrup (1875–94) die Befestigung Kopenhagens durch. Erst 1901 berief der König die Linke an die Regierung, nun regierten er und seine Nachfolger Friedrich VIII. (1906–12) und Christian X. (1912–47) streng parlamentarisch. Das Ministerium des Radikalen Zahle (1913–20) schuf die demokrat. Verfassung von 1915. Die seit dem 17. Jh. dänische Inselgruppe mit St. Thomas in Westindien wurde 1917 an die USA verkauft; Island wurde am 1. 12. 1918 ein unabhängiges Kgr., das mit D. nur noch in Personalunion stand.

1920 kam Nordschleswig auf Grund einer im Versailler Vertrag festgesetzten Volksabstimmung zu D. Eine Sozialreform unter dem sozialdemokrat. MinPräs. Stauning (seit 1924) begründete D.s Ruf als ›Wohlfahrtsstaat‹. Der Grönlandstreit mit Norwegen wurde 1933 vom Haager Gerichtshof zugunsten D.s entschieden. Am 31. 5. 1939 schloß D. mit dem Dt. Reich einen Nichtangriffspakt ab, wurde jedoch am 9. 4. 1940 von dt. Truppen besetzt; der König blieb im Land, ebenso die Regierung; im Aug. 1943 ging die Regierungsgewalt auf den Bevollmächtigten des Dt. Reichs über. Island, das seit April 1940 von den Alliierten besetzt war, wurde am 17. 6. 1944 unabhängige Republik.

1945 nahm D. an der Gründung der Vereinten Nationen teil. Im April 1946 erreichte die liberale Regierung Kristensen den Abzug der Sowjets von Bornholm. Bestrebungen, Teile Schleswigs von Deutschland zu lösen, schlugen fehl. Unter König Friedrich IX. (1947–72) übernahmen die Sozialdemokraten unter Hedtoft wieder die Regierung (bis 1950). 1949 entschied sich die Reg. Hedtoft für den Beitritt D.s zum Europarat und zum Nordatlantik-Pakt. 1950–53 bildeten die Liberaldemokraten und die Konservativen (Eriksen) die Regierung und führten durch die Verf. von 1953 das Einkammersystem und die weibl. Thronfolge ein. Außenpolitisch förderten sie durch den Beitritt D.s zum Nordischen Rat (1952) die Zusammenarbeit der nordeurop. Staaten. 1953–57 regierten die Sozialdemokraten Hedtoft, dann Hansen, seit Mai 1957 eine Koalition aus Sozialdemokraten, Radikal-Liberalen und der Rechtsstaatspartei. Nach dem Tod Hansens (1960) wurde V. Kampmann MinPräs. 1960 trat D. der EFTA bei. Es folgte J. O. Krag (Sozialdemokrat, seit Sept. 1962), bis H. Baunsgaard im Febr. 1968 eine Koalitionsreg. aus den bürgerl. Parteien Venstre, Radikale Venstre und Konservative bildete. Die Wahlen von 1971 brachten jedoch Verluste für die Koalitionsparteien und Gewinne für die Sozialdemokraten; MinPräs. wurden daher J. O. Krag (Rücktritt 1972) und A. Jørgensen (unter seiner Reg. Volksabstimmung zum EG-Beitritt D.s). Seit 15. 1. 1972 ist Margrethe II. Königin. Die Wahlen von 1973 und 1975 brachten durch die Stimmengewinne der Fortschrittspartei unter M. Glistrup keine stabilen Mehrheiten der herkömml. Parteien: 1973 MinPräs. P. Hartling (Liberaler), seit 1975 sozialdemokrat. Minderheitsreg. A. Jørgensen (Rücktritt Sept. 1982); seitdem konservative Minderheitsreg. unter MinPräs. P. Schlüter.

Dänemark-Straße, rd. 300 km breite Meeresstraße zw. Grönland und Island, Satteltiefe 624 m.

Däneninsel, norweg. **Danøya,** kleine Insel in NW-Spitzbergen.

Dane-Partikel [dein-, n. dem engl. Virologen D. S. Dane], elektronenoptisch erkennbare Eiweißkörper, Teil des Hepatitis B-Antigens.

Danewerk, dän. **Dan(n)evirke,** ein rd. 17 km langes System von Verteidigungswällen bei Schleswig zw. Schlei und Treene. Der älteste Holz-Erde-Wall im N wurde bereits 730/37, der nach Haithabu führende Verbindungswall erst 968 errichtet; im 11./12. Jh. mehrfache Um- und Ausbauten, bes. die Ziegelmauer König Waldemars I. (1157–82) als bedeutendstes Festungswerk N-Europas. Das D. sperrte die Straße von N-Dtl. nach Jütland und hatte bis ins 19. Jh. strateg. Bedeutung. Nach der Eroberung im Krieg von 1848 bauten die Dänen das D. 1858 modern aus, gaben es aber 1864 kampflos auf.

Dani|el [hebr. ›Gott ist mein Richter‹], männl., urspr. westsemit. Name, im A.T. eines Weisen der Vorzeit wie Noah und Hiob, in Ugarit Vater des Akat und weiser Richter der Witwen und Waisen. Das *D.-Buch* des A. T. ist entgegen der jüd. und christl. Tradition nicht im 6. Jh. vom weisen D. am babylon. Hof, sondern erst in der Makkabäer-Zeit (167/164 v. Chr.) verfaßt. Es schildert (1–6) auf Grund älterer Legenden Schicksale und Traumdeutungen des frommen D. und seiner Freunde unter Nebukadnezar II., Belisar und Darius dem Meder (u. a. das →Menetekel, D. in der Löwengrube), enthält im apokalypt. Teil (7–12) 4 Visionen aus der Zeit des Antiochos IV. Epiphanes, u. a. die Vision von den 4 Tieren aus dem Meer, einem Bild für die Abfolge von heidn. Weltreichen, die nach 3½ Zeiten dem messian. Reich weichen müssen.

Dani|el, Daniįl Alexandrowitsch, Fürst von Moskau (1276), * 1261, † 1303, Sohn Alexander Newskijs; Stammvater der Moskauer Dynastie *(Danįlowitschi),* die im 14.–15. Jh. die nordruss. Fürstentümer einigte und bis Ende des 16. Jh. regierte.

Daniel, 1) Julij Markowitsch, Pseudonym Nikolaj *Arschak* (Aržak), russ. Schriftst., * Moskau 15. 11. 1925, wurde 1966 wegen seiner grotesk-satir. Erz. (›Hier spricht Moskau‹, 1962; ›Hände‹, 1963; ›Buße‹, 1969; alle dt.) und deren Veröffentlichung im westl. Ausland mit A. Sinjawskij zu 5 Jahren Zwangsarbeit verurteilt.

2) [d'ænjəl], Samuel, engl. Dichter, * Taunton (Somerset) 1562 (?), † Beckington (Somerset) Okt. 1619, verfaßte Sonette (›Delia‹, 1592) und Episteln, Maskenspiele und ein Bruchstück gebliebenes histor. Epos über die Rosenkriege (›The civil wars‹, 8 Bde., 1595–1609).

Daniellscher Hahn [d'ænjəl-, n. dem engl. Chemiker J. F. Daniell, * 1790, † 1845], Hahn aus zwei ineinandergesteckten Röhren mit gemeinsamer Brenndüse zur explosionslosen Verbrennung von Wasserstoff (Acetylen) mit Sauerstoff. Die erzeugten hohen Temperaturen (3000° C) machen den D. H. geeignet zum Schweißen und als Gebläse in chem. Labors.

Daniel-Rops [danj'εl-], eigtl. Jean Charles Henri *Petiot* [pətj'o], frz. Schriftst., * Epinal 19. 1. 1901, † Chambéry 27. 7. 1965, Vertreter des ›Renouveau catholique‹; Romane (›Mort, où est ta victoire?‹, 1934, dt.), Erz., Essays (›Péguy‹, 1933), histor. Werke (›L'histoire de l'église du Christ‹, 10 Bde. 1948–65, dt.).

Däniken, Erich von, Schriftst., * Zofingen (Kt. Aargau) 14. 4. 1935, stellte umstrittene Thesen zur Frühgesch. auf.

Danilewskij, Nikolaj Jakowlewitsch, russ. Schriftst. und Kulturphilosoph, * Oberze (Gouv. Orel) 10. 12. 1822, † Tiflis 19. 11. 1885. Sein

Danewerk: Hauptwall mit Waldemarsmauer

kulturphilosoph. Werk ›Rußland und Europa‹ (1869; dt. gekürzt hg. v. K. Nötzel) vereinigt in russ. Sendungsbewußtsein mit einer Kulturtypenlehre, ähnlich der O. Spenglers.

Danilo I., Petrović Njegoš, Fürst von Montenegro (1852), * Njeguši (Montenegro) 25. 5. 1826, † Kotor 13. 8. 1860, wehrte mit Unterstützung Österreichs und Frankreichs 1852 und 1858 türk. Angriffe ab; schuf die Anfänge einer modernen Staatsverwaltung und Rechtskodifikation; fiel der Privatrache eines verbannten Montenegriners zum Opfer.

Danios, Danio [ind.], Gatt. trop. Karpfenfische Indiens und des Malaiischen Archipels; beliebte Aquarienfische.

dänische Kunst. Die auf dän. Boden gemachten Funde aus vorchristl. Zeit (bis etwa 1000) gehören der german. Kunst an. Im MA. war Dänemark von Dtl. (Dome zu Lund, Ribe, Viborg), dann von der Lombardei abhängig (Dom von Roskilde). In der Gotik wurden Anregungen aus Frankreich verarbeitet (Zisterzienserkirche von Sorø). Seit etwa 1160 begann sich mit dem Durchsetzen des Backsteinbaues (Zentralkirche in Kalundborg, 5türmig). Die Baukunst der späteren Gotik (St. Peter, Malmö; St. Marien, Hälsingborg; St. Olaf, Helsingør; St. Knud, Odense; Dom Århus) gehört stilistisch zur norddt. Backsteingotik. Der auch die Plastik bestimmende dt. Einfluß erreichte seinen Höhepunkt mit der Tätigkeit von B. Notke für Århus und C. Berg für Odense. Die Baukunst und Plastik der Renaissance standen unter niederländ. und dt. Einfluß (Schloß Kronborg in Helsingør; Börse und Schloß Rosenborg in Kopenhagen; Schloß Frederiksborg). Der Barock setzte mit dem Ausbau Kopenhagens als Festungsstadt ein. Von dem Deutschen E. Häusser wurde Schloß Christiansborg (1794 abgebrannt), von dem Dänen N. Eigtved das Stadtviertel Amalienborg erbaut. Zur Zeit des Klassizismus gaben K. F. Harsdorff und sein Schüler C. F. Hansen der Stadt ihr Gepräge. An Ruhm übertraf sie der Bildhauer B. Thorvaldsen. Die eigenständigsten Leistungen brachten die Maler J. Juel, A. Abildgaard und vor allem W. Eckersberg in Bildnissen, kleinformatigen Landschafts- und Innenraumbildern hervor. Um 1800 zog die Kopenhagener Akademie viele Deutsche an (J. A. Carstens, Ph. O. Runge, C. D. Friedrich, Fr. Kersting). Ch. Købke u.a. setzten das Erbe Ekkersbergs fort. Gegen Ende des Jahrhunderts traten V. Hammershøi und P. Krøyer hervor, der sich dem Impressionismus anschloß. Neue Wege in der Baukunst suchten M. Nyrop (Kopenhagener Rathaus), P. V. Jensen-Klint (Grundtvig-Kirche in Kopenhagen) und G. Asplund. Die religiöse Monumentalmalerei erneuerte J. Skovgaard (Fresken im Dom von Viborg). Nach dem zweiten Weltkrieg erlangten die dän. Architektur und das dän. Kunsthandwerk internat. Rang. Neben A. Jacobsen, dem bekanntesten dän. Architekten, wirken der Metallbildner R. Jacobsen, der Bildhauer H. Hee-

rup und die Maler R. Mortensen, A. Jorn, C.-H. Pedersen und A. Mertz. 1948 schlossen sich C. Dotremont, Appel, Constant, Corneille und A. Jorn zur Gruppe Cobra zusammen. Die jüngste Künstlergeneration (H. Sørensen, L. Micheael, P. Janus-Ipsen, C. Rylander, S. Brogger) vertritt so unterschiedl. Richtungen wie die internationale zeitgenössische Kunst.

dänische Literatur. Vor der Reformation sind die ›Gesta Danorum‹ des Saxo Grammaticus, die ›Folkeviser‹ (Rittertanzlieder) und die ›Kaempeviser‹ (Heldenlieder) Zeugnisse nationaldän. Volkskultur. Die Übersetzung der Bibel von Chr. Pedersen (Christians III. Bibel, 1550) ist von Luther beeinflußt. Ins 17. Jh. gehören Leonora Christina Ulfeldts ›Jammersminde‹ und die aufblühende geistl. Dichtung (Thomas Kingo; Anders Bording).

Der eigtl. Begründer der modernen d. L. war L. Holberg (* 1684, † 1754), der den beherrschenden Einfluß des dt. Barock zugunsten aufklärer. Ideen und Vorbilder aus England und Frankreich zurückdrängte. Mit dem Klopstockjünger J. Ewald begann die in der Wiss. schon früher einsetzende altnord. Renaissance. Ende des 18. Jh. gewann die dt. Aufklärung fast unumschränkte Vorherrschaft; sie rief auch heftige Gegenwirkung hervor (P. A. Heiberg). Jens Baggesen wollte zwischen den Zeitströmungen und Nationen vermitteln. 1802 brachte Henrik Steffens die Ideen der dt. Romantik nach Dänemark. Romantiker, wenigstens in ihren Anfängen, waren A. G. Oehlenschläger und S. Ingemann. Seit 1814 löste sich im Zusammenhang mit der polit. Trennung die norweg. Lit. von der dän. los. Überragende Bedeutung gewann der Philosoph und Theologe S. Kierkegaard. Der Satiriker F. Paludan-Müller und der nationale und religiöse Volksführer Grundtvig waren das Gewissen ihrer Zeit. Der Hegelianer J. L. Heiberg wurde der ästhet. und ideelle Erzieher Dänemarks; er rief eine Blüte des dän. Theaters hervor. Weltberühmt wurden die seit 1835 erscheinenden Märchen H. C. Andersens. Georg Brandes in einem seiner Vorlesungen der 70er und 80er Jahre die Verknüpfung der Literatur mit der Gesellschaft forderte, folgte eine Schar von Anhängern, die, ohne eine einheitl. Schule zu bilden, später fast alle im Gegensatz zu Brandes standen (J. P. Jacobsen, Holger Drachmann, K. Gjellerup, H. Bang). Gleichzeitig mit dem frz. Symbolismus erlebte Dänemark eine lyr. Renaissance (L. Holstein, V. Stuckenberg, J. Jørgensen, S. Claussen u.a.). Anfang des 20. Jh. setzte sich gegenüber der resignierenden Kopenhagener Dekadenz die Jütische Bewegung durch. Die großen Talente aus der Provinz, zu denen J. Aakjaer, J. Knudsen, Joh. V. Jensen, H. Pontoppidan u.a. zählen, kamen meist aus Bauern-, Lehrer- und Pastorenhäusern. Die Arbeiterbewegung schilderte M. Andersen Nexø. Neuere Erzähler sind J. Paludan, Karen Blixen, Nis Petersen, Martin A. Hansen, K. Lindemann, H. Chr. Branner, W. Heinesen, J.-F. Jacobsen,

Dani

Leck Fischer, Hans Kirk, K. Rifbjerg, V. Sørensen, L. Panduro; Lyriker Paul la Cour, T. Kristensen, O. Wivel, H. Rasmussen; Dramatiker Kaj Munk (1944 von der Gestapo erschossen), Kjeld Abell, C. E. Soya.

dänische Musik. Auf dänischem Boden sind die meisten Luren, die eigentümlichen Blasinstrumente der Germanen, gefunden worden. – Im allgemeinen folgte die d. M. der europäischen Entwicklung. Eigenständig sind die balladenhaften Volkslieder. Im 17. Jh. wirkte Heinr. Schütz vorübergehend in Kopenhagen, und D. Buxtehude war einige Jahre Organist in Hälsingborg und Helsingør. Dt. Musiker pflegten um 1800 das dän. Lied, das dän. Singspiel und die dän. Oper, so F. Kuhlau. Die musikal. Romantik repräsentiert Niels W. Gade. Neben ihm wirkten J. P. E. Hartmann und P. A. Heise. Von den dän. Komponisten, deren Hauptwirkungszeit ins frühe 20. Jh. fällt, ist bes. Carl Nielsen zu nennen. Vertreter der zeitgenöss. d. M. sind u. a. M. W. Holm, Th. Koppel, E. Norby, L. Thybo, N. H. und G. M. Pedersen.

dänische Sprache. Die d. S. gehört zu dem nordgerman. Zweig des indogerman. Sprachstammes, und zwar bildet sie mit dem Schwedischen die ostnord. Unterabteilung. Im Gegensatz zu diesem sind u. a. die Endsilben stärker abgeschliffen; anders ist auch der Akzent (Stoßton). Bis ins 10. Jh. unterschied sie sich nur unwesentlich von den übrigen skandinavischen Mundarten. Seit dem Ende des 13. Jh. traten innerhalb des Dänischen mundartl. Unterschiede auf; eine gemeinsame Schriftsprache bildete sich erst zw. 1350 und 1500, vorwiegend auf Grund des seeländ. Dialekts. Im 14. und 15. Jh. machten sich starke Einflüsse des Niederdeutschen geltend (Hanse), später auch des Hochdeutschen (1550–1700) und Französischen (1. Hälfte des 18. Jh.). 1536 bis etwa 1850 war Dänisch die Schriftsprache Norwegens. Mundarten: Dialekt von Bornholm, Inseldänisch, Ost-, West- und Südjütisch. – Geschrieben wird mit lat. Buchstaben; die Umlaute æ Æ [ɛ], ø Ø [œ], å Å [ɔ] stehen am Schluß des Alphabets. Seit der Rechtschreibereform von 1948 werden alle Substantive klein geschrieben; das stumme j vor Vokalen (z. B. in Kjøbenhavn) ist weggefallen: Kø-benhavn.

Dank, die Erwiderung einer erwiesenen Leistung oder Gefälligkeit in Geste, Wort oder Tat. Das mit einem ›Gefühl der Achtung gegen den Wohltäter‹ (I. Kant) verbundene Eingedenksein des empfangenen Nutzens *(Dankbarkeit)* gilt seit der Antike als eigtl. menschl. Haltung und Tugend. D. kann jedoch auch nur unreflektierter Ausdruck der konventionellen Höflichkeit sein. In der Individualethik steht die Dankbarkeit in enger Beziehung zur Gerechtigkeit.

Danksagungstag, → Thanksgiving Day.

Dankwart [ahd. danc ›Gedanke‹, ›Dank‹ und wart ›Hüter‹], männlicher Vorname.

Danmark, dän. Name für Dänemark.

Dannecker, Johann Heinrich von, Bildhauer,
* Waldenbuch bei Stuttgart 15. 10. 1758, † Stuttgart 8. 12. 1841, 1783 in Paris, 1785 in Rom, seit 1790 Prof. in Stuttgart; wichtiger Repräsentant des dt. Klassizismus (Schillerbüste, 1794).

Dannemora [-muːra], Bergbausiedlung in Mittelschweden (Prov. Uppsala); seit 1480 Eisenerzbergbau (52% Eisengehalt).

D'Annunzio, Gabriele, 1924 zum *Principe di Montenevoso* ernannt, ital. Dichter, * Pescara 12. 3. 1863, † Cargnacco bei Gardone 1. 3. 1938. 1898–1900 Abg., rief zum Eintritt in den Krieg gegen die Mittelmächte auf; als Offizier der Luftwaffe verwundet, verhinderte als Freischarführer 1919–20 die Internationalisierung des Hafens Fiume. Die Bindung an Eleonora Duse wurde bedeutsam für seine Dichtung. In Lyrik, Roman und Drama bekannte sich D'A. zu einem heidn. Sinnen- und Schönheitskult. Er ist einer der formenreichsten und wortgewaltigsten ital. Lyriker.

WE. Lyrik: Canto novo (1882); Römische Elegien (1892); Laudi, 4 Bücher (1903–29). Romane: Lust (1889); Der Unschuldige (1892); Triumph des Todes (1894); Feuer (1900); Notturno (1921). Dramen: Die tote Stadt (1898); Francesca da Rimini (1901); Das Schiff (1908); Das Martyrium des hl. Sebastian (1911).

Danse macabre [dãsmakˈabr, frz.], Totentanz.

Danseuse [dãsˈøːz, frz.], Tänzerin, männl. Äquivalent: **Danseur** [dãsˈœːr] *danseur noble,* der Tänzer der Prinzenrollen. *d. étoile* [-etwˈal], entspricht etwa der Ballerina.

Dantan [dãtˈã], Jean Pierre, frz. Bildhauer, * Paris 28. 12. 1800, † Baden-Baden 6. 9. 1869, schuf geistreiche Terrakottakarikaturen (Musée Carnavalet, Paris).

Dantas [dˈãntəʃ], Júlio, portugies. Schriftst., * Lagos (Algarve) 19. 5. 1876, † Lissabon 25. 5. 1962, Lyriker und Dramatiker.

Dante Alighieri [-aligjˈeːri], der größte Dichter Italiens, * Florenz im Mai 1265, † Ravenna 14. 9. 1321, stand den bedeutendsten Künstlern seiner Vaterstadt nahe, so dem Musiker Casella und dem Maler Giotto. Mit neun Jahren sah D. zum ersten Male Beatrice; sie starb im Alter von 24 Jahren im Juni 1290. Um 1293 verh. mit Gemma Donati. Seit 1295 war D. politisch tätig und bekleidete seit 1296 versch. Ämter. Im Kampf um die Unabhängigkeit von Florenz gegen die Einmischungsversuche des Papstes Bonifatius VIII. verstrickte er sich in eine erfolglose Opposition. Er wurde 1302 aus Florenz verbannt und kurz darauf zum Tode verurteilt. Seit 1303 führte er ein Wanderleben, das ihn zunächst nach Verona an den Hof der Scaliger und 1306 zu dem Markgrafen von Malaspina in der Lunigiana führte. 1310 zog D. Kaiser Heinrich VII. entgegen, von dem er die Wiederherstellung der röm. Weltherrschaft erwartete. Der Tod Heinrichs (1313) machte diese Hoffnung zunichte. 1314 lebte in Lucca, in den letzten Jahren in Ravenna. Er wurde im Franziskanerkloster von Ravenna beigesetzt.

Seine kleineren Werke (›opere minori‹) sind teils in ital., teils in lat. Sprache geschrieben. In ital. Sprache: 1) ›La vita nuova‹ (1292–95, Das neue Leben), eine poet. Darstellung seiner Jugendliebe zu Beatrice. 2) Die ›Rime‹ (Lyrische Gedichte), früher ›Il canzoniere‹ genannt, eine Samml. von Minneliedern sowie Gedichten philosoph. und satir. Inhalts. 3) ›Il convivio‹ (1306–08, Das Gastmahl), das erste Beispiel ital. wissenschaftl. Prosa.

In lat. Sprache: 1) ›De vulgari eloquentia‹, nach 1305 entstandene, unvollendete Abhandlung über den Ursprung der ital. Literatursprache. 2) ›Monarchia‹, eine zw. 1310 und 1315 verfaßte Abhandlung über die Idee vom Weltreich und Weltkaisertum. 3) ›Epistulae‹, Briefe, die für die Erklärung der ›Göttlichen Komödie‹ sehr wichtig sind. 4) ›Eclogae‹ (Hirtengedichte). 5) ›Quaestio de aqua et terra‹ (Untersuchung über Wasser und Erde).

Sein Hauptwerk ist die in toskan. Mundart geschriebene ›Divina Commedia‹ (Göttliche Komödie), ein allegor.-lehrhaftes Gedicht in 100 Gesängen mit 14230 Versen in Terzinen, das von D. nur ›Commedia‹ genannt wurde (›Divina‹ erst 1555 in L. Dolces Ausgabe). D. begann mit der Ausführung wahrscheinlich erst 1311 und arbeitete daran bis zu seinem Tode. Die drei Hauptteile: Inferno (Hölle), Purgatorio (Läuterungsberg), Paradiso (Paradies) erschienen einzeln. Die beiden wichtigsten Handschriften ›Il codice Landiano‹ und ›Il codice Trivulziano 1080 della Divina Commedia‹ sind 1336 und 1337 geschrieben. – Die ›Divina Commedia‹ ist dem allegor. Sinn des MA. nach die Darstellung des Weges, der die sündige Seele zum ewigen Heil führt. Geleitet wird D. von Vergil, der Ver-

Dante Alighieri (Federzeichnung von Raffael)

körperung von Vernunft, Wiss. und Philosophie, den Beatrice, die verklärte Jugendliebe, jetzt das Symbol der göttl. Gnade, gesandt hat. Dieser führt ihn durch die neun Höllenkreise auf den Berg der Läuterung, der bei D. an die Stelle des

Fegefeuers tritt, im ird. Paradies übernimmt Beatrice selbst die Führung durch die neun Himmel bis zur Anschauung der Gottheit. Auf seiner Wanderung spricht D. mit den Seelen berühmter Verstorbener über Fragen der Theologie und Philosophie, über die Kirche, den Staat und Italien. So umfaßt die ›Divina Commedia‹ enzyklopädisch die geistigen Themen des MA.

Die eingehende Beschäftigung mit dem Werk D.s begann bald nach seinem Tod. Florenz errichtete 1373 einen D.-Lehrstuhl, den als erster Boccaccio innehatte. – Die ›Göttliche Komödie‹ ist in fast alle Sprachen übersetzt worden.

WE. Gesamtausgabe: Tutte le opere, hg. v. E. Moore (1894, ⁴1924, hg. v. P. Toynbee); Opere, hg. v. der Società Dantesca Italiana (²1960).

Divina Commedia, Ausgaben: Società Dantesca (1921), G. Petrocchi (1965). – Dt. Übersetzungen: erste von L. Bachenschwanz (1767–69); von K. Streckfuß (1824–26), Philalethes (1865), K. Witte (1865), O. Gildemeister (1888), St. George (teilw. 1909), K. Vossler (1943), H. Gmelin (1950), A. Vezin (1950), W. v. Wartburg (1961).

LIT. H. Gmelin: Kommentar zur Göttl. Komödie, 3 Bde. (1954–57).

Dante-Gesellschaften, Vereine zur Verbreitung der Kenntnis von Dantes Werken, z. B. *Neue Dt. Dante-Gesellschaft,* 1920 in Weimar gegr.; Organ: Jb. der Neuen Dt. Dante-Gesellschaft, Bd. 5ff. (1920ff.).

Der Erhaltung und Verbreitung ital. Kultur im Ausland dient die *Società Dante Alighieri,* gegr. 1889, Hauptsitz: Rom.

dant ̣esk, nach Dantes Art, leidenschaftlich, gewaltig.

Danti, Vincenzo, ital. Bildhauer und Goldschmied, * Perugia 1530, † ebd. 26. 5. 1576, einer der Hauptmeister des Manierismus in der Skulptur.

WE. (in Florenz): Triumph der Ehre über die Falschheit (Marmor, um 1561, Museo Naz.); Enthauptung des Täufers (Bronze, 1571, über dem Südportal des Baptisteriums); Venus Anadyomene (Bronze, vor 1579, Palazzo Vecchio).

Dant ̣iscus, Johannes de Curiis, Jan *Dantyszek* [dant'i ʃ ɛk], Geistlicher, Humanist und Diplomat, * Danzig 31. 10. (1. 11?) 1485, † Heilsberg 28. 10. 1548, von Kaiser Maximilian 1516 zum ›poeta laureatus‹ ernannt; Bischof, seit 1530 von Culm, seit 1537 von Ermland.

Danton [dã't ̃ɔ], Georges, frz. Revolutionär, * Arcis-sur-Aube 28. 10. 1759, † (hingerichtet) Paris 5. 4. 1794, Rechtsanwalt, wurde in der Revolution von 1789 durch seine stürmische Beredsamkeit bald Führer der unteren Volksmassen. Mit C. Desmoulins und J. P. Marat Gründer des radikalen Klubs der Cordeliers, eröffnete er mit den ›Septembermorden‹ von 1792 die Schreckensherrschaft und rief auch das Revolutionstribunal ins Leben. Zusammen mit der Bergpartei vernichtete er 1793 die gemäßigte Partei der Girondisten, wurde aber dann selbst durch den Wohlfahrtsausschuß gestürzt.

Dant

Dantzig, Rudi van, niederländ. Choreograph und Ballettdirektor, *Amsterdam 4. 8. 1933, übernahm 1972 die Leitung des Niederländ. Nationalballetts.

Danzer, Georg, Liedermacher, *Wien 7. 10. 1946.

Danzig, 1) Gdańsk, Hauptstadt der Wwschaft G., Hafenstadt an der Ostsee, (1980) 457000 Ew., bildet mit Zoppot und Gdingen eine Städteballung, die sich von S nach N längs der Küste der Danziger Bucht und längs wichtiger Verkehrslinien (Straßen, Eisenbahn) erstreckt. – Neben den Hafenanlagen an der Weichsel entsteht unmittelbar an der Ostsee der für Massengüter bestimmte Nordhafen. – D. hat bedeutende Schiffswerft und vielseitige Industrie. Es ist Sitz vieler Behörden und kultureller Einrichtungen, mehrerer Hochschulen. Fremdenverkehr; seit 1974 internat. Flughafen.

Der mittelalterl. Stadtkern liegt auf dem linken Ufer der Mottlau, dicht oberhalb ihrer Mündung in die Tote Weichsel. D. besteht aus der Rechtstadt, die 1378 eine Ratsversammlung besaß, der Neustadt (seit 1350), der Altstadt (1377 durch Vereinigung von Hakelwerk und einer älteren Marktsiedlung entstanden), der Vorstadt (Ende 14. Jh.), der Speicherinsel (15. Jh.) und der Niederstadt (15.–17. Jh.). 1945 wurden 95% der Recht- und der Altstadt zerstört. Völlig ausgebrannt war die Oberpfarrkirche St. Marien (1343–1502), schwer zerstört wurden das alte rechtstädtische Rathaus (1380), der Artushof (um 1480), der Lange Markt, das Krantor (1443) und die meisten der fast 40 Kirchen und Klöster, die Giebelhäuser (16.–18. Jh.) mit den ›Beischlägen‹ und die Speicher. Stadt und Hafen bildeten bes. seit 1957 nach Warschau den zweiten Mittelpunkt des staatlich gelenkten Aufbaus. Im Kern der Rechtstadt wurde fast jedes Bauwerk mit historisch getreuen Fassaden wieder errichtet. Moderne Wohnviertel entstanden in Langfuhr und bei Oliva.

Geschichte. D., mittellat. Gedanum, wird 997 zuerst als Gyddanze, 1148 als Kdanze (Hauptort des Hzgt. Pommerellen) erwähnt. 1263 hatte es Lübisches Recht. Nachdem es 1308 mit Pommerellen an den Dt. Orden gekommen war, erhielt es 1342/43 Culmisches Stadtrecht. 1361 trat D. der Hanse bei und überflügelte Elbing als dt. See- und Handelsstadt. 1454 sagte es sich vom Orden los und wurde, bes. nach dem 2. Thorner Frieden (1466), eine ›Freie Stadt‹ unter poln. Oberhoheit. 1522 bis 1557 nahm D. die Reformation an. Gegen den poln. König Stephan Báthory verteidigte es seine Vorrechte im Krieg von 1576/77. Im poln. Thronfolgekrieg, als D. Stanislaus Leszczyński aufnahm, wurde es 1734 von den Russen eingenommen. Durch die zweite Teilung Polens (1793) kam es an Preußen. 1807 wurde es durch Napoleon Freie Stadt, fiel aber 1814 an Preußen zurück. 1816–24 und 1878–1919 war es Hauptstadt der Prov. Westpreußen, 1920–39 des Freistaats D., 1939–45 des Reichsgaus D.-Westpreußen.

LIT. W. Drost: Kunstdenkmäler der Stadt D., 5 Bde. (1957–71; Bd. 5 mit F. Swoboda); E. Keyser: D.s Gesch. (1959); ders.: Die Baugesch. der Stadt D., hg. v. E. Bahr (1972); H. Wenig: D./Gdansk, Betrachtung der Stadt in vier Jh. (1980).

Danzig mit Marienkirche (Vorkriegsaufnahme)

2) *Freie Stadt D.,* ehemaliger Freistaat an der Weichselmündung, 1966 km^2 mit (1938) 407500 zu 95% deutschen Ew. – Im Versailler Vertrag (1919) wurden die Stadtkreise D. (einschließlich Oliva) und Zoppot sowie die drei Landkreise Danziger Höhe, Danziger Niederung und Großwerder ohne Befragung der Bevölkerung vom Dt. Reich getrennt, 1920 als Freistaat errichtet und unter den Schutz des Völkerbunds gestellt, der einen Hochkommissar einsetzte (zuletzt 1937–39 C. J. Burckhardt). Dieser entschied als erste Instanz alle Streitigkeiten zwischen D. und Polen, der Völkerbundsrat als letzte Instanz. Oberste Regierungsbehörde war nach der Verfassung vom 11. 8. 1920/14. 6. 1922 der Senat, dem Parlament (Volkstag) verantwortlich war, oberster Staatsbeamter der Präsident des Senats. Senatspräsidenten waren: Sahm (1920–31), Ziehm (1931–33), Rauschning (1933/34), Greiser (1934–39). 1922 wurde der Freistaat zoll- und wirtschaftspolitisch Polen angeschlossen. Die Freie Stadt Danzig hatte die Aufgabe, Polen einen freien Zugang zum Meer zu ermöglichen. Das letzte Ziel der poln. Reg. war es, den Freistaat einzugliedern. 1933 erlangten die Nationalsozialisten die Mehrheit im Danziger Volkstag. Der mit den vielfältigsten Mitteln geführte Kampf zwischen Polen und D. trug im Zusammenhang mit dem Problemen des poln. Korridors entscheidend zur Spannung zwischen Polen und dem Deutschen Reich bei und wurde schließlich eine der Ursachen und Anlaß für den Ausbruch des 2. Weltkrieges.

Am 1. 9. 1939 wurde die Freie Stadt D. dem Deutschen Reich wieder eingegliedert. In Punkt IX b des Potsdamer Abkommens wurde die

Freie Stadt D. (1945) vorläufig, d. h. bis zur Regelung durch einen Friedensvertrag, unter polnische Verwaltung gestellt.

Danziger Bucht, poln. **Zatoka Gdańska** [ʒ-], nach NO offene Bucht der Ostsee, im O von der Steilküste des Samlandes bis zur Halbinsel Hela im NW; Wassertiefe zwischen 6 und 100 m.

Danziger Werder, der nördl. Teil des Weichseldeltas, teilweise unter dem Meeresspiegel; im 17. Jh. urbar gemacht und intensiv bebaut.

Daphne [grch. ›Lorbeer‹], grch. Mythos: eine Nymphe, die, von Apoll geliebt und verfolgt, auf ihren Wunsch hin in einen Lorbeerbaum verwandelt wurde. Darstellungen der D. gibt es u. a. auf attischen Vasen, pompejan. Wandbildern und als beliebtes Thema im Barock. Als Oper wurde der Stoff von J. Peri (1594; die erste Oper überhaupt), H. Schütz (1627; erste dt. Oper, Musik nicht erhalten), R. Strauss (1938) u. a. behandelt.

Daphni, grch. Kloster an der ›Hl. Straße‹ von Athen nach Eleusis, vermutlich im 6. Jh. gegr. Die Kreuzkuppelkirche und ihre Mosaiken stammen aus dem späten 11. Jh.

Daphnia [grch.], Blattfüßer-Gatt., →Wasserflöhe.

Daphnis, grch. Mythos: Hirt auf Sizilien, Sohn des Hermes und einer Nymphe, der das Hirtenlied erfunden haben soll. Seit Longus' Hirtenroman ›Daphnis und Chloe‹ typ. Hirtenname in der Schäferdichtung.

Daphnit [von grch. daphne ›Lorbeer‹] *der,* Mineral, eisenreicher Chlorit.

Dapifer [mlat.] *der,* →Truchseß.

Da Ponte, auch **Daponte,** Lorenzo, eigtl. Emmanuele *Conegliano* [-ʎ'a:no], ital. Operndichter, * Ceneda (heute Vittorio Veneto) 10. 3. 1749, † New York 17. 8. 1838, kam 1781 nach Wien, 1790 ging er nach London, 1804 nach New York. Da P. verfaßte 36 Libretti, u. a. zu Opern von W. A. Mozart (›Figaros Hochzeit‹, ›Don Giovanni‹, ›Cosi fan tutte‹). Seine abenteuerliche Lebensgeschichte – er war u. a. Priester, Spion, Buchhändler – erschien 1823–29 (dt. 1960).

Darboven, Hanne, der Concept Art nahestehende Künstlerin, * München 29. 4. 1941; Bilder und Zeichnungen von Zahlensystemen, bes. aus einer Quersumme entwickelt.

Darbysten, Anhänger einer unter J. N. Darby (* 1800, † 1882) aus den Plymouthbrüdern hervorgegangenen Freikirche.

Darchan, Stadt im N der Mongol. Volksrep., an der Transmongol. Eisenbahn, rd. 60 000 Ew., zweitgrößter Industrieort des Landes.

Dardanellen [n. der antiken Stadt Dardanos], türk. **Çanakkale Boğazı** [tʃ-], im Altertum *Hellespont,* Meeresstraße zw. dem Marmarameer und dem Ägäischen Meer, etwa 65 km lang, 2–6 km breit (zw. der Halbinsel Gallipoli, Europa, und Kleinasien) und bis 100 m tief. Das relativ salzarme Wasser, das durch den Bosporus in das Marmarameer gelangt, wird durch die D. in einer Oberflächenströmung unter langsamer Erhöhung des Salzgehalts in das Ägäische Meer geleitet. Eine entgegengerichtete bodennahe Strömung transportiert salzreiches Mittelmeerwasser in das Marmarameer.

Geschichte. 480 v. Chr. schlug der Perserkönig Xerxes seine Brücken über die D. 334 v. Chr. setzte Alexander d. Gr. hier nach Asien über. 1354 n. Chr. überquerten die Türken die D.; sie befestigten beide Ufer und verschlossen die Meeresstraße für die freie Schiffahrt. Der *Dardanellenvertrag* (1841) zw. der Türkei, Großbritannien, Frankreich, dem Russ. Reich, Österreich und Preußen verbot allen nichttürk. Kriegsschiffen die Durchfahrt durch die Meerenge. Obwohl die Befestigungen zu Beginn des Ersten Weltkriegs veraltet waren, konnten die Türken mit dt. Hilfe die britisch-frz. Angriffe (Febr.-Dez. 1915) zu Wasser und zu Lande (Gallipoli) abschlagen. Die D. blieben in türk. Hand. Der Friede von Lausanne (24. 7. 1923) und das Abkommen von Montreux (20. 7. 1936) regelten die noch heute geltenden Durchfahrtsrechte (→Meerengenfrage). Das Befestigungsverbot von 1923, überwacht von einer Internationalen Meerengenkommission, wurde 1936 wieder aufgehoben. Seitdem befestigte die Türkei die D. erneut.

Dardaner, altes illyr. Volk im heutigen Serbien. Ihr Gebiet, seit dem 1. Jh. n. Chr. römisch, bildete seit 297 die römische Provinz *Dardania.*

Darius I. auf dem Thron, Relief vom Schatzhaus in Persepolis (1936 freigelegt, heute im Museum in Teheran); vor D. vermutlich der Oberkämmerer, ein Meder; hinter diesem ein persischer Lanzenträger und Hofdiener

Dard

Dardanos, nach der ›Ilias‹ Sohn des Zeus und der Gründer der sagenhaften Stadt Dardanië (lat. Dardania) am troischen Ida, Stammvater des troischen Königsgeschlechts *(Dardaniden)*.

Darden, Sammelname für Völkerschaften der indo-arischen Sprachfamilie in NW-Pakistan und O-Afghanistan (Kunar-Tal).

Dareios [grch.], lat. **Darius,** drei altpersische Könige aus dem Haus der Achaimeniden.

1) D. I., *der Große* (522–486 v. Chr.), * 550 v. Chr., † 486 v. Chr., Sohn des Hystaspes, schaltete den Magier Gaumata, der sich als Kyros' Sohn Smerdis ausgegeben hatte, aus und erneuerte nach Niederwerfung zahlreicher Aufstände das Reich des Kyros, erweiterte es bis zum Indus und teilte es 517 in 20 (später 28) Satrapien (Statthalterschaften) ein. Seine Kriegszüge gegen Griechenland (492–490) mißglückten. Ein Selbstzeugnis hinterließ D. in einer Inschrift am Felsen von Bisutum. (Bild S. 37)

2) D. II. *Nothos* (›Bastard‹), eigtl. *Ochos,* Sohn Artaxerxes' I., regierte 423–404 v. Chr., verlor 405 Ägypten. Seine Unterstützung Spartas (412 v. Chr.) war eine Voraussetzung für den spartan. Sieg über Athen.

3) D. III. *Kodomannos,* * um 380 v. Chr., † bei Hekatompylos (nahe Damghan, Iran) etwa Mitte 330 v. Chr., der letzte Achaimenide, regierte 336–330 v. Chr., wurde von Alexander d. Gr. 333 bei Issos, 331 bei Gaugamela besiegt und auf der Flucht in Nordiran von dem Satrapen Bessos ermordet. Seine Tochter Stateira heiratete 324 Alexander d. Gr.

Dar el-Beida [arab. ›weißes Haus‹], 1) amtl. Name für Casablanca.

2) Stadt bei Algier, internat. Flughafen.

Daressalam, Dar es-Salam [arab. ›Haus des Friedens‹], Hauptstadt und wichtigster Hafen Tansanias an geschützter Bucht am Ind. Ozean, (1980) 950000 Ew.; kath. Erzbischofssitz, seit 1961 Universität; Ausgangspunkt mehrerer Eisenbahnlinien (Tansam u. a.) und der Pipeline nach Ndola; Handelszentrum des Landes; internat. Flughafen. – 1862 gründete der Sultan von Sansibar D. 1891–1916 war es die Hauptstadt von Dt.-Ostafrika, 1916–64 von Tanganjika; seitdem von Tansania; wird z. Z. (bis 1983) von Dodoma abgelöst.

Darfur, Dar For [›Land der Fur‹], Provinz im W der Rep. Sudan, größtenteils ein 600–1000 m hohes Steppentafelland, von dem bis 3088 m hohen Djebel Marra durchzogen; Hauptstadt: El-Fascher. Im N (Wüstensteppe) und S (während der Regenzeit weithin überschwemmt) sind spärlich besiedelt, der NO ist fast menschenleer.

Geschichte. Vor dem 15. Jh. gründeten die Dadjo das Reich D.; sie wurden jedoch im 16. Jh. von den Tunjur, die sich z. T. mit den Fur vermischten, als herrschende Schicht abgelöst. Gegen Ägypten behauptete sich D. bis 1874. 1883 geriet es unter die Herrschaft des Mahdi, 1898 in lose Abhängigkeit zum Anglo-Ägypt. Sudan; nach einem gescheiterten Aufstand wurde es 1916 diesem eingegliedert.

Darg [niederdt.], halbfossiler, mit Schlick durchsetzter eisenkieshaltiger Torf im Marschboden.

Darginer, Dargwa, eines der nordöstl. Kaukasusvölker, überwiegend Muslime. Die Sprache der D. ist das *Dargwa.*

Dargomyschskij, Aleksandr Sergejewitsch, russ. Komponist, * Troizkoje (Gouv. Tula) 14. 2. 1813, † St. Petersburg 17. 1. 1869. Seine Opern (›Russalka‹, 1855) beeinflußten mit der Entwicklung des Rezitativs das russische Musikdrama.

Darién, Golf von D., die südlichste Bucht des Karib. Meeres, am Übergang von Süd- zu Zentralamerika.

Dariersche Krankheit [darj'e-, n. dem frz. Dermatologen J. F. Darier, * 1865, † 1938], unregelmäßig-dominant vererbte Hautkrankheit mit knötchenförmigen Verhornungsstörungen.

Darío, Rubén, eigtl. Félix Rubén *García y Sarmiento* [gars'ia-], nicaraguan. Lyriker, * Metapa 18. 1. 1867, † León 6. 2. 1916, nach Reisen in Spanien (1892) und Frankreich zeitweise Diplomat in Paris und Madrid. Als Haupt des span. Modernismus übte er entscheidenden Einfluß auf die gesamte span. und lateinamerikan. Lyrik des 20. Jh. aus.

Darius, altpers. Könige, → Dareios.

Darjeeling [dɑːdʒ'iːlıŋ], **Dardschiling,** Stadt in Westbengalen, Indien, (1971) 42700 Ew., auf einer Vorkette des Himalaja 2185 m ü. M.; Sommerkurort; Teeanbau.

Darkehmen, 1938–45 *Angerapp,* russ. **Osjorsk,** ehem. Kreisstadt an der Angerapp in Ostpreußen (1939: 4200 Ew.).

Darlan [darl'ã], François, frz. Admiral, * Nérac (Lot-et-Garonne) 7. 8. 1881, † (ermordet) Algier 24. 12. 1942, 1939–40 Oberbefehlshaber der frz. Flotte, ab 1940 in der Reg. Pétain Marine-Min., stellv. MinPräs., Innen- und Außen-Min., 1942 Oberbefehlshaber der frz. Streitkräfte; ergab sich nach der Landung der Alliierten in N-Afrika (Nov. 1942).

Darlehen, die Übereignung von Geld, seltener von anderen vertretbaren Sachen, mit der Vereinbarung der Rückzahlung oder der Rückerstattung in gleicher Art, Güte und Menge (§ 607 BGB). Von der Leihe unterscheidet sich das D. dadurch, daß bei ihm der Empfänger Eigentümer wird, während der Verleiher Eigentümer bleibt. Das D. kann verzinslich oder unverzinslich sein. Bei Gewährung auf unbestimmte Zeit wird die Rückzahlungsverpflichtung erst durch Kündigung fällig. Die Kündigungsfrist beträgt drei Monate, falls nicht anderes vereinbart ist, bei D. unter 300 DM einen Monat (§ 609 BGB).

Darlehnskassen, 1) Kreditinstitute, die vom Staat oder von Gemeinden bes. in Notzeiten oder Kriegen zur Gewährung von Darlehen errichtet wurden.

2) *Darlehnskassen-Vereine, Spar- und Darlehnskasse,* Kreditgenossenschaften.

Darling [d'ɑːlıŋ, engl.], Liebling.

Darling [d'ɑːlıŋ] *der,* größter Nebenfluß des

Murray im SO Australiens, 2720 km lang; mehrfach für Bewässerung gestaut.

Darling Range [d'ɑːlıŋ reındʒ], von Flüssen stark zerschnittene Randstufe im südl. Westaustralien.

Darlington [d'ɑːlıŋtən], Stadt in der nordengl. Cty. Durham, (1975) 97 800 Ew.; Industrie. Zw. D. und Stockton verkehrte 1825 die erste öffentliche Dampf-Eisenbahn.

Darlington [d'ɑːlıŋtən], Cyril Dean, Botaniker, * Chorley 19. 12. 1903, Prof. in Oxford, trat bes. durch genetische Arbeiten hervor.

Darlingtonia [n. dem amerikan. Botaniker W. Darlington, * 1782, † 1863], Gatt. der Schlauchpflanzengewächse; ihre gedeckelten Schlauchblätter dienen dem Insektenfang.

Darm, Darmkanal, Darmtrakt, Röhren- und Hohlraumsystem im Inneren der mehrzelligen Tiere *(Darmtiere, Metazoen)* und des Menschen zur Nahrungsaufnahme und Verdauung. Ein D. fehlt (sekundär) z.B. Bandwürmern und den kurzlebigen Männchen der Rädertiere. Im einfachsten Fall (Nesseltiere) hat der D. nur eine Öffnung, die zugleich Mund und After ist. Auch bei Strudel- und Saugwürmern endet der verzweigte D. blind. Bei den meisten Tieren ermöglicht der After einen gerichteten Nahrungsstrom und eine Arbeitsteilung zw. hintereinanderliegenden Darmabschnitten.

Tierischer Darm. Der urspr. einheitliche D. wird in mehrere Teilorgane für bestimmte Aufgaben differenziert: der *Vorder-D. (Stomodaeum)* zum Aufnehmen, Zerkleinern und Vorverdauen der Nahrung, der *Haupt-* oder *Mittel-D. (Mesodaeum)* zur Absonderung verdauender Säfte sowie zur Aufschließung und Resorption der Nahrung und der *After-* oder *End-D. (Proctodaeum)* zur Ausscheidung unverdauter Nahrungsreste. Eine weitere Arbeitsteilung ermöglichen Magen und Anhangsdrüsen (Mitteldarmdrüse der Weichtiere, Krebse und Insekten; Leber und Bauchspeicheldrüse der Wirbeltiere). Bereits bei Würmern auftretende Muskulatur um den D. befördert und durchmischt seinen In-

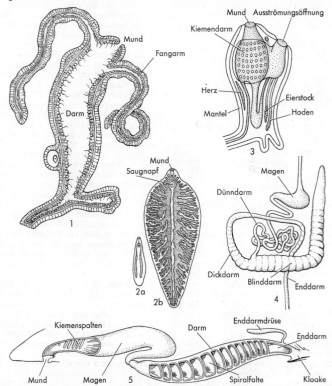

Darm: 1 Darmraum eines Süßwasserpolypen. 2a und 2b Darmkanäle von Saugwürmern; a des Kleinen Leberegels (einfach), b des Großen Leberegels (stark verzweigt). 3–5 Darmsysteme; 3 einer Seescheide, 4 eines Kaninchens, 5 eines Haies

Darm

halt. Verlängerung des D. sowie Blindsäcke, Falten und Zotten erhöhen die Verdauungszeit und vergrößern die aufsaugende Oberfläche.

Die Darmlänge ist bei Wirbeltieren am größten bei Tieren mit schlackenreicher Nahrung, z. B. bei Pflanzenfressern, und am kürzesten bei Tieren mit gehaltreicher Nahrung, z. B. bei Raubtieren (Verhältnis zur Körperlänge 8 : 1 bis 25 : 1 gegen 2 : 1 bis 4 : 1). Pflanzenfresser haben deshalb noch Gärkammern ausgebildet (Pansen und Netzmagen bei Wiederkäuern, großer Blinddarm bei Känguruhs und Nagetieren), in denen Bakterien die Nahrung verdaulich machen. Bei Fischen (z. B. Haifischen) wird die Oberflächenvergrößerung durch eine Spiralfalte erreicht *(Spiral-D.)*, bei vielen Knochenfischen durch bis zu über 900 schlauchartige Blindsäcke.

Bei Vögeln, manchen Krebsen und Insekten zerkleinert die Nahrung ein *Muskel-* oder *Kaumagen.* Bei Eichelwürmern, Seescheiden, Lanzettfischchen und Fischen dient der vordere D.-Abschnitt auch der Atmung *(Kiemen-D.).* Bei den luftatmenden höheren Wirbeltieren entwikkeln sich die Lungen embryonal als Ausstülpungen des Vorderdarms.

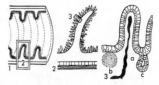

Darm: Schema der Oberflächenvergrößerung der Dünndarmschleimhaut. 1 Ein Stück Dünndarm im Längsschnitt, mit drei Querfalten. 2 Ausschnitt aus 1: eine Querfalte mit Zotten, darunter Ringmuskulatur der Darmwand. 3 Ausschnitt aus 2: eine Dünndarmzotte mit Chylusgefäß (a), Lymphfollikel (b) und Darmsaftdrüse (c); nach Voß und Herrlinger, Taschenbuch der Anatomie

Menschlicher Darm. Der menschliche Darm, ein vom Magen bis zum After reichendes, etwa 6,5 m langes häutig-muskulöses Rohr, gegliedert in Dünndarm, Dickdarm und Mastdarm.

Der *Dünndarm* besteht aus dem an den Magenpförtner sich anschließenden *Zwölffingerdarm (Duodęnum),* der die Ausführungsgänge der Leber und Bauchspeicheldrüse aufnimmt, dem *Leerdarm (Jejunum)* und dem *Krummdarm (Ịleum).* An der Bauhinschen Klappe mündet dieser in den *Dickdarm,* der an den regelmäßigen Ausbuchtungen und den dazwischen verlaufenden Bändern von Längsmuskeln (Tänien) erkennbar ist; er beginnt mit dem *Blinddarm,* an den sich der *Grimmdarm (Kọlon)* anschließt. Von der rechten Beckenschaufel bis zur Leber reicht der aufsteigende Grimmdarm, der dann, in horizontaler Richtung unter dem unteren Rand des Magens von der rechten auf die linke Seite verlaufend, in den absteigenden Grimmdarm und, nach einem S-förmig verlaufenden Abschnitt *(Sigmọid),* in den *Mastdarm (Rẹktum)*

übergeht. Dieser mündet durch den After nach außen.

Der Dünndarm wird in seiner Lage festgehalten durch die umgebenden Organe, die Bauchdeckenspannung und das *Gekröse (Mesentęrium),* eine große Falte des Bauchfells, die den ganzen Umfang des Darmrohres umschließt. Entsprechend den Windungen des Dünndarms legt sich das Gekröse wie eine Halskrause (Name) in vielfache Falten, schützt den Dünndarm vor Verdrehungen und erhält ihm gleichzeitig die notwendige Beweglichkeit. Zw. den beiden Blättern des Gekröses treten Blut- und Lymphgefäße sowie Nerven von der hinteren Bauchwand zum D. Dort liegen auch die Gekröselymphknoten.

Die *Darmwand* besteht aus Schleimhaut, bindegeweber Verschiebeschicht und vom Bauchfell überzogener Ring- und Längsmuskelschicht. Letztere bewirkt die *Darmperistaltik,* die den Darminhalt weiterbefördert (Förderperistaltik) oder durchmischt (Pendel- oder Mischbewegungen). Die zur Resorption (Aufsaugung) der Nahrungsstoffe im Dünndarm erforderliche große Oberfläche wird erreicht durch kreisförmig verlaufende Schleimhautfalten, dichten Besatz von Zotten sowie feinste Protoplasmaausstülpungen (Bürstensaum). Allein die *Darmzotten* vergrößern die Resorptionsoberfläche des Dünndarmes auf 4 m². Diese durch Muskelzellen wie Pumpen beweglichen Zotten enthalten Blut- und Lymphgefäße mit dichten Haargefäßnetzen zum Aufsaugen der Fette, die auf dem Lymphweg, und der Eiweiße und Kohlenhydrate, die auf dem Blutweg weitergeleitet werden. In der Darmwand befinden sich schleimabsondernde *Becherzellen,* die bes. im Dickdarm zunehmen. Im Zwölffingerdarm liegen die *Brunnerschen Drüsen* sowie die sich tief einsenkenden *Lieberkühnschen Drüsen,* die zw. den Darmzotten ausmünden, ferner Lymphknötchen, die im unteren Dünndarmabschnitt gehäuft vorkommen (Peyersche Haufen). Obere und untere *Gekröseschlagader* versorgen den D. mit arteriellem Blut, das Venenblut fließt durch die *Pfortader* zunächst in die Leber. Die Lymphgefäße führen die Lymphe zum Brustlymphgäng. – Die *Nerven* des D. stammen aus den vegetativen Geflechten der hinteren Bauchwand.

Darm|älchen, im Darm von Tieren und Menschen schmarotzende Fadenwürmer der Gattung Strongyloides.

Darm|alge, Enteromọrpha, Grünalgen-Gatt. mit in der Jugend festsitzendem, später frei schwimmendem, sack- oder röhrenförmigem Thallus (bis 15 cm lang); weltweit verbreitet, besonders an Meeresküsten.

Darm|atmung, Form der Atmung bei Wassertieren. Die Seegurken nehmen Wasser durch den After in Darmblindsäcke *(Wasserlungen)* auf. Bestimmte Libellenlarven füllen und entleeren den von Tracheen (lufthaltig) reich umgebenen Enddarm mit Wasser; sie können bei Gefahr das Wasser düsenartig ausstoßen. Bei zahlreichen Fischen stellt die D. eine Anpassung an das Leben in sauerstoffarmen Gewässern dar, z. B. beim Schlammpeitzger, bei Welsen.

Darmbad, subaquales D., abgek. **SU-DA-BAD,** Dauereinlauf (3 bis 4 Stunden), bei dem mit Spülflüssigkeit der Dickdarm entleert und gereinigt wird.

Darmbakteri|en, die in unteren Dünndarmabschnitten und im Dickdarm normalerweise reichlich vorhandenen Bakterien. D. sind für den Organismus zum Abbau bestimmter Stoffe des Nahrungsbreis und zum Aufbau von Wirkstoffen notwendig, z. B. für den Aufbau von Vitamin K, Vitamin B_{12}.

Darmbein, ein Teil des Hüftbeins (→ Becken).

Darmblutung tritt auf bei entzündlichen Darmkrankheiten, Darmgeschwüren, Darmgeschwülsten; Blut aus oberen Darmabschnitten färbt den Stuhl schwarz (Teerstühle). Hellrotes Blut stammt aus Dickdarm, Mastdarm, Afterbereich. D. kann eine ernste Gefährdung sein und erfordert diagnostische Abklärung.

Darmfäulnis, Zersetzung von unverdautem Nahrungseiweiß im Dickdarm, bes. durch Fäulnis- und Kolibakterien unter Bildung übelriechender Spaltprodukte. Die z. T. giftigen Stoffe werden in der Leber wieder entgiftet.

Darmfauna, die Darmparasiten.

Darmflora, im Darm lebende Mikroorganismen, vor allem Darmbakterien.

Darmgase, gasförmiger Darminhalt, der teils aus verschluckter Luft, teils durch Gärung und Fäulnis im Darm entsteht, bes. Wasserstoff, Schwefelwasserstoff, Kohlenwasserstoffe (Methan), Kohlendioxid.

Darmgeschwülste, gut- oder bösartige Neubildungen des Darms. *Gutartige D.* sind Adenome (Polypen), Lipome; von den *bösartigen D.* ist der *Darmkrebs* ziemlich häufig. Durch Darmverengung führt er meist frühzeitig zu Beschwerden: Blähungen, Leibschmerzen, Durchfälle, abwechselnd mit Verstopfung, Abgang von Schleim und Blut, Gewichtsabnahme.

Darmkatarrh, eine meist harmlose Störung der Darmtätigkeit mit Durchfall und Leibschmerzen. Der akute Magen-Darm-Katarrh (Gastroenteritis) entsteht i. d. R. durch Ernährungsfehler oder Infektion.

Darmneurosen, funktionelle, seelisch bedingte Störungen der Darmtätigkeit von Krankheitswert.

Darmparasiten, Darmfauna, im Darmkanal oder in der Darmwand lebende Schmarotzer.

Darmperistaltik, wellenförmig fortschreitende Zusammenziehungen des Darmes, die den Darminhalt weiterschieben und durchmischen.

Darmresektion, operatives Entfernen von kranken oder verletzten Darmteilen.

Darmspülung, Einbringen kleinerer (Klistier) oder größerer (Darmbad, Einlauf) Flüssigkeitsmengen zum Reinigen und Entleeren des Darmes.

Darmstadt, 1) kreisfreie Stadt in Hessen, VerwSitz des Landkreises D.-Dieburg und des RegBez. D., (1983) 138 600 Ew.; 141 m ü. M. an den nordwestl. Ausläufern des Odenwaldes zur Rhein-Main-Ebene. – Die Stadt mit Schloß (14.–17. Jh.), Stadtkirche (15. Jh., 1949–53 wiederaufgebaut), Rathaus (gegen 1600) blieb auch nach dem klassizist. Ausbau (Kollegienhaus, 1790; durch G. Moller Landestheater, 1820, 1878 verändert, 1944 ausgebrannt, und Ludwigskirche, 1824, durch C. Holzmeister wieder aufgebaut; Ludwigssäule, 1844) eine stille Residenzstadt. Seit Ende des 19. Jh. entwickelte sich zu einer Industrie- und Kunststadt (Darmstädter Künstlerkolonie). Damals wurde D. ein Mittelpunkt des Jugendstils (Mathildenhöhe mit Russ. Kapelle, 1898/99; Ernst-Ludwig-Haus, 1901; Hochzeitsturm, 1908, u. a.). Im Sept. 1944 wurde D. zu 78% zerstört. – Seit 1330 Stadt, gehörte D. zur Gfsch. Katzenelnbogen, mit der es 1479 an Hessen kam. 1567 wurde D. Sitz der Landgrafen (seit 1806 Großherzöge) von Hessen-D., 1918–45 war es Hauptstadt des Freistaates Hessen.

Sitz zahlreicher Behörden: u. a. Posttechn. und Fernmeldetechnisches Zentralamt des Bundesrep. Dtl., Rechnungshof des Landes Hessen, Denkmalamt; außer der Techn. Hochschule (gegr. 1836) gibt es zahlreiche Ausbildungsstätten; Akademie für Sprache und Dichtung, Hess. Landesmuseum, Schloßmuseum, Großherzogl. Porzellansammlung, Jagdmuseum (Schloß Kranichstein, 16.–19. Jh.). Regelmäßig finden in D. Internat. Ferienkurse für Neue Musik (seit 1946), die Kranichsteiner Musikwochen und die Darmstädter Gespräche statt.

In der Wirtschaft haben neben der führenden chem. Industrie (E. Merck) bes. Maschinenbau, elektrotechn. u. a. Industrie Bedeutung.

LIT. G. Haupt: Die Kunstdenkmäler der Stadt D., 2 Bde. (1952–54).

2) RegBez. in Hessen, 7446 km², (1981) 3,44 Mio. Ew.

Darmstadt-Dieburg, Landkreis (seit 1977) in Hessen.

Darmstädter Kreis, ein durch Goethes Freund J. H. Merck, aber auch durch F. Leuchsenring bestimmter Kreis musisch und literarisch interessierter junger Mädchen in Darmstadt (u. a. Herders Braut Karoline Flachsland), in dem Goethe nach 1771 verkehrte.

Darmstädter Künstlerkolonie, 1899 von Großherzog Ernst Ludwig auf der Mathildenhöhe in Darmstadt gegründet, erstrebte eine Erneuerung der Kunst in allen ihren Zweigen im Sinn des Jugendstils. Der Großherzog berief P. Behrens, P. Bürck, R. Bosselt, H. Christiansen, L. Habich, P. Huber und J. M. Olbrich. 1901 fand die Ausstellung ›Dokument dt. Kunst‹ statt mit den von Olbrich erbauten Wohnhäusern der Künstler, dem Ateliergebäude, dem Ernst-Ludwig-Haus sowie dem von P. Behrens erbauten eigenen Haus. 1904 fand eine zweite Ausstellung statt. Die Idee der D. K. wurde 1906 aufgegeben.

Darmstädter Passion, Meister der D. P., benannt nach den Passionstafeln im Hess. Landesmuseum Darmstadt. Der um 1440/50 wirkende Maler kam wohl vom Mittelrhein.

Darmstädter und Nationalbank, Abk. *Danatbank*, Berlin, entstand 1922 aus einer Fusion; sie mußte am 13. 7. 1931 ihre Zahlungen einstellen, damit begann auch in Dtl. die große Bankenkrise. Die D. u. N. wurde rückwirkend zum 1. 1. 1931 der Dresdner Bank eingegliedert.

Darmsteine, Kotsteine, Enterolithen, Koprolithen, Bezoare, meist aus Kalk bestehende Steine im Darm, die bei Tieren früher durch fortgesetzte Kleie- und Mehlfütterung (Bäcker- und Müllerpferde) häufig waren. Falsche D. aus Tierhaaren, unverdauten Futterbestandteilen u. a. kommen bei allen Tierarten vor.

Darmträgheit, → Verstopfung.

Darmverschlingung, Volvulus, Achsendrehung (Torsion) einer Darmschlinge in ihrem Gekröse, so daß das Darmrohr abgeklemmt wird; führt zum Darmverschluß.

Darmverschluß, Ileus, Aufhebung der Darmdurchgängigkeit durch Fremdkörper, Gallensteine, Geschwülste, Kotballen, Eingeweidewürmer, durch Schrumpfungsvorgänge der Darmwand (Geschwüre, Narben), Verwachsungsstränge, Einklemmung des Darmes bei Brüchen, Darmverschlingung *(mechanischer Ileus).* Bei Versagen der Darmbewegung kommt es zum *paralytischen Ileus* (Darmlähmung).

Darmvorfall, der → Mastdarmvorfall.

Darmwürmer, die → Eingeweidewürmer.

Darna, Stadt in Libyen, → Derna.

Darnand [darn'ã], Joseph, frz. Politiker, * Coligny (Ain) 19. 3. 1897, † (hingerichtet) Châtillon-sur-Seine 10. 10. 1945, Tischler, zunächst Führer der Camelots du roi, beteiligte sich als Mitgl. rechtsradikaler Organisationen an terrorist. Aktionen (1938 zu Gefängnis verurteilt), Chef der Miliz des Vichy-Regimes (Ermordung u. a. von V. Basch, G. Mandel, J. Zay). 1944–45 gehörte er dem Sigmaringer Exilkomitee an.

Darnley [d'ɑ:nli], Henry *Stuart* [stj'uət], Lord D., Earl of *Ross* (1565), Duke of *Albany* ['ɔ:lbənɪ] (1565), 2. Gemahl der schott. Königin Maria Stuart (seit 1565), * Temple Newsam (Yorkshire) 7. 12. 1545, † Edinburgh 10. 2. 1567, aus einer Seitenlinie des schott. Königshauses, fiel bei der Königin durch die Ermordung ihres Sekretärs Riccio (1566) in Ungnade, wurde von Bothwell ermordet. D. ist der Vater König Jakobs I. von England.

Darre, Vorrichtung zum Trocknen und Rösten, meist ein horizontaler Rost mit Seitenwänden.

Darré, Richard Walter, Politiker (NSDAP), * Belgrano (Argentinien) 14. 7. 1895, † München 5. 9. 1953, Diplomlandwirt, war 1931–42 Leiter des Rasse- und Siedlungshauptamtes der SS, 1933–42 Reichs-Min. für Ernährung und Landwirtschaft (Reichserbhofgesetz), 1934–42 Reichsbauernführer. Mit seinen Büchern trug D. stark zur ›Blut-und-Boden‹-Ideologie des Nationalsozialismus bei. 1949 wurde er vom Internationalen Militärtribunal in Nürnberg zu sieben Jahren Gefängnis verurteilt (1945–50 in Haft).

Darrieux [darj'ø], Danielle, frz. Filmschauspielerin, * Bordeaux 1. 5. 1917; auch Bühnenschauspielerin und Chansonsängerin. Filme: ›Der Reigen‹ (1950); ›Madame de ...‹ (1953); ›Rot und Schwarz‹ (1954) u. a.

Darß-Zingst, waldige Halbinsel (77 km²) der Ostseeküste in Ost-Mecklenburg und Vorpommern, vom Festland getrennt durch den Saaler, Bodstedter, Barther Bodden und die Bucht von Grabow. Im W stellt die schmale Nehrung des *Fischlandes* die Verbindung mit dem Festland her. Durch fortschreitende Anlandung wuchs der Haken bei *Darßer Ort* (Leuchtturm, 34 m) seit 1694 um 1 km gegen die Ostsee. Auf der Halbinsel Seebäder: Wustrow, Ahrenshoop, Prerow, Zingst; Naturschutzgebiet, Vogelzugstraße.

darstellende Geometrie, von G. Monge (1794) gegr. Zweig der Mathematik, der die geometr. Grundlagen des techn. Zeichnens und seiner Konstruktionen liefert.

Darstellung Christi im Tempel, kath. Fest am 2. Februar (Mariä → Lichtmeß). – In der Kunst seit dem 8. Jh. häufig behandelt: Maria hält den Knaben über den Altar, Simeon nimmt ihn entgegen (Lukas 2, 22 ff.), als Begleitpersonen seit dem 13. Jh. Joseph und die Prophetin Hanna.

Dartford [d'ɑ:tfəd], Stadt in der Cty. Kent, südöstlich von London, (1973) 44 100 Ew.

Dartmoor [d'ɑ:tmuə], stark abgetragenes Granitmassiv in SW-England, von einzelnen Kuppen (bis 622 m hoch) überragt; seit 1951 Nationalpark. Das Gebiet, früher bewaldet, ist heute von Mooren und Bergheiden bedeckt; vorgeschichtl. Funde (Steinkreise, Menhire). Bei Princetown ein 1806 erbautes Gefängnis.

Darts [dɑ:ts, engl.], engl. Wurfpfeilspiel, bei dem bis zu 15 cm lange Metallpfeile, an deren hinterem Ende Plastikflügel befestigt sind, auf eine 40 bis 45 cm große, runde Scheibe geworfen werden. Die Scheibe ist in 20 gleich große, mit unterschiedlich großen Punktzahlen versehene Kreissegmente eingeteilt.

Darwen [d'ɑ:wɪn], Stadt in der Cty. Lancashire, NW-England, (1973) 29 300 Ew.

Darwin [d'ɑ:wɪn], Hauptstadt des Northern Territory, Australien, (1971) 35 300 Ew., durch den Zyklon vom 25. 12. 1974 fast völlig zerstört, seitdem weitgehend wieder aufgebaut; wichtigster Hafen im N des Kontinents.

Darwin [d'ɑ:wɪn], 1) Charles Robert, brit. Biologe, * Shrewsbury 12. 2. 1809, † Down (Kent) 19. 4. 1882, Begründer der Selektionstheorie (→ Darwinismus), die der von J. B. Lamarck aufgestellten Hypothese der stammesgeschichtl. Entwicklung der Lebewesen durch Umwelteinwirkung (Lamarckismus) zur Seite trat und der Katastrophentheorie von G. Cuvier entgegengestellt wurde. D. fand (bes. in S-Amerika und auf den Galápagos-Inseln), daß die geograph. Verteilung der Organismen, die Besetzung ozean. Archipele und die paläontolog. Daten eine Evolution der Organismen nahelegen. So schuf er die Selektionstheorie, die er 1844 ausführlicher darstellte. 1858 erhielt D. von A. R. Wallace ein Manuskript, das, unabhängig von ihm, ebenfalls die Selektionstheorie entwickelte. D. wollte die Evolutionstheorie in einem vierbändigen Werk zusammenfassend darstellen; sein 1859 erschienenes Grundwerk ›Von der Entstehung der Arten‹ ist nur ein Auszug daraus.

D.s Ideen wirkten umwälzend und regten eine Fülle von einschlägigen Untersuchungen an. Die Evolutionstheorie steht heute wie damals im Mittelpunkt der Biologie und hat auf geistesgeschichtl. Gebiet bis in die Politik hinein stark eingewirkt. – D. wurde in der Westminsterabtei begraben.

WE. (alle dt.): Voyage of a naturalist round the world (1845); On the origin of species by means of natural selection, 2 Bde. (1859); The variation of animals and plants under domestication, 2 Bde. (1868); The descent of man and selection in relation to sex, 2 Bde. (1871).

LIT. Francis Darwin: Leben u. Briefe v. C. D., mit einem seine Autobiographie enthalt. Capitel, 3 Bde. (a. d. Engl., 1887, m. Bibl.); C. D. Sein Leben, hg. v. dems. (a. d. Engl., 1893); More letters of C. D., hg. v. dems. u. A. C. Seward, 2 Bde. (1903); G. Heberer: C. D. (1959); J. Hemleben: C. D. (1968).

2) Erasmus, engl. Arzt und Naturforscher, Großvater von 1), * Elton (Nottingham) 12. 12. 1731, † Derby 18. 4. 1802, stellte eine Entwicklungslehre auf (Zoonomia, or the laws of organic life, 1794) und verfaßte ein Gedicht über Linnés botanisches System (The loves of the plants, 1789).

3) George Howard, Sohn von 1), Astronom, * Down (Kent) 9. 7. 1845, † Cambridge 7. 12. 1912; Arbeiten über Ebbe und Flut und die Himmelsmechanik.

Darwinfinken, die → Galapagosfinken.

Darwinismus, die von Ch. R. Darwin (etwa gleichzeitig mit A. R. Wallace) aufgestellte Selektionstheorie über die Entstehung der Arten. Zwei Grundvoraussetzungen: erbliche Veränderlichkeit der Lebewesen und Überproduktion an Nachkommen, von denen im Konkurrenzkampf (engl. ›struggle for life‹, Kampf ums Dasein) durchschnittlich diejenigen am ehesten (Auslese oder Selektion) überleben, die ihrer Umwelt am besten angepaßt sind (engl. ›the fittest‹). Die Selektionstheorie nimmt kleine Abänderungen im Genotypus der Organismen an, die die Eignung der Lebewesen positiv oder negativ beeinflussen. Durchschnittlich sind also die geeignetsten Lebewesen im Vorteil, d. h. diejenigen mit den größten Fortpflanzungsraten; durch die natürl. Auslese bleiben sie im Ringen um die Existenz erhalten. Die natürl. Auslese habe im Lauf der Erdgeschichte zu einem allmähl. Wandel der Organismenarten geführt. Die Selektionstheorie steht zu keinem Ergebnis der Biologie im Widerspruch und hat bes. in der modernen Genetik eine endgültige Grundlage erhalten. T. Dobzhansky, G. Heberer, E. Mayr, B. Rensch, G. G. Simpson u. v. a. haben das Belegmaterial für die Evolution und ihre Ursachen um ein Vielfaches vermehrt. Schon Zeitgenossen Darwins (Th. H. Huxley, E. Haeckel) hoben hervor, daß mit dem Selektionsprinzip die nur-teleolog. Weltbetrachtung ein Ende gefunden habe. Die heutige Evolutionsbiologie ist als Teilgebiet der Biologie nicht mehr teleologisch, sondern kausalanalytisch-atelisch.

Der Sozialdarwinismus verstand das Prinzip des Daseinskampfs auch als Grundform sozialer Beziehungen und gesellschaftl. Entwicklung. Im Rahmen einer materialist. Naturphilosophie wurden Grundgedanken des D. bes. vom weltanschaulichen atheistisch orientierten Monismus der Jahrhundertwende verbreitet.

LIT. 100 Jahre Evolutionsforschung, hg. v. G. Heberer u. F. Schwanitz (1960).

Darwinscher Ohrhöcker, Knorpelhöcker an der Innenkante des äußeren Randes der menschl. Ohrmuschel, entspricht nach Ch. R. Darwin der Spitze des Tierohres.

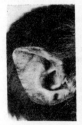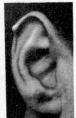

Darwinscher Ohrhöcker: links tierisches Ohr mit Spitze (Meerkatzenaffe), rechts Menschenohr mit Höcker

Darzau, Teil der Gem. Neu-Darchau, Kr. Lüchow-Dannenberg, Ndsachs. Bei D. wurde 1871 ein german. Urnenfriedhof des 1. und 2. Jh. n. Chr. entdeckt.

Das, Insel im S des Pers. Golfs, 25 km², gehört zu Abu Dhabi; Erdöl-Verladehafen.

Daschkowa, Jekaterina Romanowna, Fürstin, * Petersburg 28. 3. 1743, † Moskau 16. 1. 1810, Tochter des Grafen Woronzow, wurde 1782 unter Katharina II. Direktorin der Petersburger Akademie der Wissenschaften und 1783 Präs. einer nach ihren Ideen geschaffenen ›Russ. Akademie‹. Sie verfaßte selbst zwei Komödien und Memoiren.

Dasein, das Vorhandensein von Dingen, Lebewesen, der Welt als ganzer, im Ggs. zu ihrer inneren Struktur. In der traditionellen Ontologie die Existenz (existentia) als das ›Daß‹ eines Seienden, im Unterschied zu seiner Essenz (Wesen), seinem ›Was‹; in der Scholastik im Rahmen der Akt-Potenz-Lehre als Akt aufgefaßt; bei I. Kant Kategorie des Seins. In der Existenzphilosophie in erster Linie das D. der Menschen, das im Unterschied zum bloß Vorhandenen als

Dase

›Da‹ des Seins gilt (M. Heidegger), insofern nur der Mensch zum Seinsverständnis oder zur Verwirklichung möglicher (sinnerfüllter) Existenz (K. Jaspers) befähigt ist.

Daseins|analyse, daseins|analytische Psychologie, eine Richtung der Tiefenpsychologie. Die D. geht, ähnl. wie die Existenzialanalyse, von dem übergreifenden Aspekt der menschl. Gesamtexistenz aus und sucht seel. Störungen als Symptom eines gestörten Daseinsvollzuges zu deuten. Hauptvertreter: L. Binswanger, von dem der Begriff geprägt wurde.

Dass, Petter, norweg. Dichter, * Nord-Herø 1647, † Alstahaug (Nordland) Aug. 1707, seit 1689 dort Pfarrer; schrieb mit ›Nordlands Trompet‹ eine lebhafte, humorvolle Schilderung des Lebens der nordländ. Fischer, ferner epische und religiöse Gedichte.

Dassel, Stadt im Kr. Northeim, Ndsachs., am Ostrand des Sollings, (1981) 12200 Ew.

Dassel, → Rainald von Dassel.

Dasselfliegen, Biesfliegen, Rinderbremsen, Hautbremsen, Hypodermatinae, große, stark behaarte Fliegen, deren Larven die Dasselbeulen verursachen.

Dassel|larvenbefall, Dasselplage, Hypodermosis, Infektion der Haut von Rind, Schaf, Ziege oder Wild durch Eier der Dasselfliege, aus denen sich Larven entwickeln, die die Haut durchbrechen und nach einem unterschiedl. Wanderungsweg im Organismus (Wanderlarve) in die Haut zurückkehren *(Dasselbeulen).*

Dassin [das'ɛ̃], Jules, amerikan.-frz. Film- und Theaterregisseur, * Middletown (Conn.) 18. 12. 1912, drehte seit 1941 Filme in Hollywood, seit 1953 in Frankreich, verh. mit Melina Mercouri. *Filme:* Rififi (1954); Der Mann, der sterben muß (1957); Sonntags ... nie! (1959); Phaedra (1961); Topkapi (1963); Die Probe (1974).

Dasycladazeen [grch.], meerbewohnende kalkabscheidende Grünalgen. Vom Kambrium bis in das Tertiär waren die D. mit rd. 60 Gatt. gesteinsbildend; heute leben noch 10 Gattungen (z. B. Schirmalge).

Dasymeter [grch. dasys ›dicht‹], Gerät zum Nachweis des Auftriebs in Gasen.

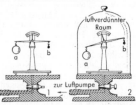

Dasymeter: zwei an der Luft gleich schwere Körper a und b (Bild 1) erscheinen im luftverdünnten Raum verschieden schwer (Bild 2); der größere Körper a hat dann das größere Gewicht

Dasypodius, Petrus, eigtl. *Hasenfratz,* Humanist, * in oder bei Frauenfeld (Thurgau) um 1490, † Straßburg 28. 2. 1559, verfaßte ein sehr verbreitetes lat.-dt. (1535, seit 1539 mit dt.-lat. Teil) und ein grch.-lat. Schulwörterbuch (1539) sowie die lat. Schulkomödie ›Philargyrus‹ (1530 aufgeführt).

Data, Daten, Mz. von Datum.

Datarie, → Apostolische Datarie.

Date [deɪt, engl.], 1) Verabredung, Treffen, Rendezvous.
2) Person, mit der man eine Verabredung hat; Freund(in).

Datei, geordnete Datenmenge.

Dateldienste [Datel: Abk. für data telecommunication], Sammelbegriff für die Datenübertragungsdienste der Dt. Bundespost. Es werden sowohl vorhandene Fernmeldenetze (Telex- und Fernsprechnetz) als auch spezielle Datennetze (Datexnetz und Direktrufanschlüsse) benutzt.

Daten [aus lat. datum], geschichtliche Zeitangaben; auch Einzelgegebenheiten, die aus Beobachtungen, Experimenten, Erfahrungen, statistischen Erhebungen u. a. gewonnen werden.

Datenbank, System bestehend aus Dateien (als Komponenten) und Programmen (für die Anwendung). D. bieten umfassende Möglichkeiten zur Durchführung von Steuerungs-, Kontroll- und Planungsaufgaben.

Daten|erfassung, Datenverarbeitung: Vorgänge vom Sammeln der Daten bis zur Übertragung auf Datenträger.

Datenschutz, i. e. S. alle Maßnahmen zum Schutz von Personen vor Beeinträchtigung ihrer schutzwürdigen Belange bei der Datenverarbeitung, i. w. S. alle Vorkehrungen zur Verhinderung unerwünschter Folgen von Datenverarbeitung.

Die Datenverarbeitung erlaubt es, in einem bislang unvorstellbaren Umfang Informationen verschiedenster Art und Herkunft zu speichern, zu kombinieren und in kürzester Zeit verfügbar zu haben. Das eröffnet die Möglichkeit zur Bewältigung der Informationslawine, birgt jedoch zugleich erhebliche Gefahren des Mißbrauchs. D. wurde zuerst in den Verein. Staaten als Problem erkannt, in der Bundesrep. Dtl. seit 1969. Als erstes Land erließ 1970 Hessen ein *D.-Gesetz.* Nach umfangreichen Vorarbeiten trat 1978 das *Bundes-D.-Gesetz* in Kraft.

Datenschutzbeauftragter, Instanz zur Überwachung des Datenschutzes. Der Bundesbeauftragte für den Datenschutz beim Bundesinnenministerium wird vom Bundespräsidenten auf Vorschlag der Bundesregierung ernannt. Er kontrolliert die Einhaltung des Bundesdatenschutzgesetzes und hat dazu Auskunfts-, Einsichts- und Beanstandungsrechte. Er ist weisungsunabhängig.

Datensichtgerät, Peripheriegerät in Datenverarbeitungsanlagen, das zur Informationsausgabe dient und Schriftzeichen oder graph. Darstellungen auf einem Bildschirm darstellt.

Datentypistin, Datenträgerprüfer, un- oder angelernte kaufmänn. Hilfsberufe; Tätigkeiten: Eingeben von Daten in maschinelle Anlagen.

Datenübertragung, Form der Telekommunikation zur Übertragung von Zeichen aus vorgegebenem Zeichenvorrat, vorwiegend nicht zur Druckwiedergabe (wie etwa beim Fernschreiben), sondern zur Speisung datenverarbeitender Anlagen.

Datenverarbeitung, Abk. **DV,** oft **elektronische D.,** Abk. **EDV,** Informationsverarbeitung mittels Rechenanlagen, ein Umwandlungsprozeß, bei dem Eingabedaten (inputs) mit technischen Mitteln unter Verfolgung bestimmter Ziele bzw. Kriterien in Ausgabedaten (outputs) transformiert werden. Die technischen Mittel reichen von einfachsten Aggregaten (z. B. Taschenrechnern, Büromaschinen) bis hin zu automatischen Datenverarbeitungsanlagen (ADVA). Die D. beginnt mit der Datenerfassung; sie überträgt die Daten dann auf einen Daten(zwischen)träger, der zur Eingabe in die Datenverarbeitungsanlage dient. An die eigentliche Rechenarbeit schließt sich unmittelbar die Datenausgabe an.

Datenflußplansymbole		Ablaufplansymbole	
Bearbeiten, allgemein	☐	Operation, allgemein	☐
Hilfsfunktion	☐	Verzweigung	◇
manuell	▽	Unterprogramm	☐
manuelle Eingabe	☐	Programm- modifikation	⬠
Mischen	▽	manuelle Operation	▽
Trennen	△	Eingabe, Ausgabe	▱
Sortieren	◇	Ablauflinie	→
Datenträger, allgemein	▱	Zusammen- führung	┤
Schriftstück	▱	Übergang	○
Lochkarte	▱	Grenzstelle	◯
Lochstreifen	▱	Bemerkung	---⌐
Magnetband	◯		
Trommelspeicher	◯		
Plattenspeicher	⬒		
Anzeige	◯		
Datenfern- verarbeitung	▱		

Datenverarbeitung: Datenflußplansymbole und Ablaufplansymbole

Bezüglich der Anwendung unterscheidet man die *kommerzielle D.* (Buchhaltung, Finanzen, Lagerhaltung usw.), *techn.-wissenschaftl. D.* (wie Forschung, Bauwesen, Elektrizitätsversorgung) und die *Prozeß-D.* (z. B. Verkehrs-, Produktionssteuerung, -kontrolle). Die *integrierte D.* stellt die umfassendste Form der betrieblichen Organisation mittels der D. dar.

Datenverarbeitungskaufmann, kaufmännischtechn. Beruf mit dreijähriger Lehrzeit. Spezialberufe: Systemanalytiker, Systemprogrammierer, Operator, Tabellierer u.a. Vorbildung: Realschulabschluß oder Abitur. Tätigkeit: Bedienung von EDV-Anlagen in allen Bereichen der Industrie, der öffentlichen Hand und der freien Berufe.

Dathenus, Petrus, eigtl. *Pieter Datheen* oder *Daets,* ref. Theologe und fläm. Schriftsteller, * Mont-Cassel (Flandern) um 1531, † Elbing 16. 2. 1590 als Arzt. Anfangs Karmeliter, mußte er wegen Hinwendung zum Calvinismus 1550 nach England fliehen, von dort vertrieben, wurde er 1555 Pfarrer der niederländ. Flüchtlingsgemeinde in Frankfurt/M., 1561 Hofprediger in Heidelberg. D. übersetzte den 3. Heidelberger Katechismus und, in Reimform, die Psalmen ins Niederländische.

Datierung. Die D. von Kunstwerken ist eine Hauptaufgabe der Kunstwissenschaft: *absolute* D. auf Grund histor. Belege, *relative* D. auf Grund stilist. Vergleiche.

Dating [dˈeitiŋ, engl., vgl. Date] *das,* aus den USA stammender Begriff für die dort bes. übliche Form zwischengeschlechtl. Kontaktaufnahmen Heranwachsender durch Verabredungen mit meist wechselnden Partnern zu gemeinsamen Treffen *(dates),* bei denen z. T. auch sexuelle Intimitäten (Necking, Petting) ausgetauscht werden; entscheidend ist das mit der Zahl der ›dates‹ und dem Beliebtheitsgrad des Partners wachsende Sozialprestige.

Datis, pers. Feldherr, führte 490 v.Chr. mit Artaphernes die Strafexpedition gegen Athen und Eretria, die bei Marathon scheiterte.

Dativ [lat. (casus) dativus ›Gebefall‹], der Wemfall. Er bezeichnet die Sache oder Person, der die Aussage der Handlung gilt oder zu der die Handlung in indirekter Beziehung steht.

Dato [ital. ›gegeben‹], Kurzform für *a dato* oder *de dato;* Handelsformel: ›am heutigen Tage‹ oder ›von heute‹.

Datolith [grch. dateisthai ›teilen‹ und lithos ›Stein‹] *der,* Mineral, $Ca[BSiO_4|OH]$, farblos oder schwach gefärbt, Härte 5–5,5, D 2,9–3; kurzsäulige Kristalle.

Datscha, russ. Sommerhaus auf dem Land.

Dattel, die Frucht der Dattelpalme.

Datteln, Industriestadt am nördl. Rand des Ruhrgebiets, Kr. Recklinghausen, NRW, (1981) 37200 Ew.; Wasserstraßenknotenpunkt (Dortmund-Ems-, Datteln-Hamm-, Wesel-Datteln-Kanal).

Dattelpalme, Phoenix, fiederblättrige, trop. und subtrop. Palmengatt., die mit 12 Arten in Afrika und Vorderindien heimisch ist. Die D. *Phoenix dactylifera* hat als Kulturpflanze rd. 100 Formen: 15–30 m hoch, graugrüne Blätter, zweihäusig. Der weibl. Baum hat an büscheligen Fruchtständen 4–5 cm lange, im Reifezustand dunkel honigfarbene, zuckerreiche Beerenfrüchte *(Datteln);* die D. verträgt Temperaturen zw. +16 und +52° C.

Die volle Tragfähigkeit wird im 20. Lebensjahr erreicht und dauert bis zum 70. oder 80.; mit rd. 100 Jahren stirbt die Pflanze ab. In den Kulturen kommt auf 10–30 weibl. Bäume ein männlicher. Eine Palme liefert jährlich rd. 50 kg Früchte, die 5–7 Monate nach der Blüte reifen.

Dattelpflaume, Diospyros, Gatt. der Ebenholzgewächse. Die Art *Lotuspflaume (Diospyros lotus)* ist ein Baum der Mittelmeerländer mit kirschgroßen, gelben bis blauschwarzen, eßbaren Früchten, die *Kakipflaume* oder *Persimone (Diospyros kaki)* ein Baum Chinas, Japans und der Mittelmeerländer mit fast apfelgroßen, gelben bis orangeroten eßbaren Beerenfrüchten.

Dattelpflaumenholz, das → Persimmon.

Datum [lat. ›gegeben‹], Abk. *Dat., Mz. Daten, Data,* Angabe eines bestimmten Tages nach dem Kalender. Die Bez. D. stammt aus mittelalterl. Urkunden; bezeichnet den Tag ihrer Ausstellung.

Datumsdifferenz, Unterschied in der Datumsangabe des Julian. und des Gregorian. → Kalenders.

Datumsgrenze, 1845 vereinbarte Grenzlinie, die ungefähr mit dem 180. Längengrad zusammenfällt. Bei ihrem Überschreiten von West nach Ost gilt das gleiche Datum zwei Tage lang, während bei umgekehrter Reiserichtung ein Tag übersprungen wird.

.... *historische Datumsgrenze bis 1845*
– – – – *gegenwärtige Datumsgrenze*
Datumsgrenze

Dau, Segelfahrzeug, → Dhau.

Dauben, die zugeschnittenen und gebogenen Bretter für die Wandung eines Fasses.

Daubigny [dobiɲ'i], Charles-François, frz. Maler und Radierer, * Paris 15. 2. 1817, † Auvers-sur-Oise 19. 2. 1878, malte, beeinflußt von den Malern von Barbizon und später von C. Corot, Landschaften, die er meist vor der Natur fertig malte. D. veröffentlichte mehrere Folgen eigener Radierungen.

Däubler, Theodor, Schriftst., * Triest 17. 8. 1876, † St. Blasien 13. 6. 1934, führte ein Wanderleben zw. Italien, Dtl., Frankreich, Griechenland und dem Orient und lebte später in Berlin. D.s gedankenschwere Dichtungen sind von großer Bild- und Klangkraft. Sein Versepos ›Das Nordlicht‹ (1910) behandelt Weltentstehung und Menschheitswerden.

Daucher, 1) Adolf, Bildhauer, * Ulm um 1460/ 65, † Augsburg um 1524, führender Meister der dt. Renaissance, schuf die verstreute urspr. Ausstattung (Chorgestühl und Fugger-Epitaphe) der Fugger-Kapelle (1509) bei St. Anna in Augsburg und den Hochaltar (1519–1521) der St. Annenkirche in Annaberg (Erzgebirge).

2) Hans, Bildhauer, Sohn von 1), * Ulm um 1485, † Stuttgart 1538, Schüler seines Vaters und seines Onkels G. Erhart, fertigte bes. Reliefs und Medaillons, meist aus Solnhofener Stein.

Daudet [dod'ɛ], Alphonse, frz. Schriftst., * Nîmes 13. 5. 1840, † Paris 16. 12. 1897, schilderte in seinen Romanen mit heiterer Ironie und Humor das südfrz. Kleinbürgertum.

WE. (alle dt.): Romane, Erz.: Lettres de mon moulin (1869); Aventures prodigieuses de Tartarin de Tarascon (1872); Le Nabab (1877); Tartarin sur les Alpes (1885); Port Tarascon (1890). – Theater: L'Arlésienne (1872, dt. Neue Liebe; Bühnenmusik hierzu von G. Bizet). – Autobiogr.: Le petit Chose (1868); Trente ans de Paris (1888); Souvenirs d'un homme de lettres (1888). – Œuvres complètes, 16 Bde. (1899 bis 1901), 20 Bde. (1929/31); dt. Gesammelte Werke, 7 Bde. (1928).

Dauer|auftrag, Anweisung an ein Kreditinstitut oder Postscheckamt, regelmäßig wiederkehrende Zahlungen gleicher Beträge auszuführen.

Dauerdelikt, eine Straftat, bei der der Täter einen andauernden rechtswidrigen Zustand schafft und willentlich aufrechterhält, z. B. Freiheitsberaubung.

Dauer|eier, Wintereier, bes. hartschalige Eier vieler Würmer und Krebstiere, die ungünstige Außenbedingungen (Trockenheit, Kälte) überstehen können. Ggs.: Sommereier.

Dauerfeldbau, Agrarwirtschaftsform mit ganzjährig betriebenem Feldbau, in der trop. Tieflandzone, in Gebieten mit zwei Regenzeiten und Monsunländern.

Dauerfestigkeit, Dauerschwingfestigkeit, Spannung, mit der ein Werkstoff beliebig oft ohne Bruch belastet werden kann.

Dauerfrostboden, ewige Gefrornis, Boden mit ständig gefrorenem Porenwasser *(Bodeneis),* tritt unter den heutigen Klimabedingungen in den höheren geograph. Breiten auf. Die Südgrenze des D. verläuft etwa mit der Jahres-Isotherme von – 2° C; in Eurasien zieht sie von der Halbinsel Kola in ostsüdöstl. Richtung über den nördl. Ural und unteren Ob und Jenissej zum Amur. In Sibirien und Alaska beträgt die Mächtigkeit des D. bis zu 300 m. Die oberste Schicht kann im Sommer bis zu mehreren Metern Tiefe auftauen, so daß sich auf diesem *Auftauboden* eine Tundrenvegetation oder sogar hochstämmiger Wald ansiedeln kann.

Dauergehen, Leichtathletik: die längste Disziplin im Gehen (50 km).

Dauergesellschaft, Pflanzengemeinschaft, die mit den ökolog. Bedingungen ihrer Lebensstätte im Gleichgewicht ist und sich deshalb nicht verändert.

Dauerkulturen, landwirtschaftl. Nutzpflanzen, deren Nutzung sich über mehrere Jahre erstreckt.

Dauerlauf, Leichtathletik: das längere Einhalten einer gleichmäßigen Laufgeschwindigkeit.

Dauerleistung, größte Nutzleistung, die ein Motor dauernd abgeben kann.

Dauerschlafbehandlung, Schlafkur, von dem Psychiater J. Klaesi 1921 eingeführtes Behandlungsverfahren zur Dämpfung erregter Geisteskranker mit Hilfe von Schlafmitteln. Nach Einführung der modernen Psychopharmaka allgemein aufgegeben.

Dauerschuldverhältnis, Schuldverhältnis, das die Verpflichtung zu wiederkehrenden bestimmten Leistungen begründet, z. B. Miet-, Arbeitsvertrag.

Dauerschwingversuch, Verfahren zur Ermittlung der Dauerfestigkeit und Zeitfestigkeit mit den zugehörigen Lastspielzahlen von Werkstoffen, insbes. Metallen, nach dem von A. Wöhler seit 1859 angewendeten Verfahren. Ein oder mehrere gleiche Probestäbe (oder Bauteile) werden in einer Dauerprüfmaschine durch elektrisch oder hydraulisch erzeugte Kräfte einer häufig wiederholten, jeweils gleichen Belastung ausgesetzt, bis ein Bruch eintritt (oder nicht mehr zu erwarten ist). Die Ergebnisse werden in einem Diagramm dargestellt *(Wöhlerkurve).*

Dauerspore, dickwandige Sporenform bei Bakterien, Algen, Pilzen zur Überbrückung einer längeren Ruhezeit oder ungünstiger Lebensbedingungen.

Dauertypus, Pflanzen- oder Tierart, die sich ohne Fortentwicklung über lange Zeiträume erhalten hat.

Dauerwelle, Verfahren, dem Haar durch künstl. Wellung eine für längere Zeit haltbare und auch atmosphär. Schwankungen gegenüber beständige Krause (Welle) zu geben. Die hierzu erforderl. Haarverformung wurde früher mit Sulfiten und Ammoniak bei gleichzeitiger Wärmeeinwirkung erzielt *(Heißwelle).* Die heute fast ausschließlich angewendete *Kaltwelle* wird meist mit Salzen der Thioglykolsäure ausgeführt; Nachbehandlung mit Neutralisationsmitteln. Die Heißwelle wurde vor dem 1. Weltkrieg von K. F. Neßler erfunden.

Dauerwohnrecht, das dingl., veräußerl. und vererbl. Recht, eine bestimmte Wohnung eines Gebäudes zu bewohnen. Es kann auf Zeit oder unbefristet bestellt werden und wird im Grundbuch eingetragen. Das D. ist in der Bundesrep. Dtl. durch Ges. von 1951 neu geschaffen worden.

Daugava, lett. Name der Düna, **Daugavpils** von Dünaburg.

Daume, Willi, Industrieller, * Hückeswagen 24. 5. 1913, 1950–70 Präs. des Dt. Sportbundes, seit 1956 Mitgl. des Internat. Olymp. Komitees, 1972–76 Vizepräs., seit 1961 Präs. des Nationalen Olymp. Komitees für Dtl.

Daumen, kürzester und stärkster Finger der Hand, durch Oppositionsbewegung gegenüber den anderen Fingern wichtig für die Greifbewegung.

Daumer, Georg Friedrich, Religionsphilosoph und Dichter, * Nürnberg 5. 3. 1800, † Würzburg 13. 12. 1875, stellte der vermeintlich pessimist. Lebensfeindlichkeit des Christentums eine ›Religion des Lebens‹ gegenüber; 1858 konvertierte er zur Kath. Kirche. – D. übertrug oriental. Lyrik; einige seiner Gedichte hat J. Brahms vertont.

Daumier [domj'e], Honoré, frz. Maler, Zeichner, Bildhauer, * Marseille 26. 2. 1808, † Valmondois (Val d'Oise) 10. oder 11. 2. 1879, 1832 von Ch. Philipon als Mitarbeiter für dessen satir. Blatt ›Caricature‹ gewonnen. Darin erschienen die seinen Ruhm begründenden Karikaturen von Parlamentariern jener Zeit. Ihre Köpfe zeichnete D. nach Tonmodellen, die er aus dem Gedächtnis modellierte; ferner Einzelblätter wie ›Ventre législatif‹ (1834). Wegen Verspottung des Königs war er 1832 sechs Monate in Haft. Nach dem Verbot von ›Caricature‹ (1835) schilderte D. in ›Charivari‹ humorvoll, oft mit beißender Ironie, das bürgerl. Leben. In den ›Caricaturana‹ (1836 bis 1838) geißelte er die polit. Korruption unter Louis-Philippe. Nach der Revolution von 1848 brandmarkte er in den ›Représentants représentés‹ wie in den ›Actualités‹ (beide in ›Charivari‹) die Politik Napoleons III. Seit etwa 1840 schuf er auch Buchillustrationen (›Némésis médicale‹, 1842; ›La grande ville‹, 1843; ›Ulysse‹, 1852). Themen seiner meist nach 1860 entstandenen Bilder waren das Vorstadt-Theater, die Kunstsammler, die Advokaten, auch religiöse Szenen.

Däumling, Daumerling, Daumesdick, engl. **Tom Thumb** [tom θʌm], frz. **Petit Poucet** [pti pus'ɛ], die daumengroße Hauptfigur verschiedener Märchen.

Daumont [dom'õ, aus frz. à la d'Aumont], Viergespann ohne Zügel, von 2 Reitern im Sattel gelenkt, bes. bei Staatskarossen; nach Herzog L.-M.-C. d'Aumont (* 1762, † 1831).

Daun, die Lippenblüter-Gatt. Hohlzahn.

Daun, Kreisstadt im RegBez. Trier, Rheinl.-Pf., Luft- und Kneippkurort am Oberlauf der Lieser, in der Eifel, (1981) 6800 Ew.

Daun, Leopold Josef Graf von, Fürst von *Thiano,* österr. Feldmarschall, * Wien 24. 9. 1705, † ebd. 5. 2. 1766, reorganisierte das österr. Heer. Im Siebenjährigen Krieg siegte er bei Kolin (1757), Hochkirch (1758) und Maxen (1759), verhinderte aber durch zaudernde Kriegführung die Ausnutzung dieser Erfolge. 1760 unterlag er bei Torgau.

Daunen, Flaumfedern, weiche Federn, die nur dem Wärmeschutz dienen.

47

Dauphin [dof'ɛ̃, frz.], mittellat. *Delphinus,* bis 1830 Titel des frz. Thronfolgers (→ Dauphiné).

Dauphiné [dofin'e], histor. Provinz in SO-Frankreich, zw. Rhôneknie und ital. Grenze; umfaßt die *Dauphiné-Alpen* (im Ecrins-Pelvoux 4102 m hoch) sowie das von gut kultivierten Tälern durchzogene Moränen- und Schottergebiet der *Nieder-D. (Bas-D.),* südöstlich von Lyon. Vom 11. zum 14. Jh. gelang es den Grafen von Albon im Kgr. Burgund, das Land zw. Rhône und Alpen, Provence und Savoyen zu einem Fürstentum (Mittelpunkt Vienne, später Grenoble) zu vereinen. Es verdankt den Namen D. (Delphinatus) dem aus einem Beinamen der Grafen entstandenen Titel ›Delphinus‹, das ›Dauphin‹. 1349 verkaufte der letzte Dauphin die D. an die frz. Krone. Diese bestimmte die D. zur Ausstattung (Apanage) des Thronfolgers (Dauphin) und vereinte sie 1560 mit der Krondomäne.

Daus [aus altfrz. dous ›zwei‹] *das,* 1) zwei Augen im Würfelspiel; das As im dt. Kartenspiel. 2) redensartl. Bez. für den Teufel (›ei der D.!‹).

Dausset, Jean, frz. Mediziner, * Toulouse 19. 10. 1916, seit 1963 am Immunolog. Inst. der Pariser Universitätsklinik St. Louis, erhielt (zus. mit B. Benacerraf und G. Snell) den Nobelpreis für Medizin 1980 für seine Arbeiten über die Ursachen immunolog. Reaktionen beim Menschen.

Dauthendey, Max, Schriftst., * Würzburg 25. 7. 1867, † Malang auf Java 29. 8. 1918, urspr. Maler, als Lyriker und Erzähler ein Meister impressionist. Wortkunst; bereiste bes. Ostasien; vom 1. Weltkrieg überrascht, starb er in der Internierung auf Java.

WE. Prosa: Lingam (12 asiat. Novellen, 1909); Die acht Gesichter am Biwasee (Erz., 1911); Raubmenschen (Roman, 1911); Geschichten aus den vier Winden (1915). – Gedichte (Ausw., 1969).

Dautphetal, Gem. im Kr. Marburg-Biedenkopf, (1981) 11600 Ew.; entstand 1974 aus *Dautphe* und 11 weiteren Gemeinden. Fachwerkhäuser (Kratzputz).

DAV, Abk. für Deutscher Alpenverein.

Davao, Provinzhauptstadt auf Mindanao, Philippinen, (1977) 515000 Ew.

Davel [dav'ɛl], Jean Abram Daniel, waadtländ. Patriot, * Morrens (Waadt) Okt. 1670, † (hingerichtet) Lausanne-Vidy 24. 5. 1723, Major (1712), führte 1723 erfolglos einen Aufstand zur Befreiung der Waadt von der Herrschaft Berns.

Davenant [d'ævɪnənt], **d'Avenant,** Sir William, engl. Dichter und Dramatiker, * Oxford Febr. oder März 1606 (angeblich unehel. Sohn Shakespeares), † London 7. 4. 1668. Mit ›The siege of Rhodos‹ (1656) begründete er die engl. Oper und wies dem heroischen Drama J. Drydens den Weg.

Davenport [d'ævnpɔːt], Stadt in Iowa, USA, am Mississippi, (1980) 103300 Ew.

Davenport [d'ævnpɔːt], Charles Benedikt, amerikan. Anthropologe und Vererbungsforscher, * Stamford (Conn.) 1. 6. 1866, † Cold Spring Harbor (N. Y.) 18. 2. 1944, Prof. an der Harvard-Univ. und in Chicago; arbeitete bes. über Wachstumsveränderungen und Rassenkreuzungen.

Daventry [d'ævntrɪ], Stadt in der mittelengl. Cty. Northamptonshire, (1973) 13400 Ew.; Sendestelle der BBC.

David [daβ'ið], Provinzhauptstadt in Panama, (1970) 35700 Ew.

David [hebr. ›der Geliebte‹], israelit. König (etwa 1004/03–965/64 v. Chr.), Sohn des Isai aus Bethlehem, als Knabe Waffenträger und Spielmann Sauls, Sieger über den Philister Goliath, nach Verfolgung durch Saul schließlich dessen Nachfolger. D. vereinigte Juda und Israel zu einem Reich und fügte diesem weitere Glieder in unterschiedl. Abhängigkeiten hinzu: das jebusit. Jerusalem als Residenz, die ostjordan. Staaten und einen Teil der phönik. Küste. Das Ergebnis war ein zwei Menschenalter überdauerndes Großreich ›vom Strom bis an den Bach von Ägypten‹, wie es später Israel nie wieder erreicht hat. Die von D. geschaffene Stellung Jerusalems (Überführung der Bundeslade) und die sich an seine Dynastie knüpfenden messian. Hoffnungen (2. Sam. 7) haben die israelit. Religion bis in das N. T. hinein stark beeinflußt. – Auf Grund seiner Leichenlieder auf Saul, Jonathan und Abner (2. Sam. 1, 17ff.; 3,33) schrieb ihm die spätere Zeit die Mehrzahl der Psalmen zu.

David I. [d'eɪvɪd], König von Schottland (1124–53), * um 1082, † Carlisle (Cumberland) 24. 5. 1153, formte nach anglonormann. Vorbild aus lose verbundenen Herrschaften das mittelalterl. Kgr. Schottland und gab ihm seine größte Ausdehnung.

David, 1) Eduard, * Ediger (Mosel) 11. 6. 1863, † Berlin 24. 12. 1930, setzte als führender Agrarpolitiker der SPD in den 90er Jahren die Auffassung durch, daß bäuerl. Kleinbetriebe lebensfähig seien, entgegen der Theorie ihrer Aufsaugung durch Großbetriebe. Seit 1903 MdR., wurde er im Febr. 1919 erster Präs. der Weimarer Nationalversammlung.

2) [dav'id], Félicien César, frz. Komponist, * Cadenet (Dép. Vaucluse) 13. 4. 1810, † St. Germain-en-Laye 29. 8. 1876, wurde 1844 mit ›Le désert‹, einer durch oriental. Eindrücke best. Mischung von Kantate und Sinfonie, als Schöpfer der ›exotischen Musik‹ bekannt.

3) Gerard, fläm. Maler, * Oudewater bei Gouda um 1460, † Brügge 13. 8. 1523, nach dem Tod H. Memlings das Haupt der Brügger Malerschule, deren Überlieferungen in seiner feierlich-ernsten Kunst vereinigten.

4) [dav'id], Jacques Louis, frz. Maler, * Paris 30. 8. 1748, † Brüssel 29. 12. 1825, wandte sich nach seiner Ausbildung 1775–80 in Rom vom akadem. Rokoko hin zum strengen Klassizismus, dessen erster wichtigster Vertreter er wurde. Er bekannte sich 1789 zu den Idealen der

Frz. Revolution, wurde Jakobiner, gestaltete als Mitgl. des Nationalkonvents die großen Feiern und organisierte die staatl. Kunstpflege. Von Napoleon I. zum Hofmaler ernannt, verherrlichte er das Kaiserreich.

J.-L. David: Der ermordete Marat, 1793
(Brüssel, Museum)

WE. Schwur der Horatier (1784; Paris, Louvre); Der ermordete Marat (1793; Brüssel, Musées Royaux); Die Sabinerinnen (1799; Paris, Louvre).

5) Johann Nepomuk, Komponist, * Eferding (OÖ) 30. 11. 1895, † Stuttgart 22. 12. 1977, wirkte in Wels, Leipzig, Salzburg und 1948–60 als Kompositionslehrer an der Musikhochschule Stuttgart.
WE: 8 Sinfonien; 4 Streichtrios op. 33; Solosonaten für versch. Instrumente. – Orgelwerke: ›Choralwerk‹, 14 Bde. (1932–62); Motetten für 4–6stimmigen Chor.
LIT. H. H. Stuckenschmidt: J. N. D. (1965).

David d'Angers [davidãʒˈe], Pierre Jean, frz. Bildhauer, * Angers 12. 3. 1788, † Paris 5. 1. 1856, schuf Büsten und Medaillons, 1824 und 1834 in Dtl. von Goethe, Schiller, Tieck, Rauch, Schinkel, C. D. Friedrich u. a.
WE. Denkmal für Condé (1817–27; Versailler Ehrenhof); Giebelrelief des Pantheon, Paris (1830–37).

David-Neel [davidn'εl], Alexandra, frz. Tibetforscherin, * St. Mandé (Val-de-Marne) 24. 10. 1868, † Digne 8. 9. 1969, reiste 1898 und 1911–25 in Süd- und Innerasien und erforschte bes. den tibet. Buddhismus.

Davidsbündler, Kreis von Musikern und Kunstfreunden um Robert Schumann.

Davidsharfe, Art der Harfenschnecken.

Davidson [d'εɪvɪdsn], John, schott. Dichter, * Barrhead (Renfrewshire) 11. 4. 1857, † (Selbstmord) Penzance 23. 3. 1909; phantast. Dramen; Balladen, Naturgedichte.

Davidstern, Davidschild, Magen (Schild) David, Hexagramm, ein Symbol in Form eines Sechssterns, gebildet durch 2 Dreiecke als Sinnbild der Durchdringung der sichtbaren und der unsichtbaren Welt, im Judentum – bezeugt seit dem 7. Jh. v. Chr. – seit dem 18. Jh. ein allg. Glaubenssymbol, im ›Dritten Reich‹ seit 1940 zwangsweise zu tragendes Zeichen aller Juden, seit 1948 in der Flagge des Staates Israel.

David von Augsburg, einer der bedeutendsten geistl. Schriftsteller des 13. Jh., in dt. und lat. Sprache, * um 1200/1210, † Augsburg 19. 11. 1272, einer der ersten dt. Franziskaner, Volksprediger. Sein dreibändiges Werk ›De exterioris et interioris hominis compositione‹ war für Jahrhunderte ein asketisch-myst. Hb. klösterlichen Lebens.

Davies [d'eɪvɪs], William Robertson, kanad. Schriftst., * Thamesville (Ontario) 28. 8. 1913, Literaturkritiker; schrieb auch Theaterstücke und Romane.

Davis [d'eɪvɪs], **1)** Angela, amerikan. Bürgerrechtskämpferin, * Birmingham (Ala.) 26. 1. 1944, 1969–70 Dozentin der Gesellschaftswissenschaften, wandte sich unter dem Einfluß H. Marcuses dem Marxismus zu.
2) Bette (Ruth Elizabeth), amerikan. Filmschauspielerin, * Lowell (Mass.) 5. 4. 1908, Darstellerin schwieriger Frauencharaktere (u. a. ›All about Eve‹, 1950).
3) Colin Rex, engl. Dirigent, * Weybridge 25. 9. 1927, war 1961–67 Leiter der Londoner Sadler's Wells Oper, 1967–71 Chefdirigent des BBC Symphony Orchestra, seitdem Musikdirektor der Covent Garden Opera; zum 1. 9. 1983 als Chefdirigent des Symphonieorchesters des Bayer. Rundfunks berufen.
4) Jefferson, amerikan. Politiker, * Fairview (Ky.) 3. 6. 1808, † New Orleans (La.) 6. 12. 1889; zunächst Berufsoffizier, Demokrat, befürwortete die Sklaverei und trat für die südstaatl. Sezessionsrechte ein. 1861 wurde er zum Präs. der Konföderation gewählt; 1865 gefangengenommen, 1868 begnadigt.
5) John, engl. Seefahrer, * Sandridge um 1550, † (erschlagen) zw. Gintang und Singapur 27. 12. 1605, suchte 1585–87 auf 3 Reisen nach der Nordwestpassage.
6) Miles, amerikan. Jazz-Trompeter, * Alton (Ill.) 25. 5. 1926.
7) Stuart, amerikan. Maler, * Philadelphia 7. 12. 1894, † New York 24. 6. 1964, komponierte in geometrisierenden Formen farbkräftige Bilder und Wandgestaltungen (1956; UNO, New York).
8) William Morris, amerikan. Geograph und Geologe, * Philadelphia (Pa.) 12. 2. 1850, † Pasadena (Calif.) 5. 2. 1934; seiner heute fast allgemein kritisierten Lehre vom ›Geograph. Zyklus‹ war ein erstaunlicher internat. Erfolg beschieden.

Davis-Pokal [d'eɪvɪs-], engl. **Davis Cup** [-kʌp], 1900 von D. F. Davis, * 1879, † 1945, gestiftet] Tennis: Wanderpreis für Herren-Ländermannschaften, um den jedes Jahr gespielt wird.

Davisson [d'eɪvɪsn], Clinton Joseph, amerikan.

Davi

Physiker, * Bloomington (Ill.) 22. 10. 1881, † Charlottesville (Va.) 1. 2. 1958, wies 1927 mit L. H. Germer die Elektronenbeugung an Kristallen nach, ein Beweis für die Wellennatur des Lichtes. 1937 erhielt er den Nobelpreis für Physik.

Davis-Straße [d'eɪvɪs-, n. John Davis], 350 km breite Meeresstraße zw. Baffin Island und Grönland.

Davit [d'ævɪt, engl.] *das*, kleines schwenk- oder kippbares Hebezeug auf Schiffen zum Ein- und Aussetzen von Booten, Ankern u. a.

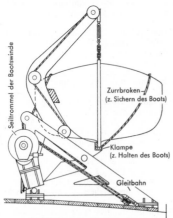

Seiltrommel der Bootswinde

Zurrbroken
(z. Sichern des Boots)

Klampe
(z. Halten des Boots)

Gleitbahn

Davit (Schat-Davit in Ruhelage)

Davos, rätoroman. **Tavau,** Hochtal in Graubünden, Schweiz, durchflossen vom Landwasser, einem Nebenfluß der Albula. Am oberen Ende liegt der *Kleine Davoser See* (1559 m ü. M., 0,6 km²) und die von einem Bergsturz gebildete Wasserscheide (1633 m) gegen das Prättigau. Das D. bildet die Gem. D., 255 km², (1980) 10500 Ew. (Nachkommen der im 13. Jh. angesiedelten Walser). Hauptort: *D.-Platz,* 1556 m ü. M.; schweizer. Forschungsinstitut für Medizin und Hochgebirgsklima, zahlreiche Sanatorien und Kuranlagen, Kongreßhaus. Es ist, ebenso wie das nördlich gelegene *D.-Dorf,* internat. Kurort und Wintersportplatz.

Davout, Davoust, d'Avout [-v'u], Louis Nicolas, Herzog von *Auerstaedt* (1808), Fürst von *Eckmühl* (1809), frz. Marschall, * Annoux (Dép. Yonne) 10. 5. 1770, † Paris 1. 6. 1823, schlug die Preußen bei Auerstedt und entschied die Siege bei Eggmühl und Wagram gegen die Österreicher. In den Freiheitskriegen behauptete er Hamburg und übergab die Stadt erst auf Befehl Ludwigs XVIII. (31. 5. 1814). Während der Hundert Tage war er Napoleons Kriegsminister; D. unterzeichnete 1815 den Waffenstillstand.

Davy [d'eɪvɪ], Sir (1812) Humphry, einer der bedeutendsten brit. Chemiker, * Penzance (Cornwall) 17. 12. 1778, † Genf 29. 5. 1829, seit 1807 Sekretär und 1820–27 Präs. der Royal Society. – D. benutzte als erster den galvan. Strom zur chem. Zerlegung und entdeckte die Elemente Natrium und Kalium (1807), Calcium, Strontium, Barium und Magnesium (1808). Er erkannte, daß Chlor ein elementarer Stoff und Salzsäure eine sauerstofffreie Säure ist und entwickelte 1815 eine Gruben-Sicherheitslampe.

Dawes [dɔːz], Charles Gates, amerikan. Politiker (Republikan. Partei), * Marietta (Ohio) 27. 8. 1865, † Evanston (Ill.) 23. 4. 1951, Rechtsanwalt, Bankier, entwarf als Vors. einer internat. Sachverständigenkommission die Leitlinien des Dawesplanes; mit A. Chamberlain erhielt er 1925 dafür den Friedensnobelpreis; 1925–29 Vizepräs. der USA, 1929–32 Botschafter in London.

Dawesplan [d'ɔːz-], internat. Vertrag über die dt. Reparationen nach dem 1. Weltkrieg, abgeschlossen am 16. 8. 1924, vorbereitet durch das von einem Sachverständigenausschuß unter C. G. Dawes ausgearbeitete Gutachten über die wirtschaftl. und finanzielle Leistungsfähigkeit Deutschlands. Nach einer Übergangszeit sollten Jahreszahlungen von 2,42 Mrd. Goldmark gezahlt werden: 1250 Mio. aus dem Reichshaushalt, 660 Mio. von der Reichsbahngesellschaft, 210 Mio. aus der Beförderungssteuer und 300 Mio. von der Industrie. 1929/30 wurde der D. durch den Youngplan ersetzt.

Dawson [dɔːsn], Christopher Henry, engl. kath. Philosoph, * Hartlington Hall (Skipton) 12. 10. 1889, † Budleig Salteron 25. 5. 1970, entwickelte eine fortschrittskrit. Geschichtsphilosophie.

Dawson Creek [d'ɔːsn kriːk], Stadt in British Columbia, Kanada, (1971) 11900 Ew.; Ausgangspunkt der Alaskastraße, Endpunkt der Eisenbahn von Vancouver und von Edmonton; Flughafen; Erdölraffinerie.

Dax, Heilbad im frz. Dép. Landes, am linken Ufer des Adour, (1975) 19100 Ew.; schwefel- und kalkhaltige Thermen (55–65° C; gegen rheumat. Erkrankungen), schon von den Römern genutzt (*Aquae Tarbellicae*). Reste von Mauern und Türmen aus gallo-roman. Zeit, Kathedrale des 17.–18. Jh., im Innern got. Portal einer früheren Kirche.

Day [deɪ], **1)** Clarence Shepard, amerikan. Schriftst., * New York 18. 11. 1874, † ebd. 28. 12. 1935, humorvolle Familienromane (›God and my father‹, 1932, dt.; ›Life with father‹, 1935, dt.; ›Life with mother‹, 1937, dt.).
2) Doris, eigtl. *Kappelhoff,* amerikan. Filmschauspielerin, Schlagersängerin, * Cincinnati (Ohio) 3. 4. 1924.
Filme: Der Mann, der zuviel wußte (1955); Bettgeflüster (1959); Ein Hauch von Nerz (1961).

Dayak, Sammelbezeichnung für die einheim. Bevölkerung Borneos (ohne die Küstenbevölkerung). Die D. leben in bis über 100 m langen, auf Pfählen errichteten Langhäusern, meist an

Flüssen, den Hauptverkehrswegen der dünnbesiedelten Insel. Kopfjagd spielte früher eine wichtige Rolle.

Dayan, Moshe, israel. General und Politiker, * Degania (N-Palästina) 20. 5. 1915, † Tel Aviv 16. 10. 1981, führte 1956 als Generalstabschef (1953–58) die israel. Truppen im Sinai-Feldzug. 1959–64 war er Landwirtschafts-, 1967–74 Verteidigungs-, 1977–79 Außen-Min.

Day-Lewis [deɪ l'uːɪs], Cecil, anglo-irischer Schriftst., * Ballintogher (Irland) 27. 4. 1904, † London 22. 5. 1972, Vertreter der engagierten Dichtung der 30er Jahre; auch Jugendbücher, Kriminalromane (unter dem Pseudonym Nicholas *Blake),* literaturkritische Werke und Übersetzungen.

Day Schools [deɪ skuːlz], im anglo-amerikan. Bereich verbreitete Ganztags-Pflichtschulen (in Großbritannien seit 1944) ohne Internat.

Dayton [d'eɪtn], Stadt in SW-Ohio, USA, (1980) 203 600 Ew. (Metropolitan Area: 848 000 Ew.); Industrie; 2 Universitäten, Sinfonieorchester.

Dazai, Osamu, japan. Schriftst., * Kanagi 19. 6. 1909, † (Selbstmord) 19. 6. 1948. Themen eines krisenhaften Niedergangs des traditionellen Japan bestimmen seine Romane (Die sinkende Sonne, 1947) und Erzählungen.

Dazit, Dacit [Dakien] *der,* junges, kieselsäurereiches Ergußgestein mit Einsprenglingen von Plagioklas, Quarz, Biotit, Hornblende u. a. in dichter, z. T. glasiger Grundmasse.

DB, 1) Abk. für Deutsche Bundesbahn.
2) Abk. für Deutsche Burschenschaft.
dB, Kurzzeichen für Dezibel.
DBB, Abk. für Deutscher Beamtenbund.
DBD, Abk. für Demokratische Bauernpartei Deutschlands.
DBP, Abk. für Deutsche Bundespost.
DC, 1) Abk. für *City-D-Züge,* D-Züge mit 1. und 2. Wagenklasse zum Anschluß an das Intercity-Netz; bis 1979.
2) Abk. für Democrazia Cristiana.
D. C., d. c., Musik: da capo.
d. d., Abk. für 1) de dato [lat.], vom Tage der Ausfertigung, 2) für dicto die [lat.], am genannten Tag, 3) für dono dedit [lat.], er hat zum Geschenk gegeben, er hat gestiftet.
DDP, Abk. für Deutsche Demokratische Partei.
DDR, Abk. für Deutsche Demokratische Republik.
DDT, Dichlordiphenyltrichloräthan, $C_{14}H_9Cl_5$, 1938 durch P. Müller als hochwirksames Insektizid erkannte Substanz. Für Warmblüter ist DDT nur in großen Dosen oder bei lang andauernder Aufnahme schädlich, für zahlreiche Insektenarten dagegen ein starkes Fraß- und Berührungsgift (Kontaktgift) mit z. T. monatelang andauernder Wirksamkeit. Als Stäube-, Spritzoder Nebelmittel wirkt DDT als Nervengift. Gegen Milben ist DDT nur bedingt wirksam. Von größter prakt. Bedeutung ist es im Pflanzenschutz und für die Bekämpfung hygien. Schäd-

linge (Ungezieservernichtung). Resistenzerscheinungen treten bes. bei Fliegen auf. Wegen der Nebenwirkungen mehr und mehr verboten; in der Bundesrep. Dtl. von jeder Anwendung ausgeschlossen.

DE, postamtl. Abk. für Delaware, USA.
Dea [lat.], Göttin.
Deadline [d'edlaɪn, engl.], letzter Termin.
Deadweight [d'edweɪt, engl. ›totes Gewicht‹], Abk. **dw,** das Gesamt-Zuladungsgewicht eines Handelsschiffes in t (**tdw**) oder ts (**tsdw**), umfaßt Ladung, Brennstoff, Proviant und sonstige Verbrauchsstoffe.

Deakin [d'iːkɪn], Alfred, austral. Politiker, * Melbourne 3. 8. 1856, † ebd. 7. 10. 1919, einer der Begründer des Austral. Bundes (1901); Premier-Min. 1903–04, 1905–08, 1909–10.

Dealer [d'iːlə, engl.], 1) Makler.
2) illegaler Verteiler; Rauschmittelhändler.

De Amicis [-am'iːtʃis], Edmondo, ital. Schriftst., * Oneglia (heute Imperia) 21. 10. 1846, † Bordighera 11. 3. 1908, begann als Schilderer des Soldatenlebens und als Reiseschriftst., hatte bes. Erfolg mit der Erz. ›Cuore‹ (1886, dt. Herz).

Dean [diːn, engl. ›Dekan‹], 1) anglikan. Kirche: Hauptgeistlicher an einer Kathedrale oder Kollegiatkirche (Dompropst).
2) im engl. Sprachbereich auch Amtsbezeichnung der Leiter weltlicher Körperschaften (z. B. Universitätsfakultäten oder Colleges).

Dean [diːn], 1) James, amerikan. Filmschauspieler, * Fairmont (Ind.) 8. 2. 1931, † (Autounfall) Salinas (Calif.) 30. 9. 1955, wurde durch die drei Filme ›Jenseits von Eden‹ (1955), ›... denn sie wissen nicht, was sie tun‹ (1955) und ›Giganten‹ (1955) zum Idol der Jugend.
2) Laura, amerikan. Tänzerin und Choreographin, * Staten Island 3. 12. 1945, gilt als eine der wichtigsten Vertreterinnen des New Dance.

Dearborn [d'ɪɔboːn], Stadt in Michigan, USA, im Vorortbereich von Detroit, (1973) 101 000 Ew., Ford Motor Co., Henry Ford Museum.

Déat [de'a], Marcel, frz. Politiker, * Guerigny (Nièvre) 7. 3. 1894, † San Vito b. Turin 4. 1. 1955, Prof. der Philosophie, urspr. Sozialist und Gegner des Faschismus, wandte sich 1939 gegen den Eintritt Frankreichs in den 2. Weltkrieg (›Mourir pour Dantzig?‹); schloß sich 1940 dem Vichy-Regime an; organisierte u. a. die frz. Freiwilligen-Legion bei der Waffen-SS; 1944–45 Mitglied des Sigmaringer Exilkomitees.

Death Valley [deθ v'ælɪ, engl. ›Todestal‹], Kalifornien, USA, rd. 225 km lang, bis 25 km breit, das heißeste (bis 56° C) und trockenste Gebiet (rd. 40 mm Niederschlag pro Jahr) und mit 86 m u. M. die tiefste Depression Nordamerikas; vereinzelt Vegetation; seit 1933 National Monument.

Deauville [dov'il], Seebad im frz. Dép. Calvados, an der Seine-Bucht, (1975) 5700 Ew.; internat. Pferderennen und Regatten; Spielkasino.

Debakel [frz.] *das,* Zusammenbruch, Niederlage.

debardieren [frz.], die Ladung löschen (Schiff entladen).

Debatte [frz.], offene Diskussion, Erörterung, Aussprache, bes. bei unterschiedl. oder gegensätzlichen Auffassungen.

Débauche [deb′oʃ, frz.], Ausschweifung.

De Beers Consolidated Mines Ltd. [də b′ɪəz kəns′ɔlɪdeɪtɪd maɪnz-], Kimberley, Rep. Südafrika, größter Diamantenproduzent und –händler der Welt; gegr. 1880 von Cecil Rhodes.

Debeka Krankenversicherungsverein auf Gegenseitigkeit, Deutscher Beamten-Krankenversicherungsverein a. G., gegründet 1905.

Debet [lat. ›er schuldet‹], abgek. D., Buchführung: ältere Bezeichnung für linke (Soll-)Seite eines Kontos.

Debilität [lat.], leichter Grad der angeborenen Intelligenzschwäche; *debil,* leicht schwachsinnig.

Débit [deb′i, frz.] *das,* veraltet: Einzelhandelsgeschäft; Ausschank von Weinen.

Debitoren [lat. ›Schuldner‹], 1) Buchführung: die Abnehmer, die Güter oder Dienstleistungen auf Kredit bezogen haben; in der Bilanz im Umlaufvermögen zu aktivieren.

2) Bankwesen: auf der Aktivseite der Bankbilanz die an Kunden ausgeliehenen Kredite.

De Bono, Emilio, ital. Marschall (1935), * Cassano d'Adda 19. 3. 1866, † (hingerichtet) Verona 11. 1. 1944, nahm 1922 als einer der Quadrumvirn am faschist. Marsch auf Rom teil. 1943 wandte er sich gegen Mussolini und wurde 1944 von einem faschist. Sondergericht zum Tode verurteilt.

De Boor, Helmut, Germanist, * Bonn 24. 3. 1891, † Berlin 4. 8. 1976, Prof. in Leipzig, Bern und Berlin; mit R. Newald Hg. der ›Gesch. der dt. Dichtung‹ (1949 ff.).

Debora [hebr. ›Biene‹], Prophetin Israels aus vorstaatl. Zeit (um 1100 v. Chr.), mit Barak Anführerin im Kampf gegen die Kanaanäer (Ri. 4); nach der Überlieferung stammt von ihr das *Deboralied* (Ri. 5,2–31), eines der ältesten Zeugnisse der hebräischen Literatur (Oratorium von Händel, 1733).

Debré [dəbr′e], Michel, frz. Politiker (Gaullist), * Paris 15. 1. 1912, Staatsrat, 1942–44 führend in der Widerstandsbewegung, trug als entscheidender Anhänger von Ch. de Gaulle wesentlich zum Aufbau der V. Republik bei. 1959–62 MinPräs.; mehrfach Minister.

Debrecen [d′ɛbrɛtsɛn], **Debreczin** [–tsi:n], Stadt in Ungarn, im nördl. Theißtiefland, (1980) 195 000 Ew., wirtschaftl., geistiges (Universität) und Verkehrszentrum NO-Ungarns. Seit dem 16. Jh. Zentrum des ungar. Calvinismus. – D., erstmals 1211 erwähnt, erhielt 1360 Stadtrechte; 1849 Sitz der Revolutionsregierung L. Kossuths; 1944–45 Sitz der provisor. Regierung.

Debre Damos, Kloster rd. 150 km südlich von Asmara, Äthiopien; Basilika des 8. (?) Jh.

Debreu, Gerard, amerikan. Mathematiker und Wirtschaftswissenschaftler, * Calais 1921, Prof. in Berkeley (Calif.); erhielt den Nobelpreis für Wirtschaft 1983.

Debs, Eugene Victor, amerikan. Sozialistenführer, * Terre Haute (Ind.) 5. 11. 1855, † Elmhurst (Ill.) 20. 10. 1926, gründete 1897 die Social Democratic Party, die sich 1901 mit anderen Gemäßigten Sozialisten zur Socialist Party zusammenschloß (mehrfach Präsidentschaftskandidat). Als Gegner der amerikan. Kriegspolitik wurde er 1918 zu 10 Jahren Gefängnis verurteilt, 1921 begnadigt.

Debt management [det m′ænɪdʒmənt, engl.], i. w. S. die staatl. Schuldenpolitik; i. e. S. die Manipulation einer gegebenen Staatsschuld in Hinblick auf ihre Fristigkeit.

Debucourt [dəbyk′u : r], Philibert-Louis, frz. Maler und Kupferstecher, * Paris 13. 2. 1755, † Belleville 22. 9. 1832; geistreiche Sittendarstellungen des Pariser Lebens im Rokoko.

Debureau [dəbyr′o], Jean-Baptiste, eigtl. Jean Gaspard [gasp′a : r], frz. Schauspieler, * Kolin (Böhmen) 31. 7. 1796, † Paris 17. 6. 1846, berühmt als Pantomime, besonders in Szenen um die Figur des Pierrot.

Debussy [dəbys′i], Claude, frz. Komponist, * St. Germain-en-Laye 22. 8. 1862, † Paris 26. 3. 1918, wurde, von der Malerei angeregt, zum Hauptvertreter des musikal. Impressionismus. Ausgehend vom romant. Klassizismus C. Francks, dessen Schüler er kurze Zeit war, gelangte er zu einer weitgehenden Auflösung der überkommenen Harmonik, wobei die Akkorde sich als sensuell empfundene, klangfarbliche Strukturen darstellen; Pentatonik, Ganztonleitern, übermäßige Dreiklänge sowie Quinten- und Quartenparallelen sind Eigenheiten seines Tonsatzes.

WE. Pelléas et Mélisande, Oper nach M. Maeterlinck (1902); Mysterium: Le Martyre de St. Sébastien (nach D'Annunzio, 1911). Orchesterwerke: L'après-midi d'un faune (1894); Trois Nocturnes (1899); La Mer (1905); Ibéria (1912). Klavierwerke, Lieder, Kammermusik. – *Kritische Schrift:* M. Croche antidilettante (1922).

LIT. L. Vallas: C. D. et son temps (Paris 1932, dt. mit Werk- und Lit.-Verz. von A. Ott, 1961).

Debüt [deb′y], frz. **Début** [deb′y], erstes Auftreten (z. B. eines Künstlers). **Debütant** [frz.], jemand, der erstmalig öffentlich auftritt.

Debye [dəb′ɛjə], Peter, niederländ.-amerikan. Physiker, * Maastricht (Holland) 24. 3. 1884, † Ithaca (N. Y.) 2. 11. 1966, genannt ›Master of the Molecule‹, stellte 1912 die *D.sche Theorie der spezifischen Wärmekapazität* von Festkörpern (T^3-Gesetz) auf, entwickelte 1917 (unabhängig von A. W. Hull) mit P. Scherrer die *D.-Scherrer-Methode* zur Untersuchung von Kristallpulver, 1923 mit E. Hückel die *D.-Hückel-Theorie* über Dissoziation und Leitfähigkeit starker Elektrolyte (interionische Wechselwirkung) und wies (unabhängig von F. Giauque) auf die Möglichkeit magnet. Kühlung hin. Für die Aufstellung der *Dipol-Theorie* (1912) und Arbeiten über die Molekülstruktur erhielt D. 1936 den Nobelpreis für Chemie.

Décadence [dekad´ãs, frz.], → Dekadenz.

Decamerone [›Zehntagewerk‹], ital. Novellensammlung von G. Boccaccio.

Decamps [dək´ã] Alexandre Gabriel, frz. Maler, * Paris 3. 3. 1803, † Fontainebleau 22. 8. 1860, entdeckte auf einer Reise durch Kleinasien (1827) als einer der ersten den Orient für die romant. Malerei, schuf auch satirische Bilder und politische Karikaturen.

De Candolle [dəkãd´ɔl], Augustin Pyrame, schweizer. Botaniker, * Genf 4. 2. 1778, † ebd. 9. 9. 1841, seit 1816 Prof. ebd., stellte eine natürl. Ordn. der Blütenpflanzen auf; er nahm an, daß die Arten Abwandlungen des Archetypes ihrer Gruppe seien.
WE. Théorie élémentaire de la botanique (1813); Prodromus systematis naturalis regni vegetabilis, 7 Bde. (1824–38).

Dečani [-tʃ-], Kloster in Serbien, südwestlich von Peć, seit 1327 errichtet; im Inneren Fresken, die einen Höhepunkt serb. Malerei des MA. darstellen.

Decansäure, → Capronsäure.

Decarboxylasen, zu den Lyasen gehörende Enzyme; spalten aus Carboxylgruppen organ. Säuren Kohlendioxid ab.

Decarboxylierung, Abspaltung von Carboxylgruppen aus Carbonsäuren, wobei jene durch Wasserstoff ersetzt werden.

Deccan, Dekkan, Dekhan [aus altind. dakchina ›südlich‹] *der,* i. w. S. Landschaft Vorderindiens südlich einer Linie vom Golf von Cambay zum Ganges-Brahmaputra-Delta, i. e. S. der nordwestl. Teil der pultartigen Fläche.

Decca-Navigationsverfahren [n. der engl. Entwicklungsfirma Decca Navigator Co. Ltd.], ein Hyperbel-Navigationsverfahren mittlerer Reichweite (max. 300 sm), das vorwiegend für die Schiffahrt in europ. und einigen überseeischen Küstengebieten Verwendung findet. Die Ortung erfolgt durch Messung der Entfernungsdifferenzen von je 2 Sendestationen mit 120–200 km Abstand durch Phasenvergleich der unmodulierten Trägerfrequenzen.

decem [lat.], zehn.

Deception-Insel [dɪs´epʃn-], jungvulkan. Insel der brit. Süd-Shetland-Inseln, eine vom Meer erfüllte Caldera; 1820 von N. Palmer entdeckt, 1928/29 Basis von H. Wilkins für Erkundungsflüge in die Antarktis; lange Zeit Stützpunkt für Robben- und Walfänger. Auch Argentinien erhebt Besitzansprüche auf die Insel.

De Céspedes [-tʃ´espedes], Alba, ital. Schriftstellerin, * Rom 11. 3. 1911, seit 1944 Leiterin der von ihr gegründeten literar. Ztschr. ›Mercurio‹; psychologische Gesellschafts- und Frauenromane.
WE. Nessuno torna indietro (1938, dt. Der Ruf ans andere Ufer); Dalla parte di lei (1950, dt. Alexandra); Quaderno proibito (1953, dt. Das verbotene Tagebuch); Il rimorso (1963, dt. Die Reue); La bambolona (1967, dt. Die Bambolona).

Dechant, auch: **Dechant,** → Dekan.

Decharge [deʃ´arʒ, frz.], 1) Entlastung; auch Löschung eines Postens im Schuldbuch.
2) Be- und Entladen eines Schiffes.

Dechema, Abk. für Deutsche Gesellschaft für chemisches Apparatewesen.

Dechenhöhle, Tropfsteinhöhle im Stadtgebiet von Iserlohn, 1868 entdeckt.

dechiffrieren [-ʃ-, frz.], entziffern, bes. chiffrierte Schrift in Klartext umsetzen.

De Chirico [dek´i:riko], Giorgio, ital. Maler, Graphiker, * Volos (Griechenland) 10. 7. 1888, † Rom 19. 11. 1978, entwickelte 1917 mit C. Carrà in Ferrara die Pittura Metafisica, in der er aus Fragmenten der Wirklichkeit eine absurde, bedrängende Bildwelt errichtete. Nach dem 1. Weltkrieg schloß er sich der Gruppe der Valori Plastici an, dann wandte er sich einem aus einer dämonischen Sicht der Antike gespeisten Klassizismus zu. – Wir Metaphysiker, Ges. Schriften, hg. v. W. Schmied (1973).
LIT. G. Bruni Sakraschik: G. De C., Catalogo generale, 5 Bde. (Mailand 1972–75); De C., Leben und Werk, hg. v. W. Schmied, A. Jouffroy, M. DellArco u. a. (1980).

Decidua [lat.], **Dezidua, Siebhaut,** bei Mensch und Säugetieren Teil der Gebärmutterschleimhaut.

Děčín [dj´etʃi:n], tschech. Name von Tetschen.

Decius, röm. Plebejergeschlecht, bekannt durch drei Angehörige namens *Publius D. Mus,* Vater, Sohn und Enkel, die sich dem freiwilligen Opfertod (Devotion) weihten, der 1. in der Schlacht am Vesuv (340 v. Chr.), der 2. im Samnitenkrieg bei Sentinum (295 v. Chr.), der 3. im Krieg gegen Pyrrhos bei Ausculum (279 v. Chr.).

Decius, Gaius *Messius Quintus D. Traianus,* röm. Kaiser (249–51), * Budalia (Pannonien) um 200, † bei Abrittus (heute Rasgrad, Dobrudscha) 251, ordnete 249 eine allgemeine Christenverfolgung an.

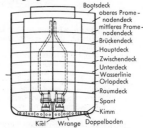

Deck: Querschnitt durch ein Fahrgastschiff

Deck [engl.] *das,* 1) waagerechte Unterteilung und oberer Abschluß des Schiffskörpers. Nach Anzahl der D. unterscheidet man Ein- und Mehrdeckschiffe. Oberstes durchlaufendes D. des eigentlichen Schiffskörpers ist das *Festigkeits-* oder *Verbands-D.,* auch *Haupt-D.* genannt. Ebenso haben die darüber und darunter befindlichen D. eigene Namen; bei Passagier-

Deck (Bildbeschriftung von oben nach unten): Bootsdeck, oberes Promenadendeck, mittleres Promenadendeck, Brückendeck, Hauptdeck, Zwischendeck, Unterdeck, Wasserlinie, Orlopdeck, Raumdeck, Spant, Kimm, Kiel, Wrange, Doppelboden

Deck

schiffen sind auch Sonderbez. üblich. Nicht über die ganze Länge reichende Aufbaudecks sind *Back-D., Poop-D.* u.a.

2) Hifi-Technik: Gerät ohne eingebauten Verstärker oder Lautsprecher, meist nur im Sinne von *Tape-D.* [teɪp-], *Cassetten-D.*, Tonbandgerät, Cassettengerät.

Deck|akt, Decken, die Begattung bei Tieren.

Deckbiß, Bißanomalie, bei der die oberen Schneidezähne die unteren in der Schlußbißstellung überdecken.

Deckblatt, 1) Tragblatt im Blütenbereich *(Braktee)*, bei den Gräsern *Deckspelze.*

2) das äußerste Tabakblatt bei Zigarren.

Decke, 1) tragender Bauteil als oberer Raumabschluß. Dem Baustoff nach unterscheidet man Holz-, Stahl- und Massiv-D., der Form nach ebene und gewölbte D.

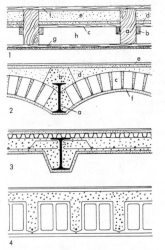

Decke: 1 Holzbalkendecke; a Balken 12/22, b Latten 3/5, c Schwarten-Einschub 2 cm, d Strohlehmverstrich 2 cm, e Auffüllung (Lehm oder Schlacke) 8 cm, f Dielung 2,4 cm, g Schalbretter 2 cm und Rohrdeckenputz 1,5 cm, h Hohlraum. 2 Trägerdecke mit gewölbten Kappen aus Vollziegeln; a Träger, b Beton, c Ziegel, d Schlacke oder dgl., e Estrich, f Putz. 3 Ebene Massivdecke mit Stahlbetonplatten zwischen Stahlträgern. 4 Stahlbeton-Rippendecke mit Lochziegel-Füllkörpern (nach DIN 4160)

2) a) *Eruptivdecke,* durch Eruption hervorgetretene, an der Erdoberfläche weitflächig ausgebreitete erstarrte Lavamasse; b) *Überschiebungsdecke.*

3) Saiteninstrumente: das Oberteil des Korpus.

4) Straßenbau: Teil des Straßenoberbaus.

5) Textilerzeugnis: Schlaf- oder Reisedecke (Plaid); Tischdecke.

6) behaarte Haut wiederkäuender Huftiere und großer Raubtiere.

Deckelkapsel, Fruchtform (→Frucht).

Deckelspinnen, die →Minierspinnen.

Deckengebirge, ein durch starke tangentiale Einengung entstandenes Gebirge, z.B. die Alpen.

Deckenheizung, eine Flächenheizung, bei der die Wärme von einer geheizten Raumdecke abgestrahlt wird.

Deckenmalerei ist, wie die Wandmalerei, eng an Architektur und Wölbtechnik gebunden. Die besterhaltenen Beispiele aus dem Altertum sind die D. unterird. Grabanlagen der Ägypter, der Etrusker und der Katakomben. Die Kassettendecke der Griechen und Römer zeigte in ihren Feldern meist nur dekorative Motive, die Flachdecke mittelalterl. Kirchen hingegen Themen der christl. Ikonographie (Wurzel Jesse, St. Michael, Hildesheim, um 1200). Die für die Entwicklung der D. in gewölbten Räumen entscheidende Ausgangssituation waren die Mosaiken der frühchristl. und byzantin. Kirchen (Baptisterium des Laterans in Rom, S. Costanza ebd.; Hagios Georgios, Saloniki; Baptisterien in Ravenna). Die mittelalterl. Entwicklung gipfelt in der Romanik; nur wenige Kirchen in Dtl. (Unterkirche von Schwarzrheindorf, um 1115), mehrere in Frankreich und Katalonien geben eine vollständige Vorstellung von den ganzen Innenraum beherrschenden Bildprogrammen. In der Renaissance wurde die antike Kassettendecke wieder aufgegriffen und mit Tafelbildern eingelegt. Die durch Stuckrahmen eingeteilten Felder bekrönte erstmals Mantegna mit einem illusionist. Fresko (1474; Camera degli sposi, Castello di Corte, Mantua); Michelangelo schuf in der Sixtin. Kapelle im Vatikan die vollendete Lösung zw. illusionist. Einzelbild und Scheinarchitektur. Von A. Correggio (Parma, Dom), A. Pozzo, P. da Cortona und Tiepolo führt die Entwicklung zu den dt. und österr. Barockmalern (C. D. Asam, J. B. Zimmermann, M. Günther, P. Troger, F. A. Maulbertsch). Deren illusionist. D. der Treppenhäuser, Empfangssäle und Bibliotheken in Schlössern und Klöstern sprengen die Ausmaße des Raumes und öffnen eine eigene Welt; bevorzugte Themen: Apotheosen, Visionen, mytholog. Szenen. Der Klassizismus verstand die Decke wieder als Raumabschluß. Seitdem tritt die D. nur noch vereinzelt auf.

Deckenschotter, eiszeitl. Sand-Kies-Ablagerungen im Alpenvorland, die deckenartig (in geringer Mächtigkeit, aber weiter horizontaler Erstreckung) auftreten (Münchener Ebene).

Deck|erinnerung, bes. deutliche, inhaltlich nebensächliche Kindheitserinnerung, die mit einer, für die Persönlichkeitsentwicklung bedeutenden, verdrängten Situation im Sinne einer Verschiebung verknüpft ist und diese verdeckt.

Deckfarben, deckende Pigmente (z.B. Zinnober), welche die bemalte Fläche mehr oder weniger vollständig abdecken, i. Ggs. zu transparenten Pigmenten (z.B. Krapplack). Die Guaschmalerei verwendet D. im Unterschied zur lasierenden Aquarellmalerei.

Deckflügel, Elytren, zu Schutzdecken umgewandelte Vorderflügel vieler Insekten, so bei Käfern.

Deckfrucht, Überfrucht, mit einer Untersaat (wie Klee, Winterwicken, auch Futtermöhren) angebaute Hauptfrucht (Getreide, bes. Roggen; Mohn, Lein).

Deckgebirge, 1) dem Grundgebirge diskordant auflagernde jüngere Gesteinskomplexe.

2) Schichtenfolge über nutzbaren Lagerstätten.

Deckhengst, Beschäler, Zuchthengst.

Deck|infektionen, durch den Deckakt übertragene Tierkrankheiten.

Deckname, das → Pseudonym.

Deck-, Oberdeckoffizier, in der kaiserlichen und Reichs-Marine des Dt. Reiches die höchste Rangklasse der Unteroffiziere mit Portepee.

Decksamer, Bedecktsamige, Magnoliophytina, früher *Angiospermen,* Unterabteilung der Samenpflanzen; ihre Samenanlagen sind in einen Fruchtknoten eingeschlossen, in dem sie sich zu reifen Samen entwickeln. Die D. werden in Einkeimblättrige und Zweikeimblättrige unterteilt.

Deckschuppe, 1) Deckblatt der Zapfen der Nadelhölzer.

2) Flügelplättchen bei Insekten, bes. auf Schmetterlingsflügeln.

Deckshaus, nicht von Bord zu Bord gehender Aufbau auf dem Hauptdeck von Schiffen.

Deck|spelze, Deckblatt der Blüte bei Gräsern.

Deck|steine, stirnseitige Lagerbegrenzungen von Wellen in Feingeräten, meist aus Saphir oder Rubin; zur Stoßsicherung federnd befestigt.

Deckung, 1) natürl. oder künstl. Schutz gegen Sicht oder Feuerwirkung des Feindes.

2) Sport: a) allgemein: in Mannschaftssportarten (Fußball u.a.) die Abwehrreihe, Hintermannschaft, Verteidigung; b) Eis-, Rollkunstlauf: Spurengleichheit beim Figurenlaufen in der Pflicht; c) Boxen: Schutz des Körpers mit den Armen vor den Schlägen des Gegners; d) Schach: schützende Figur; e) Fechten: Abwehr gegnerischer Treffer durch absichernde Haltung von Arm und Waffe.

3) Werte, die der Sicherung von Verbindlichkeiten dienen; bes. Banken verlangen Sicherheiten für gewährte Kredite.

Deckungsbeitragsrechnung, eine Kostenrechnung, bei der die jeweilige Differenz von Erlösen und zurechenbaren variablen Kosten als *Deckungsbeitrag* bildet und der Deckung der nicht zurechenbaren (fixen) Kosten dient. Die Unternehmung erzielt einen Gewinn, wenn die Summe der Deckungsbeiträge größer ist als die der nicht zugerechneten Kosten; die D. dient der betriebl. Erfolgskontrolle.

Deckungsgeschäft, ein Geschäft zwecks Beschaffung der an einen anderen vertragsmäßig zu liefernden Ware. Im Börsengeschäft ist D. der Kauf von Effekten zur Deckung eines Blankoverkaufs.

deckungsgleich, → Kongruenz.

Deckungskauf, vom Käufer anderweitig vorgenommene Beschaffung einer Ware, die der säumige (→ Verzug) Verkäufer trotz Setzung einer Nachfrist nicht geliefert hat. Der Preisunterschied geht zu Lasten des Verkäufers.

Deckungszusage, Versicherung: Versprechen auf Schadendeckung vor Ausstellung der Police, z.B. bei Kfz.-Versicherungen.

Deckwerk, künstliche Sicherung von Gewässerufern.

Declaration [deklər'eiʃn, engl.], **Déclaration** [deklarasj'ɔ̃, frz.], **Deklaration,** Erklärung.

1) **D.** [ɔv ındıp'endəns], die Unabhängigkeitserklärung der USA.

2) **D. of Rights** [engl. ›Erklärung der Rechte‹], eine vom engl. Parlament am 13. 2. 1689 verkündete Entschließung über wichtige Verfassungsgrundsätze, die von Wilhelm von Oranien anerkannt und zur Grundlage der Bill of Rights wurden.

3) **Déclaration des droits de l'homme et du citoyen,** die von der frz. Nationalversammlung am 26. 8. 1789 angenommene Erklärung der Menschen- und Bürgerrechte.

Decoder [engl.], **Decodierer,** System zur Wiedergewinnung der ursprünglichen aus einer codierten Nachricht.

Decorated Style [d'ekəreıtıd staıl], die mittlere Phase der engl. Gotik (um 1300).

Decoration Day, → Memorial Day.

De Coster, Charles, belg. Schriftst., * München 20. 8. 1827, † Ixelles 7. 5. 1879. Sein ›Ulenspiegel‹ (La légende et les aventures héroïques, joyeuses et glorieuses de Thyl Ulenspiegel et de Lamme Goedzak au pays de Flandres et ailleurs, 1867, dt.) ist Epos der Widerstandsbewegung gegen die span. Fremdherrschaft und Lobpreis der Heimat und der Freiheit. Mit diesem Werk leitete De C. eine Erneuerung der belg. Lit. ein.

Découvert [dekuv'ɛːr, frz. ›ungedeckt‹], Börse: Mangel an Titeln (Stückmangel), der durch zu viele Leerverkäufe (*à decouvert verkaufen*) entsteht.

decrescendo [dekreʃ'ɛndo, ital.], Abk. *decresc.,* Musik: leiser werdend, Zeichen: >.

Decretum [lat.] *das,* Dekret; D. Gratiani, → Gratian.

Decroly [dəkrɔl'i], Ovide, belg. Arzt und Pädagoge, * Ronse 23. 7. 1871, † Brüssel 10. 9. 1932, gründete 1901 in Brüssel die erste Schule für geistig Behinderte, 1907 die ›École pour la vie par la vie‹, deren Lehrplan sich an den Elementarbedürfnissen des Kindes orientiert.

Dectra-Navigationsverfahren [Abk. für engl. Decca track and range], eine Sonderart des Decca-Navigationsverfahrens.

Dedekind, 1) Friedrich, Dichter, * Neustadt a.d. Leine um 1525, † Lüneburg 27. 2. 1598, schrieb dt. Dramen und das lat. satir. Jugendwerk ›Grobianus‹ (1549), in dem er den unflätigen Heiligen der Zeit als Spiegelbild hinstellt.

2) Julius Wilhelm Richard, Mathematiker, * Braunschweig 6. 10. 1831, † ebd. 12. 2. 1916, bildete die Theorie der algebraischen Zahlen weiter, gab den algebraischen Funktionen einer

komplexen Veränderlichen ihre klassische Form und entwickelte eine strenge Theorie der Irrationalzahlen. Seine Arbeiten sind grundlegend für die moderne Entwicklung der Algebra. WE. Gesammelte mathemat. Werke, 3 Bde. (1930–32).

Dede Korkut, Epenzyklus der ogusischen (südwesttürk.) Stämme.

Dedikation [lat.], Widmungsinschrift, Schenkung; *dedizieren,* zueignen, widmen, schenken.

Dedikationsbild, Darstellung der feierl. Überreichung einer Stiftung (Architekturmodell oder Buch) an einen Höhergestellten in frühchristl. Kirchen und Handschriften.

Deduktion [lat. ›Wegführung‹], die Ableitung von Aussagen (Thesen) oder Sätzen und Erkenntnissen aus anderen, meist allgemeineren (Hypothesen), mit Hilfe logischer Schlußregeln, im Unterschied zur Reduktion und Induktion.

Deeping [d'i:pɪŋ], George Warwick, engl. Schriftst., * Southend 28. 5. 1877, † Weybridge 20. 4. 1950; zahlreiche Unterhaltungsromane, u. a. ›Hauptmann Sorrell und sein Sohn‹ (1925).

Deep Purple [di:p pɔ:pl], engl. Popgruppe, gegr. 1968, die zeitweise anspruchsvolle Werke in großer Besetzung spielt.

Deere, John D. & Co. [dʒɔn d'ɪə-], Moline, Ill., größter Landmaschinenproduzent der Welt; gegr. 1837. Dt. Tochtergesellschaft: Deere & Co. European Office, Mannheim, mit Werken in Mannheim und Zweibrücken; gegr. 1859 als Heinrich Lanz oHG von H. Lanz (* 1838, † 1905), jetziger Name seit 1967.

Deerhound [d'ɪəhaʊnd, engl.], **Schottischer Hirschhund,** engl. Haushunderasse mit dichtem rauhem, meist grauem Haar; Widerristhöhe: 71–76 cm.

Deering [d'ɪərɪŋ], auch **Dering,** Richard, engl. Komponist, * um 1580, † London März 1630, wurde 1617 Organist in Brüssel, 1625 Hoforganist in England; ›Cantiones sacrae‹ (1617), Motetten, Tänze u. a.

De|esis [grch. ›Bitte‹], die Darstellung des thronenden Christus zw. Maria und Johannes dem Täufer, die zu seinen Seiten fürbittend stehen oder knien.

DEFA, in der DDR früher die Deutsche Film AG, jetzt die *Deutsche Filmgesellschaft mbH,* hat das Monopol zur Herstellung von Filmen.

de facto [lat.], den Tatsachen nach, gleichgültig, ob diese rechtlich (de iure) begründet sind.

Defaitismus [defɛ-, von frz. défaite ›Niederlage‹], ein im 1. Weltkrieg in Frankreich geprägter Begriff für Zweifler am alliierten Endsieg und Anhänger eines Verständigungsfriedens. Nach der kommunist. Ideologie ist D. jeder Zweifel am Erfolg von Partei- und Regierungsmaßnahmen.

Defäkation [lat. faeces ›Kot‹], Kotentleerung.

Defant, Albert, Geophysiker und Meteorologe, * Trient 12. 7. 1884, † Innsbruck 24. 12. 1974, Prof. in Innsbruck und Berlin, 1925/26 Teilnehmer der Meteor-Expedition, deren Ergebnisse er herausgab (1925–27).

Defätismus, → Defaitismus.

Defekt [lat.] *der,* Mangel, Schaden, Fehler; defekt, mangel-, schad-, fehlerhaft.

Defekt|elektron, Loch, Ladungsträger im Valenzband von Halbleitern, der einem mit Elektronen besetzten Zustand entspricht und sich wie eine positive Ladung verhält.

Defektivum [lat.], ein Wort, das nicht alle sprachlich möglichen Formen aufweist. *Defektive Schreibung* nennt man eine Schreibung ohne Vokalzeichen (z. B. im Hebräischen).

Defektversuch, Versuch, Anlagepläne und Entwicklungsfähigkeiten von Organismen durch Abtöten kleiner Teile eines Keimes festzustellen.

Defension [lat. ›Verteidigung‹], die Landesverteidigung und Kriegsverfassung in Dtl. von der Zeit des ›Ewigen Friedens‹ (1495) bis ins 18. Jh. Im 17. Jh. wurden in mehreren dt. Ländern ›Landesdefensionswerke‹ geschaffen, um die Bevölkerung zur Landesverteidigung heranzuziehen. Auf diesem Gedankengut basierte später die ›Allgemeine Wehrpflicht‹.

Defensive [lat.], Abwehr, Verteidigung.

Defensor fide|i [lat. ›Verteidiger des Glaubens‹], Ehrentitel engl. Könige, 1521 vom Papst und 1544 durch das englische Parlament verliehen.

Defereggental, 40 km langes Seitental des Iseltales in Osttirol, zw. Lasörlinggruppe und Villgrater Gebirge *(Defereggengebirge),* mit dem Fremdenverkehrsort *St. Jakob in Defereggen* (1020 Ew.) in 1386 m ü. M.

Deferre [dəf'ε:r], Gaston, frz. Politiker (Sozialist), * Marsillargues (Hérault) 14. 9. 1910, Rechtsanwalt, im 2. Weltkrieg in der Widerstandsbewegung aktiv; Bürgermeister von Marseille (1944–45; seit 1953), 1963 und 1969 Präsidentschaftskandidat; 1981 Innenmin.

deficiendo [defitʃ'ɛndo, ital.], Musik: leiser und langsamer werdend.

de fide [lat. ›zum Glauben gehörend‹], kath. Dogmatik: der höchste, einer geoffenbarten Wahrheit zukommende Gewißheitsgrad.

Defilee [frz.], der feierl. Vorbeimarsch, Parade; defilieren, vorbeimarschieren.

De Filippo, Eduardo, ital. Dramatiker, Schauspieler und Regisseur, * Neapel 24. 5. 1900; neapolitan. Volkskomödien von großer Bühnenwirksamkeit, meist mit gesellschaftskritischen Akzenten.

definieren [lat. ›abgrenzen‹], bestimmen.

Definition [lat. ›Abgrenzung‹], 1) Logik: die Bestimmung eines Begriffs durch Beschreibung seiner wesentl. Merkmale. Eine D. umfaßt das, was definiert wird *(Definiendum)* und das, wodurch definiert wird *(Definiens).* Die *Real-D.* (Wesensbestimmung) soll das Wesen des Gegenstandes eines Begriffes festlegen durch Angabe der nächsthöheren Gattung (genus proximum) und des artbildenden Unterschiedes (differentia specifica), wobei der letztere die Gattung determiniert *(Determination).* Die *Nominal-D.* umgrenzt die Bedeutung eines Wortes.

2) eine Abk. für einen mathemat. Sachverhalt. Man unterscheidet *imprädikative, induktive* und *rekursive D.*

3) Kath. Kirche: *dogmat. D.*, die lehramtlich von einem ökumen. Konzil oder vom Papst ex cathedra getroffene Feststellung, daß eine genau umschriebene Glaubens- oder Sittenlehre in der göttl. Offenbarung (Schrift und Tradition) enthalten sei; sie ist dann unfehlbar und für alle Gläubigen verpflichtend.

definitiv [lat.], endgültig.

De Fiori, Ernesto, ital. Bildhauer, * Rom 12. 12. 1884, † São Paulo 25. 4. 1944. Urspr. Maler, seit 1911 Bildhauer, schuf formal vereinfachte Akte und Bildnisse.

Defixion [lat. ›Festheftung‹], in der magischen Praxis seit der Antike die Bannung eines Menschen auf einem Bild oder Gegenstand. Man schlug einen Nagel durch Fluchtafeln oder durchstach Rachepuppen.

defizient [lat. ›fehlend‹], unvollständig.

Defizit [lat. ›es fehlt‹], Fehlbetrag, Mangel. In der öffentl. Finanzwirtschaft wird zw. Haushalts-D. und Kassen-D. unterschieden. Das *Haushalts-D.* wird im Haushaltsvoranschlag geplant. Das *Kassen-D.* tritt bei der Ausführung des Haushalts auf.

Defizit-Finanzierung, engl. **deficit spending** [d′efɪsɪt sp′endɪŋ], eine finanzpolit. Konzeption zur Erreichung der Vollbeschäftigung mittels staatl. Ausgaben, die durch Kredite finanziert werden.

Defizithypothese, Soziolinguistik: angebl. Benachteiligung durch umweltbedingte Minderentwicklung der sprachlichen Ausdrucks- und Aufnahmefähigkeit.

Deflagration [lat.], das rasche Abbrennen eines Sprengstoffes ohne Explosion oder Detonation.

Deflation [lat. ›Abschwellung‹], **1)** die Verminderung der wirksamen Geldmenge, verbunden mit einem Sinken des Preisniveaus (Ggs.: Inflation); im allgemeinen kommt es zu einem Rückgang wirtschaftl. Aktivitäten (Produktion, Beschäftigung). Hauptursache: *deflatorische Lükke:* Das gesamtwirtschaftl. Angebot (Konsum- und Investitionsgüter) ist größer als die gesamtwirtschaftl. kaufkräftige Nachfrage; herbeigeführt u. a. durch die Finanzpolitik (z. B. Steuererhöhungen, Ausgabenkürzungen), restriktive Geldpolitik (z. B. Erhöhung des Mindestreservesatzes), den Außenhandel hemmende Maßnahmen sowie Pessimismus über die zukünftige konjunkturelle Entwicklung.

2) Windabtragung, auch *äolische Erosion,* die ausblasende und abhebende Tätigkeit des Windes, überall dort, wo keine Pflanzendecken oder Erdkrusten die lockeren Verwitterungsstoffe schützen.

Deflektor [lat.], Aufsatz auf Lüftungsschächten zur Erhöhung der Fortluft-Geschwindigkeit.

Defloration [lat. deflorare ›der Blüte berauben‹], **Entjungferung,** Einreißen des Hymens durch Einführen des Penis in die Scheide beim ersten Geschlechtsverkehr, auch durch instru-

mentelle oder manuelle Manipulation. Über *D.-Anspruch* →Beischlaf.

Defoe [dəf′əʊ], Daniel, eigtl. *Foe,* engl. Schriftst., * London 1660, † ebd. 26. 4. 1731. D. gab mehrere Ztschr. heraus, darunter ›The Review‹ (1704–11). Im Alter von fast 60 Jahren schrieb er seinen ersten Roman ›The life and strange adventures of Robinson Crusoe‹ (1719). Durch den großen Erfolg angeregt, ließ er sehr schnell weitere spannende Abenteuerromane folgen, denen stets moralisierende und didakt. Absichten zugrunde liegen. Daneben schrieb D. wirtschaftspolit. und sozialkrit. Abhandlungen, eine Schilderung der Pest in London 1665 (›A journal of the plague year of London‹, 1722, dt.), eine dreibändige Reisebeschreibung ›Tour through the whole island of Great Britain‹ (1724–27) und zwei Schelmenromane (›The fortunes and misfortunes of the famous Moll Flanders‹, 1722, dt.; ›Roxana‹, 1724) mit weiblichen Heldinnen.

WE. Novels and selected writings, in: Shakespeare Head Edition, 14 Bde. (1927/28); The letters of D. D., hg. v. G. H. Healey (1955). Romane, hg. v. N. Miller, dt. 2 Bde. (²1974).

Defoliation [lat.], Entlaubung.

Deformation [lat.], **1)** Anthropologie: bleibende Formveränderungen des menschlichen Körpers oder seiner Teile.

2) Verformung von Gesteinen oder Mineralen bei Einwirken äußerer Kraft. *Innere D.,* →Schieferung.

3) Gestalts- oder i. w. S. auch Volumenänderung eines Körpers. Flüssigkeiten und Gase setzen nur letzterer nennenswerten Widerstand entgegen. Bei der Formänderung fester Körper unterscheidet man *Dehnung (Dilatation), Stauchung (Kompression), Scherung, Verdrillung (Torsion).* Bleibt die verformende Kraft unter der Elastizitätsgrenze, so erfolgt reversible *elastische D.,* nach der die urspr. Form wieder angenommen wird, ansonsten irreversible *plastische D.*

déformation professionelle [deformasj′5 prɔfesjɔn′εl, frz.], Verengungen und Einseitigkeiten im Wirklichkeitsbild und Verhalten des einzelnen, die dadurch verursacht werden, daß die durch die berufl. Tätigkeit bestimmte Sicht der Dinge auf die gesamte Lebenswirklichkeit Einfluß gewinnt.

Deformierung [lat.], **Körperverstümmelung,** eine bei vielen Naturvölkern, aber auch in Hochkulturen vorkommende Sitte, einzelne Körperteile zu verändern: aus Schmuckbedürfnis, als Mutprobe, auch aus Stammes- oder Rangabzeichen, aus religiösen oder hygien. Gründen. D. in diesem Sinn sind das Durchbohren von Ohrläppchen (die z. T. bis zur Größe von 10–15 cm erweitert wurden, z. B. in Neuirland), Lippen (tellergroße Holzscheiben, z. B. Zentral- und Ostafrika), Nasenflügeln und Nasenscheidewänden; das Einschnüren von Taille, Hals, Armen oder Beinen durch Gürtel oder Ringe; die Beschneidung, die Kastration. Auch Fingerglie-

Defo

der wurden als Zeichen der Trauer abgeschnitten. Weit verbreitet war auch das Deformieren von Zähnen (z. B. Ausschlagen der beiden vorderen unteren Schneidezähne bei afrikan. Völkern, ferner Spitzfeilen, Färben, Plombierung, Richtungsänderung).

Bei chines. Mädchen wurden früher die Füße durch Umwicklung mit Binden derart verändert, daß die Zehen sich nach unten und hinten krümmten und Knochen und Gelenke sich stark veränderten. Weit verbreitet war der Brauch, den kindlichen Kopf mit Binden oder durch Aufschnallen auf Brettchen zu deformieren (in weiten Teilen Altamerikas, in der Südsee, in Indonesien, Indien, Kleinasien, bei afrikan. Völkern und im vorgeschichtl. Europa). Fast über die ganze Erde verbreitet sind Tatauieren und Anbringen von Schmucknarben (Narbenschmuck).

Deformität [lat.], **Difformität,** Mißgestaltung des Körperbaus; angeborene Mißbildung oder erworbene D., wie z. B. Rückgratverkrümmung durch Rachitis.

Defraudation [lat.], Betrug, Unterschlagung; i. e. S. die Hinterziehung von Zollabgaben. *Defraudant,* jemand, der sich einer D. schuldig macht.

Defregger, Franz von (1883), österr. Maler, * Ederhof (Tirol) 30. 4. 1835, † München 2. 1. 1921, schilderte, häufig idealisierend, das Bauernleben und die Geschichte seiner Heimat.

Defroster [engl.], **Entfroster,** Kraftwagen: Einrichtung, durch die eine einstellbare Menge Heizluft an Windschutz- und Seitenscheiben geblasen wird, um diese bei Beschlagen oder Eisbildung abzutauen und freizuhalten.

defunctus [lat.], verstorben.

deg, Abk. für → degré.

Dega, die oberste klimat. Höhenstufe in Äthiopien, von etwa 2400 m an aufwärts.

Degagement [degaʒm'ã, frz.], Einlösung (eines Versprechens, Pfandes u. a.), Befreiung von einer Verpflichtung.

Degas [dəg'a], Edgar, frz. Maler, * Paris 19. 7. 1834, † ebd. 26. oder 27. 9. 1917, wandte sich nach einem Jura-Studium seit 1855 bes. unter dem Einfluß Ingres' und der alten Meister der Malerei zu; er stellte 1874 mit den Impressionisten aus, bewahrte aber seine künstler. Unabhängigkeit. Bildmotive suchte er bes. in der Welt des Konzertcafés, der Pferderennbahn, des Ballettsaals und des Boudoirs. Im Alter langsam erblindend, widmete D. sich zunehmend seiner zeichner. und plast. Tätigkeit.

De Gasperi, Alcide, ital. Politiker (DC), * Pieve Tesino (Prov. Trient) 3. 4. 1881, † Sella di Valsugana (Prov. Trient) 19. 8. 1954, Publizist, trat als Hg. des ›Il Trentino‹ für den Anschluß seiner Heimat an Italien ein. Als Mitglied (1923–26 Gen.-Sekr.) der 1919 neugegründeten Kath. Volkspartei Italiens, entwickelte er sich zu einem entschiedenen Gegner des Faschismus. Nach seiner Inhaftierung (1928–29) fand er als Bibliothekar im Vatikan Asyl. Im

2. Weltkrieg war er in der Widerstandsbewegung tätig. Nach dem Sturz Mussolinis (1943) betrieb er die Gründung der Democrazia Cristiana, deren Gen.-Sekr. er wurde. 1945–53 war er MinPräs., 1944–46, 1951–53 Außen-Min. De G. förderte die europ. Integrationsbemühungen (Aachener Karlspreis 1952) und den Eintritt Italiens in die NATO.

de Gaulle [dəg'o:l], → Gaulle, Charles de.

Degen [aus frz. dague ›Dolch‹], 1) Hieb- und vor allem Stichwaffe mit langer, schmaler, meist zweischneidiger Klinge und einem zum Korb, einem System von Bügeln, Spangen und Ringen differenzierten Gefäß; entstanden in Italien aus dem spätmittelalterlichen Schwert.

Der D. wurde vom 16. bis zum 18. Jh. getragen. Er war Rangwaffe für Offiziere und Kavaliere. Als Offizierseitenwaffe wurde er 1880–1919 im Dt. Reich bei den meisten Truppenteilen geführt.

2) Fechten: eine sportl. Stoßwaffe für Herren. Der dreikantige D. ist 1,10 m lang, wiegt 770 g und besteht aus der 90 cm langen Klinge und dem Gefäß mit Glocke, Griff und Knauf. Die Klinge ist an der Spitze durch einen festen Knopf abgesichert. Treffer können mit dem D. nur durch Stöße mit der Spitze erzielt werden. Die gültige Trefffläche ist der ganze Körper, der beim Gefecht mit elektr. Trefferanzeige mit einer metallisierten Weste und Hose bekleidet ist.

Degen [ahd. thegan ›Diener‹], früher: Held, Gefolgsmann.

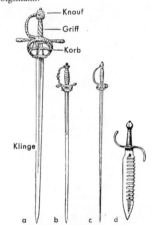

Degen: a Spanischer D., Ende des 16. Jhs., b D. aus dem 17. Jh., c Hofdegen des 18. Jhs., d Degenbrecher aus dem 16. Jh.

Degen, Jakob, Uhrmacher und Pionier der Flugtechnik, * Liederswil (Schweiz) 17. 2. 1760, † Wien 28. 8. 1848, machte seit 1807 Versuche mit einem durch Muskelkraft angetriebenen Schlagflügelapparat, den er an einem Luftballon aufhängte.

Degeneration [lat.], **Entartung, 1)** allgemein biologisch das Erkranken bis Zugrundegehen von Organismen, Organen, Geweben, Zellen oder Zellbestandteilen, so im Alter, nach Infektionen, Verletzungen, ungenügender Ernährung (unreif abfallende Kirschen), Nichtgebrauch (zu lange in Gips stillgelegte Muskeln und Gelenke); auch durch fehlerhafte erstmalige Entwicklung von Lebenseinheiten, bei Mutationen, die die normale Entwicklung stören oder sogar unterbrechen (Ggs.: Regeneration).
2) Molekulargenetik: D. des →genetischen Code.
3) Pathologie: krankhafte (meist irreversible) Veränderungen oder Zugrundegehen von Zellen, Geweben oder Organen; i. w. S. auch der Ersatz von funktionstüchtigen Zellen durch minderwertige.

Degenhardt, 1) Franz Josef, Schriftst., * Schwelm (Westfalen) 3. 3. 1931, Rechtsanwalt in Hamburg; bekannt bes. durch seine Protestsongs.
2) Johannes-Joachim, kath. Bischof, * Schwelm (Westfalen) 31. 1. 1926, seit 1974 Erzbischof von Paderborn.

Deggendorf, Kreisstadt in Niederbayern, links der Donau am Fuße des Bayer. Waldes, Große Kreisstadt, (1981) 30600 Ew. Die Altstadt (314m ü. M.) zeigt eine planvolle mittelalterl. Straßenmarktanlage. Industrie. – D. erhielt 1316 Stadtrecht; Wallfahrtskirche zum hl. Grab (1337–60).

Degler, Hans, Bildhauer, * München (?) 1564, † Weilheim i. OB. 1632/33, tätig in München und Weilheim, gehört zu den führenden Bildhauern des Frühbarock in Süddtl.
WE. Altäre (1604 und 1607) und Kanzel (1608) in St. Ulrich und Afra in Augsburg.

Deglomeration [lat.], Begriff der Standorttheorie (Alfred Weber): eine gestreute Standortwahl von Betrieben (Ggs.: Agglomeration, Ballung).

Dégout [deg'u, frz.], Widerwille, Ekel, Abneigung.

Degradation, 1) Degradierung, Dienstgradherabsetzung, Disziplinarmaßnahme bei Dienstpflichtverletzung von Soldaten und Beamten. So sieht § 57 der Wehrdisziplinarordnung eine D. um einen oder mehrere Dienstgrade für Angehörige der Bundeswehr, § 10 der Bundesdisziplinarordnung und entsprechende Landesvorschriften eine Versetzung in ein Amt derselben Laufbahn mit geringerem Endgrundgehalt für Beamte vor.
2) kath. Kirchenrecht: die dauernde Entziehung der geistl. Kleidung und die Rückversetzung in den Laienstand als härteste Strafe für Geistliche.
3) Zerlegung von Molekülen in kleinere Bruchstücke, z. B. Abbau von Polymeren.
4) Bodenkunde: Veränderung des Bodenprofils.

Degras [dəgr'a, frz. von dégraisser ›entfetten‹ aus lat.] *das,* **Moëllon** [mwal'ɔ̃, frz.], oxidierter Seetiertran, der durch Entfetten der trandurchtränkten Leder gewonnen wird. Hochwertiges Fettungsmittel für lohgar gerbte Leder.

degré [dəgr'e, frz.] in Frankreich, **degree** [dɪgr'i : , engl.] in Großbritannien und den USA: beim Einheitenzeichen *d* Bez. für die Einheit des ebenen Winkels, Grad (früher auch Altgrad); bei der Abk. *deg* Bez. für die Einheit der Temperaturdifferenz.

Degrelle [dəgr'ɛl], Léon, belg. Politiker, * Bouillon 15. 6. 1906, gründete 1930 die rechtsradikale Rex-Bewegung, im 2. Weltkrieg die wallon. Legion, die 1942 bis 1945 auf dt. Seite gegen die UdSSR kämpfte. 1945 wurde er in Belgien wegen Landesverrat in Abwesenheit zum Tode verurteilt.

Degression [lat.], Herabsetzung, Staffelung. 1) Betriebswirtschaftslehre: →Kostenrechnung, Abschreibung.
2) Finanzwirtschaft: die Staffelung des Tarifs (direkter Steuern), bei der sich der Steuersatz von den oberen zu den unteren Tarifstufen fortschreitend ermäßigt oder (bei indirekten Steuern) die relative Abnahme der Steuerbelastung bei steigenden Einkommen. Ggs.: Progression.

De Groot [–xro : t], Huigh, → Grotius, Hugo.

Degu [indian.] *der,* Nagetier, →Trugratten.

Degussa, Frankfurt a. M., Unternehmen der chem. Industrie und einer der drei größten Edelmetallhändler und -verarbeiter der Welt; gegr. 1873.

Dégustation [degystasj'ɔ̃, frz.], **1)** Kostprobe, bes. von Wein.
2) Probierstube.

de gustibus non est disputandum, lat. Sprichwort: Über den Geschmack läßt sich nicht streiten.

Deharbe, Josef, kath. Theologe, * Straßburg 1. 4. 1800, † Maria Laach 8. 11. 1871, Jesuit, bekannt durch seinen für ein Jh. maßgebenden Katechismus (1847).

Dehio, Georg, Kunsthistoriker, * Reval 22. 11. 1850, † Tübingen 19. 3. 1932, bis 1918 Prof. in Straßburg, veröffentlichte mit G. v. Bezold das grundlegende Werk ›Die kirchl. Baukunst des Abendlandes‹ (7 Bde., 1884–1901) und gab das ›Hb. der dt. Kunstdenkmäler‹ heraus (seit 1905; seit 1935 von E. Gall weitergeführt).

Dehler, Thomas, Politiker (DDP; FDP), * Lichtenfels 14. 12. 1897, † Streitberg (heute Wiesenttal, Kr. Forchheim) 21. 7. 1967, Rechtsanwalt, 1924 Mitgründer des Reichsbanners Schwarz-Rot-Gold, 1949–53 Bundesjustiz-Min., 1954–57 Bundesvors. der FDP, 1960–67 Vizepräsident des Bundestages.

Dehmel, Richard, Schriftst., * Wendisch-Hermsdorf 18. 11. 1863, † Blankenese 8. 2. 1920. Seine von Nietzsche beeinflußten grübler. Gedichte von oft sozialrevolutionärem Pathos preisen die kosmische Macht des Eros. D. setzte sich mit seiner Frau Paula D. für das künstlerische Kinderbuch ein.
WE. Gedichte: Erlösungen (1891); Aber die Liebe (1893); Weib u. Welt (1896); Schöne wilde Welt (1913). – Zwei Menschen (Roman in

Dehn

Romanzen, 1903). – Schauspiele. Kriegstagebuch: Zw. Volk u. Menschheit (1919).

Dehn, Günther Karl, evang. Theologe, * Schwerin 18. 4. 1882, † Bonn 17. 3. 1970, 1933 aus seinem Lehrstuhl in Halle entlassen, 1942 verhaftet, 1946–54 Prof. in Bonn.

Dehnmeßstreifen, Abk. *DMS,* Streifen zum Messen von Dehnungen. Anwendung v. a. zur Spannungsmessung im Rahmen der Werkstoffprüfung.

Dehnung, Verlängerung, Längung, z. B. eines Körpers durch mechan. Kräfte, Temperaturerhöhung o. ä.

1) Werkstoffprüfung und Festigkeitslehre: *relative D.* ist das Verhältnis der absoluten D. zur Anfangslänge. Bei Belastung unterhalb der Fließgrenze tritt elastische, d. h. reversible D. ein. Zug erzeugt außer der D. in Zugrichtung eine Verkürzung *(negative D.)* in Querrichtung.

2) Kristallographie: *elastische D.,* eine durch gerichteten Zug hervorgerufene nichthomogene reversible Deformation. Die Bezugsfläche der meßbaren Dehnungszahlen heißt Streßfläche des Kristalls.

3) Längung eines Phonems. Die dt. Rechtschreibung kennt folgende Dehnungsbuchstaben zur Bez. der Länge des vorausgehenden Vokals: e (z. B. in ›Lied‹), h (›Rahm‹), i (›Grevenbroich‹), w (›Pankow‹).

Dehnungsfuge, Fuge zum Ausgleich der durch Temperaturunterschiede, durch Quellen und Schwinden verursachten Formänderungen der Baustoffe, bes. von Beton.

Dehors [dəˈɔːr, frz.] Mz., äußerer Schein, gesellschaftlicher Anstand.

Dehra Dun, Stadt in Uttar Pradesh, Indien, (1971) 166400 Ew., in den Vorbergen des Himalaya.

De|hydrasen, → Dehydrogenasen.

De|hydratation, Trocknung, bes. von Lebensmitteln.

De|hydratisierung, katalyt. oder enzymat. Abspaltung von Wasser aus chem. Verbindungen.

De|hydrierung, Abspaltung von Wasserstoff aus chem. Verbindungen.

De|hydro|epi|androsteron, früher *Dehydroandrosteron,* männl. Geschlechtshormon.

De|hydrogenasen, De|hydrasen, Proteine, die als Enzyme der biolog. Oxidation im Stoffwechsel die Wasserübertragung katalysieren.

Dei, Dai, türk. **Dayı** [daˈʝɯ], zw. etwa 1600 und 1830 Titel des gewählten und vom Sultan bestätigten Oberhaupts der Janitscharen-Herrscher in Algier.

Deïaneira, griech. Mythos: Tochter des Königs Oineus von Kalydon in Ätolien, Gemahlin des Herakles.

Deich: Plan eines eingedeichten Geländes

Deich, Damm aus Erdbaustoffen entlang einem Flußufer oder einer Küste zum Schutz gegen dauernde oder vorübergehende Überflutung von Niederungen.

Deichrecht beruht z. T. auf altem, durch neuere Bestimmungen aktualisiertem und ergänztem Landesrecht. Die deichpflichtigen Eigentümer der gefährdeten Grundstücke sind zu Deichverbänden zusammengeschlossen; ihnen obliegen u. a. die Errichtung und Unterhaltung der Deiche und zugehörigen Bauwerke. Organe des Deichverbands sind der Vorstand, d. h. der Deichvorsteher (Deichhauptmann, Deichgraf u. ä.) und weitere Mitgl. (Deichgeschworene), sowie der Ausschuß als Vertretung der Verbandsmitglieder. Die Deichverbände unterliegen staatl. Aufsicht. Die Aufsichtsbehörden üben zugleich die Aufgaben der Gefahrenabwehr (Deichpolizei) aus.

Deichsel, Langholz oder Stahlprofil zum Schwenken von Wagen oder Maschinen.

Deichsel, Wolfgang, Schriftst., * Wiesbaden 20. 3. 1939, lebt in Frankfurt a. M., schreibt sozialkrit. Stücke, z. T. in hess. Dialekt: ›Bleiwe losse‹ (1969), ›Loch im Kopp‹ (1976) u. a.; Molière-Übers.

Deidesheim, Stadt im Kr. Bad Dürkheim, Rheinl.-Pf., am Fuß der Haardt, (1981) 3100 Ew.; Weinbau.

Dei Gratia [lat.], Abk. *D. G.,* von Gottes Gnaden.

deiktisch, hinweisend.

Deime *die,* russ. **Dejma,** Fluß in Ostpreußen, Mündungsarm des Pregels zum Kurischen Haff.

Deimling, Berthold von (1905), General, * Karlsruhe 21. 3. 1853, † Baden-Baden 3. 2. 1944, war 1913–14 Kommandierender General

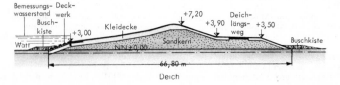

Deich

in Straßburg (›Zabernaffäre‹). Nach 1918 schloß er sich der DDP an und wurde einer der Führer der Friedensbewegung und des ›Reichsbanners‹.

Deimos, 1) grch. Mythos: die Personifikation der Furcht. *Deimos* und *Phobos* (Furcht und Schrecken), die Söhne des Kriegsgottes Ares. **2)** der äußere der beiden Marsmonde.

Deinhard & Co., Sektkellerei (seit 1843) und Weinhandlung in Koblenz, gegr. 1794. Auf den Deinhard-Export ist der Weinbau in Australien zurückzuführen.

Deinokrates, grch. Architekt am Hof Alexanders d. Gr., entwarf den Plan der Stadt Alexandria.

Deiokes [grch.], richtig wohl **Dahyauka,** medischer Kleinfürst im 8. Jh. v. Chr., nach heimischer Überlieferung Gründer des Mederreiches.

Deir el-Bahari [de : r-], Ruinenstätte in Theben-West (Oberägypten) mit den Totentempeln des Mentuhotep (11. Dynastie) und der Hatschepsut.

Deismus [von lat. deus ›Gott‹], die Anschauung der Aufklärung, daß Gott nach der Schöpfung keinen Einfluß mehr auf die Welt nehme und zu ihr auch nicht in Offenbarungen spreche. Damit steht der D. zw. dem Theismus, der an einen immer wirkenden, persönl. Gott glaubt, und dem Atheismus, der diesen Gott ablehnt. Kennzeichnend für den D. ist die Vorstellung einer natürl. Religion als Inbegriff und Maßstab aller Weltreligionen. – Der D. entstand in England; als erster nannte sich Ch. Blount (* 1639, † 1693) *Deist.* Dem D. nahe stand J. Locke; er sah das Christentum nur noch als Sittengesetz mit der Hoffnung auf seine Erfüllung in der himml. Seligkeit. Er widersprach aber auch der Meinung J. Tolands (* 1670, † 1722), das Christentum sei mit der Ethik gleichzusetzen (›Christianity not mysterious‹, 1696). Voltaire brachte den D. nach Frankreich. Diderot schrieb die Religionsartikel der ›Encyclopédie‹ im Geist des D. Im Dtl. des 18. Jh. ging der D. in den Rationalismus über.

Deister, Höhenzug des Weserberglands südwestlich von Hannover, erreicht 405 m beim Anna-Turm (auf dem Bröhn).

de iure [lat.], dem Rechte nach; Ggs.: de facto.

Deixis [grch. ›das Zeigen‹], Hinweisfunktion von Adverbien (hier, dort usw.) und Pronomen (ich, du, dieser, jener) in einem bestimmten Kontext.

Déjà-vu-Erlebnis [deʒav'y-, frz. ›schon gesehen‹], unbegründeter Bekanntheitscharakter von Eindrücken auf Grund von Erinnerungstäuschungen.

Dejbjerg [d'aɪbjɛr], Gem. in Jütland, südlich von Ringkøbing, Fundort zweier vierrädriger Wagen der Latènezeit.

Déjeuner [deʒøn'e, frz.] *das,* Mittagessen; petit d. [pti-], Frühstück.

Deka [grch. ›zehn‹], Vorsatzzeichen **da,** vor Maßeinheiten: 10. In Österreich Kurzform für Dekagramm = 10 g.

Dekabristen [von russ. dekabr ›Dezember‹],

die Teilnehmer des am 26. 12. 1825 in St. Petersburg und Anfang Januar 1826 in S-Rußland ausgebrochenen Aufstandes. Dieser wurde in den Geheimbünden junger Aristokraten und Gardeoffiziere vorbereitet. Von westl. Reformideen erfüllt, verlangten sie im ›Nordbund‹ auch für Rußland eine Konstitution, während der radikalere ›Südbund‹ eine zentralist. Republik anstrebte. Der planlose Aufstand wurde von Nikolaus I. rasch niedergeschlagen, fünf der Verschworenen hingerichtet, die anderen nach Sibirien verschickt, die Überlebenden erst 1856 begnadigt.

Dekade [grch. deka ›zehn‹] *die,* eine Gesamtheit von zehn, eine Anzahl von zehn Stück, ein Zeitraum von zehn Tagen, Wochen, Monaten, Jahren.

Dekadenz *die,* frz. **décadence** [dekad'ãs], Niedergang, Verfall, bes. bei Kulturen. Bestimmte Strömungen der Lit. des 19. Jh. werden oft *Dekadenzdichtung* genannt: bes. die Lyrik von Baudelaire, Verlaine, Mallarmé mit ihrem Kult des Hinfälligen und Verderbt-Schönen; dann die zum Überfeinerten und Nervösen neigende Lit. des ›Fin de siècle‹ (Symbolismus, O. Wilde u. a.).

dekadisches System, Dekadik, → Dezimalsystem.

Dekaeder [grch.] *das,* ein von zehn regelmäßigen Vielecken begrenzter Körper.

Dekalin, Dekahydro|naphtalin, $C_{10}H_{16}$, vollhydriertes Naphthalin; Ersatz für Terpentinöl.

Dekalog [grch. ›Zehnwort‹], die Zehn Gebote.

Dekan [lat. decanus ›Vorsteher von zehn‹], **1)** Hochschule: der in der Regel auf 1 Jahr gewählte Leiter eines Fachbereichs.
2) Lat. Kirche: *Dechant, Erzpriester,* Fachausdruck *Vicarius foraneus* (›Außenvikar‹), die Zwischeninstanz zw. Bischof und Pfarrer: ein Priester, der eine Gruppe von Pfarreien eines Bistums *(Dekanat)* beaufsichtigt; *Kardinal-D.,* der Vorsteher des Kardinal-Kollegiums.
3) evang. Kirchen: oft Titel des Superintendenten.

Dekanat, Dienststelle oder Amtszeit des Dekans.

Dejbjerg: vorgeschichtl. Wagen

dekapieren [aus frz.], Oberflächenbehandlung: dünne Anlauf- und Oxidfilme von Metallen durch kurzes Tauchen in Lösungen von Säuren, Alkalien oder Alkalicyaniden entfernen.

Dekapitation [frz.], Enthauptung; dekapitieren, des Kopfes berauben (z. B. in Tierversuchen).

Deka

Dekapoden [grch.], **Decapoda, 1)** die Zehnfußkrebse (→ Krebstiere).

2) die Zehnfüßer (→ Kopffüßer).

Dekapolis [grch. ›Zehnstädte‹], **1)** ein Bund von 10 (zeitweilig mehr) hellenist. Städten in Kleinasien, u. a. Damaskus, Philadelphia. Wohl durch Pompeius 62 v. Chr. gegr., bestand die D. bis etwa 200 n. Chr.

2) im 16./17. Jh. Bez. für den seit 1354 bestehenden Bund der 10 elsäss. Städte Colmar, Hagenau, Kaysersberg, Mülhausen, Münster, Oberehnheim, Rosheim, Schlettstadt, Türkheim, Weißenburg; zeitweise auch Selz. 1511 trat Landau bei, Mülhausen schied 1515 aus.

Dekartellierung, Auflösung von Kartellen.

Dekastichon [grch.], Strophe von zehn Versen.

dekatieren [aus frz.], Verfahren der Wollausrüstung, das eine weitgehende Beeinflussung der Eigenschaften textiler Flächen, z. B. von Glanz, Griff, Flächen- und Formbeständigkeit ermöglicht.

Dekatron, Datenverarbeitung: Gasentladungsröhre mit 10 Kathoden zur Verarbeitung der Ziffern 0–9 bei Rechen- und Zählschaltungen.

Dekeleia, lat. Decelea, antikes Dorf in Attika, am S-Hang des Parnes; hier setzten sich 413 v. Chr. die Spartaner bis zum Ende des Peloponnes. Krieges fest (Dekeleïscher Krieg).

Dekkan, Landschaft in Indien, → Deccan.

Dekker [d'ekə], Thomas, engl. Dramatiker, * London 1572, † ebd. 25. 8. 1632; Prosaschriften, die humorvoll ein anschaul. Bild des Shakespeareschen London vermitteln, volkstümliche Dramen.

WE. Old Fortunatus (1600); The shoemaker's holiday (1600); The honest whore (1604); The seven deadly sins of London (1606); The gull's hornbook (1609); The roaring girl (1611).

Deklamation [lat.], **1)** der kunstgerechte Vortrag von Dichterwerken.

2) Musik: i. w. S. die sinngemäße Betonung, Artikulation und Phrasierung einer Melodie; i. e. S. in der Vokalmusik die sinngemäße musikal. Umwandlung des gegebenen sprachl. Gebildes.

Deklaration [lat.], **1)** offizielle Erklärung (→ Declaration).

2) Post: Zollinhaltserklärung.

deklaratorische Wirkung, die Feststellung des Bestehens eines Rechtsverhältnisses. Ggs.: konstitutive Wirkung.

deklassieren [frz.], Sport: einem Gegner deutlich (eine Klasse) überlegen sein.

Deklassierung, Soziologie: Vorgang und Ergebnis des sozialen Abstiegs oder des Statusverlustes von Individuen oder Gruppen.

Deklination [lat.], Beugung, **1)** Grammatik: Formenwechsel von Substantiv, Artikel, Adjektiv, Pronomen und Numerale nach Kasus, Numerus und Genus (Flexion). Die D. drückt die grammat. Beziehungen der einzelnen Satzglieder zueinander aus. Die indogerman. *Deklinationsklassen* werden nach dem Stammauslaut unterschieden (z. B. -a, -o, -i, -n). In der dt.

Grammatik bezeichnet man im Unterschied zur starken Deklination die durch die Endung –n charakterisierte D. als *schwache D.*

2) Vermessung, Kartographie: der Winkel in einem Punkt der Erdoberfläche zw. dem geograph. Meridian und dem geomagnet. Meridian, in der Nautik auch *Mißweisung* genannt.

3) Winkelabstand eines Gestirns vom Himmelsäquator.

Dekodierung [lat.-frz.], in der Sprache der Vorgang des Verstehens.

Dekokt [lat.] *das,* die Abkochung.

Dekolleté [dekɔlt'e:, frz.] *das,* tiefer Halsausschnitt am Damenkleid.

Dekompression [lat.], **1)** allg. Druckabfall.

2) *Drucksturz,* plötzl. Druckabnahme in einer abgeschlossenen Kabine oder einem Druckanzug; bewirkt Sauerstoffmangel u. a.

Dekontamination [lat.], die Beseitigung von Verunreinigungen, insbes. radioaktiver Art; Gegenteil: Kontamination.

Dekonzentration [lat.]., Entflechtung.

Dekor [frz. aus lat.], Verzierung; Ausstattung.

Dekoration [lat. decorare ›schmücken‹], **1)** die künstler. Ausschmückung und Verzierung von Gegenständen, Räumen, auch die Ausstattung von Theaterstücken, das Bühnenbild.

2) auch *Dekorierung,* Auszeichnung einer Person mit Orden, Ehrenzeichen und Medaillen für verdienstvolle Leistungen, auch die Abzeichen selbst.

Dekorationsstoff, Deko-Stoff, Gewebe für Vorhänge, Wand-, Schaufensterbespannung.

dekorativ, schmückend, wirkungsvoll.

dekorierter Stil, → Decorated Style.

Dekort [ital., frz.] *der,* ein Abzug vom Rechnungsbetrag wegen schlechter Beschaffenheit der gelieferten Waren, wegen Mangel an Maß und Gewicht oder bei sofortiger Zahlung (Skonto).

Dekorum [lat.], äußerer Rahmen, äußerer Anstand.

Dekrement [lat.] *das,* **1)** Biologie, Physiologie: Abnahme der Erregungshöhe während der Leitung in der Nervenzelle. In der fortleitenden Nervenfaser verläuft die Erregungsübermittlung ohne D.

2) kleine Abnahme einer veränderl. Größe; Ggs.: Inkrement.

Dekrepitieren [lat.], das beim Erhitzen von Kristallen mit knisterndem Geräusch erfolgende Zerplatzen der Kristallhülle durch Verdampfen eingeschlossener Flüssigkeit.

Dekret *das,* lat. decretum, Entscheidung, Erlaß, Verordnung. Röm. Recht: eine Anordnung oder Entscheidung der Oberbeamten oder des Kaisers im Prozeß, später eine Willensäußerung der Staatsorgane.

Dekretalen, lat. **Decretales epistolae** oder **Decretales litterae,** altkirchl. und mittelalterl. Papstbriefe, die selbständig gemeinkirchl. Recht setzen; z. T. gesammelt im Corpus iuris (Canonici); auch päpstl. Bullen, in denen Heiligsprechungen verkündet werden.

Dekretisten, seit dem 12. Jh. die Lehrer des kanon. Rechts (Kanonisten), nach ihrem wesentl. Arbeitsgebiet, dem *Decretum Gratiani.*

Dekubitus [lat.], Druckgeschwür, das Aufliegen.

Dekumat(en)land, lat. **Agri decumates, Zehntland,** Vorfeld des Röm. Reichs im Winkel zw. Rhein und Donau mit dem Neckarland und seinen Randbergen.

dekussiert [lat.], kreuzgegenständig, Blattstellung mit zweigliedrigen alternierenden Wirteln (z. B. Ahorn).

dekuvrieren [frz.], aufdecken, offenbaren.

del., Abk. für lat. 1) deleatur, → Deleatur.
2) delineavit, auf Stichen: er hat (es) gezeichnet.

Del., Abk. für Delaware.

Delacroix [dəlakrw'a], Eugène, frz. Maler, vermutlich ein Sohn von Talleyrand, * Saint-Maurice-Charenton (Seine) 26. 4. 1798, † Paris 13. 8. 1863, bedeutendster Vertreter der romant. Malerei in Frankreich, entfaltete einen expressiven und gefühlvoll rhythmischen Stil. Sein Werk umfaßt Stilleben, Landschaften, Interieurs, Akte, Bildnisse, Tierdarstellungen, histor., mytholog. und bibl. Themen. Monumentale Wand- und Deckenmalereien schuf D. in Paris im Palais Bourbon, Palais du Luxembourg, Louvre (Apollo-Galerie) und in St.-Sulpice. Als Drucktechnik bevorzugte er die Lithographie: Illustrationen zu Hamlet, Götz v. Berlichingen, Faust. Sein umfangreiches Tagebuch gibt Einblick in sein Schaffen.
WE. (alle Louvre): Gemetzel auf Chios (1824); Der Tod des Sardanapal (1827); Die Freiheit führt das Volk an (1830); Die Frauen von Algier (1834); Einzug der Kreuzritter in Konstantinopel (1840).
LIT. K. Badt: E. D. Werke u. Ideale (1965); K. Mittelstädt: E. D. (1974).

Delagoa-Bai, Meeresbucht in S-Moçambique mit dessen Hauptstadt Maputo (Lourenço Marques), der beste Naturhafen des afrikan. SO.

De la Mare [dələm'ɛə], Walter John, engl. Dichter, * Charlton (Kent) 25. 4. 1873, † London 22. 6. 1956; Gedichte, darunter auch Nonsense-Dichtungen, Kinderdichtungen, Romane und Kurzgesch., in denen er sich aus Träumen eine eigene Mythologie schuf.
WE. Lyrik: The listeners (1912); Peacock pie (1913); Stuff and nonsense (1927); The burning glass (1945); Inward companion (1950). – Romane: The return (1910); Memoirs of a midget (1921). – Kurzgesch.: Broomsticks and other tales (1925); The connoisseur and other stories (1927); Collected stories for children (1947). – Seltsame Geschichten (dt. 1962).

Delamination [lat.], Art der Schichten-(Keimblätter-)Bildung in der tierischen Frühentwicklung.

Delaney [dəl'eɪnɪ], Shelagh, engl. Dramatikerin, * Salford (Lancashire) 25. 11. 1939, schildert das Leben in nordengl. Slums.
WE. A taste of honey (1958, dt. Bitterer Ho-

nig); The lion in love (1961); Sweetly sings the donkey (1964, Erz., dt. Wodka u. kleine Goldstücke).

De la Roche [dələr'əʊtʃ], Mazo, kanad. Schriftstellerin, * Newmarket (Ontario) 15. 1. 1879, † Toronto 12. 7. 1961, gab in ihrer 15bändigen Familienchronik ›Chronicles of the Whiteoak family‹ (1927–52, dt. Die Familie auf Jalna) ein anschaul. Bild ihrer Heimat.

Delation [lat.], veraltet für 1) Anzeige.
2) Anfall einer Erbschaft. *delatorisch,* verleumderisch.

Delaunay [dəlon'ɛ], 1) Charles Eugène, frz. Astronom, * Lusigny 9. 4. 1816, † Cherbourg 5. 8. 1872, arbeitete bes. über Differentialgeometrie, Himmelsmechanik und astronomische Störungstheorie.
2) Robert, frz. Maler, * Paris 12. 4. 1885, † Montpellier 25. 10. 1941, fand, vom Kubismus ausgehend, zu einem Stil, den Apollinaire den Orphismus nannte. Aus dieser Richtung des ›Farb-Kubismus‹ ging 1912/13 eine Serie ›Fenster‹ hervor, die das opt. Phänomen der gegenseitigen Beeinflussung nebeneinandergesetzter Farben zur Grundlage hat. D. heiratete 1910 die Malerin Sonia Delaunay-Terk (* 1885, † 1979).

Delavigne [dəlav'iɲ], Casimir Jean-François, frz. Schriftst., * Le Havre 4. 4. 1793, † Lyon 11. 12. 1843, schrieb patriot. Dichtungen (›Trois Messéniennes‹, 1818–30, dt.), romant. Vers-Tragödien und Lustspiele.

Delaware [d'elawɛə, engl.], **Delawaren,** Algonkin sprechender nordamerikan. Indianerstamm, einst in Pennsylvania und an der atlant. Küste; Reste leben heute in Oklahoma, Wisconsin und Ontario.

Delaware [d'elawɛə], 1) Fluß im O der USA, rd. 450 km lang, entspringt mit zwei Quellflüssen in den Catskill Mountains, mündet in die 90 km lange, bis 50 km breite, für Seeschiffe vertiefte *Delaware Bay* [–beɪ].
2) Abk. **Del.,** postamtlich **DE,** der zweitkleinste Staat der USA, 5328 km², (1980) 595200 Ew.; Hauptstadt: Dover. D. liegt in der atlant. Küstenebene und nimmt den nordöstl. Teil der großen Halbinsel zw. Delaware Bay und Chesapeake Bay ein. D. ist einer der am stärksten industrialisierten Staaten der USA, bes. im N um Wilmington (die größte Stadt).
Die erste Kolonie im D.-Gebiet wurde 1638 unter schwed. Hoheit gegründet. 1655 fiel D. an die Holländer, 1664 an England. 1682 in Pennsylvania eingegliedert, 1775 selbständig. D. ratifizierte am 7. 12. 1787 als erster Staat die Verfassung der Union. Im Sezessionskrieg stand D. zur Union, hielt aber an der Sklaverei fest.

Delbrück, Stadt im Kr. Paderborn, NRW, im SO der Münsterschen Bucht, (1981) 21400 Ew.

Delbrück, 1) Berthold, Indogermanist, * Putbus (Rügen) 26. 7. 1842, † Jena 3. 1. 1922, Prof. ebd., begründete die Wissenschaft von der vergleichenden und historischen Syntax der indogermanischen Sprachen.
2) Hans, Historiker, Vetter von 1), * Bergen

Delc

(Rügen) 11. 11. 1848, † Berlin 14. 7. 1929, Prof. ebd., gab 1883 bis 1919 die ›Preuß. Jahrbücher‹ heraus.

WE. Leben des Grafen Neithardt v. Gneisenau, 2 Bde. (1882); Geschichte der Kriegskunst im Rahmen der polit. Geschichte, 4 Bde. (1911–21; fortges. v. E. Daniels u. O. Haintz, Bd. 5–7, 1926–36); Weltgeschichte, 5 Bde. (1923–28).

3) Max, Biologe, * Berlin 4. 9. 1906, † Pasadena (Calif.) 9. 3. 1981, seit 1937 in den USA, zuletzt an der Univ. Pasadena; genet. Arbeiten über Mutationen der Drosophila und über bakterielle Viren. Er erhielt 1969 mit A. Hershey und S. Luria den Nobelpreis für Medizin.

4) Rudolf von (1896), Politiker, * Berlin 16. 4. 1817, † ebd. 1. 2. 1903, war seit 1849 als leitender Beamter im preuß. Handelsministerium maßgeblich an der Zollvereinspolitik beteiligt. 1867 wurde er als Präs. des Bundes-, seit 1871 des Reichskanzleramts Organisator der Reichsverwaltung, der u.a. die Reichsverf. von 1871 redigierte. 1876 trat D. zurück.

Delcassé [delkas'e], Théophile, frz. Politiker, * Pamiers (Dép. Ariège) 1. 3. 1852, † Nizza 22. 2. 1923; wurde 1898 Außen-Min. Mit Großbritannien schloß er das Kolonialabkommen vom 8. 4. 1904, die Grundlage der britisch-frz. Entente. Anläßlich der dt.-frz. Marokkokrise von 1905 wurde er gestürzt. 1911–13 Marine-Min., 1914–15 wieder Außen-Min.

Deleatur [lat. ›es soll wegfallen, getilgt werden‹] das, Abk. del., Tilgungszeichen ($\mathcal{S}_l$) auf Korrekturbogen.

Delebpalme, Fächerpalme der Gatt. Borassus.

Deledda, Grazia, ital. Schriftstellerin, * Nuoro 27. 9. 1871, † Rom 15. 8. 1936, schilderte in vielen Romanen und Novellen in leidenschaftlich dramat. Sprache die Landschaft und das Leben einfacher Menschen ihrer Heimat Sardinien. Nobelpreis für Literatur 1926.

Delegat [lat.], Delegierter, Beauftragter.

Delegation [lat.], **1)** Abordnung, Ausschuß von Bevollmächtigten. Delegierter, Abgeordneter, Beauftragter.

2) die Übertragung der Zuständigkeiten eines Staatsorgans auf ein anderes, entweder für einen Einzelfall oder für eine Gruppe von Geschäften. In der Bundesrep. Dtl. ist die D. der gesetzgebenden Gewalt nur in engen Grenzen zulässig.

3) kath. Kirchenrecht: die Übertragung der kirchl. Jurisdiktion ohne Amt.

de lege ferenda [lat. ›nach zu erlassendem Gesetz‹] bedeutet ›vom rechtspolit. Standpunkt aus‹, im Unterschied zum geltenden Recht, **de lege lata** [lat. ›nach erlassenem Gesetz‹]. Mit der Formel de l.f. wird zum Ausdruck gebracht, daß sich bei Anwendung des geltenden Rechts Mängel gezeigt haben, die bei einer Reform beseitigt werden sollten.

Delémont, → Delsberg.

Deletion [lat.], die, Tilgung. **1)** Genetik: Verlust eines Chromosomenstücks, der einen Ausfall von Erbanlagen verursacht.

2) Weglaßprobe; sie erlaubt festzustellen, welche sprachl. Elemente weggelassen werden können, ohne daß der Satz ungrammatisch wird.

Delft, Stadt in der niederländ. Prov. Südholland, an der kanalisierten Schie, (1976) 86100 Ew.; TH; hydrolog. und Luftbildinstitute; Industriestadt; Fayence-Manufaktur *(Delfter Fayencen).* – Altertüml. Stadtbild; bis in das 17. Jh. eine der bedeutendsten Handelsstädte Hollands.

Delhi [d'eli], Stadt und Unionsterritorium in N-Indien (1981) 6,2 Mio. Ew., deren südlicher, seit 1912 erbauter Stadtteil *Neu Delhi* seit 1947 Hauptstadt Indiens ist. D. liegt 215 m ü. M. an der Yamuna, am Westrand des Doab, eines flachen Zwischenstromlandes zw. Ganges und Yamuna. Mit der Änderung des Flußlaufes verlagerte sich D. im Lauf der Zeit immer weiter nach NO. D. ist nach Bombay und Kalkutta der drittwichtigste Industriestandort Indiens, Straßen- und Eisenbahnknotenpunkt mit dem internat. Flughafen Palam. Als bedeutendes Kulturzentrum hat D. zwei Universitäten, Technische u.a. Hochschulen; kath. Erzbischofssitz. Im S der Stadt ausgedehnte Ruinenfelder (11./12. Jh.). Seit der muslim. Eroberung 1193 Zentrum des ind. Islam und Sitz der Großmogule. Fast rein islam. Stadt mit der Festung ›Rotes Fort‹ (1643) und der größten Moschee des Islam, der Jama Masjid (1644–58).

Deli, ehem. Sultanat in NO-Sumatra, Indonesien, Mittelpunkt: Medan.

Delibes, 1) [dəl'ːib], Léo, frz. Komponist, * St-Germain-du-Val (Dép. Sarthe) 21. 2. 1836, † Paris 16. 1. 1891, 1865 Chordirektor an der Großen Oper in Paris, 1881 ebd. Prof. Für Komposition am Conservatoire, schrieb heitere, graziöse Ballettmusiken (z. B. ›Coppélia‹, 1870) und komische Opern wie ›Der König hat's gesagt‹ (1873), ›Lakmé‹ (1883).

2) Miguel, span. Schriftst., Journalist, * Valladolid 17. 10. 1920. Sein Roman ›El camino‹ (1950, dt. Und zur Erinnerung Sommersprossen) schildert realistisch-humorvoll mit zeitkrit. Akzenten die span. Provinz.

Delicado, auch **Delgado,** Francisco, span. Schriftst., * Córdoba (?) Anfang des 16. Jh., † nach 1533, lebte 1523–27 in Rom. Sein in Dialogform geschriebener Schelmenroman ›El retrato de la lozana Andaluza‹ (1528, Nachdr. 1950) gibt ein Sittenbild über das korrupte röm. Leben der Renaissance.

Delikatesse [frz.], **1)** Leckerbissen, Feinkost.

2) Zartgefühl.

Delikt [lat.] *das,* Vergehen, Straftat, Verbrechen; im Strafrecht eine tatbestandsmäßige rechtswidrige und schuldhafte Handlung, die eine Bestrafung des Täters nach sich zieht, im Zivilrecht eine unerlaubte Handlung, die den Täter bei rechtswidrigem, schuldhaftem Verhalten zum Schadensersatz verpflichtet.

Deliktsfähigkeit, die Fähigkeit, eine Straftat zu begehen. Sie beginnt nach dem Recht der Bundesrep. Dtl. im Zivilrecht mit dem vollendeten 18. Lebensjahr. Deliktsunfähig sind Personen

unter 7 Jahren. Zw. dem 7. und 18. Lebensjahr besteht bedingte Verantwortlichkeit (§ 828 BGB). Strafrechtl. D. setzt ein mit Vollendung des 14. Lebensjahres. Bis zur Vollendung des 18. Lebensjahres kommt das Jugendstrafrecht zur Anwendung (§ 1 JGG). Täter zw. dem 18. und 21. Lebensjahr werden als ›Heranwachsende‹ unter bestimmten Voraussetzungen Jugendlichen gleichgesetzt (§ 105 JGG).
Nach österr. Recht beginnt die zivil- und strafrechtl. D. mit Vollendung des 14. Lebensjahres. Nach schweizer. Recht bedingt die zivil- und strafrechtl. D. i. a. die Einsicht in das Unrecht der Tat.

Delila, Dalila, eine von Simson geliebte Philisterin, die ihn verriet (Ri. 16, 4 ff.).

Delinquent [lat.], Verbrecher, Missetäter.

Delion, Heiligtum des delischen Apoll im Gebiet der böot. Stadt Tanagra am Meer; 424 v. Chr. Ort einer Niederlage Athens durch die Böoter.

Delirium, Delir [lat. ›aus dem Geleis‹], seel. Krankheitszustand infolge direkter oder indirekter Schädigung des Gehirns (Gift, Entzündung, Verletzung) mit Sinnestäuschungen und örtl. und zeitl. Desorientiertheit. – *D. tremens (Alkoholdelir)* tritt bei chron. Alkoholmißbrauch oder bei Drogenentzug auf mit Symptomen wie Händezittern (Tremor) und Kreislaufversagen.

Delisches Problem, das Problem der Würfelverdoppelung. Nach einem Orakelspruch sollte die Pest auf Delos dann zu Ende gehen, wenn der würfelförmige Altar des Apollo dem Volumen nach verdoppelt werde. Es wurde also die Lösung der Gleichung $x^3 = 2a^3$ verlangt, wobei a die Kantenlänge des zu verdoppelnden Würfels und x die Kantenlänge des gesuchten Würfels bedeutet. Das geometr. Problem sollte aber nur mit Zirkel und Lineal gelöst werden. – Das D. P. gehört mit dem Problem der Trisektion eines Winkels und der Quadratur des Kreises zu den berühmten unlösbaren Problemen der Antike. Dies konnte allerdings erst mit Hilfe der Galoistheorie nachgewiesen werden.

De Lisle, → Rouget de Lisle.

Delitzsch, Kreisstadt im Bez. Leipzig, an der Lober, (1977) 24 200 Ew.; Industrie; Moorbad; Schloß (16.–17. Jh.).

Delitzsch, 1) Franz, evang. Theologe, * Leipzig 23. 2. 1813, † ebd. 4. 3. 1890, Prof. in Rostock, Erlangen, Leipzig, gründete 1866, zunächst für die Judenmission, das ›Institutum Judaicum Delitzschianum‹ in Leipzig (jetzt in Münster).
2) Friedrich, Assyriologe, Sohn von 1), * Erlangen 3. 9. 1850, † Langenschwalbach (heute Bad Schwalbach) 19. 12. 1922, Prof. in Leipzig, Breslau und Berlin, wirkte bahnbrechend in der grammat. und lexikal. Erforschung der Keilschriftsprachen (→ Panbabylonismus).

Delius [d'i:ljəs], Frederick, engl. Komponist, * Bradford (York) 29. 1. 1862, † Grez-sur-Loing bei Fontainebleau 10. 6. 1934, lebte seit 1888 in Frankreich.
WE. Opern: Romeo und Julia auf dem Dorfe

(nach G. Keller, 1907); Fennimore und Gerda (nach J. P. Jacobsen, 1919). – Chorwerk: Eine Messe des Lebens (nach F. Nietzsche, London 1909). – Orchesterwerke, bes. Rhapsodien, Konzerte, Kammermusik und Lieder.

delivery order [dɪl'ɪvəɾɪ 'ɔːdə, engl.], Abk. *d/o,* Auslieferungsschein.

deliziös [frz.], köstlich, äußerst schmackhaft.

Delkredere [ital.] *das,* 1) die Gewährleistung für den Eingang einer Forderung. Das D. muß bes. vertraglich übernommen werden. Es kommt i. a. bei Kommissionären (gegenüber dem Kommittenten, § 394 HGB) und Handelsvertretern (gegenüber dem Geschäftsherrn, § 86b HGB) vor. Diese können dafür eine Sondervergütung, die *D.-Provision,* verlangen.
2) Bilanz: Wertberichtigung für wahrscheinliche Ausfälle bei Außenständen (uneinbringliche und zweifelhafte Forderungen, § 40 HGB).

Delle [nd. ›Vertiefung‹], flache, längliche Einsenkung der Erdoberfläche mit muldenförmigem Querschnitt, ohne fließendes Gewässer.

Deller [d'elə], Alfred George, engl. Sänger, * Margate 30. 5. 1912, † Bologna 22. 8. 1979, hat als Solist (Altist) und als Leiter eines Vokalensembles (›Deller-Consort‹) den Altgesang mit Männerstimmen wiederbelebt.

Delluc [del'yk], Louis, frz. Filmregisseur, * Cadouin 14. 10. 1890, † Paris 22. 3. 1924, gründete den ersten Filmclub, erster bedeutender Filmkritiker (1937 gestifteter, jährlich verliehener *Prix Louis Delluc*).

Delmedigo, hebr. **Rofe** [›Arzt‹], jüd. Gelehrtenfamilie. 1) Elijahu Cretensis, * um 1460, † 1497, Humanist und Philosoph, lehrte in Padua im Sinn des Averroës, dessen Schriften er z. T. ins Lateinische übersetzte.
2) Josef Salomo, genannt *Jaschar aus Candia* (Kreta), Ururenkel von 1), * Candia 16. 6. 1591, † Prag 16. 10. 1655, Arzt, Astronom und Philosoph, Schüler Galileis, stand zw. dem neuen Weltbild und dem des Aristoteles, wirkte als Arzt u. a. in N-Afrika, der Türkei und Polen, 1631–45 in Frankfurt a. M.; sammelte viele kostbare Hss.

Delmenhorst, kreisfreie Stadt im RegBez. Weser-Ems, Ndsachs., westlich von Bremen an der Delme, (1981) 72 400 Ew.; bedeutende Industrie.

De Long, George W., amerikan. Polarforscher, * New York 22. 8. 1844, † im Lena-Delta Herbst 1881, Leiter der ›Jeanette‹-Expedition, die den Nordpol erreichen sollte.

De-Long-Inseln, Gruppe der Neusibirischen Inseln.

Delorme [dəl'ɔrm], **de l'Orme,** Philibert, frz. Architekt, * Lyon um 1510, † Paris 8. 1. 1570; schuf Teile der Schloßanlage von Anet und das Grabmal von Franz I. in der Kathedrale von St. Denis; schrieb ›L'architecture‹ (1567, [4]1648).

Delos [ngrch. ð'i:lɔs], zwei kleine, kahle Inseln der grch. Kykladen, aus Gneis und Granit, südwestlich von Mykonos, *Mikra D.* (3,6 km²) und *Megale D.* (das antike Rheneia, 17 km²).

Delp

Geschichte. Kultischer Mittelpunkt *(Delischer Apoll)* seit dem 7. Jh. v. Chr., kam D. unter den Einfluß Athens und war seit 477 Zentrum des 1. Attischen Seebundes. Nach Ende der Herrschaft Athens (314 v. Chr.) entwickelte sich auf D. ein wichtiger Handelsplatz, der von den Römern als Freihafen 166 v. Chr. wieder Athen angegliedert wurde (wichtiger Sklavenmarkt). In den Mithridatischen Kriegen geplündert und verwüstet, verödete D. Ende des 1. Jh. v. Chr.

Delp, Alfred, kath. Theologe, * Mannheim 15. 9. 1907, † (hingerichtet) Berlin 2. 2. 1945, seit 1926 Jesuit. D. arbeitete seit 1942 im ›Kreisauer Kreis‹ (→ Widerstandsbewegung) mit anderen am Entwurf einer christl. Sozialordnung, wurde Ende Juli 1944 verhaftet und vom Volksgerichtshof zum Tod verurteilt.

Delphi, grch. **Delphoi** [ngrch. ðelf'i], altgrch. Stadt in Phokis am Fuß des Parnaß, Kultort des Apoll. Im Tempel verkündete die *Pythia,* von Erddämpfen oder dem Trunk aus der Kastal. Quelle inspiriert, auf einem Dreifuß die von kundigen Priestern gedeutete Antwort des Gottes. In seiner oft kunstvollen Sprachform war das

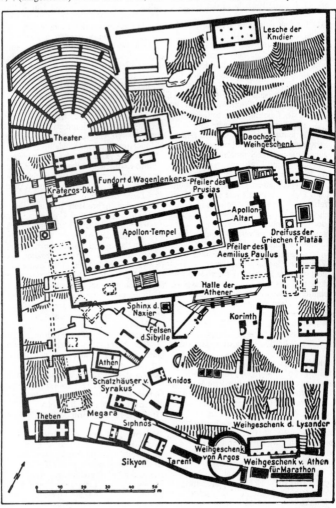

Delphi: Lageplan

Orakel oft nicht eindeutig und daher in der rechten Weise zu verstehen. Auf diesen Weg wiesen im Pronaos des Tempels die Sprüche der Sieben Weisen: das rechte Maß und die notwendige Erkenntnis des eigenen Selbst in seinen Grenzen. D.s polit. Bedeutung fällt in die archaische Zeit; etwa seit 450 v. Chr. ging der polit. Einfluß zurück, und lange bevor Theodosius I. um 390 n. Chr. das Orakel aufhob, war seine Bedeutung erloschen.

Der größte Teil der antiken Kultstätte wurde durch frz. Ausgrabungen freigelegt.

Delphin [grch.], **1)** → Delphine.
2) Sternbild des nördlichen Himmels.

Delphine [grch.], **Delphinidae**, artenreichste Fam. der Zahnwale, meist sehr beweglich, in größeren Herden lebende Wassersäugetiere (1,2–9 m lang); die Kiefer haben bis zu 260 meist kleine, einfach-kegelförmige Zähne; bei Tintenfischfressern ist die Zahnzahl reduziert; die D. jagen jedoch meist Krebse, Weichtiere und Fische. – Einige Arten begleiten gelegentlich Schiffe; in Gefangenschaft sind D. zahm und gelehrig. D. orientieren sich durch Echoortung. Es gibt 13 Gatt.: *Furchenzahn-D. (Steno)* mit nur einer bis 3 m langen Art. *Brackwasser-D. (Sotalia)*, kleine, meist hell gefärbte Tiere in trop. Küstenbuchten und Strömen (Amazonas). *Streifen-, Flecken-* oder *Trug-D. (Prodelphinus)* mit z. T. lebhafter Körperzeichnung. D. der Gatt. *Delphinus* mit meist auffallend langem Schnabel (180 bis 260 Zähne). *Rundkopf-* oder *Rissos-D. (Grampus)* mit kurzem, rundem Kopf (6–14 Zähne, Oberkiefer zahnlos), hoher Rückenflosse und schmalen Brustflossen. *Große Tümmler (Tursiops)* mit der 5 m langen *Flaschennase (Tursiops truncatus)*, die auch an dt. Küsten vorkommt. *Kurzschnauzen-D.* oder *Springer (Lagenorhynchus)*, 1,5 bis 3 m lange Fischjäger mit kurzer Schnauze und hoher Rückenfinne. *Rundfinnen-D. (Cephalorhynchus)* 1,25 bis 2 m lange D. im Atlantik und S-Pazifik. Der *Schwertwal*, *Orca* oder *Butskopf (Orcinus orca)* ist der größte D. *(Killer, Speckhauer, Mordwal, Großer Mörder)* mit 40–48 großen, scharfen, gekrümmten Zähnen; sie jagen in größeren Schulen Pinguine, Schweinswale und Robben, erbeuten aber auch Bartenwale. Ausgewachsene männl. Tiere werden bis 9 m lang. Die gebogene Rückenfinne (das Schwert) ist fast mannshoch. Als Irrgast kommt der Schwertwal auch an dt. Küsten vor. Der 4–5 m lange *Kleine*

Schwertwal (Pseudorca crassidens) ist ein Fisch- und Tintenfischfresser. Der rd. 2 m lange, schwarzbraune *Irawadi-D. (Orcaella brevirostris)* lebt an den Küsten des Bengal. Meeres und in den dort mündenden Flüssen. Die *Grindwale (Globicephala)* haben 3 Arten, darunter den 5 bis 8 m langen *Grind-* oder *Pilotwal (Globicephala melaena)*; sein kugelförmiger Kopf wirkt wie geschwollen; Grindwale bilden sehr große Herden oder Schulen in nördl. Meeren. Die 2 m langen *Glatt-D. (Lissodelphis)* haben eine nach unten gekrümmte Schnauze und keine Rückenfinne.

Kulturgeschichtliches. Sagen der Griechen, Römer, Maori und christl. Legenden schildern, wie D. mit Badenden spielten und Menschen aus Seenot retteten (Sage von der Rettung des grch. Dichters Arion, um 620 v. Chr.). Diese Sagen haben einen wahren Kern; D. retteten nachweislich Menschen vor dem Ertrinken. In Delphinarien zeigen die D. Kunststücke.

Delphinidin *das*, ein Anthocyanidin, ebenso wie sein Diglucosid *Delphinin* Blütenfarbstoff der Pflanzengatt. *Delphinium* (Rittersporn).

Delphinschwimmen, Schwimmsport: die jüngste Stilart, die sich 1960 aus dem Butterfly entwickelte; die zweitschnellste Schwimmart. D. wird mit Beinbewegungen ausgeführt, die der Schwanzflossenbewegung des Delphins gleichen. Die Arme werden über Wasser nach vorn geworfen und dann parallel durch das Wasser zum Körper zurückgezogen. Auf eine vollständige Armbewegung kommen in der Regel zwei Delphinschläge. Wettbewerbe: 100 und 200 m für Damen und Herren, in der Lagenstaffel 100 m D. nach Rücken- und Brustschwimmen.

Delsberg, amtlich frz. **Delémont** [dəlem'5], Hauptstadt des schweizer. Kt. Jura, in einem weiten Becken des Jura an der Sorne, 431 m ü. M., (1980) 11 700 Ew. (zu 78% frz.-sprachig). Bahnknoten; Industrie; Viehmärkte; Gießerei. Das Commonwealth Institute of Biological Control (bes. Insektenforschung), ließ sich wegen der besonderen Vegetation um D. hier nieder. – D., schon vor 1271 Stadt, gehörte 1271–1793 zum Hochstift Basel; Jura-Museum.

Delta, 1) Δ, δ, der vierte Buchstabe des grch. Alphabets.
2) fächerförmige Strommündung in Gestalt des Δ, die sich immer weiter in das Mündungsbecken (See oder Meer) vorschiebt und dabei durch die Verminderung der Strömungsgeschwindig-

Delphin (Delphinus)

keit die mitgeführten Sinkstoffe ablagert. Durch die Gefällslosigkeit kommt es häufig zu Ausuferungen und Gabelungen des Flusses, so daß die Umrisse eines D. oft unregelmäßig sind; zw. den Flußarmen liegen dann Altwässer und Sümpfe. Jährl. Vorrücken des D. an der Donau bis etwa 12 m, an der Rhône bis 20 m, am Nil (Rosettearm) bis 33 m, am Huangho und Mississippi bis über 100 m, am Po rd. 135 m und am Terek (Kasp. Meer) sogar bis 500 m.

3) auf der früheren Mittelstreckenrakete Thor (daher *Thor-Delta*) basierende, seit 1960 eingesetzte zivile amerikan. Trägerrakete.

Delta-Cephe|i-Sterne, die → Cepheiden.

Deltaflügel, Flugzeugtragflügel mit dreieckförmigem Grundriß, der geringen Widerstand im Überschallbereich und Stabilitätsvorteile bietet.

Deltamuskel, der dreieckig geformte Armhebemuskel.

Deltaplan, → Deltawerk.

Deltastrahlen, δ-Strahlen, Elektronenstrahlung mit breitem Energiespektrum (100 eV bis einige tausend eV), die beim Durchgang von Strahlung durch Materie entsteht.

Deltawerk, Anlage zur Abdämmung des Rhein-Maas-Schelde-Deltas, zur Sicherung von 15000 km^2 Land (*Deltaplan,* Gesetz von 1958, zur Verhinderung von Flutkatastrophen wie z. B. 1953).

Deltgen, René, Schauspieler und Regisseur, * Esch/Alzette (Luxemburg) 30. 4. 1909, † Köln 29. 1. 1979, Charakterdarsteller.

Deltoid, Windvogelviereck, nicht konvexes Viereck mit zwei Paaren gleich langer Nachbarseiten.

Delusion [lat.], Verspottung, Täuschung.

Delvaux [dɛlv′o], Paul, belg. Maler, Graphiker, * Antheit bei Huy 23. 9. 1897, stand anfänglich dem Expressionismus nahe, wandte sich um 1934 dem Surrealismus zu.

Del Vecchio [-v′ɛkkio], Giorgio, ital. Rechtsphilosoph, * Bologna 26. 8. 1878, † Genua 28. 11. 1970, entwickelte in Auseinandersetzung mit dem Rechtspositivismus eine idealist. Rechtsphilosophie.

Delwig, Anton Antonowitsch Baron, russ. Lyriker, * Moskau 17. 8. 1798, † St. Petersburg 26. 1. 1831, Freund A. Puschkins.

Demades, athen. Redner, * um 380 v. Chr., † 319 v. Chr., handelte nach der Schlacht bei Chaironeia 338 v. Chr. den Frieden zw. Athen und Philipp von Makedonien aus. Als Gegner des Demosthenes setzte er 322 v. Chr. das Todesurteil gegen ihn durch, 324 v. Chr. erwirkte er in Athen göttl. Ehren für Alexander d. Gr. Auf Befehl Kassanders getötet.

DEMAG AG, Duisburg, Maschinenbaukonzern; 1926 durch Fusion entstanden.

Demagoge [grch. ›Volksführer‹], **1)** in den grch. Demokratien, bes. in Athen, ein Mann, der durch sein Ansehen und seine Rednergabe die Entschließungen der Volksversammlung und dadurch die Staatsleitung beeinflußte.
2) in der Restaurationszeit entstandenes polit.

Schlagwort für die Anhänger liberaler und nationaler Ideen. Auf Grund der Karlsbader Beschlüsse (1819) setzte der Bundestag in Mainz eine Zentral-Untersuchungskommission ein, deren Tätigkeit sich vor allem gegen Universitätslehrer und die Burschenschaften richtete *(Demagogen-Verfolgung).* Diese Maßnahmen wurden nach der Julirevolution 1830 verschärft fortgeführt.

demagogisch, aufwieglerisch.

demand-pull-inflation [dīm′ɑ:nd pul ınfl′eıʃn, engl.], die nachfrageinduzierte Inflation.

Demantius, Christoph, Komponist, * Reichenberg (Böhmen) 15. 12. 1567, † Freiberg in Sachsen 20. 4. 1643, Kantor in Zittau und Freiberg; komponierte geistl. und weltliche Musik in betont konservativen Formen.

Démarche [dem′arʃ, frz. ›Schritt‹] *die,* förmliche Erklärungshandlung im diplomat. Verkehr, die ein bestimmtes Verhalten des Staates, an den die D. gerichtet ist, veranlassen will.

De Marchi [de m′arki], Emilio, ital. Schriftst., * Mailand 31. 7. 1851, † ebd. 6. 2. 1901, schuf mit seinem Roman ›Demetrio Pianelli‹ (1890) eines der Meisterwerke des ital. Realismus.

Demarkation [frz., von ahd. marka ›Grenze‹], Delimitation, Grenzziehung, die Festlegung der Grenzen zw. Staaten nach Gebietsveränderungen oder Streitigkeiten, regelmäßig durch Vereinbarung. *Demarkationslinie,* eine nur vorläufige Abgrenzung von Hoheitsgebieten.

Demawend *der,* die höchste Erhebung des iran. Hochlandes (5604 m ü. M.) im Elbursgebirge, mit meist schneebedecktem vulkan. Kegel; an seinem Fuß warme Schwefelquellen.

Demel, Walter, Skiläufer (nord. Disziplinen), * Bayreuth 1. 12. 1935.

Dementi [frz.], offizielle Richtigstellung, Widerruf.

Demenz, lat. **Dementia,** die erworbene Minderung geistiger Fähigkeiten im Unterschied zum angeborenen Intelligenzmangel (Schwachsinn). – *Dementia praecox:* früher Bez. für die Schizophrenie. *Pseudodemenz:* unterschiedl., z. T. neurot. bedingte Störungen.

Demeter [grch. ›Erd-‹ oder ›Kornmutter‹], Kurzform **Deo,** grch. Göttin des Erdsegens und der Fruchtbarkeit, im Mythos Gegnerin der olymp. Götter, da ihre Tochter Persephone von Hades in die Unterwelt entführt worden war. D.s hauptsächl. Kultort war Eleusis; ihr und ihrer Tochter (meist einfach Kore ›Mädchen‹ genannt) zu Ehren wurden dort die ›Eleusinischen Mysterien‹ gefeiert; andere Feste der D. waren das weibl. Fruchtbarkeitsfest der ›Thesmophorien‹ und das Erntedankfest der Thalysien. In Rom entsprach ihr die Ceres.

Demetrios, makedon. und syrische Könige.
1) D. I. Poliorketes [grch. ›Städtebelagerer‹], makedon. König (294–287 v. Chr.), * um 336, † Apameia am Orontes etwa 283 v. Chr., Sohn des Antigonos Monophtalmos, eroberte 307 Athen, entriß 306 Zypern dem Ptolemaios, verschuldete 301 v. Chr. Niederlage und Tod seines

Vaters. Die makedon. Herrschaft, die er 294 v. Chr. gewonnen hatte, verlor D. 287 v. Chr. an Pyrrhos und Lysimachos. Beim Versuch, das asiat. Reich seines Vaters zurückzuerobern, mußte er sich 285 v. Chr. dem Seleukos ergeben. Biographie des Plutarch.
2) D. II., Enkel von 1), makedon. König (239–229 v. Chr.), † 229 v. Chr.
3) D. I. Soter [›Retter‹], Seleukidenkönig in Syrien (162–150 v. Chr.), † (gefallen) bei Antiochia am Orontes (heute Antakya) 150 v. Chr.
Demetrios von Phaleron, Demetrios Phalereus, athen. Gelehrter und Staatsmann, * um 350, † in Ägypten um 287 v. Chr., verfaßte 45 philosoph., histor., staats- und literaturwissenschaftl. Schriften; 317–307 v. Chr. Regent von Athen, 307 vertrieben, regte er in Alexandria bei Ptolemaios I. die Gründung der Alexandrinischen Bibliothek an.
Demetrius, griech. **Demetrios** [›Demeter geweiht], männl. Vorname; russ. Herrscher, →Dmitrij; der *Falsche D.*, →Dmitrij Iwanowitsch.
Demetrius, grch. Märtyrer, nach der Legende 306 n. Chr. getötet, bes. in Saloniki verehrt, im Abendland seit den Kreuzzügen (Tag: 26., z. T. auch 8. 10.).
demi... [dəm'i, frz.], halb ...
De Mille [dəm'il], Cecil Blount, amerikan. Filmproduzent und -regisseur, * Ashfield (Mass.) 12. 8. 1881, † Hollywood 21. 1. 1959; monumentale Ausstattungsfilme zu bibl. und antiken Themen (u. a. ›Die zehn Gebote‹, 1923, 1956).
Demimonde [dəmim'ɔ̃d, frz.], die Halbwelt.
Deminutivum [lat.], →Diminutivum.
Demirel, Süleyman, türk. Politiker (Gerechtigkeitspartei), * Islamköy (Prov. Isparta) 1924, Ingenieur, seit 1964 Vors. der Gerechtigkeitspartei, mehrfach MinPräs. (1965–71, 1975–77, 1979–80, durch den Militärputsch gestürzt).
Demission [frz.] *die,* der Rücktritt einer Regierung, eines Min. oder anderer hoher Staatsbeamter.
Demiurg [grch. ›Handwerker‹], bei Platon und späteren grch. Denkern der ›Weltbaumeister‹, meist Mittler zw. der höchsten Gottheit und der menschl. Welt; bei den Gnostikern der dem höchsten Gott untergeordnete böse Schöpfer der Sinnenwelt.
Demmin, Kreisstadt im Bez. Neubrandenburg, an der Peene, (1977) 17600 Ew. – D. erhielt bald nach 1236 lüb. Stadtrecht, kam 1648 an Schweden, 1720 an Preußen. 1946 bis 1952 gehörte es zu Mecklenburg; Stadtkirche (14. Jh., mehrmals verändert), Stadtmauer.
Demobilmachung, Zurückführung der Streitkräfte, der Wirtschaft und der Verwaltung eines Landes aus dem Kriegs- in den Friedenszustand.
Democrazia Cristiana, Abk. *DC,* ital. Partei, gegr. 1942 unter Führung von A. de Gasperi im Widerstand gegen den Faschismus, Nachfolgerin des Partito Popolare Italiano (PPI), orientiert sich grundsätzlich an der kath. Sozial- und

Staatslehre. Die D. C., stärkste Partei im Nationalen Befreiungskomitee (1943–45), ist seit 1945 führende Regierungspartei Italiens. Bis 1960 überwogen die Befürworter einer nach rechts geöffneten (apertura a destra) Koalition, seitdem die Anhänger eines nach links geöffneten (apertura a sinistra) Regierungsbündnisses (centro sinistra, dt. ›linkes Zentrum‹).
Demodikose, Demodexräude, früher *Akarusräude,* durch die Haarbalgmilbe *Demodex folliculorum* verursachte chron. Hauterkrankung bes. der jungen Hunde.
Demodulation [lat.], →Modulation.
Demographie [grch.], i. e. S. Beschreibung von Zustand und Veränderungen der Bevölkerungszahl und -zusammensetzung; heute gleichbedeutend mit Bevölkerungswissenschaft.
Demoiselle [dəmwaz'el, frz.], veraltet: Fräulein.
Demokratie [grch. demos ›Volk‹, kratein ›herrschen‹], Volksherrschaft, eine Form des polit. Lebens. D. umschreibt nur, *wer* regieren soll, der Begriff sagt aber im unmittelbaren Wortverständnis nichts darüber aus, *wie* diese Regierung zu handhaben ist. – Seit 1945 wird der Name D. von Staatsordnungen sehr unterschiedl. Ausprägung beansprucht. Die Begriffsspanne reicht heute von der liberal-rechtsstaatl. D. westlicher Prägung über Einparteienstaaten und Volksdemokratien bis zu Regierungsformen, die sich zwar als D. bezeichnen, in Wirklichkeit aber kaum eines der herkömmlich mit diesem Begriff verbundenen Merkmale verkörpern.
Historisch wurde die D. v. a. als Gegensatz zur Aristokratie und zur Monarchie verstanden. Eine vollkommen eindeutige, alle Zweifelsfragen ausschließende Abgrenzung ist allerdings nicht möglich: Die D. ist v. a. nicht notwendig eine Republik. Großbritannien z. B. ist ein demokrat. Staat mit monarch. Staatsoberhaupt und einer aristokrat. Ersten Kammer. – Im 20. Jh. ist besonders der Gegensatz zw. D. und Diktatur hervorgetreten.
Seit dem 18. Jh. hat sich in Europa und den USA ein Typus der Staatsverf. ausgebildet, der durch enge Verbindung von demokrat. und rechtsstaatl. Gedanken gekennzeichnet ist. Die Willensbildung des Staates oder der Gemeinschaft wird vom Willen des gesamten Volkes abgeleitet (A. Lincoln: ›Regierung des Volkes durch das Volk für das Volk‹). Das Volk als eigtl. Träger der Staatsgewalt (Volkssouveränität) ist berufen, seinen Willen in Mehrheitsentscheidungen kundzutun. Alle Bürger sind gleich und frei, keiner ist von der Lenkung der gemeinsamen Geschicke ausgeschlossen. Innerhalb best. Grenzen anerkennt der einzelne die Entscheidungen der in Wahlen oder Abstimmungen ermittelten Mehrheit; unter diesen Voraussetzungen ist die Mehrheit legitimiert, für die Gesamtheit zu handeln und Herrschaft auszuüben. Je größer der Consensus unter den Bürgern ist und je weniger soziale Unterschiede eine Schranke für den Zugang zur Staatsführung bil-

Demo

den, desto stärker gilt diese D. als innerlich gesichert.

Ein solches Staatswesen hat meist eine Verfassung, die die Grundrechte garantiert, die Gewaltenteilung festlegt und den Staat zum Rechtsstaat (in der Bundesrep. Dtl. sozialer Rechtsstaat) erklärt.

Die unmittelbare D. beruht auf der Ausübung der Herrschaft durch das unmittelbar zur Entscheidung polit. Fragen versammelte Volk. Die Entscheidungen werden durch Zuruf oder Abstimmung gefällt. Reste dieser ältesten Form von D. haben sich in einzelnen schweizer. Kantonen erhalten (Landsgemeinde).

In der repräsentativen D. wird der Volkswille durch das vom Volk gewählte Parlament verkörpert, das die polit. Sachentscheidungen (bes. über Gesetze) stellvertretend für das Volk fällt (Delegation). Die Rücksicht auf mögliche Veränderungen der polit. Überzeugungen des Staatsvolkes und das Erfordernis der Kontrolle verlangt regelmäßig wiederkehrende Wahlen. Bei der Wahl der Abgeordneten setzte sich im 20. Jh. immer stärker das allgemeine, gleiche Wahlrecht durch.

Formen der repräsentativen D.: In der Präsidial-D. steht neben dem (den) volksgewählten Legislativorgan(en) als Gegengewicht der gleichfalls vom Volk gewählte Präsident, der die Regierungsgewalt unabhängig vom Parlament ausübt (Präsidialsystem), z. B. in den USA; ähnl. Züge weist auch die V. Republik in Frankreich auf. In der parlamentarischen D. ist die Volksvertretung gesetzgebendes, zugleich auch regierungsbildendes Organ, sei es, daß die vom Staatsoberhaupt ernannte Regierung des parlamentar. Vertrauens bedarf (z. B. Großbritannien, Weimarer Republik), sei es, daß sie vom Parlament gewählt wird (so in der Bundesrep. Dtl. der Bundeskanzler). In der Regel kann die Regierung durch ein Mißtrauensvotum der Volksvertretung gestürzt werden.

In jeder repräsentativen D. haben Parteien entscheidenden Anteil an der polit. Willensbildung. Die Bedrohung der D. durch totalitäre Parteien hat zu Verfassungsordnungen geführt, die einer Partei nur dann die Beteiligung am polit. Leben zugestehen, wenn sie nach Erscheinungsbild und polit. Zielsetzung die Gewähr dafür bietet, daß sie sich an die demokrat. Grundprinzipien auch dann gebunden fühlt, wenn sie die Mehrheit errungen hat.

In den meisten Staaten ist für einige bestimmte Fälle ein unmittelbarer Appell an das Volk vorgesehen. Solche *plebiszitäre Einrichtungen* sind z. B. die Wahl des Staatsoberhauptes unmittelbar durch das Volk, aber auch die unmittelbare Gesetzgebung durch *Volksbegehren* und *Volksentscheid.* – Bei Bundesstaaten ist die Staatsgewalt zw. den Volksvertretungen der Gliedstaaten und der des Gesamtstaates geteilt.

Geschichte. Demokratische Verfassungen gab es in altgrch. Stadtstaaten (Athen, 508 v. Chr.). Platon schildert in seinem Dialog ›Über den

Staat‹ ihre Nachteile. Aristoteles stellte die D. als dritte Staatsform neben die Herrschaft eines Einzelnen (Monarchie) und die Herrschaft weniger (Oligarchie). Bis in die Neuzeit hinein blieb der aristotelische Gedanke einer ›gemischten‹ Staatsform wirksam.

Im 13. Jh. entstand eine bäuerl. D. in den schweizer. Urkantonen. Frühchristl. Gedankengut (Überzeugung von der Gotteskindschaft aller Menschen) wurde im 16. Jh. durch den Calvinismus wirksam (Genf); in der engl. Revolution des 17. Jh. wurde diese relig. D. auf das polit. Leben bes. in den Gemeinden übertragen. Mit den Pilgervätern kamen diese Gedanken nach Amerika, wo sie am umfassendsten und dauerhaftesten in der Unabhängigkeitserklärung der Verein. Staaten (1776) und in der ›Erklärung der Menschen- und Bürgerrechte‹ verwirklicht wurden. In Europa bereiteten Gleichheitsvorstellungen die D. vor: der Pietismus (Vorrang der Erwählung vor der Herkunft), der Absolutismus (Gleichheit der Pflichten), die Aufklärungsphilosophie (Gleichheit der Rechte). Zu diesen Einflüssen trat im Zeitalter der Aufklärung (Montesquieu, Rousseau) in Frankreich der Glaube an die menschl. Vernunft, der seinen polit. Niederschlag in der Frz. Revolution fand. Die ›Ideen von 1789‹, durch die Forderung der Menschenrechte und der Humanität überbaut, breiteten sich rasch über Mittel- und Nordeuropa aus und führten zur Ausbildung konstitutioneller Monarchien mit demokrat. Verfassungen. Im 19. Jh. bildete sich das demokrat. Ideengut in Auseinandersetzung mit sozialist. Theorien und im Gefolge des Strebens breiter Volksmassen nach sozialem Aufstieg und polit. Mitverantwortung ständig fort. Im Zusammenhang mit der Entstehung der Arbeiterbewegung kam im 19. Jh. die Forderung auf, die D. als Form des polit. Lebens durch eine D. der Gesellschaft mit dem Ziel der sozialen Gleichstellung zu vollenden; gleichzeitig fiel die polit. Willensbildung den Parteien zu, die mehr und mehr Eigengewicht erhielten. Der Aufstieg der Massenbewegungen, die Verschärfung der Interessengegensätze und der weltanschaul. Auseinandersetzungen, die Entwicklung der Mittel der Massenbeeinflussung wie überhaupt die Uniformierung des Daseins und Denkens stellen heute die individualist. Komponente der D. in Frage. Weitere Probleme ergeben sich aus der zunehmenden Unübersichtlichkeit der Verwaltung und aus der Vielfalt und Schwierigkeit der zu bewältigenden Probleme. Daraus ergibt sich ein Zug zur ›Expertokratie‹ und zur ›Technokratie‹; für den einzelnen Bürger wird es für die öffentl. Meinung wird es immer schwerer, fundierte Kritik zu üben und damit der Kontrollfunktion gerecht zu werden. Die Überwindung der Interessenblöcke und der ideolog. Fronten verlangt daher die der Arbeit an einer gegenwartsgemäßen, lebensfähigen und gegen Diktatur gefestigten Staatsform sowie die Rückbesinnung auf die geistigen und sittlichen Grundlagen des demokrat. Gedankens.

LIT. T. Tarkiainen: Die athenische D. (a.d. Finn., 1966); W. Abendroth: Antagonist. Gesellschaft und politische D. (²1972); M. Duverger: D. im technischen Zeitalter (a.d. Frz., 1974); D., hg. v. H. R. Buck (1974); K. v. Beyme: Interessengruppen in der D. (1974); H. Steinberger: D. (1974); H. Buchheim: Der demokratische Verfassungsstaat (1975); F. W. Scharpf: D.-Theorie (1975); W. Steffani: Parlamentar. und präsidentielle D. (1979).

Demokratische Bauernpartei Deutschlands, Abk. **DBD,** Partei in der DDR im Rahmen der Nationalen Front, gegr. 1948; Zentralorgan: ›Bauernecho‹.

Demokratische Partei, in den USA eine der beiden polit. Koalitionen, die die Gesamtnation umspannen. Sie führt sich zurück auf die Tradition T. Jeffersons, der unter der Bezeichnung *(Democratic) Republicans* die freiheitlich-demokrat. und partikularist. Opposition gegen die Federalists einte und 1800 durch seinen Wahlsieg zur Macht führte. Da die Partei in den folgenden Jahrzehnten auch die Ziele und den nationalen Führungsstil der Federalists aufnahm, zerfiel das erste Parteiensystem. Gegen den nationalist. und wirtschaftsinterventionist. Flügel unter Führung von J. Q. Adams und H. Clay sammelte jedoch A. Jackson mit organisator. Hilfe M. Van Burens spezifisch demokrat. und partikularist. Oppositionskräfte und führte sie in den Wahlen von 1828 auf mehrere Jahrzehnte zum Sieg, während sich die Gegner als *National Republicans* (seit 1834 Whigs) verselbständigten. 1860 kam es zur Spaltung in einen nord- und einen südstaatl. Flügel, damit zum Wahlsieg der Republikanischen Partei unter der Führung A. Lincolns und in der Folge zum Sezessionskrieg.

Trotz dem völligen Sieg des N, trotz aller Diskriminierung und trotz der Verleihung des Wahlrechts an die emanzipierte (und bis zum New Deal republikanisch gesinnte) Negerbevölkerung konnte die D. P. seit 1874 wieder Mehrheiten im Kongreß gewinnen, auf langehin aber nur zwei Präsidentschaftskandidaten durchbringen (G. Cleveland 1884, 1892, und W. Wilson 1912, 1916). Im Lauf der zwanziger Jahre des 20. Jh. bildete sich die Koalition städtischer Arbeitermassen, benachteiligter Minoritäten und notleidender Farmer, die sich durch die Wirtschaftspolitik der Republikaner benachteiligt fühlten und seit dem Wahlsieg F. D. Roosevelts 1932 und dem New Deal politisch zum Tragen kam. Der hier eingeschlagene gemäßigt wohlfahrtsstaatl. Kurs, der unter dem Eindruck des 2. Weltkrieges noch verstärkt wurde, fand in H. S. Trumans ›Fair Deal‹ ebenso wie in J. F. Kennedys ›New Frontier‹ und L. B. Johnsons ›Great Society‹ programmat. Fortsetzung. Präs. J. Carter (1977–81) wurde 1980 nicht wiedergewählt.

Demokratische Partei Saar, Abk. **DPS,** 1945–57 Partei im Saarland (Vors.: R. Becker), nationalliberal, 1951–55 verboten, wandte sich gegen die Loslösung des Saarlandes vom deutschen Staatsgebiet. Seit 1957 ist die DPS Landesverband der FDP.

Demokratischer Frauenbund Deutschlands, Abk. **DFD,** die Massenorganisation für die Frauen in der DDR, 1947 hervorgegangen aus den antifaschist. Frauenausschüssen (gegr. 1945).

Demokratischer Sozialismus, Richtung innerhalb des Sozialismus, identifiziert unter Abkehr von marxist. Grundvorstellungen Demokratie und Sozialismus; er grenzt sich damit vom revolutionären Sozialismus ab (bes. Kommunismus). Der D. S. orientiert sich am Recht jedes Menschen, sein Leben in eigener Verantwortung zu führen.

Demokratische Volkspartei, 1945–48 liberaldemokratische Partei in Württemberg und Baden, dann FDP/DVP.

Demokratisierung, 1) im polit. Bereich: einem Staat eine demokrat. Verfassung geben.

2) im gesellschaftl. Bereich: die Anwendung demokrat. Verfahren der Willensbildung und Beschlußfassung auf das gesellschaftl. Leben sowie dessen Einrichtungen und Institutionen.

Demokrit, grch. **Demokritos, D. von Abdera,** grch. Philosoph, * um 460 v. Chr.; der erste Systematiker der Philosophie und der umfassendste Forscher vor Aristoteles. Durch die von ihm begründete Atomistik suchte er gegenüber Parmenides das Wesen der Wirklichkeit als Vielheit und Veränderung zu erklären. D. gilt damit als ein Vorläufer des Materialismus. Auf seine Lehre, daß die durch maßvolle und gleichmütige Haltung zu erlangende Glückseligkeit das höchste Gut sei, geht der Eudämonismus zurück.

Demonstration [lat.], **1)** allgemein: Darlegung; (Massen-)Kundgebung. *demonstrieren,* beweisen, veranschaulichen, eine Kundgebung veranstalten oder an ihr teilnehmen; seine Einstellung deutlich zeigen. *demonstrativ,* besonders auffällig, absichtlich.

2) Politik: Kundgebung von Anschauungen oder Forderungen, oft als Protest gegen Maßnahmen der Regierung, der Verwaltungsbehörden oder gegen polit. Gegner.

Demonstrationsfreiheit, das Recht zur Demonstration ist in freiheitlich-demokrat. Staaten durch die Grundrechte der Meinungsfreiheit und Versammlungsfreiheit gewährleistet, soweit die Demonstration friedlich verläuft. In der Bundesrep. Dtl. müssen Demonstrationen spätestens 48 Stunden vor ihrer Bekanntgabe bei der Ordnungsbehörde angemeldet werden und können verboten oder von bestimmten Auflagen abhängig gemacht werden, wenn die öffentl. Sicherheit und Ordnung gefährdet ist.

Demonstrativum [lat.], hinweisendes Fürwort, Pronomen.

Demontage [-t'a:ʒə, frz.] *die,* der erzwungene Abbau von Industrieanlagen, bes. in einem besiegten Land.

Bei ihrer Kriegszielplanung beschlossen die Mächte der Anti-Hitler-Koalition schon auf der Jaltakonferenz (Febr. 1945), vor allem aber auf der Potsdamer Konferenz (Juli–Aug. 1945) Deutschland Reparationen bes. in Form der D. von Industrieanlagen aufzuerlegen. Nach den Richtlinien des Potsdamer Abkommens (2. 8. 1945) stellten die alliierten Mächte 1946 einen Industrieplan auf. Dieser sah die D. von 1800 Betrieben vor und begrenzte das Produktionsniveau auf 50–55% des Standes von 1938. Die D. betraf bes. die Eisen- und Stahlindustrie, chem. Industrie, Maschinen- und Fahrzeugbau, Schiffswerften sowie Zulieferwerke der Grundstoffindustrien. Widerstände in Dtl. (die D. hemmte u. a. die Schaffung von Arbeitsplätzen und den Wiederaufbau) und Kritik der D.-Politik in den USA führten zu mehrfacher Revision der D.-Pläne der Westmächte (zuletzt im Petersberger Abkommen 1949). Ende 1950 wurde die D. in der Bundesrep. Dtl. eingestellt. – In der Sowjet. Besatzungszone wurde die D. z. T. wesentlich über die im Industrieplan festgelegten Kapazitätsgrenzen ausgedehnt. – Der Gesamtwert der demontierten Anlagen wird für West-Dtl. bis zu 5,4 Mrd. DM geschätzt, für die SBZ bis zu 5 Mrd. DM. Sowohl in der Bundesrep. Dtl. als auch in der DDR sind die demontierten Betriebe sofort in den Wiederaufbau einbezogen worden.

demontieren [frz.], abbauen, zerlegen.

Demoralisation [frz.], Auflösung von Moral und Ordnung.

demoralisieren [frz.], 1) jemandes Moral untergraben.

2) jemanden entmutigen.

de mortuis nil nisi bene [lat. ›von Toten (rede) nur gut‹], wahrscheinlich die Übersetzung eines Ausspruchs des Chilon, vielleicht auch des Solon.

Demos [grch. ›Gemeinde‹, ›Volk‹] *der, Mz. Demen.* 1) im alten Griechenland urspr. die zusammen siedelnde Sippe, später sowohl die gesamte Staatsbürgerschaft und deren Versammlung als auch bloß das niedere Volk, die städt. Menge. In Attika war seit Kleisthenes das Bürgerrecht an die Zugehörigkeit zu einem D. gebunden. Im heutigen Griechenland sind die D. Verwaltungseinheiten (Provinzstadt, Stadt über 10000 Ew.).

2) im Byzantin. Reich die von Demarchen geführten Zirkusparteien in Konstantinopel; sie waren z. T. politisch ausgerichtet.

Demoskopie [grch.], → Meinungsforschung.

Demosthenes, 1) grch. Redner, * im Demos Paiania (Attika) 384, † auf Kalauria 322 v. Chr. Seit 364 trat er mit Prozeßreden, seit 354 auch mit polit. Reden hervor. Seit 349 kämpfte er in den Philippischen und Olynthischen Reden gegen Philipp von Makedonien und für die Erhaltung der Autonomie der grch. Freistaaten, dabei auch in Athen gegen Aischines. Mit der Niederlage bei Chaironeia (338) scheiterte D.' Politik. Von den 60 unter seinem Namen erhaltenen Reden sind mehrere unecht. – Gesamtausgaben v. F. Blass, 3 Bde. (1885–89), neu bearb. v. C. Fuhr u. J. Sykutris, 1 (1914), 2, 1 (1937).

2) athen. Heerführer im Peloponnes. Krieg, † (hingerichtet) Syrakus 413 v. Chr. Die von ihm 413 nach Sizilien geführten Truppen konnten das athen. Heer unter Nikias nicht retten. D. mußte sich den Syrakusanern ergeben.

Demotike [ðimɔtik'i, ngrch. ›Volkssprache‹], → neugriechische Sprache.

demotisch [zu grch. demos ›Volk‹], dem Volk angehörig, volkstümlich.

demotische Schrift, die vom 7. Jh. v. Chr. bis zum 5. Jh. n. Chr. verwendete Alltagsschrift der Ägypter.

Dempf, Alois, christl. Philosoph, * Altomünster (Obb.) 2. 1. 1891, † Eggstätt (Obb.) 15. 11. 1982, Prof. in Bonn, Wien und München (seit 1949); neben Untersuchungen zur patrist. und mittelalterl. Philosophie Arbeiten zur Geschichts- und Kulturphilosophie.

Dempster [d'empstə], Arthur Jeffrey, kanad. Physiker, * Toronto 14. 8. 1886, † Stuart (Fla.) 11. 3. 1950, entwickelte die ersten Massenspektrographen mit Richtungsfokussierung für langsame Ionenstrahlen; entdeckte das Uranisotop U^{235}.

Demulgatoren [lat.], **Dismulgatoren,** Stoffe, die techn. Emulsionen zugesetzt werden, um sie zu spalten.

Demus, Jörg, österr. Pianist, * St. Pölten 2. 12. 1928, auch Liedbegleiter.

Demut, lat. **humilitas,** der Wortbedeutung nach die Gesinnung und Haltung des Dienens, als Tugend das zur Haltung gewordene Bewußtsein der hingebungsvollen Unterwerfung unter menschl. oder göttl. Forderungen.

Demutgebärde, Demutstellung, Verhaltensforschung: unterwürfige Haltung eines unterlegenen Tieres (Ggs.: Imponiergehabe) in Tiergesellschaften mit Rangordnung, z. B. beim Hund das Rückwärtsanlegen der Ohren und Schwanzeinziehen. So kann Kampf vermieden werden, indem einer sich als unterlegen bekennt.

den, Kurzzeichen für → Denier.

Denain [dən'ɛ̃], Stadt im frz. Dép. Nord, am Schelde-Kanal, (1975) 26200 Ew.

Denar [lat. ›Zehner‹] *der,* 1) Abk. **d,** altröm. Silbermünze, urspr. = 10 As.

2) karoling. Silbermünze = 1/12 Solidus (Schilling) = 1/240 Pfund Silber, eine Einteilung, die in der brit. Münzordnung bis 1971 erhalten blieb.

denär [lat. denarius ›je zehn‹], **zehnwertig,** Informationsverarbeitung: Größe, die 10 verschiedene Werte annehmen kann.

denaturalisieren [lat.], einer Person die Staatsangehörigkeit entziehen.

Denaturierung [lat.], Chemie: Veränderung der natürl. Eiweiße beim Erhitzen, wobei sie wasserunlöslich werden.

Denbighshire [d'enbiʃiə], ehem. Cty. im nördl. Wales, Großbritannien, Verwaltungssitz war Denbigh (1970: 8600 Ew.).

Dendera, grch. **Tentyra,** Dorf und Ruinenstätte in Oberägypten, bei Kena, Hauptkultstätte der Göttin Hathor, deren Tempel zu einem der besterhaltenen Ägyptens zählt (1. Jh. v. Chr.).

Dendra, grch. Dorf in der östl. Argolis, in dessen Nähe, bei der Burg Midea, myken. Kammergräber des 15. Jh. v. Chr. freigelegt wurden, mit reichen Funden, u. a. Gold- und Silbergefäße.

Dendrįten [von grch. dendron ›Baum‹], Ez. *der* **Dendrįt,** 1) Anatomie: Fortsätze von Nervenzellen.

2) Mineralogie: baumförmige anorgan. Kristallskelette (z. B. *Bleibaum),* auch als Einschluß (z. B. *Moosachat).*

Dendrobiǫnten [grch.], baumbewohnende Tiere.

Dendrochronologie, Baumringchronologie, Verfahren zur Datierung vorgeschichtl. Kulturreste aus den Jahresringen der darin erhaltenen Hölzer.

Dendroklimatologie, Teilgebiet der Klimatologie zur Erforschung vergangener Klimate an Hand der wechselnden Dicke der Jahresringe von Bäumen.

Dendrologie [grch.], **Gehölzkunde,** Lehre von den Bäumen und Sträuchern; sie wird bes. von der Deutschen Dendrologischen Gesellschaft (gegr. 1892) gepflegt.

Denb [arab. ›Schwanz (des Huhns)‹], Stern erster Größe, α im Schwan.

Deneb Kaitos [arab. ›Schwanz des Walfisches‹], Stern zweiter Größe, β im Walfisch.

Denebǫla [arab. ›Schwanz des Löwen‹], Stern zweiter Größe, β im Löwen.

Deneuve [dən'œv], Cathérine, eigtl. C. *Dorléac* [dorle'ak], frz. Filmschauspielerin, * Paris 22. 10. 1943; Filme: ›Die Regenschirme von Cherbourg‹ (1963); ›Ekel‹ (1964); ›Belle de jour‹ (1966); ›Die letzte Metro‹ (1980).

Dengeln, Dängeln, Dünnschlagen der Schneiden von Sensen oder Sicheln. – *Dengelgeist,* schwäb. *Dengelmännle,* Spukgeist, der nachts sein Dengeln hören läßt, das einen Todesfall voraussagen soll.

Denghoog [›Thinghügel‹] *der,* jungsteinzeitl. Megalithgrab bei Wenningstedt auf Sylt.

Denguefieber [d'ɛnge-, span.], **Dandyfieber** [d'ændr-, engl.], **Siebentagefieber,** Viruskrankheit in den Tropen und Subtropen, die durch Stechmücken der Gattung Aëdes übertragen wird.

Deng Xiaoping, chin. Politiker, → Teng Hsiaoping.

Den Haag, amtl. niederländ. **'s-Gravenhage** [sxra:vənh'a:xə], königl. Residenz und Sitz der Regierung der Niederlande, Hauptstadt der Prov. Südholland, (1978) 475 300 Ew.; liegt zw. den Mündungen des Alten Rheins und der Nieuwe Maas, reicht mit seinem Stadtteil Scheveningen bis an die Nordsee. D. H. ist Sitz des höchsten niederländ. Gerichts, des Internat. Gerichtshofs, des Ständigen Schiedshofs und der Völkerrechtsakademie. Es hat zahlreiche kulturelle Einrichtungen und vielseitige Industrie.

D. H. ist um ein Schloß (1250) der Grafen von Holland entstanden, das im 16. Jh. Sitz der niederländ. Generalstaaten wurde (Sitzungssaal ist der Rittersaal); 1811 erhielt D. H. Stadtrecht.

Kirchen (Groote Kerk, 15./16. Jh., Nieuwe Kerk, 17. Jh.); Mauritshuis (1633–35, Gemäldegalerie), ehem. königl. Schloß (um 1640, Internat. Akadem. Institut). Im NO Huis ten Bosch (17./18. Jh., königl. Schloß); Friedenspalast (1913 vollendet).

Denham [d'enəm], Sir John, engl. Dichter, * Dublin 1615, † London 10. 3. 1669, Vorläufer des engl. Klassizismus; topograph. Gedicht ›Cooper's Hill‹ (1642); Blankverstragödie über den türkischen Hof ›The Sophy‹ (1642).

Den Helder, Kriegshafen in den Niederlanden an der Nordspitze der Prov. Nordholland, (1976) 60 400 Ew.; Zoologisches Institut.

De Nicǫla, Enrico, ital. Politiker (Liberale Partei), * Neapel 19. 11. 1877, † Torre del Greco (Prov. Neapel) 1. 10. 1959, Rechtsanwalt, 1946–48 provisor. Staats-Präs.

Denier [dənj'e, frz.], Kurzzeichen *den,* seit 1970 nicht mehr gesetzl. Einheit der längenbezogenen Masse (→ Titer) von Fäden und Garnen, üblich in der Textilindustrie; 1 den = $\frac{1}{9}$ g/km = $\frac{1}{9}$ tex.

Denįfle, Heinrich Suso, Taufname Joseph, Dominikaner, * Imst (Tirol) 16. 1. 1844, † München 10. 6. 1905, seit 1883 päpstl. Unterarchivar; Erforscher der Geistesgesch. des MA.

Denįkin, Anton Iwanowitsch, russ. General, * bei Warschau 16. 12. 1872, † Ann Arbor (Michigan) 8. 8. 1947, führte 1918–20 eine russ. Freiwilligenarmee gegen die Bolschewiki; seit 1920 im Exil.

Denim [engl. ›Baumwolldrillich‹], Gewebe für Blue Jeans u. a., Berufsköper.

De Niro [dən'aɪərəʊ], Robert, amerikan. Schauspieler, * New York 17. 8. 1943, Filmschauspieler (›Taxi Driver‹, 1975).

Denis, 1) [dən'i], Maurice, frz. Maler, Graphiker, Kunsttheoretiker, * Granville (Manche) 25. 11. 1870, † Paris 13. 11. 1943, behandelte u. a. religiöse Themen.

2) Michael, Dichter und Bibliograph, * Schärding (OÖ) 27. 9. 1729, † Wien 29. 9. 1800, Jesuit, zuletzt Kustos der Wiener Hofbibliothek; schrieb als ›Sined der Barde‹ Gesänge im Stil Klopstocks, übersetzte Ossian (in Hexametern); ferner: ›Einleitung in die Bücherkunde‹, 2 Bde. (1777/78) u. a.

3) [dən'i], Paul Camille von (seit 1852), Eisenbahningenieur in bayerischen Diensten, * Les Salles bei Montier-en-Der 26. 6. 1795, † Bad Dürkheim 3. 9. 1872, plante und baute fast 1000 km Eisenbahnen, darunter auch die erste deutsche Eisenbahnstrecke Nürnberg-Fürth (1835).

De|nitrifikation [lat.], Pflanzenphysiologie: Vorgang, bei dem durch Bodenbakterien Nitrate zu sauerstoffärmeren Stickstoffverbindungen und schließlich zu elementarem Stickstoff reduziert werden; Ggs.: Nitrifikation.

Denizli [dɛnizl'i], Hauptstadt der türk. Prov. D., SW-Anatolien, (1975) 106 700 Ew. Nördlich die Ruinen von Laodikeia und die Kalksinterterrassen von Pamukkale (Hierapolis).

Denk

Denk, auch **Denck,** Hans, Spiritualist, * Heybach (Oberfranken) um 1495, † Basel 15.(?) 11. 1527, wurde 1523 Rektor der Sebaldusschule in Nürnberg, bestritt die Autorität der Hl. Schrift, die Prädestination, die Rechtfertigungslehre und die Heilswirksamkeit der Sakramente und trat für das innere Wort als Kraft Gottes ein. Wegen dieser Lehre 1525 ausgewiesen, lebte D. seitdem unstet in S-Dtl. und der Schweiz.

Denken, i. w. S. jede psych. Tätigkeit, deren Objekte durch innerseel. Repräsentation als Vorstellung (auch Erinnerung, Phantasie) oder Zeichen (Begriffe, Wörter, Schrift) gegeben sind. Der Denkprozeß ist eingebettet in die Assoziationen, Bezugssysteme und Persönlichkeitsstrukturen (bes. in Abhängigkeit von der Intelligenz) des Denkenden und gründet sich i. a. auf anschauliche oder unanschauliche Erfahrungseindrücke, die im D. verarbeitet werden.

I. e. S. ist D. der gezielte, an Sprache gebundene und nach best. Gesetzmäßigkeiten ablaufende Vorgang der Erfassung und rationalen Lösung theoret. oder prakt. Probleme im Rahmen der Wirklichkeitserkenntnis oder -bewältigung, sofern hier die verfügbaren Verhaltensweisen oder Vorstellungen nicht ausreichen. Der Assoziationsstrom wird dabei eingeschränkt und auf die Richtung der vermuteten Lösung gelenkt (determinierende Tendenz). Der methodische Ablauf ist durch analyt. oder synthet. Operationen, Abstraktionen oder Verallgemeinerungen, Begriffs-, Urteils- und Theorienbildungen gekennzeichnet und findet seine vollständigste Ausprägung im System der Wissenschaft. Das D. ist damit Grundlage jedes gezielten Handelns, jeder planenden Tätigkeit und jeder wissenschaftl. Erkenntnis.

LIT. K. Duncker: Zur Psychologie des produktiven D. (³1935, Nachdr. 1975); D., hg. v. C. F. Graumann (⁵1971); J. M. Bocheński: Die zeitgenöss. Denkmethoden (⁸1980); H. Aebli: D. – das Ordnen d. Tuns, 2 Bde. (1980–81).

Denkendorf, Gem. im Kr. Esslingen, Bad.-Württ., (1981) 9500 Ew., ehem. Kloster zum Hl. Grab (um 1129–1535), roman. Kirche mit Krypta (um 1225), Chor (1270).

Denkmal, Monument, i. w. S. jeder kunst-, kultur- oder geschichtlich bedeutsame Gegenstand, i. e. S. ein zur Erinnerung an Personen oder Ereignisse errichtetes Werk der Bau- oder Bildhauerkunst. Sondergruppen bilden das → Grabmal (Grabdenkmal) und jene D., die vorrangig Hoheits- und Rechtszeichen oder chronolog. Zwecken dienten.

Die wichtigsten Formen im Altertum waren der Obelisk, die Stele und die Weihegeschenke (Votive, z. B. Choregische Monumente). Sie entstanden wie die ersten Individual-D. in Zusammenhang mit dem Kultus. Die ersten rein polit. D. ohne religiösen Bezug waren Statuen der Tyrannenmörder Harmodios und Aristogeiton 510 v. Chr. Zu Ehren von Lebenden errichteten die Athener erstmals zu Beginn des 4. Jh. Statuen (Kimon, 394 v. Chr.).

Auch das D. mit einer Symbolgestalt geht auf die Griechen zurück (Löwen-D. von Chaironeia). Vornehmlich architekton. waren die großen, bis in die röm. Zeit errichteten Sieges-D. Bei den Römern war das polit. D. sehr verbreitet (Forum, Kapitol, auch im Zirkus). Eigentümlich römisch war die Verbindung der Statue mit Darstellungen der Taten des Geehrten. Die Trajans- und die Mark-Aurel-Säule schildern in spiralenförmig um die Säule herumlaufenden Reliefdarstellungen die Taten der Herrscher.

Das Christentum lehnte das D. ab; dadurch erhielt es auch keinen festen Platz in der Kunst des MA. Ausnahmen bilden der von Heinrich dem Löwen aufgestellte Löwe in Braunschweig, der Bamberger Reiter, das Reiterdenkmal auf dem Magdeburger Marktplatz und das Brückentor von Capua von Friedrich II.

In der Renaissance wurde das D. in Anlehnung an antike Vorbilder in Italien wiedergeboren: Gattamelata in Padua von Donatello, Colleoni in Venedig von Verrocchio. In der Folgezeit wurde das Reiterdenkmal die am weitesten verbreitete Form der Herrscherdarstellung.

Unter der großen Fülle der D. des 19. Jh. gab es auch künstlerisch bed. Leistungen, jedoch beeindrucken die meisten mehr durch die sie verkörpernde polit. Idee und Monumentalität (Freiheitsstatue in New York, 1886 von F. A. Bartholdi). Für die Gefallenen des 1. Weltkrieges suchte man D. als Malstätten oder Wahrzeichen architektonisch zu gestalten. Das D. der Gegenwart bedient sich abstrakter und architekton. Formen (Rotterdam-D. von O. Zadkine, Luftbrücken-D. in Berlin).

Denkmalpflege, Denkmalschutz, die Erhaltung historisch, städtebaulich, künstlerisch oder technisch bedeutsamer Einzelbauwerke oder Gesamtanlagen sowie die Restaurierung und Aufbewahrung von Kunstwerken. Die D. ist in den meisten europ. Ländern eine staatl. Organisation. In der Bundesrep. Dtl. obliegt sie den Bundesländern (Landesämter für D.).

Denkmünzen, Münzen, nach dem gesetzl. Münzfuß zur Erinnerung an besondere Ereignisse geprägt.

Denkpsychologie, Teilbereich der Psychologie, der sich mit den Bedingungen, Formen und Abläufen des Denkens und seinem Verhältnis zur Sprache befaßt.

Denktasch, Rauf, türkisch-zypriot. Politiker, * Baf 1924, Staatsanwalt, seit 1973 Vizepräs. der Rep. Zypern, wurde 1975 Präs. eines türkisch-zypriot. Teilstaates.

Denkwürdigkeiten, → Memoiren.

Denner, 1) Balthasar, Maler, * Hamburg 15. 11. 1685, † Rostock 14. 4. 1749. Seine Studienköpfe zeigen Falten, Härchen und Poren peinlich genau (›Porendenner‹).

2) Johann Christoph, Nürnberger Blasinstrumentenbauer, * Leipzig 13. 8. 1655, † Nürnberg 20. oder 26. 4. 1707, verbesserte den alten Chalumeau und machte ihn als Klarinette für die Kunstmusik brauchbar.

Dennert, Eberhard, Naturforscher, * Pützerlin (Pommern) 31. 7. 1861, † Bad Godesberg 18. 6. 1942, Gegner E. Haeckels; gründete 1907 den Keplerbund.

Denomination [lat.], Ernennung; Ankündigung. **1)** Aktienrecht: Form der Kapitalherabsetzung bei einer AG durch Minderung der Aktiennennbeträge.

2) Theologie: auf dem europ. Kontinent und in England Sekte, konfessionelle Minderheit; in den USA svw. Kirche.

Denominatįvum [lat.] *das,* von einem Nomen abgeleitetes Wort (z. B. ›klären‹ von ›klar‹).

Denotąt [lat.] *das,* begriffl. Bedeutungskern eines Wortes.

Denpasar, Hauptstadt von Bali, Indonesien, (1971) rd. 88 000 Ew.; internat. Flugplatz Ngurah Rai.

Densität [lat. densus ›dicht‹], Dichtigkeit, Dichte.

Densitomęter, Gerät zur Messung der optischen Dichte, insbes. photograph. Schichten.

Dent [dã, frz. ›Zahn‹] *die,* scharfkantiger, zahnförmiger Berggipfel, z. B. in den Walliser Alpen die *Dents du Midi* (3257 m) und die *Dents Blanches* (4357 m).

dent ... [lat.], zahn ...

Dentąl [lat.], → Laut.

Dentalturbine, → Bohren 3).

dentelieren [frz.], auszahnen, auszacken; *dentelierte Arbeit,* ausgezackte Arbeit, Spitzen; *Dentelles* [dãt′εl], geklöppelte Spitzen.

Dentįn [lat.] *das,* Zahnbein.

Dentįst [lat.], früher Berufsbez. für Personen mit dreijähriger Lehrzeit und staatl. D.-Prüfung nach Besuch einer D.-Fachschule; seit 1952 gibt es nur noch die Ausbildung zum Zahnarzt.

D'Entrecasteaux-Inseln [dãtrəkast′o-], vulkan. Inselgruppe von Papua-Neuguinea, an der O-Spitze Neuguineas, rd. 3110 km², (1976) 34 000 meist melanes. Ew.

Denudation [lat.], die flächenhafte Entblößung des festen Untergrundes von seinen Verwitterungsstoffen (Gehängeschutt u. ä.). An der D. können alle Vorgänge der Abtragung mitwirken.

Denunziation [lat.], Anzeige, durch die jemand einer strafbaren Handlung beschuldigt wird, i. e. S. die aus unehrenhaften Beweggründen erfolgende Anzeige. Strafbar sind die wissentlich falsche D. (§ 164 StGB) und die polit. Verdächtigung, die den Denunzierten der Gefahr aussetzt, aus polit. Gründen im Widerspruch zu rechtstaatl. Grundsätzen bestraft oder sonst geschädigt zu werden (§ 241 a StGB).

Denver [d′envə], Hauptstadt des Staates Colorado, USA, rd. 1600 m ü. M. am Westrand der Great Plains, (1980) 491 400 Ew. (Metropolitan Area D.-Boulder 1980: 1,615 Mio. Ew.). D. hatte 1859–93 bedeutenden Bergbau (erst auf Gold, dann Silber), heute ist es Handels-, Finanz-, Verwaltungszentrum mit Münzanstalt, die rd. 75% aller US-Münzen prägt. Vielfältige Industrie. – Universitäten; kath. Erzbischofssitz.

Deodorąnts [engl.], **Desodorierungsmittel,** Körperpflegemittel, die neben Parfümölen und hautpflegenden Stoffen keimhemmend wirkende Stoffe enthalten. Diese verhindern die Bildung von unangenehmen Geruchsstoffen.

Dęo grątias [lat. ›Gott sei Dank‹], lat. Liturgie: Dankantwort in Stundengebet und Meßritus.

Deọntik [grch. deon ›Pflichtgemäßes‹], **deọntische Logik,** Bereich der formalen Logik, der die log. Strukturen normativer Aussagen untersucht.

Departamęnto, Verwaltungseinheit in mehreren lateinamerikan. Staaten.

Département [departm′ã, frz.] *das,* Abteilung, Verwaltungszweig. In Frankreich Verwaltungsbezirk unter einem von der Regierung bestellten Präfekten. Jedes D. ist in *Arrondissements* unter Leitung der Unterpräfekten aufgeteilt.

Department [dıp′a:tmənt, engl.], **1)** allgemein: Abteilung, Regierungs- oder Verwaltungszweig, Hochschulabteilung oder -institut.

2) In den USA Bez. für Ministerien des Bundes; z. B. *D. of State,* das Außenministerium, *D. of Defence,* das Verteidigungsministerium.

Dépendance [depãd′ãs, frz.], Nebengebäude (z. B. eines Hotels); Niederlassung.

Dependęnz [lat.], Abhängigkeit, z. B. der Glieder des Nebensatzes vom Hauptsatz.

Depersonalisation [lat.], psych. Zustand, in dem die eigenen Handlungen und Erlebnisse als nicht zum Ich gehörig erlebt werden.

Depęsche [frz.] *die,* **1)** Diplomatie: älterer Ausdruck für eine durch Kurier oder auf telegraph. Weg übermittelte Eilbotschaft zw. dem Min. des Auswärtigen und einem diplomatischen Vertreter.

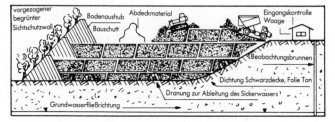

Deponie: Schema einer geordneten D.

2) früher für Telegramm.

Dephlegmator [lat.], Rücklaufkondensator einer Destillationsanlage. →

Depilation [lat.], die → Enthaarung.

De Pisis, Filippo, ital. Maler und Lyriker, * Ferrara 11. 5. 1896, † Mailand 2. 4. 1956, malte, vom Impressionismus beeinflußt, Landschaften und Stilleben.

Deplacement [deplasm'ā, frz.] *das,* Wasserverdrängung eines Schiffes.

Depolarisation [lat.], die Beseitigung oder Verhinderung elektrischer Polarisation in galvanischen Elementen. *Physiologie:* die Umladung der Membran einer Zelle.

Deponens [lat. ›ablegend‹] *das,* Mz. *Deponentia,* Verbum mit passiver oder medialer Form und aktiver oder medial-reflexiver Bedeutung.

Deponent [lat.], jemand, der etwas hinterlegt oder in Verwahrung gibt.

Deponie [lat.] *die,* geordneter und kontrollierter Ablagerungsort von Abfallstoffen und Müll. (Bild S. 75)

Deport [frz.] *der,* Börse: Kursabschlag bei Rücklieferung von Effekten oder Devisen im verlängerten Termingeschäft.

Deportation [lat.], Zwangsverschickung, Verschleppung, Verbannung.

Depositen [lat. depositum ›das Hinterlegte‹], 1) Wertsachen, die bei dazu vorgesehenen öffentl. Stellen oder Banken hinterlegt werden.

2) befristete Einlagen, die bei Kreditinstituten von Kunden auf eigene Initiative verzinslich gehalten werden. Das *D.-Geschäft* umfaßt Annahme und Verwaltung von D.; es ist das wichtigste Einlagengeschäft der Banken, vor allem für die Beschaffung kurzfristiger Mittel. *D.-Banken* betreiben im wesentlichen das D.-Geschäft, darüber hinaus pflegen sie neben der Abwicklung des Zahlungsverkehrs das kurzfristige Kreditgeschäft. *D.-Kassen,* kleinere Zweigstellen eines Kreditinstituts.

Deposition [lat.] *die,* 1) Niederlegung, auch Hinterlegung einer bewegl. Sache.

2) kath. Kirchenrecht: Strafe gegen Geistliche.

Depositum fidei [lat. ›das anvertraute Gut des Glaubens‹] *das,* kath. Theologie: die von Gott durch Moses und die Propheten, zuletzt durch Jesus Christus den Menschen gegebene und in Schrift und/oder Tradition niedergelegte Offenbarung; Treuhänder des D. f. ist die ganze Kirche.

Depot [dep'o, frz.], 1) Aufbewahrungsort.

2) Im bankmäßigen Sinn die Aufbewahrung von Wertsachen, insbes. von Wertpapieren. Im Depotgeschäft werden nach dt. Recht geschlossene und offene D. unterschieden. Beim *geschlossenen D.* schuldet der Verwahrer nur sichere Aufbewahrung, keine Verwaltungstätigkeit. Zum geschlossenen D. gehören auch der Safe und der Tresor. Beim *offenen D.* unterliegen die Verwahrung und die Verwaltung durch die Bank dem Ges. über die Verwahrung und Anschaffung von Wertpapieren vom 4. 2. 1937 *(Depotgesetz).* Man unterscheidet die *Sonder-*

verwahrung (Streifbanddepot) und *Sammelverwahrung.*

3) Sammelstelle von Kriegsgerät, Munition, Mannschaften (Rekruten) und Pferden.

4) feste Trubstoffe im Wein, die sich absetzen (z. B. Hefe-D., Weinstein).

Depotfett, Physiologie: Neutralfett bes. des Unterhautgewebes oder der Bauchhöhle, das bei Fettüberangebot abgelagert wird und im Bedarfsfall verfügbar ist.

Depotfunde, vorgeschichtliche Sammelfunde.

Depotpräparate, Arzneimittel, deren Löslichkeit, bes. Wasserlöslichkeit, durch Zusätze oder chem. Veränderungen relativ gering ist, so daß sie nach Injektion nur langsam in die Blutbahn aufgenommen werden und so über längere Zeit wirken.

Depotstimmrecht, die Ausübung des Stimmrechts durch ein Kreditinstitut auf Grund von Aktien, die es in Verwahrung hat.

Depotwechsel, Kautionswechsel, ein Wechsel, der dem Gläubiger, z. B. einer Bank, als Sicherheit übergeben und von diesem in ein Depot gelegt wird.

Depravation [lat.], Psychiatrie: Verfall der moralischen Persönlichkeit, bes. als Folge von Süchtigkeit.

Depression [lat.], 1) Vertiefung der Erdoberfläche, bes. eine abflußlose Landsenke, die bis unter das Niveau des Meeresspiegels reicht. Alle großen D. finden sich in den Trockengebieten der Erde (Totes Meer – 392 m, Kaspisches Meer – 28 m, Kattarasenke – 137 m, Death Valley, Kalifornien, – 86 m).

2) Meteorologie: ein Tiefdruckgebiet.

3) Physik: → Kapillarität.

4) umgangssprachliche Bez. für traurige Verstimmung. Die Psychiatrie unterscheidet zw. reaktiver, neurotischer, hirnorganisch determinierter und endogener D.

5) Wirtschaft: Tiefstand im Konjunkturablauf.

Deprez [dəpr'e], Marcel, frz. Elektrotechniker, * Aillant-sur-Milleron (Loiret) 19. 12. 1843, † Vincennes 16. 10. 1918, konstruierte 1881 das *Deprez-d'Arsonval-Galvanometer,* machte Versuche der elektr. Energieübertragung mittels Freileitung, so 1885 Übertragung von 45 kW bei 5000 Volt auf 112 km (Creil-Paris-Creil) mit einem Wirkungsgrad von 45%.

Deprivation [lat. ›Beraubung‹], Psychologie: das Fehlen oder die experimentelle Ausschaltung von Reizen *(sensorische D.),* Vorgängen oder Objekten der Bedürfnisbefriedigung oder von sozialen Kontakten *(soziale D.);* führt zu unterschiedl. starken Verhaltens- oder sonstigen Störungen.

De profundis [lat. ›aus den Tiefen‹], die Anfangsworte des 130. (Vulgata: 129.) Psalms.

Depside [grch.], esterartige Kondensationsprodukte von aromat. Hydroxycarbonsäuren untereinander. D. der Gallussäure sind wichtige Bestandteile der natürlichen Gerbstoffe.

Deputat [lat.] *das,* allg. das jemand Zugedachte, Zustehende; i. e. S. Naturalleistungen, früher auch Einkünfte, die aus Lebensmitteln, Holz, Kohle bestanden.

Deputation [lat.], Abordnung von Mitgl. einer Versammlung oder Vereinigung, die im Auftrag und im Namen der sie entsendenden Gesamtheit handelt. – In der Dritten Republik (Frankreich) bildete die Deputiertenkammer (frz. ›Chambre des députés‹) die zweite Kammer. – Im alten Dt. Reich (bis 1806) setzte der Reichstag für best. Aufgaben Reichsdeputationen ein, die urspr. in den Pausen zw. den Reichstagen zusammentraten (ordentl. Reichs-D.). Seitdem der Reichstag ständig versammelt war (1663), gab es nur noch (konfessionell paritätisch zusammengesetzte) außerordentl. Reichs-D. Ihre Beschlüsse wurden in einem Reichsdeputationsschluß zusammengefaßt; der wichtigste war der → Reichsdeputationshauptschluß von 1803.

De Quincey [dǝkwi'ɪnsɪ], Thomas, engl. Schriftst., * Manchester 15. 8. 1785, † Edinburgh 8. 12. 1859, lebte seit 1809 einige Jahre in Grasmere im Kreis von W. Wordsworth, S. T. Coleridge und R. Southey. Mit seiner autobiograph. Skizze ›Confessions of an English opium eater‹ (1821, erw. 1856, dt.) und seinem iron. Essay ›On murder considered as one of the fine arts‹ (1827, dt.), wurde er einer der bedeutendsten Essayisten der engl. Romantik.

DER, Abk. für Deutsches Reisebüro GmbH.

Derain [dǝr'ɛ̃], André, frz. Maler, * Chatou bei Paris 10. 6. 1880, † bei Garches 8. 9. 1954, schloß sich den Fauves an, zu deren entschiedensten Vorkämpfern er gehörte.

Derascha [hebr.], die jüd. Predigt, meist Auslegung eines biblischen Textes.

derb, Bergbau: grobe Mineralaggregate ohne ebene Kristallflächen.

Derbent, Hafenstadt in der Dagestan. ASSR, Russ. SFSR, am Kasp. Meer, (1976) 66000 Ew.; Teppich- u. a. Ind. – Im 5. Jh. gegr., zogen sich von der Zitadelle Naryn-Kale zwei rd. 3 km lange Mauern (Reste erhalten) zum Meer; hoch gelegene oriental. Altstadt.

Derbholz, die oberirdische Holzmasse über 7 cm Durchmesser mit Rinde.

Derby [d'ǝ:bɪ], **Derby-Rennen,** engl. **Derby-Stakes** [d'ɑ:bɪ stɛɪks, n. dem Grafen Derby], Pferdesport: bekanntes engl. Zuchtrennen, das seit 1780 alljährlich bei Epsom stattfindet. Als Zuchtprüfung dreijähriger Hengste und Stuten wurde die D. von vielen Ländern übernommen (dt. D. seit 1869 in Hamburg-Horn, österr. D. seit 1868 in Freudenau bei Wien). D. gibt es im Turnier-, Galopp- und Trabrennsport.

Derby [d'ɑ:bɪ], Stadt und Distrikt in der engl. Cty. Derbyshire, (1979) 215900 Ew., spätgot. Kathedrale (im 18. Jh. von J. Gibbs verändert), Kirche St. Peter (14. Jh.).

Derby [d'ɑ:bɪ], seit 1485 engl. Grafenwürde der Familie *Stanley* [st'ænlɪ].

Derbyshire [d'ɑ:bɪʃɪǝ], Cty. in Mittelengland, 2631 km², (1975) 887 400 Ew.; Verwaltungssitz ist Matlock.

Dereliktion [lat.], die Besitzaufgabe in der Absicht, auf das Eigentum zu verzichten, → herrenlose Sache.

Derfflinger, Georg Freiherr von (1674), brandenburg. Generalfeldmarschall, * Neuhofen a. d. Krems 20. 3. 1606, † Gusow (Kr. Seelow) 14. 2. 1695; 1632–48 in schwed. Dienst, 1655 vom Großen Kurfürsten zum rangältesten Generalwachtmeister der neuen brandenburg. Armee ernannt. Seinen größten militär. Erfolg errang er bei Fehrbellin (1675) gegen die Schweden.

Derivat [lat. derivare ›ableiten‹], **1)** chem. Verbindung, die aus einer anderen, dem Grundkörper, entsteht, wobei das Molekülgerüst im wesentl. erhalten bleibt. **2)** Biologie: Herkunfts-Bez. für Organe oder Organsysteme; das Nervensystem z. B. ist ein D. des äußeren Keimblattes.

derivativer Erwerb, abgeleiteter Erwerb, z. B. Fund, Ersitzung, im Unterschied zum originären Erwerb.

Derketo, eine in Askalon verehrte Erscheinungsform der syr. Göttin Atargatis.

Derleth, Ludwig, Schriftst., * Gerolzhofen (Unterfranken) 3. 11. 1870, † San Pietro di Stabio (Schweiz) 13. 1. 1948, veröffentlichte frühe Lyrik in den ›Blättern für die Kunst‹ (Kreis um Stefan George), verkündete in ›Der fränkische Koran‹ (1932) mit revolutionärem Pathos eine neue hierarchische Ordnung katholischer Prägung.

Derma [grch.] *das,* die Haut, Haut . . .; *dermal,* die Haut betreffend.

Dermaptera [grch.], die → Ohrwürmer.

Dermatitis [grch.], Entzündung der Haut.

Dermatologie [grch.], Lehre von den Hautkrankheiten; mit ihr ist die Venerologie verbunden, ferner die Andrologie, Phlebologie, Mykologie (Hautpilzerkrankungen) und Allergologie (allergische Hautkrankheiten und Testungen bei allergischen Erkrankungen).

Dermatom [grch.], **1)** Chirurgie: Gerät zum Entnehmen von Hautlappen in versch. Dicke für die Hautübertragung (Dermatoplastik, Transplantation), z. B. bei ausgedehnten Verbrennungen.
2) Neurologie: der von einzelnen sensiblen Rückenmarkswurzeln versorgte Hautbezirk.

Dermatomykosen [grch.], Hautpilzkrankheiten.

Dermatoplastik [grch.], **1)** die → Dermoplastik.
2) Hautüberpflanzung (Transplantation).

Dermatose [grch.], allgemein für Hautkrankheit.

Dermatozo|en [grch.], tier. Hautschmarotzer.

Dermographismus, Hautschrift, die beim Bestreichen der Haut des Menschen mit einem harten Gegenstand (z. B. Metallstift, Fingernagel) entstehenden roten oder weißen Streifen, die z. B. bei Menschen mit übererregbaren Gefäßnerven 15 Minuten und länger bestehen bleiben.

Dermoplastik, Dermatoplastik, Verfahren zur möglichst naturgetreuen Nachbildung von Wirbeltieren für Lehr- und Ausstellungszwecke; da-

Derm

bei wird vom Tierkörper ein formgetreues ›Nacktmodell‹ aus Torf, Gips, Draht, Holz u. a. hergestellt und mit der vorgerichteten Haut überzogen.

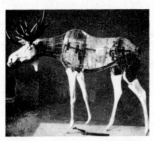

Dermoplastik: Vorbereitung des Nacktmodells eines Elches

Dermoptera [grch.], die → Riesengleitflieger.

Derna, Darna, Hafenstadt in der Cyrenaica, Libyen, (1974) 45 000 Ew.

Dernbacher Schwestern, Arme Dienstmägde Jesu Christi, eine 1851 von Maria Kasper (* Dernbach 26. 5. 1820, † ebd. 2. 2. 1898) gegründete kath. Klostergenossenschaft für Armen-, Kranken- und Familienpflege; Mutterhaus in Dernbach (Westerwald).

Dernburg, Bernhard, Politiker, * Darmstadt 17. 7. 1865, † Berlin 14. 10. 1937, war zunächst Bankdirektor, wurde 1907 Staatssekretär des neugebildeten Reichskolonialamts (bis 1910), leitete eine nach rationell-wirtschaftl. Gesichtspunkten ausgerichtete Kolonialpolitik ein; 1919 Reichsfinanz-Min., 1919–30 MdR. (DDP).

Dernier cri [dɛrnjekr'i, frz. ›letzter Schrei‹], Neuheit, neueste Mode.

De Roberto, Federico, ital. Schriftst., * Neapel 16. 1. 1866, † Catania 26. 7. 1927, schrieb den in Sizilien spielenden Roman ›I Viceré‹ (1894, dt. Die Vizekönige), der zu den bedeutendsten Schöpfungen des ital. Verismus gehört.

Derogation [lat.], Beeinträchtigung, bes. die Aufhebung von Einzelbestimmungen eines Gesetzes.

Déroulède [derul'ɛ:d], Paul, frz. Schriftst. und Politiker, * Paris 2. 9. 1846, † Montboron (heute zu Nizza) 30. 1. 1914, rief nach dem Krieg von 1870 in Gedichten, polit. Schriften und patriot. Versdramen zur Revanche auf. Er gründete 1882 die ›Ligue des patriotes‹ und versuchte 1899 einen Staatsstreich; 1900 aus Frankreich verbannt. 1905 amnestiert.

Derris [grch.], Gatt. der Schmetterlingsblüter SO-Asiens; in Malaysia, Indonesien und Afrika kultiviert.

Derschawin, Deržavin [-ʒ-], Gawrila Romanowitsch, russ. Dichter, * im Gouv. Kasan 14. 7. 1743, † Swanka (Gouv. Nowgorod) 20. 7. 1816, war Sekretär Katharinas II., 1802/03 Justiz-Min.; gilt als der bedeutendste russ. Lyriker des 18. Jh.

Dertinger, Georg, Politiker (DNVP; CDUD), * Berlin 25. 12. 1902, † Leipzig 21. 8. 1968, Journalist, 1947/48 maßgeblich an der Unterordnung der CDUD unter die SED beteiligt, 1949–53 Außen-Min. der DDR; 1953 als Spion verhaftet, 1954 verurteilt, 1964 begnadigt.

Deruet [dəry'ɛ], Claude, frz. Maler, * Nancy (?) 1588, † Paris 20. 10. 1660, vertritt den Manierismus der ›Schule von Nancy‹.

Derwall, Joseph (Jupp), Fußballtrainer, * Würselen 10. 3. 1927, seit 1978 Bundestrainer des Dt. Fußball-Bundes.

Derwisch [pers. ›Bettler‹, entspricht dem arab. Fakir] *der,* islam. Bettelmönch. Die D. leben, nicht unbedingt ehelos, in oft von frommen Stiftungen unterhaltenen Klöstern unter einem Prior (arab. Scheich, pers. Pir). Die einzelnen D.-Orden unterscheiden sich durch ihre Tracht und die Art ihrer von Musik begleiteten religiösekstat. Tänze (›heulende D.‹, ›tanzende D.‹); sie erfüllten mannigfache soziale Aufgaben.

Déry [d'e:ri], Tibor, ungar. Schriftst., * Budapest 18. 10. 1894, † ebd. 18. 8. 1977, begann mit surrealist. Gedichten und Dramen, schrieb später realist. Werke mit klassenkämpfer. Motiven, wandte sich 1948 gegen die kommunist. Diktatur; 1956 zu mehrjähriger Gefängnisstrafe verurteilt (1960 freigelassen).

des . . . [lat.], ent . . .

Desai, Morarji Ranchoji, ind. Politiker (Kongreßpartei; Janatapartei), * Bhadeli (Gujarat) 29. 2. 1896, seit 1931 führend in der Kongreßpartei. Als Gegner der MinPräs. Indira Gandhi 1975 verhaftet, trat er nach seiner Entlassung (1976) als Führer der Janatapartei hervor. Nach deren Wahlsieg war er 1977–79 MinPräs.

De salute animarum [lat. ›um das Heil der Seelen‹], Zirkumskriptions-Bulle Papst Pius' VII. vom 16. 7. 1821, mit der die Verhältnisse der Kath. Kirche in Preußen geregelt wurden.

De Sanctis, Francesco, ital. Literarhistoriker, * Morra de Sanctis 28. 3. 1817, † Neapel 29. 12. 1883, Begründer der modernen Literaturkritik in Italien (›Storia della letteratura italiana‹, 2 Bde., 1870/71).

Desargues [dez'arg], Gerard oder Girard, frz. Mathematiker, * Lyon 1591, † ebd. 1661, führte eine perspektiv. Beweisführung der Kegelschnitte ein und entwickelte die Vorstellung, daß sich zwei parallele Geraden in unendlicher Entfernung schneiden (1639).

Desarguesscher Satz [dez'arg-, n. G. Desargues], Fundamentalsatz der projektiven Geometrie: Laufen die Verbindungsgeraden entsprechender Ecken zweier Dreiecke durch einen Punkt, dann liegen die drei Schnittpunkte der entsprechenden Dreiecksseiten oder deren Verlängerungen auf einer Geraden.

Desarmement [-m'ã, frz.], Fechten: Entwaffnung des Gegners, bei der ihm aus der Waffe aus der Hand geschlagen wird.

Desaster [frz.] *das,* Unheil, Mißgeschick, Zusammenbruch.

Desbordes-Valmore [debɔrdvalm'ɔ:r], Marceline, frz. Lyrikerin, * Douai 20. 6. 1786, † Paris 23. 7. 1859.

Descartes [dek'art], René, Renatus *Cartęsius,* frz. Philosoph und Mathematiker, * La Haye (Touraine) 31. 3. 1596, † Stockholm 11. 2. 1650, wurde in der Jesuitenschule La Flèche erzogen, war seit 1618 in Kriegsdiensten, reiste dann in Europa und lebte seit 1629 meist in den Niederlanden, seit 1649, einem Ruf der Königin Christine folgend, in Stockholm.

Philosophie. Durch den Gesamtaufbau seines Systems, sein kritisches Denken und seine mechanist. Naturauffassung wurde D. zum ersten systemat. Denker der Neuzeit und Begründer des modernen Rationalismus. D. hält dabei noch an der traditionellen Verbindung von Theologie und Wiss. fest, behandelt Wiss. jedoch nach einer an der analyt. Geometrie entwickelten Methode ›klarer‹ Anschauung und mechanisch-konstruierender Verbindung von Ideen. Sein philosoph. Neuansatz besteht in der Aufstellung eines sicheren Wahrheitskriteriums für alles Erkennen nach vorangegangenem ›methodischem Zweifel‹ an allem Wissen. Als einzige Gewißheit verbleibt dabei die Erkenntnis: ›indem ich denke, bin ich‹ (cogito ergo sum). Nur was ›clare et distincte‹ (klar und deutlich, unmittelbar-intuitiv und rational unterscheidbar) erkannt werden kann, ist wahr. Der Nachweis der Existenz eines vollkommenen und wahrhaftigen Gottes im Sinne des ontologischen Gottesbeweises soll verbürgen, daß die Wirklichkeit nicht prinzipiell auf einer Täuschung beruht. Diese method. Ansätze führten D. zu einer dualist. Weltauffassung, die alles Seiende aus der Zweiheit von geistig-seelischer, denkender Substanz (res cogitans) und materieller, ausgedehnter Substanz (res extensa) erklärt. Hierdurch übte D. wesentl. Einfluß auf die erkenntnistheoret. Subjekt-Objekt-Spaltung in der neuzeitl. Philosophie aus. Das Zusammenwirken beider Substanzen im Menschen führte D. auf eine leib-seel. Wechselwirkung durch Verknüpfung (influxus physicus) über die Zirbeldrüse zurück. Den lebendigen Organismus verstand er als Maschine. Seine mechanist. Weltsicht führte D. bis in die Psychologie durch.

Mathematik. In der ›Geometrie‹ ging es D. um einheitl. Methoden als Weiterführung der von F. Viète begonnenen Verschmelzung algebraischer und geometr. Gesichtspunkte. Die von D. eingeführte algebraische Bezeichnungsweise hat sich unverändert erhalten, seine analyt. Geometrie ist nur eine Vorstufe der heutigen. Er unterscheidet zw. ›geometrischen‹ (algebraischen) und ›mechanischen‹ (transzendenten) Problemen; bei der ersteren seien exakt lösbar, die letzteren nur angenähert. Er entwickelte den Fundamentalsatz der Algebra, die *Descartessche Zeichenregel,* die algorithm. Auflösung der Gleichung 4. Grades (Umwandlung des Verfahrens von L. Ferrari). – Die bahnbrechenden mathemat. Ideen D.' begannen erst mit F. van Schootens lat. Ausgaben der ›Geometrie‹ in die Breite zu wirken.

D.' Denken übte entscheidenden Einfluß auf das europ. Geistesleben aus, der bis in die Gegenwart reicht.

WE. Discours de la methode (1637); Meditationes de prima philosophia (1641); Principia philosophiae (1644); Inquisitio veritatis per lumen naturale (1701). – Œuvres, hg. v. V. Cousin, 11 Bde. (1824–26); hg. v. Ch. Adam u. P. Tannery, 12 Bde. (1897 bis 1913); hg. v. F. Alquié, 2 Bde. (1963–67). Correspondance, hg. v. Ch. Adam u. G. Milhaud, 8 Bde. (1936–63). – Einzelausgaben (dt.), bes. in: Philosoph. Bibliothek.

LIT. K. Fischer: Leben, Werke und Lehre (⁵1912); K. Jaspers: D. und die Philosophie (1937); E. Cassirer: D. Lehre, Persönlichkeit, Wirkung (Stockholm 1939); K. Löwith: Das Verhältnis von Gott, Mensch und Welt in der Metaphysik von D. und Kant (1964); W. Röd: D. (1964); R. Specht: D. in Selbstzeugnissen und Bilddokumenten (1966); A. Klemmt: D. und die Moral (1971); A. Koyré: D. und die Scholastik (a. d. Frz., Nachdr. 1971); D. J. Marshall Jr.: Prinzipien der D.-Exegese (1979).

Deschamps [deʃ'ã], Eustache, frz. Dichter, * Vertus gegen 1346, † um 1406, einer der bedeutendsten → Rhétoriqueurs, Verfasser von Balladen, Rondeaux, Virelays, Lais u. a. In ›Le miroir de mariage‹ spiegelt sich die frauenfeindliche Thematik der Epoche wider. ›Art de dictier‹ (1392), die älteste. frz. Poetik, preist Rhetorik und antike Autoren.

Deschnew, andere Schreibung für Deschnjow.

Deschnjọw, Kap D., Kap Dežnev [nach S. I. Deschnjow, * 1605, † 1673, Kosak, der 1648 das Kap umfuhr], die NO-Spitze Asiens, auf der Tschuktschen-Halbinsel, an der Bering-Straße, bis 741 m hoch, auf 66°05' n. Br., 169°40' w. L.

Desensibilisierung [lat.], 1) künstl. Herabsetzen einer spezif. Überempfindlichkeit (Allergie) gegen ein Allergen zur Behandlung allerg. Krankheiten (z. B. Heuschnupfen).
2) Photographie: Herabsetzen der Empfindlichkeit belichteter photographischer Schichten.

Deserteur [-t'œːr, frz.], Fahnenflüchtiger.

Desertifikation [lat.], die räumliche Ausdehnung wüstenhafter Bedingungen durch den Eingriff des Menschen, bes. in Wüstenrandgebieten.

Desfontaines [defõt'ɛːn], Abbé, eigtl. Pierre François *Guyot,* frz. Schriftst., * Rouen 22. 5. 1685, † Paris 16. 12. 1745, leitete seit 1724 das ›Journal des Savants‹ und übte darin scharfe Kritik an den Werken Voltaires.

WE. Dictionnaire néologique des beaux esprits du temps (1726); Le Nouvelliste du Parnasse, 3 Bde. (1731); Racine vengé (1739).

Desgrange [degr'ãʒ], Henri, frz. Radsportpionier, * Paris 31. 1. 1865, † Beauvallon 11. 7. 1940, organisierte 1903 erstmals die Tour de France.

Déshabillé [dezabij'e, frz.], leichtes Haus- oder Morgenkleid.

Deshoulières [dezuli'ɛːr], Antoinette, geb. *Du Ligier de la Garde,* frz. Lyrikerin, * Paris 1. 1.

1638, † ebd. 17. 2. 1694; preziöse Dichtungen (Idyllen, Eklogen, Episteln, Madrigale).

de Sica, Vittorio, ital. Schauspieler und Regisseur, * Sora 7. 7. 1902, † Paris 13. 11. 1974, schuf die neorealist. Filme ›Scusciá‹ (1946), ›Fahrraddiebe‹ (1948), ›Das Wunder von Mailand‹ (1948), ›Das Dach‹ (1955).

Desiderat [lat. ›Erwünschtes‹], Lücke, Mangel.

Desiderata, Tochter des Langobardenkönigs Desiderius, 770 mit Karl d. Gr. vermählt, 771 von ihm verstoßen.

Desiderio da Settignano [-ɲ'a:no], ital. Bildhauer, * Settignano bei Florenz um 1430, † 16. 1. 1464, der bedeutendste aller unter Donatellos Einfluß aufgewachsenen Florentiner Bildhauer. WE. Grabmal des Carlo Marsuppini (um 1453, Florenz, S. Croce); Sakramentstabernakel (1461, Florenz, S. Lorenzo); Flachreliefs; Porträtbüsten.

Desiderium [lat.], Wunsch, Verlangen. *Pium desiderium,* frommer Wunsch.

Desiderius, letzter König der Langobarden (757 bis 774), † Corbie 774, geriet wegen des Kirchenstaates in Streit mit dem Papst, wegen der Verstoßung seiner Tochter Desiderata mit Karl d. Gr., der 773 in Italien einbrach und Pavia belagerte. D. wurde 774 gefangen und ins Kloster gebracht. Das Langobardenreich kam unter fränk. Herrschaft.

Design [dɪz'aɪn, engl.], Entwurfszeichnung, Muster. *Designer,* Schöpfer von Industrie- und Gebrauchsgegenständen.

Designation [lat.], Anweisung, Bestimmung der Person, die ein Amt antreten soll, wenn die Amtsdauer des Vorgängers abgelaufen ist.

designieren [lat.], bezeichnen, bestimmen; vorläufig für ein (noch vakantes) Amt ernennen.

Des|infektion [lat.], **Entseuchung,** das Unschädlichmachen von Krankheitserregern. Beim Desinfizieren werden diese so geschädigt, daß sie sich nicht mehr infizieren können. Werden alle Mikroorganismen einschließlich ihrer Dauerformen (Sporen) beseitigt, spricht man von Sterilisation. Möglichkeiten der *Wasser-D.* sind physikal. Methoden (Filtration, UV-Bestrahlung, Abkochen u. a.) und chem. Mittel (Chlorung, Ozonung, Silberung). Die Anwendung von Chlor und Silber zur *Trinkwasser-D.* ist in der Bundesrep. Dtl. zugelassen. Nach der Aufbereitung dürfen bis zu 0,3 mg Cl_2/l, bis zu 0,1 mg Ag/l im Trinkwasser verbleiben. Die *D. im Krankenhaus* gehört nach wie vor zu den noch nicht gänzlich gelösten Aufgaben der Hygiene. Neben der laufenden D. von Sputum, Stuhl, Harn u. a. am Krankenbett oder Körper-, Sachen- oder Raum-D. (Scheuer-D., Schluß-D.) gibt es Sterilisatoren (Autoklaven) sowie große D.-Kammern zur D. oder Sterilisation medizinisch-techn. Apparate. Zur chem. D. sind neben Säuren, Basen, Salzen auch Gase geeignet. Zur physikal. D. werden auch Kathoden- und Röntgenstrahlen sowie Ultraschall verwendet. Die D. bei meldepflichtigen Infektionskrankheiten ist im Seuchengesetz festgelegt; ferner in den Internationalen Gesundheitsvorschriften; bei Tierseuchen im Viehseuchengesetz.

Des|insektion [lat.], Ungezieferbekämpfung.

Des|integration [lat.], Auflösung, das Auseinanderfallen eines Ganzen in Teile. Ggs.: Integration.

Des|integrator, Schlagstiftenmühle zum Feinzerkleinern von mittelharten Stoffen.

Désirée [dezir'e] Eugénie Bernhardine, als Königin von Schweden **Desideria,** * Marseille 8. 11. 1777, † Stockholm 17. 12. 1860, Tochter des Seidenhändlers François Clary, war mit Napoleon I. verlobt, heiratete 1798 J. B. Bernadotte, den späteren Karl XIV. Johann.

Deskription [lat.], Beschreibung. *deskriptiv,* beschreibend.

Deslandres [del'ãdr], Henry, frz. Astrophysiker, * Paris 24. 7. 1853, † ebd. 15. 1. 1948, arbeitete über die Physik der Sonne, insbes. ihrer Spektralanalyse und die Theorie der Bandenspektren *(Deslandresscher Term).*

Desman [schwed.] *der,* Art der → Bisamrüßler.

Desmarées [demar'e], → Marées, George de.

Desmidiaceae, Fam. der Jochalgen.

Desmin [von grch. desme ›Bündel‹], **Stilbit,** *der,* Mineral, weißlicher Zeolith.

Des Moines [dɪm'ɔɪn], **1) D. M. River,** rechter Nebenfluß des Mississippi, 525 km lang, entspringt im SW von Minnesota, USA, mündet bei Keokuk.

2) Hauptstadt des Staates Iowa, USA, (1980) 191 000 Ew., Handelsplatz eines Maisanbaugebiets, vielseitige Industrie; Universität.

Desmotropie [grch.], → Tautomerie.

Desmoulins [demul'ɛ̃], Camille, frz. Revolutionär, * Guise (Dép. Aisne) 2. 3. 1760, † Paris 5. 4. 1794, Rechtsanwalt, einer der Anstifter des Sturms auf die Bastille (14. 7. 1789), Mitgründer des Klubs der Cordeliers (1790), hielt während der jakobin. Schreckensherrschaft zu G. Danton und zog sich so die Gegnerschaft Robespierres zu; mit Danton hingerichtet.

Desna, linker Nebenfluß des Dnjepr, 1130 km lang, mündet oberhalb Kiew.

Desnos, Robert, frz. Lyriker, * Alençon 4. 7. 1900, † (KZ) Theresienstadt 8. 6. 1945, einer der ersten Vertreter des Surrealismus. Seine Dichtungen enthalten meist schmerzvoll-melanchol. Traumvisionen; schrieb auch Widerstandslieder in Argot. WE. Gedichte: La liberté ou l'amour (1927, dt. Die Abenteuer des Freibeuters Sanglot); Corps et biens (1930); Fortunes (1942); Les trois solitaires (1947); Domaine public (1953); La liberté de l'amour (1962); Calixto (1962). – Roman: Le vin est libre (1943).

des|odorieren [von lat. odor ›Geruch‹], störende oder unangenehme Gerüche von Stoffen oder in Räumen beseitigen. Die Desodorierung spielt eine große Rolle in der chem., bes. in der Lebensmittel-Technologie, auch in Hygiene und Körperpflege (→ Deodorants).

desolat [lat.], trostlos, traurig.

Des|organisation [frz.], Unordnung.

Desorption [lat.], Ablösung eines adsorbierten Stoffs vom Adsorbens (→ Adsorption).

De Soto, span. Konquistador, → Soto.

Des|oxidation, Entfernung von gebundenem Sauerstoff durch ein Reduktionsmittel (D.-Mittel), insbes. aus Metallen, Metallschmelzen oder organ. Verbindungen.

Des|oxy-, vor chem. Verbindungsnamen: ein sauerstoffärmeres Derivat dieser Verbindung.

Des|oxycorticosteron, Hormon der Nebennierenrinde; regelt den Eiweiß- und Kohlenhydrathaushalt und besonders den Kochsalzhaushalt des Körpers.

Des|oxyribonuclease, Abk. *DNase*, eine Nuclease, die die Desoxyribonucleinsäure abbaut.

Des|oxyribonucle|insäure, Abk. DNS (engl. DNA), Träger der genet. Information, Hauptbestandteil der Chromosomen. Die D. ist ein hochmolekulares, kettenförm. Polymer aus Nucleotiden, die als Zuckerkomponente Desoxyribose enthalten. Molekülmasse des Polynucleotids: 1×10^8 und mehr (weiteres siehe Bilder Seite 145).

desperat [lat.], verzweifelt, hoffnungslos.

Despériers [deperj'e], Bonaventure, frz. Schriftst., * Arnay-le-Duc (Burgund) um 1510, † SW-Frankreich 1544, lebte am Hof der Margarete von Navarra. Seine Novellen ›Les nouvelles récréations et joyeux devis‹ (1558) entwerfen ein Sittenbild seiner Zeit. Die in ihnen enthaltenen vier Dialoge ›Cymbalum Mundi‹ (1537) sowie die Schrift ›La Prognostication des prognostications‹ (1537) sind verschleierte Satiren auf die christliche Religion.

Despiau [dɛspj'o], Charles, frz. Bildhauer, * Mont-de-Marsan (Landes) 4. 11. 1874, † Paris 28. 10. 1946, kam 1907 zu A. Rodin, schuf von klassischer Ruhe erfüllte Bildnisse und Akte.

Desportes [dep'ɔrt], 1) François, frz. Maler, * Champigneulles (Haute-Marne) 24. 2. 1661, † Paris 20. 4. 1743, schuf unter Ludwig XIV. vor allem Tier- und Jagdbilder, Blumenstilleben und Bildnisse in flämisch realistischer Tradition.

2) Philippe, Hofdichter der Valois, * Chartres 1546, † Bonport (Eure) 5. 10. 1606. Seine leicht eingängige, geschmeidige Lyrik in Nachahmung Ariosts u. a. hat Malherbe zu grundlegenden Randbemerkungen zu Stilfragen veranlaßt.

Despot [grch. ›(Haus)herr‹], unumschränkter Herrscher; i. w. S. ein Tyrann, der Autorität und Macht mißbraucht.

Despréz, des Prez, → Josquin Desprez.

Dessaretische Seen, die wichtigste Seengruppe der Balkanhalbinsel im Hochgebirge Makedoniens, Schnittpunkt der Grenzen Griechenlands, Albaniens und Jugoslawiens, in großartiger alpiner Umgebung, z. B. der *Prespasee* (853 m ü. M., 285 km² groß, bis 54 m tief), der *Ohridsee* (695 m ü. M., 367 km² groß, bis 286 m tief) sowie der inzwischen trockengelegte *Maliqsee*.

Dessau, Stadtkreis im Bez. Halle, links der Mulde oberhalb ihrer Mündung in die Elbe (Wallwitzhafen, der Hafen von D.), (1981) 102500 Ew.; Medizin. Fachschule; Museen; be-

deutende Industrie. – Im 2. Weltkrieg wurde D. zu 84% zerstört. Das alte Stadtbild ging beim Wiederaufbau fast völlig verloren. Wiederhergestellt sind u. a. Georgen- (1712–14) und Johanniskirche (1690–1702).

D., eine sorb. Siedlung des 7. Jh., seit Anfang des 13. Jh. Stadt, war seit 1603 Sitz der Fürsten (1807 Herzöge) von Anhalt-D., 1863–1945 Hauptstadt von ganz Anhalt. 1925–32 hatte das → Bauhaus in D. seinen Sitz.

Dessau, Paul, Komponist, * Hamburg 19. 12. 1894, † Ost-Berlin 28. 6. 1979, war seit 1925 Opernkapellmeister in Berlin, emigrierte 1933, seit 1948 wieder in Berlin. Er wurde bekannt durch seine Musik zu Stücken und Gedichten von B. Brecht, mit dem er seit 1942 befreundet war.

Dessauer, Friedrich, Ingenieur und Biophysiker, * Aschaffenburg 19. 7. 1881, † Frankfurt a. M. 16. 2. 1963, förderte die Tiefentherapie und die Kinematographie mit Röntgenstrahlen, entwickelte die quantenbiolog. Grundlagen der Röntgenstrahlwirkung und wies als erster in der Treffertheorie auf die diskontinuierl. Strahlenwirkung in empfindl. Zellbestandteilen hin; zahlreiche Schriften zur Analyse der Voraussetzungen von Naturwissenschaft und Technik und ihrer Wechselbeziehungen zu Philosophie und Religion.

Dessauer, der Alte Dessauer, → Leopold 3).

Dessert [dɛs'ε:r], *das,* Nachspeise.

Dessertweine [dɛs'ε:r-], Süßweine, Likörweine.

Dessin [dɛs'ε̃, frz.], Plan, Entwurf, Zeichnung, Muster (Textiltechnik).

Dessoir [dɛsw'a:r], Max, Philosoph, * Berlin 8. 2. 1867, † Königstein (Taunus) 19. 7. 1947. D. bemühte sich um die Neubegründung einer systemat. Kunstwissenschaft und arbeitete über den Okkultismus (Einführung des Begriffs ›Parapsychologie‹).

WE. Gesch. der neueren dt. Psychologie, 2 Bde. (1894–1902); Ästhetik und allg. Kunstwiss. (1906); Der Okkultismus in Urkunden, 3 Bde. (1925).

Dessous [dəs'u:s, frz.], *Mz.,* Damenunterwäsche.

Dessus [dɛs'y, frz. ›oben‹], Musik: instrumentale Oberstimme, Diskant.

d'Ester, Karl Maria, Zeitungswissenschaftler, * Vallendar (Rhein) 11. 12. 1881, † Aurach (Schliersee) 31. 5. 1960, war 1924–60 Prof. in München.

Destillat [lat. destillare ›herabtropfen‹] *das,* durch Destillieren oder Rektifizieren gewonnener Branntwein *(Wein-D., Korn-D., Obst-D.)* oder die zur Weiterverarbeitung bestimmten aromat. Halberzeugnisse. Mit der Bez. D. dürfen nur natürl., durch Destillation von Früchten und Pflanzenteilen oder -säften mit Trinkbranntwein hergestellte Essenzen in den Verkehr gebracht werden.

Destillation, Destillieren, Abdestillieren, im chem. Laboratorium, in der chem. und der Mi-

Dest

neralölindustrie häufig angewandtes thermisches Stofftrennverfahren, mit dem ein Gemisch flüssiger Stoffe nach deren Dampfdrücken oder Siedepunkten getrennt wird. Eine D. kann kontinuierlich oder diskontinuierlich *(Blasen-D.)* durchgeführt werden.

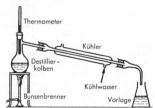

Destillation: einfache Destilliervorrichtung für Laboratoriumszwecke

Bei der meist diskontinuierlich arbeitenden D. mit *Differentialverdampfung* wird das zu destillierende Flüssigkeitsgemisch in einem Gefäß *(Destillierkolben, –blase,* Retorte) zum Sieden erhitzt und der gebildete Dampf durch Abkühlen in einem Kühler kondensiert. Das anfallende flüssige Destillat wird in einer Vorlage aufgefangen. Es gehen zunächst die niedrig, später die höher siedenden Stoffe über, die getrennt in Fraktionen aufgefangen werden können. Eine vollständige Trennung eines Stoffgemisches in seine Bestandteile ist bei einer derartigen D. meist nicht zu erreichen, weil sich das Phasengleichgewicht bei der schnellen Wegführung des Dampfes nicht einstellt. Eine bessere Trennkung erreicht man bei der *Rektifikation.* Bei dieser speist man das erhitzte, zu trennende Gemisch in eine *D.-Kolonne* ein, in der eine flüssige Phase von oben nach unten rieselt, die in einem intensiven Stoff- und Wärmeaustausch mit einer von unten nach oben strömenden Dampfphase steht. Damit die Phasengrenzflächen für den Austausch möglichst groß werden, versieht man die Kolonne mit Einbauten (Glocken-, Ventil- oder Siebböden) oder füllt sie mit Füllkörpern.

In der chem. Technik herrscht die *kontinuierliche D.* vor. Man trennt in ein Destillat (Kopf- oder Top-Produkt) und ein Sumpfprodukt (D.-Rückstand), bei der Erdöl-D. außerdem in Seitenfraktionen, die von best. Böden abgenommen werden. Bei der Erdöl-D. bedient man sich der *Gleichgewichts-* oder *Flash-Verdampfung.* D. wird bei Normaldruck *(atmosphärische D.),* Unterdruck *(Vakuum-D.)* oder Überdruck *(Druck-D.)* ausgeführt. *Trockene D.* → Kokerei.

LIT. R. Billet: Industrielle D. (1973); E. Krell: Hb. der Laboratoriums-D. (³1976).

Destillier|ofen, Industrieofen zur Gewinnung von Metallen aus ihren Oxiden.

Destination [lat.], Bestimmung.

Destitution [lat.], veraltet: Amtsenthebung.

Destouches [det'uʃ], Philippe, eigtl. Philippe *Néricault* [nerik'o], frz. Dramatiker, * Tours 9.

4. 1680, † Schloß Fortoiseau (Seine-et-Marne) 4. 7. 1754, wurde durch seine Charakterkomödien einer der Begründer der ›Comédie morale‹.
WE. (alle dt.): Le médisant (1715); Le philosophe marié (1727); Le glorieux (1732); Le dissipateur (1736).

destra [ital.], Musik: *d. mano,* Abk. *d.m.,* mit der rechten Hand.

Destruktion [lat.], Zerstörung; *destruktiv,* zerstörend, zersetzend. Geologie: Verwitterung, Abtragung, Absinken.

Destruktions|trieb, Zerstörungs- oder Todestrieb (S. Freud).

Destur [arab. ›Verfassung‹], **1)** tunes. Nationalbewegung, 1907 unter dem Einfluß der Jungtürken entstanden, organisierte sich 1920 als Partei. Nachdem radikalere Mitgl. unter Führung H. Bourguibas 1934 die *Neo-D.* gegründet hatten, verlor die D. an Bedeutung (1957 aufgelöst). Die Neo-D. wurde die führende Kraft im Kampf um die tunes. Unabhängigkeit, 1955 die staatstragende Partei Tunesiens, 1964 als *Parti Socialiste Desturien* neu organisiert.
2) in Irak während der Mandatszeit die nationalist. Partei des langjährigen MinPräs. Nuri as-Said.

Destutt de Tracy [dɛstyt də tras'i], Antoine Louis Claude Graf, frz. Politiker und philosoph. Schriftsteller, * Paris 20. 7. 1754, † Paray-le-Frésil (Allier) 10. 3. 1836, suchte durch seine sensualist. Lehre von der Vorstellungstätigkeit prakt. Regeln für Erziehung, Recht und Staat zu begründen.
WE. Éléments d'idéologie, 5 Bde. (1805–15).

DESY, Abk. für → Deutsches Elektronen-Synchrotron.

deszendent, absteigend. Ggs.: *aszendent.*

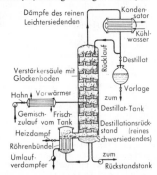

Destillation: Schema einer kontinuierlich arbeitenden Rektifizieranlage

Deszendent [lat. ›Absteigender‹], Astrologie: absteigendes Tierkreiszeichen im Horoskop.

Deszendenzlehre, die Abstammungslehre.

Deszension [lat.], Absteigung, → Rektaszension.

Détaché [detaʃ'e, frz.] *das,* Musik: ›abgesetzter‹ Bogenstrich, breites Stakkato.

Detachement [detaʃmˈã, frz.], militär. Verband unter Divisionsstärke.

Detacheur [detaʃˈœːr, frz.], Maschine zum Feinzerkleinern von groben Mehlkörnern zu Grießen.

Detail [detˈaj, frz.], Einzelheit; *Detailhandel*, Kleinhandel, Einzelhandel.

Detektiv [engl.], in Großbritannien und den USA vor allem der Kriminalbeamte; in Deutschland eine Person, die sich in privatem Auftrag mit der Aufdeckung von Straftaten und mit Ermittlungen in zivilrechtl. Angelegenheiten beschäftigt *(Privat-D.)*.
Detektivgeschichte, → Kriminalgeschichte.
Detektor [lat. ›Aufdecker‹], 1) → Gaschromatographie.
2) Funktechnik: D. dienen zum Herausholen niederfrequenter Signale aus modulierten hochfrequenten Schwingungen. Während man heute als D. jeden Demodulator bezeichnet, wurde am Anfang der Rundfunkentwicklung unter einem D. der *Kristall-D.* verstanden: Ein natürlicher Kristall (z. B. Bleiglanz) wird von einer feinen Drahtspitze berührt; die Berührungsstelle läßt den Strom nur in einer Richtung hindurch. Die modernen Kristall-D. enthalten dagegen einen Einkristall und sind deshalb fest eingestellt (→ Diode).
3) Gerät zum Nachweis ionisierender Strahlung.

Deterding, Sir (1920) Henri, * Amsterdam 19. 4. 1866, † St. Moritz 4. 2. 1939, seit 1902 Generaldirektor der Royal Dutch Petroleum Company, die er 1907 mit der Shell-Company zum Royal-Dutch-Shell-Konzern zusammenschloß.

Detergenti|en [engl. detergent ›Reinigungsmittel‹], heute nur Oberbegriff für konfektionierte gebrauchsfertige Waschmittel oder Geschirreinigungsmittel. In den 1960er Jahren bezeichnete man als D. auch allein die grenzflächenaktiven Stoffe oder Tenside, die die Grenzflächenspannung des Wassers stark herabsetzen und deshalb gut netzen und dispergieren. – In der Bundesrep. Dtl. schrieb das *D.-Gesetz* von 1961 erstmals ein biolog. Abbaubarkeit von mindestens 80% vor, um Schaumentwicklungen durch Abwässer einzuschränken; 1975 durch das umfassende Ges. über die Umweltverträglichkeit von Wasch- und Reinigungsmitteln abgelöst.
Deterioration [lat.], Verschlechterung.
Determinante [lat. determinare ›abgrenzen‹, ›bestimmen‹], ein Faktor, der einen Sachverhalt oder eine Entwicklung mitbestimmt.
1) Biologie: Bez. für Erbanlage.
2) Mathematik: Funktion zur Auflösung linearer Gleichungssysteme.
Determination [lat.], Bestimmung, Abgrenzung.
1) Biologie: Bestimmung der systemat. Zugehörigkeit (Art, Gatt., Fam. u. ä.) von Tieren und Pflanzen; Festlegung der späteren Differenzierung von Keimteilen.
2) Ethik: die Lehre, daß die menschl. Willenshandlungen durch innere und äußere Ursachen

bestimmt seien und es keine Willensfreiheit gebe.
3) Logik: die Festlegung eines Begriffs durch die über- und untergeordneten Merkmale.
4) Psychologie: das Bedingtsein psych. Geschehens durch ererbte Anlagen, Milieu o. ä.
Determinierung, Entwicklungsphysiologie: Festlegung eines bestimmten Keimteiles für seine Entwicklungsaufgabe.
Determinismus [lat.], Philosophie: die Lehre von der eindeutigen Bestimmtheit alles Geschehens durch Ursachen, i. Ggs. zum Indeterminismus.
Deterrence [dɪtˈerəns, engl. ›Abschreckung‹], Maßnahmen, die von der NATO vorbereitet werden, um einen ›Gegner‹ von einer militär. Aktion abzuhalten, indem man die Kosten und Risiken für den Gegner größer macht, als den erwarteten Gewinn‹ (H. G. Snyder).
Detlef [ahd. diot ›Volk‹ und leib ›überlebend‹], männlicher Vorname.
Detmold 1) Hauptstadt des Kreises Lippe und RegBez. Detmold, NRW, am NO-Fuß des Teutoburger Waldes, (1981) 67 600 Ew. Zahlreiche kulturelle Einrichtungen; Industrie. Im Sommer starker Fremdenverkehr. Ehem. fürstl. Schloß (16. Jh.), Neues Palais mit Lustgarten (17. Jh.), spätgot. Marktkirche; Museen. Bei D. das Hermannsdenkmal.
D. ist 783 als Theotmalli genannt (Sieg Karls d. Gr. über die Sachsen). Wohl die Edelherren (seit 1528 Grafen, 1789 Fürsten) zur Lippe erhoben D. zur Stadt (1305 als solche genannt). Seit 1501 war D. deren Residenz, 1918–45 Hauptstadt des Freistaats Lippe.
2) RegBez. in NRW, 6514 km², (1981) 1,8 Mio. Ew.
Detonation [lat.], unter extrem rascher Energiefreisetzung ablaufende Reaktion; entweder von explosiven Gasgemischen oder brisanten Explosivstoffen (chem. Reaktion) oder von Kernspaltstoffen (nukleare Reaktion). Eine D. pflanzt sich infolge eines plötzl. Druckanstieges unter Knallentwicklung mit wesentlich höherer Geschwindigkeit als die → Explosion fort und hat zerstörende Wirkung.
detonieren, 1) → Detonation.
2) Musik: das unreine, zu hohe oder zu tiefe Ansetzen eines Tones.
De tribus impostoribus [lat. ›Von den drei Betrügern‹], Titel einer Schrift der frühen Aufklärung, vermutlich nach 1687 von Johann Joachim Müller in Hamburg verfaßt. Sie lehnt sich an eine Friedrich II. von Gregor IX. vorgeworfene Äußerung an, Moses, Jesus und Mohammed seien Betrüger.
Detriment [lat.], veraltet: Schaden, Nachteil.
Detritus [lat.] *der,* feinstes Lockermaterial, das beim Zerfall von Gesteinen und Organismen entsteht; in Gewässern mineral. und organ. Partikel, vermengt mit Bakterien.
Detroit [dɪtrˈɔɪt], die ›Automobilhauptstadt der Welt‹, in Michigan, USA, am *Detroit River,* (1980) 1,203 Mio. Ew., Metropolitan Area

(1980) 4,344 Mio. Ew. D. ist vorwiegend Industriestadt (General Motors, Ford, Chrysler); einer der größten Binnenhäfen der USA (seit Fertigstellung des St. Lorenz-Seeweges auch von Seeschiffen angelaufen). Die Funktion D.s als kulturelles Zentrum wurde durch Stiftungen der Industrie wesentlich gefördert; Sinfonie-Orchester, mehrere Universitäten; kath. Erzbischofssitz.

Detskoje Selo [›Kinderdorf‹], Stadt in der UdSSR, →Puschkin.

Dettelbach, altertüml. Stadt im Kr. Kitzingen, Bayern, am Main, (1981) 6200 Ew.; Weinbau; kath. Pfarrkirche (1489, 1769 umgebaut), Wallfahrtskirche (1610 bis 1613), Rathaus (um 1512), Stadtmauern.

Detumeszenz [lat.] die, das Abschwellen, z.B. einer Geschwulst.

Deukalion, grch. Mythos: Sohn des Prometheus, Stammvater der Hellenen. Mit seiner Gemahlin Pyrrha rettete er sich in einem hölzernen Kasten aus der Sintflut, durch die Zeus das Menschengeschlecht vernichten wollte.

Deula-Schulen, Abk. für Deutsche Landmaschinenschulen des Kuratoriums für Technik in der Landwirtschaft, 1926 gegr., bilden in Kurzlehrgängen Landwirte in der Benutzung von Landmaschinen aus.

Deurne [dˈørnə], selbständige Vorstadt von Antwerpen, (1975) 80600 Ew.

Deus [lat.] der, Gott.

Deus ex machina [lat. ›der Gott aus der Maschine‹], im antiken Theater der durch eine Maschine herabgelassene Gott, der die dramat. Verwicklungen löste; danach: unverhoffter Helfer, unerwartete Lösung von Problemen.

Deus Ramos [dˈeuʃ rˈamuʃ], João de, portugies. Lyriker, * São Bartolomeu de Messines (Algarve) 8. 3. 1830, † Lissabon 11. 1. 1896; mystisch-verehrende Liebeslyrik, auch Fabeln, Epigramme und Satiren.

Deussen, Paul, Philosoph, * Oberdreis (Westerwald) 7. 1. 1845, † Kiel 6. 7. 1919, Anhänger A. Schopenhauers, dessen Werke er herausgab (14 Bde., 1911 ff.), und Gründer der Schopenhauer-Gesellschaft. Durch Übersetzung und Darstellung machte er die indische Philosophie bekannt.

WE. Das System des Vedanta (1883); Allg. Gesch. der Philosophie, 7 Bde. (1894–1917); Mein Leben (1922).

deut(ero) ... [grch.], nächst ..., zweit ...

Deuteragonist, im altgrch. Drama der zweite Schauspieler (→ Protagonist).

Deuteranopie [grch.], **Grünblindheit,** eine Form der Farbenfehlsichtigkeit.

Deuterium [grch.], **Schwerer Wasserstoff,** chem. Zeichen D oder ^{2}H, 1931 von H. C. Urey und Mitarbeitern entdecktes Isotop des Wasserstoffs mit der Massenzahl 2. In natürl. Wasserstoffverbindungen ist D. zu 0,014% enthalten. Bei der Elektrolyse von normalem Wasser reichert sich *Schweres Wasser,* D_2O, im Rückstand an, aus dem es auf Grund der unterschiedl. phy-

sikal. Eigenschaften (Siede-P. D_2O : 101,43° C; Siede-P. H_2O : 100,0° C) in reiner Form gewonnen werden kann. Gasförmiges D. kann aus D_2O durch Zersetzung mit Metallen erhalten werden. Auf höhere Organismen wirkt es giftig, niedere Lebewesen können in D_2O-haltiger Umgebung leben.

Deuterojesaja, Prophet, → Jesaja.

deuterokanonisch [grch. ›zum zweiten Kanon gehörend‹], kath. Bibelwissenschaft: die nur in der Septuaginta, nicht im hebr. Text des A.T. (seinem ›ersten‹ palästinens. Kanon) enthaltenen bibl. Schriften, soweit sie vom kirchl. Lehramt als kanonisch anerkannt werden (→ Bibel).

Deuteron, Deuton [grch.], d, Atomkern des Deuteriums ^{2}H, bestehend aus einem Proton und einem Neutron. Als einfachster zusammengesetzter Atomkern liefert er sowohl theoretisch als auch experimentell das beste Studienobjekt für die Erforschung der Kernkräfte. Das D. wurde 1932 von H. C. Urey entdeckt.

Deuteronomium [grch. ›zweites Gesetz‹], Name für das fünfte Buch Mose; → Pentateuch.

Deuterostomi|er, Deuterostomia, niedere Tiere, in deren Entwicklung der Urmund der Gastrula zum After wird; alle D. haben eine Leibeshöhle **(Coelom).** Zu den D. gehören die Kragentiere, Stachelhäuter, Chordatiere und wahrscheinlich Bartträger, Pfeilwürmer.

Deutinger, Martin, kath. Philosoph und Theologe, * Schachtenmühle bei Langenpreising (Obb.) 24. 3. 1815, † Bad Pfäfers 9. 9. 1864, seit 1846 Prof. in München, 1847–52 in Dillingen; geriet mit seinem Versuch, Philosophie und Theologie auch formell ineinander übergehen zu lassen, in Schwierigkeiten mit der Kirche.

deutsch, seit dem 8. Jh. aufgekommene Gesamtbezeichnung für die german. Hauptstämme Mitteleuropas. Im Gegensatz zu dem urspr. als Gegensatz zu *walhisk* (›zu den Welschen gehörig‹) gebildeten *theudisk* (›zur Theoda [Stamm] gehörig‹) bezeichnet seit etwa 700 n.Chr. die Westfranken im zweisprachigen Merowingerreich bes. ihre german. Sprache (vgl. altfrz. tieis). Seit 786 bedeutet das latinisierte *theodiscus,* zuerst vom damaligen Bischof von Cambrai gebraucht, die german. Volkssprachen des Reiches i.Ggs. zum Latein, 813 i.Ggs. zur rustica lingua Romana, dem Altfranzösischen. In der Gegenüberstellung zu den Welschen wie zu den Slawen wurde theodiscus zum zusammenfassenden Volksnamen für die Stämme der Franken, Sachsen, Baiern, Alemannen, Thüringer und Friesen. Ausgehend wohl von Fulda als einer Hauptbildungsstätte der ostfränk. Germanenstämme wurde *theodisk* in gelehrten Spekulationen gleichgesetzt mit dem german. Stammesnamen der *Teutonen.* Dabei wurden dann aus *theotiscus vel teutonicus* nur noch die german. Stämme der *Francia australis* oder *Francia teutonica* Ludwigs des Deutschen und seiner Nachkommen bezeichnet. Neben *Teutonica* als Name des Landes 888 trat 909 die *gens Teutonorum* als Volksbezeichnung, und zum Jahr 919 sprechen die Salzburger Annalen vom *regnum Teutonicorum*, vom ›Königtum der Deutschen‹.

Deutsch, 1) Ernst, Schauspieler, * Prag 16. 9. 1890, † Berlin 22. 3. 1969; kam über Wien, Prag, Dresden nach Berlin, wo er bei M. Reinhardt spielte; seit 1924 auch im Film. 1933 emigrierte er nach den USA; seit seiner Rückkehr nach Europa trat er in Gastspielen auf.

2) Julius, österr. Politiker (Sozialdemokrat), * Lackenbach (Burgenland) 2. 2. 1884, † Wien 17. 1. 1968, Gewerkschaftsführer, 1919–20 Staatssekretär (Heerwesen), gründete 1924 den Republikanischen Schutzbund, führte den sozialdemokrat. Februaraufstand von 1934. Im Spanischen Bürgerkrieg war er General republikanischer Truppen.

3) Nikolaus Manuel, schweizer. Maler, → Manuel.

4) Otto Erich, österr. Musikhistoriker, * Wien 5. 9. 1883, † ebd. 23. 11. 1967, war 1939–52 als Emigrant in Cambridge (Großbritannien); schrieb grundlegende Werke über G. F. Händel, W. A. Mozart und besonders F. Schubert (›Thematic Catalogue‹, mit D. R. Wakeling, 1951, allg. als *D* zitiert).

Deutsch-Altenburg, Bad D.-A., Marktgem. in Niederösterreich, (1981) 1200 Ew.; seit der Römerzeit besuchtes Jod-Schwefel-Thermalbad mit neuerbautem Kurzentrum (1977). – Pfarrkirche (um 1213, Chor und Turm 14. Jh.) auf einer Anhöhe, roman. Karner; Museum Carnuntinum.

Deutsch-Brod, tschech. **Havlíčkův Brod** [h'afli : tʃku : f brɔt], früher *Německý Brod* [nj'emetski : -], Stadt an der Sazawa im Ostböhm. Kreis, Tschechoslowakei, (1975) 19200 Ew.; Industrie. – D.-B., als dt. Bergmannssiedlung entstanden, wurde in den Hussitenkriegen zerstört und 1637 von Kaiser Ferdinand III. zur königlichen Stadt erhoben.

Deutsch-Dänische Kriege (1848–50 und 1864), → Schleswig-Holstein, Geschichte.

Deutsche, nach Herkunft und Sprache ein Teil der Germanen, die sich von ihrer Urheimat Südschweden, Dänemark, Schleswig-Holstein nach Mitteleuropa ausbreiteten. Doch kann man von D. erst sprechen, seitdem nach der Teilung des Fränk. Reichs in den german. Stämmen der östl. Reichshälfte das neue Bewußtsein einer polit. Zusammengehörigkeit entstanden war. Der Name D. ist daher zunächst als Unterscheidung, ja als Gegensatz zu der roman. Bevölkerung des Westfränk. Reichs und – seit den Romzügen der Ottonen – Italiens zu begreifen. Die D. scheiden sich nach Sprache und Recht, später auch nach ihrer Geschichte von den ›Welschen‹ der roman. Welt (→deutsch). Dieser Vorgang beginnt in der Mitte des 9. Jh., etwa z. Z. der Straßburger Eide (842), und ist im wesentlichen nach einem Jh. – die Schlacht auf dem Lechfeld (955) wird schon den ›Deutschen‹ zugerechnet – abgeschlossen.

Ein Verband einheitl. Rechts mit eigenen Nationalheiligen sind die D. niemals geworden; die Vorstellung einer gemeinsamen Abstammung entstand erst im 11. Jh. Selbst das Hl. Röm. Reich (Deutscher Nation) bedeutete nur eine zeitlich, ständisch und räumlich bedingte einigende Idee. Die D., mehr als andere Großvölker aus versch. Bestandteilen zusammengefügt, zeigten stets ein hohes Maß von landschaftlich geprägtem Individualismus, der – in Verbindung mit der gefährdeten Mittellage Deutschlands – die Herausbildung einer teilweise starken Landesautorität zur Folge hatte. Unabhängig von Staats- und Landesgrenzen wird die → deutsche Sprache bis heute als das verbindende Element für die Zugehörigkeit verschiedenster Gruppen zu den D. angesehen.

Die Deutschen als Gesamtvolk. In dem vergangenen Jahrtausend hat sich sowohl das von D. bewohnte wie auch das von ihnen beherrschte Gebiet mehrfach geändert. Am wenigsten hat sich ihre Stammeskultur gewandelt, doch sind zu den alten im Lauf des MA. die → Neustämme hinzugetreten. Schon seit dem Ende der Völkerwanderung war das besiedelte Land in Europa vergeben, und so begann in der Karolingerzeit, um die wachsende Bevölkerung aufzunehmen, die den Germanen bis dahin fremde Neusiedlung in Gestalt der Rodung. Diese ›innere Kolonisation‹ ist dann im MA. jahrhundertelang betrieben worden. Hierzu trat, ebenfalls in der Karolingerzeit beginnend, die ›äußere Kolonisation‹, d. h. der Erwerb von Gebieten außerhalb der Grenzen des Fränkischen, später des Dt. Reichs bes. nach Osten.

Diese Art Siedlung, noch unter den Ottonen nicht umfangreich wegen der geringen Bevölkerungsdichte des Altstämmelands, entsprang zunächst nicht polit. Planung. Sie wurde als Pflicht des christl. Herrschers empfunden, durch Errichtung von Marken und durch Christianisierung der Völker den Christenglauben zu schirmen und zu verbreiten. So ging diese Art der Siedlung infolge des west-östl. Kulturgefälles zunächst in Verbindung mit der Stiftung von Bistümern und Klöstern vor sich.

Diese ostdt. Siedlung, bei der die Neustämme entstanden, breitete sich in zeitlichen und räumlichen Wellen aus, begann im 8. Jh. an der mittleren Donau und im Ostalpen, erreichte während des 10. Jh. den Raum der Mark Meißen und überschritt vom 12. Jh. an in breiter Front die Elbe-Saale-Linie, im 13. Jh. die Oder, das untere Weichsel und die untere Memel. Auch hier folgte wie im Altreichsland ein intensiver Ausbau, dessen Ergebnis die Eindeutschung der Länder Österreich, Kärnten, Steiermark, Obersachsen, Schlesien, Brandenburg, Mecklenburg, Pommern, Preußen und der Randgebiete Böhmens und Mährens war. Damit verlor das Wort ›Die Deutschen‹ die bisherige Identifizierung mit Germanentum. Schon die german. Stämme der Völkerwanderungszeit hatten mit ihrem Kult, ihrem Recht und ihrer Sprache die nichtgerman., vorindogerman., indogerman. (Kelten,

Illyrer) oder provinzialröm. Vorbevölkerung ihres Stammesgebiets geprägt und dabei ihrerseits eine Umformung erfahren. Nun wurden durch die dt. Ostsiedlung des MA. Dänen, Westslawen, Prußen durch Übernahme der Sprache und durch Vermischung in die Neustämme aufgenommen.

Über diesen geschlossenen Bereich hinaus waren größere und kleinere Siedlungskerne weit nach Osteuropa hinein vom Baltikum bis zum Schwarzen Meer entstanden. Hier spielte neben der bäuerl. die städt. Siedlung die Hauptrolle: die Städte Ungarns, Böhmens, Polens, (Alt-)Litauens und des Baltikums sind fast alle ›zu dt. Recht‹ und überwiegend auch von D. gegründet worden. – Dieser Vorgang der mittelalterl. Ostsiedlung fand jedoch ein Ende, als durch den ›Schwarzen Tod‹, die Pest, seit etwa 1350 der Bevölkerungsnachschub ausblieb, doch ist der Bestand der D., im O bis in das 20. Jh. hinein, erhalten geblieben.

Die (im Verhältnis zur damaligen Bevölkerungszahl) größte Einbuße erlitten die D. (prozentual weit größer als die des 1. und 2. Weltkriegs) im Dreißigjährigen Krieg. Bestand die Bevölkerung Dtl.s im 9./10. Jh. aus schätzungsweise 2,5 bis 3, so 1618 aus etwa 20 Mio., einer Zahl, die erst gegen 1800 wieder erreicht wurde. Vom Ende des 17. bis zum Beginn des 19. Jh. kamen hierzu Neusiedlungen im O, in Ungarn, Preußen und Rußland. Sie standen an Zahl und Bedeutung denen des MA. bei weitem nach. Andererseits wirkte seit dem Ende des MA. der weiteren Ausbreitung nach O die Entstehung

Die deutschen Stämme (Stand: 1937)

Niederdeutsche

Franken	Mecklenburger
Niederfranken	Pommern
Niedersachsen	Brandenburger
Schleswig-Hol-	Altpreußen
steiner	Baltendeutsche
Niedersachsen	Friesen
im enger. Sinn	Nordfriesen
Westfalen	Ostfriesen
Ostfalen	

Mitteldeutsche

Franken	Hessen
Rheinländer	Thüringer
Lothringer	Obersachsen
Pfälzer	Schlesier
Ungarndeutsche	Sudetendeutsche
Jugoslawien-	Zipser
deutsche	
Siebenbürger	
›Sachsen‹	
Rußlanddeutsche	

Oberdeutsche

Franken	Baiern-Österreicher
Ostfranken	Oberpfälzer
Alemannen	Niederbaiern
Schwaben	Oberbaiern
Elsässer	Tiroler
Schweizer	Oberösterreicher
Vorarlberger	Niederösterreicher
	Kärntner
	Steirer
	Burgenländer

Die deutschen Stammesherzogtümer um 1000

der Nationalstaaten entgegen, bes. seit dem Beginn des 19. Jh.

War so den Deutschen seit dem Beginn des 19. Jh. der Weg nach dem O versperrt, so blieben der immer schneller wachsenden Bevölkerung nur zwei Wege offen: der einer erneuten ›inneren Kolonisation‹, diesmal in Gestalt der Verstädterung, eines schnellen Wachstums zumal der dt. Industriestädte, und der der Auswanderung nach Übersee. Süd-, vor allem aber Nordamerika nahmen seitdem Millionen von D. auf. Diese gingen jedoch, im Unterschied zur mittelalterl. Siedlung, durch Assimilation in ihren neuen Heimatländern auf, wenn auch einzelne Gruppen ihre traditionelle Kultur bewahrten. Die Siedlungen der D. in den Schutzgebieten in Afrika blieben zahlenmäßig gering.

Die nach absoluten Zahlen größten Verluste erlitten die D. mit dem Ende des 2. Weltkrieges seit 1944. Aus den Siedlungsgebieten östlich der Oder und Neiße, aus Böhmen und Mähren wurden 13 Mio. D. vertrieben, mehr als 2 Mio. fanden den Tod.

Die deutschen Stämme. Die D. gliederten sich seit jeher in Stämme, von denen einige bis in die german. Zeit zurückzuverfolgen sind. Nach der Völkerwanderung siedelten in dem heute von deutsch Sprechenden bewohnten Gebiet folgende Großstämme: die Alemannen beiderseits des Oberrheins, die Baiern zw. dem Böhmerwald, den Alpen bis zur Enns und zum Lech, die Franken beiderseits des Mittel- und Niederrheins, die Thüringer zw. dem Main und dem Harz, die Sachsen zw. der Elbe und dem Niederrhein, die Friesen auf den Nordsee-Inseln und an der Küste.

Urspr. sollte salisches Recht Reichsrecht aller im 6. Jh. von den Franken unterworfenen Völker werden, auch der ostrhein. Germanen. Aber anders als die Langobarden erkannten die Franken schon im 6. Jh. königsähnliche Stammesherzöge und die ständ. Gliederung der Stammesrechte an und ließen diese schließlich aufzeichnen, unter Weiterbildung durch Reichsrecht. Karl d. Gr. beseitigte zwar die Herrschaft der Stammesherzöge, ließ aber die Stämme als Einheiten des Rechts und Heerbanns bestehen. Die Reichskirche gab die unter Ludwig dem Frommen genährte Vorstellung eines einigen christl. Volkes des Frankenreiches schließlich auf; auch die führenden Schichten des Reiches traten nicht für die Reichseinheit gegen das gemeinsam. Prinzip der Reichsteilung (unter Berücksichtigung der Stämme) ein. Immer mehr erschien das 843 für Ludwig den Deutschen gebildete Ostreich aus Franken, Alemannen, Baiern, Thüringern, Sachsen und Friesen, mit den ihm 870/79 angeschlossenen Gebieten Lothringens, als eigene Germania oder Orientalis Francia, auch nach der Wiedervereinigung des ganzen Karolingererbes durch Karl III. 885.

Es war der Stammesadel (primores, optimates, Gefolgsadel) der Franken, Sachsen, Baiern, Thüringer und Alemannen, der 887 Karl III.

absetzte und den erwählten Karolinger Arnulf zwang, bei Festhalten an einem hegemonialen Königtum, seine unmittelbare Herrschaft auf die ihn wählenden Stämme zu beschränken. Der Stammesadel verhinderte bei dieser Ausgliederung der Orientalis Francia aus dem Gesamtreich die von Arnulf geplante Aufteilung seines Reichs und hielt nach seinem Tod 899 wie dem seines Sohnes Ludwig 911 an dem neuen Zusammenschluß der Stämme fest, ebenso nach dem Tod des ersten nichtkaroling. Ostfrankenkönigs Konrad I. 919. Immerhin blieb unter den verschiedenen, die Entstehung eines dt. Volks und Reichs bewirkenden Kräften nach der ›negativen‹ Entscheidung von 887 die ›positive‹ von 911 bes. bedeutsam. Damals fanden sich Ende des 9. Jh. die neuen Stammesherzöge freiwillig zum Verzicht auf volle Eigenständigkeit der Stämme und zur Anerkennung eines von ihnen getragenen Reichs und Königtums bereit.

Das neue Königtum der Liudolfinger-Ottonen, von Anfang an auf die Gesamtvertretung der dt. Stämme bedacht, erreichte durch Erfolge gegen die Ungarn 933/955, in Lothringen 925, Burgund und Italien 951–62 mit der Erneuerung des weström. Kaisertums 962 auch eine Festigkeit der dt. Einheit und ihres von der Reichskirche genährten Bewußtseins. Die Führung der dt. Stämme brachten die Ottonen und ersten Salier in ihre Hand. Heinrichs IV. Plan, mit Hilfe der von ihm geförderten neu aufsteigenden sozialen Schichten eine ›strukturelle Veränderung von oben her‹ bei den Stämmen durchzusetzen und in diesen straffe königl. Verwaltungsbezirke aufzubauen, zersetzte zwar die Stämme und ihre Herzogtümer, aber nur zugunsten einer sich neu bildenden fürstl. Schicht aus dem bisherigen Stammesadel. Dessen nach königl. Vorbild aufgebauten Verwaltungsgebiete wurden zu Territorien, unter Kaiser Friedrich I. zu flächenstaatl., im Lehenverband zum König stehenden Gebietsherzogtümern. Trotz gelegentl. Gebrauchs der alten Stammesnamen (Sachsen, Baiern) hatten sie mit den alten Stämmen gemeinsam nur die Teilhabe ihrer Fürsten am Reich und ihr Mitspracherecht bei Königswahl und –entscheid. Wie bei den Stämmen überwog bei den ihnen folgenden Territorien, Ländern und Staaten (seit dem 17. Jh.) häufig die Treue zu dem kleineren Verband die zu dem größeren des Reichs. Größere Bruchstücke der alten Stammesgebiete kamen wieder zusammen durch die Politik des 18. Jh. und durch Napoleons Umsturz der Reichsverfassung 1803. Auch hat man bei der Neuordnung der Länder nach 1945 teilweise auf die alten Stämme zurückzugreifen gesucht (Niedersachsen, Baden-Württemberg).

Die Neusiedlung jenseits der alten Ostgrenze zw. dem 10. und 14. Jh. zog starke Bevölkerungsteile von den alten Stammesgebieten ab, die in den neuen Räumen rasch zusammenwuchsen und eigene Stammeseigentümlichkeiten ausprägten: die Neustämme. Als das stärkste Band hat sich die hochdt. Sprache erwiesen.

Deutsche im 20. Jh. Neben der stammesmäßigen Gliederung hat sich seit 1871 noch eine andere Einteilung ausgebildet, der zwar die Begriffe von Staat und Volk zugrunde liegen, die aber nicht klar unterschieden sind:

Unter *Binnendeutschen* (Inlanddeutschen) verstand man in der Regel die Bevölkerung des Dt. Reichs, oft ohne Rücksicht auf die Volkszugehörigkeit, unter *Grenzlanddeutschen* (Grenzdeutschen) die D. außerhalb der Reichsgrenzen, z.B. (seit 1921) die Ostoberschlesier.

Auch der Begriff der *Auslanddeutschen* ist nicht eindeutig.

Unter dem Nationalsozialismus wurde der Begriff *Volksdeutsche* eingeführt. Er spielt rechtlich noch eine Rolle, z.B. in Art. 116 Abs. I GG (Vertriebene). Die Volkszugehörigkeit aus dem Ausland). Nachdem die D. aus Estland, Lettland, Litauen, Polen, der Tschechoslowakei und die Umsiedler aus der Sowjetunion, Rumänien, Jugoslawien, Bulgarien und Italien vor 1945 die dt. Staatsangehörigkeit erhalten haben, schrumpfte die Zahl der Volksdeutschen in Europa sehr zusammen und umfaßt im wesentlichen nur die dt. Volkszugehörigen der Tschechoslowakei, Polens, Ungarn, Rumänien und Jugoslawien (ohne die Umsiedler und Vertriebenen).

Jenseits der Grenzen des Dt. Reichs von 1937 lebten zahlreiche *dt. Volksgruppen*, zum größten Teil direkt jenseits der Grenze und damit in Verbindung zur dt. Kultur, zum kleineren Teil räumlich von ihr getrennt in Osteuropa oder Übersee. Jenseits der Ostgrenze werden räumlich und geschichtlich drei Gruppen unterschieden: 1) die seit dem MA. vom Baltikum bis nach Siebenbürgen, im übrigen meist an der Reichsgrenze siedelnden D.; 2) die im 17. bis 19. Jh. in Streusiedlungen nach SO-Europa vorgedrungenen D.; 3) die im 18. und 19. Jh. ebenfalls in einzelnen Gruppen in NO-Europa angesiedelten D. Als vierte Gruppe tritt hierzu der dt. Auswandererstrom nach Übersee im 19. und 20. Jh.

Siedlungsgebiete. Aus der großen Ostsiedlung (etwa 1100 bis etwa 1350) stammten die D. im Memelland und in Danzig, in Oberschlesien, um Bielitz und Teschen, in Böhmen (mit Prag), Mähren-Schlesien und der Slowakei, in Österreich (schon seit dem 8. Jh.), im angrenzenden Westungarn, in Südkärnten, in der Untersteiermark und in Krain. Westpreußen und Posen wurden damals freilich nur teilweise mit D. besiedelt. Starke Gruppen kamen auch in das Baltikum (Estland und Lettland) und nach Siebenbürgen. Die Deutschbalten bildeten in Estland, Livland und Kurland die Oberschicht bis zur Russifizierung Ende des 19. Jh. In den neuen Staaten Estland und Lettland, seit 1920 auch wirtschaftlich entmachtet, wurden fast die ges. Deutschbalten auf Grund von deutsch-estn. und deutsch-lett. Staatsverträgen (1939) sowie von Nachumsiedlerverträgen mit der Sowjetunion (1940) in die Reichsgaue Danzig-Westpreußen und Wartheland umgesiedelt.

Die D. im Memelgebiet, in Danzig, Westpreußen (Pommerellen), Posen und Ostoberschlesien lebten bis 1918 im Kgr. Preußen. Sie waren alle im Rahmen der mittelalterl. Ostsiedlung, zu verschiedenen Zeiten, in das Gebiet des späteren Königreichs eingewandert. Die meisten D. des Memelgebiets, alten Deutschordenslandes, flohen Ende Juli 1944. Die Deutschordens- und Hansestadt Danzig war durch den Versailler Vertrag zur Freien Stadt (bis 1939) gemacht worden, obwohl 97,6% ihrer Bevölkerung D. waren. 1945 wurde sie von der poln. Regierung dem poln. Staat eingegliedert. In den preuß. Prov. Westpreußen und Posen lebten ebenfalls seit dem 13. und 14. Jh. D., dort vom Dt. Orden, hier von den poln. Fürsten ins Land gerufen. Schon 1919 verminderten sich die D. durch Wegzug und durch Ausweisung. Die meisten D. flüchteten 1944–45 in das von alliierten Truppen besetzte Deutschland.

Die Sudetendeutschen aus den habsburg. Kronländern Böhmen, Mähren und Österreichisch-Schlesien bildeten nach den Österreichern die zweitgrößte D. Volksgruppe unmittelbar jenseits der Reichsgrenzen, zusammen mit einigen Siedlungsgebieten um Budweis, Iglau, Brünn, Olmütz u.a. In diesen seit 700–800 Jahren von D. besiedelten Randgebieten Böhmens und Mährens wurden auf Grund der Potsdamer Beschlüsse der Alliierten vom 2. 8. 1945 alle D. zur Aussiedlung bestimmt. Etwa 250000 Deutsche (meist Facharbeiter mit ihren Familien) blieben in der Tschechoslowakei zurück. Ein ähnliches Schicksal haben die D. in der Slowakei erlitten, die seit dem 13. und 14. Jh. als Bergleute nach Oberungarn gekommen waren und an ihrer Kultur festgehalten hatten. Im großen und ganzen unversehrt jenseits der O- und SO-Grenze von 1937 hat sich das dt. Sprachgebiet in Österreich erhalten können. Auch das 1919 ihm angegliederte, bis dahin zu Ungarn gehörende deutschsprachige Burgenland verblieb ihm unter Vorenthaltung seiner Hauptstadt Ödenburg. In Südtirol, das 1919 zu Italien kam, lebten etwa 200000, im Kanaltal (Südkärnten), das ebenfalls ital. wurde, etwa 6000 deutsch Sprechende. Die 1919 an Jugoslawien gefallene Untersteiermark hatte etwa 30000 deutschsprachige Einwohner. Aus dem MA. stammten auch die dt. Sprachinseln in Krain, die ebenfalls 1919 an Jugoslawien kamen. Während des 2. Weltkriegs wurden 15000 Einwohner deutscher Sprache aus den Gebieten von Gottschee und Laibach umgesiedelt.

Die größte der vom geschlossenen dt. Sprachgebiet getrennten Gruppen ist seit der Mitte des 12. Jh. die der Siebenbürger Sachsen. Durch ihre geschlossene Siedlung in drei Hauptgebieten (um Bistritz, Hermannstadt und Kronstadt), ihre von jeher straffe Organisation und ihre kulturelle Höhe haben sie sich gegenüber den Bestrebungen sowohl der Magyaren wie der Rumänen verhältnismäßig unversehrt erhalten können, bis auch hier seit 1944 ein Wandel eintrat. Ein Teil (aus Nordsiebenbürgen) flüchtete nach Dtl. und Österreich, die Mehrheit blieb jedoch die einzige geschlossene Gruppe in einem ostmitteleurop. Staat.

Deutschsprachige und Deutschbürtige in:	vor 1937 (in 1000)	
Österreich	6760	(1934)
Südtirol	234	(1935)
Liechtenstein	10	(1935)
Schweiz	2950	(1935)
Elsaß und Lothringen	1580	(1935)
Luxemburg	285	(1935)
Eupen-Malmedy und Altbelgien	100	(1935)
Niederlande	100	(1935)
Nordschleswig	35	(1937)
Estland	23	(1935)
Lettland (Baltendeutsche)	70	(1935)
Litauen	40	(1935)
Memelgebiet	80	(1935)
Danzig	379	(1937)
Posen und Westpreußen	325	(1937)
Ostoberschlesien	300	(1937)
Teschen-Schlesien	40	(1935)
Kongreßpolen	350	(1937)
Galizien	60	(1937)
Wolhynien	65	(1937)
Ukraine	395	(1935)
Krim	45	(1935)
Wolgadeutsche ASSR	392	(1935)
Sibirien	120	(1935)
Kaukasus	75	(1935)
Bessarabien	90	(1935)
Dobrudscha	25	(1937)
Bukowina	96	(1937)
Altrumänien	93	(1937)
Sathmar	40	(1935)
Siebenbürgen	230	(1935)
Banat und Batschka	790	(1935)
Kroatien und Slowenien	160	(1935)
Bosnien	16	(1935)
Südsteiermark und Krain	70	(1935)
Ungarn	505	(1935)
Karpatorußland	15	(1935)
Slowakei (Zips)	150	(1935)
Sudetengebiet	3100	(1935)
Kanada	400	(1936)
USA	5200	(1937)
Mexiko	13	(1935)
Brasilien	900	(1935)
Argentinien	230	(1935)
Chile	40	(1937)
Paraguay	15	(1935)
Übriges Mittel- und Südamerika	25	(1935)
Australien	77	(1935)
Asien	21	(1935)
SW-, Ost- und S-Afrika	51	(1935)

In Ungarn, das seit 1683–86 den Türken wieder entrissen war, entstanden mehrere Siedlungsgebiete der Ungarndeutschen (vor allem westlich von Budapest), dann der Banater Schwaben, der D. in der Batschka, der Schwäbischen Türkei, Slawonien, im Gebiet von Sathmar und im späteren Karpatorußland. Nach der ersten Teilung Polens (1772) traten hierzu dt. Streusiedlungen in Galizien und der Bukowina, dazu die im 19. Jh. entstandenen dt. Siedlungen in Altrumänien, der Dobrudscha und an der ehem. Militärgrenze in Bosnien.

Nach 1918 verblieben die D. im Kerngebiet Ungarns, das Banat wurde auf Ungarn, Rumänien und Jugoslawien verteilt, die Batschka auf die beiden letzteren, Sathmar und die Bukowina fielen an Rumänien, Slawonien und Bosnien an Jugoslawien, Karpatorußland an die Tschechoslowakei, Galizien an Polen.

Auf Grund des Potsdamer Abkommens vom 2. 8. 1945 sollten die Ungarndeutschen ausgesiedelt werden. Von den 633000 Ungarndeutschen 1944/45 blieben nur etwa 270000 im Land. Aus Rumänien kamen D. während des 2. Weltkriegs und danach. Von den Zurückgebliebenen wurden die Banater Schwaben 1951 zum großen Teil in die Baragan-Steppe umgesiedelt.

Auch aus Jugoslawien wurden D. während des 2. Weltkriegs nach Dtl. umgesiedelt. Die D. in Ostgalizien wurden nach dem Polenfeldzug auf Grund von Staatsverträgen mit der Sowjetunion von 1940 in das Dt. Reich umgesiedelt.

Seit dem Ende des 18. Jh. bis zur Mitte des 19. Jh. entstanden neue Siedlungen von D. in Rußland. So kamen 1763 bis 1767 unter Katharina II. D. in die Kirgisensteppe an der Wolga, seit 1787 unter ihrem Schützling Potemkin in die Ukraine. Der dortige Zuzug wurde dann erneut durch Alexander I. gefördert (1804–09), desgleichen seit 1814 der in das den Türken abgenommene Bessarabien; selbst auf die Krim und in das Land nördlich und südlich des Kaukasus kamen D. Auch in Polen setzte im 18. Jh. eine neue dt. Siedlungsbewegung ein, jedoch nicht vom Staat, sondern von örtl. Stellen ins Leben gerufen; sie ging nach den Teilungen Polens im russ. Herrschaftsgebiet weiter und endete in Kongreßpolen erst mit der Bauernbefreiung 1861. Von Kongreßpolen aus wurden dann in der zweiten Hälfte des 19. Jh. als jüngste dt. Gruppe in Osteuropa die Siedlungen im Cholmer und Lubliner Land, vor allem aber in Wolhynien gegründet. Schließlich kam es nicht zu einer privaten dt. bäuerl. Siedlung in Litauen, meist vom Ostpreußen aus.

Die 1944 nach Dtl. geflüchteten 220000 Rußland-D. sind nach 1945 z. T. (aus der sowjet. Besatzungszone) in das Innere der Sowjetunion verschleppt worden. Das gleiche Schicksal erlitten die seit 1920 im rumän. Staatsverband lebenden Bessarabien-D. Von den D., die 1920–21 an Polen kamen, wurden nach dem Polenfeldzug 170000 aus Wolhynien und Ostpolen umgesiedelt, meist in die Reichsgaue Warteland und Danzig-Westpreußen; von dort flüchteten sie 1944–45 nach W-Dtl. Die D., die seit 1920 zu Litauen gekommen waren, wurden in das Dt. Reich umgesiedelt, 1942–43 aber z. T.

wieder zurückgebracht; 1944–45 flüchteten sie zum größten Teil nach NW-Dtl.

Deutsche in Übersee. In Kanada begann um 1750 eine anfangs begrenzte Siedlung, die im folgenden Jh. wesentlich an Umfang zunahm, dann nochmals zu Beginn des 20. Jh. und wiederum nach 1945 um viele Zehntausende verstärkt wurde. Der Hauptstrom des dt. Bevölkerungsüberschusses floß jedoch, schon 1683 beginnend, bes. stark seit 1848, in die USA; er übertraf an Zahl bei weitem alle übrigen dt. Auswanderer und Siedler zusammen, mündete jedoch zum großen Teil im amerikan. ›Schmelztiegel‹; anders dagegen in Mittel- und vor allem in Südamerika, wo sich dt. Sprache und Kultur in geschlossenen und Streusiedlungen erhalten haben. Von ihnen wiederum steht Brasilien an der Spitze, wo seit 1824 (São Leopoldo), verstärkt nach 1850 (Blumenau), viele D. einwanderten. Heute leben sie meist in den Staaten Rio Grande do Sul, Santa Catarina, São Paulo und Paraná. In Argentinien wurde 1836 die erste dt. Ansiedlung gegründet; nach 1850 siedelte die Regierung planmäßig D. an. Ein neuer Zuzug kam nach dem 2. Weltkrieg ins Land. In Chile siedelten sich die ersten D. 1850 bei Valdivia und in der Prov. Chiloé an, später auch in Santiago, Valparaíso und Concepción.

In die übrigen Erdteile sind nur wenige D. ausgewandert. In Australien begann die Siedlung 1838 und hat stetig angedauert. In Afrika siedelten schon mit den Buren auch D., seit der Mitte des 19. Jh. erneut auf dem Gebiet der späteren Südafrikan. Union (Natal). Von den seit dem Jahre 1884 erworbenen Schutzgebieten des Dt. Reiches war klimatisch nur Südwestafrika für eine Siedlung geeignet, die sich dort auch erhalten hat. Das Deutschtum in Asien ist nach dem 2. Weltkrieg fast völlig verschwunden, so die (schwäb.) Templer in Palästina.

LIT. K. Ploetz: Raum und Bevölkerung in der Weltgesch. (Bevölkerungs-Ploetz), 4 Bde. (³1965–68); Hb. der dt. Wirtschafts- und Sozialgesch., hg. v. H. Aubin u. W. Zorn, 2 Bde. (1971–76).

Deutsche Adelsgenossenschaft, Verein dt. Edelleute (1874–1944), mit der Wochenschrift ›Deutsches Adelsblatt‹. Ihre Aufgaben sind 1945 auf das Deutsche Adelsarchiv übergegangen.

Deutsche Afrika-Gesellschaft e. V., gegr. 1956 zur Förderung der Afrika-Kenntnisse und der Beziehungen der Bundesrep. Dtl. zu den afrikan. Staaten; Sitz: Bonn.

Deutsche Akademie, 1925–45 Einrichtung zur wissenschaftl. Erforschung und Pflege des Deutschtums, z. T. durch das 1951 gegr. → Goethe-Institut ersetzt.

Deutsche Akademie der Naturforscher Leopoldina zu Halle/Saale, älteste naturforschende Ges., 1652 in Schweinfurt gegr., 1742 in ›Kaiserlich Leopoldinisch-Carolinische Dt. Akademie der Naturforscher‹ umbenannt, seit 1878 mit Sitz in Halle an der Saale.

Deutsche Akademie der Wissenschaften zu Berlin, 1946 in O-Berlin als Nachfolgeorganisation der 1700 gegr. ›Kurfürstl. Brandenburgischen Societät der Wiss.‹ gegr., 1972 umbenannt in *Akademie der Wiss. der DDR.*

Deutsche Akademie für Sprache und Dichtung, gegr. 1949 von den dt. Schriftstellerverbänden als Nachfolgerin der ›Sektion für Dichtkunst‹ der früheren Preuß. Akademie; verleiht u. a. den Georg-Büchner-Preis für literar. Kritik, den Sigmund-Freud-Preis für wissenschaftl. Prosa. Sitz: Darmstadt.

Deutsche Allgemeine Zeitung, Abk. **DAZ, 1)** nationalliberale Tageszeitung, gegr. 1837 im Verlag F. A. Brockhaus als ›Leipziger Allgemeine Zeitung‹, seit 1843, als sie in Preußen verboten wurde, u. d. T. DAZ (bis 1879).

2) konservativ-liberale Tageszeitung, gegr. 1861 als ›Norddeutsche Allgemeine Zeitung‹ in Berlin von A. H. Brass (* 1818, † 1876), seit 1863 staatlich subventioniert, das Sprachrohr Bismarcks (›Kanzlerblatt‹). Seit 1918: D. A. Z., 1945 eingestellt.

Deutsche Angestellten-Gewerkschaft, Abk. **DAG,** → Angestelltengewerkschaften.

Deutsche Angestellten-Krankenkasse, abgek. **DAK,** → DAK.

Deutsche Arbeitsfront, Abk. **DAF,** gegr. nach Auflösung der Gewerkschaften im Zug der nat.-soz. Gleichschaltungspolitik am 10. 5. 1933, am 10. 10. 1945 aufgelöst. Leiter war R. Ley. Die DAF lehnte die überlieferte Trennung der Berufsorganisationen in Arbeitnehmer- und Arbeitgeberverbände ab. Die versch. Wirtschaftszweige wurden als ›Reichsbetriebsgemeinschaften‹ der DAF eingegliedert (18); als korporative Mitgl. waren die Reichskulturkammer, die Organisation der gewerbl. Wirtschaft und der Reichsnährstand angeschlossen. Eine Sonderdienststelle war die Gemeinschaft ›Kraft durch Freude‹. 1936: rd. 20 Mio. Mitgl., Mitgliedschaft formell-rechtlich freiwillig; starker Beitrittszwang. Die DAF entwickelte zahlreiche eigene wirtschaftl. Unternehmen (z. B. Bank deutscher Arbeit, Volkswagenwerk in Wolfsburg, Versicherungs- und Verlagsunternehmen).

Deutsche Atomkommission, gebildet 1955 zur Beratung des für Fragen der Atomenergie zuständigen Bundes-Min., aufgelöst 1971. An ihre Stelle traten beratende Fachausschüsse.

Deutsche Bank AG, Frankfurt a. M., dt. Großbank, führt sämtliche Bankgeschäfte durch; gegr. 1870, 1929 Fusion mit der Disconto-Gesellschaft, Berlin, zur ›Deutschen Bank und Disconto-Gesellschaft‹ (seit 1937 D. B.). 1948 wurde die D. B. durch die Besatzungsmächte dezentralisiert: bis 1952: 10 Nachfolgeinstitute, danach 3, die sich 1957 wieder zur D. B. zusammenschlossen.

Deutsche Bau- und Bodenbank AG, Berlin/ Frankfurt a. M., Spezialbank zur Finanzierung der Bau- und Wohnungswirtschaft; gegr. 1923 als ›Dt. Wohnstätten-Bank AG‹, seit 1926 jetzige Firma.

Deutsche Bewegung, von W. Dilthey geprägter, durch H. Nohl eingeführter Ausdruck für die Epoche der dt. Geistesgeschichte, die etwa durch die Lebenszeit Goethes bestimmt ist.

Deutsche Bibliothek, Frankfurt a.M., Stiftung öffentl. Rechts, gegr. 1946. Die D.B. entspricht in ihrer Zielsetzung der Deutschen Bücherei in Leipzig; sie sammelt das gesamte seit 1945 erscheinende dt. und fremdsprachl. Schrifttum des Inlands sowie das deutschsprachige des Auslands und bearbeitet die dt. Bibliographie.

Deutsche Bücherei, Leipzig, 1912 als Ersatz für eine dt. Nationalbibliothek vom Börsenverein der Dt. Buchhändler gegr. öffentliche Präsenzbibliothek. Auf Grund von Vereinbarungen mit den Verlegern über kostenlose Lieferung der Bücher sammelt sie die gesamte dt. und fremdsprachige Literatur Dtl.s und die dt. Literatur des Auslands seit 1913. Sie bearbeitet, wie die Deutsche Bibliothek in Frankfurt, die nationale dt. Bibliographie, außerdem verschiedene Sonderbibliographien.

Deutsche Bucht, auch *Helgoländer Bucht,* die südöstl. Bucht der Nordsee vor den dt. Küsten, mit den wichtigsten dt. Nordseehäfen.

Deutsche Bundesbahn, Abk. **DB,** Verkehrsunternehmen der Bundesrep. Dtl. in Gestalt einer selbständigen, nicht rechtsfähigen Anstalt des öffentl. Rechts, formell 1951 entstanden durch Zusammenschluß der bis dahin in den westl. Besatzungszonen getrennt verwalteten Teile der früheren Deutschen Reichsbahn. Die DB, ein nicht rechtsfähiges Sondervermögen des Bundes mit eigener Wirtschafts- und Rechnungsführung (Bundesbahnges. v. 1951), ist mit dem Ziel bester Verkehrsbedienung wie ein Wirtschaftsunternehmen nach kaufm. Grundsätzen zu führen; sie unterliegt der Verpflichtung gemeinwirtschaftl. Verkehrsbedienung und sicherer Betriebsführung. Die Dienststellen sind Bundesbehörden.

Organe. Der Vorstand (ein Vorsitzer und 3 Mitgl.) leitet die Geschäfte, der Verwaltungsrat (20 Mitgl.) faßt Beschlüsse, an die der Vorstand gebunden ist. Instrument des Vorstandes und Verwaltungsspitze ist die Hauptverwaltung (HVB) in Frankfurt a.M. Ihr nachgeordnet sind in der Mittelinstanz nach funktionalen Gesichtspunkten gebildete, für das gesamte Bundesgebiet zuständige zentrale Stellen sowie die 10 regionalen Bundesbahndirektionen (Essen, Frankfurt a.M., Hamburg, Hannover, Karlsruhe, Köln, München, Nürnberg, Saarbrücken, Stuttgart).

Die finanzielle Lage der DB hat sich seit 1961 zunehmend verschlechtert. Zum Abbau der Bundesleistungen sind einschneidende Maßnahmen erforderlich; vorgeschlagen: hoher Schienen-(Streckenlänge 1980: 28500 km) und Personalabbau (Beschäftigte 1981: 342000, davon 186000 Beamte).

Deutsche Bundesbank, die zentrale Notenbank der Bundesrep. Dtl. und W-Berlins mit Sitz in Frankfurt a.M. Die D.B. ist eine jurist. Person öffentl. Rechts, deren Grundkapital von 290 Mio. DM dem Bund zusteht. Durch Ges. über die D.B. (Bundesbankgesetz) v. 26. 7. 1957 wurden am 1. 8. 1957 die neun, von den westl. Besatzungsmächten geschaffenen Landeszentralbanken und die Berliner Zentralbank mit der Bank dt. Länder zur D.B. verschmolzen.

Oberstes Organ ist der *Zentralbankrat;* er besteht aus Mitgl. des Direktoriums der D.B. und den Präsidenten der Landeszentralbanken. Wichtigste Aufgabe: Festlegung der Währungs- und Kreditpolitik der D.B. Mitgl. der Bundesregierung können an seinen Beratungen (ohne Stimmrecht) teilnehmen und Anträge stellen. Das *Direktorium,* zentrales Exekutivorgan aus dem Präsidenten, dem Vizepräsidenten der D.B. sowie bis zu acht weiteren Mitgl., wird vom Bundespräsidenten auf Vorschlag der Bundesregierung bestellt.

Die D.B. regelt den Geldumlauf und die Kreditversorgung der Wirtschaft mit dem Ziel, die Währung zu sichern. Sie sorgt für die bankmäßige Abwicklung des Zahlungsverkehrs im Inland und mit dem Ausland. Die D.B. hat das alleinige Recht der Notenemission. Ihre Banknoten sind das einzige unbeschränkte gesetzl. Zahlungsmittel in der Bundesrep. Dtl. Die Prägung von Scheidemünzen steht dem Bund zu.

Deutsche Bundespost, Abk. **DBP,** ist unmittelbare Bundesverwaltung, die vom Bundes-Min. für das Post- und Fernmeldewesen unter Mitwirkung eines Verwaltungsrates geleitet wird. Sie kann im Rechtsverkehr unter ihrem Namen handeln, klagen und verklagt werden, besitzt jedoch keine eigene Rechtspersönlichkeit. Das Vermögen ist Sondervermögen des Bundes mit eigener Haushalts- und Rechnungsführung. Die DBP muß ihre Ausgaben durch ihre Einnahmen decken. Die Einnahmen werden fast ausschließlich durch Gebühren erzielt.

Organisation. Dem Bundesministerium unterstehen als mittlere Bundesbehörden 17 Oberpostdirektionen und die Landespostdirektion Berlin sowie das ›Fernmeldetechnische Zentralamt‹, das ›Posttechnische Zentralamt‹, beide in Darmstadt, und das ›Sozialamt der DBP‹ in Stuttgart. Den Oberpostdirektionen unterstehen als untere Bundesbehörden die selbständigen Ämter des Post- und Fernmeldewesens. Die DBP ist mit einem Umsatzerlös von (1980) rd. 37,5 Mrd. DM das größte Unternehmen der Bundesrep. Dtl. Die DBP hatte (1981) 512000 Bedienstete (davon 79000 Teilzeit).

Leistungen der DBP (1980): 12,2 Mrd. Briefsendungen, 268 Mio. Paketsendungen, 14,1 Mrd. Ortsgespräche, 7,8 Mrd. Ferngespräche, 13 Mio. Telegramme. Von 28,6 Mio. Fernsprechstellen waren 20,7 Mio. Hauptanschlüsse.

Deutsche Centralkredit-AG, West-Berlin/Köln, dt. Hypothekenbank, betreibt vor allem das Finanzierungsgeschäft für den Wohnungsbau; entstanden 1930 u.a. aus der ›Preußischen Central-Bodenkredit- und Pfandbrief-Bank AG‹; neu gegründet 1951.

Deut

Deutsche Christen, Abk. **D. C.**, evang.-kirchl. Bewegungen im Dt. Reich, 1) die *Kirchenbewegung D. C.* (Nationalkirchl. Bewegung) entstand 1927 in Thüringen unter S. Leffler und J. Leutheuser und war stark von Wandervogel und der bünd. Bewegung, in ihrem religiösen Gehalt bes. von J. C. Blumhardt und A. Bonus beeinflußt. Ihr volksmissionar. Ziel war eine auf Glauben und neuartig geprägten Kultus beruhende Reich-Gottes-Bewegung. Sie wurde seit 1936 von der NSDAP immer stärker abgelehnt. 2) die *Glaubensbewegung D. C.* war, von J. Hossenfelder geführt, unter unmittelbarem Einfluß der NSDAP seit 1932 in Preußen entstanden. Ihr Ziel war vor allem kirchenpolitisch: bestimmender Einfluß innerhalb der Kirche. 1933 strömten ihr die Mehrheit der Pfarrer und des Kirchenvolkes zu, doch führte die seit Herbst 1933 offenkundige Gegensätzlichkeit innerhalb der Bewegung bald zu ihrer Aufsplitterung und Auflösung (1936). → Bekennende Kirche, → Kirchenkampf.

Deutsche Demokratische Partei, Abk. **DDP**, gegr. 1918 unter führender Mitwirkung von F. Naumann, Zusammenschluß der Fortschrittlichen Volkspartei mit einem Teil der Nationalliberalen Partei. Die DDP trat u. a. entschieden für Parlamentarismus, Privatwirtschaft mit sozialpolit. Verbindlichkeiten, Einheitsschule ein. In der Nationalversammlung verfügte die DDP über 75 Sitze (18%) und bildete mit der SPD und dem Zentrum die Weimarer Koalition. 1920–32 war sie an allen Reg. beteiligt; 1930 noch 20 Abg. 1930 bildete sie mit dem Jungdt. Orden die Dt. Staatspartei, die 1932 nur noch zwei, 1933 fünf Sitze erhielt.

Deutsche Demokratische Republik, Abk. **DDR**, Staat in Mitteleuropa, (mit Ost-Berlin) 108 179 km^2 und (1982) 16,73 Mio. Ew., Hauptstadt: Ost-Berlin; Uhrzeit MEZ. – Währungseinheit ist die Mark der Deutschen Demokratischen Republik (M) = 100 Pfennig (Pf). – Die DDR wird im N von der Ostsee, im W von der Bundesrep. Dtl. (Länge der Grenze 1381 km), im S von der Tschechoslowakei (430 km), im O von Polen (456 km) begrenzt.

Die DDR hat Anteil am Norddeutschen Tiefland, das rd. zwei Drittel seiner Fläche einnimmt, und an der dt. Mittelgebirgsschwelle. Die Ostseeküste ist buchtenreich; sie hat neben kurzen Steilküstenabschnitten Sandstrand. Inseln sind ihr vorgelagert. Kernstück des Norddt. Tieflands ist die Elbe-Oder-Tiefland mit den Brandenburgischen Platten und Niederungen sowie den anschließenden Mecklenburgischen und Pommerschen Landrücken (Seenplatten). Die Mittelgebirgszone umfaßt den Harz, Thüringer Wald und das Erzgebirge mit dem höchsten Berg des Landes (Fichtelberg 1214 m). Zw. den Gebirgen liegen durch Flüsse miteinander verbundene Senken und Becken (u. a. Thüringer Becken), die eine abwechslungsreiche Landschaft schaffen.

Die *Bevölkerungsentwicklung* ist durch die Kriegsereignisse, die in den Jahren 1944–61 erfolgte Abwanderung von über 3 Mio. Menschen sowie eine weitgehende Stabilisierung des biolog. Wachstums seit 1945 gekennzeichnet. Auf dem Gebiet der DDR lebten (bis auf 1946 Volkszählungen) am 17. 5. 1939: 16,745 Mio., 1946: 18,5 Mio., am 31. 8. 1950: 18,388 Mio., am 31. 12. 1964: 17,004 Mio., am 1. 1. 1971: 17,068 Mio., am 31. 12. 1981: 16,732 Mio. Menschen. Der Überschuß der Geborenen (+) oder Gestorbenen (−) betrug (auf 1000 Ew.) 1938: + 6,1; 1946: − 12,5; 1950: + 4,6; 1960: + 3,4; 1970: − 0,2; 1975: − 3,5; 1980: + 0,4.

In Städten über 100 000 Ew. lebten (1950) 20,7%, (1980) 25,9% der Bevölkerung. Großstädte sind Leipzig und Dresden mit über 500 000 Ew., ferner Karl-Marx-Stadt, Magdeburg, Halle/Saale, Rostock, Erfurt, Potsdam, Zwickau, Gera, Schwerin, Cottbus, Jena und Dessau.

Eine nennenswerte Minderheit sind die → Sorben, die eine gewisse Kulturautonomie genießen.

Deutsche Demokratische Republik: Bezirke

Bildung. 1946 wurde durch das ›Gesetz zur Demokratisierung der dt. Schule‹ in der Sowjet. Besatzungszone die Dreigliedrigkeit des allgemeinbildenden Schulwesens aufgehoben und eine 8jährige Grundschule als Einheitsschule geschaffen. Durch das ›Gesetz über die sozialist. Entwicklung des Schulwesens‹ vom 2. 12. 1959, das sich ausdrücklich an die sowjet. Schulreform von 1958 anschloß, wurden die allgemeinbildenden Schulen zu polytechn. Oberschulen umgestaltet. Das ›Gesetz über das einheitl. sozialist. Bildungssystem‹ vom 25. 2. 1965 führte diese Reform weiter und faßte alle Bildungseinrichtungen von der Vorschulerziehung bis zu den Hochschulen und Einrichtungen der Aus- und Weiterbildung der Werktätigen zusammen.

Nach diesem Gesetz besteht allgemeine 10jähr. Schulpflicht für alle Kinder, darauf folgt Berufsschulpflicht bis zur Beendigung der Lehrzeit. Es besteht allgemeine Schulgeldfreiheit, das Direktstudium an Univ., Hoch- und Fachschulen ist für die Bürger der DDR gebührenfrei. Der Pflichtschule gehen die Einrichtungen der Vorschulerziehung voraus: Kinderkrippen, Kindergärten, Kinderwochenheime und Vorschulheime (für Kinder, die nicht in der Familie aufwachsen können). Der Besuch ist freiwillig.

Die allgemeinbildende polytechn. Oberschule ist in Unter-(Klasse 1–3), Mittel-(Klasse 4–6) und Oberstufe (Klasse 7–10) gegliedert, ab Klasse 5 beginnt der Unterricht durch Fachlehrer und der Fremdsprachenunterricht (Russisch). Die 2jähr. erweiterte polytechn. Oberschule (EOS) führt zum Abitur.

Es besteht ein differenziertes Ingenieur- und Fachschulwesen. Das Studium an Fachschulen sowie an den Universitäten (6 Univ. in Ost-Berlin, Leipzig, Halle/Saale, Jena, Rostock, Greifswald und eine TU in Dresden) und Hochschulen erfolgt als Direkt-, Fern- oder Abendstudium und schließt neben den Fachdisziplinen obligatorische gesellschaftswissenschaftl. Studien auf der Basis des Marxismus-Leninismus ein.

Zentrale Einrichtung für alle wissenschaftl. Vorhaben ist die Akademie der Wiss. der DDR in Ost-Berlin (bis 1972 ›Dt. Akademie der Wiss.‹). Die öffentl. Ausgaben für das Bildungswesen betrugen 1980 rd. 9,8 Mrd. M (rd. 6,1% des Gesamthaushalts).

Religion. In der DDR leben (1976) 9,86 Mio. Protestanten (Evang. Kirche der Union – Bereich DDR: Anhalt, Berlin-Brandenburg – Regionalsynode Ost, Kirchengebiet Görlitz, Greifswald, Kirchenprov. Sachsen; Verein. Evang.-Luther. Kirche in der DDR: Mecklenburg, Sachsen, Thüringen) und 1,2 Mio. Katholiken (Bistum Berlin, Bistum Meißen, Apostol. Administraturen Erfurt-Meiningen, Görlitz, Magdeburg, Schwerin). Die wenigen russ.-orth. Gemeinden gehören zum mitteleurop. Exarchat des Moskauer Patriarchats (Sitz: Berlin-Karlshorst). – Nach der Verf. sind Staat und Kirche getrennt. Die anerkannten Religionsgesellschaften dürfen Gottesdienst halten und (freiwillige) Kirchensteuer erheben. Ihnen ist auch die Erteilung des Religionsunterrichts in kircheneigenen Räumen gestattet. Die von der Verfassung garantierte Religionsfreiheit wird vielfach beschränkt, so daß der Trend zu einer noch stärkeren Identifizierung von Staat, Gesellschaft und Partei vorherrscht. Staatl. ›Ersatzriten‹ wie Kinder-, Jugend-, Ehe- oder Grabweihen werden propagiert. Die früheren staatl. Feiertage Ostermontag, Himmelfahrt und Buß- und Bettag sind aufgehoben.

Verfassung. Die DDR ist ein auf dem Territorium des ehemaligen Dt. Reiches am 7. 10. 1949 gegründeter, das Gebiet der vormaligen Sowjet. Besatzungszone umfassender Staat; zunächst unter dem Vorbehalt der sowjet. Besatzungs-

macht, wurde ihr durch Erklärung der UdSSR vom 25. 3. 1954 volle Souveränität zugestanden. Im Truppenvertrag von 1957 sind der UdSSR allerdings militär. Sonderrechte vorbehalten.

Die staatliche Ordnung wurde zunächst durch die Verf. vom 7. 10. 1949 geregelt. Sie war als gesamtdeutsche Verf. konzipiert und wies noch Züge einer parlamentarisch-demokrat. Staatsordnung auf. Am 6. 4. 1968 wurde durch Volksentscheid die 2. Verf. verabschiedet, die durch Ges. vom 27. 9. 1974 in wesentlichen Punkten geändert wurde.

Die Verf. bezeichnet in Art. 1 die Dt. Dem. Rep. als sozialistischen Staat (der Zusatz ›deutscher Nation‹ ist 1974 gestrichen worden) und streicht die Führungsrolle der ›Arbeiterklasse und ihrer marxistisch-leninistischen Partei‹, der Sozialistischen Einheitspartei (SED), heraus. Dieses Prinzip schließt die Existenz anderer Parteien nicht aus. Alle Parteien und Massenorganisationen sind jedoch in der nationalen Front zusammengeschlossen (Art. 3), die ihrerseits unter der Führung der SED steht. Als unantastbare Grundlagen der sozialist. Gesellschaftsordnung nennt die Verf. das feste Bündnis der Arbeiterklasse mit den Genossenschaftsbauern, der werktätigen Intelligenz und anderen Volksschichten, das sozialist. Eigentum an den Produktionsmitteln sowie das Prinzip der Leitung und Planung der gesellschaftl. Entwicklung (Art. 2,2), das insbes. die Wirtschaft betrifft, die als sozialist. Planwirtschaft gekennzeichnet wird (Art. 9,3).

In außenpolit. Hinsicht statuiert die Verf. das ewige und unwiderrufliche Bündnis mit der UdSSR sowie die untrennbare Zugehörigkeit der DDR zur sozialist. Staatengemeinschaft (Art. 6,2 u. 3). Ein Wiedervereinigungsanliegen, wie es im Text von 1968 noch zum Ausdruck gebracht worden war, ist mit der Verfassungsnovelle von 1974 gestrichen worden.

Die Grundrechte werden den Bürgern unter dem Gesichtspunkt der Mitgestaltung der polit., wirtschaftl., sozialen und kulturellen Verhältnisse eingeräumt. Ein Verständnis der Grundrechte im Sinn des Schutzes des Bürgers gegenüber Eingriffen des Staates und der Gesellschaft in seine Rechte wird verworfen. Dementsprechend ist auch der rechtl. Schutz der Grundrechte schwach ausgebildet (keine Verfassungs- und Verwaltungsgerichtsbarkeit). Im einzelnen gewährt die Verfassung: das Recht der Gleichheit einschl. der Gleichheit der Geschlechter (Art. 20), das Wahlrecht (Art. 22), das Wehrrecht als Wehrpflicht (Art. 23), das Asylrecht (Art. 23,3), das Recht auf Arbeit (Art. 24), auf Bildung (Art. 25), die Meinungs-, Presse- und Rundfunkfreiheit (Art. 27), die Versammlungsfreiheit (Art. 28), das Vereinigungsrecht (Art. 29), das Recht auf Unantastbarkeit der Persönlichkeit (Art. 30), das Post- und Fernmeldegeheimnis (Art. 31), das Recht auf Freizügigkeit innerhalb des Staatsgebietes (Art. 32), das Recht auf rechtl. Schutz (Art. 33), auf Fürsorge

Deut

(Art. 36), auf Wohnung (Art. 37), auf den Schutz von Ehe, Familie und Mutterschaft (Art. 38), auf Glaubensfreiheit (Art. 39) und schließlich das Recht der Sorben auf Pflege ihrer Muttersprache und Kultur (Art. 40). Neben den einzelnen Bürgern werden auch Gemeinschaften, nämlich Betrieben, Städten, Gemeinden, Gemeindeverbänden, Gewerkschaften und Produktionsgenossenschaften, verfassungsrechtl. Existenzgarantien und polit. Funktionen eingeräumt (Art. 41–46).

Der Staatsaufbau ist vom Grundsatz des demokrat. Zentralismus bestimmt (Art. 47). Oberstes Machtorgan ist die Volkskammer, deren 500 Abg. alle 5 Jahre gewählt werden. Alle anderen Staatsorgane sind von der Volkskammer abgeleitet und ihr gegenüber verantwortlich. Als Organ der Volkskammer nimmt der Staatsrat ihm übertragene Aufgaben wahr. Er übt zugleich die Funktionen eines kollektiven Staatsoberhauptes aus. Ebenfalls Organ der Volkskammer ist der Ministerrat, die Regierung der DDR. Er ist das oberste ausführende Organ der Innen- und Außenpolitik sowie oberstes Organ der Wirtschaftsleitung und der zentralen Staatsverwaltung. Der Ministerrat besteht aus dem Vorsitzenden, den Stellvertretern und den Ministern und bildet aus seiner Mitte das Präsidium des Ministerrats.

Wappen. Innerhalb eines goldenen Ährenkranzes auf rotem Grund ein goldener geöffneter Zirkel vor einem aufrechten goldenen Hammer. (Bild → deutsche Wappen)

Flaggen. Staats- und Handelsflagge: schwarz-rot-gold (goldgelb), in der Mitte mit dem Wappen belegt; die Dienstflagge der Nationalen Volksarmee ist die ›Staatsflagge‹, das Wappen auf einer roten Kreisscheibe von einem gelben Lorbeerkranz umzogen. (→ deutsche Flaggen)

Verwaltung. Das Staatsgebiet gliederte sich zunächst in die Länder Brandenburg, Mecklenburg, Sachsen, Sachsen-Anhalt und Thüringen. Diese Länder wurden jedoch durch Ges. vom 23. 7. 1952 aufgelöst und durch eine Aufgliederung in 14 Bezirke ersetzt (Größe und Bevölkerung). Als 15. Bezirk wird Ost-Berlin genannt, das rechtlich den Status eines Bezirks hat. Die Bezirke sind in Kreise und Gemeinden unterteilt. Den Volksvertretungen der Bezirke, Kreise und Gemeinden obliegt die Wahrnehmung der konkreten staatl. Verwaltungsaufgaben. Durch das System der doppelten Unterstellung (Weisungsgebundenheit der örtlichen Räte gegenüber ihren Volksvertretungen wie auch gegenüber dem Rat der übergeordneten Körperschaft) soll das Funktionieren einer einheitl. hierarchischen Staatsverwaltung gewährleistet werden.

Finanzen. Der Staatshaushalt 1981 erreichte ein Volumen von 164,5 Mrd. M (1980: 155,4). Wichtige Einnahmenposten sind die Erträge der volkseigenen Wirtschaft (rd. 80%). Abführungen der Banken, der Sozialversicherung und anderer staatl. Institutionen. Wichtige Ausgabeposten (in Mrd. M): Sozialversicherung u. a. Versorgungsleistungen 30, Preisstützung für Grundnahrungsmittel 20, Verteidigung 10, öffentl. Sicherheit, Rechtspflege und Grenzsicherung 4.

Von nur geringer Bedeutung sind die Einnahmen aus der steuerl. Belastung der Arbeitseinkommen der Berufstätigen (Lohnsteuersatz zw. 0,5% und 20%). Dagegen werden Einkommen aus selbständiger Arbeit sehr hoch (bis zu maximal 90%) besteuert.

Leistungen der Bundesrep. Dtl. an die DDR (1981) rd. 1,1 Mrd. DM, davon 525 Mio. DM Transitpauschale für den Verkehr nach West-Berlin. Dazu kommen DM-Deviseneinnahmen aus dem privaten Reiseverkehr von (geschätzt) rd. 1,6 Mrd. DM.

Größe und Bevölkerung (31. 12. 1978)

Bezirk	Größe in km^2	Ew. in 1000
Cottbus	8262	881
Dresden	6738	1817
Erfurt	7349	1237
Frankfurt	7186	698
Gera	4004	738
Halle	8771	1850
Karl-Marx-Stadt	6009	1945
Leipzig	4966	1424
Magdeburg	11525	1276
Neubrandenburg	10792	623
Potsdam	12572	1116
Rostock	7074	880
Schwerin	8672	589
Suhl	3856	547
Dt. Dem. Rep.	**107776**	**15622**
Ost-Berlin	*403*	*1129*

Recht. Auf dem Gebiet des Rechts wurde in einem langwierigen Prozeß begonnen, eine eigene ›sozialistische‹ Rechtsordnung aufzubauen. Wichtige Etappen sind die Justizreformen von 1952, 1958 und 1963. Neukodifizierungen sind zunächst in polit. wichtigen Bereichen erfolgt (z. B. Patentrecht 1950, Gerichtsverfassungsrecht 1952, Strafprozeßrecht 1952). Manche Rechtsgebiete sind auch bereits mehrfach neu kodifiziert worden (z. B. Gerichtsverfassungs-, Strafprozeß- und Vertragsrecht). Die gegenwärtig wichtigsten geltenden Kodifikationen sind: das Vertragsgesetz (VG) vom 25. 2. 1965, das Familiengesetzbuch (FGB) vom 20. 12. 1965, das Strafgesetzbuch (StGB), die Strafprozeßordnung (StPO) sowie strafrechtliche Nebengesetze vom 1. 1. 1968, das Gerichtsverfassungsgesetz (GVG) vom 27. 8. 1974, das Zivilgesetzbuch (ZGB) und die Zivilprozeßordnung (ZPO) vom 19. 6. 1975 und das Arbeitsgesetzbuch (AGB) vom 16. 6. 1977.

Gesellschaftliche Organisationen. Die Massenorganisationen sollen alle Gruppen der Gesellschaft erfassen und ihre Mitgl. sowohl für die

Durchführung von Parteibeschlüssen aktivieren als auch ihnen die Möglichkeit bieten, organisiert und kontrolliert spezif. Interessen nachzugehen. Massenorganisationen sind z.B.: Freie Deutsche Jugend, Kulturbund der DDR, Freier Deutscher Gewerkschaftsbund, Demokratischer Frauenbund Deutschlands, Vereinigung der gegenseitigen Bauernhilfe, Deutscher Turn- und Sportbund, die Gesellschaft für Deutsch-Sowjetische Freundschaft, daneben die Gesellschaft für Sport und Technik.

Streitkräfte. Allg. Wehrpflicht bei der Nat. Volksarmee oder bei der Zivilverteidigung (Dienstzeit 18 Monate); Gesamtstärke der Nat. Volksarmee (NVA): 157000 Mann; Heer: 105000 Mann, Reserve: 200000; Luftwaffe: 36000 Mann, Reserve: 30000; Volksmarine (VM): 16000 Mann, Reserve: 25000; NVA-Grenztruppe: 48000, Sicherheitstruppe: rd. 25000 Mann; Kampfgruppen der SED: 500000 Mann.

Wirtschaft. Die Wirtschaftsordnung der DDR stellt eine Zentralverwaltungswirtschaft (Planwirtschaft) nach sowjet. Vorbild dar; Kennzeichen: Vergesellschaftung von Produktionsmitteln, zentrale Planung des Wirtschaftsprozesses, administrative Festlegung von Preisen und Löhnen, staatl. Außenhandelsmonopol und Valutamonopol. Die Vergesellschaftung von Produktionsmitteln wurde rasch durchgesetzt: der Anteil privater Betriebe am Nettoprodukt sank von (1950) 43,2% über (1970) 5,6% auf (1976) 3,4%.

Bis 1963 lag der zentralen Planung die Mengenplanung (›Tonnenideologie‹) zugrunde. Erst in dem 1959 verabschiedeten Siebenjahrplan erhielt die Förderung der Konsumgüterind. höchste Priorität. Doch bereits 1961 führte die Nichterfüllung seiner Planziele zur Aufgabe des Siebenjahrplans; ihn löste 1962 der Perspektivplan 1962–70 ab. Zugleich vollzog sich der Übergang von der Mengenplanung zum Neuen Ökonomischen System (NÖS). Die betriebl. Entscheidungsbefugnisse wurden erweitert, begrenzte Möglichkeiten der Gewinnerzielung und Verwendung als Mittel der Leistungsanreizes zur Steigerung der volkswirtschaftl. Produktivität zugelassen. 1969/70 kam es zu einer Wachstumskrise und einer erneuten Revision der staatl. Planungsmethoden: das System der Planung und Leitung der Wirtschaft löste das NÖS ab, der Entscheidungsprozeß wurde wieder stärker zentralisiert, die Anzahl betriebl. Planziffern erhöht und mehr in realen Größen vorgegeben. Schließlich erhielt die Förderung von Infrastrukturbereichen erste Priorität.

Der Aufschwung der Wirtschaft ist angesichts der Schwierigkeiten, die dem Wiederaufbau entgegenstanden, und der Planungsprobleme beachtlich. So stieg 1950–80 das gesellschaftl. Gesamtprodukt von 62,8 Mrd. auf 457,7 Mrd. M, das produzierte Nationaleinkommen von 22,3 Mrd. auf 173,9 Mrd. M.

Landwirtschaft. Die landwirtschaftl. Nutzflä-

che von 6,3 Mio. ha (4,76 Mio. ha Ackerland, davon entfielen auf Weizen 0,76 Mio., Roggen 0,60 Mio., Kartoffeln 0,60 Mio., Zuckerrüben 0,27 Mio. ha; 1,3 Mio. ha Grünland; 1976) wird zu 94% von sozialist. Betrieben (87% LPG und 7% Volkseigenen Gütern) bewirtschaftet. Der Viehbestand betrug 1980: 5,72 Mio. Rinder (2,14 Mio. Kühe), 12,87 Mio. Schweine, 2,04 Mio. Schafe u.a.

Bergbau. An Bodenschätzen gibt es reiche Braunkohlenlager (Förderung 1980: 258,1 Mio. t) sowie Vorkommen von Steinsalz und Kalisalz, in sehr geringen Mengen Steinkohle, Blei-, Kupfer-, Zink- und Zinnerz, Flußspat, Erdgas u.a.

Industrie. Die stärksten Impulse des Wirtschaftswachstums gingen von der Entwicklung des industriellen Sektors aus. Der Index der industriellen Bruttoproduktion stieg von 1950 bis 1976 jährlich durchschnittlich um 8,2%, die Arbeitsproduktivität (industrielle Bruttoproduktion je Arbeiter und Angestellter) um 5,8%.

Zu den wachstumsstarken Industriezweigen zählen die elektrotechn. Ind. (bes. Datenverarbeitung, Büromaschinen, Meß-, Steuerungs- und Regelungstechnik, Elektronik) mit einem jährlich durchschnittl. Produktionswachstum von 9,0% und die chem. Ind. (bes. Plaste und Chemiefasern) mit 7,9%. Wachstumsschwache Zweige sind die Energie- und Brennstoffind. (3,5%), Textilind. (4,4%) und die Lebensmittelind. (4,4%). Seit Anfang der 70er Jahre wurde die Bauwirtschaft beschleunigt, auch im Fünfjahrplan 1976 bis 1980.

Von den nichtproduktiven Bereichen sind das Gesundheits-, Erziehungs- und Bildungswesen mit annähernd 700000 Berufstätigen bes. fortschrittlich ausgebaut.

Außenhandel. Der Außenhandelsumsatz stieg von (1950) 3,7 Mrd. auf (1979) 108,8 Mrd. Valuta-Mark (VM), und zwar die Ausfuhr von 1,7 Mrd. auf (1980) 57,1 Mrd. VM, die Einfuhr von 2,0 Mrd. auf 63,0 Mrd. VM. Der Außenhandel richtet sich vornehmlich auf den Warenaustausch mit den sozialist. Ländern, insbes. den Mitgliedstaaten des COMECON, dem die DDR seit 1950 angehört: (1980) 62,7% (= 75,3 Mrd. VM); davon über die Hälfte mit der UdSSR. Der Außenhandelsumsatz mit den westl. Industrieländern hatte 1980 den Anteil von 27,4%, der mit den Entwicklungsländern von 6,1%.

Zu den wichtigsten Exportwaren gehören Braunkohle, Maschinen, chem. Erzeugnisse und industrielle Anlagen. Bei der Einfuhr dominieren Rohstoffe, Halbfertigwaren sowie Nahrungs- und Genußmittel. Über den Handel mit der Bundesrep. Dtl. → innerdeutscher Handel.

Verkehr. Wirtschaftspolit. Schwerpunkte zur Förderung des Verkehrswesens waren der Ausbau des Seehafens Rostock, der Aufbau einer staatseigenen Handelsflotte (1981: 1,6 Mio. BRT) und die Umstellung des Eisenbahnverkehrs der Dt. Reichsbahn von Dampf- auf Diesel- oder Elektrolokomotiven.

Das Straßennetz hat bislang keine nennens-

Deut

werten Erweiterungen erfahren (Autobahnen und Fernverkehrsstraßen 1956: 12598 km, 1981: 13106 km, Bezirksstraßen 1956: 35300 km, 1981: 34369 km), obwohl sich der Bestand an Lkw 1950–80 von 96800 auf 348000, der an Pkw von 75700 auf 2678000 und der an Motorrädern und –rollern von 197500 auf 1305000 erhöht hat.

Geschichte. Nach der Kapitulation des nat.-soz. Deutschland (7./9. 5. 1945) errichtete die UdSSR in der ihr zugewiesenen Zone die *Sowjetische Militäradministration in Deutschland (SMAD).* Da es ihr nicht gelang, über den Alliierten Kontrollrat Einfluß in den Westzonen und damit eine Schlüsselstellung in ganz Dtl. zu gewinnen, verfolgte sie in ihrer Zone immer offener eigene Ziele. Die von den Siegermächten gemeinsam beschlossenen Maßnahmen zur Entnazifizierung und Entmilitarisierung Dtl.s und zur Reparationsfrage (Demontage) verband die SMAD mit ihren gesetzgeberischen Initiativen zur Umformung der *Sowjetischen Besatzungszone (SBZ)* nach dem Vorbild der UdSSR: Bodenreform (seit Sept. 1945; entschädigungslose Enteignung aller landwirtschaftl. Betriebe über 100 ha), Verstaatlichung (1945–48) großer Teile von Industrie (Volkseigene Betriebe, Sowjetische Aktiengesellschaften) und Handel. Die Schulreform von 1946 leitete den Aufbau eines marxistisch-leninistisch bestimmten Schul- und Bildungssystems ein. Die Vereinigung von KPD und SPD (1946) zur kommunistisch beherrschten → Sozialistischen Einheitspartei Deutschlands (SED) und die Einfügung der übrigen Parteien (CDUD, LDPD, NDPD, DBP) in ein von ihr geführtes ›antifaschist.‹ Blocksystem schufen die Grundlage eines von den Kommunisten beherrschten polit. Systems, in dem die anderen polit. Kräfte gleichgeschaltet sind. Maßgebender Politiker war seit 1945 W. Ulbricht, 1950–53 Gen.-Sekr., 1953–71 Erster Sekr. des ZK. Mit der Bildung der Deutschen Zentralverwaltungen (1945), bes. aber mit der Gründung der Deutschen Wirtschaftskommission (1947) entstand unterhalb der SMAD ein von der SED gesteuertes Verwaltungs- und Reg.-System.

Im Zug der *Volkskongreßbewegung* (→ Deutsche Volkskongresse) entstand 1949 die Verfassung der *Deutschen Demokratischen Republik;* die Staatsgründung erfolgte am 7. 10. 1949. Durch das System der Einheitslisten bei Wahlen, die im Rahmen der Nationalen Front unter Führung der SED alle Parteien und Massenorganisationen einschlossen, wurde jedes Risiko der Wahl vermieden. Die Zusammensetzung der Volkskammer stand damit von vornherein fest. Die Regierung leiteten 1949–64 O. Grotewohl, 1964–73 W. Stoph (erneut seit 1976), 1973–76 H. Sindermann (alle SED). 1949–60 war W. Pieck (SED) Staatspräs. 1960 wurde als kollektives Staatsoberhaupt ein Staatsrat eingerichtet, dessen Vorsitzende 1960–73 W. Ulbricht, 1973–76 W. Stoph waren; seit 1976 E. Honecker.

Einen ersten großen Einschnitt in der Geschichte der DDR stellte die 2. Parteikonferenz der SED (Juli 1952) dar, die den Übergang von der antifaschist. Blockpolitik zum ›Aufbau des Sozialismus‹ markierte. Die Kollektivierung der Landwirtschaft wurde nun eingeleitet (1960 vollendet), ein Teil der Volkspolizei beschleunigt bewaffnet (Kasernierte Volkspolizei als Kern der Nationalen Volksarmee – seit 1956). Die Länder wurden aufgelöst und in 14 Bezirke eingeteilt.

Das Anschwellen der Fluchtbewegung sowie die wirtschaftl. Krisensituation 1952/53 waren nach *Stalins* Tod (5. 3. 1953) der Hauptanlaß, einen ›Neuen Kurs‹ einzuleiten, der eine Pause im ›Aufbau des Sozialismus‹ einleiten sollte. Ein Arbeiteraufstand in Ost-Berlin und in einigen Großstädten (16. 6. 1953) wurde von sowjet. Panzern niedergeworfen.

Parallel zu den Veränderungen in der Bundesrep. Dtl. wurde die DDR mit Souveränitäts-Qualitäten durch die Sowjetunion ausgestattet. 1955 wurde ihre *Hohe Kommission* (1949–53 die *Sowjet. Kontrollkommission*) aufgelöst, die DDR mit einer hinsichtlich Berlins eingeschränkten ›Souveränität‹ ausgestattet, nachdem sie 1950 die Oder-Neiße-Linie (Görlitzer Vertrag) anerkannt hatte sowie 1950 dem COMECON und 1955 dem Warschauer Pakt beigetreten war.

Ein erneutes Anschwellen der Fluchtbewegung aus der DDR während der Berlin-Krise, die durch das Berlin-Ultimatum 1958 ausgelöst worden war, wurde durch den Bau der → Berliner Mauer (13. 8. 1961) rigoros unterbunden. Damit waren die Voraussetzungen für eine Festigung des kommunist. Regierungssystems und eine Konsolidierung des Staates gewaltsam geschaffen worden. Auf der Grundlage des 1963 eingeführten Neuen Ökonom. Systems der Planung und Leitung der Volkswirtschaft erlebte die DDR einen starken wirtschaftl. Aufschwung. Sie wurde zur zweitstärksten Industriemacht im Ostblock. Die von Ulbricht formulierte Konzeption des ›entwickelten gesellschaftl. Systems‹ und einer ›sozialist. Menschengemeinschaft‹ ließ die Klassenideologie vorübergehend etwas zurücktreten. Jedoch brachte die am 8. 4. 1968 in Kraft gesetzte zweite Verf. eine Absage an die dominierende gesamtdt. Perspektive der Verf. von 1949; jetzt wurde die DDR als ›sozialist. Staat dt. Nation‹ bezeichnet; allerdings wurde immer noch eine Wiedervereinigung auf der Grundlage der ›Demokratie und des Sozialismus‹ als Fernziel anvisiert. In der Politik der Abgrenzung suchte der Nachfolger Ulbrichts als Gen.-Sekr. des ZK der SED (seit 1971), E. Honecker, die sich aus der Ost- und Dtl.-Politik der Bundesrep. Dtl. ergebenden, dem Regime ›gefährlichen‹ Auswirkungen auf die DDR abzufangen. Die Klassenkampfideologie wurde nun wieder stark herausgestellt.

Die lang erstrebten außenpolit. Erfolge stellten sich in den siebziger Jahren ein. Nach Abschluß des → Grundvertrages mit der Bundesrep. Dtl. (21. 12. 1972) wurde die DDR, die bis dahin nur mit sehr wenigen Staaten außerhalb des Ostblocks diplomat. Beziehungen hatte aufnehmen können, allgemein, auch von den drei Westmächten (USA, Großbritannien, Frankreich) anerkannt. Die Bundesrep. Dtl. und die DDR tauschten ständige Vertretungen aus. Im Sept. 1973 wurde die DDR zusammen mit der Bundesrep. Dtl. in die Vereinten Nationen aufgenommen. Am 7. 10. 1974 wurde mit der Abänderung von 43 der 108 Artikel der Verf. von 1968 faktisch eine dritte Verf. in Kraft gesetzt. Der Begriff ›dt. Nation‹ wurde gestrichen, statt dessen von einer ›sozialist. Nation‹ gesprochen. Zur Verdeutlichung wurde ›deutscher Nationalität‹ in den Kommentaren hinzugefügt. Damit war die gesamtdt. Perspektive in der Verfassung aufgegeben.

Außenpolitisch wurde mit dem Abschluß eines neuen Freundschaftsvertrages mit der UdSSR am 7. 10. 1975 eine noch engere Verbindung zur kommunist. Führungsmacht hergestellt, die bis dahin auf einen Krieg in Europa beschränkte militär. Bündniszusage auf alle möglichen krieger. Konflikte ausgeweitet.

LIT. Th. Rüdiger: Modell DDR. Die kalkulierte Emanzipation ([4]1974); DDR-Hb., hg. v. Bundes-Min. für innerdt. Beziehungen (1975); K. Sontheimer u. W. Bleek: Die DDR, Politik, Gesellschaft, Wirtschaft ([4]1975); K.-M. Wilke: Bundesrep. Dtl. u. Dt. Dem. Rep. (1976); Eva Windmöller: Leben in der DDR (1976); P. Chr. Ludz: Die DDR zw. Ost und West. Polit. Analysen 1961–1976 (1977). – Statist. Jb. der DDR, 1ff. (1955ff.).

Geschichte. DDR 1945–70, hg. v. E. Deuerlein (1970); H. Weber: Die Sozialistische Einheitspartei Dtl.s 1946–71 (1971); G. Wettig: Die Sowjetunion, die DDR und die Deutschlandfrage (1976); T. Vogelsang: Das geteilte Deutschland ([10]1980); H. Weber: Kl. Gesch. d. DDR (1980).

Deutsche Evangelische Kirche, der Zusammenschluß der 28 dt. evang. Landeskirchen (1933–45), → Evangelische Kirche in Deutschland.

Deutsche Farben, die Nationalfarben des Dt. Reiches und Volkes. Das alte Reich vor 1806 konnte keine Nationalfarben entwickeln, da die Voraussetzung der Staatseinheit fehlte. Als kaiserl. Farbe galt Schwarz-Gelb, die mit der Kaiserwürde in Österreich bis 1918 weitergelebt hat.

Entstehung. Durch T. Körner war die schwarze Uniform der Lützower Jäger volkstümlich geworden, die aus umgefärbten, mit roten Vorstößen und goldenen Knöpfen besetzten Zivilröcken bestand. Nach den Befreiungskriegen trugen die Burschenschaften, in denen sich vor allem in Jena viele Lützower befanden, ihre Waffenröcke als Bundeskleidung weiter; daraus entsprang ihre Bundesfarbe, Schwarz und Rot mit Gold durchwirkt, ebenso ihre Fahne. Entgegen der verbreiteten Tendenz, die preuß. Farben

Marschall Blüchers zu wählen, setzte die Jenenser Burschenschaft beim Wartburgfest 1817 ihre eigene Tracht und Farbe durch. Nach den Karlsbader Beschlüssen wurde daraus durch das Lied von D. von Binzer die Reihenfolge schwarz-rotgold; beim Hambacher Fest (1832) zweifelte niemand mehr daran, daß dies die D. F. seien. Der Bundestag in Frankfurt a. M. erklärte 1848 die schwarz-rot-goldenen Farben als das (angebliche) alte Reichspanier zu Bundesfarben; die Nationalversammlung beschloß sogar ein Flaggengesetz. 1848 hatten alle Truppen der Bundesfürsten und Freien Städte die schwarz-rotgoldene Kokarde angelegt; 1852 wurde diese wieder abgelegt, doch lebte die ›Trikolore‹ im Volksbewußtsein als D. F. weiter.

Der Norddt. Bund wurde durch eine neue, aus den Farben Preußens (Schwarz-Weiß) und der Hansestädte (Weiß und Rot) abgeleitete Trikolore Schwarz-Weiß-Rot versinnbildlicht, die im Krieg 1870–71 auf das Dt. Reich übertragen wurde. Diese Farben wurden 1892 zur Nationalflagge erklärt und 1897 als zweite Kokarde von den Truppen aller Bundeskontingente angelegt. In Österreich-Ungarn betrachteten die Deutschen weiter Schwarz-Rot-Gold als D. F.

Weimarer Republik. Noch im November 1918 wurde Schwarz-Rot-Gold zum Symbol der Republik. Nach dem Ausscheiden der dt.-österr. Abgeordneten aus der Weimarer Nationalversammlung 1919 fand sich diese zu einem politisch folgenschweren Kompromiß in der Flaggenfrage bereit, der einen völligen Farbenwechsel bei der Seeschiffahrt vermeiden sollte. Die Reichs- und Nationalfarben der Republik sollten Schwarz-Rot-Gold sein, die Handelsflagge aber Schwarz-Weiß-Rot mit den Reichsfarben in der Oberecke (1. 1. 1922–12. 3. 1933).

Der Nationalsozialismus verwendete die schwarz-weiß-rote Flagge 1933–35, danach wurden Schwarz-Weiß-Rot nur noch als Reichsfarben (für Schlagbäume u. a.) verwendet; die Hakenkreuzflagge wurde zur alleinigen Nationalflagge.

Nach 1945 führte die Liberaldemokrat. Partei längere Zeit Schwarz-Rot-Gold, bis der Volksrat der Sowjetzone 1948 diese Farben als die alten D. F. bezeichnete; von da an sind sie auch in der späteren DDR und seit dem Tag der Gründung der Bundesrep. Dtl. auch in dieser in Geltung. (Abbildungen Seite 148).

deutsche Flaggen, Bilder S. 148.

Deutsche Forschungsgemeinschaft e. V., Abk. **DFG,** 1951 durch Zusammenschluß des ›Dt. Forschungsrates‹ (gegr. 1949) und der ›Notgemeinschaft der dt. Wiss.‹ (gegr. 1920, wiedergegr. 1949) in Bonn-Bad Godesberg gegr.; gemeinnützige Einrichtung, der die Wiss. durch Förderung des Nachwuchses und der Zusammenarbeit unter den Forschern und finanzielle Unterstützung von Forschungsvorhaben dient. Die Mittel werden durch den Bund, die Länder, den Stifterverband für die Dt. Wiss. u. a. aufgebracht. Mitgl. sind die dt. Univ. und wissenschaftl. Hochschulen, die Akademien der Wiss., die Max-Planck-Ges. u. a. wissenschaftl. Verbände und Gesellschaften. Die D. F. bestand bereits 1930–45 mit Sitz in Berlin.

Deutsche Forschungs- und Versuchsanstalt für Luft- und Raumfahrt, Abk. **DFVLR,** Hauptsitz: Porz-Wahn, 1968 entstanden durch Zusammenschluß mehrerer Versuchs- und Forschungsanstalten.

Deutsche Friedensgesellschaft, pazifist. Gesellschaft, 1892 auf Anregung von Bertha v. Suttner gegr., 1933 aufgelöst, 1946 von P. Frh. von Schönaich neu gebildet als *D. F., Bund der Kriegsgegner* (Castrop-Rauxel); jetzt: *D. F. – Internationale der Kriegsdienstgegner e. V.* (Essen).

Deutsche Friedensunion, Abk. **DFU,** Partei, gegr. 1960, forderte die militär. Neutralisierung Dtl.s und Verhandlungen der Bundesrep. Dtl. mit der DDR. Bei den Bundestagswahlen 1961 erhielt sie 1,9%, 1965: 1,3%. 1969 gehörte sie dem Wahlbündnis Aktionsgemeinschaft Demokratischer Fortschritt an; seitdem trat sie bei Wahlen nicht mehr in Erscheinung.

Deutsche Gemeinschaft, Abk. **DG,** Partei, gegr. 1949 unter Führung von A. Haussleiter, seit 1965 *Aktionsgemeinschaft Unabhängiger Deutscher, AUD.*

deutsche Geschichte, zur Vorgeschichte →Mitteleuropa, Vorgeschichte; zur Frühgeschichte →Fränkisches Reich.

Anfänge. Als die Enkel Karls d. Gr., die Söhne Ludwigs des Frommen, 843 im Vertrag von Verdun das Fränkische Reich unter sich teilten, erhielt Ludwig der Deutsche das Land östlich des Rheins und der Aare als Reich der ›Ostfranken‹. Nach kurzer Wiederherstellung der Einheit des fränk. Reiches 885–87 und dem Tod des letzten ostfränk. Karolingers Ludwig des Kindes 911 setzte endgültig die selbständige Entwicklung des ostfränk. Reiches neben den anderen Teilreichen ein. Der aus dem fränk. Geschlecht der Konradiner stammende, 911 gewählte König Konrad I. konnte den Bestand des Reiches, für das in der Folgezeit der Name ›Reich der Deutschen‹ aufkam und sich im 11. Jh. durchsetzte, nicht wahren: Lothringen, das 870 (Vertrag zu Mersen) teilweise, 880 (Vertrag zu Ribemont) ganz an das ostfränk. Reich gefallen war, schloß sich dem Westreich an. Auch gegen die Stammesherzöge (insbes. Liudolfinger in Sachsen und Luitpoldinger in Bayern) konnte Konrad trotz Unterstützung durch die Bischöfe (Synode von Hohenaltheim 916) die königl. Gewalt nicht durchsetzen. Dies gelang erst seinem Nachfolger, dem Liudolfinger Heinrich I.

Die ottonisch-salisch-staufische Kaiserzeit. 919 gewählt, wandte sich König Heinrich I. von der Kirche ab und suchte die Anerkennung durch die Stammesherzöge: 921 erreichte er insbes. die des Herzogs Arnulf von Bayern, der 919 gegen ihn zum Gegenkönig gewählt worden war. Heinrich gewann 925 Lothringen zurück, unterwarf Böhmen (929) und die Slawen östlich der Elbe (928/29) der dt. Oberhoheit und verteidig-

te das Reich gegen die Einfälle der Ungarn, zunächst ohne Erfolg (919, 924, 926), schließlich besiegte er sie 933 bei Riade an der Unstrut.

Sein Sohn, der 936 gewählte und in Anknüpfung an Karl d. Gr. in Aachen gekrönte Otto I., d. Gr., stützte sich wieder mehr auf die Bischöfe und vollendete die Leistungen seines Vaters zur Sicherung gegen die Elbslawen und gegen die Ungarn, die er 955 auf dem Lechfeld bei Augsburg besiegte: Im östl. Grenzgebiet baute er ein Reichsburgensystem aus, richtete Marken (Ostmark) und Bistümer (Meißen und Erzbistum Magdeburg 968) ein. Unter Otto I. erhielt die dt. Geschichte des MA. ihre zweifache Ausrichtung nach Osten und nach Italien. In dessen langobard. Teil (Ober- und Mittelitalien) hatte Otto die Herrschaft auf einem ersten Italienzug (951/52) gegen Berengar II. gewonnen. Ein zweiter Italienzug (961–65) brachte mit der Kaiserkrönung in Rom (962) die Erneuerung der Reichsidee Karls d. Gr. Während des dritten Italienzuges (966–72) – wie der zweite auf Ersuchen des Papstes – ließ der Kaiser seinen Sohn Otto II. zum Mitkaiser krönen (967). Otto II., seit 973 Alleinherrscher, konnte sein Königtum im Innern, die Nordgrenze (Zug gegen den Dänenkönig Harald Blåtand 974) und die Westgrenze (Zug gegen Frankreich 978) sichern, scheiterte jedoch beim Versuch, die Sarazenen aus Unteritalien zu vertreiben (Niederlage bei Cotrone 982) und verlor durch einen Aufstand der Elbslawen fast alle ostelb. Gebiete (983). Sein Sohn Otto III., beraten durch Gerbert von Aurillac (seit 999 als Silvester II. Papst) und Adalbert von Prag, betonte stärker als das Königtum das Kaisertum an den damaligen byzantin. Formen und gründete die Erzbistümer Gnesen (1000) und Gran (1001).

Kaiser Heinrich II. (1002–24) und bes. sein Nachfolger, der Salier Konrad II. (1024–39), erreichten aufs Neue eine Festigung der dt. Königsmacht; es kam zur Vereinigung Burgunds mit dem Reich (1032). Innenpolitisch förderte Konrad II. die Erblichkeit der kleineren Lehen und schuf so ein Gegengewicht zu den mächtigen Herzögen. Sein schon 1028 gewählter und gekrönter Sohn, Heinrich III. (1039–56), nahm die Reform der Kirche nach cluniazens. Muster in Angriff, baute das Reichsgut und seine Verwaltung aus, doch brachte ihm die Förderung der Reichsministerialen in Gegensatz zum Hochadel. Die Machtkämpfe um die staatsrechtlich nicht geregelte Regentschaft für den unmündigen Heinrich IV. 1056–65 führte zum weiteren Erstarken der Adelsopposition und des Papsttums, das sich unter dem Einfluß der Reformbewegung (Cluny, Gorze, Hirsau) der Führung durch den Kaiser zu erwehren begann. Als 1073 Aufstände der dt. Fürsten und der Sachsen unter Führung Ottos von Nordheim ausbrachen, sah sich Heinrich IV. der Gefahr eines Bündnisses von Fürsten und Papst gegenüber. Dem 1075 ausgesprochenen päpstl. Investiturverbot antwortete er mit der Absetzung Gregors VII.

(Worms 1076) und wurde daraufhin selbst gebannt. Die päpstl. Propaganda und Gregors Zusammengehen mit den opponierenden Fürsten isolierten den König so, daß er sich entschloß, 1077 in Canossa vor Gregor Kirchenbuße zu tun. Die damit erzielte Spaltung seiner Feinde rettete ihn; er konnte sogar Gregor 1084 aus Rom vertreiben und auch der Gegenkönige Rudolf von Schwaben und Hermann von Salm Herr werden. In Italien brach Heinrichs Regierung durch den Abfall seines ältesten Sohnes Konrad und durch eine Empörung der oberital. Städte zusammen, in Dtl. 1105 durch neue Empörung der Fürsten, an deren Spitze sich sein zweiter Sohn stellte. Dieser, Heinrich V., der letzte König aus dem Haus der Salier, stellte die Reichsmacht wieder her; er schloß mit Papst Calixtus II. das Wormser Konkordat (1122), das dem König den entscheidenden Einfluß auf die Besetzung der Bistümer in Dtl. ließ, nicht aber in Italien und Burgund.

Nach dem Tod Heinrichs V. setzten weltl. und geistl. Fürsten die freie Königswahl durch, und es kam zur Wahl Lothars von Sachsen (Supplinburg), des Kandidaten der Kirche. Dieser stützte sich auf die Welfen im Kampf gegen die Staufer, die 1127 Konrad von Schwaben zum Gegenkönig ausrufen ließen, nach Lothars Tod, unterstützt durch die Kirche, 1138 als Konrad III. dt. König gegen den mächtigen Welfenherzog Heinrich den Stolzen von Bayern. Konrad unternahm mit König Ludwig VII. von Frankreich den 2. Kreuzzug (1147 bis 1149). In Dtl. konnte er den Streit der Welfen und der von ihm bevorzugten Babenberger um das Hzgt. Bayern nicht entscheiden, obwohl Heinrich der Löwe, der Sohn Heinrichs des Stolzen, 1142 nach Verzicht auf das Hzgt. Bayern als Herzog von Sachsen anerkannt worden war.

Auch in Italien war die Reichsmacht gesunken, als Konrads Neffe Friedrich I. Barbarossa (1152–90, Kaiserkrönung 1155) von den Fürsten gewählt wurde. Schon seine ersten polit. Handlungen zeigten einen neuen Geist: Die aus dem 2. Kreuzzug stammende Verbindung mit Byzanz wurde zugunsten einer Einigung mit dem Papst gegen die ital. Ziele des östl. Kaisertums und gegen die Normannen in Süditalien gelöst. Als Papst Hadrian IV. das schon von Nikolaus II. und Gregor VII. geschlossene Bündnis mit den norman. Nachbarn doch erneuerte (Vertrag von Benevent 1156), ging Friedrich unter dem Einfluß des Kanzlers Rainald von Dassel zur Stärkung des Kaisertums nach dem Muster der Salier über. Der Versuch des Papsttums, das Kaisertum als päpstl. Lehen zu behandeln, wurde wirkungsvoll zurückgewiesen (Reichstag zu Besançon 1157), der Versuch einer Erneuerung der ottonisch-salischen Herrschaft über Italien scheiterte jedoch. Der um ital. Hoheitsrechte geführte Streit mit Papst Alexander III. wurde durch den Frieden von Venedig (1177) beigelegt. Nach langem Kampf (1158–83) mußte der Kaiser den wirtschaftlich mächtigen lombard. Städten ihre Selbständigkeit lassen, während sie die kaiserl. Oberhoheit anerkannten (Frieden von Konstanz 1183). Dennoch gelang in Teilen Mittelitaliens der Aufbau einer wirksamen Reichsverwaltung. Auch in Mittel-Dtl. konnte Friedrich, wie seine Vorgänger und Nachfolger, Königsgut und Königsgutverwaltung aufbauen und Hausmacht bilden. Gegen Polen brachte er die Reichsmacht in Schlesien zur Geltung (1163).

In Dtl. nahm Friedrich dem übermächtigen Welfen Heinrich dem Löwen nach zwei von seinen Gegnern betriebenen Prozessen 1179/81 seine Hzgt. Sachsen und Bayern (Bayern hatte Heinrich 1156 wiedererlangt). Bayern gelangte damals an die Wittelsbacher, während in Sachsen die Zersplitterung des Hzgt. in Landesherrschaften einsetzte. 1189 stellte sich Friedrich an die Spitze des 3. Kreuzzugs, auf dem er den Tod fand.

Seinem Sohn Heinrich VI. (1190–97) fiel als Erbschaft seiner normann. Gemahlin Konstanze das Kgr. Sizilien zu. Heinrichs Versuch, die dt. Königskrone durch die Fürsten für erblich erklären und damit das Reich an der Tendenz der fürstl. Reichslehen zur Erblichkeit teilnehmen zu lassen, scheiterte 1196.

Der mit der Absetzung Heinrichs des Löwen neu entfachte welfisch-stauf. Streit führte 1198 zu einer Doppelwahl zw. Kaiser Heinrichs Bruder Philipp von Schwaben und Heinrichs des Löwen Sohn Otto (IV.) von Braunschweig, die dem großen, die Ideen Gregors VII. fortsetzenden Papst Innozenz III. die Entscheidung über das Reich zuspielte. Philipp war, obwohl vom Papst bekämpft, schon im Begriff, die welf. Partei niederzuringen, als er 1208 ermordet wurde. Als Otto die Politik der Staufer aufnahm und auch Sizilien zu erobern suchte, wurde vom Papst der junge Sohn Heinrichs VI., Friedrich II. von Sizilien (1212–50), als Gegenkönig aufgestellt. Die Niederlage, die Otto IV. als Bundesgenosse des engl. Königs gegen Frankreich 1214 bei Bouvines erlitt, verhalf Friedrich in Dtl. zum Sieg.

Die Tatsache, daß der dt. Thronstreit im Rahmen einer frz.-engl. Auseinandersetzung entschieden wurde, versinnbildlichte das Ende der ottonisch-salisch-stauf. ›Kaiserzeit‹. Die Regierung des letzten glänzenden Herrschers aus dem stauf. Hause war ein großartiges Nachspiel. Während Friedrich II. in Unteritalien ein modernes Staatswesen schuf, überließ er im dt. Reich den Fürsten in hohem Maße die Gewalt. Die längst in Gang befindl. innere Entwicklung Dtl.s auf Kosten der Königsmacht vollendete sich im 13. Jh. Das Stammesherzogtum hatte bereits unter Friedrich I. seine Bedeutung verloren, seitdem 1180 von Bayern, wie schon vorher die Marken Kärnten (976) und Österreich (1156), auch die Steiermark als Hzgt. abgetrennt und Sachsen geteilt worden war. An die Stelle der Stammesherzogtümer traten die landesherrl. Territorien der geistl. und weltl. Fürsten.

Deut

Ein abgeschlossener Fürstenstand hatte früher nicht bestanden. Die Herren (magnates, proceres, principes) wählten den König, folgten ihm als Richter und Ratgeber zum Hoftag. Seit Mitte des 12. Jh. sonderte sich unter ihnen eine oberste Schicht ab, für die der Titel Reichsfürsten üblich wurde: die Erzbischöfe, Bischöfe und die Äbte von Reichsklöstern, der König von Böhmen, die Herzöge und Markgrafen, der Pfalzgraf bei Rhein, der Landgraf von Thüringen und der Graf von Anhalt. Den Fürsten wurde ihr Amt vom König als Lehen übertragen; sie wurden fast unabsetzbar.

Durch die Verschmelzung dieser erblich gewordenen Reichsämter und ihrer Hoheitsrechte, namentlich der Blutgerichtsbarkeit, mit dem erbl. Lehns- und Allodialbesitz der Fürsten an Land und Leuten entstanden die Landesherrschaften. Den geistl. (1220) und den weltl. (1232) Fürsten bestätigte Friedrich II. Königsrechte; die Wirksamkeit der Fürstenprivilegien des Staufers ist freilich oft überschätzt worden; sie haben mehr längst erworbene Rechte bestätigt denn neue eingeräumt. So erlangten die Fürsten Landeshoheit (dominium terrae); sie vereinheitlichten in einem bis zum Ende des alten Reichs (1806) dauernden, von Rückschlägen (bes. Erbteilung) gehemmten Prozeß die bunte Vielfalt herrschaftl. Rechte. Die Territorien wurden weiter gefestigt durch fürstl. Hausgesetze gegen übermäßige Teilung, durch die Reformation (Einziehung von Kirchengütern), den Westfäl. Frieden von 1648 (Verleihung der tatsächl. Souveränität an die Fürstenstaaten) und durch den Reichsdeputationshauptschluß von 1803.

Der König war seit dem 13. Jh. wesentlich auf sein eigenes Fstt., seine Hausmacht, und auf die Reste des Reichsguts, vor allem die Reichsstädte, beschränkt. Außerdem hatte Friedrich II. 1213 auch den Einfluß auf die Bischofswahlen, den das Wormser Konkordat der Krone belassen hatte, preisgegeben. Als Friedrich 1237 seinen großen Kampf mit dem Papsttum beginnt, traten in Dtl. die Mehrzahl der Bischöfe und ein Teil der weltl. Fürsten auf die päpstl. Seite; Landgraf Heinrich (Raspe) von Thüringen, dann Graf Wilhelm von Holland wurden zu Gegenkönigen gewählt. Den Kampf der Staufer um Italien beschloß 1268 die Hinrichtung Konradins durch den vom Papst zum König des päpstl. Lehensreiches Sizilien berufenen Karl von Anjou.

Inzwischen hatte sich die dt. Herrschaft und Kultur durch die ostdeutsche Siedlung gewaltig ausgedehnt. Um die Mitte des 12. Jh. hatte die endgültige Unterwerfung der Slawen an der Havel, Elbe und Oder begonnen, bes. durch Albrecht den Bären und Heinrich den Löwen, nach dessen Sturz die slaw. Fürsten in Mecklenburg und Pommern selbst reichsunmittelbare Herzöge wurden. Das bisher zu Polen gehörende Schlesien wurde durch friedl. Eindeutschung gewonnen.

Der Dt. Orden setzte sich 1226 in Preußen fest und gründete hier einen eigenen Staat, dem auch Kurland, Livland und Estland angegliedert wurden. Im Reich selbst hatten zw. dem 11. und 13. Jh. viele Städte in meist heftigen Kämpfen ihre Freiheit gegen den bischöfl., fürstl. oder königl. Stadtherrn errungen (Reichsstädte). In kaufmännischer, aber auch ritterl. Patriziat und eine meist in Zünfte gegliederte Handwerkerschaft geschieden, erreichten die Städte seit dem 13. Jh., gelegentlich schon seit dem 11. Jh., mehr noch im Rheinischen Städtebund (1254), Einfluß auf die Reichspolitik. Der bedeutendste Städtebund war die Hanse, die auf der Höhe ihrer Macht nach der Mitte des 14. Jh. die Ostseeherrschaft erlangte.

Spätmittelalter. Nach dem Tod des letzten stauf. Königs, Konrad IV. (1254), und des Gegenkönigs Wilhelm von Holland (1256) vermochte keiner der beiden gewählten Ausländer, Richard von Cornwall und Alfons X. von Kastilien, in Dtl. zu regieren (›Interregnum‹). Die Landesfürsten erstarkten, bes. Ottokar II. von Böhmen, der Österreich, Steiermark und Kärnten an sich riß. Erst Rudolf I. von Habsburg (1273–91) konnte die Königsmacht wieder herstellen. Nach seinem Sieg über Ottokar II. (1278) erwarb er seinem Haus in den Hzgt. Österreich, Steiermark und Krain eigene Fstt. (1282) und verlegte damit den Schwerpunkt der habsburg. Macht vom W nach dem O. Weder Rudolf noch seine Nachfolger konnten aber die Sohnesfolge gegen die Fürsten durchsetzen. Deren Führung hatte die Gruppe der sieben Kurfürsten, denen seit dem 13. Jh. das Recht der Königswahl ausschließlich zustand und deren Sonderstellung 1356 durch die Goldene Bulle endgültig festgelegt wurde. Der machtlose Adolf von Nassau (1292 bis 1298) scheiterte an dem Versuch, sich durch die Einziehung von Thüringen und Meißen eine Hausmacht zu schaffen. Albrecht I. von Habsburg (1298–1308), Rudolfs Sohn, richtete seine Hausmachtpolitik auf Thüringen, Meißen, Holland und Böhmen. Nach seiner Ermordung wählten die Kurfürsten – wie 1273 in Abwehr einer frz. Kandidatur – den Luxemburger Heinrich VII. Er erwarb 1310 für seinen Sohn die Krone von Böhmen und bemühte sich, in Italien die Reichsmacht wieder zur Geltung zu bringen.

Bei der folgenden Wahl standen sich der Habsburger Friedrich der Schöne und Ludwig der Bayer als Könige gegenüber; letzterer siegte 1322 bei Mühldorf. Er erwarb die Mark Brandenburg (1323), Tirol (1342) und Holland (1346) für sein Haus. Als er seit 1323 auch in Italien eingriff, erregte er den Widerstand des frz. Papstes Johannes XXII., der die Wahl des dt. Königs durch die Kurfürsten von der päpstl. Zustimmung abhängig machen wollte. In einer Rechtsweisung (Weistum) bestritten die Kurfürsten 1338 dem Papst jedes Recht bei der Königswahl (→ Kurverein von Rhense).

Nach Ludwigs Tod wurde der schon 1346 vom Papst als Gegenkönig aufgestellte und zu Frankreich neigende Luxemburger Karl IV. allgemein anerkannt. Neben zahlreichen kleineren Erwerbungen gewann er die Mark Brandenburg (1373). Das Kgr. Burgund (ohne die Westschweiz und Savoyen) überließ er dem frz. Machtbereich; unter der Herrschaft einer Nebenlinie des frz. Königshauses seit 1390 griff es auf die dt. Niederlande (Brabant, Hennegau, Holland, Luxemburg) über. Karls IV. jüngerer Sohn Siegmund, der 1410 nach dem älteren Sohn Wenzel und Ruprecht von der Pfalz den dt. Thron bestieg, konnte durch die Beilegung der Kirchenspaltung auf dem Konstanzer Konzil (1414–18) dem dt. Königtum noch einmal die polit. Führung in Europa verschaffen. Aber seine vergebl. Bemühungen, die Hussiten in seinem Erbreich Böhmen niederzuwerfen, enthüllten die Schwäche des Reiches.

Seit der Wahl von Siegmunds Schwiegersohn Albrecht II. zum König (1438) blieb die dt. Krone dem Haus Habsburg, wobei das Wahlrecht der Kurfürsten an sich weiterbestand. Die habsburg. Hausmacht erfuhr einen großen Zuwachs, als Friedrichs III. Sohn Maximilian I. die bur-

gund. Lande als Gemahl der Maria, Tochter des 1477 gefallenen Burgunderherzogs Karl des Kühnen, gewann.

Der Schwerpunkt der dt. Geschichte lag längst nicht mehr im Reich, sondern in den landesherrl. Territorien. Die führenden Geschlechter unter den Landesfürsten waren neben den Habsburgern: die Wittelsbacher, seit 1180 Herzöge von Bayern, seit 1214 auch im Besitz der Rheinpfalz (Kurpfalz); die Askanier, 1134–1319 Markgrafen von Brandenburg und 1180–1422 Herzöge von Sachsen-Wittenberg; die Wettiner, Markgrafen von Meißen, seit 1247/64 auch Landgrafen von Thüringen und seit 1423 Herzöge (Kurfürsten) von Sachsen; die Welfen, seit 1235 Herzöge von Braunschweig-Lüneburg; die Hohenzollern, seit 1191 Burggrafen von Nürnberg, seit 1415 Markgrafen (Kurfürsten) von Brandenburg. Ein inneres Gegengewicht zur fürstl. Macht entwickelte sich allerdings in den Landständen. Im Reichsganzen kam auch der Reichstag zu wachsender Bedeutung, in dem neben den Kurfürsten, Fürsten und Reichsgrafen allmählich die Reichsstädte ebenfalls eine Vertretung

Die deutschen Herrscher 843–1806

Karolinger	* Heinrich VI. (1190–97)	*Habsburger*
Ludwig der Deutsche	Philipp von Schwaben	Albrecht II. (1438–39)
(843–76)	(1198–1208)	* Friedrich III. (1440–93)
* Karl der Dicke (876–87)	* Otto IV. (1198–1218, Welfe)	Maximilian I. (1493–1519)
* Arnulf von Kärnten (887–99)	* Friedrich II. (1212–50)	* Karl V. (1519–56)
Ludwig das Kind (900–11)	Konrad IV. (1250–54)	Ferdinand I. (1556–64)
		Maximilian II. (1564–76)
		Rudolf II. (1576–1612)
———	———	Matthias (1612–19)
		Ferdinand II. (1619–37)
Konrad I. von Franken	Wilhelm von Holland	Ferdinand III. (1637–57)
(911–18)	(1247–56)	Leopold I. (1658–1705)
	Alfons von Kastilien	Joseph I. (1705–11)
Sachsen/Liudolfinger	(1257–73)	Karl VI. (1711–40)
Heinrich I. (919–36)	Richard von Cornwall	
* Otto I. (936–73)	(1257–72)	———
* Otto II. (973–83)	Rudolf I. von Habsburg	
* Otto III. (983–1002)	(1273–91)	Karl VII. von Bayern
* Heinrich II. (1002–24)	Adolf von Nassau (1292–98)	(1742–45)
	Albrecht I. von Habsburg	
Franken/Salier	(1298–1308)	———
* Konrad II. (1024–39)	* Heinrich VII. von Luxemburg	
* Heinrich III. (1039–56)	(1308–13)	Franz I. von Lothringen
* Heinrich IV. (1056–1106)	* Ludwig IV. der Bayer	(1745–65)
* Heinrich V. (1106–25)	(1314–47)	
	Friedrich der Schöne von	*Habsburg-Lothringer*
———	Österreich (1314–30)	Joseph II. (1765–90)
	* Karl IV. von Luxemburg	Leopold II. (1790–92)
* Lothar von Sachsen	(1347–78)	Franz II. (1792–1806)
(1125–37)	Wenzel von Luxemburg	
	(1378–1400)	
Staufer	Ruprecht von der Pfalz	
Konrad III. (1138–52)	(1400–10)	
* Friedrich I. Barbarossa	* Siegmund von Luxemburg	
(1152–90)	(1410–37)	

* Deutsche Könige, die in Italien zum Kaiser gekrönt wurden; seit Ferdinand I. Kaiserkrönung in Frankfurt.

erlangten. Angesichts der lähmenden Schwerfälligkeit und Ohnmacht der Reichspolitik erhob sich seit etwa 1430 immer lauter der Ruf nach einer Reichsreform. Diese Bewegung führte unter dem Kurfürsten von Mainz, Berthold von Henneberg, zu einem allgemeinen Fehdeverbot (Ewiger Landfriede 1495), zur Einteilung des Reichs in zehn Kreise und der Einsetzung eines Reichskammergerichts. Maximilian I. (1493 bis 1519) nahm als erster ohne päpstl. Krönung den Kaisertitel an. Die folgenden Herrscher, ausgenommen Karl V., nannten sich gleich nach der Wahl ›Erwählter Römischer Kaiser‹, während die Thronerben seitdem den Titel eines ›Römischen Königs‹ führten.

Trotz der Schwäche der Reichsgewalt erfuhr die dt. Siedlung auch nach dem Untergang der Staufer noch eine weitere Ausbreitung im Nordosten. Erst im 15. Jh. erlag der Dt. Orden dem polnisch-litauischen Reich. Das 16. Jh. brachte den Niedergang der Hanse. Im SW trennte sich die schweizer. Eidgenossenschaft, die im Kampf gegen die habsburg. Herrschaft entstanden war, vom Reich: Sie versagte 1495 den Reichsgesetzen die Anerkennung. Der Verfall des Reichs hat aber damals weder die wirtschaftl. noch die geistige Entwicklung wesentlich beeinträchtigt. Die Städte, die seit der Stauferzeit emporgekommen waren, blühten teils als Reichsstädte, teils unterlagen sie dem Landesfürstentum, errangen jedoch wirtschaftlich die Führung. Wie Lübeck und Köln unter den Hansestädten, so traten Augsburg (Fugger), Ulm, Straßburg und Nürnberg unter den süddt. Städten hervor. Die erste dt. Universität wurde 1348 von Karl IV. in Prag gegründet; es folgten zahlreiche weitere Gründungen (Heidelberg 1386, Köln 1388). Der Einfluß der ital. Renaissance und des Humanismus bewirkte in Dtl. eine Blüte von Kunst und Wissenschaft.

Reformation und Gegenreformation. Das dauerhafteste Ergebnis der Außenpolitik Maximilians I. war 1516 die Vereinigung der Reiche Aragonien, Kastilien und Neapel-Sizilien mit den habsburg. und burgund. Ländern in der Hand seines ältesten Enkels Karl. Als Kaiser wurde der junge Karl V. (1519–56) der Nachfolger seines Großvaters. Für ihn war Dtl. nur ein Nebenland seines burgundisch-span. Weltreichs. In seiner Politik stand der Kampf um Italien gegen Frankreich im Vordergrund; er überließ das Reich vorläufig seinem Bruder Ferdinand, der 1521/22 die Regierung der österr. Erblande erhielt, 1526 auch Böhmen und das westl. Ungarn auf Grund der bereits von Maximilian geschlossenen Erbverträge gewann und 1531 zum röm. König gewählt wurde.

Die durch Luthers Wendung gegen die alte Kirche bewirkte Auflösung der mittelalterl. Weltordnung als einer einzigen Christenheit läßt die Reformationszeit als eine weltweit wirkende Epoche der d. G. erscheinen. Damals berührte sich auf kurze Zeit die religiöse Reformation Luthers mit dem antirömisch-nationalen Humanismus Ulrichs von Hutten, während der literarische und moralistisch-milde Humanismus des Erasmus von Rotterdam sich nicht mit Luthers Verdammung der menschl. Natur abfand. Das führte zu einem folgenreichen Unterschied zw. der d. G. und der stärker von Erasmus und seiner optimist. Ethik bestimmten Entwicklung in den Niederlanden und England. Der 1524/1525 bes. in Süd-Dtl. und Thüringen wütende und vom Fürstentum unter Luthers Billigung grausam niedergeschlagene Aufstand der politisch, sozial und wirtschaftlich bedrängten Bauern leitete die Trennung der reformator. Bewegung von den auch auf polit. und soziale Umgestaltung zielenden Tendenzen ein. Das galt ebenso für die meist von den Zünften vorangetriebene Reformation in den Städten, deren Sozial- und Verfassungsstruktur entgegen den Erwartungen der handarbeitenden Schicht i. allg. nicht verändert wurde. Die Reichsacht, die der Kaiser auf dem Wormser Reichstag von 1521 (Wormser Edikt) über Luther verhängte, konnte die Ausbreitung der neuen Lehre nicht mehr verhindern. Da alle Obrigkeiten und zumal der Kaiser als Schützer der Kirche für den rechten Glauben der Untertanen verantwortlich waren, ist die Gewissensfrage des einzelnen von der Gebundenheit an die Reichsverfassung nicht zu lösen. 1524 beschloß der Nürnberger Reichstag, durch ein Nationalkonzil die Glaubensfrage regeln zu lassen bis zu einem allg. Konzil, an dem man damals und noch Jahrzehnte später als oberster Instanz festhielt. Der (1.) Reichstag von Speyer 1526 überließ es bis zu einer Konzilsentscheidung jedem Reichsstand, sich mit seinen Untertanen so zu verhalten, wie er es gegen Gott und kaiserl. Majestät verantworten könne. Dieser Reichsabschied wurde die Rechtsgrundlage für die Ausbildung von evang. Landeskirchen. Erst nach dem Frieden von Cambrai 1529 konnte der Kaiser den dt. Glaubensneuerungen entgegentreten. Die altgläubige Partei beschloß auf dem (2.) Reichstag von Speyer 1529 die Durchführung des Wormser Edikts; dagegen protestierten die Anhänger der neuen Lehre. Als 1530 der Augsburger Reichstag, auf dem die Glaubensparteien ihre Lehren (Augsburgische Konfession, Confessio Tetrapolitana, Confutatio pontificia) vorlegten, keine Einigung brachte, schlossen sich führende evang. Fürsten und Städte 1531 zum Schmalkaldischen Bund zusammen, den Karl V. 1546/47 vollständig besiegte. Doch die Übermacht der kaiserl. Gewalt (Augsburger Reichstag von 1547/48), das feindselige Vorgehen Karls gegen den Protestantismus, der Einfluß seiner span. Räte im Reich und sein Versuch, die Verbindung Dtl.s mit Spanien durch die Übertragung der Kaiserkrone an seinen Sohn Philipp zu sichern, trieben die dt. Fürsten unter Führung des Kurfürsten Moritz von Sachsen 1552 zum Aufstand. Sie fanden die Unterstützung Frankreichs, das dafür das Vikariat in den Reichsstädten Metz, Toul, Verdun und Cambrai erhielt (Vertrag von Chambord). Karls

Bruder Ferdinand I. mußte im Vertrag von Passau den Protestanten Duldung gewähren. Der Augsburger Religionsfriede (1555) gab den der Augsburg. Konfession anhängenden Obrigkeiten eine beschränkte reichsrechtl. Gleichberechtigung und überließ den Landesfürsten die Kirchenhoheit in ihren Territorien (Cuius regio, eius religio). Die Abdankung Karls V. (1556) besiegelte das Scheitern seiner noch mittelalterl. Kaiseridee. Jetzt spaltete sich das habsburg. Haus in eine österr. und eine span. Linie; letztere erhielt die zum Reich gehörenden ehemals burgund. Gebiete (die Niederlande und die Freigrafschaft).

Der Protestantismus hatte damals die weitaus überwiegende Mehrheit des dt. Volkes ergriffen. Aber er spaltete sich: gegenüber dem kaisertreuen lutheran. Kursachsen ging die calvinist. Kurpfalz auf einen Zusammenschluß aller Glaubensgenossen gegen Habsburg aus.

Die alte Kirche, durch das Trienter Konzil dogmatisch gefestigt und religiös gereinigt, gewann im Jesuitenorden einen überaus erfolgreichen Vorkämpfer (erster dt. Jesuit war Canisius). Mit Rudolf II. (1576–1612) setzte die Gegenreformation energisch ein. Im Kölnischen Krieg (1582–84) verhinderten span. Truppen die Einführung der Reformation im Erzstift Köln. Als Herzog Maximilian I. von Bayern 1607 die Reichsstadt Donauwörth gewaltsam katholisierte, vereinigte sich ein Teil der protestant. Fürsten unter pfälz. Führung zur Union; ihr trat 1609 die kath. Liga unter bayer. Leitung entgegen. Der Jülich-Klevische Erbfolgestreit drohte bereits in einen großen Krieg zu münden, an dem sich auch die beiden europ. Gegner Frankreich und Spanien beteiligt hätten, doch führten 1610 die Ermordung Heinrichs IV. von Frankreich und 1612 der Sturz Kaiser Rudolfs II. durch seinen auf Vermittlung bedachten Bruder Matthias (1612–19) zu einem Aufschub der Auseinandersetzung. Der wachsende religiöse Gegensatz entlud sich im Dreißigjährigen Krieg, der als Glaubenskrieg begann und als europ. Machtkampf zw. Habsburg, Frankreich und Schweden auf dt. Boden endete. Als der Westfälische Friede zustande kam, war der Wohlstand Dtl.s vernichtet, die Bevölkerung zusammengeschmolzen, das Reich nahezu aufgelöst. Frankreich nahm die habsburg. Besitzungen im Elsaß an sich, Schweden die Mündungen von Oder, Elbe und Weser; die Schweiz und die nördl. Niederlande schieden endgültig aus dem Reich aus. Die Fürsten erhielten die fast volle Souveränität, d. h. auch das Recht, Bündnisse selbst mit auswärtigen Mächten zu schließen. Für die Pfalz wurde eine achte, später (1692) für Hannover eine neunte Kurwürde geschaffen. In der religiösen Frage wurde die Gleichberechtigung der Konfessionen ausdrücklich anerkannt und auf das reformierte Bekenntnis ausgedehnt. Mehrheitsbeschlüsse des Reichstags in Religionsfragen wurden für unzulässig erklärt. Die konfessionelle Grenzziehung erfolgte auf der Grundla-

ge der Besitzverhältnisse im ›Normaljahr‹ 1624. Dieses galt auch für den Bekenntnisstand der Untertanen; ausgenommen von dieser Regelung waren vor allem die kaiserl. Erblande, deren katholisches Bekenntnis damit gesichert wurde.

Vom Westfälischen Frieden zum Wiener Kongreß. Der Reichstag, der 1663 in Regensburg zusammentrat, wurde zu einem ständigen Gesandtenkongreß (›immerwährender Reichstag‹) der Landesfürsten, in deren Territorien sich der Schwerpunkt des polit. Lebens verlagerte. Hier entstanden vom fürstl. Absolutismus geprägte Staaten (Österreich, Preußen, aber auch Hannover, Bayern, Baden und Sachsen-Weimar), in denen das ständ. Sozialgefüge freilich weitgehend unangetastet blieb. Die Landstände verloren meist ihre frühere Macht; die Verwaltung wurde vereinheitlicht, eine zuverlässige Beamtenschaft und ein stehendes Heer gebildet.

In der europ. Politik stand Dtl. unter der ständigen polit. Einwirkung Frankreichs, das zeitweise mit Schweden und Polen verbündet war, über gute Beziehungen zu den Türken und im Reich über eine frz. gesinnte Partei (bes. die Wittelsbacher und die rhein. Fürsten, bis 1686 auch Brandenburg) verfügte. Im Frieden von Nimwegen (1679) erhielt Frankreich Freiburg i. Br., durch die Reunionen eignete es sich stückweise das ganze Elsaß an und besetzte schließlich 1681 Straßburg. 1688 überfiel Ludwig XIV. die Pfalz (Pfälzischer Erbfolgekrieg, beendet 1697 durch den Frieden von Rijswijk).

Die Kräfte des Kaisers waren durch Kämpfe gegen die Türken gebunden: Das 1683 belagerte Wien konnte Leopold I. mit Hilfe eines Reichsheeres und poln. Truppen unter Jan Sobieski befreien (Sieg am Kahlenberg 12. 9. 1683) und im folgenden Türkenkrieg Ungarn mit Siebenbürgen, große Teile Slawoniens und Kroatiens gewinnen (Friede von Karlowitz 1699). Damit wurde Österreich (seit 1687 in Personalunion mit Ungarn verbunden) europ. Großmacht, eine Stellung, die es nach dem Spanischen Erbfolgekrieg im Frieden von Rastatt (1714) durch den Zugewinn der Span. Niederlande, Mailands und Neapels ausbaute. Ost- und Nord-Dtl. waren dagegen in den Nordischen Krieg gegen Karl XII. von Schweden hineingezogen worden. Durch dessen Niederlage kamen die schwed. Besitzungen an der Wesermündung an Hannover und der größere Teil von Vorpommern an Preußen. Kursachsen hatte 1697 die poln. Königskrone erworben (Personalunion bis 1763), Hannover 1714 die Nachfolge der brit. Könige angetreten (Personalunion Großbritannien-Hannover bis 1837). 1701 erhob der Kurfürst von Brandenburg Preußen zum Königtum, Friedrich Wilhelm I. baute eine straffe Staatsverwaltung auf und schuf so die Grundlage für eine zweite Großmacht in den Grenzen des Dt. Reichs. Dem kulturellen Vorbild Frankreichs in Sprache und Literatur, Mode und Sitten entsprach die Hofhaltung vieler dt. Fürsten im Stil eines verkleinerten Versailles.

Kaiser Karl VI. (1711–40) strebte danach, seiner Erbtochter Maria Theresia die Nachfolge in den österr. Erblanden zu verschaffen (Pragmatische Sanktion 1713). Nach dem unglücklich verlaufenen Krieg um die poln. Thronfolge schuf der Wiener Vorfriede von 1735 (Definitivfriede 1738) die Voraussetzung für den späteren Anfall Lothringens an Frankreich (1765). Als mit dem Tod Karls VI. der habsburg. Mannesstamm erlosch, eroberte Friedrich II., d. Gr. von Preußen Schlesien, die reichste Provinz Österreichs (Schlesische Kriege 1740 bis 1742 und 1744/45). Die Kaiserwürde fiel 1742 dem Wittelsbacher Karl VII. zu. Aber Maria Theresia behauptete sich im Österreichischen Erbfolgekrieg; ihrem Behauptungswillen verdankte ihr Mann, Franz Stephan von Lothringen, als Franz I. 1745 die Kaiserkrone. Im Bund mit Frankreich und Rußland strebte sie nun danach, den preuß. Rivalen niederzuwerfen. Der erfolgreiche Widerstand Friedrichs II. im Siebenjährigen Krieg (3. Schles. Krieg 1756–63) gegen die starke Übermacht erhob Preußen zur europ. Großmacht. Der preußisch-österr. Gegensatz beherrschte seitdem die d. G. bis zur Reichsgründung Bismarcks. Als Kaiser Joseph II. durch die Einverleibung Bayerns die habsburg. Macht in Süd-Dtl. erweitern wollte, trat ihm Friedrich II. im Bayer. Erbfolgekrieg (1778/79), später durch die Stiftung des Dt. Fürstenbundes (1785), entgegen. Zw. Preußen und Österreich suchte Rußland eine ausschlaggebende Stellung zu gewinnen. Es veranlaßte die dt. Ostmächte – Österreich und Preußen – sich an den poln. Teilungen (1772, 1793 und 1795) zu beteiligen. Die dadurch entstandene poln. Frage wirkte in der Gesch. des europ. Staatensystems bis in das 20. Jh. nach. Die vorherrschende geistige Strömung des 18. Jh., die Aufklärung, trug inzwischen wesentlich zur Abschwächung der religiösen Gegensätze bei. Durch sie gelangte das Bürgertum zu neuer Bedeutung, und unter ihrem Einfluß setzte auch eine innere Reformpolitik ein; Friedrich II. und Joseph II. waren die wichtigsten Vertreter des ›aufgeklärten Absolutismus‹.

Die sozialen und polit. Grundlagen der europ. Staaten erlitten die entscheidende Erschütterung durch die Französische Revolution von 1789. Ihr Appell an Freiheit, Gleichheit und Brüderlichkeit bedrohte die absolutist. wie die ständ. Ordnung auch in Dtl., zumal das Eingreifen Österreichs und Preußens gegen die Revolution deren expansiven Gegenstoß hervorrief. Unter dem Ansturm der frz. Revolutionsheere brach das Reich unter den Kaisern Leopold II. und Franz II. zusammen (→ Französische Revolutionskriege). Preußen überließ im Basler Frieden (1795) der frz. Republik vorläufig das linke Rheinufer; Österreich mußte 1797 den Frieden von Campoformio schließen, der Friede von Lunéville (1801) bestätigte die Abtretung des linken Rheinufers an Frankreich.

Das in der Auflösung begriffene Reich wurde jetzt gemäß den Interessen und Tendenzen der europ. Großmächte aufgeteilt. Durch den unter frz. Einfluß zustande gekommenen Reichsdeputationshauptschluß (1803) wurden die geistl. Fürstentümer säkularisiert und ebenso wie Gebiete der Reichsritter anderen dt. Staaten einverleibt (›mediatisiert‹), meist als Entschädigung für linksrhein. Gebietsabtretungen an Frankreich. Baden, Württemberg, Hessen-Kassel und Salzburg wurden Kurfürstentümer (1803), Bayern und Württemberg Königreiche (1805). Die süd- und westdt. Staaten schlossen sich am 12. 7. 1806 unter frz. Protektorat zum Rheinbund zusammen, erklärten sich für souverän und verkündeten am 1. 8. ihren Austritt aus dem Dt. Reich. Am 6. 8. 1806 legte Kaiser Franz II., der schon 1804 den Titel eines Kaisers von Österreich angenommen hatte, auf Verlangen Napoleons die dt. Kaiserkrone nieder.

In den Napoleonischen Kriegen brach auch das Preußen Friedrichs d. Gr. zusammen; Friedrich Wilhelm III. verlor durch den Tilsiter Frieden von 1807 alles Land westlich der Elbe und die ehemaligen poln. Gebiete außer Westpreußen. Napoleon errichtete das Kgr. Westfalen und das Ghzgt. Berg. Sie schlossen sich ebenso wie Sachsen und die übrigen mittel- und norddt. Kleinstaaten dem Rheinbund an. Dann wurde Nordwest-Dtl. bis Lübeck unmittelbar dem frz. Kaiserreich einverleibt.

In Preußen begannen K. Frhr. vom Stein, K. A. Fürst von Hardenberg, G. v. Scharnhorst sowie A. Neidhart v. Gneisenau ein großes Reformwerk: Bauernbefreiung (1807), Selbstverwaltung der Bürgerschaft (Städteordnung von 1808), Neuordnung des Heeres auf Grund der allg. Wehrpflicht (1814 gesetzlich eingeführt). Eine ähnl. Reformbewegung unter Graf Ph. Stadion in Österreich endete nach der Niederlage gegen Napoleon 1809.

Nach dem Untergang der frz. Großen Armee in Rußland erhob sich Preußen (→ Freiheitskriege). Österreich folgte bald, das übrige Dtl. nur vereinzelt, die Rheinbundstaaten schlossen sich erst nach der Niederlage Napoleons an. Die Völkerschlacht bei Leipzig (16. bis 19. 10. 1813) befreite Dtl.; dann gelang der großen europ. Koalition der Sturz des napoleon. Kaisertums. Der 1. Pariser Friede (1814) ließ Frankreich die Grenzen von 1792; nach der abermaligen Niederwerfung des von Elba zurückgekehrten Napoleon mußte Frankreich im 2. Pariser Frieden (1815) noch Landau an Bayern, Saarlouis und Saarbrücken an Preußen abtreten, behielt aber das Elsaß. Der Wiener Kongreß regelte die territoriale Gliederung und die neue Verfassung Dtl.s; die Einzelstaaten, als souverän anerkannt, wurden zu einem losen Staatenbund, dem Deutschen Bund, vereinigt, in dem drei fremde Souveräne für ihre dt. Besitzungen Mitglieder waren (der König von Großbritannien für Hannover, der König der Niederlande für Luxemburg und Limburg und der König von Dänemark für Holstein und Lauenburg). Die Bundesakte vom 8. 6.

1815 wurde 1820 in die Schlußakte des Wiener Kongresses aufgenommen; so war wie 1648 ganz Europa zum Garanten der dt. Verfassung gemacht. Dem polit. Zustand sollte die vom russ. Kaiser angeregte Heilige Allianz Dauer verleihen.

Deutscher Bund und Gründung des Deutschen Reichs. Der Dt. Bund konnte die erwachende nationale Einheitsbewegung nicht befriedigen. Der Bundestag in Frankfurt a. M. bestand aus den Gesandten der Einzelstaaten, während eine gemeinsame Volksvertretung fehlte; Österreich stellte den Präsidenten. Der leitende österr. Minister Graf K. L. Metternich gewann die Führung der Bundespolitik; im Kampf gegen die nationalen und liberalen Bestrebungen, die zuerst bes. in der Studentenschaft (Burschenschaft) hervortraten, veranlaßte er die Karlsbader Beschlüsse von 1819 und die gefürchteten ›Demagogenverfolgungen‹. Zwar wurden in Süd-Dtl. bereits 1818/19 Volksvertretungen geschaffen, doch hielt Preußen am Absolutismus fest und unterstützte die Politik Metternichs. Nachdem es 1815 durch die Erwerbung der Rheinlande den Schutz der dt. Westgrenze übernommen hatte, war es in anderer Weise als Österreich mit der gesamtdeutschen Politik verbunden. Unter preuß. Führung kam 1834 der Dt. Zollverein zustande, dem den größten Teil Dtl.s (ohne Österreich) die wirtschaftl. Einheit gab. Gefördert auch durch den Bau der ersten Eisenbahnen, setzte nun das Industriezeitalter ein.

Das Bürgertum wandte sich immer mehr den liberalen und nationalen Ideen zu. Die wachsende Unruhe des ›Vormärz‹ entlud sich in der Märzrevolution von 1848; in Österreich erzwang sie die Entlassung Metternichs. An Stelle des Bundestags trat eine aus demokrat. Wahlen hervorgegangene dt. Nationalversammlung in der Paulskirche in Frankfurt a. M. zusammen; sie wählte den Erzherzog Johann zum Reichsverweser. Aber die Kraft der Bewegung wurde durch tiefe Gegensätze gespalten. Gegen einen kleindt. Bundesstaat mit einem preuß. Kaiser. wie ihn die ›Erbkaiserlichen‹ unter Führung H. v. Gagerns forderten, wehrten sich die Anhänger des großdt. Gedankens, bes. die Österreicher und die Katholiken. Nachdem im Frühjahr 1849 die Nationalversammlung eine liberale Reichsverfassung beschlossen hatte, wurde König Friedrich Wilhelm IV. von Preußen zum dt. Kaiser gewählt. Doch er schlug die Kaiserkrone aus, und die beiden dt. Großmächte lehnten ebenso wie die größeren Mittelstaaten die Reichsverfassung ab. Der Versuch Preußens, durch eine freiwillige Union der deutschen Fürsten doch noch einen kleindt. Bundesstaat zu schaffen, mißlang. Der österr. MinPräs. F. Fürst zu Schwarzenberg, gestützt auf Rußland und die kl. Mittelstaaten, berief den alten Bundestag wieder ein. Mit der Olmützer Punktation 1850 gab Preußen die Unionspolitik auf und erkannte den Bundestag an. Die Londoner Protokolle von 1850 und 1852 gaben der dän. Herrschaft in Schleswig-Holstein trotz der Volkserhebung von 1848/49 die europ. Anerkennung. Im wiederhergestellten Dt. Bund trat nun der preußisch-österr. Dualismus schärfer hervor und vereitelte alle Bundesreformversuche. In dem nunmehr konstitutionellen Preußen kam es nach Jahren der innenpolit. Reaktion und ersten Ansätzen einer liberalen Politik während der ›Neuen Ära‹ des Prinzregenten (seit 1861 König) Wilhelm zw. Krone und liberaler Landtagsmehrheit zu einem schweren Machtkampf um die Heeresreform des Kriegs-Min. A. v. Roon (1861). Der 1862 zum preuß. MinPräs. berufene O. v. Bismarck setzte sie ohne die Mitwirkung des Landtags durch und festigte damit die Staatsmacht im konservativen Sinne. Bismarck ließ 1863 den österr. Bundesreformplan auf dem Frankfurter Fürstentag scheitern und gewann nach dem poln. Aufstand durch die Alvenslebensche Konvention (8. 2. 1863) russ. Rückendeckung für die preuß. Politik. Auf der Grundlage des Londoner Protokolls von 1852 ging Preußen gemeinsam mit Österreich – ohne den Bund – 1863/64 militärisch gegen Dänemark vor, das Schleswig-Holstein der gemeinsamen Verwaltung der beiden Mächte stellen mußte. Aber Bismarck wollte die Herzogtümer Preußen einverleiben und die dt. Frage im Sinne preuß. Machterhöhung lösen. Er ließ Holstein besetzen, erklärte den Dt. Bund für erloschen (14. 6. 1866) und führte so den Deutschen Krieg von 1866 herbei, in dem Österreich unterlag (Schlacht bei Königgrätz 3. 7. 1866) und im Frieden von Prag (23. 8. 1866) den preuß. Annexionen (Schleswig-Holstein, Kurhessen, Nassau, Hannover, Frankfurt a. M.) sowie der Neugestaltung Dtl.s ohne Österreich (Gründung des Norddeutschen Bundes am 18. 8. 1866) zustimmte. Die süddt. Staaten schlossen geheime Schutz- und Trutzbündnisse mit Preußen. Die Bismarcksche Neuordnung knüpfte an die Gedanken von 1848/49 an.

Am 24. 2. 1867 wurde der nach dem allgemeinen, gleichen Wahlrecht gewählte (norddt.) Reichstag eröffnet. Die von ihm am 16. 4. angenommene Verfassung des Norddt. Bundes sah den späteren Eintritt der süddt. Staaten vor, gab Preußen das Bundespräsidium und unterstellte ihm Außenpolitik und Heer des Bundes. Im Innern wurde der Zusammenhalt durch das Zollparlament gefestigt und eine Bundesgesetzgebung eingeleitet, bei der der Bundeskanzler Bismarck die Unterstützung der neuen Parteien der Freikonservativen und Nationalliberalen fand. Nach außen rückte das Verhältnis zu Frankreich alsbald in den Mittelpunkt. Als Napoleon III., dessen linksrhein. Kompensationswünsche 1866 von Bismarck überspielt worden waren, durch die Erregung seiner Nation gedrängt (›Revanche pour Sadowa!‹), den Ankauf Luxemburgs betrieb, erreichte Bismarck die Neutralisierung des Landes. Nach dem Scheitern der Koalitionspläne Napoleons mit Österreich und Italien führte das diplomat. Tauziehen um die von Bismarck unterstützte Kandidatur des Prinzen Leopold von Hohenzollern-Sigmaringen für den span. Thron, bes. das frz. Verlangen nach einem formellen Verzicht Wilhelms I. auf eine Hohenzollern-Kandidatur (→ Emser Depesche), zum Deutsch-Französischen Krieg von 1870/71, an dem sich auch die süddt. Staaten beteiligten.

Die Siege der dt. Heere führten dazu, daß im Nov. 1870 in Versailles Bayern, Württemberg, Baden und Hessen dem Norddt. Bund beitraten, wobei Bayern einige Reservatrechte behielt. Der Norddt. Bund erhielt durch Reichstagsbeschluß vom 10. 12. 1870 den Namen Deutsches Reich; am 18. 1. 1871 wurde im Schloß zu Versailles König Wilhelm I. von Preußen zum Deutschen Kaiser proklamiert und damit die eigtl. Reichsgründung als ein Bund der dt. Fürsten und Hansestädte vollzogen. Die Reichsverfassung, eine Erweiterung der Verf. des Norddt. Bundes, wurde am 16. 4. 1871 Gesetz. Oberstes Verfassungsorgan war der Bundesrat. Der vom Kaiser zu ernennende Reichskanzler blieb bis 1918 der einzige verantwortl. Reichs-Min., der seit Bismarcks Ernennung zu diesem Amt fast stets auch preuß. MinPräs. und Staatssekretär des Auswärtigen war. Der neue Reichstag trat am 21. 3. 1871 zum ersten Mal zusammen. Im Frankfurter Frieden (10. 5.) setzte Bismarck aus nationalen Rücksichten und v. a. aus strateg. Erwägungen die Abtretung des Elsaß und Lothringens durch, die zu einem Reichsland vereinigt wurden; das dt.-frz. Verhältnis wurde dadurch schwer belastet.

Die der Welt ungewohnte und dem verletzten Selbstbewußtsein Frankreichs unerträglich scheinende neue Macht in der Mitte Europas wurde von Bismarck als saturiert betrachtet und in einer weitere Eroberungen ablehnenden Friedenspolitik gesichert. Ohne sich zw. Rußland und Großbritannien oder gar auf dem Balkan festzulegen, wußte Bismarck durch ein kompliziertes Bündnissystem Frankreich zu isolieren, ein erträgl. Verhältnis zu Rußland zu halten und zu Österreich zu begründen.

Folge der dt.-russ. Spannungen seit dem Berliner Kongreß (1878) war der dt.-österr. Zweibund (1879, durch den Beitritt Italiens 1882 zum Dreibund erweitert), doch konnte das Verhältnis zu Rußland 1881 durch ein Neutralitätsabkommen zw. den drei Kaiserstaaten, 1887 durch den Rückversicherungsvertrag zw. Dtl. und Rußland gesichert werden. Großbritannien trat dem Dreibund 1887 näher. Bismarcks vorsichtige Kolonialpolitik hatte es 1884/85 ermöglicht, ohne größere Konflikte mit der Weltmacht Großbritannien Schutzgebiete in Afrika (Kamerun, Togo, Südwestafrika, Ostafrika) und im Pazifik (Dt.-Neuguinea, Bismarckarchipel, Marshallinseln) zu erwerben.

Innenpolitisch war auf Grund der Verfassungskonstruktion der konstitutionellen Monarchie eine fruchtbare Partnerschaft zw. Regierung und Parlament nicht möglich, sondern nur ein jeweils befristetes Zusammengehen mit wechselnden Parteienkonstellationen. Bismarck arbeitete zunächst mit den Nationalliberalen zusammen, die ihn in seiner freihändlerischen Wirtschaftspolitik und in dem gegen das Zentrum und die Kath. Kirche gerichteten Kulturkampf (1871–78/79) unterstützten. Anlaß zum Bruch mit ihnen wurde die Einführung von Schutzzöllen 1879 zur Förderung der Landwirtschaft und der Industrie, die nach dem stürmischen Wachstum der ›Gründerjahre‹ einen schweren Rückschlag erfahren hatte. In der Folgezeit wurde Bismarcks Innenpolitik zunehmend konservativer. Das 1878 beschlossene Sozialistengesetz erschütterte nur vorübergehend die Organisation der 1869 gegr. marxist. Sozialdemokratie, verschärfte aber den Gegensatz der Arbeiter zum Staat. Diese konnten auch durch die Schaffung eines vorbildl. Sozialversicherungswerks (1883/89) nicht gewonnen werden; sie empfanden die Sozialgesetzgebung als Maßnahme obrigkeitl. Fürsorge und nicht als Verwirklichung staatsbürgerl. Gleichberechtigung. Im Dreikaiserjahr 1888 zerstörte der frühe Tod Kaiser Friedrichs III. die Hoffnungen auf Liberalisierung der innenpolit. Szene. 29jährig trat Wilhelm II. die Regierung an. Nach scharfen Auseinandersetzungen zwang er Bismarck zum Rücktritt (20. 3. 1890).

Der ›Neue Kurs‹, den Wilhelm II. und der Reichskanzler Caprivi mit dem Ziel einschlugen, das komplizierte Bismarcksche Bündnissystem zu entflechten, verzichtete trotz russ. Angebote auf die Erneuerung des Rückversicherungsvertrags (1890). Rußland wandte sich daraufhin Frankreich zu. Von Großbritannien wurde gegen koloniale Zugeständnisse die Insel Helgoland erworben (Helgoland-Sansibar-Vertrag 1. 7. 1890). Dennoch verschlechterte sich das dt.-brit. Verhältnis immer mehr. Die Ursachen hierfür waren der sich steigernde wirtschaftl. Wettbewerb, die neue dt. Weltpolitik (demonstrative Unterstützung der Buren in Südafrika 1896, Erwerb Kiautschous 1897, Freundschaft mit der Türkei) und schließlich der von A. v. Tirpitz forciert betriebene Ausbau der dt. Kriegsflotte. Durch eine Politik der Stärke und der freien Hand sollte Großbritannien an die Seite des Dreibunds gezwungen werden. Es schloß jedoch 1904 eine ›Entente‹ mit Frankreich und verständigte sich 1907 auch mit Rußland. So bildete sich der gegen das Reich gerichtete Dreiverband, während gleichzeitig der Dreibund durch die innere Schwäche Österreich-Ungarns und die zwiespältige Haltung Italiens an Wert einbüßte. Bei der 1. Marokkokrise (1905) sah sich das Dt. Reich schon fast ganz isoliert; auch die 2. (1911) führte zu keinem dauernden Einvernehmen mit Frankreich.

Die Innenpolitik wurde u. a. bestimmt durch die fortschreitende Industrialisierung und die damit verbundene wachsende Bedeutung der Arbeiterschaft, die volle Gleichberechtigung verlangte. Während die Reform des preuß. Dreiklassenwahlrechts und die Bekämpfung der Sozialdemokratie scheiterten, führten fortschrittl. Maßnahmen wie die Vereinheitlichung des zersplitterten Rechtswesens (Bürgerl. Gesetzbuch 1900), die Fortsetzung des Sozialversicherungswerks (1911) und die Verfassung für Elsaß-Lothringen (1911) keineswegs zu einer Verbesserung der innenpolit. Lage. Die Daily-Telegraph-Affäre von 1908 deckte vielmehr die Schwächen des ›persönl. Regiments‹ Wilhelms II. in der Innen- und Außenpolitik auf. In der Zabernaffäre von 1913 wurde die kaiserl. Kommandogewalt über die Armee scharfen Angriffen ausgesetzt.

Gleichzeitig hatte sich die äußere Situation wegen Österreich-Ungarns Balkanpolitik (Bosnien-Krise von 1908), durch den Mißerfolg des Besuchs des brit. Verteidigungs-Min. Haldane 1912 und durch Gegensätze mit Rußland in der Türkei (Liman-von-Sanders-Krise 1913/14) verschlechtert. Die Ermordung des österr.-ungar. Thronfolgers in Sarajevo am 28. 6. 1914 eröffnete eine überstürzte polit. Entwicklung, die zum 1. Weltkrieg führte.

Der Kriegsausbruch brachte zunächst eine innere Einheit des Volkes und den Burgfrieden der Parteien; doch brachen in der Frage der Kriegsziele sowie in der Frage einer demokrat. Umgestaltung des Staatslebens bald wieder Gegensätze auf. Nach großen Erfolgen auf allen Kriegsschauplätzen führten die Versteifung des frz. Widerstands, der Druck der brit. Blockade, schließlich das Eingreifen der USA zum Zusammenbruch der Mittelmächte und zur Niederlage Dtl.s, obwohl Rußland nach der Oktoberrevolution 1917 aus dem Krieg ausschied. Nach dem Rücktritt Bethmann Hollwegs ging die polit. Führung immer mehr in die Hand General Ludendorffs über, der vor dieser Aufgabe völlig versagte. Die Novemberrevolution 1918 stürzte die Dynastien; die Republik wurde ausgerufen.

Deutschland seit dem 1. Weltkrieg. Die 1919 gewählte Nationalversammlung wandelte das Dt. Reich in eine parlamentar. Demokratie (Weimarer Republik) um. An ihre Spitze trat als erster Reichspräsident F. Ebert. Der Versailler Vertrag brachte große Gebietsverluste (insbes. im Osten: Posen, poln. Korridor); schränkte die Militärhoheit ein und erzwang hohe Reparationsleistungen. Mit dem Rapallovertrag konnte die dt. Außenpolitik nach dem 1. Weltkrieg einen ersten diplomat. Erfolg erzielen. Die Besetzung des Ruhrgebiets 1923 durch die Franzosen verzögerte den Wiederaufbau. Inflation, Aufstände und Streiks erschwerten die Situation weiter. Mit dem Dawes-Plan 1924, der das Reparationsproblem vom polit. auf das finanzielle Feld verschob, verbesserte sich die Situation erstmals. Unter Hindenburg als 2. Reichspräsident ab 1925 errang G. Stresemann als Außen-Min. Erfolge (Locarno-Verträge, Beitritt zum Völkerbund, Rheinland-Räumung). Die kurze Stabilisierungsphase (1924–29) wurde jedoch durch die Weltwirtschaftskrise, die Massenarbeitslosigkeit und die innenpolit. Krise der Republik (extreme Opposition von Kommunisten

und Nationalsozialisten, durch die die polit. Mitte gefährdet wurde) beendet. Die Staatskrise suchte Reichskanzler H. Brüning (1930–32) mit Hilfe des Art. 48 der Reichsverf. zu steuern. Sein Sturz leitete die Auflösung der Republik ein. Der Aufstieg des Nationalsozialismus unter Führung A. Hitlers vollzog sich in dieser Krise. Am 30. 1. 1933 übertrug Hindenburg Hitler die Kanzlerschaft. Die parlamentar. Republik wurde in eine Diktatur (totalitärer ›Führerstaat‹) verwandelt (Ermächtigungsgesetz); nach Hindenburgs Tod wurde Hitler unter der Bez. ›Führer und Reichskanzler‹ auch Staatsoberhaupt. Seinem Expansionsprogramm folgend, ließ Hitler nach dem Austritt aus dem Völkerbund das Rheinland besetzen, schritt im März 1938 zum ›Anschluß‹ Österreichs, erzwang im Münchner Abkommen (Sept. 1938) die Abtretung der Sudetengebiete und ließ im März 1939 auch die ›Rest-Tschechei‹ besetzen. Nach Abschluß eines Nichtangriffspakts mit der Sowjetunion (Stalin-Hitler-Pakt) löste er durch den Angriff auf Polen (1. 9. 1939) die Kriegserklärung Großbritanniens und Frankreichs an Dtl. und damit den 2. Weltkrieg aus (1941 Ausweitung durch den Angriff auf die Sowjetunion und die Kriegserklärung an die USA), dessen Ausgang (dt. Kapitulation 7./9. 5. 1945) das Ende eines souveränen Dt. Reiches bedeutete.

Die oberste Regierungsgewalt wurde von den vier Siegermächten (USA, UdSSR, Großbritannien, Frankreich), die Dtl. ohne die Gebiete östlich von Oder und Neiße (die Polen und der UdSSR zur Verwaltung übergeben wurden; → Oder-Neiße-Linie) in vier Besatzungszonen aufgeteilt hatten, übernommen. Entgegen dem Potsdamer Abkommen (2. 8. 1945), demzufolge Dtl. eine wirtschaftl. und polit. Einheit bleiben sollte, entwickelten sich die Besatzungszonen schon bald, den divergierenden polit. Intentionen der Siegermächte entsprechend, in entgegengesetzten Richtungen: Die Sowjet. Besatzungszone wurde allmählich dem gesellschaftl. System der UdSSR angeglichen, die Westzonen wurden nach den Prinzipien der parlamentar. Demokratie wiederaufgebaut. Das strittige Reparationsproblem förderte die Tendenz zur Spaltung. Mit der Verschärfung des Kalten Krieges (Verkündung des Marshall-Planes durch die USA 1947, der auch den Westzonen Dtl.s zugute kommen sollte) scheiterten die letzten Bemühungen um eine gemeinsame Dtl.-Politik. Über die Deutschen Zentralverwaltungen und die Deutsche Wirtschaftskommission baute die sowjetische Militärverwaltung eine von ihr kontrollierte dt. Verwaltung in der SBZ auf. Unter ihrem Schutz sicherte sich die SED die alleinige Führung (→ Deutsche Volkskongresse). – Nach der Wieder- und Neugründung von Parteien hatte in den westl. Besatzungszonen das polit. Leben auf Länderebene neu begonnen. Nach der Vereinigung der amerikan. und brit. Besatzungszone zur Bizone entstand 1947 das Vereinigte Wirtschaftsgebiet. 1948 wurde die frz. Zone mit der Bizone zur Trizone vereinigt und zugleich dem Vereinigten Wirtschaftsgebiet angeschlossen. 1948–49 tagte der Parlamentarische Rat. Nachdem sich mit den Währungsreformen in der Trizone und in der SBZ (1948) die wirtschaftl. Spaltung Deutschlands vollzogen hatte, trat 1949 mit der Gründung der Bundesrepublik Deutschland und der Deutschen Demokratischen Republik auch die politische ein. In der Berliner Blockade (1948–49) war schon die Spaltung der dt. Hauptstadt vorausgegangen.

Bis 1955 setzten sowohl die Westmächte als auch die Sowjetunion ihre Anstrengungen fort, ganz Dtl. entweder in ihren Machtbereich einzubeziehen oder (Stalin-Note 1952) eine Neutralisierung Dtl.s zu erreichen, um dieses aus dem Konflikt ›auszuklammern‹. Währenddessen schritt die Integration der Bundesrep. Dtl. in den Westblock, der DDR in den sowjet. Machtbereich fort. Die wichtigsten Etappen im Westen waren: Schaffung der Montan-Union 1952, Versuch zur Bildung einer Europäischen Verteidigungsgemeinschaft 1953/54, Beitritt der Bundesrep. Dtl. in die NATO 1955 und Erklärung ihrer ›Souveränität‹. Auch die DDR wurde 1955 für ›souverän‹ erklärt und in den Warschauer Pakt aufgenommen. Während die Westmächte noch bis 1959 ihre Bemühungen fortsetzten, eine Wiedervereinigung Dtl.s unter ihren Prämissen zu erreichen, ging die Sowjetunion zur ›Zwei-Staaten-Theorie‹ über. Der Bau der Berliner Mauer 1961 vollendete die Zerreißung Dtl.s in zwei Staaten (und West-Berlin mit Sonderstatus, → Berlin), die zwei entgegengesetzten Militärblöcken und Machtsphären angehörten. Bis 1968/69 suchte die Bundesrep. Dtl. ihren dt. Alleinvertretungsanspruch mit der Hallstein-Doktrin völkerrechtlich abzusichern. Die neue Ost- und Dtl.-Politik (→ Ostpolitik) suchte die deutsch-deutschen Beziehungen auf eine neue Grundlage zu stellen (Grundvertrag mit der DDR, 21. 12. 1972).

Wirtschafts- und Sozialgeschichte.
Die Anfänge sind gekennzeichnet durch die Begegnung der german. Stammes- und Adelsverfassung mit der Welt der Antike und dem Christentum lat. Prägung.

Das Überwiegen der Landwirtschaft (Ackerbau, Viehzucht, Jagd, Waldnutzung) bedingte die Herrschaftsform und war die Quelle für den Unterhalt der kulturellen, polit., militär. Führungsschichten, d. h. der im 6.–8. Jh. ausgebildeten Grundherrschaft, überall mit Abgaben und Dienstleistungen an einen Herrn. Zwangsläufig brachte die Umwandlung der Heeresverfassung seit dem 9./10. Jh. eine Vermehrung der herrschaftl. Schichten. Der berittene Berufskrieger trat in den Vordergrund. Dieses Rittertum war nur möglich durch eine weitere Verbreitung der grundherrl. Lebensformen; zugleich setzte dieser Vorgang eine an Zahl und Leistungsfähigkeit steigende Agrarbevölkerung voraus. Er war begleitet von der Herausbildung eines im Kern einheitl. Bauerntums: Dieses wuchs zusammen aus

der Verbindung der in schutz- und grundherrl. Verhältnisse hineinleitenden, z. T. auch hinabgedrückten alten Freien mit den aus persönl. Unfreiheit (Leibherrschaft) aufsteigenden ehem. Unfreien. Nur geringe Bestandteile des Bauerntums bewahrten ihre Vollfreiheit und freies Eigentum.

Da die Naturalwirtschaft die Bedarfsdeckung dezentralisiert war, mußte auch die Zuweisung der grundherrl. Besitzungen und Rechte zu einer Dezentralisation führen. So sind der Verfall des karoling. Reiches und das Aufkommen des Lehnswesens (Feudalismus) auch von hier aus zu verstehen. Eine Ausweitung der Agrarerzeugnisse war die Voraussetzung dafür, daß die sich seit dem 11. Jh. ausbildenden Städte aus der Umgebung ernährt werden konnten. Bauerntum und Städte wuchsen also gemeinsam. Dies traf sich mit der Auswirkung des Landesausbaues sowie der im 12. Jh. einsetzenden Ostsiedlung, die gleichfalls zu einer Hebung der rechtl. und wirtschaftl. Lage der Bauern führten. Erst die ›Große Pest‹ (14. Jh.) führte zu einem Bevölkerungsrückgang und einer langen Agrarkrise.

Städtewesen und neue ständische Ordnung. Seit dem 12. Jh. wurde die adlig-bäuerl. Gesellschaft durch das Aufkommen des Städtewesens und damit des Bürgertums umgewandelt. Die neu entstehende dt. Stadt hatte eine andere Stellung als die alte römische, da sie eigenständig wuchs, eine eigene Verwaltung aufbaute und ein eigenes Recht entwickelte. Entscheidend war die Entwicklung eines Marktes. Sozial und verfassungsrechtlich steht am Anfang der Stadtherr, der zu Herrenrecht die Stadt besaß und die Verwaltung wahrnahm. Der dadurch in gewisser Weise gegebene Zusammenhang mit dem feudalen Aufbau der Gesellschaft wurde bald gelokkert, indem der Rat und die ihn bildenden Geschlechter die Selbstverwaltung für die Stadt errangen. Die gewerbl. Genossenschaften, die Zünfte, waren Zwangsverbände mit nicht nur wirtschaftl. Zielen. Die ›Zunftkämpfe‹ des 14./ 15. Jh. waren im Kern das Bestreben der Handwerker, ratsfähig zu werden. Gleichzeitig nahm der Umfang der gewerbl. Erzeugung zu. Schon seit dem 12. Jh. entwickelte sich das Textilgewerbe im Bodenseegebiet in großem Ausmaß. Der Bergbau im Harz, in Kärnten und Tirol, dann in Ostmitteldtl. und Böhmen lieferte Buntmetalle und hob den Umlauf an Silbermünzen.

Der strukturelle Umbruch um die Mitte des 14. Jh. führte zum Absinken der agrar. Wirtschaft zugunsten der städtischen. Das Gewerbe wurde jetzt in die Städte gezogen. Knotenpunkte und Umschlagstellen wurden zu bedeutenden Handelsstädten, begünstigt durch Stapel-, Zoll- und Münzrechte. Seit der Gründung Lübecks (1158) und der Entfaltung der Dt. Hanse entstand ein dt. Nordhandel, alsbald befestigt durch Städtegründungen und Auslandskontore. Zur Behauptung der Handelsmacht schlossen sich die dt. Kaufleute zu Gilden und Gesellschaften, die Städte zu Bünden zusammen.

Während sich durch die Pest die Menschenzahl verminderte, blieben die Güter erhalten. Die relative Überproduktion auf dem Land führte zu einer 100 Jahre anhaltenden Agrarkrise, während die Städte durch Zuwanderung aufgefüllt wurden und sich hier Einkommen und Vermögen steigerten. Die Zeit der höfisch-ritterl. Kultur ging zu Ende, und es entstand eine ausgesprochen bürgerlich-städt. Kultur. Dieses Bürgertum verband sich mit dem aufstrebenden Landesfürstentum.

Die Agrargesellschaft erfuhr seit dem 15./16. Jh. eine deutl. Umwandlung. Während sich im W, S und in der Mitte Dtl.s generell die Grundherrschaft stabilisierte, begann sich im O seit dem 16. Jh. die Gutsherrschaft durchzusetzen. Diese war nicht nur durch den wirtschaftl. Tatbestand eines größeren Gutsbetriebes mit der dazugehörenden Arbeitsverfassung gekennzeichnet, wichtiger war die Stellung des Gutsherrn als Obrigkeit. Der so privilegierte Besitz war ein Territorium im Kleinen.

Das Bürgertum der großen Städte im W und S, bes. die Kaufmannschaft, prägte das wirtschaftl. Geschehen ebenfalls in entscheidender Weise. Das 15. und 16. Jh. sind gekennzeichnet durch die Entfaltung eines weitgespannten Fernhandels, der die ganze damals bekannte Welt umfaßte. Messen, Börsen, Wechselverkehr, Krediteinrichtungen, die doppelte Buchführung entstanden. Das Nachrichten- und Verkehrswesen wurden entwickelt. Gewaltige Vermögenszusammenballungen, Monopole und Machtkämpfe charakterisieren diese Zeit bes. in den oberdt. Städten (Fugger in Augsburg).

Das Zeitalter des Merkantilismus. Nicht nur das Machtstreben der Fürsten, sondern auch die harten Notwendigkeiten nach dem Dreißigjährigen Krieg führten dann zu einem verstärkten Eingreifen der Staaten in die Wirtschaft im Sinne einer systemat. Förderung mit polit. Mitteln. Das ›Zeitalter des Merkantilismus‹ brach an.

Der Fürstenstaat wurde durch die Wehrverfassung des stehenden Heeres und das neue Beamtentum geprägt. Dazu bedurfte es großer, regelmäßiger Einnahmen: der Finanzwirtschaft (Kameralismus) und einer durchgreifenden Verwaltung. Die Finanzpolitik schuf das System der modernen Steuern: Grundsteuer, Vermögensteuer und Akzise (Verbrauchsteuer). Die Gewerbe- und Handelspolitik wurde als Hoheitsrecht der Wirtschaftslenkung erkannt. Die Ausbeutung der inländ. Rohstoffquellen und die Förderung der produktiven Kräfte waren die Hauptziele der Merkantilpolitik. In der Verarbeitung trat der Staat teils selbst als Großunternehmer auf und gründete oder subventionierte Manufakturen (zentralisierte Großbetriebe). Vor allem aber war die geförderte Gewerbeproduktion das Feld für den bürgerl. Unternehmer. Die Hauptbereiche der Manufakturen waren teils Massengüter (Heeresbedarf), teils Luxusgüter. Die Handelspolitik kreiste um die Gedanken der Aktivierung der Handelsbilanz. Nur mit Hilfe einer aktiven Handelsbilanz konnte das Währungsmetall beschafft werden. Darum wurde der Export konsequent gefördert (wobei Textilien immer noch im Vordergrund standen) und der Import durch die Entwicklung der eigenen Produktion möglichst begrenzt.

Anfänge und Blüte des Liberalismus. Mit der 2. Hälfte des 18. Jh. begann der Merkantilismus-Kameralismus den neuen Ideen des wirtschaftl. Liberalismus zu weichen. Man begegnete der polit. Lenkung der Wirtschaft mit Skepsis und begann der Automatik des Wirtschaftsgeschehens zu vertrauen. Dies zeigte sich gerade in der Landwirtschaft. Wenn der gewerbl. Aufschwung fortgesetzt werden sollte, mußte die Erzeugung an Nahrung gesteigert werden (Beackerung des ruhenden Drittels der Dreifelderwirtschaft, verstärkter Kartoffelanbau). Als schwerste Hemmung standen der notwendigen Umstellung die Unlust an unfreier Arbeit und Flurzwang entgegen. Die Bauernbefreiung seit dem letzten Viertel des 18. Jh. (abgeschlossen um 1850) löste die Aufgabe durch Aufhebung der alten Bindung, den Übergang zu freiem Besitz der Eigentümer. Die unterschiedl. Art der Durchführung bestimmte entscheidend das soziale Gefüge der dt. Staaten im 19. Jh. Die unternehmerische Lösung in Preußen durch die vergrößerte Gutswirtschaft rief zunächst einen zweiten Landesausbau hervor, stellte dann (seit 1866) der industriellen Entwicklung des Westens die Reserven an Arbeitskräften bereit und erzeugte zusätzl. Nahrung.

Allerdings bedurfte die Industrialisierung auch des staatl. Schutzes. Nach den Hungerjahren 1816/17 brachte das Jahr 1818 den Zusammenbruch der Preise für landwirtschaftl. Güter und damit die große Agrarkrise. Der techn. Vorsprung der engl. Industrie erschwerte den Versuch, den Konkurrenzkampf aufzunehmen. Hier begann das dt. Gewerbe erst langsam aufzuholen.

Der preuß. Staat gewann als erster die Einheit seines Wirtschaftsgebiets mit der Zollgesetzgebung von 1818. Die Einfuhr fremder Industriewaren und von Getreide wurde durch Zölle erschwert. Damit löste Preußen die Entwicklung aus, die 1833/34 zum Dt. Zollverein führte, der einen für die industrielle Produktion hinreichenden Binnenmarkt schuf.

Entsprechend der Bauernbefreiung fand die Durchführung der Gewerbe- und Handelsfreiheit statt. Dazu gehörte auch die Einschränkung der staatl. Eingriffe, also die Verkündung des Prinzips ›Laissez faire‹.

Industrialisierung. Die Entwicklung des modernen Industriesystems, beruhend auf der Einführung der Maschine in den Produktionsprozeß, verband sich mit sozialer Umschichtung. Vom Handwerk herkommend, bildete sich der Stand der gelernten Industriearbeiter, während die Mehrzahl der un- und angelernten Industrie- und Eisenbahnbauarbeiter vom Land stammte.

Vor der polit. Einigung von 1866–71 vollzog

sich die wirtschaftl. Einigung der dt. Länder. Ende der 50er Jahre war Dtl. schon von einem Eisenbahnnetz durchzogen und wurde zu einem einheitl. Verkehrsgebiet, das einen einheitl. Markt erschloß. Auch ein dt. Überseeverkehr setzte wieder ein. Der Bedarf an Eisenbahnen und Schiffen förderte zugleich die dt. Industrie, vor allem die Kohle- und Eisenindustrie. Es entstanden die ersten wirklichen Großbetriebe. Hier fand das liberale Bürgertum, nachdem seine polit. Absichten gescheitert waren, ein weites Betätigungsfeld. Die Entwicklung der Technik und des Kreditwesens (Aktiengesellschaften) ermöglichte moderne Produktionsmethoden.

Lange Arbeitszeiten, geringe Löhne und geringer Arbeitsschutz in den neuen Betrieben führten zur Entstehung der industriellen ›sozialen Frage‹, die zum schwersten und zunächst ungelösten Problem des Jh. wurde. Die staatl. soziale Politik beschränkte sich in Preußen auf den Schutz gegen Auswüchse der Kinder- und Frauenarbeit (1839). In den 60er Jahren begann die dt. Arbeiterbewegung.

Nach der Reichsgründung nahm die Industrialisierung einen schnellen Fortgang; während 1871 nur 36% der Einwohnerschaft in Städten mit über 2000 Einwohnern lebten, waren es 1910 bereits 60%. Seit dem Ende der 70er Jahre war die Landwirtschaft nicht mehr in der Lage, die Ernährung des Gesamtvolkes zu sichern. Die Industriegebiete wuchsen, allen voran die Gebiete der Montanindustrie. Die techn. Entwicklung unterstützte den Aufschwung. Langsam begann die Ablösung der Dampfmaschine durch die Elektrizität. Der Elektromotor gab dem Handwerk und Kleinbetrieben neue Möglichkeiten. Dtl. wurde durch die Industrialisierung eine der führenden Wirtschaftsmächte. Im Welthandel rückte es bis zur Jh.-Wende hinter die USA an die 2. Stelle.

Dem Spekulationsfieber der Gründerzeit folgte die große Krise von 1874. Im Zuge des durch diese Krise verstärkten Mißtrauens in die Selbstheilungskräfte der liberalen Marktwirtschaft ging Dtl. 1879 zum Zollschutz über (›Neomerkantilismus‹). Die Schutzzollgesetzgebung wurde in den 90er Jahren verstärkt. Sie bezweckte vor allem einen weiteren Schutz der landwirtschaftl. Produktion, die durch billige Einfuhren aus Übersee weithin unwirtschaftlich geworden war.

Mit den neuen Formen des Großunternehmens war ein Wandel der Industriegesellschaft verbunden. Unternehmer und Eigentum wurden weitgehend getrennt. Die Großbetriebe entwickelten eine Betriebshierarchie. Damit gewann die neue Schicht der Angestellten an Bedeutung. Hier entstand ein neuer bürgerl. Mittelstand, während Teile der Arbeiterschaft mit der Verbesserung der Löhne und der Arbeitsbedingungen kleinbürgerl. Lebensformen annahmen. Die Lage der gesamten Arbeiterschaft führte aber dazu, daß der Staat verstärkt sozialpolitisch eingreifen mußte. In den Gewerkschaften entstanden neue Organisationen der Arbeiterschaft.

Das 20. Jahrhundert. Der Ausgang des 1. Weltkrieges brachte den Zusammenbruch der dt. Wirtschaft. Durch die Gebietsabtretungen im Vertrag von Versailles wurden wichtige Teile aus dem dt. Industriesystem herausgebrochen. Die Inflation brachte die Wirtschaft an den Rand des Erliegens. Die Stabilisierung der dt. Währung, der Dawes-Plan und ausländ. Anleihen leiteten einen wirtschaftl. Aufschwung ein. Die Weltwirtschaftskrise, die für Dtl. nicht nur eine Kredit- und Agrarkrise war, sondern den lebensnotwendigen Außenhandel stark absinken ließ, brachte dann einen erneuten Zusammenbruch.

Mit der Machtübernahme des Nationalsozialismus trat die (nicht sozialisierte) Wirtschaft unter staatl. Lenkung; die Wirtschaftspolitik stand seit 1936 im Zeichen der Rüstung; sie strebte die Autarkie an (Vierjahresplan). Die Förderung der Bauern (Reichserbhofgesetz), die Abschaffung der Interessenverbände der Arbeitnehmer und Arbeitgeber (Arbeitsordnungsgesetz 1934) waren wesentl. Maßnahmen. Durch die Ausweitung des Reichsgebiets und die militär. Besetzungen konnte das nationalsozialist. Reich für seine Kriegswirtschaft die Kapazität des größten Teils Mitteleuropas ausnutzen. Der Ausbau der Produktionskräfte im Inland wurde so gesteigert, daß über das Jahr 1945 trotz umfangreicher Zerstörungen größer waren als vor Kriegsausbruch.

Der Zusammenbruch nach dem 2. Weltkrieg hatte katastrophale Folgen. Neben der Abtrennung der dt. Ostgebiete, allgemein verbunden mit der Vertreibung der dort ansässigen Bevölkerung, standen die gewaltigen Verluste an Wirtschaftsgütern, die Demontagen. Diese trafen die Wirtschaft indessen nicht so entscheidend wie die Abschnürung der internat. Handelsverbindungen und die Unfähigkeit, die erforderl. Devisen für die Einfuhr von Lebensmitteln und Rohstoffen zu sichern. In der Sowjet. Besatzungszone wurde bald mit der Einführung des sowjet. Sozial- und Wirtschaftssystems begonnen. Die im Juni 1948 getrennt durchgeführten Währungsreformen hatten auch eine währungsmäßige Aufspaltung zur Folge. Die Abwertung der alten Vermögen führte erneut zu einer wirtschaftl. Schwächung des Mittelstands. Die Entwicklungen der westl. Besatzungszonen (Bundesrep. Dtl.) und der Sowjet. Besatzungszone (DDR) gingen nun ganz versch. Wege.

LIT. Quellen: →Monumenta Germaniae Historica. - Dokumente der dt. Politik u. Gesch. von 1848 bis zur Gegenwart, hg. v. J. u. K. Hohlfeld, 8 Bde. (1951–56). - Bibliographie: F. C. Dahlmann u. G. Waitz: Quellenkunde der dt. G., hg. v. H. Heimpel u. H. Geuss ([10]1965ff.); W. Baumgart: Bücherverzeichnis zur d. G. ([3]1976). - Quellenkunde zur d. G. der Neuzeit von 1500 bis zur Gegenwart, hg. v. W. Baumgart, 6 Bde. (1977ff.).

Gesamtdarstellung: Hb. der d. G., 4 Bde., hg. v. B. Gebhardt ([9]1970–76; Tb., 22 Bde., hg. v. H. Grundmann).

Deutsche Gesellschaften, patriot. Vereine, die sich auf Anregung E. M. Arndts 1814 im Rheinland und in Nassau bildeten; wurden nach 1815 unterdrückt.

Deutsche Gesellschaft für chemisches Apparatewesen e. V., Dechema, Sitz: Frankfurt a. M., gegr. 1926 mit der Aufgabe, den Erfahrungsaustausch zw. Chemikern und Ingenieuren, den Bau technisch-chem. Apparate und die chem. Verfahrenstechnik zu fördern.

Deutsche Gesellschaft zur Rettung Schiffbrüchiger, Abk. DGzRS, 1865 durch private Initiative gegr., alleinige Trägerin des zivilen Seenotrettungsdienstes an der dt. Nord- und Ostseeküste; eigene Rettungsstationen mit Rettungsbooten; Seenotleitung und Verwaltung in Bremen, Jb. seit 1866.

Deutsche Girozentrale – Deutsche Kommunalbank, Sitz: W-Berlin und Frankfurt a. M., 1918 gegr. als *Deutsche Girozentrale,* Spitzeninstitut der Sparkassenorganisation.

Deutsche Glaubensbewegung, ein 1933 entstandener und nach sektierer. Zersplitterung (seit 1935) 1938 in ›Kampfring Deutscher Glaube‹ umbenannter Zusammenschluß völkisch eingestellter Gruppen, die nach Gedanken F. W. Nietzsches, P. A. de Lagardes, H. St. Chamberlains und A. Rosenbergs eine nichtchristl. ›religiöse Erneuerung des Volkes aus dem Erbgrund der dt. Art‹ anstrebten. Anfangs führend waren J. W. Hauer und Graf E. Reventlow.

Deutsche Gold- und Silber-Scheideanstalt vormals Roessler, → Degussa.

Deutsche Handelszentralen, Abk. DHZ, in der DDR 1949–60 staatl. Großhandelsunternehmen zur Versorgung der Wirtschaft sowie zur planmäßigen Verteilung der Erzeugnisse; 1960 durch Großhandelsgesellschaften abgelöst.

Deutsche Hochschule für Körperkultur, Abk. *DHfK,* 1950 in Leipzig gegr., zentrale Lehr- und Ausbildungsstätte der DDR für Sportlehrer, Trainer und Sportwissenschaftler.

Deutsche Industrie-Norm, → DIN.

Deutsche Klinik für Diagnostik, Abk. *DKD,* 1970 in Wiesbaden als überregionale Modellklinik nach dem amerikan. Vorbild der Mayo-Klinik gegr.

deutsche Kolonien, → Schutzgebiete.

Deutsche Kommunistische Partei, Abk. *DKP,* → kommunistische Parteien.

Deutsche Kranken-Versicherungs-AG, Abk. *DKV,* größte private Krankenversicherung Europas, gegr. 1927 in Berlin, Sitz: Köln.

deutsche Kunst. Die Geschichte der d. K. beginnt zur Zeit Karls d. Gr. Doch war sie zunächst noch nicht von der des westfränk. Reichs getrennt. So kann man von einer eigtl. d. K. erst seit otton. Zeit sprechen, in der sich die Kunst in den jetzt auch politisch getrennten Reichen selbständig fortzuentwickeln begann und ihre erste Blüte in Dtl. erlebte. – Das Gebiet der d. K. grenzt sich im S und W deutlich von dem der ital. und frz. ab. Der slaw. Osten, die Ostseeprovinzen und von den skandinav. Ländern bes.

Schweden waren Ausstrahlungsgebiete der d. K. Im NW trennte sich die Kunst der stammverwandten Flamen und Holländer von der deutschen, der jedoch die deutschsprachigen Teile der Schweiz verbunden blieben.

Architektur. Aus karoling. Zeit sind erhalten vor allem die Pfalzkapelle Karls d. Gr. in Aachen (geweiht um 800), die Torhalle des Klosters Lorsch, die Einhartsbasilika in Steinbach im Odenwald sowie die Justinuskirche in Höchst am Main. Die für die Folgezeit entscheidende Weiterbildung der frühchristl. Basilika läßt am deutlichsten den Klostergrundriß von St. Gallen erkennen (um 820; Bauten nicht erhalten), dessen Kirche ein Querhaus und zwei Chöre hat.

Die Kirchen der Romanik zeichnen sich durch rhythmische Gliederung ihrer Innenräume und die klare, auch die Türme miteinbeziehende Gruppenbildung des Baukörpers aus. In otton. Zeit entstanden auf niedersächs. Boden die Stiftskirche in Gernrode (begonnen 961) und St. Michael in Hildesheim (1010–36), in sal. Zeit die Stiftskirche in Limburg a. d. Hardt (um 1025; Ruine) und der gewaltige Kaiserdom in Speyer (begonnen um 1030), eine urspr. flachgedeckte Basilika, die unter Heinrich IV. aufs reichste ausgebaut und als erste vollständig eingewölbt wurde (um 1100). Die zweite große Gewölbebasilika war der ebenfalls von Heinrich IV. erneuerte Kaiserdom in Mainz. Auch die Abteikirche Maria Laach (1156 geweiht) erhielt gewölbte Decken. Die streng und klar durchgebildeten Kirchen der Hirsauer Bauschule (Alpirsbach, Paulinzella u. a.) hielten dagegen, wie auch die meisten anderen der Zeit, an der Flachdecke fest. Eine eigenartige Verbindung von kleeblattförmigem Zentralbau und flachgedeckter Basilika ist die Kirche St. Maria im Kapitol in Köln (geweiht 1065), deren Grundgedanken in stauf. Zeit die Kölner Kirchen Groß St. Martin und St. Aposteln wiederaufnahmen. In der Stauferzeit erhielten die Dome von Worms, Mainz und Bamberg ihre endgültige Gestalt, in der sich Monumentalität mit Pracht verbindet. Die seit karolingisch-otton. Zeit entwickelte Kunst der vielgestaltigen Gruppierung des Außenbaus gelangte zu ihren reifsten Lösungen, so bes. in der sechstürmigen Abteikirche Maria Laach (Außenbau vollendet um 1230). Die Gotik war bereits im Vordringen. Doch blieben die Bauten der stauf. Zeit noch lange in ihrem Wesen romanisch, vor allem die großen Pfalzen (Wimpfen, Gelnhausen, Eger, Nürnberg), auch noch Klosterbauten, wie das Herrenrefektorium von Maulbronn (um 1225), dessen Konstruktion z. T. bereits gotisch ist. Rein romanisch gebaut wurde u. a. noch im Elsaß (Maursmünster, Murbach u. a.).

Als die Romanik in Dtl. zu Ende ging, stand in Frankreich bereits die Gotik in voller Blüte. Die d. K. nahm den neuen Stil nur zögernd auf, anfänglich vor allem Konstruktions- und Schmuckformen, aus deren Verbindung mit dt. Raumvorstellungen Bauten von eigenartigem

Reiz entstanden. Ein typ. Bau der Übergangszeit ist die Stiftskirche St. Georg in Limburg a. d. Lahn (seit etwa 1215). Die Elisabethkirche in Marburg (gegr. 1235) wurde in fast schon rein got. Formen erbaut, hat aber einen ungotischen weiträumigen Chor von kleeblattartigem Grundriß und ein als Halle gebildetes Langhaus. Die Liebfrauenkirche in Trier (begonnen um 1235), noch formenreiner, ist ein in der Gotik sonst nicht vorkommender Zentralbau. Der Magdeburger Dom übernahm 1209 als erster das frz. Kathedralsystem, doch mit burgund. Abwandlungen. In Straßburg wurde um 1250 das Langhaus des Münsters begonnen, ein lichter und weiter, in reifem got. Stil errichteter Raum, der in lebendigem Gegensatz zu dem romanisch schweren und dunklen Chor steht. Der Kölner Dom (Grundsteinlegung 1248) schloß

1

2

3

4

deutsche Kunst: 1 Stiftskirche in Gernrode, Inneres gegen Osten, 10. Jh. 2 Dom St. Georg in Limburg an der Lahn, von Südwesten, 1. Hälfte des 13. Jhs. 3 Straßburger Münster von Südwesten, Westbau 1277–1439. 4 St. Georg in Dinkelsbühl, Inneres gegen Osten, 1448–99

sich eng dem Vorbild der Kathedrale von Amiens an. Bauten der reifen Gotik sind das Freiburger Münster mit seinem nach 1310 begonnenen durchbrochenen Turm, die Dome in Regensburg und Halberstadt, die Backsteinbauten der Lübecker Marienkirche, der Nikolaikirche in Stralsund, des Schweriner Doms u. a., alles Basiliken, wie auch das urspr. als Hallenkirche geplante Ulmer Münster. Die Zukunft gehörte jedoch dem Hallenbau. Dieser hatte sich bereits früh in Westfalen verbreitet, wo im 13. Jh. die Dome von Paderborn und Minden, in der Hochgotik die Wiesenkirche in Soest als Hallenkirchen errichtet wurden.

Im 15. Jh., in dem sich die d. K. zu einer ihrer reichsten Blütezeiten entwickelte, bildete sich in

deutsche Kunst: 1 Zeughaus in Augsburg, von E. Holl, 1602–07. 2 Klosterkirche in Zwiefalten, von J. M. Fischer, Inneres gegen Westen, 1741–53. 3 Kopf der Elisabeth im Bamberger Dom, um 1235. 4 Verleugnung Petri, Relief am Westlettner des Naumburger Doms, um 1260

Deut

Dtl. ein eigener Stil der Spätgotik aus, der statt der Basilika die Hallenkirche bevorzugte. In Süd-Dtl., wo vor allem der von der Parlerschule erbaute Hallenchor der Kreuzkirche in Schwäbisch Gmünd (begonnen 1351) als Vorbild fortwirkte, ist von den Baumeistern des 15. Jh. bes. H. Stethaimer bekannt, dessen Hauptwerk die Martinskirche in Landshut ist (begonnen 1387). Zu den vollkommensten Hallenbauten gehören der Chor von St. Lorenz in Nürnberg (1439–77), St. Georg in Dinkelsbühl (begonnen 1448) und die Annenkirche in Annaberg (1499–1520); der mächtigste ist die Marienkirche in Danzig (vollendet 1502). – Von den weltl. Bauten der Gotik sind wenige unverändert erhalten geblieben. Neben dem Steinbau entwikkelte sich im 15. Jh. der Holzbau zu reichen Formen, dem man oft auch bei öffentl. Gebäuden den Vorzug gab. Vielfältige Gestaltungsmöglichkeiten boten die Rathäuser (Gelnhausen, Lübeck, Aachen, Braunschweig, Münster, Stralsund, Tangermünde, Breslau, Thorn), die zugleich Gerichts-, Kauf- und Feststätten sein konnten, auch die Stadtbefestigungen mit ihren Mauern, Türmen und Toren. Unter den Wehrbauten ragen die Deutschordensburgen hervor; in dem gegen Ende des 14. Jh. entstandenen Mittelschloß der Marienburg verbindet sich ordnende Kraft mit festl. Haltung. Der regelmäßige Grundriß der Ordensburgen steht im Gegensatz zu den anderen Burgen, die als gewachsene Gebilde durch ihre malerische Erscheinung wirken. Der Ritterorden baute in Backstein, der seit dem 12. Jh. in Nord-Dtl. bevorzugt, aber auch, bes. seit Ende des 14. Jh., in Bayern viel verwendet wurde. Die reichsten Wirkungen gewann ihm der Norden ab, so vor allem in der Zisterzienserkirche in Chorin (1273–1344) und der Fronleichnamskapelle an der Katharinenkirche in Brandenburg (vollendet 1434). Zur Zeit der Renaissance lebte in der dt. Baukunst die Überlieferung der Spätgotik fort, wenn im einzelnen auch ital. Formen übernommen wurden. Die bisher sehr frei und malerisch gestalteten einzelnen Bauteile (Lauben, Treppentürme, Erker und Giebel) wurden jetzt mehr den Geschossen und der Achse eingegliedert (Schloß Hartenfels in Torgau, 1533 bis 1536; Rathaus in Rothenburg ob der Tauber, 1572). Nur wenige Bauten näherten sich dem Wesen der ital. Renaissance (Heidelberger Schloß, Ottheinrichsbau, seit 1556). Echter architekton. Wille, der mehr auf den Baukörper als auf seinen Schmuck gerichtet war, begegnet erst wieder gegen Ende des Jahrhunderts. 1602 begann E. Holl das Zeughaus, 1615 das Rathaus in Augsburg; 1605 wurde das Aschaffenburger Schloß, 1600 das Danziger Zeughaus, 1609 das Bremer Rathaus begonnen. Nach langem Stillstand lebte auch der Kirchenbau wieder auf. Wichtig wurde v. a. St. Michael in München (1583 bis 1597), ein von der röm. Kirche Il Gesù angeregter saalförmiger Raum mit Seitenkapellen zw. den nach innen gezogenen Strebepfeilern.

Nach dem Dreißigjährigen Krieg arbeiteten in Dtl. viele ital. Architekten. Zu europ. Rang erhob sich die dt. Baukunst erst wieder gegen Ende des 17. Jh. Bahnbrechend wirkten in Wien J. B. Fischer v. Erlach, der aus der baugeschichtl. Überlieferung geschöpfte Anregungen zu großartiger Einheit verschmolz (Kollegienkirche in Salzburg, 1696–1707, Karlskirche in Wien, seit 1716) und sein jüngerer Zeitgenosse L. v. Hildebrandt, leichter und von eigenwilligerer Erfindung (Belvedere in Wien, 1723 vollendet). Als Klosterbaumeister war J. Prandtauer in Österreich tätig (Melk, 1702–36). Chr. und K. I. Dientzenhofer wirkten in Prag, wo sie einen leidenschaftlich bewegten Stil begründeten (St. Nikolaus auf der Kleinseite in Prag, 1703–52). A. Schlüter schuf in schweren majestät. Formen das Berliner Schloß (seit 1699), D. Pöppelmann den festl. Bau des Dresdner Zwingers (1711–22), G. Bähr die wuchtig-ernste Frauenkirche in Dresden (seit 1726). J. B. Neumann, unter dessen Leitung die Würzburger Residenz (seit 1720) erbaut wurde, schuf Werke raumgestaltender Phantasie (Treppenhäuser in Würzburg, Brühl und Bruchsal; Kirchenbauten in Vierzehnheiligen, seit 1744, und Neresheim, seit 1745). In Bayern, wo der in das Rokoko übergehende Spätbarock die größte Fülle an Kirchenbauten hervorbrachte, waren die als Baumeister, Bildhauer und Maler gemeinsam arbeitenden Brüder Asam tätig (Klosterkirche Weltenburg, seit 1717; Nepomukkirche in München, seit 1733) und die auch in Schwaben wirkenden Baumeister J. M. Fischer (Zwiefalten, 1741–53; Rott a. Inn, 1759–62) und D. Zimmermann (Steinhausen, 1727–33; Wies, 1746–54). Das dt. Rokoko entfaltete sich am reichsten in den Innenräumen bayer. Kirchen (bes. der Wies) und Schlösser (Amalienburg im Nymphenburger Park nach Entwürfen von F. Cuvilliés d. Ä., 1734–39); neben ihnen bes. die auf Knobelsdorff zurückgehenden Bauten des friderizian. Rokoko (Goldene Galerie des Charlottenburger Schlosses, 1740–43; Sanssouci, 1745–47).

Der Klassizismus, den in Dtl. die Erstlingsschrift von J. J. Winckelmann (1755) literarisch begründet hatte, brach mit der die d. K. bisher bestimmenden Überlieferung. Der erste große Bau des neuen Stils, das Brandenburger Tor in Berlin, wurde von C. G. Langhans nach grch. Vorbild errichtet (seit 1788). Überragender Baumeister war K. F. Schinkel in Berlin, der Werke aus dem Geist der Antike (Neue Wache, 1816; Schauspielhaus, 1818; Altes Mus., 1822–28), zugleich aber auch neugot. Bauten schuf (Werdersche Kirche, 1825–28). F. Weinbrenner baute in einem schweren klassizist. Stil in Karlsruhe, L. v. Klenze in Stilformen des Klassizismus und der Renaissance in München. An die ital. Renaissance knüpfte auch G. Semper an (Dresden: Oper, 1838 bis 1841, und Gemäldegalerie, 1847–54; seit 1869 in Wien: Hofmuseum und Burgtheater). Die Selbständigkeit in der Anwendung histor. Stilformen verlor sich immer mehr mit dem Eklektizismus des fortschreitenden Jh., das sich in seiner massenhaften Bautätigkeit auf die Nachahmung aller gewesenen Stile beschränkte.

Die um die Wende zum 20. Jh. beginnende Erneuerung der Baukunst ging vom Jugendstil aus, der durch zweck- und materialgerechte Formgebung handwerkl. Art die historisierenden Stile des ausgehenden 19. Jh. zu überwinden suchte. Zu den Vorkämpfern der sich vom Eklektizismus lösenden neuen Baukunst gehörten der Wiener O. Wagner, seine Schüler J. Olbrich und J. Hoffmann, P. Behrens, F. Schumacher, P. Bonatz und H. Tessenow. Die zw. den Weltkriegen immer dringlicher gewordene Aufgabe, den neuen Baustoffen (Stahl, Beton, Glas)

1   2

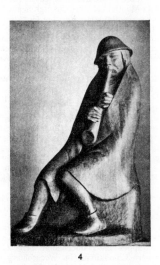

3   4

deutsche Kunst: 1 ›Schöne Madonna‹ in der Johanneskirche zu Thorn, um 1390–1400. 2 Christophorus im Hochaltarschrein der Pfarrkirche zu Kefermarkt, um 1498. 3 Schutzengelgruppe, von Ignaz Günther, 1763 (München, Bürgersaal). 4 Flötenbläser, Teakholz, von Ernst Barlach, 1936

Deut

entsprechende Lösungen zu finden, wie sie auch
O. Bartning in seinen Bemühungen um die Erneuerung des Kirchenbaus beschäftigte (Stahl-
kirche in Köln, 1928), fand ihren Mittelpunkt im
→ Bauhaus in Weimar, später in Dessau, das von
W. Gropius gegründet, später von L. Mies van
der Rohe geleitet wurde (1933 geschlossen). Die
durch das nationalsozialist. Regime gehemmte
Entwicklung hatte zur Folge, daß Dtl. erst nach
dem 2. Weltkrieg den Anschluß an den Internationalen Stil fand. Vorbild wurde L. Mies van
der Rohe, der in den USA den Stahlbau verfeinert hatte. Neue bautechn. Verfahren wie Scha-
lenbau, Spannbeton, Stabtragwerke, vorgefer-
tigte Bauteile kamen zur Anwendung. Zu den
bekanntesten Architekten der Gegenwart zählen H. Scharoun (Philharmonie, Berlin, 1963),
E. Eiermann (Kaiser-Wilhelm-Gedächtnis-Kirche, ebd., 1961), R. Gutbrod, E. May (Stadtpla-
ner), F. Otto (Zeltdachkonstruktionen), S. Ruf,
als Kirchenbaumeister: R. Schwarz, D. Böhm
und Joh. Krahn.

Plastik. Aus karoling. Zeit sind nur kleinplast.
Werke, vor allem Elfenbeinreliefs von Buchein-
bänden, erhalten, die im wesentl. an die christl.
Spätantike anknüpfen. – Mit der beginnenden
Romanik regte sich in otton. Zeit ein neuer
Wirklichkeitssinn, so vor allem in den Elfenbeinarbeiten des Echternacher Meisters (Kreuzigung auf dem Einband des Echternacher Codex, um 990; Nürnberg, German. National-
Mus.) und den Reliefs der in der Werkstatt Bischof → Bernwards geschaffenen Bronzetüren in
Hildesheim (1015). Hauptwerke der Zeit sind
die Goldene Altartafel Heinrichs II. aus dem
Baseler Münster (11. Jh.), das ergreifende Holz-
kruzifix, gestiftet von Erzbischof Gero, im Kölner Dom (um 970) und die Goldene Maria des
Essener Münsterschatzes (um 1000). Auf unver-
gleichlicher Höhe stand die Goldschmiedekunst
(Kreuz und Krone der Reichskleinodien, Wien).
– In salischer Zeit verfestigten sich die Formen
zu streng gebundenen Gestaltungen. Es entstanden das feierl. Kultbild der Imad-Maria in Paderborn (zw. 1051 und 1076), die Reliefs am
Portal von St. Emmeram in Regensburg (um
1060), das asketisch erhabene Bronzekruzifix in
Werden (um 1060), das gedrungenere in Minden (um 1070) und die Bronzegrabplatte Rudolfs von Schwaben (1080) im Merseburger
Dom, die älteste erhaltene des MA. Schwer und
einfach, doch von starker Ausdruckskraft sind
die Reliefs der Holztüren von St. Maria im Kapitol in Köln (1065).
Bedeutendste Beispiele der Plastik der Hoch-
und Spätromanik sind: Braunschweiger Löwe
(1166), die Chorschrankenreliefs von St. Michael in Hildesheim (um 1186) und die Liebfrauenkirche in Halberstadt (um 1190), die Kreuzi-
gungsgruppen im Halberstädter Dom (1220)
und der Schloßkirche in Wechselburg (um
1230), das Grabmal Heinrichs des Löwen im
Dom in Braunschweig (um 1250), die Chorschrankenreliefs im Bamberger und die Goldene

Pforte des Freiberger Doms, dessen Meister bereits frz. Figurenportale gekannt hat. Zu den
reifsten Werken der Stauferzeit gehören das
Straßburger Münster (Engelspfeiler im südl.
Querschiff; Ecclesia, Synagoge und Reliefs des
Marientods am Südportal, 1220–30), der Bamberger Dom (Fürstenportal, Bamberger Reiter,
Maria und Elisabeth; Ecclesia und Synagoge,
Adamspforte, 1230–37) und der Naumburger
Dom (Stifterfiguren im Westchor, 1249 bis etwa
1270). Ihre Meister hatten in Frankreich an den
got. Kathedralen mitgearbeitet; doch sind aus
der schöpfer. Auseinandersetzung mit frz. Vorbildern Werke von unverkennbar eigener Eigenart
entstanden. Die Goldschmiedekunst dieser Zeit,
vor allem die getriebenen Reliquienschreine,
wurden Abbild der Monumentalarchitektur. Die
Plastizität der Figuren nahm zu: Tragaltar des
Eilbertus Coloniensis im Welfenschatz (um
1150), der Deutzer Heribertschrein, der Dreikönigsschrein des Nikolaus von Verdun im Kölner Dom (seit 1181) und der Klosterneuburger
Altar (1181 vollendet). Die klass. Werke der
stauf. Plastik stammen aus der Übergangszeit
zur Gotik. Durchgesetzt hat diese aber erst
in den Gewändefiguren des Straßburger West-
portals (1280 bis 1290) und den Pfeilerfiguren
des Kölner Domchors (um 1322), deren Stil in
Grabmälern wie dem des Bischofs v. Hohenlohe
(† 1352) im Bamberger Dom fortwirkte. Großer
Empfindungsgehalt spricht vor allem aus den
Andachtsbildern, die sowohl das Innige (Jesus-
Johannes-Gruppen) wie auch das Schreckliche
(Vesperbilder) vergegenwärtigen. Nach den ent-
körperlichten Gestaltungen der Gotik brach sich
in der 2. Hälfte des 14. Jh. ein neuer Wirklichkeitssinn Bahn, am stärksten in den Werken von
Peter Parler in Prag (Büsten des Triforiums im
Dom, 1374–85). Südost-Dtl. war auch die Heimat der um 1400 im ›weichen Stil‹ geschaffenen
Schönen Madonnen. Die Zeit der Spätgotik war
seit Mitte des 15. Jh. die an Meisterpersönlich-
keiten reichste der dt. Plastik: N. Gerhaert v.
Leyden, vom Rhein bis Wien wirkend, war der
erste und einflußreichste von ihnen, J. Syrlin,
der Meister des Ulmer Chorgestühls (1469–74),
sein schwäbischer, der Meister des Nördlinger
Hochaltars sein fränkischer Zeitgenosse. 1480
schuf E. Grasser die Moriskentänzer für den
Tanzsaal des Münchener Rathauses, 1481 vollendete M. Pacher den Altar von St. Wolfgang,
1489 V. Stoß den Altar der Marienkirche in
Krakau und B. Notke die St.-Jürgen-Gruppe für
Stockholm, 1494 G. Erhart den Blaubeurer
Hochaltar, 1496 A. Krafft das Sakramentshaus
für St. Lorenz in Nürnberg. In Würzburg wirkte
T. Riemenschneider, der vor allem Schnitzaltäre
schuf (Heiligblut-Altar, Rothenburg, St. Jakob,
1505), aber auch als Steinbildhauer tätig war
(Grabmal des Bischofs v. Scherenberg,
1496–99, Würzburg, Dom) wie H. Backoffen in
Mainz und A. Pilgram in Wien. Die malerischen
Formverflechtungen der spätgot. Plastik wurden
von Bildschnitzern des frühen 16. Jh. zu über-

116

schwenglich bewegten Gestaltungen gesteigert (›spätgotischer Barock‹), so bes. von den am Oberrhein arbeitenden Meister H. L. (Breisacher Hochaltar, 1526), H. Leinberger in Bayern und den Lübeckern C. Berg und B. Dreyer. Während sich im 16. Jh. die spätgot. Plastik zu ihren letzten Möglichkeiten entfaltete, waren gleichzeitig andere Meister am Werk, die eine formklare und harmon. Gestaltung im Sinn der ital. Renaissance erstrebten. Unter ihnen ragt der in seiner Frühzeit noch gotisch schaffende P. Vischer d. Ä. mit seinen Söhnen hervor, in deren Gießhütte in Nürnberg das Sebaldusgrab entstand (Nürnberg, St. Sebald, vollendet 1519), A. Daucher und sein Sohn H. Daucher in Augsburg und C. Meit aus Worms. Gegen Mitte des Jahrhunderts begannen die schöpfer. Kräfte zu erlahmen. Doch entstanden noch immer reizvolle Arbeiten bes. kleinplast. und kunsthandwerkl. Art, wie die des Nürnberger Goldschmieds W. Jamnitzer u. a. Größere Werke von Bedeutung wurden erst wieder in der Übergangszeit vom Manierismus zum Frühbarock geschaffen, so vor allem von H. Reichle (Bronzegruppe des hl. Michael am Augsburger Zeughaus, 1606) und J. Zürn (Hochaltar des Münsters zu Überlingen, 1613–18).

Die Plastik des dt. Barock, zu deren bedeutendsten Werken im 17. Jh. die Kreuzigungsgruppe von J. Glesker im Bamberger Dom gehört (1648–53), entwickelte sich zu ihrer Blüte erst in der Spätzeit des Stils seit der Wende zum 18. Jh. A. Schlüter in Berlin schuf seit 1696 das machtvolle Reiterdenkmal des Großen Kurfürsten und die Schlußsteine mit den Köpfen der sterbenden Krieger im Zeughaus, B. Permoser den üppigen Skulpturenschmuck des Dresdner Zwingers, aber auch ausdrucksstarke Heiligengestalten (Augustinus und Ambrosius, 1725; Bautzen, Mus.), G. R. Donner die formklar gestalteten Brunnenfiguren auf dem Neuen Markt in Wien (1737–39). Neben ihnen war eine nur der spätgot. Zeit vergleichbare Fülle von Bildhauern tätig: der in Mondsee arbeitende M. Guggenbichler, in dessen Holzbildwerken Formkräfte der Gotik wiederauflebten, E. Bendl in Augsburg (Evangelisten und Apostel, 1697; Nürnberg, German. National-Mus.), M. Braun in Prag, P. Egell in Mannheim, der für Kloster Admont arbeitende J. Th. Stammel (Holzbildwerke in der Bibliothek, 1760) und E. Q. Asam, der in den zus. mit seinem Bruder erbauten Kirchen die malerisch bewegten Skulpturen schuf (Weltenburg, 1717; Rohr, 1722). Zu den bekanntesten Meistern der Plastik des Rokoko, die sich am reichsten in Bayern entfaltete, gehören bes. J. B. Straub und I. Günther in München, im Bodenseegebiet J. A. Feuchtmayer, Chr. Wenzinger in Freiburg, F. Dietz (Gartenskulpturen im Park von Veitshöchheim, 1763–68) und die Porzellanbildner J. J. Kändler in Meißen und F. Bustelli in Nymphenburg.

Der bedeutendste dt. Bildhauer des Klassizismus war G. Schadow in Berlin (Grabmal des Grafen von der Mark, 1790/91; Ost-Berlin, Nationalgalerie), dessen Kunst D. Chr. Rauch (Reiterdenkmal Friedrichs d. Gr., 1839–51) und sein Schülerkreis fortsetzten. Neben ihnen sind vor allem H. Dannecker in Stuttgart (Schillerbüsten) und F. Zauner in Wien (Reiterdenkmal Josephs II., 1795–1806) zu nennen. Die im 19. Jh. vor allem mit Aufträgen für Denkmäler beschäftigten Bildhauer wendeten sich entsprechend umfangreicheren Programmen historisch begründeten Stilfindungen zu.

Eine Neubesinnung auf die Formgesetze plast. Gestaltung ging kurz vor der Wende zum 20. Jh. von A. von Hildebrand aus (Wittelsbacher Brunnen in München, 1891–95), dem sich L. Tuaillon anschloß. Die eher traditionalist. Linie einer formstreng abstrahierenden Figurenplastik verfolgten im 20. Jh. G. Kolbe, A. Lörcher, G. Marcks, E. Mataré, G. Seitz, während A. Gaul und Ph. Harth plastisch durchdachte Tierskulpturen schufen. Im Expressionismus wurde die Gestalt in eine gefühlsstarke Ausdrucksgebärde verwandelt, die bei E. Barlach als blockige Mantelfigur, bei W. Lehmbruck als dünngliedrige Körperkonstruktion erscheint. Den Übergang zur abstrakten Plastik vollzogen noch vor 1920 H. Arp (Holzreliefs) und R. Belling, mit dadaist. Material-Reliefs auch K. Schwitters, doch brachte das nationalsozialist. Regime eine Unterbrechung dieser Richtungen, so daß sie erst nach 1945 zum Tragen kamen. K. Hartung, B. Heiliger, N. Kricke, H. Uhlmann, danach O. H. Hajek (›Farbwege‹), E. Hauser und Th. Lenk erschlossen der abstrakten Plastik neue Möglichkeiten und führten große architekturbezogene Aufträge durch. Gegen 1960 entwickelte die Gruppe Zero die kinetische Plastik mit Lichtmodulationen. J. Beuys erweiterte den Plastikbegriff durch neue Materialien (Filz, Fett) und Bedeutungen (›Soziale Plastik‹). Die Grenzen zu Objektkunst und Environment durchbrechen auch D. Rot und W. Vostell. Während immer wieder die Trennlinien zw. Plastik und Malerei (Assemblage, Montage) wie zw. Kunst und Leben (Happening) aufgehoben werden, konzentrieren sich andere Künstler auf eine exakte Formuntersuchung: aus der älteren Generation E. Heerich, E. Hermanns, E. Reusch, von den um 1940 Geborenen W. Nestler, K. Rinke, R. Ruthenbeck, F. E. Walther u. a. Plast. Ensembles unter Einbeziehung von Video installieren R. Horn und F. Pezold.

Malerei. Aus karoling. Zeit sind nur Beispiele der Buchmalerei erhalten, die in stark voneinander abweichenden Stilen spätantike, byzantin. und syr. Vorbilder verarbeiten. Der Mittelpunkt der otton. Buchmalerei war die Insel Reichenau. Ihre Meister, die mit einer neuen, gesteigerten Ausdruckskraft das Evangeliar Ottos III., das Perikopenbuch Heinrichs II. (beide München, Staatsbibliothek) und das Bamberger Apokalypse (Bamberg, Staatsbibliothek) schufen, gehören zu den größten des Abendlandes. Neben der Reichenauer Schule waren die wichtigsten die in

Trier, Echternach, Köln, Fulda, Hildesheim und Regensburg. Auf der Reichenau sind aus otton. Zeit auch Wandmalereien erhalten (St. Georg in Oberzell). – Den gefestigten Figurenstil der salischen Zeit lassen bes. die Glasmalereien des Augsburger Doms erkennen (frühes 12. Jh.). In der Buchmalerei begegnet er bes. in Werken der Echternacher Schule (Evangelienbuch Heinrichs III.). – In stauf. Zeit entstanden die umfangreichen Freskenfolgen der Klosterkirche in Prüfening und der Doppelkapelle in Schwarzrheindorf sowie die Malereien der Holzdecke von St. Michael in Hildesheim. Die Buchmalerei entwickelte sich zu einem reifen, klass. Stil: der ›Hortus deliciarum‹ der Herrad von Landsperg (vollendet um 1185), der Liber matutinalis des

1

2

3

4

deutsche Kunst: 1 Verkündigung an die Hirten, Miniatur in dem von Kaiser Heinrich II. dem Bamberger Dom geschenkten Perikopenbuch, um 1010 auf der Reichenau entstanden (München, Staatsbibliothek). 2 Stefan Lochner: Die Muttergottes in der Rosenlaube, um 1440–50 (Köln, Wallraf-Richartz-Museum). 3 Hans Baldung: Hexensabbat, Holzschnitt, 1510. 4 Albrecht Altdorfer: Waldmenschen, Federzeichnung in Schwarz, weiß gehöht, auf farbig grundiertem Papier, 1510 (Wien, Albertina)

Konrad von Scheyern (1206–25, München, Staatsbibliothek), das Missale Abt Bertolds von Weingarten (um 1225; New York, Morgan Library), die Evangelistare aus Speyer (Karlsruhe) und Köln (Brüssel). Die Gotik war die Blütezeit der Glasmalerei (Domchor und St. Kunibert in Köln; St. Elisabeth in Marburg; Erfurter Dom). Die Wandmalerei, der die in schmal aufstrebende Pfeiler und füllende Fensterflächen aufgelöste Architektur die Möglichkeit zur Entfaltung entzog, trat hinter der Tafelmalerei zurück, in der seit Mitte des 14. Jh. zunächst Böhmen führend war (Meister von Hohenfurth; Meister von Wittingau). In Hamburg malte Meister Bertram von Minden auf volkstümlich schildernde Art den Grabower Altar (1379; Hamburg, Kunsthalle) und Meister Francke in weltläufigerem Stil den Englandfahrer-Altar (seit 1424; ebd.). In Köln ragte zu Anfang des 15. Jh. der Meister der hl. Veronika hervor (München, Pinakothek), in Westfalen Konrad von Soest (Altäre der Pfarrkirche in Wildungen und der Marienkirche in Dortmund).

Der entscheidende Durchbruch zum Realismus der Spätgotik ging vor allem von schwäbischen Malern aus. L. Moser schuf 1431 den Altar in der Pfarrkirche in Tiefenbronn, K. Witz um 1435 den Heilsspiegelaltar (die meisten Tafeln im Mus. Basel) und 1444 den Petrus-Altar mit der ersten örtlich bestimmbaren Landschaft der europäischen Malerei (Genf, Mus.), H. Multscher 1437 den Wurzacher Altar (W-Berlin, Staatl. Museen), dessen kraftvolle Drastik im Gegensatz steht zu der repräsentativen Feierlichkeit des Dombildes von St. Lochner in Köln (um 1440). In der 2. Hälfte des 15. Jh. war das Vorbild niederländ. Maler maßgebend. In Ulm wirkte der Meister des Sterzinger Altars (1458), in Nürnberg H. Pleydenwurff, in Colmar M. Schongauer (Madonna im Rosenhag, 1473), der wie der am Mittelrhein tätige Hausbuchmeister bes. als Kupferstecher hervorragt. Die Werke B. Zeitbloms in Ulm und M. Wolgemuts in Nürnberg wirken befangener. Die Bildtafeln, die der Südtiroler M. Pacher für seine Schnitzaltäre schuf, lassen die Kenntnis oberital. Malerei erkennen.

Die Auseinandersetzung mit der ital. Kunst begann erst im 16. Jh., dessen erste Jahrzehnte die große Zeit der dt. Malerei und Graphik sind. Wenn ihre Meister auch meist der Renaissance zugerechnet werden, lebten in den Werken der meisten von ihnen spätgot. Elemente fort. M. Grünewald, der das gewaltigste Altarwerk der dt. Malerei schuf (Isenheimer Altar, um 1515; Colmar, Mus.), blieb zwar durch die Tiefe seiner religiösen Erlebnisfähigkeit mit dem MA. aufs engste verbunden, doch wuchs er mit seinen, von leidenschaftl. Ausdruck geprägten Gestalten weit über alle got. Zielsetzung hinaus. Das unermeßlich reiche Werk A. Dürers entstand aus der Spannung zw. spätgot. Ausdrucksgestaltung, die vor allem seine Graphik bestimmt (Apokalypse, 1498) und dem Ringen um renaissancehafte

Klarheit in der Darstellung des Menschen. Zu eigenwillig neuen Formen entwickelte sich die Kunst H. Baldungs. In den Werken A. Altdorfers und W. Hubers, Meister der Donauschule, zu der auch in seiner Frühzeit L. Cranach d. Ä. gehörte, offenbarte sich ein neues und elementares Naturgefühl. H. Holbein d. J., der sich zu überlegener Meisterschaft als Bildnismaler entwickelte, kam an Klarheit und Ausgewogenheit des Stils der ital. Renaissance am nächsten.

Die beiden bedeutendsten dt. Maler zur Zeit des beginnenden Barock waren im Ausland tätig: der Frankfurter A. Elsheimer in Rom und der Holsteiner J. Liss in Venedig. An der großen europ. Malerei des 17. Jh. hatte Dtl. keinen Anteil mehr, wenn es auch einzelne tüchtige Maler hervorbrachte. – Eine Fülle von neuen Aufgaben bot der dt. Malerei des 18. Jh. die Baukunst des Spätbarock. In den Kirchen, Klöstern und Schlössern S-Dtl.s und Österreichs entstanden gewaltige Deckenfresken, die mit illusionist. Mitteln in Dienst der Architektur den begrenzten Raum in den unbegrenzten übergehen lassen. Unter den bayer. Freskenmalern sind v. a. C. D. Asam und J. B. Zimmermann, unter den in Österreich tätigen P. Troger und F. A. Maulbertsch zu nennen.

Der sich ihrem Ende zuneigenden Kunst des Barock trat R. Mengs als Wortführer des Klassizismus entgegen, dessen Stilwille sich am entschiedensten in den Zeichnungen von A. J. Carstens aussprach. Gleichzeitig entstanden die Kupferstiche D. Chodowieckis, die das Leben des Bürgertums mit nüchternem Realismus schildern. Als Bildnismaler der Goethezeit ragen A. Graff und J. H. Tischbein hervor, als Landschaftsmaler J. A. Koch und F. Kobell. Die Romantik fand ihren reinsten Ausdruck in den Werken C. D. Friedrichs, Ph. O. Runges, C. Ph. Fohrs und der Brüder Oliver. Romantischen Ursprungs waren auch die Bestrebungen der Nazarener (J. F. Overbeck, F. Pforr u. a.), die im Rückgriff auf die Kunst der frühen Meister eine Erneuerung der religiösen Malerei erstrebten. Zu ihnen gehörte anfänglich auch der als Freskenmaler tätige P. von Cornelius, in der Kraft der Gestaltung A. Rethel übertraf (Entwürfe zu den Wandgemälden aus der Geschichte Karls des Großen im Aachener Rathaus). Während die Romantik in den Bildern der Biedermeierzeit von L. Richter und C. Spitzweg und in den Märchen- und Sagenbildern M. von Schwinds bis in die 2. Hälfte des Jh. fortlebte, setzte sich bes. mit F. Krüger in Berlin und F. Waldmüller in Wien der Realismus immer mehr durchgesetzt. A. Menzel nahm in den Bildern seiner Frühzeit den Impressionismus voraus; er malte später auch Bilder aus der zeitgenöss. Geschichte. Impressionist. Malweise näherten sich auch K. Blechen, der als Romantiker begann, F. von Rayski und zeitweilig W. Leibl, dessen maler. Realismus sich zu altmeisterl. Sachtreue entwickelte. Ihm standen C. Schuch und W. Trübner nahe, in seinen Anfängen auch H. Thoma. Bil-

Deut

der einer im klass. Sinn idealen Welt malten A. Feuerbach und A. Böcklin, die meist in Italien lebten, wie auch H. von Marées, der die monumentalen Fresken der Zoologischen Station in Neapel schuf (1873).

Die führenden Meister des bis weit in das 20. Jh. fortwirkenden Impressionismus waren M. Liebermann, M. Slevogt und L. Corinth. Die Malerei des Jugendstils (E. Orlik, W. Obrist) wurde zwar einerseits grundlegend für die weitere Entwicklung der Malerei (Überordnung des Formalen), doch wurde ihre ästhet. Stilisierung als Einengung empfunden und vom dt. Expressionismus abgelehnt. Träger dieser Bewegung sind Künstlergruppen wie die Brücke, die 1905 in Dresden gegründete Gemeinschaft von E. L.

1

2

3

4

deutsche Kunst: 1 Grünewald: Auferstehung Christi, Flügelbild des Isenheimer Altars, um 1515 (Colmar, Museum Unterlinden). 2 C. D. Friedrich: Kreidefelsen auf Rügen, um 1820 (Winterthur, Stiftung Oskar Reinhart). 3 Ernst Ludwig Kirchner: Rheinbrücke in Köln, 1914 (Berlin, Nationalgalerie). 4 Franz Marc: Turm der blauen Pferde, 1913 (ehemals Berlin, Nationalgalerie; verschollen)

Kirchner, E. Heckel, K. Schmidt-Rottluff, zeitweilig auch E. Nolde, die ihr Wirklichkeitserlebnis durch die äußerste Steigerung des Ausdrucks in Form und Inhalt zu gestalten suchten, ferner die 1911 in München gegründete Künstlervereinigung des Blauen Reiter, der W. Kandinsky, F. Marc, A. Macke, P. Klee, A. v. Jawlensky, Gabriele Münter angehörten, im Gegensatz zum Sturm und Drang der Brücke von mehr romantisch-lyrischer Art. Den Meistern der Neuen Sachlichkeit standen O. Dix, G. Grosz, M. Beckmann u. a. nahe. Von starker Wirkung auch auf die Malerei war das 1919 in Weimar gegründete Bauhaus, an dem u. a. W. Kandinsky, L. Feininger, P. Klee und O. Schlemmer lehrten. Von den Malern des Surrealismus ragen M. Ernst, R. Oelze und R. Bellmer hervor mit Nachfolgern in der jüngeren Generation (H. Janssen, P. Wunderlich). Die abstrakte Malerei ging von den Malern des Blauen Reiters aus, von denen Kandinsky 1910 das erste abstrakte Bild malte; auch F. Marc wandte sich in seiner letzten Schaffenszeit immer mehr der lyrischen Abstraktion zu. Neben W. Baumeister bevorzugen auch andere Maler stark abstrahierende oder ungegenständl. Gestaltungen, so Th. Werner, W. Gilles, J. Bissier, E. W. Nay, H. Hartung, F. Winter, G. Meistermann, H. Berke, H. Trökes. Sie lehnten sich an das Subjektivistische in der internat. Bewegung der informellen Kunst an, die von den emigrierten Deutschen H. Hartung und Wols ins Leben gerufen und bes. von K. O. Goetz, K. R. H. Sonderborg, B. Schulze vertreten wird. Die optisch wirksamen Farb- und Formkonstruktionen der Op Art bringen in Dtl. die Werke der Gruppe Zero (H. Mack, G. Uecker, O. Piene). Daneben haben Vertreter der expressiven, gegenständl. Kunst – W. Heldt, R. Nesch, HAP Grieshaber – ihre Wirkung behalten und eine allg. Tendenz zur Rückgewinnung des Figürlichen in der Neuen Figuration gefördert (H. Antes), die durch die Vertreter der Pop Art bis zur Identität von Farb- und Kunstgegenständen gesteigert wird (B. Goller, K. Klapheck), kritisch bestimmt bei F. Köthe und W. Vostell. Die Aufnahme unmittelbar wirksamer realist. Tendenzen findet sich in West-Berlin bei der Gruppe ›Neue Prächtigkeit‹ (J. Grützke, M. Bluth, M. Koeppel, K. Ziegler), mit der Wiedergabe gestaltloser, illusionist. Räume bei H. P. Reuter. Bilder mit Erscheinungen ohne Materialität und Figur sucht G. Graubner.

Die DDR verfolgt unnachgiebiger als die meisten anderen Ostblockstaaten die Ausrichtung im Sinn des ›Sozialistischen Realismus‹, der die Aufgabe der Kunst in der allgemeinverständl. propagandist. Darstellung erblickt und die Idealisierung des arbeitenden Menschen sowie die Verteidigung der kommunist. Gesellschaftsordnung in den Mittelpunkt stellt (B. Heisig, W. Sitte). In jüngster Zeit toleriert der Staat stärker individuell aufgefaßte Darstellungen des ›Realismus‹ (W. Tübke, W. Mattheuer, in der Plastik F. Cremer, W. Stötzer).

LIT. Kunstdenkmäler (auch Kunstdenkmale oder Bau- und Kunstdenkmäler), bearb. von den Ämtern für Denkmalpflege, einschließlich der ehem. Reichsgebiete, etwa 600 Bde.; G. Dehio: Gesch. der d. K., 4 Bde. (1930–34); ders.: Hb. dt. Kunstdenkmäler (neubearb. 1964ff.); Dt. Kunstdenkmäler, hg. v. W. Hootz (1966ff.); Reclam Kunstführer Dtl., 7 Bde. – G. Plitz: Kunstführer durch die DDR (1973).

Deutsche Landwirtschaftsgesellschaft e. V., Abk. *DLG,* Vereinigung von prakt. Landwirten, Beamten der Landwirtschaftsverwaltung, Wissenschaftlern u. a., 1885 von M. Eyth gegr., 1934 aufgelöst, 1947 wiedergegr., Sitz: Frankfurt a. M., zur fachl. Förderung der Landwirtschaft durch Verbreitung von Erfahrungen und Erkenntnissen insbes. durch Ausstellungen (z. B. die jährl. in Berlin stattfindende *Grüne Woche*).

Deutsche Lebens-Rettungs-Gesellschaft e. V., Abk. **DLRG,** Sitz: Essen, durch freiwilligen Zusammenschluß 1913 gegr. gemeinnützige Einrichtung zur Verbreitung von Kenntnissen und Fertigkeiten im Retten und Wiederbeleben Ertrinkender.

Deutsche Legion, die hannoverschen Offiziere und Soldaten, die 1803–15 in brit. Diensten gegen Frankreich kämpften. Die D. L. focht bes. in Spanien und bei Waterloo und wurde 1816 aufgelöst.

deutsche Literatur, die Lit. (im engeren Sinn) in dt. Sprache; vgl. auch: → niederdeutsche Literatur; → Österreich, Literatur; → Schweiz, Literatur.

Aus Zeugnissen des Tacitus, anderer lat. Schriftst., auch aus der Verarbeitung frühgerman. Überlieferung in der Edda, lassen sich Grundformen und Stoffe der vorliterar. dt. Dichtung erschließen. Ihre Hauptgattungen waren Zauberspruch, Heldenlied, Preislied, Götterdichtung; ihre Form war der Stabreim. – In der karolingischen Zeit (etwa 770–910) begann unter fränk. Führung die Einordnung der Deutschen in die christlich-abendländ. Völkergemeinschaft, deren geistiger Träger die Kirche war. Neben der mündlich überlieferten gesungenen oder erzählten Dichtung, die nur selten schriftlich festgehalten wurde (›Hildebrandslied‹, ›Merseburger Zaubersprüche‹), entstand eine von Geistlichen – vorwiegend in Klöstern – verfaßte theologisch-christl. Bildungslit. (Glossare, dt. Glossen in lat. Texten, Interlinearversionen, freiere Übersetzungen aus dem Lateinischen). Der Klerus versuchte – im Rahmen der Politik Karls d. Gr., christl. Religion und dt. Sprache als Mittel zur Stiftung dt. Einheit einzusetzen – die christl. Lehre dem Volk in dt. Sprache nahezubringen. Im 9. Jh. entstand eine Übersetzung der Evangelienharmonie des Tatian in Fulda. Otfrid von Weißenburg schuf in seinem Evangelienbuch (um 870) die erste dt. Dichtung mit Endreim nach lat.-kirchl. Vorbild. Mit dem Aussterben der Karolinger (911) brach die schriftl. dt. Überlieferung für 150 Jahre ab;

Deut

an ihre Stelle setzte die früher als ›ottonische Renaissance‹ bezeichnete Epoche das Latein (→ mittellateinische Literatur). Eine Sonderstellung nimmt die dem humanist. Schulunterricht verpflichtete Übersetzungsleistung Notkers III. von St. Gallen († 1022) ein.

Die geistl. Dichtung der frühmittelhochdeutschen Zeit (1060–1170) bestand aus Beichtformeln, Gebeten, Predigtfragmenten, Bibeldichtungen, die enger oder freier den Bibeltext nacherzählen, Bibelkommentaren, Litaneien, Legenden, Heiligenleben (›Annolied‹ um 1085 als Rechtfertigung weltl. Machtanspruchs der Kirche), Bußdichtung (›Memento mori‹ des Noker von Zwiefalten um 1070/80, der Arme Hartmann, Heinrich von Melk um 1150/60), Mariendichtung (Priester Wernher). Die weltl. Dichtung lebte daneben in Heldenliedern, polit. Versen, Lobliedern unaufgezeichnet fort.

Etwa um die Mitte des 12. Jh. entstand eine weltnahe, das Diesseits bejahende Epik. Sie behandelt weltgeschichtl. Vorgänge (›Kaiserchronik‹), sagenhaft ausgestattete Ereignisse der german.-dt. Geschichte unter Einbeziehung des Orients, der Kreuzzüge (›König Rother‹, ›Herzog Ernst‹), Stoffe des spätgrch. Abenteuer- und Reiseromans (›Alexanderlied‹ des Pfaffen Lamprecht, um 1150). Weltfreude verkünden die lat. Gedichte des Archipoeta. Zum Kreuzzugsaufruf wurde das ›Rolandslied‹ durch den Pfaffen Konrad nach frz. Vorlage umgeformt. Die polit. Zeitlage um die Mitte des Jh. gestaltete ein lat. ›Ludus de Antichristo‹ aus Tegernsee.

Um 1170 bildete sich nach frz. Vorbild auf dt. Boden eine Gesellschaftskultur heraus, deren Träger das zum Selbstbewußtsein erwachte dt. Rittertum war. Die Zentren des geistigen Lebens waren die Höfe der Fürsten (Wartburg des Landgrafen Hermann von Thüringen, Wiener Hof der Babenberger); direkte Zeugnisse sind allerdings selten. Frauendienst und eine ritterlich-höf. Ethik wurden Themen der lyr. und epischen Dichtung. Im Äneasroman des Heinrich von Veldeke (›Eneide‹, vollendet 1183–89) wurde das neue Bildungs- und Kunstideal erstmals auf eine beachtliche Höhe geführt. Der Alemanne Hartmann von Aue brachte in seinen Übertragungen von Werken des Chrétien de Troyes die Artussage nach Dtl.: seine Epen, ›höfische Romane‹ (›Erec‹, ›Iwein‹), gaben Vorbilder der ritterl. Lebensform. Der Franke Wolfram von Eschenbach schuf in eigenwilliger, oft dunkler Sprache das wohl bedeutendste dt. Epos des MA., den ›Parzival‹. Bewußte Formschönheit und Eleganz der Sprache kennzeichnen den ›Tristan‹ Gottfrieds von Straßburg (Vorläufer: ›Tristrant‹ des Eilhart von Oberge). Um 1200 schuf ein Dichter, wahrscheinlich am Hof des Bischofs von Passau, durch höfisch-ritterl. Umformung vorhandener Epen das ›Nibelungenlied‹.

Zunächst unter provenzal. und nordfrz. Einfluß, später in eigenständiger Weiterentwicklung, entfaltete sich in der 2. Hälfte des 12. Jh.

eine ritterl. Gesellschaftslyrik, der Minnesang. Sein Thema ist das unerfüllbare Werben des ritterl. Mannes um die höf., im Lobpreis idealisierte Frau (eine eigenständige ritterl. Liebeslyrik im Donauraum um 1150/70 kannte statt dessen den Ausdruck gegenseitiger Liebe: Kürnberger, Dietmar von Aist). Erste Vermittler westl. Formen waren Friedrich von Hausen und Heinrich von Veldeke; Höhepunkte des klass. dt. Minnesangs sind die Lieder Heinrichs von Morungen und Reinmars von Hagenau. Walther von der Vogelweide überwand durch Einbeziehung volkstümlich-vagant. Anregungen die ständische Enge des höf. Minnesangs; zugleich griff er mit seiner Spruchdichtung in die polit. Auseinandersetzungen der Zeit ein. Neidhart von Reuenthal, mit dem die Spätzeit des Minnesangs beginnt, schloß in seinen Liedern bäuerl. Gestalten ein, auch der Tannhäuser hielt sich nicht mehr an höf. Konvention; Ulrich von Lichtenstein übersteigerte später in seinem Versroman ›Frauendienst‹ (1255) die ritterl. Sitten ins Groteske. Die mit Heinrich VII. verbundenen schwäbisch-alemann. Edelleute (Ulrich von Winterstetten, Gottfried von Neifen, Burkhart von Hohenfels) hielten, oft in preziöser Übersteigerung, am hohen Minnesang fest, schufen jedoch auch Tanzlieder. Unter den zahlreichen Epigonen höf. Epik (Ulrich von Zatzikhoven, Wirnt von Grafenberg, Heinrich von dem Türlin, Ulrich von Türheim) ragt der Alemanne Rudolf von Ems hervor. Heldendichtung lebte im Buchepos der ›Kudrun‹ fort (1230/40). Das alemann. ›Osterspiel von Muri‹ ist das älteste geistl. Drama in dt. Sprache (Handschrift aus der Mitte des 13. Jh.). In dem Lehrgedicht ›Bescheidenheit‹ (d. h. Erkenntnis des Rechten) des bürgerl. Freidank im Zeitspiegel des Thomasin von Circlaere ›Der welsche Gast‹, mit den schwank- und lehrhaften Verserz. des Stricker, in den Rechtsbüchern (niederdt. ›Sachsenspiegel‹ von Eike von Repgow, ferner Deutschen- und Schwabenspiegel) kündigten sich schon in der 1. Hälfte des 13. Jh. neue literar. Formen und Stoffe an.

In der 2. Hälfte des 13. Jh. blieb Konrad von Würzburg als Formtalent der Vergangenheit verpflichtet, pflegte aber die neue Gattung der Versnovelle. Weitere Epiker: Albrecht von Scharfenberg, Heinrich von Neustadt, Heinrich von Freiberg. Im Bairisch-Österreichischen klang das Heldenepos in Dichtungen aus dem Umkreis Dietrichs von Bern aus. Moral. Kritik übte der Österreicher Werner der Gartenaere in dem Zeitbild ›Meier Helmbrecht‹. Eine Fülle von Ausdrucksformen kennzeichnet die Lit. des späten MA. Mit der Wende zum 14. Jh. setzt eine neue Strömung geistlicher Dichtung ein: Legende, Mariendichtung, Passion, Apokalypse; dazu kommen Lehrdichtung (›Seifried Helbling‹, ›Der Renner‹ Hugos von Trimberg, um 1300) und Satire (›Der Ring‹ Heinrichs von Wittenweiler, um die Wende des 14. zum 15. Jh.). Innerhalb der Deutschordensdichtung wurde neben Bibeldichtung auch die Geschichtsschreibung gepflegt: ›Livländische Reimchronik‹ (Ende des 13. Jh.), ›Kronike von Pruzzinlant‹ von Nicolaus von Jeroschin, Prosachronik des Johannes von Posilge, Reimchronik des Wiegand von Marburg. Im Vordergrund der geistl. Dichtung stand hier das A. T. (u. a. Prophetenübers. in Prosa von Claus Cranc). Der Deutschordensdichtung nahe stand der Verf. von ›Väterbuch‹ und ›Passional‹. – Aus der Menge fahrender Dichter trat mit seiner Spruchdichtung Heinrich von Meißen, genannt ›Frauenlob‹ (Anfang des 14. Jh.), hervor; die Meistersinger – seit der 2. Hälfte des 14. Jh. versammelten sich Handwerker zur Pflege des Meistersangs – sahen in ihm ihr Vorbild. Zum Spiegel persönl. Erfahrung wurde Lyrik in den Liedern des Tirolers Oswald von Wolkenstein († 1445). Das Drama, urspr. ein Teil der lat. Festliturgie zu Weihnachten und Ostern, nun in dt. Sprache, wurde von der Kirche auf den Markt verlegt. Vor allem aber änderte sich das Profil der d. L. grundlegend durch die verstärkte Weiterentwicklung der Prosa: wortgewaltige Predigten Bertholds von Regensburg, Schriften der Mystiker, so von Meister Ekkart, Mechthild von Magdeburg, H. Seuse, J. Tauler; Bemühungen um dt. Prosaübersetzungen durch Johann von Neumarkt, das Streitgespräch mit dem Tod des ›Ackermann aus Böhmen‹ von Johannes von Tepl (um 1400); gegen Ende des 14. Jh. die Glaubenslehre des Frankfurters (von Luther 1518 als ›Theologia deutsch‹ hg.); Chroniken, erste Reisebücher.

Der sich seit Mitte des 15. Jh. in Dtl. entwickelnde, hauptsächlich akademisch-pädagogisch orientierte Humanismus, der seit 1500 zunehmend in Gegensatz zur Spätscholastik trat (›Epistolae obscurorum virorum‹), wurde, ehe er zu voller Reife gelangte, um 1520 von der stärkeren und volkstümlicheren Reformation beiseite gedrängt. Die religiöse Frage, nicht die humanist. Lebens- und Kunstideale, wurde zum bestimmenden Faktor der Lit. Die dichter. Leistungen der Humanisten vollzogen sich in neulat. Sprache (→ neulateinische Literatur), doch bemühten sie sich als Übersetzer (H. Steinhöwel, N. v. Wyle, Albrecht v. Eyb u. a.), ihr an der Antike ausgerichtetes Sprachideal auf das Deutsche zu übertragen. Ulrich von Hutten kehrte zur dt. Sprache zurück, Luthers Bibelübersetzung legte mit den Grund zu einer über den Mundarten stehenden Schriftsprache. Die Neigung zur Satire (S. Brant) schlug sich in den Durchbruchsjahren der Reformation, auch durch die Prosa Luthers beeinflußt, in Streitschrifttum nieder (Th. Murner, U. v. Hutten, ›Karsthans‹) und blieb auch weiterhin ein Charakteristikum der Epoche (Th. Naogeorg, J. Fischart, F. Dedekind). Unter den erzählenden Gattungen herrschten die Klein-Formen Fabel und Schwank vor, die mittelalterl. Epik ging – ungeachtet der Wiederbelebungsversuche durch Ulrich Füetrer – durch Übersetzungen und Prosaauflösungen in die Volksbücher ein; diese weisen aber auch Neuschöpfungen auf (›Ahasver‹,

›Fortunatus‹, ›Faust‹). Mit Fischarts Rabelais-Bearbeitung und den selbständigen Versuchen J. Wickrams zeigten sich Ansätze zu einem dt. Prosaroman. Arten der Lyrik waren: Volkslied, Gesellschaftslied, geistliches Lied (Luther), Meistersang. Der Meistersang erlangte schulisch organisiert (seit Beginn des 16. Jh.) seine größte Bedeutung (H. Folz, H. Sachs), stagnierte aber gegen Ende der Epoche. Auf dem Gebiet des Dramas trat das geistl. Spiel zurück vor dem ausschnitthaften biblischen Drama (Stoffe: Susanna, Joseph, Verlorener Sohn) und dem allegor. Spiel (›Jedermann‹). Der Rückgriff der Humanisten (J. Wimpfeling, J. Reuchlin) auf antike Vorbilder war hier bes. einschneidend: Fastnachtsspiel, Meistersinger- und Bürgerspiel, protestant. Schuldrama und kath. Ordensdrama gaben den neuen, von der antiken Komödie bezogenen Strukturgesetzen (bes. Akt- und Szeneneinteilung, zunächst rein äußerlich eingesetzt) Raum, die am Ende des Jh. noch durch engl. Einfluß (Heinrich Julius von Braunschweig, J. Ayrer) gestützt wurden.

Die dt. Lit. des 17. Jh. entstand als geplante Leistung einer kleinen Gelehrtenschicht aus dem Vakuum, das der Niedergang der stadtbürgerl. Kultur des 16. Jh. hinterlassen hatte. Sie gehört in den großen Rahmen der höf. Barockkultur, in der jedoch bildende Künste und Musik eine erheblich größere Rolle spielten als die Dichtung. Die Grenze zw. den Ländern der Reformation und der Gegenreformation scheidet nicht nur die kath. von der protestant. Wortkunst der mitteldt. und schles. Länder, sondern ist auch eine Sprachgrenze; sie hebt die sächsisch-meißnische Literatursprache von der oberdt. Gemeinsprache der – bes. geistl. – Dichtung (Aegidius Albertinus, Fr. v. Spee, L. Schnüffis, A. a Sancta Clara) des katholischen Raums ab.

M. Opitz faßte die von Sprachgesellschaften unterstützten Bestrebungen seiner Zeitgenossen, eine deutschsprachige Kunstdichtung zu schaffen, zusammen und legte mit seiner Poetik (1624) und mit Übersetzungen in fast allen Gattungen den Grund für eine Lit., die in wetteifernder ›Imitatio‹ an die kanonische Dichtung der Antike, an neulat. Humanisten sowie an die national-sprachige Lit. Italiens, Spaniens, Frankreichs, Englands und der Niederlande anknüpfte. Sie war bestimmt von dem System der Rhetorik, mit deren Hilfe die Normalsprache zur Literatursprache umgewandelt wurde. In strenger Stil- und Gattungsgebundenheit führte sie von klassizist. Formerfüllung zu überladener, die Form sprengender Entfaltung (Ch. Hofmann v. Hofmannswaldau, D. C. Lohenstein, Q. Kuhlmann) oder zum preziösen Stil (→ galante Dichtung) am Ende des Jh. Ihre Themen zielten auf Belehrung, auf das Lob hochgestellter Gönner; in Gelegenheitsgedichten wurden bes. Hochzeit, Geburt und Begräbnis behandelt.

In der 1. Hälfte des 17. Jh. stand die Lyrik, teils in Dichterkreisen gepflegt (Königsberg, Nürnberg), im Vordergrund (G. R. Weckherlin, P. Fleming, A. Gryphius, S. Dach, J. Klaj, S. v. Birken, G. Ph. Harsdörffer); von der Mitte des Jh. bis nach 1670 dominierte das Drama (A. Gryphius, D. C. Lohenstein). Der Roman erreichte, abgesehen von den Schäferromanen, erst im letzten Drittel des Jh. Eigenständigkeit; er gewann in zwei Formen Bedeutung: dem höfischhistor. Roman (A. U. v. Braunschweig, A. H. Bucholtz, Ph. v. Zesen, H. A. v. Zigler und Kliphausen) sowie dem auf den span. Schelmenroman zurückgehenden niederen Roman (A. Albertinus, J. Chr. Grimmelshausen: ›Simplicissimus‹, 1669, J. Beer). In das Zeitalter der Aufklärung weisen voraus sowohl der polit. Roman Chr. Weises und J. Riemers als auch die satir. Lügengeschichten von Chr. Reuters ›Schelmuffsky‹. Neben der gattungsgebundenen weltl. Kunstdichtung verdienen das Kirchenlied (P. Gerhardt, Fr. v. Spee) und die mystisch-spekulative Lit. (J. Böhme, D. v. Czepko, Angelus Silesius, Q. Kuhlmann) ebenso Beachtung wie die aus bürgerl. Geist formulierte Kritik in Satire und Epigramm (J. M. Moscherosch, J. B. Schupp, Fr. v. Logau).

Das Theater entwickelte sich auf getrennten Bahnen: Im protest. Schuldrama (Chr. Weise) regierte das Wort, im Drama der Wandertruppen (→Englische Komödianten, Haupt- und Staatsaktionen) der Mimus, im Ordensdrama, bes. der Jesuiten (→Jesuitentheater), die Ausstattung, in der Oper die Musik. Am Anfang des 18. Jh. machte sich mit J. A. Stranitzky das Wandertheater in Wien als Vorstadttheater ansässig (Fortführung: J. Kurz, P. Hafner, E. Schikaneder, J. A. Gleich, K. Meisl, A. Bäuerle).

Das 18. Jh. war auf allen Gebieten des geistigen Lebens (Kunst, Wiss., Religion) das Jh. der Aufklärung und zugleich das Jh. des Bürgertums. Die ›eigentliche‹ Aufklärungsperiode läßt sich in zwei Phasen aufteilen: die von etwa 1720 bis 1750, die im Zeichen J. Chr. Gottscheds stand, und die von etwa 1750–1780, die durch das Wirken G. E. Lessings geprägt wurde. – In den ersten Jahrzehnten traten zwei Strömungen auf: der klassizist. Rationalismus frz. Prägung, dessen Wortführer Gottsched war, der den Schwulst des Barock und die Verwilderung des Theaters bekämpfte, die ›regelmäßige Tragödie‹ begründete (von J. E. Schlegel weiterentwickelt) und die satir. Charakterkomödie anregte (aus der sich die empfindsam-bürgerl. Komödien Chr. Fr. Gellerts entwickelten); daneben gab es eine literar. Richtung, die der reflektierenden Naturdichtung großen Raum gab (B. H. Brokkes, A. v. Haller, E. v. Kleist). Manche Autoren wandten sich, wie Gottsched selbst auch, durch Moralische Wochenschriften an ein großes Publikum, um es ›tugendhaft‹ zu machen. Durch Familiendramen (Gellert) und bürgerl. Romane (J. G. Schnabel mit seiner Robinsonade ›Die Insel Felsenburg‹, Gellert, M. A. v. Thümmel) entzogen sie sich sowohl den formalen Forderungen wie der streng rationalist. Belehrung im Sinn

Gottscheds. Diese sich unter engl. Einfluß entwickelnde Richtung versuchte die einseitige Verstandeskultur durch die Betonung der Bedeutung der schöpfer. Phantasie zu relativieren und zu modifizieren. Als Wortführer traten bes. die Schweizer J. J. Bodmer und J. J. Breitinger hervor. Von Gottsched weg entwickelten sich auch die →Bremer Beiträge. Während der ersten Phase der Aufklärung gab es, so gut wie später, zahlreiche literar. Werke, die sich schwerlich als typische Aufklärungslit. rubrizieren lassen: Die rauschhaft-›ungeregelte‹ J. Chr. Günthers zu Anfang des Jh., die anakreontische Lyrik (F. v. Hagedorn, J. W. L. Gleim, J. P. Uz, J. N. Götz, J. G. Jacobi) mit ihrer rokokohaften Leichtigkeit und Verspieltheit gehörten dazu ebenso wie die aus der relig. Erneuerungsbewegung des Pietismus (Ph. J. Spener, A. H. Franke; spätere Wirkung bei J. H. Jung-Stilling; ideale Schilderung in K. Ph. Moritz' ›Anton Reiser‹, 1785–90) erwachsende und bes. von der engl. Lit. (S. Richardson, L. Sterne u. a.) und Rousseau beeinflußte Lit. der Empfindsamkeit mit ihrem Kult der gefühlsseligen Freundschaft und Liebe (I. J. Pyra, S. G. Lange, Gellert, Gleim, F. G. Klopstock), deren wichtigste Zeugnisse allerdings der 2. Hälfte des Jh. angehören.

Seit der Mitte des 18. Jh. regten sich immer mehr Kräfte, die sich gegen die geistige Verengung durch die nur-rationalist. Aufklärung zur Wehr setzten, repräsentiert vor allem durch Klopstock, dessen Epos ›Der Messias‹ (1748–73) auf die zeitgenöss. und die nachfolgende Dichtergeneration eine kaum überschätzbare Wirkung hatte. J. J. Winckelmann stellte zur gleichen Zeit die später für die Klassik gültigen Maßstäbe künstler. Form und idealer Humanität durch die Beschreibung antiker Kunst auf. Schließlich sprengte auch Lessing die Fesseln formal-rationalist. Kunstauffassung, indem er, mit dem Ziel belehrender Aufklärung, neue Wege ging, wo auch immer er literarisch tätig war: An die Engländer anknüpfend, führte er mit ›Miss Sara Sampson‹ (1755) das bürgerl. Trauerspiel in Dtl. ein; mit der Komödie ›Minna von Barnhelm‹ (1767) überwand er die klassizist. Typenkomödie; ›Emilia Galotti‹ (1772) ist ein musterhaft gebautes Trauerspiel; ›Nathan der Weise‹ (1779) war als Manifest religiöser Toleranz neu; die Einsichten der theoret. Schriften bedeuten überall Fortschritte (Anerkennung Shakespeares, neue Deutung Aristoteles'). – Das dt. Rokoko gipfelte in Chr. M. Wielands anmutig-eleganten Vers- und Prosaerz. und Romanen (›Agathon‹, 1766/67; ›Oberon‹, 1780, u. a.). – Wie Wieland, so wirkten auch andere Dichter dieser Zeit neben der Aufklärung (im engeren Sinn), ohne sich gegen sie zu stellen: Die Gefolgsleute Klopstocks, die sich im ›Göttinger Hain‹ zusammenfanden (J. H. Voß, die Brüder Stolberg, J. M. Miller, L. Hölty; nahestehend: G. A. Bürger, Chr. Fr. D. Schubart, M. Claudius), die Verfasser empfindsamer Romane (Gellert, Sophie La Roche, J. T. Hermes, Goethe mit ›Die Leiden des jungen Werthers‹, 1774, J. M. Miller, F. H. Jacobi; zur Empfindsamkeit gehörig auch der → Darmstädter Kreis) u. a. Bedeutende popularphilosoph. Schriftst.: der Aphorist G. Chr. Lichtenberg, der Historiker J. Möser, der Physiognomiker J. K. Lavater, der ›Jakobiner‹ und Reiseschriftsteller J. G. A. Forster.

Weniger gegen die Aufklärung als gegen den formalist. Klassizismus und gegen die tändelndgeistreiche Kunst des Rokoko wandte sich die junge Dichtergeneration des Sturm und Drang, die, unter dem Einfluß J. G. Hamanns (›Sokratische Denkwürdigkeiten‹, 1759) und J. G. Herders, auf die Macht der Intuition und Inspiration die Lehre vom ›Originalgenie‹ gründete, das sich nach keinen Regeln zu richten habe, sondern im Akt der künstler. Hervorbringung bestimme, was Kunst sei. Auf der Spur des von Lessing und Herder wiederentdeckten Shakespeare und der Herderschen Volkslied-Lehre sagten die jungen ›Kraftgenies‹ (F. M. Klinger, H. L. Wagner, Maler Müller, J. M. R. Lenz, Goethe, schließlich auch Schiller) aller reglementierenden Konvention den Kampf an und verherrlichten in ihren Werken (fast ausschließlich Dramen; Prosa: W. Heinse) die große Natur, die Kraft, die Leidenschaft, das Gefühl und die Phantasie. – Für Goethe (›Götz‹, 1771) und Schiller (›Die Räuber‹, 1781) war die Epoche des Sturm und Drang nur ein Durchgangsstadium. Nach diesem bildeten sie jenes klass. Kunst- und Humanitätsideal heraus, in dem das Individuum wie die Gesellschaft durch das Medium des schönen Scheins zum ›wahren‹ und ›guten‹ Leben gelangen, zu der allein menschenwürdigen Existenz, in der die Freiheit spielend erfahren wird. Goethe, der ›naive‹ Dichter, suchte in der Bewahrung der Natur die Harmonie des Menschen zu sichern, d. h. die angemessene Proportion zw. Möglichkeit und Wirklichkeit individuellen und gesellschaftl. Lebens (›Iphigenie‹, 1787; ›Tasso‹, 1790; ›Wilhelm Meister‹, 1794 ff.); Schiller, der ›sentimentalische‹ Dichter, versuchte über die in den großen Dramen seit ›Don Carlos‹ (1787) analysierten trag. Konflikte die Prinzipien der Weltordnung zu erkennen.

Die Romantik entwickelte sich seit Mitte der 90er Jahre (Frühromantik; Berlin: L. Tieck, W. H. Wackenroder, F. Schleiermacher; Jena: A. W. und F. Schlegel mit ihrer Zeitschrift ›Athenäum‹, 1798–1800, Karoline Schelling, Novalis); sie prägte die dt. Lit. bis etwa 1820 (Hoch-, Spätromantik; Heidelberg: A. v. Arnim, C. Brentano, F. Creuzer, J. Görres; Berlin: F. Schlegel, F. Schleiermacher, die literar. Berliner Salons, später A. v. Arnim, F. Fouqué, E. T. A. Hoffmann). Sie blieb in den 20er Jahren (Schwäb. Romantik: L. Uhland, J. Kerner, G. Schwab) und darüber hinaus während des gesamten 19. Jh. als Unterströmung von Bedeutung. Die dt. Romantik war von größtem Einfluß für die sich erst seit 1820 ausbildende Romantik in Frankreich und England.

Romantische Poesie sollte als ›progressive Universalpoesie‹ (F. Schlegel) alle Gattungen verschmelzen, alle Künste zusammenführen, Leben und Wiss. poetisieren, Kunst und Wiss. vereinigen. Daher steht die romant. Dichtung anderen Künsten nahe (bes. Musik, Malerei) und besitzt enge Beziehung zur Philosophie (J. G. Fichte, Schelling) und zur Naturwiss. (G. H. Schubert, F. X. Baader). Die Kunst erhält in der Romantik religiöse Bedeutung; das Wunderbare, Phantastische, das Erlebnis des Todes und der ›Nachtseiten‹ der menschl. Natur spielen eine besondere Rolle. Nach 1800 wandte sich das Interesse daneben verstärkt dem Volk und der dt. Vergangenheit zu (Märchen: Brüder Grimm; Volkslied: Des Knaben Wunderhorn; Volksbuch: Görres; Kalendergeschichten: J. P. Hebel).

Als typisch romant. Kunst gilt der Roman; Märchen und Erz. wurden ebenfalls bevorzugt; während das Drama wenig Interesse fand, besitzt die oft liedhafte Lyrik besonderen Rang: Neben dem Erzählwerk E. T. A. Hoffmanns liegt hier das bedeutendste Leistung der Romantik auf dem Gebiet der Poesie (Novalis, C. Brentano, J. v. Eichendorff). Von großer Wichtigkeit ist außerdem die Begründung der Literaturkritik (Brüder Schlegel), daneben die Übersetzertätigkeit (Verdeutschung Shakespeares, Dantes, Calderons) und die Begründung der germanist. Sprachwiss. (Brüder Grimm). Zwischen Klassik und Romantik, in vielem über sie hinausweisend, stehen drei der bedeutendsten Dichter der d. L.: F. Hölderlin, dessen Dichtung sich am Leitbild eines mythisch-religiös verstandenen Griechentums zu visionärer Tiefe entwickelte, Jean Paul mit seinen zugleich humoristisch und tragisch getönten Seelenromanen (›Titan‹, 1800–03; ›Flegeljahre‹, 1804 f.) und H. v. Kleist mit dem hochgesteigerten Konflikt Idee-Wirklichkeit in Erz., Dramen und Lustspielen. – Goethes Spätwerk ist beeinflußt von seinen naturwissenschaftl. Forschungen, von Elementen der Romantik, oriental. Poesie und den ankündigenden Tendenzen des 19. Jh. (›Die Wahlverwandtschaften‹, 1809; ›West-östlicher Divan‹, 1819; ›Faust II.‹, 1832).

Die Restaurationszeit (1815–48) wurde von zwei literar. Entwicklungen geprägt: der Biedermeier-Lit. und der ›engagierten‹ Lit. des ›Jungen Deutschland‹ und des Vormärz. – Die Biedermeier-Lit. neigte zum Rückzug aus der gesellschaftl. Wirklichkeit, zu Resignation, Entsagung, Scheu vor der Tat. Bezeichnend ist das Streben nach Harmonie, die Neigung zur Idylle, zum Humor, die Wendung zum Kleinen, aber auch zum Konkreten. In der Lyrik fand diese Lit. ihren dichterisch bedeutsamsten Ausdruck (E. Mörike, N. Lenau, Annette von Droste-Hülshoff). Die Last der Goetheschen ›Kunstperiode‹ (H. Heine) führte zu einer artist. Formkunst (A. v. Platen, F. Rückert), vielfach jedoch, während des gesamten Jh., zum Epigonentum (Jahrhundertmitte: ›Münchener Kreis‹ um E. Geibel, P. Heyse; E. v. Wildenbruch), aber auch schon früh zur Reflexion über diese Entwicklung (K. L. Immermann, ›Die Epigonen‹, 1836) oder zum Versuch, sich von der klassisch-romant. Tradition zu lösen. L. Börne entwarf das Bild des Dichters als ›Zeitschriftsteller‹, Heine verwirklichte diesen neuen Typus in seinem dichter. und krit. Werk. Nach 1830 folgten ihnen zahlreiche liberale Schriftst., bes. die Jungdeutschen (K. F. Gutzkow, H. Laube, Th. Mundt, L. Wienbarg), in der Forderung nach Vereinigung von Lit. und Leben, nach dem polit. Engagement des Dichters. Der Prozeß der Politisierung setzte sich in der Dichtung des Vormärz, bes. der Lyrik (A. Grün, A. H. Hoffmann v. Fallersleben, F. Freiligrath, H. Heine, G. Herwegh, G. Weerth), fort. Die Dramatiker der Zeit führten teilweise die Tradition weiter (F. Grillparzer), suchten aber auch verstärkt nach neuen Ausdrucksformen und Themen (Chr. D. Grabbe, F. Hebbel); weit über die Zeit hinaus wies dabei das Werk G. Büchners (›Dantons Tod‹, 1835; ›Woyzeck‹). Das Volksstück erhielt durch F. Raimund und J. N. Nestroy – Gipfel der Alt-Wiener Volkskomödie – neue Impulse. In der Erzählprosa entwickelte sich der Roman zur angesehensten Form: der histor. Roman der Scott-Nachfolge (W. Alexis), der Zeitroman und der soziale Roman (Immermann, Laube, Ch. Sealsfield, Gutzkow, J. Gotthelf, Weerth). Dazu treten kleine, z. T. neue Prosaformen: Novelle, Erz., Reisebild, Feuilleton, Essay.

Nach der Jahrhundertmitte setzt sich in Dtl. unter dem Einfluß der frz. und engl. Lit. (H. de Balzac, Stendhal, G. Flaubert, Ch. Dickens) der Realismus (1848–80) durch: die getreue Schilderung der Wirklichkeit. Das Pragmatische, Konkrete, Objektive wurde dabei aufgewertet, Subjektivität, Idealismus, Romantik wurden verworfen. Die polit. Verhältnisse in Dtl. nach der gescheiterten Revolution von 1848 führten dazu, daß sich der dt. Realismus weniger nachhaltig als der westeurop. mit der gesellschaftl. Wirklichkeit beschäftigte und teilweise provinziellen Charakter behielt. Träger der realist. Lit. war vorwiegend das liberale Bürgertum (›bürgerlicher Realismus‹). Während in den 50er Jahren der ›programmatische Realismus‹ (J. Schmidt, G. Freytag) vorherrschte, traten bald Bestrebungen hervor, den Realismus stärker mit den Idealen der Klassik zu verbinden. Dieser ›poetische Realismus‹ erstrebte die ›Verklärung‹ der konkret erfaßten Wirklichkeit. Bevorzugtes Mittel, die erkannte Diskrepanz zw. Wirklichkeit und Ideal zu überbrücken, war der Humor (G. Keller, Th. Fontane), der allerdings oft, unter dem Einfluß Schopenhauers, pessimist. Züge annahm (W. Raabe, W. Busch). In der Lyrik und im Drama entstand in dieser Zeit nur weniges von Bedeutung (C. F. Meyer, Th. Storm, Busch, Hebbel, R. Wagner). Der Schwerpunkt der realist. Lit. liegt eindeutig auf dem Gebiet der Prosa. Die wichtigsten Autoren waren in Österreich A. Stifter (›Der Nachsommer‹, 1857), daneben M. v. Ebner-Eschenbach, F. v.

Saar; in der Schweiz G. Keller und C. F. Meyer; in Dtl. W. Raabe, F. Reuter, Th. Storm und Th. Fontane. Am bedeutendsten sind die humorist. Novellen Kellers (1856 und später) und die Zeit- und Gesellschaftsromane Fontanes (seit 1878), in denen der dt. Roman wieder an die gesamteuropäische Tradition herangeführt wird. Neben dieser Lit. zieht sich durch das Jh. ein breiter Strom zum Teil sehr erfolgreicher Volks- und Heimat-Lit. (J. Gotthelf, B. Auerbach, P. Rosegger, L. Anzengruber), Unterhaltungs- und Trivial-Lit. (F. Spielhagen, G. Freytag, Eugenie Marlitt, Louise v. François, K. May u. a.).

Unter dem Einfluß E. Zolas, B. Bjørnsons, H. Ibsens, A. Strindbergs, L. Tolstojs und F. Dostojewskis entstand um 1885 als die das folgende Jahrzehnt bestimmende literar. Strömung der Naturalismus, dessen geistigen Hintergrund der Positivismus bildet. Die aufkommende Naturwiss., die soziale Frage und die Herrschaft des Epigonentums im Literaturbetrieb waren Auslöser der neuen Entwicklung. Entscheidend für die Breitenwirkung waren die Zeitschriften ›Die Gesellschaft‹ (gegr. 1885 von M. G. Conrad) und die ›Freie Bühne für modernes Leben‹ (gegr. 1890), dann auch der Künstlerverein ›Durch‹ (gegr. 1886) und der ›Friedrichshagener Dichterkreis‹ (gegr. 1890) mit B. Wille und W. Bölsche, die noch im gleichen Jahr die ›Freie Volksbühne‹ ins Leben riefen.

Als Lyriker traten hervor: A. Holz, die Brüder H. und J. Hart und O. E. Hartleben. Im Bereich der Erzählprosa wurde das naturalist. Programm zuerst in Romanen (M. Kretzer, H. Conradi) verwirklicht; als Erz. wurde ›Papa Hamlet‹ (gemeinsam von A. Holz und J. Schlaf) Vorbild (1889, ›Sekundenstil‹). Auch im Drama, der wichtigsten Gattung, wurde bes. proletar. Milieu geschildert sowie Umgangssprache und Dialekt eingeführt. Hauptvertreter: G. Hauptmann (›Vor Sonnenaufgang‹, 1889; ›Die Weber‹, 1893). Weitere Dramatiker: Holz, Schlaf, M. Halbe und H. Sudermann. Auch heimat- und landschaftsverbundene Lit. (Clara Viebig, L. Thoma, K. Schönherr, H. Löns, H. Stehr u. a.) war z. T. dem Naturalismus verpflichtet; die Bewegung der Heimatkunst wandte sich jedoch um 1900 programmatisch gegen diesen.

Noch während sich der Naturalismus durchsetzte, traten Gegenströmungen auf, die sich theoretisch zuerst 1891/92 bei H. Bahr und R. Dehmel artikulierten. Unter dem Einfluß der frz. Symbolisten (Ch. Baudelaire, P. Verlaine und St. Mallarmé) sammelte sich unter dem Schlagwort l'art pour l'art seit Anfang der 90er Jahre ein Kreis um Stefan George, dem H. v. Hofmannsthal (nur vorübergehend), E. Hardt, K. Wolfskehl, F. Gundolf, L. Klages, E. Bertram, M. Kommerell, L. Derleth angehörten. Sprachrohr waren die ›Blätter für die Kunst‹ (1892–1919). Dazu kamen der als sich unter dem Einfluß der frz. Malerei bildende Impressionismus, der zu subjektiver Wiedergabe von Sinneseindrücken in Kleinbildern und Skizzen neigte

(D. v. Liliencron, R. Dehmel, A. Schnitzler, M. Dauthendey, E. v. Keyserling), die Neuklassik, die sich bes. um eine Wiederbelebung der Dramenform im Geist der Tradition bemühte (Paul Ernst und W. v. Scholz), und die mittelalterl. Stoffen und der Darstellung des Wunderbaren verpflichtete Neuromantik (H. Eulenberg, J. Wassermann, Ricarda Huch). Seit 1890 wirkte auch Nietzsches Lyrik; die ›Kosmiker‹ (C. Spitteler, A. Mombert, T. Däubler) und die Lyriker des ›Charon‹-Kreises (O. zur Linde, R. Pannwitz) wiesen auf den Expressionismus voraus.

Wichtiger sind die großen Einzelpersönlichkeiten, die höchstens in ihren Anfängen den genannten Strömungen verpflichtet waren: der stilistisch zw. Naturalismus und Expressionismus stehende, exzentrische, antibürgerl. Dramatiker F. Wedekind; R. M. Rilke, dessen Lyrik stark in die Zukunft wirkte (Dinggedichte, freie Rhythmen und Metaphorik); Th. Mann mit seinen Romanen (›Buddenbrooks‹, 1901); H. Mann als scharfer Satiriker (›Der Untertan‹, 1914); H. Hesse mit seinem nur breiten Leserschichten rezipiertem Erzählwerk.

Zwischen 1910 und etwa 1925 stand Dtl. im Bann des literarischen Expressionismus, der sich durch zahlreiche eigene Zeitschriften ein Podium verschaffte (›Der Sturm‹, hg. v. H. Walden, 1910ff., ›Die Aktion‹, hg. v. F. Pfemfert, 1911 ff.; ›Die weißen Blätter‹, hg. von R. Schikkele, 1914ff.; ›Der Brenner‹, hg. v. L. v. Ficker, 1910ff.). Ziel war die Zersprengung der herkömml. Literaturformen, eine Erneuerung der als verlogen aufgefaßten Wilhelminischen Gesellschaft durch ethische Umwertung, Einführung neuer Gegenstandsbereiche (Großstadtlyrik und Morbides) und Gefühlspathos (›O-Mensch‹- und ›Schrei‹-Dichtung). Als Lyriker traten hervor: J. R. Becher, G. Benn, E. Blass, M. Brod, A. Ehrenstein, G. Heym, J. v. Hoddis, Else Lasker-Schüler, A. Lichtenstein, E. Stadler, A. Stramm, G. Trakl und F. Werfel; als Erzähler: A. Döblin, K. Edschmid, C. Einstein, L. Frank, Klabund, G. Sack, E. Weiss. Das Drama, oft visionäre Aneinanderreihung von ›Stationen‹, in denen apsychologisch gezeichnete Bekenner-Helden agieren, wurde repräsentiert durch E. Barlach, R. Goering, W. Hasenclever (›Der Sohn‹, 1914), H. H. Jahnn, H. Jost, G. Kaiser (›Die Bürger von Calais‹, 1914), P. Kornfeld, R. J. Sorge, C. Sternheim, E. Toller, F. v. Unruh.

Der Expressionismus entwickelte sich teils zum Dadaismus weiter, der schon 1916 in Zürich von H. Ball, R. Huelsenbeck, A. Arp und T. Tzara begründet worden war, schlug teils auch in die – nicht streng festgelegte – Neue Sachlichkeit um, in der die Wirklichkeit ohne subjektive, idealisierende Züge erfaßt werden sollte. Bevorzugt werden hier Montagen, Reportagen und Biographien. Hauptvertreter: A. Döblin (›Berlin-Alexanderplatz‹, 1929); H. Fallada, E. Reger, A. Bronnen, Anna Seghers, A. Zweig und L. Feuchtwanger; Dramen: Ö. v. Horvath, Ma-

rieluse Fleißer. – Zeitkritisch, satirisch, ironisch schrieben in diesen Jahren E. Kästner, K. Tucholsky, W. Mehring und, als ausgesprochener Einzelgänger, K. Kraus. R. Schickele, O. Flake, Annette Kolb, J. Breitbach schlugen geistige Brücken nach Frankreich. Histor. und zeitgeschichtl. Romane schrieben: L. Feuchtwanger, Bruno Frank, B. Kellermann, H. Kesten, A. Neumann, E. M. Remarque, L. Renn, F. Thiess sowie – im geistigen Raum der ehemaligen Donaumonarchie angesiedelt – M. Brod, A. Lernet-Holenia, R. Neumann, J. Roth, J. Wassermann, F. Werfel, St. Zweig (Biographien), bühnenwirksame Stücke: C. Zuckmayer, F. Bruckner.

Wieder entfalteten Außenseiter die stärkere Wirkung: der Prager F. Kafka, der erst in den 30er und 40er Jahren (in Dtl. sogar erst nach dem 2. Weltkrieg) mit seinen Alltägliches und Phantastisches verbindenden Erzählwerken zur Geltung kommt, B. Brecht, der mit expressionist. und anarchist. Stücken begann und später marxist. Lehrstücke schrieb, H. Broch und R. Musil (›Der Mann ohne Eigenschaften‹, 1930–45), Epiker des Wertzerfalls und des Niedergangs der bürgerlichen Gesellschaft.

1933 waren viele Schriftst., deren Werke als ›entartet‹ öffentlicher Verfemung und Verbrennung preisgegeben wurden, wegen jüdischer Abstammung oder ihrer Weltanschauung zur Emigration gezwungen (→ Exilliteratur). Andere Schriftst. wie W. Bergengruen, H. Carossa, G. Hauptmann, E. F. G. Jünger, J. Klepper, Gertrud von Le Fort, O. Loerke, E. Penzoldt, R. Schneider, R. A. Schröder veröffentlichten in der Hitlerzeit weiter. F. Thiess prägte schon früher den – freilich nicht streng definierbaren – Begriff der ›inneren Emigration‹; manche Werke der genannten Autoren können als versteckte Widerstandsliteratur aufgefaßt werden, wie auch die Beiträge von R. Pechels Zeitschrift ›Dt. Rundschau‹ (weniger die aus der von K. B. v. Mechow und P. Alverdes hg. Zeitschrift ›Das innere Reich‹). Von den Nationalsozialisten gefördert wurden bes. ältere Autoren mit nationalist. und germanisierenden Tendenzen wie H. Fr. Blunck, E. E. Dwinger, H. Grimm, E. G. Kolbenheyer, auch die Heimatlit.; neue propagandist. Werke standen häufig unter dem Schlagwort ›Blut und Boden‹, verbreitet waren Parteilyrik, chorische Spiele, Bauern- und Kriegsromane.

Nach 1945 kamen zunächst die Emigranten (Th. und H. Mann, B. Brecht, A. Döblin) zu Wort, während manche jüngeren Schriftst. Anschluß an die Tradition von vor 1933 und an die geistigen Strömungen des Auslands suchten. Zum Teil wurde ein Neubeginn unter dem Zentralbegriff des ›Kahlschlags‹ (W. Weyrauch) versucht; zum Thema wurden die Nullpunkt-Situation nach dem Krieg (W. Borchert, Lyrik von G. Eich) und Angstvisionen (H. Kasack: ›Die Stadt hinter dem Strom‹, 1947); andere Autoren (Elisabeth Langgässer, R. Schneider) wiesen auf ein erneuertes Christentum hin. Mit Krieg und nationalsozialist. Diktatur setzten sich zahlreiche Autoren in Dramen (C. Zuckmayer, ›Des Teufels General‹, 1946) und Romanen (Th. Plievier, G. Gaiser, H. W. Richter, J. Rehn, H. Böll) auseinander, ebenso mit der Judenverfolgung (A. Goes, Ilse Aichinger). Tonangebende Autoren der Nachkriegszeit schlossen sich zur → Gruppe 47 zusammen.

Zunehmend wandte man sich dann grundsätzlicher Gesellschaftskritik (W. Koeppen, ›Treibhaus‹, 1953; P. Schallück) zu oder suchte die vordergründige Realität in traumhaft-poet. Dichtungen (H. E. Nossack; Hörspiele von G. Eich) oder durch Auslotung der Vergangenheit (H. v. Doderer) zu durchdringen. Im Drama wandten sich vor allem die beiden Schweizer M. Frisch und F. Dürrenmatt der Auseinandersetzung mit Zeitproblemen zu. In der Lyrik spannte sich der Bogen von einer bald sehr verfeinerten Naturlyrik (W. Lehmann als ältester dieser Autoren; K. Krolow, H. Piontek, W. H. Fritz, Marie-Luise Kaschnitz) und der monologischen Dichtung (G. Benn) über hermetische, z. T. vom Surrealismus geprägte Werke (P. Celan, E. Meister, J. Poethen, Ingeborg Bachmann, Nelly Sachs, Hilde Domin) bis zum Sprachexperiment (H. Heißenbüttel, F. Mon, E. Gomringer, H. C. Artmann, G. Rühm; die Autoren verwenden z. T. auch Prosa- und dramat. Formen, so L. Harig, P. Pörtner).

In den 60er Jahren verstärkte sich noch der Trend zur krit. Auseinandersetzung mit Vergangenheit und Gegenwart (H. Böll: ›Ansichten eines Clowns‹, 1963; G. Grass: ›Die Blechtrommel‹, 1959, ›Hundejahre‹, 1963; A. Andersch, H. Bienek, M. Walser, S. Lenz, P. Härtling, G. Zwerenz). Dabei verbanden sich im Roman bei manchen Autoren realist. Erzählelemente mit stilist. Experimenten auf der Suche nach erweiterten Perspektiven und Ausdrucksweisen (U. Johnson, W. Hildesheimer, P. Weiss, Th. Bernhard, Gisela Elsner, D. Kühn; als ausgesprochener Außenseiter schon seit den 50er Jahren: A. Schmidt). Im Gedicht wurde die Synthese von Aufklärung (im Sinne B. Brechts) und experimenteller Schreibweise angestrebt (H. M. Enzensberger, P. Rühmkorf, E. Fried), während sich im Drama zeitkrit. Tendenzen mit Elementen des absurden Theaters mischten (W. Hildesheimer, Walser, Grass, P. Handke, P. Michelsen, T. Dorst). Mitte der 60er Jahre dominierte das auf Erfahrungen des Theaters der Weimarer Rep. basierende Dokumentarstück (R. Hochhuth, H. Kipphardt, P. Weiss). Erneuert wurde das dialektgefärbte ›Volksstück‹ mit sozialkrit. Tendenz (H. Achternbusch, W. Bauer, F. X. Kroetz, R. W. Fassbinder, M. Sperr, W. Deichsel). Die polit. Unruhen der Jahre 1968/69 (Studentenrevolte, Pariser Mai-Unruhen, Vietnam-Krieg, ČSSR-Okkupation) blieben nicht ohne Rückwirkungen auf die Lit., die gesellschaftliche Bedingungen, auch ihre eigenen, schärfer akzentuierte. Dokumentar. Elemente waren schon

vorher in die Prosa einbezogen worden (A. Kluge); die nichtfiktionale Reportage-Lit. (G. Wallraff, Erika Runge) kam nun zu neuer Blüte, die Arbeitswelt wurde als Thema entdeckt (M. von der Grün; → Arbeiterdichtung). Die Gegenposition – Kritik und Veränderung der Gesellschaft durch Erneuerung der Sprache – vertraten Schriftst. wie E. Jandl, P. O. Chotjewitz, H. Fichte, Friederike Mayröcker. Eine Zwischenstellung nehmen die ›neuen Realisten‹ D. Wellershoff (Initiator dieser Richtung), R. D. Brinkmann, G. Herburger, G. Seuren ein. Besonders erfolgreiche Trivial-Autoren: W. Heinrich, J. M. Simmel, H. Habe. – In der jüngsten Zeit traten Gabriele Wohmann, Peter Schneider, Jürgen Becker, P. Handke mit Prosabüchern hervor, die eine ›neue Sensibilität‹ erkennen lassen. Ähnliches gilt für die neueste Lyrik von N. Born (auch Prosa), J. Theobaldy, G. Schramm, G. Schenk, O. Pastior, W. Wondratschek. Neu ist auch die Thematik des psychiatrischen Falls (E. Augustin, E. Herhaus u. a.). Dramatiker: H. Lange, H. Henkel, D. Forte, K. O. Mühl, Gerlind Reinshagen, B. Strauß.

In der DDR hatte die 1949/59 entstehende Lit. die Aufgabe, den ökonomischen Aufbau zu propagieren, was einen neuen Literaturbegriff (→ sozialistischer Realismus) und, bei den zurückgekehrten kommunist. Exilschriftst. (E. Arendt, J. R. Becher, W. Bredel, B. Brecht, E. Claudius, St. Hermlin, St. Heym, L. Renn, Anna Seghers, B. Uhse, F. Wolf, A. Zweig) ein anderes Selbstverständnis erforderte; z. T. zogen sie auch Kritik auf sich. Höhepunkt dieser Staat und Politik verherrlichenden Lit. waren die beiden ›Bitterfelder Konferenzen‹ (April 1959/April 1964), die mit der Bewegung ›schreibender Arbeiter‹ eine Laien-Lit. schaffen und die Berufsschiftsteller auf die Betriebsthematik (Hauptroman: E. Neutsch: ›Spur der Steine‹, 1964) verpflichten sollte.

Trotz staatl. Eingriffe (Zensur, Schriftstellertagungen, Parteibeschlüsse, ›Büro für Urheberrechte‹) hat sich seit 1961 (Mauerbau) eine krit. Lit. jüngerer Autoren entwickelt (J. Becker, J. Bobrowski, V. Braun, P. Hacks, H. Kant, Heiner Müller, U. Plenzdorf, Brigitte Reimann, Helga Schütz, E. Strittmatter, Christa Wolf), die Staat und Gesellschaft unbefangener gegenüberstehen als die Exilschriftst. und auch sonst tabuierte Themen behandeln (Republikflucht, Kritik an Funktionären und Mißwirtschaft, Rückzug ins Privatleben, Verzweiflung und Selbstmord). Manche Autoren emigrierten oder wurden ausgebürgert (M. Bieler, W. Biermann, P. Huchel, G. Kunert, R. Kunze, Christa Reinig, H.-J. Schädlich, Sarah Kirsch). – Seit 1971 ist die staatl. Restriktionspolitik gegen oppositionelle Autoren flexibler geworden, wird aber weiterhin praktiziert, verstärkt seit Herbst 1976.

LIT. K. Goedeke: Grundriß zur Gesch. der dt. Dichtung, bisher 15 Bde. ([2]1884ff.; [3]1955ff.); W. Kosch: Dt. Lit.-Lexikon, 4 Bde. ([2]1949–58, nhg. v. B. Berger u. H. Rupp 1968ff.); Reallexikon der dt. Literaturgesch., begr. v. P. Merker u. W. Stammler (²1955ff., nhg. v. W. Kohlschmidt u. W. Mohr); R. F. Arnold: Allg. Bücherkunde zur neueren dt. Literaturgesch. (⁴1966). – F. Martini: Dt. Literaturgesch. (¹⁶1972); Neues Hb. der Literaturwiss., hg. v. K. v. See, geplant 25 Bde. (1972ff.); G. Fricke: Gesch. der d. L. (¹⁸1979); Die d. L. Ein Abriß, hg. v. O. F. Best u. H. J. Schmitt, 16 Bde. (1974–77); H. A. u. Elisabeth Frenzel: Daten dt. Dichtung, 2 Bde. (Tb. ¹⁸⁻¹⁹·1981). – H. D. Schlosser: dtv-Atlas zur d. L. (1983).

Deutsche Lufthansa, Abk. **DLH,** am 6. 1. 1926 durch Zusammenschluß von *Junkers Luftverkehr* und *Deutscher Aero Lloyd* gegr., 1945 Tätigkeit eingestellt auf Grund eines Kontrollratsbeschlusses; am 6. 1. 1953 *AG für Luftverkehrsbedarf (Luftag)* gegr., 1954 in D. L. umbenannt; am 1. 4. 1955 Liniendienst aufgenommen.

In der DDR übernahm die *Interflug GmbH* am 1. 9. 1963 die dort im Mai 1954 gegr. DLH.

Deutsche Mark, D-Mark, Abk. **DM,** Währungseinheit und alleiniges gesetzl. Zahlungsmittel in der Bundesrep. Dtl. Sie wurde durch die Währungsreform v. 20. 6. 1948 an Stelle der *Reichsmark (RM)* eingeführt. Die DM ist in 100 *Deutsche Pfennige (Pf)* eingeteilt. Nach der Währungsreform galt zunächst 1 US-Dollar (US-$) = 3,33 DM, mit Wirkung vom 19. 9. 1949 1 US-$ = 4,20 DM (1 DM = 0,24 US-$). Dieser Kurs wurde nach Beitritt der Bundesrep. Dtl. (1952) zum Internationalen Währungsfonds der offiziellen Parität zugrunde gelegt (1 DM = 0,211588 g Feingold = 0,24 US-$). Über die Aufwertungen der DM → Aufwertung. Die Parität der DM wird seit der Freigabe des US-$-Kurses im Rahmen des Blockfloating nur noch in Sonderziehungsrechten ausgedrückt.

In der sowjet. Besatzungszone und danach in der DDR hieß die 1948 neueingeführte Währung auch D-Mark, bis sie 1964 in ›Mark der Dt. Notenbank‹ und seit 1967 in Mark der Deutschen Demokratischen Republik umbenannt wurde.

deutsche Mundarten. Die sprachl. Besonderheiten der d. M. aus 49000 Belegorten erfaßt der ›Deutsche Sprachatlas‹. Die Abweichungen im lexikal. Bestand sind im ›Deutschen Wortatlas‹ dargestellt. Daneben bestehen zahlreiche Regionalatlanten und -wörterbücher.

In der Völkerwanderungszeit entstanden die Stämme der Alemannen, Franken, Sachsen, Thüringer und Bayern, aus deren Sprachen (seit dem 8. Jh. in einer Reihe von Schriftdialekten erhalten) das weithin noch wenig einheitl. Althochdeutsche entstand. Die von den Alemannen um die Mitte des 1. Jahrtsd. ausgegangene althochdt. Lautverschiebung trennte das Althochdt. vom Altniederdeutschen. Dieses hob sich innerhalb des Fränk. und sächs. Siedlungsraums von den südlicheren Dialekten Mittel- und Rheinfränkisch, Thüringisch und Obersächsisch ab, die (im Unterschied zum Altniederdeutschen) die Lautverschiebung in unterschiedl. Auffähe-

rung mitmachten. Am vollständigsten wurde die Lautverschiebung in den oberdt. Mundarten durchgeführt, in den mitteldt. Dialekten (die mit den oberdt. Mundarten das Hochdeutsche bilden) nur zum Teil.

Eine genaue Grenzziehung zw. den einzelnen d. M. ist äußerst schwierig. So lassen sich z. B. für einzelne sprachl. Merkmale Sprachgrenzen beobachten, die für andere sprachl. Merkmale nicht gelten. Allgemein sind die heutigen Dialektgrenzen nicht mehr mit den alten Stammesgrenzen identisch. Verschiebungen haben sich besonders auf Grund polit. Entwicklungen ergeben.

Das dt. Sprachgebiet hat seit 1945 große Teile seines Ostraums eingebüßt: heimatlos wurden das Baltendeutsche, das Preußische bes. in Ostpreußen, das Schlesische, das Ostpommersche, das Sudetendeutsche (das schles., obersächs., ostfränk. und bair. Mundarten umfaßt) sowie die Sprachinseln des Karpatendeutschen, Ungarns und Jugoslawiens.

Oberdeutsche Mundarten. Das Oberdeutsche umfaßt das Alemannische, das Schwäbische, das Bairische, das Süd(rhein)fränkische und das Ostfränkische, das lautl. Anteil am Ober- und Mitteldeutschen hat. In der dt. Schweiz, im Elsaß, in Liechtenstein und Vorarlberg, der Südhälfte Badens in Württemberg (ohne den Nordrand) und in Bayerisch-Schwaben werden *Alemannisch* und Schwäbisch gesprochen. Die Ostgrenze verläuft hart östlich des Lech.

Die Mundarten der dt. Schweiz, des südl. Elsaß und am Südhang des Schwarzwalds werden als *Hochalemannisch* bezeichnet.

Niederalemannisch wird im nördl. Elsaß, in Baden zw. Rastatt und dem Feldberg gesprochen. Wie im Hochalemannischen sind hier die alten Langvokale erhalten; eine Besonderheit ist der Wandel von u zu ü (hüs = Haus).

Höchstalemannisch heißt der altertüml. Dialekt der Walser im obersten Rhonegebiet (östl. Wallis), der durch Siedlungen auch ins Große und Kleine Walsertal gelangte.

Das *Schwäbische,* das sich im 13. Jh. aus dem Alemannischen ausgliederte, erstreckt sich östlich des Schwarzwaldes bis zum Lech.

Bairisch reicht vom Lech bis an die Ostgrenze Österreichs. Die Nordgrenze zieht sich östlich von Nürnberg zum Fichtelgebirge und schloß auch das Egerland bis über Karlsbad hinaus ein. Ein (nur am äußersten Südrand nicht vorhandenes) Kennzeichen ist ›es‹ (›ihr‹) und ›enk‹ (›euch‹).

Das *Südbairische* umfaßt die Mundarten von Tirol, die aussterbenden Ortsmundarten der Sieben und der Dreizehn Gemeinden in Italien, das Steirische, die Mundart im Burgenland, das Kärntische und bis 1941 die Sprachinsel Gottschee. K wird zu kch verschoben (z. B. ›Kchnecht‹).

Die Mundarten von Ober- und Niederösterreich (auch von Südböhmen und Südmähren bis 1945) gehören einem Übergangsgebiet zum

Mittelbairischen an; dieses ist beiderseits der Donau in Bayern bis südlich des Donauknies bei Regensburg verbreitet. Ein wichtiges Merkmal ist die Vokalisierung des l nach Vokal (schpü ›Spiel‹).

Nordbairisch (wozu auch das Westböhmische gehörte) umfaßt das Gebiet nördlich von Regensburg einschließlich Nürnberg, wo sich der Übergang zum Oberfränkischen zeigt. Sprachl. Merkmal ist ei und ou für nhd. ie und u (leib ›lieb‹ und gout ›gut‹).

Das *Süd(rhein)fränkische* (in der Gegend um Karlsruhe gesprochen) hat die Lautverschiebung vollständig durchgeführt (also z. B. apfel statt appel).

Das *Ostfränkische* verbindet die mitteldt. Vokalerscheinungen (Langvokale diphthongiert, alte Diphthonge eingeebnet) mit oberdt. Konsonantenbestand. Es reicht im N bis zum Thüringer Wald einschließlich des sächs. Vogtlandes und des westl. Erzgebirges. Im W bilden die Rhön, der Ostrand des Spessart und ein Streifen östlich des Neckar die Grenze.

Mitteldeutsche Mundarten. Das Mitteldeutsche umfaßt die west- und die ostmitteldt. Mundarten.

Das *Mittelfränkische* hat (innerhalb der westmitteldt. Mundarten) den geringsten Anteil an der hochdt. Lautverschiebung. Es umfaßt das *Ripuarische* und das Moselfränkische. Als Ripuarisch wird die Nordhälfte des Mittelfränkischen um Köln bis nördlich von Aachen und Düsseldorf bezeichnet. Das Ripuarische hat altes i, u und ü nicht diphthongiert.

Moselfränkisch heißt die südl. Hälfte des Mittelfränkischen: von der Aar bis zum Hunsrück, mit dem Westerwald, dem Siegerland und dem Südwestrand Westfalens. Hierzu gehören auch das Luxemburgische und die Mundarten der Gegend um Diedenhofen in Lothringen und der des belg. Arel sowie die dem Luxemburgischen am nächsten verwandte Mundart der Siebenbürger Sachsen.

Allgemein mittelfränkisch sind die verschobenen Formen ›machen‹ und ›ich‹ sowie die unverschobenen Formen ›dat‹, ›appel‹ und ›pund‹.

Für das *Rheinfränkische* ist verschobenes ›das‹ ebenso charakteristisch wie ›als‹ (für ›öfter‹) und der Wandel von -d-, -t- zu -rr-: ›gurres Werrer‹ (für ›gutes Wetter‹). Es reicht im N bis zum Rothaargebirge und nördlich von Kassel, im W bis Lothringen (die Moselgegend ausgeschlossen). Die westl. Dialekte bilden das Rheinpfälzische (bis zum Rheingau und Odenwald). Charakteristisch ist unverschobenes p (›Palz‹, ›Peif‹) und Nasalierung vor -n ([weï] ›Wein‹). Überwiegend pfälzisch sprachen auch die Banater Schwaben, die dt. Kolonisten in Rußland und die Deutschen in Pennsylvanien.

Hessisch umfaßt die rheinfränk. Übergangsdialekte östlich des Mainzer Raumes und erstreckt sich vom Main nördlich bis zum niederdt. Bereich. Ihm sind die ›gestürzten‹ Diphthonge eigen: ›leib, goud‹ (›lieb, gut‹).

Zu den ostmitteldt. Mundarten zählen das *Thüringische*, das *Obersächsische*, das *Lausitzische*, das *Schlesische* und das *Hochpreußische*. Die Grenze zw. West- und Ostmitteldeutsch (perd, fert ›Pferd‹) verläuft zw. Fulda und Werra über die Rhön.

Das Thüringische kennzeichnet der Übergang von mhd. e zu a ([asən] ›essen‹) und der Wandel von i (auch von entrundetem ü) zu ö: ›Tösch‹, ›höbsch‹, ›drönne‹, während altes ö entrundet wird. Nur im SW ist pf- erhalten, sonst zu f- vereinfacht worden. Das Westthüringische hat die alten Langvokale erhalten (wie das Niederdeutsche und das Hessische um Fulda).

Das Obersächsische ist an seiner Sprechmelodie zu erkennen. Es bewahrt im S das pf-, wandelt es im mittleren Teil zu f-, während der N noch p- hat. Die Hinterzungenvokale (ö, ü) werden entrundet (e, i).

Das Kennwort für das Schlesische ist ›ins‹ (für ›uns‹). An- und inlautendes s wird im Schlesischen stimmhaft gesprochen, die Endungen mit -en klingen im Gebirge auf -a aus (›macha‹), im Odergebiet bleiben sie erhalten.

Das Schlesische reichte auch nach Nordostböhmen und Nordmähren hinein sowie nördlich über Guben, Züllichau und Posen hinaus; hinzu kamen Sprachinseln in Mähren und der Slowakei (die Zips), ferner die von schles. Siedlern gegr. mitteldt. Sprachinsel in Ost- und Westpreußen (mit der hochpreuß. Mundart). Innerhalb des Schlesischen zeigten das Neiderländische (mit zahlreichen Diphthongierungen) und das Gebirgsschlesische besondere Eigenart.

Niederdt. Mundarten, → niederdeutsche Sprache.

LIT. W. König: dtv-Atlas zur dt. Sprache (⁴1981); L. M. Weifert: D. M., 4 Teile (1964–65, mit Schallpl.).

deutsche Musik. Die d. M. entstand in der Auseinandersetzung von german. (wohl mehrstimmiger) und an das Wort der Verkündigung gebundener christl. (linear-melod.) Musik. Im 8. Jh. wurde der gregorian. Kirchengesang übernommen. Seit dem 12. Jh. entwickelte sich der einstimmige, von Instrumenten begleitete höf. Kunstgesang der Minnesänger, den später die Meistersinger als lehrbare Techniken in feste Regeln faßten (→ Meistersang). Im 15. Jh. bildete sich eine eigenständige Orgelmusik (K. Paumann). Der im 16. Jh. von M. Luther und J. Walther geschaffene dt. Choral wurde zum Mittelpunkt der protestant. Kirchenmusik.

Das Barock leitete M. Prätorius († 1621) ein, der mehrchörige polyphone Motetten schrieb, dann aber den neuen ital. (monodischen) Konzertstil mit Generalbaß aufnahm und das protestant. Kirchenlied pflegte. H. Schütz verschmolz die ital. Barockform mit polyphoner Satzweise. Neben und nach ihm wirkten u. a. J. H. Schein, S. Scheidt, D. Buxtehude, N. Bruhns, J. J. Froberger, J. Pachelbel. Die erste dt. Oper (›Daphne‹, 1627, nicht erhalten) schuf H. Schütz, doch konnte sie sich gegen die ital. Barockoper nicht durchsetzen. Im 18. Jh. erreichte die ältere strenggebaute Polyphonie bei Joh. Seb. Bach einen Höhepunkt; zugleich ist bei ihm der neue harmonisch bestimmte Konzertstil ausgebildet. G. F. Händel schuf ital. Opern und Oratorien. Ein weiterer Meister dieser Zeit war G. Ph. Telemann. Ausgehend von der ital. opera buffa, wandte sich das Singspiel vom Pathos der Barockoper ab. Chr. W. Glucks Reform der Oper zielte auf eine dem Sinngehalt adäquate ›wahre‹ dichterisch-musikal. Aussage ab.

Der musikal. Satz der Mannheimer Schule bildete eine der Voraussetzungen für die Entstehung der Wiener klass. Musik. Um 1780 wurde Wien ein musikal. Zentrum (›Wiener Klassik‹). Die Instrumentalmusik erlangte durch die Ausbildung des Sonatensatzes in Sinfonie, Sonate und Streichquartett klass. Gestalt. J. Haydn schuf zudem das volkstüml. Oratorium, W. A. Mozart bedeutete einen Höhepunkt in der Geschichte des Musiktheaters, L. van Beethoven erreichte eine neue Individualität des Ausdrucks. Der bedeutendste Vertreter der Frühromantik, F. Schubert, war ein Meister des Liedes, das R. Schumann, J. Brahms und H. Wolf weiterentwickelten. In der Musik der Romantik trat die musikal. Darstellung von Stimmungen in den Vordergrund. Die erste romant. Oper schuf (›Freischütz‹, 1821) C. M. von Weber. A. Lortzing widmete sich bes. der Spieloper. In der Klaviermusik bildeten Schubert, Schumann und F. Mendelssohn-Bartholdy das Stimmungs- und Charakterstück aus. J. Brahms und A. Bruckner führten die Tradition der Sinfonie fort. Von Bruckner gingen die sinfon. Werke G. Mahlers aus. M. Reger griff auf die Kunst Bachs zurück. Veränderungen in der Orchestermusik brachten F. Liszt und R. Wagner durch die Verbindung von Musik und Poesie. Wagner schuf eine neue Opernform des musikalisch-dramat. Gesamtkunstwerks, Liszt entwickelte die Programmusik, die bis zu R. Strauss u. a. weiterwirkte. Strauss führte auch das Musikdrama fort.

Um 1900 begann A. Schönberg, die übernommenen harmon. Schemata aufzulösen. Durch die von der übersteigerten chromat. Harmonik der vorausgehenden Zeit mitbedingte Atonalität und Zwölftontechnik wies er der Musikentwicklung neue Wege. Zu seinen Schülern zählen u. a. A. von Webern und A. Berg. Ein Repräsentant des an älteren Vorbildern orientierten Neoklassizismus war P. Hindemith. C. Orff, dessen Werk die ältere Musik ebenfalls entscheidende Anregungen verdankt, wurde durch sein Schulwerk und sein neuartiges Instrumentarium bekannt. Weitere Komponisten der Gegenwart sind E. Krenek, H. Reutter, W. Egk, B. Blacher, G. von Einem, K. A. Hartmann, B.-A. Zimmermann, W. Fortner, H. W. Henze, G. Klebe, K. Stockhausen, M. Kagel (argentin. Herkunft), D. Schnebel. Die Komponisten der seit 1950 entwickelten elektronischen Musik und der seriellen Musik verzichten auf traditionelle Momente wie Thematik und Durchführung, z. T. auch auf geschlossene Form. Die jüngste Entwicklung wird durch die Verbindung von elektron. Musik und Klängen herkömmlicher Instrumente bestimmt.

Die Entwicklung in der DDR blieb von diesen avantgardist. Richtungen nahezu unberührt; als führende Komponisten gelten dort neben H. Eisler u. a. O. Gerster, J. Cilenšek, P. Dessau und J. P. Thilman.

Deutsche Nation. Als sprachl. und polit. Gemeinschaft entwickelte sich die D. N. vom 9. bis zum 15. Jh. Im Hoch-MA. galt (in Abhebung von der ital. und burgund. Krone) die Bezeichnung *Deutsches Königreich;* seit dem 15. Jh. wurde dem Titel des Kaiserreichs der Zusatz *deutscher Nation* hinzugefügt (→ Heiliges Römisches Reich). Diese D. N. war in den Reichsständen (Kurfürsten, Fürsten, Reichsstädte) des Reichstags, in den Reichskreisen und in der Reichsritterschaft sichtbar. Sprach- und Reichsgrenzen deckten sich nicht. Nach dem Zusammenbruch des alten Reichs (1806) und den Freiheitskriegen wurde die Frage der D. N. zur polit. Frage: Die dt. Liberalen forderten die im Deutschen Bund (1815) nach ihrer Ansicht nicht verwirklichte Einheit der D. N. Die Bewegung gipfelte in der Revolution von 1848/49. – Die Frage eines dt. Nationalstaats wurde 1866 militärisch entschieden: Die österr. Deutschen wurden staats- und völkerrechtlich ausgeschlossen. Nach dem Sieg über Frankreich wurde 1871 das *Deutsche Reich* unter preuß. Führung gegründet. Doch blieb die Gleichsetzung von Reichs- und Nationszugehörigkeit nach 1871 umstritten, weil Menschen nichtdeutschen Nationalbekenntnisses (z. B. Polen) in das Reich einbezogen waren und weil die Deutschen Österreichs vielfach an ihrer Zugehörigkeit zur D. N. festhielten. Die folgenden Ereignisse (→ deutsche Geschichte), bes. aber der → Nationalsozialismus, haben dann zu einer Krise des Bewußtseins der D. N. geführt.

Das GG der Bundesrep. Dtl., das von dem Willen des Volkes ausgeht, ›seine nationale und staatl. Einheit zu wahren‹ (→ Wiedervereinigung), bekennt sich zur rechtlich fortdauernden, nur tatsächlich beeinträchtigten Existenz der staatl. Einheit, ferner zu einer bestehenden Einheit der Nation (Art. 116 GG). In seinem Grundvertrags-Urteil (1973) verpflichtet das BVG die Verfassungsorgane darauf, von der im GG ›verankerten‹ Existenz Gesamtdeutschlands mit einem deutschen (Gesamt-)Volk und einer (gesamt)deutschen Staatsgewalt auszugehen.

Deutsche Nationalpartei, 1) frühere österr. Partei, → Deutschnationale Bewegung. **2)** 1919–33 (verboten) deutschnationale Partei in der Tschechoslowakei.

Deutsche Nationalsozialistische Arbeiterpartei, Abk. *DNSAP,* dt. Partei in der Tschechoslowakei, gegr. 1919, 1933 aufgelöst.

Deutschendorf, dt. Name der Stadt Poprad.

Deutsche Notenbank, bis 1. 1. 1968 Zentralbank der DDR, entstand am 20. 7. 1948 durch

Deut

Namensänderung der ›Dt. Emissions- und Giro-bank‹. Ihre Zentralbankfunktionen wurden der *Staatsbank der DDR* übertragen.

Deutschenspiegel, Spiegel deutscher Leute, süddt. Rechtsbuch, teils freie Bearbeitung, teils oberdt. Übersetzung des Sachsenspiegels (um 1275).

Deutsche Olympische Gesellschaft, Abk. **DOG,** gegr. 1951 in Frankfurt a. M. zur Pflege der olymp. Idee.

Deutsche Ostgebiete, die Teile des früheren dt. Reichsgebietes zw. der Oder-Neiße-Linie im W und der Reichsgrenze von 1937 im O, die im Potsdamer Abkommen (2. 8. 1945) vorbehalt-lich der Regelung durch einen Friedensvertrag unter sowjet. (das nördl. Ostpreußen) und poln. Verwaltung (das südl. Ostpreußen, fast ganz Schlesien, Pommern und Brandenburg östlich der Oder) kamen; sie umfaßten 114296 km² mit (1939) 9,621 Mio. Ew.; davon 13205 km² unter sowjet. und 101091 km² unter poln. Verwal-tung. Im allg. Sprachgebrauch werden oft auch die frühere Freie Stadt Danzig und das Memel-gebiet einbezogen.

Geschichte. Auf den Konferenzen von Teheran (1943), Jalta (Febr. 1945) und Potsdam (Ju-li–Aug. 1945) erörterten die Gegner Dtl.s im 2. Weltkrieg die von Stalin vorgeschlagene ›West-verschiebung‹ Polens auf Kosten dt. Territo-riums. Mit der Festlegung der Oder-Neiße-Linie im Potsdamer Abkommen verwirklichten sie – unter Friedensvertragsvorbehalt – diesen Plan und berücksichtigten dabei sowjet. Territorial-forderungen. Die Vertreibung der fast aus-schließlich dt. Bevölkerung (1945–48) vollzog sich unter hohen Todesopfern (0,89 Mio.). In den unter poln. Verwaltung gelangten Gebieten blieben etwa 800000 Deutsche. Polen und die UdSSR, die i. Ggs. zu den Westmächten die Oder-Neiße-Linie als endgültig betrachteten, in-tegrierten die D. O. in den folgenden Jahren in ihr Staatsgebiet. Im Görlitzer Vertrag (1950) billigte die DDR schon frühzeitig die Aberken-nung der D. O. Die BRD erkannte im Moskauer und Warschauer Vertrag (1970) für sich (unter Friedensvertragsvorbehalt) die Grenzen an.

Deutsche Partei, Abk. **DP,** Partei, 1947 her-vorgegangen aus der Niedersächsischen Landes-partei, konservativ, föderalistisch, gehörte 1949–60 der Reg.-Koalition unter K. Adenauer (CDU) an. 1961 schloß sie sich mit dem GB/ BHE zur *Gesamtdeutschen Partei* zusammen.

deutsche Philosophie. Die d. P. setzt im 12. Jh. mit Hugo von St. Victor ein. Seine myst. Gedan-ken wurden von der philosophisch bedeutenden dt. Mystik des 13. und 14. Jh. aufgenommen (Meister Eckhart, J. Tauler, H. Seuse). Als Ge-schichtsphilosoph schrieb Otto von Freising im 12. Jh. seine Chronik im Sinn Augustins und brachte die aristotel. Analytik und Topik nach Dtl. Albertus Magnus, mit seinem Schüler Tho-mas von Aquino Mittelpunkt der Hochschola-stik, öffnete seine Zeit dem Einfluß des Aristo-teles. Um 1400 behandelte Thomas von Erfurt

in seiner ›Grammatica speculativa‹ das Thema der Sprachlogik. An der Wende zur Neuzeit stand im 15. Jh. mit seinem universalist. Unend-lichkeitsdenken Nikolaus von Kues, der ebenso zum Neuplatonismus neigte wie später Paracel-sus, S. Franck, V. Weigel und bes. J. Böhme. In seiner nominalist. Form wirkte der scholast. Ari-stotelismus dann ebenso über das MA. hinaus: So übernahmen ihn von G. Biel M. Luther und Ph. Melanchthon und damit der Protestantis-mus, in der Folge auch die dt. Schulmetaphysik des 17. Jh.

Hervorstechende Leistungen der neuzeitl. d. P. waren im 16. und 17. Jh. bes. rechts- und staats-philosoph. Beiträge (H. Grotius, J. Althusius, S. Pufendorf), die bereits Gedanken der Aufklä-rung enthalten. Der erste systembildende uni-versale dt. Denker der Neuzeit war G. W. Leib-niz. Er überblickte und verarbeitete unter Ein-beziehung der mathematisch-physikal. Wiss. das gesamte Ideengut seiner Zeit; die Wirkung sei-ner Lehren reicht bis in die Gegenwart (bes. Sprachphilosophie).

Im 18. Jh. gewann unter Einwirkung der Auf-klärung die Philosophie eine zentrale Stellung im dt. Geistesleben. Entscheidenden Anteil hat-te hieran Chr. Wolff. Sein von Leibniz ausge-hender und in Anlehnung an Descartes gebilde-ter Rationalismus stellt das erste geschlossene philosoph. System in dt. Sprache dar, das große Verbreitung erreichte. Hierzu trug auch bes. A. Baumgarten bei, der seinerseits die Ästhetik als selbständige Wiss. begründete. Durch J. C. Gottsched fand diese Richtung Eingang in die Literatur. Aufklärer. Gedankengut wurde in po-pularisierender und moralisierender Tendenz auch von M. Mendelssohn und H. S. Reimarus verarbeitet. Die weitere Entwicklung der d. P. wurde entscheidend beeinflußt durch die Aus-breitung des engl. Empirismus, die Wirkung der Werke von Leibniz und der Kosmologie von I. Newton. Bes. Probleme bildeten dabei die philo-soph. Begründbarkeit der Mechanik und deren Verträglichkeit mit der christl. Dogmatik. C. A. Crusius, N. Tetens, J. H. Lambert und L. Euler wirkten bahnbrechend für die weitere Entwick-lung.

Höhepunkt der d. P. der Aufklärungszeit ist die in Auseinandersetzung mit Rationalismus und Empirismus gebildete krit. Transzendental-philosophie von I. Kant. Die ›kopernikan. Wen-dung‹ dieser Philosophie besteht darin, daß nicht mehr das Erkennen als durch eine objektive Wirklichkeit bestimmt erscheint, sondern die Wirklichkeit als von den Bedingungen des Er-kennens abhängig verstanden wird. Wie Descar-tes und Leibniz nahm Kant den aktuellen Be-stand der strengen Naturwiss. (Newton) zum Ausgangspunkt, stellte jedoch die Frage nach der Bedingung der Möglichkeit von Naturer-kenntnis. Er sah die Tragweite beweisbarer Er-kenntnis auf das Gebiet der Erfahrung begrenzt, die er als Verarbeitung von sinnlich Gegebenem nach den aprior. Erkenntnisformen des Verstandes (Anschauungsformen von Raum und Zeit, Kategorien) begriff. Die traditionelle Metaphysik erschien damit als Scheinwissenschaft; ihre Hauptinhalte Gott, Freiheit und Unsterblichkeit wurden zu bloßen ›regulativen Ideen‹ und ›Postulaten‹ der praktischen Vernunft.

Kritik fand die Transzendentalphilosophie in den religiös-irrationalistisch bestimmten Werken von J. G. Hamann und F. H. Jacobi und in Geschichts- und Sprachphilosophie von J. G. Herder. Diese Beiträge markierten zugleich das Ende der Aufklärungsepoche.

An der Wende vom 18. zum 19. Jh. bahnte sich in den mannigfaltigen Auseinandersetzungen um Kants Lehre (bes. K. L. Reinhold, S. Maimon, F. Schiller) als eine der Blütezeiten der d. P. der Deutsche Idealismus an, der in erster Linie von J. G. Fichte, F. W. Schelling und G. W. F. Hegel ausgebildet wurde.

Nach dem Tod Hegels zerfiel seine Schule; die idealist. Metaphysik trat zurück. Hegels Einfluß wirkte jedoch weiter. Gegenüber der bes. von J. Stahl und F. Lassalle vertretenen ›rechten‹ Hegelschule erlangte die materialist. Hegelsche ›Linke‹ bes. mit K. Marx welthistorische Bedeutung.

Mit dem Niedergang der idealist. Philosophie gewannen in krit. Auseinandersetzung auch Denker wie F. Schleiermacher, J. F. Fries und F. E. Beneke, J. F. Herbart, F. A. Trendelenburg und F. Th. Vischer an Geltung. Schärfster Gegner des Dt. Idealismus (bes. Hegels) wurde A. Schopenhauer mit seiner voluntaristisch-anthropolog. Deutung Kants. An Schopenhauer knüpften J. Bahnsen und E. v. Hartmann an; auf Leibniz griffen G. Th. Fechner und R. H. Lotze zurück. B. Bolzano und Chr. Sigwart wirkten durch ihre Untersuchungen zur Logik über ihre Zeit hinaus. In Ablehnung des Dt. Idealismus suchte auch F. Brentano auf der Grundlage der Psychologie eine wissenschaftlich-empir. Begründung der Philosophie und beeinflußte maßgeblich die Entstehung der Phänomenologie.

Allgemein übte das Aufblühen der Naturwiss. seit Mitte des 19. Jh. zunehmenden Einfluß auf die d. P. aus; jedoch entstanden auch antirationale Tendenzen. Bestimmende Richtungen waren: Empiriokritizismus (E. Mach, R. Avenarius), Voluntarismus (W. Wundt), Lebensphilosophie (W. Dilthey, G. Simmel; R. Eucken, i. w. S. auch F. Nietzsche und L. Klages) und Vitalismus (H. Driesch), letzterer bes. in Gegenrichtung zum naturwissenschaftl. Materialismus (bes. L. Büchner, J. Moleschott, E. Haeckel, W. Ostwald, → Monismus). Eine Kulturmorphologie entwarf O. Spengler, eine organologisch ganzheitl. Gesellschaftstheorie O. Spann.

Die Weiterführung der Kantischen Philosophie unter Betonung einer auch die geschichtl. Welt umfassenden Logik und Methodenlehre der Natur- und Geisteswiss. strebte der Neukantianismus an (bes. H. Cohen, P. Natorp, E. Cassirer, W. Windelband, H. Rickert). Weitere Beiträge zur Kantforschung lieferten F. Paulsen, J. Vol-

kelt und H. Vaihinger sowie R. Hönigswald und B. Bauch. Fundamentalphilosoph. Theorien entwarfen A. Meinong (Gegenstandstheorie) und J. Rehmke (Philosophie als Grundwiss.). G. Frege gewann als Begründer der mathemat. Logik und Semantik Einfluß auf die spätere analyt. Philosophie und die Phänomenologie.

Zu den Hauptrichtungen der d. P. seit Beginn des 20. Jh. zählen Phänomenologie, Existenzphilosophie und Neopositivismus. Die von E. Husserl begründete Phänomenologie sucht im Ggs. zur abstrakten neukantian. und den zumeist an die Naturwiss. gebundenen psycholog. Erkenntnislehren in Ausschaltung des Psychologismus in der Logik wieder ›zu den Sachen selbst‹ vorzudringen. Husserls Lehre wurde von M. Scheler zu einer personalist. Metaphysik und materialen Wertethik, von N. Hartmann zu einer Schichtenlehre des Seins und, im Rahmen der Existenzphilosophie, von M. Heidegger zur Fundamentalontologie und von K. Jaspers zur Periechontologie und kommunikativen Philosophie der möglichen Existenz fortgebildet; H. G. Gadamer entwickelte (an Heidegger anschließend) eine hermeneut. Methode der Geisteswiss. Weltweite Wirkung hatte neben diesen Richtungen auch der Neopositivismus, der in dem um M. Schlick versammelten ›Wiener Kreis‹ entwickelt wurde und der eine metaphysikfreie, strikt erfahrungsgebundene Wiss. anstrebt. Zu ihm gehören neben L. Wittgenstein bes. R. Carnap, O. Neurath, H. Reichenbach, K. R. Popper (nach Emigration bes. Wirkung im angelsächs. Bereich) und W. Stegmüller.

Im Rahmen der in den letzten Jahrzehnten um Popper gruppierten, vom Neopositivismus abrückenden Schule des Kritischen Rationalismus fanden diese Tendenzen auch in der d. P. wieder Verbreitung (bes. H. Albert, H. Lenk, E. Topitsch). Unter ähnlichem Einfluß entwickelte sich auch die neuere Logik (bes. H. Scholz, H. Dingler, P. Lorenzen). Z. T. in Auseinandersetzung mit der Krit. Rationalismus erreichte die neomarxist. Philosophie in Gestalt der Kritischen Theorie der Frankfurter Schule bes. in der gesellschaftskrit. und bildungspolit. Debatte und Praxis im Rahmen der Neuen Linken starken Einfluß (bes. Th. W. Adorno, M. Horkheimer, J. Habermas, H. Marcuse). Eine z. T. sprachanalytisch-hermeneutisch, z. T. soziologisch orientierte Theorie der Kommunikation entwickelten K. O. Apel und J. Habermas. Eine Sonderstellung nimmt der auf dem Boden des Marxismus entwickelte ontolog. Entwurf einer Philosophie der Hoffnung von E. Bloch ein. Einen einflußreichen Entwicklungszweig der neuen d. P. stellt auch die bes. von Scheler wieder aufgegriffene philosoph. Anthropologie dar (bes. H. Plessner, M. Landmann, A. Gehlen).

Deutsche Physikalische Gesellschaft, Abk. DPG, Fachorganisation dt. Physiker, gegr. am 14. 1. 1845 als *Physikalische Gesellschaft zu Berlin,* 1899 zur DPG umgewandelt. Am 13. 10. 1950 schloß sich die DPG mit den nach 1945 in der BRD gebildeten regionalen Gesellschaften zum *Verband dt. Physikalischer Gesellschaften* zusammen. 1963 nahm der Verband den alten Namen wieder an.

Deutsche Post, 1) das Post- und Fernmeldewesen im Vereinigten Wirtschaftsgebiet 1947–50; **2)** das Post- und Fernmeldewesen in der DDR, dem Ministerium für Post- und Fernmeldewesen unterstellt.

Deutsche Presse-Agentur GmbH, → dpa.

Deutscher Aero Club, Abk. DAeC, Dachorganisation der Luftsportvereine der Bundesrep. Dtl., gegr. 1950 in Gersfeld (Rhön), Sitz: Frankfurt a. M.

Deutscher Akademischer Austauschdienst, Abk. DAAD, Selbstverwaltungsorganisation der Mitgliedshochschulen der Westdt. Rektorenkonferenz, der Theolog. und Kunsthochschulen als gemeinnütziger Verein zur Pflege der akadem. Auslandsbeziehungen; fördert u. a. den Austausch von Dozenten und Studenten. Die Mittel werden vom Bund, den Ländern, der Wirtschaft und Spendern aufgebracht. Der DAAD entstand 1931 in Berlin; Neugründung in Bad Godesberg 1950.

Deutscher Bauernverband e. V., → Bauernverband.

Deutscher Beamtenbund, → Beamten-Organisationen.

Deutscher Bildungsrat, gegr. 1965 von Bund und Ländern, Sitz: Bonn-Bad Godesberg; 1975 aufgelöst. Aufgaben waren die Ausarbeitung von Entwicklungsplänen für das dt. Bildungswesen.

Deutscher Bücherbund, Buchgemeinschaft der Holtzbrinckgruppe.

Deutscher Bund, der auf dem Wiener Kongreß durch die Bundesakte vom 8. 6. 1815 gegründete Zusammenschluß der dt. Einzelstaaten zu einem Staatenbund. Dem D. B. gehörten auch Dänemark für Holstein und Lauenburg, Großbritannien für Hannover und die Niederlande für Luxemburg und Limburg an, Preußen und Österreich nur mit den Gebieten, die bis 1806 zum alten Reich gehört hatten. Einziges Bundesorgan war die Bundesversammlung. Der D. B. zerbrach an dem preußisch-österr. Gegensatz.

Deutscher Caritas-Verband, Abk. DCV, die 1897 von L. Werthmann gegr. und von den dt. Bischöfen anerkannte Zusammenfassung und Vertretung der kath. Caritas in Dtl., zu deren Aufgaben alle Gebiete der Wohlfahrtspflege und der sozialen Hilfe gehören.

Deutsche Rechtspartei, Abk. DRP, Partei, 1946 gegr., konservativ, monarchistisch, zerfiel 1949.

Deutsche Reichsbahn, 1) die Staatsbahnen des Dt. Reichs 1920–45. – Die dt. Eisenbahnen waren bis 1920 Angelegenheiten der dt. Einzelstaaten. Die Kriegsbetriebsleitung während des 1. Weltkriegs war die erste einheitl. Betriebsorganisation. Nach dem Übergang zur republikan. Staatsform erklärten sich alle dt. Einzelstaaten

mit der Aufgabe ihres Staatsbahnbesitzes einverstanden (Reichsges. v. 1. 4. 1920). Durch Notverordnung v. 12. 2. 1924 wurde sie in ein selbständiges Unternehmen D. R. umgewandelt. Zur Sicherung der der Reichsbahn auferlegten Reparationsbeträge wurde diese am 1. 10. 1924 in eine neue Rechtsform Deutsche Reichsbahn-Gesellschaft überführt. Eigentümer der Eisenbahnen blieb das Reich (Reichseisenbahnvermögen). Der Wert des Anlagekapitals belief sich (1930) auf 26,287 Mrd. RM. Die Länge der Betriebsanlagen betrug (1932) 53931 km. Durch Ges. v. 20. 6. 1933 wurde als Zweigunternehmen der D. R. die Gesellschaft Reichsautobahnen gegründet. Durch Ges. v. 10. 2. 1937 und 4. 7. 1939 wurde die Reichsbahn-Gesellschaft wieder als D. R. unmittelbar der Hoheit des Reiches unterstellt.

Nach Ende des 2. Weltkrieges ging die Betriebsführung auf alliierte Stellen über, wurde aber bald wieder dt. Stellen übertragen. Am 7. 9. 1949 wurde in der Bundesrep. Dtl. der Name → Deutsche Bundesbahn eingeführt.

2) Abk. D. R., die Staatsbahnen der DDR.

Deutsche Reichspartei, 1) → Freikonservative Partei.

2) Abk. **DRP,** Partei, gegr. 1946, rechtsradikal, konstituierte sich 1950 nach Abspaltung (1949) der Sozialistischen Reichspartei unter Zusammenschluß mit den Deutschen Rechtspartei neu. 1964/65 ging sie in der Nationaldemokratischen Partei Deutschlands auf.

Deutsche Reichspost, 1924–45 der Name der Post im Dt. Reich (→ Deutsche Bundespost, → Deutsche Post).

Deutsche Rentenbank, → Rentenmark.

Deutscher Entwicklungsdienst, Abk. DED, gemeinnützige GmbH, Sitz: Berlin (West); entsendet im Auftrag und mit Mitteln der Bundesregierung Freiwillige in Entwicklungsländer.

Deutscher Frauenrat – Bundesvereinigung deutscher Frauenverbände und Frauengruppen gemischter Verbände e. V., gegr. 1951, Sitz: Bonn; Ziel: Verbesserung der Stellung der Frau.

Deutscher Fürstenbund, am 23. 7. 1785 von Friedrich d. Gr. als Kurfürst von Brandenburg mit den Kurfürsten von Sachsen und Hannover geschlossen, um die Reichsverfassung zu wahren und den Versuch Josephs II., die Österr. Niederlande gegen Bayern einzutauschen, zu vereiteln. Weitere Fürsten, auch geistliche, traten dem D. F. bei. Durch den Tod Josephs II. (1790) wurde der Bund gegenstandslos.

Deutscher Genossenschafts- und Raiffeisenverband, Bonn, Dachverband des gewerbl. und ländl. Genossenschaftswesens in der Bundesrep. Dtl., 1971 entstanden durch Zusammenschluß des Dt. Raiffeisenverbandes e. V. mit dem Dt. Genossenschaftsverband (Schulze-Delitzsch).

Deutscher Gewerkschaftsbund, Abk. **DGB,** Dachverband von 17 Einzelgewerkschaften der Arbeiter, Angestellten und Beamten in der Bundesrep. Dtl.; nicht rechtsfähiger Verein, gegr. 1949 in München; Sitz: Düsseldorf. – Der DGB trat an die Stelle der 1933 vom Nat.-Soz. unterdrückten Gewerkschaftsbünde, unterscheidet sich jedoch wesentlich von diesen: Die Richtungszusammenschlüsse (christl., freie und Hirsch-Dunckersche Gewerkschaften) wurden durch die Einheitsgewerkschaft (parteipolit. Unabhängigkeit, weltanschaul. Toleranz), die Berufsverbände durch Industriegewerkschaften abgelöst. Auseinandersetzungen um das Prinzip der Industrieorganisation führten 1948 zum Ausscheiden der im DGB der brit. Zone organisierten Dt. Angestelltengewerkschaft, Auseinandersetzungen über die parteipolit. Neutralität zum Ausscheiden christl. Arbeitnehmer.

Organe: Bundeskongreß (gewählte Delegierte der Gewerkschaften) tritt alle drei Jahre zus.; Bundesvorstand (Mitgl. des Geschäftsführenden Bundesvorstandes, Vorsitzende der Gewerkschaften, Bundesausschuß und Revisionskommission). – Vorsitzende des DGB: H. G. Böckler (1949–51), Chr. Fette (1951–52), W. Freitag (1952–56), W. Richter (1956–62), L. Rosenberg (1962–69), H. O. Vetter (1969–82), seit 1982 E. Breit.

Der DGB ist Mitgl. des Internat. Bundes Freier Gewerkschaften.

Deutscher Gewerkschaftsbund

	Mitgl.[1]) in 1000
IG Bau-Steine-Erden	531,0
IG Bergbau u. Energie	367,8
IG Chemie-Papier-Keramik	643,1
IG Druck u. Papier	145,3
Gew. d. Eisenbahner Dtl.	392,5
Gew. Erziehung und Wissenschaft	185,7
Gew. Gartenbau, Land- u. Forstwirtsch.	42,6
Gew. Handel, Banken, Vers.	360,3
Gew. Holz u. Kunststoff	156,5
Gew. Kunst	47,9
Gew. Leder	52,7
IG Metall	2576,5
Gew. Nahrung-Genuß-Gaststätten	265,3
Gew. Öffentl. Dienste, Transp. u. Verkehr	1179,7
Gew. d. Polizei	169,1
Dt. Postgewerkschaft	456,9
Gew. Textil-Bekleid.	276,2
insgesamt	7849,0

[1]) Stand 31. 12. 1982; davon 5,319 Mio. Arbeiter, 1,702 Mio. Angestellte, 0,828 Mio. Beamte; Anteil der weibl. Mitgl. 1,649 Mio.

Der DGB als Dachverband wird durch 12% des Beitragsaufkommens der Gewerkschaften finanziert. Sein Vermögen wird von der ›Vermögensverwaltung und Treuhandgesellschaft des DGB mbH‹ (Sitz: Düsseldorf) verwaltet. Seit ihrer Gründung unterhalten die Gewerkschaften

Unternehmen, die den wirtschaftl., sozialen und gesellschaftspolit. Interessen der Arbeitnehmer dienen: Wohnungsbauunternehmen (Neue Heimat-Gruppe), Versicherungen (Volksfürsorge-Gruppe), Bank für Gemeinwirtschaft (BfG), Bank für Sparanlagen und Vermögensbildung (BSV), Bildungseinrichtungen (Berufsfortbildungswerk des DGB, Büchergilde Gutenberg). Seit 1974 wurde die Zusammenarbeit mit den Konsumgenossenschaften durch Gründung der Co op-Zentral AG verstärkt (Gewerkschaften indirekt beteiligt).

LIT. D. Schuster: Die dt. Gewerkschaften seit 1945 (1974); ders.: Die dt. Gewerkschaftsbewegung, DGB ([5]1976).

Deutscher Herrenklub, 1924 in Berlin gegr. konservative Vereinigung um A. Moeller von den Bruck; war eine Stütze der Reg. F. v. Papen (1932).

Deutscher Idealismus, philosoph. Bewegung, die mit I. Kants Wendung zum transzendentalen Idealismus einsetzte und bis etwa 1830 in großen Systembildungen (Fichte, Schelling, Hegel) Gestalt gewann. Da der D. I. mit der Dichtung und Wiss. der Zeit in vielfältiger Wechselwirkung stand und auf das allg. Geistesleben stark einwirkte, macht er einen wesentl. Bestandteil der dt. Klassik und Romantik aus. Den Systemen des D. I. ist, bei großer Verschiedenheit der Grundbegriffe und des Aufbaus, gemeinsam, daß sie über Kants krit. Grundhaltung hinausgehen und die gesamte Wirklichkeit aus einem geistigen Prinzip metaphysisch ableiten; insofern stellen sie einen Höhepunkt in der Geschichte der Metaphysik dar. Mit dem Tod Hegels (1831) verlor der D. I. seine beherrschende Stellung. Doch wirkten viele der von ihm geprägten Anschauungen und Begriffe bes. in den Geisteswiss. und in der Staatslehre fort. Vereinzelte Anhänger gab es bis Ende des 19. Jh. (Lotze, E. v. Hartmann). Um 1900 kam es zu einer Neubelebung bes. der Philosophie Kants und Hegels (Neu-Kantianismus, Neu-Hegelianismus), die größeren Einfluß auf die europ. und außereuropäische Philosophie gewann.

Deutscher Industrie- und Handelstag, Bonn, Abk. **DIHT,** Spitzenorganisation der Industrie- und Handelskammern der Bundesrep. Dtl.; gegr. 1861 als *Dt. Handelstag,* jetziger Name seit 1918 (nach 1935 in die Reichswirtschaftskammer eingegliedert, 1949 wiedergegr.).

Deutscher Juristentag e. V., freie Vereinigung dt. Juristen zur Förderung des wissenschaftl. Erfahrungsaustausches, des persönl. Verkehrs und der Erhaltung und Fortbildung eines einheitl. Rechts in Dtl., gegr. 1860; Sitz: Bonn.

Deutscher Kaiser, 1) seit 1806: →Deutscher König; →Kaiser (Übersicht →deutsche Geschichte).

2) im Dt. Reich von 1871 bis 1918 der Titel, unter dem der König von Preußen das Bundespräsidium wahrnahm. Er hatte die völkerrechtl. Vertretung des Reichs nach außen hin und den militär. Oberbefehl; ferner oblag ihm die Ernennung des Reichskanzlers und der Reichsbeamten, die Einberufung und Schließung des Reichstags; in der Gesetzgebung jedoch nur die Ausfertigung und Verkündung der Gesetze.

Deutscher König, lat. zunächst *rex Francorum,* später *rex Romanorum,* Bez. für den Herrscher des alten Dt. Reiches (→ König).
Der D. K. wurde vom hohen Adel gewählt; die Teilnahme des Volkes beschränkte sich auf Zustimmung durch Zuruf (Akklamation). Bei der Wahl bevorzugte man das bisher regierende Geschlecht als das vornehmste (Geblütsrecht). Doch ließ der König häufig schon zu seinen Lebzeiten den Nachfolger wählen, um seinem Sohn die Krone zu sichern. Seit dem 13. Jh. setzte sich der Grundsatz der völlig freien Wahl ohne Rücksicht auf erbl. Vorrechte durch, bis das Haus Habsburg von Friedrich III. (1440–93) an tatsächlich im erbl. Besitz der Krone blieb, wenn auch in der Form der Königswahl. Im 13. Jh. wurde die Wahl das ausschließl. Vorrecht der → Kurfürsten. Seit 962 führten die dt. Könige auch den Titel eines ›Römischen Kaisers‹, sobald sie in Rom vom Papst gesalbt und gekrönt waren. Für den noch nicht zum Kaiser gekrönten König kam im 11. Jh. der Titel ›Römischer König‹ auf. Maximilian I. nahm 1508 in Trient ohne Krönung durch den Papst den Kaisertitel an; seitdem hieß der regierende Herrscher stets Kaiser (›erwählter Röm. Kaiser‹), der Thronfolger ›Röm. König‹.

Deutscher Krieg von 1866, die Auseinandersetzung zw. Preußen und Österreich über die dt. Frage; entstanden aus ihrem Gegensatz in Schleswig-Holstein und in der Frage der Bundesreform. Der Besetzung Holsteins durch preuß. Truppen entgegen der Gasteiner Konvention folgte der Bruch mit Österreich, dessen Antrag auf Mobilmachung der Bundesarmee mit Ausschluß Preußens am 14. 6. 1866 von der Mehrheit des Bundestags angenommen und von Preußen als Kriegserklärung betrachtet wurde. Österreich war mit Sachsen, Bayern, Württemberg, Baden, Hannover, Hessen-Darmstadt, Kurhessen und Nassau verbündet, Preußen mit den meisten norddt. Klein- und Mittelstaaten und mit Italien (Bündnis vom 8. 4.). Die preuß. Hauptmacht mit Moltke als Generalstabschef rückte mit drei Armeen in Böhmen ein, warf die österr. Nordarmee unter L. von Benedek in mehreren Gefechten zurück und konnte am 3. 7. bei Königgrätz den entscheidenden Sieg erringen. Dagegen siegten die Österreicher über die Italiener bei Custozza (24. 6.) und die österr. Flotte bei Lissa (20. 7.). Inzwischen waren Hannover, Kurhessen und Sachsen von preuß. Truppen besetzt und die Armee Hannovers bei Langensalza zur Kapitulation gezwungen worden (29. 6.). Um einem Eingreifen Napoleons III. zuvorzukommen, entschloß sich Bismarck zu schleunigen Waffenstillstand; am 26. 7. wurde der Vorfriede von Nikolsburg, am 23. 8. der Friede von Prag geschlossen. Die Friedensschlüsse mit den süddt. Staaten wurden zw. dem

13. 8. und 3. 9. in Berlin abgeschlossen, der österr.-ital. Frieden am 3. 10. in Wien. Preußen annektierte Schleswig-Holstein, Hannover, Kurhessen, Nassau und die Stadt Frankfurt, Österreich trat Venetien an Italien ab. Der Ausgang des Kriegs führte zur Gründung des Norddeutschen Bundes und zum Ausscheiden Österreichs aus Dtl.

Deutscher Merkur, Der D. M., später *Der Teutsche Merkur,* literar. Monatsschrift für das Bürgertum, hg. 1773–89 in Weimar von C. M. Wieland, fortgesetzt als *Neuer Teutscher Merkur* (1790–1810).

Deutscher Michel, Darstellung des Deutschen vor allem als Karikatur. Michel ist die Kurzform von *Michael,* Erzengel und Schutzpatron der Deutschen. Der D. M. ist das Gegenteil des strahlenden Gotteskämpfers: ein Bauernbursche in Zipfelmütze und Kniehosen, der Inbegriff der Einfalt und gutmütigen Schwerfälligkeit. Polit. Bewegungen benutzten gern diese Gestalt, um das Volk aufzurütteln, so schon in der Reformationszeit (erster Beleg in S. Francks Sprichwörterslg., 1541). – Im 30jährigen Krieg erhielt der Reiterführer Michael Obentraut (* 1574, † 1625) den Beinamen ›der d. M.‹.

Deutscher Normenausschuß, Abk. DNA, früherer Name für Deutsches Institut für Normung, → DIN.

Deutscher Orden, 1) *Deutschherren-, Deutschritter-, Kreuzritterorden,* lat. *Ordo domus Sanctae Mariae Theutonicorum,* wurde im Zusammenhang mit den Kreuzzügen 1190 von Lübecker und Bremer Kaufleuten als Krankenpflegeorden gegr. und 1198 in einen geistl. Ritterorden mit Sitz in Akko umgewandelt. Unter dem Hochmeister Hermann von Salza wurde der D. O. im siebenbürg. Burzenland gegen die heidn. Kumanen eingesetzt. 1226 ersuchte ihn Herzog Konrad von Masowien um Hilfe gegen die heidn. Preußen und überließ ihm dafür das Culmer Land. Friedrich II. ermächtigte den D. O. durch die Goldbulle von Rimini (März 1226) zu eigener Herrschaft im Land, dessen Unterwerfung und Bekehrung nach 1280 vollendet war. Durch die Vereinigung mit dem Schwertbrüderorden 1237 faßte der D. O. in Livland Fuß. Litauen konnte nicht bezwungen werden. Dagegen gewann der D. O. 1308 Pommerellen mit Danzig, 1346 das bisher dän. Estland, 1398 Gotland, 1402 die Neumark und erreichte damit seine größte Ausdehnung.
An der Spitze stand der auf Lebenszeit gewählte Hochmeister, der seinen Sitz 1291 von Akko nach Venedig, 1309 auf die Marienburg, 1466 nach Königsberg verlegte. Neben ihm standen fünf Großgebietiger, unter ihnen der Landmeister für Livland, der Deutschmeister für die 12 binnendt. Ordensballeien und die Landkomture der außerdt. Ordensgebiete (Apulien, Sizilien, Achaia u. a.). Zum Orden gehörten gleichberechtigt Ritter- und Priesterbrüder, beide auf die mönchischen Gelübde verpflichtet, sowie dienende, nichtadlige Halbbrüder. Der Hochmei-

ster war als Ordensoberer nicht Reichsfürst, nicht vom Kaiser belehnt, aber reichszugehörig. Die Ordenstracht war der weiße Mantel mit schwarzem Kreuz.

Die nachhaltigste Leistung war die planmäßige Kultivierung und Besiedlung des Ordenslandes mit Deutschen, mit denen die prußische Bevölkerung verschmolz. Unter dem Hochmeister Winrich von Kniprode (1351 bis 1382) stand das Ordensland in hoher Wirtschafts- und Kulturblüte. Seine Städte (Danzig, Thorn, Elbing, Königsberg u. a.) gehörten der Hanse an.

Als Litauen 1386 mit Polen vereinigt und christlich wurde, verlor der D. O. seine Missionsaufgabe und wurde von einem überlegenen Gegner umklammert. Nach der Niederlage von Tannenberg (1410) versuchte Hochmeister Heinrich von Plauen den Orden zu reformieren und die mit seiner Herrschaft unzufriedenen Stände, Adel und Städte, zu versöhnen; er wurde 1413 gestürzt. Die Stände schlossen sich 1440 zum Preuß. Bund zusammen, suchten Rückhalt an Polen und bekämpften den Orden 13 Jahre lang. Im 2. Thorner Frieden (1466) mußte er Pommerellen, das Culmer Land und das Ermland mit Danzig, Elbing, Marienburg dem poln. König überlassen und dessen Oberhoheit für den Rest des preuß. Ordenslandes anerkennen. Vergebens bemühten sich die letzten Hochmeister, Herzog Friedrich von Sachsen-Meißen (seit 1498) und Markgraf Albrecht von Brandenburg-Ansbach (seit 1511), um Reichshilfe gegen Polen. Im Anschluß an Luthers Reformation verwandelte Albrecht 1525 das preuß. Ordensland in ein erbl. Herzogtum, für das er die poln. Lehnshoheit anerkannte. Der letzte livländ. Ordensmeister Gotthard Kettler nahm 1561 Kurland als Herzogtum von Polen zu Lehen. Die Säkularisation des Ordensstaates wurde von Kaiser, Papst und Deutschmeister nicht anerkannt. Der Deutschmeister führte die Tradition des Hochmeisters fort. 1530 übertrug ihm Karl V. die Administration des Hochmeistertums (Sitz: Mergentheim). 1809 hob Napoleon den D. O. in Deutschland auf.

LIT. Regesta historico-diplomatica Ordinis S. Mariae Theutonicorum 1198–1525, hg. v. E. Joachim u. W. Hubatsch, 2 Bde. (1949 bis 1950); W. Hubatsch: Quellen zur Gesch. d. D. O. (1954). – E. Caspar: Hermann von Salza u. die Gründung des D. O.-Staates in Preußen (1924); K. Forstreuter: Vom Ordensstaat zum Fürstentum (1951); ders.: Der D. O. am Mittelmeer (1967); H. H. Hofmann: Der Staat der Deutschmeister (1964); H. Boockmann: Der D. O. (1981).

2) In Österreich wurde der D. O. 1834 durch Franz I. unter Erzherzögen als ›Hoch- und Deutschmeistern‹ wiederbelebt. Der nach Ende der Habsburger Monarchie allein weiterbestehende priesterl. Zweig erhielt 1929 eine neue Regel und zählt zu den klerikalen Bettelorden. Von den Nationalsozialisten unterdrückt, wurde er nach 1945 in Österreich und der Bundesrep.

Dtl. wieder hergestellt. Sitz des Hochmeisters in Wien.

Deutscher Philologenverband e. V., Abk. *DPhV,* Zusammenschluß der Lehrer an höheren Schulen, gegr. 1903, Sitz: München.

Deutscher Presserat, Bonn-Bad Godesberg, Selbstkontrolle-Einrichtung der Presse, gegr. 1956 in Bonn. Er hat 20 Mitglieder (je 10 Vertreter der Verleger und 10 der Journalisten). Zu seinen Aufgaben gehören: Schutz der Pressefreiheit, Beseitigung von Mißständen, Beobachtungen der Entwicklung der Presse, Vertretung der Presse gegenüber der Öffentlichkeit.

Deutscher Raiffeisenverband e. V., →Deutscher Genossenschafts- und Raiffeisenverband.

Deutscher Schriftstellerverband, Abk. DSV, Ost-Berlin, Berufsverband der Schriftst. in der DDR, gegr. 1952.

Deutscher Schutzbund, 1919–33 Verband von Vereinen für das Grenz- und Auslandsdeutschtum.

Deutscher Sparkassen- und Giroverband, Sitz: Bonn, Zentralverband der Sparkassen- und Giroverbände, der Girozentralen der einzelnen Länder sowie der Dt. Girozentrale-Dt. Kommunalbank.

Deutscher Sportbund, Abk. **DSB,** 1950 gegr. Dachorganisation der Sportfachverbände und Landessportbünde der Bundesrep. Dtl., Sitz: W-Berlin, Verwaltung in Frankfurt a. M. Präs.: W. Weyer (seit 1974).

Deutscher Sprachatlas, von G. Wenker in Marburg 1876 begr. Kartensammlung, die die sprachl., bes. die lautl. Eigentümlichkeiten der deutschen Mundarten darstellt. Das Werk wird seit 1927 von F. Wrede, W. Mitzka und B. Martin fortgesetzt. Der von W. Mitzka 1939 begr. *Wortatlas* umfaßt die dt. Sprachfläche – außer der Schweiz – mit ca. 49000 Belegorten. Er enthält 200 Stichwörter mit je bis zu Hunderten von Synonyma.

Deutscher Sprachverein, Allgemeiner D. S., gegr. 1885 von H. Riegel zur Pflege der dt. Sprache, bekämpfte den Gebrauch von Fremdwörtern. Seit 1933 verlor er an Bedeutung. 1947 wurde er als *Gesellschaft für deutsche Sprache* neu gegr.

Deutscher Städtetag, Zusammenschluß der kreisfreien und eines Teils der kreisangehörigen Städte zu einem kommunalen Spitzenverband, Sitz: Köln; 1905 gegründet, 1933–45 zwangsweise in den *Dt. Gemeindetag* integriert und 1946 neu errichtet.

Deutscher Taschenbuch Verlag, Abk. **dtv,** München, gegr. 1960. Gründer: Artemis-Verlags AG, Zürich; C. H. Beck'sche Verlagsbuchhandlung, München; Dt. Verlagsanstalt GmbH, Stuttgart; Carl Hanser Verlag, München; Jakob Hegner Verlag GmbH, Köln; Insel-Verlag, Frankfurt (1963 ausgeschieden); Kiepenheuer & Witsch, Köln; Kösel-Verlag O. Huber KG, München; Nymphenburger Verlagshandlung GmbH, München (später ausgeschieden, seit 1974 statt dessen Ellermann); Piper & Co. KG,

München (1982 ausgeschieden); Otto Walter AG, Olten; Heinz Friedrich, München (Geschäftsführer). Als weitere Gesellschafter seit 1971: Jugend-Taschenbuch-Union Erika Klopp; seit 1978: Hoffmann und Campe.

Deutscher Turn- und Sportbund der DDR, Abk. DTSB, Dachorganisation der Sportgemeinschaften in der DDR, gegr. 1957.

Deutsche Rundschau, liberale Kulturzeitschrift, gegr. 1874 von J. Rodenberg in Berlin, seit 1919 geleitet von R. Pechel bis zur Einstellung 1942, der sie 1946–61 wieder herausgab; 1963 eingestellt.

Deutscher Volkskundeatlas, → Atlas der deutschen Volkskunde.

deutscher Wein, Traubenwein aus dem nördlichsten und damit wetterabhängigsten großen Weinbauland. Anbaugebiete: Ahr, Mosel-Saar-Ruwer, Mittelrhein, Nahe, Rheingau, Rheinhessen, Rheinpfalz, Hess. Bergstraße, Franken, Württemberg, Baden.

Deutscher Wetterdienst, Abk. DWD, dem Bundesverkehrs-Min. nachgeordnete Oberbehörde; Zentralamt in Offenbach a. M., Seewetteramt in Hamburg.

Deutscher Zollverein, die handelspolit. Einigung dt. Bundesstaaten zur Herstellung einer dt. Wirtschaftseinheit im 19. Jh. Nachdem die Versprechungen des Art. 19 der dt. Bundesakte von 1815 unerfüllt geblieben und die Denkschriften von F. List und dem bad. Min. K. F. Nebenius auf stärksten Widerstand gestoßen waren, traf Preußen unter seinem Finanz-Min. F. von Motz ohne Bundesmitwirkung zunächst eine Teillösung durch den 1828 mit Hessen-Darmstadt geschlossenen *Zollvertrag.* Bayern und Württemberg waren kurz vorher eine *Südd. Zollvereinigung* eingegangen. Hannover, Braunschweig, Kurhessen, Oldenburg, Nassau, Sachsen, die thüring. Staaten und die Städte Frankfurt und Bremen bildeten 1828 den *Mitteldt. Handelsverein.* Dieser zerbrach, als sich Kurhessen 1831 dem preußisch-hess. Verein anschloß. 1833 kam es zu einer Einigung zw. Preußen, Hessen-Darmstadt, Kurhessen, Bayern, Württemberg, Sachsen und den thüring. Staaten, so daß am 1. 1. 1834 der D. Z. in Kraft treten konnte. Ihm traten 1836 Baden, Nassau und Frankfurt, 1842 Luxemburg, Braunschweig und Lippe bei; Hannover und Oldenburg, die sich 1834 im *Steuerverein* zusammengeschlossen hatten, folgten 1854. Der D. Z. baute überholte Handelsstrukturen ab und wirkte auf die (klein-)dt. Einheit hin. Nach der Schaffung des Norddt. Bundes wurden durch Verträge mit den süddt. Staaten ein Zollbundesrat und ein Zollparlament errichtet. Bremen und Hamburg schlossen sich 1888 an; Luxemburg gehörte bis 1919 zum D. Z.

Deutsches Adelsarchiv, 1945 mit gleichnamiger Monatsschrift (seit 1962 ›Dt. Adelsblatt‹) gegr., 1961 als Einrichtung der Vereinigung der dt. Adelsverbände *Verein Dt. Adelsarchiv e. V.* Das D. A. pflegt die Adelskunde als Teil der Gesch.; Sitz: Marburg.

Deutsches Archäologisches Institut, wissenschaftl. Anstalt mit der Aufgabe, die Erforschung des Altertums zu fördern; als privates Institut 1829 in Rom gegr., 1874 Übernahme durch das Reich, seitdem Sitz der Zentralverwaltung in Berlin; Abteilungen in Rom, Athen, Istanbul, Kairo, Madrid, Bagdad, Teheran.

Deutsches Atomforum e. V., Ges. zur Förderung der Entwicklung und Verwendung der Kernenergie, Sitz: Bonn.

Deutsches Auslands-Institut, → Institut für Auslandsbeziehungen.

Deutsche Schlafwagen- und Speisewagengesellschaft mbH, Abk. *DSG,* Unternehmen zur Bewirtschaftung der Schlaf- und Speisewagen; 1950 unter Übernahme der Vermögenswerte der früheren MITROPA von der Dt. Bundesbahn gegr., Sitz: Frankfurt a. M.

deutsche Schrift, → Fraktur.

Deutsches Eck, Landzunge in Koblenz zw. Mosel und Rhein. Das hier 1897 errichtete Denkmal Wilhelms I. wurde 1944 zerstört. Seit 1953 steht hier ein Mahnmal zur Wiederherstellung der dt. Einheit.

Deutsche Seewarte, 1875 in Hamburg gegr. Reichsanstalt, zu deren Aufgaben die Erforschung der Naturverhältnisse der Meere und die Sicherung der Seeschiffahrt gehörten. Sie ging aus der 1868 eingerichteten *Norddeutschen Seewarte* hervor und gab u. a. die ›Annalen der Hydrographie und Maritimen Meteorologie‹ (1873–1944), zahlreiche Dampfer- und Segelhandbücher, Atlanten der Ozeane, Monatskarten und den ›Seewart‹ heraus. Die D. S. wurde 1945 aufgelöst; ihre Aufgaben gingen auf das *Dt. Hydrograph. Institut* und das *Seewetteramt* des Dt. Wetterdienstes über.

Deutsches Elektronen-Synchrotron, Abk. **DESY,** Stiftung, durch Vertrag zw. der Bundesrep. Dtl. und der Hansestadt Hamburg am 18. 12. 1959 errichtete Hochenergie-(Elementarteilchen-)Forschungsstätte. Grundlagenforschung mit Hilfe eines 7-GeV-Elektronen-Synchrotrons (seit 1964), seit 1974 Betrieb des Doppelspeicherrings **DORIS** (Durchmesser des Beschleunigungsrings 100 m; in 16 Beschleunigungsstrecken werden Elektronenenergien von $2 \times 4,3$ GeV erhalten). Seit 1978 Betrieb des Elektronen-Positronen-Tandem-Speicherrings (für 2×19 GeV) **PETRA:** Durchmesser 750 m, bestehend aus 8 Ringstrecken und 4 langen (120 m) sowie 4 kurzen (75 m) geraden Strecken zur Erforschung der Wechselwirkung zw. Teilchen und Antiteilchen.

Deutsches Grünes Kreuz, Sitz: Marburg, 1950 gegr. Verein zur Vorbeugung und Bekämpfung von Gefahren und Schäden aller Art für Menschen, Tiere und Pflanzen.

Deutsche Shell AG, → Royal Dutch Shell.

Deutsches Hydrographisches Institut, Abk. **DHI,** gegr. 1945, Sitz: Hamburg, Bundesoberbehörde im Geschäftsbereich des Bundes-Min. für Verkehr (seit 1951), in die Abteilungen Seevermessung und Seekartenwerk, Meereskunde,

Geophysik und Astronomie, Nautische Technik gegliedert; hervorgegangen aus der *Dt. Seewarte* (1875–1945) und dem *Marineobservatorium*.

Deutsches Institut für Normung e. V., → DIN.

Deutsches Krebsforschungszentrum, Abk. *DKFZ,* Heidelberg, gegründet 1964; Aufgaben: Erforschung von Ursachen und Entstehung sowie von Verhütungs- und Bekämpfungsmöglichkeiten der Krebserkrankungen.

Deutsches Kreuz, 1941 ›in Gold‹ und ›in Silber‹ gestifteter Kriegsorden (Bruststern) im Rang unter dem Ritterkreuz des Eisernen Kreuzes und dem des Kriegsverdienstkreuzes.

Deutsches Museum von Meisterwerken der Naturwissenschaft und Technik, kurz Deutsches Museum, München, gegr. 1903 von Oskar von Miller, zeigt die histor. Entwicklung der exakten Naturwissenschaften, der Technik und Industrie durch Original-Maschinen und -Apparate, Nachbildungen, Modelle, Demonstrationseinrichtungen, Bilder, Zeichnungen. Der Bau (1925) auf der Museumsinsel umfaßt 40 000 m² Ausstellungsfläche. Die naturwiss.-techn. Bibliothek wird ergänzt durch Sammlungen von Autographen, Porträts, Plänen und Denkmünzen.

Deutsche Sporthochschule Köln, gegr. 1947 als Nachfolgerin der *Dt. Hochschule für Leibesübungen* in Berlin; seit 1964 selbständige Einrichtung des Landes NRW.

deutsche Sprache, die Muttersprache der dt. Sprachgemeinschaft. Sie wird von rd. 100 Mio. Menschen in der Bundesrep. Dtl., der DDR, in Österreich, dem dt.-sprachigen Teil der Schweiz sowie von dt.-sprachigen Minderheiten in anderen Staaten gesprochen (z. B. in Belgien, Frankreich, Luxemburg, Dänemark, Italien, Polen, Rumänien, der Tschechoslowakei, Jugoslawien, den USA, der UdSSR, Kanada).

Die in Grammatik und Schreibung festgelegte neuhochdeutsche Schriftsprache wird als Hochsprache in den Schulen gelehrt und überbrückt so wesentliche Unterschiede der Umgangssprache, der landschaftl. Ausformungen der Hochsprache und der →deutschen Mundarten. Auf jeder Ebene ergänzen Berufssprachen, Fachsprachen und Standessprachen für ihren Bedarf den Wortschatz der Umgangssprache, vielfach durch Fremdwörter; dem Bedürfnis engerer Gruppenbildung entsprechen Sondersprachen.

Das von J. und W. Grimm begonnene →Deutsche Wörterbuch wurde mit über 100 000 Stichwörtern 1961 abgeschlossen (eine Zahl, die bei Berücksichtigung der Fachsprachen vervielfacht werden muß). Deutsch gilt als eine der wortreichsten Sprachen; es kann Ableitungen und Wortzusammensetzungen beliebig neu schaffen.

Eine Bestandsaufnahme der Mittel der Redefügung führt die Grammatik durch. Die d. S. verfügt über zwei Numeri (Singular und Plural) und bewahrt (im Unterschied zu anderen Sprachen W-Europas) vier Kasus, drei Deklinationsklassen und (beim Verbum) starke, schwache und unregelmäßige Konjugation.

Die Sonderstellung des Deutschen unter den german. Sprachen wurde von der Forschung bisher vorwiegend in lautlich-formalen Zügen gesehen (→Lautverschiebung). Die Betonung der Stammsilbe hebt (im Unterschied zu den roman. und den meisten slaw. Sprachen) das bedeutungstragende Element ebenso hervor wie der Satzakzent die sinntragenden Redeteile. Nur selten wird der Ton aus rhythmischen Gründen verschoben (lebéndig, glücksélig, offenbáren). Die Abweichung der Aussprache vom Schriftbild hält sich in der d. S. (verglichen etwa mit der frz. oder engl. Sprache) in Grenzen; so wird z. B. anlautendes st und sp als [ʃt] und [ʃp] gesprochen. Einige in der Schreibung differenzierte Laute fallen in der Aussprache zusammen (z. B. ä und kurzes e zu [ɛ], ai und ei zu [aɪ], äu und eu zu [ɔɪ]). Andererseits können gleiche Schriftzeichen unterschiedl. Aussprache haben (z. B. e [ɛ] und [e] sowie o [ɔ] und [o]).

Charakteristisch für Wortschatz und Wortbildung sind bes. die Zusammensetzungen und die Anschaulichkeit der Benennung (z. B. dt. ›hineingehen, -fahren, -rudern, -segeln, -fliegen, -reiten‹ gegenüber frz. ›entrer‹). Die Wurzelgleichheit bewahrt die gedankl. Geschlossenheit der dt. Wortfamilien.

Über das durch →Lehnübersetzungen bereicherte muttersprachl. Wortgut hinaus wurden auch in die d. S. immer wieder Fremdwörter und Lehnwörter eingebürgert, seit dem 18. und bes. im 20. Jh. vorwiegend anglo-amerikan. Fremdwörter und Ausdrucksformen. Gegen eine befürchtete Überfremdung machten sich mehrfach Widerstände bemerkbar (z. B. in den Sprachgesellschaften), während heute die Notwendigkeit internat. Verständlichkeit anerkannt wird. Den Satzbau kennzeichnet Freiheit der Wortstellung, die durch bewahrte Flexionsendungen ermöglicht wird. Kennzeichnend für den Aufbau eines längeren Satzes ist die durch Partizipien begünstigte Klammerkonstruktion (›er wollte / mit seinen / dem überall / den gehetzten Flüchtlingen / drohenden Tode / entronnenen Begleitern weiterziehen‹). Auch die Endstellung des Verbs im Nebensatz ist eine Besonderheit von d. S.

Die Vorstellung einer einheitl. Sprachgemeinschaft mit dem Leitbild des die Sprache seiner Zeit vorbildhaft gestaltenden Literaten wird von der Konzeption einer Gesellschaft mit zahlreichen Interessengruppen (mit eigenem Fachwortschatz und jeweils spezif. Sprachgebrauch) abgelöst. Die soziale Rücksichtnahme auf weitere Kreise der Sprachteilhaber (z. B. auch der d. S. nur unzureichend mächtige Bevölkerungsteile wie Gastarbeiter und Spätumsiedler) arbeitet gleichfalls der Orientierung auf das sprachl. Vorbild einer Elite entgegen.

Ein stärkerer Wandel in der Gegenwartssprache läßt sich in Wortschatz und Stilistik beobachten. Für die Umgangssprache sind semant. Unschärfe und stereotype Wortwahl typisch, für Wissenschafts- und Verwaltungssprache eine durch Hauptwortstil und Fremdwortgebrauch bes. gesteigerte Abstraktheit der Ausdrucksweise. An der Erweiterung des Wortschatzes haben die Sprachen der Wissenschaft und Technik, des Verkehrswesens, der öffentl. Kommunikationsmittel, der Wirtschaft, der Werbung und des Sports besonderen Anteil. Bei den in der Publizistik häufig auftretenden Schlagwörtern macht sich auch die polit. Spaltung Dtl.s bemerkbar, ohne daß diese schon zu störenden Sprachunterschieden geführt hätte; behördl. Sprachregelungen betrafen bisher nur wenige Benennungen. Kennzeichnend für die Syntax sind Umschreibung des Konjunktivs durch die meist an seine Stelle tretenden modalen Hilfsverben (z. B. ›ich würde kommen, wenn . . .‹). Der Gebrauch des Genitivs weicht zunehmend der analytischen Ausdrucksweise (Umschreibung mit präpositionalen Wendungen, z. B. ›eine Kanne mit kaltem Wasser‹). Der Hauptwortstil läßt die Vollverben zurücktreten; sie werden aber auch durch Auflösung in Funktionsverben mit substantivischem Ausdruck der Handlung immer mehr zurückgedrängt (z. B. ›die Belieferung erfolgt‹, ›zum Verkauf gelangen‹).

Aus den Erkenntnissen moderner Sozialpädagogik und Sprachsoziologie (die Diskussion um → Sprachbarrieren ist noch nicht abgeschlossen) entsteht die Aufgabe, ein im Unterricht zu vermittelndes neues Leitbild für Lautung, Formenwahl und Stilistik zu schaffen. So könnte an Stelle einer verbindl. Sprachnorm eine größere Breite der Abweichungen treten. Für die Lautnorm bedeutet dies einen Verzicht auf die Alleingeltung der Bühnenaussprache. In Lautgebung und Formengestaltung wird die mögl. Freigabe konkurrierender Formen erwogen. Die Beratungen über die → Rechtschreibereform sind noch im Gang.

Geschichte. Seit Jacob Grimm war die Forschung lange Zeit ausschließlich der dt. Sprachgeschichte in ihrer Verknüpfung mit den anderen indogerman. Sprachen zugewandt. Das Deutsche wäre so ein Zweig des Westgermanischen (neben dem Altenglischen und dem Friesischen), dieses selbst wäre ein Ast des Germanischen (neben Nord- und Ostgermanisch; → germanische Sprachen). Heute steht weniger das Aufspalten als das Zusammenwachsen einer im Gefolge der Völkerwanderung verbliebenen Mannigfaltigkeit im Blickpunkt: Die fränkischen Mundarten entspringen wesentlich anderen german. Grundlagen als die bairisch-alemannischen oder die sächsischen Mundarten. So lassen sich auch kaum gemeinsame Merkmale angeben, durch die sich das Deutsche aus dem Westgermanischen herausgelöst hätte, und selbst eine so wesentliche Neuerung wie die hochdeutsche Lautverschiebung, die die d. S. in Hoch- und Niederdeutsch gliedert (→ niederdeutsche Sprache), ist nicht als Vorbedingung, sondern als Ausschnitt der dt. Sprachgeschichte zu betrachten. Die Geschichte der d. S. ist also in ihrem Wesen eine Geschichte der Wechselbeziehungen der großen Mundartgruppen und der darauf

beruhenden Ausbildung einer Hoch- und Schriftsprache.

Nach dem Abklingen der Völkerwanderung war Oberdeutschland sprachlich aktiv: Die wohl von den Alemannen ausgehende hochdeutsche Lautverschiebung erfaßte das Bairische und Teile des Fränkischen, eine (von westgot. und irischen Missionaren geförderte) süddeutsche Kirchensprache mit zahlreichen Neubildungen sowie Entlehnungen und Neuprägungen aus den klass. Sprachen strahlte seit 700 nach Norden aus. Im NO entwickelte sich eine auf die irischangelsächs. Mission zurückgehende fränkischrhein. Kirchensprache.

Freising lieferte um 765 mit dem → Abrogans das älteste schriftl. Denkmal der d. S. Die frühesten Glossen finden sich im Maihinger Evangeliar, das in der Abtei Echternach entstanden ist. Überhaupt gingen von der fränk. Staatsmacht seit dem 8. Jh. von Westen her starke sprachl. Wirkungen aus, die gemäß dem dort entstehenden Gedanken der theodisca lingua (des sprachl. Überbaues über die fränkischen, sächsischen, bairischen und alemannischen Mundarten) auch Ansätze zu einer Hochsprache enthalten. Das Ende des Frankenreiches, die Normannen- und Ungarnstürme ließen kein dauerhaftes Ergebnis entstehen. Die Folgezeit brachte je nach den Schwerpunkten der Reichsgewalt ein Ausstrahlen des Sächsischen, spärlich des Alemannischen, später (deutlich die Ausbreitung der Diphthongierungen) des Bairisch-Österreichischen. Nur die wenigsten sprachl. Merkmale erreichten das gesamte dt. Sprachgebiet; das Niederdeutsche trat im Austausch zurück. Auch als im Hoch-MA. die klösterl. Kultur durch eine weltlich-höfische nach roman. Vorbild abgelöst wurde, ergab die übergreifende Sprache ritterlich-höfischer Dichtung mit zahlreichen Entlehnungen aus roman. Sprachen keine dauerhafte Gemeinsprache. Erst im späten MA. (das mit der Verlagerung des kulturellen Schwerpunkts auf das Bürgertum auch den Wortschatz aus dessen Sprachgebrauch bereicherte) schuf der dt. Ostsiedlung neue Bedingungen. Im Zusammenströmen der Siedler wuchsen Ausgleichsmundarten: Das Abstoßen der auffälligsten Besonderheiten begünstigte eine überlandschaftl. Geltung. Im 14. Jh. übernahm Prag die sprachl. Vorrangstellung durch den Hof der Luxemburger. Nach dem Vorbild der Kanzleien im W des Reiches setzte sich die dt. Urkundensprache durch und wurde als höfische Sprache vom böhm. Adel übernommen. Freizügigkeit der Schreiber schuf die Verbindung zum Thüringisch-Obersächsischen, das nicht nur eine starke innere Entfaltungskraft zeigte, sondern auch mit dem geistigen Einfluß Erfurts und der Reichweite der obersächs. Kanzlei eine solche Breite gewann, daß die Reformation, bes. in den Schriften Luthers, diese Sprachform selbst nutzen konnte (nachdem auch Erfindung und Verbreitung des Buchdrucks gemeinsprachl. Tendenzen begünstigt hatte). Auch Renaissance und Humanismus wirkten mit ihrer Wiederbelebung des Lateinischen und Griechischen bes. auf die dt. Wissenschaftssprache ein. Mystik, Reformation und Pietismus prägten den religiösen und philosophischen Wortschatz aus.

Auf den Grundlagen der obersächs. Kanzleisprache entstand die nhd. Schriftsprache. Seit diese Form im dt. Sprachbereich allg. aufgenommen wurde (seit etwa 1500 auch im niederdt. Raum als Amts- und Schriftsprache), hat die d. S. in der Folge Wert und Geltung einer Weltsprache erreicht. An der Entwicklung einer dt. Stilistik und überregionalen Schriftsprache sowie einer Sprachnorm hatten Literaten (z. B. der Aufklärung, der Empfindsamkeit, des Sturm und Drang, der Klassik und Romantik) sowie grammat. und sprachtheoret. Arbeiten und Wörterbücher (J. G. Schottel, J. Chr. Gottsched, J. Chr. Adelung, J. Grimm) wesentl. Anteil. Was in dieser Entwicklung an Einzeltatsachen beschlossen ist, wird in der Periodisierung von Althochdeutsch (750 bis 1100), Mittelhochdeutsch (1100–1350), Neuhochdeutsch (seit 1350; von da bis 1500 Frühneuhochdeutsch, im 16. Jh. Abspaltung der niederländischen Sprache) mehr nach Anhaltspunkten des Schrifttums als nach der Entwicklung der Sprache selbst geordnet. Die versuchte Kennzeichnung durch lautliche Kriterien (z. B. Abschwächung der Endungen für das Ende des Althochdeutschen; Durchdringen der Diphthongierung – ī, ū und ǖ werden zu ei, au, eu – für den Beginn des Neuhochdeutschen) ist, auch abgesehen von ihrem zu äußerlichen Charakter, weder zeitlich noch räumlich einheitlich genug.

LIT. J. u. W. Grimm: Dt. Wb., 16 Bde. (1854–1954, abgeschlossen 1961, Neubearb. seit 1965); Trübners dt. Wb., begr. v. A. Götze, hg. v. W. Mitzka, 8 Bde. (1939–57); Der Große Duden in 10 Bänden (1–18 1964–80); H. Paul: Dt. Grammatik, 5 Bde. (1968); ders.: Dt. Wb., bearb. v. W. Betz (7 1976); A. Bach: Gesch. der d. S. (9 1970); J. Erben: Dt. Grammatik (11 1972); H. Glinz: Die innere Form des Deutschen (6 1973); ders.: Dt. Grammatik, 3 Bde. (I: 3 1975; II: 2 1975; III: 1972, v. W. Boettcher u. H. Sitta); Dt. Wortgesch., 3 Bde., hg. v. F. Maurer u. H. Rupp (3 1974); F. Kluge: Etymolog. Wb. der d. S., hg. v. W. Mitzka (21 1975); Duden. Das große Wb. der d. S. in sechs Bänden (1976ff.); W. König: dtv-Atlas zur d. S. (4 1981); dtv-Wörterbuch der d. S., hg. v. G. Wahrig (3 1980); Brockhaus-Wahrig. Dt. Wb., 6 Bde. (1980ff.).

Deutsches Rechenzentrum, Rechenzentrum der Dt. Forschungsgemeinschaft in Darmstadt (gegr. 1962).

deutsches Recht, das auf german. Grundlage erwachsene Recht der deutschsprachigen Länder, ein Tochterrecht des germ. Rechts. Zunächst ein mündlich überliefertes Gewohnheitsrecht durch die Volksgerichte (Ding) kleinstaatl. Verbände entwickelt, wurde am obersgerman. Recht in der Völkerwanderungszeit zum Stammesrecht (→ germanische Volksrechte). Dazu trat im Frankenreich das auf königl. Verordnungen (Kapitularien) beruhende Reichsrecht. Als diese Quellen in Vergessenheit gerieten, entwickelte sich das Recht wieder allein durch mündl. Rechtsweisungen (Weistum) der Volksgerichte weiter. Seit dem 13. Jh. gab es auch Urkunden in dt. Sprache. Aus dem alten Stammesrecht wurde ein Landrecht für die Bewohner eines bestimmten Gebiets; hinzu traten Sonderrechte für gewisse Personenkreise oder Berufe. Die Gesetzgebung des Reiches im MA. beschränkte sich auf einzelne Verfassungsgesetze und Landfrieden. Zur größeren Angleichung und Verbreitung des Rechts dienten die im 13. Jh. entstandenen privaten Rechtsbücher (Sachsenspiegel, Schwabenspiegel) sowie die Beleihung neugegründeter Städte mit dem Recht einer älteren Stadt (Stadtrechte), deren Oberhof (Schöffenstuhl) Rechtsweisungen gab. Inhaltlich ist das d. R. des MA. durch seinen starken sittl. Gehalt, seinen genossenschaftl. und sozialen Geist geprägt. In Gestalt des Sachsenspiegels, des *Magdeburger* und *Lübecker Rechts* fand es Verbreitung im europ. Osten auch außerhalb des dt. Volks- und Sprachgebiets. Seit der 2. Hälfte des 15. Jh. wurde das d. R., das sich weitgehend auf nat. Grundlage entwickelt hatte, durch das spätröm. Recht des Corpus iuris beeinflußt (→ Rezeption). Das röm. Recht galt zwar nur ergänzend (subsidiär) zu den Orts- und Landesrechten, doch wurden diese vielfach romanisiert. Seit dem 18. Jh. begann jedoch das d. R. wieder zu erstarken, bes. unter dem Einfluß des Naturrechts; die neuen Gesetzbücher (Preuß. Allg. Landrecht, Österr. ABGB) erneuerten eine Reihe german. Rechtsgedanken. Große Verdienste um das d. R. erwarb sich die dt. histor.Rechtsschule im 19. Jh., indem sie die gemeinsame Grundlage der dt. Partikularrechte aufdeckte. Das BGB, das 1900 das Recht im Dt. Reich vereinheitlichte, beruht auf dt. und röm. Rechtsgedanken.

Deutsches Reich, 1) das alte Dt. Reich (911–1806). Seit dem 11. Jh. wurde es als *Röm. Reich* bezeichnet, seit dem 15. Jh. als *Hl. Röm. Reich. Dt. Nation* (→ deutsche Geschichte, → Heiliges Römisches Reich).

2) der dt. Staat 1871–1945. Zum Gebiet des D. R. gehörten 1871–1918 22 monarchische, 3 republikan. Staaten und das Reichsland Elsaß-Lothringen. Während der Weimarer Republik umfaßte das D. R. 18 Länder (→ deutsche Geschichte, → Deutschland).

Deutsches Reisebüro GmbH, Abk. *DER,* Tochtergesellschaft der Dt. Bundesbahn, hervorgegangen 1946 aus dem 1917 in Berlin gegr. *Mitteleurop. Reisebüro (MER);* Sitz: Frankfurt a. M.

Deutsches Requiem, Ein D. R., Oratorium von J. Brahms für Solostimmen, Chor und Orchester nach Worten der Hl. Schrift; vollständige Uraufführung 1869.

Deutsches Rotes Kreuz, → Rotes Kreuz.

Deutsches Sportabzeichen, Auszeichnung für sportl. Vielseitigkeitsprüfung in Bronze (Herren von 18 bis 31 Jahren, Damen von 18–27 Jahren), in Silber (Herren 32–39 Jahre, Damen 28–34 Jahre) und Gold (Herren über 40 und Damen über 35 Jahre). Das *Dt. Jugendsportabzeichen* wird in Bronze (13–14 Jahre), Bronze mit Silberkranz (15–16 Jahre), Silber (17–18 Jahre) und Gold (an Inhaber aller Klassen mit 2 Wiederholungsprüfungen) verliehen. Das *Dt. Schülersportabzeichen* wird in Bronze (8–10 Jahre), Silber (11 bis 12 Jahre) und Gold (an Inhaber aller Klassen mit 1 Wiederholungsprüfung) verliehen.

Deutsche Staatsbibliothek, der 1945 in Ost-Berlin verbliebene Teil der Preußischen Staatsbibliothek im wiederhergestellten Gebäude Unter den Linden.

Deutsche Staatsoper, Ost-Berlin, 1955 eröffnet; ehemals *Oper Unter den Linden* (1742 eingeweiht, seit 1919 *Preußische Staatsoper).*

Deutsche Staatspartei, Abk. **DSP,** → Deutsche Demokratische Partei.

Deutsches Volksliedarchiv, Freiburg i. Br., gegr. 1914 von J. Meier, zentrales Institut zur systemat. Sammlung und Erforschung des dt. Volksliedes.

Deutsches Wörterbuch, von Jacob und Wilhelm Grimm begonnene Sammlung aller nhd. Wörter. Das auf 16 Bde. angelegte Werk, dessen erster Band 1854 erschien, wurde 1961 mit 32 Bänden abgeschlossen. Das D. W. wurde bis 1945 hg. von der Preuß. Akademie der Wiss., seit 1946 fortgeführt von der Dt. Akademie der Wiss. zu Berlin und einer von der Dt. Forschungsgemeinschaft finanzierten Arbeitsstelle in Göttingen.

Deutsches Zentralarchiv, 1946 in Potsdam errichtet, seit 1974 **Zentrales Staatsarchiv,** teilt sich mit dem Bundesarchiv in die Nachfolge des Reichsarchivs.

Deutsche Texaco AG, Hamburg, westdt. Erdöl-Konzern, Tochtergesellschaft der Texaco Inc., gegr. 1899, bis 1970 Dt. Erdöl-AG (DEA).

Deutsche Theologie, eine myst. Schrift des Spät-MA., → Theologia Teutsch.

Deutsche Verlagsanstalt GmbH, hervorgegangen 1881 aus einem von Eduard Hallberger (* 1822, † 1880) 1848 gegr. Verlag; Sitz: Stuttgart.

Deutsche Versicherungs-Akademie, Bildungseinrichtung der westdt. Versicherungswirtschaft, gegr. 1949 in Köln, 1972 verlegt nach München.

Deutsche Volkskongresse, drei Delegiertenversammlungen (1. D. V.: Dez. 1947; 2. D. V.: März 1948; 3. D. V.: Mai 1949), von der SED im Rahmen der *Volkskongreßbewegung für Einheit und gerechten Frieden* gesteuert, vertraten die sowjet. Dtl.-Politik; gleichzeitig dienten sie der SED, ihren Führungsanspruch zu verwirklichen. Nach der Gründung der Volkskongreßbewegung auf dem 1. D. V. wählte der 2. D. V. den 1. Deutschen Volksrat (→ Deutsche Volksräte), der 3. D. V. den 2. Dt. Volksrat. Im Okt. 1949

konstituierte sich der 3. D. V. als Nationale Front.

Deutsche Volkspartei, 1) 1868 gegr. Partei, die an die demokrat. Tradition von 1848 anknüpfte. Außerhalb von S-Dtl. konnte sie sich nicht durchsetzen; der Schwerpunkt lag in Württemberg. 1910 ging sie in der Fortschrittlichen Volkspartei auf.

2) Abk. **DVP,** gegr. 1918 von G. Stresemann (Vors.: 1918–29), hervorgegangen vor allem aus dem rechten Flügel der Nationalliberalen Partei. Hinter ihr standen weite Kreise der Industrie (z. B. H. Stinnes, A. Vögler) und des gebildeten Bürgertums. Unter dem Einfluß Stresemanns stellte sie sich bald auf den Boden der demokrat. Republik. Sie beteiligte sich 1920 bis 1921, 1922–31 an den Reichsregierungen. Die von Stresemann abgeschlossenen Locarno-Verträge führten zu innerparteil. Spannungen. Unter den Vors. E. Scholz (1929–30) und E. Dingeldey (1930–33) vollzog die DVP eine Rechtsschwenkung. 1933 löste sie sich selbst auf.

3) → Deutschnationale Bewegung.

Deutsche Volksräte, zwei Versammlungen (1. D. V. 1948–49; 2. D. V. 1949), gewählt von den → Deutschen Volkskongressen, bereiteten unter Maßgabe der SED bes. die Verf. der späteren DDR vor. Im Okt. 1949 konstituierte sich der 2. D. V. als provisor. Volkskammer der DDR.

deutsche Wappen, Bilder S. 146/47.

Deutsche Welle, 1) Rundfunkgesellschaft, gegr. 1924 als GmbH in Berlin, eröffnet am 7. 1. 1926 (→ Deutschlandsender).

2) Rundfunkanstalt öffentl. Rechts, gegr. 1953 als Gemeinschaftseinrichtung der ARD, neu gegr. als Bundesanstalt 1960, Sitz: Köln; verbreitet täglich Auslandsprogramme in dt. und vielen anderen Sprachen über Kurzwelle.

Deutsche Werft AG, → Howaldtswerke-Deutsche Werft AG.

Deutsche Wirtschaftskommission, Abk. DWK, 1947–49 die zentrale dt. Verwaltungsinstanz in der SBZ, Sitz: Ost-Berlin.

Deutsch Eylau, poln. Iława, Stadt in der poln. Wwschaft Olsztyn (Allenstein), bis 1945 Ostpreußen, am Südende des Geserichsees, (1975) 18 600 Ew. – D. E. erhielt 1305 vom Dt. Orden Culmisches Stadtrecht.

Deutsche Zeitung, Tageszeitung, gegr. 1946 in Stuttgart als wöchentl. erscheinende ›Wirtschaftszeitung‹, seit 1949 D. Z. mit (später: *und)* *Wirtschaftszeitung,* erschien seit 1959 täglich in Köln, 1964 im *Handelsblatt* aufgegangen. – Seit 1971 Haupttitel der Wochenzeitschrift → Christ und Welt, neuer Verlagsort (1974): Bonn.

Deutsch-Französischer Freundschaftsvertrag, Elysée-Vertrag, abgeschlossen am 22. 1. 1963 zw. Bundeskanzler K. Adenauer und Präs. Ch. de Gaulle im Elysée-Palast. Ausdruck der Politik der deutsch-frz. Aussöhnung.

Deutsch-Französischer Krieg von 1870/71. Die Ursache des Krieges waren die durch den preuß. Sieg im Dt. Krieg von 1866 zu Frankreichs Ungunsten verschobenen Machtverhältnisse in Europa und innenpolit. Schwierigkeiten in Preußen und Frankreich. Den äußeren Anlaß gab die Frage der span. Thronkandidatur eines Hohenzollern (→ Emser Depesche). Am 19. 7. 1870 erklärte Frankreich den Krieg. Während ein frz.-österr. Bündnis nicht rechtzeitig zustande kam, traten die süddt. Staaten sofort auf die Seite Preußens. Von der Pfalz aus drangen drei dt. Armeen unter Kronprinz Friedrich, Prinz Friedrich Karl und K. F. von Steinmetz (mit Moltke als Generalstabschef) vor und siegten bei Weißenburg (4. 8.), Wörth und Spichern (6. 8.). Die frz. Rheinarmee unter F. A. Bazaine wurde durch die Schlachten bei Colombey-Nouilly, Vionville-Mars-la-Tour und Gravelotte-Saint-Privat (14.–18. 8.) in die Festung Metz geworfen und eingeschlossen. Bei dem Versuch, Bazaine zu entsetzen, wurde der frz. Marschall Mac-Mahon nach Sedan abgedrängt und dort umzingelt; seine gesamte Armee kapitulierte am 2. 9., Napoleon III. geriet mit ihr in Gefangenschaft. Nach Ausrufung der frz. Republik (4. 9.) rückten die dt. Armeen auf Paris vor und schlossen es seit dem 15. 9. ein. Metz kapitulierte am 27. 10. Die im S und N zur Befreiung von Paris von L. Gambetta aufgestellten Armeen wurden im Dez. 1870 und Januar 1871 bei Orléans, Le Mans, Amiens und Saint-Quentin geschlagen. Aus Sorge vor einer Einmischung der Neutralen versuchte Bismarck, den Fall von Paris zu beschleunigen, und setzte gegen die militär. Führung die Beschießung der Festung durch. Am 28. 1. 1871 wurde ein Waffenstillstand geschlossen. Nur in O-Frankreich wurde noch gekämpft; am 1. 2. wurde die frz. Ostarmee von der neugebildeten dt. Südarmee unter E. Frhr. v. Manteuffel gezwungen, bei Pontarlier in die Schweiz überzutreten, wo sie interniert wurde. Bereits am 18. 1. war König Wilhelm I. von Preußen in Versailles zum Dt. Kaiser proklamiert worden. Am 26. 2. wurde der Vorfriede von Versailles geschlossen; am 10. 5. folgte der Frankfurter Friede.

LIT. H. v. Moltke: Gesch. des D.-F. K. (1891); Reichsgründung 1870/71, hg. v. Th. Schieder u. E. Deuerlein (1970).

Deutschgesinnte Genossenschaft, eine der Sprachgesellschaften des 17. Jh.; 1642 in Hamburg von Ph. von Zesen gegr., bestand bis Anfang des 18. Jh.

Deutschhannoversche (Rechts-)Partei, Welfen, gegr. 1869; erstrebte die Wiedererrichtung des 1866 von Preußen annektierten Kgr. Hannover, nach 1919 ein von Preußen zu trennendes Land Niedersachsen. 1945 wurde sie als *Niedersächsische Landespartei* wiedergegründet.

Deutschherren, → Deutscher Orden.

Deutschkatholizismus, nationalkirchl. Bewegung in der Mitte des 19. Jh., die bald auch die äußeren Formen der kath. Frömmigkeit ablehnte, ging 1859 im *Bund freier religiöser Gemeinden Dtl.s* auf.

Deutschkonservative Partei, → Konservativismus.

Deutsch Krone, poln. Wałcz [valtʃ], Stadt in der poln. Wwschaft Piła (Schneidemühl); bis 1945 Kreisstadt in der Grenzmark Posen-Westpreußen, (1975) 20400 Ew.; kleine Industriebetriebe. – D. K. erhielt 1303 Stadtrecht, kam 1368 an Polen, 1772 an Preußen.

Deutschland, geschichtlich i. a. Bez. für das Sprach- und Siedlungsgebiet der Deutschen in Mitteleuropa innerhalb häufig wechselnder Staatsgrenzen, von 1871 bis 1945 gleichbedeutend mit dem Dt. Reich. Da nach dem 2. Weltkrieg noch kein Friedensvertrag geschlossen ist und keine dt. Gesamtregierung besteht, wird der Name D. verwendet, um das Deutsche Reich innerhalb der Grenzen vom 31. 12. 1937 zu bezeichnen.

Landesnatur. D. hat Anteil an Hochgebirge, Mittelgebirge und Tiefland. Im S liegen Teile der Nördl. Kalkalpen, die Allgäuer Alpen, die Bayer. Alpen mit der höchsten Erhebung, der Zugspitze (2963 m), und die Berchtesgadener Alpen. Im N schließt sich den Alpen das im Durchschnitt 500 m hohe, gegen die Donau sich senkende Alpenvorland an. Zu den dt. Mittelgebirgen zählen: am Rhein entlang links Haardt, Pfälzer Bergland, rechts Schwarzwald und Odenwald mit Spessart, dazwischen die Oberrheinische Tiefebene; weiter stromabwärts das Rhein. Schiefergebirge mit Hunsrück, Eifel und Hohem Venn auf den linken, Taunus, Westerwald und Sauerland auf dem rechten Ufer. Östlich schließt sich an Schwarzwald und Odenwald bogenförmig das Schwäbisch-fränk. Stufenland an mit der Schwäb. und der Fränk. Alb. Das Erzgebirge verläuft wie das Rhein. Schiefergebirge von SW nach NO, die übrigen Mittelgebirge in den Hauptzügen von NW nach SO: Teutoburger Wald, Weserbergland, Thüringer und Frankenwald mit ihren vorgelagerten Höhenzügen, Harz, Böhm.-Bayer. Wald, Sudeten. Dazu kommen noch das Hess. Bergland, das Fichtelgebirge, das Elbsandsteingebirge mit dem Lausitzer Gebirge. Die Mittelgebirge zeigen sanfte, rundkuppige Formen. Sie sind im Durchschnitt unter 500 m hoch; der höchste Gipfel ist die Schneekoppe im Riesengebirge (1603 m). Die durchschnittlich kaum 50 m hohe Norddt. Tiefebene greift in 4 großen Buchten, der Kölner, der Münsterer, der Sächs. und der Schles. Bucht, weit nach Süden in den Mittelgebirgsgürtel ein. Sie wird in ostwestl. Richtung von bis zu 300 m hohen Endmoränenzügen des nördl. und südl. Landrückens und den Urstromtälern durchzogen.

Erdgeschichte. Fast ganz D. liegt im Gebiet des mitteleurop. Schollenlandes; nicht dazu gehören im S die Alpen und im N das zur russ. Tafel gehörige Tiefland östlich des Weichsel. Im Eiszeit des Pleistozän wurde ganz Nord-D. bis an den Rand der Mittelgebirge mehrmals von dem von N vorstoßenden Inlandeis bedeckt und in eine an Seen und Mooren, Sand- und Schotterablagerungen reiche Moränenlandschaft umgewandelt. Auch Ober-D. wurde durch die Alpengletscher zu einer Moränenlandschaft umgeformt. Im eigtl. mittel- und südwestdt. Schollenland sind alle geolog. Formationen vom Kambrium bis zur Kreide in mehr oder weniger großer Ausdehnung vertreten; im Paläozoikum und Tertiär fanden auch vulkan. Ausbrüche statt. Die heutige Gestaltung erhielten die Mittelgebirge im Tertiär, zur gleichen Zeit, da im S die Alpen entstanden.

Gewässer. D. gehört zum Einzugsbereich des Atlantischen Ozeans. Die Flußgebiete von Rhein, Ems, Weser, Elbe, Oder und Weichsel entwässern zur Nord- und Ostsee, der SO durch die Donau zum Schwarzen Meer, Querverbindungen zwischen den einzelnen Flußsystemen wurden durch zahlreiche Kanäle geschaffen. Die wichtigsten sind der Dortmund-Ems-Kanal, der Mittellandkanal zwischen Rhein und Elbe und der im Bau befindl. Rhein-Main-Donau-Großschiffahrtsweg. Die Wasserführung ist am gün-

Das Deutsche Reich 1871–1933

Land	km^2	Einwohner (in 1000)			km^2	Einw.
		1871	1890	1910		1933
Preußen	348780	24691,4	29957,4	40165,2	292776	39746,9
Bayern	75870	4861,4	5589,4	6887,3	75996	7681,6
Sachsen	14995	2556,2	3502,7	4806,7	14995	5196,7
Württemberg	19507	1818,6	2036,6	2437,6	19507	2696,3
Baden	15069	461,6	1657,9	2142,8	15069	2413
Hessen	7688	852,9	992,9	1282,1	7691	1429
Thüringen	–	–	–	–	11760	1659,5
S.-Weimar-Eisenach	*3610*	*286,2*	*326,1*	*417,1*	*–*	*–*
S.-Coburg-Gotha	*1977*	*174,3*	*206,6*	*257,2*	*–*	*–*
S.-Altenburg	*1323*	*142,1*	*170,9*	*216,1*	*–*	*–*
S.-Meiningen	*2468*	*188*	*223,8*	*278,8*	*–*	*–*
Schwarzb.-Sondershausen ...	*862*	*67,2*	*75,5*	*89,9*	*–*	*–*
Schwarzb.-Rud.	*941*	*75,6*	*85,9*	*100,7*	*–*	*–*
Reuß jüng. Linie	*827*	*89*	*119,8*	*152,8*	*–*	*–*
Reuß ältere Linie	*316*	*45,1*	*62,8*	*72,8*	*–*	*–*
Mecklenburg	–	–	–	–	16056	805,2
Meckl.-Schwerin	*13127*	*557,7*	*578,3*	*640*	*–*	*–*
Meckl.-Strelitz	*2929*	*97*	*98*	*106,4*	*–*	*–*
Braunschweig	3672	312,2	403,8	494,3	3672	513
Oldenburg	6429	314,6	355	483	6429	573,9
Anhalt	2299	203,4	272	331,1	2326	364,4
Lippe	1215	111,1	128,4	150,9	1215	175,5
Schaumburg-Lippe	340	32,1	39,2	46,7	340	50
Waldeck	1121	56,2	57,3	61,7	–	–
Hamburg	415	339	622,6	1014,7	415	1218,4
Bremen	256	122,4	180,4	299,6	256	371,6
Lübeck	298	52,2	76,4	116,6	298	136,4
Elsaß-Lothringen	14522	1549,7	1603,6	1874	–	–
Saarland	–	–	–	–	1925	812,3
insgesamt	540858	41058,8	49428,4	64926	470545	66030,5

Gebiet und Bevölkerung des Deutschen Reichs (in den Grenzen v. 31. 12. 1937)

	Einheit	Zählung 1939	Bundesrep.	davon entfielen auf:		
				DDR	Berlin	Ostgeb.
Reichsgebiet	km^2	470700	52,7%	22,8%	0,2%	24,3%
Wohnbevölkerung	1000	69317	58 %	21,9%	6,3%	13,8%
Frauen auf 100 Männer		104,4	103,5	103,4	118,9	104,2

Konfessionen (berechnet nach der ständigen Bev.: 68,1 Mio.)

Evangelische	1000	41396	48,6%	86,7%	70,1%	66,6%
Röm.-Katholische	1000	22584	46,3%	6,1%	11,3%	30,3%
Andere Religionen	1000	639	1 %	0,7%	2,4%	0,8%
Gemeinschaftslose und ohne Angabe	1000	3507	4,1%	6,5%	16,2%	2,3%

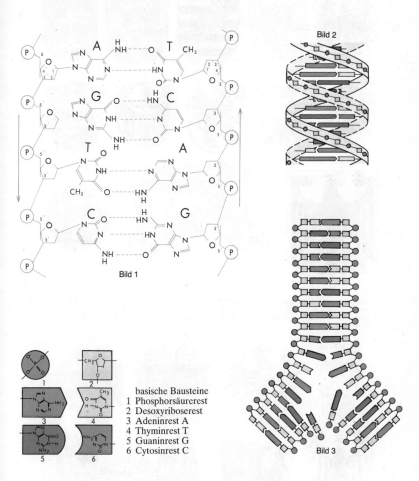

Bild 2

Bild 1

basische Bausteine
1 Phosphorsäurerest
2 Desoxyriboserest
3 Adeninrest A
4 Thyminrest T
5 Guaninrest G
6 Cytosinrest C

Bild 3

Desoxyribonucleinsäure: In der D. ist der Zucker eines jeden Nucleotids durch dessen Phosphatgruppe mit dem Zucker des nächsten Nucleotids verbunden (Phosphodiesterbindung zw. der 3′-Hydroxylgruppe des einen Zuckers und der 5′-Hydroxylgruppe des anderen Zuckers). Die 4 versch. Nucleotide der D. enthalten als Base entweder ein Pyrimidin: Thymin (T) oder Cytosin (C), oder ein Purin: Adenin (A) oder Guanin (G). Diese Basen stehen senkrecht zur Molekülachse der D. Meist liegt die D. als ›Doppel-Helix‹ vor (J. D. Watson und F. H. Crick, 1953): Wasserstoffbrücken zw. einem Purin und einem Pyrimidin (spezif. Basenpaarung A = T und G ≡ C) halten 2 Moleküle zu einem Doppelstrang zusammen, wodurch eine rechtsgewundene Doppelspirale entsteht (Bild 2).
Die Doppel-Helix-Struktur bildet die Grundlage für die Autoreduplikation und Transkription der genet. Information: Bei der Reduplikation wird an den beiden vorhandenen Strängen der jeweils komplementäre Strang neu aufgebaut (semikonservative Replikation, Bild 3), bei der Transkription wird einer der beiden Stränge als Matrize für die Umschreibung in eine RNS-Kopie benutzt

145

deutsche Wappen

deutsche Wappen: 1 Provinz Mark Brandenburg (histor.). 2 Mecklenburg (bis 1952). 3 Sachsen (bis 1952). 4 Thüringen (1921–33). 5 Danzig. 6 Ostpreußen. 7 Grenzmark Posen-Westpreußen. 8 Pommern. 9 Schlesien. 10 Oberschlesien. 11 Bundesrepublik Deutschland. 12 Deutsche Demokratische Republik. 13 Bayern (Großes Staatswappen)

deutsche Wappen: Entwicklung des Reichswappens. 1 vollständiges Reichswappen des hohen Mittelalters (nach der Großen Heidelberger Liederhandschrift, um 1300). 2 Wappen Ottos IV. (1198–1218) auf dem ›Schwert des Mauritius‹. 3 Einköpfiger Reichsadler nach dem Siegel Siegmunds als röm. König, gültig 1410–22. 4 Doppelköpfiger Reichsadler nach dem Reichsvikariatssiegel Siegmunds von 1402, gültig bis 1410. 5 Nimbierter Doppeladler nach dem Kaisersiegel Siegmunds, gültig 1433–37. 6 Prunkschild Friedrichs III. von 1493, mit Brustschild Österreich. 7 Vollwappen Maximilians I. als Kaiser, gültig 1508–19 (Brustschild Österreich-Burgund, Schildhalter). 8 Wappen Karls V. (1519–56), dabei seine persönliche ›Devise‹,

die Säulen des Herkules. 9 Wappen Ferdinands I. als röm. König, gültig 1531–56; im Brustschild zusätzlich Ungarn und Böhmen. 10 Wappen Karls VI. (1711–40), im Brustschild zusätzlich ungarische, böhmische und spanische Neben- und Anspruchswappen, Hoheitsembleme in den Klauen. 11 Vollwappen Josephs II. (1765–90), gültig 1765–80; im Brustschild sämtliche Wappen der ›Erblande‹. 12 Mittleres Wappen Franz' II. (1792–1806), gültig seit 1804; zwei Kaiserkronen für beide Kaisertitel, ›Erblande‹ auf den Flügeln. 13 Wappen des Deutschen Bundes 1847–66. 14 Das interimistische Reichsemblem (22. 4. 1871). 15 Das kaiserliche Wappen (›Reichsadler‹), Modell 3. 8. 1871. 16 Das kleine Wappen des Kaisers, Modell 6. 12. 1888. 17 Reichswappen der Republik, Modell 11. 11. 1919

deutsche Flaggen

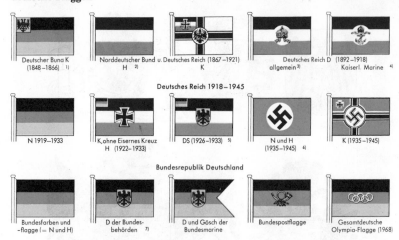

Deutscher Buna K (1848–1866) [1]

Norddeutscher Bund u. Deutsches Reich (1867–1921) H [2] K

Deutsches Reich D (1892–1918) allgemein [3]   Kaiserl. Marine [4]

Deutsches Reich 1918–1945

N 1919–1933

K, ohne Eisernes Kreuz H (1922–1933)

DS (1926–1933) [5]

N und H (1935–1945) [6]

K (1935–1945)

Bundesrepublik Deutschland

Bundesfarben und -flagge (= N und H)

D der Bundes-behörden [7]

D und Gösch der Bundesmarine

Bundespostflagge

Gesamtdeutsche Olympia-Flagge (1968)

deutsche Flaggen: geschichtliche Entwicklung. – N = Nationalflagge, K = Kriegsflagge, H = Handelsflagge, D = Dienstflagge, DS = Schiffahrtsdienstflagge. Die Dt. Dem. Rep. führt die gleichen Farben wie die Bundesrepublik Deutschland.

1 ohne Abzeichen: N und H (1848–1866). – 2 N (1892–1919); und 1933–1935 N und H (zusammen mit der Hakenkreuzflagge). – 3 Statt Krone: Reichsadler: D im Bereich des Auswärtigen Amts. – 4 Statt Anker: Posthorn: D des Reichspostamts. – 5 1922–1926 ohne Oberecke, 1933–1935 der Adler ohne Schild. – 6 1933–1935 zusätzlich neben der schwarz-weiß-roten Flagge. – 7 1922–1933 D der Reichsbehörden zu Lande

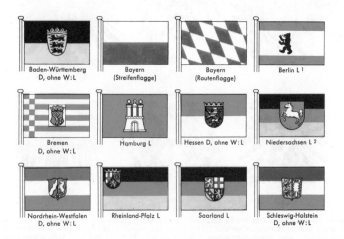

Baden-Württemberg D, ohne W; L

Bayern (Streifenflagge)

Bayern (Rautenflagge)

Berlin L [1]

Bremen D, ohne W; L

Hamburg L

Hessen D, ohne W; L

Niedersachsen L [2]

Nordrhein-Westfalen D, ohne W; L

Rheinland-Pfalz L

Saarland L

Schleswig-Holstein D, ohne W; L

deutsche Flaggen: Landesflaggen nach 1945. – D = Dienstflagge, L = Landesflagge, W = Wappen

1 Bär in gekrönten Wappenschild: D. 2 In den vier ehemaligen Ländern (Hannover, Oldenburg, Braunschweig, Schaumburg-Lippe) werden die alten Landesfarben bei regionalen Belangen neben der niedersächsischen Flagge geführt

148

stigsten beim Rhein, da durch die Schmelzwasserzufuhr aus den Alpen die starke sommerl. Verdunstung besser ausgeglichen wird. Die Seen entstanden meist in der Eiszeit, so die Seenplatten in Holstein, Mecklenburg, Pommern und Ostpreußen und im Alpenvorland. Durch Vulkanwirkung sind die Maare der Eifel entstanden. D. besitzt zahlreiche Mineralquellen, die sich als Solquellen in den Gebieten der Salzvorkommen, als heiße Quellen in Störungsgebieten an den Gebirgsrändern und in vulkanischen Gegenden häufen.

Klima. D. liegt im Bereich der Westwindzone zwischen dem ozean. W und dem kontinentalen O Europas. Die durchschnittl. Jahrestemperatur beträgt 9° C (im NO 6, im SW 10–11° C), die jährl. Durchschnittsmenge der Niederschläge, die zum größten Teil als Sommerregen fallen, 690 mm. I. a. ist die Witterung unbeständig; von W nach O nehmen die jahreszeitl. Temperaturschwankungen und die Dauer der Schneebedekkung zu, die Menge der Niederschläge ab. Die wärmsten Gebiete liegen in der Oberrhein. Tiefebene, die kältesten in Ostpreußen, Oberschlesien und Niederbayern. – Von der natürl. *Vegetation* D.s ist nur noch ein geringer Rest in den kleinen Naturschutzgebieten vorhanden. Kultursteppe und Forsten bestimmen heute das Landschaftsbild. Auch der Bestand der *Tierwelt* wandelte sich mit der Kultivierung der Landschaft: Zahlreiche große Waldtiere starben aus, während Tiere des offenen Geländes sich stark vermehrten. Auch die Einführung nicht einheimischer Arten (z. B. Wildkaninchen, Damhirsch, Mufflon, Jagdfasan) veränderte den Faunencharakter.

Bevölkerung. Über die Deutschen als Volk und die Gliederung in Stämme → Deutsche; über Größe und Bevölkerungszahl des Dt. Reichs in den Grenzen vom 31. 12. 1937 und über die Anteile an den heutigen Teilräumen vgl. Statistik S. 144.

Die *Bevölkerungsstruktur* zeigt tiefgreifende Wandlungen gegenüber 1850 infolge der vollkommenen Änderung der natürl. Bevölkerungsbewegung, der Einwirkungen der beiden Weltkriege und der Nachkriegsjahre. Etwa seit Beginn des 19. Jh. ging die Sterblichkeit erheblich zurück, bes. die Säuglingssterblichkeit, gleichzeitig auch die Geburtenziffer infolge der zunehmenden Industrialisierung und Verstädterung. Die *Auswanderung* aus dem Dt. Reich erreichte 1881–85 mit 857200 Personen ihren Höhepunkt, sank bis 1914 auf 11400, stieg bis 1923 wieder auf 115400 an und nahm bis 1939 ständig ab.

Recht. Seit Errichtung des Norddeutschen Bundes (1867) und des Dt. Reichs (1871) wurde das ursprünglich stark zersplitterte Recht zunehmend vereinheitlicht. Neben und über die Landesges. traten seitdem die Reichsges., bes. die großen Kodifikationen des Straf-, Prozeß- und bürgerl. Rechts und auf Teilgebieten des öffentl. Rechts.

Staatsform. → deutsche Geschichte.

Finanzen. Die Finanzen des Dt. Reichs von 1871 waren aufs stärkste von der jeweiligen Gestaltung des finanziellen Ausgleichs zwischen Reich und Ländern geprägt. Zur Bestreitung der ›gemeinschaftl. Ausgaben‹ dienten in erster Linie die Einnahmen aus Zöllen, Verbrauchsteuern und aus dem Post- und Telegraphenwesen, daneben die Matrikularbeiträge der Länder. Auf direkte Steuern griff das Reich erst seit 1906 zurück (Erbschaftsteuer, Vermögenszuwachssteuer, 1913 Wehrbeitrag). 1914–18 wurden die ›Ausgaben aus Anlaß des Krieges‹ hauptsächlich auf dem Wege von Kriegsanleihen unter Mithilfe der Reichsbank aufgebracht.

In der Weimarer Rep. brachte die Finanzreform Erzbergers v. 13. 12. 1919 in der Reichsabgabenordnung die zentralist. Finanzhoheit des Reichs mit einer leistungsfähigen Reichsfinanzverwaltung. Auf der Grundlage dieser umfassenden Reform wurde 1920 das erste Einkommensteuer-, Körperschaftsteuer- und Kapitalertragsteuerges. des Reichs erlassen; die Länder erhielten lediglich anteilige Überweisungen aus dem Aufkommen dieser Steuern, zu denen u. a. die Umsatzsteuer gehörte. Nach der Stabilisierung mit Hilfe der Rentenmark als Übergangswährung (13. 10. 1923) besserten sich allmählich die Staatsfinanzen. Die Reparationsverpflichtungen wurden im Dawesplan geregelt. Das Steuersystem wurde nach Wiederkehr stabiler Verhältnisse 1925 neu geordnet (→ Reichsmark). Die von Reichskanzler Brüning seit 1930 durch Notverordnungen betriebene Deflationspolitik verschärfte die von der Weltwirtschaftskrise ausgehenden Wirkungen auf die Reichsfinanzen zusätzlich: Bei steigenden Sozial- u. a. Ausgaben erforderte ein ausgeglichener Staatshaushalt Einnahmesteigerungen (bes. Steuererhöhungen), der dadurch entstandene Nachfrageausfall hatte eine weitere Lähmung der Wirtschaftstätigkeit und damit des Steueraufkommens zur Folge.

Unter dem Nationalsozialismus nahm die ›Defizitfinanzierung‹ staatl. Arbeitsbeschaffungsmaßnahmen an Tempo und Ausmaß kräftig zu. Die mit den Maßnahmen zur Arbeitsbeschaffung (Reichsautobahnen u. a.) in Zusammenhang stehende Aufrüstung und Wiederbelebung der Wirtschaft führte zu einem starken Wiederanstieg der Einnahmen des Reichs: von 10,1 Mrd. (1932/1933) auf 17,3 Mrd. RM (1937/ 38). Kennzeichnend auch für die Finanzpolitik des Nationalsozialismus war die Stärkung der Zentralgewalt unter Ausschaltung demokrat. Sicherungen (keine Mitwirkung des Reichstags mehr). Der Präs. des Reichsrechnungshofs war seit 1933 der Regierung gegenüber allein verantwortlich. Das Gesetz über den ›Neuaufbau des Reiches‹ (30. 1. 1934) übertrug die Steuerhoheit grundsätzlich auf das Reich; gleichzeitig wurden die meisten Steuergesetze geändert mit dem Ziel, die Besteuerung den polit. Bestrebungen des Nationalsozialismus anzupassen, bes. im

Deut

Dienste der Sozial- und Bevölkerungspolitik. Die Kriegsfinanzierung bediente sich i. Ggs. zu der des 1. Weltkrieges neben den Einnahmen aus Steuern der ›geräuschlosen‹ Finanzierung durch erzwungene Heranziehung der Mittel der Kreditinstitute, Versicherungen, Sparkassen und der Unternehmungen. Der Reichshaushalt umfaßte (1939) 44 Mrd. RM Einnahmen (davon 24 Mrd. aus Steuern) und 52,1 Mrd. Ausgaben (davon 32,3 Mrd. Kriegsausgaben), 1944: 181 Mrd. Einnahmen (38 Mrd. aus Steuern) und 171,3 Mrd. Ausgaben (128,4 Mrd. Kriegsausgaben).

Das Währungs- und Geldwesen beruhte bis Frühjahr 1948 grundsätzlich auf den Münzges. v. 30. 8. 1924 und dem Bankges. v. 15. 6. 1939, danach war der Währungseinheit die Reichsmark zu 100 Rpf. 1 RM entsprach dem Wert von ½₇₉₀ kg (0,358423 g) Feingold, jedoch verfielen, bes. durch die Finanzierungspolitik des Nationalsozialismus, die Deckungsverhältnisse immer mehr. Während des 2. Weltkrieges erhöhte sich durch die Kriegskosten der Bargeldumlauf von rd. 11 Mrd. RM auf rd. 60 Mrd. RM (1945). Die Inflationstendenzen, die durch Preis- und Lohnstopp in gewissem Umfang an der Auswirkung gehindert wurden, setzten sich nach Kriegsende fort. Obwohl die Reichsbank nicht mehr bestand und das Notenausgaberecht ruhte, wurde die Notenvermehrung durch Ausgabe von Besatzungsgeld (etwa 12 Mrd. RM, davon etwa 4,5 Mrd. RM in den drei Westzonen im Winter 1945/46) und durch Verwendung von Reserve-Reichsbanknoten (etwa 2 Mrd. RM) weiter betrieben. Der dadurch außerordentl. Kaufkraftüberhang, dem eine äußerste Knappheit an Gütern gegenüberstand, wirkte sich im Verfall des Preisgefüges aus (schwarzer Markt). Erst die Währungsreform v. 20. 6. 1948 brachte für die drei Westzonen eine Neuordnung der Verhältnisse. Die Reichsmark wurde durch eine neue Währung, die →Deutsche Mark, ersetzt. In der sowjet. Zone und Groß-Berlin wurde am 24. 6. 1948 eine neue Währung eingeführt, wobei die Ersparnisse der Werktätigen bis zu 100 RM im Verhältnis 1:1, bis zu 1000RM im Verhältnis 5:1 und die Versicherungspolicen 3:1 umgetauscht wurden.

Wirtschaft. Der Dt. Zollverein (1833) bedeutete durch Beseitigung der Zollschranken zw. den dt. Staaten den ersten Schritt zur Bildung eines einheitl. Wirtschaftsgebiets, die Reichsgründung (1871) vollendete sie. Wirtschaftsgesetzgebung, Währung, Maße und Gewichte wurden vereinheitlicht, Niederlassungsfreiheit und volle Freizügigkeit von Waren und Arbeitskräften gewährleistet. D. wandelte sich vom Agrar- zum Industriestaat; das nominale Volkseinkommen stieg von (1851/55) 9,5 Mrd. auf (1911/13) 47,4 Mrd. Mark. Gleichzeitig Folge und Voraussetzung der Industrialisierung war das schnelle Wachstum der Bevölkerung von (1850) 35,1 Mio. auf (1910) 64,9 Mio., die Beschäftigtenanzahl nahm von 15,1 Mio. auf 30,2 Mio. zu. – Die Entwicklung vollzog sich in konjunkturellen Schwankungen. Stockungen mit unterdurchschnittl. jährl. Wachstumsraten, Beschäftigungs- und Preisrückgängen traten 1857–59, 1865–67, 1874–80 (Gründerkrise), 1891, 1901 und 1908 auf, Aufwährtsbewegungen mit überdurchschnittl. Wachstumsraten, Beschäftigungs- und Preissteigerungen 1851–57, 1863–65, 1870–74 (Gründerjahre, stärkster Aufschwung), 1886–90, 1903–06 und 1910–13.

Die industrielle Entwicklung wurde 1914 durch den Ersten Weltkrieg unterbrochen, nach dessen Ende sich die Wirtschaft im Zustand völliger Erschöpfung befand. Die Gebietsverluste betrafen 14,6% der anbaufähigen Fläche, 74,5% der Eisenerz-, 68,1% der Zinkerz- und 25% der Kohlenförderung. Die Reparationen

Landwirtschaft

	Ein-heit	Dt. Reich[1] 1938	Bundesrep. Dtl. 1938[2]	Dt. 1980	Dt. Dem. Rep. 1938[2]	1980
Nutzfläche	Mio. ha	28,54	14,73	12,25	6,66	6,27
Ackerland	Mio. ha	19,18	8,59	7,27	5,09	4,76
Wiesen, Weiden	Mio. ha	8,51	5,64	4,75	1,36	1,14
Waldfläche	Mio. ha	12,94	7,01	7,32	2,95	2,95
Getreideernte	Mio. t	26,18	11,81	23,09	7,82	8,63
Roggen	Mio. t	8,61	3,34	2,1	2,44	–
Weizen	Mio. t	5,68	2,92	8,2	1,89	3,1
Gerste	Mio. t	4,25	2,03	8,7	1,29	2,5
Hafer	Mio. t	6,37	3,08	2,7	1,93	–
Kartoffeln	Mio. t	50,89	21,71	6,69	14,55	9,2
Zuckerrüben	Mio. t	15,55	5,23	19,12	6,38	7,0
Viehbestand						
Pferde	Mio.	3,45	1,57	0,38	0,81	0,07
Rinder	Mio.	19,93	12,19	15,1	3,65	5,7
Schweine	Mio.	23,57	12,28	22,55	5,71	12,9
Schafe	Mio.	4,82	2,10	1,18	1,76	2,04

[1]) in den Grenzen vom 31. 12. 1937.   [2]) heutiges Gebiet.

verhinderten die wirtschaftl. Erholung. Die durch die Kriegsfinanzierung bewirkte Geldentwertung setzte sich nach Kriegsende ungehemmt fort (Bargeldumlauf einschl. Notgeld Ende Nov. 1923: rd. 400 Trillionen Mark).

Nach den wirtschaftl. Nachkriegswirren begann 1923 mit der Stabilisierung der Währung (Rentenmark, 1924 Reichsmark) eine Phase wirtschaftl. Aufstiegs, die durch Rationalisierungsinvestitionen und das Hereinströmen von Auslandskapital ausgelöst wurde. Das nominelle Volkseinkommen (1913 rd. 50 Mrd. Mark) stieg von (1925) 59,9 Mrd. auf (1929) 76 Mrd. RM.

Die Weltwirtschaftskrise seit 1929 beendete die Nachkriegskonjunktur. Das nominelle Volkseinkommen ging von (1930) 70,2 Mrd. auf (1932) 45,1 Mrd. RM zurück, das reale Volkseinkommen nur von (1930) 71,9 Mrd. auf (1932) 56,8 Mrd. RM wegen des Preisverfalls. Bes. hoch war die Arbeitslosigkeit (1929: 1,8 Mio., 1932: 5,5 Mio. gemeldete Arbeitslose im Jahresdurchschnitt). Die Wirtschaftskrise bildete einen der Gründe für das Erstarken des Nationalsozialismus, dessen Wirtschaftsprogramm auf staatl. Beherrschung der Wirtschaft zielte. Durch öffentl. Investitionen (Autobahnbau, Landgewinnung u. ä.), den zuerst freiwilligen, seit 1935 obligator. Arbeitsdienst und die Wehrpflicht (März 1935) nahm die Zahl der Arbeitslosen ab (1932: 5,5 Mio., 1935: 2,1 Mio., 1938: 0,4 Mio.). Diese Maßnahmen hatten eine Steigerung des nominellen Volkseinkommens von (1933) 46,5 Mrd. über (1935) 58,6 Mrd. auf (1938) 79,7 Mrd. RM und des realen (in Preisen von 1928) von 59,7 Mrd. über 72,3 Mrd. auf 96,2 Mrd. RM zur Folge. Die Unterschiede zw. Nominal- und Realeinkommensentwicklung beruhten auf den deflationären Wirkungen der Wirtschaftskrise und der Wirtschaftspolitik. – Die Umstellung auf die Kriegswirtschaft begann vor Ausbruch des Zweiten Weltkriegs mit dem 2. Vierjahresplan (1936), der D. an Nahrungsmitteln und industriellen Rohstoffen autark machen sollte. Die wirtschaftl. Unabhängigkeit vom Ausland wurde nicht erreicht, bei Kriegsbeginn mußten 20% der Nahrungsmittel, 70% des Eisenerzes, 80% des Kupfers, 65% des Öls und des Kautschuks, 50% des Textilrohstoffe, der gesamte Bedarf an Mangan, Nickel, Wolfram, Chrom u. a. eingeführt werden. In den sechs Haushaltsjahren des Krieges gab das Reich (ohne Länder und Gemeinden) 685 Mrd. RM aus (510 Mrd. RM Rüstungsausgaben = rd. 73%). Auf Grund der staatl. Preis- und Lohnregulierungen und Rationalisierung kam es zu einer zurückgestauten, nach Kriegsende zu einer offenen Inflation.

Die intensive Arbeitsteilung zw. den versch. Gebieten führte zur Bildung industrieller Ballungsräume (Rhein-Ruhr, Rhein-Main, Hamburg, Stuttgart, Rhein-Neckar, Bremen, Halle, Merseburg, Leipzig, Chemnitz, Zwickau, Plauen, Dresden, Berlin, Oberschlesien). Daneben entwickelten sich mittlere und kleinere Verdich-

tungszonen, denen weite Agrarräume gegenüberstanden.

Landwirtschaft. Überwiegend landwirtschaftl. genutzte Gebiete waren Mecklenburg, Pommern, Ostpreußen, Westpreußen, best. Teile Schlesiens, Mittel-D.s (Magdeburger Börde, Leipziger Bucht). West-, Südwest-D.s, der Alpenvorraum. Der Übergang D.s zum Industriestaat hatte den Rückgang des Beitrags der Land- und Forstwirtschaft und Fischerei zum Nettolandsprodukt (in Preisen von 1913) von (1850/54) 45,2% auf (1910/13) 23,4% und (1925/29) 16,2% zur Folge; der Anteil der in der Landwirtschaft Beschäftigten an der Gesamtzahl fiel von (1849/58) 54,6 auf (1939) 27,4%. Die landwirtschaftl. Nutzfläche betrug (1913) 34,8 Mio. ha, (1938) 28,5 Mio. ha. Fortschritte in der landwirtschaftl. Technik steigerten die Hektarerträge; der Wert der pflanzl. Erzeugung betrug (1883) 2682 Mio., (1913) 3540 Mio., (1938) 3452 Mio. Mark (in Preisen von 1913), ihr Anteil ging von (1855) 34,2 auf (1938) 26,7% zurück; die Fleischerzeugung (Wert 1883: 2427 Mio., 1913: 4593 Mio., 1938: 5467 Mio. Mark) stieg von (1855) 28,9 auf (1938) 43,3%.

D. hatte (1883) 13,9 Mio. ha Wald, (1913) 14,2 Mio., (1938) 12,9 Mio. Die Fischerei erbrachte 1883: 69500 t (rd. 40000 t Süßwasserfische); 1913: 183800 t (rd. 40000 t), 1938: 790000 t (rd. 60000 t).

Bergbau. Der Beitrag zum Nettoinlandsprodukt (in Preisen von 1913) betrug (1850/54) 0,8 (1910/13) 3,7, (1925/29) 3,3 und (1930/34) 2,9%, der Anteil an den Beschäftigten (1849/58) 0,9 (1910/13) 2,8, (1925) 2,4 und (1939) 1,9%. Unter den Bergbauzweigen hatte der Steinkohlenbergbau die größte Bedeutung, bes. im Rhein-Ruhr-Gebiet (1936: 73%), weiter in Ober- und Niederschlesien (17%), im Saarland (7,5%), in Sachsen (2,5%). Zwei Drittel der Braunkohlenförderung entfielen auf die mitteldt. Reviere, ein Drittel auf das Kölner Revier. Der Eisenerzbergbau verlor nach dem 1. Weltkrieg mit Lothringen die wichtigste Basis. Metallerzlagerstätten (Blei- und Zinkerz) gingen nach dem Zweiten Weltkrieg verloren (Oberschlesien).

Verarbeitende Industrie, Handwerk. Die industrielle Produktion war auf Ballungskerne und auf Verdichtungszonen mittleren und kleineren Grades verteilt. Grundlage der Industrialisierung war die Eisen- und Stahlind., die sich auf den Steinkohlenfeldern des Ruhrgebiets, des Saarlandes und Schlesiens entwickelt hatte. Ein zusätzl. Zentrum der eisenschaffenden Industrie bildete sich auf der Erzbasis in Niedersachsen. Als weitere Grundstoffind. erlangte die 1870 noch völlig bedeutungslose chem. Ind. einen hohen Anteil an der industriellen Produktion. Schwerpunkte entstanden im Bereich der gesamten Rheinachse und im südl. Mittel-D., wo mitteldt. Braunkohle und Salze bes. im Raum Merseburg (Leunawerke, Bunawerke), Böhlen und Espenhain verarbeitet wurden. Die Maschi-

Deut

nen- und Metallind. entwickelte sich in allen Ballungsgebieten (Schwerpunkt Nordrhein-Westfalen, Neckar-Gebiet, Elbe-Saale-Gebiet), auch in den Hafenstädten (Zulieferind. zum Schiffsbau) und den Produktionsgebieten des Fahrzeugbaus. Die Kernbereiche der elektrotechn. Ind. lagen in Nordrhein-Westfalen, im Neckar-Gebiet, im Raum Nürnberg-Fürth und bes. in Berlin. Ausgangspunkt der Industrialisierung war auch die Textil- und Bekleidungsind. (am Niederrhein, in Westfalen, Sachsen, Südwest-D., Schlesien, vor dem 1. Weltkrieg bes. in Elsaß-Lothringen). Die Nahrungs- und Genußmittelind. produzierte in den großen Ballungsgebieten, auch in Gebieten des Angebots an Agrarprodukten (Ostgebiete, südl. Niedersachsen). Der Anteil von Industrie und Handwerk am Nettoinlandsprodukt betrug (1850/54) 20,4 (1910/13) 40,9, (1925/29) 44,6, (1930/34) 38,9%, die Beschäftigungsquote (1849/58) 24,3, (1910/13) 35,1, (1925) 37,7, (1933) 31,0 und (1939) 38,9%.

Außenhandel. In der 2. Hälfte des 19. Jh. bis zum Ersten Weltkrieg gab es intensive weltwirtschaftl. Verflechtungen. Bis 1880 herrschte in D. eine freihändlerische Außenhandelspolitik vor; mit dem Erlaß der Zollgesetze von 1879/80 (Schutzzölle) machte sie jedoch einen protektionist. Zug bemerkbar, ausgelöst durch den Umschwung in den internat. Konkurrenzbedingungen für die dt. Landwirtschaft und Schwerindustrie. Trotz der protektionist. Außenhandelspolitik bestand 1880–1913 ein ständiger Importüberschuß. Die Anteile der Ex- und Importe am Sozialprodukt beliefen sich (1910/13) auf 17,5 und 20,2%, sanken (1925/29) auf 14,9 und 17%; im Rückgang auf (1935/38) 6,0 und 5,7% kommt das Autarkiestreben der nat.-soz. Wirtschaftspolitik zum Ausdruck. Die Exporte wiesen einen hohen Anteil an Fertigwaren auf, der von (1900/04) 55,4 auf (1935/38) 68,2% stieg. Innerhalb dieser Gruppe verschob sich das Gewicht von Textil- zu Metallwaren, bes. Maschinen. Bei der Einfuhr standen Rohstoffe an erster Stelle (1900: 40,0, 1938: 70,0%), an zweiter Nahrungsmittel (1913: 28,3%; 1938: 24,5%). Die Exporte gingen überwiegend in europ. Staaten (1913: 76,0, 1938: 70,0%). Auch die Einfuhr kam bes. aus europ. Staaten (1913: 54,7; 1938: 54,5%).

Verkehr. Das Rückgrat des Verkehrs waren im Dt. Reich nach Umfang, Verästelung und Leistungsbreite die Eisenbahnen (1937: rd. 68000 km), von denen fast 79% im Besitz der Deutschen Reichsbahn waren. D. verfügte 1938 über ein dichtes Landstraßennetz mit einer Gesamtlänge von 213394 km, davon waren 41554 km Reichsstraßen, 84083 km Landstraßen 1. Ordn. und 87757 km Landstraßen 2. Ordn., außerdem 2310 km Autobahnen. Die Bedeutung der Straßen wuchs zunehmend durch die steigende Motorisierung (Kraftfahrzeugbestand 1938: 3,24 Mio.). Die befahrenen Wasserstraßen D.s hatten (1938) eine Länge von 11000 km, davon 6900 km freie Wasserstraßen (Rhein, Elbe, Weser, Donau, Main, Oder) und 2300 km Schiffahrtskanäle, ferner kanalisierte Flüsse und Schiffahrtsstraßen durch Seen. Der Bestand an Binnenschiffen betrug 17880 mit 6,54 Mio. t Tragfähigkeit; Hauptbinnenhäfen waren Duisburg-Ruhrort, Berlin, Hamburg, Mannheim-Ludwigshafen. Die dt. Handelsflotte, die 1914 mit 5,2 Mio. BRT nur von der britischen übertroffen wurde, betrug trotz der Verluste durch den Versailler Vertrag 1938 wieder 4,1 Mio. BRT; Hauptseehäfen waren Hamburg, Bremen, Bremerhaven und Emden (Güterumschlag der Nordseehäfen: 45 Mio. t), von den Ostseehäfen Lübeck, Stettin und Königsberg (Güterumschlag: 16 Mio. t). Das von dt. Luftverkehrsgesellschaften bediente Flugstreckennetz hatte (1937) eine Länge von rd. 26000 km, davon 8500 km im innerdt. Verkehr. Die Flughäfen Berlin, Frankfurt a. M., Köln, Hamburg, Mün-

Bergbau und Industrie (ausgewählte Erzeugnisse)

Erzeugnis	Einheit	Dt. Reich 1938	Bundesrep. Dtl. 1938[2]	1980	Dt. Dem. Rep. 1938[2]	1980
Steinkohle	Mio. t	173,33	152,89	87,2	3,53	–
Braunkohle	Mio. t	193,43	68,28	129,8	102,92[1]	258,1
Elektrizität	Mrd. kWh	55,33	32,40	372	14,0[1]	99
Roheisen	Mio. t	18,06	17,59	33,87	0,23	2,46
Rohstahl	Mio. t	22,66	20,46	43,84	1,44	7,31
Zement	Mio. t	15,26	–	34,6	1,69[1]	12,4
Personenkraftwagen	1000	274,85	205,14	3250	60,85[1]	177
Lastkraftwagen	1000	63,47	55,74	317	19,06[1]	40
Mehl	1000 t	3296,0	–	3091	1274,7[1]	1330
Butter	1000 t	410,0	237,6	576	85,2[1]	280
Margarine	1000 t	427,6	370,1	511	38,6[1]	172
Zucker	1000 t	2210,6	–	2643	–	690
Bier	Mio. hl	43,6	–	89,57	7,3[1]	23,63
Zigaretten	Mrd. St.	42,37	–	160,99	16,8[1]	26,01

[1] 1936.　　[2] heutiges Gebiet.

chen, Halle/Leipzig und Stuttgart (mit insges. 72% der beförderten Fluggäste) gehörten zu den Mittelpunkten des Weltflugverkehrs.

Bildung. Die Reichsverf. von 1871 hatte das Schulwesen den Einzelstaaten überlassen. Die Folge war eine fast unübersehbare Mannigfaltigkeit. Die Weimarer Reichsverf. von 1919 schuf eine gemeinsame Grundlage. Von den geplanten Rahmenges. kam jedoch nur das Grundschulges. v. 28. 4. 1920 zustande. In nat.-soz. Zeit wurde eine straffe Zentralisierung eingeleitet (seit 1934 unter dem Reichsminister für Wissenschaft, Erziehung und Volksbildung). Die Gliederungen der NSDAP übten einen maßgeblichen Einfluß auf die Erziehung aus.

Die *Presse* stellte bis 1933 ein getreues Abbild der geistigen und polit. Vielgestaltigkeit dar. Unter dem Nationalsozialismus wurde sie nach dem Verbot der polit. Parteien (Juni 1933) gleichgeschaltet, die ›staatsfeindl.‹ Presse unterdrückt und ihr Vermögen beschlagnahmt.

Deutschlandfunk, Rundfunkanstalt öffentlichen Rechts, gegr. 1954 in Hamburg als Gemeinschaftseinrichtung der ARD, neu gegr. als Bundesanstalt durch Ges. vom 29. 11. 1960; Sitz: Köln. Die Anstalt verbreitet Auslandsprogramme in dt. und anderen Sprachen.

Deutschlandlied, ›Das Lied der Deutschen‹ (Deutschland, Deutschland über alles) wurde 1841 von dem aus Preußen verfolgten Liberalen H. Hoffmann von Fallersleben auf der damals brit. Insel Helgoland gedichtet. Verbunden mit der Melodie J. Haydns von 1797, der (später österr.) Kaiserhymne ›Gott erhalte Franz den Kaiser‹, wurde das Lied rasch bekannt und 1922 offizielle Hymne des Dt. Reiches. Als offizielle Nationalhymne der Bundesrep. Dtl. wird die dritte Strophe ›Einigkeit und Recht und Freiheit‹ gesungen.

Deutschlandsberg, österr. Bezirksstadt in der südl. Steiermark, (1981) 7600 Ew.

Deutschlandsender, 1) Rundfunkges., 1932 aus der *Dt. Welle GmbH* entstanden zur Verbreitung eines repräsentativen Reichsprogramms über Langwelle (bis 1945).

2) Sendergruppe der DDR, Ost-Berlin, gegründet 1948; 1971 umbenannt in *Stimme der DDR.*

Deutschlandvertrag, Bonner Vertrag, der am 26. 5. 1952 in Bonn zw. der Bundesrep. Dtl. und den USA, Großbritannien und Frankreich abgeschlossene ›Vertrag über die Beziehungen der Bundesrep. Dtl. mit den drei Mächten‹, mit dem *Generalvertrag* als Kernstück. Der D. sollte mit dem Vertrag über die Europ. Verteidigungsgemeinschaft (EVG) das Besatzungsstatut ablösen, konnte jedoch nach dem Scheitern des EVG-Vertrags (1954) erst als Bestandteil der →Pariser Verträge am 5. 5. 1955 in Kraft treten, nachdem er durch das ›Protokoll über die Beendigung des Besatzungsregimes‹ (23. 10. 1954) geändert und erweitert worden war. Auf Grund des D. wurde die Bundesrep. Dtl. Mitglied der NATO und der Westeurop. Union.

Deutschmeister, 1) der Landmeister des Deutschen Ordens für die binnendt. Ordensballeien. **2)** volkstüml. Name des ehem. Wiener Infanterie-Regiments ›Hoch- und D.‹ Nr. 4 (seit 1695), dessen Inhaber der jeweilige Hochmeister des Dt. Ordens war.

Deutschnationale Bewegung, Bez. für die verschiedenen polit. Gruppierungen in Österreich-Ungarn, die sich nach dem Dt. Krieg von 1866, dem österr.-ungar. Ausgleich von 1867 und der (kleindt.) Reichsgründung 1871 im österr. Nationalitätenkampf für die dt. Sache einsetzten, den großösterr.-konservativen Gruppen Widerstand leisteten und 1879 auch den offenen Kampf gegen die liberale Partei aufnahmen. Unter Leitung G. Schönerers kam 1882 das *Linzer Programm* zustande, das u. a. für bloße Personalunion mit Ungarn und die Befestigung des Bündnisses mit dem Dt. Reich eintrat; 1885 wurde es durch eine antisemit. Klausel erweitert. Die Bewegung zerfiel bald in zwei Richtungen. Die gemäßigte Mehrheit schloß sich im Abgeordnetenhaus 1885 zum *Deutschen Klub* zusammen, von dem sich hauptsächlich wegen der Judenfrage 1887 die *Deutschnationale Vereinigung* abspaltete, während der Rest 1888 mit dem Dt.-Österr. Klub zusammen die *Vereinigte Deutsche Linke* bildete. Die parlamentar. Mehrheitsgruppe der Deutschnationalen festigte sich durch Umbildung zur *Deutschen Nationalpartei* (1891) und verbreitete sich 1896 zur *Deutschen Volkspartei.* Die Anhänger Schönerers schlossen sich 1901 zur *Alldeutschen Vereinigung* zusammen. 1907 kam es zu einem losen Gesamtverband der national-deutsch-liberalen Richtungen, der 1910 als *Deutscher Nationalverband* festere Formen annahm. 1911 wurde er mit 104 Abg. die stärkste Partei des Reichsrats, doch zerfiel er 1917. – In der Republik Österreich bildete sich als Nachfolger der D. B. die *Großdeutsche Volkspartei.*

Deutschnationale Volkspartei, Abk. **DNVP,** die stärkste Rechtspartei in der Weimarer Rep., Nov 1918 gegr. Sie trat für die monarch. Idee ein, bekämpfte das parlamentar. System, die ›Erfüllungspolitik‹ und den Sozialismus; ihr radikaler Flügel war ›völkisch-alldeutsch‹ (→Deutschvölkische Bewegung). Parteiführer wurde nach K. Helfferich und K. Graf Westarp 1928 A. Hugenberg, unter dem die DNVP nach vorübergehenden Regierungsbeteiligungen (1925, 1927/28) zu einer extrem oppositionellen Haltung zurückkehrte; das führte zum Bündnis mit den Nationalsozialisten (→Harzburger Front). Juni 1933 löste sich die DNVP unter Druck auf. Über die Zahl der Sitze →Reichstag, Übersicht.

Deutsch-Neuguinea, →Schutzgebiete.

Deutsch-Ostafrika, →Schutzgebiete.

Deutschösterreich, 1867–1918 Bez. für die in Österreich-Ungarn von Deutschen bewohnten Gebiete Zisleithaniens (westl. Teil Österreich-Ungarns), seit dem 12. 11. 1918 offizieller Name der österr. Republik. Auf Grund des Friedensvertrages von St. Germain (1919) mußte sie sich in *Republik Österreich* umbenennen.

Deutschrömer, dt. Maler in der ersten Hälfte des 19. Jh. in Rom, besonders um J. A. Koch.

Deutschschweizer, die → Alemannen der Schweiz.

Deutsch-Südwestafrika, → Schutzgebiete.

Deutschvölkische Bewegung, eine polit. Bewegung mit antisemit. Tendenz, die gegen die Weimarer Republik, gegen die ›Verständigungspolitik‹ und für ›german. Erneuerung‹ kämpfte. Obwohl ohne klares polit. Programm, hatte sie doch infolge ihrer schwärmer. Ideologie zeitweise starken Widerhall; sie bildete eine der Vorstufen des → Nationalsozialismus. Aus der 1914 gegr. *Deutschvölk. Partei* ging 1920 der *Deutschvölk. Bund* hervor, der 1922 verboten wurde. 1922 gründeten die Deutschnationalen A. v. Graefe, R. Wulle und W. Henning die *Deutschvölk. Freiheitspartei,* die sich nach Verbot der NSDAP (Nov. 1923) mit den Nationalsozialisten zur *Nationalsozialistischen Freiheitsbewegung* vereinigte.

Deutung, allgemein der Versuch einer Erschließung zunächst verborgener Sinngehalte von Gegebenheiten, Vorgängen, sprachl. Produkten, Formeln, Kunstwerken; im Unterschied zur eindeutigen, voll beweisbaren Erklärung als Grundverfahren der Naturwiss. charakteristisches Vorgehen der hermeneut. Methode (→ Hermeneutik) der Geisteswissenschaften.

Deutzi|e, Deutzia [n. dem Amsterdamer Ratsherrn J. Deutz, 18. Jh.], Gatt. der Steinbrechgewächse mit der *Zierlichen D. (Deutzia grącilis),* einem japan. Zierstrauch mit weißen Blüten.

Deux-Sèvres [døs'ε:vr], Dép. in W-Frankreich, im Poitou, 6004 km², (1975) 335800 Ew.; Hauptstadt: Niort.

Dev, urspr. die Götter der iran. Volksreligion, nach der Lehre Zarathustras Dämonen.

Déva, Kreisstadt des Kr. Hunedoara in Rumänien, (1973) 48800 Ew.; Industrie, Wärmekraftwerk (840 MW).

Deval, Jacques, eigtl. *J. Boularan,* frz. Schriftst., * Paris 27. 6. 1890, † ebd. 18. 12. 1972, schrieb witzige Boulevardkomödien.

De Valęra, Eamon, irischer Politiker, → Valera.

Devalvation [lat.], → Abwertung.

Devanagari [›Schrift der Götterstadt‹] *die,* auch **Nagari** [›Stadtschrift‹], aus dem Brahmi-Alphabet abgeleitete Schrift, die noch heute in Nord- und West-Indien gebraucht wird.

Devardasche Legierung [n. dem ital. Chemiker A. Devarda, * 1859, † 1944], Kupfer-(50%), Aluminium-(45%), Zink-(5%)Legierung, die im Laboratorium häufig als Reduktionsmittel benutzt wird.

Development Assistance Committee [engl.], Abk. DAC, 1961 gebildeter Entwicklungshilfeausschuß der OECD.

Deventer, Stadt in der niederländ. Prov. Overijssel, (1976) 65600 Ew., rechts der Ijsel; Museum für trop. Landwirtschaft, Viehmarkt; viel-

seitige Ind.; Honigkuchen *(D.-Koek);* spätgot. Lebuinuskirche, Rathaus (1694), Waage (1528). D. kam 1046 an das Hochstift Utrecht, 1528 an die Habsburger (Karl V.). 1591 wurde es den Spaniern durch Moritz von Oranien entrissen.

Deviation [lat.], **1)** *Deviąnz,* Soziologie, Psychiatrie: Abweichen des Verhaltens von den gültigen, allgemein anerkannten Normen.

2) Navigation: Winkel, um den die Anzeige eines Magnetkompasses infolge des Eigenmagnetfeldes eines See- oder Luftfahrzeuges von der magnet. Nordrichtung nach O (+) oder W (−) abweicht.

Devise [frz., urspr. ›Abteilung (im Wappen)‹],
1) allgemein: Wahlspruch, Losung.

2) oft zu einem Sinnbild gehörender Spruch, z. B. Friedrichs d. Gr.: preuß. Adler mit dem Spruch ›Pro Gloria et Patria‹.

3) die Regierungslosung der chines., japan. u. a. Herrscher (chines. *nien-hao,* japan. *nengo).* Die D., die urspr. frei gewechselt werden konnte, wurde in China seit 1368, in Japan seit 1868 nur noch beim Regierungsantritt eines neuen Herrschers geändert; sie drückte meist eine glückliche Vorbedeutung aus. Bis zum Ende des Kaiserreiches 1912 richtete sich die Jahreszählung in China nach der D. (heute nach westl. Kalender); in Japan ist sie noch heute üblich.

Devįsen [Mz. zu Devise], **1)** ausländ. Zahlungsmittel aller Art.

2) bankwirtschaftlich: i. w. S. auf fremde Währung lautende, im Ausland zahlbare Forderungen an ausländ. Wirtschaftssubjekte (Wechsel, Schecks u. a.); i. e. S. Forderungen gegenüber ausländ. Banken. D. sind zu unterscheiden von Sorten (ausländ. Banknoten und Münzen). D. dienen der Bezahlung importierter Waren und ausländ. Dienstleistungen. Die *D.-Position* eines inländ. Wirtschaftssubjektes ist die Differenz zw. dessen D.-Forderungen und D.-Verbindlichkeiten. In einer Volkswirtschaft werden die D.-Zugänge und -Abgänge einer best. Periode in der *D.-Bilanz* (Teilbilanz der Zahlungsbilanz) gegenübergestellt. – Der *D.-Handel* umfaßt den An- und Verkauf von D. gegen Inlandswährung oder gegen andere D. Angebot und Nachfrage treffen sich auf dem *D.-Markt,* einer örtlich nicht abgrenzbaren Vielzahl von Kontakten zw. D.-Disponenten von Nichtbanken und D.-Händlern von Banken. Die *D.-Börse,* der institutionalisierte D.-Markt, erreichen nur Spitzenbeträge, die vorbörslich zw. den Banken nicht kompensiert werden konnten; ihre Aufgabe ist bes. die werktägl. allgemeinverbindl. Festlegung der *D.-Kurse* durch amtl. bestallte Makler. D.-Börsen bestehen in Frankfurt a. M. (maßgeblich), W-Berlin, Düsseldorf, Hamburg und München.

Die *D.-Politik* der Zentralnotenbanken ist bestrebt, durch planmäßige Beeinflussung des D.-Verkehrs und die eigene Währung oder (auf Grund internat. Abkommen) die Kurse fremder Währungen zu sichern. Ein Mittel der D.-Politik ist die Zusammenfassung aller D.-Guthaben bei der Zentralnotenbank. Ziel der seit der Weltwirtschaftskrise aufgekommenen *D.-Bewirtschaftung* war, die vorhandenen und anfallenden D. zu erfassen und ihre Verwendung zu lenken. In der Bundesrep. Dtl. wurde die D.-Bewirtschaftung mit der Einführung der Konvertierbarkeit der DM (29. 12. 1958) beendet. – Bei der *D.-Kontrolle* unterscheidet man ohne Rücksicht auf die Staatsangehörigkeit *D.-Inländer,* die ihren Sitz oder gewöhnl. Aufenthalt im Inland haben, und *D.-Ausländer,* die ihn nicht in diesem Gebiet haben.

Devlin, Bernadette, nordirische Bürgerrechtskämpferin, * Cookstown (Gfsch. Tyrone) 23. 4. 1947, zeitweilig Sprecherin der nordirischen Bürgerrechtsbewegung, war 1969–74 Mitgl. des Unterhauses.

Devolutionskrieg, der erste Eroberungskrieg Ludwigs XIV. von Frankreich (1667/68). Auf Grund des in Brabant, Flandern und der Franche Comté gültigen Erbrechts der ›Devolution‹ (Kinder aus 1. Ehe – aus Töchter – erbten vor Kindern aus 2. Ehe) forderte er, daß diese Länder nach dem Tode Philipps IV. von Spanien (1665) seiner Gemahlin Maria Theresia, der ältesten Tochter Philipps IV., und nicht dessen Sohn aus 2. Ehe, Karl II., zufallen müßten. Nach schnellen Anfangserfolgen erlag Frankreich der niederländ.-schwed.-engl. Tripelallianz. Im Aachener Frieden (2. 5. 1668) mußte es sich mit Grenzgebieten im Hennegau (Charleroi, Tournai) und Flandern (Lille) begnügen.

Devon [devn], Cty. in SW-England, 6711 km², (1975) 936 300 Ew.; Verwaltungssitz: Exeter.

Devon [n. der Cty. Devon], geologische Formation des Paläozoikums. Ober- und Untergrenze wurden durch internationale Kommissionen festgelegt: Unter-D. (Beginn vor 405 Mio. Jahren), Mittel-D., Ober-D. (Ende vor 350 Mio. Jahren).
Nach der kaledonischen Gebirgsbildung bestand ein ausgedehnter nordatlant. Kontinent (Old Red), dessen S-Küste von S-Irland über Cornwall und Belgien nach Mittelpolen verlief. Südlich davon marine Ablagerungen bis Nordafrika. Weitere D.-Gebiete: Russ. Tafel, Ural, Teile Asiens, N-Amerikas und Australiens sowie die faziell abweichenden Südkontinente (Gondwana). Klima: Warmzeit auf der N-Halbkugel. Der Südpol lag im südl. Afrika. Leitfossilien: im älteren D. Graptolithen, im Mittel- und Ober-D. Cephalopoden, im gesamten D. Conodonten. Brachiopoden, Tentaculiten, Trilobiten, Korallen, Stromatoporen und Ostracoden in bestimmten marinen Bereichen, im Old Red Fische und Pflanzen. Pionierzeit der Besiedlung des festen Landes durch Pflanzen und Tiere (erste Amphibien und Insekten).

Devon Island [d′evn ′aılənd], Insel im Kanadisch-arktischen Archipel, Kanada; ein größtenteils eisbedecktes Plateau, 55 200 km² groß, unbewohnt.

devot [lat.], demütig, unterwürfig; gottergeben.

Devotio moderna [lat. ›neue Frömmigkeit‹], eine von dem niederländ. Buß- und Reformprediger G. Groote den Brüdern vom gemeinsamen Leben ausgehende religiöse Reformbewegung des 14./15. Jh. Statt der Frömmigkeit des MA. betonte die D. m. ein prakt. Weltchristentum der helfenden Liebe. Aus ihrem Geist entstand um 1420 die → Nachfolge Christi.

Devotion [lat.], Unterwürfigkeit, Untergebenheit; Andacht; bei den alten Römern der mag. Akt, durch den jemand einen Feind oder eine feindl. Stadt den Mächten der Unterwelt weiht.

Devotionali|en [von lat. devotio ›Frömmigkeit‹], Kath. Kirche: Gegenstände der Volksfrömmigkeit wie Kreuze, Rosenkränze, Heiligenbildchen u. a.

Devrient [dəfr′int und dəvri′ɛ], Schauspielerfamilie. Ludwig, * Berlin 15. 12. 1784, † ebd. 30. 12. 1832, war am Berliner Hoftheater überragender Charakterdarsteller (Lear, Shylock, Falstaff, Franz Moor). Er war mit E. T. A. Hoffmann befreundet. Schauspieler waren auch seine Neffen Karl, * Berlin 5. 4. 1797, † Lauterberg (Harz) 3. 8. 1872, Emil * Berlin 4. 9. 1803, † Dresden 7. 8. 1872, und Eduard, * Berlin 11. 8. 1801, † Karlsruhe 4. 10. 1877, 1852–70 Leiter des Karlsruher Hoftheaters; er verfaßte den Operntext ›Hans Heiling‹ (vertont von H. Marschner), eine ›Gesch. der dt. Schauspielkunst‹ (5 Bde. 1848–74).

Dewar [dj′uə], James, brit. Chemiker und Physiker, * Kincardine-on-Forth (Schottland) 20. 9. 1842, † London 27. 3. 1923, entwickelte 1893 das *D.-Gefäß,* ein innen verspiegeltes doppelwandiges Glasgefäß (zw. den Wänden evakuiert, damit die Wärmeleitung sehr gering wird); dient als Thermosflasche oder Isoliergefäß für Flüssiggase u. a.

Dewey [dj′u:ı], **1)** John, amerikan. Philosoph, Pädagoge und Psychologe, * Burlington (Vt.) 20. 10. 1859, † New York 1. 6. 1952, war seit 1894 Prof. in Chicago, seit 1904 in New York. D. bildete die Erkenntnislehre des Pragmatismus zum Instrumentalismus fort, dem das Denken und die Wiss. als praxisabhängiges Werkzeug zur Problem- und Lebensbewältigung gilt. Als Hauptaufgabe der Pädagogik wird deshalb die prakt. Vermittlung von Denkformen zur Bewältigung konkreter Probleme gesehen. Bes. Bedeutung hat dabei die soziale und demokrat. Ausrichtung der Erziehung. D. wirkte bahnbrechend für die Einführung des Arbeitsunterrichts in den USA. In der Psychologie war er einer der Begründer des Funktionalismus.
WE. Psychology (1887); Leibniz (1888); The school and society (1900, dt.); Studies in logical theory (1900); Ethics (1908, mit J. H. Tufts); How we think (1910, dt.); Democracy and education (1916, dt.); Human nature and conduct (1922, dt.); Logic (1938); Theory of valuation (1939); Freedom and culture (1940); Problems of men (1946).
2) Thomas, amerikan. Politiker (Republikaner), * Owosso (Mich.) 24. 3. 1902, † Miami

Beach 16. 3. 1971, Anwalt, bekämpfte als Staatsanwalt 1935 erfolgreich das organisierte Verbrechertum und die Korruption; 1943–54 Gouv. des Staates New York, 1944 und 1948 republikan. Präsidentschaftskandidat.

De Witt, Jan, → Witt.

Dewsbury [dj'uːzbərɪ], Industriestadt im Ballungsraum der Metrop. Cty. West Yorkshire, England, (1973) 50600 Ew.; mit Batley bildet es das brit. Zentrum der Reißwollverarbeitung.

Dexel, Walter, Maler und Werbegestalter, * München 7. 2. 1890, † Braunschweig 8. 6. 1973, stand in Verbindung mit dem Bauhaus, erfand den beleuchteten Richtungsweiser im Straßenverkehr.

dexi(o) . . . [grch. dexios], rechts . . .

dexiographisch [grch.], rechtsläufig (von der Schriftrichtung).

dextr . . . [lat. dexter], rechts . . .

Dextran Glykosepolymerisat, als Blutersatzmittel, in Klebstoffen, u. a. verwendet.

Dextrin, $(C_6H_{10}O_5)_n$, höhermolekulare Kohlenhydrate (Oligosaccharide), die aus versch. Zuckerarten aufgebaut sein können. Sie entstehen als Zwischenprodukte beim enzymat. oder chem. Aufbau von Polysacchariden oder bei deren enzymat., chem. oder therm. Abbau. D. kommen daher in allen pflanzl. Organen vor, in denen Assimilationsprodukte synthetisiert und gespeichert werden, ferner in Honig, Bier und in Backwaren. Technisch wird D. durch Säuern und Rösten von Kartoffel- oder Maisstärke gewonnen.

D. bilden mit Wasser stark klebende Sirupe, die sich zur Herstellung von Klebstoffen u. ä. eignen; es dient auch zum Verdicken von Druckfarben, als Appreturmittel u. a.

Dextrose, → Traubenzucker.

Deyssel [d'ɛjsəl], Lodewijk van, niederländ. Schriftst., eigtl. K. J. L. *Alberdingk Thijm,* * Hilversum 22. 9. 1864, † Haarlem 26. 1. 1952, Vertreter der ›Tachtigers‹; naturalist. Romane.

Dezem [lat. decem ›zehn‹] *der,* Zehnt, Steuer.

Dezember, der zwölfte Monat im Jahr, nach der ältesten röm. Zählung der zehnte (lat. decem ›zehn‹). Von Karl d. Gr. vorgeschlagener Name *Heilmond;* später erhielt er den Namen *Christmonat.*

Dezemvirn, lat. Decemviri (›Zehnmänner‹), im alten Rom Beamten- oder Priesterkollegium, auch Kommission von zehn Männern, u.a.: *Decemviri legibus scribundis,* die D., welche 451 v. Chr. zur Zwölftafelgesetzgebung gewählt worden sein sollen.

Dezennium [lat.], Jahrzehnt.

dezent [lat.], unaufdringlich, zurückhaltend; zart.

Dezentralisation [lat.], Aufgliederung; in der Verwaltung: Übertragung staatl. Verwaltungsaufgaben auf die Selbstverwaltung (mittelbare Staatsverwaltung), bes. auf die Gemeinde.

Dezernat [lat.], das einem Richter oder Beamten zugewiesene Arbeitsgebiet; **Dezernent,** Leiter eines D.

Dezi [lat. decem ›zehn‹], Vorsatzzeichen *d,* Vorsatz vor Maßeinheiten, steht für den Faktor $10^{-1} = 0,1$.

Dezibel *das,* Kurzzeichen **dB,** der zehnte Teil des Bel, Maßeinheit für die Lärmstärke (→ Lärm); in der Hochfrequenztechnik übl. Maßeinheit für die Dämpfung. 20 dB entsprechen einer Dämpfung der Spannung oder des Stromes im Verhältnis 10 : 1 und einer Leistungsdämpfung 100 : 1.

dezidiert [lat.], entschieden, entschlossen.

Dezision, 1) gesetzl. Entscheidung einer einzelnen strittigen Rechtsfrage.
2) Bestimmtheit, Nachdruck.

dezimal [mlat., zu lat. decem ›zehn‹], auf die Zahl 10 bezogen.

Dezimalbruch, Bruch, dessen Nenner eine Zehnerpotenz ist und man zweckmäßigerweise ohne Nenner schreibt, z. B. $4\frac{13}{100} = 4,13$; vor dem Komma steht die ganze Zahl, hinter dem Komma der echte Bruch; der Nenner ergibt sich aus der Stellenzahl hinter dem Komma. Als D. bezeichnet man aber auch eine Zahl, die hinter dem Komma unendlich viele Stellen aufweist: z. B. 7,333 . . . oder 8,414251 . . .

Dezimalklassifikation, Abk. DK, ein Ordnungssystem für das menschl. Gesamtwissen, das sich der Zehnerteilung bedient, entworfen 1876 von dem amerikan. Bibliothekar Melvil Dewey (* 1851, † 1931). – Der gesamte Wissensstoff wird hiernach in 10 Hauptabteilungen gegliedert, die mit 0 bis 9 bezeichnet sind. Jede Hauptabteilung wird durch Zufügung einer zweiten Zahl in 10 Abteilungen zweiter Ordnung zerlegt, diese abermals in je 10 Abteilungen dritter Ordnung usw. Die 10 Hauptabteilungen sind: 0 Allgemeines; 1 Philosophie, Psychologie; 2 Religion, Theologie; 3 Sozialwiss., Recht, Verwaltung; 4 unbelegt, seit 1964 mit der Hauptabteilung 8 vereinigt; 5 Mathematik, Naturwiss.; 6 Angewandte Wiss., Medizin, Technik; 7 Kunst, Kunstgewerbe, Musik, Spiel, Sport; 8 Sprachwiss., Philologie, Schöne Lit., Literaturwiss.; 9 Heimatkunde, Geographie, Biographien, Gesch. Weitere Unterteilung sind z. B.: 6 Angewandte Wiss., Medizin, Technik; 62 Technik; 622 Bergbautechnik; 622.3 Einzelne Bergbauzweige; 622.33 Kohlenbergbau; 622.332 Braunkohlenbergbau. Die Haupttafel mit der systemat. Einteilung wird durch Hilfstafeln mit ›Allgemeinen Anhängezahlen‹ ergänzt, die der Untergliederung nach Ort, Zeit, Form, Sprache u. a. dienen. Z. B. bedeutet (430) Dtl., 622 (430) Bergbautechnik in Dtl. Beziehungen zweier Begriffe werden durch Doppelpunkt ausgedrückt, z. B. 621.3 : 622 Elektrotechnik im Bergbau. Die D. wurde 1895 von dem *Internat. Bibliograph. Institut in Brüssel* übernommen und seitdem in internationaler Gemeinschaftsarbeit ausgebaut, heute von der *Internat. Vereinigung für Dokumentation in Den Haag.* Außer in Bibliotheken wird die D. vor allem in der Dokumentation angewendet.

Dezimalsystem, Stellenwertsystem mit der

Grundzahl 10. Jede reelle Zahl läßt sich im D. mit 10 Zahlzeichen, den arab. Ziffern, darstellen. Der Wert einer Ziffer richtet sich nach der Stellung, sie muß entsprechend mit einer Zehnerpotenz multipliziert werden, z. B.: 642,31 = $6 \cdot 10^2 + 4 \cdot 10^1 + 2 \cdot 10^0 + 3 \cdot 10^{-1} + 1 \cdot 10^{-2}$. Die Ziffern vor dem Komma werden mit Zehnerpotenzen mit positiven Exponenten, die Ziffern hinter dem Komma mit Zehnerpotenzen mit negativen Exponenten multipliziert.

Dezimalwaage, ungleicharmige Brückenwaage, bei der die Hebellängen so dimensioniert sind, daß das aufzulegende Gewicht jeweils $\frac{1}{10}$ der Last beträgt.

Dezime [mlat., zu lat. decem ›zehn‹], 1) Literatur: aus dem Spanischen stammende zehnzeilige Strophenform (vierhebige trochäische Verse), im Deutschen von F. Schlegel und den Romantikern gebraucht. 2) Musik: das Intervall von 10 diaton. Stufen, die Oktaverweiterung der Terz.

Dezimeterwellen, das Frequenzgebiet zw. 300 MHz und 3000 MHz (Wellenlänge zw. 1 m und 10 cm).

Dezisionismus [lat.], philosoph. Lehre, die der menschl. Entscheidung besondere Bedeutung beimißt.

DFB, Abk. für Deutscher Fußball-Bund.

DFD, Abk. für Demokratischer Frauenbund Deutschlands.

DFU, Abk. für Deutsche Friedensunion.

DGB, Abk. für → Deutscher Gewerkschaftsbund.

DG-Bank, Deutsche Genossenschaftsbank, bis 1976 *Deutsche Genossenschaftskasse* (gegr. 1949), öffentlich-rechtl. Zentralbank (ohne Niederlassungen) zur Förderung des gesamten Genossenschaftswesens, Geschäftsnachfolgerin der 1895 gegr. *Preußischen*, seit 1932 *Deutschen Zentralgenossenschaftskasse (Deutschlandkasse);* Sitz: Frankfurt a. M.

DGRV, Abk. für Deutscher Genossenschafts- und Raiffeisenverband.

d. h., Abk. für 1) lat. de hodierno, vom heutigen (Tag). 2) das heißt.

Dhanbad, Stadt im südöstl. Bihar, Indien, (1971) 433 100 Ew.; landwirtschaftl. Zentrum, in der Umgebung Kohlenbergbau; Bergbauhochschule (Teil der Universität von Bihar).

Dharan, Dharahn, Stadt am Pers. Golf, Saudi-Arabien, südlich von Damman, (1970) rd. 40 000 Ew.; Mittelpunkt der Erdölindustrie.

Dharma [von altind. dhar ›Tragen‹; Grundbedeutung ›immanente Gesetzmäßigkeit‹], Pali **Dhamma,** allgemeiner Begriff der ind. Religion, als religiöses Grundprinzip Gesetz (auch Weltgesetz), Recht, Pflicht, Tugend, Lehre, Gerechtigkeit, auch Eigenschaft. 1) Hinduismus: die jeweils in der Kaste gegebene Pflicht. 2) Buddhismus: die das Dasein bestimmenden Kräfte, aus denen eine Persönlichkeit und die von ihr erlebte Welt zustande kommt.

Dhau [wohl ind.], **Dau,** arab. **Baghala,** zwei- bis dreimastiges Segelfahrzeug an der ostafrikan. und arab. Küste.

Dhaulagiri, Berggipfel des Himalaya in Nepal, 8167 m hoch, 1960 von einer internat. Expedition unter schweizerischer Leitung erstmalig erstiegen.

Dhôtel [dot′ɛl], André, frz. Schriftst., * Attigny (Ardennes) 1. 9. 1900; dem Traumhaften und Phantastischen zugewandte Romane (›David‹, 1948, dt.; ›Le pays où l'on n'arrive jamais‹, 1955, dt.).

Dhünn, linker Zufluß der Wupper im Berg. Land, NRW; → Talsperren (Bild).

di ..., Di ... [grch.], 1) zwei ..., doppel ... 2) → dia ... 3) → dis ...

Di, Dii [lat. Mz. von deus], Götter. *Di Consêntes,* die 12 im antiken Rom bes. verehrten Götter Jupiter und Juno, Neptun und Minerva, Mars und Venus, Apollo und Diana, Vulcanus und Vesta, Mercurius und Ceres. *Di minôrum gêntium* (lat. ›Götter der geringeren Geschlechter‹), nach Cicero niedere und jüngere Gottheiten, i. Ggs. zu den *Di maiôrum gêntium,* den höheren oder älteren Gottheiten.

dia ... [grch.], vor Vokalen **di ...,** durch ..., zwischen ..., auseinander ..., ent ..., über ...

Dia *das,* kurz für → Diapositiv.

Diabas *der,* schwarzes oder dunkelgrünes altes Ergußgestein, das aus einem Gemenge von Plagioklas und Augit, auch Quarz, Olivin

ägyptisch			römisch	
1	۱۱۱۱۱۱۱۱۱	Reihung	V=ΙΙΙΙΙ ΙΙΙΙΙ=V	1
10	∩	Bündelung	X	10
100	∩∩∩∩∩∩∩∩∩∩	Reihung	L=XXXXX XXXXX=L	50×2
	9	Bündelung	C	100
1000	9999999999	Reihung	D=CCCCC CCCCC=D	500×2
		Bündelung	Ⅽ|Ɔ	1000
10 000	⸝⸝⸝⸝⸝⸝⸝⸝⸝⸝	Reihung	ⅭⅠƆ=ⅭⅠƆ ⅭⅠƆ=Ⅽ|Ɔ	5000×2
	⸝	Bündelung	ⅭⅭ|ƆƆ	10 000
	〽〽 99 ∩∩∩∩ⁿ||| ⸝ 9 ∩∩∩ⁿⁿ|	42374	ⅭⅭ|ƆƆ ⅭⅠƆ ⅭⅠƆⅭⅭⅬXXXIIII	

Dezimalsystem

oder brauner Hornblende besteht. Verwendung: Pflaster- und Werkstein.

Diabelli, Anton, Musikverleger, Komponist, * Mattsee bei Salzburg 6. 9. 1781, † Wien 7. 4. 1858. Seine leichten Klavierwerke werden noch im Unterricht gespielt.

Diabetes insipidus [grch. diabetes ›Harnruhr‹, lat. insipidus ›nicht schmeckend‹], **Wasserharnruhr**, beruht auf ungenügender Resorption von Wasser in der Niere (Harnkonzentrationsstörung), die durch mangelhafte oder fehlende Bildung von antidiuretischem Hormon des Hinterlappens der Hirnanhangdrüse (ADH) verursacht wird.

Diabetes mellitus [lat. ›honigsüß‹], **Zuckerharnruhr**, **Zuckerkrankheit**, vorwiegend erblich bedingte Stoffwechselstörung des Fett-Kohlenhydrat- und Eiweißstoffwechsels, deren Ursache ein Mangel an Insulin oder an Insulinwirksamkeit ist. Im Mittelpunkt steht die Funktionsschwäche der Bauchspeicheldrüse. In den letzten Jahrzehnten hat die Zahl der Zuckerkranken in Zivilisationsländern stark zugenommen (etwa 3% der Bevölkerung). Dies hängt z.T. mit der höheren Lebenserwartung zusammen. Daneben spielen zivilisator. Auswirkungen eine Rolle.

Krankheitszeichen. Erhöhung des Blutzuckers, Zuckerausscheidung im Harn und vermehrte Harnmenge (Harnruhr), ferner Hautjucken, Entzündungen, schlecht heilende Wunden. Bei älteren Menschen sind die Symptome oft so gering, daß die Krankheit *(Altersdiabetes)* erst bei einer zufälligen Harnuntersuchung entdeckt wird. Bei jüngeren Kranken dagegen kommt es häufig zu plötzlichem Auftreten von heftigem Durst, Steigerung der Harnmenge, Gewichtsabnahme trotz Hunger und Nahrungssteigerung.

Dem Auftreten von *Spätschäden* (Spätsyndrom) des D.m. (nach 10–15jährigem Bestehen) liegt eine kennzeichnende Schädigung der Wand der Haargefäße *(Angiopathie)* zugrunde; sie äußert sich als Degenerationserscheinungen der Netzhaut des Auges *(Retinopathie)*, als Störung der Tätigkeit der Niere *(Nephropathie)* und als *diabetische Gangrän* (Brand). Die Miterkrankung des Nervensystems *(Neuropathie)* tritt in vielen Fällen ebenfalls als ein Spätsymptom auf. Die schwerste Form der diabetischen Stoffwechselentgleisung ist das *Zuckerkoma* (diabetisches Koma).

Meist verläuft der D. m. chronisch über Jahrzehnte, selten akut und bösartig. Lebenserwartung und Arbeitsfähigkeit des Diabetikers sind bei entsprechender Behandlung und Lebensweise kaum eingeschränkt.

Die *Diät* steht in der Behandlung an erster Stelle. Der Diabetiker braucht neben einem Diätplan Umrechnungstabellen für alle kohlenhydrat- und fetthaltigen Nahrungsmittel. Der Gehalt der Nahrungsmittel an Kohlenhydraten läßt sich in Broteinheiten (BE) ausdrücken. Wenn bei auskömmlicher Kost Zucker- und Acetonfreiheit des Harns nicht erreicht wird, muß *Insulin* (unter die Haut oder in die Muskulatur) gespritzt werden. Da die Blutzuckerkurve im Laufe des Tages schwankt, muß die Einspritzung zeitlich genau festgelegt werden. LIT. Hb. des D. m., hg. v. E. F. Pfeiffer, 2 Bde. (1968–71); F. Steigerwaldt: Diät bei Zuckerkrankheit ([36]1972) – Zeitschr.: Diabetes-Journal (seit 1971; 1951–71 u.d.T. der diabetiker).

Diable [dja:bl, frz.], **Diabolus** [lat.], Teufel. **diabolisch**, teuflisch.

Diablerets, Les D. [le djablər'ɛ, frz. ›Teufelshörner‹], Gebirgsgruppe der nördl. Westalpen, zw. Rhone-, Ormont- und Saanetal, im Sommet des D. 3209 m hoch.

Diabolospiel, Bewegungsspiel, bei dem ein Körper in Sanduhrform durch eine an zwei Griffen befestigte Schnur in Drehung gesetzt, in die Höhe geschleudert und auf der Schnur aufgefangen wird.

Di|acetyl, natürlicher Aromastoff der Butter.

Diadem [grch. ›Stirnbinde‹], Stirn- oder Kopfschmuck aus Gold und edlen Steinen; Symbol kirchl. oder weltl. Würde. Das D. war seit Kyros Bestandteil des pers. Königsornates, eine aus der medischen Tracht übernommene, im Nakken gebundene Stirnbinde. Alexander d. Gr. bekundete durch Anlegung des D. seine Herrschaft über den eroberten Orient. Seit Konstantin d. Gr. kann das D. als Kaiserzeichen gelten, das wesentl. Anteil an der Ausbildung der Kronen des MA. hat. Im MA. verwischte sich der Unterschied zw. Krone und D., so daß die Wörter Krone und D. nebeneinander als Herrschersymbol gebraucht werden.

Diadochen [grch. ›Nachfolger‹], die Feldherren Alexanders d. Gr., die sich nach dessen Tod (323 v. Chr.) in sein Weltreich teilten: Antipater (später Kassander) behielt Makedonien, Lysimachos erhielt Thrakien, Antigonos Lykien, Pamphylien und Großphrygien, Ptolemaios Ägypten, Seleukos Babylonien. Die D.-*Kämpfe* um die Ausdehnung dieser Reiche fanden mit der Schlacht bei Kurupedion (281 v. Chr.) ihren endgültigen Abschluß. Unter den folgenden Generation, den Epigonen, festigte sich das System der hellenist. Staaten; die wichtigsten waren die Reiche der Ptolemäer (Ägypten, bis 30 v. Chr.), der Seleukiden (Syrien, Mesopotamien, Iran, bis 64 v. Chr.) und der Antigoniden (Makedonien, bis 168 v. Chr.), zu denen bald auch das Attalidenreich von Pergamon (bis 133 v. Chr.) trat.

Diadumenos [grch. ›einer, der sich die Binde anlegt‹], Bronzestandbild des Polyklet: Darstellung eines Jünglings mit Siegerbinde (um 430 v. Chr.).

Diagenese [grch.], Entstehung eines Minerals aus einem anderen; auch die Umwandlung loser Schichtgesteine in feste Gesteine, z.B. von Tonschlamm in Tonschiefer.

Diaghilew, Sergej Pawlowitsch, russ. Impresario, * Kaserne Selischtschew (Gouv. Nowgorod) 31. 3. 1872, † Venedig 19. 8. 1929, seit 1897 Kunstkritiker in St. Petersburg, gründete 1909 die Ballets Russes, mit denen er das Ballett erneuerte.

Diagnose [grch. ›Unterscheidung‹, ›Erkenntnis‹], 1) die Beurteilung von Eigenschaften, Entwicklungsmöglichkeiten und Fähigkeiten eines Menschen durch die Methoden der Psychodiagnostik.

2) das Erkennen einer Krankheit auf Grund der durch Anamnese (Vorgeschichte), Beobachtung und Untersuchung festgestellten Krankheitszeichen und Befunde. Neben den klassischen Verfahren der Inspektion (Betrachtung), Palpation (Abtastung), Perkussion (Abklopfen) und Auskultation (Abhorchen) verwendet die moderne Medizin eine Reihe z.T. hochspezialisierter techn. Hilfsmittel, die eine große Treffsicherheit der D. ermöglichen. Dazu gehören u.a. die Röntgenuntersuchung mit Computertomographie, die Elektrokardiographie, die Enzephalographie; Blut- und Urinuntersuchungen, Sero-(Enzym-)Diagnostik und radioimmunolog. Bestimmung von Hormonen. Zunehmende Bedeutung bekommen die direkte Organbetrachtung, die feingewebliche Organuntersuchung, der Einsatz von Ultraschallgeräten und die Isotopendiagnostik. Mit der Verschiebung der ärztl. Tätigkeit in den Bereich der Vorbeugung (Prophylaxe) hat sich die Frühdiagnostik entwickelt (Vorsorgeuntersuchungen).

Die unter Abgrenzung gegen ähnl. Erkrankungen *(Differentialdiagnose)* gestellte D. ist Voraussetzung für eine gezielte Behandlung, für Voraussage über Verlauf und Heilungsaussichten der Krankheit *(Prognose)*. Fehldiagnosen entstehen durch einseitige Diagnostik, durch Übersehen oder Fehlbewerten von Krankheitszeichen.

3) Analyse der Merkmale eines Tieres als Grundlage zur Bestimmung seiner systemat. Einordnung (Klasse, Fam., Gatt., Art).

Diagnostik [grch.], alle zur Erkennung einer Krankheit getroffenen Maßnahmen, einschließlich der Diagnosestellung; auch die Lehre von der Diagnose.

Diagonale: (links) D. in einem Fünfeck; (rechts) D. einer vierzeiligen quadratischen Matrix (fette Ziffern)

Diagonale [grch.], 1) ebene Geometrie: die Verbindungsstrecke zweier nicht benachbarter Ecken eines Vielecks.

2) Algebra: die Folge derjenigen Elemente eines quadratischen Zahlenschemas (Matrix), die in der geometrischen Diagonale des Zahlenquadrats liegen.

Diagramm [grch.], graphische Darstellung. 1) Statistik: graph. Mittel zur Veranschaulichung von statist. Größen und Größenbeziehungen.

2) **Blüten-D.,** schemat. Grundriß einer Blüte.

Diakon [grch. ›Diener‹], urspr. Gehilfe des Bischofs und Mitarbeiter der Gemeinde (Liebestä-

tigkeit). 1) Kath. Kirche: ein Kleriker, der sich nach theolog. Studium und *Diakonatsweihe* auf die Priesterweihe vorbereitet. Daneben gibt es den Stand des dauernden D. Befugnisse: liturg. Dienst, kirchl. Unterricht, Caritas-, Verwaltungsarbeit.

2) Ostkirchen: die unterste Stufe der dreigegliederten Hierarchie (D., Priester, Bischof).

3) Evang. Kirche: Personen, die hauptberuflich Dienste, bes. caritativer Art, leisten. Die Ausbildung in D.-Anstalten und Bruderhäusern dauert etwa 5 Jahre und setzt die Erlernung eines Berufs sowie ein Alter zw. 19 und 27 Jahren voraus.

Diakonie [grch. ›Dienst‹], evang. Kirche: der biblisch begründete Dienst helfender Liebe in der Kirche.

Diakonikon *das,* Sakristeiraum der Ostkirchen.

Diakonisches Werk, der 1957 vollzogene Zusammenschluß der Inneren Mission und des Hilfswerks der Evang. Kirche in Dtl. (EKD) mit der Aufgabe, die diakonisch-missionar. Arbeit zu fördern.

Diakonisse, weibl. Angehörige von evang.-kirchl. Gemeinschaften, die sich bes. der Fürsorge und Liebestätigkeit widmen. D. werden in *Diakonissenhäusern (Diakonissen-Mutterhäusern)* ausgebildet, als Schwesternschaft mit eigener Tracht zusammengefaßt, in die prakt. Arbeit gestellt und in Krankheit und Alter durch eigene Erholungsstätten versorgt. Der *D.-Beruf* soll grundsätzlich Lebensberuf sein, die Arbeit wird aus relig. Motiven geleistet, es gibt keine tarifl. Entlohnung. Der Austritt aus der Schwesternschaft ist gestattet; auch Eheschließung ist dem ausgetretenen D. nicht verwehrt. Von den D.-Mutterhäusern können die D. auch an Arbeitsplätzen im In- und Ausland eingesetzt werden. Arbeitsgebiete sind: Gemeindepflege, Anstaltspflege an Kranken und Siechen, Pflege und Erziehung von Kindern und heranwachsender weibl. Jugend, Fürsorge jeder Art für Gefährdete und Gescheiterte, missionar. Dienst in der Äußeren Mission.

Das erste D.-Haus wurde 1836 von Th. Fliedner in Kaiserswerth gegründet. Die nach seinem Vorbild entstandenen D.-Häuser schlossen sich 1861 zur *Kaiserswerther Generalkonferenz* zusammen. Die dt. Häuser bilden den 1916 gegründeten *Kaiserswerther Verband Dt. D.-Mutterhäuser e.V.* Neben diesem Verband gibt es den *Dt. Gemeinschaftsdiakonie-Verband,* den *Verband freikirchlicher Diakoniewerke* und den *Bund der Dt. Gemeinschafts-D.-Mutterhäuser* in Dtl., der Schweiz und Frankreich. Die Schwestern aller evang. Mutterhausverbände haben sich 1933 zur *Diakoniegemeinschaft* zusammengeschlossen.

Diakos, Athanasios D. [›Athanasios der Diakon‹], grch. Freiheitskämpfer, * Musunitsa (Phokis) 1788, † 7.5. 1821, im Kloster erzogen, schloß sich 1820 der Hetärie an. Er geriet verwundet in türk. Gefangenschaft, wo er zu Tode gemartert wurde. Held ngrch. Volkslieder.

diakritisches Zeichen [grch. ›unterscheidendes‹ Zeichen], Zeichen über oder unter einem Buchstaben in Form von Akzent, Haken (Quer-, Schräg-)Strich, Tilde, Punkt u.a., das den Lautwert verändert. So wird im Französischen vor a, o und u c wie [k], ç wie [s] gesprochen.

Dialekt [grch. ›Unterredung‹] der, 1) Mundart. (→ deutsche Mundarten).
2) standortgebundene Lautäußerungen einer Tierart, am häufigsten bei Vögeln; so geben z.B. Krähen in den USA andere Alarmrufe als in Frankreich.

Dialektik [grch.], die Kunst der scharfsinnigen Gesprächsführung, bes. der wissenschaftl. Auseinandersetzung; **dialektisch,** auf die D. bezogen; der dialekt. Methode entsprechend; aus aufeinander bezogenen Gegensätzlichkeiten bestehend.

In der antiken Philosophie von den Eleaten und bes. den Sophisten vorbereitetes, von Sokrates und Platon zur allg. philosoph. Methode erhobenes Verfahren der Wahrheitsfindung durch Überwindung widersprüchl. Meinungen im Gespräch; bei den Sophisten auch Kunst des Scheinbeweises *(Eristik);* seit der Stoa bis in die Spätscholastik Bez. für die formale Logik (im MA. zu den Artes liberales gehörend). Bei I. Kant *(transzendentale D.)* abweichend im Sinn von ›Widersprüchlichkeit‹ aufgefaßt, die sich aus einem falschen Vernunftgebrauch ergibt. Die heutige Bedeutung von D. geht in erster Linie auf J. G. Fichte zurück, der sie als den durch Widersprüche zur Synthese fortschreitenden Gang des Wissens verstand. Hieran anschließend wurde die D. bei G. W. F. Hegel zum wesentl. Bestandteil eines umfassenden philosoph. Systems. Grundgedanke seiner D. ist, daß jede Setzung *(Thesis)* mit innerer Notwendigkeit ihr Gegenteil *(Antithesis)* aus sich hervortreibt und daß sich beide in einer höheren Einheit *(Synthesis)* gegenseitig in einem dreifachen Sinne ›aufheben‹, nämlich überwinden, bewahren und auf eine höhere Ebene emporheben. Da nach Hegel Denken und Wirklichkeit zusammenfallen, ist die D. das innere Bewegungsgesetz nicht nur der Begriffe, sondern auch des ›wirklichen‹ Seins, bes. der geschichtlichen Welt; D. wird damit zur *Real-D.*

Durch die materialist. Interpretation der Hegelschen Dialektik bei K. Marx wurde sie im System des Dialektischen Materialismus (→ Marxismus) zum Bewegungsgesetz der wirtschaftlich-gesellschaftlichen Wirklichkeit, das F. Engels auch auf das Naturgeschehen *(Natur-D.)* auszudehnen suchte. Im Rahmen des Neomarxismus strebte bes. J. P. Sartre unter Kritik von Engels eine wissenschaftsmethodologische Grundlegung der D. auf dem Gebiet der Geistes- und Sozialwiss. an. Innerhalb der Kritischen Theorie der Frankfurter Schule entwickelte Th. W. Adorno die Lehre der *negativen D.*

LIT. J. P. Sartre: Kritik der dialekt. Vernunft (a.d. Frz., 1967); Th. W. Adorno: Negative D. (1970); M. Merleau-Ponty: Die Abenteuer der D. (a.d. Frz., 1974); H. Reichelt: Der Begriff der D. (1975); W. Röd: Dialektische Philosophie der Neuzeit, 2 Bde. (1974).

Dialektiker, 1) Beiname der Anhänger des Euklides von Megara und, allgemein, der Sophisten.
2) philosoph. Richtung der Scholastik, die auch die Dogmen der log. Kritik unterwarf und dadurch mit der Kirche in Widerspruch geriet.

dialektische Pädagogik, eine im Anschluß an Schleiermacher und Hegel entwickelte Form geisteswissenschaftl. Pädagogik, die den dialekt. Charakter der Erziehungswirklichkeit betont.

Dialektischer Materialismus, abgek. DIA-MAT, → Marxismus.

Dialektische Theologie, die Neuorientierung der evang. Theologie nach dem 1. Weltkrieg (K. Barth, E. Brunner, R. Bultmann, F. Gogarten), die bes. an S. Kierkegaard anknüpft. In radikaler Überbietung des Krisenbewußtseins jener Zeit und in schneidendem Gegensatz nicht nur zur Religion des Liberalismus, sondern auch zur ›positiven‹ Theologie, gegen den theolog. Psychologismus und die Selbstgenügsamkeit histor. Methoden, bes. in der Schriftauslegung, wurde hier über Kirche und Theologie die Souveränität des Wortes Gottes ausgerufen. Der Mensch, von dem unerkennbaren Gott unendlich getrennt, sei ganz auf Gottes Offenbarung angewiesen, auf die ›unmögliche Möglichkeit‹, daß ›Gottes Wort im Menschenmund‹ laut wird. In der Beurteilung der polit. Situation im Kirchenkampf nach 1933 kam es zu deutl. Entfernung von den vermittelnden Theologen wie vom konfessionellen Luthertum. Die Anstöße der D. T. wirken bis heute in den evangelischen Theologie und der kirchlichen Öffentlichkeit fort.

LIT. Anfänge der D. T., hg. v. J. Moltmann, 2 Bde. (²1966–67).

Dialektologie [grch.], Mundartforschung.

Dialog [grch. ›Zwiegespräch‹] der, Unterredung zw. zwei oder mehreren Personen (Ggs.: Monolog). Literatur: Als Kunstmittel wird der D. in Epos, Roman, Drama (wo er formbestimmend ist), Essay gebraucht. Als selbständige literar. Form tritt der D. bes. in der philosoph. (Platon, Augustinus u.a.) und satir. Literatur auf. Im *sokratischen (platon.) D.* führt der Fragen den Partner stufenweise zur Erkenntnis. Der *lukan. D.* beleuchtet moral., kulturelle oder literar. Zustände satirisch; vom Humanismus wurde der D. wiederbelebt (Petrarca; Streitgespräch ›Der Ackermann aus Böhmen‹ von Johannes von Tepl; Erasmus von Rotterdam; Ulrich von Hutten). Bes. beliebt war der D. während der Aufklärungszeit: Ch. M. Wieland, G. E. Lessing, M. Mendelssohn. D. in neuerer Zeit u.a. von A. Gide, P. Valéry, G. Benn, B. Brecht.

LIT. R. Hirzel: Der D., 2 Bde. (²1963); G. Bauer: Zur Poetik des D. (1968).

dialogische Philosophie, philosoph. Richtung, der zufolge der Mensch als Ich nur in einer unableitbaren Du-Beziehung gegeben und seine

Welt die gemeinsame Welt des menschl. Miteinanderdaseins ist, welches sich bes. im Dialog vollzieht; spielte eine zentrale Rolle bes. in der Existenzphilosophie (K. Jaspers, M. Heidegger). **Dialyse** [grch. ›Auflösung‹], 1) Chemie: Verfahren zur Trennung von hoch- und niedrigmolekularen Stoffen aus einer gemeinsamen Lösung. Mit Hilfe einer semipermeablen Membran (z. B. tierische Haut) werden die Makromoleküle in der Lösung zurückgehalten, während die kleinen Moleküle durchtreten und von einem Lösungsmittelstrom abtransportiert werden.

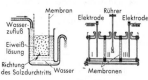

Dialyse: (links) Schema einer Dialyse; (rechts) Schema eines Elektrodialysators; II Mittelzelle mit der zu dialysierenden Lösung; I, III Außenzellen mit Pufferlösung

2) **extrakorporale D.**, → künstliche Niere.

Diamagnetismus, in allen Stoffen durch ein äußeres Magnetfeld induzierbarer (schwacher) Magnetismus, dessen Feld nach der ,Lenzschen Regel gegen das induzierende äußere Feld gerichtet ist, da er durch Induktion der atomaren Elektronenkreisströme entsteht. Der D. wird meist durch stärkeren Paramagnetismus oder Ferromagnetismus überlagert.

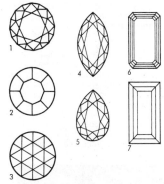

Diamant (Schliffform): 1 Brillant; 2 Achtkant-Diamant; 3 Holländischer Diamant-Rosenschliff; 4 Diamant-Marquise; 5 Diamant-Pendeloque; 6 Diamant-Baguette; 7 Diamant-Smaragdschliff

Diamant [von grch. adamas ›Stahl‹], 1) aus reinem Kohlenstoff (C) bestehendes Mineral. Die Kristalle sind teils eingewachsen, teils lose, meist charakteristisch gerundet; ihre vorherrschenden Formen sind Oktaeder und Dodekaeder, seltener Würfel. D. kommen auch in dichten, regello-

sen Massen *(Ballas)* oder in dichten bis körnigen, schwarzglänzenden koksartigen Rollstükken *(Carbonados)* vor. Farblos (›blauweiß‹) ist der D. einer der wertvollsten Edelsteine; auch kräftige (›Phantasie‹-)Farben (Rot, Blau, Grün, Orange- und Goldgelb, Kaffeebraun), die durch Fremdatome (Verunreinigungen) verursacht werden, werden hoch bewertet. Der D. ist der härteste natürl. Stoff (Ritzhärte 10, Dichte 3,52), doch gut spaltbar und sehr spröde. Er wird bes. als Brillant bearbeitet (geschliffen), um seine opt. Eigenschaften (Brechzahl 2,417) am besten zur Wirkung zu bringen.

Vorkommen: In ›primären‹ (Muttergestein Kimberlit; bergmänn. Abbau in der Rep. Südafrika, Tansania, UdSSR) und in ›sekundären‹ Lagerstätten sowie weit verbreitet in losen und verfestigten Flußablagerungen (Seifen); Abbau durch Auswaschen. Die Qualität der Rohsteine wird nach Kristallform, Farbe, Reinheit und Größe, die der geschliffenen D. nach Farbe, Reinheit, Schliffgüte und Größe beurteilt. Gewicht ist das Karat (1 ct = 0,2 g). Größter Roh-D. war der faustgroße ›Cullinan‹ (3106 ct), der zu 105 Brillanten verarbeitet wurde; deren größter schmückt als ›Cullinan I‹ (516,5 ct) die brit. Krone.

Rd. drei Viertel der D.-Förderung werden zu techn. Zwecken verwendet (Industrie-D., Bort), z. B. als Bohrkronenbesatz, Glasschneider, Drahtziehsteine, für Abricht-, Dreh- u. a. Werkzeuge. Die Synthese von D. bei sehr hohen Drücken und Temperaturen gelang 1955 und wird heute vielerorts zu technischen Zwecken industriell betrieben.

Die D.-Förderung erreichte (1979, in Mio. ct) 47,98, davon entfielen auf die Rep. Zaire 15,5, die UdSSR 12,0 und die Rep. Südafrika 8,6. Rd. 80% der Welt-Förderung werden über die Central Selling Organization der De Beers Consolidated Mines Ltd., London, abgesetzt, die auch die Preise bestimmt. Hauptabnehmeländer sind die USA und die Bundesrep. Dtl., Hauptverarbeitungszentren Antwerpen, London, New York, Tel Aviv und in der Bundesrep. Dtl. Idar-Oberstein, Hanau, Pforzheim und Schwäbisch Gmünd. (weitere Bilder S. 162)

Diamantberge, korean. **Kŭmgangsan,** das Nordende des sich an der O-Küste Koreas erstreckenden Taebaek-Gebirges, bis 1638 m hoch.

Diamantene Hochzeit, der 60. Jahrestag der Hochzeit.

Diamantfink, austral. Zier- und Käfigvogel.

Diamantina, Stadt in Minas Gerais, Brasilien, 1260 m ü. M., in der an Bodenschätzen reichen Serra do Espinhaço, (1970) 17600 Ew.; Diamantenschleifereien und -museum; kath. Erzbischofssitz.

Diamantsynthese, Hochdruck-Hochtemperatur-Verfahren zur künstlichen Herstellung von Diamanten. Dabei wird Kohlenstoff (Graphit) in flüssigen Schwermetallen (Nickel, Eisen oder Tantal) bei 35–50 kbar und 1200–1600° C ge-

Diam

löst. Die Metalle wirken dabei als Katalysatoren. Es genügt eine Reaktionszeit von etwa 1 min, um synthet. Diamantkristalle von 0,01–1,2 mm herzustellen. Auch die Herstellung von Diamanten in Schmucksteinqualität ist möglich.

DIAMAT, Abk. für Dialektischer Materialismus, → Marxismus.

diametral [grch.], auf einem Durchmesser gelegen; gegenüberliegend, gegensätzlich.

Di|amine, organ. Basen; Amine, die zwei –NH$_2$-Gruppen enthalten.

Diamond [d'aɪəmənd], Neil, amerikan. Rocksänger und Gitarrist, * Coney Island 24. 1. 1945, Vertreter des Soft Rock.

Diana [daɪ'ænə], Princess of Wales, urspr. Lady Diana Frances **Spencer,** * Sandringham 1. 7. 1961, seit dem 29. 7. 1981 verh. mit dem brit. Thronfolger Charles.

Diana, 1) altitalische Göttin der Wälder (Kultstätten am Berg Tifata bei Capua und der hl. Hain von Aricia am Nemisee), auch latin. Bundesgöttin mit Tempel auf dem Aventin; urspr. auch Beschützerin der Jungfräulichkeit, Mondgöttin; gleichgesetzt mit der grch. Artemis. 2) *D. von Ephesos,* eine seit der Kaiserzeit so genannte kleinasiat. Muttergottheit, zur Zeit des Apostels Paulus verehrt (Apg. 19, 23ff.).

Diane de Poitiers [di'andəwatj'e], Herzogin von *Valentinois* [valãtinw'a], * 3. 9. 1499, † Schloß Anet (Dép. Eure-et-Loir) 22. 4. 1566, Mätresse (seit 1536) Heinrichs II. von Frankreich.

Dianoetik [grch.], Lehre vom Denken.

Di|antennaten, Diantennata, die → Krebstiere.

Dianthus [grch.], die Gatt. → Nelke.

Diapason [grch. ›durch alle‹], altgrch. Musik: die Oktave.

Diapause [grch.], Entwicklungsruhe in der Gesamtentwicklung, bes. von Insekten, z.B. während der Larven- oder Puppenstadien.

Diapedese [grch.], Hindurchwandern von Blutkörperchen durch die Wand der Haargefäße.

diaphan [grch.], lichtdurchlässig.

Diaphora [grch. ›Verschiedenheit‹], Rhetorik: 1) Betonung des Unterschieds zweier Dinge. 2) rhetor. Figur, das Spiel mit den unterschiedl. Bedeutungen eines Wortes.

Diaphorese [grch.], das Schwitzen.

Diaphoretika [grch.], die schweißtreibenden Mittel.

Diaphragma [grch.], Scheidewand, Umzäunung. 1) Anatomie: *D. thoracis,* das Zwerchfell. 2) poröse, bei elektrochem. Prozessen häufig verwendete Trennwand, die eine Durchsichung von abgetrennten Flüssigkeiten verhindert, Diffusion und Stromfluß jedoch zuläßt. 3) Querwand in hohlen Pflanzenteilen.

Diaphragmaverfahren, → Chloralkali-Elektrolyse.

Diaphthorese [grch.], *retrograde, rückschreitende Metamorphose,* erneute Umwandlung eines metamorphen Gesteins bei geringeren Temperaturen und meist starkem Druck. – *Diaphthorit,* durch D. entstandenes Gestein.

Diaphyse [grch.], Mittelteil der Röhrenknochen.

Diapositiv, kurz **Dia,** transparentes photograph. Positivbild auf durchsichtigem Träger (Glas, Film). D. werden mittels Diaprojektoren auf eine Bildwand projiziert oder in einem Leuchtkasten betrachtet.

Diärese [grch. ›Trennung‹], 1) Zäsur. 2) die Auflösung eines Diphthongs in zwei silbisch gesprochene Vokale; auch das *Trema,* das bei zwei aufeinanderfolgenden Vokalbuchstaben auf den letzten gesetzt werden kann, wenn sie nicht als Diphthong gesprochen werden sollen (z.B. frz. ›haïr‹, ›hassen‹). 3) *Dihairesis,* bei Platon Methode der Wesensbestimmung eines Artbegriffs durch fortschreitende Einordnung unter ihn umfassende höhere Begriffe.

Diarium [lat.], Notiz-, Tagebuch.

Diarmaid und Gráinne, Liebespaar der irischen Sage, dessen Schicksal als älteste kelt. Grundlage der Sage von ›Tristan und Isolde‹ gilt.

Diarrhöe [grch.] *die,* der Durchfall.

Diarthrose [grch.], → Gelenk.

Dias, António Gonçalves, brasilian. Lyriker, * Caxias (Maranhão) 10. 8. 1823, † bei einem Schiffbruch an der Küste von Maranhão 3. 11. 1864; Lyriker der Romantik in Brasilien.

Diaskop *das,* **Diaprojektor, Diabildwerfer,** Bildwerfer zur Projektion transparenter Bilder.

Diaspor [vgl. Diaspora] *der,* farbloses oder farbiges Mineral α-AlOOH; meist blättrige Aggregate oder tafelige Kristalle in Bauxiten.

Diaspora [grch. ›Zerstreuung‹] *die,* die unter Andersgläubigen oder Ungläubigen zerstreut lebenden Mitglieder einer Religionsgemeinschaft

Diamant: (links) geschliffene Diamanten; (rechts) Industriediamanten, Bort (vergr.)

sowie die Gebiete, in denen sie wohnen. – Die jüd. D. des Altertums geht auf israelit. Handelskolonien zurück, sie ist aber auch eine Folge der Deportierung jüd. Gruppen. Nach der Zerstörung des Tempels in Jerusalem (70 n. Chr.) verlor sie ihren geist. Mittelpunkt und wurde in der Folgezeit universell. – Christl. D. war der Ausgangspunkt für die Verbreitung des Christentums; kath. und evang. D. bildeten sich nach der Reformation, durch Säkularisation, Evakuierung, Industrieverlagerungen. – Kath. D.-Gemeinden werden unterstützt vom Bonifatiusverein, evang. vom Gustav-Adolf-Werk der EKD und vom Martin-Luther-Bund.

Diastase [grch. ›Spaltung‹], **1)** das Enzym Amylase.

2) evang. Theologie: Gegensatz von Christentum und Kultur.

Diastema [grch. ›Zwischenraum‹] *das,* Lücke in den Zahnreihen vieler Säugetiere.

Dia|stereomerie, Chemie: räuml. Isomerie, bei der in zwei organ. Verbindungen sich zwar Teile der Moleküle zueinander wie Bild und Spiegelbild verhalten, andere Molekülteile aber räumlich identische Struktur aufweisen.

Diastole [grch. ›Ausdehnung‹], die rhythmische Erweiterung des Herzens oder seiner Abschnitte.

Diät [grch.], von der üblichen Ernährung abweichende Kostform zur Vorbeugung und Behandlung von Erkrankungen.

Diäten [lat.], ursprünglich Aufwandsentschädigung, Tagegelder, heute Entgelt für die Tätigkeit der Abgeordneten.

Diatessaron [grch. ›durch vier‹] *das,* die älteste, nach 170 in Syrien in syr. (oder grch.) Sprache von Tatian verfaßte Evangelienharmonie; war bis zum 5. Jh. in Syrien in kirchl. Gebrauch, beeinflußte den grch. Evangelientext, das lat. D. den ›Heliand‹ und alle mittelalterlichen Evangelienharmonien.

diatherman [grch.], für Wärmestrahlen durchlässig.

Diathermie [grch.], Wärmebehandlung mit hochfrequenten Wechselströmen durch direkte Auflage von Bleiplatten auf den Körper. Diese Langwellen-D. wurde durch die Behandlung mit Kurzwellen verdrängt.

Diathese [grch.], anlagemäßige (erbliche) oder erworbene Bereitschaft des Körpers, mit besonderen krankhaften Erscheinungen zu reagieren.

Diatomeen [grch.], **Kieselalgen, Diatomeae, Bacillariophyta,** einzellige oder in Kolonien freilebende oder auf Gallertstielen festsitzende Algen mit meist gelbbraunen (Fucoxanthin) Chromatophoren. Die rd. 10000 Arten leben im Meer, im Süßwasser, in Thermen (bis zu 52° C), im Boden, selten auf Schnee; wichtig für die biologische Selbstreinigung der Gewässer. Die Zellwand besteht aus dem äußeren Kieselpanzer, dem nach innen eine Pektinmembran angelagert ist. Der Kieselpanzer wird von zwei Schalen gebildet, von denen die größere *(Epitheka)* auf die kleinere *(Hypotheka)* übergreift. Die Schalen-

flächen haben Leisten und Poren. Die Grundform der Zelle ist entweder zentrisch *(Centricae)* oder schiffchenförmig, fiederig *(Pennatae)* und hat oft einen Längsspalt *(Raphe)* in den Schalen, der in der Mitte unterbrochen ist *(Zentralknoten).* In der Raphe strömt Plasma, das die Zelle zum Schwimmen oder Kriechen befähigt. Vermehrung: Ungeschlechtlich durch Zweiteilung und Regeneration der zweiten Schalenhälfte, geschlechtlich durch Oogamie bei den Centricae, durch Kopulation unbegeißelter Isogameten bei den Pennatae.

Diatomeenschlamm, silikathaltige Meeresablagerung aus den D.-Skeletten, bedeckt den Tiefseeboden der antarkt. Gewässer und des nördl. N-Pazifiks. *Fossile D.* bilden oft riesige Lager (→ Kieselgur).

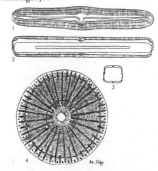

Diatomeen: 1–3 Schiffchenform (Navicula gigas), 1 Schalenansicht (etwa 120fach vergr.; nach Schmidt), 2 seitliche Ansicht, 3 Querschnitt. 4 strahlige Form (Arachnoidiscus, etwa 125fach vergr.; nach Pauschmann), Schalenansicht

Diatomit [grch.], aus Kieselgur hartgebrannter, feuerfester Formstein mit guter Wärmedämmung.

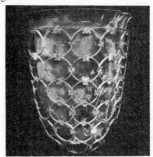

Diatretglas (Trier, Landesmuseum)

Diatonik [grch.], in der neueren abendländ. Musik die aus Ganz- und Halbtonfortschreitungen gebildete siebenstufige Dur- oder Molltonleiter.

Diatret [grch.-lat. diatretus ›durchbrochen‹],

Diat

seltene Prunkgläser der spätröm. Kaiserzeit (wohl im Rheinland entstanden), die mit einem kunstvollen Glasgitter überzogen sind; diese Verzierung wurde aufgeschmolzen, teilweise aber auch durch Ausschleifen aufgeschmolzener Schichten erzeugt.

Diatrībe [grch.], die popularphilosoph., satir. Predigt bes. der Kyniker; heute Streitschrift.

Diavolęzza, vergletscherter Paß in der Berninagruppe, 2973 m hoch, Graubünden, Schweiz.

Diąvolo [ital.], Teufel.

Diaz [d'iaʃ], auch *Dias,* Bartoloměu, portugies. Seefahrer, * um 1450, † vor dem Kap der Guten Hoffnung 24. 5. 1500, umsegelte 1487/88, zunächst ohne es zu merken, das Südkap Afrikas; er sichtete es auf der Rückfahrt und nannte es ›Kap der Stürme‹; den Namen änderte der portugies. König später in ›Kap der Guten Hoffnung‹. Camões hat in den ›Lusiaden‹ D.'s Verdienste besungen.

Di|azomethan, gelbes, giftiges, hochexplosibles Gas; bildet mit Säuren *Methylester* und dient u. a. zur Synthese heterozyklischer Verbindungen.

Di|azoniumverbindungen, organ. Salze, die die Gruppierung $R - \overset{(+)}{N} \equiv N \overset{(-)}{|X}$ enthalten und z. B. aus primären Aminen und salpetriger Säure entstehen *(Diazotierung).*

Di|azo|reaktion, chem. Nachweis aromatischer Stoffe im Harn, die mit diazotierter Sulfanilsäure und Natriumnitritlösung *(Ehrlichs Reagens)* bei bestimmten Erkrankungen (Typhus, Trichinenkrankheit, Sepsis, Lungentuberkulose u. a.) Rotfärbung ergeben.

Di|azotierfarbstoffe, organ. Farbstoffe, die eine diazotierungsfähige Aminogruppe enthalten, wobei neue färberische Effekte erzielt werden können.

Di|azotierung, → Diazoniumverbindungen.

Di|azoverbindungen, Verbindungen, die die Gruppierung $> C = \overset{(-)}{N} = \overset{(-)}{|N|}$ enthalten; i. w. S. auch Verbindungen vom Typ $R - N = N -$.

Díaz Rodríguez [d'ias rrɔðr'iγes], Manuel, venezolan. Schriftst., * Caracas Febr. 1864, † New York 24. 8. 1927; Vertreter des Modernismus.

Dib, Mohammed, alger. Schriftst., * Tlemcen 21. 7. 1920, schreibt über typisch nordafrikan. Probleme.

Dibbelsaat, in kleinen Horsten ausgebrachte Saat.

Dįbbuk, Dybuk [hebr. ›Anhaftung‹] *der,* spätjüdisch-kabbalist. Volksglauben: Totengeist, heftet sich an den Leib eines Lebenden, wird durch Exorzismen vertrieben. – Drama von An-Ski (›Der Dibbuk‹, jiddisch 1916; dt. 1922, neu 1976).

Dibęlius, Friedrich Karl Otto, evang. Landesbischof, * Berlin 15. 5. 1880, † ebd. 31. 1. 1967, seit 1925 Generalsuperintendent der Kurmark,

1933 seines Amtes enthoben, dann führend in der Bekennenden Kirche. Als Bischof von Berlin (1945 bis 1966) um den kirchl. Aufbau hoch verdient, war D. 1949–61 zugleich Vors. des Rates der Evang. Kirche in Dtl., 1954–61 einer der 5 Präs. des Ökumen. Rates der Kirchen.

Dibętou [-u], **Afrikanischer Nußbaum,** dunkelbraunes, gestreiftes Holz von Lovoa-Arten (Zedrachgewächse) Afrikas.

Dįbrugarh, Stadt in Assam, Indien, (1971) 80300 Ew., am Brahmaputra; Universität.

Dicarbonsäuren, Carbonsäuren mit 2 −COOH-Gruppen.

Dicenta y Benedicto [diθ'enta i βeneð'ikto], Joaquín, span. Schriftst., getauft Calatayud 3. 2. 1863, † Alicante 20. 2. 1917; bekannt als Autor des Dramas ›Don José‹ (1895), in dem an Hand eines Dreiecksverhältnisses Anfänge eines Klassenkampfes gezeigt werden.

Dichąsium [grch.], Form des Blütenstandes.

Dichlordiäthylsulfid, Lost, Senfgas, im 1. Weltkrieg als *Gelbkreuz* verwendeter Kampfstoff. D. ist ein starkes Zellgift und greift bes. die Augen und Atmungsorgane an. Auf der Haut bildet es Blasen und schwer heilende Wunden. D. war eines der ersten zytostatischen Mittel.

Dįchlordiphenyltrichloräthan, → DDT.

dichotǫm [grch.], gegabelt, zweigeteilt.

Dichotomie [grch.], **1)** Biologie: gabelige Verzweigung bei Algen, Moosen, Farnen.
2) in der traditionellen Logik die zweigliedrige Bestimmung eines Begriffs durch einen ihm untergeordneten und dessen Verneinung (Seele: Bewußtes, Unbewußtes).

Dichroįsmus [grch.], Zweifarbigkeit, Farbwechsel bei Kristallen je nach Lichteinfall.

Dichromasie [grch.], Form der Farbenfehlsichtigkeit, bei der nur zwei von drei Grundfarben erkannt werden können.

Dichroskǫp [grch.], **Haidingersche Lupe,** von dem Mineralogen W. K. von Haidinger entwickeltes optisches Gerät zur qualitativen Darstellung der Doppelbrechung in optisch anisotropen Kristallen.

Dichte, 1) Physik: Verhältnis (Quotient) einer physikal. Größe zu Raum, Fläche oder Länge (z. B. *Energieflächen-* oder *Raum-D., Feldlinien-D.).* – Meist versteht man unter D. die *Massendichte* eines Stoffes, also den Quotienten aus Masse und Volumen. Wasser bei 4° C hat die Dichte 1 kg/dm³. = 1 g/cm³. Die **Dichtezahl D** eines Stoffes ist die unbenannte Verhältniszahl zur Dichte des Wassers.
2) Statistik: → Dichteziffern.

Dichtefunktion, in der Statistik: analog der Wahrscheinlichkeitsverteilung eine Funktion $f(x)$, die man kontinuierlich verteilten Zufallsvariablen zuordnet.

Dichterakademie, Vereinigung zur Pflege der Sprache und Literatur, den Akademien der Wiss. nachgebildet und diesen z. T. angeschlossen. Erste Gründungen bestehen seit dem 17. Jh. *(Académie française,* Paris 1635; *Accademia dell'Arcadia,* Rom 1690). In Dtl. wurde die

Dt. D. als Sektion für Dichtkunst 1926 der *Preuß. Akademie der Künste* angegliedert, in der Dt. Dem. Rep. 1950 als Sektion Literatur und Sprachpflege der *Akademie der Künste* wiedereröffnet; in der Bundesrep. Dtl. entspricht ihr die *Dt. Akademie für Sprache und Dichtung,* Darmstadt (1949).

Dichterkreis, Zusammenschluß von Dichtern. In der dt. Lit. u. a. die Sprachgesellschaften des 17. Jh.; *Königsberger D.; Bremer Beiträge; Göttinger Dichterbund; Darmstädter Kreis; Schwäbische Schule; Münchner D.; George-Kreis.*

Dichterkrönung, in der Antike gepflegter Brauch, Dichter mit Lorbeer zu bekränzen (›poeta laureatus‹), der im ital. Humanismus wieder auflebte: D. des Humanisten Albertino Mussato 1314, Petrarcas 1341; dann: D. von Zanobi da Strada 1355 durch Karl IV.; D. von Conrad Celtis durch Friedrich III. 1487 in Nürnberg, von Jacob Locher 1497 und Ulrich von Hutten 1517 durch Maximilian I., von Martin Opitz durch Ferdinand II. 1625, von Joh. Rist durch Ferdinand III. 1644. Die D. verlor bald ihre Bedeutung. Besonderes Ansehen erlangte der Titel in England, wo der ›Poet Laureate‹ seit Eduard IV. als Hofbeamter ein kleines Gehalt bezieht: Edmund Spenser, John Dryden, W. Wordsworth (1842), A. Tennyson (1850), R. Bridges (1913), J. Masefield (1930).

dichteste Kugelpackungen, modellartige Darstellung der vollständigen Flächen- und Raumfüllung im Kristallgitter durch die als kugelförmig angesehenen chemischen Bausteine (Atome, Ionen).

Dichteziffern, Statistik: Verhältniszahlen, bei denen statist. Größen durch Beziehung auf eine ›Milieugröße‹ normiert werden, z. B. Ew. je km² (Bevölkerungs-Dichte), Zahl der Kraftfahrzeuge je 1000 Ew. (Kfz-Dichte).

Dichtung [ahd. tihtôn ›ersinnen‹, ›diktieren‹]. Der Begriff meint allg.: die *Dichtkunst (Poesie),* speziell: *Sprachkunstwerk (Poema).* Versuche, das Wesen der D. induktiv aus histor. Vorfindlichem zu bestimmen, erfassen notwendig immer nur Teilaspekte des Phänomens D. Die ältere Unterscheidung von Prosa und D. (gebundene Rede, ›eloquentia ligata‹) wurde unbrauchbar durch die Einbeziehung prosaischer Darstellungsformen (bes. des Romans) in die D.; Abgrenzungen nach ästhet. Wertkriterien oder Intentionen (›zweckfrei‹ i. Ggs. zu ›zweckgebunden‹) erwiesen sich als abhängig von Vorurteilen; die Bestimmung der D. als einer sprachl. Fiktion (›in sich geschlossene Spielsphäre, unterschieden von aller Realität‹, W. Kayser) i. Ggs. zu nichtfiktionaler Mitteilungsrede hängt ab von der jeweiligen dichtungs- oder sprachlog. Theorie der Fiktionalität. – Mit dem Begriff Text bezeichnet man jede einzelne kohärente Folge endlich vieler Sätze, unabhängig von ihrer mündl. oder schriftl. Äußerungsform. Der Begriff Literatur bildet, sofern er nicht als Synonym für D. benutzt oder dem urspr. Wortsinn nach auf schriftlich aufgezeichnete Sprachäuße-

rungen beschränkt wird, den Kollektivbegriff dazu für alle strukturierten Sprachgebilde höherer Ordnung (also nicht einzelne Sätze oder Laute). Die D. als ein Teilbereich der Lit. ist dann zu bestimmen nach der besonderen Funktion ihrer Sprache (poetische Sprache i. Ggs. zu ›alltäglicher‹ Mitteilungssprache), der eine prinzipielle *Mehrdeutigkeit (Polyfunktionalität)* eignet. Die sprachl. Gestaltungsmittel dienen nicht lediglich möglichst eindeutiger Übermittlung einer Nachricht, sondern werden zum Bedeutungsträger in einem vielschichtigen System wechselseitiger Bezüge. Die Sprache der D. ist so geartet, daß ihre Formungsmerkmale (Strukturiertheit) zum Bestandteil der Mitteilung werden; ihre Sprachzeichen verweisen zusätzlich zu ihrer *darstellenden Funktion* (Wirklichkeitsbezug), ihrer *expressiven Funktion* (Sprecherbezug) und ihrer *appellativen Funktion* (Hörer-/Leserbezug) auf sich selbst, auf ihren sprachl. Gefügecharakter zurück *(ästhetische Funktion).* D. in diesem Sinne ist jeder Text, der zusätzlich zu seinen prakt. Funktionen eine ästhetische Funktion (J. Mukarovsky) hat. Die Dominanz der ästhet. Funktion in der D. bedeutet zugleich eine Abschwächung ihrer prakt. Funktionen und damit eine Abschwächung ihrer unmittelbaren Beziehung zur Realität. Diese Distanz im einzelnen fördert die mittelbare, aber intensive und umfassende Beziehung des gesamten Werks zur Realität. – Die Theorie der D. formuliert die Poetik; die Arten der D. werden von der Dichtungstypologie und histor. Gattungspoetik beschrieben (→ Gattung); die Historizität jeder D. und ihre histor. Entwicklungen untersucht die Dichtungs- und Literaturgeschichte.

LIT. B. Allemann: Über das Dichterische (1957); W. Kayser: Die Wahrheit der Dichter (1959); ders.: Das sprachl. Kunstwerk (¹⁶1973); R. Ingarden: Das literar. Kunstwerk (³1965); H. Seidler: Die D. (²1965); G. Wolandt: Philosophie der D. (1965); Käthe Hamburger: Die Logik der D. (³1977); M. Wehrli: Allgemeine Literaturwiss. (²1969); Literar. Kommunikation, hg. v. R. Fieguth (1975); J. Landwehr: Text u. Fiktion (1975); H. Turk: Literaturtheorie, 1 (1976).

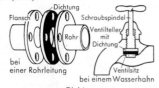

Dichtung

Dichtung [zu dicht], Maßnahme gegen unerwünschten Austritt von Gasen, Dämpfen und Flüssigkeiten aus Rohren, Behältern u. a. Flanschverbindungen von Rohren werden durch Dichtungsplatten, Kolben von Kolbenmaschinen durch Kolbenringe, Durchführungen von Kolbenstangen durch Stopfbüchsen abgedichtet.

Dich

Dichtungsmaterial sind Papier, Gummi, Asbest, Hartblei, Leder, Kupfer, Kunststoffe.

Dichtung und Wahrheit, Untertitel von Goethes Autobiographie ›Aus meinem Leben‹ (3 Tle., 1811–14; 4. Teil, aus dem Nachlaß 1833).

Dick, Eisik Meir, jidd. Schriftst., * Wilna 1814, † ebd. 24. 1. 1893, ein Hauptvertreter der Haskala-Literatur Mitte des 19. Jh.; Romane, Erzählungen.

Dickblatt, Crassula, Gatt. der Dickblattgewächse mit 300 Arten, bes. in S-Afrika. In Dtl. wächst bes. das *Wasser-D.* auf schlammigen Teichböden und im Wasser.

Dickblattgewächse, Crassulaceae, weltweit verbreitete Pflanzenfam. mit rd. 1400 Arten, bes. in S-Afrika, Mexiko und im Mittelmeergebiet; einjährige und ausdauernde Kräuter, Halbsträucher und Sträucher, z. B.: Dickblatt, Fetthenne, Kalanchoe, Nabelkraut.

Dickdarm, Teil des → Darms.

Dickdarmentzündung, Colitis, Hauptzeichen bei infektiösen Darmkrankheiten; als eigenes chron. Krankheitsbild in Form der *Colitis ulcerosa.*

Dicke Berta [n. Berta Krupp von Bohlen und Halbach], scherzhafte Bez. für die von der Kruppschen Fabrik gebauten schweren 42-cm-Haubitzen im 1. Weltkrieg.

Dickel, Friedrich, Politiker (KPD; SED), * Vohwinkel 9. 12. 1913, Former und Gießer, 1933–46 in der Emigration, baute in der DDR zunächst die Deutsche Volkspolizei (DVP), später die Kasernierte Volkspolizei (KVP) auf; 1963 Innen-Min.; 1967 Mitgl. des ZK.

Dickens [d'ıkınz], 1) Charles, engl. Schriftst., Pseudonym *Boz,* * Landport bei Portsmouth 7. 2. 1812, † Gadshill Place bei Rochester 9. 6. 1870, verlebte seine Jugend meist in ärml. Verhältnissen in Chatham, seit 1822 in London, wurde Advokatenschreiber, Parlamentsberichterstatter, später freier Schriftst. D. wurde zuerst bekannt durch die humorist. ›Pickwick Papers‹ (1837–38, dt. Die Pickwickier). In seinen Romanen erschloß er eine neue Welt: die Welt der kleinen Leute, die er mit Liebe und groteskem Humor darstellte. Er übte eine aus tiefem Mitleid geborene Kritik an den sozialen Mißständen und kann als Begründer des sozialen Romans angesehen werden.

WE. (alle dt.): Oliver Twist (1838–39); Nicholas Nickleby (1838–39); Master Humphrey's clock, enthält: The old curiosity shop und Barnaby Rudge (1840–41); Martin Chuzzlewit (1843–44); Christmas stories (1843–47; darin: A. Christmas carol in prose, The cricket on the hearth, The chimes); Dombey and son (1847); David Copperfield (1848–50); Bleak house (1852–53); Hard times (1854); Little Dorrit (1857); A tale of two cities (1859); Great expectations (1861); Our mutual friend (1864 bis 1865); The mystery of Edwin Drood (1870). – Gesamtausgaben: The Clarendon D. (1966ff.). Ausgewählte Romane u. Geschichten, dt. v.

G. Meyrink, 16 Bde. (1909–14), v. R. Zoozmann, 16 Bde. (1909–10), v. L. Feld, 12 Bde. (1910–13); Werke, dt., 15 Bde. (1962–80).

LIT. R. J. Cruikshank: Ch. D. and early Victorian England (London 1949); E. Johnson: Ch. D., 2 Bde. (ebd. 1953); R. H. Dabney: Love and property in the novels of D. (Berkeley 1967); G. L. Brook: The language of D. (London 1970).

2) Monica Enid, engl. Schriftstellerin, * London 10. 5. 1915, Urenkelin von 1), lebt in den USA; heitere Unterhaltungsromane, teilweise mit grotesker Behandlung sozialer Probleme.

Dickfuß, Bez. für giftige Hutpilze: Lila-D. mit lilafarbenem, später zimtbraunem Hut und zartfädigem Schleier am dicken Stielfuß; *D.-Röhrling* mit lederfarbenem Hut, bläulich anlaufendem Fleisch und gelbrotem, genetztem Stiel.

Dickfüße, Burhinidae, Fam. der Watvögel, deren neun Arten dem Leben in Trockengebieten angepaßt sind, z. B. der *Triel.*

Dickhäuter, Pachydermata, veraltet für Elefanten, Nashörner, Tapire, Flußpferde und Schweine.

Dickinson [d'ıkınsn], Emily Elizabeth, amerikan. Lyrikerin, * Amherst (Mass.) 10. 12. 1830, † ebd. 15. 5. 1886, veröffentlichte nur sieben Gedichte, hinterließ jedoch über tausend, meist kurze, unregelmäßig gereimte Strophen. D. gilt als die bedeutendste amerikanische Lyrikerin.

WE. Poems (drei Serien: 1890, 1892, 1896); Complete poems (1924); Poems, Centenary edition (1930); The poems (1955); Gedichte, Auswahl (engl.-dt. 1970).

Dickkolben, Amorphophallus, Gatt. der Aronstabgewächse; in Sumatra die *Titanenwurz* mit bis 23 kg schweren Knollen.

Dickkopf, Döbel, → Karpfenfische.

Dickkopffalter, Dickköpfe, Hesperiidae, kleine bis mittelgroße, meist trop. Schmetterlinge mit auffallend großem Kopf. Die Raupen sind schädlich (Reis, Hirse, Mais). In Mitteleuropa heimisch ist z. B. der Kommafalter.

Dickkopfnattern, Schneckennattern, Bez. für die beiden Unterfam. *Dipsadinae* in der Neuen und *Amblycephalinae* in der Alten Welt; es sind baumbewohnende Nattern mit dickem Kopf, ohne Kinnfurche; sie ernähren sich von Gehäuseschnecken.

Dick-Read [-r'i:d], Grantly, engl. Gynäkologe, * Beccles (Suffolk) 26. 1. 1890, † Wroxham (Norfolk) 11. 6. 1959, entwickelte eine Methode von gymnast. Entspannungs- und Atemübungen usw., die die Geburt erleichtert.

Dicksoniaceae, Dicksoni|engewächse [n. dem engl. Botaniker J. Dick, † 1822], trop. und subtrop. Fam. der Baumfarne mit behaartem Stamm und gefiederten Blättern in Endrosette.

Dickte, Technik: Dicke.

Dick und Doof, die Filmkomiker → Laurel und Hardy.

Dickung, Altersklasse des Forstes.

Dickwurz, die Runkelrübe.

Dicle [d'idʒlɛ], türk. Name des → Tigris.

Dicumarol, Abkömmling des Cumarin, hemmt die Blutgerinnung.

Dicyan, Cyan, C_2N_2, nach Bittermandel riechendes, sehr giftiges Gas.

Didache [grch. ›Lehre‹], *Lehre der 12 Apostel,* die älteste erhaltene christl. Kirchenordnung (1. Hälfte des 2. Jh.).

Didacta, seit 1956 internat. Bez. für die seit 1950 bestehende ›Europ. Lehrmittelmesse‹ (bisher alle 2 Jahre).

Didaktik [grch.], urspr. allgemein die Lehrkunst; heute teils als Wiss. vom Lehren und Lernen *(Unterrichtslehre)* aufgefaßt oder als Theorie der Bildungsinhalte, ihrer Struktur und Auswahl oder Organisation im Lehrkanon. Meist wird eine Gliederung in *Allgemeine D.* und in *D. der einzelnen Lehrbereiche* sowie der Schulformen vorgenommen. Einen neuen Ansatz bildet die *Curriculum-Forschung.*

didaktische Dichtung, → Lehrdichtung.

Didaskali|en, im alten Athen: **1)** das Einüben eines Dramas oder Chores.
2) urkundl. Listen der aufgeführten Dramen mit Angabe der siegreichen Phyle, des Choregen, des Dichters, Schauspielers, Flötenspielers sowie der Preise.

Didelphi|er, Didelphia [grch.], die → Beuteltiere.

Diderot [didrˈo], Denis, frz. Schriftst., * Langres 5. 10. 1713, † Paris 31. 7. 1784, Sohn eines Messerschmieds; Autodidakt, der zu einem der bedeutendsten Träger der europ. Universalbildung wurde. Er hatte Umgang mit P. H. D. v. Holbach, E. de Condillac, J.-J. Rousseau, J.-B. D'Alembert. – Hg. der frz. Encyclopédie (1. Bd. 1751, letzter, 28. Bd. 1772; → Enzyklopädisten), für die er selbst mehrere tausend Artikel schrieb, die, in ihrer Gesamtheit, eine auf neuen, krit. Erkenntnissen beruhende Geschichte des europ. Denkens darstellen. Daneben verfaßte er zahlreiche Schriften: ›Pensées philosophiques‹ (1746; gegen B. Pascal), ›Lettre sur les aveugles‹ (1749; gegen die Vollkommenheit der Natur), ›Lettre sur les sourds et les muets‹ (1751), ›Essai sur les règnes de Claude et de Néron‹ (1775) und die philosoph. Dialoge ›Entretien entre D'Alembert et D.‹, ›Rêve de D'Alembert‹ (beide 1769). Als Ästhetiker nahm er romant. Konzeptionen vorweg (›Essai sur la peinture‹, 1765, dt. von Goethe ›Diderot's Versuch über die Mahlerey‹). Sein berühmtestes Werk, der ›Neveu de Rameau‹, erschien erstmals 1805 in Goethes Übertragung und wurde 1821 ins Frz. rückübersetzt. Der Höhepunkt des Dialogs liegt in der Erörterung über das Genie, das D. bestimmt als naturhafte, seherische Schöpferkraft, deren Größe nicht beschränkt wird durch eine ihm verursachte Störung der moral. oder log. Ordnung.
Neuerdings stärker beachtet werden auch seine z. T. stark erot. Erz. und Sittenromane: ›Les bijoux indiscrets‹ (1747, dt.), ›Contes moraux‹ (1770, dt.), ›La religieuse‹ (postum 1792, dt.) und bes. ›Jacques le fataliste et son maître‹

(postum 1788, dt.). Bedeutender als seine bürgerl. Rührstücke ›Le fils naturel‹ (1757, dt.) und ›Le père de famille‹ (1757, dt.) sind seine theoret. Schriften zu diesem Thema (›Entretiens sur ,le fils naturel'‹, 1758; ›Discours sur la poésie dramatique‹, 1758) und das ›Paradoxe sur le comédien‹ (1778, dt.), worin D. auf die Bedeutung von Dekoration und Mimik und auf die soziale Bedingtheit der Charaktere hinwies. Seine Gedanken haben auf vielen Gebieten das Geistesleben des 19. Jh. geprägt.
WE. Œuvres complètes, 20 Bde. (1875–77, Nachdr. 1966). Philosoph. Schriften, übers. v. Th. Lücke, 2 Bde. (1961); Ästhet. Schriften, hg. v. F. Bassenge (1967). – Das erzähler. Gesamtwerk, hg. v. H. Hinterhäuser, 4 Bde. (1966–67).
LIT. K. Rosenkranz: D.s Leben und Werke, 2 Bde. (1866, Nachdr. 1964); H. Hinterhäuser: Utopie und Wirklichkeit bei D. (1957); H. Dieckmann: D. und die Aufklärung (1972).

Dido, grch. Mythos: Gründerin Karthagos; nach Vergils Darstellung gab sie sich aus Verzweiflung den Tod, als Äneas Karthago verließ.

Didot [didˈo], frz. Drucker- und Buchhändlerfamilie. Der älteste Sohn François Ambroise (* 7. 1. 1730, † 10. 7. 1804) des Begründers François D. (* 1689, † 2. 11. 1757) verbesserte das von P. Fournier aufgestellte typograph. Punktsystem *(Didotsystem,* → Schriften). Seine Söhne Pierre (* 25. 1. 1761, † 31. 12. 1853) und Firmin (* 14. 4. 1764, † 4. 4. 1836) führten die Familie auf die Höhe ihrer Bedeutung. Unter den Druckern seiner Zeit kann Pierre D. nur G. Bodoni gleichgestellt werden. Firmin D. gab der Type des Vaters die endgültige Gestalt (heute *Didot-Antiqua).*

Didyma, antike Ortschaft in Kleinasien, südlich von Milet, mit Orakelheiligtum des Apollon Philesios, dem *Didymaion.* Die Ruine des nie vollendeten riesigen Tempels des 4. Jh. v. Chr. (an Stelle des 494 von den Persern zerstörten Baus errichtet) ist erhalten.

Didymos, Beiname *Chalkenteros,* alexandrin. Philologe, Zeitgenosse Caesars und des Augustus, schloß die textkrit., kommentierenden und lexikal. Arbeiten der zur Alexandrinischen Bibliothek gehörenden Philologen in umfangreichen Sammelwerken ab.

Didymus der Blinde, * 313 (?), † Alexandria 398, Leiter der alexandrin. Katechetenschule; seine Lehren wurden wegen Abhängigkeit von Origenes 553 verurteilt.

Diebitsch-Sabalkanskij, Johann Karl Friedrich Anton (Iwan Iwanowitsch) Graf (1827), russ. Generalfeldmarschall (1829), * Großleipe (Schlesien) 13. 5. 1785, † Kleczewo (bei Pułtusk) 10. 6. 1831, seit 1801 in russ. Diensten; schloß 1812 mit dem preuß. General Yorck von Wartenburg die Konvention von Tauroggen.

Diebkäfer, Ptinidae, Käfer-Fam. mit rd. 500 Arten; 2–5 mm lange, braune Tiere; spinnenähnlich; Schädling.

Diebsdaumen, Daumen eines hingerichteten Diebes, galt im Volksglauben als glückbringend.

Diebstahl, nach § 242 StGB jede Handlung, durch die jemand eine fremde bewegliche Sache einem anderen in der Absicht wegnimmt, sie sich rechtswidrig zuzueignen. Der *einfache D.* wird nach § 242 StGB mit Freiheitsstrafe bis zu 5 Jahren oder mit Geldstrafe bedroht, während in den *besonders schweren Fällen* des § 243 StGB eine Freiheitsstrafe von 3 Monaten bis zu 10 Jahren zu verhängen ist. Ein bes. schwerer Fall liegt i. d. R. vor beim Einbruchs-, Einsteige- und Nachschlüsseldiebstahl, beim D. einer bes. gesicherten Sache, beim gewerbsmäßigen D., beim D. aus Kirchen, öffentl. Sammlungen u. ä. sowie dann, wenn der Täter die Hilflosigkeit eines anderen, einen Unglücksfall oder eine Gemeingefahr ausnutzt. Der D. *mit Waffen* und *der Banden-D.* werden nach § 244 StGB mit Freiheitsentzug von 6 Monaten bis zu 10 Jahren bestraft. Nur auf Antrag wird der D. verfolgt, wenn er sich gegen einen Angehörigen, einen Vormund oder eine Person richtet, mit der der Täter in häuslicher Gemeinschaft lebt oder wenn es sich um geringwertige Sachen handelt.

Unter besondere Bestimmungen fallen Gebrauchsdiebstahl, Viehfutter-, Feld- und Forstdiebstahl, Elektrizitätsentwendung.

Ähnliche Vorschriften enthalten §§ 127 ff. StGB des österr. und Art. 137 f. des schweizer. StGB. Das StGB der DDR unterscheidet zw. D. sozialist. Eigentums (§§ 157 ff.) und D. persönl. Eigentums (§§ 177 ff.).

Dieburg, Stadt im Kr. Darmstadt-Dieburg, Hessen, an der Gersprenz nördlich des Odenwaldes, (1981) 13 100 Ew.; versch. Industrie.

Dieckmann, 1) Johannes, Politiker (DVP; LDPD), * Fischerhude (bei Bremen) 19. 1. 1893, † Ost-Berlin 22. 2. 1969, urspr. Journalist, später Geschäftsführer, 1919–33 Gen.-Sekr. der DVP, Mitarbeiter G. Stresemanns, war 1945 Mitbegründer der LDPD in Sachsen. Seit 1947 trat er für die Einfügung seiner Partei in das Blocksystem der SED ein. 1949–69 Präs. der Volkskammer, 1960–69 einer der Stellv. des Vorsitzenden des Staatsrates.

2) Max, Hochfrequenztechniker, * Hermannsacker (Harz) 5. 7. 1882, † Gräfelfing 28. 7. 1960, war seit 1936 Prof. und Leiter des Inst. für Radiotechnik an der TH München, seit 1937 auch Leiter des Flugfunkforschungsinstituts Oberpfaffenhofen. D. führte 1906 die Braunsche Röhre als Bildschreiber in die Fernsehtechnik ein, erfand 1925 mit R. Hell die lichtelektrische Bildzerlegerröhre.

Diedenhofen, frz. **Thionville** [tjɔ̃v'il], Industriestadt im Minettegebiet von Lothringen, im frz. Dép. Moselle, an der kanalisierten Mosel unterhalb von Metz, (1975) 42 900 Ew.; Eisen- und Stahlindustrie. – D. war karoling. Königspfalz und Tagungsort wichtiger Reichsversammlungen. 1659 kam es an Frankreich.

Diederichs, Eugen, Verlagsbuchhändler, * Löbitz bei Naumburg 22. 6. 1867, † Jena 10. 9. 1930, gründete 1896 in Florenz seinen Verlag, der 1897 nach Leipzig, 1904 nach Jena, 1948

nach Düsseldorf verlegt wurde. D. förderte die Herausgabe von Sagen und Märchen der Weltliteratur sowie von Ostasiatica.

Diefenbaker [-beıkə], John, kanad. Politiker (Fortschrittl. Konservative Partei), * Normanby Township (Ontario) 18. 9. 1895, † Ottawa 16. 8. 1979, Rechtsanwalt, 1956–67 Führer der Konservativen, löste als Premier-Min. (1957–63) die langjährige Herrschaft der Liberalen Partei ab.

Diego [span.], männl. Vorname (Jakob).

Diego Cendoya [-θend'oja], Gerardo, span. Lyriker, * Santander 3. 10. 1896, Meister sprachlich-klangl. Nuancierung. Seine Sonette ›Alondra de verdad‹ (1941) gelten als grundlegend für die span. Dichtung der Gegenwart. – Gedichte (spanisch-dt., 1965).

Diégo-Suarez [djegosyar'e:z], madegass. **Antsirana**, Provinzhauptstadt in N-Madagaskar, (1977) 43 000 Ew.; kath. Erzbischofssitz; Hafen; Meersalzgewinnung.

Diehards [d'aıha:dz, engl. die hard! ›wehrt euch bis zum letzten Atemzug‹], urspr. Beiname des 57. brit. Infanterieregiments wegen seines erbitterten Kampfes gegen die Franzosen in der Schlacht von Albuera (Prov. Badajoz) am 16. 5. 1811; seit 1910/11 auf ultrakonservative Gruppen in der brit. Politik übertragen.

Diehl, 1) Charles, frz. Byzantinist, * Straßburg 4. 7. 1859, † Paris 4. 11. 1944, Prof. in Paris, Mitbegr. der modernen Byzantinistik.

2) Karl, Volkswirtschaftler, * Frankfurt a. M. 27. 3. 1864, † Freiburg i. Br. 12. 5. 1943, zuletzt Prof. ebd.

WE. Die sozialrechtl. Richtung in der Nationalökonomie (1941).

Diele, 1) Brett, bes. Fußbodenbrett, Parkettdiele; auch künstl. Brett: *Gips-D.*, *Zement-D.*

2) Vorplatz, Vorraum großer Wohnungen (*Wohn-D.*, *Eß-D.*).

3) eine Gaststättenart (*Wein-D.*, *Tanz-D.*, *Eis-D.*).

Dielektrikum, elektrisch isolierender Stoff, in dem statisches elektr. Feld auch ohne beständige Ladungszufuhr bestehenbleibt.

Dielektrizitätskonstante, das Verhältnis von Verschiebungsdichte D und elektr. Feldstärke E; in Zeichen $\varepsilon = \dfrac{D}{E} = \varepsilon_r \cdot \varepsilon_0$. Dabei ist ε_0 die *absolute D.*, ε_r die unbenannte *relative D.* des feldtragenden Stoffes. Die elektr. Feldkonstante $\varepsilon_0 = 8{,}8544 \cdot 10^{-12} \frac{As}{Vm}$.

Diels, 1) Hermann, klass. Philologe, * Biebrich (heute Wiesbaden) 18. 5. 1848, † Berlin 4. 6. 1922, seit 1882 Prof. ebd., verdient um die Texte und das Verständnis der griech. Philosophie und Medizin. Hrsg.: u. a. ›Die Fragmente der Vorsokratiker‹ (3 Bde., [13-15]1970–71).

2) Ludwig, Botaniker, * Hamburg 24. 9. 1874, † Berlin 30. 11. 1945, Prof. der Botanik und Direktor des Botan. Gartens ebd., Pflanzensystematiker.

3) Otto Paul Hermann, Chemiker, * Hamburg 23. 1. 1876, † Kiel 7. 3. 1954, entdeckte das Kohlensuboxid (C_3O_2), das Grundskelett der

Steroide und die Selen-Dehydrierung. Für die Dien-Synthese *(Diels-Alder-Reaktion)* erhielt er 1950 mit seinem Schüler K. Alder den Nobelpreis für Chemie.

Diem, 1) Carl, * Würzburg 24. 6. 1882, † Köln 17. 12. 1962, 1920 Mitbegründer der Dt. Hochschule für Leibesübungen in Berlin, 1947–62 Rektor der Sporthochschule Köln. D. organisierte die XI. Olymp. Spiele 1936 in Berlin. **2)** Hermann, evang. Theologe, * Stuttgart 2. 2. 1900, † Tübingen 27. 2. 1975, war 1957–65 Prof. für systemat. Theologie ebd.; Kierkegaard-Forscher.

Diem, Ngo Dinh, → Ngo Dinh-Diem.

Diemel *die,* linker Nebenfluß der Weser aus dem Hochsauerland, mündet bei Karlshafen; im Oberlauf Talsperre bei Helminghausen.

diem perdidi [lat. ›ich habe einen Tag verloren‹], Ausruf des röm. Kaisers Titus (nach Sueton), als er eines Abends daran dachte, daß er an diesem Tag noch niemandem Gutes erwiesen hatte.

Dien Bien Phu, Ort im nördl. Vietnam, an der Grenze zu Laos, im Indochina-Krieg am 20. 3. 1953 von frz. Fallschirmjägern besetzt, von Vietminh-Verbänden am 7. 5. 1954 wiedererobert. Die Niederlage Frankreichs bei D. B. P. markiert das Ende der frz. Herrschaft in Indochina.

Di|encephalon, Di|enzephalon [grch.], Zwischenhirn, ein Abschnitt des Hirnstammes (→ Gehirn).

Di|ene, Di|olefine, Kohlenwasserstoffe mit zwei Doppelbindungen im Molekül. D. mit konjugierten Doppelbindungen können Stoffe mit einfacher Doppelbindung unter Ringbildung anlagern *(Dien-Synthese, Diels-Alder-Reaktion).*

Diener Mariens, kath. Bettelorden, → Serviten.

Dienst, 1) berufl. Tätigkeit, Pflichterfüllung; (nutzbringende) Leistung, Unterstützung, Gefälligkeit; Arbeitsverhältnis, Amt, Stellung. **2)** i. e. S. die Berufstätigkeit des Beamten und Soldaten. – *Offizier, Unteroffizier* usw. *vom D.,* ein Vorgesetzter, der tage- oder wochenweise wechselnd bestimmte D.-Verrichtungen ausführt oder überwacht. **3)** in der mittelalterl. Baukunst, bes. der Gotik, den Innenwänden oder Pfeilern vorgelegte oder eingebundene dünne Säulen. Die stärkeren *(alte Dienste)* tragen Gurt- und Schildbögen, die schwächeren *(junge Dienste)* Gewölberippen.

Dienst|adel, im Abendland wie im Fernen Osten (Japan) aus Herrendienst entstandene soziale Schicht, die im abendländ. MA. in den Ministerialen sichtbar wird.

Dienstag, der 2. Tag der Woche. Der Name geht auf die akkad. Form ›Ziu‹ des Namens des german. Kriegsgottes (engl. tuesday, von altnord. Tyr).

Dienst|alter, die im Beamten- und Soldatenverhältnis zugebrachte Zeit als Grundlage der Berechnung der Besoldung, des Ruhegehaltes, der Beförderung u. a.

Dienst|aufsicht, eine Eigenkontrolle der Verwaltung. Die höhere Behörde hat gegenüber der nachgeordneten eine Aufsichts- und Weisungsbefugnis, ebenso der Vorgesetzte gegenüber den ihm unterstellten Beamten.

Dienst|aufsichtsbeschwerde, formloser Rechtsbehelf gegen eine behördl. Maßnahme, richtet sich an die übergeordnete Behörde; Ziel: Nachprüfung oder Aufhebung.

Dienst|auszeichnung, in fast allen Staaten eine meist dreistufige Auszeichnung für Wehrmacht und Beamtenschaft.

Dienstbarkeit, auch **Servitut,** das dingliche Recht zu beschränkter unmittelbarer Nutzung einer fremden Sache im Unterschied zu den schuldrechtl. Nutzungsrechten wie Miete und Pacht, die lediglich einen Anspruch auf Gestattung der Nutzung gewähren. – *Grunddienstbarkeiten* sind Belastungen eines Grundstücks zugunsten des jeweiligen Eigentümers eines fremden Grundstücks (§ 1018 BGB). Sie können dem Eigentümer des fremden Grundstücks bestimmte Rechte geben, z. B. Geh-, Fahrt- und Leitungsrecht, oder Verbotsrechte, z. B. bestimmte Bebauungen oder Nutzungen, etwa als Tankstelle, zu untersagen. Beschränkte *persönliche D.* stehen nicht dem Eigentümer eines Grundstücks zu, sondern einer bestimmten Person oder Personenmehrheit (§ 1090 BGB), z. B. Wohnrecht. Sie erlöschen spätestens mit dem Tod des Berechtigten.

Dienstbeschädigung, im öffentl. Dienst erlittene dauernde Gesundheitsschädigung, die Versorgungsansprüche begründet.

Dienstbezüge, Gehalt des Beamten, → Besoldung.

Dienst|eid, → Amtseid.

Dienst|entfernung, Dienst|entlassung, im Dienststrafverfahren gegen einen Beamten oder einen Soldaten wegen schwerer Dienstvergehen ausgesprochene Entfernung aus dem Dienstverhältnis, die den Verlust aller Rechte einschl. des Pensionsanspruchs zur Folge hat.

Dienst|enthebung, vorläufige D., eine bei Einleitung eines Disziplinarverfahrens gegen einen Beamten mögliche Maßnahme.

dienstfähig, diensttauglich, für den Wehrdienst gesundheitlich geeignet (→ Tauglichkeitsstufen).

Dienstgeheimnis, → Amtsgeheimnis.

Dienstgrad, Rangstufe bei Polizei (auch Amtsbez.) und Militär. (Übersicht S. 170 u. 171).

Dienstleistungen, wirtschaftl. Verrichtungen, die nicht in der Erzeugung von Sachgütern, sondern in persönl. Leistungen bestehen. Sie werden erbracht in den Wirtschaftsbereichen Handel, Banken und Versicherungen, Gaststätten- und Beherbergungswesen, Transport- und Nachrichtenwesen, im Bereich der öffentlichen Verwaltung (öffentl. Dienste in Erziehung und Lehre, Krankenpflege, Polizei, eigtl. Verwaltung u. a.), im Bereich der freien Berufe und sonstiger privater D. Der Dienstleistungsbereich wird als tertiärer Sektor bezeichnet (primärer Sektor: Landwirtschaft, Bergbau; sekundärer Sektor:

DIENSTGRADE

Bundesrep. Dtl.		Dt. Dem. Rep.	
Heer u. Luftwaffe	*Marine*	*Heer u. Luftwaffe*	*Marine*

Offiziere

1. Generale und Flaggoffiziere

Bundesrep. Dtl.		Dt. Dem. Rep.	
Heer u. Luftwaffe	*Marine*	*Heer u. Luftwaffe*	*Marine*
General	Admiral	Armeegeneral	Admiral
Generalleutnant	Vizeadmiral	Generaloberst	Vizeadmiral
Generalmajor	Konteradmiral	Generalleutnant	Konteradmiral
Brigadegeneral	Flottillenadmiral	Generalmajor	
(Generalarzt)	(Admiralarzt)		

2. Stabsoffiziere

Oberst	Kapitän zur See	Oberst	Kapitän zur See
(Oberstarzt)	(Flottenarzt)		
Oberstleutnant	Fregattenkapitän	Oberstleutnant	Fregattenkapitän
(Oberfeldarzt)	(Flottillenarzt)		
Major	Korvettenkapitän	Major	Korvettenkapitän
(Oberstabsarzt)	(Marineoberstabsarzt)		

3. Hauptleute und Kapitänleutnants

Hauptmann	Kapitänleutnant	Hauptmann	Kapitänleutnant
(Stabsarzt)	(Marinestabsarzt)		

4. Leutnants

Oberleutnant	Oberleutnant zur See	Oberleutnant	Oberleutnant
Leutnant	Leutnant zur See	Leutnant	Leutnant
		Unterleutnant	Unterleutnant

Unteroffiziere

Oberstabsfeldwebel	Oberstabsbootsmann		
Stabsfeldwebel	Stabsbootsmann	Stabsfeldwebel	Stabsobermeister
Hauptfeldwebel	Hauptbootsmann		
(Oberfähnrich)	(Oberfähnrich z. S.)	(Oberwachtmeister)	Obermeister
Oberfeldwebel	Oberbootsmann	Oberfeldwebel	
Feldwebel	Bootsmann	Feldwebel	Meister
(Fähnrich)	(Fähnrich zur See)	(Wachtmeister)	
Stabsunteroffizier	Obermaat	Unterfeldwebel	Obermaat
Unteroffizier	Maat	Unteroffizier	Maat
(Fahnenjunker)	(Seekadett)		

Mannschaften

Hauptgefreiter	Hauptgefreiter	Stabsgefreiter	Stabsmatrose
Obergefreiter	Obergefreiter		
Gefreiter	Gefreiter	Gefreiter	Obermatrose
Soldat	Matrose	Soldat	Matrose
(Flieger, Kanonier usw.)			

---

verarbeitende Industrie). Sein Beitrag zur Entstehung des Sozialprodukts hat in den letzten Jahren ständig zugenommen.

Dienststrafrecht, Disziplinarrecht, die Gesamtheit der Bestimmungen über Inhalt und Behandlung von Dienstvergehen der Beamten und Soldaten. Es bezweckt nicht, wie das Strafrecht, Sühne für begangenes Unrecht, sondern Gewährleistung eines durch Leistung, Loyalität und Integrität bestimmten Dienstverhältnisses. Eine Disziplinarmaßnahme kann deshalb prinzipiell neben einer Kriminalstrafe verhängt werden.

Das D. ist für Bundesbeamte im Bundesbeamtengesetz i. d. F. v. 3. 1. 1977 und in der – mehr-fach geänderten – Bundesdisziplinarordnung i. d. F. v. 20. 7. 1967 geregelt. Für Landes- und Kommunalbeamte sind die Vorschriften des Beamtenrechtsrahmengesetzes i. d. F. v. 3. 1. 1977, die Beamtengesetze der Länder und die Landesdisziplinarordnungen maßgeblich. Für Richter gilt das Dt. Richtergesetz i. d. F. v. 19. 4. 1972. Ein *Dienstvergehen* liegt vor, wenn der Beamte schuldhaft die ihm obliegenden Pflichten verletzt. *Disziplinarmaßnahmen* sind insbes.: Warnung, Verweis, Geldbuße, Dienstgradherabsetzung (Degradation), Entfernung aus dem Dienst, Kürzung oder Aberkennung des Ruhegehalts. Eine Entfernung aus dem Dienst kommt

DIENSTGRADE

Schweiz	Österreich

Offiziere

1. Generale und Flaggoffiziere

Schweiz	Österreich
General (nur einer im Kriegsfall)	General (der Infanterie, Artillerie usw.)
Oberstkorpskommandant	
Oberstdivisionär	
Oberstbrigadier	Brigadier

2. Stabsoffiziere

Schweiz	Österreich
Oberst	Oberst
Oberstleutnant	Oberstleutnant
Major	Major

3. Hauptleute	3. Oberoffiziere
Hauptmann	Hauptmann (Rittmeister)

4. Leutnants

Schweiz	Österreich
Oberleutnant	Oberleutnant
Leutnant	Leutnant

Unteroffiziere

Schweiz	Österreich
Adjutant-Unteroffizier	Oberstabswachtmeister
Feldweibel	Stabswachtmeister (Stabsfeuerwerker)
Fourier	Oberwachtmeister
Wachtmeister	Wachtmeister (Feuerwerker)

Chargen

Schweiz	Österreich
Korporal	Zugsführer
	Korporal

Mannschaften

Schweiz	Österreich
Gefreiter	Gefreiter (Vormeister)

Wehrmänner

Schweiz	Österreich
Soldat (Füsilier, Schütze, Kanonier usw.)	Infanterist (Jäger, Kanonier usw.)

in Betracht, wenn der Beamte durch sein Verhalten für den öffentl. Dienst untragbar geworden ist. Werden Tatsachen bekannt, die den Verdacht eines Dienstvergehens rechtfertigen, veranlaßt der Dienstvorgesetzte die zur Aufklärung erforderlichen Vorermittlungen. In leichteren Fällen kann er selbst durch Disziplinarverfügung Warnung, Verweis oder Geldstrafe verhängen. Gegen die Verfügung kann der Beamte bei dem Disziplinarvorgesetzten Beschwerde einlegen und gegen die Beschwerdeentscheidung des hierfür zuständigen nächsthöheren Vorgesetzten eine disziplinargerichtl. Entscheidung beantragen. Auf schwere Disziplinarmaß-

nahmen kann nur im förmlichen Verfahren von den Disziplinargerichten erkannt werden.

Das *D. für Soldaten* ist im Soldatengesetz i. d. F. v. 19. 8. 1975, der Wehrdisziplinarordnung i. d. F. v. 4. 9. 1972 und der Wehrbeschwerdeordnung i. d. F. v. 11. 9. 1972 enthalten. Der Soldat begeht ein Dienstvergehen, wenn er schuldhaft seine insbes. im Soldatengesetz (§§ 7 ff.) festgelegten Pflichten verletzt. Auch Reservisten können sich bestimmter Dienstvergehen schuldig machen (§ 23). Der zuständige Disziplinarvorgesetzte (Kompaniechef, Bataillonskommandeur u. a., Bundesverteidigungsminister) entscheidet nach pflichtgemäßem Ermessen, ob wegen eines Dienstvergehens einzuschreiten ist. Er kann, je nach Dienststellung genauer abgestuft, einfache Disziplinarmaßnahmen verhängen, nämlich Verweis, strengen Verweis, Disziplinarbuße, Ausgangsbeschränkung, Disziplinararrest. Keine Disziplinarmaßnahmen sind die ›erzieherischen Maßnahmen‹ wie Belehrung, Ermahnung, Beseitigung von Erziehungs- und Ausbildungsmängeln. Schwere Disziplinarmaßnahmen, nämlich Gehaltskürzung, Beförderungsverbot, Entfernung aus dem Dienstverhältnis, Kürzung oder Aberkennung des Ruhegehalts können nur in einem disziplinargerichtl. Verfahren verhängt werden. Hierfür sind die Truppendienstgerichte und das Bundesverwaltungsgericht (Wehrdienstsenate) zuständig.

In Österreich ist das D. im Beamten-Dienstrechtsgesetz v. 2. 6. 1977 geregelt, das z. T. rückwirkend zum 1. 1. 1977 und z. T. zum 1. 1. 1978 in Kraft trat. In der Schweiz gilt insoweit das Bundesgesetz über das Dienstverhältnis der Beamten v. 30. 6. 1927 und das eidgenöss. Verantwortlichkeitsgesetz v. 14. 3. 1958.

Dienstvergehen, → Dienststrafrecht.

Dienstverpflichtung, Arbeitsverpflichtung, an sich eine Einschränkung der Berufsfreiheit, jedoch durch Notstandsfälle begründet. Nach Art. 12a GG können Männer über 18 Jahre im Verteidigungsfall auch zu zivilen Dienstleistungen für Zwecke der Verteidigung herangezogen werden.

Dienstvertrag, gegenseitiger Vertrag, durch den ein Teil *(Dienstverpflichteter)* Dienste irgendwelcher Art, der andere Teil *(Dienstberechtigter, Dienstherr)* eine Vergütung verspricht (§ 611 BGB). Man unterscheidet zw. dem → Arbeitsvertrag, der unselbständige und fremdbestimmte Arbeit im Dienst eines anderen festlegt (geregelt durch das Arbeitsrecht, hilfsweise bürgerl. Recht) und dem *freien D.,* bei dem der Dienstverpflichtete grundsätzlich seine Tätigkeit und Arbeitszeit frei gestalten kann (z. B. Arzt). Im Ggs. zum D. wird bei dem → Werkvertrag die Herbeiführung eines bestimmten Erfolges durch Arbeit oder Dienstleistung versprochen. Der Abschluß des D. bedarf grundsätzlich keiner Form. Der Dienstverpflichtete hat grundsätzlich den Dienst persönlich zu leisten, wobei der Dienstlohn im Zweifel nachträglich zu zah-

Dien

len ist. Er ist weisungsgebunden, und bei dauernden Dienstverhältnissen besteht eine Treuepflicht. Die Lohnforderung ist durch Pfändungsbeschränkung und Konkursvorrechte geschützt. Den Dienstherren treffen soziale Verpflichtungen, z. B. im Krankheitsfall.

Dienstwohnung, die einem Bediensteten, Beamten oder Soldaten zugewiesene Wohnung. Ihre Miete wird auf die Dienstbezüge angerechnet.

Di|en-Synthese, Diels-Alder-Reaktion, chem. Verfahren zur Darstellung von 6-Ring-Verbindungen durch Anlagerung eines Diens an eine ungesättigte Verbindung *(Philodien)*.

Dientzenhofer, Baumeisterfamilie aus der Umgebung von Aibling, tätig in Böhmen und Franken. 1) bis 4) sind Brüder.

1) Christoph, Vater von 5), * St. Margarethen bei Flintsbach 7. 7. 1655, † Prag 20. 6. 1722, Hauptvertreter des ›radikalen‹ Barock in Böhmen, übernahm G. Guarinis Gewölbedurchschneidungen mit sphärisch gekrümmten Gurten, beeinflußt von G. Santini.
WE. Langhaus und Fassade von St. Niklas auf der Kleinseite in Prag (1703–11), Klosterkirche in Obořiště (1702–11) und Břevnov bei Prag (1704–16).

2) Georg, * Aibling 1643, † Waldsassen 2. 2. 1689, das. mit 1) tätig, baute seit 1685 die Dreifaltigkeits-Wallfahrtskirche Kappel bei Waldsassen über symbol. Dreipaß-Grundriß und begann St. Martin in Bamberg in kräftigem röm. Jesuitenstil (1685–93).

3) Johann, * St. Margarethen 25. 5. 1663, † Bamberg 20. 7. 1726, folgte 4) aus Böhmen nach Franken, war 1699 wahrscheinlich in Rom, baute 1704–12 den Dom zu Fulda in kraftvoller Umsetzung röm. Vorbilder. In der ihm sicher zugeschriebene Klosterkirche Banz (1710–18) brachte er die von 1) eingeführten Gewölbeformen in rhythm. Verschiebung zu mächtiger Raumwirkung. Er war maßgebend beteiligt am Bau von Schloß Pommersfelden (1711–16) und entwickelte eine bedeutende Tätigkeit im Sakral- und Zivilbau Frankens, die zu B. Neumann überleitet.

4) Johann Leonhard, * St. Margarethen 20. 2. 1660, † Bamberg 26. 11. 1707, seit 1687 tätig ebd., baute in trockenen, kräftigen Formen die Neue Residenz (1695–1704), Fassade und Konventgebäude von St. Michael; arbeitete auch in Ebrach, Banz, Schöntal; entwarf die Wallfahrtskirche Walldürn.

5) Kilian Ignaz, Sohn von 1), * Prag 1. 9. 1689, † ebd. 18. 12. 1751, weitergebildet bei L. von Hildebrandt und in Paris.
WE. St. Johann am Felsen, Prag (1730–39); St. Magdalena, Karlsbad (1731–37); St. Franz Xaver, Oparany (1732–35); St. Niklas auf der Kleinseite in Prag (vollendet 1737–52).
LIT. J. Neumann: Das böhmische Barock (1970); H. Zimmer: Die D. (1976).

Diepenbrock, Melchior Frhr. von, kath. Bischof, * Bocholt 6. 1. 1798, † Schloß Johannisberg (Österr.-Schlesien) 20. 1. 1853, seit 1845

Fürstbischof von Breslau, seit 1850 Kardinal. D. ordnete seine Diözese trotz schwieriger sozialer und durch den Deutschkatholizismus verursachter kirchl. Zustände neu. 1848 Mitglied der Frankfurter Nationalversammlung.

Diepgen, Paul, Medizinhistoriker und Frauenarzt, * Aachen 24. 11. 1878, † Mainz 2. 1. 1966; Prof. in Freiburg i. Br., Berlin, Mainz. – ›Geschichte der Medizin‹ (3 Bde. 1949–55).

Diepholz, Kreisstadt im RegBez. Hannover, Ndsachs., (1981) 14400 Ew., an der Hunte; Stadtrechte seit 1380; Schloß von 1663.

Dieppe [djɛp], Hafenstadt und Badeort am Ärmelkanal, im frz. Dép. Seine-Maritime, (1975) 25600 Ew.; Schloß (1433), got. Kirche St. Jacques; Industrie.

Dies [lat.], Tag. *D. academicus,* Hochschulfeiertag, an dem die Vorlesungen ausfallen. *D. ad quem,* Endtermin. *D. a quo,* Anfangstermin. *D. dominica,* Sonntag. *D. cineris et cilicii,* Aschermittwoch. *D. ramorum,* Palmsonntag. *D. viridium,* Gründonnerstag. *D. salutaris,* Karfreitag. *D. spiritus sancti,* Pfingsten. *D. natalis,* Geburtstag, dann Sterbetag, schließlich liturg. Festtag eines Märtyrers. *D. supremus,* Jüngster Tag.

Diesel, 1) Eugen, Schriftst., Sohn von 2), * Paris 3. 5. 1889, † Rosenheim 22. 9. 1970, schrieb Essays (›Das Phänomen der Technik‹, 1939), Sachbücher.
2) Rudolf, Maschineningenieur, * Paris 18. 3. 1858, † (ertrunken im Ärmelkanal) 29. 9. 1913, Erfinder des Dieselmotors. D. erhielt 1892 ein Patent auf eine neue Verbrennungskraftmaschine, veröffentlichte 1893 die Schrift ›Theorie und Konstruktion eines rationellen Wärmemotors‹ und entwickelte 1893 bis 1897 in Gemeinschaft mit der Maschinenfabrik Augsburg und der Firma F. Krupp den nach ihm benannten Hochdruckverbrennungsmotor.

diesel|elektrischer Antrieb, Fahrzeugantrieb, bes. für Lokomotiven und Schiffe. Dieselmotoren treiben Gleichstromgeneratoren an, die die Antriebsmotoren speisen.

dieselhydraulischer Antrieb, Fahrzeugantrieb, bei dem die Leistung eines Dieselmotors über ein Flüssigkeitsgetriebe auf die Treibräder übertragen wird.

Dieselmotor, von Rudolf Diesel erfundener Verbrennungsmotor. Im Zylinder wird Luft durch den Kolben so hoch verdichtet (30–55 bar) und damit erhitzt (700–900° C), daß sich der von der Einspritzpumpe geförderte und durch die Einspritzdüse eingespritzte Dieselkraftstoff entzündet (Selbstzündung). Dadurch steigen Druck und Temperatur im Brennraum, der Kolben wird nach unten getrieben und leistet Arbeit. Der verwendete Kraftstoff muß eine ausreichende Zündwilligkeit haben (→Cetanzahl).
Beim *Direkteinspritzverfahren* (günstiger Kraftstoffverbrauch) wird der Kraftstoff direkt in den Brennraum gespritzt, beim *Vor-* oder *Wirbelkammerverfahren* (unterteilter Brennraum, geringeres Verbrennungsgeräusch, aber

höherer Verbrauch) in eine Kammer, in der sich der Kraftstoff entzündet, von da in den Hauptbrennraum geblasen und dort vollständig verbrennt. In der Wirbelkammer bildet sich durch tangentiales Einströmen ein Luftwirbel aus, die Vorkammer ist durch eine oder mehrere relativ kleine Öffnungen mit dem Hauptbrennraum verbunden. Beim *MAN-M-Verfahren* (M = Mittenkugel) wird ein Teil des Kraftstoffes auf die heiße kugelförmige Brennraumwand im Kolben gespritzt. Dieser Kraftstoff verdampft in die in der Kugel rotierende Luft und verbrennt. Damit läßt sich der Verbrennungsablauf steuern. Beim *FM-Verfahren* (F = Fremdzündung) ist zusätzlich noch eine Zündkerze eingebaut, so daß auch Benzin verbrannt werden kann. Bei schlechter Verbrennung ergibt sich Ruß im Abgas. Die *Ruß-* oder *Rauchgrenze* bestimmt die Leistungsgrenze des D.

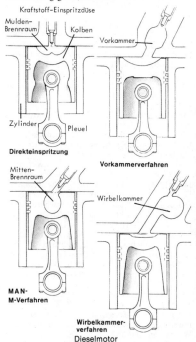

Kraftstoff-Einspritzdüse
Mulden-Brennraum
Kolben
Vorkammer
Zylinder
Pleuel
Direkteinspritzung
Vorkammerverfahren
Mitten-Brennraum
Wirbelkammer
MAN-M-Verfahren
Wirbelkammerverfahren
Dieselmotor

Wegen der hohen Verdichtung ist der D. die Wärmekraftmaschine mit dem höchsten thermischen Wirkungsgrad. Der D. arbeitet meist als Viertaktmotor, sehr kleine und sehr große D. als Zweitaktmotoren. Große und mittlere D. dienen zur Krafterzeugung in Kraftwerken, Schiffen, Lokomotiven, Triebwagen; mittlere und kleine D. in Kraftfahrzeugen, Schleppern, Bau- und Landmaschinen sowie im Kleingewerbe als Kraftmaschinen.

Dies irae [lat. ›Tag des Zornes‹], Sequenz der Totenmesse in dreizeiligen, gereimten Strophen; seit dem 13. Jh. von Italien aus verbreitet.

Diǀesis [grch.] *die*, Mz. *Diǝsen*, Kreuz, musikal. Versetzungszeichen.

Dießen a. Ammersee, Markt im Kr. Landsberg a. Lech, Oberbayern, (1981) 7500 Ew., rd. 540 m ü.M. am Südufer des Sees. Ein Augustiner-Chorherrenstift, gegr. von den Grafen von Andechs, bestand 1132–1803; Kirche (Neubau 1720–28, vollendet 1732–39 von J. M. Fischer).

Diessenhofen, Bezirksort im Kt. Thurgau, Schweiz, am Hochrhein, mittelalterl. Stadtbild, (1980) 2900 Ew.

Diesterweg, Friedrich Adolph Wilhelm, Pädagoge, * Siegen 29. 10. 1790, † Berlin 7. 7. 1866, war seit 1820 Direktor des Lehrerseminars in Moers, seit 1832 in Berlin; kämpfte für Hebung des Lehrerstandes durch bessere pädagog. Bildung und mehr soziale Anerkennung. Seine Schriften hatten großen Einfluß auf den Volksschullehrerstand im 19. Jh. In der Schulpolitik wandte er sich gegen kirchl. und starken staatlichen Einfluß. 1850 aus polit. Gründen in den Ruhestand versetzt, bekämpfte er als Landtagsabgeordneter (ab 1858) das preuß. → Regulativ von 1854.

Diesterweg, Verlag Moritz D., 1860 von Moritz Diesterweg (* 1834, † 1906; Sohn von A. Diesterweg) gegr. Schulbuchverlag; Hauptsitz: Frankfurt a.M.

Dietenberger, Johannes, Dominikaner, * Frankfurt a.M. um 1475, † Mainz 4. 9. 1537, gehörte 1530 in Augsburg zu den Verfassern der → Confutatio, wurde 1532 Prof. der Theologie in Mainz; zahlreiche asket. und polemische Schriften, dt. Bibelübersetzung.

Diether von Isenburg, Erzbischof von Mainz (seit 1459), * 1412, † Aschaffenburg 7. 5. 1482, wurde 1461 wegen Verweigerung der Palliengelder und Annaten von Pius II. abgesetzt und mußte 1463 nach heftigen Kämpfen *(Mainzer Stiftsfehde)* zugunsten Adolfs von Nassau seines Amtes entsagen. Nach dessen Tod (1475) wurde D. v. I. wiedergewählt. Er stiftete die Univ. Mainz.

Dietikon, Industriestadt im Vorortbereich von Zürich, Schweiz, an der Limmat, (1980) 21 800 Ew.

Dietlind(e) [ahd. diot ›Volk‹ und lint ›Schlange‹], weiblicher Vorname.

Dietmar [ahd. diot ›Volk‹ und mari ›berühmt‹], männl. Vorname.

Dietmar von Aist (Eist), Minnesänger (etwa 1140 bis 1171) aus niederösterr. Adelsgeschlecht. Die unter seinem Namen überlieferten, wohl nur teilweise von ihm stammenden Gedichte gehören z.T. zu den ältesten, noch nicht provenzalisch beeinflußte Minneliedern, darunter das erste dt. Tagelied.

Dietrich [ahd. diot ›Volk‹ und rihhi ›Herrscher‹], männlicher Vorname.

Dietrich, hakenförmiger Draht zum Öffnen von Schlössern, Nachschlüssel.

Dietrich, Fürsten:
Magdeburg. **1) D. Portitz,** genannt **Kagelwit,** * 1300, † 17./18. 12. 1367, wurde 1353 Bischof von Minden, 1361 Erzbischof von Magdeburg. Seit 1347 im Dienst Karls IV., verhandelte er seit 1352 mit der Kurie in Avignon, bes. wegen der Kaiserkrönung. 1360 Kanzler von Böhmen, auch Stellvertreter des Kaisers im Reich; war 1362–65 Mitregent des Markgrafen von Brandenburg.

Meißen. **2) D. der Bedrängte,** Markgraf, † 17. 2. 1221, sicherte sich durch seine geschickte Schaukelpolitik im dt. Thronstreit den Besitz der Mark Meißen (die nach dem Tod seines Bruders Albrecht als erledigtes Reichslehen eingezogen worden war), erwarb 1210 von einer Nebenlinie die Niederlausitz und begründete damit die wettin. Territorialmacht.

Dietrich, 1) Marlene, eigtl. Maria Magdalena *von Losch,* Filmschauspielerin und Sängerin, * Berlin 27. 12. 1901, seit 1924 am Deutschen Theater in Berlin und im Stummfilm, 1930 durch den Film ›Der blaue Engel‹ weltbekannt. Seit 1930 filmte sie in den USA; weitere Filme: ›Marokko‹ (1930); ›Die blonde Venus‹ (1932); ›Shanghai Express‹ (1932); ›Der große Bluff‹ (1939); ›Zeugin der Anklage‹ (1957).

2) Sixtus, Komponist, * Augsburg zw. 1492 und 1494, † St. Gallen 21. 10. 1548, wirkte in Konstanz und hatte wegen seines öffentl. Bekenntnisses zu Luther zeitlebens Schwierigkeiten, komponierte Magnificats, Antiphonen (1541) und Hymnen (1545), geistl. und weltl. Lieder.

Dietrich von Bern [das ist Verona], Gestalt der german. Heldendichtung, in der der Ostgotenkönig Theoderich d. Gr. weiterlebt. – Das Hildebrandslied setzt schon eine von der Geschichte abweichende und. Dietrichdichtung voraus, nach der D. v. B. vor Odoaker floh und 30 Jahre lang am Hof des Hunnenkönigs Etzel lebte. Das dt. Doppelepos von der ›Rabenschlacht‹ (Schlacht um Ravenna) und von ›Dietrichs Flucht‹ behandelt vor allem D. v. B.s Versuche, mit Hilfe der Hunnen sein Reich wiederzugewinnen. Als Gegner D. v. B.s tritt jetzt ein älterer Gotenkönig des 4. Jh. auf, Ermanrich. Von Ermanrichs Tod und Dietrichs Heimkehr berichtet die nord. Thidrekssaga. In das Nibelungenlied fand Dietrich als Idealgestalt des christlich-ritterl. Helden Aufnahme; im ›Wormser Rosengarten‹ und in ›Biterolf und Dietleib‹ vermischen sich Dietrich-, Siegfried- und Burgundenstoff. Märchenhafte Fabeln, die D. v. B. im Kampf mit Riesen und Zwergen und als Befreier von Jungfrauen zeigen, bestimmen die Epen von Goldemar, Ekke (›Eckes Ausfahrt‹), Sigenot, Laurin und der Jungfrau Virginal.

Dietrich von Freiberg, Theodoricus Teutonicus, Dominikaner, * um 1250. Aus der Schule des Albertus Magnus kommend, verfaßte er naturwissenschaftl. (Erklärung des Regenbogens), philosoph. und theolog. Schriften.

Dietz, Tietz, Ferdinand, Bildhauer, * (getauft)

Holtschitz (Böhmen) 5. 7. 1708, † Memmelsdorf bei Bamberg 1777, arbeitete seit 1736 im Dienst des Grafen von Schönborn in Würzburg und Bamberg, später in Brühl und Trier. WE. Skulpturen in den Parkanlagen der Schlösser Seehof (1747–49) und Veitshöchheim bei Würzburg (1763–68).

Dietze, Friedrich Carl Nikolaus Constantin von, Volkswirtschaftler, * Gottesgnaden (bei Calbe/Saale) 9. 8. 1891, † Freiburg i. Br. 21. 3. 1973, Prof. in Rostock, Jena, Berlin, seit 1937 in Freiburg i. Br., als Mitgl. der Bekennenden Kirche verhaftet; 1955–61 Präses der Generalsynode der EKD.

Dietzenbach, Stadt im Kr. Offenbach, Hessen, (1981) 25200 Ew.; elektrotechn. Industrie.

Dietzfelbinger, Hermann, evang. Theologe, * Ermershausen (Unterfranken) 14. 7. 1908, war 1955–75 Landesbischof der evang.-luther. Kirche in Bayern, 1967–73 Vorsitzender des Rates der EKD.

Dietz Verlag, Berlin, gegr. 1945, einer der führenden volkseigenen Verlage der DDR. Der Name geht auf die 1881 in Stuttgart von Johann Heinrich Dietz gegr. Firma zurück, die 1906 in den Besitz der SPD kam und mit dieser nach 1933 verboten wurde. Ihre Tradition wird seit dem Ende des 2. Weltkriegs vom Verlag *J. H. W. Dietz Nachf. GmbH,* Hannover, weitergeführt.

Dieu et mon droit [djœmɔ̃drwʹa, frz. ›Gott und mein Recht‹], der Wahlspruch der brit. Krone.

Dieu le veut [djøləvʹø, frz. ›Gott will es‹], neufrz. Wiedergabe des Kampfrufs der Kreuzfahrer auf dem 1. Kreuzzug: Deus lo volt.

Dievenow [d'ivəno], poln. **Dziwnów** [dzjʹifnuf], Gem. in der poln. Wwschaft Szczecin (Stettin), (1975) 3700 Ew., bis 1945 zum Kr. Cammin, Pommern; Seebad an der Ostsee auf der Nehrung am Ausfluß der Dievenow; Fischereihafen.

Diez, Stadt im Rhein-Lahn-Kr., Rheinl.-Pf., an der Lahn, (1981) 9300 Ew. – D. erhielt 1329 Stadtrecht; Schloß (11.–18. Jh.), Pfarrkirche (13. Jh.); nahebei Schloß Oranienstein (17. Jh.). Die *Grafen von D.,* seit dem 11. Jh. bezeugt, Anhänger der Staufer, starben 1386 aus. Seit 1607 bestand eine Linie *Nassau-Diez,* die 1815 auf den niederländ. Thron kam.

Diez, Friedrich Christian, Romanist, * Gießen 15. 3. 1794, † Bonn 29. 5. 1876; Untersuchungen über die Dichtung der Troubadours (›Die Poesie der Troubadours‹, 1826; ›Leben und Werke der Troubadours‹, 1829). Mit seiner ›Grammatik der roman. Sprachen‹ (1836–43) und seinem ›Etymolog. Wb. der roman. Sprachen‹ (1853) setzte er den Anfang zur histor. roman. Sprachwiss.; Begründer der roman. Philologie.

Diffamierung, Diffamation, Defamation [lat.], Verleumdung, Verbreitung übler Nachrede.

Differdingen, frz. **Differdange** [diferdʹaʒ], Stadt in SW-Luxemburg nahe der frz. Grenze, (1974) 18300 Ew.; Eisenverhüttung.

Differentialgeometrie, Teilgebiet der Mathematik, in dem man die Methoden der Analysis in der Geometrie anwendet. Insbes. untersucht man das Verhalten von Kurven und Flächen in der Umgebung eines Punktes.

Differential(getriebe), → Ausgleichsgetriebe.

Differentialgleichung, eine Gleichung, die eine Beziehung darstellt zw. einer (unbekannten) Funktion, den unabhängigen Veränderlichen und den Ableitungen dieser Funktion. Die Lösungen einer D. heißen ihre *Integrale.* Handelt es sich um Funktionen einer Veränderlichen, spricht man von gewöhnlichen D., bei Funktionen mehrerer Veränderlicher von partiellen D.

Differentialrechnung, mathemat. Disziplin, die nicht die Werte einer reellen Funktion in beliebigen Punkten, sondern die Änderungen dieser Werte von Punkt zu Punkt als Rechengrößen behandelt. Stellt man die Funktion in einem rechtwinkligen Koordinatensystem als ebene Kurve dar, so sind also nicht die Ordinaten der Kurve, sondern ihre ständig wechselnden Steigungen, ausgedrückt durch den jeweiligen Tangens des Steigungswinkels Gegenstand der D. Da die Kurvensteigung in einem Punkt gleich der Steigung der Kurventangente in diesem Punkt ist, wird der entscheidende Prozeß der D. ein Grenzübergang: Eine beliebige Sekante der Kurve, deren Steigung durch das Verhältnis von Ordinaten- und Abszissendifferenz ausgedrückt werden kann ($\Delta y/\Delta x$), muß in die Grenzlage einer Tangente übergeführt werden. An Stelle des *Differenzenquotienten* tritt dabei der *Differentialquotient* (die Ableitung) dy/dx. Das Berechnen des Differentialquotienten heißt *Differenzieren* oder *Differentiation.* Da der Differentialquotient selbst eine neue Funktion der Veränderlichen definiert, kann der Prozeß der Grenzwertbildung wiederholt werden. Auf diese Weise gelangt man zu Ableitungen höherer Ordnung. Die D. findet dort Anwendung, wo Gesetze zw. stetig veränderl. Größen untersucht werden, z. B. bei ungleichförmig bewegten Körpern. – Die D. wurde am Ende des 17. Jh. durch Leibniz und Newton (unabhängig voneinander) entwickelt.

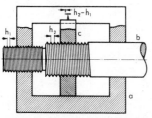

Differentialschraube: a Rahmen, b Gewindeschaft, c Mutter, h_1 kleinere, h_2 größere Ganghöhe, $h_2 - h_1$ Weg der Mutter bei einer Umdrehung des Gewindeschafts

Differentialschraube, Differenzschraube, koaxiale Doppelschraube mit zwei Gewinden unterschiedlicher Steigung. Die Drehung des einen Gewindeteils ruft eine nur geringe axiale Verschiebung des anderen Gewindeteils hervor. Anwendung: Feinverstellung bei Geräten oder Erzeugung großer Kräfte.

Differentiation, → Differentialrechnung.

Differentiator, mathemat. Gerät zum Bestimmen von Tangentenrichtungen an Kurven, z. B. *Spiegellineal.*

Differenz [lat.], **1)** Unterschied.
2) meist *Mz.,* Meinungsverschiedenheit.
3) Ergebnis einer Subtraktion.

Differenzgeschäft, ein auf Lieferung von Waren oder Wertpapieren gerichteter Vertrag, bei dem nicht eine effektive Erfüllung erfolgen soll, sondern nur die Differenz zw. dem vereinbarten Preis und dem Börsen- oder Marktpreis am Erfüllungstag an den gewinnenden Teil zu zahlen ist. D. sind nur im Börsenhandel klagbar. Sonst fallen D. gemäß § 764 BGB unter den Begriff des Spiels.

Differenzierung, 1) Biologie: in der Einzelentwicklung eines Lebewesens das Verschiedenwerden der Teile eines menschl., tierischen oder pflanzl. Organismus, eines Eies, eines Furchungsstadiums, einer Körpergrundgestalt, einer Organanlage, eines Gewebes. Aus Isolierungsversuchen läßt sich schließen, ob von einem Keimteil eine Selbst-D. oder eine D. durch Nachbarschaftswirkung geleistet wird. In der Stammesentwicklung bedeutet D. die Herausbildung ungleichartiger Formen aus urspr. gleichartigen, z. B. die Aufspaltung systematischer Einheiten.
2) Soziologie: als soziale D. die Entstehung versch. Berufe und Teilgruppen in einer urspr. gleichartigen Gruppe (Entwicklung der arbeitsteiligen Gesellschaft).

Differenzträgerverfahren, Verfahren zum Tonempfang beim Fernsehen, wobei im Empfänger für Bild- und Tonsignal ein gemeinsamer Zwischenfrequenzteil verwendet wird.

difficile est satiram non scribere [lat. ›schwer ist es, (darüber) keine Satire zu schreiben‹], geflügeltes Wort aus Juvenals Satiren I, 30.

diffizil [lat.], schwierig, heikel.

Diffraktion [lat.], veraltet für Beugung.

diffus [lat.], zerstreut, allseitig ohne scharfe Grenzen; *diffuses Licht,* Licht ohne einheitl. Strahlenrichtung, daher ohne Schlagschatten.

Diffusion [lat. ›Ergießung‹, ›Ausbreitung‹], **1)** Physik, Chemie: Stehen mischbare Stoffe unterschiedl. Zusammensetzung miteinander in direktem Kontakt, so kommt es infolge der Wärmebewegung der einzelnen Moleküle (also ohne äußere Einflüsse) zu einem Teilchentransport, der zur Gleichgewichtsdurchmischung führt. Auch feste Körper diffundieren, wenn auch sehr langsam, ineinander. Die Beschleunigung der D. durch Wärme wird beim *Diffusionsglühen* zur Verbindung von Metallen oder Legierungsschichten ausgenutzt. Einseitige D. ist auch das langsame Durchtreten von Flüssigkeiten (Lösungen) und Gasen durch poröse Wände, z. B. aus gebranntem Ton, oder Membranen aus Kollodium, tierischer Haut, bei Flüssigkeiten auch Osmose genannt. Leichte Moleküle diffundieren wegen ihrer größeren Molekulargeschwindigkeit schneller als schwere. Besteht der diffundierende Stoff aus verschieden schweren Teilchen, so kann durch die D. eine teilweise Entmischung der Teilchen eintreten. Diese Methode der *Diffusionstrennung* wird im großtechn. Ausmaß dazu benutzt, die Uranisotope U 234, U 235 und U 238 voneinander zu trennen.

2) Biologie, Physiologie: die treibende Kraft der Stoffverteilung innerhalb der Zellen oder zw. benachbarten Zellen, wobei räumliche Konzentrationsunterschiede der diffundierenden Stoffarten die Wanderung der Moleküle durch D. beschleunigen.

3) Soziologie: im ethnosoziologischen Sinn die Ausbreitung von Kulturelementen.

Diffusionsnebelkammer, der Wilsonschen Nebelkammer ähnliche Anordnung zum Sichtbarmachen von Elementarteilchenbahnen mit Hilfe von Kondensstreifen in übersättigten Dämpfen.

Diffusionspumpe, eine von dem dt. Physiker W. Gaede 1913 erfundene Pumpe zum Erzeugen niedriger Drücke (bis 10^{-10} mbar) in abgeschlossenen Gefäßen. In einem Siedegefäß werden Quecksilber, Öl, Phthalsäureester, Polyphenyläther, Perfluoralkylpolyäther o. a. verdampft. Die Dämpfe steigen hoch, werden von einer Haube umgelenkt und nehmen dabei durch Diffusion aus dem auszupumpenden Gefäß Gasmoleküle mit. Der Dampf wird am Kühlmantel kondensiert, das Gas von der Vorvakuumpumpe abgesaugt.

Diffusor [lat.], in der Strömungsrichtung sich stetig erweiternder, geschlossener Kanal zur Umsetzung von Geschwindigkeitsenergie in Druckenergie (Umkehrung der Düse).

Digallussäure, → Depside.

Digamma, geschrieben ϝ, der 6. Buchstabe des ältesten grch. Alphabets; es bezeichnet den Laut [v]. Das D. ist in den altgrch. Mundarten zu versch. Zeiten geschwunden.

Digenie [grch.], der Generationswechsel.

Digenis Akrítas [ngrch. ðijɛnʹis-], grch. Epos aus dem 10./11. Jh., in fünf Varianten überliefert; wichtiges Literaturzeugnis des grch. MA.

Digest [dʹaɪdʒest], engl. aus lat. digesta ›Sammlung‹] *der,* 1) amerikan. Sammlung von Gerichtsentscheidungen.

2) Zusammenstellung von Auszügen aus Veröffentlichungen, z. B. ›Reader's Digest‹.

Digestion [lat.], 1) Auszug (Extraktion) von zerkleinerten Drogen mit einem Lösungsmittel bei mäßiger Wärme (etwa 40° C).

2) Verdauung.

Diggelmann, Walter Matthias, Schriftst., * Zürich 5. 7. 1927, † ebd. 29. 11. 1979, war ein politisch engagierter, häufig Kritik an der Schweiz übender Erzähler und Dramatiker.

WE. Romane: Die Hinterlassenschaft (1965); Freispruch für Isidor Ruge (1967); Die Vergnügungsfahrt (1969); Ich heiße Thomy (1973); Aber den Kirschbaum, den gibt es (1976); Der Reiche stirbt (1977).

Digimatik, einfache Form der Datenverarbeitung auf der Grundlage von Zählprozessen.

digital [lat.], 1) den Finger betreffend, mit dem Finger.

2) stufenförmig, in Einzelschritte aufgelöst; Ggs.: *analog* (stufenlos, stetig). – Bei der Informationsverarbeitung werden Daten digital oder analog dargestellt. Bes. wichtig ist digitale Darstellung durch binäre Zeichen. Veränderungen von digital dargestellten Werten erfolgen in Sprüngen (z. B. *Digitaluhr*).

Digitalis [lat.], Pflanzengatt., → Fingerhut. *Digitalispräparate,* Glykoside bes. aus den Blättern von *D. purpurea* (Digitoxin) und *D. lanata* (Digoxin), Arzneimittel zur Behandlung der Herzschwäche; sie regeln die Herztätigkeit.

Digitaloide, den Digitalisglykosiden in ihrer Wirkung verwandte Glykoside anderer Pflanzen, z. B. von Strophantus und Meerzwiebel.

Digitaluhr, eine Uhr mit Zifferanzeige, wobei die Ziffern sprungweise schalten. Ggs.: *Analoguhr* mit kontinuierlicher Anzeige durch Zeiger.

Diglossie [grch. ›Zweisprachigkeit‹], Nebeneinander zweier verschiedener Sprachen (Bilinguität) oder zweier Formen (Hoch- oder Standard-

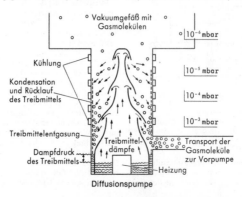

Diffusionspumpe

und Umgangssprache) derselben Sprache in einer Sprachgemeinschaft.

Digne [diɲ], Hauptstadt des frz. Dép. Alpes-de-Haute-Provence, (1975) 14900 Ew.; Kirche Notre-Dame-du-Bourg (13./15. Jh.), Kathedrale (15. Jh.).

Dignitär, Dignitar [lat.], Würdenträger; Kath. Kirche: Inhaber eines höheren Kirchenamts.

Digul, größter Fluß auf der Südseite von West-Irian, Neuguinea, mündet mit sumpfigem Delta in die Arafurasee; bis zum Gebirgsfuß schiffbar.

digyn [grch.] heißt eine Blüte mit zwei Griffeln.

DIHT, Abk. für Deutscher Industrie- und Handelstag.

Dihybride [grch.], Biologie: Mischling, dessen Eltern sich in 2 Erbmerkmalen unterscheiden.

Diisocyanate, organ. Verbindungen mit zwei Isocyansäure-Gruppen −N=C=O im Molekül, hergestellt aus Diaminen und Phosgen.

Dijodthyrosin, Jodgorgosäure, biolog. Vorstufe von *Thyroxin* und *Trijodthyronin,* Hormone der Schilddrüse.

Dijon [diʒˈɔ̃], Hauptstadt des frz. Dép. Côte-d'Or und der Region Burgund, (1975) 150300 Ew.; Universität (gegr. 1722). D. ist Handelsmittelpunkt für Burgunderweine und Senf und hat vielseitige Industrie. – Im herzogl. Palais (1682) ist heute eines der bedeutendsten Museen Frankreichs; Kirche Notre-Dame (13. Jh.), Kathedrale (13. Jh.; Krypta 11. Jh.), St. Michel (16. Jh.); viele Bürger- und Adelshäuser bes. aus dem 15. und 16. Jh. In der *Chartreuse de Champmol* (gegr. 1383, Grabstätte der Valois-Herzöge) Bildwerke des niederländ. Bildhauers Claus Sluter. – D., das antike *Divio,* kam 1016 an das Hzgt. Burgund und wurde dessen Hauptstadt, bes. 1364–1477 erlebte es eine kulturelle Blütezeit.

Dika-Fett, Oba\|öl, Wildmango\|öl, Samenfett der verschiedenen westafrikan. Irvingiaarten, der Kakaobutter ähnlich, dient als Nahrungsfett und zur Seifenfabrikation.

Dikasterion [grch.] *das,* altgrch. Volksgericht, bes. in Athen.

Dik-Diks, Gattung der Böckchen.

Dike [grch.] bei den Griechen die rechte Ordnung, die vergeltende Gerechtigkeit, in göttl. Gestalt, Tochter des Zeus und der Themis.

diklin [grch.], eingeschlechtig; dikline Blüten enthalten entweder nur Staubblätter oder nur Fruchtblätter.

Di\|kotyledonen, Dicotyledoneae [grch.], die Zweikeimblättrigen (Pflanzen).

Diktat [lat.], 1) Nachschrift, Niederschrift nach Gesprochenem. 2) strikter Befehl.

Diktator, 1) lat. *Dictator,* im frühen röm. Staatsrecht ein außerordentlicher, bes. in Notzeiten von einem Obermagistrat ernannter Beamter mit unbeschränkten Befugnissen, der mit seinem Gehilfen *(magister equitum)* nach Erfüllung seines Auftrages, spätestens jedoch nach 6 Monaten, abtreten mußte. 2) in der Neuzeit der Inhaber unumschränkter Macht im Staat.

Diktatur [lat.], 1) die Ausübung unbeschränkter Macht durch eine oder mehrere Personen, bes. im Staat. Zu unterscheiden sind: 1) die vorübergehende Vereinigung außerordentl. Machtbefugnisse zur Überwindung von Notlagen; 2) die dauernde Konzentration der gesamten Macht in der Hand eines einzelnen oder einer Gruppe, häufig mit ideolog. Begründung (z. B. Diktatur des Proletariats). Im allg. Sprachgebrauch wird D. (als permanentes Herrschaftssystem) als Gegenbegriff zur Demokratie gebraucht.

Eine klass. Form der vorübergehenden Notstands-D. war im alten Rom die (zeitlich begrenzte) Einsetzung eines Diktators. – In den parlamentarisch-demokrat. Staaten nennt man D. *(Notstands-D.)* heute die dem Staatsoberhaupt oder einem anderen Staatsorgan kraft der Verfassung eingeräumte Befugnis, bei einer Störung der inneren oder äußeren Sicherheit Maßnahmen zur Aufrechterhaltung der öffentl. Ordnung zu treffen (z. B. Ausnahmezustand, Belagerungszustand).

Die D. als Dauerherrschaft ist verbunden mit der Unterdrückung der Opposition sowie der Beseitigung der verfassungsmäßigen Grund- und Mitwirkungsrechte der Bürger, soweit sie vorher vorhanden waren. Sie stützt sich meist auf eine bevorrechtigte Partei, auf das Militär, das Proletariat o. ä. Die national- und sozialrevolutionären Bewegungen des 20. Jh. (Faschismus, Nationalsozialismus, Kommunismus) entwickelten die Form der totalitären D. (→ Totalitarismus).

LIT. C. J. Friedrich: Totalitäre D. (dt. 1975, m. Lit.).

2) im Dt. Reich bis 1806 und ähnlich noch auf dem Frankfurter Bundestag die förml. Mitteilung von Schriftstücken, die erst dadurch Teile der Reichs- oder Bundesakten wurden, durch das Reichsdirektorium (Bundespräsidium) an die Reichstags-(Bundestags-)Gesandtschaften.

Diktatur des Proletariats, ein von L. A. Blanqui 1837 geprägter, von Marx übernommener Begriff, der die Herrschaftsform des Proletariats in der Übergangsphase zwischen der proletar. Revolution und der klassenlosen Gesellschaft kennzeichnen soll. Im Gefolge der sozialistischen Revolution siegreiche Proletariat gebraucht nach W. I. Lenin die Diktatur des Proletariats, um den Widerstand der Ausbeuterklasse zu unterdrücken und die werktätigen Massen zu leiten. Diese Herrschaftsform wurde in der Stalinschen Verfassung von 1936 als allein gültige Herrschaftsform verankert. Die 1977 angenommene Verfassung der UdSSR ersetzt die Wendung ›D. d. P.‹ durch ›allg. Volksstaat‹.

Diktaturparagraph, der Art. 48 der Weimarer Reichsverfassung. Er räumte dem Reichspräs. unter best. Voraussetzungen umfangreiche exekutive und legislative Befugnisse ein, so die Verfügungsmacht über die Streitkräfte und die Möglichkeit der Rechtsetzung ohne Inanspruchnahme des Reichstages.

Diktiergerät, elektroakustisches Gerät zum magnet. Aufzeichnen, Speichern und Wiedergeben gesprochener Texte auf Tonträger (Band). Der wiedergegebene Text wird durch Kopfhörer abgehört.

Diktion [lat.], Ausdrucksweise, Stil.

Diktonius, Elmer, finnlandschwed. Schriftst., * Helsinki 20. 1. 1896, † ebd. 23. 9. 1961, schrieb expressionist., vor allem in den Frühwerken sozialrevolutionäre Lyrik und Prosa.

Diktys von Knossos, Verfasser eines Romans über den Trojan. Krieg (lat. Bearbeitung des in Bruchstücken erhaltenen grch. Originals von Lucius Septimius, wohl 4. Jh. n. Chr.); neben Dares Phrygius Hauptquelle der mittelalterlichen Bearbeitungen des Trojan. Krieges.

Dilatation [lat.], **1)** Ausdehnung (Verlängerung) eines Körpers durch äußere Kräfte.
2) krankhafte Erweiterung eines Hohlorganes (Herz, Magen) sowie künstl. Erweiterung eines Kanals (Harnröhre, Gebärmutterhalskanal) mittels *Dilatatoren* (Stifte, spreizbare Instrumente u. ä.). – Muskeln, die Organöffnungen oder Gefäße erweitern, heißen ebenfalls Dilatatoren.

Dilation [lat.], Aufschub; **dilatorisch,** aufschiebend, verzögernd; → Einrede.

Dilatometer, in Dehnungsmesser.

Dilemma [grch. ›zweifache Voraussetzung‹] *das,* schwierige Wahl (zw. zwei Übeln), Zwangsentscheidung, Zwangslage.

Dilettant [von ital. dilettare ›ergötzen‹], Nichtfachmann, Laie, der sich mit Kunst oder Wissenschaft beschäftigt.

Diligentia [lat.], Sorgfalt, *D. boni patris familias,* die Sorgfalt eines guten Familienvaters, die im Verkehr erforderliche Sorgfalt (§ 276 BGB). D. ist der Maßstab für die Bestimmung der → Fahrlässigkeit.

Dilke [dılk], Sir Charles Wentworth, brit. Politiker und Schriftst., * London 4. 9. 1843, † ebd. 26. 1. 1911; der Titel seines Buches ›Greater Britain‹ (2 Bde., 1868) wurde zum Schlagwort des britischen Imperialismus.

Dill [ahd. tilli], **Dillfenchel, Till, Ille, Gurkenkraut, Anethum graveolens,** in S-Europa heimischer, einjähriger Doldenblüter, 60–125 cm hoch, mit weißstreifigem Stengel und fiederteiligen Blättern. D. enthält ein würziges äther. Öl, weshalb die jungen Triebe als Würze verwendet werden.

Dill, rechter Nebenfluß der Lahn, 68 km lang, fließt von der Haincher Höhe im südl. Rothaargebirge nach SO und mündet bei Wetzlar.

Dillenburg, Stadt im Lahn-Dill-Kr., Hessen, (1981) 23 500 Ew.; Stadtkirche (1490–1501), altes Rathaus (1724), Fachwerkhäuser. Edelstahlwerk u. a. Industrie. – Die Siedlung erhielt 1344 Stadtrecht. Sie gehörte zum Stammbesitz der Grafen von Nassau, 1866 kam sie an Preußen. Das Schloß, Geburtsstätte Wilhelms von Oranien, zerstörten 1760 die Franzosen. Oranisches Museum im Wilhelmsturm (1872–75).

Dillenie [n. dem Botaniker J. J. Dillenius, * 1684, † 1747], **Rosenapfel, Dillenia,** Bäume

und Sträucher SO-Asiens; die Kelchblätter umwachsen kohlkopfartig die Frucht, die ein apfelähnliches Obst liefert.

Dillingen, 1) D. a. d. Donau, Kreisstadt in Bayern, Große Kreisstadt, (1981) 15 900 Ew. – D., eine alte alemann. Siedlung, kam 1257 von den Grafen von D. an das Hochstift Augsburg, war schon 1264 Stadt und fiel 1802 an Bayern. Das Schloß war vom 15. bis ins 18. Jh. Residenz der Bischöfe von Augsburg. 1554–1804 hatte D. eine Universität (1565 bis 1773 in den Händen der Jesuiten); Barockkirchen.
2) D./Saar, Stadt im Kr. Saarlouis, Saarland, (1981) 20 700 Ew., Eisenhütten.

Dilthey, Wilhelm, Philosoph, * Biebrich (heute Wiesbaden) 19. 11. 1833, † Seis am Schlern 1. 10. 1911, Prof. in Basel, Kiel, Breslau, seit 1882 in Berlin; Hauptvertreter einer hermeneutischhistorisch orientierten, wissenschaftl. Lebensphilosophie. In kritischer Auseinandersetzung bes. mit G. W. F. Hegel von der Grundannahme der Geschichtlichkeit des Menschen, der gesellschaftl. Ordnungen und des geistigen Lebens ausgehend, strebte D. eine systemat. Grundlegung der Geisteswiss. als Erfahrungswiss. der geistigen Erscheinungen an, durch die er deren methodisch-erkenntnistheoretische Selbständigkeit gegenüber den Naturwiss. zu sichern suchte. (›Einleitung in die Geisteswiss.‹, 1883). Als spezif. Methode der Geisteswiss. beschrieb er das auf ›Erleben‹ zurückgehende ›Verstehen‹ im Rahmen einer als Hermeneutik bezeichneten Kunst der wissenschaftl. Deutung. Als wesentl. Grundlagen der Geisteswiss. sah er eine von der herrschenden naturwissenschaftl., kausal-erklärend vorgehenden Psychologie (W. Wundt) abgehobene, verstehende oder beschreibende Psychologie an (›Ideen über eine beschreibende und zergliedernde Psychologie‹, 1894). Von seiner Lehre ging die Schule einer geisteswissenschaftlich orientierten Philosophie aus (bes. G. Misch, H. Nohl, E. Spranger, Th. Litt, H. Freyer, O. F. Bollnow).
WE. Das Leben Schleiermachers (1870); Das Erlebnis und die Dichtung (1905); Weltanschauung und Analyse des Menschen seit Renaissance und Reformation (1913); Von dt. Dichtung und Musik (1933).
LIT. O. F. Bollnow: D. (³1967).

Diluvium [lat. ›Überschwemmung‹, ›Wasserflut‹], Bezeichnung für das quartäre Eiszeitalter, das Pleistozän. (→ Eiszeit).

dim., Abk. für → diminuendo.

Dimension [lat.], **1)** Ausdehnung, Ausmaß.
2) Geometrie: die kleinste Anzahl von Koordinaten, mit denen die Punkte eines Gebildes beschrieben werden können. Eine Linie hat eine, eine Fläche zwei, ein Körper drei D. Die Punkte eines n-dimensionalen Raumes benötigen n Koordinaten zu ihrer Beschreibung.
3) Physik: die Beziehung einer physikal. Größe zu den Grundgrößen eines Maßsystems; z. B. ist Länge/Zeit (L/T) die D. der Geschwindigkeit. Alle relativen Größen sind *dimensionslos.*

Dimensions|analyse, Verfahren zur Überprüfung der formalen Richtigkeit von Beziehungen zw. physikal. Größen. Da Vorgänge allgemein durch Gleichungen beschrieben werden können, die für die Meßzahlen, die Einheiten und deren Dimensionen gelten, läßt sich gegebenenfalls von der Dimensionsgleichung über die Einheiten bis auf konstante Faktoren auf den Zusammenhang beteiligter Größen schließen.

Dimere [grch.] *das,* Molekulargenetik: Doppelmoleküle (→ Dimerisation).

Dimerie [grch.], Genetik: Zusammenwirken von zwei gleichsinnig wirkenden Genen als Ursache für ein bestimmtes erbliches Merkmal.

Dimerisation, Dimerisierung, Vereinigung zweier gleicher Moleküle zu einem größeren.

Dimeter [grch.] *der,* antike Metrik: eine Verszeile, die aus zwei Metren besteht, z. B. der iambische D.: ∪–∪–/∪–∪– Das Wasser rauscht, das Wasser schwoll.

Di|methyl|amin, ammoniakähnlich riechendes Gas, starke organ. Base, leicht löslich in Wasser; wichtig für viele Synthesen zur Einführung der *Dimethylamino-Gruppe* – N(CH₃)₂.

Di|methyl|anilin, Zwischenprodukt für Farbstoffe. Herstellung aus Anilin, Salzsäure und Methanol.

Di|methylformamid, Abk. **DMF,** Ameisensäuredimethylamid, Lösungsmittel für Polyacrylnitril. Viele chem. Reaktionen werden in DMF günstig beeinflußt.

Di|methylsulfoxid, Abk. **DMSO,** farb- und geruchlose Flüssigkeit; ausgezeichnetes Lösungsmittel für viele Stoffe. Dringt mit außergewöhnlicher Leichtigkeit durch die Haut ein und kann dabei andere Arzneimittel transportieren.

diminuendo [ital.], Abk. **dim.,** Zeichen >, Musik: abnehmend an Klangstärke.

Diminution [lat.], Musik: **1)** Verkürzung eines Themas durch Verwendung kleinerer Notenwerte (Verkleinerung; Ggs.: Augmentation);
2) die (oft bei der Ausführung improvisierte) variierende Verzierung eines Stückes durch Umspielung der Melodienoten;
3) die Beschleunigung des Tempos durch Wertminderung der Noten in der Mensuralmusik.

Diminutivum, Deminutivum [lat.], die Verkleinerungsform der Substantive und Adjektive (z. B. ›Bäumchen‹, ›Fräulein‹).

Dimissoriali|en, Dimissori|en, lat. **litterae dimissoriales, Dimissoriae,** Entlaßschein, durch den der zuständige Geistliche einem anderen geistl. Amtsträger eine kirchl. Handlung (z. B. Eheassistenz durch einen nicht zuständigen Priester) freigibt.

Dimitrij [vgl. Dmitrij], russ. männl. Vorname.

Dimitrijević [–vitsj], Dragutin, genannt **Apis,** serb. Offizier, * Belgrad 17. 8. 1876, † (hingerichtet) Saloniki 14. 6. 1917; führend an der Ermordung von König Alexander Obrenović und seiner Frau Draga (1903) beteiligt; gründete 1911 den Geheimbund Schwarze Hand, als dessen Chef er das Attentat auf den österr.-ungar.

Thronfolger Franz Ferdinand in Sarajevo (28. 6. 1914) organisierte; zu Unrecht eines Mordversuchs gegen den Prinzregenten Alexander beschuldigt, wurde er nach dem ›Saloniki-Prozeß‹ erschossen; 1953 in einem ›zweiten Saloniki-Prozeß‹ rehabilitiert.

Dimitrow, Georgi Michajlowitsch, bulgar. Politiker (KP), * Kowatschewiza (b. Pernik) 18. 6. 1882, † bei Moskau 2. 7. 1949, Drucker, 1919 an der Gründung der bulgar. KP beteiligt, nahm führend an bewaffneten Aufständen teil. Nach dem Verbot seiner Partei (1923) im Ausland, wurde er 1933 im Dtl. im Prozeß um den Reichstagsbrand von der Anklage der Brandstiftung freigesprochen. Gen.-Sekr. der Komintern (1935–44) in Moskau. 1946–49 war er MinPräs. von Bulgarien.

Dimitrowgrad, 1) bis 1972 *Melekess,* Industriestadt im Gebiet Uljanowsk, Russ. SFSR, Hafen am Kujbyschewer Stausee, (1976) 97 000 Ew.; Kernkraftwerk.
2) 1947 gegr. Industriestadt in Bulgarien, im Braunkohlengebiet, (1970) 45 200 Ew.

Dimitrowo, 1949–62 Name von → Pernik.

Dimmer [engl.] *der,* stufenloser Helligkeitsregler für elektr. Glühlampen, meist mit dem Schalter kombiniert.

Dimona, 1955 gegr. Entwicklungsstadt in nördl. Negev, in Israel, (1971) 26 300 Ew.

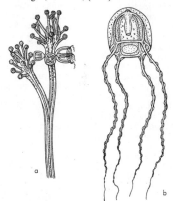

Dimorphismus: Generationsdimorphismus; a Polypenstöckchen (vegetative Generation) mit knospenden Medusen, b Meduse (Geschlechtsgeneration) des Hohltieres Syncoryne fruticosa (nach Allmann)

Dimorphismus, Biologie: Ausbildung von 2 Formen einer Art oder eines Organs. Im Entwicklungsverlauf mancher Tiere und Pflanzen treten versch. gestaltete Generationen auf: *Generations-D.,* z. B. bei Polyp und Meduse, Farnpflanze und Prothallium. Bei *sexuellem D.* sehen Männchen und Weibchen der gleichen Tierart, männl. und weibl. Pflanzen oder Blüten derselben Art verschieden aus. *Saison-D.,* das Auftreten einer nach Farbe und Form verschiedenen

Frühjahrsgeneration bei manchen Schmetterlingen, z. B. beim Landkärtchen.

Dimow, Dimitär, bulgar. Schriftst., * Lowetsch 25. 6. 1909, † Bukarest 1. 4. 1966; Dramen, Romane, bes. ›Tabak‹ (1951, dt.), eine episch breite Darstellung der bulgarischen Gesellschaft des 20. Jh.

Din, Abk. für den jugoslaw. Dinar.

DIN, urspr. Abk. für *Deutsche Industrie-Norm,* seit 1975 Abk. für *Deutsches Institut für Normung e.V.,* das seit 1926 *Deutscher Normenausschuß (DNA)* hieß und aus dem 1917 gegr. *Normalienausschuß für den allg. Maschinenbau* hervorging, Sitz: West-Berlin. Die vom DIN aufgestellten Normen werden in numerierten Normblättern veröffentlicht. Das Zeichen DIN ist ein eingetragenes Warenzeichen, das von allen Gewerbetreibenden benutzt werden kann, deren Erzeugnisse den DIN-Normen genügen (DIN 31).

Dinan [din'ã], Stadt im frz. Dép. Côtes-du-Nord, (1975) 16400 Ew.; von mittelalterl. Mauern und Türmen umgebene Altstadt; got. Kirche St.-Sauveur; Schloß (14./15. Jh.).

Dinant [din'ã], Stadt in der belg. Prov. Namur, (1976) 9800 Ew., unterhalb des Maasdurchbruchs durch die Ardennen. – Die strategisch wichtige Stadt war seit dem 14. Jh. Mitglied der Hanse.

Dinar [zu lat. Denarius], Währungseinheiten in Algerien, Irak, Jemen (VR), Jordanien, Jugoslawien, Kuwait, Libyen und Tunesien. Kleine Währungseinheit im Iran.

dinarische Rasse, → Europide.

Dinarisches Gebirge, serbokroat. **Dinarsko Gorje,** erstreckt sich von den Ostalpen in südöstl. Richtung durch Jugoslawien bis zu den Alban. Alpen, verkarstet, größtenteils aus Kalk aufgebaut (*Dinara* 1831 m).

Dine [daɪn], Jim, amerikan. Maler und Graphiker, * Cincinnati (Ohio) 16. 6. 1935, nahm seit 1959 an den ersten Happenings in New York teil, beeinflußte in London die engl. Pop Art.

Diner [din'e :, frz.] *das,* 1) Hauptmahlzeit. 2) Festessen.

Diners Club Inc. [d'aɪnəz klʌb-], Sitz: New York, 1951 gegr. Firma für Kreditkarten.

DIN-Formate, genormte Papierformate mit dem Urformat A0=1 m² Fläche. Das Verhältnis der langen zur kurzen Bogenkante beträgt bei jedem DIN-F. $\sqrt{2}$: 1. Die Formate der A-Reihe gelten für unabhängige Papiergrößen wie Briefbogen, die Reihen B und C für abhängige Papiergrößen wie Briefhüllen.

For-mat-bez.	Reihe A mm	Reihe B mm	Reihe C mm
0	841 × 1189	1000 × 1414	917 × 1297
1	594 × 841	707 × 1000	648 × 917
2	420 × 594	500 × 707	458 × 648
3	297 × 420	353 × 500	324 × 458
4	210 × 297	250 × 353	229 × 324
5	148 × 210	176 × 250	162 × 229
6	105 × 148	125 × 176	114 × 162

Ding, 1) Gegenstand, Sache.
2) Philosophie: die konkretsinnliche Einzelerscheinung; i. w. S. auch der Gegenstand der Vorstellung oder Erkenntnis.

Ding, nordgerman. **thing,** die german. und frühe dt. Volks- und Gerichtsversammlung, in den skandinav. Ländern noch heute die Volksvertretung (*Althing, Folketing*). Das D. fand unter freiem Himmel, stets am Tage (*Tagding,* daher Taiding), zu bestimmten Terminen und an hergebrachtem Ort statt (*Dingstätte),* wo sich die Dingmannen versammelten; es diente zugleich als Heeresmusterung und Opferstätte. Durch die ›Hegung‹ des D. wurde der *Dingfrieden* geboten; feierliche Formen verrieten den relig. Ursprung. Polit. Beratungen wechselten ab mit Gerichtsverfahren. Seit der fränk. Zeit wurde die *echte D.* unter dem Vorsitz des Grafen vom *gebotenen D.* unterschieden, bei dem nur noch die

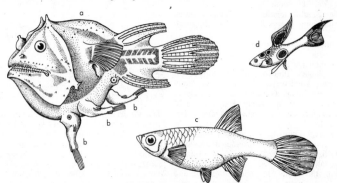

Dimorphismus: (links) Tiefsee-Anglerfisch, Weibchen (a) mit 3 Zwergmännchen (b); (rechts) Guppy, Weibchen (c) und Männchen (d)

Schöffen unter der Leitung des Schultheißen tagten; daraus entwickelten sich Hoch- und Niedergerichtsbarkeit. Das D. konnte 3 Tage oder länger, die *Dingfrist* bis zur nächsten Tagung 40 Nächte (fränkisch) oder 6 Wochen und 3 Tage (sächsisch) dauern. Später wurde die *Dingpflicht* mehr und mehr ständisch und sachlich differenziert und endlich durch die obrigkeitl. Justiz des Territorialstaats verdrängt.

Ding an sich, Erkenntnistheorie: a) traditionell das von der sinnl. Erkenntnis ungetrübte, nur dem reinen Denken zugängl. Sein. b) im transzendentalen Idealismus (I. Kant) das lediglich denkbare, aber unerkennbare, von der Beziehung auf das menschl. Erkenntnisvermögen losgelöste ›absolute Beschaffenheit‹ von Seiendem.

Dingelstedt, Franz Frhr. von (1876), Schriftst. und Theaterleiter, * Halsdorf (Bez. Kassel) 30. 6. 1814, † Wien 15. 5. 1881, stand urspr. den Jungdeutschen nahe, ein Meister der polit. Satire (›Lieder eines kosmopolitischen Nachtwächters‹, anonym 1841); 1851 Intendant des Hoftheaters in München, 1857 Generalintendant in Weimar, 1867 Direktor der Oper, 1870 des Burgtheaters in Wien (Aufführungen bes. von F. Hebbel und W. Shakespeare); weitere Gedichte, Romane, Erz., Dramen.

Dinggedicht, Gedichtform, die einen sinnlich faßbaren Vorwurf (Skulptur, Bild, alltägl. Gegenstand) beschreibt und deutet; so z. B. Werke von E. Mörike (›Auf eine Lampe‹), C. F. Meyer (›Der römische Brunnen‹), R. M. Rilke (›Römische Fontäne‹, ›Der Panther‹ u. a.).

Dingi [Bengali], **Dinghi,** kleinstes Beiboot auf Schiffen, zum Rudern oder Segeln durch einen Mann eingerichtet, trägt 2–3 Mann.

Dingla, Gebirgspaß im Transhimalaya (Tibet), mit 5885 m der höchste Karawanenweg der Erde.

Dingler, Hugo, Philosoph und Mathematiker, * München 7. 7. 1881, † ebd. 29. 6. 1954; war 1920–32 Prof. ebd., 1932–34 in Darmstadt. D.s Werk gilt der erkenntnistheoret. Grundlegung der exakten Wiss. (Mathematik, Physik) im Sinn des von ihm mitbegr. Operationismus.

dingliches Recht, Sachenrecht: absolutes, subjektives Recht, das eine unmittelbare Herrschaft über eine Sache gewährt und durch besondere (dingliche) Ansprüche gegenüber jedem Dritten geschützt ist, z. B. Eigentum, Pfandrecht; *dingliche Klage,* Klage, deren Inhalt die Geltendmachung eines d. R. ist.

Dinglinger, Johann Melchior, Goldschmied und Emailleur, * Biberach (Württ.) 26. 12. 1664, † Dresden 6. 3. 1731; war seit 1698 Hofgoldschmied Augusts des Starken. Aus seiner Werkstatt sind zahlreiche barocke Prunkstücke, Tafelaufsätze u. a. hervorgegangen. Sie befinden sich im Grünen Gewölbe in Dresden.

Dingo, Warragal, Canis lupus familiaris dingo, verwilderter Haushund Australiens, mit rotbraunem, an den Seiten dunklerem Fell, kleinen Ohren und spitzer Schnauze; etwa schäferhundgroß.

Dingolfing, Kreisstadt des Kr. Dingolfing-Landau, Niederbayern, (1981) 13700 Ew. Altstadt, 364 m ü. M. rechts der Isar; links der Isar Industrieansiedlung. – D. erhielt 1274 Stadtrecht; Pfarrkirche (1467–1522) in der Unterstadt, Herzogsburg (15. Jh.) in der Oberstadt.

Dingolfing-Landau, Landkreis im RegBez. Niederbayern; Kreisstadt: Dingolfing.

DIN-Grade, bis 1964 gültig für heute in DIN-Zahlen angegebene → Empfindlichkeit von photographischem Material.

Dingwort, das Substantiv.

Dinka, Nilotenvolk im Überflutungsgebiet des oberen Nil, S-Sudan.

Dinkel *der,* **Spelz, Spelt, Fesen, Vesen, Schwabenkorn,** *Triticum spelta,* Weizenart, bei der die Spelzen fest mit dem Korn verwachsen sind. Der anspruchslose, winterharte D. wird noch in rauhen Gebirgslagen angebaut; unreif wird D. zur Gewinnung von Grünkern geerntet.

Dinkelsbühl, Stadt im Kr. Ansbach, Bayern, 440 m ü. M. an der Wörnitz, (1981) 10800 Ew. Das mittelalterliche Stadtbild (Befestigungen, 14./15. Jh., Fachwerkgiebelhäuser), St.-Georgs-Kirche, 1448–99, eine der großartigsten Hallenkirchen Dtl.s) bringt regen Fremdenverkehr; kleinere Industriebetriebe. – Das Volksfest, die *Kinderzeche,* erinnert an die Eroberung D.s durch die Schweden (1632). – D., 1188 erwähnt, war 1273–1803 Reichsstadt.

Dinklage, Gem. im Kr. Vechta, Ndsachs., (1981) 8700 Ew.

DIN-Leistung, Leistungsangabe von Kraftfahrzeugmotoren in Kilowatt (kW), bisher in PS (DIN-PS), wobei der Motor mit den serienmäßigen Ausrüstungsteilen versehen ist (z. B. Luftfilter, Abgasanlage, Lichtmaschine), im Unterschied zu Leistungsangaben SAE in den USA und CUNA-PS in Italien. (DIN 70020)

Dinner [d'ınə, engl.] *das,* die engl. Hauptmahlzeit (im allg. zwischen 17 und 20 Uhr). – **Dinnerjackett** [d'ınədʒækıt], engl. für Smoking.

Dinoflagellaten [grch.-lat.], **Peridineen, Panzergeißler,** einzellige Flagellaten mit plattenförmigem, oft durchbrochenem Cellulosepanzer und langen Schwebefortsätzen, leben als Meeresplankton. Einige erzeugen Meeresleuchten.

Dinornis [grch.], ausgestorbene Gatt. flugunfähiger, bis 3,5 m hoher → Moas.

Dinosauri|er [grch. deinos ›schrecklich‹, ›gewaltig‹], *Dinosauria,* ausgestorbene landbewohnende Kriechtiere des Mesozoikums; zwei Ordn: 1) **Sauris|chi|er (Saurischia)** mit den fleisch- oder aasfressenden *Theropoden (Raub-D.),* die sich auf den Hinterbeinen fortbewegen, z. B. Tyrannosaurus, und den vierbeinig schreitenden, pflanzenfressenden *Sauropoden* (bis zu 30 m lang und 50 t schwer), z. B. Atlantosaurus, Brontosaurus, Diplodocus. 2) **Ornithis|chi|er (Ornithischia),** Pflanzenfresser wie Iguanodon, Trachodon, Triceratops. (Bild S. 182)

Dinotherium [grch.], ausgestorbene Rüsseltier-Gatt., bes. im Pliozän; bis 5 m hoch; die unteren Stoßzähne waren nach rückwärts gebogen.

Dins

Dinslaken, Industriestadt im Kreis Wesel, NRW, am rechten Niederrhein, (1981) 59500 Ew.; Bergamt; kath. Pfarrkirche (um 1450). Steinkohlenbergbau. Trabrennbahn. D. erhielt 1273 Stadtrecht.

Dinosaurier: 1 Iguanodon; 2 Dinotherium-Schädel

DIN-Verbrauch, Kraftstoffverbrauch in Liter pro 100 km von Personenkraftwagen und Krafträdern, ermittelt bei ¾ der Höchstgeschwindigkeit in der Ebene (max. 110 km/h) plus einem Zuschlag von 10%. Der wirkl. Straßenverbrauch liegt meist höher. (DIN 70030)

Dinzeltag, seit dem 15. Jh. Jahresversammlung einer Zunft mit Gelage und Tanz.

Dio Cassius, grch. Historiker, * Nikäa (Bithynien) um 155, † um 235. Sein Werk enthielt die röm. Geschichte von der Gründung Roms bis 229 n. Chr. in 80 Büchern; die erhaltenen Teile sind eine wichtige Quelle für die späte röm. Republik und frühe Kaiserzeit.

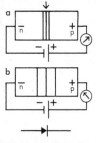

Diode: Schaltung einer Halbleiter-D. a bei Durchlaßschaltung, b bei Sperrschaltung; (unten) Schaltsymbol (hier Durchlaßrichtung von links nach rechts)

Diode [grch.], ungesteuertes elektrisches Ventil, Bauelement der Elektrotechnik mit 2 Anschlüssen. Die *Röhren-D.* ist eine Elektronenröhre, deren geheizte Kathode im Vakuum Elektronen zur Anode sendet. Die heute fast ausschließlich verwendeten *Halbleiter-D. (Kristall-D.)* entstehen, wenn Halbleiter unterschiedlichen Leitungstyps aneinander grenzen oder wenn Metall einen Kontakt mit Halbleiter

bildet (z. B. Schottky-D.). Dioden zeigen den Gleichrichter-Effekt; für die eine Polarität der Spannung beobachtet man Stromdurchlaß, für die andere Stromsperrung. Bei der Halbleiter-D. überschwemmen die Majoritätsladungsträger die Sperrschicht und bestimmen den Durchlaßstrom.

Grundmaterial für D. sind Germanium (Ge) oder Silicium (Si). Bei D. aus bestimmtem Halbleitermaterial, z. B. Galliumarsenid (GaAs), Galliumphosphid (GaP) und Galliumarsenphosphid (GaAsP), ist der Durchlaßbereich mit Lichtausstrahlung verbunden (Lumineszenz) und kann zum Laser-Betrieb verwendet werden. *Gunn-D.* aus GaAs-Material dienen zur Mikrowellenerzeugung. – Wichtigste D.-Typen: *Gleichrichter-D., Tunnel-D., Z-D., Photo-D., Solarzelle, Sperrschicht-Detektor, Lumineszenz-D., Laser-D.* u. a.

Diodor, 1) **Diodorus Siculus,** grch. Historiker im 1. Jh. v. Chr. aus Sizilien, verfaßte die ›Histor. Bibliothek‹, eine Geschichte des Altertums bis 54 v. Chr., vielfach eine Kombination älterer Darstellungen; 15 Bücher vollständig erhalten.

2) Diodoros von Alexandria, grch. Mathematiker und Astronom des 1. Jh. v. Chr. In der verlorenen Schrift ›Analemma‹ gab er Anweisungen zu astronom. Messungen und zur Konstruktion von Sonnenuhren.

Diogenes, grch. Philosophen: **1) D. Laertios,** lebte in der 1. Hälfte des 3. Jh. n. Chr. Wertvoll als geschichtl. Quelle sind seine 10 Bücher ›Über Leben und Meinungen der berühmten Philosophen‹.

2) D. von Oinoanda (in Lykien), vornehmer Epikureer des 2. Jh. n. Chr. Von ihm stammt eine wichtige Quelle zum Epikureismus (Physik, Ethik und Sentenzen) – eine Inschrift, die er in die Wand einer Säulenhalle seiner Vaterstadt einmeißeln ließ.

3) D. von Sinope (am Schwarzen Meer), † Korinth 323 v. Chr., Schüler des Antisthenes, Wanderlehrer; bekannt durch seinen schlagfertigen Witz *(D. in der Tonne)* und Anekdoten. D. vertrat den Kynismus.

Diogeneskrebs, amerikan. Einsiedlerkrebs.

Diogenes Verlag, Zürich, gegr. 1953 von Daniel Keel (* Einsiedeln 10. 10. 1930).

Diognetbrief, die als Brief an einen Diognet vermutlich um 200 n. Chr. in klarer Sprache und rhetor. Beweisführung verfaßte Verteidigung der christl. Gottesverehrung in ihrem Unterschied zur heidnischen und jüdischen.

Diokles, 1) grch. Mathematiker und Optiker um 100 v. Chr., löste das Delische Problem mit der von ihm erfundenen →Zissoide.

2) Staatsmann in Syrakus, änderte nach dem Scheitern der Sizil. Expedition Athens 412/11 v. Chr. die Verfassung von Syrakus in demokrat. Geist, wurde 408/407 verbannt, später kultisch verehrt.

3) D. von Karystos auf Euböa, grch. Arzt des 4. Jh. v. Chr., förderte bes. die Hygiene und verfaßte das älteste bekannte Kräuterbuch.

Diokletian, Gaius Aurelius Valerius Diocletianus, urspr. *Diocles,* röm. Kaiser (284–305). * um 240 in Dalmatien, † Salona (heute Solin bei Split) 313 (?), nahm 286 Maximian zum Mitregenten (Augustus), 293 Galerius und Constantius Chlorus als Unterregenten (Cäsaren) an. Seine Verwaltungs-; Wirtschafts- und Heeresreformen gaben die Grundlage für das von Konstantin d. Gr. weiterentwickelte System der Reichsverfassung.

Diole, Verbindungen mit zwei OH-Gruppen im Molekül (zweiwertige Alkohole). Wichtig für Polyester.

Diolefine, → Diene, → Kohlenwasserstoffe.

Diolen, Handelsname für eine Polyesterfaser.

Diomedes, grch. Mythos: 1) König in Thrakien, Sohn des Ares. Seine Menschenfleisch fressenden Rosse bezwang Herakles und warf ihnen D. selbst zum Fraß vor.

2) König von Argos, ein Held des Trojan. Krieges (5. Gesang der ›Ilias‹).

Dion, 1) vornehmer Syrakusaner, * 409, † (ermordet) 354 v. Chr., Schwager und Schwiegersohn von Dionysios d. Ä., Anhänger Platons, wurde von Dionysios d. J. aus Sizilien verbannt, stürzte diesen 357 v. Chr., scheiterte beim Versuch, einen aristokrat. Gesetzesstaat im Sinne Platons zu gründen, am Zwiespalt von Ideal und Wirklichkeit.

2) genannt **Chrysostomos,** grch. Rhetor und Philosoph, * Prusa in Bithynien (heute Bursa) um 40 n. Chr., † nach 112, vertrat in seinen Reden einen kynischen Stoizismus; er wurde von Trajan hoch geschätzt.

Dione [mit grch. ›Zeus‹ (Genitiv ›Dios‹) zusammenhängend], 1) grch., wohl indogerman. Göttin, in Dodona als Gemahlin des Zeus verehrt; Kultstätte u. a. auf der Akropolis in Athen.

2) der (von innen gezählt) vierte Mond des Saturn.

Dionissij, russ. Maler, * um 1440, † vor 1508. Nur die Fresken im Therapontoskloster (bei Wologda, 1500–02) sind erhalten.

Dionysios, 1) **D. I., der Ältere,** Tyrann von Syrakus, * um 430, † Frühjahr 367 v. Chr. Als Feldherr gegen die Karthager gewann er die Tyrannis über Syrakus (404) und unterwarf die anderen Städte Ostsiziliens. Die Karthager, denen er 404 v. Chr. das westl. Drittel Siziliens überlassen hatte, suchte D. seit 397 ganz zu vertreiben. Nach wechselvollen Kämpfen konnte er im Frieden von 392 v. Chr. und bis zu seinem Tod zwei Drittel Siziliens als seinen Besitz behaupten und dehnte seine Macht auch auf Süditalien bis an die Adria aus. Die Hauptstadt Syrakus umzog er mit einer gewaltigen Befestigungsmauer. Seine Herrschaft bedeutete einen Versuch, den grch. Partikularismus auf Sizilien zu überwinden. D. ist auch Verfasser mehrerer Tragödien.

2) **D. II., der Jüngere,** * um 396, † nach 337 v. Chr., Sohn des älteren D., dem er 367 v. Chr. folgte. Er behauptete durch ein ganzes Jahrzehnt das Reich seines Vaters. Bewunderer Platons, den er 366 und 361 an seinen Hof berief. Von Dion gestürzt (357 v. Chr.), zog er sich nach Lokroi in Unteritalien zurück, von wo aus er noch einmal für drei Jahre (347–344) die Tyrannis über Syrakus zurückgewinnen konnte. Nach seinem Sturz durch Timoleon lebte er, angeblich in bescheidenen Verhältnissen, in Korinth.

3) **D. der Perieget,** grch. Schriftst. zur Zeit Hadrians, aus Alexandria; geograph. Lehrgedicht in Hexametern.

4) **D. Thrax,** grch. Grammatiker im 2. Jh. v. Chr., Schüler des Aristarchos von Samothrake, Verfasser der ältesten bekannten grch. Grammatik.

5) **D. von Halikarnassos,** grch. Rhetor und Historiker, kam 30 v. Chr. nach Rom; verfaßte neben literaturwissenschaftl. Schriften eine ›Geschichte des röm. Altertums‹ (Antiquitates Romanae) von den Anfängen bis zum Beginn des 1. Pun. Krieges (264 v. Chr.).

dionysisch [nach dem Gott Dionysos eigen], Begriff aus dem Vorstellungskreis der dt. Romantik (F. W. J. v. Schelling, F. Nietzsche, R. Wagner), der das Irrationale, Rauschhafte im Welterlebnis oder im künstler. Gehalt betont. Ggs.: *apollinisch.*

Dionysius [lat.], grch. → Dionysios:

1) **D. Areopagita,** nach Apg. 17, 34 von Paulus bekehrt, angeblich der erste Bischof von Athen, Märtyrer, später mit 5) gleichgesetzt. – **Pseudo-D. A.,** ein unbekannter syr. Autor (wohl Petrus der Walker, monophysit. Patriarch des 5. Jh.), der unter dem Namen des D. A. in versch. Schriften Neuplatonismus und Christentum zu einer Einheit verschmolz. Im 9. Jh. durch Johannes Scot(t)us ins Lateinische übersetzt, wurden diese Schriften als angeblich urchristl. Zeugnisse auch für die abendländ. platonisierende Scholastik und Mystik bedeutsam.

2) **D. der Große,** † 264/65 n. Chr., Schüler des Origenes, Leiter der Katechetenschule und Bischof von Alexandria, bedeutender Theologe des 3. Jh.

3) **D. der Kartäuser,** eigtl. *D. von Rijckel* oder *von Leeuwen,* Scholastiker und Mystiker, * Rijckel (Belgisch-Limburg) 1402 oder 1403, † Roermond 12. 3. 1471, begleitete Nikolaus von Kues 1451/52 auf seinen Reisen. In D. verbanden sich vielseitiges Wissen und Innigkeit (Beiname ›doctor ecstaticus‹).

4) **D. Exiguus** [lat. ›der Kleine‹, ›Demütige‹], skyth. Mönch, lebte etwa 500 bis 550 n. Chr. in Rom. Von ihm stammt die bis zur Gregorian. Kalenderreform gültige Berechnung des Osterfest-Termins und die seit 525 geltende christliche Zeitrechnung (→ Ära).

5) **D. von Paris,** frz. National-Heiliger (9. 10.), einer der 14 Nothelfer; soll nach seiner Enthauptung, den Kopf in der Hand, bis zu dem nach ihm benannten St. Denis gewandert sein.

Dionysos, Bakchos [grch.], lat. **Bacchus, Bachus,** grch. (vermutlich schon vorgrch.). Gott der Ekstase und der Fruchtbarkeit, Sohn des Zeus und der Semele. In seinem Gefolge waren Mänaden und Satyrn, sein Kennzeichen war der

Thyrsosstab (Stab mit Pinienzapfen), heilig waren ihm Weinstock und Efeu. Sein rauschhafter Kult (Frühlingsfest der *Anthesterien*, in dem D. als *D. Anthios*, Blütengott, in Athen mit der Frau des Archon Basileus die geheimnisvolle ›Heilige Hochzeit‹, *Hieros Gamos*, feierte und die gleichzeitig begangenen *Pithoigien*, das ›Öffnen der Weinfässer‹ mit einem Wetttrinken) scheint mitreißende religiöse Bewegungen ausgelöst zu haben, die auch Indien erfaßt haben sollen. Die *Lenäen* (Dezember, Januar) und die wohl von Peisistratos begründeten *Großen Dionysien* (Februar, März) hatten ihren Mittelpunkt in kultisch verstandenen Theateraufführungen. So kann die Entstehung von Tragödie und Komödie nicht von D. und seinem Kult getrennt werden. – Die Römer setzten D. mit dem alten Gott *Liber* gleich. Für das moderne Bildungsbewußtsein seit Nietzsche ist D. als Gott der Ekstase der große Gegenspieler des Apoll.

In der Kunst wurde D. bis zum Beginn der Klassik (um 460 v. Chr.) als älterer, bärtiger, mit langem Gewand bekleideter Mann dargestellt; die spätere Zeit bevorzugte den jugendlichen, unathletischen D.

Diophantos von Alexandria, grch. Mathematiker um 250 n. Chr., beschäftigte sich insbes. mit der Lösung algebraischer Gleichungen. Nach ihm benannt sind Gleichungssysteme, bei denen die Anzahl der Veränderlichen größer ist als die Zahl der Gleichungen. Sie haben unendlich viele Lösungen; die ganzzahligen werden in der Zahlentheorie untersucht.

Diopsid [grch. ›doppelter Anblick‹] *der,* Mineral $CaMg[Si_2O_6]$, ein Pyroxen; meist grün.

Dioptas [grch. dioptos ›durchscheinend‹] *der,* Mineral $Cu_6[Si_6O_{18}] \cdot 6 \ H_2O$, kleine grüne Kristalle auf Kalksteinklüften; verwechselbar mit Smaragd.

Diopter [grch. ›Späher‹] *das,* Gerät zur Bestimmung einer Ziellinie. *Dioptrograph,* Gerät zum Herstellen von Zeichnungen mit Hilfe eines Diopters.

Dioptrie, Einheitenzeichen *dpt,* gesetzl. Einheit des Brechwertes optischer Systeme: 1 D. ist gleich dem Brechwert eines optischen Systems mit der Brennweite 1 m in einem Medium der Brechzahl 1: 1 dpt = 1 m^{-1}.

Dior [dj'ɔːr], Christian, frz. Modeschöpfer, * Granville 21. 1. 1905, † Montecatini 24. 10. 1957, Vertreter der Haute Couture von Paris, Schöpfer des ›New Look‹ (1947).

Diorama [grch.] *das,* eine zu Lehrzwecken meist in einem Schaukasten zusammengestellte plastische und gemalte Darstellung.

Diorit [grch.], *der,* Tiefengestein aus Plagioklas (Andesin), Hornblende und/oder Biotit, Augit, selten Olivin; weit verbreitet, Verwendung als Grab- und Pflasterstein.

Dioskuren [›Söhne des Zeus‹], grch. Mythos: die Zwillingsbrüder *Kastor* und *Polydeukes* (lat. *Castor* und *Pollux*), Söhne des Zeus oder des Spartanerkönigs Tyndareos und der Leda, Brüder der Helena und der Klytämnestra. Oft galt der sterbl. Kastor als Sohn des Tyndareos und der unsterbl. Polydeukes als Sohn des Zeus. Nach alter Sage eroberten die D. die von Theseus geraubte Helena zurück. Auch nahmen sie am Zuge der Argonauten teil. Die D. sind Beschützer der Kampfspiele: Kastor als Rossebändiger, Polydeukes als Faustkämpfer. Auch als Sterne (›Zwillinge‹), Helfer in der Schlacht und Retter in Seenot wurden sie verehrt. Dargestellt wurden sie meist als Jünglingspaar mit ihren Rossen (Marmorskulpturen auf dem Quirinalsplatz und am Kapitol in Rom).

Dioskurides, Pedanios, grch. Arzt des 1. Jh. n. Chr., aus Anazarbos (Kilikien), Verfasser einer Arzneimittellehre, die für mehr als eineinhalb Jahrtausende maßgebendes Lb. blieb.

Diospolis [grch. ›Stadt des Zeus‹], 1) in hellenist. Zeit Name der Stadt Lydda (Palästina). 2) *Diospolis magna,* das altägyptische Theben.

Diotima, der erdichtete Name der Priesterin zu Mantinea in Platons Dialog ›Symposion‹, von der Sokrates die Ideen über das Wesen der Liebe gehört zu haben vorgibt. Als D. feierte Hölderlin die Mutter seiner Zöglinge, Susette Gontard, in Frankfurt a. M.

Dioxan, Diäthylenoxid, zyklischer Äther, Herstellung aus Äthylenglykol und Schwefelsäure. Vielseitiges Lösungsmittel.

Dioxin, → Tetrachlordibenzo-p-dioxin.

Diözese [grch.], 1) im Röm. Reich seit Diokletian eine Verwaltungseinheit, Teilgebiet einer Präfektur.

2) Lat. Kirche: der Amtsbezirk eines regierenden Bischofs, die erste (untere) Instanz der ständigen Kirchenleitung und die Grundlage der kirchl. Territorialgliederung. Innerhalb der D. unterstehen alle Katholiken dem *Diözesanbischof.* Die *Diözesankurie* (Ordinariat) umfaßt zur Unterstützung des Bischofs eine Verwaltungsbehörde unter dem *Generalvikar,* eine Gerichtsbehörde unter dem *Offizial* und eine Bürobehörde unter dem *Kanzler,* außerdem Synodalexaminatoren und Pfarrkonsultoren.

Diözie [grch.], **Zweihäusigkeit, Getrenntgeschlechtigkeit,** Verteilung der männl. und weibl. Geschlechtsorgane auf zwei versch. Individuen, z. B. Eibe, Ginkgo, Brennessel, Weide, Katzenpfötchen; bei Tierstöcken: Siphonophoren u. a. (→ Gonochorismus, → Monözie).

Diphenyl, Phenylbenzol, organ. Verbindung, $C_6H_5-C_6H_5$, aus Steinkohlenteer erhältlich. Dient zur Verhütung des Schimmelbefalls bei Citrusfrüchten.

Diphenylarsinchlorid, Clark I, $(C_6H_5)_2$ AsCl; **Diphenylarsincyanid, Clark II,** $(C_6H_5)_2$ AsCN, im 1. Weltkrieg verwendete ›Blaukreuz‹-Kampfstoffe, entfalteten bei weniger als 0,001 g je 1 m³ Luft stärkste Reizwirkung auf die Atmungsorgane.

Diphilos, Dichter der neuen attischen Komödie, aus Sinope, Ende des 4. Jh. v. Chr.

Diphosphat, Salz der Diphosphorsäure, $H_4P_2O_7$, → Phosphorverbindungen.

Diphtherie [grch.], volkstümlich *Bräune*, akute Infektionskrankheit, die in Nase, Rachen oder Kehlkopf festhaftende membranartige Beläge bildet und durch toxische Auswirkungen auf den Gesamtorganismus gekennzeichnet ist. *D.-Bakterien* werden durch Tröpfcheninfektion übertragen. Die *Inkubationszeit* beträgt 2 bis 10 Tage. Bei der *Kehlkopfdiphtherie (Krupp)* können die bis in die Luftröhre reichenden Membranen zum Tode durch Ersticken führen, wenn nicht schnelle Hilfe durch Luftröhrenschnitt oder Intubation erfolgt. Zur Vorbeugung hat sich die Schutzimpfung bewährt.
Geschichtliches. Das Krankheitsbild der D. war offenbar den antiken Ärzten bereits bekannt. Von der Mandelentzündung wurde die D. durch P. Bretonneau 1826 abgegrenzt. Ihr Erreger wurde 1883 von E. Klebs entdeckt und von F. Loeffler in Kulturen gezüchtet. P. E. Roux und A. Yersin entdeckten im Institut Pasteur 1888 das D.-Toxin. In der ersten Hälfte des 19. Jh. war die D. selten geworden, wurde dann aber die Kinderkrankheit mit der höchsten Sterblichkeit, nahm nach Einführung des D.-Heilserums durch E. von Behring 1890 erheblich ab, erreichte aber 1934–37 und 1940–42 wieder hohe Erkrankungs- und Todesziffern.

Diphthong [grch. ›Doppellaut‹], →Laut.

Dipl., Abk. für Diplom.

Diplegie [grch.] *die,* doppelseitige Lähmung.

Diplexer [engl.], **1)** Brückenschaltung zur Entkopplung zweier Sender (z. B. Bild- und Tonsender), die eine gemeinsame Antenne speisen.
2) optische Einrichtung, die es ermöglicht, mit derselben Fernsehkamera Filme oder Dias aufzunehmen.

Diplodocus [grch.], Dinosaurier-Gatt. (rd. 20 m lange Skelette aus dem Oberen Jura N-Amerikas).

Diploe [grch.] *die,* poröses Knochengewebe in platten Knochen, besonders Schädelknochen.

diploid [grch.], mit doppelter Chromosomenzahl.

Diplokokken [grch.], **Doppelkokken,** Bakterien, die nach der Zellteilung immer zu zweien bleiben.

Diplom [grch. ›gefaltetes Schreiben‹], **1)** bei den Griechen ein aus zwei Täfelchen zusammengefügtes amtl. Schriftstück, bei den Römern ein von den Kaisern selbst oder von höheren Staatsbeamten ausgefertigtes Schreiben, durch das bestimmten Personen Vorrechte oder Vorteile zuerkannt wurden.

2) Urkunde über Auszeichnungen und Prüfungen; in Verbindung mit bestimmten Berufsbezeichnungen, die auf eine wissenschaftl. Ausbildung hinweisen, ein akadem. Grad. Die Entstehung der D.-Grade geht auf einen Erlaß vom 11. 10. 1899 zurück, durch den die TH das Recht erhielten, die Grade des D.-Ingenieurs (Abk. Dipl.-Ing.) und Doktor-Ingenieurs (Dr.-Ing.) zu verleihen; nach dem 1. Weltkrieg auch an anderen Fachhochschulen sowie für best. Wirtschafts- und naturwissenschaftl. Fächer an Univ. als ordnungsgemäße erste Abschlußprüfung eingeführt; seit dem 7. 6. 1939 gesetzl. geschützt. Heute bestehen D.-Prüfungen in den dt.-sprachigen Ländern als Voraussetzung für fast alle naturwissenschaftl., techn., sozial- und wirtschaftswissenschaftl. Berufe sowie für die entsprechenden Laufbahnen des höheren Dienstes (u. a. D.-Kaufmann, D.-Wirtschaftsing., D.-Volkswirt, D.-Physiker, D.-Chemiker, D.-Psychologe, D.-Dolmetscher).
In der DDR ist das D. der normale Studienabschluß in allen Fächern; es wird mit Angabe des Faches als Titel geführt.
Der Erwerb des D.-Grades setzt ein mindestens 8semestriges Studium (mit D.-Hauptprüfung und D.-Arbeit) voraus.
Keine akadem. Grade sind sonstige an nicht-wissenschaftl. Lehranstalten erworbenen D., z. B. D.-Kosmetikerin. Die Führung solcher Bezeichnungen ist rechtlich umstritten.

Diplomat [frz.], der mit Vertretung der Interessen des eigenen Staates als Missionschef oder Mitgl. des diplomat. Personals der Mission in einem fremden Staat oder als Vertreter bei einer internat. Organisation betraute Beamte des höheren Auswärtigen Dienstes; die Konsuln gehören nicht zum diplomat. Dienst. Die Beglaubigung eines Missionschefs setzt die förmliche Zustimmung (das Agrément) des Empfangsstaates voraus. Mit der Überreichung des Beglaubigungsschreibens (frz. ›lettre de créance‹) tritt der Missionschef sein Amt an. Die allgemeine Rechtsstellung sowie die Vorrechte und Immunitäten der D. sind, in Fortführung überkommenen Gewohnheitsrechts, in dem *Wiener Übereinkommen vom 18. 4. 1961 über diplomat. Beziehungen* geregelt. Eine wesentliche völkerrechtl. Pflicht der D. ist, sich nicht in die inneren Angelegenheiten des Empfangsstaates einzumischen. Mit der Erklärung zur ›persona non grata‹ kann der Empfangsstaat jederzeit und ohne Angabe von Gründen die Abberufung eines Missions-

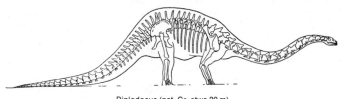

Diplodocus (nat. Gr. etwa 20 m)

chefs oder eines Mitgl. des diplomatischen Personals der Mission erzwingen.

Die Räumlichkeiten der Mission, ihre Archive und Schriftstücke sowie die amtl. Korrespondenz sind unverletzlich. Der Empfangsstaat gestattet und schützt den freien Verkehr der Mission für alle amtl. Zwecke. Auch die Person des D. ist unverletzlich. Er unterliegt keiner Festnahme oder Haft irgendwelcher Art. Der D. ist von Zöllen und Steuern des Empfangsstaates befreit und genießt Immunität von dessen Straf- und weitgehend auch von dessen Zivil- und Verwaltungsgerichtsbarkeit. Die Privatwohnung des D. besitzt dieselbe Unverletzlichkeit und ist ebenso geschützt wie die Räumlichkeiten der Mission.

In der Bundesrep. Dtl. besteht eine einheitliche Laufbahn des höheren Auswärtigen Dienstes. Der Einstellung geht i. d. R. ein Vorbereitungsdienst als Attaché voraus. Voraussetzungen für die Zulassung zum Vorbereitungsdienst sind u. a. geeignete Persönlichkeit, abgeschlossenes Hochschulstudium, umfassende Allgemeinbildung, Rechtskenntnisse (bes. Völker- und Staatsrecht), Kenntnisse in der Volkswirtschaft und in der neueren Geschichte, gute engl. und frz. Sprachkenntnisse, Tropentauglichkeit. Die Zulassung erfolgt auf Grund eines strengen Auswahlwettbewerbs mit Fach- und Sprachprüfung (Aufnahmealter höchstens 32 Jahre). Der zweijährige Vorbereitungsdienst, dem sich Volljuristen und andere Attachés nunmehr einheitlich zu unterziehen haben, umfaßt eine theoret. und praktische Ausbildung mit Lehrgängen in eigener Ausbildungsstätte des Auswärtigen Amtes (Internat) in Bonn und Verwendung im In- und Ausland. Die Laufbahnprüfung vor der Einstellung umfaßt eine Fach- und Sprachprüfung während des Vorbereitungsdienstes und eine Abschlußprüfung.

Diplomatie, die Pflege der Beziehungen zw. den Staaten, bes. durch Verhandlung, und die dabei angewandten Methoden; auch die Kunst der Verhandlung. Die Staaten bedienen sich zur Vertretung, Interessenwahrung, Verhandlung, Unterrichtung, Förderung der Beziehungen hauptsächlich der ständigen Vertretungen (Missionen; Botschaften, Gesandtschaften), außerdem auch der Vertretung von Fall zu Fall (lat. ›ad hoc‹, Spezialmissionen).

Diplomatik [grch.], die Urkundenlehre.

Diplomatisches Korps [–kɔːr], die bei einem Staat beglaubigten Missionschefs fremder Staaten. Ihr Sprecher (Doyen) ist der rangälteste Vertreter oder der Vertreter des Hl. Stuhls.

Dipnoi|er, Dipnoi, Dipneusti [grch. ›Doppeltatmer‹], die →Lungenfische.

Dipodie [grch. ›Zweifüßigkeit‹], lat. Metrik: eine Gruppe aus zwei gleichen Versfüßen.

Dipol, zwei gleich große Ladungen entgegengesetzten Vorzeichens *(elektr. D.)* oder zwei entgegengesetzte Magnetpole *(magnet. D.)* in bestimmtem Abstand. **Dipolmoment,** das Produkt aus Ladung (Polstärke) und Abstand. Beim

Hertzschen D. ändern sich Abstand und Dipolmoment periodisch durch Schwingung einer Ladung gegen die andere, was zur Abstrahlung elektromagnet. Wellen führt; kurze, gerade Antennen sind Hertzsche D., auch kurz D. genannt.

Dipolmolekül, Molekül, in dem die Schwerpunkte der (positiven) Kernladungen und der (negativen) Ladungen der Elektronenhüllen nicht in einem Punkt zusammenfallen.

Dippel, Johann Konrad, pietist. Schriftst., * Schloß Frankenstein bei Darmstadt 10. 8. 1673, † Schloß Wittgenstein bei Laasphe 25. 4. 1734, wegen seiner religiösen und polit. Anschauungen verfolgt, zeitweise Arzt und Alchemist, führte den Pietismus bis zu einem radikalen Individualismus; er lehnte daher das Staatskirchentum und jede religiöse Organisation ab.

Dippoldiswalde, Kreisstadt im Bez. Dresden, im unteren östl. Erzgebirge, (1970) 5700 Ew.; Ingenieurschule für Lebensmittelindustrie. – D., 1218 als Stadt bezeugt, hatte bis 1864 Bergbau (Silber u. a.); Schloß (16./17. Jh.), spätgot. Rathaus, spätgot. Stadtkirche, romanische Nikolaikirche.

Dipsakazeen [grch.], die →Kardengewächse.

Dipsomanie [grch.], unterschiedlich verursachte, periodisch auftretende Trunksucht (›Quartalsäufer‹).

Diptam [lat.] *der,* **Aschwurz,** Rautengewächs-Gatt. mit der einzigen Art *Weißer D. (Dictamnus albus),* in trockenen Bergwäldern.

Diptera [grch.], die Insekten-Ordnung →Zweiflügler.

Dipteros [grch. ›doppelflügelig‹] *der,* grch. Tempel mit doppeltem Säulenumgang.

Diptychon, Elfenbein-D. mit den Aposteln, Petrus und Paulus, byzantinisch um 1000 (Bamberg, Staatl. Bibliothek)

Diptychon [grch. ›doppelt gefaltet‹] *das,* durch Gelenke verbundenes, zusammenklappbares Paar von Holz-, Elfenbein- oder Metalltäfelchen, außen mit Reliefs, innen mit einer Wachsschicht zum Schreiben. Von röm. Konsuln wurden die Elfenbein-D. mit ihrem Bildnis bei ihrem

Amtsantritt verschenkt; auch im kult. Bereich und bei privaten Anlässen (Hochzeit) fanden sie Verwendung. In der mittelalterl. Malerei ist D. ein zweiflügeliges Altarbild.

Dipylon-Amphora, Mitte 8.Jh. v.Chr., 1,55 m hoch (Athen, Nat.-Museum)

Dipylon [grch. ›Doppeltor‹], Tor im NW des alten Athen. In der Umgebung lag seit Ende der myken. Zeit eine Begräbnisstätte; unter den Funden bes. bis zu 2 m hohe Prachtgefäße, die *Dipylonvasen*, im geometrischen Stil.

Dirac [dɪrˈæk], Paul Adrien Maurice, engl. Physiker, * Bristol 8. 8. 1902, hat durch grundlegende Arbeiten wesentlich zum Aufbau der Quantenmechanik und der Quantenelektrodynamik beigetragen. D. erhielt mit E. Schrödinger 1933 den Nobelpreis für Physik.

Dirac-Gleichung [dɪrˈæk-], 1928 von P. A. M. Dirac aufgestellte, relativistische quantenmechan. Bewegungsgleichung für kräftefreie Teilchen und ihre Antiteilchen mit dem Spin $\frac{1}{2}$, die insbesondere für Elektronen und Positronen gilt.

Directoire [direktwˈaːr, frz.], Stilrichtung, benannt nach dem frz. Direktorium (1795–99). Das D. entstand in Ablehnung des Rokoko und bildete eine Sonderform des Klassizismus, bes. bei Möbeln und Wanddekorationen, und führte – ursprünglich von England ausgehend – in der Mode die Rocktracht für Männer und die Chemisentracht für Frauen (lange fließende Linien) ein.

Diredaua, amtl. **Dire Dawa,** Stadt in Äthiopien, an der Bahnlinie Addis Abeba-Djibouti, 1200 m ü. M., (1975) 81000 Ew.

direkt [lat.], unmittelbar.

direkte Methode, Lehrmethode des neusprachl. Unterrichts, die in erster Linie die freie Sprachbeherrschung anstrebt (Ausgang von lebendigen Sprechsituationen, Unterricht in der Fremdsprache).

direkte Rede, Wiedergabe von Äußerungen in der urspr. Form (im Unterschied zur indirekten Rede); durch Anführungszeichen markiert.

direkte Steuern, Steuern, die unmittelbar vom Steuerpflichtigen erhoben werden und i. d. R. nicht überwälzbar sind, z. B. Lohn-, Einkommensteuern. Ggs.: indirekte Steuern (bes. Verbrauchsteuern).

Direkt|investitionen, langfristige private Kapitalanlagen im Ausland durch direkten Eigentumserwerb (Gründung von ausländ. Tochterges., Beteiligung an Unternehmungen im Ausland u. a.); Ggs.: →Portfolioinvestitionen.

Direktion [lat.], **1)** Vorstand, Leitung. **2)** veraltet: Richtung.

Direktive [frz.], Richtlinie, Verhaltensregel.

Direktmandat, in der Bundesrep. Dtl. die mit den Erststimmen gewählten Abg. des Bundestages (die Hälfte der Abg.). Direkt gewählt ist, wer in einem Wahlkreis die meisten Erststimmen auf sich vereinigt.

Direktor [lat.], **1)** Leiter, Vorsteher; im Schulwesen: Leiter einer (privaten oder öffentl.) Bildungsanstalt; ferner Amtsbez. für Beamte. – In der Wirtschaft häufig Titel für die Mitglieder des Vorstands einer AG. Der Vorsitzende des Vorstands wird meist *Generaldiretor* genannt. **2)** Funktechnik: ein Draht bestimmter Länge; er wird im bestimmten Abstand vor einer Dipolantenne angebracht, um deren Richtwirkung zu erhöhen. Gegensatz: Reflektor.

Directoire-Tracht in Frankreich (zeitgenöss. Kupferstich)

Direktorium [lat.], **1)** Gemeinschaft von mehreren Personen, die zur Leitung eines Gewerbe- oder Handelsbetriebes oder einer wissenschaftl. Anstalt berufen sind oder als politischer Ausschuß die Regierung ausüben. **2)** frz. **Directoire,** die oberste Regierungsbehörde Frankreichs nach der Verfassung vom

1. Vendémiaire (23. 9. 1795), bestand aus 5 Mitgliedern, die vom Rat der Alten aus einer vom Rat der 500 aufgestellten Liste gewählt wurden. Die bekanntesten Direktoren waren Barras, Carnot und Sieyès. Der Staatsstreich Bonapartes vom 18. Brumaire (9. 11. 1799) machte dem D. ein Ende; an seine Stelle trat das Konsulat.

3) lat. Liturgie: die jährlich von den zuständigen Oberen für die jeweilige Diözese oder Klostergenossenschaft mit eigenem Kalendarium zusammengestellte Anweisung für Meßfeier und Breviergebet für jeden Tag des Jahres.

Direktrice [-tr'i: sə, frz.], leitende Angestellte in der Bekleidungsherstellung; Ausbildung: Lehre als Schneiderin, Fachschulbesuch. Die D. ist Werkstattleiterin *(Fertigungs-D.)* und entwirft Modelle *(Muster-D.)* und kontrolliert die Erzeugnisse *(Abnahme-D.).*

Direkt|umwandler, Energiegeneratoren, die (bevorzugt elektr.) Energie erzeugen: Biosolarzelle, Brennstoffzelle, magnetohydrodynamischer Umwandler, Sonnenbatterie, thermionischer und thermoelektrischer Umwandler.

Direttissima [ital. ›die kürzeste‹], Alpinismus: direkte Fallinie eines Berges oder einer Wand, in der der Aufstieg versucht wird.

Dirham, Abk. **DH,** Währung Marokkos.

Dirichlet [dirikl'e:], Peter Gustav, eigtl. *Lejeune D.,* Mathematiker, * Düren 13. 2. 1805, † Göttingen 5. 5. 1859, entwickelte die allg. Theorie der algebraischen Zahlen.

Dirigent [lat.], musikal. Leiter eines Orchesters oder Chors, der durch Zeichengebung mit dem Taktstock Takt und Einsätze angibt und den Gesamtvortrag des Werkes geistig, technisch und klanglich bestimmt. Seine Funktion im heutigen Sinn entwickelte sich erst im 18. und bes. 19. Jh. Große D. fand man früher bes. unter den Komponisten: C. M. von Weber, H. Berlioz, F. Liszt, G. Mahler u. a. Daneben bildete sich der heute vorherrschende Typ des ausschließlich oder doch vorwiegend als Interpret tätigen D., z. B. H. von Bülow, F. Weingartner, A. Toscanini, W. Furtwängler, K. Böhm, H. v. Karajan.

Dirigismus [lat.], Form der staatl. Wirtschaftslenkung; dirigist: Maßnahmen können z. B. Lohn- und Preisstopps, Devisenbewirtschaftung sein.

Dirk [nd. Kurzform von Dietrich], männl. Vorname.

Dirk, 1) *die,* Tau- oder Drahtende, das von der Baumnock oder Gaffel zum Mast führt und diese hält.

2) [də: k], Dolchmesser der Schotten.

Dirke, grch. Mythos: Gemahlin des theban. Königs Lykos. Da sie Antiope gepeinigt hatte, wurde sie von deren Söhnen Amphion und Zethos an die Hörner eines Stieres gebunden und von diesem durchs Gebirge geschleift, bis Dionysos sie in eine Quelle verwandelte.

Dirks, Walter, Publizist und Schriftst., * Dortmund 8. 1. 1901, war 1935–43 Feuilletonredakteur der ›Frankfurter Zeitung‹; nach dem Krieg

Mitbegr. der ›Frankfurter Hefte‹ und Leiter der Hauptabeilung Kultur des Westdt. Rundfunks (1956–66).

WE. Erbe und Aufgabe (1931); Die Antwort der Mönche (1952); Das schmutzige Geschäft (1965); Die Wette (1981).

Dirndl [österr., bair.], **1)** Mädchen.

2) Dirndlkleid, der alpenländ. Volkstracht entlehntes Kleid mit vorn geknöpftem Mieder, weitem Rock und Schürze.

Dirne [ahd. ›Magd‹, mhd. ›Jungfrau‹], **1)** Prostituierte.

2) früher im N und S des dt. Sprachgebiets: junges Mädchen.

Dirr, 1) Adolf, Sprachwissenschaftler, Ethnologe, Augsburg 17. 12. 1867, † Passau 9. 4. 1930, bahnbrechend auf dem Gebiet der kaukas. Sprachforschung.

2) auch **Dürr,** Johann Georg, Bildhauer, * Weilheim (Obb.) 2. 4. 1723, † Mimmenhausen (Bodensee) 9. 10. 1779; einer der kraftvollsten Meister der frühen klassizist. Plastik (Skulpturenschmuck aus Alabaster in der Zisterzienserabtei in Salem, 1774 ff.).

Dirschau, poln. **Tczew** [tʃɛf], Stadt in der poln. Wwschaft Gdańsk (Danzig), an der Weichsel, (1975) 47 000 Ew.

Dirt Track [d'ə: t træk, engl. ›Schlackenbahn‹] *der,* Motorsport: Aschenbahnrennen.

dirty tones [d'ə: tı təunz, engl. ›schmutzige Töne‹], im Jazz Bez. für unreine, oft durch gepreßte Spiel hervorgebrachte Töne.

dis . . . [lat.], zer . . ., ent . . ., un . . .

Dis, Dis pater, altröm. Unterweltsgott mit 249 v. Chr. in Rom zuerst geführtem Sühne-Kult und einem unterird. Altar auf dem Marsfeld; er wurde dem grch. Pluton gleichgesetzt.

Disagio [diz'a: dʒo, ital.] *das,* Abschlag, Betrag, um den der Ausgabekurs unter dem Nennwert eines Wertpapiers liegt; bei Aktienemission unzulässig. Ggs.: Agio.

Disciples of Christ [dıs'aıplz əv kraıst, engl. ›Jünger Christi‹], Religionsgemeinschaft, die sich aus Anhängern des presbyterian. Predigers Th. Campbell (* 1763, † 1854) bildete. Dieser wollte urspr. die christl. Einheit dadurch fördern, daß er jedes menschl. Glaubensbekenntnis ablehnte und als einzige Grundlage nur die Bibel ansah. Die seit 1831 *Campbelliten* heißende Gemeinschaft verband sich 1832 mit den ähnlich ausgerichteten ›Christians‹.

Disciplina clericalis [lat.], die erste abendländ. Sammlung oriental. Geschichten, mit denen ein Araber seinem Sohn Ermahnungen und Ratschläge gibt (oft mit passenden Weisheitssprüchen); von dem span. Juden Petrus Alfonsi (Moïse Sephardi) Anfang des 12. Jh. aus dem Arabischen ins Lateinische übersetzt.

Discounter [dısk'auntə, engl.], **Diskontgeschäfte,** Einzelhandelsgeschäfte, die unter Verzicht auf best. Handelsdienstleistungen (Ladenausstattung, Aufmachung der Ware u. a.) Kostenersparnisse erzielen und dadurch Preisnachlässe gewähren können.

Disengagement [dısıŋ'eıdʒmənt, engl.] *das,* in den USA um 1957 entstandenes Schlagwort für eine Politik, die auf das Auseinanderrücken der Militärblöcke bes. in Mitteleuropa zielt.

Disentis, rätoroman. **Mustér** [muʃt'er], Wintersport- und Kurort im Kt. Graubünden, 1150 m ü. M. am Vorderrhein, (1980) 2300 Ew.; Ausgangspunkt zum Oberalp- und Lukmanierpaß. Benediktinerkloster, gegr. um 720 (heutiger Bau 1695 bis 1712).

Diseur [diz'œ : r, frz.] *der,* **Diseuse** [–z'ø : z(ə)] *die,* Sprecher(in), Vortragskünstler(in), bes. im Kabarett.

Disharmonie [lat.-grch.], Mißklang, Unstimmigkeit.

Disjunktion [lat.], allg. Trennung, in der Mengenlehre Verknüpfung zweier Aussagen durch ›oder‹. **disjunktiv,** trennend, einander ausschließend.

Diskant [lat. ›Gegenstimme‹] *der,* Oberstimme; auch die hohe Tonlage eines Instrumentes: D.-Viola, D.-Flöte u. ä. D. (lat. *discantus,* frz. *déchant*) ist seit dem 12. Jh. Bez. für eine frei kontrapunktierende höhere Gegenstimme zu einem Cantus firmus und in der Musiktheorie des MA. auch für die Gatt. der mehrstimmigen Musik überhaupt. **Diskantschlüssel,** der C-Schlüssel auf der untersten Linie des Liniensystems.

Diskjockey [d'ıskdʒɔkı, engl.] *der,* jemand, der Schallplatten (z. B. in Rundfunk und Fernsehen) ansagt und kommentiert.

Diskont, Diskonto [ital.], bei der Gewährung von Kredit im voraus vom Nennbetrag abgezogener Zinsbetrag. Der Hauptfall ist der Ankauf von Wechseln, der als Diskontgeschäft ein wichtiges Bankgeschäft bildet. Die Banken diskontieren, d. h. kaufen Wechsel ihrer Kunden unter Abzug der Zinsen bis zum Verfalltage an. Die Wechsel (Diskonten) bleiben bis zum Einzug am Verfalltag bei ihnen liegen oder werden an die Zentralbank (Deutsche Bundesbank) weiterverkauft (rediskontiert). Der Diskontsatz, zu dem die Notenbank Wechsel diskontiert, wird nach wirtschaftspolit. Gesichtspunkten festgelegt. Die anderen Banken diskontieren im allgemeinen zu einem über dem amtlichen Diskontsatz liegenden Satz. Die Diskontrechnung erfolgt nach den gleichen Grundsätzen wie die Zinsrechnung. Die Banken berechnen ferner meist eine Provision sowie Spesen.

Die Festsetzung des Diskontsatzes (Diskontpolitik) ist das ›klassische‹ Mittel der Notenbank zur Beeinflussung der Konjunkturlage; sie bewirkt eine Erhöhung oder Verminderung der umlaufenden Geldmenge (billiges Geld). Weitere Möglichkeiten bieten die Mindestreserven- und die Offenmarktpolitik.

diskontinuierlich [lat.], unterbrochen, zusammenhanglos; Größen, die sich sprunghaft ändern, oder feste Größen, die nicht stetig ineinander übergehen.

Diskontinuitätsfläche, Unstetigkeitsfläche, Trennfläche, in deren Normalenrichtung sich ein physikalischer Zustand sprunghaft ändert.

Diskontinu|um [lat.], nicht kontinuierlicher Raum.

Diskordanz [lat.], Mißklang, Uneinigkeit, Unstimmigkeit. Ggs.: Konkordanz.

Diskos von Phaistos, Tonscheibe von etwa 16 cm Durchmesser mit spiralförmig eingestempelten Zeichen einer bis heute nicht enträtselten Bilderschrift; gefunden 1908 im Phaistos-Palast (Kreta) in einer Schicht aus der 1. Hälfte des 16. Jh. v. Chr.

Diskothek [grch.], 1) Schallplattensammlung. 2) Tanzlokal mit Schallplattenmusik. Seit 1974 entwickelte sich, ausgehend von den D. in New York, eine eigenständige ›Disco-Kultur‹ (›Disco-Welle‹).

Diskrepanz [lat.], Unstimmigkeit, Mißverhältnis.

diskret [frz., von lat. discretum ›abgetrennt‹], 1) taktvoll, verschwiegen, zurückhaltend; unauffällig. 2) Mathematik: eine Menge aus isolierten Elementen.

Diskriminante [lat.], Term, der sich aus den Koeffizienten einer algebraischen Gleichung zusammensetzt. Der D. einer quadrat. Gleichung kann man entnehmen, ob die Lösungen reell oder komplex sind, ohne diese selbst zu kennen. – Beispiel: Die D. der quadratischen Gleichung $x^2 + px + q = 0$ heißt $p^2 - 4q$.

Diskriminator [lat.], Schaltung zur Unterscheidung zw. 2 elektr. Werten (Phase, Spannung).

Diskriminierung [lat.], unterschiedl. Behandlung, willkürl. Benachteiligung.

Diskurs [lat.], Unterredung, Erörterung.

diskursiv [lat.], Logik: von einem Inhalt zum anderen fortschreitendes, das Ganze aus seinen Teilen erschließendes Denkverfahren.

Diskus [lat., grch. diskos], Scheibe, scheibenförmiger Körper. 1) Anatomie: **Discus,** Faserknorpelscheibe, die die Bewegung des Gelenks erleichtert, z. B. *Discus intervertebralis,* die Bandscheibe. 2) Auswulstung der Blütenachse mit Nektarien. 3) Ostkirchen: die der Patene entsprechende Schale für das Brot der Eucharistie. 4) → Diskuswerfen.

Diskussion [lat.], Aussprache, Meinungsaustausch.

Diskuswerfen, Leichtathletik: olymp. Wettbewerb, bei dem im Schleuderwurf eine Holzscheibe mit Metallkern aus einem Wurfkreis von 2,50 m Durchmesser heraus geworfen wird. Folgende Geräte sind üblich: für Männer: Gewicht 2 kg, Durchmesser 22 cm, Stärke 44,5 mm; für Frauen: 1 kg/18 cm/37 mm.

Dislokation [lat.], Verlagerung.

Dismas, apokrypher Name des rechten der beiden mit Jesus gekreuzigten Verbrecher (Lk. 23, 39–43).

Disney [d'ıznı], Walt E. (eigtl. Walter Elias), amerikan. Trickfilmzeichner und Filmproduzent, * Chicago 5. 12. 1901, † Burbank (Cal.) 15. 12. 1966, Reklamezeichner, 1922 erste Zeichentrickfilm-Versuche; begann 1926 die Serie ›Mickey Mouse‹, der ›Donald Duck‹, ›Bambi‹, ›Pluto‹ u. a. folgten, stellte seit 1934 auch Farbfilm-Serien her und hatte große Erfolge mit Dokumentarfilmen wie ›Die Wüste lebt‹ (1953), ›Wunder der Prärie‹ (1954), ›20000 Meilen unter dem Meer‹ (1955). Er errichtete 1955 den Vergnügungspark *Disneyland* in Anaheim, SW-Kalifornien; 1971 wurde *Walt Disney World* bei Orlando, Florida, eröffnet.

Dispache [disp'aʃ, frz.] *die,* Berechnung der Schadensverteilung bei Verlusten im Seeverkehr (Havarie), erfolgt meist durch einen gerichtlich bestellten Sachverständigen (Dispacheur).

disparat [lat.]., ungleichartig, unvereinbar. **Disparität,** Ungleichheit, Verschiedenheit.

Dispatcher [dɪsp'ætʃə, engl.], im Industriebetrieb leitende Angestellte, die für einen reibungslosen Ablauf des Produktionsprozesses, insbes. die Einhaltung der Zeitpläne, sorgen.

Dispens, Dispensation [lat.], die Befreiung von einer Verpflichtung. 1) die Entbindung von der Gehorsamspflicht gegen eine Rechtsvorschrift für einen bestimmten Fall. Die praktisch wichtigsten Fälle sind der Erlaß von Abgaben, die Befreiung von Ehehindernissen, auch die Begnadigung und Abolition.

2) Befreiung von Gesetzen des Kirchenrechts; der Papst kann von allen kirchl. Gesetzen mit Ausnahme von solchen göttlichen Rechts dispensieren. – Die evang. Kirche kennt die D. von kirchl. Anordnungen.

3) die Befreiung eines Schülers vom Unterricht auf Zeit oder von einem Teil des Unterrichts.

dispensieren [lat.], 1) von einer Verpflichtung (zeitweise) befreien.

2) Arzneien zubereiten und abgeben. **Dispensarium,** früher ›Armenapotheke‹ für unentgeltl. Abgabe von Arzneien.

Dispergierungsmittel, Dispergatoren [lat. dispergere ›zerstreuen‹], grenzflächenaktive Stoffe, die die Oberflächenspannung des Wassers herabsetzen.

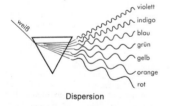

Dispersion

Dispersion, 1) Physik: die Abhängigkeit einer physikal. Größe oder Erscheinung von der Wellenlänge; i. e. S. die Wellenlängenabhängigkeit des Brechungsindex und damit der Ausbreitungsgeschwindigkeit einer Welle in einem Medium. Die D. des Brechungsindex bewirkt, daß Licht versch. Wellenlängen beim Übergang zw. 2 Materialien mit unterschiedl. Brechungsindex versch. stark gebrochen wird. Daher wird weißes Licht beim Durchgang durch ein Prisma in seine

farbigen Bestandteile *(Spektrum)* zerlegt. Die Quantentheorie erklärt die D. als Folge der Wechselwirkung der Welle mit den atomaren Bausteinen der Materie. Blaues (kurzwelliges) Licht wird stärker gebrochen als rotes (langwelliges); weißes Licht wird bei Brechung wegen der D. ins kontinuierliche Spektrum zerlegt.

2) Chemie: feinstverteilte Bläschen, Tröpfchen oder Körnchen einer *dispergierten Phase* in einem *Dispersionsmittel;* z. B. Wasser in Fett (Butter), Fett in Wasser (Milch), Luft in Wasser (Schaum), Wasser in Luft (Nebel). *Polymerdispersionen* (zur Herstellung von Klebstoffen, Anstrich-, Textilhilfsmitteln) bestehen aus sehr fein verteilten Polymeren in Wasser.

3) Statistik: der Grad, mit dem statist. Beobachtungen sich ausbreiten, variieren, ›streuen‹.

Dispersionsfarben, Binderfarben, pigmentierte Anstrichmittel und Künstlerfarben auf der Grundlage einer Bindemitteldispersion (Binder); sie sind mit Wasser verdünnbar und nach dem Trocknen praktisch wasserunlöslich.

Dispert-Präparate [lat.], pulverförmige, schonend hergestellte Extrakte aus Arzneipflanzen.

Displaced Persons [dɪspl'eɪst p'ɔːsnz, engl.], Abk. **DP,** ausländ. Zwangsarbeiter, u. a. aus ihrer Heimat weggeführte, nichtdt. Personen, die sich am Ende des 2. Weltkriegs im Dt. Reich und in den ihm besetzten Gebieten befanden; später auch solche nichtdt. Personen, die nicht in ihre seit 1944/45 kommunistisch beherrschten Heimatländer zurückkehrten.

Display [dɪspl'eɪ, engl.] *das,* Bez. für in Laden und Schaufenster zum Blickfang aufgestellte Waren; auch für (Daten-)Sichtgerät.

Disponenden [lat.], Buchhandel: →Konditionsgut.

Disponent [lat.], ein Angestellter, der auf Grund von Vollmachten für bestimmte Geschäftsbereiche selbständig und verantwortlich handeln und verfügen *(disponieren)* kann.

disponibel [lat.], verfügbar.

Dispositio Achillea, Hausgesetz des Kurfürsten Albrecht Achilles vom 24. 2. 1473 zur Regelung der Erbfolge im Haus Hohenzollern: Die Mark Brandenburg mit der Kurwürde erhielt der älteste Sohn, die entsprechend der Goldenen Bulle unteilbar war; die beiden folgenden Söhne erhielten die fränk. Fürstentümer. Weitere Erbteilungen wurden untersagt.

Disposition [lat.], Planung, Anordnung, Gliederung; körperl. und seel. Verfassung.

1) Biologie: Anlage oder Bereitschaft für bestimmte Entwicklungstendenzen.

2) Medizin: Bereitschaft, auf best. Einflüsse mit Krankheitserscheinungen zu antworten.

3) Psychologie: das Grundgefüge relativ beständiger Erlebnis- und Verhaltensbereitschaften.

4) Orgelbau: Auswahl der Stimmen und ihre Verteilung auf die einzelnen Werke.

5) Recht: allgemein svw. Festsetzung Verfügung. Nach Beamtenrecht stehen die in den einstweiligen Ruhestand versetzten Beamten in

bestimmten Grenzen **zur Disposition** (Abk. **z.D.**) des Dienstherrn (früher: Wartestandsbeamte).

Dispositionsfonds [–fõ], ein Posten des Staats- oder Gemeindehaushalts, den die Verwaltung, bes. die Ministerien, nach freiem Ermessen verwenden können.

Dispositionsmaxime, Verfügungsgrundsatz im Prozeßrecht. Nach der D. haben die Parteien die Herrschaft über Gang und Gegenstand des Verfahrens.

Dispositionspapiere, Traditionspapiere, Handelsrecht: durch Indossament zu übertragende Wertpapiere, die den Anspruch auf Herausgabe einer auf dem Transport befindlichen oder einer eingelagerten Ware verbriefen. Mit Übergabe der D. wird gleichzeitig das Eigentum an der Ware übertragen. D. sind Konnossement, Ladeschein, Lagerschein, Frachtbrief.

Dispositionsstellung, die Verweigerung der Annahme einer gelieferten Ware, i.e.S. die Weigerung, die gekaufte Ware als Erfüllung anzunehmen.

dispositives Recht, lat. ius dispositivum [›ergänzendes Recht‹], gesetzl. Regelungen, von denen im Einzelfall durch Vertrag abgewichen werden kann. Ggs.: *zwingendes Recht.*

Disproportion [lat.], Mißverhältnis.

Dispur, neue Hauptstadt des indischen Bundesstaates Assam, am Brahmaputra, (1972) rd. 15 000 Ew.

Disputation [lat.], öffentl. Auseinandersetzung zw. Gelehrten zur Klärung wissenschaftl. Streitfragen (z.B. die D. Luthers mit J. Eck 1519 in Leipzig); dann auch die Verteidigung einer wissenschaftl. Arbeit zur Erlangung akadem. Grade und Würden (nur noch z.T. üblich; z.B. in der DDR).

Disqualifikation [lat.], (Feststellung der) Untauglichkeit. – Sport: Herausnahme eines Sportlers oder einer Mannschaft oder deren Nichtzulassung zu einem Wettbewerb bei Verstößen gegen Regeln oder Disziplin.

Disraeli [dɪzr′eɪlɪ], 1) Benjamin, Earl of *Beaconsfield* [b′iː kənzf : ld] (1876), brit. Staatsmann und Schriftst., Sohn von 2), * London 21. 12. 1804, † ebd. 19. 4. 1881, trat 1817 vom Judentum zur anglikan. Kirche über und machte sich bald durch romantisch-realist. Gesellschaftsromane einen Namen. 1837 gelangte er als Konservativer ins Unterhaus, wo er die Verbindung von Konservativismus und Demokratie erstrebte; als Vertreter der Schutzzollpolitik 1846 entschiedener Gegner R. Peels; 1848 wurde er Führer der Konservativen im Unterhaus. Als Schatzkanzler Lord Derbys führte D. die Parlamentsreform von 1867 durch, die die Zahl der engl. Wählerschaft verdoppelte. Als Min.-Präs. (1868 und 1874–80) verband er seine konservativen Ideen mit dem imperialist. Gedanken, die er außenpolitisch verwirklichte. 1875 erwarb er die Mehrheit der Suezkanalaktien für Großbritannien. 1876 veranlaßte er die Erhebung von Königin Viktoria zur Kaiserin von In-

dien, 1878 trat er auf dem Berliner Kongreß Rußlands Balkanplänen erfolgreich entgegen und erreichte von der Türkei die Abtretung Zyperns.

LIT. R. N. Blake: D. (1966, dt.; grundlegend).

2) **D'Israeli,** Isaac, engl. Schriftst., * Enfield 11. 5. 1766, † Bradenham House (Buckingham) 19. 1. 1848, schrieb histor. Werke, Romane und Anekdotensammlungen zur engl. Literatur des 18. Jh. (›The curiosities of literature‹, 6 Bde., 1791–1843).

Dissens [lat.], Meinungsverschiedenheit; bei Vertragsabschluß die objektive Nichtübereinstimmung der Erklärungen der Beteiligten. Hiernach ist der Vertrag im Zweifel noch nicht zustande gekommen.

Dissenters [dɪs′entəz, engl. ›Andersgläubige‹], auch **Nonconformists** [n′ɔnkɔnf′ɔ : mɪsts, engl. ›Nichtübereinstimmende‹], in England die nicht zur anglikan. Kirche von England gehörenden Gruppen (Kongregationalisten, Presbyterianer, Baptisten, Quäker).

Dissertation [lat.], **Inauguraldissertation,** wissenschaftl., selbständige, schriftl. Abhandlung, die für die Zulassung eines Kandidaten zum Promotionsverfahren (Erwerb des Doktorgrades) an Hochschulen gefordert wird.

Dissident [lat.], jemand, dessen Meinung von den herrschenden polit. Grundsätzen abweicht. – Mit der Entstehung einer Oppositionsbewegung in den kommunist. Staaten des Ostblocks werden ihr angehörende Personen in der nichtkommunist. Welt oft D. genannt. Im Warschauer Religionsfrieden von 1573 urspr. Bez. für die sich von der Kath. Kirche Absondernden, d.h. die Evangelischen, später alle Nichtkatholiken, dann alle nicht zu einer staatlich anerkannten Religionsgemeinschaft gehörenden Personen.

Dissimilation [lat.], 1) Ausstoßung oder Umwandlung von zwei benachbarten gleichen oder ähnlichen Lauten, z.B. »Köder« aus mhd. kerder, »Kartoffel« aus ital. tartufolo.

2) Physiologie: Abbau der durch Assimilation gebildeten) Körperstoffe über Zwischenprodukte zu Kohlendioxid, Wasser und Harnstoff unter Freisetzung von Energie.

Dissimulation [lat.], Verheimlichen von Krankheitszeichen, z.B. um aus dem Krankenhaus entlassen zu werden.

Dissipation [lat. ›Zerstreuung‹], Umwandlung anderer Energieformen in Wärme, z.B. die Umwandlung der kinetischen Energie des Fließens in Wärme, als Folge der inneren Reibung.

dissolut [lat.], ungebunden, zügellos.

Dissonanz

Dissonanz [lat.], Mißklang, Unstimmigkeit. Musik: aus zwei und mehr Tönen bestehender Klang, der nicht eine spannungslose Klangeinheit, eine Konsonanz, bildet, sondern nach Auflösung der ihr innewohnenden Spannung drängt. In der Tonsatzlehre werden als D. bezeichnet: alle Sekund-, Septimen- und (in der tonalen Musik) alterierten (übermäßigen und verminderten) Intervalle nebst deren Oktaverweiterungen sowie alle Akkorde, die solche Intervalle enthalten.

Dissoziation [lat.], Trennung, Auflösung, Zerfall.

1) Chemie: Spaltung chem. Bindungen unter Bildung kleinerer Einheiten (kleinere Moleküle, Radikale, Ionen, Atome). Auf der elektrochem. D. z. B. beruht die Elektrolyse, auf dieser Galvanotechnik und galvanische Elemente.

2) Psychologie: die Auflösung von Vorstellungsverbindungen und Bewußtseinszusammenhängen, z. B. durch Vergessen.

distal [lat.], Anatomie: von der Mitte eines Lebewesens entfernt gelegen; Ggs.: *proximal*, zur Mitte hin gelegen.

Distanz [lat.], Abstand, Entfernung. 1) Biologie: *Distanzierungsverhalten* bewahrt den Abstand zw. Artgenossen und Artfremden.

2) Sport: zu bewältigende Entfernung (bei Renn- und Laufwettbewerben); auch Abstand zu den Konkurrenten. – Boxen: a) bei ausgestrecktem Arm die Entfernung vom eigenen zum gegner. Körper (Reichweite); b) die vorgesehene Rundenzahl eines Kampfes.

Distanzgeschäft, Fernkauf, Kaufgeschäft, bei dem die Ware laut Vertrag an einen anderen Ort zu übersenden ist. Gegensatz: Platzkauf.

Distanztiere, Tiere, die einen best. Abstand voneinander halten wie Stare, Spechte.

Distanzwechsel, Wechsel, auf dem ein vom Ausstellungsort verschiedener Zahlungsort angegeben ist.

Distel, Bez. für stachlige Pflanzen, die meist zu den Korbblütern gehören, z. B. *Kohl-D., Gänse-D., Kugel-D., Esels-D., Eberwurz, Silber-D., Stern-D., Benediktenkarde, Färber-D.* (Saflor); Arten aus anderen Familien sind: *Strand-D., Karde, See-D.* (Krebsschere).

Distelfalter, Vanessa cardui, bunter Eckflügler; seine Raupe frißt an Disteln, Nesseln und Malvengewächsen.

Distelfink, → Stieglitz.

Disteli, Martin, schweizer. Karikaturenzeichner, * Olten 28. 5. 1802, † Solothurn 18. 3. 1844, urspr. Jurist, schuf Buchillustrationen und geistreiche polit. Karikaturen (Distelikalender seit 1839).

Distel|orden, Andreas|orden, schott., jetzt hoher brit. Orden sagenhafter Gründung, erneuert 1687, eine Klasse (Ritter).

Distelrasen, Basaltrücken zw. Vogelsberg und Rhön, 373 m ü.M., mit dem *Schlüchterner Tunnel* (auch *D.-Tunnel*, 3575 m, Bahnlinie Bebra-Frankfurt a.M.).

Disthen [grch. ›zweifache Härte‹] *der,* **Cyanit,** Mineral, Aluminiumsilikat (Al_2SiO_5); blau bis weiß, oft durchsichtig; Härte 4–7 je nach Richtung; meist stengelige Kristalle in kristallinen Schiefern.

Distichon [grch. ›Doppelvers‹] *das, Mz. Distichen,* antike Metrik: eine Strophe aus zwei verschiedenen Versen. Das häufigste D. besteht aus einem Hexameter und einem Pentameter, z. B. Schillers D. auf das D.: ›Im Hexameter steigt des Springquells flüssige Säule, / Im Pentameter drauf fällt sie melodisch herab.‹

distinguiert [frz.], vornehm.

Distinktion [lat.], Auszeichnung, Ansehen, Rang.

Distler, Hugo, Komponist, * Nürnberg 24. 6. 1908, † Berlin 1. 11. 1942, war Organist, Chordirigent und Lehrer in Lübeck, Stuttgart und Berlin, schrieb bes. geistl. A-cappella-Chöre. D. schuf einen neuen Stil in der evang. Kirchenmusik, in dem sich lineare Polyphonie und ausdrucksstarker Textvortrag verbinden.

WE. Eine dt. Choralmesse, sechsstimmig, op. 3 (1931); Der Jahreskreis, 52 kleine Motetten, op. 5 (1933); Choralpassion, op. 7 (1933); Geistl. Chormusik, 10 große Motetten, op. 12 (1934 bis 1941); Geistl. Konzerte für Singstimme und Orgel, op. 17 (1938); Mörike-Chorliederbuch, op. 19 (1939); Die Weltalter, Oratorium (unvollendet, 1942). – Funktionelle Harmonielehre (1941).

Distomeen [grch.], Saugwürmer mit zwei Saugnäpfen.

Distorsion [lat.], 1) Verstauchung.

2) Optik: Abbildungsfehler: Gerade erscheinen gekrümmt.

Distribution [lat.], Verteilung, Aufteilung, Verbreitung. 1) Verbreitung einer Tier- oder Pflanzenart.

2) Mathematik: Verallgemeinerung des Funktionsbegriffs, durch den ein Differentialquotient auch für nicht mehr differenzierbare Funktionen definiert werden kann. Die D. wurde 1945/48 von L. Schwartz eingeführt.

3) Volkswirtschaftslehre: die Einkommensverteilung, d. h. die Verteilung des Volkseinkommens auf die einzelnen Personen, auf soziale Klassen o. ä. – Arten der D.: 1) auf Wirtschaftsbereiche (Landwirtschaft, Industrie, Handwerk u. a.), im Sozialprodukt (Entstehungsrechnung) ausgewiesen, 2) auf soziale Klassen, 3) nach den einzelnen Produktionsfaktoren Arbeit, Boden und Kapital (funktionelle Einkommensverteilung), 4) auf die einzelnen Personen (personelle Einkommensverteilung).

Wenn man die Verflechtung vernachlässigt, die sich aus dem Auftreten gemischter Einkommen ergibt, fallen die Kategorien 2) und 3) zusammen; man kann dann sagen, die funktionelle Einkommensverteilung komme in der Lohn- und Gewinnquote zum Ausdruck (dem Anteil der Einkommen aus unselbständiger Arbeit und dem Anteil der Einkommen aus Unternehmertätigkeit und Vermögen am Volkseinkommen). Man muß ferner zwischen der *primären* und der *sekundären* D. unterscheiden. Bei der primären handelt es sich um die Verteilung, wie sie sich aus dem Produktionsprozeß ergibt. Die sekundäre Einkommensverteilung kommt durch die

Umverteilung (Redistribution) durch den Staat und die Sozialversicherung zustande.

Distributiọnstheorien: Grundlegend für die D.-Theorien ist die Unterscheidung von Machttheorien und ökonomischen (›Markt‹-)Theorien der Verteilung. Nach den Machttheorien wird die Einkommensverteilung durch die außerökonom. Macht der verschiedenen sozialen Gruppen bestimmt. Ökonomische Theorien, wobei z.T. aber außerökonom. Machteinflüsse nicht in Abrede gestellt werden: Schon die nationalökonom. Klassiker betrachteten das D.-Problem als ein Markt- und Preisproblem, wenn sie dabei auch zu keiner einheitl. Theorie gelangten. Nach der D.-Theorie Ricardos ist der natürl. Arbeitslohn gleich den Reproduktionskosten der Arbeit (Existenzminimumtheorie des Lohnes). Neue Züge enthält die Theorie von Karl Marx, der von der Existenz einer besitzlosen Arbeiter- und einer besitzenden Kapitalistenklasse (Mehrwerttheorie) ausgeht. Die Kapitalisten verfügen über das konstante Kapital (die produzierten Produktionsmittel) und kombinieren es mit dem variablen Kapital der Arbeit. Die Arbeiter werden nach dem allgemeinen Wertgesetz entlohnt, erhalten also die Reproduktionskosten der Arbeit. Die Marxsche D.-Theorie gehört zu den Klassen- oder Quasimonopoltheorien, die den Profit entweder als Abzug vom natürl. Lohn oder als Aufschlag auf den natürl. Preis zu erklären versuchen. Andere Lösungsvorschläge bietet die von J. H. v. Thünen und J. B. Clark entwickelte Grenzproduktivitätstheorie der Verteilung an. Insgesamt besteht bei der D.-Theorie trotz der zahlreichen theoret. Ansätze in vielen fundamentalen verteilungsstatistischen, –theoretischen und –politischen Fragen ein Mangel an Informationen. Es gibt keine herrschende Lehre, d.h. keine hinreichend wirklichkeitsnahe D.-Theorie.

LIT. E. Schlicht: Einf. in die Verteilungstheorie (1976).

Distributionalismus, sprachwissenschaftl. Richtung, die von der Verteilung sprachl. Elemente im Satz und ihren Verbindungsmöglichkeiten ausgeht.

Distributionsformel, die vom Geistlichen bei der Austeilung des Abendmahls gesprochenen Worte.

Distributịvgesetz, Mengenlehre: Sind in einer Menge zwei Verknüpfungen o und △ definiert, und gilt a o (b△c) = (a o b) △ (a o c), so heißt die Verknüpfung o distributiv bezüglich der Verknüpfung △. Die Multiplikation ist distributiv bezüglich der Addition im Bereich der komplexen Zahlen.

Distributịvum [lat.], →Zahlwort.

District of Columbia [dˈɪstrɪkt ɔv kəlˈʌmbjə], Abk. **D. C.,** →Columbia.

Distrịkt [lat.], Bezirk, Kreis, Verwaltungseinheit; Forstabteilung (→Jagen).

Disziplịn [lat.], **1)** (Unter-, Ein-)Ordnung. **2)** Fach, Wissenschaftszweig. **3)** Sportart.

Disziplinạrgewalt, i.e.S. das Recht des militär. Disziplinarvorgesetzten, besondere Leistungen eines Soldaten zur Aufrechterhaltung und Festigung der Disziplin durch förmliche Anerkennung zu würdigen und Handlungen gegen die militär. Disziplin zu bestrafen, sofern sie nicht unter die *Disziplinargerichtsbarkeit* (→Dienststrafrecht) oder unter das Strafgesetz fallen. I.w.S. ist D. im Beamtenrecht die Befugnis, innerhalb eines Dienststrafverfahrens Disziplinarmaßnahmen zu verhängen.

Ditanaklạsis, Hammerklavier, von Matthias Müller 1800 in Wien erfunden, Vorläufer des Pianino.

Ditfurth, Hoimar von, Schriftst., * Berlin 15. 10. 1921; Prof. für Psychiatrie und Neurologie; Wissenschaftsjournalist und Sachbuchautor: ›Kinder des Weltalls‹ (1970), ›Im Anfang war der Wasserstoff‹ (1972), ›Der Geist fiel nicht vom Himmel‹ (1976).

Dịthmarschen, 1) Kreis in Schlesw.-Holst.; Kreisstadt ist Heide. **2)** histor. Landschaft im westl. Holstein. Urspr. ein Gau des nordelb. Sachsens, wurde D. von Karl d. Gr. unterworfen und gehörte dann meist zum Erzbistum Bremen, konnte aber im späteren MA. als freie Bauernrepublik gelten. Die Geschlechterverbände *(Kluften)* gaben dem Land einen freien Zusammenhalt. Die Eroberungszüge der Dänenkönige und Herzöge von Holstein scheiterten wiederholt (zuletzt in der Schlacht bei Hemmingstedt, 17. 2. 1500); 1559 gelang die Unterwerfung. 1581 kam *Norder-D.* an Herzog Adolf von Holstein-Gottorp, *Süder-D.* an König Friedrich II. von Dänemark. Die Selbstverwaltung blieb erhalten. 1867 kam D. an Preußen.

Dithyrạmbos, Dithyrạmbus *der,* **Dithyrạmbe** *die,* **1)** altgrch. Kultlied auf Dionysos, seit dem 6. Jh. auch auf andere Götter und Heroen, musikalisch vorgetragen. In Attika entwickelte sich aus dem D. die Tragödie.

2) Lobeshymne. *dithyrạmbisch,* begeistert, schwungvoll.

dito [ital. detto ›gesagt‹], Abk. *do., dto.,* dasselbe, ebenso.

Dịttchen, Dụttchen [ostnd.] *das,* 10 Pfennigstück, urspr. norddeutsche Silbermünze des 17. und 18. Jhs., die ¹⁄₁₆-Taler oder 2-, seit 1622 3-Schilling-Stücke und die Dreigröscher.

Dịtters von Dịttersdorf, Karl, urspr. *Ditters,* geadelt 1773, Komponist, * Wien 2. 11. 1739, † Schloß Rothlhotta bei Neuhof (Böhmen) 24. 10. 1799, schrieb volkstüml. Singspiele (›Doktor und Apotheker‹, 1786), die zu den wichtigsten Vorläufern der dt. komischen Oper gehören; auch Opern, Oratorien, Konzerte und Kammermusik.

Dịttmar, Heini, Segelflieger und Versuchspilot, * Bad Kissingen 30. 3. 1911, † (Absturz) Mülheim-Ruhr 28. 4. 1960, seit 1932 Forschungsflieger (Thermiksegelflug), 1934 Höhenweltrekord (4675 m) und Streckenweltrekord (376 km), 1936 erste Alpenüberquerung im Segelflug. Bei der Erprobung des Raketenjägers Me 163 überschritt er 1941 als erster die Geschwindigkeit von 1000 km/h.

Dittographie [grch. ›Doppelschreibung‹], die fehlerhafte Wiederholung eines Buchstabens, einer Silbe oder eines Wortes in einem Text; Ggs.: Haplographie; nach antikem Sprachgebrauch svw. Doppellesart.

Ditzenbach, Bad. D., Gem. im Kr. Göppingen, Bad.-Württ., 524 m ü. M., (1981) 3000 Ew.; Thermal- und Mineralquellen gegen Herz-, Gefäß- und Stoffwechselerkrankungen.

Ditzingen, Stadt im Kr. Ludwigsburg, Bad.-Württ., im Strohgäu, (1981) 22500 Ew. – D., 769 genannt, kam im 14. Jh. an Württemberg.

Diu, ehem. (1534–1961) portugies. Kolonie an der Südspitze der Halbinsel Kathiawar, Teil des Territoriums Goa, Daman und Diu in Indien.

Diurese, Diuresis [grch.], die Harnausscheidung.

Diuretika [grch.], harntreibende Mittel.

Diuturnum [lat. ›langwährend‹], Enzyklika Leos XIII. vom 29. 6. 1881 über die naturrechtl. Grundlage der staatlichen Gewalt (→ katholische Soziallehre).

Diva [lat. ›die Göttliche‹], Beiname altröm. Göttinnen, dann bes. Titel der nach ihrem Tod vergöttlichten Kaiserinnen; heute: Star, gefeierte Künstlerin.

Divan, → Diwan.

Divergenz [lat.], Auseinandergehen, Abweichung; Meinungsverschiedenheit.

1) Botanik: Winkel zw. den Mittellinien (Medianen) von zwei aufeinanderfolgenden Blättern.

2) Mathematik: a) Analysis: Divergierende (divergente) Reihen oder Integrale haben keinen endlichen Grenzwert. b) Abk. div, Vektorrechnung: eine durch Differentiation der Komponenten eines Vektorfeldes gewonnene skalare Größe.

divers [lat.], **1)** verschieden.

2) nur Mz., mehrere. **Diversa,** Vermischtes, Allerlei.

Diversifikation [lat.], Veränderung, Vielfalt. – Übergang von einer einseitigen, häufig nur auf einem Produkt beruhenden Wirtschaftsstruktur zu einer breitgestreuten Produktion.

Diversion [lat.], **1)** Ablenkung; in der Kriegführung strateg. Unternehmung, die den Feind von der Richtung der geplanten Hauptoperation ablenken soll.

2) danach: in der DDR Handlungen bes. gegen die Wirtschaftsordnung und die Verteidigungskraft.

Divertikel, Divertikulum [lat.], kleine, sackartige Ausbuchtung der Wand von Hohlorganen; bes. im Dickdarm oder in der Speiseröhre.

Divertimento [ital.], frz. **Divertissement** [divertism'ä], **1)** ein aus der Suite im 18. Jh. hervorgegangenes mehrsätziges Instrumentalwerk für Streicher oder Bläser; 2) eine Tanzeinlage in Opern; 3) ein Potpourri; 4) ein freies Zwischenspiel in der Fuge.

divide et impera! [lat. ›teile und herrsche‹], die oft den Römern zugeschriebene, in dieser Form aber erst seit der Renaissance belegbare polit. Maxime, Macht durch Spaltung der Gegner zu gewinnen. Der Ausspruch wird, ohne Beweis, Ludwig XI. von Frankreich zugeschrieben.

Dividend [lat.], → Division 1).

Dividende [lat. ›das zu Verteilende‹], Anteil am Gewinn. **1)** Anteil eines Gesellschafters am Reingewinn einer AG, ausgedrückt in Prozenten des Nennwertes der Aktie. Über die Verteilung der D. beschließt die Hauptversammlung. *D.-Papiere* sind Wertpapiere mit Anspruch auf Gewinnanteil im Unterschied zu festverzinsl. Wertpapieren mit Anspruch auf Zinsvergütung.

2) die in Prozenten der Konkursmasse auf den einzelnen Gläubiger entfallende Quote.

3) die Überschußbeteiligung der Versicherungsnehmer an den Überschüssen der Lebensversicherungsunternehmen.

Dividivi [indian.-span.], Gerbmittel; gerbstoffreiche, getrocknete Hülsenfrüchte der südamerikan. *Caesalpinia coriaria.*

Divina Commedia [ital. ›Göttliche Komödie‹], das Hauptwerk von Dante Alighieri.

Divination [lat.], Ahnung künftiger Ereignisse. *divinatorisch,* seherisch.

Divini illius magistri [lat.], die Enzyklika Pius' XI. vom 31. 12. 1929 über die christliche Jugenderziehung.

Divini redemptoris [lat.], Enzyklika Pius' XI. vom 19. 3. 1937 gegen den ›gottlosen Kommunismus‹.

Divinität [lat.], Göttlichkeit; Gottheit.

Divino afflante spiritu [lat.], Enzyklika Pius' XII. vom 30. 9. 1943 über die zeitgemäße Förderung der bibl. Studien.

Divis [lat.] *das,* Bindestrich.

divisi [ital. ›geteilt‹], Abk. *div.,* Vorschrift in den Orchesterstimmen der Streichinstrumente, nach der mehrstimmig notierte Stellen nicht als Doppelgriffe, sondern geteilt auszuführen sind. Von den beiden Spielern an jedem Pult übernimmt der eine obere, der andere die untere Partie.

Division [lat. ›Teilung‹], **1)** die vierte Grundrechnungsart, durch die ermittelt wird, wievielmal eine von zwei Zahlen, der *Divisor,* in der anderen, dem *Dividenden,* enthalten ist; die Ausführung dieser Rechnung heißt *dividieren.* Die Zahl, die hierbei gefunden wird, heißt der *Quotient.* Bezeichnet wird die D. entweder durch den Doppelpunkt, z. B. 15:6, oder durch einen waagerechten oder schrägen, zw. Dividend und Divisor gesetzten Strich, z. B. $\frac{15}{6}$ oder 15/6. Die D. ist die ›Umkehrrechenoperation‹ der Multiplikation.

2) seit Ende des 18. Jh. Truppenverband der mittleren Führungsebene; Panzergrenadier-, Panzer-, Jäger-, Gebirgs-, Luftlande-, Marineflieger- und Luftwaffen-D. (in der Bundeswehr zu je 3 Brigaden).

División Azul [- að'ul, span.], → Blaue Division.

Divisor [lat.], →Division 1).

Divortium [lat.] *das,* röm. Recht: Ehescheidung.

Divus [lat.], der Gott-Gewordene. Röm. Religion: ein menschl. Wesen, das nach seinem Tod zur Staatsgottheit erhoben wurde. Als erster erhielt Caesar diesen Titel (D. Julius). Seit Augustus wurde diese Konsekration immer mehr zur Regel (D. Augustus, Abk. D. A.).

Diwan [pers. ›Amtszimmer‹, ›bequemer Sitz der Beamten‹] *der,* **Divan, 1)** Polsterliege.

2) im Orient zunächst Stammrolle (der Krieger), dann Steuerverwaltung, Rechnungskammer, Staatskanzlei, später (unter den Türken) auch die Zentralregierung und ihre Einrichtungen, besonders der Staatsrat.

3) Gedichtsammlung islam. Dichter, danach Goethes ›West-östlicher Divan‹.

Diwaniya, Diwanijeh, Stadt in S-Irak, (1973) 60 600 Ew., an einem Arm des Euphrat.

Diwarra, auf Rotang-Streifen gezogene Nassa-Schnecken, Zahlungsmittel der Bewohner des südl. Neuirland.

Dix, Otto, Maler, Graphiker, * Gera 2. 12. 1891, † Singen (Hohentwiel) 25. 7. 1969, wurde 1927 Prof. an der Akademie Dresden, 1933 entlassen. Vom Expressionismus und Dadaismus ausgehend, wurde D. eine der stärksten Begabungen im Kreis um die Neue Sachlichkeit. Sein das Abstoßende hervorhebender Realismus, der bes. in seinen Kriegsbildern Aufsehen erregte, mäßigte sich später zu einer oft durch altmeisterl. Vorbilder bestimmten Neuromantik.

Dixence, La D. [-dis'ãs], linker Nebenfluß der Rhone im schweizer. Kt. Wallis, durchfließt das Val d'Hérémence. In 2364 m ü. M. Stausee *Lac des Dix* (4 km², 227 m tief); die Staumauer *Grande Dixence* gehört mit 284 m zu den höchsten der Erde.

dixi [lat. ›ich habe gesprochen‹], Schlußformel einer Rede.

Dixie, Dixieland [d'ıksılænd], volkstüml. Name der Südstaaten der USA, der sich wahrscheinlich von den 10-Dollar-Banknoten in Louisiana herleitet, die wegen der starken französischsprachigen Bevölkerung auf der Rückseite den Aufdruck ›dix‹ (zehn) trugen, möglicherweise aber auch von der →Mason und Dixon Line. Das Lied ›Dixie‹ (1859) von Daniel D. Emmett, das zum Kampflied der Konföderierten Staaten von Amerika wurde, machte diesen Namen geläufig.

Dixieland-Jazz [d'ıksılænd dʒæz], seit etwa 1916 in den Südstaaten der USA aufgekommener Musizierstil.

Diyarbakır, Kara Amid, Hauptstadt der Prov. D., Türkei, und wichtigste Stadt im SO des Landes, am Oberlauf des Tigris, (1978) 181 000 Ew. Gut erhaltenes altes Stadtbild (Stadtmauer, 11. Jh., mit 72 Türmen, drei Haupttoren und Zitadelle). – D., im Altertum *Amida,* wurde um 640 von den Arabern erobert; 1515 kam es an die Osmanen.

d. J., Abk. für **1)** der Jüngere.

2) dieses Jahres.

Djabir ibn Aflach [dʒ-], lat. **Geber Hispalensis,** span.-arab. Astronom des 12. Jh. Jh. aus Sevilla, kommentierte (mit heftiger Kritik) den Almagest des Ptolemäus und förderte die Trigonometrie.

Djabir ibn Hajjan [dʒ-], lat. **Geber,** ein Hauptvertreter der frühen arab. Alchemie, lebte in der 2. Hälfte des 8. Jh. Das ihm zugeschriebene Werk ist wohl erst Ende des 9. und Anfang des 10. Jh. entstanden. Es bietet experimentelle Wissenschaft (Alchemie, Medizin, Astrologie, Mathematik, Musik, Magie) auf der Grundlage einer bes. aus der ›Physik‹ des Aristoteles hergeleiteten philosoph. Theorie.

Djafar ibn Mohammed as-Sadik [dʒ-, arab. ›der Wahrhaftige‹], Nachkomme von Ali, der 6. Imam der Schiiten, * um 700, † 765, gilt als Vater der kabbalist. Pseudowissenschaften des islam. Orients.

Djagga [dʒ-], **Dschagga, Chaga, Chagga,** Bantu-Volk am Kilimandjaro, N-Tansania.

Djahis [dʒ-], Abu Othman al-D., arab. Prosaschriftst., * Basra um 776, † ebd. Dez. 868, schilderte in Form von Geschichten und Anekdoten die Menschen seiner Zeit in ihrem Alltag. Seine Tierenzyklopädie ist eine Fundgrube für Soziologen, Religions- und Literaturhistoriker.

Djakarta, →Jakarta.

Djamaa [dʒ-, arab.], die der Tradition Mohammeds verpflichtete rechtgläubige Gemeinschaft der Muslime.

Djamschid [dʒ-], iran. Mythos: der sagenhafte Urkönig von Iran, der die besten Tiere, Menschen und Pflanzen in einem unterird. Raum vor dem Untergang bewahrt und das goldene Zeitalter heraufführt.

Djaniden [dʒ-], **Dschaniden,** türk. Dynastie in Buchara (1599 bis 1785), benannt nach ihrem Gründer Djan Sultan, dem Sohn eines 1544 aus Astrachan geflohenen Chans.

Djanna [dʒ-, arab.], **Djennet** [dʒ-, pers. und türk.], das Paradies bei den Moslimen; Ggs.: *Djehennim,* die Hölle (Scheol).

Djauhari [dʒ-], Abu Nasr Ismail ibn Hammad al-D., arab. Lexikograph. türk. Abkunft, † 1002. Sein Wörterbuch ist eine wichtige Quelle für den klassisch-arab. Wortschatz.

Djaus [altind.], vedische Mythologie: der Gott des Himmels, höchster Gott der Indogermanen: dem ved. *D. pitar* entsprechen grch. *Zeus Pater* und lat. *Jupiter.*

Djebeil [dʒ-], **Djébail** [dʒe-], →Byblos.

Djebel [dʒ-], **Dschebel, Jebel, Jabal, Gebel,** arabisch für Berg, Gebirge. Mit D. zusammengesetzte Begriffe suche man unter dem Eigennamen.

Djelal od-Din Rumi [dʒ-], der bedeutendste Dichter der persisch-islam. Mystik (Sufismus), * Balch (heute Wazirabad) 30. 9. 1207, † Konya (Anatolien) 17. 12. 1273. In seinem Hauptwerk ›Mesnewi‹ steht die Sehnsucht nach der Wiedervereinigung mit Gott im Mittelpunkt. D. ist der Stifter des islam. Ordens der Mewlewije (von den Europäern tanzende Derwische genannt).

Djellabah [dʒ-, arab.], mantelartiges Gewand mit Kapuze in Nordafrika.

Djemal ad-Din al-Afghani [dʒ-], Schriftst., Gründer des islam. Modernismus, * Asadabad bei Hamadan 1838 oder 1839, * Konstantinopel 9. 3. 1897, verfocht die Befreiung der islam. Länder von europ. Bevormundung sowie den Zusammenschluß zu einem einheitl. islamischen Reich.

Djemdet Nasr [dʒ-], Ruinenhügel nordöstlich der altbabylon. Stadt Kisch; unter den Funden bes. Tontafeln mit archaischen Schriftzeichen und bemalte Keramik (etwa 3000–2500 v. Chr.).

Djemila [dʒ-], Stadt in Algerien, entstand aus *Cuicul*, einer röm. Militärkolonie; reiche Ausgrabungen.

Djerablus [dʒ-], nordsyr. Stadt am Euphrat, das antike → Karkemisch.

Djerasch [dʒ-], Ort in Jordanien, → Gerasa.

Djerba [dʒ-], **Dscherba,** Insel in der Kleinen Syrte, Tunesien, 514 km², (1975) 70 200 Ew. Hauptort: Houmt-Souk (Fort, 15./16. Jh.). 6,4 km lange Straßendamm zum Festland (seit der Römerzeit); Flughafen.

Djesire [dʒ-], **Djézireh, Jazira,** das Steppentafelland zw. mittlerem Euphrat und Tigris; in NO-Syrien und NW-Irak seit 1940 zu ergiebigen Getreidefluren umgewandelt.

DJH, Abk. für Deutsche Jugendherberge.

Djibarra [dʒi-, abessin.], **Lobelia deckenii,** afrikan. Baum, ähnlich den austral. Grasbäumen.

Djibouti [dʒib'uti], **Dschibuti, 1)** Republik in NO-Afrika, am Ausgang des Roten Meeres in den Golf von Aden, zw. Somalia und Äthiopien, 21 783 km², (1980) 230 000 Ew.; Hauptstadt ist Djibouti 2), Währung der Djibouti-Franc = 100 Centimes. Als Amtssprache (bisher Französisch) ist Arabisch vorgesehen.

D. liegt in der Halbwüste (Dornbuschsavanne) der Danakil-Senke; trockenheißes Klima. Hauptgruppen der vorwiegend muslim. Bevölkerung sind die Afar (Danakil) im N und W und die zu den Somal gehörenden Issa im S. Die Wirtschaft beschränkt sich auf Salzgewinnung, Viehhaltung und etwas Fischerei; Export von Häuten und Vieh. Das Schulwesen ist wenig entwickelt; rd. 80% der Bevölkerung sind Analphabeten.

Geschichte. Die Bevölkerung des Afar- und Issa-Territoriums entschied sich in einer Volksabstimmung am 8. 5. 1977 (Wahlbeteiligung 77%) zu 98% für die Errichtung einer unabhängigen ›Republik D.‹; unabhängig seit 27. 6. 1977; Einheitspartei seit 1979.

2) Hauptstadt und Hafen von 1), (1976) 102 000 Ew.; Ausgangspunkt der Eisenbahn nach Addis Abeba in Äthiopien, das seit 1960 in D. einen Freihafen hat; internat. Flughafen.

Djidda [dʒ-], **Jidda, Jedda,** wichtigste Hafenstadt Saudi-Arabiens am Roten Meer, rd. 70 km westlich von Mekka, (1981) 1,3 Mio. Ew. D. ist Sitz auswärtiger diplomat. Vertretungen in Saudi-Arabien, hat Universität; Erdölraffinerie,

Stahl-, Zementindustrie. Hafen und Flugplatz für Mekkapilger; Straßenverbindung u. a. nach Damman über Er-Riad.

Djihad [dʒ-], **Dschihad** [arab. ›Anstrengung‹], Islam: der → Heilige Krieg gegen Nicht-Muslime.

Djilas [dzj'ilas], Milovan, jugoslaw. Schriftst. und Politiker, * Polja bei Kolašin (Montenegro) 12. 6. 1911, trat 1932 der KP bei, wurde 1945 Sekretär des Politbüros, 1953 Vizepräs. der Republik. 1954 wegen Kritik am jugoslaw. Weg zum Kommunismus aller Parteifunktionen enthoben, wurde er zu 18 Monaten Gefängnis verurteilt. Ab 1956 wurde D. immer wieder verhaftet und verurteilt; 1966 begnadigt.

WE. Land ohne Recht (1958, autobiogr.); Die neue Klasse (dt. 1958); Gespräche mit Stalin (dt. 1962); Exekution (Erz., dt. 1966); Die unvollkommene Ges. (1969); Der junge Revolutionär, Der Krieg der Partisanen (Memoiren, dt. 1976 und 1978); Tito (dt. 1980).

Djinn [dʒ-], **Dschinn** [arab.], im muslim. Volksglauben, im vorislam. Arabien, im Koran und in Volkserzählungen (›1001 Nacht‹): Teufel, böser Geist, Dämon.

Djogjakarta, → Jogyakarta.

Djoser, ägypt. König der 3. Dynastie, regierte etwa 2609–2590 v. Chr., Erbauer der ersten Pyramidenanlage bei Sakkara, wo auch die Statue des Königs (lebensgroße Steinplastik) gefunden wurde.

Djuba [dʒ-], **Dschuba,** → Juba.

Djuma [dʒ-], **Dschuma** [arab.], Islam: die jeden Freitagmittag stattfindende Gemeindeversammlung zur Anhörung der Chutba; dann auch der Freitag selbst.

Djurdjura [dʒ-], **Djourdjoura,** Gebirgszug des östl. Tell-Atlas, Algerien, in der Großen Kabylei zw. Algier und Bejaia, bis 2308 m hoch, mit sehr schroffen Gipfeln.

DKP, Abk. für Deutsche Kommunistische Partei.

dkr, Abk. für die dänische Krone.

DKW, Abk. für Das kleine Wunder; ehem. Automarke der Auto-Union.

DLG, Abk. für Deutsche Landwirtschafts-Gesellschaft.

DLH, Abk. für Deutsche Lufthansa.

DLRG, Abk. für Deutsche Lebensrettungs-Gesellschaft.

DLW AG, Bietigheim/Württ., Hersteller von Fußbodenbelägen; gegr. 1899 als *Deutsche Linoleum-Werke AG,* seit 1969 jetziger Name.

DM, D-Mark, Abk. für Deutsche Mark.

d. m. [ital.], Musik: Abk. für destra mano.

d. M., Abk. für d(ies)es Monats.

DM-Eröffnungsbilanz, die nach dem DM-Bilanz-Ges. v. 21. 8. 1949 (mit Ergänzungsgesetzen und -richtlinien) von allen Kaufleuten bis zum 30. 6. 1951 aufzustellende Eröffnungsbilanz, die mit der Umstellung von RM auf DM eine Neubewertung der Kapitalverhältnisse ermöglichte; erforderte eine Durchbrechung der Bilanzkontinuität.

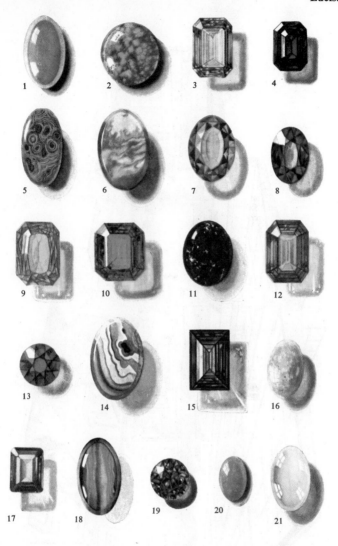

Edelsteine: 1 Chrysopras (Frankenstein/Schles.). 2 Türkis (Persien, Mexiko). 3 Aquamarin (Brasilien, Madagaskar). 4 Granat (Böhmen, Südafrika, Ceylon). 5 Malachit (Ural, Belg. Kongo). 6 Nephrit (China, Neuseeland, Schlesien). 7 Topas (Ural, Brasilien, Madagaskar). 8 Saphir (Indien, Ceylon, Kaschmir, Australien). 9, 10 Zitrin, 9 hell, 10 dunkel (Brasilien, Uruguay). 11 Lapislazuli (Afghanistan, Chile). 12 Turmalin (Brasilien, Madagaskar, Südafrika). 13 Rubin (Burma, Ceylon, Siam). 14 Achat (Idar-Oberstein, Brasilien, Uruguay). 15 Amethyst (Brasilien, Madagaskar). 16 Opal (Australien, Mexiko). 17 Smaragd (Kolumbien, Ural, Südafrika, Indien). 18 Tigerauge (Südafrika). 19 Zirkon (Ceylon, Hinterindien). 20 Jade (China, Neuseeland, Burma). 21 Mondstein (Ceylon)

Eisen: Siemens-Martin-Stahlwerk

Magnet
Roheisenkran
Pfanne
Ofensteuerstand
Ofen
Gieß-
pfanne
Chargierkran
Mulden
Ofen
Brenner
Scharrer
Schieber
Abgaskanal
Schieber
Windleitung
Regenerativ-
kammer
Gießkran
Schrott und
Zuschlagstoffe
Stahlgießpfanne
Kokillenwagen
Stripperkran
Blockwagen
zum Walzwerk
Kokillenziehen
vom Block

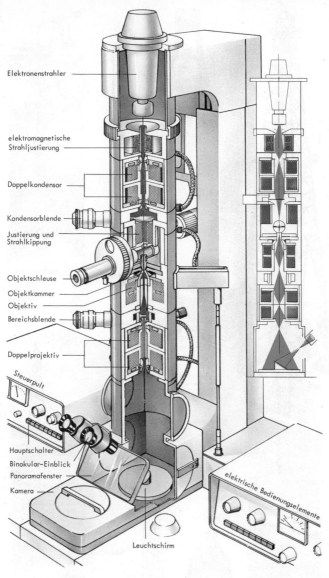

Elektronenstrahler

elektromagnetische
Strahljustierung

Doppelkondensor

Kondensorblende

Justierung und
Strahlkippung

Objektschleuse

Objektkammer

Objektiv

Bereichsblende

Doppelprojektiv

Steuerpult

Hauptschalter

Binokular-Einblick

Panoramafenster

Kamera

Leuchtschirm

elektrische Bedienungselemente

Elektronenmikroskop: rechts Strahlengang

Erdöl

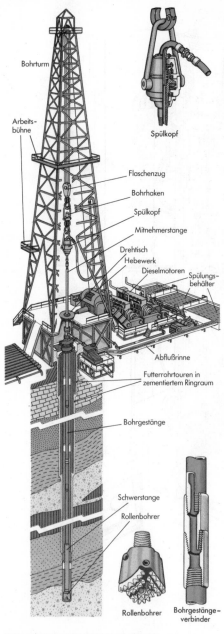

Bohrturm

Arbeits-
bühne

Spülkopf

Flaschenzug

Bohrhaken

Spülkopf

Mitnehmerstange

Drehtisch
Hebewerk
Dieselmotoren
Spülungs-
behälter

Abflußrinne

Futterrohrtouren in
zementiertem Ringraum

Bohrgestänge

Schwerstange

Rollenbohrer

Rollenbohrer

Bohrgestänge-
verbinder

Erdöl: Drehbohranlage (Rotary-Verfahren)

Öl

Förderung
durch Gestängepumpe

Bohrturm

Lehm
Kalk-
stein
Sand-
stein
Tonstein

Sandstein

Tonstein
Kalkstein

Erdgas

Erdöl

Wasser

Erdöl: Erdöllagerstätte (schematisch)

DMF, Abk. für Dimethylformamid.

Dmitrij, Dimitrij [slaw., zu grch. Demetrios], männl. Vorname.

Dmitrij, russ. Herrscher:

1) D. Iwanowitsch *Donskoj,* Großfürst von Moskau (1359), * 12. 10. 1350, † 19. 5. 1389, siegte 1380 am Don (daher der Beiname) über das tatarische Heer.

2) D. Iwanowitsch, der jüngste Sohn des Zaren Iwan IV., * 19. 10. 1582, † Uglitsch 15. 5. 1591, wurde nach dem Tod seines Vaters (1584) nach Uglitsch verwiesen und starb dort unter ungeklärten Umständen (möglicherweise während eines epilept. Anfalls oder auf Befehl von Boris Godunow ermordet); 1606 von der russ. Kirche heiliggesprochen.

Falsche D. (Demetrius). Die verbreitete Ansicht, eine anderer sei an D.s Stelle ermordet worden, führte dazu, daß mehrere falsche D. auftraten: *Pseudodemetrius I.* soll ein entlaufener Mönch, Grigorij Otrepjew, gewesen sein; es gelang ihm mit poln. Hilfe nach dem Tod Godunows dessen Sohn zu stürzen und im Juni 1605 als Zar in Moskau einzuziehen. Er wurde am 17. 5. 1606 während eines Aufstands erschlagen. Sein Schicksal behandelten Schiller (1805) und Hebbel (1863) in unvollendeten Schauspielen sowie A. S. Puschkin in ›Boris Godunow‹ (1825; danach Oper von M. Mussorgski). *Pseudodemetrius II.* (Dez. 1610 in Kaluga ermordet) und *Pseudodemetrius III.* (1611/12) waren nur Werkzeuge in der Hand poln. Politiker und russ. Abenteurer.

Dmowski, Roman, poln. Politiker, * Kamionek bei Warschau 9. 8. 1864, † Drozdowo 2. 1. 1939; ideologisch führend in der nationalen, antisemit. und antidt. Bewegung in Polen; forderte den Ausgleich mit Rußland und wirkte für die Wiederherstellung Polens. Im Aug. 1917 gründete er in Lausanne ein poln. Nationalkomitee, das die Anerkennung der Westmächte erhielt; Vertreter Polens auf der Pariser Friedenskonferenz.

D. M. S., D. M., Abk. für lat. **Dis Manibus Sacrum** [›den Verewigten geweiht‹], Inschrift auf röm. Grabdenkmälern.

DMSO, Abk. für Dimethylsulfoxid.

DNA, 1) Abk. für *deoxyribonucleic acid,* dt. *DNS,* die → Desoxyribonucleinsäure.

2) Abk. für *Deutscher Normenausschuß,* seit 1975 Deutsches Institut für Normung (→ DIN).

DNase, Abk. für Desoxyribonuclease.

Dnjepr *der,* in der Antike *Borysthenes,* später *Danapris,* Fluß im osteurop. Flachland, 2200 km, vor dem Aufstau 2285 km lang; entspringt am S-Hang der Waldai-Höhen, mündet in den Dnjepr-Liman des Schwarzen Meeres. Der Mittellauf mit steilem rechtem Bergufer und flachem, breitem linkem Wiesenufer sowie der Unterlauf bilden zw. Pripetmündung und Kachowka eine Kette von Stauseen (Kiew, Krementschug, Dnjeprodserdschinsk, Dnjepr, Kachowka). Bis Dorogobusch auf 1990 km schiffbar, ist der D. mit seinen Nebenflüssen und den Kanä-

len zu Bug, Düna und Memel wichtiger Verkehrsträger und durch die D.-Kaskade bedeutende Energiequelle.

Dnjepr-Kaskade, Wasserkraftwerksystem am Dnjepr, besteht aus 6 Kraftwerken (Stromerzeugung etwa 9,8 Mrd. kWh/Jahr).

Dnjeprodserdschinsk, bis 1936 *Kamenskoje,* Industriestadt im S der Ukrain. SSR, Hafen am Dnjepr, (1980) 253000 Ew.

Dnjepropetrowsk, bis 1926 *Jekaterinoslaw,* Gebietshauptstadt in der Ukrain. SSR, (1980) 1,083 Mio. Ew., beiderseits des Dnjepr an der Mündung der Samara; Industriestadt mit Stahl-, Walz- u. Hüttenwerken (Eisenerze von Kriwoj Rog, Kohle vom Donezbecken, Mangan von Nikopol). – D., 1783 von Potjomkin gegr. und nach Katharina II. genannt, war seit 1802 Gouvernementshauptstadt; Industrie seit 1884.

Dnjestr *der,* rumän. *Nistru,* im Altertum *Tyras,* Fluß im W der Ukrain. und im O der Moldauischen SSR, z. T. Grenze zw. beiden; entspringt am N-Hang der Waldkarpaten, ist 1352 km lang und mündet mit dem D.-Liman in das Schwarze Meer; auf 500 km schiffbar.

DNS, Abk. für → Desoxyribonucleinsäure.

DNVP, Abk. für Deutschnationale Volkspartei.

do., Abk. für dito.

Do, Musik: ital., frz., span. Name für den Ton C; in Frankreich ist auch die ältere Bez. ›ut‹ noch gebräuchlich; in der Solmisation der jeweilige Grundton einer Tonleiter.

d. O., Abk. für der Obige.

Doab [hindustan. ›zwei Flüsse‹, aus dem Persischen stammende Bez. für das zw. zwei Strömen gelegene Land. Der Begriff wird in Indien bes. für das Gebiet zw. Yamuna und Ganges gebraucht.

DOB, Abk. für Damenoberbekleidung.

Doebbelin, Karl Theophilus, Schauspieler und Theaterleiter, * Königsberg i. d. Neumark 24. 4. 1727, † Berlin 10. 12. 1793, begann 1750 bei der Neuberin, gründete 1756 eine eigene Gesellschaft, kam damit 1775 nach Berlin, wo seine Bühne 1786 zum Kgl. Nationaltheater erhoben wurde.

Döbel, Aitel, Eitel, Dickkopf, Leuciscus cephalus, bis 60 cm langer Karpfenfisch Mitteleuropas, Allesfresser, ab 30 cm räuberisch; Angelfisch.

Döbeln, Kreisstadt im Bez. Leipzig, an der Freiburger Mulde, (1976) 27600 Ew.

Doberan, Bad. D., Kreisstadt und Mineralbad im Bez. Rostock, (1976) 13000 Ew.; radioaktive Eisenquelle, Moorbad. – Ehem. Zisterserkloster (1171, 1552 säkularisiert); Klosterkirche (Ende 13. Jh.–1368, ein Höhepunkt der Backsteingotik) mit reicher Ausstattung.

Döbereiner, Johann Wolfgang, Chemiker, * Bug bei Hof 15. 12. 1780, † Jena 24. 3. 1849, untersuchte die katalyt. Eigenschaften des Platins *(D.-Feuerzeug).* Er stand in engem Gedankenaustausch mit Goethe und leistete mit der Triadenlehre (1829) wichtige Vorarbeit zur systematischen Ordnung der chemischen Elemente.

Doberlug-Kirchhain, Stadt im Kr. Finsterwalde, Bez. Cottbus, (1970) 9300 Ew.; Leder-, Baustoff-, Möbelindustrie; Gerbermuseum. – In Doberlug, bis 1937 *Dobrilugk,* bestand ca. 1165–1541 ein Zisterzienserkloster. Die Kirche (um 1220) ist gut erhalten; Schloß (2. Hälfte 17. Jh.). 1950 wurden Doberlug und Kirchhain vereinigt.

Dobermann, dt. Haushunderasse mit kurzem, glatt anliegendem Haar; schwarz, dunkelbraun oder mit rostroten Flecken. Widerristhöhe: 63–70 cm; besonders als Wachhund geeignet.

Döblin, Alfred, Schriftst., * Stettin 10. 8. 1878, † Emmendingen bei Freiburg 26. 6. 1957, Nervenarzt in Berlin, emigrierte 1933 (Frankreich, USA), kehrte 1945 nach Dtl. zurück; seit 1953 wieder in Frankreich. Mitbegründer (1910) der expressionist. Ztschr. ›Der Sturm‹. D. kam vom raffenden, bisweilen ekstatischen Stil des Expressionismus zur registrierenden neuen Sachlichkeit mit Montagen der Eindrücke moderner Großstadtrealität (›Berlin Alexanderplatz‹, 1929). Ihrem Gehalt nach umfassen die Werke mystische Utopien der Innerlichkeit, Erkenntnis der Ohnmacht des Einzelnen gegenüber Naturgewalten und Kollektivkräften und die Wendung zum Christentum im Spätwerk.
WE. Romane: Die drei Sprünge des Wang-lun (1915); Wallenstein, 2 Bde. (1920); Berge, Meere und Giganten (1924, Neufassung 1932); Die babylon. Wanderung (1934); Südamerika-trilogie (1937–48); Hamlet oder Die lange Nacht nimmt ein Ende (1956); November 1918 (Trilogie 1948–50; Tetralogie, einschl. ›Bürger und Soldaten‹, Tb. 1978). – Epos: Manas (1917). Ferner Erz. (Die Ermordung einer Butterblume, 1913), Dramen, Essays. – Ausgew. Werke in Einzelbdn., hg. v. W. Muschg (1960 ff.); Werke, 7 Bde. (1977).

Döbling, der XIX. Stadtbezirk von Wien.

Döbraberg, höchste Erhebung des Frankenwaldes (795 m).

Dobratsch, Gipfel der → Villacher Alpe, 2166 m hoch. Der Rückzug des Gailtalgletschers führte an der südl. Steilwand zu gewaltigen Bergstürzen (zuletzt 1348), durch deren Schuttmassen (›Schütt‹ 24 km²) die Gail aufgestaut wurde.

Dobrogea [dobr'odʒea], → Dobrudscha.

Dobrovský [-ki:], Josef, Begründer der slaw. Philologie, * Gyarmat bei Raab (Ungarn) 17. 8. 1753, † Brünn 6. 1. 1829, Priester, leitete durch grammat., sprach- und literarhistor. Werke die nationale Wiedergeburt der Tschechen ein (›Gesch. der böhm. Sprache u. Lit.‹, 1792; ›Dt.-böhm. Wb.‹, 1802–21); erste wissenschaftl. Darstellung des Altkirchenslawischen: ›Institutiones linguae slavicae dialecti veteris‹ (1822).

Dobrudscha *die,* rumän. **Dobrogea** [dobr'o-dʒea] Landschaft zw. dem Schwarzen Meer und dem Unterlauf der Donau und ihrem Delta. Der größere, nördl. Teil gehört zu Rumänien, der südl. zu Bulgarien.

Geschichte. Seit dem 7. Jh. v. Chr. siedelten Griechen an der Küste des Schwarzen Meeres. Skythen, Geten und Daker durchzogen oder besiedelten die D., bis sie 29 v. Chr. der röm. Provinz *Moesia* einverleibt wurde. Im 7. Jh. wurde die D. Mittelpunkt des ersten bulgar. Reiches und kam nach dessen Vernichtung (1018) unter byzantin. Herrschaft. Seit der 2. Hälfte des 12. Jh. war die D. Bestandteil des zweiten bulgar. Reiches, 1386–95 der Walachei, dann des Osman. Reiches. Der Berliner Kongreß (1878) gab den größeren nördl. Teil der D. an Rumänien. Nach dem zweiten Balkankrieg (1913) verlor Bulgarien auch die südl. D. an Rumänien. Im Frieden von Bukarest (1918) kam die Süd-D. wieder an Bulgarien, im Frieden von Neuilly (1919) wieder an Rumänien; im Vertrag von Craiova (1940) erneut an Bulgarien, wo sie auch nach dem Frieden von Paris 1947 verblieb. Die dt. Kolonisten wurden seit 1940 ins Reich umgesiedelt.

Dobson [dɔbsn], William, engl. Maler, * (getauft) London 4. 3. 1611, † (begraben) ebd. 28. 10. 1646; folgte 1642 A. v. Dyck als Hofmaler. Eine Besonderheit seiner Bilder sind klassisch-mytholog. Begleitmotive.

Dobzhansky [dɔbʒ'ɑ:nskɪ], Theodosius, Biologe, * Nemirow (Rußland) 25. 1. 1900, † Davis (Calif.) 18. 12. 1975, war 1929–40 Prof. in Pasadena (Calif.), danach in New York, ab 1971 an der University of California; Untersuchungen an der Taufliege und allg. Werke über die Evolution.

DOC, Abk. für Desoxycorticosteron.

D. O. C., Abk. für Denominazione d'Origine Controllata, → italienische Weine.

docendo discimus [lat. ›durch Lehren lernen wir‹], sprichwörtl. Ausdruck (nach dem siebenten Brief des jüngeren Seneca).

Doce, Rio D. [r'iu d'osi], Fluß in O-Brasilien, rd. 1000 km lang, mündet 100 km nördl. von Vitória (Espírito Santo).

Dochmiasis [grch.] *die,* Hakenwurmkrankheit der Tiere.

Docht, der Teil einer Lampe oder Kerze, der der Flamme durch Kapillarwirkung den Brennstoff zuführt, besteht meist aus einem Baumwoll-Hohl- oder Rundgewebe, das z. B. mit Salpeter, Kaliumchlorat, Asbest imprägniert wird.

Dock [engl.] *das,* Hafen oder Anlage zum Festliegen oder Instandsetzen von Schiffen: 1) *Dockhafen,* durch einhäuptige Schleusen gegen Ebbe und Flut gesichertes Hafenbecken, das bei ausgespiegeltem Außen- und Binnenwasser für Schiffe zugänglich ist; 2) *Trockendock,* durch *Docktor* abgeschlossenes Becken zum Leerpumpen für Unterwasser-Reparaturen an Schiffen; 3) *Schwimmdock,* stationär verankerter oder fahrbarer, hohlwandiger, stählerner Schwimmkörper, der durch Wasserballast zur Aufnahme eines Schiffes abgesenkt und nach dessen Aufnahme leergepumpt wird, wodurch das Schiff angehoben wird.

Docking [engl.] *das,* Koppelung zweier Raumfahrzeuge in der gleichen Raumflugbahn nach einem Rendezvous-Manöver.

Docta ignorantia [lat. ›gelehrtes Nichtwissen‹], Hauptwerk des Nikolaus von Kues und zugleich Motiv seines ganzen Denkens: der Mensch könne mit seinem begriffl. Wissen nicht die Unendlichkeit Gottes erfassen.

Doctor [lat.], urspr. für Doktor. *D. legum,* Doktor des röm. Rechts, im MA. und zu Beginn der Neuzeit bes. in Italien, Frankreich; *D. ecclesiae,* der Kirchenlehrer.

Documenta, Ausstellung internationaler moderner Kunst in Kassel bes. auf Grund der Initiativen von Arnold Bode (* 1900, † 1977), D. 1 (1955) zeigte fast ausschließlich europ. Kunst, D. 2 (1959) bezog amerikan. Maler ein. D. 3 (1964), D. 4 (1968) auch Kinetik, Pop Art und Environments, in der D. 5 (1972) setzten sich neue realist. Strömungen durch, die D. 6 (1977) bezog Film, Photographie und Video ein.

Document humain [dɔkym′ā ym′ɛ̃, frz. ›menschliches Dokument‹], aus dem Schlußabsatz von H. Taines Balzac-Essay hervorgegangenes Programm-Wort der Naturalisten, bes. Zolas und der Brüder Goncourt: ein Roman müsse durch genau beobachtete Tatsachen ebenso dokumentiert sein wie eine histor. oder naturwissenschaftliche Arbeit.

Dodecylbenzolsulfonat, wichtigste waschaktive Substanz. Das techn. Produkt ist ein Isomeren-Gemisch

$$[C_{12}H_{25}\text{-}C_6H_4\text{-}SO_3]^-Na^+.$$

Die Alkylkette $C_{12}H_{25}$- darf nicht verzweigt sein, um die biologische Abbaubarkeit zu gewährleisten.

Dodeka|eder [grch. ›Zwölfflächner‹] *das,* von zwölf ebenen Vielecken begrenzter Körper.

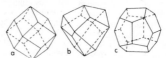

Dodekaeder: a Rhomben-D., b Deltoid-D., c Pentagon-D.

Dodekanes [grch. ›Zwölfinseln‹], grch. Inselgruppe in der Ägäis, vor der SW-Küste der Türkei; etwa 40 kleine Eilande und die zwölf größeren Inseln Patmos, Lipsos, Leros, Kalymnos, Kos, Astipaläa, Nisyros, Telos, Syme, Chalke, Karpathos, Kasos. Zum Nomos D. gehört auch Rhodos. Die Inseln sind gebirgig, Nisyros hat vulkan. Tätigkeit in Solfataren.
Geschichte. Der D. bildete weder in grch. noch in röm., noch in byzantin. Zeit eine administrative Einheit. Im MA. setzten sich Venezianer und Genuesen auf versch. Inseln fest, 1309/10 die Johanniter auf Rhodos. – Im italienisch-türk. Krieg (1911–12) besetzte Italien 1912 den D. Im Londoner Vertrag vom 26. 4. 1915 sicherte die Tripelentente Italien den D. zu. Im Friedensvertrag von Lausanne (24. 7. 1923) fiel er an Italien, im Friedensvertrag von Paris (10. 2. 1947) an Griechenland.

Dodekaphonie [grch.], die → Zwölftonmusik.
Dodekapolis, → Zwölfstädte.
Doderer, Heimito von, Schriftst., * Weidlingau bei Wien 5. 9. 1896, † Wien 23. 12. 1966, schrieb zuerst Lyrik, Erz., kleinere Romane,

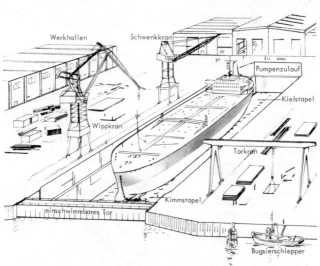

Dock: Trockendock

Dode

verfocht dann eine Theorie der epischen ›apperzipierenden‹ Objektivität, die er bes. in den beiden großen Romanen ›Die Strudlhofstiege‹ (1951) und die ›Dämonen‹ (1956) verwirklichte. Sie geben ein universelles Bild der Gesellschaft Wiens im ersten Drittel des 20. Jh. Die Ideologien der Zeit erscheinen als ›zweite Wirklichkeit‹, als Verzerrungen. Andere Werke neigen mehr zum Grotesken und Absurden (so der Roman ›Die Merowinger oder die totale Familie‹, 1962). D.s Kunsttheorie ist besonders in den Tagebüchern formuliert.

WE. Romane: Ein Mord, den jeder begeht (1938); Ein Umweg (1940); Roman Nr. 7 (1: Die Wasserfälle von Slunj, 1963; 2: Der Grenzwald, Fragment 1967, weitere Teile nicht mehr ausgeführt). – Lyrik; Erz., Kurzgeschichten (Sammelausg. 1970); Essays (›Die Wiederkehr der Drachen‹, 1970); Tagebuch (›Tangenten‹, 1964; ›Commentarii 1951 bis 1956‹, hg. v. W. Schmidt-Dengler, 1976).

Döderlein, Albert, Gynäkologe, * Augsburg 5. 7. 1860, † München 10. 12. 1941, Prof. in Groningen (Niederlande), Tübingen und München; Begründer der bakteriologischen Gynäkologie.

Dodgson [dɔdʒsn], Charles Lutwidge, → Carroll, Lewis.

Dodó [dud'ɔ, portugies.], Vogelart → Dronte.

Dodoma, Hauptstadt der Region D. in Tansania, (1981) 80000 Ew., wird seit 1973 zur neuen Hauptstadt Tansanias entwickelt.

Dodona, grch. **Dodone,** alte Kultstätte des Zeus und der Dione mit einem schon Homer und Hesiod bekannten Orakel, im Epirus. Das Orakel vernahm man urspr. im Rauschen der hl. Eiche des Zeus, später auch in der Quelle zu deren Füßen oder dem Klingen eines ehernen Kessels. Die dort gefundenen Orakeltäfelchen gehen auf die Zeit um 700 v. Chr. zurück; sie lassen vermuten, daß sich die Propheten des Orakels meist auf eine einfache Bejahung oder Verneinung der Frage beschränkten. Das Orakel wurde 219 v. Chr. mit dem Zeus-Heiligtum aus dem 5. Jh. verwüstet.

Doelenstück [d'u:lən-, von niederländ. doele ›Ziel‹, ›Schützenhof‹], **Schützenstück,** Gruppenbild von Mitgliedern holländ. Schützengilden. Das D., seit etwa 1550 bekannt, entwickelte sich im 17. Jh. durch F. Hals, T. de Keyzer, Rembrandt (›Nachtwache‹) und B. van der Helst zu künstlerischer Bedeutung.

Doesburg [d'u:sbyrx], Théo van, eigtl. Christian E. M. *Küpper,* niederländ. Maler, Architekt und Theoretiker, * Utrecht 30. 8. 1883, † Davos 7. 3. 1931, gründete 1917 mit P. Mondrian u. a. die Künstlergruppe De Stijl. 1930 gab er die erste und einzige Nummer der Ztschr. ›Art concret‹ heraus und gebrauchte damit zum ersten Mal den Ausdruck ›konkrete Kunst‹.

Dogcart [d'ɔgka:t, engl. ›Hundekarren‹] *der,* leichter, zweirädriger Einspänner.

Doge [d'oʒə, ital. d'ɔ:dʒe, von lat. dux ›Führer‹], der Inhaber der höchsten ausführenden Gewalt in Venedig seit 697. Urspr. byzantin.

Beamte, wurden die D. seit der Erhebung Venedigs gegen das Byzantin. Reich von Angehörigen des Adels gewählt. Sie waren absetzbar, ohne aus eigenem Entschluß zurücktreten zu dürfen. Das Amt vereinigte militär. und richterl. Zuständigkeiten, was die D. praktisch zu Alleinherrschern machte. 1032 scheiterte der Versuch der Familie Orseolo, das Amt erblich zu machen. Während ihr Amt als Heerführer unangetastet blieb, wurden die D. seitdem zu Vorsitzenden und ausführenden Beamten der Signoria, überwacht von sechs Tribunen, seit 1310 vom Rat der Zehn. 1797 wurde das Amt des D. aufgehoben. Die Frau des D. nannte man *Dogaressa.* – Auch in *Genua* wurde das Amt des D. nach venezian. Vorbild 1339 eingeführt. Hier lösten die D. einander seit 1526 alle zwei Jahre ab (bis ca. 1800).

Doge: Doge Leonardo Loredano (Gemälde v. Giovanni Bellini; London, Nat. Gall.)

Dogenmütze, die zur Amtstracht des Dogen von Venedig gehörende Kopfbedeckung, aus dem Herzogshut entwickelt, seit dem 14. Jh. ein Metallstirnreif mit einer versteiften phryg. Mütze aus Goldbrokat, darunter eine weiße Wollmütze.

Dogge, Bez. für mehrere Haushunderassen: meist große, kräftige Hunde mit massigem Kopf und starkem Gebiß. Widerristhöhe: bis 80 cm. In der Fellfarbe unterscheidet man bei den *Deutschen Doggen: Gestromte D.* (goldgelb mit schwarzen Querstreifen), *Gelbe D., Blaue D., Schwarze D.* und *Schwarz-weiß gefleckte D.* (*Harlekin-D.*).

Doggenhaie, die → Stierkopfhaie.

Dogger [engl.] *der,* mittlere Abteilung des → Jura.

Doggerbank, flache Bank in der Nordsee, geringste Tiefe: 13 m; 300 km lang (SW-NO), rd. 100 km breit, bildete bis vor etwa 8000 Jahren den Südrand der Nordsee.

Dögling, Art der Schnabelwale.

Dogma [grch. ›Meinung‹, ›Verfügung‹, ›Lehrsatz‹] *das,* Mz. *Dogmen,* lehrhafte Formulierung von Grundwahrheiten oder feststehenden Lehrsätzen in der spätantiken Philosophie, bes. dann in der christl. Religion; i. w. S. eine Grundüberzeugung, die gegen Zweifel nicht durch einen rationalen Beweis, sondern durch autoritative Erklärung gesichert ist. – 1) kath. Theologie: jede von Gott in der Hl. Schrift und (oder) der Überlieferung geoffenbarte Wahrheit, soweit sie vom kirchl. Lehramt mit Unfehlbarkeit definiert und als mit der Offenbarung übereinstimmend verkündet wird. Eine solche Verkündung begründet die Unabänderlichkeit des D. und die Glaubenspflicht der Kirche. Die Interpretation des D. kann dem jeweiligen geschichtl. Verständnis angepaßt werden, sofern der Inhalt unverändert bleibt. 2) orthodoxe Kirchen: die Lehrentscheidungen der ersten 7 ökumen. Konzilien (325–787); die monophysit. Kirchen haben die D.-Bildung nur bis (ausschließlich) zum Konzil von Chalcedon (451) mitvollzogen. 3) evang. Theologie: kirchlich verbindl. Lehrsatz, der für die Verkündigung fundierende Bedeutung hat.

Dogmatik, die Lehre von den Dogmen, die wissenschaftl. Darstellung der christl. Glaubenslehre und Hauptgebiet der systemat. Theologie. Die *kath. D.* steht vor der Aufgabe, die Aussagen des kirchl. Lehramts nach ihrem Sinn und Gewißheitsgrad festzustellen und aus der Hl. Schrift und der Tradition zu begründen *(positive D.),* ihren tieferen Gehalt begrifflich zu entfalten und im Zusammenhang darzustellen *(spekulative* oder *scholast. D.),* der kirchl. Lehre entgegengesetzte Deutungen der Offenbarung zu beurteilen und abzuweisen *(kontroverstheolog. D.)* und schließlich den dogmat. Lehrgehalt in den der Zeitsituation entsprechenden Ausdrucksformen zu verkünden *(kerygmat. D.).* – In der *evang. D.* begegnen die Grundtypen der christl. Glaubenslehre und kirchl. D. Der erste (von F. D. E. Schleiermacher wesentlich mitgeprägte) Typus entfaltet den Inhalt der D. aus der christl. Glaubenstradition und ihrer Reflexion im religiösen Subjekt. Der 2. Typus (bes. K. Barth) begreift den Inhalt der D. als kirchl. Gestalt des Wortes Gottes. Auch in dieser Form ist jedoch evang. D. nicht als kirchl. Lehre zu verstehen.

Dogmatismus, die unkrit. Behauptung lehrhafter Sätze mit dem Anspruch unbediger Geltung, für I. Kant das Verfahren jener Metaphysiker, die über das Wesen einer Sache Aussagen machen, ohne die Bedingungen geprüft zu haben, unter denen sie überhaupt erkennbar sind. – Im Marxismus-Leninismus bezeichnet D. eine Form der ideolog. Abweichung, eine Denkweise, die ›kritiklos‹ an ›veralteten‹ Thesen festhält.

Dogmen|entwicklung, nach *kath. Lehre* die aus der Dogmengeschichte ablesbare theolog. Entfaltung der vorgegebenen und in ihrem Inhalt unveränderten Offenbarung. Nach dem 2. Vatikan. Konzil wird die D. bes. als eine von Ort und Zeit bedingte Wandlung der seelsorgl. und wissenschaftl. Durchdringung des Glaubensgutes gesehen. – Die *evang. Theologie* führt die D. teils auf die sachgemäße Entfaltung der christl.

Lehrbegriffe, teils auf das Bedürfnis nach Ausschließung der Irrlehren, schließlich auch auf philosoph. Einflüsse zurück.

Dogmengeschichte, 1) die Lehre von der histor. Entwicklung nationalökonomischer Theorien, auch philosophischer, politischer, rechtlicher Ideen.

2) die Wissenschaft von Entstehung und Entwicklung des christl. Dogmas; sie kann als Teilgebiet der Kirchengeschichte wie als histor. Teil der Dogmatik verstanden werden. Ihr Inhalt wird wesentlich von dem kath. oder evang. Verständnis der Dogmenentwicklung bestimmt.

Dogon, von den Fulbe **Habbe,** Ez. *Kado,* genannt, Volk im Grenzgebiet Obervolta/Mali; bekannt als Holzschnitzer und wegen ihrer Schöpfungsmythologie.

Doha, Hauptstadt des Scheichtums Katar am Pers. Golf, (1980) 180 000 Ew.

Dohle, Corvus monędula, taubengroßer Rabenvogel, schwarz mit schiefergrauen Halsseiten; Höhlenbrüter.

Dohm, 1) Ernst, eigtl. Elias *Levy,* Schriftst., * Breslau 24. 5. 1819, † Berlin 5. 2. 1883; war 1849–52 Redakteur des ›Kladderadatsch‹; polit. Satiriker (›Der Aufwiegler in der Westentasche‹, 1849).

2) Hedwig, seit 1855 Frau von 1), * Berlin 20. 9. 1833, † ebd. 4. 6. 1919, Frauenrechtlerin: ›Die wissenschaftl. Emanzipation der Frau‹ (1874), ›Der Frauen Natur und Rechte‹ (1876) u. a.

Dohna, Stadt im Kr. Pirna, Bez. Dresden, an der Müglitz, (1970) 4600 Ew. – Burg D. (1040 erwähnt, heute Ruine); spätgot. Hallenkirche mit Schnitzaltar (1518).

Dohna, edelfreies Geschlecht aus Obersachsen, 1127 erwähnt, 1156 mit der Burg D. (Donin) bei Pirna belehnt, die es 1402 an die Markgrafen von Meißen verlor. 1648 wurden die D. zu ›Reichsburggrafen und Grafen‹ ernannt. Das Haupt des Zweiges D.-Schlobitten wurde 1900 in den erblichen preuß. Fürstenstand erhoben.

Dohnányi [d'ohna:nji, don'a:ni], 1) Ernst von, ungar. Pianist und Komponist, * Preßburg 27. 7. 1877, † New York 9. 2. 1960.

2) Christoph von, Dirigent, Sohn von 3), * Berlin 8. 9. 1929, war 1968–77 Generalmusikdirektor, dann auch Operndirektor in Frankfurt a. M., seitdem Intendant der Hamburger Staatsoper.

3) Hans von, Jurist, Sohn von 1), Schwager D. Bonhoeffers, * Wien 1. 1. 1902, † (hingerichtet) KZ Flossenbürg April 1945, Reichsgerichtsrat, seit 1939 in der Abwehr der Wehrmacht unter Admiral W. Canaris tätig, hatte sich 1934 der Widerstandsbewegung angeschlossen. Im März 1943 war er an einem Attentatsversuch gegen Hitler beteiligt (H. v. →Tresckow), im April 1943 verhaftet.

4) Klaus von, Politiker (SPD), Sohn von 3), * Hamburg 23. 6. 1928, Jurist, 1972–74 Bundes-Min. für Bildung und Forschung, 1976 Staats-Min. im Auswärtigen Amt; seit Juli 1981 1. Bürgermeister von Hamburg.

Dohn

Dohnen, Bügel aus Ruten mit Roßhaarschlingen zum Vogelfang; in Dtl. verboten.

Doină [dˈoinə], lyr. rumän. Volkslied, besingt in schwermütigem Ton die Natur und das menschl. Leben.

Doisy [dˈɔizi], Edward Adelbert, amerikan. Biochemiker, * Hume (Ill.) 13. 11. 1893, Prof. in Washington und St. Louis. D. isolierte 1929 das Östron, erhielt (mit H. Dam) 1943 für die Entdeckung der chem. Natur des Vitamins K den Nobelpreis für Medizin.

Do it yourself [du ɪt jɔːsˈelf, engl. ›mach's selber‹], Schlagwort, das zur handwerkl. Selbsthilfe auffordert.

Doketismus [von grch. dokein ›scheinen‹], die im christl. Altertum, bes. von der Gnosis vertretene Anschauung, daß Gott wegen der Verderbtheit der Materie nur scheinbar in Jesus Mensch geworden und nicht als Christus am Kreuz gelitten habe.

Dokimasie [grch.], Probierkunde: *dokimastische Analyse,* einfaches Schmelzverfahren, bes. zur Bestimmung von Edelmetallgehalten.

Doktor [lat. doctor ›Lehrer‹], Abk. *Dr.,* höchster akadem. Grad. Die Erlangung des *D.-Titels* setzt ein im allg. mindestens 8semestriges ordentliches Studium von meist 3 Fächern (1 Hauptfach, 2 Nebenfächer) an einer Hochschule

Doktor

Die an wissenschaftl. Hochschulen in der Bundesrep. Dtl. (B), Dt. Dem. Rep. (D), Österreich (Ö) und der Schweiz (S) verliehenen Doktorgrade

D., Ehrenhalber verliehener D.-Grad der Evang. Theologie

Doktor der ... (Studienrichtung X), seit 1966 offizielle Bezeichnung eines in Österreich nach Dissertation und Prüfungen erworbenen D.-Grades

Dr. agr. (agronomiae), Landbauwiss., Landwirtschaftswiss. (B, D)

Dr. disc. pol. (disciplinarum politicarum), Sozialwiss.

Dr. e. h., Dr. E. H. (ex honore), Ehrendoktor der TH

Dr. forest. (rerum forestalium), Forstwirtschaft (B, D)

Dr. h. c. (honoris causa), Ehrendoktor der Univ.

Dr.-Ing., Doktor-Ingenieur (auch für Diplom-Mathematiker und Diplom-Physiker möglich; B, D)

Dr. iur./jur. (iuris, juris), Rechtswiss. (B, D, Ö, S)

Dr. iur. can. (iuris canonici), Kirchenrecht (B)

Dr. iur. utr. (iuris utriusque), weltl. und Kirchenrecht (B, S)

Dr. med. (medicinae), Medizin (B, D, S)

Dr. med. dent. (medicinae dentariae), Zahnmedizin (B, D, S)

Dr. med. univ. (medicinae universae), Ges. Heilkunde (Ö)

Dr. med. vet. (medicinae veterinariae), Tierheilkunde (B, D, Ö, S)

Dr. mont. (montanarum), Bergbauwiss. (Ö)

Dr. nat. techn. (rerum naturalium technicarum), Bodenkultur (Ö)

Dr. oec. (oeconomiae), Verwaltungswiss. (D, S)

Dr. oec. publ. (oeconomiae publicae), Volkswirtschaft (B)

Dr. oec. troph. (oecotrophologiae), Hauswirtschaft (B)

Dr. paed. (paedagogiae), Erziehungswiss. (D)

Dr. pharm. (pharmaciae), Pharmazie (S)

Dr. phil. (philosophiae), Philosophie und andere Geisteswiss. (B, D, Ö, S)

Dr. phil. fac. theol. (philosophiae facultatis theologicae), Philosophie der Theolog. Fakultät (Ö)

Dr. phil. nat. (philosophiae naturalis), Naturwiss. (soweit innerhalb der philosoph. Fakultät; B, S)

Dr. rer. agr. (rerum agrarium), Landbauwiss., Landwirtschaft (B, D)

Dr. rer. cam. (rerum cameralium), Staatswirtschaftskunde (S)

Dr. rer. comm. (rerum commercialium), Handelswiss. (B, D)

Dr. rer. forest. (rerum forestalium), Forstwiss. (B, D)

Dr. rer. hort. (rerum hortensiarum), Gartenbauwiss. (D)

Dr. rer. nat. (rerum naturalium), Naturwiss. (B, D, Ö, S)

Dr. rer. oec. (rerum oeconomicarum), Wirtschaftswiss. (B, D, Ö)

Dr. rer. oec. publ. (rerum oeconomicarum publicarum), Staatswirtschaftswiss. (B)

Dr. rer. pol. (rerum politicarum), Staatswiss., Wirtschafts- und Sozialwiss. (B, D, Ö, S)

Dr. rer. publ. (rerum publicarum), Verwaltungswiss. (S)

Dr. rer. silv. (rerum silvestrium), Forstwiss. (D)

Dr. rer. soc. oec. (rerum socialium oeconomicarumque), Sozial- und Wirtschaftswiss. (Ö)

Dr. rer. techn. (rerum technicarum), techn. Wiss. (D)

Dr. sc. agr. (scientiarum agrariarum), Landbauwiss., Landwirtschaftswiss. (B, D)

Dr. sc. math. (scientiarum mathematicarum), Mathematik (S)

Dr. sc. nat. (scientiarum naturalium), Naturwiss. (S)

Dr. sc. pol. (scientiarum politicarum), Sozialwiss. (B)

Dr. sc. techn. (scientiarum technicarum), techn. Wiss. (S)

Dr. techn. (technicarum), techn. Wiss. (Ö)

Dr. theol. (theologiae), Theologie (B, D, Ö, S)

Dr. troph. (trophologiae), Ernährungswiss. (B)

mit Promotionsrecht und die Vorlage einer Dissertation des *Doktoranden* über ein Thema aus dem Gebiet des Hauptfachs voraus. Die Verleihung der *D.-Würde (Promotion)* erfolgt durch den Dekan nach Annahme der Dissertation durch die Fakultät (Fachbereich) und nach Bestehen der mündl. Prüfung *(examen rigorosum)* in den Haupt- und Nebenfächern. In Österreich wird der jurist. und medizin. D. ohne Dissertation nach 3 Rigorosen verliehen. Das Ergebnis der D.-Prüfung wird in Dtl. nach vier Gradabstufungen beurteilt, meist: rite (›ordnungsgemäß‹) = bestanden; cum laude (›mit Lob‹) = gut; magna cum laude (›mit großem Lob‹) = sehr gut; summa cum laude (›mit höchstem Lob‹) = mit Auszeichnung. Der *D.-Grad* ist in vielen Ländern staatlich geschützt (→ Titel); er kann seit dem 19. Jh. auch ehrenhalber *(honoris causa)* für hervorragende wissenschaftl. und andere schöpferische Leistungen verliehen werden.

Geschichtliches. In Rom hieß D. Lehrmeister oder Gelehrter. Bis zum Ende des 12. Jh. war D. ohne formelle Verleihung die Bez. für jeden Lehrer. Der Begriff wurde im MA. abwechselnd mit Scholastikus u. a., bes. aber Magister, gebraucht. Als erste Promotionsordnung gilt der Dekretale Papst Honorius' III. von 1219 für die Univ. Bologna. Seit Ende des 13. Jh. genoß der D. eine Reihe adliger Vorrechte (z. B. bevorzugter Gerichtsstand, gesellschaftl. Ehrenrechte). Seit der Mitte des 18. Jh. trennte sich die Lehrberechtigung (→ Habilitation, → venia legendi) vom D.-Grad, der heute eine mittlere Stellung zw. Staatsprüfungen oder Diplomgraden und Habilitation einnimmt, ohne deren zivilrechtl. Berechtigungen einzuschließen (z. B. Zulassung zum Referendariat).

Doktorfische, Chirurgenfische, Seebader, Acanthuridae, Fam. der Barschartigen Fische mit rd. 100 Arten; sie leben in Korallenriffen tropischer Meere; beliebte Aquarienfische.

Doktorfisch

Doktrin [lat. doctrina ›Unterricht‹], **1)** wissenschaftl. Lehre.

2) zum Glaubenssatz verhärtete Meinung.

3) in der Politik die programmat. Festlegung der Grundsätze von Parteien *(Partei-D.)* oder diplomat. Maximen von Staaten *(Staats-D.)* oder Staatengruppen.

doktrinär, (abwertend) engstirnig an einer Doktrin festhaltend.

Dokument [lat.], Urkunde, Beweis(stück).

Dokumentarfilm, früher auch *Kulturfilm,* verwendet im Unterschied zum Spielfilm überwiegend oder ausschließlich dokumentar. Aufnahmen, wobei alle Bereiche von Natur, Technik und menschl. Leben berücksichtigt werden können. Einige der ersten Filme waren D. (A. u. L. Lumière, M. Skladanowsky; 1895); bedeutende D. schufen in den 20er Jahren R. Flaherty und W. Ruttmann; in den 30er Jahren bereicherten die ›britische Schule‹ um J. Grierson sowie der Holländer J. Ivens den D. um sozialkritische Impulse und eine an D. Wertow und S. Eisenstein geschulte Montagetechnik; diese Linie wurde in den 60er Jahren in Lateinamerika fortgesetzt (F. Solanas, Argentinien; S. Álvarez, Kuba). In Europa blieb Frankreich führend (G. Franju, A. Resnais), in den USA wurden die abendfüllenden Naturfilme von W. Disney große Erfolge.

Dokumentarliteratur wurde in den 20er Jahren zunächst in der Form des **Dokumentarstücks** (dramatische Reportage) entwickelt: Inszenierungen von E. Piscator, in den 30er Jahren u. a. Theatergruppe ›Living Newspaper‹ unter E. Rice in New York. Anfang der 60er Jahre kam es zu einer neuen Welle von Dokumentarstücken: R. Hochhuth ›Der Stellvertreter‹ (1963); H. Kipphardt ›In der Sache J. Robert Oppenheimer‹ (1964), Peter Weiss ›Die Ermittlung‹ (1965), P. Brook ›US‹ (1966) u. a. Über das Dokumentarstück hinaus wird eine ›dokumentarische‹ Methode in der Gegenwart auch in anderen literar. Bereichen verwendet, z. B. A. Kluges ›Lebensläufe‹ (1962), ›Schlachtbeschreibung‹ (1966); Erfundenes wird mit Vorgefundenem vermischt, so auch in T. Capotes Rekonstruktion eines Mordfalles ›In cold blood‹ (1965) u. ä.; auch ältere und neuere Arbeiterliteratur beansprucht Authentizität in autobiograph. oder kritisch-reportagehaften Werken, ebenso die sozialkrit. Reportage (G. Wallraff, Erika Runge). In das Hörspiel und in Formen des Fernsehspiels ist ebenfalls die dokumentar. Methode eingegangen.

Dokumentation, → Informationswesen.

Dokumentenpapier, Papier hoher Alterungsbeständigkeit für langlebige Schriftstücke, wie Urkunden.

Dolby-System, von R. M. Dolby angegebenes Verfahren zur Verminderung des Rauschens bei Tonbandgeräten, beim Kopieren von Tonaufzeichnungen und beim UKW-Rundfunk durch bes. Filter *(Stretcher).*

dolce [dˈoltʃe, ital.], Musik: lieblich, sanft.

Dolcefarniente [doltʃe-, ital.] *das,* süßes Nichtstun.

dolce stil nuovo [dˈoltʃe-, ›süßer neuer Stil‹], Richtung der ital. Liebesdichtung in Bologna und der Toskana gegen Ende des 13. Jh. (Cavalcanti, Dante); sie löste mit ihrer auf den Adel des Herzens, nicht der Geburt gegründeten Auffassung der Liebe die Minneauffassung der Provenzalen ab.

dolce vita [dˈoltʃe-, ital. ›süßes Leben‹] *die,* ausschweifende, müßiggängerische Lebensführung.

Dolch, kurze, meist zweischneidige Stoßwaffe,

Dolc

seit den ältesten Zeiten im Gebrauch, in der Steinzeit aus Knochen und Stein, später aus Bronze und Eisen. Seit dem 13. Jh. gehörte der D. zur ritterl. Bewaffnung und wurde im 14. und 15. Jh. allg. gebräuchlich. Seit dem Ende des 16. Jh. wurde er zur Schmuckwaffe (bes. der Schweizer D.), seit dem 17. Jh. zunehmend ungebräuchlich. Als Militärwaffe wurde er 1935–45 von der dt. Wehrmacht geführt, neuerdings auch von den Offizieren der ›Nationalen Volksarmee‹ der DDR.

Dolchpflanze, volkstüml. Bez. für → Palmlilie.

Dolchstab, Dolchaxt, Stabdolch, Waffe (Würdezeichen) der frühen Bronzezeit, die aus einem Schaft mit rechtwinklig daran befestigter Dolchklinge besteht.

Dolchstoßlegende, die nach dem 1. Weltkrieg verbreitete These, daß Teile der dt. Heimatbevölkerung, bes. aber Gruppen der Sozialdemokratie, durch ihre revolutionäre Tätigkeit das ›im Felde unbesiegte‹ dt. Frontheer ›von hinten erdolcht‹ und dadurch den Zusammenbruch Dtl.s verschuldet hätten. Sie erwies sich zwar durch Untersuchungen (*Dolchstoßprozeß,* 1925; parlamentar. Untersuchungsausschuß) als unhaltbar, entwickelte sich aber trotzdem zu einer Kampfparole der polit. Rechten gegen die Linke. Die Nationalsozialisten gebrauchten sie gegen die Weimarer Republik und ihre Regierungen.

LIT. Die Ursachen des dt. Zusammenbruches. Werk des Untersuchungsausschusses, 4. Reihe, 12 Bde. (1925–29); Dolchstoß-Prozeß in München (1925). – F. Frhr. Hiller v. Gaertringen in: Geschichte und Gegenwartsbewußtsein, Festschrift für H. Rothfels (1963).

Dolchwespen, Scoliidae, bis über 5 cm lange, bunte, wespenähnl. Hautflügler; Entwicklung parasitisch in Engerlingen.

Dolci [dˈoltʃi], 1) Carlo, ital. Maler, * Florenz 25. 5. 1616, † ebd. 17. 1. 1686, malte Heiligenfiguren von ausdrucksstarker Sentimentalität.

2) Danilo, ital. Sozialreformer und Schriftst., * Sesena (Prov. Triest) 28. 6. 1924, suchte unter Rückgriff auf das Urchristentum eine Lösung sozialer Probleme, bes. im Mezzogiorno; schrieb u. a. ›Banditi a Partinico‹ (1955).

Dolcian, Dulzian, früher für Fagott.

Dold, Alban (Erich), Benediktiner, * Villingen 7. 7. 1882, † Munderkingen (Kr. Ehingen) 27. 9. 1960, förderte durch das von ihm aufgebaute Palimpsest-Institut der Erzabtei Beuron Bibeltextkunde und Liturgiegesch.

Dolde, offener Blütenstand; die *Doppeldolde* hat statt Einzelblüten doldige Teilblütenstände (*Döldchen;* z. B. Möhre, Fenchel); die *Doldenrispe* ist eine doldenartig ausgebreitete Rispe (z. B. Holunder, Mehlbeere); die *Doldentraube* oder *Schirmtraube* eine doldenartig ausgebreitete Traube (z. B. Rainfarn).

Doldenblüter, Doldengewächse, Apiaceae, früher *Umbelliferae,* Fam. der Doldenblütigen mit rd. 2700 Arten; einjährige Kräuter oder Stauden mit hohlem Stengel, meist zerteilten Blättern und meist großer Blattscheide; Blüten zweigeschlechtig, mit umgekehrt-herzförmigen Blütenblättern und unterständigem, zweifächerigem Fruchtknoten; Griffel schwellen zu einem Griffelpolster (*Stylopodium*) an. Die Spaltfrucht zerfällt in zwei Teilfrüchte, die an einem Fruchtträger (*Karpophor*) hängen. Blüten- und Fruchtstand sind Dolden (*Umbellae,* meist aus ›Döldchen‹ (*Umbellulae*) zusammengesetzt. Viele D. sind Heil- und Gewürzpflanzen.

Doldenblütige, Umbelliflorae, Ordn. der Freikronblättrigen und fünfzähligen, zu Dolden vereinigten Blüten. Hierzu gehören z. B. Doldenblüter, Aralien- und Kornelkirschengewächse.

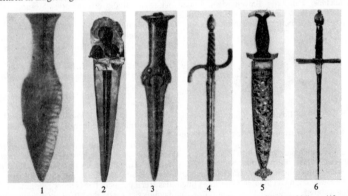

Dolch: 1 Feuersteindolch aus Norddeutschland, um 2000 v. Chr. 2 Bronzene Dolchstabklinge (40 cm) mit Goldblechbeschlag und glockenförmigen Zierbuckeln; aus der Oder, Bronzezeit, 1. Hälfte 2. Jahrt. v. Chr. (früher Pomm. Landesmus. Stettin). 3 German. D. aus einem Depotfund von Spandau; mittlere Bronzezeit, 2. Hälfte 2. Jahrt. v. Chr. 4 D., 15. Jh. (Zürich, Schweizer Landesmus.). 5 ›Schweizerdolch‹ mit reichverzierter Scheide, 16. Jh. 6 Stilettartiger D. aus dem 16. Jh. (Abb. 1, 3 Berlin, Staatl. Mus. für Vor- und Frühgeschichte; 5, 6 Nürnberg, German. Nat.-Mus.)

Doldenrebe, Scheinrebe, Ampelopsis, strauchige Gatt. der Weinrebengewächse, meist kletternd; Zierstrauch: die *Verschiedenblättrige D.* (*A. brevipedunculata*).

Doldrums [engl.], → Kalmen.

Dôle [do:l], 1) **La D.,** Bergrücken im schweizer. Jura, im Kt. Waadt, 1677 m hoch.
2) Stadt im frz. Dép. Jura, am Doubs und am Rhein-Rhône-Kanal, (1975) 28 400 Ew.; Kirche Notre-Dame (16. Jh.), Hospital (17. Jh.). – D. war Hauptstadt der Freigrafschaft Burgund.

Dôle [do:l], schweizer. Rotwein aus dem Rhonetal des Kanton Wallis.

Dolendo, dolente [ital.], Musik: klagend.

Dolerit [grch.], grobkörnige Varietät des Basalts.

Dolet [dɔl'ε], Étienne, frz. Humanist, * Orléans 1509, † (verbrannt) Paris 3. 8. 1546, seit 1538 Buchdrucker in Lyon; in seinen Schriften Gegner des Erasmus. Der Verbreitung häret. Schriften angeschuldigt, wurde er hingerichtet.

Dolfin, die Große Goldmakrele.

Dolganen, tungus. Volksstamm in N-Sibirien, auf der Tajmyr-Halbinsel. Ihre Sprache ist ein Dialekt des Jakutischen.

Dolganen- und Nenzen, Autonomer Bez. im Gau Krasnojarsk, Russ. SFSR, 862 100 km², (1979) 44 000 Ew. (1970: 70% Russen, 11,4% Dolganen, 5,9% Nenzen).

Dolgoprudnyj, Stadt 18 km nördlich von Moskau, Russ. SFSR, (1976) 63 000 Ew.; Sitz des Moskauer Physikalisch-Techn. Instituts und Flugleitzentrum für die sowjet. Raumfahrt.

Dolgorukij, Dolgorukow, fürstl. Familie in Rußland, die sich von Rurik ableitete; wiederholt von ausschlaggebender polit. Bedeutung.

Dolichenus, syr. Wetter- und Kriegsgott, bes. der nordsyr. Stadt *Doliche* (heute: Dülük), der als *Jupiter D.* von den röm. Legionen seit Vespasian verehrt und mit seinem Kult in den Donauländern und Hafenstädten eingeführt wurde.

Doline [slaw. ›Tal‹], charakterist. schüssel- oder trichterförmige Hohlform in Karstgebieten. Man unterscheidet *Lösungsdolinen,* die durch Lösung des Gesteins infolge versickernden Wassers entstehen, und *Einsturzdolinen,* die sich über nachgebrochenen unterirdischen Hohlräumen bilden.

Dollar [engl. d'ɔlǝ, von dt. ›Taler‹] der, Währungseinheit der USA: 1 D. (US-$) = 100 Cents (c, ¢). Auch folgende Länder bezeichnen ihre Währung mit D.: Australien, Bahamas, Barbados, Belize, Bermuda, Brunei, Fidschi, Guyana, Hongkong, Jamaika, Kanada, Liberia, Neuseeland, Singapur, Taiwan, Trinidad und Tobago, Westindien.
Der D. wurde Landeswährung der USA, als Anfang der 70er Jahre des 18. Jh. der Kontinentalkongreß die Ausgabe von auf D. lautenden, in Gold oder Silber rückzahlbaren Banknoten beschloß. Das Währungsgesetz von 1792 bestimmte die Prägung von Gold- und Silber-D. Durch den ›Gold-Standard-Act‹ wurde 1900 eine reine Goldwährung geschaffen und die Parität des D.

auf 1,504632 g Feingold festgesetzt. Diese Parität bestand bis zum 19. 4. 1933. Nach vorübergehender Lösung vom Gold wurde am 31. 1. 1934 die Goldparität auf 0,888671 g festgesetzt, am 18. 12. 1971 auf 0,818513 g und am 12. 2. 1973 auf 0,736662 g Feingold.
Der US-$ wurde auf der Konferenz von Bretton Woods 1944 zur Leitwährung der westl. Welt erklärt; er verlor jedoch im Lauf der sechziger Jahre an Stärke. 1968 wurde die Pflicht, den D. in Gold einzulösen, auf Zentralbanken eingeschränkt, eine Spaltung des Goldpreises zur Folge hatte. Da die Goldabflüsse trotzdem anhielten, hoben die USA am 15. 8. 1971 die Konvertibilität des D. in Gold auf. Bei Neufestsetzung der wichtigsten Währungsparitäten wurde im Dez. 1971 der D. abgewertet. Da seit März 1973 die Wechselkurse der Währungen der großen Industrieländer gegenüber dem US-$ frei schwanken (Floating), ist die Fixierung der Goldparität des US-$ von fiktiver Bedeutung. Für den internat. Zahlungsverkehr spielt der D. immer noch eine dominierende Rolle. – *Dollarklausel,* Vereinbarung, daß eine Zahlungsverpflichtung in D. beglichen werden muß.

Dollart, Meerbusen an der Emsmündung an der dt.-niederländ. Nordseegrenze; durch Einbrüche der Nordsee seit dem 14. Jh. entstanden.

Dolle [nd.] *die,* gabelförmige, drehbare Halterung beim Ruderboot zur Aufnahme der Riemen (Ruder). *Dollbord,* der verstärkte obere Rand am Ruderboot.

Doller, rechter Nebenfluß der Ill im südl. Elsaß, 150 km lang.

Dollfuß, Engelbert, österr. Politiker (CP; Vaterländ. Front), * Texing (NÖ) 4. 10. 1892, † (ermordet) Wien 25. 7. 1934, war 1932–34 Bundeskanzler und Außen-Min. – D. bekämpfte, in enger Anlehnung an das faschist. Italien, energisch den Anschluß Österreichs an Dtl. Nach dem ›Selbstausschaltung‹ des Nationalrates (März 1933) wandelte er die Republik in ein autoritäres Regierungssystem auf christlich-ständischer Grundlage um. Bei einem nat.-soz. Putschversuch wurde D. im Bundeskanzleramt ermordet.

Dollinger, Werner, Politiker (CSU), * Neustadt (Aisch) 10. 10. 1918, seit 1953 MdB.; 1962–66 Bundesschatz-Min., 1966–69 Bundes-Min. für Post- und Fernmeldewesen; seit Okt. 1982 Bundes-Min. für Verkehr.

Döllinger, Johann Joseph Ignaz von, kath. Theologe und Historiker, * Bamberg 28. 2. 1799, † München 10. 1. 1890, seit 1826 Prof. in München; geriet wegen seines Festhaltens am Episkopalismus in einen innerkirchl. Konflikt, der ihn seit 1860 zum erklärten Gegner des Kirchenstaates, der kirchl. Staatslehre und der Unfehlbarkeitserklärung des 1. Vatikan. Konzils werden ließ. 1871 wurde D. exkommuniziert.

Dolman *der,* aus dem alttürk. Leibrock (*Doliman*) entwickelte reichverschnürte kurze Jacke ohne Schöße, urspr. ungar. Nationaltracht, dann Uniformrock der Husaren.

Dolm

Dolmen [von breton., ›Steintisch‹] *der,* aus Trag- und Decksteinen erbaute Grabkammer, die einfachste Form der Megalithgräber, urspr. meist von einem Grabhügel überwölbt.

Dolmetscher [türk. über ungar.], Sprachkundiger, der die Verständigung zw. Menschen verschiedener Sprache in Industrie, Handel, Politik, im kulturellen Bereich usw. vermittelt. Vereidigte D. sind im auswärtigen Dienst und bei anderen Behörden (z. B. Gerichten) tätig. Ausbildung an *D.-Schulen,* privaten oder öffentl. Fachschulen oder Fachhochschulen *(D.-Institute* der Univ. Heidelberg, Saarbrücken, Mainz); letztere bilden in 4–6 Semestern in einer Haupt- und Nebensprache aus und führen zum akademisch geprüften Übersetzer oder zum *Diplom-D.*

Dolomit [n. dem frz. Mineralogen D. Gratet de Dolomieu, * 1750, † 1801] *der,* 1) **Dolomitspat,** Doppelsalz aus Calcium- und Magnesiumcarbonat, äußerlich dem Kalkspat ähnlich. 2) vorwiegend aus dem Mineral D. bestehendes Sedimentgestein, mit charakterist. Verwitterungsformen (z. B. → Dolomiten).

Dolomiten, ital. **Dolomiti,** Teil der Südl. Kalkalpen zw. Pustertal, Eisack, Etsch, Val Sugana und Piave, gegliedert in die Grödner, Fassaner, Ampezzaner und Sextener D.; das östl. Randgebiet heißt Cadore. – Ein dichtes Talnetz teilt die D. in viele über 3000 m hohe Gebirgsstöcke, die sich über einem Sockel aus kristallinen Schiefern, Porphyr, Sandsteinen, Tuffen und Mergeln erheben und in Türme und Zinnen aufgelöst sind. Höchste Erhebung ist die Marmolada (3342 m).

Dolomitenstraße, die 1915–18 erbaute Straße von Bozen durch das Eggental, über den Karerpaß (1753 m) ins Fassatal und nach Canazei mit Anschluß an die 1901 bis 1909 erbaute Straße über das Pordoijoch (2239 m) und den Falzaregopaß (2105 m) nach Cortina d'Ampezzo; Anschlußstrecken durch das Fassatal, nach Predazzo und über das Sellajoch (2214 m) ins Grödnertal.

Dolor [lat.], Schmerz.

Dolores [span. ›Schmerzensreiche‹], weibl. Vorname.

dolos [aus lat.], arglistig, betrügerisch.

Dolphin, die Große Goldmakrele.

D. O. M., Abk. für Deo Optimo Maximo [lat. ›Gott, dem Besten und Mächtigsten‹], christl. Umänderung der antik-röm. Weiheformel I. O. M. [›Jupiter- -‹]; seit der Renaissance häufig Einleitung zu Grabaufschriften.

Dom [lat. domus ›Haus‹], urspr. Wohnhaus des gemeinsam an Bischofskirchen lebenden Klerus, seit dem 15. Jh. die Bischofskirche selbst, eine größere Stiftskirche und (gelegentlich) auch andere bedeutende Kirchen. Wichtigstes baul. Kennzeichen ist der ausgedehnte Chor als Sitz der Domherren beim Gottesdienst.

Dom [dõ], portugies. Titel, → Don.

Dom, Name der vorarische nomad. Bevölkerung in N-Indien, bes. in der unteren Ganges-Ebene, eine der untersten Kasten; verehrt die

Pockengöttin Schitala; Korbflechter, Straßenkehrer, Musiker.

Dom, der höchste Gipfel der Mischabelhörner, Walliser Alpen, Schweiz, 4545 m hoch.

Domagk, Gerhard, Pathologe und Bakteriologe, * Lagow (Prov. Brandenburg) 30. 10. 1895, † Burgberg bei Königsfeld (Schwarzwald) 24. 4. 1964, Prof. der Medizin und Direktor der Farbenfabriken Bayer AG.; begründete 1935 die Chemotherapie der bakteriellen Infektionen durch Einführung der Sulfonamide; 1939 Nobelpreis für Medizin.

Domäne [frz., aus lat. dominium ›Herrschaft‹], allgemein: Herrschaftsbereich; übertragen: Spezial-, Wissensgebiet.

Land- und forstwirtschaftlich genutztes Gut in Staatshand *(Staatsgut):* D. unterstehen in der Bundesrep. Dtl. den Landwirtschaftsministerien der Länder. Sie dienen heute meist als Versuchsgüter.

Die D. gehen in Dtl. auf die Besitzungen der fränk. Könige zurück *(Königsgut).* Später kamen sie in die Hand der Landesfürsten, der Kirche u. a. Durch Säkularisationen wurde der Besitz des Staates stark vergrößert. Die Unterscheidung zw. öffentl. und privatem Recht führte seit der Aufklärung zu einer Trennung von fürstl. Hausgut *(Kammergut)* und staatl. D. Für die Finanzwirtschaft der Staaten hatte der D.-Besitz zeitweilig überragende Bedeutung: Noch Mitte des 18. Jh. flossen in Preußen rd. 50% der Staatseinkünfte aus den D., in Württemberg noch Ende des 19. Jh. rd. 45%. Im 18. und 19. Jh. waren die D. häufig als ›Mustergüter‹ die Bahnbrecher moderner Wirtschaftsmethoden.

Domar [d'əʊmə], Evsey David, amerikan. Volkswirtschaftler, * Lodz 16. 4. 1914, seit 1936 in den USA, seit 1958 Prof. in Cambridge (Mass.); Mitbegründer der postkeynesian. Wachstumstheorie *(Harrod-Domar-Modell).*

Domatium [grch.-lat.], hohlraumartige Bildungen an Pflanzen, die regelmäßig oder häufig von Tieren besiedelt werden, wobei diese in keinem Zusammenhang mit der Bildung der D. stehen (i. Ggs. zu → Gallen); z. B. *Akarodomatien* (Milbenhäuschen) an der Unterseite der Blätter einiger Laubbäume in den Nervenachsen und *Myrmekodomatien* (Ameisennester).

Domenichino [-k'i:no], eigtl. Domenicho *Zampieri,* genannt *il D.,* ital. Maler, * Bologna 21. oder 28. 10. 1581, † Neapel 6. 4. 1641, Schüler D. Calverts, später der Carracci; zw. 1602 und 1603 an der Ausmalung der Galleria Farnese in Rom beteiligt. 1631–38 malte D. in Neapel Fresken in der Capella del Tesoro im Dom. Auch Landschaften mit histor. und mytholog. Darstellungen.

Domenico, 1) **D. di Bartolo Ghezzi** [-g'ettsi], ital. Maler, * Asciano um 1400, † Siena vor Febr. 1447, tätig ebd. – Fresken im Ospedale della Scala, Siena (1441–44).

2) D. Veneziano, eigtl. *D. di Bartolomeo da Venezia,* ital. Maler, * Venedig (?) um 1405, † Florenz Mai 1461, tätig 1438 in Perugia, dann in Florenz, wo er Porträts von vornehm verhaltener Stimmung und erlesener Farbigkeit malte, ferner Madonna mit Heiligen (Uffizien), Hl. Franziskus und Johannes der Täufer (S. Croce).

Domesday Book [d'u:mzdeɪ buk, engl. ›Buch des Gerichtstags‹], *liber iudicąrius Angliae*, das 1085–87 unter Wilhelm dem Eroberer für 34 engl. Grafschaften angelegte Grundbuch; wichtige wirtschafts- und sozialgeschichtl. Quelle; amtlich gedruckt erst 1783 (2 Bde. mit Nachträgen).

Domesnäs, lett. *Kolkasrags*, Kap in Lettland, Nordspitze Kurlands, ragt als schmales Riff 8 km in die Ostsee; 6 km davor im Meer ein Leuchtturm.

Domestikation [lat. domesticus ›zum Haus gehörig‹], der Zustand der Haustiere und Kulturpflanzen gegenüber wildlebenden Arten. – Kulturpflanzen sind etwas älter als Haustiere. Bereits aus der Altsteinzeit kennt man erste Hinweise auf die Haltung lebender Tiere. Nomad. Jägerstämme dürften den wandernden Rentierherden gefolgt sein, die genutzt und kontrolliert wurden. Das älteste echte Haustier ist der Hund, dessen D. bis ins 10. Jahrtsd. v. Chr. zurückgeht. In diese Zeit fallen auch Versuche, Antilopen und Gazellen in Herden zu halten, um von der Jagd unabhängig zu sein. Mit dem aufkommenden Getreideanbau etwa um 7. Jahrtsd. v. Chr. folgten Ziegen und Schafe. Aber erst die weitere Verbreitung des Ackerbaus und die damit verbundene Seßhaftigkeit der Menschen gegen Ende der mittleren Steinzeit ermöglichten die D. weiterer Tiere, bes. der Rinder. Erbbedingte Vermannigfaltigung der Formen ermöglicht das Herauszüchten vielgestaltiger *D.-Rassen* mit oft bei Wildformen unbekannten Besonderheiten (›Domestikationsmerkmale‹). Die Ähnlichkeit zw. Merkmalen der D. bei Haustieren und menschl. Rassenmerkmalen erweisen auch den Menschen als Domestikationsform. Die von ihm veränderten Lebens- und Auslesebedingungen führten zu einer *Selbst-D.* (E. Fischer).

LIT. Ch. Darwin: Das Variiren der Thiere und Pflanzen im Zustande der D., 2 Bde. (a. d. Engl., 1868); E. Fischer in: Ztschr. für Morphologie und Anthropologie, 18 (1914); W. Herre: D. und Stammesgeschichte; F. Schwanitz: Die Entstehung der Nutzpflanzen als Modell für die Evolution der gesamten Pflanzenwelt, beide in: Evolution der Organismen, hg. v. G. Heberer (²1959); H. Nachtsheim: Vom Wildtier zum Haustier (³1977).

Domfreiheit, in den Städten mit Domstiften der dem Dom zunächst gelegene Raum, der im MA. unter der Gerichtsbarkeit des Domstifts stand.

Domherr, Mitglied des → Domkapitels.

Domin, Hilde, Lyrikerin, * Köln 27. 7. 1912, 1932–39 in Italien, dann in England, der Dominikan. Rep. und den USA, kehrte 1954 nach Dtl. zurück. WE. Nur eine Rose als Stütze (1959); Rückkehr der Schiffe (1962); Hier (1964); Höhlenbilder (1968); Ich will Dich (1970).

Dominante [lat.], Musik: beherrschender, bestimmender Ton. *Oberdominante*, der 5. Ton einer Dur- oder Molltonleiter, also die Oberquinte des Grundtons der Tonika, und der über dieser Quinte errichtete Dreiklang *(Dominantdreiklang)*. Die *Unterdominante, Subdominante,* ist der 5. Ton einer Tonleiter abwärts oder der 4. aufwärts, also die Oberquarte oder Unterquinte der Tonika, und der auf ihm errichtete Dreiklang *(Subdominantdreiklang)*. Tonika, D. und Subdominante bestimmen die Tonart; die über ihnen errichteten Dreiklänge enthalten zus. alle Töne der betreffenden Tonart.

Dominanz [lat.], Vorherrschaft, Überwiegen.

Dominat [von lat. dominus ›Herr‹] *der, das,* Herrschaft; i. Ggs. zum Prinzipat der frühen röm. Kaiserzeit das absolute Kaisertum seit Diokletian.

Domine, quo vadis?, → Quo vadis.

Domingo, Plácido, span. Sänger (Tenor), * Madrid 21. 1. 1941, auch als Dirigent tätig.

Dominica [lat. dies Domini ›Tag des Herrn‹], der Sonntag, weil Christus an einem Sonntag auferstand.

Dominica, Republik, Insel der Kleinen Antillen in Westindien, 750 km², (1980) 80000 Ew., meist Neger und Mulatten; Umgangssprache: Französisch, Amtssprache: Englisch. Hauptstadt ist Roseau. Die Insel ist gebirgig (bis 1447 m hoch) und waldreich, aber noch wenig erschlossen. Wirtschaft: Anbau trop. Früchte, bes. Bananen. – D. wurde am 3. 11. 1493, einem Sonntag (daher der Name), entdeckt; im 18. Jh. zw. Frankreich und England umstritten, wurde D. 1763 britisch; gehörte 1967–78 zu den Assoziierten Westindischen Staaten; seit 1978 selbständig.

Dominik [lat. dominicus ›dem Herrn gehörig‹], männl. Vorname.

Dominik, Hans, Schriftst., * Zwickau 15. 11. 1872, † Berlin 9. 12. 1945, schrieb technische Zukunftsromane.

Dominikaner, Predigerorden, lat. **Ordo fratrum praedicatorum**, Abk. **OP**, in Frankreich auch **Jakobiner**, vom hl. Dominikus 1216 in Toulouse gegr. Bettelorden zur Ausbreitung und Verteidigung des Glaubens durch Predigt und Unterricht mit Sitz des Ordensmeisters in Rom. Tracht: Habit, Skapulier und Kapuze (weiß), Mantel (schwarz), Ledergürtel mit Rosenkranz. – Die D. gehörten wegen ihrer Predigt der Armut gegen die häret. Armutsbewegungen (Albigenser, Katharer u. a.) und bes. wegen der ihnen übertragenen Leitung der Inquisition zu den einflußreichsten Orden des MA. Im Wettstreit mit den Franziskanern nahmen sie zahlreiche Lehrstühle an den Universitäten ein; bed. Gelehrte und Prediger wie Albertus Magnus, Thomas von Aquino, Eckhart, Tauler, Seuse, Cajetanus waren D. Nach einem Niedergang seit dem 16. Jh. wurde der Orden im 19. Jh. erneuert. – Der weibl. Zweig (**Dominikanerinnen**), 1219 gegr., widmet sich im beschaul. 2. Orden der Anbetung, in den regulierten Drittordensgemeinschaften den Aufgaben der Mission, der Jugenderziehung und Krankenpflege; Tracht: weißes Gewand mit schwarzem Mantel und Schleier.

Dominikaner, 1) Stubenvögel, so der brasilian. D.-Kardinal, ein Fink.

2) *D.-Witwe,* → Witwenvögel.

Dominikanische Republik, amtlich **República Dominicana,** Republik auf der Ostseite der Insel Hispaniola, 48 442 km², (1980) 5,431 Mio. Ew. Hauptstadt ist Santo Domingo. Amtssprache: Spanisch. Währungseinheit: 1 dom. Peso (RD$) = 100 Centavos.

Landesnatur. → Hispaniola.

Bevölkerung. Etwa 60% der Bev. sind Mulatten, 28% Weiße und 12% Neger. Größte Städte: Santo Domingo, Santiago de los Caballeros, San Pedro de Macorís, San Francisco de Macorís, Barahona.

Wirtschaft. Haupterwerbszweig ist die Landwirtschaft; sie nutzt rd. 50% der Gesamtfläche; überwiegend Großbetriebe. Anbau: Zuckerrohr, Kaffee, Bananen, Kakao, Tabak; ferner Reis und Mais. Der Bergbau fördert Salz, Gips, Nickel, Bauxit, ferner Kupfer, Gold, Silber. Hauptindustriezweig ist die Zuckerrübenverarbeitung.

Die Eisenbahnen, (1974) rd. 1500 km, sind zu über 80% Plantagenbahnen. Das Straßennetz umfaßt rd. 10500 km, 50% asphaltiert. Haupthafen: Santo Domingo. Internat. Flughafen: Punta Caucedo bei Santo Domingo. – Der Fremdenverkehr genießt staatl. Förderung und trägt zum Abbau der Arbeitslosigkeit bei. – Haupthandelspartner sind die USA.

Staat. Die Verf. vom 28. 11. 1966 ist nach nordamerikan. und frz. Vorbild aufgebaut. Der Staatspräs. bildet die Exekutive und ernennt ohne Einschaltung des Kongresses die Reg.-Mitgl. Er wird in direkter Wahl für 4 Jahre gewählt; die Wiederwahl ist zulässig. Der Kongreß besteht aus Senat und Abgeordnetenhaus. Die 26 Provinzen des Landes sowie der Nat.-Distrikt entsenden je einen Vertreter in den Senat. Das Abg.-Haus setzt sich aus direkt gewählten Mitgl. zusammen; es besteht Wahlpflicht.

Bildung. Allg. Schulpflicht vom 7. bis 14. Lebensjahr (seit 1951; nur teilweise verwirklicht); 4 Univ.: 1 staatl. in Santo Domingo (gegr. 1538; älteste Univ. Amerikas).

Religion. Die Bevölkerung ist in ihrer überwiegenden Mehrheit katholisch.

Geschichte. Die Osthälfte der Insel Hispaniola war bis 1795 und wieder 1808–21 spanisch. 1822 wurde sie von der in der Westhälfte entstandenen Negerrepublik Haiti erobert, 1844 als D. R. wieder unabhängig (1861–65 noch einmal spanisch). Die seitdem andauernden Machtkämpfe und Revolutionen führten 1905/07 zur Finanzaufsicht, 1916 zur bewaffneten Intervention durch die USA, die bis 1924, und in Form eines Protektorats bis 1929, andauerte. 1917 (ebenso 1941) brach die D. R. die diplomat. Beziehungen zu Dtl. ab. Durch den Staatsstreich von 1930 übernahmen die Brüder Trujillo Molina die diktator. Gewalt, Gen. Rafael Trujillo Molina wurde Staatspräsident (mit Unterbrechungen 1938–42); 1952–60 war es sein Bruder Héctor. Aug. 1960 setzten die beiden den bisherigen Vizepräs. J. Balaguer als Staatspräs. ein. Am 30. 5. 1961 wurde der den Staat tatsächlich beherrschende R. Trujillo Molina ermordet. Machtkämpfe in der Fam. Trujillo Molina und polit. Unruhen schlossen sich an. Balaguer setzte sich (Ende 1961) durch. Die Fam. Trujillo Molina mußte das Land verlassen. Nach einem Militärputsch (Jan. 1962) trat Balaguer zurück. Nach einer innenpolitischen Krise wurde J. Balaguer Juni 1966 wieder Präsident, bei den Wahlen von 1970 und erneut 1974 im Amt bestätigt. 1978 wurde S. A. Guzman Fernández zum Präsidenten gewählt, 1982 S. J. Blanco.

Dominikus, Stifter des Dominikanerordens, * Caleruega (Kastilien) um 1170, † Bologna 6. 8. 1221, Familienname *Guzmán* [gu θm'an], gründete 1215 in Toulouse eine Genossenschaft von Priestern, die sich, in völliger Armut lebend, der Rückgewinnung der Albigenser widmen sollten: Aus ihr entstand 1216 der sich rasch ausbreitende Orden der Dominikaner. Heiliger (Tag: 7. 8.).

Dominion [dəm'injən, engl.], brit. Staatsrecht: urspr. jede überseeische Besitzung, seit 1907 auf die sich selbst regierenden Staaten des Britischen Reiches (Kanada, Australischer Bund, Neuseeland) und die Reichsteile beschränkt, die eine diesen Staaten gleichberechtigte Stellung (*D.-Status*) gegenüber dem Mutterland erhalten hatten (Indien, Pakistan); Merkmale der D.-Status waren: volle Selbstregierung, Treueverhältnis zur brit. Krone und seit 1931 freiwillige Zugehörigkeit zum Commonwealth. Nach 1945 wurde der Begriff D. allmählich durch die Umschreibung ›Member of the Commonwealth‹ ersetzt und 1952 aus den Titeln der Königin entfernt.

Dominium [lat.], Eigentum, das nicht beschränkte Herrschaftsrecht über einen Gegenstand oder ein Gebiet. Im MA. **D. directum** und **D. utile,** das Obereigentum des Lehnsherrn und das Recht des Lehnsträgers.

Dominium maris Baltici [lat. ›Herrschaft über das Baltische Meer‹], **Ostseeherrschaft,** als Schlagwort angeblich zuerst 1563 von Sigismund II. August von Polen im Kampf gegen Schweden gebraucht, tatsächlich schon von den Wikingern, den Dänen, der Hanse, später von den Schweden bis 1720/21 verwirklicht. Die Erneuerung durch Peter d. Gr. wurde durch die von Dänemark erstrebte und mit Rußland vereinbarte ›Ruhe des Nordens‹ (1773) hinfällig.

Domino [d'ɔminɔʊ], Fats, eigtl. Antoine D., amerikan. Sänger und Pianist, * New Orleans (La.) 26. 2. 1928, Vertreter des Rhythm-and-Blues.

Domino [aus lat. dominus ›Herr‹], **1)** urspr. im Winter getragener Kapuzenmantel der Mönche

Seit dem 16. Jh. allg. Kleidungsstück, seit dem 18. Jh. schwarzseidener Maskenmantel beim Karneval in Venedig.

2) Dominospiel, Gesellschaftsspiel mit 28, seltener 36, 45 oder 55 rechteckigen Steinen, die in zwei Felder geteilt sind. Jedes Feld (bei 28 Steinen) trägt 0–6 Punkte (Augen) in allen möglichen Verbindungen. Die Steine werden mit den Feldern mit gleicher Augenzahl aneinandergefügt. Gewonnen hat, wer zuerst seine Steine abgesetzt hat. – Das seit 1000 Jahren in China bekannte D. kam in der ersten Hälfte des 18. Jh. aus Italien und Frankreich nach Dtl.

Dominotheorie, Theorie über die fortschreitende Ausbreitung der kommunist. Staats- und Gesellschaftsordnung bes. in Ost- und Südostasien, diente oft als Begründung des amerikan. Engagements im Vietnam-Krieg. So wie bei einer Reihe senkrecht hintereinander stehender Dominosteine der Fall eines einzigen nacheinander den Sturz der ganzen Reihe bewirkt, so ziehe der kommunist. Umsturz in einem Land in der Folgezeit weitere in Nachbarländern nach sich.

Dominus vobiscum [lat. ›Der Herr (sei) mit Euch!‹], lat. Liturgie: der von der Gemeinde mit ›Et cum spiritu tuo‹ (lat.›Und mit Deinem Geiste‹) beantwortete Gruß des Priesters in der Messe.

Domitian, Titus Flavius *Domitianus,* röm. Kaiser (81–96 n.Chr.), Sohn des Vespasian, * Rom 24. 10. 51, † (ermordet) ebd. 18. 9. 96, Nachfolger seines Bruders Titus, sorgte für die Ausdehnung des Röm. Reiches (Chattenkrieg, 83 n.Chr., mit Eroberung von Taunus und Wetterau; Baubeginn des Limes; vorläufiger Abschluß der Eroberung Britanniens; Kämpfe mit den Dakern). Im Innern grausam und rücksichtslos (Prozesse und Polizeiaktionen, u. a. Vertreibung der Philosophen 89 und 95, Christenverfolgung).

Domitilla, Flavia, Enkelin des Kaisers Vespasian, 95 n.Chr. unter Domitian der Gottlosigkeit (d. h. der Anhängerschaft an das Christentum) angeklagt und verbannt. Die nach ihr genannte röm. Katakombe entstand mehrere Generationen später.

Dömitz, Stadt im Kr. Ludwigslust, Bez. Schwerin, (1970) 3700 Ew., an der Elbe (Hafen). – 1559–1894 stärkste Landesfestung von Mecklenburg; 1839–40 wurde F. Reuter hier gefangengehalten.

Domizilwechsel, Wechsel, bei dem der Zahlungsort vom Wohnsitz des Akzeptanten abweicht.

Domkapitel, Kathedralkapitel, Metropolitankapitel, Kath. Kirche: das autonome Kollegium der *Kanoniker, Kapitulare,* Dom- oder *Chorherren* an einer bischöfl. oder erzbischöfl. Kirche, das den Bischof in der Diözesanverwaltung unterstützt und berät, z. T. auch an der Bischofswahl beteiligt ist und während der Sedisvakanz aus seiner Mitte den → Kapitularvikar wählt. *Dignitäten* der D. sind v. a. der *Dompropst* und der *Domdekan. Domvikare* sind die Kapläne des D.

– Die Kapitel der wenigen noch erhaltenen evang. *Domstifte* sind Stiftungen des öffentl. Rechts zur Förderung kulturell-sozialer Aufgaben.

Domleschg, rätoromanisch **Tumliasca** [tumli-'aʃka], die unterste Talstufe des Hinterrheins, Graubünden, Schweiz.

Domodossola, Stadt in der Prov. Novara, Italien, (1975) 20500 Ew.; Ausgangspunkt der Simplonstraße und der Simplonbahn.

Domostroj [russ. ›Hausordnung‹], russ. Sammlung von Anweisungen für eine ideale, christlich-patriarchal. Lebensführung, wohl nach 1547 von dem Protopopen Silvester nach älteren Quellen zusammengestellt.

Domowoj, Domowik, im russ. Volksglauben guter Hausgeist, der das Glück der Familie schützt.

Dompfaff, → Gimpel.

Dompteur [dɔ̃t'œ:r, frz.], Tierbändiger; *Dompteuse* [dɔ̃tø:z], Tierbändigerin.

Domrémy-la-Pucelle [dõrem'i la pys'ɛl], Gem. im frz. Dép. Vosges, an der Maas, (1975) 220 Ew.; Geburtshaus (Museum) der Jeanne d'Arc (›la Pucelle‹).

Domschulen, im MA. vom Domkapitel unter Leitung des *Domscholasters,* eines Domkapitulars, unterhaltene Schulen, bes. zur Heranbildung künftiger Kleriker bestimmt.

Don [von lat. dominus ›Herr‹], Höflichkeitstitel; geht in Spanien dem Vornamen voraus, in Italien erhalten ihn Adelsfamilien und Priester, in Portugal *(Dom)* auch die Mitgl. der früheren königl. Familie. Die weibl. Formen sind span. *Doña* [-ɲ-], ital. *Donna,* portugies. *Dona.*

Don, in der Antike *Tanaïs,* Fluß im S des osteurop. Flachlandes, 1970 km lang, entspringt am O-Hang der Mittelruss. Höhe, mündet in die Taganrog-Bucht des Asowschen Meeres, nähert sich bei Kalatsch der Wolga bis auf 100 km und geht hier in den Zimljansker Stausee ein. Wichtigste Nebenflüsse von rechts: Sosna, Donez, von links: Woronesch, Manytsch. Schiffahrt von der Mündung bis Georgiu-Desch (1355 km).

Donar, altsächs. **Thunar,** altnord. **Thor(r),** neben Wodan (Odin) der bedeutendste german. Gott; aus dem Göttergeschlecht der Asen. Röm. Schriftsteller nannten ihn Hercules oder Jupiter (daher der Wochentagsname Donnerstag nach dem Vorbild des lat. ›dies Jovis‹). Der Name D. deutet darauf hin, daß der Gott seine Macht im Donner offenbarte. Im altnord. Mythos waren der Hammer und ein von Böcken gezogener Wagen seine Attribute; durch körperl. Kraft ausgezeichnet, fiel ihm die Aufgabe zu, die Welt der Götter und Menschen gegen Riesen und Ungeheuer zu verteidigen. Er galt als schützender, helfender Gott. – D. wurde bes. in Norwegen und Island verehrt. Seine Bedeutung außerhalb Skandinaviens dokumentiert der Bericht, nach dem Bonifatius 732 bei Geismar eine dem D. geweihte Eiche gefällt haben soll.

Donatello, eigtl. Donato di Niccolò di Betto

Dona

Bardi, ital. Bildhauer, * Florenz 1382, 1383 oder 1386, † ebd. 13. 12. 1466. D. war der vielseitigste Meister der Frührenaissance-Skulptur, der in allen Techniken arbeitete und für alle Aufgaben neue Lösungen fand. Zugleich nahm er an der Wiederentdeckung der Antike leidenschaftl. Anteil. Er schuf zw. 1410 und 1420 neben Nanni di Banco die ersten im klass. Sinne aufgebauten Nischenfiguren (Hl. Georg und Hl. Markus, beide an Or S. Michele, Florenz), entwickelte, von L. Ghiberti ausgehend, eine eigene Reliefgattung mit malerisch aufgelöster Grundfläche, schuf die erste umschreibbare Freifigur seit der Antike (Bronzedavid, um 1435, Florenz, Mus. Nazionale) und das erste profane Reiterdenkmal der Renaissance, den Gattamelata. 1443–53 war D. in Padua tätig (Hochaltar in S. Antonio). Seine Spätwerke zeigen expressiven Ausdruck (Bronzekanzeln in S. Lorenzo, Florenz, erst nach D.s Tod vollendet; Hl. Maria Magdalena, um 1460, Florenz, Mus. dell'Opera del Duomo).

LIT. H. W. Janson: The sculpture of D., 2 Bde. (Princeton, N. J., 1957, mit Katalog); M. Wundram: D. u. Nanni die Banco (1970).

Donatello: Kopf des Gattamelata

Donatisten, 1) die Anhänger des Gegenbischofs Donatus von Karthago († um 355) und die aus ihnen gebildete Sonderkirche, die in N-Afrika vom 4. bis zum 7. Jh. bestand. Bei ihrer Entstehung spielten auch nationale Gegensätze zw. der numid. Bevölkerung und den Römern eine Rolle. Nach Lehre der D. war die Wirksamkeit der Sakramente von der Heiligkeit ihres Spenders abhängig; i. Ggs. hierzu entwickelte Augustinus die kath. Sakramentenlehre.
2) im MA. die fortgeschrittenen Schüler an den Lateinschulen, die die Grammatik des Aelius Donatus benutzten, im Unterschied zu den Leseschülern (*Legisten*).

Donator [lat. ›Spender‹], Begriff der Theorie der chemischen Bindung. D. beteiligen sich mit einem Elektron oder Elektronenpaar an der Bildung koordinativ-kovalenter Bindungen (→Basen, →Lewis-Säure); →Halbleiter.

Donatus [lat. ›der Geschenkte‹], im MA. ein einem Kloster zum späteren Eintritt übergebenes Kind oder ein Erwachsener, der sich einem geistl. oder Ritterorden anschloß (Oblate).

Donatus, Aelius, röm. Grammatiker um 350 n. Chr., Lehrer des hl. Hieronymus, schrieb zwei im MA. viel benutzte lat. Grammatiken. Im Anschluß an D. nannte man auch die lat. Elementargrammatik den *Donat*. Der ›Donatus‹ gehörte zu den frühesten gedruckten Schriftwerken, doch sind nur Bruchstücke der Drucke erhalten *(Donatfragmente,* wichtig für die Gesch. des Buchdrucks).

Donau, tschech. **Dunaj**, ungar. **Duna** [d'unɔ] serb. **Dunav**, bulgar. **Dunaw**, rumän. **Dunárea** [d'unarea], lat. **Danubius** (im Unterlauf **Ister**), zweitlängster Fluß Europas, Hauptzufluß des Schwarzen Meeres, 2850 km lang.

Die D. entspringt mit den Quellflüssen *Breg* und *Brigach*, die sich bei Donaueschingen vereinigen, auf der O-Seite des Schwarzwaldes. Im Durchbruchstal durch die Schwäb. Alb verliert sie durch Versickerung im klüftigen Kalk Wasser zur Radolfzeller Aach und damit zum Rhein. Von Sigmaringen an fließt sie zw. dem Alpenvorland, der Alb und dem Bayer. Wald (Nebenflüsse: Iller, Lech, Isar, Inn, Wörnitz, Altmühl, Naab, Regen). Zw. Vilshofen und Krems ist die D. mehrfach in die Ausläufer des Böhmischen Massivs eingeschnitten; von rechts empfängt sie Traun, Enns, Ybbs, Erlauf, Pielach und Traisen, von links den Kamp. Nach dem Tullner Feld durchbricht die D. die Wiener Pforte und erreicht das Wiener Becken. Westlich der Ungar. Pforte mündet die March. Hinter Preßburg fließt die D. durch das Kleine Ungarische Tiefland und bildet die Große und die Kleine Schüttinsel. Dort empfängt sie Leitha, Raab, Waag und Neutra, vor dem Durchbruch durch das Ungarische Mittelgebirge die Gran. Nördlich von Budapest biegt sie scharf nach S in das Große Ungar. Tiefland, wo sie die Nebenflüsse Drau, Save und Theiß aufnimmt. Südöstlich von Belgrad mündet die Große Morawa, danach folgt der letzte Gebirgsdurchbruch durch das Banater Gebirge mit dem Eisernen Tor. – Die D. erreicht das Tiefland der Walachei und den Isker, Alt und Arges auf. Vor dem Tafelland der Dobrudscha wendet sie sich nach N und bei Galatz nach O; an diesem Knie münden Sereth und Pruth. Unterhalb Galatz beginnt ihr Delta, ein Sumpfgebiet von rd. 5000 km² mit zahlreichen Wasserarmen, Schilfdickichten und einer reichen Vogel- und Pflanzenwelt (z. T. Naturschutzgebiete). Hauptmündungsarme sind Kilia, Sulina und St. Georg. Der Sulina-Arm ist zur Großschiffahrtsstraße ausgebaut. Die D. wird in obere D. (bis zur Ungar. Pforte), mittlere D. (bis Eisernes Tor) und untere D. (unterhalb des Eisernen Tores) gegliedert. Der Fluß ist mehrfach durch Staudämme aufgestaut; am Eisernen Tor wurde 1971 ein Großkraftwerk fertiggestellt. Die D.

als internat. Wasserstraße ist nicht voll ausgenutzt (über 2300 km schiffbar). Im Ausbau ist der Main-Donau-Kanal (→ Rhein-Main-Donau-Großschiffahrtsweg).

Die *Belgrader Donaukonvention*, abgeschlossen am 18. 8. 1948 von der UdSSR, der Ukrain. SSR, Rumänien, Bulgarien, Jugoslawien, Ungarn, der Tschechoslowakei, Beitritt Österreichs 1960, regelt die Schiffahrt auf der Donau.

Donau-Dampfschiffahrts-Gesellschaft, Erste, Abk. **DDSG,** Binnenschiffsreederei, bis 1914 die größte der Erde, leistete Pionierarbeit bei der Verkehrserschließung der unteren Donau, gegr. 1829, Sitz: Wien.

Donaueschingen, Stadt im Schwarzwald-Baar-Kreis, Bad.-Württ., 694 m ü. M. auf der Hochfläche der Baar, am Zusammenfluß von Brigach und Breg, (1981) 17800 Ew. Brauerei; Industrie. – Alljährlich im Herbst finden die *Donaueschinger Musiktage* für zeitgenöss. Tonkunst statt (1921–26 und seit 1950). – D., 889 genannt, wurde 1723 Residenz der Fürsten von Fürstenberg (Schloß 18.–19. Jh.); Gemäldesammlung, Bibliothek, Archiv mit Handschriftensammlung (u. a. Codex C des Nibelungenlieds, Schwabenspiegel, Zimmerische Chronik). D. kam 1488 an die Grafen (später Fürsten) von Fürstenberg, 1806 an Baden.

Donauföderation, Bez. für verschiedene Projekte eines wirtschaftl. oder polit. Zusammenschlusses von Staaten des Donauraumes (z. B. Vorschläge von Talleyrand 1804, L. Kossuth 1851).

Donaufürstentümer, seit der Mitte des 19. Jh. übliche Bezeichnung für Moldau und Walachei.

Donaulachs, der Huchen (→ Lachsfische).

Donaumonarchie, → Österreich-Ungarn.

Donaumoos, Moorniederung südlich der Donau zw. Neuburg und Ingolstadt, etwa 350 m ü. M., seit 1796 trockengelegt und kultiviert.

Donauraum, geograph. Bez. für die Länder der mittleren und unteren Donau.

Donauried, moorige Niederung beiderseits der Donau zw. Ulm und Donauwörth.

Donau-Ries, Landkreis im RegBez. Schwaben, Bayern; Kreisstadt ist Donauwörth.

Donauschule, Donaustil, Richtung im 1. Drittel des 16. Jh. bei Künstlern des Donauraumes. Kennzeichnend ist die radikale Ablösung aus der Werkstatttradition des MA. Im Gefolge eines ganz neuen Naturgefühls, das vor allem auch die Landschaft in den Bereich der Darstellung miteinbezieht; zuerst im Frühwerk des L. Cranach (Wien 1502). Bei A. Altdorfer, dem Hauptmeister, äußert sich elementare Natursinnlichkeit, die den Menschen als Teil der Gesamtschöpfung ansieht. Weitere Meister: W. Huber (Passau), Meister der Historia (Wien).

Donauschwaben, die Siedler, auch nichtschwäbischer Herkunft, an der mittleren Donau in Ungarn, Jugoslawien und Rumänien.

Donaustadt, der XXII. Stadtbezirk von Wien.

Donauwörth, Kreisstadt des Kr. Donau-Ries, Bayern, an der Mündung der Wörnitz in die Donau, (1981) 17900 Ew. – 1945 wurde D. zu ⅔ zerstört. Erhalten blieben die Stadtpfarrkirche (1444 bis 1467), die Kirche Heiligkreuz (1717–41), das alte Rathaus (13.–17. Jh.) und einige Giebelhäuser. D. (erst Wörth, dann Schwäbisch-Wörth) wurde 1301 Reichsstadt, in der Reformationszeit evangelisch, kam 1607 in die Reichsacht und wurde nach der Besetzung durch Bayern rekatholisiert. Die Fehde war mit ein Anlaß zum Dreißigjährigen Krieg.

Donawitz, Industrieort in Österreich, → Leoben.

Donbass, → Donez-Kohlenbecken.

Don Bosco, ital. Priester, → Bosco.

Don Carlos, span. Prinzen, → Carlos.

Doncaster [dˈɔŋkəstə], Stadt in der engl. Metrop. Cty. South Yorkshire, am Don, (1979) 286500 Ew.; Zentrum eines Kohlenbergbaureviers, Maschinenbau u. a. Industrie.

Donegal [dˈɔnɪgɔːl], irisch **Dún na nGall,** County im NW der Republik Irland, 4830 km², (1971) 108300 Ew.; Verwaltungssitz ist Lifford.

Donez [russ. ›Kleiner Don‹], russ. **Sewerskij Donez** [›Nördlicher kleiner Don‹], rechter Nebenfluß des Don, Steppenfluß, 1055 km lang.

Donezk, bis 1924 *Jusowka,* bis 1961 *Stalino,* Gebietshauptstadt im der Ukrain. SSR, Zentrum des Donez-Kohlenbeckens, (1981) 1,04 Mio. Ew., bildet mit den Städten Makejewka, Charzysk, Jassinowataja, Awdejewka und Jenakiewo einen der größten Schwerindustriebezirke der UdSSR; Hochschulen; Theater, Philharmonie, Museen. – D. entstand 1869 mit dem Bau einer Eisenhütte.

Donez-Kohlenbecken, russ. **Donezkij ugolnyj bassejn,** Abk. **Donbass,** bedeutendstes Kohlenlager im europ. Teil der UdSSR, rd. 60000 km². Neben Stein- und Braunkohle enthält das D.-K. Erdgas, Steinsalz, Antimon und Quecksilber, Kreide u. a. Mineralien.

Dong, Währung Vietnams.

Dongen [dˈɔŋə], Kees van, niederländ. Maler, * Delfshaven 26. 1. 1877, † Monte Carlo 28. 5. 1968; neoimpressionist. Landschaften, gehörte sei 1906 zu den Fauves; malte Akte und dekorative Bildnisse.

Don Giovanni, → Don Juan.

Dönhoff, westfäl. Uradelsgeschlecht, 1282 erwähnt, seit dem 14. Jh. in Livland ansässig. Die seit 1633 reichsgräfliche Familie war in Ostpreußen begütert.

1) **Marion Hedda Ilse Gräfin,** Publizistin, * Friedrichstein (Ostpr.) 2. 12. 1909, seit 1961 stellvertretende, 1968–72 Chefredakteurin, seit 1972 Hg. der Wochenzeitung ›Die Zeit‹; erhielt 1971 den Friedenspreis des Dt. Buchhandels, schrieb ›Namen die keiner mehr nennt‹ (1962) u. a.

2) **Sophie Julie Gräfin von,** * 17. 10, 1768, † Werneuchen (Barnim) 28. 1. 1834, wurde 1790 morganat. Gemahlin Friedrich Wilhelms II. von Preußen, 1792 auf Betreiben der Gräfin Lichtenau vom Hof verwiesen. Ihr Sohn war der spätere MinPräs. Graf von Brandenburg.

Doni

Doni|e [nach dem engl. Botaniker D. Don, * 1799, † 1841], Schmetterlingsblüter, die → Ruhmesblume.

Dönitz, Karl, Großadmiral (1943), * Berlin-Grünau 16. 9. 1891, † Aumühle b. Hamburg 24. 12. 1980; 1918 U-Boot-Kommandant, entwickelte als Befehlshaber der U-Boote (1936–43) im 2. Weltkrieg die Rudeltaktik. Seit 1943 Oberbefehlshaber der Kriegsmarine. D. bildete als von Hitler bestimmter Nachfolger die letzte ›Geschäftsführende Reichsregierung‹ in Flensburg-Mürwik (3. 5.–23. 5. 1945). Am 7. 5. unterzeichnete das OKW in seinem Auftrag die Gesamtkapitulation in Reims, am 8. 5. 1945 in Berlin-Karlshorst. Am 23. 5. 1945 wurde D. von einer brit. Abordnung verhaftet, 1946 vom Internat. Militärtribunal in Nürnberg (Prozeß gegen die Hauptkriegsverbrecher) zu 10 Jahren Haft verurteilt, 1956 entlassen.

Memoiren: 10 Jahre und 20 Tage (1958); Mein wechselvolles Leben (1968).

LIT. Marlies Steinert: Die 23 Tage der Reg. D. (1967); W. Görlitz: K. D. (1972).

Donizetti, Gaetano, ital. Komponist, * Bergamo 29. 11. 1797, † (in geistiger Umnachtung) ebd. 8. 4. 1848, wirkte seit 1839 in Paris, seit 1842 in Wien, schrieb insgesamt 74 Opern von leicht ansprechender Melodik und Formgebung, ferner Kirchenmusik.

Opern: L'elisir d'amore (Der Liebestrank, 1832); Lucrezia Borgia (1833); Lucia di Lammermoor (1835); La fille du régiment (1840); La Favorite (1840); Linda di Chamounix (1842); Don Pasquale (1843); Caterina Cornaro (1844).

Donjon [dõʒ'õ, frz.] *der,* befestigter Haupt- und Wohnturm einer Burg.

Don Juan [-xu'an, span. ›Johann‹], Gestalt der europ. Dichtung; Frauenverführer, Sinnbild ewig ungestillter sinnl. Leidenschaft. Das Urbild ist Don Juan Tenorio, der Held des span. Dramas ›Der Spötter von Sevilla und der steinerne Gast‹ von Tirso de Molina (gedruckt 1630); es folgten: Komödie von Molière (1665), Novelle von E. T. A. Hoffmann (1813), dramat. Dichtung von A. S. Puschkin (›Der steinerne Gast‹, 1830); Epos von Byron (1818–23); ›D. J. und Faust‹, Trauerspiel von Ch. D. Grabbe (1829). Weitere dt. D.-J.-Dichtungen schrieben N. Lenau (1844), P. Heyse (1884), Ö. v. Horvath (hg. 1952), M. Frisch (1953). Dramen verfaßten ferner J. Zorrilla (1844) und M. de Unamuno (1934), G. B. Shaw (›Man and superman‹, 1905), J. Anouilh (›Ornifle‹, 1955), H. de Montherlant (1958). Musik: Ballettmusik von Chr. W. Gluck (1761); musikdramat. Gestaltung dann in Mozarts Don Giovanni (1787/8); sinfon. Dichtung von R. Strauss (1889).

Donker, Anthonie, eigtl. Nicolaas A. *Donkersloot,* niederländ. Schriftst., * Rotterdam 8. 9. 1902, † Amsterdam 24. 12. 1965, führender Kritiker und Hg. der Zeitschriften ›Critisch Bulletin‹ und ›De Nieuwe Stem‹; Prof. in Amsterdam; bedeutender Lyriker.

Donkosaken, → Kosaken. – *Donkosakenchor,* 1920 von Serge Jaroff (* 1896) aus ehemaligen Angehörigen der kaiserlich-russ. Armee gebildeter Chor.

Dönme [türk.], 1683 mit Sabbatai Zwi zum Islam übergetretene Gruppe von Juden, die bis 1922/23 ihren Mittelpunkt in Saloniki hatten (1900: rd. 10000) und dann in die Türkei, bes. nach Istanbul, umgesiedelt wurden.

Donna, weiblicher ital. Titel (→ Don).

Donne [dʌn, dɔn], John, engl. Dichter, * London 22. 1. (2.?) 1572, † ebd. 31. 3. 1631, kath. erzogen, trat 1615 zur anglikan. Kirche über, 1621 Dekan der St. Paul's Kathedrale, berühmter Prediger. D. ist der bedeutendste der ›Metaphysical Poets‹.

Donner, die durch explosionsartige Ausdehnung der von einem Blitz erhitzten Luft entstehende Druckwelle; wird vom Menschen als rollendes oder krachendes Geräusch empfunden. Ihre Hörweite beträgt rd. 20 km. Wegen ihrer Ausbreitung mit Schallgeschwindigkeit (~330 m/s) ergibt die durch 3 geteilte Sekundenzahl zw. Blitz und D. etwa die Entfernung des Gewitters in km.

Donner, Georg Raphael, Bildhauer, * Eßling (NÖ) 24. 5. 1693, † Wien 15. 2. 1741, tätig in Wien, Salzburg und Preßburg. Kennzeichnend für ihn ist, daß es fast keine Arbeiten aus Holz gibt; sein Gesamtwerk mutet wie eine Vorwegnahme des Klassizismus in der 2. Hälfte des 18. Jh. an.

WE. In Blei gegossene Figuren für das Treppenhaus des Schlosses Mirabell (Salzburg); Gruppe des hl. Martin im Dom zu Preßburg (um 1734); Brunnen auf dem Neuen Markt in Wien (1737–39; Originale im Barockmuseum).

Donnerbart, volkstüml. Bez. für die Große Fetthenne und eine Art der Hauswurz.

Donnerbüchse, die → Bombarde.

Donnerkeil, Donnerstein, volkstüml. Bez. für die Schalenteile der → Belemniten.

Donnersberg, bewaldeter Porphyr-Gebirgsstock im Nordpfälzer Bergland, im Königsstuhl 687 m hoch (Fernsehturm); darauf Reste eines Ringwalls und einer Viereckschanze. Der Ringwall bildet die Reste eines kelt. Oppidums aus dem letzten Jh. v. Chr.

Donnersbergkreis, Landkreis im RegBez. Rheinhessen-Pfalz, Rheinl.-Pf.; Kreisstadt: Kirchheimbolanden.

Donnersmarck, → Henckel von Donnersmarck.

Donnerstag, der vierte Tag der Woche. In der Antike war er Zeus oder Jupiter geweiht, bei german. Völkern dem Donar.

Donoso, José, chilen. Schriftst., * Santiago de Chile 5. 10. 1925.

WE. El lugar sin límites (1967, dt. Ort ohne Grenzen); El obsceno pájaro de la noche (1970, dt. Der obszöne Vogel der Nacht).

Donquichotterie [dõkiʃɔtər'i:], törichtes, zum Scheitern verurteiltes Unternehmen.

Don Quijote [dɔŋ kix'ote], ältere Schreibung

Don Quixote, französisiert **Don Quichotte** [dɔ̃ kiʃˈɔt], Titelheld des Romans von → Cervantes.

Döns, Dörns *die,* größere Stube im niedersächs. Bauernhaus, vom Herdplatz der Diele aus beheizt, enthält ein oder zwei Wandbetten. Der Name kommt als *Dirnitz* im MA. besonders bei Burgen vor.

Donzdorf, Stadt (seit 1976) im Kr. Göppingen, Bad.-Württ., 406 m ü. M. am Fuß der Schwäb. Alb, (1981) 11 000 Ew.

Doolittle [dˈuːlɪtl], Hilda, genannt *H. D.,* amerikan. Lyrikerin, * Bethlehem (Pa.) 10. 9. 1886, † Zürich 27. 9. 1961, gehört zu den führenden Vertretern des Imagismus; verh. 1913–37 mit R. Aldington; schrieb formstrenge Gedichte in freien, unregelmäßigen Kurzzeilen.
WE. Hymen (1921); Heliodora and other poems (1924); Hippolytus temporizes (1927, Drama); Red roses for bronze (1929); By Avon River (1949); Tribute to Freud: With unpublished letters by Freud to the author (1956); Helen in Egypt (1961).

Doolittle [dˈuːlɪtl], **Doctor D.,** Titel und Zentralfigur einer Kinderbuchserie des Angloamerikaners Hugh Lofting (* 1886, † 1947). Die phantast. Tiergeschichten haben gesellschaftskrit. Züge. Doctor D., ein Arzt der gehobenen Gesellschaft, gibt seinen Beruf auf und erlernt die Sprache der Tiere, um ihnen zu helfen.

Doompalme [duːm-, engl. aus arab.], **Dumpalme, Hyphaene,** Fächerpalme der afrikan. Steppengebiete.

Doorn, vornehme Wohngemeinde in der niederländ. Prov. Utrecht, (1975) 11 600 Ew.; 1920–41 Wohnsitz des dt. Kaisers Wilhelm II. nach seiner Abdankung (Grab im Park).

Doornik, fläm. Name von → Tournai.

Dopa, Abk. für Dihydroxyphenylalanin.

Döpfner, Julius, Kardinal (seit 1958), * Hausen (Unterfranken) 26. 8. 1913, † München 24. 7. 1976, wurde 1948 Bischof von Würzburg, 1957 von Berlin, 1961 Erzbischof von München-Freising, 1965 Vors. der Dt. Bischofskonferenz.

Doping, Dopen [über engl. vom Zuluwort *doop* ›berauschender Schnaps‹], Sportmedizin: Verabreichen oder Gebrauch körperfremder Mittel in jeder Form und der Gebrauch körpereigener Mittel in abnormaler Dosis, auf normalem Wege zugeführt, mit dem Ziel der unfairen Leistungssteigerung.
Das D. ist ein auf vielen Gebieten des Sports um sich greifendes Vergehen. Folgende Gruppen von Mitteln werden vom IOC abgelehnt: Psychomotorische Stimulantien (Cocain, Amphetamin), Sympathomimetische Amine (Ephedrin), Stimulantien des Zentralen Nervensystems (Amiphenazol, Strychnin), Narkotika und Analgetika (Heroin), anabole Hormone und anabole Steroide. Umstritten als D. ist die Einnahme von Beruhigungsmitteln (bei Schützen). Zu den physiolog. Substanzen, die kein D. im eigtl. Sinne bedeuten, gehören: Vitamine, Alkalien, Phosphate und Traubenzucker. Die Verwendung von Anabolika fällt unter D. Umstritten in der Bewertung als D. sind leistungsstabilisierende Vitaminspritzen.

Dopolavoro [ital. ›nach der Arbeit‹], **Opera Nazionale D.,** Freizeitorganisation der Faschist. Partei in Italien, gegr. 1925.

Doppe, Greifzange, in der der Edelstein während des Schleifens durch Anziehen von Schrauben gehalten wird.

Doppel, Zweitschrift; Sport: Mannschaft aus 2 Spielern in Badminton, Squash, Tennis, Tischtennis.

Doppel|adler, → Adler.

Doppel|axt, Werkzeug und Waffe der vorgeschichtl. Kulturen des Vorderen Orients und seit dem späten 3. Jahrtsd. v. Chr. auf Kreta; gewann in der minoischen Kultur besondere Bedeutung als Kultzeichen.

Doppel-b, bb, Musik: Versetzungszeichen, erniedrigt um zwei Halbtöne.

Doppelbecher, vom 14. bis ins frühe 17. Jh. beliebtes Trinkgefäß aus zwei zueinandergekehrten Schalen, deren obere den Deckel der unteren bildet.

Doppelbesteuerung, die mehrfache Besteuerung desselben Steuersubjekts hinsichtlich desselben steuerl. Sachverhalts. Hiervon zu unterscheiden ist die wirtschaftl. *Doppelbelastung* desselben wirtschaftl. Ergebnisses auf der Stufe mehrerer Steuerpflichtiger. Die *internationale D.* kann entweder durch einseitige nationale Maßnahmen oder durch völkerrechtliche Verträge in Gestalt von *D.-Abkommen* vermieden werden. Die dt. Steuergesetze gestatten, die festgesetzte und gezahlte ausländische Steuer auf die dt. anzurechnen.

Doppelbildung, Entwicklungsphysiologie: durch unvollständige Teilung des Bildungsgewebes oder einer ganzen Anlage verursachte Verdoppelung von Organen und Körperteilen. (Bild S. 218)

Doppelbrechung, Eigenschaft aller nichtkubischen Kristalle, ein Lichtbündel in zwei senkrecht zueinander polarisierte Teilbündel mit versch. Fortpflanzungsgeschwindigkeiten und Brechzahlen aufzuspalten. – Die D. wurde 1669 von E. Bartholinus am island. Doppelspat (Kalkspat) entdeckt.

Doppelbüchse, Jagdgewehr mit zwei gezogenen Büchsenläufen (Kugelläufen).

Doppelchor, Baukunst: Seit dem 8. Jh. erhielten größere Stiftskirchen einen zweiten Chor, oft statt einer zweiten Kirche oder Kapelle. Er wurde am Ende des Langhauses, dem Hauptchor gegenüber, angelegt (frühe Beispiele: Plan von St. Gallen, um 820; Hildesheim, St. Michael, 1010–33).

Doppeldecker, Flugzeug mit zwei übereinanderliegenden Tragflächen; ergibt hohe Festigkeit, aber auch erhöhten Luftwiderstand.

Doppel|ehe, → Bigamie.

Doppel|endball, Boxen: an Decke und Boden befestigter Trainingsball.

Doppelfehler, 1) Tennis: zweiter, fehlerhafter

Ball beim Aufschlag, durch den der Gegner einen Punkt gewinnt.

2) Volleyball: gleichzeitige Fehler zweier Gegenspieler; führt zur Wiederholung der Aufgabe.

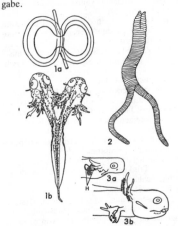

Doppelbildung: 1a Ei des Wassermolches (Triton), Einschnürung mittels Kinderhaares; 1 b dadurch entstandene vordere Doppelbildung der Larve (nach Spemann). 2 Regenwurm, Doppelbildung vorn und hinten (nach Korschelt). 3 Axolotl-Larven; 3 a Einheilung eines Stückes ortsfremden Gewebes (dunkel) zwischen den beiden Hälften (H) der künstlich gespaltenen Vorderbeinknospe; 3 b dadurch hervorgerufene Vorderbeinverdoppelung (nach Swett)

Doppelflinte, Schußwaffe mit zwei nicht gezogenen (glatten) Läufen für Schrotschuß.

Doppelflügel, frz. **Vis-à-vis** [vizav'i], Musikinstrumente: Verbindung von zwei Flügeln zu einem Instrument mit zwei Saitenbezügen und je einer Klaviatur an beiden Enden, so daß zwei gegenübersitzende Spieler gleichzeitig spielen können. Den ersten D. baute J. A. Stein in Augsburg (1758).

Doppelfüßer, Klasse der Tausendfüßer.

Doppelgänger, allgemein heute auch **Double** [dubl, frz.], eine Person, die einer anderen zum Verwechseln ähnlich sieht; im Volksglauben als zeitweilige Trennung von Körper und Seele verstanden (meist Unglück verheißend), ähnlich im Okkultismus.

In der Psychologie als *D.-Phänomen* Erscheinungen der Persönlichkeitsspaltung oder halluzinatorisch-visionären Erlebens; vielfach in der Dichtung behandelt, so von E. T. A. Hoffmann (1822) und Dostojewskij (1846).

Doppelgriff, Musik: das gleichzeitige Greifen zweier oder mehrerer Töne auf einem Musikinstrument.

Doppelkapelle, eine Kapelle aus zwei gewölbten Stockwerken, meist mit einem Altar in jedem Geschoß; vor allem in roman. Pfalzen und Burgen. Während in Dtl. beide Geschosse durch eine mittlere Öffnung verbunden waren, blieben die beiden Stockwerke in Frankreich völlig getrennt (Sainte Chapelle, Paris).

Doppelkolbenmotor, Zweitaktmotor mit zwei parallel laufenden Kolben und einem gemeinsamen Brennraum.

Doppelkonzert, ein Konzert für zwei Soloinstrumente und Orchester.

Doppelkopf, Kartenspiel, → Schafkopf.

Doppelkreuz, ein Versetzungszeichen (×), erhöht um zwei Halbtöne.

Doppel|laut, ein Diphthong oder eine → Geminate.

Doppelpaß, Fußball: schneller, direkter Ballwechsel zw. zwei angreifenden Spielern, um die gegner. Verteidigung zu umspielen.

Doppelpunkt, 1) Kolon *das,* Satzzeichen; es kündigt die direkte Rede oder eine Aufzählung an; in der Lautschrift bezeichnet es die Länge eines Lautes.

2) singulärer Punkt einer Kurve oder Fläche. Kurven ohne Doppelpunkte heißen ›einfach‹.

3) Musik: übereinanderstehend im 5-Linien-System Wiederholungszeichen.

Doppelsalze, chem. Verbindungen aus formal zwei getrennten einfachen Salzen, die kristallisiert eine einheitliche Verbindung bilden, z. B. Alaun. In wäßriger Lösung zerfallen die D. in ihre Bestandteile.

Doppelschilling, Münze der lübischen Währung seit 1468, in Lübeck, Hamburg, Lüneburg geprägt; spätere D. trugen seit 1568 den Reichsadler mit der Zahl 2 oder 16 ($1/16$ Reichstaler) oder die Buchstaben DS (Doppelschilling); seit 1567 auch im übrigen N-Dtl. geprägt.

Doppelschlag: oben Notierung, unten Ausführung

Doppelschlag, ital. **Gruppetto,** frz. **Doublé** [dubl'e], engl. **turn** [tə:n], Musik: Verzierung eines Tones durch eine umspielende Figur, die Ober- und Untersekunde berührt.

Doppelschleichen: Handwühle
(etwa 20 cm lang)

Doppelschleichen, Amphisbaenidae, Echsen-Fam. mit rd. 75 unterirdisch grabenden Arten; Körper wurmförmig gestreckt, geringelt, meist beinlos; Augen (weitgehend rückgebildet) unter der Haut; ohne Ohröffnung. Kleine Vorderbeine haben nur die mexikan. *Handwühlen* (Gatt.

Bipes). Die meisten Arten leben in Amerika, einige in Afrika und Asien, die *Netzwühle (Blanus cinęreus)* kommt auch in Spanien vor.

Doppelschwänze, Diplųra, Ordn. der Ur-Insekten mit rd. 400 Arten, meist in wärmeren Ländern; farblose, langgestreckte, augenlose, 2–40 mm lange Tiere; lichtscheu, feuchtigkeitsliebend.

Doppelspat, isländischer D., Mineral, Kalkspat mit deutlicher Doppelbrechung.

Doppelsprünge, Eis-, Rollkunstlauf: Kürsprünge ohne Zwischenschritt mit doppelter Umdrehung.

Doppelsterne, zwei Sterne, die scheinbar oder wirklich nahe benachbart sind. *Optische* oder *scheinbare D.* erscheinen nur als solche und stehen in Wirklichkeit weit hintereinander in der gleichen Richtung. Die *physischen* oder *wirklichen D.* laufen um den gemeinsamen Schwerpunkt. Bei den *visuellen D.* sind mit bloßem Auge oder einem Teleskop 2 Einzelsterne sichtbar. Die *spektroskopischen D.* stehen so eng, daß sie nicht getrennt gesehen werden können; ihre Bahnbewegung kann aber gemessen werden mit Hilfe des (durch den Doppler-Effekt verursachten) in regelmäßigen Zeitabständen wiederholten Verschiebung oder zeitweiligen Verdoppelung ihrer Spektrallinien. Zu ihnen gehören der Polarstern, Algol, Spica, Mizar.

Die ersten systemat. Beobachtungen von D. stammen von Chr. Meyer in Mannheim († 1783), aber erst W. Herschel erkannte um 1800 die physische Natur der D. Der erste spektroskopische D. wurde von E. C. Pickering 1889 und die Doppelsternnatur der Bedeckungsveränderlichen im gleichen Jahr von H. C. Vogel in Potsdam entdeckt.

doppelte Moral, in Anwendung eines unterschiedl., dem Lebensbereich des Handelnden jeweils angepaßten moral. Maßstabes für die gleiche Handlung, etwa in der Sexualmoral unterschiedlich für Mann und Frau, speziell z. T. in der ›bürgerl. Moral‹; in der philosoph. Ethik nicht selten vertreten, etwa für die Befreiung der Staatsräson von den Forderungen der Individualethik, bes. von der christl. Ethik jedoch abgelehnt.

doppelte Wahrheit, kath. Theologie: die vom 5. Laterankonzil (1513) verworfene Lehre, daß ein Urteil in der Philosophie wahr, in der Theologie aber falsch sein könne. Sie war jedoch weniger als ontolog. These, denn als method. Unterscheidung der theologischen von der philosophischen Fragestellung gemeint.

Doppeltsehen, Diplopie, entsteht, wenn opt. Eindrücke getrennt wahrgenommen werden, weil der beobachtete Gegenstand nicht auf einander entsprechenden Netzhautstellen der Augen abgebildet wird. D. tritt auf bei Fieber, Alkoholvergiftung, Schielkrankheiten u. a.

Doppelverdienst, das durch die Erwerbsfähigkeit mehrerer Personen in einem Familienverband, bes. von Mann und Frau, gebildete Einkommen. D. ist kein Kündigungsgrund, kann aber bei betriebsbedingten Kündigungen bei der Auswahl eine Rolle spielen (→ Ehegattenbesteuerung).

Doppelverhältnis, das Verhältnis zweier bestimmter Streckenverhältnisse zwischen 4 Punkten einer Geraden oder zweier bestimmter Winkelverhältnisse zwischen 4 Geraden durch einen Punkt; eine wichtige Größe der projektiven Geometrie (z. B. verwendet bei der Entzerrung von Luftbildern).

Doppelversicherung entsteht, wenn ein Interesse gegen dieselbe Gefahr bei mehreren Versicherern gleichzeitig versichert wird und die Versicherungssummen den Versicherungswert übersteigen.

Doppelvierer, Rudern: doppelseitig von Skulls angetriebenes Rennboot für 4 Ruderer.

Doppelwährung, Währungssystem, bei dem zwei Währungsmetalle (z. B. Gold- und Silbermünzen) nebeneinander als gesetzl. Zahlungsmittel umlaufen, deren Wertverhältnis festgelegt ist *(Bimetallismus).* – Abart der D. ist die *hinkende Währung:* Neben Zahlungsmitteln der offiziellen Währung bleiben noch einzelne Münzen einer früheren Währungsordnung gesetzl. Zahlungsmittel (Lateinische Münzunion 1865).

Doppelwendel, eine doppelte Wendel. In der elektr. Glühlampe liefert sie bei 40- bis 100-Watt-Lampen gegenüber Einfachwendeln eine erhöhte Lichtausbeute.

Doppelzentner, Abk. *dz,* nicht gesetzl. Einheit des Gewichts und der Masse: 1 dz = 100 kg.

Doppelzunge, Zungenschlag, Blastechnik bei Blasinstrumenten, bes. bei der Flöte, um schnelle Stakkato-Passagen leicht ausführen zu können.

Doppelzweier, Doppelskiff, Rudern: Rennboot für 2 Ruderer, mit Skulls doppelseitig angetrieben.

Döpper, Werkzeug zum → Nieten.

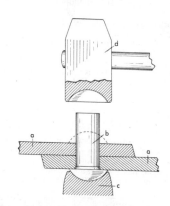

Döpper: Herstellung einer Nietverbindung: a zu verbindende Bleche, b Niet, c Gegenhalter, d Döpper (Schellhammer)

Dopp

Doppik, doppelte Buchführung.

Doppler-Effekt, Doppler-Prinzip, bei allen Wellenvorgängen beobachtbarer Effekt, wenn Quelle (Schall-, Lichtquelle u. a.) und Beobachter sich relativ zueinander bewegen, 1842 entdeckt von dem österr. Physiker C. Doppler (* 1803, † 1853). Die empfangene Frequenz ist etwas (meßbar) verschieden von der vom Sender ausgestrahlten. Verkleinert (vergrößert) sich der Abstand, treffen pro Zeiteinheit mehr (weniger) Wellen beim Beobachter ein, als wenn der Abstand gleichbliebe. Ein Ton erscheint beim Näherkommen der Quelle höher, beim Entfernen tiefer. D.-E. bei Lichtwellen → Rotverschiebung.

Doppler-Navigationsverfahren, auf dem Doppler-Effekt beruhendes, von Bodenstationen unabhängiges Navigationsverfahren der Luftfahrt.

Dopsch, Alfons, Historiker, * Lobositz (Böhmen) 14. 6. 1868, † Wien 1. 9. 1953, 1900–38 Prof. ebd. Von der Wirtschaftsgeschichte ausgehend, suchte D. die Kontinuität der Antike mit dem MA. nachzuweisen.

Dor, Milo, eigtl. Milutin *Doroslovac* [-ts], Schriftst., * Budapest 7. 3. 1923, lebt in Wien. WE. Romane: Tote auf Urlaub (1952); Romeo und Julia in Wien (1954, mit R. Federmann); Nichts als Erinnerung (1959); Die weiße Stadt (1964). – Erz.: Unterwegs (1947); Salto mortale (1960).

Dora *die,* zwei linke Nebenflüsse des Po. 1) *D. Baltea,* 160 km, entspringt am Montblanc, durchfließt das Aostatal, mündet bei Crescentino.
2) *D. Riparia,* 125 km, entspringt in den Cottischen Alpen, mündet bei Turin.

Dorade [frz.], Bez. für Fische wie *Echte D.* (→ Meerbrassen), *Unechte D.* (→ Goldmakrelen).

Dorado [span.], 1) Sternbild, → Schwertfisch.
2) → El Dorado.

Dorant [lat.], **Orant,** Bez. für Pflanzen wie Feldenzian, Dost.

Dorati, Antal, Dirigent und Komponist, * Budapest 9. 4. 1906, seit 1938 in Australien, den USA, Schweden und England, u. a. 1975 Chefdirigent des Londoner Royal Philharmonic Orchestra, 1977 auch des Detroit Symphony Orchestra.

Dorchester [dˈɔːtʃɪstə], Stadt und Verwaltungssitz der Cty. Dorset in S-England, (1973) 13900 Ew. Südl. des Ortes Reste eines vorröm. Amphitheaters *(Maumbury Rings);* 3 km südwestl. die gewaltigen Erdwälle und Gräben einer befestigten Anlage, die sich seit neolith. Zeit entwickelte *(Maiden Castle).*

Dordogne [dɔrdˈɔɲ], 1) *die,* rechter Nebenfluß der Garonne in SW-Frankreich, 490 km lang, entspringt als *Dore* 1680 m ü. M. am Puy de Sancy (Mont-Dore) und heißt D. von ihrer Vereinigung mit der *Dogne.* Von Libourne an, 45 km oberhalb der Mündung (bei Bec d'Ambes), schiffbar.
2) Département in SW-Frankreich, umfaßt das Périgord, 9184 km², (1975) 373200 Ew.; Hauptstadt: Périgueux.

Dordrecht, Abk. *Dordt,* Stadt in der niederländ. Prov. Südholland, im Rheindelta, mit (1978) 104000 Ew.; Bahnknoten, See- und Binnenhafen; Museen, Gemäldegalerien. D. bildet mit Zwijndrecht ein einheitl. Industriegebiet. – D. hat viele Häuser und Tore des 16.–18. Jh.; got. Hauptkirche. – 1018 gegr., war es im MA. die reichste Handelsstadt Hollands und Mitglied der Hanse. Im späteren 17. Jh. wurde die Stadt durch Rotterdam überflügelt.

Dordrechter Synode, die 1618/19 in Dordrecht von der ref. Kirche Hollands unter Teilnahme nahezu aller anderen ref. Kirchen abgehaltene Generalsynode, die den Streit zw. den Remonstranten (→ Arminianer) und den streng orthodoxen Calvinisten über die Prädestination schlichten sollte. Die Remonstranten wurden verurteilt, etwa 200 Prediger abgesetzt; die Folge war der dogmatische Abschluß des Calvinismus.

Doré, Gustave, frz. Zeichner, Maler, * Straßburg 6. 1. 1832, † Paris 23. 1. 1883, arbeitete seit 1848 für das ›Journal pour rire‹ und andere frz. sowie engl. Zeitungen und veröffentlichte seit 1850 lithograph. Bilderbogen mit Szenen aus dem Pariser Leben. Berühmt wurden seine Illustrationen zu Rabelais' ›Gargantua‹ (1845) und Balzacs ›Contes drôlatiques‹ (1855), ferner Dantes ›Hölle‹ (1861), Perraults ›Märchen‹ (1862), Bürgers ›Münchhausen‹ (1862), Cervantes' ›Don Quichote‹ (1863), die Bibel (1865), Lafontaines ›Fabeln‹ (1866) u. a., die alle von seiner höchst skurrilen Erfindungsgabe zeugen.

Dorer, Dorier, grch. Volksstamm, urspr. im dalmatinisch-albanischen Raum ansässig. Die D. besetzten – wohl nach der Zerstörung der myken. Kultur – im Verlauf der *Dorischen Wanderung* seit etwa 1100 v. Chr. die Landschaften Argolis, Lakonien und Messenien sowie das Gebiet am Isthmus von Korinth. Von der Peloponnes aus stießen sie auch nach Kreta, Rhodos und Kos vor und besiedelten im SW Kleinasiens Teile bes. der karischen Küste. An der großen Kolonisation beteiligten sich von den D. bes. Korinth (u. a. mit Korfu und Syrakus) und Megara (mit Kalchedon und Byzanz). Von Sparta aus wurde Tarent angelegt, von Rhodos aus Gela und Agrigent, vom dor. Thera aus wurde in Nordafrika Kyrene besiedelt. Am reinsten verkörperte sich der herbe und strenge dor. Cha-

Doppler-Effekt: Schallwellen der Huptöne eines herannahenden und eines hinwegfahrenden Kraftwagens

rakter in der aristokrat. Staatsordnung (dem ›Kosmos‹) der Spartaner. Der dor. Dialekt fand über die Chorlyrik auch Eingang in die grch. Literatursprache.

Dorestad, bedeutendster Handelsplatz des 7.–9. Jh. am Niederrhein, nördl. von Wijk bij Duurstede an der Gabelung von Lek und Krummem Rhein; Ausgangspunkt des fränkisch-fries. Handels nach England und N-Europa. 850/60 verlor der oft von Normannen heimgesuchte Platz seine Bedeutung.

Dorf, mehr oder weniger geschlossene ländl. Gruppensiedlung von urspr. meist bäuerl., heute auch in anderen Wirtschaftszweigen tätiger Bevölkerung.

Das D. ist in seiner Lage und Form abhängig von natürl. Voraussetzungen (Landschaft, Klima, Boden, landwirtschaftl. Nutzung) und der geschichtl. Entwicklung (Zeit der Gründung, Herkunft der Siedler). Man unterscheidet: mit unregelmäßiger Form *Weiler, Haufendorf* und *Streusiedlung;* mit runder Form *Rundling, Rundangerdorf, Rundweiler* und *Platzdorf;* mit länglicher Form *Sackgassen-, Straßen-, Straßenanger-, Zeilen-* und *Reihendorf* (Marsch- und Waldhufendorf). Der Fluraufteilung nach unterscheidet man Dörfer mit *Gemengelage,* die *Gewanndörfer,* und die deutschen *Kolonialdörfer,* bei denen Hof und zugehöriges Land beisammenliegen. – Die älteren dt. D. waren meist Marktgenossenschaften mit eigener Gerichtsbarkeit, den Bauerngerichten. Die Versammlung der Dorfgenossen tagte unter Vorsitz des Dorfvorstehers (Bauermeister, Heimburge, Zender, Dorfschulze). In der Neuzeit wurden die Dörfer aus Lebens- und Wirtschaftsgemeinschaften mehr und mehr zu bloßen Verwaltungseinheiten. Die herkömml. soziale Gliederung (→ Bauer) wurde von der industriellen Entwicklung bes. seit etwa 1900 stark erschüttert, dörfl. Brauchtum durch die Verstädterung eingeengt oder aufgegeben. In ganzen Landstrichen verwandelten sich alte D. in Industrie- und Arbeiterdörfer, die Pendelwanderung zeigt die Trennung von Wohn- und Arbeitsstätte. Nach 1945 veränderte sich die soziale Struktur des D. weiterhin durch die Eingliederung von Heimatvertriebenen und Flüchtlingen.

LIT. G. Niemeier: Siedlungsgeographie (⁴1977).

Dorfgeschichten, Dorfroman, → Bauerndichtung.

Dörfler, Peter, Schriftsteller, * Untergermaringen (Schwaben) 19. 4. 1878, † München 10. 11. 1955, kath. Priester (1903), seit 1915 Leiter eines Waisenhauses in München; schrieb Erz. und Romane aus seiner schwäb. Heimat und dem frühen Christentum.

WE. Als Mutter noch lebte (1912); Judith Finsterwalderin (1916); Neue Götter (1920); Die Papstfahrt durch Schwaben (1923); Die Schmach des Kreuzes (1927 u. d. T. Heraklius, 1950); Apollonia-Trilogie (1930–32); Allgäutrilogie (1934–36); Auferstehung (1938).

Dorfschule, → Landschule.

Dorgelès [dɔrʒl'es], Roland, eigtl. *Lécavelé* [lekavl'e], frz. Schriftst., * Amiens 15. 6. 1886, † Paris 18. 3. 1973, schilderte in ›Les croix de bois‹ (1919, dt. Die hölzernen Kreuze) das Kriegserlebnis des einfachen Soldaten, in späteren Romanen die Bohème am Montmartre u. a. Montmartre mon pays (1928, dt. Ich hab dich sehr geliebt, Vivette . . .).

Doria, genues. Familie, seit 1110 nachweisbar, erreichte ihren ersten Höhepunkt mit der Wahl Obertos zum ›Capitano del popolo‹ 1270. Mit der Einführung des Dogenamtes in Genua 1339 verlor sie vorübergehend ihre polit. Vormacht, behielt jedoch ihre Position in Militär- und Flottenwesen.

Andrea D., * Oneglia 30. 11. 1466, † Genua 25. 11. 1560, Kondottiere im Dienst u. a. Papst Innozenz' VIII. und seit 1522 der Franzosen, denen er 1527 zur Wiedergewinnung von Genua verhalf; dann wechselte er aber auf die Seite Karls V. über. D. wurde 1528 oberster Beamter von Genua auf Lebenszeit und gab dem Freistaat eine streng aristokrat. Verfassung. Als erster Admiral Kaiser Karls V. bekämpfte er erfolgreich die Türken. 1547 unterdrückte er die Verschwörung des Fiesco.

Dori|er, grch. Volksstamm, → Dorer.

Dorigny [dɔriɲi], **1)** Louis, frz. Maler, * Paris 1654, † Verona 29. 11. 1742. Fresken und Gemälde in Venedig, Udine, Padua, Mantua, Verona und Wien.

2) Sir (seit 1720) Nicolas, frz. Kupferstecher, Maler, Bruder von 1), getauft Paris 2. 6. 1658, † ebd. 1. 12. 1746, war in Italien, England und Frankreich tätig; Stiche nach Arbeiten Raffaels.

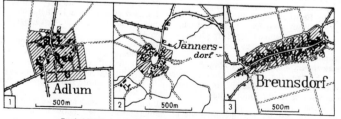

Dorf: 1 Haufen- oder Gewanndorf. 2 Rundling. 3 Straßendorf

Dori

Doriot [dɔrj'o], Jacques, frz. Politiker, * Bresles (Dép. Oise) 16. 9. 1898, † (Luftangriff) Mengen 22. 2. 1945, Arbeiter, urspr. Kommunist, gründete 1936 den rechtsradikalen ›Parti Populaire Français‹. 1941 gründete er die *Légion Tricolore*, mit der er bis 1944 auf dt. Seite an der Ostfront kämpfte. 1944–45 gehörte er dem Sigmaringer Exilkomitee an.

Doris, 1) die kleinste Landschaft im alten Mittelgriechenland, von Dorern bewohnt.

2) *D., dorische Hexapolis*, ›Sechsstädtebund‹, der von Dorern besiedelte südlichste Teil der kleinasiat. Küste mit den vorgelagerten Inseln.

dorischer Baustil, → griechische Kunst.

dorische Tonart, die erste Kirchentonart im mittelalterlichen Tonsystem.

Dorische Wanderung, → Dorer.

Dormagen, Stadt (seit 1969) im Kr. Neuss, NRW, links des Rheins, (1981) 56600 Ew.; chem. (Bayer) Ind., Zuckerfabrik; mittelalterl. Zollfeste Zons mit Kreismuseum im Herrenhaus und Freilichtbühne im Zwinger des Schlosses Friedestrom; ehem. Kloster Knechtsteden mit Missionsmuseum.

Dormeuse [dɔrm'ø:z, frz.], **1)** bequemer Stuhl.

2) früher Postkutsche, heute z. T. für Kraftfahrzeuge mit Liegeplatz.

3) Frauenhaube des 18. Jh., ursprünglich nur nachts getragen.

Dormitio Beatae Mariae Virginis [lat. ›das Einschlafen der seligen Jungfrau Maria‹], **1)** alter Name des kath. Festes Mariä Himmelfahrt.

2) Stätte des Todes der Mutter Jesu: in Jerusalem (mit Benediktinerkloster seit 1906) oder Ephesos.

Dormitorium [von lat. dormire ›schlafen‹] *das,* der seit dem 8./9. Jh. so benannte gemeinsame Schlafsaal im Kloster, im Ostflügel des Konventsgebäudes über dem Kapitelsaal gelegen. Die Aufteilung in Einzelzellen beginnt bei den älteren Orden erst im 14. Jh.; bei den Bettelorden war sie von vornherein üblich.

Dorn, 1) *Spina,* stechendes, starres, holziges Pflanzenorgan, das durch Umwandlung eines Sprosses (*Sproß-D.,* z. B. Weißdorn), Blattes (*Blatt-D.,* Berberitze) oder einer Wurzel (*Wurzel-D.,* so bei einigen Palmen) entsteht. (→ Stachel)

2) zylindrisches oder schwach kegeliges Werkzeug zum Weiten von Löchern und Bohrungen, zum Ziehen von Rohren und zur Aufnahme von Werkstücken bei der Drehbearbeitung.

Dornach, Bezirkshauptort im schweizer. Kt. Solothurn, (1980) 5400 Ew.; Wein- und Obstbau, Metallwerke. Ruinen der Burg Dorneck; 1924–28 wurde das → Goetheanum errichtet.

Dorn|apfel, → Stechapfel.

Dorn|auszieher, antikes Bronzebildwerk eines sitzenden Knaben, der sich einen Dorn aus der Fußsohle zieht (Rom, Konservatorenpalast). Das Motiv wurde in der Kunst späterer Zeiten vielfach kopiert.

Dornbirn, Bezirksstadt und größte Stadt in Vorarlberg, (1981) 38500 Ew., 437 m ü. M., am Eintritt der Dornbirner Ach in die Rheinebene; Studio von Radio Vorarlberg. Zentrum der österreich. Textilindustrie mit Bundestextilschule, Österreich. Textilfachmesse (seit 1949) sowie Export- und Mustermesse. Östlich von D. die Rappenlochschlucht und der Luftkurort und Wintersportplatz *Bödele* (1148 m ü. M). – D., 895 erwähnt, wuchs aus vier Dörfern zusammen (1901 Stadt); klassizistische Stadtkirche, Rotes Haus (1639).

Dornburg/Saale, Stadt im Kr. Jena, Bez. Gera, (1970) 1300 Ew., auf steilem Muschelkalkfelsen 90 m über der Saale. – Burg D., 937 bezeugt, kam mit der Stadt 1358 von den Grafen von Schwarzburg an die Wettiner; drei D.er Schlösser (spätgot. Altes Schloß, Mittleres Schloß, 1735–47, ›Goetheschloß‹, 16. Jh., von Goethe oft besucht).

Dornbusch, Pflanzenformation im Bereich der Dorn- und Sukkulentensavanne: undurchdringl. Dornsträucher auf spärlicher Grasdecke.

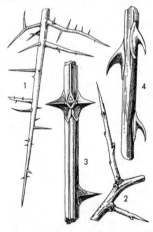

Dorn: 1 Wurzeldorn der Dornwurzelpalme (Acanthorrhiza), 2 Sproßdorn (Weißdorn), 3 Nebenblattdorn (Robinie), 4 Stachel (Rose); etwa ²/₅ nat. Gr.

Dornbusch, Brennender D., der Ort, an dem nach der Bibel Gott vor Moses erschien, nahe dem Gottesberg Horeb/Sinai (Ex. 3,2).

Dorndreher, der Neuntöter (→ Würger).

Dorn|eidechse, Lacerta echinata, baumbewohnende, grüne Eidechse in Afrika, mit dornigem Schwanz.

Dorner, Hermann, Flugzeugkonstrukteur, * Wittenberg 27. 5. 1882, † Hannover 6. 2. 1963, baute 1907 ein Gleitflugzeug, 1909 sein erstes Motorflugzeug. Sein Segelflugzeug ›Vampyr‹ (1921–22) wurde zum wegweisenden Vorbild.

Dornfortsatz, Anatomie: der unpaare, nach hinten gerichtete Wirbelfortsatz.

Dorngrundel, der Steinbeißer (→ Schmerlen).

Dornhaie, Squalidae, Fam. der Stachelhaie mit rd. 50 Arten. Die D. haben je einen Stachel vor den Rückenflossen, die Afterflosse fehlt; meist Flachseebewohner; einige Tiefseebewohner haben Leuchtorgane. Der *D. (Squalus acanthias)* dringt bis in die westl. Ostsee vor. Die *Unechten D. (Dalatiidae)* haben nur einen Stachel, so der 6–7 m lange *Grönland-* oder *Eishai (Somniosus microcephalus).*

Dornier [dɔrnj'e], Claudius, Flugzeugbauer, * Kempten (Allgäu) 14. 5. 1884, † Zug (Schweiz) 5. 12. 1969, gründete 1914 bei Friedrichshafen eine Flugzeugwerft (Ganzmetall-Großflugzeuge, z. B. 1922 das Flugboot D.-Wal, 1929 das Flugschiff Do-X). 1932 wurde D. Alleininhaber der *Dornier Metallbauten GmbH,* später Gesellschafter der *Dornier GmbH,* Friedrichshafen.

Dornier-Gruppe [dɔrnj'e-], Unternehmensgruppe der Flugzeug- und Maschinenbauindustrie; hervorgegangen aus der von C. Dornier 1914 gegr. Flugzeugwerft.

Dorno, Carl, Biometeorologe und Physiker, * Königsberg (Pr.) 3. 8. 1865, † Davos (Schweiz) 22. 4. 1942, gründete 1906 das Physikalisch-Meteorolog. Observatorium ebd. Nach ihm ist die *Dornostrahlung, ein Bereich der Ultraviolettstrahlung, benannt* (→ Lichtschäden).

Dornröschen, verbreitetes Märchenmotiv: Eine Königstochter sticht sich infolge der Verwünschung einer Fee an einer Spindel und fällt mit allen Schloßbewohnern in einen hundertjährigen Zauberschlaf. Zur Erlösungsstunde dringt ein Prinz durch die um das Schloß gewachsene Dornenhecke und erweckt die Schlafende mit einem Kuß. – Das Märchen ist roman. Ursprungs (zuerst im 14. Jh. im altfrz. Perceforest-Roman und in einem katalan. Gedicht). Die Grimmsche Fassung vereinigt Motive mehrerer frz. Feenmärchen des 18. Jh. (C. Perrault, Madame D'Aulnoy). – Ein ähnliches Motiv findet sich in der nordischen Heldensage (→ Brunhilde). – Oper von Humperdinck (1903), Ballett von Tschaikowskij (1890).

Dornteufel, die Agame → Moloch.

Dornzikade, rd. 1 cm lange Art der Buckelzirpen; schwarz, mit grauen, braun geäderten Flügeln.

Dorothea [grch. ›Gottesgeschenk‹], **1)** legendäre Märtyrerin unter Diokletian aus Caesarea in Kappadokien, mit Blumen und Früchten dargestellt.
2) Selige, Patronin des Dt. Ritterordens und des Ordenslandes Preußen, * Montau a. d. Weichsel 6. 2. 1347, † Marienwerder 25. 6. 1394 als Klausnerin; Biographie von ihrem Beichtvater Johannes Marienwerder (Tag: 25. 6. und 30. 10).

Dorothea, Fürstinnen: Brandenburg. **1) D.,** Kurfürstin, * Glücksburg 9. 10. 1636, † Karlsbad 16. 8. 1689, aus dem Haus Holstein-Sonderburg-Glücksburg, 2. Frau des Großen Kurfürsten; gründete die Dorotheenstadt in Berlin. Preußen. **2) D.,** Herzogin, * Schloß Gottorf 1.

8. 1504, † Königsberg 11. 4. 1547, Tochter König Friedrichs I. von Dänemark, heiratete 1526 Herzog Albrecht; war an der Gründung der Universität Königsberg beteiligt.

Dorotheum, Wien, österr. Staatsinstitut, führt Versteigerungen durch (Kunstgegenstände, insbes. Möbel); 1707 als Versatzamt gegr., seit 1787 in der Dorotheergasse (daher der Name).

Dorpat, estnisch und amtlich **Tartu,** Stadt in der Estn. SSR, (1976) 99 000 Ew. Im 2. Weltkrieg stark zerstört, wurde D. wieder aufgebaut und ist nach Reval zweitwichtigster wirtschaftl. und kultureller Mittelpunkt der Estn. SSR; Univ., Landwirtschaftl. Akademie. Theater.
Geschichte. Im 10./11. Jh. als estn. Burgsiedlung bekannt, wird D. 1030 in der russ. Chronik als *Jurjew* erwähnt. 1215 vom Schwertbrüderorden erobert und in D. umbenannt, wurde es 1224 Bischofssitz und war vom 13. bis 16. Jh. Hansestadt. 1558 russisch besetzt, kam D. nach dem Livländ. Krieg 1582 unter poln.-litauische Oberherrschaft, wurde 1625 mit Umland schwedisch und 1704 von Peter d. Gr. erobert. – Die Univ., 1632 von Gustav Adolf gegr., 1710 eingestellt, war nach ihrer Wiedergründung (1802) bis zur Russifizierung 1889 der geistige Mittelpunkt des balt. Deutschtums. 1920 schloß das bolschewist. Rußland in D. Friedensverträge mit Estland und Finnland.

Dörpfeld, 1) Friedrich Wilhelm, Pädagoge, * Sellscheid bei Wermelskirchen 8. 3. 1824, † Ronsdorf 27. 10. 1893, beeinflußte durch sein ›Evang. Schulblatt‹ (ab 1857) und viele Schriften maßgeblich die evang. Lehrer- und Schulgemeindebewegung; setzte sich für die Hebung des Lehrerstandes in pädagog., geistiger und sozialer Hinsicht ein.

WE. Die freie Schulgemeinde (1863); Denken u. Gedächtnis (1866); Der didaktische Materialismus (1879); Das Fundamentstück einer gerechten, gesunden, freien u. friedl. Schulverfassung (1892).
K. Goebel: Dein dankbarer und getreuer F. W. D., Gesamtausgabe der Briefe F. W. D.s (1976).
2) Wilhelm, Archäologe, Sohn von 1), * Barmen 26. 12. 1853, † Leukas 25. 4. 1940, leitete zahlreiche Ausgrabungen (Olympia, Tiryns, Troja, Pergamon, Athen); Begründer moderner Grabungsmethoden.

Dorpmüller, Julius, * Elberfeld 24. 7. 1869, † Malente-Gremsmühlen 5. 7. 1945, anfangs im preuß., 1908–17 im chines. Eisenbahndienst tätig, wurde 1926 Generaldirektor der Dt. Reichsbahn. 1937–45 war er zugleich Reichsverkehrsminister.

dorsal [lat.], Anatomie: auf der Rückenseite gelegen; dem Rücken zugekehrt. Ggs.: ventral.
Dorsal [lat.], → Laut.

Dorsch, Käthe, Schauspielerin, * Neumarkt (Oberpfalz) 29. 12. 1890, † Wien 25. 12. 1957, kam 1919 nach Berlin, wo sie in Rollen wie Gretchen, Rose Bernd große Erfolge errang; seit 1940 am Wiener Burgtheater; auch Filmrollen.

Dors

Dorsch|artige Fische, Gadiformes, Ordn. der Knochenfische mit spindelförmiger Gestalt; z. B. Grenadierfische, Dorsche.

Dorsche [altnord. thorskr ›Dörrfisch‹], **Schellfische, Gadidae,** Fam. mit 15 Arten mit 1–3 Rücken- und 1 oder 2 Afterflossen. Mit einer Ausnahme sind alle D. Meeresbewohner, viele Arten unternehmen in Schwärmen große Wanderzüge und leben räuberisch, bes. von kleinen Fischen. Viele Arten sind für die menschl. Ernährung, für die Pharmazie (Lebertran), für techn. Zwecke und für die Landwirtschaft (Düngemittel, Viehfutter) von Bedeutung.

Der *Kabeljau* oder *Dorsch (Gadus morhua)* wird 1 bis 1,5 m lang, bis 50 kg schwer; die erwachsene Nordseeform wird als ›Kabeljau‹, die Ostseeform und jugendl. Individuen der Nordsee werden als ›Dorsch‹ bezeichnet. Der *Schellfisch (Melanogrammus aeglefinus),* N-Atlantik, wird 50 cm lang, bis 12 kg schwer. Der *Wittling* oder *Merlan (Merlangus merlangus)* bewohnt den O-Atlantik. Der *Köhler* oder *Blaufisch (Pollachius virens),* N-Atlantik, wird 1 m lang und meist als ›Seelachs‹ verkauft. Der *Pollack (Pollachius pollachius),* O-Atlantik, kommt als ›heller Seelachs‹ auf den Markt. Der *Leng* oder *Lengfisch (Molva molva),* O-Atlantik, ist walzenförmig langgestreckt. Der *Blaueleng (Molva dipterygia)* wird als Trockenfisch bes. geschätzt. Die *Brosme, Lumb* oder *Seequappe (Brosme brosme)* wird über 1 m lang; ist im arktisch-atlant. Gebiet verbreitet. Der *Meerhecht, Hechtdorsch* oder *Seehecht (Merluccius merluccius),* Mittelmeer und europ. Atlantikküsten, wird als Stock- und Klippfisch verwendet. Im N und im Mittelmeerraum werden auch die Seequappen gegessen, z. B. *Vierbärtelige Seequappe (Enchelyopus cimbrius)* und *Froschquappe* oder *Froschdorsch (Raniceps raniceps).* Die einzige Art, die im Süßwasser lebt, ist die *Aalrutte, Rutte, Aalquappe* oder *Quappe (Lota lota),* die im mittleren und nördl. Eurasien sowie in N-Amerika beheimatet ist. (Bilder → Fische)

Dorset [d'ɔːsɪt], County in England, an der Kanalküste; 2654 km², (1975) 572900 Ew.; Verwaltungssitz ist Dorchester.

dorsiventral [lat.], Bez. für Organe und Lebewesen mit nur einer Symmetrieebene, bei denen die Flanken einander spiegelsymmetrisch entsprechen, Rücken- (lat. dorsum) und Bauchseite (lat. venter) aber verschieden sind.

dorsoventral [lat.], Anatomie: vom Rücken zum Bauch gerichtet.

Dorst, Tankred, Schriftst., * Sonneberg (Thüringen) 19. 12. 1925; zeitkrit. Stücke in Parabelform, später auch unter Einbeziehung dokumentarischer Elemente.

WE. Dramen: Die Kurve (1960); Große Schmährede an der Stadtmauer (1961); Die Mohrin (1964); Toller (1968, als Fernsehspiel: Rotmord); Der Anteil der Arbeit an der Menschwerdung des Affen (1971); Sand. Beschreibung eines Attentäters (1971); Eiszeit (1973); Auf dem Chimborazo (1975); Dorothea

Merz (1976, als Fernsehspiel und als ›fragmentar. Roman‹); Goncourt oder Die Abschaffung des Todes (mit H. Laube, 1977); Merlin (mit Ursula Ehler, 1981).

Dorsten, Stadt im Kr. Recklinghausen, NRW, an der unteren Lippe und dem Wesel-Datteln-Kanal, (1983) 71800 Ew. Der Erzbischof von Köln erhob D. 1251 zur Stadt.

Dortmund, kreisfreie Stadt im RegBez. Arnsberg, NRW, mit (1983) 599500 Ew. größte Stadt Westfalens, im östl. Ruhrgebiet an der oberen Emscher. D. hat wissenschaftl. Institute, darunter Max-Planck-Institute für Arbeits- und Ernährungsphysiologie; Materialprüfungsamt NRW, Westfäl. Wirtschaftsarchiv, Sozialakademie, Verwaltungs- und Wirtschaftsakademie, Fachhochschule, Universität (1969 eröffnet). Industrie: Eisen- und Stahlwerke, Maschinen- und Brückenbau, Steinkohlenzechen, Großbrauereien. Die Bedeutung als Handelsstadt wurde durch den Bau des Dortmund-Ems-Kanals stark gefördert. Fernsehturm (220 m) mit Bundesgartenschaugelände (Dt. Rosarium); Westfalenhalle, Westfalenstadion, Stadion ›Rote Erde‹, Pferderennbahn.

D., bei einem karoling. Königshof entstanden, war Reichsstadt, Hansestadt und Anfang des 15. Jh. ein Vorort des westfäl. Feme. Seit dem Dreißigjährigen Krieg sank D. zu einer Ackerbürgerstadt ab. Mit 4800 Ew. kam es 1815 an Preußen. Um die Mitte des 19. Jh. setzte ein großer wirtschaftl. Aufschwung ein. Im 2. Weltkrieg wurde D. zu 65% zerstört. Älteste Kirche ist St. Reinoldi (13.–15. Jh.). Die Marienkirche (um 1220, Chor um 1350–60) birgt Tafeln des Marienaltars von Konrad von Soest; Propsteikirche (14.–15. Jh.), Petrikirche (14. Jh.).

Dortmund-Ems-Kanal, Wasserstraße vom östl. Ruhrgebiet um Dortmund bis Emden, 269 km lang, benutzt streckenweise die Ems, seit 1899 in Betrieb.

Dortmunder Rezeß, Dortmunder Vertrag, abgeschlossen zw. Johann Sigismund von Brandenburg und Philipp Ludwig von Pfalz-Neuburg am 10. 6. 1609 in Dortmund, führte im Verlauf des Jülich-Klevesschen Erbfolgestreits zu einer Gemeinschaftsregierung; im Vertrag von Xanten 1614 in anderer Form erneuert.

Dortmunder Union-Schultheiss Brauerei AG, Dortmund/Berlin, Brauereikonzern; 1972 durch Fusion der Dortmunder Union Brauerei AG (gegr. 1873) mit der Schultheiss-Brauerei AG (gegr. 1842) entstanden.

Dos [lat.] die, Gabe, Mitgift; im röm. Recht: Beitrag der Frau, deren Familie oder eines Dritten zu den ehel. Lasten. Der Mann wird Eigentümer der D., kann aber über *Dotalgrundstücke* nur beschränkt verfügen.

dos à dos [dozad'o, franz.], Rücken an Rücken. *Dos à dos,* leichter jagdwagenartiger Viersitzer mit Quersitzen, die einander den Rücken zukehren.

Dose, kleine Büchse oder Schachtel mit Deckel, aus Metall, Holz, Perlmutter u. dgl.

Dosenschildkröten, Terrapene, Gatt. landbewohnender Sumpfschildkröten N-Amerikas mit beweglichem Bauchpanzer.

Dosierung, Zumessen einer Dosis.

Dosimeter [grch.], Meßgerät zur Bestimmung der Strahlenbelastung durch Röntgen- oder radioaktive Strahlung. Nach der Strahlenschutz-VO sind alle Personen, die mit strahlendem Material in Berührung kommen können, verpflichtet, ein D. zu tragen. Als *Strahlen-D.* gehören D. zur ABC-Abwehrausrüstung der Truppe.

Dosis [grch. ›Gabe‹], 1) Kerntechnik, Radiologie: Maß für die Strahlungsmenge. Mit der *Äquivalentdosis* wird die Einwirkung ionisierender Strahlung auf biolog. Systeme gekennzeichnet; Einheit ist das →Gray (Gy), auch noch →Rem (1 rem = 10^{-2} Gy). *Toleranz-D.* ist die höchste zulässige D. (→Strahlendosis, →Strahlenschutz)
2) bestimmte Menge eines Arzneimittels.

Dos Passos [dɔs p'æsəs], John Roderigo, amerikan. Schriftst., * Chicago 14. 1. 1896, † Baltimore 28. 9. 1970. Seine gesellschaftskrit. Werke der 20er und 30er Jahre sind vom Marxismus geprägt, die Prosa nach 1940 kennzeichnen konservativere Züge. Als einer der Begründer des Kollektivromans, in dem die Charaktere vor allem gesellschaftl. Zustände widerspiegeln, übte er großen Einfluß auf den europ. Roman aus. Wichtig war sein Beitrag für die Entwicklung der ›pattern novel‹, deren Erzählstruktur auf einem Mosaik verschiedenartigster Textstücke beruht.
WE. (meist dt.): Three soldiers (1921); Manhattan Transfer (1925); Trilogie: USA: The 42nd parallel (1930), Nineteennineteen (1932), The big money (1937); Trilogie: District of Columbia: Adventures of a young man (1939), Number one (1943), The grand design (1949); Great days (1958); Midcentury (1961).

Dosse *die,* rechter Nebenfluß der Havel, 120 km lang, mündet unweit von Vehlgast, im Unterlauf kanalisiert und schiffbar.

Dossi, Dosso, eigtl. Giovanni *di Lutero,* ital. Maler, * Ferrara um 1489, † ebd. kurz vor 27. 8. 1542, wahrscheinlich Schüler von Lorenzo Costa, beeinflußt von Giorgione, wurde zum Hauptmeister der Schule von Ferrara im 16. Jh. Er schuf relig. und mytholog. Bilder von romant. Stimmung, in denen das Landschaftliche und Atmosphärische stark hervortreten. Seine Farbgebung ist von satter Pracht.

Dossier [dɔsj'e, frz.] *das,* Aktendeckel; alle zu einem Vorgang gehörigen Unterlagen.

Dost, Dosten *der,* **Origanum,** Lippenblüter-Gatt. bes. der Mittelmeerländer; einzige mitteleurop. Art ist *Origanum vulgare,* auch Brauner D., Roter D., Frauen-D., Wilder Majoran, Dorant genannt, eine rd. 50 cm hohe Staude mit Majorangeruch, eiförmigen Blättern und fleischfarbenen Blüten.

Dostal, Nico, österr. Komponist, * Korneuburg (NÖ) 27. 11. 1895, † Salzburg 27. 10. 1981; erfolgreich bes. durch die Operetten ›Clivia‹ (1933), ›Die ungarische Hochzeit‹ (1938).

Dostojewskij, Fjodor Michajlowitsch, russ. Schriftst., * Moskau 11. 11. 1821, † St. Petersburg 9. 2. 1881, entstammte einem verarmten Adelsgeschlecht, litt seit seiner Jugend an Epilepsie. Belinski erregte D.s Interesse am atheist. Sozialismus. Wegen Teilnahme an den Treffen des sozialist. Petraschewski-Kreises wurde D. 1849 zum Tode verurteilt und auf der Richtstätte zu vierjähriger Zwangsarbeit begnadigt, die er in Sibirien abbüßte. Erst 1859, nach Dienstjahren als Soldat, kehrte er nach Petersburg zurück. Während der in den ›Aufzeichnungen aus einem Totenhause‹ (1861/62) dargestellten Leidensjahre kam D. zu der Überzeugung, daß allein das Volk die christliche Wahrheit unverfälscht hüte, während sie die Intellektuellen durch Anschluß an die westeurop. Entwicklung verlorengegangen sei. Reisen nach Westeuropa (seit 1862) und ein durch drohendes Schuldgefängnis erzwungener Westeuropaaufenthalt 1867–71 bestärkten ihn darin. Er setzte sich für einen idealen patriarchalischen Zarismus und panslawistische Ideen ein.

D.s Romane, formal beeinflußt von Balzac, V. Hugo und G. Sand, sind breit angelegte, anfangs an christl. Denkschemen, später vorwiegend an religionsphilosoph. Problematik orientierte Auseinandersetzungen. Stofflich und stilistisch neigen seine Romane, in denen er mit großer psycholog. Eindringlichkeit die Menschen schildert, zur Trivialliteratur (insbes. Kriminalgeschichte). Bes. in seinem Spätwerk wird die vom utop. Sozialismus übernommene Idee eines goldenen Zeitalters zentrales Motiv.

Dost: Origanum vulgare: a und b Blüten in verschiedener Ansicht. (Hauptbild ⅖ natürl. Größe)

WE. (alle dt.): Erz.: Der Doppelgänger (1846), Weiße Nächte (1848), Die Sanfte (1876). – Romane: Arme Leute (1846), Die Erniedrigten und Beleidigten (1861), Verbrechen und Strafe (1867; deutsch auch u. d. T. Schuld und Sühne, Raskolnikow), Der Idiot (1868), Der Spieler (1868), Dämonen (1871, richtiger

Dota

Die Teufel), Der Jüngling (1875), Die Brüder Karamasow (1879/80, mit der Legende ›Der Großinquisitor‹). – Tagebuch eines Schriftstellers (seit 1873; dt. 1922/23), Ges. Briefe 1833/1881, dt., hg. v. F. Hitzer (1966). Sämtl. Werke (dt.), übers. v. E. K. Rashin (18 Bde., 1967–68; Neuausg. in 10 Bdn., 1980). Krit. Ausg. (Leningrad 1972ff.); Briefe (russ., 4 Bde., 1928–59).
LIT. K. Nötzel: Das Leben D.s (1925); Wir und D. (H. Böll, A. Malraux u. a.), hg. v. M. Sperber (1972); W. Müller-Lauter: D.s Ideendialektik (1974); M. Braun: D. (1976); Anna G. Dostojewskij: Erinnerungen, hg. v. R. Füllop-Miller u. a. (³1980).

Dotation, Dotierung [lat.], die planmäßige Zuweisung von oder Ausstattung mit Sach- oder Geldwerten.

Dotieren [lat.], **Dotierung**, Zusatz von Fremdatomen in reinem Halbleitermaterial (durch Einlegieren oder Eindiffundieren), um Zonen versch. Leitfähigkeit zu erzeugen, z. B. bei Dioden oder Transistoren.

Dotter der, das, a) Bildungs-D. der Eizelle, der den Embryo hervorbringt (Bildungsplasma); b) Nahrungs-D. der Eizelle, der das Bildungsplasma und den Embryo ernährt.

Dotter, Dötter, volkstüml. Bez. für → Leindotter.

Dotterblume, volkstüml. Bez. für dottergelb blühende Pflanzenarten, wie Sumpf-D., Trollblume.

Dottersack, Ernährungsorgan für den Wirbeltier-Embryo, das den Nahrungsdotter enthält.

Dottersack: junger Haifisch mit anhängendem D.

Dottore [ital.], Doktor; Gestalt der Commedia dell' arte, der komische Gelehrte (Jurist) aus Bologna mit riesigem Hut, später Spitzenkragen.

Dou, Douw [dou], Gerard, holländ. Maler, * Leiden 7. 8. 1613, begraben ebd. 9. 2. 1675, Schüler Rembrandts, malte genau ausgeführte Genrebilder und Studienköpfe.

Douai [du'ε], Industriestadt am S-Rand des frz. Kohlenreviers, Dép. Nord, an der kanalisierten Scarpe, (1975) 44700 Ew.; im MA. befestigte Handelsstadt (Herstellung flandr. Tuche), später Sitz einer Univ., heute von Hochschulen (Pädagogik, Bergbau, Musik). Rathaus (15. Jh.) mit 64 m hohem Belfried (14./15. Jh.).

Douala [dual'a, frz.], **Duala,** Bantu-Volk an der Küste von Kamerun.

Douala [dual'a, frz.], **Duala,** wichtigste Hafen- und Handelsstadt von Kamerun, (1975) 345000 Ew., 30 km von der Mündung des Kamerunflusses; versch. Industrie. – 1901–16 war D. Hauptstadt des dt. Schutzgebietes Kamerun, 1940–46 Französisch-Kameruns.

Douane [dw'a:n, frz.] die, Zoll, Zollamt, Zollverwaltung; Douanier [dwanj'e], Zollbeamter.

Douaumont [dwom'ɔ̃], frz. Panzerfeste, Stützpunkt des ständigen Festungsgürtels von Verdun, im 1. Weltkrieg hart umkämpft.

Double [dubl, frz. ›Doppel‹], 1) Film: Ersatzdarsteller, der bei Bewegungs- oder Beleuchtungsproben, bei anstrengenden oder gefährl. Darbietungen oder bei Erkrankung den Hauptdarsteller vertritt.
2) Musik: in Suiten des 17. und 18. Jh. die Variation eines Tanzsatzes.
3) Doppelgänger.

Doublé, Doublee [dubl'e, frz.], mit Edelmetall plattiertes unedles Metall, insbes. mit Goldlegierungen plattierte Kupferlegierungen.

Doublette [du-, frz.], →Dublette.

Doubs [du], 1) Nebenfluß der Saône, O-Frankreich, 430 km lang.
2) Dép. in O-Frankreich, in der Franche-Comté, 5228 km², (1975) 471100 Ew.; Hauptstadt: Besançon.

Dougga [d'u-], das antike Thugga, Ruinenstätte in Tunesien, rd. 120 km südwestlich von Tunis, mit röm. Bauresten bes. des 2. und 3. Jh. n. Chr.

Douglas [d'ʌgləs], Hauptstadt der engl. Insel Man, an der SO-Küste, (1971) 20400 Ew.

Douglas [d'ʌgləs], schott. Adelsgeschlecht, seit 1175 nachweisbar. Der Hauptstamm, die ›Schwarzen D.‹, starb 1488 aus. Die Herrschaft D. ging auf die Nebenlinie der ›roten D.‹ über, die 1633 den Marquess-, 1703 die Herzogswürde (1761 erloschen) erhielt.
1) Archibald, 6. Earl of Angus ['æŋgəs], * um 1489, † 1557, Vormund Jakobs V., später verbannt. – Ballade ›Archibald D.‹ von Th. Fontane (1851; vertont von K. Loewe).
2) Sir James, schott. Heerführer, * 1286, † in Andalusien 25. 8. 1330, sollte das Herz des schott. Königs Robert Bruce zur Bestattung in das Hl. Land bringen, fiel unterwegs im Kampf gegen die Mauren.
3) James, Earl of Morton [m'ɔ:tn] (1553), Neffe von 1), * um 1525, † Edinburgh 2. 6. 1581, führte die protestant. Lords gegen die Königin Maria Stuart, deren Heer er 1568 bei Langside schlug. 1572–78 Regent Schottlands; wegen angebl. Mitschuld an der Ermordung Darnleys hingerichtet.

Douglas [d'ʌgləs], 1) Alfred Bruce, Lord, engl. Dichter, * Ham Hill 22. 10. 1870, † Hove (Sussex) 20. 3. 1945, Freund Oscar → Wildes.
2) Kirk, eigtl. Jemskij, amerikan. Filmschauspieler, * Amsterdam (N. Y.) 9. 12. 1916, Filme, u. a. ›Reporter des Satans‹ (1951), ›Odysseus‹ (1954), ›Vincent van Gogh‹ (1956), ›Stadt ohne Mitleid‹ (1960).

3) Lloyd Cassel, amerikan. Schriftst., * Columbia City (Ind.) 27. 8. 1877, † Los Angeles 13. 2. 1951; Unterhaltungsromane mit christlich-ethischem Hintergrund. — WE. The robe (1942, dt. Das Gewand des Erlösers).

Douglas Aircraft Co. Inc., Unternehmen der amerikan. Flugzeugindustrie, gegr. 1921, 1967 fusioniert mit der McDonnell Co. zur McDonnell Douglas Aircraft Corp.

Douglas-Home [d'ɑɡləs hju:m], Sir Alexander F., brit. Politiker (Konservativer), * London 2. 7. 1903; 1931–45 und 1950–51 Mitgl. des Unterhauses, 1960–63 und 1970–74 Außen-Min. Er verzichtete 1963 auf Adelstitel (Lord Home) und Oberhaussitz, um Mitgl. des Unterhauses und Premier-Min. werden zu können (1964 zurückgetreten, 1965 auch als Parteiführer).

Douglass [d'ɑɡləs], Frederick, amerikan. Journalist, * (als Negersklave) Tuckahoe bei Easton (Md.) Februar 1817, † Washington 20. 2. 1895, nach seiner Flucht (1838) in den N der USA wurde er durch seine Zeitschrift ›North Star‹ (1847–64), durch seine Lebensbeschreibung (1845) und durch Vorträge der führende farbige Agitator für die Sklavenbefreiung.

Douglastanne [d'u-, n. dem brit. Botaniker D. Douglas, * 1799, † 1834], **Douglasfichte, Douglasi|e, Pseudotsuga douglasii,** Nadelbaum, im westl. N-Amerika heimisch. Das rötlichbraune Kernholz der D. (engl. *Oregon pine)* ist ein wertvolles Holz.

Doumer [dum'ɛ:r], Paul, frz. Politiker (Radikalsozialist), * Aurillac (Dép. Cantal) 22. 3. 1857, † (ermordet) Paris 7. 5. 1932, Rechtsanwalt, Journalist, zw. 1895 und 1926 mehrfach Finanz-Min., 1931–32 Staats-Präs.

Doumergue [dum'ɛrɡ], Gaston, frz. Politiker (Radikalsozialist), * Aigues-Vives (Dép. Gard) 1. 8. 1863, † ebd. 18. 6. 1937, Rechtsanwalt, mehrfach Min., war 1913–14 und 1934 Min.-Präs., 1924–31 Staats-Präs.

Dourine [dur'in, frz.], die Beschälseuche.

Douro [d'oru], portugies. für → Duero.

Doussie, Doussié [dusi'e, frz.], dunkelbraunes, hartes Holz von Afzelia-Arten (Hülsenfrüchter).

do, ut des [lat. ›ich gebe, damit du gibst‹], Formel für Austauschgeschäfte, bes. für den Tauschvertrag.

Doutiné [du-], Heike, Schriftstellerin, * Zeulenroda/Thüringen 3. 8. 1945; zeitkrit. Romane (›Berta‹, 1974).

Douvermann [d'au-], Heinrich, Bildschnitzer, * um 1480, † vor oder um 1544, arbeitete in der 1. Hälfte des 16. Jh. am Niederrhein.

Dover [d'əuvə], **1)** Hafenstadt in der engl. Cty. Kent, (1973) 34200 Ew., an der schmalsten Stelle der Straße von D. gelegen, Hauptpassagierhafen Großbritanniens, Kriegs- und Handelshafen.

2) Straße von D., engl. *Strait of D.* [streit ɔv-], frz. *Pas de Calais* [padəkal'ɛ], der engste Teil des Ärmelkanals, zw. D. und dem Kap Gris Nez 32 km breit, bis 72 m tief. Beiderseits von hohen Kreidekliffs gesäumt, wird sie von starken Gezeitenströmen (Geschwindigkeit bis 1,5 m/s, mittlerer Springtidenhub 5–6 m) durchzogen. Zum ersten Mal durchschwamm sie 1875 der Engländer Captain Webb, 1909 überflog sie der Franzose L. Blériot mit einem Flugzeug. (→ Ärmelkanal-Projekt)

3) Hauptstadt (seit 1777) von Delaware, USA, (1970) 17500 Ew.

Dovesches Gesetz, Drehungsgesetz des Windes, von dem Berliner Physiker Heinrich Wilhelm Dove (* 1803, † 1879) formuliert (›Gesetz der Stürme‹, 1866).

Dovifat, Emil, Publizistikwissenschaftler, * Moresnet bei Aachen 27. 12. 1890, † Berlin 8. 10. 1969, war 1928–47 Prof. und Leiter des Instituts für Zeitungswiss. in Berlin, 1948–61 Prof. an der Freien Univ. Berlin; Mitgründer der CDU in Berlin und der FU. — WE. Zeitungslehre, 2 Bde. (1931, ⁶1976). – Hg: Hdb. der Publizistik, 3 Bde. (1966–69).

Dovrefjell, Hochfläche im südl. Hochgebirge Norwegens, von einzelnen Kuppen überragt, deren höchste die der sagenumwobene (Peer Gynt) Snøhetta (2286 m) ist. Außer der alten Königs- und Pilgerstraße führt seit 1921 die *Dovrebahn* über das Fjell.

Dow Chemical Co. [dau k'emikl-], Midland (Mich.), weltgrößter Magnesiumproduzent, großes amerikan. Chemieunternehmen; gegr. 1897, seit 1947 jetziger Name.

Dow-Jones-Aktien|index [dau dʒəunz-], der Durchschnitt aus den Schlußkursen von 30 an der New Yorker Börse gehandelten Industrieaktien, von der Firma Dow, Jones & Co. seit 1897 börsentäglich ermittelt.

Dowland [d'aulənd], John, engl. Komponist, * bei Dublin Dez. 1562, † London 21. 1. 1626, war 1598–1606 Hoflautenist in Dänemark und seit 1612 in London. – D.s Sohn Robert, * 1588 (?), † 1641, ebenfalls Lautenist, wurde 1626 Nachfolger seines Vaters am Hof Karls I.

Downing Street [d'aunıŋ stri:t], nach dem engl. Diplomaten Sir George Downing (* um 1624, † 1684) benannte Straße zw. Whitehall und St. James' Park in London (Westminster), an der das Schatzamt, das Auswärtige Amt (Foreign Office) und die offizielle Wohnsitz des Premierministers (Nr. 10) liegen.

Downs [daunz], **The D.,** Mz., Kreidekalkzüge südlich der Themse, England. Der an London heranschwingende nördl. Bogen der *North D.* erreicht im Leith Hill 294 m; er hängt im W zusammen mit den *South D.* (bis 255 m hoch).

Dowschenko, Dovženko [-vʒ-], Aleksandr Petrowitsch, russ. Filmregisseur, Drehbuchautor und Schriftst., * Sosniza (Ukraine) 11. 9. 1894, † Moskau 25. 11. 1956, war mit S. Eisenstein und W. Pudowkin Begründer der sowjet. Filmkunst. — *Filme:* Swenigora (1928); Arsenal (1929); Erde (1930); Iwan (1932); Aerograd (1935); Schtschors (1939); ferner Dokumentarfilme.

Doxa

Doxa [grch.], **1)** die überweltl. Majestät Gottes, Kernbegriff der christl. Liturgie.

2) bei Platon die Meinung als Mittleres zw. Wissen und Nicht-Wissen; im Unterschied zu → Episteme.

Doxographen [grch.], antike Schriftsteller, die die Lehren *(doxai)* früherer Philosophen in histor. Überblick sammelten; diese Werke wurden in späteren Sammelwerken ausgewertet, so in Plutarchs ›Placita philosophorum‹ u. a.

Doxologie [grch.], der aus dem A. T. übernommene Lobpreis der Herrlichkeit Gottes zu Beginn und bes. am Schluß des Gebetes. Mit der D. schließt im Abendland der antiphonar. Psalmengesang des Stundengebets und der Meßfeier *(kleine D.:* ›Ehre sei dem Vater und dem Sohn und dem Hl. Geist ...‹), das Vaterunser im evang. Gottesdienst wie in der orth. und lat. Liturgie, mit der *großen D.* (›Durch Ihn und mit Ihm und in Ihm wird Dir, allmächtiger Vater, in der Einheit des Hl. Geistes alle Ehre und Herrlichkeit ...‹) der Kanon der Messe; das Gloria in excelsis schließlich wird insgesamt als große D. bezeichnet.

Doyen [dwaj'ɛ̃, frz.], der Sprecher des diplomat. Korps gegenüber dem Gastland; je nach Klasse und Anciennität rangälteste Missionschef oder, wo dies der Übung entspricht, der Vertreter des Hl. Stuhls (Nuntius).

Doyle [dɔɪl], Sir Arthur Conan, engl. Schriftst., * Edinburgh 22. 5. 1859, † Crowborough (Sussex) 7. 7. 1930, Arzt; schuf die Gestalt des Meisterdetektivs Sherlock Holmes und seines Freundes Dr. Watson.

WE. The adventures of Sherlock Holmes (1892, dt.); The hound of the Baskervilles (1902, dt.); The complete Sherlock Holmes, 2 Bde. (1930). – Übers.: Sämtl. Sh. Holmes Romane und Stories, 3. Bde. (1977).

Dozent [lat. docere ›lehren‹], nicht präzise abgegrenzte Bez. für haupt- oder nebenberuflich Lehrende, bes. im Hoch- und Fachschulbereich sowie im Rahmen der allg. und berufl. Erwachsenenbildung. *Privat-D.* haben die Lehrbefugnis an wissenschaftl. Hochschulen durch eine Habilitation erworben, aber keine Planstelle für Hochschullehrer inne. *Diäten-D.* sind außerplanmäßig angestellte Privat-D.

Dózsa [d'o:ʒɔ], György, rumän. **Doja** [d'oʒa], Gheorghe, Führer des ungar. Bauernaufstandes von 1514, * 1472, † (zu Tode gemartert) Temesvar 20. 7. 1514.

DP, Abk. für **1)** → Displaced Person; **2)** → Deutsche Partei.

D/P, d/p, Abk. für **document against payment** [d'ɔkjumənt əg'eɪnst p'eɪmənt, engl.], Zahlungsbedingung im Außenhandelsgeschäft: Ware wird bei Übergabe der Dokumente (z. B. Konnossement, Versicherungspolice) bezahlt.

dpa – Deutsche Presse-Agentur GmbH, die führende Nachrichtenagentur der Bundesrep. Dtl. (Sitz: Hamburg), 1949 gegr.

DPS, Abk für → Demokratische Partei Saar.

dpt, Einheitenzeichen für → Dioptrie.

Dr, Abk. für → Drachme, ngrch. Drachmi.

Dr., Abk. für Doktor.

d. R., Abk. für der Reserve oder des Ruhestands.

Drach, Albert, Schriftst., * Wien 17. 12. 1902, 1938–47 emigriert, Rechtsanwalt; Romane (›Das große Protokoll gegen Zwetschkenbaum‹, 1964, über das Schicksal eines ostgaliz. Juden), Erz., Dramen; sprachlich parodiert er häufig den Kanzleistil.

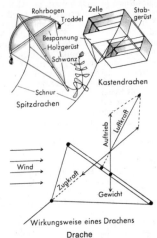

Wirkungsweise eines Drachens

Drache

Drache [ahd. trahho, aus lat. draco ›Schlange‹], **Drachen, 1)** Mythologie: schlangen- oder echsenartiges, oft geflügeltes Fabeltier, das in den Helden-, Götter- und Schöpfungssagen und in der Kunst vieler Völker auftritt. Als dämon. Urmacht wird der D. von den Göttern (Indra, Marduk, Zeus, Apoll) bekämpft; aus dem Körper des getöteten D. wird vielfach die Welt geschaffen. Spuren solcher *D.-Mythen* finden sich auch im A. T., Sinnbilder des Chaos vor der Weltschöpfung, die auch diese Welt noch und in der Endzeit als Gegenspieler Gottes die Gemeinde Gottes in Gestalt heidn. Weltreiche bedrohen. Die Überwindung des endzeitl. *Chaos-D.* durch den Anbruch des Gottesreiches ist Thema und Inhalt der Apokalyptik wie der Apokalypse des Apostels Johannes.

Im germanisch-nord. Kreis ist der D., Wurm oder Lindwurm (bairisch-österr. *Tatzelwurm),* Schatzhüter, auch Windgeist. Sinnbildlich ist der D. in Europa und Vorderasien die Verkörperung des Bösen, des Teufels, der Versuchung. Als Drachenbezwinger gelten Siegfried, die Heiligen Michael, Georg, Beatus, Martha. In Ostasien ist der D. ein wohltätiges und glückbringendes Wesen sowie Sinnbild des männlichen Prinzips.

2) Heraldik: Zusammen mit dem Greifen als Sinnbild des Windes war der D. ein redendes

Bild für die Wenden und daher im Ostseeraum ein häufiges Wappenbild. Als Feldzeichen oriental. Ursprungs, ist er in England seit angelsächs. Zeit bis 1485 gebraucht (erhalten als Badge von Wales).

3) Wikingerschiff (9.–11. Jh.); Bug- und Heckform waren als Drachenköpfe ausgebildet.

4) Fluggerät: meist flächiges (als *Kasten-D.* auch räumliches) Gebilde aus einem Stabgerüst mit Papier-, Stoff- oder Folienbespannung, durch Schnur oder Seil in einer Lage gehalten, in der eine aerodynam. Auftriebskraft entsteht, die den D. emporhebt. Verwendet als Spielzeug und Sportgerät sowie früher als Träger meteorolog. Instrumente, auch zu militär. Zwecken.

Kulturgeschichte. Das Steigenlassen von D. ist aus China belegt seit dem 5. Jh. v. Chr. Der Name rührt von der in China gebräuchlichen Form mit einem furchterregenden Drachenkopf her. In Europa sollen D. in der Schlacht von Hastings (1066) zu Nachrichtenzwecken verwendet worden sein. B. Franklin verwandte 1752 einen D. zum Nachweis der Gewitterelektrizität.

LIT. D. Pelham: D. (1977).

5) **Draco,** weitausgedehntes Sternbild des Nordhimmels.

Drachen, Segeln: olymp. Drei-Mann-Kielboot, 1929 von dem Norweger J. Anker konstruiert; 8,90 m lang, 1,96 m breit, 1,20 m Tiefgang. Segelfläche 26,60 m², Gewicht 1700 kg; wird mit Spinnaker gesegelt; Segelzeichen: D.

Drachen [aus frz. drague ›Schleppnetz‹], *Scherbrett,* hält beim Fischen das Schleppnetz im Wasser offen.

Drachenbaum, 1) Drachenblutbaum, Drazäne, Blutbaum, Drachenlili|e, Dracaena, Liliengewächs-Gatt., rd. 40 palmenähnl. Arten, mit schwertförm. Blättern. Aus dem Stamm des D. *Dracaena draco* der Kanar. Inseln quillt ein an der Luft erhärtendes Harz, das *Drachenblut (Drakorubin).*

2) die → Traubenkirsche.

Drachenbaum

Drachenfels, steile, 324 m hohe Trachytkuppe des Siebengebirges am Rhein. Der Trachyt, schon von den Römern ausgebeutet, lieferte im MA. und im 19. Jh. das Hauptmaterial für den Kölner Dom. – Die Burg D. der Kölner Erzbischöfe, vor 1147 errichtet, 1634 gesprengt, ist eine der meistbesuchten Ruinen Europas.

Drachenfische, Trachinoíde|i (Unter-Ordn.) und **Trachinídae** (Fam.), mit vier Arten der Barschartigen Fische. An den europ. Küsten leben das Große und das Kleine Petermännchen.

Drachenfliegen, Deltafliegen, dem amerikan. Sprachgebrauch entstammende neue Bezeichnung für den Flugsport mit Hängegleitern, wofür Geräte mit deltaförmigen (dreieckigen) Tragflügeln (›Rogallo-Gleiter‹) bevorzugt werden, die allein durch Verlagerung des Körpergewichts gesteuert werden.

Drachenkopf, Skorpionsfische, Seeskorpione, Scorpaenídae, Fam. der Panzerwangen mit rd. 300 räuberischen Arten; der Kopf trägt kräftige, z.T. giftige Stacheln; z.B. Großer und Kleiner Rotbarsch, Meersau, Meerkröte, Rotfeuerfische.

Drachenloch, Höhle im Drachenberg über dem Taminatal, Kt. St. Gallen, Schweiz, 2455 m ü.M. Im D. wurden 1917–23 Kulturschichten mit Skelettresten von Höhlenbären aus der letzten Zwischeneiszeit gefunden, auch Aufhäufungen von Bärenschädeln (als kultische Deponierung, neuerdings als natürl. Schichtung gedeutet).

Drachenpunkte, die Knoten der Mondbahn: *Drachenkopf,* der aufsteigende, *Drachenschwanz,* der absteigende Knoten, *Drachenlinie,* die Verbindungslinie zw. beiden; *Drachenmonat,* die Zeit zw. zwei Durchgängen des Mondes durch den gleichen Knoten.

Drachenwurz(el), volkstüml. Bez. für mehrere Aronstabgewächse und z.B. für Knöterich.

Drachmann [dr'ag-], Holger, dän. Dichter, * Kopenhagen 9. 10. 1846, † Hornbæk (Seeland) 14. 1. 1908, schrieb von H. Heine und G. Byron beeinflußte Lyrik, Romane (›Verschrieben‹, 1890), Novellen, das Märchenspiel ›Es war einmal‹ (1885).

Drachme [grch. eigtl. ›Handvoll‹] *die,* 1) altgrch. Silbermünze (6000 D. = 1 Talent) sowie Gewichts- und Rechnungseinheit. Als Münze geprägt wurden auch die doppelte D. *(Didrachmon* = 1 Stater) und die vierfache D. *(Tetradrachmon),* u.a. die von Athen (mit Athenakopf und der Eule auf der Rückseite), ferner die Alexanders d. Gr. Es gab auch achtfache D. *(Oktodrachmon)* und zehnfache D. *(Dekadrachmon).*

2) Im MA. wurden D. und halbe D. aus Silber von den Kreuzfahrern in Akkon geprägt.

3) ngrch. **Drachmi,** Abk. **Dr,** Währung Griechenlands (seit 1833); 1 Dr = 100 Lepta.

Draco [lat.], Sternbild →Drache.

Draconíden, ein Schwarm von Sternschnuppen.

Dracula, Drakula, Figur aus einem Roman von B. Stoker (danach Horrorfilme); historisch sind die Hospodare der Walachei Vlad (›Dracul‹), 1436–47, und Vlad Ţepeş (der ›Pfähler‹), 1448, 1456–62, die gegen die Türken kämpften.

Drage *die,* poln. **Drawa,** rechter, 186 km langer Nebenfluß der Netze.

Dragée [dra3'e, frz. dragée aus lat.-grch. tragema ›Zuckerwerk‹], Arzneiform, bei der der

Drag

Wirkstoff mit Zucker, Paraffin o. ä. überzogen ist.

Dräger, Alexander Bernhard, Ingenieur, * Howe (Vierlande) 14. 6. 1870, † Lübeck 12. 1. 1928, gründete 1902 mit seinem Vater *Heinrich* (* 1847, † 1917) das *Dräger-Werk* in Lübeck. D. erfand Gasschutz-, Atemschutz- und Tauchgeräte, Operationsgeräte, Schweiß- und Schneidbrenner.

Draggen, ein stockloser Anker.

Draghi [-gi], Antonio, ital. Komponist, * Rimini 1635, † Wien 16. 1. 1700, Opernbassist in Venedig, dann Kapellmeister in Wien, schuf in oft nur andeutender Notierung über 170 Opern und über 40 Oratorien.

Drago-Doktrin, von dem argentin. Außenminister Louis M. Drago (* 1859, † 1921) in Fortführung der Calvo-Doktrin aufgestellter, auf der Haager Konferenz (1907) gebilligter Grundsatz: Die gewaltsame Durchsetzung von Forderungen aus einer Staatsanleihe gegen den Schuldnerstaat ist völkerrechtswidrig.

Dragoman [arab.], im Nahen Osten früher offizieller Dolmetscher; Fremdenführer.

Dragonaden, Zwangsmaßnahmen König Ludwigs XIV. von Frankreich zur Bekehrung der frz. Protestanten; sie wurden mit doppelter Einquartierung (mit Plünderungsrecht) an Dragonern belegt. 1681 erstmals im Poitou systematisch angewendet, 1685 auf ganz Frankreich ausgedehnt.

Dragoner [zu frz. dragon ›Drache‹, Name einer Feuerwaffe], im 17. Jh. berittene Infanterie, die nur zu Fuß kämpfte. Seit der Mitte des 18. Jh. galten die D. als Teil der Kavallerie. D., auch *Achseldragoner,* hießen die bei den D. üblichen Tuchklappen zum Festhalten der Schulterbandeliere, aus denen sich die Schulterklappen entwickelten.

Dragowitschen, slaw. Stamm, zw. dem 6. und 13. Jh. in Thrakien und westl. des Wardar in Südmakedonien.

Drag Racing [dr'æg reısıŋ, engl.], Autorennen, bes. in den USA, mit hochgezüchteten, formelfreien Spezialwagen *(Dragster),* die meist eine Viertelmeile zurückzulegen haben (Endgeschwindigkeit bis 400 km/h).

Draguignan [dragiŋ'ã], Hauptstadt des frz. Dép. Var, (1975) 21 300 Ew.

Draht [zu drehen], **1)** Erzeugnis der Metallindustrie von vorwiegend kreisförmigem Querschnitt, im allgemeinen unter 12 mm Durchmesser, jedoch auch von Vierkant-, Halbrund- und sonstigen Querschnitten. Je nach dem Werkstoff gibt es *Stahl-D.* (z. B. für Federn, Klaviersaiten, Drahtseile, Drahtgeflecht, Stacheldraht, als Baustahl), *Messing-D., Kupfer-D.* (insbes. für elektr. Leitungen), *Aluminium-D., Blei-D.* (z. B. für Dichtungen), *Silber-D., Gold-D.* (z. B. für Filigranarbeiten), *Platin-D.* (z. B. für Thermoelemente) u. a., ferner D. mit einem Kern aus anderem Metall als die Außenschicht.

D. wird als *Walz-D.* aus Blöcken oder vorgewalzten Knüppeln durch Warmwalzen in Kali-

bern bis zu einer geringsten Dicke von etwa 5 mm hergestellt. Dünnere D. oder D. hoher Oberflächengüte und Genauigkeit werden aus gewalztem oder vorgezogenem D. durch Ziehsteine oder Ziehringe aus Hartmetall oder Diamanten unter Verwendung von Schmiermitteln kaltgezogen.

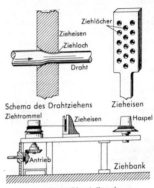

Schema des Drahtziehens

Draht (Herstellung)

Stahl-D. wird nach dem Durchziehen geglüht. **2)** Schuhmacherei: ein mit Schusterpech eingeriebener Nähfaden aus Leinen, Flachs o. ä.

Draht|extension, von dem Chirurgen R. Klapp (* 1873, † 1949) erfundenes, von M. Kirschner (* 1879, † 1942) verbessertes Verfahren zur Einrichtung von Knochenbrüchen mit Verschiebung (Dislokation) der Bruchenden. Der Zug erfolgt durch veränderbare Gewichtsbelastung über einen durch den Knochen gebohrten und mittels Bügel gespannten Stahldraht.

Drahtfunk, die hochfrequente Übertragung von Rundfunkdarbietungen meist über Fernsprechleitungen, selten über Lichtleitungen (Schweiz). Die Darbietungen können mit Rundfunkempfängern mit Langwellenbereich gehört werden. Der D. ist in Europa bes. in Ländern mit tiefen Tälern (schlechter drahtloser Empfang) verbreitet (Österreich, Schweiz), aber auch in Belgien und den Niederlanden; in der Bundesrep. Dtl. 1963 eingestellt.

Drahtgeflechte werden auf automatischen Maschinen als Sechseck- oder Viereckgeflecht in einer Breite bis zu 2 m geknüpft.

Drahtglas entsteht durch Einwalzen von Drahtgewebe oder -geflecht bei der maschinellen Gußglasherstellung. D. ist widerstandsfähig und bietet weitgehende Sicherheit gegen Splittergefahr und Einbruch; verwendet z. B. für Glasdächer; in Dicken zw. 6 und 10 mm.

Drahthaar, straffes Haar rauhhaariger Hunde.

Drahtlehre, Stahlplatte mit Einschnitten oder Löchern zum Messen von Drahtdurchmessern.

Drahtputzwand, Rabitzwand, zw. tragenden Bauteilen gespannte leichte Trennwand aus einem Rundstahl-Drahtgerippe, auf dem Drahtgewebe als Putzträger befestigt ist, und beiderseitigem, fugenlosem Putz. Die ebenso aufgebaute *Drahtputzdecke* oder *Rabitzdecke* ist eine nichttragende, an tragenden Bauteilen aufgehängte Leichtdecke.

Drahtschmiele, Deschampsia flexuosa, mitteleurop. Grasart; Rispen mit violettbraunen Blütennährchen an geschlängelten Stielen.

Drahtseil, aus Stahldrähten zusammengedrehtes (›geschlagenes‹) Seil. Die einfachste Art ist das aus Rund- oder Profildrähten zusammengedrehte *Spiralseil.* Die bekanntesten D. sind die *Litzenseile,* die durch Zusammendrehen von Spiralseilen kleineren Durchmessers (Litzen) um eine Hanf- oder Drahtseele hergestellt werden. In beiden Fällen werden *Verseilmaschinen* verwendet. D. mit ständiger Wechselbeanspruchung im Betrieb *(Kranseile)* werden nach DIN 4130 auf Zug mit etwa fünf- bis zehnfacher Sicherheit berechnet.

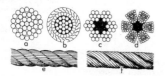

Drahtseil: a Spiralseil, b verschlossenes Seil, c Rundlitzenseil, d Dreikantlitzenseil, e Kreuzschlagseil, f Längsschlagseil

Drahtseilbahn, eine Seilbahn (→ Bergbahnen).

Drahtstifte, Drahtnägel, werden aus rundem oder vierkantigem Stahl-, Kupfer- oder Messingdraht auf *Drahtstiftmaschinen (Drahtstiftschnellpressen)* hergestellt. Die Köpfe werden gestaucht, die Spitzen flachgepreßt und beschnitten.

Drahtwurm, 1) Larve der Schnellkäfer; Kulturpflanzenschädling.
2) Weißer D., Larve der Pfriemenmücken und Stilettfliegen; schädlich durch Wurzelfraß.

Drahtziegelgewebe, Ziegeldrahtgewebe, als Putzträger benutztes Drahtgeflecht mit an den Kreuzungsstellen aufgepreßten und dann gebrannten Tonkörpern.

Drainage [drɛn'aːʒə, frz.], → dränieren.

Drais, Karl Friedrich Freiherr von *Sauerbronn,* bad. Forstmeister, * Karlsruhe 29. 4. 1785, † ebd. 10. 12. 1851, erfand 1813 einen vierrädrigen Wagen, der mit den Füßen angetrieben wurde, 1817 (1818 patentiert) ein ebenso fortbewegtes hölzernes Zweirad mit Lenkstange, die *Draisine,* auch ›Laufmaschine‹ genannt; sie wurde der Vorläufer des Fahrrades.

Draisine [n. K. F. v. Drais], vierrädriges Schienenfahrzeug *(Gleiskraftwagen)* für Streckenkontrollen.

Drake [dreɪk], Sir (1580) Francis, engl. Seeheld,* Crowndale (Devonshire) um 1540, † vor Portobello (Panama) 28. 1. 1596, unternahm Freibeuterzüge nach Westindien und umsegelte die Erde auf Kriegsfahrten gegen die Spanier

(1577–80); 1587/88 kämpfte er vor Cádiz und im Ärmelkanal gegen die span. Armada.

Drakensberge, früher auch **Kathlamba-Gebirge,** östl. Randgebirge Südafrikas. Höchste Erhebungen: Thabana Ntlenyana (3482 m) und Cathkin Peak (3181 m); nordöstlich von Lesotho der **Natal-Nationalpark.**

Drake-Straße [dreɪk-, n. F. Drake], stürmische Meeresstraße zw. Südamerika und den Süd-Shetland-Inseln.

Drakon, athen. Gesetzgeber, nahm um 621 v. Chr. die erste Aufzeichnung des geltenden Rechts vor. Seine Strafgesetze waren wegen ihrer Strenge berüchtigt *(drakonische Strenge).* Auf D. geht die Unterscheidung von Mord und Totschlag zurück.

drakonitisch, auf die Drachenpunkte bezogen.

Drall, 1) der Drehimpuls.
2) Bei gezogenen Feuerwaffen besitzen die Züge im Lauf oder Rohr einen D., der die Drehbewegung der Geschosse um ihre eigene Längsachse verursacht und damit ein Überschlagen des Geschosses verhindert.

Dralon, Handelsname für eine Polyacrylnitrilfaser.

dram [dræm], Abk. **dr** oder **dm,** in Großbritannien und den USA verwendetes Gewicht: als Handelsgewicht 1,772 g, als Apothekergewicht 3,888 g.

Drama [grch. ›Handlung‹], auf Bühnendarstellung hin angelegte Dichtungsgattung, gewöhnlich aufgebaut aus Dialogen (auch Monologen) mehrerer Figuren. D. werden nach dem Ausgang, den sie nehmen, in drei Hauptgattungen eingeteilt: die **Tragödie,** die mit dem Unterliegen des Helden im Konflikt endet, die **Komödie,** die die Verwicklung mit ironisch-satir. oder humorvoller Aufdeckung menschl. Schwächen löst, und das **Schauspiel,** das bei ernster Grundstimmung zu einer positiven Auflösung des Konfliktes führt; eine Sonderform ist die **Tragikomödie.** Einteilung nach dem Aufbau: **analytisches D.** (wobei die Katastrophe vor Spielbeginn liegt und im Laufe der Handlung enthüllt wird; z. B. bei Ibsen) und **Zieldrama** (das die Katastrophe an das Ende verlegt); nach Ideengehalt, Konfliktursachen, Stoffwahl u. a. Als wesensbegründend für das D. galt lange der die dramat. Spannung erzeugende Gegensatz (Konflikt) zw. dem *Helden* und seinem inneren und äußeren Gegenspiel, das als Schicksal, religiöses oder ethisches Gebot, widerstreitende Umwelt, minderwertige oder gleichberechtigte Gegenfigur verschiedene Gestalt annehmen kann. Die daraus abgeleiteten Grundformen *Charakterdrama, Schicksalsdrama, Milieu-* oder *Zustandsdrama, Ideendrama, Tendenzdrama* oder *Problemdrama* sind aber höchstens auf die Stücke der Epochen von der Renaissance bis zum Naturalismus anwendbar.

Die Lehre von Wesen, Wirkung und Formgesetzen des D. ging von der ›Poetik‹ des Aristoteles und der ›Ars poetica‹ des Horaz aus; sie wurde vom frz. Klassizismus in strenger Form ausge-

Dram

prägt. Lessing mit seiner ›Hamburgischen Dramaturgie‹ (1767–69; von hier der Begriff **Dramaturgie** für die Poetik des D.), D. Diderot, L.-S. Mercier, der Sturm-und-Drang-Dramatiker J. Lenz wirkten im Sinne einer Überwindung der klassizist. Verengung. Die dt. Klassik (F. v. Schiller) suchte nach neuen Normen, die im 19. Jh. wieder in Frage gestellt wurden (F. Grillparzer, F. Hebbel, O. Ludwig). In der späteren Entwicklung überwiegen persönl. Zielsetzungen einzelner Autoren oder wissenschaftl. Analysen.

Das D. baut sich herkömmlich nach spätantikem Muster aus fünf, häufig auch aus drei *Akten* (Aufzügen) auf, die in *Szenen* oder Auftritte eingeteilt sind. In neuester Zeit (so von B. Brecht in seinem epischen Theater) wird oft eine lose Szenen- und Bilderfolge bevorzugt, wie sie auch schon im älteren D. verwandt wurde, andererseits aber auch die Form des *Einakters*. Das von G. Freytag (1863) für die ›Technik des D.‹ aufgestellte pyramidenförmige Schema der ›steigenden‹ und ›fallenden‹ Handlung mit Exposition, erregendem Moment, Höhepunkt (Peripetie), Katastrophe (Auflösung) ist stets nur bedingt anwendbar gewesen. Die klassische frz. Dramen-Theorie mit ihrer – bes. von N. Boileau (›L'art poétique‹, 1674) – formulierten Forderung nach strengster Innehaltung der **drei Einheiten**, der Einheit der Zeit (Ablauf in etwa 24 Stunden), des Ortes (Handlungsschauplatz), der Handlung (nur ein Grundmotiv, keine selbständigen Nebenhandlungen), konnte sich nur z. T. auf Aristoteles berufen; dieser forderte nur die Einheit der Handlung; die Einheit der Zeit und des Ortes stellte er empirisch im griechischen D. fest.

Geschichte. Die Ursprünge des europ. D. liegen in der grch. Antike (Aischylos, Sophokles, Euripides; Komödie: Aristophanes, Menander u. a.). Das röm. D. (**Lesedramen** von Seneca, Komödien von Plautus und Terenz) ist stark durch das grch. beeinflußt. Das **geistliche D.** des MA. entstand im Zuge der Erweiterung der Liturgie, was schließlich zu szenischer Darstellung des in lat. Sprache Gesungenen führte. Um die Wende vom 15. zum 16. Jh. führte im europ. Humanismus die Beschäftigung mit der Antike zur allmähl. Entstehung des neuzeitl. D. Seine Vorformen liegen im lat. Humanisten-D. der Renaissance. Beeinflußt von diesem wie vom **Fastnachtsspiel** entwickelte sich in den religiösen Kämpfen der Reformationszeit das protestant. und kath. **Schuldrama** (Th. Naogeorg, P. Rebhun). Ein ›Goldenes Zeitalter‹ des D. entstand in Spanien, England und Frankreich durch den Umbruch von MA. zu Neuzeit, aus der Spannung von christl. Transzendenz und renaissancehafter Diesseitsbejahung. Das span. D. verband volkstümlich-nat. Elemente mit humanist. (Lope de Vega, Calderón, Tirso de Molina). Während die geistl. Spiele (autos sacramentales), vor allem Calderóns, kath.-kirchliche Themen behandeln, ist das weltliche D. vom Widerstreit der beiden Hauptwerte Liebe und Ehre beherrscht.

Auch die Entwicklung des elisabethan. Theaters in England wird zunächst stark durch volkstüml. Elemente bestimmt, die sich bei Chr. Marlowe und vor allem Shakespeare mit den formalen und gehaltl. Traditionen des europ. Humanismus verbinden. Im Unterschied zum span. und engl. D. hat sich die ›haute tragédie‹ der frz. Klassik, die in P. Corneille und J. Racine gipfelt, von allen volkstüml. Überlieferungen getrennt und im Sinne strenger Zeit- und Raumeinheit (›Regeln‹) eine Stilisierung vollzogen. Gleichzeitig erreichte das frz. Lustspiel seinen Höhepunkt in der Charakter- und Typenkomödie Molières, der Elemente der volkstüml. Stegreifkomödie Italiens (**Commedia dell'arte**) aufnahm. Das dt. D. gelangte bis Lessing über Vorstadien nicht hinaus: u. a. im 16. und 17. Jh. die unter dem Einfluß dieses D. entwickelten **Haupt- und Staatsaktionen** sowie das **Jesuitendrama.**

Die bürgerlich-realist. Wendung des D. wurde in der frz. Rokoko- und Aufklärungskomödie mit der **Comédie larmoyante** vorbereitet (P. C. de Marivaux, P. C. Nivelle de la Chaussée); Werke von D. Diderot und P. A. de Beaumarchais machten das bürgerl. Leben bühnenfähig. In England begründete G. Lillo die Gattung des **bürgerlichen Trauerspiels.** In Dtl. schuf G. E. Lessing mit seiner ›Miss Sara Simpson‹ in Anlehnung an Lillo den Typus des dt. bürgerl. Trauerspiels, in der ›Minna von Barnhelm‹ den Typus des realistisch-psycholog. **Charakter-Lustspiels,** in ›Nathan der Weise‹ den Typ des klass. **Ideen- und Weltanschauungsdramas.** Der Sturm und Drang forderte die Verachtung aller Kunstgesetze (F. M. Klinger, H. L. Wagner); bes. J. M. R. Lenz nahm spätere Entwicklungen vorweg. Zurückgreifend auf Lessing, Racine und Corneille sowie auf die attische Tragödie, schufen Goethe und Schiller das **klass. dt. D.** Den Rahmen dieses aus einer Synthese des grch. und des Shakespeare-Theaters geformten Modells sprengte Goethe im ›Faust‹. Die teils ironisch-witzigen, teils märchenhaft-phantastischen Versuche der Romantik (L. Tieck, C. Brentano, V. Hugo, A. de Musset) gelangten in Dtl. nur zum spielerisch-geistreichen Experiment oder zu lyrisch-epischen **Buchdramen.** Schon bei H. von Kleist wirkte eine neue Selbst- und Welterfahrung. Die weitere Entwicklung des D. im 19. Jh. enthüllte die wachsende Bedrohung des Menschen, der immer stärker zum Objekt einer übermächtigen Wirklichkeit wird (G. Büchner, Chr. D. Grabbe, F. Hebbel, F. Grillparzer). Dem Zeitgeschmack dienten die sentimentalen **Familiendramen** A.-W. Ifflands und A. Kotzebues und die spätromant. **Schicksalstragödien** (Z. Werner, Chr. E. von Houwald), während das **Wiener Volksstück** (F. Raimund, J. N. Nestroy), aufbauend auf einer vom Barock sich herleitenden Tradition, elementare Spielformen aufnahm. – An die Stelle des hohen D. trat in der europ. Lit. neben das frz. und angelsächs. **Konversationsstück** (A. Dumas Fils, V. Sardou, E. Scribe, O. Wilde) vor

allem das sozialkrit., die bürgerl. Moral und Gesellschaftsordnung in Frage stellende **Problem-
stück:** in Rußland bei N. W. Gogol, L. N. Tol-
stoj, A. M. Ostrowskij, A. N. Tschechow, M.
Gorkij; in Norwegen bei H. Ibsen und B. Bjørn-
son; in England bei O. Wilde und G. B. Shaw; in
Schweden bei J. A. Strindberg.

Der Naturalismus machte das D. zur Kopie der
streng deterministisch verstandenen Wirklichkeit. Doch gelangte das naturalist. **Milieudrama**
durch G. Hauptmann zu starker Wirkung. Vorbereitet durch J. A. Strindberg und F. Wedekind, entwickelte sich schon vor dem ersten
Weltkrieg das **expressionist. D.** in seiner gesellschaftskritischen (C. Sternheim, G. Kaiser, E.
Toller) und seiner mystisch-religiösen Richtung
(F. Werfel, E. Barlach). Etwa um 1910 setzte
eine internationale Bewegung ein, die einerseits
die Fixierung des Theaters an literar. Texte und
andererseits die Darstellung eines Stücks ›natürlicher‹ Welt auf der Bühne (›Illusionismus‹) in
Frage stellte. Gefordert wird ›Retheatralisierung
des Theaters‹ (vor allem in Rußland: J. B.
Wachtangow, A. J. Tairow, W. E. Meyerhold,
W. W. Majakowski). In Dtl. verband sich die
experimentell-antiillusionist. Bewegung mit
linkspolit. Tendenzen (E. Piscator); das D. wurde zum Agitationsinstrument und Lehrstück (B.
Brecht).

Nach dem 2. Weltkrieg brachte, ausgehend von
Frankreich, das **absurde Theater** (bes. E. Iones-
co, der sich auf das Muster L. Pirandellos beruft,
und der Ire S. Beckett) die Alternative zum en-
gagierten Theater (J.-P. Sartre). Neue Formen
der sozialkrit. Komödie entwickelten die
Schweizer M. Frisch und F. Dürrenmatt. In England folgte auf eine kurze Phase des ›poetischen
Theaters‹ (T. S. Eliot, Chr. Fry; vorher in Spanien F. García Lorca, in Frankreich J. Girau-
doux) eine Rückkehr zum Realismus mit aggres-
siver Haltung gegen die bürgerl. Konventionen
(J. Osborne, H. Pinter, A. Wesker). In Amerika,
wo E. O'Neill einen symbolist. Realismus begründet hatte (A. Miller, T. Williams) – während Th. Wilders experimentell-poetisches
Theater eher in Europa beachtet wurde –,
durchbrach E. Albee, ebenso wie zur gleichen
Zeit E. Bond in England, die Konventionen des
D. hin zum Harten, Grausamen. Auf der Linie
des **krit. Volksstücks,** die Ö. von Horváth und
Marieluise Fleißer gewiesen hatten, bewegt sich
das österr. und süddt. moderne Dialekt-Stück
(W. Bauer, F. X. Kroetz). Anregungen für ein
satirisch-parabolisches Theater gingen von poln.
(W. Gombrowicz, S. Mrožek) und tschech. Au-
toren (P. Kohout, V. Havel) aus. Weitere Ten-
denzen: **Dokumentartheater** (R. Hochhuth, P.
Weiss u. a.), **sprachexperimentelles Theater** (P.
Handke).

LIT. P. Szondi: Theorie des modernen D.
(¹⁰1974); Moderne Dramentheorie, hg. v. L. v.
Kesteren u. a. (1975); M. Pfister: D. (1976); Hb.
des dt. D., hg. v. W. Hinck (1980).

Drama [ŏr'ama], Hauptstadt des Nomos D. in

Makedonien, Griechenland, Mittelpunkt des
Tabakanbaus, (1971) 30600 Ew.

Dramaturgie [grch. dramaturgein ›dramatisch
darstellen‹], 1) die Lehre von Wesen, Wirkung
und Formgesetzen des Dramas.

2) die Tätigkeit des mit der Bühnenpraxis ver-
trauten literar. Beraters am Theater. Der **Dramaturg** an der Bühne wirkt in der Theaterleitung
vor allem an der Spielplangestaltung mit, arbeitet mit dem Regisseur bei der Herstellung der
Bühnenfassung zusammen, redigiert Programm-
hefte u. a.

Dramburg, poln. **Dra̧wsko Pomorskie** [-skjɛ],
Stadt in der poln. Wwschaft Koszalin (Köslin),
(1975) 8700 Ew., bis 1945 Kreisstadt in Pommern.

Drammen, Hafenstadt in Norwegen, an der
Mündung des *Drammenselva* in einen westl.
Arm des Oslofjords, (1976) 50700 Ew.; Verw.-
Sitz der Prov. Buskerud.

Dramolett [frz.], kurzes Drama.

Drang, unterschiedlich differenziertes, als
Trieb, Bedürfnis oder Strebung erfahrbares starkes Antriebserlebnis *(Daseins-, Lebens-D.; Er-
lebnis-, Bewegungs-, Tätigkeits-D.).*

dränieren [von engl. to drain], entwässern.

Dränung, Dränierung, Dränage, die Entwässe-
rung von Bodenschichten durch ein System von
Sickerleitungen und Filtern.

Dransfeld, Hedwig, Gründerin der dt. kath.
Frauenbewegung, * Hacheney (bei Dortmund)
24. 2. 1871, † Werl (Westfalen) 13. 3. 1925, seit
1912 1. Vors. des Kath. Dt. Frauenbundes, seit
1920 MdR.

Drapa, Mz. *Drapur* [altnord.], prunkvolles
skaldisches Fürstenpreislied; i. Ggs. zum einfachen Strophenhaufen *(flokkr)* gekennzeichnet
durch einen dreigliedrigen Aufbau mit Hilfe von
Refrainzeilen *(stef).*

Drapé [frz. drap ›Tuch‹], Anzugstoff für Ge-
sellschaftskleidung und Uniformen in Schräg-
rips- oder verstärkter Atlasbindung.

Draperie [frz.], Dekoration mit Stoffen; bildende Kunst: die Anordnung der dargestellten
Gewänder.

Draeseke, Felix, Komponist, * Coburg 7. 10.
1835, † Dresden 16. 2. 1913, Klavier- und
Kompositionslehrer in Lausanne, Genf und
Dresden.

WE. Orchesterwerke; Kammermusik; Messen;
Requiem; Mysterium ›Christus‹ (1899); Opern.-
Lb. für Kontrapunkt und Fuge, 2 Bde. (1902);
Die Konfusion in der Musik (1906, gegen R.
Strauss).

Drastika [grch. drastikos ›wirksam‹], stark wirkende Abführmittel.

Drau, serbokroat. **Drava,** ungar. **Dráva,** rechter Nebenfluß der Donau, 749 km lang, entspringt am Toblacher Feld in den ital. Alpen,
durchfließt Osttirol und Kärnten, an d. T. Grenzfluß
zw. Jugoslawien und Ungarn, mündet unterhalb
Osijek.

Draufgabe, 1) Angeld, Draufgeld, Handgeld,
Anzahlung, die bei Eingehung eines Vertrages

Drau

zum Zeichen des Vertragsabschlusses geleistet wird, gilt im Zweifel nicht als Reugeld oder Zugabe (§§ 336ff. BGB); z. T. ähnlich in Österreich (§§ 908ff. ABGB) und der Schweiz (Art. 158 OR).
2) → Zugabe 2).

Draupnir, altnord. Mythos: von Zwergen angefertigter Ring, der in jeder neunten Nacht acht gleich kostbare Ringe· aus sich heraustropfen läßt; Odin legte ihn seinem Sohn Baldr auf den Scheiterhaufen.

Drausensee, poln. **Druzno** [dr'uznɔ], Binnensee in Ostpreußen, 12,9 km² groß, bis 2,5 m tief, besaß im MA. das Mehrfache seiner jetzigen Ausdehnung; reiche Vogelwelt.

Drava, serbokroat. Name der Drau.

Dravida, Drawida, vornehmlich südind. Sprachfamilie, deren Sprecher nach neuesten Forschungen mit den Elamiten verwandt und der auch die Bevölkerung der vorgeschichtl. Harappakultur zuzurechnen ist. Hauptsprachen sind Tamil, Malayalam, Telugu und Kannada (→ indische Sprachen).

Drawa, poln. Name des Flusses Drage.

Drawenen, Gruppe von westslaw. Polaben, die das Gebiet südlich des Cateminer Baches zw. Jeetzel und Ilmenau (›Hannoversches Wendland‹) besiedelten. Ihre Sprache, das Drawänopolabische (→ polabische Sprache), wurde im 18. Jh. aufgegeben.

Dreber, Carl Heinrich, genannt **Franz-Dreber,** Maler, * Dresden 9. 1. 1822, † Anticoli di Campagna 3. 8. 1875, malte Landschaften aus der Umgebung von Rom, wo er seit 1843 lebte.

Drechseln, Verfahren der spanenden Formgebung, unterscheidet sich vom Drehen dadurch, daß das Werkzeug i. a. von Hand geführt wird. Bearbeitet werden vom **Drechsler** in der Regel Holzwerkstoffe u. a. Nichtmetalle.

Dredge [dredʒ, engl.] *die,* **Dredsche,** Schleppnetz für Austernfang u. a.

Drees, Willem, niederländ. Politiker, * Amsterdam 5. 7. 1886, seit 1927 im Vorstand der Sozialdemokrat. Arbeiterpartei (SDAP), war im 2. Weltkrieg führend in der Widerstandsbewegung tätig. 1946 beteiligte er sich maßgeblich an der Gründung der Partei der Arbeit (PvdA), 1948–58 (mit Unterbrechungen) MinPräs. 1971 trat D. aus der PvdA aus.

Dreesch, Dreisch, Driesch, der bei der Feldgraswirtschaft (Koppelwirtschaft) jeweils als Weide benutzte Teil der Feldflur.

Dregger, Alfred, Politiker (CDU), * Münster 10. 12. 1920, Jurist, 1956–70 Oberbürgermeister von Fulda, führte 1967–82 die hess. CDU als Landesvors. (seit 1974 stärkste Fraktion). Seit 1969 gehört er dem Bundesvorstand der CDU an. Seit 1972 MdB.; seit Okt. 1982 Fraktionsvors. der CDU/CSU im Bundestag.

Dregowitschen, ostslaw. Stamm an der Beresina, drängte im 6.–7. Jh. die Litauer nach NW zurück; ging im 11. Jh. im Kiewer Reich auf.

Drehbank, → Drehmaschine.

Drehbuch, Text für einen Film.

Drehbühne, Bühnenkonstruktion, bei der eine kreisförmige Fläche des Bühnenbodens um die Mittelachse gedreht werden kann; um 1500 von Leonardo da Vinci zum erstenmal angewendet und dem japan. Kabuki-Theater seit N. Shozo (* 1730, † 1773) bekannt; 1896 von dem Bühnentechniker K. Lautenschläger (München) neu erfunden.

Dreh|eisen-Instrument, früher *Weicheisen-Instrument,* elektr. Strom- und Spannungsmesser für Gleich- und Wechselstrom. Ein bewegl. Weicheisenkern wird von einer festen, vom Meßstrom durchflossenen Spule abgelenkt. Das durch die Abstoßung erzeugte Dehmoment wird gegen eine Spiralfeder ausgewogen, es ist quadratisch vom Spulenstrom abhängig. D.-I. sind einfach, hoch überlastbar und daher meistgebrauchte Betriebsinstrumente.

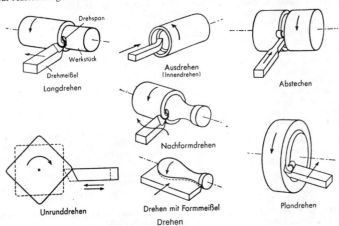

Langdrehen · Drehspan · Werkstück · Drehmeißel
Ausdrehen (Innendrehen)
Abstechen
Nachformdrehen
Unrunddrehen
Drehen mit Formmeißel
Plandrehen

Drehen

Drehen, das für die spanende Formgebung von rotationssymmetrischen Werkstücken (Metall, Holz, Kunststoff) wichtigste Fertigungsverfahren, gekennzeichnet durch geschlossene, meist kreisförmige Schnittbewegung und beliebige, quer zur Schnittrichtung liegende Vorschubbewegung.

Beim *D.* wird auf der → Drehmaschine vom Werkstück mit dem Drehmeißel ein Span abgeschält. Beim *Außendrehen* wird die äußere, beim *Innen-* und *Ausdrehen* die innere Gestalt erzeugt. *Langdrehen* dient der Herstellung zylindr. Flächen, *Plandrehen* ist die Bearbeitung von Stirnflächen. *Abstechen* heißt das Abtrennen von Werkstücken von der Stange. Beim *Formdrehen* hat die Schneide des Meißels die Form des gewünschten Umdrehungskörpers, beim *Nachformdrehen* wird der Drehmeißel durch ein Modell gesteuert.

Dreheiseninstrument, Meßwerk: a Nullpunktrücker, b Gegendrehmomentfeder, c Dreheisen, d festes Eisen, e Spule, f Dämpfung: oben rechts Meßwerksymbol

Dreher, 1) Berufsklasse der Metallverformer. **2)** alpenländischer Volkstanz, Ländler.

Drehfeld, durch elektr. Ströme erzeugtes magnet. Feld, dessen Feldstärkerichtung sich um eine feste Achse dreht; eine frei drehbar im D. aufgehängte Magnetnadel dreht sich daher dauernd. Beim *kreisförmigen D.* ist die Feldstärke dem Betrage nach konstant, beim *elliptischen D.* ändert sie sich periodisch. In der Technik wird das von drei mit Drehstrom gespeisten Wicklungen oder das von einem rotierenden Polrad erregte D. für Generatoren, Motoren oder Transformatoren angewendet.

Drehflügler, Flugzeuge mit bewegl. Flügeln, die sich zur Erzeugung von Auftrieb um eine senkrechte Achse drehen, z.B. Hubschrauber, Tragschrauber.

Drehfrucht, Streptocarpus, Gatt. der Gesneriengewächse in Afrika, auf Madagaskar und den Komoren: Kräuter mit gedrehten Fruchtkapseln.

Drehfunkfeuer, → Funkfeuer.

Drehgestell, zwei- oder dreiachsiges, in einem Schienenfahrzeugrahmen angeordnetes Laufwerk, das sich um einen im Fahrzeuguntergestell angebrachten Drehzapfen drehen kann (bessere Bogenläufigkeit mit gleichzeitig besten Laufeigenschaften für Wagen mit höheren Geschwindigkeiten).

Drehherz, Vorrichtung beim Drehen zur Übertragung der Drehbewegung der Spindel auf das zw. Spitzen eingespannte Werkstück.

Dreh|impuls, bei einem sich um eine feste Achse drehenden starren Körper (z.B. einem Kreisel) das Produkt aus Winkelgeschwindigkeit und Trägheitsmoment um die Drehachse. In einem abgeschlossenen System bleibt ein einmal vorhandener D. konstant *(Erhaltung des D.).*

Drehkäfer, die → Taumelkäfer.

Drehkolbenmotor, → Kreiskolbenmotor.

Drehkondensator, → Kondensator.

Drehkrankheit, Drehsucht, Gehirnkrankheit der Wiederkäuer. Die Finne des Quesenbandwurms (Gehirnquese) schmarotzt im Gehirn der Wiederkäuer bes. der Schafe.

Drehkreuz, um einen Zapfen drehbares waagerechtes Kreuz zum Durchlaß je einer Person an Ein- oder Ausgängen.

Drehkristall-Verfahren, Verfahren zur Untersuchung von Kristallstrukturen; beruht auf der Reflexion von Röntgenstrahlen an den Netzebenen eines sich langsam drehenden Kristalls, die nur unter bestimmten Winkeln stattfindet und dann photographisch festgehalten wird; wurde von W. H. Bragg 1913 entwickelt.

Drehleier, Bauern-, Bettlerleier, volkstüml. Musikinstrument, mit einer oder zwei gleichgestimmten Melodiesaiten, auf denen die Töne durch tastenartige Schieber gegriffen werden, und mit mehreren Bordunsaiten, die auf Grundton und Quinte der Melodiesaiten gestimmt sind; alle Saiten werden durch ein mit einer Kurbel gedrehtes Rad gleichzeitig zum Erklingen gebracht.

Drehmagnet|instrument, elektr. Strom- und Spannungsmesser für Gleichstrom. Ein bewegl.

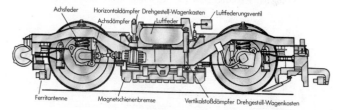

Achsfeder   Horizontaldämpfer Drehgestell-Wagenkasten   Luftfederungsventil

Achsdämpfer   Luftfeder

Ferritantenne   Magnetschienenbremse   Vertikalstoßdämpfer Drehgestell-Wagenkasten

Drehgestell

Dreh

Dauermagnet stellt sich auf ein resultierendes Magnetfeld ein, das von einem festen Richtmagneten und dem Feld einer vom Meßstrom durchflossenen Spule gebildet wird. Die Stärke des Spulenstroms beeinflußt die Richtung des resultierenden Feldes. D. sind einfach und robust.

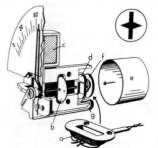

Drehmagnetinstrument, Meßwerk: a Spule, b Drehmagnet, c Dämpfung, d Richtmagnet, e Abschirmkappe, f magnet. Nebenschluß, g Nullpunktrücker; oben rechts Meßwerksymbol

Drehmaschine, früher **Drehbank,** eine Werkzeugmaschine für die spanende Formung von Werkstücken, zur Herstellung beliebig geformter Rotationsflächen und zum Schneiden von Gewinden. Das D.-Bett trägt alle festen und bewegl. Teile. Im Spindelkasten ist die Arbeitsspindel gelagert; sie wird meist mit Hilfe eines Getriebes für mehrere Drehzahlen angetrieben. Das Werkstück wird in ein Spannfutter oder auf eine Planscheibe, die auf der Arbeitsspindel sitzen, eingespannt oder zw. zwei Spitzen, von denen die eine in der Arbeitsspindel, die andere im verschiebbaren Reitstock sitzt, gelagert. Lange Werkstücke werden durch Lünetten (Setzstükke, Stützlager) gegen Durchbiegen gesichert. Das Bearbeitungswerkzeug, der Drehmeißel (aus Stahl, Hartmetall, Diamant), wird in den auf dem D.-Bett gleitenden Support eingespannt. Die Vorschubbewegung des Supports wird durch die Zugspindel bewirkt. Die Leitspindel vermittelt den Vorschub beim Gewindeschneiden. Große, schwere Werkstücke werden auf der *Karussell-D.* bearbeitet. Auf der *Vielschnitt-D., Vielstahl-D.,* bearbeiten mehrere Werkzeuge gleichzeitig das Werkstück. Die *Re-*volver-D. trägt in einem drehbaren Revolverkopf mehrere Werkzeuge, die schnell nacheinander zum Eingriff gebracht werden können. Auf *automatischen D., Drehautomaten,* können große Stückzahlen gleicher Teile vollautomatisch hergestellt werden. Selbsttätig arbeitet die *Nachform-D. (Kopier-D.),* bei der ein Fühlstift an der Urform entlanggleitet und die Bewegungen des Werkzeugs steuert.

Drehmoment, die Summe der Kraftmomente, die an den einzelnen Massen eines Systems von Massenpunkten angreifen. Im einfachsten Fall ist es durch das Produkt aus einer einzigen Kraft und deren Hebelarm darstellbar. Im Maschinenbau wird das D. zur Berechnung und als Kenngröße von Antriebselementen (Motoren, Wellen, Kupplungen, Getrieben) verwendet. Praktisch wird es von einem Motor erzeugt und meist über Wellen, Kupplungen und Zahnradgetriebe auf eine Arbeitsmaschine oder auf die Räder eines Fahrzeugs übertragen. Das D. wächst bei konstanter Drehzahl mit der Leistung und nimmt bei konstanter Leistung mit wachsender Drehzahl ab.

Drehmomentverstärker, Hilfsgerät in mathemat. Instrumenten, Regelungsapparaturen u. dgl., um das schwache, von Meßgeräten abgebbare Drehmoment verstärkt weiterzuleiten. Beim *mechan. D.* beruht die Verstärkung auf der Reibung eines Seils zw. Eingangs- und Ausgangswelle, das gleitend um eine umlaufende Antriebstrommel geschlungen ist.

Drehmomentwandler, allg. ein Getriebe, bei dem sich Eingangs- und Ausgangsdrehmoment umgekehrt wie die Drehzahlen verhalten. Beim Kraftwagen meist *hydrodynamischer D.* (in Verbindung mit Automatik-Getriebe), aus Pumpe, Turbine und Leitrad mit Freilauf zu einer Einheit zusammengebaut.

Drehmoos, Funaria, Laubmoos-Gatt. mit hygroskop., gedrehten Kapselstielen.

Dreh|orgel, Leierkasten, trag- oder fahrbare Kleinorgel mit gedeckten (auch Zungen-)Pfeifen. Die Stifte einer Melodiewalze, die mit einer Kurbel gedreht wird, öffnen die Ventile der Pfeifen, die der von der Kurbeldrehung erzeugte Wind zum Klingen bringt.

Drehrohr|ofen, Dreh|ofen, schrägliegender, sich drehender, rohrförmiger Reaktions- und Trockenapparat (Durchmesser bis über 4 m, Länge bis 150 m) für rieselfähige Stoffe, die den D. infolge der Schrägstellung kontinuierlich und

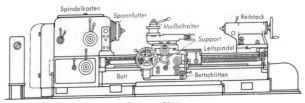

Drehmaschine

unter dauernder Umwendung durchwandern, z.B. für Braunkohleschwelung, Schwefelkiesröstung, Sintern, Zementherstellung.

Drehscheibe, 1) Eisenbahn: Gleisvorrichtung für das horizontale Drehen von Schienenfahrzeugen zur Änderung der Fahrtrichtung. 2) Töpferscheibe.

Drehspiegel, rotierender Mehrflächenspiegel, der schnell veränderliche opt. Vorgänge besser beobachtbar macht, indem er sie flächenhaft ausbreitet, z. B. für Zeitlupe, Fernsehen, Schleifenoszillographen.

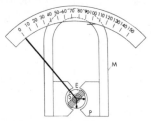

Drehspulinstrument: M Dauermagnet, E Weicheisenkern, S Stromspule, P Polschuh

Drehspul|instrument, wichtigster und bester elektr. Strom- und Spannungsmesser für Gleichstrom. Eine bewegliche rahmenförmige Spule (mit 10 bis etwa 3000 Windungen) ist drehbar im Feld eines Dauermagneten aufgehängt. Der durch die Spule fließende Meßstrom bewirkt ein Drehmoment, das durch Spiralfedern oder Spannbänder (Torsion) ausgewogen wird. Diese übernehmen zugleich die Stromzuführung. D. haben sehr geringen Eigenverbrauch. Sie können mit Zusatzeinrichtungen (Gleichrichter) für Wechselstrom- und Widerstandsmessungen betrieben werden.

Drehstab, Torsionsstab, beim Kraftwagen eine gerade, auf Torsion beanspruchte Stabfeder zur Radfederung und als Stabilisator zur Verminderung der Kurvenneigung.

Drehstrom, Dreiphasenstrom, dreiphasiger Wechselstrom, wird heute bei der elektrischen Energieerzeugung, elektrischen Energieübertragung auf weite Entfernung und elektrischen Energieverteilung fast ausschließlich verwendet. Das (symmetrische) Drehstromsystem wird durch drei Wechselspannungen und -ströme gebildet, deren Phasenverschiebung gegeneinander je 120° beträgt. Erzeugt wird der D. in

Wechselstrom-Generatoren (Synchronmaschinen), die 3 räumlich um 120° gegeneinander versetzte Wicklungen aufweisen und die in *Stern-* oder in *Dreieckschaltung* zusammengeschaltet sind.

Zur Übertragung des D. sind 3 Leiter erforderlich *(Außen-* oder *Phasenleiter),* zu denen in Niederspannungsnetzen aus betriebstechn. Gründen i. d. R. noch ein vierter Leiter *(Mittelpunkts-* oder *Sternpunktsleiter)* hinzukommt. Hauptvorteil des D. ist neben seiner leichten Transformierbarkeit die Möglichkeit, den wegen seiner günstigen Eigenschaften weitverbreiteten *Drehfeldmotor (Asynchronmotor,* → Elektromotor) anzuschließen.

Drehtransformator, früher *Drehregler,* Transformator zur Spannungsregelung, aufgebaut wie ein Asynchronmotor mit Schleifringen. Der drehbare innere Teil des D. *(Läufer)* wird festgehalten, kann aber in seiner Winkellage verstellt werden. Die in den Wicklungen des Läufers induzierten Spannungen sind dem Betrag nach konstant, ihre zeitl. Phasenlage hängt aber von dem eingestellten Drehwinkel des Läufers ab, da ein zw. Ständer und Läufer umlaufendes magnet. Drehfeld die Induzierung bewirkt.

Drehtür, Windfangtür mit 3 oder 4 radial um eine Achse angeordneten Flügeln, die sich in einem kreisrunden Windfanggehäuse drehen.

Drehung, 1) Bewegung eines Körpers um eine Achse oder einen Punkt.
2) Mechanik: → Rotation.
3) Mathematik: Bewegungen im euklid. dreidimensionalen Raum, bei denen eine Gerade, die *Drehachse,* fest bleibt. Die Größe der D. mißt der *Drehwinkel.*

Drehvermögen, 1) → Magnetooptik.
2) → Polarisation.

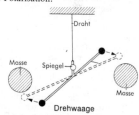

Drehwaage

Drehwaage, Torsionswaage, Gerät zur Bestimmung sehr kleiner Kräfte zw. zwei Körpern; 1798 von H. Cavendish zur Bestimmung der Gravitationskonstanten verwendet.

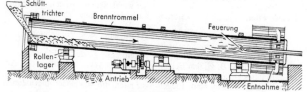

Drehrohrofen

Dreh

Drehwurz, volkstüml. Bez. für die Orchideen-Gatt. Wendelähre und die Ackerwinde.

Drehzahl, die Anzahl der Umdrehungen eines Maschinenteils in der Zeiteinheit (meist U/min). Man unterscheidet *mechan. D.-Messer,* die meist auf dem Prinzip der Fliehkraft, *magnet. D.,* die auf der induktiven Erzeugung von Spannungsimpulsen oder Wirbelströmen (Wirbelstromtachometer) und *elektr. D.-Messer,* die auf der D.-Abhängigkeit der Spannung eines Generators beruhen.

Drehzahlbegrenzer, Vorrichtung bei Verbrennungsmotoren, die Motorschäden durch zu hohe Drehzahlen vermeiden soll.

Drehzahlmesser, Tourenzähler [t'u:rən-], dienen zur Messung der Drehzahl von Wellen oder Rädern.

Drehzahlregler, Gerät, das die gewünschte Drehzahl einer Maschine (Motor) bei Belastungsschwankungen konstant halten soll.

drei, die zweite der nach der Größe geordneten steigenden Folge der Primzahlen. Bei vielen Völkern ist die Drei heilige Zahl, z. B. Dreifaltigkeit im Christentum.

Dreibein, Dreischenkel, lat. *Triquetrum,* Symbol aus 3 in gleicher Richtung gebogenen menschl. Beinen aus gemeinsamem Mittelpunkt, schon in vorgeschichtl. Zeit, im Altertum in Mykene und Sizilien, seit dem MA. auch als Wappen.

Dreiberg, in Wappen ein aus drei Wölbungen bestehender Hügel mit erhöhter Mittelwölbung.

Dreiblatt, Bitterklee, Giersch, Rotklee u. a.

Dreibund, das am 20. 5. 1882 auf fünf Jahre abgeschlossene Verteidigungsbündnis zw. dem Dt. Reich, Österreich-Ungarn und Italien (gegenseitiger Beistand Italiens und des Dt. Reiches bei einem frz. Angriff, Neutralität Italiens bei einem Krieg zw. Rußland und Österreich-Ungarn). Zw. dem Dt. Reich und Österreich bestand bereits der **Zweibund** von 1879. 1883 wurde Rumänien durch Sonderverträge angegliedert, ohne dem D. beizutreten. 1887 wurde der D. durch Sonderverträge zw. Österreich-Ungarn und Italien sowie dem Dt. Reich und Italien ergänzt. Der D. wurde zwar immer wieder verlängert, aber durch die zunehmende Entfremdung Italiens (Geheimvertrag mit Frankreich 1902) entwertet. Er zerbrach durch den Kriegseintritt Italiens auf der Seite der Entente 1915.

Dreidecker, 1) Segelschiff mit drei Batteriedecks; Typ eines Linienschiffes im 17.–19. Jh.
2) Flugzeug mit 3 übereinanderliegenden Tragflügeln (veraltet).

dreidimensionaler Film, Abk. *3 D,* →Stereofilm.

Dreieck, 1) geometr. Figur, die bestimmt ist durch drei Punkte des euklid. Raumes, die nicht auf einer Geraden liegen. Die Verbindungslinien zw. den drei Punkten A, B, C, den Ecken, sind die Seiten a, b, c des D., die wiederum die Schenkel der Innenwinkel α, β, γ sind. Liegen die Seiten in einer Ebene, dann nennt man das

D. eben. Das **ebene D.** ist eine Grundfigur der euklidischen Geometrie. Man unterscheidet spitzwinklige, stumpfwinklige und rechtwinklige D., je nachdem ob alle Winkel kleiner als 90° sind, einer größer als 90° oder eine gleich 90° ist. Die Winkelsumme der *Innenwinkel* beträgt immer 180°. Die Nebenwinkel der Innenwinkel heißen *Außenwinkel.* Sind zwei Seiten gleichlang, dann heißt das D. gleichschenklig; sind alle Seiten gleichlang, dann heißt es gleichseitig. In einem gleichschenkligen D. nennt man die gleichlangen Seiten *Schenkel,* die dritte Seite *Basis* oder *Grundseite.* Die der Basis anliegenden Innenwinkel *(Basiswinkel)* sind gleich. Im *rechtwinkligen D.* heißt die dem rechten Winkel gegenüberliegende Seite *Hypotenuse,* die beiden kurzen Seiten *Katheten.* Die Mittelsenkrechten der Seiten eines ebenen D. schneiden sich im Mittelpunkt des *Umkreises,* also eines Kreises, auf dessen Peripherie die Eckpunkte liegen. Die Winkelhalbierenden der Innenwinkel schneiden sich im Mittelpunkt des *Inkreises,* des Kreises, der die drei Seiten berührt. Auch die Höhen (die Lote von den Eckpunkten auf die Gegenseiten) schneiden sich in einem Punkt; ebenso die Seitenhalbierenden (die Verbindungsstrecken der Eckpunkte mit den Mittelpunkten der Gegenseiten); dieser Schnittpunkt heißt Schwerpunkt. Die Maßzahl des Flächeninhalts eines D. ist das halbe Produkt aus den Maßzahlen der Längen einer Seite und der dazu senkrechten Höhe (in Formel $A = \frac{1}{2} g \cdot h$). Seit der Antike (etwa 100 n. Chr.) ist die *Heronische Dreiecksformel* bekannt:

$$A = \sqrt{s\,(s-a)\,(s-b)\,(s-c)},$$

wobei s den halben Umfang bedeutet.

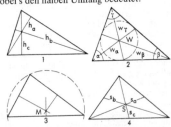

Dreieck: 1 Höhenlinien (h_a, h_b, h_c). 2 Winkelhalbierende (w_α, w_β, w_γ); W Mittelpunkt des Inkreises. 3 Mittellote; M Mittelpunkt des Umkreises. 4 Mittellinien (s_a, s_b, s_c); S Schwerpunkt des Dreiecks.

2) Symbolik: in vorgeschichtl. Zeit oft Symbol der weibl. Scham, bei den Griechen, Indern aber auch des Phallus. Den Pythagoreern erschien das D. als formbildendes Prinzip des Weltalls. Platon nahm diese Vorstellung auf. In der späten Antike spielte das D. im Amulett- und Zauberwesen eine große Rolle, wurde jedoch auch Gottheitszeichen, zumal bei den Ägyptern, die es trinitarisch deuteten. Christl. Gnostiker, dann vor allem die Manichäer übernahmen es als Trinitätssymbol. Augustin trat ihm so wirksam entgegen, daß es erst seit dem 11. Jh. wieder erschien, auch nicht allein, sondern in Verbindung mit der Hand, später dem Haupt, zuletzt dem Namen oder Auge Gottes. – Die vielerörterte Bedeutung des D. für die Architektur (Triangulation) und die Figuration des MA.s ist grundsätzlich zu bejahen, im Einzelfall oft unsicher.

3) Triangulum, nördliches D. mit dem **D.-Nebel** M 33, einem der hellsten Spiralnebel, und **südliches D., Triangulum australe.**

Dreieckschaltung, eine der in dreiphasigen Drehstromsystemen verwendeten Schaltungen: Die drei Wicklungsstränge einer Drehstrommaschine oder eines Drehstrom-Transformators werden gleichsinnig in Reihe zu einem Dreieck zusammengeschaltet. Die Zuleitungen werden an den drei Eckpunkten angeschlossen.

Dreiecksmuschel, Dreissena polymorpha, an Steinen und Pfählen festsitzende Süßwassermuschel.

Dreiecks|ungleichung. In einem Dreieck ist die Summe zweier Seiten immer größer als die dritte.

Dreieich, Stadt im Landkreis Offenbach, Hessen, (1981) 39 100 Ew.; 1977 aus 5 Gem. gebildet. Im Ortsteil **Sprendlingen** Industrie; **Dreieichenhain,** 1256 bezeugt, kam 1816 von Isenburg an Hessen (Reste der Stadtbefestigung, Fachwerkhäuser). Die Wasserburg Hain (11./12. Jh.) war Mittelpunkt des Reichsforstes D. (heute Ruine mit D.-Museum).

Drei Einheiten, die Einheit von Zeit, Ort und Handlung im Drama.

Dreieinigkeit, Dreifaltigkeit, → Trinität.

Dreier, seit dem 16. Jh. geprägte, bis 1873 gebrauchte dt. Dreipfennigmünze.

Dreierkombination, Skisport: Wettbewerb in den Disziplinen Abfahrtslauf, Slalom, Riesenslalom.

Dreifachbindung, Chemie: die homöopolare Verknüpfung zweier Atome unter Beteiligung dreier Elektronenpaare; im Formelbild drei parallele Bindungsstriche.

Dreifaltigkeitsfest, → Trinitatisfest.

Dreifaltigkeitssäulen, Denkmäler, gleich den Marien- und Heiligensäulen aus besonderen Anlässen errichtet, wie die *Wiener D.* am Graben zum Dank für das Ende der Pest 1679 (daher auch *Pestsäule).* Das Wiener Denkmal wurde zum Vorbild ähnl. Monumente in Österreich, Böhmen und Mähren (D. in Olmütz 36,5 m hoch; 1716–54).

Dreifelderwirtschaft, Bewirtschaftung einer Flur in 3jährigem Wechsel: Winter-, Sommergetreide, Brache; heute statt Brache Hackfrüchte oder Futterpflanzen.

Dreifuß, Gestell mit drei Füßen; vom grch. Altertum bis ins 19. Jh. zum Tragen eines Gefäßes (zum Kochen), einer Opferschale, auch zum Sitzen; oft als Kampfpreis verliehen. Bes. in der grch. Antike waren kunstvoll gestaltete D. verbreitet. Viele, meist sehr große D. wurden in Olympia gefunden. Berühmt war der D. von Delphi; auf ihm sitzend verkündete die Priesterin das Orakel. Im MA. spielte der D. im Zauberwesen eine Rolle.

Dreigespann, → Troika.

dreigestrichen heißt in der Musik die vom Mittelton c^1 nach oben dritte Oktave (c''').

Drei Gleichen, Burgen in Thüringen, → Gleichen.

Dreigroschenoper, Werk B. Brechts (Musik von K. Weill) nach J. Gay. (→ Ballad opera).

Dreigröscher, poln. *Trojak,* eine von König Sigismund I. von Polen 1526 eingeführte Silbermünze von 2,34 g Silbergehalt, die große Verbreitung fand; in Preußen Düttchen genannt.

Dreikaiserbund, das von Bismarck bei der Berliner Zusammenkunft der drei Kaiser 1872 erreichte polit. Einvernehmen zw. Dtl., Österreich-Ungarn und Rußland. Es war bes. seit 1876 durch den österr.-russ. Gegensatz auf dem Balkan schwer belastet. Der Neutralitätsvertrag, den Bismarck 1881 zustande brachte (1884 verlängert), konnte den Zerfall des D. in der Balkankrise 1886 nicht verhindern, was Bismarck zum Rückversicherungsvertrag mit Rußland führte.

Dreikaiserschlacht, die Schlacht bei Austerlitz.

Dreikampf, Gewichtheben: früher aus einarmigen und beidarmigen Übungen bestehender Mehrkampf, seit 1924 als Olymp. Dreikampf (beidarmiges Drücken, Reißen, Stoßen) ausgeführt, abgelöst 1972 durch den Olympischen Zweikampf.

Dreikant. Gehen von einem Punkt des euklidischen Raumes drei nicht in einer Ebene liegende Strahlen aus, so bilden diese zusammen mit den dazwischenliegenden ebenen Flächen, den ›Seiten‹, einen D.

Dreikapitelstreit, die Auseinandersetzung um die ›Drei Kapitel‹ (Schriften) der wie Nestorius zur Antiochenischen Schule gehörenden Theologen Theodor von Mopsuestia, Theodoret von Cyrus und Ibas von Edessa, die auf Betreiben Justinians I. vom 5. Ökumen. Konzil (Konstantinopel 553) verurteilt wurden, um damit, wie der Kaiser hoffte, die Monophysiten zu versöhnen. Unter Druck stimmte Papst Vigilius dieser Verurteilung zu, nicht aber die Kirche des Westens. Für D. ist die Endphase des Streits um das Konzil von Chalcedon.

Drei-Kelvin-Strahlung, → Hintergrundstrahlung.

Dreiklang, aus drei Tönen bestehender Akkord, der seit etwa 1600 in der mehrstimmigen Musik Europas die Grundlage der Harmonik bildete. Der *Durdreiklang* besteht aus Grundton, großer Terz und Quinte, der *Molldreiklang* aus Grundton, kleiner Terz und Quinte. Abarten: der *verminderte D.* aus Grundton, kleiner Terz und verminderter Quinte, der *übermäßige D.* aus Grundton, großer Terz und übermäßiger Quinte. Die Versetzung des Grundtons verändert den Charakter des Akkords: Der Sextakkord hat die Terz als Baß, Quartsextakkord die Quinte. Die Hauptdreiklänge sind: *Tonikadreiklang,* D. über dem Grundton;

Drei

Dominantdreiklang, D. über dem 5. Ton, der Dominante; *Unterdominantdreiklang,* D. über dem 4. Ton, der Unterdominante (Subdominante).

Dreiklang: a C-Dur-D., b c-Moll-D., c verminderter D., d übermäßiger D., e Oktavlage (mit Verdopplung des Grundtons), f Terzlage (weite Lage), g Quintlage (mit Verdopplung des Grundtons), h Sextakkord, k Quartsextakkord

Dreiklassenwahlrecht, das 1849/50 eingeführte Wahlrecht für das preuß. Abgeordnetenhaus. Bei dieser indirekten Wahl wählten die Urwähler zunächst die Wahlmänner, diese die Abgeordneten. Die Urwähler wurden in drei Abteilungen eingeteilt, je nach den von ihnen aufgebrachten direkten Steuern. Jede Abteilung entsprach etwa einem Drittel des Gesamtsteueraufkommens. Die wenigen Höchstbesteuerten wählten also ebenso viele Wahlmänner wie die große Masse der gering besteuerten Bürger. Das D. stand jahrzehntelang im Mittelpunkt der Verfassungskämpfe. Die ›Osterbotschaft‹ Wilhelms II. vom 7. 4. 1917 stellte die Beseitigung des D. in Aussicht, die aber erst mit der Novemberrevolution 1918 eintrat.

Dreiklauen, Gattung der Weichschildkröten.

Drei Könige, Heilige D. K., die legendären ›Weisen aus dem Morgenland‹ (Mt. 2), seit dem 9. Jh. Caspar, Melchior und Balthasar genannt. Ihr Erscheinen wird in Bethlehem als erstes Aufleuchten der Gottesherrlichkeit des Erlösers verstanden und daher in der Liturgie an Epiphanias gefeiert (6. 1.). Der **Dreikönigsschrein** im Kölner Dom (um 1200, von Nikolaus von Verdun u. a.) enthält die von Rainald von Dassel 1164 in Mailand erworbenen ›Heiligenleiber‹ der D. K.

Darstellungen kommen schon in frühchristl. Zeit vor. Als Anbetende, die Gaben darbringen, wurden sie bis zum MA. als pers. Magier charakterisiert. Die urspr. schlichte Szene hat antike Vorbilder. Das Volk brachte v. a. goldene Kränze dar. So hatte auch das Gold in den Händen des ältesten Magiers zuerst Kranzform. Auch die Altersunterschiede der (im 5. Jh.) zu Königen gewordenen Magier (Jüngling, Mann, Greis) wurden erst im Lauf der Zeit betont. Seit dem Spät-MA. wird die Anbetung der armen Hirten den reichen Königen entgegengesetzt.

Dreikönigszeichen über Türen, →C + M + B.

Dreikörperproblem, Mehrkörperproblem, die mathemat. Aufgabe, für drei oder mehr Körper bekannter Anfangsbedingungen (Masse, Geschwindigkeit) aus ihren gegenseitigen Gravitationskräften ihre Bahnen zu berechnen. Entgegen dem Zweikörperproblem ist das D. nur in einfachen Sonderfällen allg. analyt. lösbar, doch existieren z. B. in Astronomie und Atomphysik brauchbare Näherungsverfahren.

Dreikronenkrieg, Nordischer siebenjähriger Krieg (1563–70), zw. Dänemark (im Bund mit Polen und Lübeck) und Schweden, äußerlich veranlaßt durch den dän. Anspruch, das schwed. Wappen (drei Kronen) zu führen; im Frieden von Stettin ohne territoriale Veränderung und Klärung der Wappenfrage beendet.

Dreimächtepakt, Vertrag zw. Dtl., Italien und Japan, abgeschlossen am 27. 9. 1940 auf 10 Jahre, hatte zum Ziel, eine ›neue Ordnung‹ in Europa und ›im großostasiatischen Raum‹ zu schaffen. In seiner polit. Wirkung suchte der D. die USA von einem Kriegseintritt abzuhalten. Ungarn, Rumänien, Slowakei traten ihm 1940, Bulgarien, Jugoslawien, Kroatien 1941 bei.

Drei Männer im feurigen Ofen, die apokryphe Legende von drei Jünglingen, die am babylon. Hof den Götzendienst verweigern und daher in einen glühenden Ofen geworfen, doch von einem Engel errettet werden und einen Lobgesang anstimmen (Dan. 1 ff.); in frühchristlicher Zeit auf die Auferstehung Christi gedeutet.

Dreimaster, 1) Segelschiff mit drei Masten: Fock-, Groß-, Besan- oder Kreuzmast.
2) Männerhut, Spätform des Dreispitz mit hoher Krempe, in vielen Volkstrachten.

Dreimeilenzone, die von der Staatenpraxis lange anerkannte, heute überholte Begrenzung der Territorialgewässer (Küstenmeer) auf 3 Seemeilen (5556 m). In neuerer Zeit nehmen die Staaten überwiegend 12 sm als Küstenmeer in Anspruch; darüber hinaus ist vielfach eine *Fischereizone* von 200 sm festgesetzt worden. Über das völkerrechtlich zulässige Maß des Küstenmeeres und über die erlaubte Ausdehnung von Fischerei- und Wirtschaftszonen ist auch auf den drei Seerechtskonferenzen der Verein. Nationen (1958, 1960, 1973ff.) bisher keine Einigung erzielt worden. Nach Entschließung des Rates der EG vom 3. 11. 1976 ist in Gemeinschaftsländern die Einführung einer 200-Seemeilen-Zone gestattet (Bundesrep. Dtl. ab 1. 1. 1977).

Dreipaß, Baukunst: → Paß.
Drei-Perioden-System, Gliederung der Vorgeschichte in Stein-, Bronze- und Eisenzeit.
Dreiphasenstrom, der → Drehstrom.
Dreisatz, Regeldetri, Schlußregel zur Lösung von Proportionen, die in einen Text gekleidet sind. Geschlossen wird über die Einheit. – Beispiel: Ein Radfahrer fährt in 5 Stunden 75 Kilometer. Welche Zeit benötigt er für 30 km? Lösung der Proportion: 5 : 75 = x : 30 nach dem D.: Für 75 km braucht der Radfahrer 5 Stunden, für 1 km 5 : 75 Stunden, für 30 km 5 : 75 · 30 Stunden.

Dreischenkel, → Dreibein.
Dreiser [dɾˈaɪzə], Theodore, amerikan. Schriftst., * Terre Haute (Ind.) 27. 8. 1871, † Hollywood (Calif.) 28. 12. 1945, entstammte einer armen kath. Einwandererfamilie. Zunächst Journalist, Bahnbrecher des amerikan.

Naturalismus. Sein Romanwerk kennzeichnet der Widerspruch zw. dem Glauben an gesellschaftl. Determinismus und an die Besserung des einzelnen Menschen, an den Sieg der Gewalt und die Notwendigkeit des Mitleids mit den Unterdrückten. D.s Bedeutung liegt u. a. in der erzähler. Dynamik und der sozialen Aussagekraft seiner Themen.
WE. (alle dt.): Sister Carrie (1901); Trilogie: The Financier (1912), The Titan (1914), The Stoic (1947); The Genius (1915); An American tragedy (1925); The bulwark (1946, dt. Solon, der Quäker). Erz., Gedichte, Theaterstücke, Essays.

Dreispitz, Männerhut des 18. Jh. mit hochgebogener, an drei Stellen am Hutkopf befestigter Krempe, in den achtziger Jahren des 17. Jh. entstanden. Als **Chapeau bas** [ʃapob'a, frz.] wurde der flacher und schmaler gewordene D. nach 1750 wegen der gepuderten Frisur meist unter dem Arm getragen. Der D. gehörte auch zur Uniform.

Dreisprung, Leichtathletik: Weitsprungart aus 3 Sprüngen: 1. Hüpfer (engl. ›hop‹), 2. Schritt (›step‹), 3. Sprung (›jump‹), wobei der Springer das 1. Mal den Boden mit dem Absprungfuß, das 2. Mal mit dem anderen Fuß und das 3. Mal mit beiden Füßen berührt.

Dreißigjähriger Krieg, der aus religiösen Gegensätzen in Dtl. und dem Widerstand der Reichsstände gegen den habsburg. Absolutismus entstandene Krieg 1618 bis 1648, der durch das Eingreifen außerdt. Mächte Dtl. zum Schauplatz eines europ. Machtkampfes machte. Der im Zug der Gegenreformation verschärfte Religionsstreit und polit. Konflikte unter den Reichsständen führten zur Bildung der protestant. →Union (1608) und der kath. →Liga (1609). Bes. in Böhmen wuchs der Widerstand gegen Habsburg und führte zu einem Aufstand der protestantischen Stände (→ Prager Fenstersturz).

Böhmisch-pfälzischer Krieg, 1618–23. Die böhm. Stände setzten König Ferdinand ab und wählten im Aug. 1619 Friedrich V. von der Pfalz (›Winterkönig‹), den calvinist. Führer der Union. Dadurch dehnte sich der böhm. Aufstand auf das Reich aus. Friedrich V. wurde u. a. von den Ständen der übrigen kaiserl. Erblande und den Generalstaaten unterstützt, der inzwischen zum Kaiser gewählte Ferdinand I. verbündete sich mit der Liga. In der Schlacht am Weißen Berg (8. 11. 1620) schlug der ligist. Feldherr Tilly die Böhmen. Friedrich V. floh aus Prag. In einer Reihe von Schlachten (Wimpfen, 6. 5. 1622; Höchst, 20. 6. 1622; Stadtlohn, 6. 8. 1623) gegen die Verbündeten Friedrichs festigte Tilly den kaiserl. Sieg. Der Protestantismus wurde fortan in den österr. Erblanden unterdrückt. Die pfälz. Kurwürde fiel 1623 an Bayern.

Niedersächsisch-dänischer Krieg, 1625–30. Rekatholisierungsversuche in Nord-Dtl. und das Übergewicht Habsburgs im Reich veranlaßten Christian IV. von Dänemark, verbündet mit den Ständen des niedersächs. Kreises, unterstützt von England und den Generalstaaten, in den Krieg einzugreifen. – Wallenstein stellte ein kaiserl. Heer auf und schlug Ernst II. von Mansfeld an der Dessauer Brücke (25. 4. 1626). Tilly besiegte Christian IV. bei Lutter am Barenberge (27. 8. 1626). Nach der Besetzung der Ostseeküste und Jütlands mußte Christian IV. den Frieden von Lübeck schließen (12. 5. 1629). Der siegreiche Kaiser erließ am 6. 3. 1629 das → Restitutionsedikt, das den dt. Protestantismus zu vernichten drohte.

Schwedischer Krieg, 1630–35. Beunruhigt durch die kaiserl. Machtstellung an der Ostsee, die das neue schwed. Ostseereich bedrohte, und die Niederlage der dt. Protestanten, landete König Gustav Adolf von Schweden am 4. 7. 1630 auf Usedom. Er konnte zwar Magdeburg nicht mehr vor Tilly retten (am 20. 5. 1631 zerstört), schlug diesen aber mit sächs. Hilfe bei Breitenfeld (17. 9. 1631). Im Frühjahr 1632 stieß Gustav Adolf von Mainz aus nach Süden vor und nahm Augsburg und München ein. Wallenstein wurde nun vom Kaiser mit nahezu unumschränkten Vollmachten ausgestattet und zwang Gustav Adolf zur Aufgabe von Süd-Dtl. Der schwed. König fiel in der Schlacht bei Lützen (16. 11. 1632). Axel Oxenstierna, der Leiter der schwed. Politik, faßte die süddt. Kreise zum protestant. Heilbronner Bund zusammen, konnte aber die Spaltung der militär. Führung unter Bernhard von Weimar, J. Banér und G. Horn nicht verhindern. Die eigenmächtigen Verhandlungen Wallensteins mit den Schweden führten zu dessen Ächtung durch den Kaiser und zu seiner Ermordung (25. 2. 1634). Die Niederlage Bernhards von Weimar und Horns bei Nördlingen (6. 9. 1634) führten zum Frieden von Prag (30. 5. 1635) zw. dem Kaiser und den meisten protestant. Ständen. Das Restitutionsedikt wurde aufgehoben und die Säuberung des Reichs von ausländischen Truppen vereinbart.

Schwedisch-französischer Krieg, 1635–48. Frankreich, schon seit dem Vertrag von Bärwalde (23. 1. 1631) der Geldgeber Schwedens, griff nun wegen der drohenden Übermacht Habsburgs in den Kampf ein. Die Kaiserlichen wurden von Banér bei Wittstock (4. 10. 1636), von Bernhard von Weimar bei Rheinfelden (3. 3. 1638) geschlagen. Banérs Nachfolger L. Torstenson siegte bei Breitenfeld (2. 11. 1642) und auf dem Marsch nach Wien bei Jankau (6. 3. 1645). Die Franzosen wurden von den bayer. Generälen J. v. Werth und F. v. Mercy bei Tuttlingen (24. 11. 1643) besiegt. Für die letzten beiden Kriegsjahre wurde im wesentlichen die Linie Schweinfurt-Donauwörth zum Kriegsschauplatz. Die seit 1644 in Münster und Osnabrück geführten Verhandlungen führten am 24. 10. 1648 zum → Westfälischen Frieden.

Folgen. In dem kulturellen und wirtschaftl. Zusammenbruch verlor Dtl. etwa 40% seiner Bevölkerung und des Volksvermögens. Es geriet durch den Frieden in den unmittelbaren Ein-

Drei

flußbereich fremder Mächte, so daß außen- und innenpolit. Fragen in Dtl. sich im Zeichen des Gegensatzes Habsburg-Frankreich und des Bündnisrechts der Landesfürsten mit ausländ. Mächten enger verknüpften als in anderen Ländern. In Dtl. brachte der D. K. die Notwendigkeit eines staatlich geschützten Wiederaufbaus und damit eine Verbindung von Staat und Wirtschaft, die von weittragender Bedeutung, bes. für das dt. Staatsdenken, werden sollte. In Europa beendete der Krieg das Zeitalter der Religionskriege und brach der neuzeitl. Idee überkonfessioneller Staatsräson die Bahn.
LIT. F. Schiller: Gesch. des D. K. (1793, neueste Ausgabe, hg. v. G. Mann, 1975); Der D. K. in Augenzeugenberichten, hg. v. H. Jessen (1971, Tb. 1980); E. W. Zeeden: Hegemonialkriege u. Glaubenskämpfe 1556–1648 (1977).

Dreißigster, im altdt. Recht das Privileg der Hinterbliebenen und des Gesindes, noch 30 Tage im Haus eines Verstorbenen zu verweilen (ähnlich § 1969 BGB).

Dreißig Tyrannen, 30 Männer, die um 404–403 v. Chr. in Athen als Regierungskörperschaft unter dem Druck des Lysander gewählt wurden und ein Gewaltregiment führten.

Dreistadiengesetz, Soziologie: im Positivismus von A. Comte unter Einfluß von A. R. Turgot aufgestelltes Gesetz, wonach die Entwicklung des Individuums wie der Wissenschaft und der am Erkenntnisstand ablesbaren Geschichte der Menschheit zunächst eine ›theologische‹ (magisch-fetischistisch-religiöse), danach eine ›metaphysische‹ (oder ›kritisch-revolutionäre‹) und schließlich die endgültig ›positive‹ (oder wissenschaftliche) Stufe durchlaufe. Diesen 3 Stadien entsprechen jeweils bestimmte politisch-soziale Organisationsformen.

Dreitagefieber, 1) Pappatacifieber, (sub)tropische Viruserkrankung, die von Stechmücken *(Phlebotomus papatasii)* übertragen wird.
2) kritisches D., Exanthema subitum, gutartige, virusbedingte Krankheit bei Kindern in den ersten 2 Lebensjahren mit rötelähnl. Ausschlag (Gesicht und Schleimhäute frei).

Dreiteilung des Winkels, eine der berühmten Aufgaben der Antike, die mit Zirkel und Lineal gelöst werden sollte, was nicht möglich ist, wie mit Hilfe der Galois-Theorie bewiesen wurde.

Dreizack, 1) Stange mit drei Zinken, Fischfanggerät im östl. Mittelmeer. Als Attribut Poseidons (lat. *Tridens*) Symbol seiner Herrschaft über das Meer.
2) Triglochin, Gatt. der Dreizackgewächse; der *Strand-D. (Triglochin maritimum)* ist charakteristisch als Salzpflanze der Meeresstrandes.

Dreizahn, Triodia, Gras-Gatt.; rauhhaarige, graugrüne Blätter; hellgrüne, eiförmige Blütenährchen.

Dreizehn, Primzahl, die häufig als Unglückszahl gilt, weil sie auf die heilbringende 12 folgt (Schlußzahl des babylon. Duodezimalsystems); im A. T. Glückszahl.

Dreizehn alte Orte, → Schweiz, Geschichte.

Drei Zinnen, Gipfelgruppe der Dolomiten, in Italien, 2881–3003 m hoch.

Drell, Drillich, Zwillich, Sammelbez. für schwere, dichte Gewebe für Matratzen, Handtücher, Markisen, Mieder, Arbeitshosen.

Drempel, 1) Hausbau: *Kniestock* eines Kehlbalken- oder Pfettendaches (→ Dach).
2) Wasserbau: Schwelle in der Sohle einer Schleuse, gegen die sich das geschlossene Schleusentor stützt.

Drensteinfurt, Stadt im Kr. Warendorf, NRW, im südl. Münsterland an der Werse, (1981) 11 100 Ew.; Wasserschloß.

Drente, amtl. **Drenthe,** Provinz im NO der Niederlande, 2645 km², (1975) 400 800 Ew.; Hauptstadt: Assen.

Drepanozyt [grch.], sichelförmiges rotes Blutkörperchen. *Drepanozytose,* die Sichelzellenanämie.

Dreschen, Ausschlagen oder Ausreiben von Körnern aus ihren Ähren (Getreide), Schoten (Hülsenfrüchte) oder Kolben (Mais). Mit *Dreschflegeln* oder *Dreschschlitten* wurde das am Boden liegende Getreide durch Schlagen und Darüberfahren ausgedroschen. Die reinen *Dreschmaschinen* sind heute weitgehend von *Mähdreschern* abgelöst.

Drescherhaie, Alopiidae, Fam. der Haie mit 4 Arten; Schwanzflosse sehr lang. An den europ. Atlantikküsten und im Mittelmeer lebt der bis 6 m lange *Fuchshai (Alopias vulpinus)*.

Dresden, 1) Hauptstadt des Bez. D., Stadtkreis und Sitz des Landkreises D., (1980) 515 900 Ew., 106 m ü. M. beiderseits der Elbe inmitten der langgestreckten, von Pirna bis Coswig reichenden Elbtalweitung. Im NO der Stadt erstreckt sich die Dresdner Heide. Die Verkehrslage D.s ist günstig (Eisenbahn- und Straßenknoten, Elbhafen, Flugplatz); Reichsbahndirektion; Techn. Universität, Akademie der bildenden Künste, Hochschulen für Musik und für Verkehrswesen, Medizin. Akademie, Militärakademie, Ingenieur- und Fachschulen; Botan., Zoolog. Garten; Hygiene-Museum, dt. Fotothek, Sächs. Landesbibliothek, Zentrale Kunstbibliothek, Staatl. Kunstsammlungen (Skulpturensammlung im Albertinum), Museen, Theater, Oper (mit der Sächs. Staatskapelle), Philharmonie, Dresdner Kreuzchor (im 13. Jh. gegr.).
Bis in die 2. Hälfte des 19. Jh. war D. vorwiegend Residenzstadt. Den Ruhm D.s als einer der schönsten dt. Städte (›Elbflorenz‹) begründeten die Bauten der wettin. Landesherren. Dem Umbau des Schlosses (16. Jh.), dem Johanneum (1586–91, jetzt Verkehrsmuseum), dem Großen Garten mit dem Palais (1678–83) folgten, bes. gefördert durch August den Starken und seine Nachfolger, die 1945 zerstörten und meist wiederaufgebauten Bauwerke: Dresdner Zwinger (1711–28, von M. D. Pöppelmann, Skulpturen von B. Permoser), Japan. Palais (1715 ff.), kath. Hofkirche (1739–55, von G. Chiaveri), Brühlsche Terrasse (1738, stark verändert), Kreuzkir-

che (1764–92), Annenkirche (1764–69). Verloren sind das Alte Rathaus (1741–45), die Frauenkirche (1726–43, von G. Bähr; die Ruine Mahnmal für die Bombenopfer), das Palais Cosel (1744–46, nur die beiden Flügel wiederhergestellt), das Neustädter Rathaus (1754) u. a. Späteren Zeiten gehören an die Gemäldegalerie (1847–54), das Opernhaus (1871–78, im Wiederaufbau; beide nach Plänen von G. Semper), das Neue Rathaus (1906–12) u. a. – Während der Romantik und danach war D. Sammelpunkt von Malern, Dichtern und Musikern. Von den reichen Schätzen der Kunstsammlungen gilt ein Teil aus dem Grünen Gewölbe und dem Johanneum als verloren. Der Gemäldegalerie, einer Sammlung von Weltruf (Giorgione, Raffael, Rubens, Tizian), wurden 1955 750 Gemälde von der UdSSR zurückgegeben. 1959 wurde das Histor. Museum (u. a. Prunkwaffensammlung) wiedereröffnet.

Die Industrialisierung D.s setzte erst nach 1871 ein dank der nahe gelegenen Steinkohlenvorkommen im Döhlener Becken. Brauereien, Tabak- und Zigarettenfabriken, Feinmechanik, Photoindustrie (Zeiss-Ikon, Photopapiere ›Mimosa‹), pharmazeut. Industrie, Klavierbau, Papierverarbeitung, Nahrungsmittelindustrie (Schokolade, Süßwaren) erlangten Bedeutung, ferner graph. Anstalten. Durch Zerstörungen im 2. Weltkrieg und die folgenden Demontagen wurde die Industrie schwer getroffen. Heute sind ansässig: Maschinenbau (Kraftwerkanlagen, Bohrgeräte, Werkzeug-, Verpackungs-, Textilmaschinen), Geräte-, Karosserie-, Dieselmotorenbau, Nachrichten-, Meßtechnik, Elektroapparatebau, Feinmechanik (Photo: VEB Pentacon), Schreibmaschinenwerk, Medizinisches Geräte-, Reglerwerk, Textilindustrie (Bekleidung), Keramik, Glasbearbeitung, Nahrungs-, Genußmittelindustrie.

Geschichte. D. (slaw. Dręžd᾽ane, ›Waldbewohner‹) geht auf slaw. Siedlungen an einem Elbübergang und eine 1200 entstandene markgräflich meißnische Burg zurück, an die sich eine dt. Stadt anschloß (1216 bezeugt). 1485 wurde D. Regierungssitz der albertin. Linie der Wettiner. Im 17.–18. Jh. war es unter der Regierung Johann Georgs II., Augusts des Starken und Friedrich Augusts II. Stätte prunkvollen Hoflebens. Im Siebenjährigen Krieg war D. 1756–59 von den Preußen besetzt. 1760 suchte Friedrich d. Gr. vergeblich, die Festung D. zurückzuerobern. Die Beschießung richtete schweren Schaden an. In den Freiheitskriegen besiegte Napoleon I. in der Schlacht bei D. (26./27. 8. 1813) die Hauptarmee der Verbündeten unter Schwarzenberg. Ein republikan. Aufstand führte zu dem blutigen Straßenkampf vom 3. bis 9. 5. 1849.

Das einst weltbekannte Stadtbild wurde am 13./14. 2. 1945 durch brit., kanad. und amerikan. Bomberverbände vernichtet (über 12 000 Gebäude zerstört, Trümmerfeld von 1200 ha). Die Opfer in der mit Flüchtlingen überfüllten Stadt werden (nach Berechnungen des Statist. Bundesamts) auf 60 000 geschätzt. Am 8. 5. 1945 wurde D. von der sowjet. Armee besetzt.

2) Bezirk im SO der DDR, 6738 km², (1979) 1,817 Mio. Ew., 1952 aus Teilen des Landes Sachsen und der ehem. preuß. Prov. Schlesien gebildet.

Fläche und Bevölkerung

Landkreis *Stadtkreis*	Fläche in km²	Ew. in 1000 1950	1976
Bautzen	693	137,4	127,9
Bischofswerda	316	78,6	69,5
Dippoldiswalde	458	57,1	46,9
Dresden	226	494,2	509,3
Dresden	357	137,6	120,2
Freital	314	110,3	89,5
Görlitz	26	100,1	83,9
Görlitz	359	41,6	32,7
Großenhain	453	51,2	43,1
Kamenz	617	65,8	62,7
Löbau	396	121,4	105,1
Meißen	506	142,8	125,0
Niesky	521	43,9	40,1
Pirna	521	127,4	124,7
Riesa	368	95,3	101,1
Sebnitz	351	59,0	55,0
Zittau	256	117,5	98,8
Bez. Dresden	6738	1981,2	1835,6

Dresden: Frauenkirche, Ständehaus, Hofkirche, Schloß (von links; Vorkriegsaufnahme)

Dresdner Bank AG, Frankfurt a.M., dt. Großbank, gegr. 1872 in Dresden; übernahm 1931 die Darmstädter und Nationalbank. Nach dem 2. Weltkrieg wurde sie im Zuge der Bankendezentralisation in zunächst 11, seit 1952 in 3 Nachfolgegesellschaften aufgeteilt. Diese 3 Banken fusionierten 1957 zur D. B. AG.

Dresdner Zwinger, die nach dem Zwinger des ehem. Festungsgeländes benannte Platzanlage in Dresden, die D. Pöppelmann 1711–28 im Auftrag Augusts des Starken für Hoffestlichkeiten schuf, ein nahezu quadratischer, an zwei gegenüberliegenden Seiten durch halbkreisförmig schließende Flügel erweiterter Hof, dessen umgebende Bauten an drei Seiten von Pöppelmann stammen. Die festlich-heitere, von B. Permoser mit Bildwerken geschmückte Architektur entfaltet sich am reichsten in den drei die Mittelachsen betonenden Pavillons (Bild →Barock). Die offengebliebene vierte Seite wurde 1847–54 durch den Bau der Gemäldegalerie von G. Semper geschlossen. 1945 wurde der D. Z. zerstört; der Wiederaufbau wurde 1964 abgeschlossen.

Dress [aus engl. dress] *der,* Anzug, auch Sportkleidung für verschiedene Sportarten oder für Länderkämpfe mit charakterist., z.T. gesetzlich geschützten Emblemen. *Evening dress* ['i:vnıŋ-], Abendanzug; *Full dress,* Gesellschaftsanzug.

dressieren [frz.], 1) abrichten (Tiere).
2) formbügeln, auch Filzhüte auf der Hutpresse *(Dressiermaschine)* pressen.
3) Bleche nach dem Warmwalzen zur Qualitätsverbesserung kaltwalzen und dabei um etwa 1% strecken.
4) Speisen gefällig anrichten.

Dressing [engl.] *das,* (Salat-)Soße.

Dressman [dr'esmæn, engl.], Photomodell, führt Herrenkleidung auf Modenschauen vor.

Dressur [zu dressieren], das Abrichten von Wild- und Haustieren. Dressierbarkeit setzt Gedächtnis und Lernfähigkeit voraus. Motorisches Erlernen neuer Bewegungsweisen ist, in angeborenen Grenzen, nur von höheren Tieren bekannt. Wirbellose erhalten ihr Leben und ihre Art allein durch die ihnen angeborenen Bewegungsweisen. Dagegen können zumindest Vögel und Säugetiere vom menschl. *Dresseur,* von Artgenossen oder aus eigenem Antrieb (›Selbstdressur‹) lernen, neue Bewegungsweisen auszubilden und zu verfeinern.

Dressurreiten, Grundlage der Pferdeausbildung und Reiterei, vom Schulreiten der Anfänger über die Dressurprüfungen zur Hohen Schule. D. dient der Gymnastizierung des Pferdes, bringt die Gangarten schwungvoll heraus und übt und verfeinert die Verständigung zw. Pferd und Reiter. Das Pferd lernt, auf Schenkel- und Zügelhilfen zu reagieren, wobei lediglich die natürl. Bewegungen des Pferdes herausgearbeitet werden. D. ist olymp. Disziplin, bei der Damen und Herren gemeinsam starten.

Drevet [drəv'ɛ], frz. Kupferstecherfamilie des 17. und 18. Jh. Ihre Mitglieder arbeiteten nur als Reproduktionsstecher; die bedeutendsten waren *Pierre* (* Loire 20. 7. 1663, † Paris 9. 8. 1738) und sein Sohn *Pierre Imbert* (* Paris 22. 6. 1697, † ebd. 27. 4. 1739).

Drewenz *die,* poln. **Drwęca** [drv'ɛntsa], rechter Nebenfluß der Weichsel, 207 km lang.

Drewitz, Ingeborg, Schriftstellerin, * Berlin 10. 1. 1923; Dramen, Romane, Erz., Hörspiele.

Drews, Arthur, Philosoph, * Uetersen (Holstein) 1. 11. 1865, † Achern 19. 7. 1935. Unter dem Einfluß E. v. Hartmanns entwickelte er eine pantheist. Metaphysik und kämpfte für eine monistische Weltanschauung, die jeglichem Jenseitsglauben widerspricht; als Anhänger des theolog. Radikalismus bestritt er das geschichtl. Dasein Jesu.

Drexler, Anton, Politiker (DAP; NSDAP), * München 13. 6. 1884, † ebd. 24. 2. 1942, Werkzeugschlosser, war 1919–20 Vors. der Deutschen Arbeiterpartei (DAP), 1920–21 der aus ihr hervorgegangenen NSDAP. Er trat zugunsten A. Hitlers zurück.

Dreyer, 1) Benedikt, Bildschnitzer, * um 1485, † nach 1555, war 1507/08 Geselle in Lüneburg, später Meister in Lübeck; spätgot. Eichenholzbildwerke.
2) Carl Theodor, dän. Filmregisseur, * Kopen-

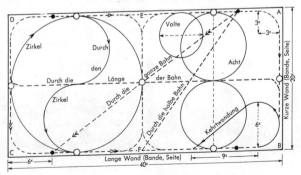

Dressurreiten: Hufschlagfiguren

hagen 3. 2. 1889, † ebd. 20. 3. 1968, errang durch den Stummfilm ›Die Passion de Jeanne d'Arc‹ (1927, mit Maria Falconetti) Weltgeltung. – *Weitere Filme:* Vampyr (1932); Tag des Zorns (1943); Gertrud (1965).

Dreyfus-Affäre, innenpolit. Krise in Frankreich, entstand aus dem militärgerichtl. Prozeß gegen den frz. Hauptmann jüdischer Abstammung A. Dreyfus († 1859, † 1935), der wegen angeblichen Landesverrats 1894 zu lebenslängl. Deportation nach der Teufelsinsel verurteilt wurde. Die Hintergründe des Prozesses sind in antisemit. Strömungen zu sehen. Seitdem 1898 E. Zola (›J'accuse‹) öffentlich für Dreyfus eingetreten war, forderte die Linke die Wiederaufnahme des Verfahrens; 1899 wurde Dreyfus in einem zweiten Verfahren zu 10 Jahren Gefängnis begnadigt und schließlich 1906 freigesprochen und rehabilitiert. Der Verrat militär. Geheimnisse an das Dt. Reich, den man Dreyfus zugeschrieben hatte, war von dem Generalstabsoffizier M.-C.-F. W. Esterházy begangen worden. Die D.-A., an der Frankreich leidenschaftlich Anteil nahm, gab den Anstoß zur Sammlung der Linken, die 1899 zur Macht gelangte und im Kampf gegen die Kath. Kirche, in der sie die Hauptstütze der nationalist. Rechten sah, die Trennung von Staat und Kirche 1905 durchsetzte.

Dreyse, Johann Nikolaus von (seit 1864), Waffentechniker, * Sömmerda (Thür.) 20. 11. 1787, † ebd. 9. 12. 1867, erfand 1827 das Zündnadelgewehr.

dribbeln, auch **Dribbling** [engl.], Ballspiele: den Ball mit kurzen Stößen treiben.

Driburg, Bad D., Stadt und Heilbad im Kr. Höxter, NRW, in einem Talkessel am O-Hang des Eggegebirges, (1981) 17 700 Ew.; Schwefelmoor- und Kohlensäurebäder.

Driesch, Hans, Philosoph und Biologe, * Bad Kreuznach 28. 10. 1867, † Leipzig 16. 4. 1941, urspr. Privatgelehrter, seit 1911 Prof. in Heidelberg, Köln und Leipzig; wurde in Abkehr von seinem Lehrer E. Haeckel durch Auswertung seiner Versuche zur Embryologie des Seeigels zu einem der Mitbegründer des Neovitalismus; später auch parapsycholog. Untersuchungen.

Drieu la Rochelle [dri'ø larɔʃ'ɛl], Pierre, frz. Schriftst., * Paris 3. 1. 1893, † (Selbstmord) ebd. 16. 3. 1945, neigte zur Mystik, geriet 1935 unter den Einfluß des Nationalsozialismus.

Drift [nd.] *die,* **1)** auch *Trift,* oberflächennahe, vom Wind getriebene Meeresströmung.
2) elektr. Meßtechnik: (unerwünschte) langsame Änderungen der Ausgangsgröße eines Meßgeräts bei konstanter Eingangsgröße. Ursachen sind z. B. Temperatureinflüsse, Alterung der Bauteile.
3) Navigation: → Abdrift.

Drift|eis, das → Treibeis.
Driften, engl. **Four Wheel Drift** [fɔ:w'i:l -], Motorsport: rennsportl. Kurvenfahren, wobei durch die Fliehkraft des Wagens alle vier Räder zum seitl. Versetzen gebracht werden.

Drill, straffe militärische Ausbildung.
Drill, Mandrillus leucophaeus, Art der Paviane mit schwarzem Gesicht und rotem Kinn.
Drillbohrer, ein Bohrgerät, besteht aus einer Triebstange mit steilem Gewinde, die durch Aufundabbewegen einer die Stange umfassenden Nuß in Drehbewegung versetzt wird.
Drilling, Jagdgewehr mit 3 Läufen, meist mit 2 Schrotläufen und 1 Kugellauf; auch mit 2 Kugelläufen und 1 Schrotlauf *(Doppelbüchs-D., Bock-D.);* selten mit 3 Schrotläufen *(Flinten-D.)* oder 3 Kugelläufen *(Büchs-D.).*
Drillinge, drei gleichzeitig im Mutterleib entwickelte Kinder, die aus der Befruchtung von einer, zwei oder drei Eizellen entstanden sind (→ Mehrlinge).
Drillingsnerv, Nervus trigeminus, kurz **Trigeminus,** der V. Gehirnnerv.
Drillmaschine, Sämaschinen zum Auslegen des Samens in Reihen.
Drillung, → Torsion.
Drin, bedeutendster Fluß Albaniens, rd. 300 km lang, entsteht aus dem vom Ohridsee kommenden *Schwarzen D.* und dem *Weißen D.,* mündet ins Adriat. Meer.
Drina *die,* rechter Nebenfluß der Save, entsteht aus den montenegrin. Quellflüssen Piva und Tara; von deren Zusammenfluß ab rd. 350 km lang, nimmt oberhalb von Višegrad den Lim auf.
Drink [engl.] *der,* alkoholisches (Misch-)Getränk.
Drinkwater [-wɔ:tə], John, engl. Dichter, * Leytonstone (Essex) 1. 6. 1882, † London 25. 3. 1937, Mitgründer und Spielleiter des ›Birmingham Repertory Theatre‹; Lyrik in der Nachfolge der Präraffaeliten, historische Prosadramen.
Drinow, Marin Stojanow, bulgar. Historiker und Slawist, * Panagjurischte 20. 10. 1838, † Charkow 13. 3. 1906, schuf das erste bulgar. Einheitsalphabet, begründete die bulgar. Geschichtswissenschaft.
Dritte Internationale, → Komintern.
Dritte Kraft, eine 1947 von L. Blum (frz. Sozialist) gestellte Forderung nach Wiederherstellung einer demokrat. Mitte zw. Gaullismus und Kommunismus. D. K. ist seitdem – über Frankreich hinaus – ein oft gebrauchtes Schlagwort für ähnl. innenpolit. aber auch außenpolit. Konstellationen.
Dritter Bildungsweg, die berufl. oder allg. Weiterbildung Erwachsener durch Fortbildungslehrgänge, Volkshochschulkurse, Fernstudien u. a.
Dritte Republik, der frz. Staat zw. 1870 (Sturz Napoleons III.) und 1940 (Errichtung des ›État Français‹).
Dritter Orden, lat. **Tertiari|er,** Kath. Kirche: Vereinigungen von Laien, die sich zur besonderen Pflege der Frömmigkeit an Männer- oder Frauenorden (1. und 2. Orden) anschließen. Die Mitgl. legen das Klostergelübde nicht ab und leben meist außerhalb des Klosters. Am bedeutendsten sind die D. O. der Franziskaner.
Dritter Stand, frz. **tiers état** [tjɛ:rzet'a], in der

Drit

Ständeordnung des MA. das Bürgertum, das nach den privilegierten Ständen des Adels und der Geistlichkeit den dritten Platz einnahm. Seit der Frz. Revolution von 1789 erkämpfte es sich die rechtl. Gleichstellung und die polit. Führung. Im Zuge der Industrialisierung verengte sich der Begriff auf das besitzende Bürgertum im Unterschied zum Proletariat.

Dritter Weg, polit. Schlagwort, unter dem (neo-) marxist. Theoretiker eine Gesellschaftsordnung anstreben, die sich auf einen ›demokratischen‹ und ›humanen‹ Sozialismus gründet. Die Verfechter des D. W., die in den kommunist. Staaten unterdrückt werden, möchten eine sozialist. Wirtschafts- und Sozialordnung mit Elementen der polit. Demokratie verbinden.

Drittes Programm, Hörfunk- oder Fernsehprogramm, das sich an best. Hörer- oder Zuschauergruppen richtet. Die Bez. wurde seit 1956 für zweite Programme, später für die dritten Netze des UKW-Hörfunks, seit 1964 für die regional ausgestrahlten Bildungs- und Schulprogramme und besondere regionale Abendprogramme des Dt. Fernsehens (ARD) verwendet.

Drittes Reich, urspr. ein Begriff der chiliast. Geschichtstheologie des Joachim von Floris (das die Erlösung abschließende Reich des Hl. Geistes), der später oft abgewandelt wurde, z. B. das johanneische Endzeitalter des Christentums und der Geschichte bei Schelling (nach einem petrin. und einem paulin.), schließlich die von revolutionärem Konservatismus und sozialen wie nationalen Tendenzen geprägte Gründung eines D. R. nach dem Hl. Röm. Reich und dem Bismarck-Reich bei Moeller van den Bruck. Von ihm übernahm der Nationalsozialismus zeitweilig den propagandistisch wirksamen Begriff.

Dritte Welt, polit. Schlagwort, bezeichnet die wirtschaftlich unterentwickelten Staaten (in Asien, Afrika, Lateinamerika) gegenüber den industriell hochentwickelten Ländern mit marktwirtschaftl. oder kommunist. Wirtschaftsordnung (›Erste‹ und ›Zweite‹ Welt).

Drittschuldner, der Schuldner des Vollstreckungsschuldners (→ Zwangsvollstreckung).

Drittwiderspruchsklage, Interventionsklage, eine Klage, mit der geltend gemacht wird, daß der Beklagte (Gläubiger) durch die von ihm gegen seinen Schuldner betriebene Zwangsvollstreckung (Pfändung von Sachen) in die Rechte des Klägers (meist: Eigentum an den gepfändeten Sachen) eingegriffen habe (§ 771 ZPO).

Drive [draɪv, engl. ›Schwung‹, ›Stoßkraft‹] _der,_
1) Rhythmussteigerung im Jazz.
2) a) Golf: der Treibschlag; b) Schlagart im Polo; c) Tennis: weiter Schlag.

Drive-in-Einrichtungen [draɪv 'ɪn-, engl. ›das Hineinfahren‹] gestatten die Inanspruchnahme einer Dienstleistung vom Auto aus (z. B. Restaurant, Bank, Kino).

DRK, Abk. für Deutsches Rotes Kreuz.

Drobeta-Turnu Severin, Stadt in Rumänien, Hafen links der Donau, unterhalb des Eisernen Tors, (1975) 71 100 Ew.

Drochtersen, Gem. im Kr. Stade, Ndsachs., (1981) 10 500 Ew.

Drogen [frz. drogues, von nd. drogefate ›Trokkenfässer‹], Naturprodukte, arzneilich oder technisch verwendete Pflanzenteile. D. aus dem Tierreich sind z. B. Lebertran, Moschus, Walrat; aus dem Mineralreich Bolus (Ton), Schwefel. D. i. e. S. sind Stoffe, die eine Abhängigkeit (Sucht) erzeugen können (Rauschdrogen).

Drogenabhängigkeit, von der Weltgesundheitsorganisation eingeführter Sammelbegriff für Zustände der psychischen und physischen Abhängigkeit von einem auf das Zentralnervensystem (meist euphorisierend) wirkenden Stoff (→ Sucht, → Rauschgifte).

Drogenstrafrecht, Strafvorschriften, die den Genuß suchtverursachender Drogen verhindern sollen (→ Betäubungsmittel).

Drogerie _die,_ Einzelhandelsbetrieb, in dem Drogen, Chemikalien, Parfüme, Gesundheits- und Körperpflegemittel, Nähr- und Kräftigungsmittel, chem. und photograph. Waren, Farben, Lacke u. a. verkauft werden.

Drogheda [dr'ɔndə], irisch **Droichead Atha,** Hafenstadt in der Cty. Louth, Rep. Irland, (1971) 19 800 Ew., am Boyne; mittelalterl. Klosterruinen, got. Kirche St. Peter, Stadttore. – Als Zentrum des irischen Widerstandes wurde D. 1649 von O. Cromwell zerstört, die Einwohner getötet oder deportiert. – 8 km nördlich von D. _Monasterboice,_ eine alte Klostersiedlung mit Bauresten vom 5. bis 12. Jh.: Kirchenruinen und reichverzierte Steinkreuze (Muiredach Cross 6 m hoch).

Drogist, Verkaufsberuf (Kosmetik, Diätetik, Tees, Farben, Chemikalien, Photoartikel u. a.) mit 3jähriger Ausbildung. Vorbildung: Haupt- oder Realschulabschluß. Nach der Lehre und 2 Jahren berufl. Praxis kann die Dt. D.-Akademie, Braunschweig, besucht werden (4 Semester); staatl. Abschlußprüfung, Titel: _staatlich geprüfter Betriebswirt – Fachrichtung Drogerie._

Drogobytsch, poln. **Drohóbycz** [drɔh'ubitʃ], Stadt in der Ukrain. SSR, (1976) 66 000 Ew., am N-Hang der Waldkarpaten, Erdöl- und Erdgasverarbeitung, chem. u. a. Industrie.

Drohn _der,_ **Drohne** _die,_ männliche Biene.

Drohnen, urspr. Bez. für meist programmgesteuerte Flugkörper zur Simulation von Luftzielen (_Ziel-D._). Neuerdings auch Bez. für Flugkörper oder Fernlenkflugzeuge, die Aufklärungs- oder Kampfaufgaben übernehmen.

Drohung, 1) Zivilrecht: Ankündigung eines Übels, das bestimmt und geeignet ist, die Willensfreiheit des Bedrohten zu beschränken und seine Entschließung zu beeinflussen. Ein durch D. zustande gekommener Vertrag ist anfechtbar (§ 123f. BGB).
2) Strafrecht: Tatbestandsmerkmal der verschiedensten Delikte wie Nötigung, Erpressung, Raub, Vergewaltigung. Als selbständige Straftat wird die D. bei der Bedrohung eines andern mit einem Verbrechen (§ 241 StGB) und beim Landzwang (§ 126 StGB) unter Strafe gestellt.

Drohverhalten, Verhaltensforschung: Verhalten zw. Angriff und Flucht; es schwankt zw. Wut und Angst. Jede Tierart ›droht‹ angeborenermaßen auf ihre Weise.

Drolerie [frz.], schnurrige Komik, Drolligkeit; das Scherzhafte betonende Darstellung von Tier, Fabelwesen oder Mensch in mittelalterlichen Handschriften, in der Bauplastik.

Drolshagen, Stadt im Kr. Olpe, NRW, im südl. Sauerland, (1981) 9600 Ew.

Drôme [dro:m], 1) *die,* linker Nebenfluß der Rhône, Frankreich, 110 km lang.
2) Dép. in SO-Frankreich, in der Dauphiné, 6525 km², (1975) 361800 Ew.; Hauptstadt: Valence.

Dromedar [grch. ›Lauftier‹], *das,* einhöckeriges →Kamel.

Droemersche Verlagsanstalt Th. Knaur Nachf., München und Zürich, 1946 hervorgegangen aus dem Berliner Verlag Th. Knaur Nachf. (gegr. 1901); Verlagsleitung seit 1939: Willy Droemer (* 18. 7. 1911).

Drömling *der,* Sumpfniederung im SW der Altmark, 30 km lang, von Aller, Ohre und Mittellandkanal durchzogen. Trockenlegung seit 1766; Rinderzucht.

Dromonen [grch. ›Läufer‹], schnelle Ruderkriegsschiffe des frühen MA., Zwischentyp von Triere und Galeere, mit mehr als 200 Ruderern.

Dromophilie [grch. ›Wandertrieb‹], →Fugue, →Poriomanie.

Drongos [madegass.], **Dicruridae,** trop. und subtrop. Singvogel-Fam. der Alten Welt mit meist schwarzen, langschwänzigen Arten.

Dronte [indones.], **Dodó** [dud'ɔ, portugies.], **Raphus cucullatus (Didus ineptus),** ausgerotteter Vogel auf der Insel Mauritius, war flugunfähig, etwa schwangroß (Bild → Aussterben).

Drontevögel, Raphidae, vom Menschen im 18. Jh. ausgerottete Vogelfam. mit Dronte und Einsiedler.

Drontheim, → Trondheim.

Drops [engl.] Mz., saure Fruchtbonbons.

Droschke [russ. Diminutiv ›droschki‹ von ›drogi‹ = Fuhrwerk], 1) Pferdekutsche zum Mieten. 2) Taxi.

Droserazeen [grch. drosos ›Tau‹], die →Sonnentaugewächse.

Drosometer [grch.], **Taumesser,** → Tau.

Drosophila [grch.], Gattung der → Taufliegen.

Drossel, 1) die Grünerle, → Erle.
2) Elektrotechnik: Drosselspule.
3) Strömungstechnik: Engstelle in der Stromröhre eines Gas- oder Flüssigkeitsstroms.
4) Luftröhre des Schalenwildes.
5) Singvogel, → Drosseln.

Drosseladern, Drosselvenen, *Venae jugulares,* Venen (innere und äußere D.), die das Blut aus der Kopf- und Halsregion in die obere Hohlvene führen. Bei Drosselung des Halses schwellen sie stark an, bei best. Herzkrankheiten zeigen sie abnorme Füllung und Pulsieren (Venenpuls).

Drosselbeere, volkstüml. Pflanzenname für Eberesche und Schneeball.

Drosselklappe, bewegl. Klappe zum Verändern des Querschnittes von Rohrleitungen, z.B. in der Ansaugleitung von Ottomotoren zur Steuerung der Menge des Luft-Kraftstoff-Gemisches und damit der Leistung des Motors.

Drosseln: (links) Sing-D., (rechts) Wacholder-D.

Drosselknopf, Kehlkopf des Schalenwildes.

drosseln, Druckenergie in Geschwindigkeitsenergie umsetzen durch Verengen des Durchflußquerschnittes an der Drosselstelle.

Drosseln, Turdinae, Unterfam. der Singvögel, die neben Erdwürmern und Schnecken auch Beeren fressen; napfförmiges Nest. Wälder und Gärten bewohnt die *Sing-D. (Turdus ericetorum),* Nadelwälder die *Mistel-D. (Turdus viscivorus),* die mit ihrem Kot die Mistel verbreitet; in der Knieholzzone der Gebirge lebt die *Ring-D. (Turdus torquatus);* in Mitteleuropa brütet kolonieweise die *Wacholder-D. (Turdus pilaris),* auch *Krammetsvogel* genannt; auf dem Durchzug ist häufig die *Rot-D. (Turdus iliacus).* Das *Steinrötel (Monticola saxatilis)* und die südeurop. *Blaumerle (Monticola solitarius)* sind Felsbewohner. Die häufigste D. Mitteleuropas ist die → Amsel.

Drosselspule, Drossel, Elektrotechnik: eine Spule mit hohem induktiven Widerstand (Blindwiderstand) bei kleinem Ohmschen Widerstand.

Drost [nd. ›Truchseß‹], der Amtmann oder Landrat. In Hannover hießen die Regierungspräsidenten noch bis 1885 *Landdroste.*

Droste-Hülshoff, Annette (Anna Elisabeth) Freiin von, Dichterin, * Hülshoff bei Münster i. W. 10. 1. 1797, † Meersburg 24. 5. 1848, lebte im Münsterland erst auf der Wasserburg Hülshoff, seit 1826 im Rüschhaus bei Nienberge, seit 1846 auf der Meersburg bei ihrem Schwager, dem Germanisten J. von Laßberg. Freundschaft verband sie mit dem Schriftst. Levin Schücking. Ihr dichter. Werk umfaßt Heidebilder, Balladen, Versepen, die Novelle ›Judenbuche‹ (1842); Gedichte erschienen 1838 und 1844; religiöse Jugendgedichte (›Das geistliche Jahr‹) und das Romanfragment ›Bei uns zu Lande auf dem Lande‹ wurden erst nach ihrem Tod herausgegeben. Hohe Sensibilität, realist. Beobachtung des Kleinsten und scheinbar Bedeutungslosen, die Erfahrung der Bedrohtheit menschl. Daseins durch Naturgewalten verbinden sie mit anderen Dichtern (A. Stifter, E. Mörike) ihrer Epoche.

Dros

WE. Sämtl. Werke, hg. v. K. Schulte-Kemminghausen, 4 Bde. (1925–30); von C. Heselhaus ([6]1970); von G. Weydt u. a., 2 Bde. (1973–78); Histor.-krit. Ausg., hg. v. W. Woesler, m. Droste-Bibl., 14 Bde. (1978 ff.).
LIT. C. Heselhaus: A. v. D.-H. (1971).

Annette von Droste-Hülshoff. Gemälde (Ausschnitt) von H. Sprick, 1838

Droste zu Vischering, 1) Klemens August Frhr. von, kath. Erzbischof, * Münster 21. 1. 1773, † ebd. 19. 10. 1845, wurde 1827 Weihbischof von Münster, 1835 Erzbischof von Köln. Sein Kampf gegen den Hermesianismus (→ Hermes) und für das kirchl. Mischehenrecht führte zu einem Konflikt mit der preuß. Regierung, die in Münster seinen Rücktritt als Kapitularvikar erzwang, ihn als Erzbischof von Köln 1837–39 in Minden gefangensetzte (→ Kölner Wirren) und nach seiner Freilassung 1841 zugunsten seines Koadjutors von der Regierung seiner Erzdiözese ausschloß.
2) Maria von, Ordensfrau vom Guten Hirten (seit 1888), * Münster 8. 9. 1863, † Porto (Portugal) 8. 6. 1899, Mystikerin, Selige (seit 1975; Tag: 8. 6.).

Drottkvætt [altnord. ›Hofton‹], das Hauptversmaß der Skaldendichtung. Die Strophe besteht aus acht sechssilbigen Zeilen, je zwei durch Alliteration verbunden.

Drottningholm, Sommerschloß der schwed. Könige auf der Mälarinsel Lovö, 10 km westlich von Stockholm, von N. Tessin d. Ä. 1662 begonnen, von seinem Sohn vollendet; um 1750 erweitert und im Rokokostil umgestaltet. Im D.-Theater von 1760 finden alljährlich die Stockholmer Festspiele statt.

Droysen, Johann Gustav, Geschichtsschreiber und Politiker, * Treptow a. d. Rega 6. 7. 1808, † Berlin 19. 6. 1884, Prof. in Kiel, Jena und Berlin. D. zeigte in seinen Werken die Notwendigkeit eines starken Staates auf. In diesem Sinne beteiligte er sich an der dt. Bewegung in Schleswig-Holstein und gehörte als einer der Führer der erbkaiserlichen Partei 1848/49 der Frankfurter Nationalversammlung an, auf der er für das Aufgehen Preußens in Dtl. eintrat. Nach 1850 wurde D. einer der Begründer der borussisch-kleindt. Geschichtsauffassung.
WE. Gesch. Alexanders d. Gr. (1833); Gesch. des Hellenismus, 2 Bde. (1836–43, Tb. 3 Bde. 1980); Das Leben des Feldmarschalls Grafen Yorck von Wartenburg, 3 Bde. (1851/52); Gesch. der preuß. Politik (bis 1756), 14 Bde. (1855–86); Grundriß der Historik (1868, hg. v. R. Hübner [6]1977).

DRP, Abk. für **1)** Deutsche Reichspost;
2) → Deutsche Rechtspartei;
3) Deutsche Reichspartei (→ Freikonservative Partei);
4) Deutsches Reichspatent.

Druck, 1) allgemein: Lastendes, Pressendes. – Psychologie: subjektiv empfundene Bedrängnis oder Bedrückung *(psych. D.)* durch äußere und/oder innere Belastungsmomente. – Soziologie: die intensive Beeinflussung der Entscheidungen, Verhaltensweisen oder Einstellungen von einzelnen oder Gruppen *(sozialer D.)* innerhalb einer Gesellschaft durch die Mittel sozialer Kontrolle und Sanktion, Autorität und Herrschaft.
2) Physik: auf eine Flächeneinheit F wirkende Kraft K: $p = \frac{K}{F}$. SI-Einheit des D. ist das Pascal

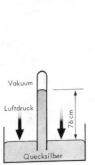
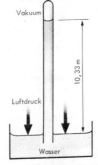
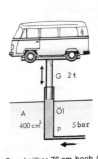

Druck 2): Der normale Luftdruck ›drückt‹ in einer leergepumpten Röhre Quecksilber 76 cm hoch (links), Wasser 10,33 m hoch (Mitte); rechts: Bei einem Wagenheber kann ein Auto von 2 t Gewicht durch einen Druck von nur 5 bar und einer Druckfläche von 400 cm² gehoben werden

248

(Pa), weiterhin gesetzlich das Bar (bar). Pa = $N/m^2 = J/m^3 = AT/m$ (T = Zeichen für Tesla); 1 bar = 10^5 Pa. Beziehungen zu Einheiten, die nicht mehr zulässig sind: 1 kp/m^2 = 0,980665 · 10^1 Pa; 1 at = 0,980665 · 10^5 Pa; 1 atm = 1,01325 · 10^5 Pa; 1 Torr = 1 mm Hg = 1,333224 · 10^2 Pa. *Osmotischer D.*, →Osmose. Der *hydrostatische D.* ist der in einer ruhenden Flüssigkeit oder einem ruhenden Gas herrschende D., der sich nach allen Seiten gleichmäßig ausbreitet. Er wird mit Manometern gemessen, der Luftdruck auch mit Barometern. Sehr kleine D.-Differenzen bestimmt man mit der *Drucklibelle*, die bei mikroskop. Ablesung eine Druckänderung von 1 · 10^{-8} bar deutlich macht. – Bei D.-Messungen in Strömungen sind zu unterscheiden: der mit einem Pitotrohr zu bestimmende *Gesamtdruck*, der mit einer Drucksonde meßbare *statische D.*, der mit dem Prantlschen Staurohr zu messende *Staudruck*. D. auf feste Körper bewirkt eine Stauchung; er wird mit bes. Manometern und *Druckmeßdosen* bestimmt. – Der *Überdruck* ist die Differenz aus dem Innen- und dem herrschenden Außendruck.

Druck, 1) Herstellung von Druckwerken in versch. Druckverfahren.

2) Druck-Erzeugnis.

3) Auflage eines Buches, Bildwerks u. a. *(Erstdruck, Neudruck, Nachdruck)*.

Druckbogen, →Bogen.

Drücken, 1) Blechbearbeitung: das Formen von Hohlkörpern an ebenen Blechscheiben oder bereits vorgeformten Hohlkörpern auf *Drückmaschinen*.

2) Gewichtheben: bis 31. 12. 1972 Übung im Olymp. Dreikampf neben Reißen und Stoßen.

Drucker, Berufsgruppe, der die Berufsordnungen Schriftsetzer, Druckstockhersteller, Buch-D. (Hochdrucke), Flach- und Tief-D., Spezial-D. (z. B. Tapeten-D.), Vervielfältiger und D.-Helfer angehören. Es sind über 500 Berufsbezeichnungen für D. bekannt: Handsetzer, Lichtsetzer, Metteur, Offset-D., Zeitungs-D., Tief-D., Plattenstecher, Leder-D., Lichtpauser, Aufspanner u. a. Ausbildungsberufe: Schriftsetzer, Druckvorlagenhersteller, Chemigraph, Formstecher, D., Druckereitextilveredler, Sieb-D., Reprograph, Druckformhersteller, mit jeweils dreijähriger Ausbildung. Die D. zählen zu den hochqualifizierten Facharbeitern.

Druckerei, Produktionsbetrieb der graphischen Industrie (→Buchdruck, →Druckmaschinen, →Druckverfahren).

Drückerfische, Balistidae, Fam. der Knochenfische, die bes. Korallenriffe und trop. Meere bewohnen; Körper hochrückig, Schuppen verknöchert, z. T. zu Knochenplatten umgewandelt; kleines Maul, kräftige Zähne. In gemäßigten Zonen des Atlantik kommt der *Mittelmeer-D. (Balistes capriscus)* vor.

Druckerschwärze, schwarze Druckfarbe.

Druckersprache, Fachsprache der Drucker, Setzer und Schriftgießer; sie wurde in der Frühzeit des Buchdrucks geschaffen.

Druckerzeichen, Büchermarke, Signet, bildhaftes Zeichen, mit dem der Buchdrucker oder Verleger die von ihm veröffentlichten Werke kennzeichnet; früher am Schluß eines Druckwerks, dann auch auf dem Titelblatt.

Fust & Schöffer,
Mainz
(1457–1502)

L. Giunta,
Venedig (druckte
1489–1538)

B. Renbolt,
Paris (druckte
1494–1518)

J. Trechsel,
Lyon (druckte
1489–1498)

P. Pacini,
Florenz (druckte
1496–1514)

Druckerzeichen

Druckfarben, Stoffgemische zum Bedrucken von Papier, Karton u. a. Bedruckstoffen, meist Lösungen aus Farbmittel (Pigmente oder Farbstoffe) und Bindemittel (Druckfirnisse).

Druckfehler, Unrichtigkeit (falsche Buchstaben, Auslassungen, Vertauschungen) in Druckerzeugnissen, meist verursacht beim Setzen. D. werden in manchen Büchern am Ende oder als Beilagzettel berichtigt *(Errata)*.

Druckform, der Druckträger, von dem die Druckfarbe direkt oder indirekt auf den Bedruckstoff übertragen wird. Im Buchdruck ist es die unter Verwendung eines Schließrahmens festgeschlossene flache Satz- oder Bilderform oder eine zusammengesetzte oder ganze Rundform *(Stereo-* oder *Wickelplatte)*, im Offsetdruck die *Druckplatte*, im Tiefdruck der *Formzylinder* und im Siebdruck die *Schablone*.

Druckgefäß, Gefäß zur Aufnahme verdichteter, verflüssigter oder unter Druck gelöster Gase (z. B. Autoklav).

Druckgraphik, →Graphik.

Druc

Druckholz, Rotholz, rotbraunes Holz mit breiten Jahrringen und großem Spätholzanteil. Es entsteht bei Nadelhölzern in der Druckzone biegebeanspruchter Äste oder Stämme.

Druckkabine, druckdicht abgeschlossener und meist klimatisierbarer Fluggast- und/oder Besatzungsraum von Flugzeugen, in dem der Druck durch einen Verdichter gegenüber dem Außendruck erhöht und auf einem Wert gehalten werden kann, der auch in großen Höhen die ungestörte Atmungs- und Kreislauffunktion der Insassen gewährleistet.

Druckknopf, Kleiderverschluß, bei dem ein Unterteil mit kugelförmigem Kopf von einem federnden Oberteil gehalten wird; 1885 von H. Bauer erfunden.

Druckluft, früher *Preßluft,* verdichtete Luft als Energieträger mit vielfältigen Anwendungen, z. B. Antrieb von Druckluftwerkzeugen, für Sandstrahlgebläse, pneumat. Förderung. D. wird in Verdichtern erzeugt. Die erste größere D.-Anlage wurde 1860 zum Betrieb von Gesteinsbohrmaschinen durch G. Sommeiller beim Bau des Mont-Cenis-Tunnels erfolgreich eingesetzt.

Druckluftkrankheit, Preßluftkrankheit, Caissonkrankheit [kɛsˈɔ̃-, frz.], **Taucherkrankheit,** Krankheitserscheinung, die bei Tauchern oder Arbeitern im Caisson dann auftritt, wenn der Überdruck beim Auftauchen oder Ausschleusen zu schnell nachläßt; ebenso bei raschem Aufstieg zum Höhenflug ohne Druckkabinen: Stickstoff, der unter dem erhöhten Druck in den Geweben gebunden war, wird dabei frei und erscheint als Gasbläschen in Blut, Geweben und Gelenken; kann Blutgefäße verstopfen und so Embolie, Lähmungen u. a. verursachen. Um der D. vorzubeugen, muß der Druck langsam vermindert werden. Die D. ist eine meldepflichtige Berufskrankheit.

Druckluftwerkzeuge, handgeführte Bearbeitungs- und Montagegeräte, bei denen Druckluft als Energieträger zur Erzeugung mechan. Leistung aus Gründen der Verfügbarkeit (Baustellen, Unterwasserarbeiten) oder der Sicherheit (Explosionsgefahr z. B. im Bergbau) oder sonstigen meist wirtschaftl. Gesichtspunkten (einfacher Aufbau der Antriebe) der elektr. Energie vorgezogen wird.

Druckmaschinen, Druckereimaschinen, dienen zur Herstellung von Druckerzeugnissen. Wesentliche Teile der D. sind: Plattenzylinder (zur Aufnahme der Druckplatten), Farbwerk (Farbbehälter und Walzen), Druckzylinder (zur Führung des Bedruckstoffs), Einrichtungen zur Zu- und Ausführung des Bedruckstoffs (Bogenanlage, Rolleneinführung, Ablage, Falzwerk, Wiederaufrollung). Bei *Bogen-D.* wird der Bedruckstoff Bogen für Bogen in die Maschine geführt, bei *Rotationsmaschinen* von der Rolle zugeführt und über das Falzwerk (Zeitungen, Zeitschriften) ausgeführt.

Druckmesser, Gerät zum Messen des Druckes von gasförmigen oder flüssigen Körpern (→ Manometer, →Barometer).

Druckmittelgetriebe übertragen mit Hilfe eines nur auf Druck beanspruchbaren Mittels (Gas, Flüssigkeit) eine Bewegung vom Antrieb zum Abtrieb einer Maschine.

Druckphosphen, Druckfigur, subjektive Lichterscheinung bei Druck auf den Augapfel durch mechan. Reizung der Netzhaut oder durch elektr. Reizung des Gehirns.

Druckpunkt, 1) Tastpunkte der Haut (→Tastsinn).

2) Handfeuerwaffen: Stellung, in die der Abzug vor dem Auslösen des Schusses zunächst zurückgezogen wird, fühlbar durch einen kleinen Widerstand; manchmal auch bei Kameraauslösern.

Drucksache, 1) gebührenbegünstigte Briefsendung. Als D. können Vervielfältigungen auf Papier oder Karton versandt werden, die mittels Druckform, Schablone oder Negativ hergestellt sind. Der Inhalt der offen einzuliefernden Sendungen muß leicht geprüft werden können. − Als *D. zu ermäßigter Gebühr* können im Auslandsverkehr Bücher, Broschüren, Musiknoten und Landkarten sowie zum Postzeitungsdienst zugelassene Zeitungen und Zeitschriften versandt werden.

2) Druckerzeugnis, Druckwerk.

Druckschrift, 1) die gedruckte (im Unterschied zur geschriebenen) Schrift.

2) Recht: früher ein im Druckverfahren vervielfältigtes Schriftstück. Das moderne dt. →Urheberrecht kennt diesen Begriff nicht mehr, son-

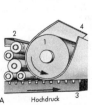 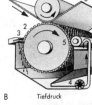 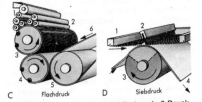

Druckverfahren (Raster stark vergrößert dargestellt): A Hochdruck; 1 Druckzylinder, 2 Farbwerk, 3 Druckform, 4 Druckbogen. B Tiefdruck (Rakeltiefdruckverfahren); 1 Druckzylinder, 2 Druckform, 3 Farbrakel, 4 Farbrücklauf, 5 Farbwalze, 6 Papierbahn. C Flachdruck (Offsetdruck); 1 Farbwerk, 2 Feuchtwerk, 3 Druckform, 4 Gummizylinder, 5 Druckzylinder, 6 Papierbahn. D Siebdruck; 1 bewegter Druckformrahmen (Schablonenträger), 2 stationäre Rakel, 3 Druckzylinder mit Vakuumvorrichtung, 4 Bedruckstoffbahn

dern verwendet für den Bereich der Sprache nur die Bez. Schriftwerke und Reden, die in dem Begriff ›Sprachwerk‹ zusammengefaßt sind. In den Pressegesetzen der Länder der Bundesrep. Dtl. wird für D. die Bez. *Druckwerke* verwendet.

Drucksinn, der → Tastsinn.

Druckstock, das → Klischee.

Drucktelegraph, Telegraphie-Endgerät mit decodierter Ausgabe der Nachricht (Klartext). Beispiel: Fernschreiber.

Druckverband, Kompressionsverband zur Blutstillung.

Druckverfahren, Methoden zur Herstellung einer beliebigen Anzahl gleichmäßiger Abdrucke einer Druckform (Druckplatte), die mit Druckfarbe versehen wird, auf Bedruckstoff.

Beim *Hochdruck (Buchdruck, Flexodruck* u. a.) sind die druckenden Elemente erhaben, die Druckform eben oder zylindrisch. Der *Flachdruck (Offsetdruck, lithographischer Steindruck, Lichtdruck* u. a.), bei dem druckende und nichtdruckende Elemente in derselben Ebene liegen, beruht darauf, daß die druckenden Teile durch chem. Behandlung wasserabstoßend gemacht werden. Sie können mit pastoser Druckfarbe eingefärbt werden; die nichtdruckenden Teile werden fettabstoßend gemacht, sie nehmen keine Druckfarben an. Die Druckform ist entweder eben (Steindruck) oder zylindrisch (Offsetdruck). Bei diesen tritt zu dem Farbwerk ein Feuchtwerk, das die Stein- oder Offsetplatte vor dem Einfärben anfeuchtet. Letztere druckt über einen Gummizylinder gegen den Druckzylinder. Beim *Tiefdruck (Kupfer-* oder *Rakeltiefdruck, Stahlstich, Radierung, Heliogravüre, Zeugdruck* u. a.) sind die druckenden Elemente durch Ätzen oder Gravieren tiefgelegt. Von der mit flüssiger Farbe überschwemmten Druckform wird der Farbüberschuß durch ein Stahllineal (Rakel) beim Tiefdruck oder durch eine Wischvorrichtung beim Stahlstichdruck abgenommen, so daß Farbe nur in den tiefliegenden Druckelementen (Näpfchen) verbleibt. Das Papier wird durch einen Druckzylinder (Presseur) an die Druckform gepreßt, wodurch die Farbe aus den Näpfchen auf das Papier gesaugt wird. Beim *Siebdruck (Durchdruck)* besteht die Druckform aus einer Schablone aus farbdurchlässigem Material (Metall- oder Nylonsieb). Die pastose Druckfarbe wird manuell oder in der Siebdruckmaschine mit einer Rakel durch die Maschen des Siebes auf den Bedruckstoff gedrückt.

Alle Druckverfahren können ein- oder mehrfarbig auf den zum Verfahren gehörenden Maschinen (Hoch-, Offset-, Tiefdruckmaschinen) ausgeführt werden.

Druckversuch, Werkstoffprüfung für spröde Werkstoffe (Gußeisen, Beton, Kunst- und Natursteine). Die Probe (Würfel oder Zylinder) wird in der Prüfmaschine bis zum Bruch belastet. Daraus ergibt sich die *Druckfestigkeit.*

Druckwasserreaktor, ein Leichtwasserreaktor (→ Kernreaktor), der aus einem System von Brennelementen mit je einer best. Anzahl von Brennstoffstäben und Regelstäben besteht, zw. denen das Wasser als Kühlmittel (Energieträger) und Moderator unter hohem Druck hindurchströmt und dabei bis knapp unter die Siedetemperatur erhitzt wird. Das heiße Wasser gibt die Energie über einen Dampferzeuger an die Turbine eines Generators weiter.

Druckwelle, die Ausbreitung einer Druck- und Dichteänderung in Gasen, z. B. ein Verdichtungsstoß, wie er bei Explosionen oder der Bewegung von Geschossen, schneller Flugzeuge oder Flugkörper auftritt (→ Schallmauer). Dabei pflanzt sich die Stoßfront wie eine bewegte Wand hochkomprimierter Luft mit Überschallgeschwindigkeit fort. Die Dauer der D. beträgt bei Explosionen chem. Sprengstoffe Millisekunden; bei großkalibrigen Kernwaffen (20 Megatonnen) kann die D. bis zu mehreren Sekunden anhalten.

Druden [von got. trudan ›treten‹] Mz., Volksglauben: nächtl. Druckgeister, die im Schlaf ängstigen, Kinder und Haustiere schädigen und bösen Zauber treiben können; als Schutzmittel gelten → Drudenfuß und → Drudenstein, Hufeisen, Besen.

Drudenfuß, 1) mystisch-magisches Zeichen, zeichnerisch in einem Zug ausgeführter fünfeckiger Stern als Schutz gegen Druden an Kinderwiegen, Ehebetten und als Krankheitsabwehrzeichen auf Votivbildern.

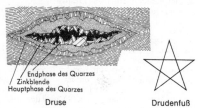

Endphase des Quarzes
Zinkblende
Hauptphase des Quarzes

Druse   Drudenfuß

2) auch *Drudenkraut,* volkstüml. Name für Keulenbärlapp.

Drudenstein, 1) Berg der Druden.

2) im Wasser rund geschliffener Stein mit natürlich entstandenem Loch, gilt im Volksglauben als Schutzmittel gegen die Druden.

Drugstore [dr'ʌgstɔː, engl. ›Drogerie‹] *das,* in den USA ein Gemischtwarengeschäft, auch mit Medikamenten auf Rezept.

Druiden [altirisch drui ›Weiser‹] Mz., die Priesterkaste bei den kelt. Völkern in Britannien und Gallien. Die D. bewahrten die religiöse Geheimlehre, übten die Wahrsagekunst aus, waren Heil- und Sternkundige und zugleich Richter und erzogen die Söhne des Adels. Von Kaiser Claudius wurde ihnen – als den eigtl. Trägern des kelt. Nationalgefühls – die Ausübung ihrer Funktionen untersagt.

Druiden|altar, Druiden|stein, Druiden|tempel, früher für Megalithgrab.

Druiden|orden, 1781 in England gegr., 1872 nach Dtl. verpflanzte und 1908 zur ›Internatio-

Drum

nalen Groß-Loge der Druiden‹ zusammengefaßte Vereinigung, die den Freimaurern ähnlich ist. Die Ordenslegende bezieht sich auf das altkelt. Druiden- und Bardentum, daher wird die einzelne Loge meist als ›Hain‹ bezeichnet.

Drumlins [engl. dr′ʌmlɪn, von irisch druim ›Hügel‹, ›Rücken‹] Mz., bis über 2 km lange Hügel, von ellipt. Grundriß und Walfisch-Rückenform; sie treten schwarmweise in Gebieten ehem. Vereisung auf und bestehen meist aus Grundmoräne, Schottern oder älterem (auch felsigem) Untergrund.

Drums [drʌmz, engl. ›Trommeln‹] Mz., Schlaginstrumente der Jazzmusik, die Bestandteile der Rhythmus-Gruppe (›rhythm-section‹) sind: Felltrommel, Becken, Holzblöcke, Trommel mit Fußmaschine u. a. Instrumente, die mit Schlägeln oder dem Jazzbesen gespielt werden. Der *Drummer* bedient die D.

Drumstick [dr′ʌmstɪk, engl. ›Trommelschlegel‹], Humangenetik: trommelschlegelähnliches Anhängsel an Zellkernen weißer Blutkörperchen beim weiblichen Geschlecht; Bestimmungsmerkmal für die Geschlechtsdiagnose. D. entspricht dem Geschlechtschromatin im Zellkern anderer Körperzellen.

Druon [dry′ɔ̃], Maurice, frz. Schriftst., * Paris 23. 4. 1918; Romane im naturalist. Stil und histor. Romanzyklen.

DRUPA, Abk. für Internat. Messe Druck und Papier; findet in Düsseldorf statt.

Drury [dr′uərɪ], Allen, amerikan. Schriftst., * Houston (Tex.) 2. 9. 1918; zeitkritische Romane.

Drus, Djebel D. [dʒ-], **Haurangebirge**, vulkan. Bergland in SW-Syrien, bis 1800 m hoch, von Drusen bewohnt.

Druschina, Družina, im Kiewer Rußland die Gefolgschaft der Fürsten, die im 9. und 10. Jh. vorwiegend aus Warägern, dann aus einheim. Gefolgsleuten bestand. Aus der D. ging der russ. landbesitzende → Adel hervor.

Druse [ahd. druos ›verwittertes Erz‹], 1) Kristall-Aggregat an der Innenwand eines Gesteinshohlraumes; meist mit wohlausgebildeten Kristallflächen. (Bild S. 251)

2) Tiermedizin: *Strengel, Coryza contagiosa equorum*, durch Streptokokken verursachte akute Infektionskrankheit der Pferde, die mit eitriger Entzündung der oberen Atemwege und Abszessen in den zugehörigen Lymphknoten verläuft.

Drusen, eine nach ihrem Gründer Ismail ad-Darasi (* 1019) benannte Sekte mit rd. 250000 Mitgl. im S-Libanon, SW-Syrien und N-Israel (dort seit dem 18. Jh. im Hauran, dem Djebel Drus), die aus den ismailit. Schiiten und z. T. der Gnosis hervorgegangen ist. Die D. haben eine feudal-patriarchal. Verfassung, ihre Glaubenslehre ist nur dem kleinen Kreis der ›Verständigen‹ (Ukkal) bekannt. – Um die Mitte des 19. Jh. waren die D. an den syrisch-libanes. Christenmassakern, 1925/1926 am Aufstand gegen die frz. Mandatsherrschaft beteiligt. Nach dem 2. Weltkrieg spielte der Druse K. Djumblat im Libanon eine führende Rolle.

Drüsen [vgl. Druse], 1) lat. *Glandulae*, bei Mensch und Tieren Organe, die ein Sekret (Absonderung) bilden und durch einen Ausführungsgang nach außen abscheiden (D. mit äußerer Sekretion) oder in die Blutbahn (Lymphbahn) abgeben (D. mit innerer Sekretion). Eine D. mit Ausführungsgang ist ein zur Oberfläche hin offenes Hohlgebilde, dessen Wand das Sekret bildet. Einfachste D. sind Becherzellen, die schleimige oder körnige Stoffe abgeben *(einzellige D.)*, so D. in der Darmschleimhaut. Bei *mehrzelligen* D. unterscheidet man nach ihrem Bau *schlauchförmige (tubulöse) D.*, *bläschenförmige (alveoläre) D.*, *tubulo-alveoläre D.*, deren Schlauch mit seitlichen Bläschen besetzt ist oder bläschenartige Endstücke hat, *beerenförmige (azinöse) D.* und *tubulo-azinöse D.*, deren Schlauch beerenförmige Endstücke hat.

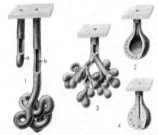

Drüse: 1, 2 Schema der D.-Formen (die sekretabsondernden Endstücke und Teile der Ausführungsgänge sind geöffnet). 1 tubulöse D.; a kurze, gerade Form, b tubulöse Knäuel-D. 2 alveoläre D. 3 verzweigte alveolo-tubulöse D. 4 azinöse D. mit spaltförmiger Lichtung

2) bei Pflanzen: ein- oder mehrzellige Gebilde zur Ausscheidung von Sekreten, z. B. Drüsenflecken, Nektarien.

Drüsenhaare, Pflanzenhaare, die Sekret ausscheiden, meist ätherische Öle und Lipoide, auch Schleime, Harze und Verdauungssekrete (tierfangende Pflanzen); giftige D. z. B. bei der Becherprimel.

Drusenkopf

Drusenkopf, *Conolophus subcristatus*, pflanzenfressender, bis 1 m langer Leguan der Galápagos-Inseln.

Drüsenmagen, Vormagen, vorderer, dünnwandiger, drüsenreicher Teil des Vogelmagens.

Drüsen|organe, Drüsen der Haut, bes. bei Wirbeltieren; hierzu gehören als Duftdrüsen Kopf-, Rumpf-, Schwanz-, After-, Klauen- und Geschlechtsdrüsen.

Drüsenzotten, Leimzotten, Kolleteren, pflanzl. Drüsenorgane der Epidermis mit mehrzelligem Stiel und vielzelligem sezernierendem Köpfchen. Ihr Sekret dient z. B. der Abdichtung von Knospenschuppen gegen Eindringen von Wasser.

Drusus, Beiname eines Zweiges des röm. Geschlechts der Livier und einiger Angehöriger der julisch-claudischen Dynastie.

1) Nero Claudius, röm. Feldherr, Bruder des Kaisers Tiberius, * 38 v. Chr., † 9 v. Chr., drang als Statthalter der gallischen Provinzen (seit 13 v. Chr.) im Kampf mit den Germanen (12–9 v. Chr.) bis zur Elbe vor. Seine Söhne waren Germanicus und der spätere Kaiser Claudius.

2) D. Julius Caesar, einziger Sohn des Kaisers Tiberius, * um 15 v. Chr., † 23 n. Chr., seit 22 Thronfolger, daraufhin durch Sejan vergiftet.

Drweca [drv'entsa], poln. Name für Drewenz.

dry [draı, engl.], trocken; herbe Geschmacksrichtung bei Weinen (oder Schaumweinen).

Dryaden [grch. drys ›Baum‹, ›Eiche‹], grch. Mythos: Baumnymphen.

Dryaszeit, Zeitabschnitt des Spätglazials, gekennzeichnet durch Birke und bes. durch Silberwurz.

Dryden [dr'aıdn], John, engl. Dichter und Kritiker, * Aldwinkle (Northamptonshire) 9. 8. 1631, † London 1. 5. 1700, betätigte sich in fast allen Dichtungsgattungen. Schöpfer des heroischen Dramas in England wurde er durch seine ›heroic plays‹ (›All for love‹, 1677), in denen er eine Verbindung zw. Corneille und Shakespeare versuchte. Mit seinen Lustspielen begründete er die ›comedy of manners‹ (›Mariage à la mode‹, 1672). Die mit seinen Dramen verbundenen krit. Vor- und Nachreden wurden bahnbrechend für die engl. Prosa.

Dryfarming [dr'aıfa:mıŋ], → Trockenfarmsystem.

Drygalski, Erich von, Geograph und Geophysiker, * Königsberg i. Pr. 9. 2. 1865, † München 10. 1. 1949, leitete erfolgreiche Expeditionen nach Westgrönland (1891, 1892–93) und eine dt. Antarktis-Expedition (1901–03), die das Kaiser-Wilhelm-II.-Land fand.

Dryopithecinen [grch. ›Baumaffen‹], veraltet für **Dryopithecus-Formenkreis,** ausgestorbene Menschenaffen im Tertiär Afrikas, Europas und Asiens. Afrikan. Funde der Gatt. *Dryopithecus* (früher *Proconsul*) werden als Vorläufer der afrikan. Menschenaffen erwogen; an ihre Basis sind wahrscheinlich die Hominiden anzuschließen. Die Struktur der unteren Mahlzahnkronen (*Dryopithecus-Muster*) ist von stammesgeschichtlicher Bedeutung.

Dryopteris [grch.], Gatt. von Waldfarnen mit kriechender, Reservestoffe speichernder Achse und spiralig angeordneten, gefiederten Blättern mit rundl. Sporangienhäufchen. Die von einem

nierenförmigen Schleier bedeckt sind. Die Rhizome des *Wurmfarns (D. filix-mas)* enthalten Phloroglucinderivate, bes. Filixsäure und Filmaron (Bandwurmmittel).

d. s., Musik: Abk. für dal segno.

Dsaudschikau, 1944–54 Name der nordkaukasischen Stadt Ordschonikidse.

DSB, Abk. für Deutscher Sportbund.

D. Sc., engl. und amerikan. Abk. für Doctor of Science.

Dschag(h)atai, Djagatai, Sohn des Dschingis Chan, † 1242, erhielt 1227 Ost- und West-Turkestan, die Gegenden am Ili und Transoxanien.

dschag(h)ataische Sprache und Literatur. Das Dschag(h)ataische, eine osttürk. Sprache im Reich Dschag(h)atais, bildete sich erst unter den Nachfolgern Timurs aus. Die dschag(h)ataische Literatur ist, bes. in ihrer klass. Zeit (15.–16. Jh.), der osman. Lit. ebenbürtig.

Dschalandhar, Stadt in Indien, → Jullundur.

Dschambul, bis 1936 *Aulie-Ata,* bis 1938 *Mirsojan,* Gebietshauptstadt in der Kasach. SSR, links des Talas, (1977) 252 000 Ew. – Als *Taras* oder *Talas* seit dem 5. Jh. bekannt, war der Ort im 10.–12. Jh. Residenz der Kara-Chaniden. 1864 fiel D. an Rußland.

Dschamma, Citrullus lanatus, Art der Kürbisgewächse; Wassermelone S-Afrikas.

Dschammu, engl. *Jammu* [dʒ-], Winterhauptstadt des ind. Staates D. und Kaschmir, (1971) 155 300 Ew., am Rand der Siwalik-Kette; Marktort und Pilgerstadt; Univ. (seit 1948).

Dschammu und Kaschmir, ein Staat Indiens, → Kaschmir.

Dschamna, engl. **Jumna** [dʒ'ʌmnə], Nebenfluß des Ganges, → Yamuna.

Dschaniden, türk. Dynastie, → Djaniden.

Dschansi, Stadt in Indien, → Jhansi.

Dscharrabaum, ein → Eukalyptus.

Dschat, ind. Kaste, → Jat.

Dschebel, → Djebel.

Dschigeten, kleines Restvolk der Abchasen in O-Anatolien, Türkei, gehört zu den nordwestl. Kaukasusvölkern.

Dschihlam, Stadt in Indien, → Jhelum.

Dschingis Chan, Tschingis Chan, Djingis Chan [mongol. wohl ›ozean. Chan‹], urspr. *Temudjin* [›Schmied‹], der Begründer des mongol. Weltreichs, * am Onon um 1155 oder 1167, † vor Ninghsia 18.(?) 8. 1227, Sohn eines kleinen Stammesfürsten, wurde 1203–05 zum Herrn (seit 1206 mit dem Titel D. C.) der gesamten Mongolei. Bis 1211 unterwarfen sich ihm die Uiguren um Turfan, die Tanguten und die Karluken (am Ili; → Iligchane). Seit 1215 eroberte seine Heere Peking, weite Teile N-Chinas und 1219 Korea. Im W vernichteten seine Truppen 1218 die letzten Reste des Staates der Kara-Kitai (→ K'i-tan) und anschließend im N-Iran das Reich der Charism-Schahe. Östlich am Kaukasus vorbei stießen mongol. Heere in die S-Ukraine vor, besiegten die Russen und Kumanen 1223 an der Kalka, zogen aber bald nach O ab. Bei seinem Tod (vor der Hauptstadt der

Dsch

Tanguten) hinterließ D. C. ein mächtiges Reich, das vom Chines. Meer bis an die Pforten Europas reichte und unter seine Söhne Dschagatai, Ögädäi, Tului und seinen Enkel Batu Chan (→ Goldene Horde) aufgeteilt wurde. Diese erweiterten es bis 1260 noch wesentlich.

Der lange Bestand seines nach den Grundsätzen des Nomadentums organisierten Reichs beruhte auf der raschen Angleichung der Mongolen an die chines. und iran. Kultur und auf D. C.s religiöser Toleranz, ferner auf dem meist guten Verhältnis seiner Nachfahren untereinander. So wurde das mongol. Weltreich auch zum Mittler vieler Kulturen.

LIT. F. Mackenzie: Dschingis Khan (1977).

Dschirgalantu-Chairchan, Gebirge im W der Mongol. VR, 120 km lang, bis 3796 m hoch.

Dschugaschwili, Familienname → Stalins.

Dschugdschur der, Gebirgssystem entlang der Westküste des Ochotsk. Meeres, rd. 700 km lang, bis 1906 m hoch (Topko).

Dschungel der, die, das engl. **Jungle** [dʒʌŋgl], neuindisch **dschangal,** ind. Name für Buschwald und Sumpfdickichte, auch der hochwüchsige Urwald Indiens.

Dschungelgras, Alang-Alang, Imperata cylindrica, Bestandteil der Hochgrasgebiete im Malaiischen Archipel; Pflanzungsunkraut.

Dschunke, Dschonke die, chines. Segelschiff mit Holzrumpf und geflochtenen Mattensegel(n) für freie See und Binnengewässer; Tragfähigkeit bis 500 t. – Schon Marco Polo beschrieb die D. als viermastiges Handelsschiff mit Mattensegeln aus Bast und einem durch Schotten gesicherten Rumpf. Diese Bauweise zeigten zu Beginn des 20. Jh. auch die bis zu 55 m langen und 9 m breiten D. mit bis zu 20 Schotten und bis zu fünf Masten. Die japan. D. sind breiter und schwerfälliger.

Dserschinsk, bis 1929 *Rastjapino,* Hafen- und Industriestadt an der Oka, Gebiet Gorkij, Russ. SFSR, (1977) 248 000 Ew., chem. Ind.

Dserschinskij, Feliks Edmundowitsch, sowjet. Politiker, * Wilna 11. 9. 1877, † Moskau 20. 7. 1926, Ingenieur, schloß sich 1906 den Bolschewiki an. Als Vors. führte er 1917–22 die Tscheka, 1922–26 die GPU als Instrument des Roten Terrors. 1921–24 war er Volkskommissar für Verkehrswesen, 1924–26 Vors. des obersten Volkswirtschaftsrates. Nach dem Tod Lenins (1924) unterstützte D. in der Partei Stalin.

DSG, Abk. für Deutsche Schlafwagen- und Speisewagengesellschaft mbH.

D.S.O., Abk. für Distinguished Service Order.

Dsungarei, Landschaft in der auton. Region Sinkiang, China; Zuckerrübenwirtschaft in Manass; Erdölförderung in Karamai; Bergbau auf Kohle, Nichteisenmetalle (Gold), Eisenerz.

Dsungaren, Bund vor vier westmongol. Stämmen (Dürbeten, Torguten, Oloten, Chosuten), Anfang des 15.Jh. entstanden (Oiratenbund). Von den 1616 nach der Wolga ausgewanderten und 1771 unter chines. Schutz größtenteils im Ili-Gebiet angesiedelten Torguten verblieb ein Teil an der Wolga, der unter der Bez. Kalmücken (›die Zurückgebliebenen‹) bekannt ist.

Dsungarischer Alatau, Gebirgssystem im O der Kasach. SSR, 450 km lang, bis 4464 m hoch (Besbakan).

Dsun-Mod, Aimak-Hauptstadt in der Mongol. VR, (1963) 5700 Ew.

DTB, Abk. für Dt. Turner-Bund (Bundesrep. Dtl.). – *DTSB,* Abk. für Dt. Turn- und Sportbund (DDR).

dual [zu lat. duo ›zwei‹], eine Zweiheit bildend.

Dual [vgl. dual] *der,* ein Numerus zur Bez. der Zweizahl, im Unterschied zu Singular und Plural, bes. im Sanskrit, Altgriechischen, Altkirchenslawischen und Gotischen. Noch lebendig ist der D.z.B. im Sorbischen und Slowenischen. Im Dt. ist er nur noch in bair. ›es‹ (ihr beide) und ›enk‹ (euch beiden) erhalten.

Duala, → Douala.

Dualismus [vgl. dual], Zweiheit, Zweiförmigkeit, Zweiheitslehre, prinzipiell auf allen Gebieten und auf sehr verschiedenen Ebenen vertreten; im Ggs. zum Einheitsprinzip (›Monismus‹) und Pluralismus.

- 1) Bez. derjenigen philosoph. Systeme, die alles Seiende aus zwei ursprünglich, nicht auseinander herzuleitende Prinzipien gegründet sehen (z.B. Gott – Welt, Geist – Stoff, Leib – Seele); auch das Verhältnis dieser Prinzipien zueinander.

2) Physik: **D. von Wellen- und Teilchenbild,** die experimentell vielfach nachgewiesene Tatsache, daß sich atomare und subatomare Gebilde wie Elektronen und Photonen je nach den Bedingungen wie Wellen oder Teilchen verhalten. Die in der klass. Physik einander ausschließenden Bilder der Welle und des Teilchens sind nach der Quantenmechanik beide nur begrenzt und deshalb widerspruchsfrei anwendbar; die Anwendbarkeit regelt die statist. Interpretation der Quantenmechanik, insbes. die →Unbestimmtheitsrelation.

3) Religionsgeschichte: die Anschauung, daß zwei voneinander unabhängige und einander entgegengesetzte Prinzipien die Welt begründen und gestalten (chinesisch yang-yin, orphisch und gnostisch Leib-Seele-D., manichäischer Lichtfinsternis-D., parsisch Geist – Materie, Gut und Böse). Im Christentum sind die Antithesen Gott – Welt, Fleisch – Geist, Gesetz – Gnade nur scheinbar und werden durch die Erwählung Israels durch Gott im A.T. und die in Jesus anbrechende Gottesherrschaft im N.T. aufgehoben.

4) Staatslehre: das koordinierte Nebeneinander zweier Machtfaktoren oder Institutionen in einer polit. Einheit, im Staat, so die Teilung der Souveränität zw. Ständevertretung (›Land‹) und Fürst (›Herrschaft‹) im Ständestaat oder das Gegeneinander von Parlament (›Gesellschaft‹) und Krone (›Staat‹) in der konstitutionellen Monarchie. D. nannte man auch die Polarität zw. Österreich und Preußen im Dt. Bund (1815–66) und die Zweiteilung der Österr.-Ungar. Monarchie nach dem Ausgleich von 1867.

Dualität [vgl. dual], auf Grund des Axiomensystems der projektiven Inzidenzgeometrie sind die Begriffe Gerade und Punkt dual, d. h., man kann in jeder wahren Aussage die beiden Begriffe und die entsprechenden Lagebeziehungen formal vertauschen und erhält so wieder eine wahre Aussage: Das Axiomensystem lautet: 1) Zwei Punkte bestimmen genau eine Gerade, mit der sie inzidieren. 2) Zwei Geraden bestimmen genau einen Punkt, mit dem sie inzidieren. 3) Es gibt vier versch. Punkte, von denen keine drei mit einer Geraden inzidieren.

Dualsystem, Zahlensystem (Stellenwertsystem) mit der Basis 2 (→ Dezimalsystem). Jede Zahl läßt sich darin durch eine Folge von nur zwei Symbolen ausdrücken (0 und 1; *Dualzahl*); z. B. ist 1001101 eine Zahl im D., so ist sie ins Dezimalsystem übersetzt: $1 \cdot 2^6 + 0 \cdot 2^5 + 0 \cdot 2^4 + 1 \cdot 2^3 + 1 \cdot 2^2 + 0 \cdot 2^1 + 1 \cdot 2^0 = 64 + 8 + 4 + 1 = 77$.

Dubai, Scheichtum der Vereinigten Arabischen Emirate am Pers. Golf in Arabien, rd. 3800 km^2, rd. 200000 Ew., die zu 90% in der gleichnamigen Hauptstadt wohnen und überwiegend Gastarbeiter sind. Staatsoberhaupt ist Raschid Ibn Said al-Maktum. – D. ist wichtiger Handels- und Transitplatz am Pers. Golf; u. a. Goldhandel; Erdöllagerstätten vor der Küste; moderner Tiefseehafen Port Raschid, 1972 eröffnet.

Dubarry [dybarʹi], **Du Barry,** Marie Jeanne, geborene *Bécu* [bekʹy], * Vaucouleurs 19. 8. 1743, † (hingerichtet) Paris 8. 12. 1793, urspr. Modistin, wurde 1769 die Geliebte Ludwigs XV. von Frankreich; 1770 am Sturz des Min. E. F. Choiseul beteiligt.

Dubček [-tʃ-], Alexander, tschechoslowak. Politiker (KP), * Uhrovec (Slowakei) 27. 11. 1921, Schlosser, 1958–70 Mitgl. des ZK, 1962–69 des Politbüros der tschechoslowak. KP, war 1968–69 deren Erster Sekretär als Repräsentant einer Gruppe von Reformern. Unter Betonung der führenden Rolle der KP leitete die tschechoslowak. KP unter D.s Führung eine Liberalisierung des innenpolit. Lebens ein. D. gewann große Popularität; das Mißtrauen der UdSSR konnte er jedoch nicht zerstreuen. Nach dem Einmarsch von Truppen des Warschauer Paktes im Aug. 1968 verlor er (bis 1970) alle Partei- und Staatsämter.

Dübel, Dobel, Pflock; schubübertragende Verbindungselemente. Sie werden in vorgebildete Löcher eingeschoben oder in den Werkstoff eingepreßt und verbinden die Teile durch Reibung, Verkeilung oder Erstarrung eines Bindemittels.

Du Bellay [dybɛlʹɛ], Joachim, frz. Dichter, → Bellay.

Düben, Stadt und Eisenmoorbad an der Mulde, Kr. Eilenburg, Bez. Leipzig, 100 m ü. M., (1970) 6600 Ew. Nordöstlich von D. die vermoorte *Dübener Heide* (bes. Kiefernforste).

Dübendorf, Stadt im schweizer. Kt. Zürich, im Glatt-Tal, (1980) 20700 Ew.

Dubhe [aus arab. sahr ad-dubb ›(Rücken des) Bären‹], Stern zweiter Größe, α im Großen Bären.

Dubiosa [lat.] Mz., **Dubiosen, dubiose Forderungen,** Forderungen, deren Eingang fraglich erscheint. Sie sind in der Bilanz unter Berücksichtigung des voraussichtl. Ausfalls zu bewerten (§ 40 Abs. 3 HGB).

Dublette [frz. doublette], Doppel(stück).

Dublin [dʹʌblɪn], irisch **Baile Átha Cliath** [blɑ klʹiə], 1) Hauptstadt der Rep. Irland, (1980) 598000 (einschl. des verstädterten Umlands 700000) Ew.; erstreckt sich, beiderseits der Mündung des Liffey, über 20 km entlang der D.-Bay; Sitz aller Regierungsbehörden, der höchsten Gerichte, je eines kath. und protestant. Erzbischofs; Trinity College (1591 als protestant. Univ. gegr.) mit wertvoller Bücherei und Handschriftensammlung, Nationaluniversität (1909 gegr.), Nationalbibliothek, -museum und -galerie; Rundfunk- und Fernsehstudios, Forschungsanstalten, Theater, Zoolog. Garten. Das Stadtbild wurde in D.s Blütezeit, dem 18. Jh., geprägt mit breit angelegten Straßen, Parks, Wohnhäusern und öffentl. Gebäuden im georgian. Stil: Altes Parlament, Leinster House (heutiges Parlament), Mansion House (Residenz des Lord Mayor), City Hall, Custom House (Zollamt), Four Courts (Oberster Gerichtshof), Trinity College u. a. Der heutige Bau der Christ Church Cathedral (1038 gegr.) ist von 1870 bis 1878, die frühgot. St. Patrick's Cathedral wurde im 19. Jh. restauriert, St. Michan's Church stammt aus dem 17., St. Mary's Church aus dem Anfang des 18. Jh. Die vielseitige Industrie erzeugt bes. Verbrauchsgüter, Nahrungs- und Genußmittel (Zigaretten, Bier u. a.); internat. Flughafen, Hochseehafen.

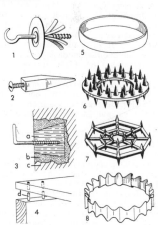

Dübel: 1 Spreizdübel. 2 Stahldübel. 3 Wanddübel, a Dübel, b Gipsfüllung, c Wand. 4 Dübel als Holzverbindung, d Holzdübel. 5 Einlaß-Ringkeildübel. 6–8 Einpreßdübel

2) Cty. in der Republik Irland, 922 km², (1971) 852200 Ew.

Geschichte. Im 9. Jh. errichteten Wikinger auf dem S-Ufer des Liffey eine befestigte Siedlung (an deren Stelle entstand im 13. Jh. die normann. Burg) und östlich davon eine Handelssiedlung, die seit dem 10. Jh. Zentrum des Wikinger-Königreiches D. war. Von den Iren verschiedentlich angegriffen und in der Schlacht von Clontarf 1014 von ihnen besiegt, eroberten die Wikinger D. zurück, bis sie sich 1170–72 den einfallenden Anglo-Normannen unterwerfen mußten. Von nun an teilte es das Schicksal Irlands.

Dubna, Stadt im Gebiet Moskau, Russ. SFSR, an der Wolga, (1977) 51000 Ew., Sitz des Vereinigten Instituts für Kernforschungen (zentrale Forschungsstätte der COMECON-Länder), Teilchenbeschleuniger; entstand 1956 mit dem Bau des Instituts.

Du Bois [dəb′ɔɪs], William Edward Burghardt, afroamerikan. Schriftst. und Politiker, * Great Barrington (Mass.) 23. 2. 1868, † Accra 27. 8. 1963, lehrte 1896 bis 1910 Wirtschaftswissenschaften in Atlanta (Ga.). 1908 beteiligte er sich an der Gründung der ›National Association for the Advancement of Colored People‹ (NAACP) und leitete 1910–23 deren Zeitschrift ›Crisis‹. D. wurde ein führender Theoretiker des Panafrikanismus und Organisator panafrikan. Kongresse. Er verbuchte sich vom Kritiker zum Anhänger des Kommunismus. Kurz vor seinem Tod nahm er die Staatsbürgerschaft Ghanas an.

Dubrovnik, ital. **Ragusa,** Stadt in S-Dalmatien, Jugoslawien, (1971) 31000 Ew.; Fremdenverkehrsort, liegt auf einem von der Adria umgebenen Felsvorsprung am Fuß des Sergiusberges. In der von einer gewaltigen Mauer mit Türmen umschlossenen Altstadt teilt die Hauptstraße Placa die Stadt in 2 Hälften; in dem dem Meer zugewandten Teil liegen das ehem. Kloster Sveta Klara (13. Jh.), Rektorenpalast (Grundkonzeption von Onofrio Giordano de la Cava 1435 bis 1441), Dom (1671–1713), St.-Blasius- (seti Vlaho) und Jesuitenkirche (beide 18. Jh.); im anderen Stadtteil u. a. Franziskaner- und Dominikanerkloster (14./15. Jh.) und der Sponzapalast (16. Jh.). Der Stadt vorgelagert ist die kleine Insel Lokrum mit reichem subtrop. Pflanzenwuchs.

Geschichte. D., um 615 v. Chr. als *Epidauros* von Griechen aus der Peloponnes gegr., wurde 164 v. Chr. röm. Kolonie. Im 7. Jh. begründeten slaw. Flüchtlinge aus Salona und Epidauros das auf einer Halbinsel gelegene Ragusa. D. war bis 1205 byzantinisch, wurde dann ein Freistaat unter der formalen Oberhoheit Venedigs, 1358 Ungarns. Im 16. und 17. Jh. kam es zu einer literar. (in kroat. Sprache) und künstler. Blüte. Seit 1526 unter türk. Herrschaft, ging die Bedeutung der Stadt, bes. nach dem Erdbeben von 1667, zurück. 1806–14 von Frankreich besetzt, kam D. 1815 an Österreich, 1919 an Jugoslawien.

LIT. A. Kolendić: D. (Belgrad 1966, dt.).
Dubuffet [dybyf′ɛ], Jean, frz. Maler, * Le Havre 31. 7. 1901. Seine in scheinbar kindl. Zeichenschrift hergestellten Bilder sind Beispiele der von ihm so benannten Art Brut; sie zeigen wie seine bemalten Plastiken meist idolhaft gemeinte Gestalten.

Duc [dyk, frz., von lat. dux ›Führer‹], Herzog, nach dem Prinzen der höchste frz. Adelstitel, der bis zum 16. Jh. den Besitz eines Herzogtums voraussetzte. *Duchesse* [dyʃ′ɛs], Herzogin.

Du Cange [dyk′ãʒ], eigtl. Charles *Du Fresne* [dyfr′ɛn], Sieur D. C., frz. Geschichtsschreiber und Philologe, * Amiens 18. 12. 1610, † Paris 23. 10. 1688. Seine mittellat. Lexika sind heute noch unentbehrlich.

Duccio [d′uttʃo], eigtl. D. *di Buoninsegna* [-s′eɲa], ital. Maler, * Siena um 1255, † ebd. vor dem 3. 8. 1319, der erste überragende Meister der sienes. Malerei. 1285 malte er die ›Madonna Rucellai‹ für S. Maria Novella in Florenz, 1288 lieferte er den Karton für das monumentale Rundfenster des Sieneser Domchores (heute an der Domfassade). 1308–11 schuf er für den Hochaltar des Sieneser Doms die ›Maestà‹, deren Tafeln sich zum größten Teil im Dommuseum in Siena befinden.

Duce [d′u:tʃe, ital. ›Führer‹], **D. del fascismo** [-faʃ′ismo], Herrschaftstitel B. → Mussolinis.

Duchamp [dyʃ′ã], Marcel, frz. Künstler, Bruder von R. D.-Villon, * Blainville (bei Rouen) 28. 7. 1887, † Neuilly-sur-Seine 2. 10. 1968, begann als kubist. Maler. Seit 1914 stellte er handelsübliche Gegenstände (›ready mades‹) wie Kunst aus; er gehörte zum New Yorker Dada.

Duchenne [dyʃ′ɛn], Guillaume Benjamin Armand, auch *D. de Boulogne* [-dəbul′ɔɲ] genannt, frz. Mediziner, * Boulogne-sur-Mer 17. 9. 1806, † Paris 15. 9. 1875, führte das moderne Elektrotherapie und Elektrodiagnostik ein.

Duchesnea [n. dem frz. Botaniker A. N. Duchesne, * 1747, † 1827], Rosengewächs-Gatt.; die Zierpflanze *Ind. Erdbeere* (D. ịndica) hat ungenießbare Früchte.

Duchesse [dyʃ′ɛs, frz.], **1)** Herzogin, → Duc. **2)** dichter, schwerer, atlasbindiger Kleiderstoff aus Seide oder Chemiefaser.

Duchoborzen, russ. **Duchoborzy, Duchobọry** [›Kämpfer für den Geist‹], Mitte des 18. Jh. gegr. russ. Sekte, die mit der Betonung der Einwohnung Gottes eine strenge Ethik verbindet. 1844/45 zwangsweise in das Kaukasusgebiet umgesiedelt, wanderten sie 1888/89 mit Unterstützung L. Tolstojs zum großen Teil nach Kanada aus. Dort (bes. in Saskatchewan und Brit.-Kolumbien) und in den USA leben heute etwa 20000 D.

Ducht *die,* Sitzbank, gleichzeitig Querversteifung eines offenen Bootes.

Ducker, die Schopfantilopen. (Bild Antilopen).
Duclos [dykl′o], Jacques, frz. Politiker (KP), * Louey (Dép. Hautes-Pyrénées) 2. 10. 1896, † Paris 25. 4. 1975, urspr. Konditor, 1931–64 Mitgl. des Politbüros der KP, im 2. Weltkrieg in

der kommunist. Widerstandsbewegung, stieg neben M. Thorez zum führenden Politiker der frz. KP auf. 1969 war er Präsidentschaftskandidat der KP.

Ducommun [dykɔm'ɛ̃], Elie, schweizer. Schriftst., * Genf 19. 2. 1833, † Bern 7. 12. 1906, seit 1868 Mitgl. des ZK der internationalen Friedensliga, Leiter des Internationalen Friedensbureaus, Bern; 1902 Friedensnobelpreis (zusammen mit A. Gobart).

Ducos [dyk'o], Roger Graf D., frz. Politiker, * Dax (Dép. Landes) 25. 7. 1747, † (an den Folgen eines Unfalls) bei Ulm 7. 3. 1816, Anwalt, 1798 Mitglied des Direktoriums, Anhänger von E. Sieyès, mit diesem und Napoleon Bonaparte der dritte Konsul nach dem Staatsstreich vom 18. Brumaire 1799. Von Napoleon I. geadelt; D. mußte 1815 Frankreich verlassen.

Ductus [lat.] der, Anatomie: Gang, Kanal, z. B. *D. cholędochus,* der Gallengang. Schrift: → Duktus.

Du Deffand [dydɛf'ã], Marie Anne Marquise, geb. *de Vichy-Chamrond* [viʃiʃãr'õ], * Schloß Chamrond bei Mâcon 25. 12. 1697, † Paris 23. 9. 1780. In ihrem literar. Salon verkehrten Voltaire, Montesquieu u. a.; Korrespondenz u. a. mit H. Walpole.

Dudelsack, altes Blasinstrument, → Sackpfeife.

Duden, Konrad, * Gut Bossigt bei Wesel 3. 1. 1829, † Sonnenberg (heute Wiesbaden) 1. 8. 1911, Gymnasiallehrer in Soest, Schleiz und Hersfeld, wirkte mit seinem ›Vollständigen orthographischen Wörterbuch der deutschen Sprache‹ (1880) wegweisend für eine einheitl. dt. Rechtschreibung.

Duderstadt, Stadt im Kr. Göttingen in einem fruchtbaren Talgebiet. Durch die Gebietsreform (1973) mit 14 anderen Gem. vereinigt, (1981) 22 800 Ew.; Grenzübergang zur DDR. – D., 927 erwähnt, 1334–1802 beim Hochstift Mainz, kam 1816 an Hannover; altertüml. Stadtbild mit großenteils erhaltener Stadtmauer (Westertor 1424), Rathaus (Mitte 13. Jh., Laube 1532–33).

Dudevant [dydv'ã], Baronne de, frz. Schriftstellerin, → Sand, George.

Dudjnka, Hauptstadt des Dolganen- und Nenzen-Nationalbezirks, Russ. SFSR, Hafen am unteren Jenissej, (1974) 22 000 Ew.

Dudinzew, Wladimir Dmitrijewitsch, russ. Schriftst., * Kupjansk bei Charkow 29. 7. 1918; Erz., Romane: ›Der Mensch lebt nicht vom Brot allein‹ (1956, dt.) – eines der ersten Werke der ›Tauwetter‹-Periode, ›Ein Neujahrsmärchen‹ (1960, dt.).

Dudley [d'ʌdleı], Industriestadt im Ballungsraum der engl. Metropol. Cty. West Midlands, (1979) 296 000 Ew.

Dudley [d'ʌdleı], engl. Adelstitel, abgeleitet von Schloß und Landschaft D. in Staffordshire; ihn führte seit 1321 die Familie *Sutton* [sʌtn], seit 1697 die Familie *Ward* [wɔːd], seit 1860 Earls of D. Bekannt sind John D., der spätere Herzog von → Northumberland, und sein Sohn Robert D., Earl of → Leicester.

Dudow, Slatan Theodor, bulgarisch-dt. Film- und Bühnenautor und Regisseur, * Zaribrod (Bulgarien) 30. 1. 1903, † (Autounfall) O-Berlin 12. 7. 1963, kam 1922 als Student nach Berlin, arbeitete bei E. Piscator und B. Brecht, drehte 1932 den Arbeiterfilm ›Kuhle Wampe‹, emigrierte 1933 nach Paris, 1940 in die Schweiz und kehrte 1946 nach O-Berlin zurück; Filmautor und -regisseur der DEFA. D. schrieb auch Komödien.

Dudweiler, seit 1974 Stadtteil von Saarbrücken.

due [ital.], zwei; *due volte,* zweimal; *a due voci* [-v'otʃi], für zwei Stimmen, zweistimmig.

Duecento [ital.], das 13. Jh. → Dugento.

Duell [lat.] *das,* der → Zweikampf.

Duero, portugies. **Douro** [d'oru], lat. **Durius,** Fluß in Spanien und Portugal, 925 km lang, Hauptfluß von Altkastilien, entspringt im Iberischen Randgebirge, mündet unterhalb von Porto in den Atlant. Ozean, bildet auf 122 km Länge die Grenze zw. Spanien und Portugal. Unterhalb Porto ist der D. für Seeschiffe bis 1500 t befahrbar.

Duett [ital] *das,* ital. **duętto,** Verkleinerungsform von **Duo,** zwei selbständig geführte Gesangsstimmen mit Instrumentalbegleitung. Der unbegleitete zweistimmige Satz heißt im 16. Jh. Bicinium.

Dufay [dyf'ɛ], Guillaume, niederländ. Komponist, * Chimay (Hennegau) um 1400, † Cambrai 27. 11. 1474, wirkte am Hof der Malatesta in Pesaro und Rimini, 1427–33 und 1435–37 in der päpstl. Kapelle in Rom, lebte seit 1450 als geistl. Würdenträger in Cambrai. In seinen Messen, Motetten und Chansons faßte er die frz., ital. und engl. Musik seiner Zeit zusammen.

Dufflecoat [d'ʌflkɔʊt, engl.] *der,* kurzer sportl. Mantel mit Knebelverschluß, oft mit Kapuze.

Dufour [dyf'uːr], Guillaume Henri, schweizer. General, * Konstanz 15. 9. 1787, † Contamines (bei Genf) 14. 7. 1875, machte die letzten Feldzüge Napoleons I. mit, wurde 1831 Chef des eidgenöss. Generalstabs und führte 1847 den Oberbefehl im Feldzug gegen die Sonderbundskantone. Als Leiter der schweizer. Landesvermessung schuf er 1832–64 die ›Topograph. Karte der Schweiz‹ (1 : 100 000, 25 Blatt), die *D.-Karte,* mit Geländedarstellung in Schattenschraffen.

Dufourspitze [dyf'uː r-, n. G. H. Dufour], höchster Gipfel des Monte-Rosa-Massivs, Walliser Alpen, mit 4634 m der zweithöchste Berg der Alpen und der höchste der Schweiz, im Grenzkamm Schweiz/Italien.

Dufresnoy [dyfrɛnw'a], Charles, Alphonse, frz. Maler und Dichter, * Paris 1611, † Villiers-le-Bel bei Paris 16. 1. 1668, dem akadem. Klassizismus verpflichtet, malte mytholog. und histor. Wand- und Tafelbilder, verfaßte ein lat. Lehrgedicht über die Malerei (›De arte graphica‹, 1668).

Duftblüte, Osmanthus, Ölbaumgewächs-Gatt. mit der Art *Osmanthus fragrans.*

Duftmarken, chem. ›Grenzsteine‹ oder ›Anwe-

Duft

senheitssignale‹, die versch. Tiere meist zur innerartl. Verständigung in ihrem Lebensraum durch Drüsen oder Exkremente anbringen, so am ›Stammbaum‹ eines Hundes.

Duft|organe, Organe, die der sexuellen Erregung dienen, bes. bei landlebenden Gliederfüßern und Wirbeltieren, z.B. Dufthaare, Duftschuppen, Duftdrüsen.

Duftstoffe, pflanzl. oder tierische Stoffe mit besonderem Geruch, haben meist bestimmte Funktionen im Leben des Organismen.

Bei Pflanzen sind D. flüchtige Ausscheidungsprodukte z.T. best. Drüsen, einzelner Drüsenzellen oder ganzer Pflanzenorgane (Blütenteile, Blätter, Früchte, Samen, Pilzfruchtkörper). Manche D. wirken als Anlockungsstoffe, z.B. auf Insekten, und führen so u.a. zur Pollenübertragung.

Bei Tieren werden D. in Duftdrüsen gebildet, die oft in Nähe des Afters oder der Geschlechtsorgane liegen; sie dienen der Verständigung der Artgenossen, der Anlockung der Geschlechter, der Erregung des Geschlechtspartners, der Abschreckung und der Warnung vor Feinden.

Beim Menschen werden D. von großen Duftdrüsen abgesondert, die sich in der Pubertät in Achselgrube, Leistengegend und Umgebung der Geschlechtsorgane entwickeln.

Duftstraßen, Wege, die Tiere durch ihren Geruchssinn verfolgen können. Ameisenarbeiterinnen z.B. legen vom Nest zu den Standorten der Blatt- und Rindenläuse, deren Kot (Honigtau) sie fressen, D. an, die an der Ameisensäure erkannt werden.

Dufy [dyf′i], Raoul, frz. Maler und Graphiker, * Le Havre 3. 6. 1877, † Forcalquier (Basses-Alpes) 23. 3. 1953, schloß sich den Fauves an; später gelangte er zu einem eigenen, heiter dekorativen Stil, in dem er die Umwelt zeichenhaft schilderte und ihre Atmosphäre durch die Farbe einfing.

Du Gard [dyg′a:r], frz. Schriftst., → Martin du Gard.

Dugena Uhren und Schmuck e.G., Darmstadt, Einkaufsgenossenschaft; gegr. 1917.

Dugento [dudʒ′ɛnto, ital. ›zweihundert‹, für 1200], **Duecento** [duetʃ′ɛnto], in der ital. Kunstgeschichte das 13. Jh. und sein Stil.

Düggelin, Werner, schweizer. Regisseur und Theaterleiter, * Zürich 7. 12. 1929, kam über Darmstadt, Zürich, München, Wien nach Basel, wo er 1970–75 Intendant der Stadttheaters war.

Dughet [dyg′ɛ], Gaspard, frz. Maler, → Poussin.

Dugong [malaiisch dujong], Art der Seekühe.

Duhamel [dyam′ɛl], Georges, frz. Schriftst., * Paris 30. 6. 1884, † Valmondois 13. 4. 1966, schilderte bes. das zeitgenössische Bürgertum. WE. (alle dt.): Vie et aventures de Salavin, 5 Bde. (1920–32); La chronique des Pasquier, 10 Bde. (1933–45).

Duhem [dy′ɛm], Pierre Maurice Marie, frz. Physiker und Philosoph, * Paris 10. 6. 1861, † Cabrespine (Aude) 14. 9. 1916, 1894–1916

Prof. der theoretischen Physik in Bordeaux, vertrat die klass. Thermodynamik und eine Wissenschaftslehre, die u.a. zur Bildung des Wiener Kreises (Wiener Schule) führte. Physikal. Gesetze sind danach nichts als symbol. Konstruktionen, die die Wirklichkeit weder wahr noch falsch oder vollständig wiedergeben könnten. Zum wenigstens provisor. Begreifen der Welt würde dagegen die Entwicklung metaphys. Hypothesen führen.

Duilius, Gaius, röm. Konsul, erfocht 260 v.Chr. im 1. Punischen Krieg den ersten röm. Seesieg bei Mylae an der N-Küste Siziliens über die Karthager.

Duisberg [d′y:s-], Friedrich Carl, Chemiker und Industrieller, * Barmen 29. 9. 1861, † Leverkusen 19. 3. 1935, seit 1900 Dir., seit 1912 Generaldir. der Farbenfabriken Bayer. Ihm ist der Zusammenschluß der dt. Teerfarbenfabriken 1904 zur ›kleinen IG‹, 1925 zur IG-Farbenindustrie AG zuzuschreiben, in der er Vors. des Aufsichts- und Verwaltungsrates wurde. Auf seine Ideen geht die *Carl Duisberg-Gesellschaft e.V.* zurück, eine Organisation zur Förderung des Auslandsaustauschs von Nachwuchskräften der Wirtschaft, gegr. 1949.

Duisburg [d′y:s-], kreisfreie Stadt im RegBez. Düsseldorf, NRW, (1983) 546600 Ew.; D. liegt beiderseits des Rheins (6 Rheinbrücken), an den Mündungen von Emscher und Ruhr, von der hier der Rhein-Herne-Kanal abzweigt. Wilhelm-Lehmbruck-Museum, Niederrhein. Museum, Tierpark (mit Delphinarium); Gesamthochschule. Nach der Zerstörung der Altstadt 1944/45 ist die Salvatorkirche (1415) wiederhergestellt; spätgot. Dreigiebelhaus. Im S Sportpark Wedau (Regatta-Strecke).

Die **Duisburger Häfen** sind mit einem Umschlag von (1978) 43,6 Mio. t der größte Binnenhafen der Bundesrep. Dtl.; Umschlag von Rohstoffen (Erz, Mineralöl, Schrott, Steine und Erden, Baustoffe) und Erzeugnissen der Eisen- und Stahlindustrie; die früher dominierende Kohle ist stark zurückgegangen. Industrie: Rohstahl- und Roheisenerzeugung, Walzwerkerzeugnisse; Hüttenwerke in Hamborn (Thyssen), größtes Stahlwerk Europas), Rheinhausen (Krupp), Huckingen (Mannesmann). Großrohrproduktion, NE-Metallindustrie (D.er Kupferhütte, Berzelius, Grillo), anorgan. Chemie, Kohlechemie; ferner Lackind., Schiffbau; Brauereiindustrie (König) sowie Mühlen- und Brotindustrie für das Ruhrgebiet; Mineralölraffinerie.

Geschichte. D., eine fränk. Königspfalz, 1129 als Reichsstadt bezeugt, kam 1290 an das Hzgt. Kleve und mit diesem 1614 an Brandenburg. Eine Verlagerung des Rheinlaufs im 13. Jh. beeinträchtigte den Handel, der im 17. Jh. durch die Schiffahrt nach den Niederlanden neu belebt wurde. 1655–1818 hatte D. eine Universität. Nach der Industrialisierung im 19. Jh. wurden u.a. 1905 Ruhrort und Meiderich, 1929 Hamborn eingemeindet. Seit 1975 gehören Walsum, Rheinhausen, Homberg u.a. zu Duisburg.

LIT. G. v. Roden: Gesch. der Stadt D., 2 Bde. (1970–74).

Duisburger Kupferhütte AG, Duisburg, NE-Metallunternehmen, gegr. 1876. Nach 1945 führte die D. K. als erstes westdt. Unternehmen die Beteiligung der Arbeitnehmer am Betriebsergebnis (›Ergebnislohn‹) und die Mitbestimmung ein.

Duisdorf [d'y : s-], Stadtteil von Bonn.

Duitama, Stadt in Kolumbien, 2600 m ü. M. in der Ostkordillere, (1972) 60800 Ew.

Dujardin [dyʒard'ɛ̃], 1) Edouard, frz. Schriftst., * Saint-Gervais (Loir-et-Cher) 10. 11. 1861, † Paris 31. 10. 1949, gehörte zur ersten Gruppe der Symbolisten, gründete 1885 die ›Revue Wagnérienne‹, 1886 die ›Revue Indépendante‹. In seinem einzigen Roman ›Les Lauriers sont coupés‹ (1888, dt.) verwendete er als erster den ›Monologue intérieur‹ (→ innerer Monolog).

2) Karel, holländ. Maler, Radierer, * Amsterdam 1622, † Venedig 20. 11. 1678, tätig in Den Haag und Amsterdam, vor 1650 und seit 1674 in Italien, malte ital. Landschaften mit Vieh, Hirten, Reitern in schimmerndem Sonnenlicht sowie Bildnisse und bibl. und mytholog. Darstellungen; 50 Radierungen mit ital. Szenen.

Dukas, Geschlecht aus dem Beamtenadel von Konstantinopel, regierte das Byzantin. Reich 1059–78.

Dukas [dyk'a], Paul, frz. Komponist, * Paris 1. 10. 1865, † 17. 5. 1935, Musikkritiker; Vertreter des musikal. Impressionismus; bekanntestes Werk ›L'apprenti sorcier‹ (1897), ein Orchesterscherzo nach J. W. von Goethes ›Zauberlehrling‹.

Dukaten [lat.] *der,* urspr. in Venedig geprägte Goldmünze, Name nach dem Rückseitenbild mit Umschrift ›Sit tibi Christe datus quem tu regis iste ducatus‹ (›Dir, Christus, sei dieses Herzogtum gegeben, welches du regierst‹); seit 1559 dt. Reichsmünze, in Österreich bis ins 20. Jh. geprägt (Gewicht: 3,49 g, fein 3,44 g).

Dukatenfalter, Feuerfalter, Art der Bläulinge mit goldroten Flügeln der Männchen.

Duke [dju : k, engl.; von lat. dux], Herzog, der höchste engl. Adelstitel, urspr. nur Mitgl. des kgl. Hauses verliehen, später auch anderweitig. Die ›royal dukes‹ (Anrede: Your Royal Highness) behielten den Vorrang vor anderen Herzögen (Anrede: Your Grace).

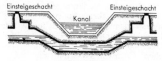

Düker unter einem Kanal

Düker [niederländ. duiker ›Taucher‹], Unterführung eines Gerinnes, auch einer Rohrleitung, unter einem Fluß, Kanal u. a. nach dem Prinzip der kommunizierenden Röhren.

Duklapaß, wichtiger Karpatenübergang (502 m ü. M.) zw. Polen und der Slowakei.

duktil [lat.], dehnbar, streckbar, verformbar, plastisch.

Duktus [lat.], 1) Führung des Schreibgerätes, individuelle Eigenart des Schreibzuges (→ Graphologie).

2) im Schreibunterricht die als Vorbilder dienenden Schriftzeichen für die Schreibschriften.

Duku, süße Frucht des in Hinterindien kultivierten Lansibaumes.

Dukus Horant, fragmentarisch überliefertes Brautwerbungsepos (13./14. Jh.) mit spielmänn. und höf. Elementen, ältestes Zeugnis einer größeren Dichtung für aschkenasische Juden.

dulce et decorum est pro patria mori [lat. ›süß und ehrenvoll ist's, für das Vaterland zu sterben‹], Zitat aus Horaz' ›Oden‹ (III, 2, 13).

Dulcit [von lat. dulcis ›süß‹], $C_6H_{14}O_6$, 6wertiger Alkohol analoger Konfiguration wie die Galactose. D. ist im Pflanzenreich weit verbreitet, bes. in der Dulcitmanna von Madagaskar.

Dulichius, Philippus, → Deulich, Philipp, Komponist, * Chemnitz 18. 12. 1562, † Stettin 24. 3. 1631, schrieb etwa 250 Motetten.

Dulldill, das → Dullkraut.

Dullenried, jungsteinzeitl. Siedlung mit Holzhütten im Federseemoor (Buchau, Württ.).

Dulles [d'ʌlɪs], 1) Allan Welsh, amerikan. Politiker (Republikan. Partei), Bruder von 2), * Watertown (N. Y.) 7. 4. 1893, † Washington 29. 1. 1969, urspr. Diplomat, später Rechtsanwalt, leitete die Nachrichtendienste ›Office of Strategic Services‹ (OSS; 1942–45) und CIA (1953–61).

2) John Foster, amerikan. Politiker (Republikan. Partei), Bruder von 1), * Washington (D. C.) 25. 2. 1888, † ebd. 24. 5. 1959, Wirtschaftsanwalt, seit 1917 in vielfältigen Funktionen außenpolit. Berater der Bundesregierung, 1945–50 UN-Delegierter, handelte den Friedensvertrag mit Japan (1951) hauptsächlich aus. Als Außen-Min. der republikan. Regierung D. D. Eisenhower (1953–59) trat er, gestützt auf atomare Überlegenheit (›massive retaliation‹) ein weltweites Bündnissystem (NATO, SEATO, CENTO), an Stelle des Containment für eine ›Politik der Befreiung‹ unter kommunist. Herrschaft geratener Länder (›liberation‹, ›roll back‹) am Rande des Kriegsrisikos (›brinkmanship‹) ein. Beim Aufstand in der DDR 1953 sowie in der Suez- und Ungarnkrise 1956 praktizierte er jedoch eine vorsichtig auf Bewahrung des Status quo gerichtete Politik.

Dullkraut [von ›toll‹], **Dulldill, Schwarzes Bilsenkraut, Hyoscyamus niger,** Nachtschattengewächs mit den Alkaloiden Scopolamin und Hyoscyamin.

Dülmen, Stadt im Kr. Coesfeld, NRW, (1981) 38700 Ew.; Textil-, Eisen-, Möbelindustrie; Wildpark, Wildpferdgehege im *Merfelder Bruch.* – D., 889 bezeugt, wurde 1311 Stadt. Nach den Zerstörungen (1945) sind die Kirche St. Viktor (13.–16. Jh., Schiff 1950) und Reste der Stadtbefestigung erhalten.

Dulo

Dulong [dylʒ], Pierre Louis, frz. Physiker und Chemiker, * Rouen 12. 2. 1785, † Paris 19. 7. 1838, anfangs Arzt, untersuchte die Ausdehnung und spezif. Wärme versch. Stoffe. D. entdeckte 1811 den hochexplosiven Chlorstickstoff.
Dulong-Petit-Regel [dylʒ pti-, n. P. L. Dulong und A. T. Petit] besagt, daß die spezif. Wärme je Atom für alle festen Elemente unabhängig von der Temperatur 3 k (k = Boltzmann-Konstante) beträgt, was einer Molwärme von etwa 25 J entspricht. Die D.-P.-R. kann aus der kinetischen Wärmetheorie abgeleitet werden.
Dult [ahd. tult ›Fest‹] die, Jahrmarkt in Bayern und Österreich.
Duluth [dəlˈuːθ], Stadt in Minnesota, USA, am Steilufer der W-Bucht des Oberen Sees, (1973) 98000 Ew.; Endpunkt des Sankt-Lorenz-Seewegs, einer der bedeutendsten Binnenhäfen der USA.
Dulzian, Dolcian [von ital. dolce ›süß‹], Musik: 1) im 17. Jh. das Fagott.
2) Orgel: Zungenstimme.
Dulzinea, scherzhafte Bez. für Geliebte, Angebetete (nach Dulcinea von Toboso, die nur in der Einbildung vorhandene Geliebte Don Quichotes bei Cervantes).
Duma [zu altslaw. dumati ›denken‹], 1) die *Bojarenduma (bojarskaja duma)*, hervorgegangen aus der → Druschina, bestehend aus den Spitzen der Verwaltung und Vertretern einflußreicher Adelsfamilien, bildete zur Zeit der russ. Teilfürstentümer (12.–15. Jh.) in den südl. Fürstentümern den organisator. Rahmen für den starken polit. Einfluß der Bojaren. Im N blieb sie vorwiegend beratende Körperschaft. Im 16. Jh. wurden – neben den Bojaren und Okolnitschije (zweiter Hofrang nach den Bojaren) – auch →Dworjane und Djaken vom Zaren in die D. berufen. Peter d. Gr. löste die D. 1711 auf.
2) *Städtische D. (gorodskaja duma)*, nach der russ. Städteverordnung von 1870 die Stadtverordnetenversammlung.
3) *Reichsduma (gossudarstwennaja duma)*, die russ. Volksvertretung 1905–17. Durch das Gesetz vom 18. 9. 1905 zunächst nur als beratende Versammlung vorgesehen, erhielt die D. durch das Manifest vom 30. 10. 1905 das Gesetzgebungsrecht. Die Abg. wurden gewählt nach einem im Dez. 1905 erweiterten Wahlrecht, das den Adel und die Bauern begünstigte. Die erste D. trat am 10. 5. 1906 zusammen, wurde aber ihrer radikalen Haltung wegen schon am 22. 7. aufgelöst; die zweite D. tagte vom 5. 3. bis 17. 6. 1907. Nach einem von der Regierung oktroyierten neuen Wahlgesetz, das die besitzenden Klassen begünstigte, wurde die dritte D. gewählt (14. 11. 1907–22. 6. 1912). Die vierte D. wurde am 15. 11. 1912 eröffnet und amtierte bis zur Februarrevolution 1917. Aus ihr ging die ›Provisorische Regierung‹ hervor.
Duma, auch **Dumka**, ukrain. episches Lied, im 15. bis 17. Jh. entstanden. Es besang, von Berufssängern (Kobsaren) zur Kobsa oder Bandura rezitatorisch improvisiert, mit festem Formelra

bestand, histor. Personen und Ereignisse der Kosakenkämpfe.
Dumai, wichtiger Erdölhafen auf NO-Sumatra, Indonesien.
Dumas [dymˈa], 1) Alexandre, *D. père* [–pɛːr], frz. Schriftst., * Villers-Cotterêts 24. 7. 1802, † Puys bei Dieppe 5. 12. 1870, schrieb sehr erfolgreiche histor. Abenteuerromane (›Les trois Mousquetaires‹, 8 Bde., 1844, dt.; ›Le Comte de Monte-Cristo‹, 18 Bde., 1845 bis 1846, dt.) und viele romant. Geschichtsdramen (›Antony‹, 1831, dt.; ›La tour de Nesles‹, 1833; ›Catherine Howard‹, 1834; ›Kean‹, 1836, dt.).
2) Alexandre, *D. fils* [–fis], frz. Schriftst., Sohn von 1), * Paris 28. 7. 1824, † Marly bei Paris 27. 11. 1895, schrieb zuerst Romane im romant. Geschmack, von denen ›La Dame aux Camélias‹ (1848, dt.) nach der Bühnenbearbeitung (1852) am bekanntesten wurde. Mit seinen dramatisch meisterhaft konstruierten Theaterstücken (›Le demi-monde‹, 1855, dt.; ›La question d'argent‹, 1857, dt.; ›Le fils naturel‹, 1858, dt.), in denen er Zeiterscheinungen geißelte, schuf er das moderne Gesellschaftsdrama.
Du Maurier [djuː mˈoː rɪeɪ], Daphne, engl. Schriftstellerin, * London 13. 5. 1907, seit 1932 Lady Browning [brˈaʊnɪŋ]; Romane und Dramen mit spannender Handlung.
WE. (alle dt.): Romane: Jamaica Inn (1936); Rebecca (1938); The king's general (1946); The parasites (1949); My cousin Rachel (1951); Mary Anne (1954); The scapegoat (1957); The glassblowers (1963); The flight of the falcon (1965); The house on the Strand (1969, dt. Ein Tropfen Zeit); Rule Britannia (1972). – Autobiographie: Growing Pains (1977).
Dumbarton [dʌmbˈaː tn], Industrie- und Hafenstadt in der schott. Strathclyde Region am Clydeästuar, (1973) 24500 Ew.
Dumbarton Oaks [dʌmbˈaː tn ˈəʊks], Landsitz bei Washington, auf dem die USA und Großbritannien in Konferenzen mit der UdSSR (21. 8.–28. 9. 1944) und der Rep. China (29. 9.–7. 10. 1944) die Grundlagen für die UNO schufen.
Dumbier [djˈumbjɛr], höchster Gipfel der Niederen Tatra (Tschechoslowakei), 2045 m hoch.
Dum-Dum-Fieber, die → Kala-Azar.
Dum-Dum-Geschoß, Stahlmantelgeschosse mit an der Spitze freiliegendem Bleikern (Teilmantelgeschoß), urspr. in der Munitionsfabrik Dum-Dum bei Kalkutta gefertigt; wie Sprenggeschosse wirkend, rufen sie schwer heilbare, gewebezerstörende Verletzungen hervor; als Kriegsmunition völkerrechtlich verboten.
Dumfries [dʌmfrˈiː s], 1) Stadt in SW-Schottland in der Dumfries and Galloway Region, (1973) 29300 Ew.
2) ehem. County in SW-Schottland.
Dumfries and Galloway Region [dʌmfrˈiː s ænd gˈæləweɪ rˈiː dʒən], Verwaltungseinheit (seit 1975) im südl. Schottland, 6370 km², (1975) 143700 Ew.
Dumka, Mz. *Dumky*, ukrain. episches Lied (→Duma) sowie das lyr. Volkslied der Polen.

Dümmer, flacher, von Mooren umgebener See in Ndsachs., 15 km², von der Hunte durchflossen; zw. den Dammer Bergen und Diepholz. An vielen Stellen der ehem. Uferzone des D. wurden vorgeschichtl. Siedlungsreste aufgedeckt. Auf Rengeweihfunde der Ahrensburger Kultur (9. Jahrtsd. v. Chr.) folgen jungsteinzeitl. Siedlungen des 4. und 3. Jahrtsd. v. Chr. (Trichterbecherkultur und Rössener Kultur).

Dummkoller, Koller, Dummsein, Tiermedizin: Bewußtseinsstörung infolge unheilbarer Gehirnerkrankung; Hauptmangel des Pferdes, Gewährfrist 14 Tage.

Dummy [dˈʌmɪ, engl. ›Attrappe‹] *der,* Versuchspuppe, z. B. beim Crash-Test.

Dumont [dymˈɔ̃], Louise, Schauspielerin, * Köln 22. 2. 1862, † Düsseldorf 16. 5. 1932, kam über Wien, Stuttgart 1896 nach Berlin (bes. Ibsen-Rollen). 1901/02 wurde sie Mitgründerin des Kleinen Theaters von M. Reinhardt; 1905 gründete sie mit ihrem Mann Gustav Lindemann das Düsseldorfer Schauspielhaus, das sie bis zu ihrem Tod leitete.

Du Mont [dymˈɔ̃], aus Belgien stammende rhein. Verleger-, Buchhändler- und Buchdruckerfamilie; sie geht zurück auf Maria Johann Nikolaus Du M. (* 1743, † 1816), seit 1794 Bürgermeister von Köln. Sein Sohn Marcus Theodor Du M. (* 1784, † 1831), verh. mit Katharina Schauberg, kaufte 1808 die den Schaubergschen Erben gehörige Druckerei nebst der Kölnischen Zeitung und gründete 1818 die selbständige *M. Du Mont-Schaubergsche Verlagsbuchhandlung,* die sich hauptsächlich der rhein. Lit. annahm. 1956 gründete das Stammhaus M. Du Mont-Schauberg erneut einen Buchverlag (vor allem kunst- und geisteswissenschaftl. Veröffentlichungen); Zeitungen ›Kölner Stadt-Anzeiger‹ (1876 bis 1944; wieder seit 1949), ›Express‹ (seit 1964).

Dumont d'Urville [dymɔ̃dyrvˈil], Jules Sébastien César, frz. Admiral und Weltumsegler, * Condé-sur-Noireau (Calvados) 23. 5. 1790, † Meudon 8. 5. 1842, leitete zwei Weltumsegelungen (1826–29 mit der ›Astrolabe‹, 1837–40 mit der ›Astrolabe‹ und der ›Zélée‹).

Dumping [dˈʌmpɪŋ, engl. to dump ›hinwerfen‹, ›verschleudern‹] *das,* die Berechnung von bes. niedrigen Verkaufspreisen im Auslandsabsatz, ohne Rücksicht auf Gewinn oder Verlust, mit dem Ziel, die ausländ. Konkurrenz auszuschalten. Insbes. haben Kartelle vielfach einen inländischen Zollschutz zum D. ausgenutzt, indem sie durch die höheren Inlandspreise die niedrigeren Preise im Auslandsverkauf ausglichen.

Dün *der,* Muschelkalkhöhenzug im Eichsfeld, NW-Thüringen, bis 520 m hoch, Vorkommen von Zechsteinsalzen (Kalibergbau).

Duna [dˈunɔ], ungar. Name der → Donau.

Düna, Westliche Dwina, lett. **Daugava,** russ. **Sapadnaja Dwina,** Fluß in Osteuropa, 1020 km lang, entspringt auf den Waldai-Höhen nahe der Wolga-Quelle, mündet 16 km unterhalb Riga in die Rigaer Bucht.

Dünaburg, lett. **Daugavpils,** russ. **Dwinsk,** Stadt der Lett. SSR, rechts der Düna, (1977) 114 000 Ew.; Metallverarbeitung, chem., elektrotechn., Leder-, Leinen-Industrie; pädagog. Institut, 4 Fachschulen, Landwirtschaftstechnikum, Theater, Museum. – D., 1278 vom Dt. Orden nach Magdeburger Stadtrecht gegr., kam 1561 zu Polen-Litauen. 1577 von Iwan IV. zerstört, danach umkämpft; kam 1667 an Polen und 1772 an Rußland, 1920 zur Rep. Lettland.

Dunaj, tschech. Name der → Donau.

Dunajec [–ts] *der,* rechter Nebenfluß der Weichsel, entspringt mit den Quellflüssen Schwarzer und Weißer D. in der Hohen Tatra, 247 km lang.

Dunant [dynˈã], Henri, schweizer. Philanthrop, * Genf 8. 5. 1828, † Heiden 30. 10. 1910, regte 1863 die Gründung des → Roten Kreuzes an (erste internat. Konferenz in Genf), weiter die Einberufung der internat. diplomat. Konferenz, die 1864 die Genfer Konvention schloß. 1901 Friedensnobelpreis (mit Frédéric Passy).

Dunărea [dˈunərea], rumän. Name der → Donau.

Dunaújváros [dˈunɔu:jva:roʃ], zeitweilig **Sztálinváros** [stˈaːlinvaːroʃ], neue (seit 1950 erbaut) Industriestadt südlich von Budapest, an der Donau, (1980) 60 000 Ew. Schwerindustriekombinat.

Dunav, serbokroat., **Dunaw,** bulgar. Name der → Donau.

Dunbar [dʌbˈɑː], 1) Paul Laurence, afroamerikan. Dichter, * Dayton (Ohio) 27. 6. 1872, † ebd. 9. 2. 1906; sehr erfolgreiche, balladenhafte, oft im Dialekt geschriebene Gedichte.
2) William, erster bedeutender schott. Dichter, Franziskaner, * um 1460, † um 1525; lyrisch-satir. Dichtungen.

Dunbarton [dʌnbˈɑːtn], ehem. County in Schottland, gehört seit 1975 zur Strathclyde Region.

Duncan [dˈʌŋkən], 1) Isadora, amerikan. Tänzerin, * San Francisco 27. 7. 1878, † (durch Autounfall) Nizza 13. 9. 1927, eine Vorkämpferin des freien Tanzes, die den Zwängen des klass. Balletts ein Ideal der grch. Antike orientiertes neues Körper- und Schönheitsgefühl entgegensetzte; tanzte barfuß in einer Tunika. Sie debütierte 1899 in Chicago, errang ihre Erfolge aber in Europa, wo sie stark zur Reform des Balletts beitrug. 1904 gründete sie ihre erste Schule in Berlin. – My life (1928).
LIT. A. R. Macdougall: Isadora – a revolutionary in art and love (New York 1960); V. Seroff: The real Isadora (ebd. 1971).
2) Ronald Frederick Henry, engl. Lyriker und Dramatiker, * Salisbury (Rhodesien) 6. 8. 1914; Gedichte und Versdramen mit religiöser Thematik. Ein Oratorium für B. Britten (›Mea culpa‹).

Duncker, 1) Alexander, Buchhändler, Sohn von 3), * Berlin 18. 2. 1813, † ebd. 23. 8. 1897, übernahm 1837 die Sortimentsbuchhandlung von Duncker & Humblot, widmete sich danach

Dund

Verlagsunternehmungen (*Alexander Duncker Verlag,* gegr. 1837, 1908 erworben von Hermann Kellermann, * 1881, † 1956; seit 1911 in Weimar, seit 1950 in München).

2) Franz, Buchhändler, Politiker, Sohn von 3), * Berlin 4. 6. 1822, † ebd. 18. 6. 1888, Mitgr. der Dt. Fortschrittspartei, mit Max Hirsch Gründer der Hirsch-Dunckerschen Gewerkvereine, → Gewerkschaften.

3) Karl, Buchhändler, * Berlin 25. 3. 1781, † ebd. 15. 7. 1869, gründete mit P. Humblot die Verlagsbuchhandlung *Duncker & Humblot;* diese wurde 1866 nach Leipzig verlegt, 1922 nach München; seit 1938 wieder in Berlin (Hauptgebiete: Rechts-, Wirtschafts-, Sozialwissenschaften).

4) Max, Historiker und Politiker, Sohn von 3), * Berlin 15. 10. 1811, † Ansbach 21. 7. 1886, Prof. in Halle und Tübingen, war 1848–52 führendes Mitglied der Frankfurter Nationalversammlung.

Dundalk [dʌndʼɔːk], irisch **Dún Dealgan** [duːn dɪʼaləgən], Hafenstadt in der Rep. Irland, nördlich Dublin, Verwaltungssitz der Cty. Louth, (1971) 21700 Ew.

Dundas [dʼʌndæs], früher *Thule,* Flugstützpunkt der USA in NW-Grönland, war die nördlichste Eskimosiedlung, Ausgangspunkt der Thule-Expeditionen. 1953 Umsiedlung der Eskimos in die neu gegr. 120 km nördlich gelegene Siedlung *Qanak* (heute: Thule).

Dundee [dʌndʼiː], Hafenstadt in O-Schottland in der Tayside Region, (1975) 194700 Ew., am Firth of Tay (eine Straßen-, eine Eisenbahnbrücke); Bildungs- und Kulturzentrum mit Univ. u. a. Hochschulen; vielseitige Industrie, Hafen.

Dunedin [dʌnʼiːdɪn], Hauptstadt der Prov. Otago, älteste der Südinsel Neuseelands, (1974) 119900 Ew., auf hügeligem Gelände im Inneren der Otago-Bucht; Ausfuhr von Fleisch und Wolle (zus. mit Port Chalmers ›Port of Otago‹). – 1848 von Presbyterianern gegr., ist D. Sitz der ältesten, heute staatl. Univ. Neuseelands (gegr. 1869).

Dunen [nd.], **Daunen,** bes. weiche Federn.

Dünen [niederländ.], durch Wind gebildete Sandanhäufungen, bestehen meist aus reinem Quarzsand. Nach dem Entstehungsort werden *Strand-* oder *Küstendünen* und *Binnendünen,* nach dem Bewegungsgrad feste D. und *Wanderdünen* unterschieden. Voraussetzungen ihrer Entstehung sind: genügender Sandvorrat sowie anhaltend gleiche Richtung der stärksten Winde. Als Anfangsform entsteht an einem kleinen Hindernis ein zungenartiger Hügel, der bei weiterer Sandablagerung zur D. anwächst, die mit dem Wind wandert. D. können (in Sandwüsten) mehrere hundert Meter hoch werden; höchste D. Europas bei Arcachon. Alle D. zeigen sanfte Luv- und steile Leehänge. Im feuchtgemäßigten Klima werden die Anfangsformen der Küsten-D. schon in geringer Entfernung vom Ufer durch Vegetation festgelegt und verwachsen zu wallartigen Vordünen (z. B. die etwa 100 Wälle bei Swinemünde). Wo wandernde D., bes. an Flachlandküsten, eine Gefahr für die Kulturlandschaft darstellen, werden sie durch Bepflanzung und Verbauungen festgelegt. Binnendünen finden sich in vegetationsarmen Trockengebieten; wenn die Flanken dieser D. schneller wandern als ihre kompaktere Mitte, entsteht eine leeseitig geöffnete Sichelform, die *Sicheldüne* oder der *Barchan,* wie sie nach Vorkommen in Turkestan bezeichnet wird.

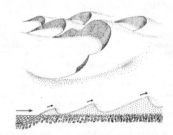

Dünen: oben Sicheldünen (Barchane); unten Querschnitt durch eine Reihe von D. mit flacher, dem Wind zugekehrter Luvseite und steiler, im Windschatten gelegener Leeseite (die Pfeile zeigen die Windrichtung und das Landeinwärtswandern der D.)

Dünendistel, die Stranddistel, → Mannstreu.

Dünenpflanzen, Pflanzen, die Dünen festigen, indem sie Sand zw. ihren Wurzeln und Stengeln sammeln und aufgewehte Sandschichten wieder durchwachsen; z. B. der Strandhafer.

Dunfermline [dʌnfʼəːmlɪn], histor. Stadt in Schottland in der Fife Region, (1973) 52100 Ew., nahe dem Firth of Forth (neue Straßenbrücke); Textilind., Maschinenbau. Im MA. war D. bis zur Verlegung nach Edinburgh königl. Residenz mit Benediktinerabtei (gegr. im 11. Jh.), deren Kirche (Neubau im 19. Jh.) Grabstätte schottischer Herrscher ist.

Dunganen, in der UdSSR Name der → Hui.

Dungau, auch **Gäuboden,** Beckenlandschaft in O-Bayern, erstreckt sich etwa 80 km beiderseits der Donau unterhalb von Regensburg.

Düngemittel, Stoffe, die mittelbar oder unmittelbar Pflanzen zugeführt werden, um ihr Wachstum zu fördern, ihren Ertrag zu erhöhen oder ihre Qualität zu verbessern. Die Düngung richtet sich nach dem Nährstoffbedarf der Pflanzenart, dem Boden und seinem Gehalt an pflanzenlösl. Nährstoffen, der Einwirkung von Klima und Witterung auf Pflanzenwachstum und Boden sowie nach der Fruchtfolge. So ersetzt der Mineraldünger die durch die landwirtschaftl. Pflanzenerträge entzogenen Nährstoffe des Bodens (J. Liebig).

Wirtschaftsdünger sind: Stallmist, Flüssigmist, Jauche, Komposte, Klärschlamm, Stroh- und Gründüngung. Sie fördern die Bodengare durch Verbesserung der physikal., chem. und biolog. Eigenschaften der Böden.

Handelsdünger werden unterteilt in organ. Dünger (z. B. Guano), anorgan. natürl. Dünger (z. B. Chilesalpeter) und anorgan. synthet. Dünger. Letztere werden nach der chem. Zusammensetzung unterschieden: *Stickstoff-* (z. B. Ammoniumsulfat, Harnstoff, Ammoniak, Kalkstickstoff, Natronsalpeter), *Kali-* und *Phosphatdünger. Kernnährstoffe* enthalten Stickstoff, Kalium, Phosphor, Magnesium oder Calcium. *Einzeldünger* enthalten nur einen Kernnährstoff. *Misch-* oder *Mehrnährstoffdünger* sind aus mindestens zwei Einzeldüngern gemischt. *Volldünger* enthalten alle Kernnährstoffe und möglichst noch Spurenelemente.

Dungeness [dʌndʒɪn′es], Kap an der engl. Südostküste; Leuchtturm, Vogelwarte, Kernkraftwerk.

Dünger, die →Düngemittel.

Düngerfressen, Kotfressen, Zeichen einer Mangelkrankheit bei Tieren.

Düngerstreuer, Maschinen zum Ausstreuen von Mineral- oder Handelsdünger (i. Ggs. zum Stalldungstreuer).

Dungfliegen, Sphaeroceridae, Fam. kleiner, z. T. flugunfähiger, aber sprungtüchtiger Fliegen; rd. 250 Arten, die u. a. von Pilzen und Abfällen leben.

Dungfliege Dungkäfer

Dungkäfer, Aphodiinae, Unterfam. der Blatthornkäfer mit über 1000 Arten. Die kleinen bis mittelgroßen Käfer sind meist schwarz, braun oder gelb mit dunklen Flecken, leben u. a. in Exkrementen, faulenden Pflanzen, Ameisennestern.

Dungmücken, Scatopsidae, Fam. kleiner, schwarzer oder rötl., feuchtigkeitsliebender Mücken; rd. 150 Arten, oft auf Doldenblüten; Larven in Abfällen.

Düngung, →Düngemittel.

Dunham [d′ʌnəm], Katherine, amerikan. Tänzerin, Choreographin und Ballettdirektorin, * Chicago 22. 6. 1912, erforschte die Tänze der Karibik und verwertete sie in ihren Choreographien.

Dunkel|adaptation, die Anpassung der Lichtempfindlichkeit des Auges im Dunkeln durch Erhöhung der Empfindlichkeit der Zapfen (Dauer: einige Minuten) und der Stäbchen (½ bis 1 Stunde). Die Zweiteilung der Anpassungsphase wird als *Purkinje-Effekt* bezeichnet.

Dunkel|atmung, jene Atmung der Pflanzen, die im Dunkeln meßbar ist, bei Tag jedoch von der Photosynthese überdeckt wird. Ggs.: Lichtatmung.

Dunkelfeldbeleuchtung, Mikroskopiertechnik:

Objekte feiner Strukturen werden vor dunklem Hintergrund von der Seite aus beleuchtet, so daß nur gebeugtes, aber kein direktes Licht das Auge des Beobachters trifft.

Dunkelkäfer, die →Schwarzkäfer.

Dunkelkammer, nach außen abgedunkelter Raum für Arbeiten mit lichtempfindl. Stoffen.

Dunkelmännerbriefe, satirische Schrift gegen das Mönchslatein im 16. Jh., →Epistolae obscurorum virorum.

Dunkelsteiner Wald, südöstliche Fortsetzung des Gneishochlandes des Waldviertels jenseits des Durchbruchstals der Donau (Wachau). Bewaldete Hochflächen in 540–600 m ü. M., im NW 712 m hoch. Hauptort: Gansbach. Burgen (Aggstein, Hohenegg) und Stifte Melk und Göttweig.

Dunkelwolke, Dunkelnebel, dichtes Absorptionsgebiet aus interstellarem Staub oder interstellarem Gas. In der Milchstraße verursacht es scheinbar sternarme oder sternleere Gebiete, in Sternspektren wird es als ruhende interstellare Spektrallinien bemerkbar. Die kleinsten, etwa 100- bis 1000mal so groß wie das Planetensystem, die *Globulen,* sind vielleicht Urzustand eines entstehenden Sterns.

Dünkirchen, frz. **Dunkerque** [dœk′ɛrk], niederländ. **Duinkerken** [d′œjnkerkə], Hafenstadt im frz. Dép. Nord, im fläm. Sprachgebiet nahe der belg. Grenze, (1975) 82900 Ew.; Werften, Erdölraffinerie, Elektro-Ind., Spinnereien, Fischverarbeitung; Stahlverhüttung und -verarbeitung mit eigenem Hafen. Im östl. Stadtgebiet der Badeort *Malo-les-Bains* [maloleb′ɛ̃]. – Im 2. Weltkrieg schnitten dt. Truppen zw. dem 13. und 26. 5. 1940 die frz. Nordarmee und den brit. Expeditionsheer um D. ab. Vom 27. 5. bis 4. 6. 1940 konnten sich 338000 brit. und frz. Soldaten unter Zurücklassung ihrer Ausrüstung nach Großbritannien einschiffen. Die dt. ›Festung‹ D. konnte sich bis zum 9. 5. 1945 halten.

Dünkirchen-Vertrag, am 4. 3. 1947 zw. Großbritannien und Frankreich auf 50 Jahre abgeschlossen, sollte beide Staaten gegen Nichterfüllung der Verpflichtungen und etwaige kriegerische Absichten Dtl.s sichern; er wurde Vorbild des →Brüsseler Paktes.

Dunkmann, Karl, Soziologe und protestant. Theologe, * Aurich 2. 4. 1868, † Berlin 28. 11. 1932, war seit 1912 Prof. in Greifswald, seit 1918 in Berlin, wo er 1924 das Institut für angewandte Soziologie gründete.

Dun Laoghaire [dʌnl′iəri], früher *Kingstown* [k′ɪŋstən], Stadt in der Rep. Irland, Seebad, beliebter Wohnort im Dubliner Verstädterungsgebiet, (1980) 54000 Ew.

Dunlap [d′ʌnləp], William, amerikan. Schriftst., * Perth Amboy (N. J.) 19. 2. 1766, † New York 28. 9. 1839, gilt als Begr. des amerikan. Theaters, beherrschte als Autor, Regisseur, Dramaturg, Übersetzer (Schiller, A. v. Kotzebue) um 1800 die New Yorker Bühne.

Dunlop [d′ʌnləp], John Boyd, engl. Tierarzt; Erfinder, * Dreghorn (Ayrshire) 5. 2. 1840,

† Balls Bridge (Dublin) 23. 10. 1921, erfand 1888, wohl ohne R. W. Thomsons Patent (1845) zu kennen, den pneumat. Gummireifen für das Fahrrad. 1889 gründete er die *Dunlop Rubber Company Ltd.*

Dunlop-Pirẹlli Union [d′ʌnlɔp-], London/Mailand, Gummikonzern, bestand 1971 bis 1981 durch Austausch einer gegenseitigen Minderheitsbeteiligung (49%) der *Dunlop Holdings Ltd.* (bis 1971 Dunlop Co. Ltd., gegr. 1889 als Dunlop Rubber Company Ltd. von J. B. Dunlop) und der *Pirelli S. p. A.* (gegr. 1920).

Dünndarm, Teil des → Darms.

Dünndruckpapier, dünnes Druckpapier aus Zellstoff, auch mit Zusatz von Hadern, mit viel Füllstoff, um das Durchscheinen zu verhindern.

Dunne [dʌn], Finley Peter, amerikan. Schriftst., * Chicago 10. 7. 1867, † New York 24. 4. 1936; Gesellschaftssatiren, in denen Mr. Dooley, ein irischer Gastwirt, zeitgenöss. Ereignisse kritisch kommentiert.

Dünnschicht|chromatographie, Chemie: Methode zur Trennung und Identifizierung kleinster Mengen von Stoffgemischen unter Ausnützung ihrer unterschiedl. Adsorption und Verteilung. Die Trennung geschieht in dünnen (0,2 mm), porösen Schichten von Kieselgel, Aluminiumoxid, Cellulosepulver u. a., die auf Glasplatten (z. B. 20 × 20 cm) aufgebracht sind *(Trennschicht).* Die gelöste Probe wird 2 cm vom unteren Rand der Platte punkt- oder streifenförmig aufgetragen. Nach dem Trocknen läßt man in einem ›Tank‹ ein geeignetes Lösungsmittel kapillar in der Schicht bis zum oberen Rand aufsteigen (Entwicklung). Dieses *Laufmittel* nimmt die Komponenten verschieden weit mit. Nach dem Trocknen der Platte werden die getrennten Substanzflecke durch Aufsprühen von Reagentien oder im ultravioletten Licht sichtbar gemacht.

Dünnschliffe, von Mineralen und Gesteinen hergestellte dünne, durchsichtige Plättchen (meist 0,02–0,04 mm dick); dienen der mikroskop. Untersuchung im Durchlicht.

Dünnung, Flämen, Wamme, Flanke am Schalenwildkörper hinter den Rippen.

Dunois [dynw′a], Jean Graf, genannt *Bastard von Orléans* [–ɔrle′ã], illegitimer Sohn des 1407 ermordeten Herzogs Ludwig von Orléans, * 1403, † 1468, verteidigte 1429 Orléans gegen die Engländer, bis es durch Jeanne d'Arc entsetzt wurde. 1449/50 eroberte er die Normandie, 1451 den größten Teil der Guyenne von den Engländern zurück.

Dunoyer de Segonzac [dynwaj′e də səgõz′ak], André, frz. Maler und Graphiker, * Boussy-Saint-Antoine (Seine-et-Oise) 6. 7. 1884, † Paris 17. 9. 1974; Landschaften, Stilleben und Akte.

Dunsany [dʌns′eɪnɪ], Edward, irischer Schriftst., → Plunkett.

Duns Scotus, Johannes, scholast. Theologe und Philosoph, * Duns (Schottland) um 1266, † Köln 8. 11. 1308, lehrte in Cambridge, Oxford, seit 1302 in Paris, seit 1307 in Köln. D. S. suchte eine neue, selbständige Synthese des Augustinismus der älteren Franziskanerschule (Bonaventura) mit den Grundlehren des Aristoteles, dem er kritischer als Thomas von Aquino gegenüberstand und daher auch dem Thomismus in vielen Punkten entgegentrat. So schränkte er den Bereich der natürl. Vernunft und der Philosophie stärker gegenüber dem Glauben und der Theologie ein als Thomas und bewertete den Willen und die Liebe höher als die Einsicht; er neigte daher dazu, den Bereich der freien Willensentscheidungen eher zu erweitern als einzuschränken. Der von ihm begründete *Scotismus* ist daher philosophisch eine mittelalterl. Vorstufe des subjektiven und traditionskrit. Denkens der Neuzeit gewesen. – D. S. (›doctor subtilis‹ genannt) war der bedeutendste Denker der Franziskanerschule.

Dunst, 1) Meteorologie: Trübung der Atmosphäre bei einer Sichtweite über 1 km durch Staub (*trockener D.,* bläulich bis schmutziggelb/rötlich) oder Wassertröpfchen (*feuchter D.,* grau). *Dunstglocke,* Ansammlung von D. mit Abgasen über Großstädten und Ind.-Gebieten. 2) feinstes Schrot *(Vogeldunst).*

Dunstable [d′ʌnstəbl], Johannes, engl. Komponist, * wohl zw. 1380 und 1390, † London 24. 12. 1453, entwickelte einen neuen kontrapunkt. Stil.

Dunstan [d′ʌnstən], Benediktiner, * Glastonbury um 909, † Canterbury 19. 5. 988, seit 960 Erzbischof von Canterbury, beeinflußte als Ratgeber König Edgars die engl. Politik, ordnete nach flandr. Vorbild das Mönchtum in England neu. Heiliger (Tag: 19. 5.).

dünsten, Speisen mit Fett oder wenig Flüssigkeit in einem verschlossenen Gefäß gar machen.

Dünung, ein Seegang, der nicht mehr unter dem Einfluß der erzeugenden Windfelder steht. Sie transportiert Wellenenergie über große Distanzen und kann zu hoher Brandung führen.

duo . . . [lat., ital.], zwei . . .

Duo [ital.] *das,* Musikstück für zwei Instrumente, meist selbständige Melodieinstrumente ohne Begleitung.

Duodẹnum [lat.] *das,* der Zwölffingerdarm (→ Darm).

Duodẹz [von lat. duodecim ›zwölf‹], kleines Buchformat, das durch Teilung des Bogens in 12 Blätter entsteht (anstatt in 8, wie beim Oktav oder 16 beim Sedez).

Duodezimalsystem, Stellenwertsystem mit der Grundzahl 12. Relikte des in der Antike verbreiteten Systems kommen noch in der Zeitmessung (12 h) vor.

Duodẹzstaat, Zwergstaat, kleiner Staat unter einem *Duodezfürsten.*

Duọle [ital.] *die,* die vereinfachte Notierung zweiteiliger Rhythmen innerhalb einer in dreizeitiger Bewegung verlaufenden Tonfolge.

Duọvir, Duụmvir, Mz. *Duụmviri* [lat. ›Zweimänner‹], Mitgl. der aus zwei Männern bestehenden altröm. Behörde *(Duumvirạt).*

Dupérac, Du Pérac [dyper′ak], Etienne, frz. Architekt, Maler, Kupferstecher, * Paris um 1525 (?), † Bordeaux 1604; Stiche nach Werken Tizians und 40 Radierungen nach röm. Ruinen (›Vestigi dell'antichità di Roma‹, 1575).

Duplessis [dyplɛs′i], Joseph-Siffred, frz. Maler, * Carpentras (Vaucluse) 22. 9. 1725, † Versailles 1. 4. 1802, malte bes. Porträts (Ludwig XVI., 1775; Ch. W. Gluck, 1775; B. Franklin, 1778).

Duplessis-Mornay [dyplɛs′i mɔrn′ɛ], Philippe de → Mornay.

Duplicidentata, die → Hasentiere.

Duplikat [lat.] *das,* die Abschrift oder zweite Ausfertigung einer Urkunde, eines Schriftsatzes o. ä.

Du Pont [dyp′ɔ̃], aus Frankreich stammende Familie mit bed. Einfluß im amerikan. Wirtschaftsleben. Sie geht zurück auf Pierre Samuel, genannt *Du P. de Nemours* [–dənəm′uːr], Nationalökonom und Politiker († 1739, † 1817), der 1815 nach Amerika emigrierte. Sein Sohn Eleuthère Irénée (* 1771, † 1834) gründete 1802 eine Pulverfabrik, sein Enkel Lammot (* 1831, † 1884) trat als chem. Erfinder hervor. Der Urenkel Eleuthères, Thomas Coleman (* 1863, † 1930), entwickelte die ehem. Pulverfabrik zum größten amerikan. Chemiekonzern: *E. I. du Pont de Nemours & Co.,* Wilmington, Del., jetziger Name seit 1915. Epochemachend war 1938 die Erfindung von Nylon. Heute weltgrößter Produzent von Kunstfasern (Markennamen u. a.: Dacron, Orlon, Lycra, Teflon).

Düppel, dänisch *Dybbøl,* Dorf auf der Halbinsel Sundewitt, Nordschleswig, 1864–1920 deutsch. Die zur Verteidigung des Alsensunds angelegten **Düppeler Schanzen** (3 km Frontlänge), im dt.-dän. Kriegen von 1848–50 und 1864 umkämpft, wurden am 18. 4. 1864 von den Preußen eingenommen; heute Nationalpark.

Dupré [dypr′e], **1)** Guillaume, frz. Bildhauer, * Sissonne bei Laon um 1576, † Paris 1643, gilt als Schöpfer der frz. Medaillenkunst.
2) Jules, frz. Maler, * Nantes 5. 4. 1811, † L'Isle-Adam bei Paris 6. 10. 1889, gehörte der Schule von Barbizon an.
3) Marcel, frz. Organist, * Rouen 3. 5. 1886, † Meudon bei Paris 30. 5. 1971, seit 1926 Prof. für Orgelspiel am Pariser Konservatorium.

Duque de Caxias [d′uki di kaʃ′ias], Stadt im Vorortbereich von Rio de Janeiro, Brasilien, am Westufer der Guanabara-Bucht, (1970) 259000 Ew.

Duquesnoy [dykɛnw′a], François, gen. *Il Fiammingo,* niederländ.-ital. Bildhauer, * Brüssel 12. 1. 1597, † Livorno 12. 7. 1643, war Schüler seines Vaters Jérôme (von dem das ›Manneken-Pis‹ in Brüssel stammt), lebte seit 1618 in Rom. D. vertritt in seinen Monumentalwerken (Hl. Andreas in St. Peter, 1629–40; Hl. Susanna in S. Maria di Loreto in Rom, 1629–33) eine klassizist. Richtung des Barock im Sinne seines Freundes N. Poussin. Seine Puttenreliefs wie seine Arbeiten in Bronze und Elfenbein wirkten typenbildend.

Dur [lat. *durus* ›hart‹], das männliche Tongeschlecht, dem alle → Tonarten mit großer Terz, Sext und Septime zugehören, im Ggs. zu dem weiblichen Moll (mit kleiner Terz und Sext).

Dura Europos, Ruinenstätte in SO-Syrien, am rechten Euphratufer, um 300 v. Chr. durch Seleukos Nikator neu gegr.; um 100 v. Chr. von den Parthern, 165 n. Chr. von den Römern und 256 von den Sassaniden erobert. Die Stadt hatte von nun an keine Bedeutung mehr. Durch Grabungen wurden Palast-, Haus- und Grabanlagen sowie Festungseinrichtungen der geometrisch angelegten Stadt freigelegt. Bedeutend sind die Funde einer um 200 n. Chr. erbauten Synagoge und eines um 250 n. Chr. zur christl. Kirche umgebauten Wohnhauses, deren Fresken einen Zusammenhang der jüd. und der frühchristl. Kunst vermuten lassen. Entgegen dem altjüd. Bilderverbot ist die Synagoge mit Bildzyklen aus dem A. T. geschmückt (Moses, David, Esther, Ezechiel-Vision; die Original-Fresken im National-Museum von Damaskus). Die Fresken der christl. Kirche befinden sich heute in der Yale Gallery, New Haven, USA.

Dura mater [lat.], harte Gehirn- und Rückenmarkhaut, umgibt als äußerste von 3 Hüllen Gehirn und Rückenmark.

Durance [dyr′ãs], Fluß in den frz. Alpen, linker Zufluß der Rhône, 304 km lang, entspringt am Mont Genèvre, mündet bei Avignon. Zahlreiche Staustufen und Kraftwerke; größter Stausee: Serre- Ponçon am Oberlauf.

Durandart(e), das Schwert Rolands, → Durendal.

Durango, 1) amtlich **Victoria de D.,** Hauptstadt des Staates D., Mexiko, 1925 m ü. M., (1976) 200000 Ew.; Universität; kath. Erzbischofssitz.
2) Staat im NW Mexikos, 119648 km², (1980) 1,16 Mio. Ew.

Durante, auch *Ser Durante,* → Fiore.

Durão [dur′ãu], Freí José de Santa Rita, brasilian. Schriftst., * Cata Preta (Minas Gerais) um 1720, † Lissabon 24. 1. 1784, Augustinermönch; enzyklopädisch gelehrtes Kolonialepos ›Caramurú‹ (10 Gesänge, 1781).

Duras [dyr′a], Marguerite, eigtl. M. *Donnadieu* [dɔnadʒ′ø], frz. Schriftstellerin, * Giadiuh (Vietnam) 4. 4. 1914; zunächst Romane im traditionellen Stil (›Un barrage contre le Pacifique‹, 1950, dt. Heiße Küste), wurde dann ein Hauptvertreter des Nouveau roman. WE. Drehbücher: Hiroshima mon amour (1960); Une aussi longue absence (1961). Romane: Moderato Cantabile (1958, dt.); Détruire dit-elle (1969, dt.); India Song (1973); Les parleuses (1974).

durativ [lat.], **imperfektiv,** eine Aktionsart zur Bez. der unbegrenzten Dauer, z. B. ›fliegen‹ gegenüber ›auffliegen‹.

Durazzo, alban. **Durrës** [d′urəs], Provinzhaupt- und Hafenstadt Albaniens, am Adriat. Meer, (1976) 61000 Ew.; vielseitige Industrie. – D. wurde 627 v. Chr. als *Epidamnos* von Kerky-

Durb

ra (Korfu) aus gegr. Seit 229 unter röm. Schutz *(Dyrrhạchium)*, war es Ausgangspunkt der nach Thessaloniki und Byzanz führenden *Via Egnạtia*. Diokletian erhob es zur Hauptstadt der Prov. Epirus Nova. 989 eroberte Samuel von Bulgarien, nach einem byzantin. Zwischenspiel 1082 der Normanne Robert Guiscard D. 1205 fiel D. erstmals an die Venezianer, dann folgten in raschem Wechsel die Despoten von Epirus, Manfred von Hohenstaufen, Karl von Anjou, Philipp von Otranto und Stefan Dušan, bis 1392 Venedig wiederum die Stadt besetzte und bis zur türk. Eroberung (1501) behielt.

Durban [d'ɔ:bən], **Port Natal** [pɔ:t nət'æl], größte Stadt der Prov. Natal und wichtigster Hafen der Rep. Südafrika, an einer Bucht des Ind. Ozeans gelegen, (1980) 506000 Ew.; 1835 gegr., seit 1854 Stadt, ist Sitz eines kath. Erzbischofs, der Univ. von Natal und der Univ. für Inder; hat Techn. Hochschule, Museen, Botan. Garten; Seebad. Vielseitige Industrie; nördlich von D. die neue Hafenstadt *Richards Bay*.

Dürbẹten, der zweitgrößte Mongolenstamm, im äußersten NW der Mongol. VR.

Durchblutungsstörungen, akute oder chron. Minderdurchblutung von Geweben oder Organen; können sich unterschiedlich schwer auswirken: kalte Hände und Füße bei peripheren D. bis zu schweren Leiden wie Herzinfarkt, Schlaganfall bei koronaren oder zerebralen D.

durchbrochene Arbeit, von Beethoven bis A. Schönberg und A. v. Webern bezeichnende Satztechnik: es werden verschiedenen (Instrumental-)Stimmen nacheinander einzelne Melodieglieder (bei Webern einzelne Töne) zugeteilt, die sich beim Erklingen zu einer fortlaufenden, sinnvoll gegliederten Melodie fügen.

Durchbrucharbeit, eine der ältesten Arten der Nadelarbeit. Hohlnähte und Durchbrüche entstehen durch Ausziehen von Gewebefäden aus dem Grundstoff. Stehengebliebene Fäden werden gebündelt und mit der Kante abgenäht, leere Flächen umstickt und mit Spinnen oder Ornamenten gefüllt. Bei *Toledoarbeit* werden ausgezogene Fäden gegittert und umwickelt. D. mit Motiven in Weißstickerei wird *Hardanger-* (bes. in nord. Ländern) oder *Varottaarbeit* (in Ungarn) genannt.

Durchdringung, Geometrie: Schnittlinie zweier dargestellter Flächen.

Durchdringungskomplexe, Chemie: → Komplexverbindungen.

Durchfall, Diarrhöe, Entleerung dünnflüssiger und häufiger Stühle bei primären oder sekundären Darmerkrankungen. Der Stuhl kann Eiter-, Schleim- oder Blutbeimengungen enthalten. Der Flüssigkeitsverlust kann zu Austrocknung (Dehydration), Elektrolytverlust und Krämpfen führen. Die Ursachen sind sehr vielfältig: ernährungsbedingt, allergisch, infektiös (Bakterien, Viren, Protozoen), toxisch (durch Gifte), hormonell, medikamentös, enzymatisch, psychisch. Schwere *D.-Krankheiten* sind: Cholera, Salmonelleninfektionen, Ruhr, Darmtuberkulose u. a.

Durchforstung, period. Pflegehiebe zwecks Entnahme von Bäumen zur Erweiterung des Standraumes der stehengelassenen Bäume (verbleibender Bestand).

Durchführung, 1) Isolator, meist aus Porzellan, zur Einführung einer elektr. Leitung in das Innere eines Gebäudes oder Gerätes.

2) die Verarbeitung eines oder mehrerer Themen einer Komposition, besonders in der Fuge und in der Sonate.

Durchgang, Astronomie: für einen Erdbeobachter das Vorbeigehen der Planeten Merkur und Venus vor der Sonnenscheibe, auf der sie als dunkle Punkte sichtbar werden. – Allg. heißt D. auch das Vorbeigehen eines Sterns vor dem Fadenkreuz eines opt. Instruments.

Durchgangsarztverfahren, kurz **D-Arztverfahren.** Die Berufsgenossenschaften verpflichten Arbeitgeber, prakt. Ärzte und Krankenkassen, Unfallverletzte, die eine weitere Behandlung benötigen, dem *Durchgangsarzt* (Chirurg oder Orthopäde) vorzustellen. Dieser ist für die Behandlung zuständig und hat zu prüfen, ob der Verletzte einem besonderen Heilverfahren zugeführt werden muß.

Durchgangs|instrument, Passageninstrument [pas'a:ʒən-], Instrument zur Zeitbestimmung durch Beobachtung der Meridiandurchgänge von Sternen; als um eine feste Ost-West-Achse drehbares Fernrohr 1689 von dem Dänen O. Römer erfunden.

Durchgangs|töne, Durchgangsdissonanzen, durchgehende Töne, akkordfremde Melodienoten, die zw. zwei aufeinanderfolgende Harmonien eingeschoben werden und figurative Bedeutung haben. D. sind unbetont und werden daher kaum als dissonant empfunden im Ggs. zum Vorhalt, der betont ist.

Durchgangswiderstand, elektr. Widerstand im Isolierstoffinnern. Er wird gemäß VDE 0303 mit geerdeten Schutzstreifen gemessen, um Oberflächenströme abzuleiten.

Durchgriff, bei Elektronenröhren das in Prozenten angegebene Verhältnis einer Gitterspannungsänderung zur Anodenspannungsänderung bei konstantem Anodenstrom. Der D. gibt an, wie stark die Anodenspannung durch das Gitter ›hindurchgreift‹. Je kleiner der D. ist, um so größer ist die Verstärkung.

Durchhang, bei frei gespannten Drähten oder Seilen, z. B. bei elektr. Freileitungen, der größte vertikale Abstand zw. der Verbindungsgeraden der Aufhängepunkte und dem Seil.

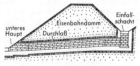

Durchlaß

Durchlaß, nicht verschließbares Bauwerk zum Durchleiten eines offenen Gerinnes mit freiem Gefälle durch einen Damm (Eisenbahn, Straße).

Durchlaucht [spätmhd. ›durchleuchtend‹, ›glänzend‹], dem lat. *Serenitas* und *Serenissimus* nachgebildeter Titel für Fürsten; Anrede: Euer D. Den Titel D. führte auch der Doge von Venedig.

durchlaufende Kredite, Kredite, die im Namen einer Bank für Rechnung eines Dritten gewährt werden; es sind Treuhandkredite, bei denen die Bank kein Risiko trägt, sondern nur für die ordnungsgemäße Auftragsausführung haftet.

durchlaufende Posten, Rechnungswesen: Einnahmen, die zur unverkürzten Ablieferung an einen anderen Empfangsberechtigten bestimmt sind und damit zu gleich hohen Ausgaben führen.

Durchläufer, Minerale, die sich in einem weitgespannten Druck-Temperatur-Bereich bilden können und dadurch in verschiedenartigsten Gesteinen auftreten, z. B. Pyrit, Kupferkies, Quarz.

Durchlauferhitzer, ein Heißwasserbereiter.

Durchleuchtung, eine Form der Röntgenuntersuchung.

Durchliegen, Dekubitus, das Aufliegen.

Durchlüftungsgewebe, Durchlüftungssystem, Zellgewebe höherer Pflanzen; dient dem Gasaustausch der Innengewebe mit der Atmosphäre für Atmung, CO_2-Assimilation und Transpiration.

Durchmesser, Geraden, auf denen alle Mittelpunkte einer parallelen Sehnenschar eines Kegelschnitts liegen. Beim Kreis läuft ein D. durch den Mittelpunkt, bei der Ellipse und Hyperbel durch den Schnittpunkt der Symmetrieachsen, bei der Parabel parallel zur Symmetrieachse. D. einer beschränkten Punktmenge in einem metr. Raum ist die obere Grenze aller Abstände von je zwei Punkten der Menge.

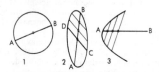

Durchmesser: 1 Durchmesser AB eines Kreises. 2 Konjugierte Durchmesser AB und CD einer Ellipse; jeder D. halbiert die zu dem anderen parallelen Sehnen. 3 Durchmesser AB einer Parabel, wird durch Verbindung der Mittelpunkte einer Schar beliebiger, paralleler Sehnen erhalten

Durchmusterung, → Sternkatalog.

Durchrutschweg, Eisenbahnwesen: Sicherheitsstrecke hinter einem Hauptsignal bis zum Gefahrenpunkt (z. B. Weiche, Anfang eines Bahnsteiges).

Durchsatz, die Stoffmenge, die in einer bestimmten Zeit eine Anlage (Hüttenwerk, Raffinerie, Ofen, Maschine) durchläuft.

Durchschallung, Durchstrahlung von Körpern und Substanzen mit Ultraschall, z. B. zur Werkstoffprüfung.

durchscheinend, diaphan, lichtdurchlässig, jedoch so, daß durch starke Lichtzerstreuung die Konturen eines Körpers hinter dem Medium nicht erkennbar sind.

durchschießen, 1) Buchbinderei: zw. je zwei bedruckte Seiten eine unbedruckte einlegen (für Ergänzungen, Änderungen u. a.).
2) Setzerei: zw. die Zeilen eines Schriftsatzes den Durchschuß einbringen.

Durchschläger, Durchtreiber, Werkzeug zum Lochen von Blechen, von glühenden dickeren Werkstücken (Schmiedetechnik), auch von Leder o. ä. Der D. wird mit dem Hammer durch das Werkstück getrieben.

Durchschlagpapier, Papier zum Herstellen von Durchschlägen auf der Schreibmaschine.

Durchschlagskraft, 1) Schußwaffen: Kraft des Geschosses, in ein festes Ziel einzudringen und es zu durchschlagen.
2) Individualpotenz eines Zuchttieres, bewirkt große Ähnlichkeit der Nachkommen.

Durchschlagsröhre, Schlot, meist senkrechtes röhrenartiges Gebilde, durch explosionsartige vulkan. Gasausbrüche entstanden und mit vulkan. Lockermassen (Tuffen) sowie Nebengesteinsbrocken erfüllt. An der Erdoberfläche endet die D. oft als → Maar.

Durchschnitt zweier Mengen: D ist der D. der beiden Kreisflächen

Durchschnitt, Mittelwert, Mittelmaß. Mathematik: früher für arithmetische Mittel (→ Mittelwerte). *Durchschnitt zweier Mengen,* die größte Menge, die Teilmenge von jeder der Mengen ist.

Durchschreibpapier, urspr. dünne Papiere mit farbabgebender Schicht für Durchschriften (Kohlepapiere); später selbstdurchschreibende Papiere, die das Kohlepapier erübrigen, z. T. zu *Durchschreibesätzen* zusammengefaßt.

Durchschuß, 1) Schuß, bei dem das Geschoß den getroffenen Körper wieder verlassen hat.
2) Setzerei: Metallstreifen (Regletten) zur Herstellung der Zeilenabstände; auch der Abstand selbst.

Durchsichtigkeit, → Transparenz.

Durchstich, künstliche Wasserlaufstrecke, die Krümmungen eines natürlichen Wasserlaufs abschneidet.

Durchsuchung, 1) Strafprozeß: Die D. von Wohnungen *(Hausdurchsuchung),* Personen oder Sachen durch die Polizei bezweckt das Ergreifen der einer Straftat Verdächtigen oder das Auffinden von Beweismitteln. Bei anderen Personen als dem Verdächtigen sowie zur Nachtzeit ist eine D. nur unter einschränkenden Voraussetzungen zulässig. Der Inhaber der zu durchsuchenden Räume oder Gegenstände oder in seiner Abwesenheit ein Hausgenosse oder Nachbar dürfen der D. beiwohnen. Zuständig zur Anordnung der D. sind der Richter, bei Gefahr im Verzug die Staatsanwaltschaft und ihre Hilfsbeamten (§§ 102–110 StPO). Im wesentlichen übereinstimmend sind die österr. StPO (§§ 139–142) und das schweizer. Gesetz über die Bundesstrafrechtspflege (§§ 67–73).

2) Zivilprozeß: → Gerichtsvollzieher.

Durchsuchungsrecht, im Seekriegsrecht die Befugnis eines Kriegführenden, durch Kriegsschiffe auf Hoher See neutrale Handelsschiffe anzuhalten, auf Banngut zu durchsuchen, auf Einhaltung der Neutralität zu überprüfen und die Rechtmäßigkeit der Flaggenführung festzustellen.

Durchwachs(kraut), volkstüml. Name mehrerer Pflanzen, z. B. Durchwachsenes Hasenohr.

Durchwachsung, 1) Proliferation, durch Parasiten oder genetisch verursachte Blütenmißbildung, bei der aus einer Blüte ein vegetativer Sproß oder eine neue Blüte wächst.

2) Mißbildung der Kartoffelknollen: Aus den Kartoffeln entspringen Ausläufer, die wieder eine oder mehrere Knollen bilden *(Kettenbildung)*.

Durchwachsung: a normaler Blütenboden der Rose mit Staub- und Fruchtblättern, b entsprechender Teil mit D. durch eine Blüte

Durchziehen, Formung eines Voll- oder Hohlzylinders durch Ziehen durch eine sich in Ziehrichtung verengende Werkzeugöffnung, wie Drahtziehen, Stabziehen, Rohrziehen.

Düren, Kreisstadt in NRW, an der mittleren Rur am Westrand der Jülich-Zülpicher Börde, (1981) 85 900 Ew. – D., aus einer karoling. Königspfalz entstanden, kam 1246 an die Gfsch., das spätere Hzgt. Jülich, 1815 an Preußen. 1944/1945 wurde die Altstadt zerstört.

Durendal [frz. dyrãd'al], dt. **Durandart(e),** ital. **Durindana,** Schwert des Helden Roland, wird im altfrz. Rolandslied Karl d. Gr. durch einen Engel überbracht, damit er es seinem besten Paladin zum Kampf gegen die Heiden verleihe. In seinem Knauf enthielt es Reliquien, die ihm Wunderkraft geben sollten.

Dürer, 1) Albrecht, Maler, Graphiker, Kunstschriftsteller, * Nürnberg 21. 5. 1471, † ebd. 6. 4. 1528, Sohn des Goldschmieds Albrecht D. (* Gyula in Ungarn 1427, † Nürnberg 1502, wo er seit 1455 ansässig war). D. lernte zuerst bei

seinem Vater und 1486–90 in der Werkstatt des M. Wolgemut in Nürnberg. 1490–94 war er auf der Wanderschaft am Oberrhein (Straßburg, Colmar, Basel), 1494 heiratete er in Nürnberg Agnes Frey († 1539). 1494/95 und 1505/06 reiste D. nach Italien mit längeren Aufenthalten in Venedig. Die zweite Reise führte ihn wahrscheinlich von Bologna aus auch kurz nach Rom. 1509 erwarb er in Nürnberg das stattl. Haus am Tiergärtnertor und kam in den Großen Rat der Stadt. Seit 1512 war er im Dienst Kaiser Maximilians tätig. 1520/21 reiste er in die Niederlande. Ein Fieber, das er sich dort holte, ließ ihn zeitlebens kränkeln. Er wurde auf dem Johannesfriedhof in Nürnberg bestattet.

Die in der dt. Spätgotik wurzelnde Kunst D.s ging aus der Überlieferung des mittelalterl. Handwerks hervor, dessen Fleiß und Werktreue er zeitlebens bewahrte. D. war zugleich der erste dt. Künstler, der mit der wachsenden Bewußtheit der Renaissance die Grenzen des Handwerks überschritt, indem er eine Erneuerung der Kunst durch die theoretische Erkenntnis ihrer Formgesetze erstrebte. So wird die Vielfalt seines Werks durch gegensätzl. Kräfte bestimmt. Die apokalyptische Stimmung der Zeit und spätgot. Gestaltung sprechen am stärksten aus den ausdrucksstarken Holzschnitten zur Offenbarung des Johannes (1498), seine Auseinandersetzung mit der südlichen Formenklarheit der Renaissance vor allem aus dem Adam-und-Eva-Stich (1504), dem reifsten Ergebnis seiner theoretischen Bemühungen um die vollkommene Proportion der Menschengestalt. Sein Wirklichkeitssinn zeigt sich bes. deutlich in seinen Bildnissen. Seine Landschaftsaquarelle sind die ersten in sich geschlossenen Darstellungen der Natur. Auch die Kleinwelt der Pflanzen und Tiere hat er mit liebevoller Sachtreue geschildert (Rasenstück, Feldhase u. a.). Unter den weltl. Stoffen, die einen breiten Raum in seinem Schaffen einnahmen, ragen mytholog. und allegor. Themen hervor, die er, vom Humanismus angeregt, vor allem in Kupferstichen behandelte. Doch kehrte er immer wieder zur Darstellung der Passion Christi zurück (drei große graph. Folgen und viele Einzelblätter). D.s Ruhm drang schon zu seinen Lebzeiten weit über die Grenzen Dtl.s; er ging von seinen Holzschnitten und Kupferstichen aus, in denen seine Kunst, die sich am freiesten mit den Mitteln der Linie auszusprechen vermochte, eine hohe Formvollendung und Ausdruckskraft erlangte. Wegen der nachhaltig stilbildenden Kraft, die seine Graphik ausübte, wurde für dieses Zeitalter der Begriff *Dürerzeit* geprägt. Sein letztes großes Werk waren die beiden Tafeln der Vier Apostel (1526), ein Hinweis auf D.s Nähe zur Reformation. Er hinterließ sie seiner Vaterstadt als Vermächtnis, auf daß sie den ›weltl. Regenten‹ Mahnung und Halt in den Wirren der Zeit seien.

WE. *Selbstporträts:* Zeichnungen von 1484 (Wien, Albertina) und 1492 (Erlangen, Univ.-Bibliothek), Gemälde von 1493 (Paris, Louvre),

1498 (Madrid, Prado) und 1500 (München, Pinakothek). *Gemälde:* Wittenberger Altar (um 1495; Dresden, Galerie), Anbetung der Könige (um 1502; Florenz, Uffizien), Paumgärtneraltar mit der Geburt Christi und den Stiftern als hl. Georg und hl. Eustachius (um 1504; München, Pinakothek), Rosenkranzfest (1506; Prag, Galerie), Adam und Eva (1507; Madrid, Prado), Allerheiligenaltar (Die Anbetung der Dreifaltigkeit, 1511; Wien, Kunsthistor. Mus.; Bild Gnadenstuhl), Die vier Apostel (1526; München, Pinakothek). *Porträts:* Friedrich der Weise (um 1497; Berlin, Staatl. Museen), Maximilian I. (1519; Wien, Kunsthistor. Mus.), H. Holzschuher (1526; West-Berlin, Staatl. Museen), J. Muffel (1526; ebd.). *Holzschnitte:* Apokalypse (15 Blatt zur Offenbarung des Johannes, 1498; Titelblatt 1511), Große Passion (11 Blatt; um 1498–1510), Marienleben (19 Blatt; 1504–11), kleine Holzschnittpassion (37 Blatt; 1509–11). *Kupferstiche:* Der verlorene Sohn (um 1498), Das Große Glück (um 1500), Adam und Eva (1504), Kupferstichpassion (16 Blatt, 1508–12), Ritter, Tod und Teufel (1513), Hieronymus in der Zelle (1514), Melancholia I (1514), Christus am Ölberg (1515), Albrecht von Brandenburg (1519, 1523), Friedrich der Weise (1523), W. Pirkheimer (1524), Melanchthon (1526), Erasmus (1526). *Zeichnungen:* Bildnisse, Tiere, Blumen, Vorlagen für Goldschmiedearbeiten, Landschaftsaquarelle, Skizzenbuch von der niederländ. Reise, Randzeichnungen zum Gebetbuch des Kaisers Maximilian (1515; mit Cranach, Altdorfer, Baldung u. a.).

Dürer: Selbstbildnis (Erlangen, Univ.-Bibliothek)

Schriften: Tagebuch der Reise in die Niederlande, Familienchronik. Reime, Briefe an Pirkheimer aus Venedig (1506); Unterweysung der Messung mit dem Zirkel und Richtscheyt in Linien, Ebenen und ganzen Körpern (1525), Etliche Unterricht zur Befestigung der Stett, Schloß und Flecken (1527), Vier Bücher von menschlicher Proportion (1528).

LIT. D. Schriftl. Nachlaß, hg. v. H. Rupprich, 3 Bde. (1956–69). – A. D. 1471–1971, Ausst.-

Kat. Nürnberg (1971); F. Anzelewsky: A. D., das maler. Werk (1971); The complete drawings of A. D., 6 Bde., hg. v. L. Strauss (München 1975); The intaglio prints of A. D., hg. v. dems. (New York 1977); E. Panofsky: Das Leben und die Kunst A. D.s (a. d. Engl., 1977).

2) Hans, Maler, Bruder von 1), * 2. 2. 1490, † Krakau um 1538, wohin er 1525 übersiedelte und seit 1529 als Hofmaler König Sigismunds I. erwähnt wird. In der Werkstatt seines großen Bruders ausgebildet, ist seine Eigenart nur schwer faßbar.

Durga [altind. ›die schwer Zugängliche‹], auch *Parvati* [altind. ›Bergestochter‹], ind. Göttin, Gattin des Shiva. In ihrer gnädigen Gestalt als *Annapurna* spendet sie Speise, in ihren furchtbaren Aspekten als *Tchandi* [›die Grausame‹] und *Kali* bekämpft sie Dämonen und erhält Ziegen- (früher auch Menschen-) Opfer. Hauptfest *Durgapuja* [›Verehrung der D.‹] im Sept./Okt. bes. in Bengalen.

Durgapur, Stadt in Westbengalen, Indien, (1971) 207 200 Ew., am Damodar; Stahlwerk.

Durg-Bhilainagar, Städtegruppe in Madhya Pradesh in Indien, östlich Nagpur, (1971) 245 300 Ew.; Stahlwerk (Bhilai).

Durham [dʹʌrəm], **1)** Stadt in NO-England in der Cty. D. in einer Schleife des Wear, (1971) 24 700 Ew., Verwaltungssitz der County; Univ. – Die mächtige Kathedrale (1093) gehört zu den am besten erhaltenen normann.-roman. Bauwerken Englands; Burg mit normann. Kapelle aus der Gründungszeit (1072).

2) County in NO-England, 2436 km², (1975) 607 600 Ew.

3) Stadt in North Carolina, USA, (1980) 100 800 Ew.; Tabak- und Textilindustrie; *Duke University*, gegr. 1838 in Randolph County, 1892 nach D. verlegt; seit 1924 durch eine Stiftung von J. B. Duke (* 1856, † 1925) Univ.

Durianbaum, der → Zibet(h)baum.

Durieux [dyrjʹø], Tilla, eigtl. Ottilie *Godefroy,* Schauspielerin, * Wien 18. 8. 1880, † Berlin 21. 2. 1971, wirkte u. a. bei M. Reinhardt in Berlin. 1934 emigriert, kehrte sie 1952 zurück; sie stiftete 1967 den *D.-Schmuck* für außergewöhnl. Leistungen einer Schauspielerin (erste Trägerin Maria Wimmer; seit 1977 Gisela Stein); schrieb einen Roman, Erinnerungen; Filmrollen.

Dürig, Walter, kath. Theologe, * Breslau 17. 3. 1913, wurde 1957 Prof. für prakt. Theologie in Freiburg i. B., 1960 für Liturgie-Wiss. in München.

Duris, attischer Vasenmaler des 1. Drittels des 5. Jh. v. Chr.

Durkheim [dyrkʹɛm], Émile, frz. Soziologe und Pädagoge, * Épinal (Lothringen) 15. 4. 1858, † Paris 15. 11. 1917, war seit 1896 Prof. in Bordeaux, seit 1902 in Paris. Ausgehend von dem Gedanken, daß ›soziale Tatsachen‹ mit den Mitteln der positiven Wiss. wie ›Dinge‹ zu behandeln seien, bemühte sich D. um eine Begründung der Soziologie als empir. Wiss. (›Les règles de la méthode sociologique‹, 1895, dt.). Seine

Hauptuntersuchungen galten der Analyse der sozialen Arbeitsteilung (›De la division du travail social‹, 1893), des Selbstmords (›Le suicide‹, 1897, dt.) und der Grundformen des religiösen Verhaltens (›Les formes élémentaires de la vie religieuse‹, 1912). – Wegweisend war seine Deutung der modernen Gesellschaft von der Wirkung des Kollektivbewußtseins her, das, obgleich von den Individuen erzeugt, auf diese einen überindividuellen sozialen Zwang durch seine normativen Verpflichtungen und Sanktionen ausübe (Gruppenmoral).
LIT. S. Lukes: E. D. (New York 1972, mit Lit. u. Bibliogr.).

Dürkheim, Bad D., Kreisstadt und Kurort im RegBez. Rheinhessen-Pfalz, Rheinland-Pf., (1981) 15700 Ew., am Rand des Naturparks Pfälzer Wald; Heilquellen; Weinbau; Spielbank. – D., 946 bezeugt, wurde im 14. Jh. Stadt, war zeitweise Residenz der Grafen (Fürsten) von Leiningen und wurde 1847 Solbad.

Durlach, seit 1938 Stadtteil von Karlsruhe, Bad.-Württ. – D. kam 1227 aus stauf. Besitz an die Markgrafen von Baden und war 1565–1715 Residenz der evang. Linie Baden-D. 1689 wurde D. von den Franzosen zerstört. Schloß, Stadtkirche (1698–1700, Turm z. T. 12. Jh.).

Durmersheim, Gem. im Kr. Rastatt, Bad.-Württ., (1981) 10400 Ew.; Wallfahrtsort (seit 1410).

Durmitor der, höchster Gebirgsstock in Montenegro, Jugoslawien, 2522 m hoch.

Dürnstein, Stadt in Niederösterreich, am linken Donauufer in der Wachau, (1981) 1000 Ew.; Weinbau. – D. ist einer der malerischsten Orte der Wachau; ehem. Chorherrnstift (1410–1788; Neubau 1710–40 durch J. Prandtauer, J. Munggenast u. a.), ehem. Klarissenkloster (1300–1571), Ruine der Burg D., in der 1192/93 der engl. König Richard Löwenherz gefangen war.

Duroplaste, Duromere [n. lat. durus ›hart‹], Sammelbegriff für alle härtbaren Kunststoffe. Zu den D. gehören vor allem die Pheno- und die Aminoplaste, die Epoxidharze und die ungesättigten Polyester.

Dürr, Ludwig, Luftschiffbauer, * Stuttgart 4. 6. 1878, † Friedrichshafen 1. 1. 1956, trat 1898 als Techniker in den Dienst F. v. Zeppelins. Seit 1904 (LZ 2) leitete er den Bau aller weiteren Zeppelin-Luftschiffe, wobei er die Grundlagen für den Leichtbau schuf. Der Zeppelinwerft stand er bis 1945 vor.

Durra, eine Getreideart, → Durr(h)a.

Durrani, der wichtigste Stamm der Paschtunen, dem die ehemalige Dynastie Afghanistans entstammte.

Dürre, Zeitspanne mit Wassermangel, bes. in der Vegetationszeit. *Dürreresistenz* ist die Fähigkeit von Lebewesen, Trockenperioden zu überdauern. – *Dürreschäden* sind die durch D. bewirkten Störungen des Wasserhaushalts der Pflanzen in Blättern, Stengeln und Samen (Kümmerkörner).

Durrell [d'ʌrəl], Lawrence George, engl. Schriftst., * Darjeeling (Indien) 27. 2. 1912, Presseattaché in Ägypten, Zypern, Belgrad. In seinen Gedichten und Romanen voll sprachl. Virtuosität bildet die stimmungsreiche Wiedergabe der sinnl. Eindrücke des Mittelmeerraums meist den Hintergrund. Sein HW, das Alexandria-Quartett, ist ein ambitiöses Romanexperiment, ein ›Raum-Zeit-Kontinuum‹, in dem D. u. a. versucht, Vorstellungen der Tiefenpsychologie in die Struktur seiner Tetralogie umzusetzen. In ›Bitter lemons‹ (1957, über Zypern; dt.), ›Esprit de corps‹ (1957) und ›Stiff upper lip‹ (1959) wirft er einen ironisch-humorvollen Blick auf das politische Leben.

Dürrenberg, Bad D., Stadt im Kr. Merseburg, Bez. Halle, (1977) 15000 Ew.; Saline, Gradierwerke; Salzmuseum; Arbeiterwohngemeinde der Leuna-Werke.

Dürrenmatt, Friedrich, Schriftst., * Konolfingen bei Bern 5. 1. 1921, schreibt zum grotesken Theater neigende, mit Verfremdungen arbeitende Stücke, die auf gesellschaftl. und moralische Widersprüche hinweisen; er ist damit einer der bedeutendsten deutschsprachigen Dramatiker der Gegenwart.
WE. Dramen: Es steht geschrieben (1947; neu 1967 als: Die Wiedertäufer); Die Ehe des Herrn Mississippi (1952); Ein Engel kommt nach Babylon (1954); Herkules und der Stall des Augias (1954); Der Besuch der alten Dame (1956); Frank V., Oper einer Privatbank (1960, Musik von P. Burkhard); Die Physiker (1962); Der Meteor (1964); Play Strindberg (1969, nach Strindbergs ›Totentanz‹); Portrait eines Planeten (1970); Titus Andronicus (nach Shakespeare, 1970); Der Mitmacher (1973); Die Frist (1977); Achterloo (1983). – Erz.: Die Stadt (Prosa, 1952); Der Richter und sein Henker (1952); Grieche sucht Griechin (1955); Die Panne (1956); Das Versprechen (1958); Der Sturz (1971). – Hörspiele, Essays und Reden (›Israel‹, 1975).
LIT. M. Durzak: D., Frisch, Weiss (1972); U. Profitlich: F. D. (1973); Elisabeth Brock-Sulzer: F. D. (⁴1973); F. D., hg. v. G. P. Knapp (1975); H. Bänziger: Frisch und D. (⁷1976); H. Mayer: Über F. D. und Max Frisch (1977); J. Knopf: F. D. (³1980).

Durrës [d'urəs], amtl. Name von → Durazzo.

Dürrfutter, getrocknetes pflanzl. Futter (Heu, Stroh u. a.) i. Ggs. zu *Grünfutter*.

Durr(h)a [arab.], Dari, Sorghum durra, kleinfrüchtige Getreideart.

Dürrheim, Bad D., Stadt (seit 1974) im Schwarzwald-Baar-Kreis, Bad.-Württ., (1981) 10200 Ew.; Solbad (Salinen, Quellen).

Dur-Scharrukin, heute Chorsabad, Khorsabad, Ruinenstätte rd. 20 km nördlich von Mosul, Irak, 713 bis 708 v. Chr. Residenz Sargons II. Diese planmäßige Anlage einer assyr. Stadt war von einer Festungsmauer mit 183 Türmen und 7 Toren umgeben.

Durst, bei Mensch und Tieren der Drang zur

Flüssigkeitsaufnahme. Bei schwerem D. treten Schluckbeschwerden, Appetitlosigkeit, Müdigkeit und Benommenheit auf. Dem Tod durch Verdursten gehen Fieber, Halluzinationen, Bewußtlosigkeit voraus. – Durstgefühl wird verursacht durch Erhöhung der Salzkonzentration im Blut; dies führt zu vermehrter Abgabe von Vasopressin, das die Harnausscheidung der Niere so lange vermindert, bis nach Wasseraufnahme die normalen osmot. Verhältnisse wiederhergestellt sind. Die Wasserverluste in heißem Klima können täglich bis zu 12 Liter betragen; sie müssen ersetzt werden. – Krankhaft kann der D. gesteigert sein u.a. bei Zuckerkrankheit (Diabetes mellitus).

Du Ry [dyr'i], frz. Baumeisterfamilie, als Hugenotten ausgewandert.

1) Paul, * Paris 1640, † Kassel 21. 6. 1714, trat 1685 in den Dienst des Landgrafen Karl von Hessen; Anlagen von Karlshafen und Oberneustadt in Kassel.

2) Simon Louis, Enkel von 1), * Kassel 13. 1. 1726, † ebd. 23. 8. 1799, seit 1756 in Kassel tätig: Mus. Fridericianum (1769–79); Teile des Schlosses Wilhelmshöhe (1786ff.).

Dušan [-ʃ-], serb. Zar, Stefan Dušan Uroš IV. (→Stephan).

Dusares [arab. ›Der von Schara‹ (vom Gebirge zw. Totem und Rotem Meer)], der in der röm. Prov. Arabia, bes. in →Petra verehrte Stammesgott der Nabatäer, als Fruchtbarkeitsgott dem →Dionysos gleichgesetzt.

Duschanbe, bis 1929 *Djuschambe*, bis 1961 *Stalinabad*, Hauptstadt der Tadschik. SSR, im Hissartal 790 bis 930 m ü.M., (1981) 510000 Ew., entwickelte sich aus einem 1922 zerstörten tadschik. Dorf zu einer rechtwinkelig angelegten modernen Stadt mit breiten Alleen, Grünflächen und künstl. See. Flughafen; Universität, Hochschulen, Theater, Museen.

Dusche [frz. douche], **Brause,** Wasseranwendung für Reinigungs- oder Heilbehandlungszwecke.

Eleonora Duse

Duse, Eleonora, ital. Schauspielerin, * Vigevano 3. 10. 1858, † Pittsburgh (Pa.) 21. 4. 1924, spielte mit wachsendem Erfolg in Italien, seit 1892 auch im Ausland; eine der größten Charakterdarstellerinnen ihrer Zeit (Rollen von Dumas, Ibsen, Maeterlinck). Mit G. D'Annunzio war sie nahe verbunden.

Düse, eingebaut in eine Rohrleitung

Düse [tschech. duše ›Schlauch‹, ›Inneres eines Rohres‹], Verengung eines Strömungskanals zur praktisch verlustlosen Umwandlung von Druckenergie in Geschwindigkeitsenergie. Der Innendurchmesser verjüngt sich stetig *(einfache D.),* er kann sich um einen bestimmten Betrag wieder erweitern *(Laval-D.).* Neben der Laval-D. mit innerer Entspannung eignen sich zur Erzeugung von Überschallströmungen *Ringhals-D.* mit äußerer Entspannung und *ED-D.* (Expansion-Deflection) mit Innen-Außen-Entspannung. D. dienen: 1) zur Erzeugung kompakter Flüssigkeits-, Dampf- oder Gas-Strahlen: *Nadel-D.* von Peltonturbinen, *Leitrad-D.* von Dampfturbinen, *Schub-D.* von Strahltriebwerken, Mundstücke von Feuerlöschgeräten; *Spinn-D.* zur Herstellung von Chemiefasern durch Auspressen der Spinnlösung oder der Spinnschmelze aus kreisförmigen Bohrungen von 0,04 bis 1,0 mm. Die *Spinnbrausen* bei Zellwolle haben 3000–60000 Bohrungen. Aus dreieckigen oder sternförmigen D.-Öffnungen werden synthet. Profilfasern ersponnen. 2) zur Verteilung durchströmender Produkte in einer best. Form, meist als feine Tröpfchen (Zerstäubung), z.B. in *Einspritz-D.,* Brennern für Ölfeuerungen, Spritzpistolen. 3) zum Mischen von Flüssigkeiten in geschlossenen Leitungen *(Misch-D.,* Strahlapparate). 4) zum Messen des Durchflusses in geschlossenen Leitungen *(Norm-D., Venturi-D.,* Drosselgeräte).

Düsenflugzeug, Strahlflugzeug, →Flugzeug.

Dusing *der,* **Duchsing, Dupsing** [von nd. dus ›Getöse‹], im MA. der von beiden Geschlechtern getragene, als Vorrecht des Adels geltende, breite, lose auf der Hüfte liegende Gürtel.

Dussek, Johann Ladislaus, tschech. Jan Ladislav **Dusík** [d'usi:k], böhm. Komponist, * Tschaslau (Böhmen, heute Čáslav) 12. 2. 1760, † St.-Germain-en-Laye 20. 3. 1812; frühromant. Kompositionen, bes. Klaviermusik.

Düssel, rechter Nebenfluß des Rheins, entspringt im Bergischen Land und mündet in Düsseldorf.

Düsseldorf, 1) Hauptstadt des Landes NRW und des RegBez. D., kreisfreie Stadt, (1983) 583400 Ew., liegt beiderseits des Rheins; eine großzügig angelegte Stadt mit Parkanlagen, Promenaden, eleganten Geschäftsstraßen, bes. der

Königsallee (›Kö‹). Kirchen: St. Lambertus (13. Jh., Erweiterung bis 1390), St. Andreas (1622–29) u. a.; Schloßturm (13. Jh.), altes Rathaus (1570–73), Schloß Jägerhof (1752–63, urspr. Jagdschloß, jetzt Museum); im Stadtteil Angermund Wasserburg der Grafen (später Herzöge) von Berg.
D. ist Sitz von Landesregierung und Landtag, Oberfinanzdirektion, Oberpostdirektion, OLd-Ger., VerwaltungsGer., FinanzGer., der Rheinisch-Westfäl. Börse sowie von über 200 Verbänden und Organisationen von Wirtschaft und Technik sowie der Verwaltungen von Großbanken; Kongreß- und Messestadt. Öffentl. Einrichtungen: Kunstakademie, Hochschule für Musik, Verwaltungs- und Wirtschaftsakademie, Max-Planck-Institut für Eisenforschung, Fachhochschulen; Naturwissenschaftl. Museen, Kunst-, Goethemuseum, Kunstsammlung NRW, Opernhaus, Schauspielhaus u. a. Theater. Die Univ. D. wurde 1965 durch Umwandlung der Medizin. Akademie gegr.; seit 1975 europ. Wirtschaftshochschule (dt. Niederlassung der École des Affaires de Paris).
Industriezweige: Maschinen- und Werkzeugmaschinenbau, Stahl- und Eisenindustrie (z. B. Mannesmann, Thyssen), Fahrzeugbau, chemische (Henkel GmbH u. a.), elektrotechnische, Papier-(Feldmühle AG), Glasindustrie (Gerresheimer Glashüttenwerk), Druckerei und Vervielfältigungsindustrie. Bed. (internat.) Großhandel (Eisen, Stahl und Röhren, Damenoberbekleidung u. a.); große Fachmessen auf dem neuen Ausstellungsgelände am Rhein neben dem Rheinstadion. 6 Rheinbrücken; U-Bahn seit 1973 im Bau; Rheinhafen; internat. Flughafen in D.-Lohhausen.
Geschichte. D. erhielt 1288 durch die Grafen von Berg Stadtrecht. Seit Ende 15. Jh. war es Residenz der Herzöge von Jülich-Berg, 1614 fiel es an Pfalz-Neuburg. Eine Blüte erlebte die Stadt unter Johann Wilhelm (›Jan Wellem‹, 1679–1716, Denkmal auf dem Marktplatz), zugleich Kurfürst von der Pfalz. 1806 wurde D. Hauptstadt des Ghzgt. Berg, 1815 kam es an Preußen. 1909 wurden Gerresheim, 1929 Kaiserswerth, Benrath, 1975 Angermund, Wittlaer u. a. eingemeindet.
LIT. H. Weidenhaupt: Kleine Gesch. der Stadt D. ([6]1976).
2) RegBez. in NRW, 5287 km², (1981) 5,2 Mio. Ew.
Düsterkäfer, Serropalpidae, Käfer-Fam. mit rd. 450 kleinen bis mittelgroßen Arten; meist bräunlich oder schwarz, z. T. Sprungvermögen; auf Blüten oder in Baumschwämmen und verpilztem Holz.
Dutschke, Rudolf (Rudi), Studentenführer, * Schönefeld (Kr. Luckenwalde) 7. 3. 1940, † Århus (Dänemark) 24. 12. 1979, studierte 1961–68 Gesellschaftswissenschaften an der FU Berlin. Als Mitgl. des SDS und Agitator der Außerparlamentar. Opposition organisierte er Demonstrationen u. a. gegen das militär. Engage-

ment der USA in Vietnam. Er forderte die sozialrevolutionären Kräfte in der Bundesrep. Dtl. und West-Berlin auf, mit ›einem langen Marsch durch die Institutionen‹ das gesellschaftl. und polit. System zu verändern. Durch Attentat (1968) schwer verletzt.
Duttenkragen [von nd. dute ›Tüte‹], **Mühlsteinkragen,** steife Halskrause aus feinem Leinenzeug.
Duttweiler, Gottlieb, schweizer. Unternehmer und Sozialpolitiker, * Zürich 15. 8. 1888, † ebd. 8. 6. 1962, gründete die →Migros (1925) und die Migrol (1954), um zur Verbilligung der Lebenshaltung beizutragen, war seit 1941 Präs. der Migros-Genossenschaft, seit 1943 Mitgl. des Züricher Kantonsrats, 1935–40 und 1943–49 des Nationalrats als Vertreter des von ihm gegr. ›Landesring der Unabhängigen‹.
Dutzend [von lat. duodecim ›zwölf‹], 12 Stück, Relikt aus dem Duodezimalsystem.
Duumvirat [lat.], altröm. Behörde, →Duovir.
Duun [dy:n], Olav, norweg. Schriftst., * Fosnes (Nord-Trøndelag) 21. 11. 1876, † Botne bei Holmestrand (Tønsberg) 13. 9. 1939, Bauernsohn, Volksschullehrer; schilderte nord. Natur und norweg. Bauern, bes. in seiner Geschlechtersaga von den Juwikingern, 6 Bde. (1918–23).
Duvalier [dyval'e], François, haitian. Politiker, * Port-au-Prince 14. 4. 1907, † ebd. 21. 4. 1971, Arzt, 1957 zum Präs. gewählt, entwickelte sich zum Diktator. 1964 machte er sich zum Präs. auf Lebenszeit. Seinem Sohn Jean-Claude (* 3. 7. 1951) ebnete er den Weg für seine Nachfolge als Präs. auf Lebenszeit (→Haiti).
Duve [d'y:və], Christian René de, belg. Biochemiker, * Thames Ditton (Surrey, England) 2. 10. 1917, lehrt seit 1962 Biochemie an der Rokkefeller-Univ. in New York. Er entdeckte mit P. Baudhin und R. Wattiaux die Lysosomen und Peroxysomen sowie Methoden, diese Zellbestandteile zu isolieren. Mit A. Claude und G. E. Palade erhielt er 1974 den Nobelpreis für Physiologie und Medizin.
Duvet [dyv'e], Jean, frz. Kupferstecher, Goldschmied, * Langres (Haute-Marne) um 1485, † ebd. nach 1561, erster bed. Stecher Frankreichs: 24 Kupferstiche zur Apokalypse (1546–56); 5 Blätter zur Einhornlegende.
Duvetine [dyft'i:n, frz.], →Velveton.
Duvivier [dyvivj'e], Julien, frz. Filmregisseur, * Lille 8. 10. 1896, † Paris 29. 10. 1967, Schauspieler, seit 1924 für den Film tätig, Vertreter des ›poetischen Realismus‹.
Filme: Pépé le Moko (1936); Spiel der Erinnerung (1937); Unter dem Himmel von Paris (1951); Filme um Don Camillo und Peppone (1952/53).
Dux [lat. ›Führer‹], im röm. Reich der Truppenführer, seit Diokletian im militär. Oberbefehlshaber einer Provinz; im MA. die lat. Bez. für den →Herzog (frz. Duc, engl. Duke).
Dux, Thema der Fuge in der Grundform.
Dux, tschech. **Duchcov** [d'uxtsɔf], Stadt im Nordböhm. Kreis, Tschechoslowakei, am Fuß

des Erzgebirges mit über 10000 Ew.; ehem. gräfl. Waldsteinsches Schloß, in dem G. Casanova Bibliothekar war.

DV, Abk. für Datenverarbeitung.

DVA, Abk. für Datenverarbeitungsanlage.

Dvaita [altind. ›Zweiheit‹], die Lehre der ind. Vedanta-Philosophie, daß die Wirklichkeit in Seele-Geist und Materie gespalten sei; bes. im 13. Jh. von Madhva vertreten. – Ggs. Advaita.

DVM, Abk. für Deutscher Verband für Materialprüfung.

Dvořák [dvˈɔrʒaːk], 1) Antonín, tschech. Komponist, * Mühlhausen (Böhmen) 8. 9. 1841, † Prag 1. 5. 1904, urspr. Orchestermusiker (Bratschist), dann Organist, erhielt 1874 ein österr. Staatsstipendium; gefördert von J. Brahms und E. Hanslick, mit Smetana Hauptvertreter der tschech. Kunstmusik.
WE. 9 Opern, darunter: Der Jakobiner (1888, umgearbeitet 1897, Uraufführung 1911); Rusalka (1900). – Kirchenmusik: Stabat mater (1877); Messe (1887/92); Requiem (1890); Te Deum (1892). – Oratorium: Die heilige Ludmilla (1885/86). – Orchesterwerke: 9 Symphonien, davon die 9., in e-Moll als Nr. 5 gedruckt, bekannt u. d. T. Aus der Neuen Welt (1893). – 5 symphon. Dichtungen (1896/97). – Ouvertüren; 4 Konzerte, u. a. Violinkonzert a-Moll (1879/80) und Cellokonzert h-Moll (1894/95). – Kammermusik: 15 Streichquartette, 3 Klaviertrios, 2 Klavierquartette, je ein Streichsextett, Streichquintett und Klavierquintett. – Klavierwerke, Chöre und Lieder, darunter Zigeunerlieder (1880), Biblische Lieder (1894).
LIT. J. Clapham: A. D. (London 1966).
2) Max, österr. Kunsthistoriker, * Raudnitz/Elbe 24. 6. 1874, † Schloß Grussbach/Znaim 8. 2. 1921, Prof. an der Universität Wien (1909–21), wurde 1905 Generalkonservator der Zentralkommission für Erhaltung der Kunstund historischen Denkmäler.

Dvořáková [dvˈɔrʒaːkɔvaː], Ludmila, tschech. Opernsängerin (dramat. Sopran), * Kolin 11. 7. 1923.

DVP, Abk. für Deutsche Volkspartei.

Dwight [dwaɪt], Timothy, amerikan. Schriftst. und Theologe, * Northampton (Mass.) 14. 5. 1752, † New Haven (Conn.) 11. 1. 1817, bedeutend als Erzieher und durch seine Reisebeschreibungen ›Travels in New England and New York‹ (1821/22).

Dwina, 1) *Nördliche D.,* größter Strom Nordrußlands, entsteht bei Welikij Ustjug aus Suchona und Jug, von hier 744 km lang und mündet bei Archangelsk mit einem Delta in die *Dwina-Bucht* des Weißen Meeres. Wichtige Nebenflüsse sind Wytschegda und Pinega (von rechts). Trotz Eisbedeckung von 160–180 Tagen hat die D. große Bedeutung für den Holztransport nach Archangelsk. Über das D.-Kanalsystem ist sie mit der Wolga verbunden.
2) *Westliche D.,* die → Düna.

Dwinsk, russ. Name für → Dünaburg.

Dworjane [russ. dvor ›Hof‹], im 12./13. Jh. die niederen Gefolgsleute (→ Druschina, → Bojar), in der Folge der niedere Dienstadel, z. T. Unfreie. Seit Ende des 15. Jh. erhielten die D. Dienstgüter (pomestje). Auf die D. gestützt, die kein Eigentum an den ihnen verliehenen Gütern erwarben, gelang es den Moskauer Fürsten, den alten Adel seiner Privilegien zu berauben und im 16. Jh. auf das Niveau von Dienstleuten herabzudrücken. Die eigentumsrechtl. Unterschiede wurden 1714 unter Peter d. Gr. aufgehoben; 1722 eine neue Rangordnung (→ Tschin) nach Verdiensten für den Staat eingeführt.

dwt, Einheitenzeichen für → pennyweight.

Dy, chemisches Zeichen für → Dysprosium.

dyadisches System, Dyadik, svw. Dualsystem.

Dyas, veraltet für → Perm.

Dybowski|hirsch, Unterart des Sikahirsches.

Dyck, seit 1975 Ortsteil von Jüchen, Kr. Neuss, NRW; Schloß (vierflügeliges Herrenhaus, 1656–67) und 2 Vorburgen in einem weitläufigen Landschaftspark.

Dyck [dɛjk], Sir (seit 1632) Anthonis van, fläm. Maler, * Antwerpen 22. 3. 1599, † London 9. 12. 1641, kam nach der Lehre bei H. van Balen in Antwerpen 1616 oder 1617 zu Rubens, in dessen Werkstatt er eine bed. Stellung einnahm. 1620 ging er nach England, 1621 nach Genua, wo er zahlreiche Bildnisse des Stadtadels schuf. Auf seinen Reisen durch Italien studierte D. bes. Tizian (Skizzenbuch in London). 1630 wurde er Hofmaler der Erzherzogin Isabella in Antwerpen, seit 1632 der Hofmaler Karls I. in London.
Ausgehend von Rubens zeigt er in seinen relig. Bildern schon früh sein lebhaftes Temperament, zugespitzte Formen, braintonige, venezianisch tiefe Farben, schlanke elegante Körper mit weichem Gefühlsausdruck, allmählich zu einer gedämpften Pathetik religiöser Empfindsamkeit übergehend. Seit 1635 malte D. ausschließlich Porträts. Die prächtigen, ernsten Erzeugnisse scharf beobachteter Individualität, in ausgewogener Farbigkeit und Komposition, wandelten sich in England zu kultiviert verfeinerter Vornehmheit und silbrig verklingender Farbandeutung.
WE. Susanna im Bade (München, Alte Pinakothek); Gefangennahme Christi (Madrid, Prado); Kardinal Bentivoglio (Florenz, Palazzo Pitti); Hl. Augustinus in Verzückung (1628; Antwerpen, Augustinerkirche); Vision des sel. Hermann Joseph (1630; Wien, Kunsthistor. Mus.); Königin Henrietta Maria (um 1632; Windsor Castle); König Karl I. mit Reitknecht und Page (um 1635; Louvre); Prinz Willem II. und Maria Stuart (1641; Amsterdam, Rijksmus.). – 100 Radierungen bed. Zeitgenossen nach Zeichnungen von D. (›Ikonographie‹, um 1630).

Dyckerhoff & Widmann AG, München, Bauunternehmen; gegr. 1865, seit 1970 AG.

Dyckerhoff Zementwerke AG, Wiesbaden, Unternehmen der Zementindustrie; gegr. 1864.

Dyfed [dˈəved], County in Wales, gebildet 1974 aus den ehem. Counties Cardigan, Carmarthen und Pembroke, 5765 km², (1975) 321 700 Ew.; Verwaltungssitz ist Carmarthen.

Dygat, Stanisław, poln. Schriftst., * Warschau 5. 12. 1914, † ebd. 29. 1. 1978. Seine Romane zeigen in iron. und humorvoller Analyse den Gegensatz zw. Wunschtraum und Wirklichkeit auf (›Verwehte Träume‹, 1958, dt.).

Dyhrenfurth, Günter Oskar, schweizer. Geologe und Geograph, Hochgebirgsforscher (bes. Himalaya), * Breslau 12. 11. 1886, † Ringgenberg (Kt. Bern) 14. 4. 1975, war 1930 und 1934 Leiter internat. Expeditionen (O-Himalaya, Karakorum).

Dyje [d'ije], tschech. Name für den Fluß → Thaya.

Dyk [dik], Viktor, tschech. Schriftst., * Pšovka (bei Mělník) 31. 12. 1877, † (ertrunken) Lopud (bei Dubrovnik, Jugoslawien) 14. 5. 1931, nationalist. Politiker; bemühte sich in Lyrik, (polit.) Romanen, Dramen um Desillusionierung.

Dylan [d'ılən], Bob, eigtl. Robert *Zimmermann,* amerikan. Liedsänger und -komponist, * Duluth (Minn.) 24. 5. 1941. Seine Lieder (Themen: polit. Satire, soziale Anklage, Bürgerrechtsbewegung) fußen musikalisch auf dem amerikan. Volkslied und Blues; drehte einen Film über sein Leben (›Renaldo & Clara‹, 1979).

Dyn, Einheitenzeichen: **dyn,** nicht gesetzl. Einheit der Kraft im CGS-System: 1 dyn = 1 g · cm/s² = 10^{-5} N (Newton).

Dynameter, Lupe zur Vermessung der Austrittspupille (und damit der Vergrößerung) an opt. Geräten.

Dynamidentheorie, von Ph. Lenard (1903) aufgestelltes Atommodell. *Dynamiden,* die Atomkerne dieses Modells.

Dynamik [grch. dynamis ›Kraft‹], Bewegtheit, Schwung, Triebkraft.
1) Physik: Teil der Mechanik, der die Änderung des Bewegungszustandes von Körpern durch Kräfte behandelt, i. Ggs. zur → Statik und → Kinematik (Hydrodynamik, Aerodynamik, Gasdynamik).
2) Elektroakust. Übertragungssysteme können weder sehr kleine noch sehr große Schwingungsamplituden störungs- und verzerrungsfrei übertragen. Bei Vorgängen mit hoher D., wie Orchestermusik, ist es daher üblich, die D. bei der Aufnahme dadurch einzuengen, daß die kleinen Schwingungsamplituden angehoben und die hohen Amplituden geschwächt werden (Dynamikkompression mit Hilfe eines *Dynamikkompressors).* Bei der Wiedergabe wird diese Maßnahme wieder rückgängig gemacht (Dynamikexpansion mit Hilfe eines *Dynamikexpanders).*
3) die Veränderung der Tonstärke als ein wesentl. Mittel der musikal. Darstellung. Sie kann entweder kontinuierlich oder in scharfen Gegensätzen erfolgen. Während die alte Musik, bes. die Barockmusik, dynam. Kontrastwirkungen (*Terrassendynamik)* bevorzugte, wird seit N. Jommelli, Chr. W. Gluck und der Mannheimer Schule das allmähliche An- und Abschwellen

der Klangstärke gestalterisch angewandt. Die serielle Musik nutzt vorgegebene D.-Skalen als strukturelles Element.

Dynamis [grch.], aristotelisch-scholast. Grundbegriff: Kraft, Vermögen, Fähigkeit zu sein; Ggs.: *Energie, Entelechie.* Dem Begriffspaar D.-Energeia entspricht im MA. Akt-Potenz.

dynamisch, bewegt, schwungvoll, krafterfüllt. Ggs.: *statisch.*

dynamische Geologie, Teilgebiet der Geologie, das sich mit den exogenen und endogenen Kräften und deren Einwirkungen auf die Erdkruste befaßt.

dynamische Lebensversicherung, → Lebensversicherung.

dynamische Psychologie, psycholog. Richtung, die die Antriebskräfte des seel. Lebens, bes. die Wirksamkeit unbewußter seel. Kräfte im menschl. Verhalten, untersucht.

dynamische Rente, Produktivitätsrente, Rente, die durch Anpassung an die Lohn- und volkswirtschaftl. Produktivitätsentwicklung die Rentner am Wachstum teilnehmen läßt.

Dynamismus, 1) diejenigen philosoph. Theorien, die das Sein nicht statisch, sondern als Bewegtheit und Werden verstehen und die Wirklichkeit auf Kräfte und ihre Wirkungen zurückführen. Diese Kräfte wurden im Sinne des physikal.-naturwissenschaftl. D. als nur mechanische (I. Newton, R. J. Boskovich) oder im Sinne des auf G. W. F. Leibniz zurückgehenden metaphys. D. als seelenartige aufgefaßt (→ Monade).
2) Religionsgeschichte: früh-religiöse Erlebnisform, in die Welt mit dem Menschen von unpersönl. numinoser Kraft oder vielen Mächten erfüllt ist (→ Mana).

Dynamit *das,* Sprengstoff, der als wirksamen Bestandteil Nitroglycerin enthält, dessen außerordentl. Stoßempfindlichkeit herabgesetzt wird, wenn gemäß der Erfindung von A. Nobel (1867) 75% Nitroglycerin von 25% Kieselgur aufgesaugt werden. Statt Kieselgur enthält D. heute Collodiumwolle, Natriumnitrat, Holz- und Pflanzenmehle.

Dynamit Nobel AG, Troisdorf, chem. Unternehmen (bes. Kunst-, Sprengstoffe), gegr. 1865, gehört zur Flick-Gruppe.

Dynamitron, Teilchenbeschleuniger nach dem Prinzip des Kaskadengenerators (Beschleunigung von Elektronen und Ionen zur Bestrahlung von Materialien).

dynamo|elektrisches Prinzip, die von W. v. Siemens 1866 gefundene Selbsterregung von Gleichstrom-Generatoren durch den remanenten Magnetismus in den Polen und Jochen.

Dynamo|maschine, Dynamo, ein selbsterregter Gleichstrom-Generator, in übertragenem Sinne jeder elektrische Generator, z. B. *Fahrraddynamo,* ein Einphasen-Synchrongenerator mit Dauermagnet-Erregung.

Dynamo|metamorphose, Dislokationsmetamorphose, Umwandlung von Gesteinen im Verlauf gebirgsbildender Krustenbewegungen, in vergleichsweise geringer Tiefe (Epizone) und unter starkem, gerichtetem Druck (Streß). Hierdurch Deformation der Gesteine: 1) durch Zerbrechen *(Kataklase)* und Zerreiben der Mineralkörner *(Mörtelstruktur)* an Verwerfungen bis zur völligen Zermahlung des Gesteins *(Mylonitisierung),* 2) durch laminares Gleiten (plastische Deformation, z. B. *Schieferung).*

Dynamo|meter [grch. ›Kraftmesser‹], 1) Gerät, das als wichtigstes Glied ein elastisches Element enthält, dessen Verformung (Dehnung, Torsion) zur Bestimmung einer unbekannten Kraft oder eines Drehmoments dient. Das *Brems-D.* greift direkt am Umfang einer Scheibe an und mißt so das von einer laufenden Maschine abgegebene Drehmoment.
2) In der Psychologie werden D. zur Prüfung der Muskelkraft und des menschl. Leistungsverhaltens (Ermüdung, Anspannung) verwendet.

Dynamo|theorie, Theorie zur Erklärung des Auftretens von Magnetfeldern auf Erde, Planeten und Sternen sowie in interstellaren Räumen mittels magnetohydro-dynamischer Vorstellungen entsprechend dem Verhalten des selbsterregenden Dynamos.

Dynast [grch. dynastes ›der Mächtige‹], im MA. der Herrscher aus eigener Wurzel, der über sich nur den König als Schutzherrn anerkannte.

Dynastie, Herrscherhaus, Herrschergeschlecht.

Dynode [grch.], → Elektronenvervielfacher.

Dyopol [grch. ›zweifacher Markt‹], Volkswirtschaftsliche: Marktform, bei der nur zwei Anbieter auftreten (bei zwei Nachfragern: *Dyopson,* bei je zwei Anbietern und Nachfragern: *bilaterales D.).* Die Preisbildung ist im D. bes. schwierig: Lösungsansätze von A. A. Cournot (⅔-Lösung, 1838), F. Y. Edgeworth (Oszillations-D., 1897), A. L. Bowley (Kampfsituation, 1924), H. v. Stackelberg (Asymmetrie-Lösung, 1934); neuere Ansätze sind der spieltheoret. Ansatz bei J. v. Neumann/O. Morgenstern (1947) und die Gleichgewichtsgebiet-Lösung von W. Krelle (1961).

dys ... [grch.], übel ..., schlecht ..., miß ..., von der Norm abweichend ...

Dys|arthrie [grch.], organisch bedingte Sprachstörung mit mangelnder Sprech- oder Artikulationsfähigkeit, kommt bei Erkrankungen des Gehirns oder des verlängerten Marks vor, z. B. bei Parkinsonismus.

Dys|ästhesie [grch.], Empfindungsstörung im Sinn einer übersteigerten, herabgesetzten oder anderen abnormen Reaktion auf normale Reize; auch körperl. Mißempfindungen, bes. als Begleiterscheinung vegetativer Vorgänge.

Dysbakterie [grch.], abnorme Bakterienbesiedelung bes. des menschl. Darms mit Bildung von Fäulnis- und Gärungsprodukten, z. B. nach langer Anwendung von Breitband-Antibiotika, Abführmitteln u. a.

Dysbasie [grch.], Gehstörungen auf organischer oder psychischer Grundlage.

Dys|chromasie [grch.], die → Farbenfehlsichtigkeit.

Dys|enterie [grch.], die → Ruhr.

Dys|ergie[grch.], Trägheit, herabgesetzte körperliche und psychische Aktivität und Widerstandskraft.

Dysfunktion [grch.-lat.], Funktionsstörung.
1) Biologie: fehlerhaftes Funktionieren eines Organs, z. B. zu geringe oder zu hohe Produktion einer Hormondrüse, Störung der Verdauung *(Dyspepsie),* der Ernährung des Gewebes *(Dystrophie).*
2) Soziologie: im Sinne der Theorie des Funktionalismus die Wirkung eines sozialen Elements, das die Anpassung eines sozialen Systems an gegebene Lebensbedingungen, seine Integration und seinen Bestand gefährdet.

Dys|hidrosis, Dys|hidrose [grch.], 1) Störung der Schweißabsonderung.
2) bläschenförmiger Ausschlag an Händen und Füßen.

Dys|hormie [grch.], eine Form der Antriebsstörungen.

Dyskinesie [grch.], Funktionsstörung eines Bewegungsablaufs, z. B. D. der Gallenblase (erschwerter Gallenabfluß).

Dyskrasie [grch. ›schlechte Mischung‹], fehlerhafte Mischung der Körpersäfte des Blutes (→ Humoralpathologie).

Dyskrasit [grch.] *der,* **Antimonsilber,** Erzmineral Ag₃Sb, silberweiß; örtlich reiche Vorkommen (Kanada).

Dysmelie [grch.], Gliedmaßenmißbildung, die während der Embryonalentwicklung entsteht (Phokomelie, Amelie). *Dysmelie-Syndrom,* D. nach Thalidomid-Einnahme der Schwangeren, häufig mit weiteren Mißbildungen (Darm, Herz, große Gefäße) kombiniert.

Dysmenorrhöe [grch.], Schmerzhaftigkeit der Menstruation.

Dys|odil [grch. ›übelriechend‹], Blätter- oder Papierkohle, dünnblättriges, bitumen- und diatomeenhaltiges Gestein.

dys|odont [grch.], sind Muscheln ohne Schloßzähne.

Dys|ostose [grch.], Sammelbegriff für alle Formen der embryonal oder postnatal gestörten Knochenentwicklung, die mit Minderwuchs sowie oft mit Eiweiß- und Lipoidstoffwechselstörungen einhergehen (Chondrodystrophie, Zwergwuchs).

Dyspareunie[grch.], jede Form der körperlich oder seelisch bedingten Störung bei Geschlechtspartnern; früher Bez. für die sexuellen Störungen der Frau wie Anorgasmie, Frigidität.

Dyspepsie [grch.], ungenaue, z. T. veraltete Bez. für nicht organisch bedingte Störungen der Verdauung.

Dysphagie [grch.], Schluckstörungen durch krankhafte Veränderungen in Schlund oder Speiseröhre, durch Kompression von außen oder aber durch nervöse Störungen der Schluckperistaltik.

Dysphorie [grch.], gedrückte, ängstlich-gereizte Stimmungslage mit pessimist. Zukunftseinstellung. In gesteigerter Form bes. Symptom von organ. Hirnstörungen. Ggs.: *Euphorie.*

Dysplasie [grch.], 1) Fehlbildung, Fehlgestaltung, Fehldifferenzierung;
2) Mißbildung; *dysplastisch*, fehlgebildet; *dysplastischer Typ*, ein Konstitutionstyp (→ Konstitution).

Dyspnoe [grch.-lat.] *die*, Atemnot.

Dysprosium [grch.], **Dy**, chem. Element, Metall aus der Gruppe der Lanthanoide; bildet ein farbloses Oxid, Dy_2O_3, und einige schwach gelbgrünlich gefärbte Salze.

Dysproteinämie [grch.], krankhafte Veränderung in der Zusammensetzung der Eiweißkörper (Proteine) des Blutserums.

Dysteleologie [grch. ›Unzweckmäßigkeitslehre‹], nach E. Haeckel die Wissenschaft von den rudimentären, abortiven, verkümmerten, fehlgeschlagenen, atrophischen oder kataplastischen Organbildungen.

Dystonie [grch.], anomaler Spannungszustand (→ Tonus). **Vegetative D.**, Störungen im Zusammenspiel der Funktionskreise des sympath. Nervensystems (ergotropes System, Aktivität) und des parasympath. Nervensystems (trophotropes System, Erholung). Sie ergeben sich aus bestimmter körperlicher Konstitution und Umwelteinwirkung. Auslösend wirken akute (körperl. Überanstrengung mit Schlaf- und/oder Nahrungsmangel), heute häufiger lang dauernde Belastungen (Arbeits-, Verkehrstempo, Lärm, Angstzustände). Begünstigend wirken Infektionskrankheiten, Vergiftungszustände u. a. – Überwiegendes Sympathikotonus führt zu Schlaflosigkeit, Gewichtsverlust, Schwindelgefühl, Reizbarkeit, Betriebsamkeit; Überwiegen des Parasympathikotonus zu Schlafbedürfnis, Müdigkeit, Apathie.

dystroph [grch.], 1) ernährungsgestört, z. B. organisches Gewebe (→ Dystrophie).
2) nährstoffarm, z. B. an Rohhumus reicher Boden im Hochmoor. (→ oligotroph, → eutroph)

dystrophe Seen, Gewässer mit von außen eingeschwemmten Humusstoffen, schwacher pflanzl. Produktion, Armut an Sauerstoff, Nahrung und Tieren in der Tiefe.

Dystrophie [grch.], 1) allgemeine Ernährungsstörung, die durch Mangel- oder Fehlernährung hervorgerufen wird. Sie kann den ganzen Organismus oder nur einzelne Teile betreffen.
2) langwierige Ernährungsstörung des Säuglings und Kleinkindes, die sich bes. in mangelhaftem Gedeihen äußert. Ursachen sind: zu geringes Nahrungsangebot einer sonst richtig zusammengesetzten Nahrung (quantitative Unterernährung); kalorisch ausreichende, jedoch falsch zusammengesetzte Nahrung (qualitative Unterernährung); gehäufte Infektionskrankheiten; mangelnde Körperpflege und Fehlen der ›Nestwärme‹ (D. der Heimkinder). Krankheitszeichen: Gewichtsstillstand, blasses Aussehen, mangelhafte Gewebsspannung, Verstopfung oder Durchfälle, Weinerlichkeit, Anfälligkeit für fieberhafte Infekte.

Dysurie [grch.], Störung der Blasenentleerung wie erschwertes Harnlassen gegen Widerstand, tropfenweises Harnlassen.

Dytiscus [grch.], Gattung der Schwimmkäfer.

Dyula [dj'u-], **Dioula** [di'ula], islam. Händlervolk im N der Rep. Elfenbeinküste, in Obervolta und Mali. Ihre Sprache, das D., gehört zu den Mande-Sprachen und wird als bedeutende Handelssprache von über 1 Mio. Menschen verstanden.

dz, Abk. für Doppelzentner.

Dzibilchaltún [-tʃalt'un], eine der größten Ruinenstätten (etwa 50 km²) der Maya in N-Yucatán, Mexiko, seit dem 3. Jh. v.Chr. bis in die nachklass. Zeit bewohnt.

Dzierżoniów [dʒjɛrʒ'ɔnjuf], poln. Name der Stadt Reichenbach (Eulengebirge).

Dziwnów [dzj'ivnuf], poln. Name für → Dievenow.

D-Zug, Reisezug mit Durchgangswagen (D) und wenigen Aufenthalten; zuschlagpflichtig bei Fahrten unter 50 km.

E

E, e, der fünfte Buchstabe des dt. und vieler anderer Alphabete, entstanden aus dem grch. → Epsilon.

E	Griechisch	ℰℯ	Textur
E	Römische Antiqua	E e	Renaissance-Antiqua
Є	Unziale	𝕰 𝖊	Fraktur
є	Karolingische Minuskel	E e	Klassizistische Antiqua

1) Als Abk. bedeutet: **E** in röm. Inschriften, Handschriften u.a. Ennius, **E** oder **e** egregius, emeritus, equus, est, evocatus u.a.

2) **e**, Mathematik: Abk. für a) die Eulersche Zahl $e = 1 + \frac{1}{1!} + \frac{1}{2!} + \frac{1}{3!} + \ldots = 2{,}71828\ldots$ ist eine reelle, transzendentale Zahl und b) Basis der natürl. Logarithmen. Physik: Symbol für a) elektr. Elementarladung; b) Elektron (e^-) und Positron (e^+).

3) **E**, Vorsatzzeichen für → Exa.

4) auf Münzen: **E** auf dt. Reichsmünzen (1872–86) und Münzen der DDR: Zeichen für die Münzstätte Dresden, 1887–1953: Freiberg (Muldener Hütten), auf älteren preuß.: Königsberg, auf österr.: Karlsburg (in Siebenbürgen).

5) **E**, der dritte Ton der C-Dur-Tonleiten. **e**, Abk. für e-Moll; **E**, Zeichen für E-Dur.

6) **E**, Abk. für die Währungseinheit Lilangeni in Swasiland.

E 605, Diäthylnitrophenylthiophosphat, Handelsname für ein Insektizid von großer Wirkungsbreite (Parathion). Der Wirkstoff ist auch für Warmblüter gefährlich.

Ea, sumerisch **Enki,** babylon. Gott des unterird. Süßwasserozeans (Apsu) und der Weisheit mit Kultstadt Eridu im südl. Babylonien; als sein Sohn galt Marduk.

Eadmer [ˈɛdmə], **Edmer,** engl. Geschichtsschreiber, * um 1060, † um 1124 oder 1144, Kaplan des Erzbischofs Anselm von Canterbury, später Bischof von St. Andrews. E. schrieb die ›Vita Anselmi‹ (Erstfassung 1112) und die ›Historia Novorum‹ (1066–1122; Erstfassung wohl 1111) über den Investiturstreit in England aus kirchlich-angelsächsischer Sicht.

Eagle [iːgl, ›Adler‹], Goldmünze der USA, seit 1792: 10 $, auch doppelte und halbe; nach dem Münzbild, dem Adler, benannt.

Eakins [ˈeɪkɪnz], Thomas, amerikan. Maler, * Philadelphia 25. 7. 1844, † ebd. 25. 6. 1916; realist. Landschaftsbilder, Szenen (u. a. Klinikbilder), Porträts.

EAM, Verhaltensforschung: Abk. für Erworbener Auslösemechanismus.

E. A. M., Abk. für **Ethnikọn Apeleftherotikọn Mẹtopon** [grch. ›Nationale Befreiungsfront‹], kommunistisch geführte grch. Widerstandsorganisation, gegr. 1941, bekämpfte mit ihren Streitkräften (›Ethnikos Laikos Apeleftherotikos Stratos‹, E. L. A. S., dt. ›Nationale Volksbefreiungsarmee‹) die dt. und ital. Besatzungsmacht sowie die nichtkommunist. Widerstandsorganisationen. 1944–49/50 suchte sie vergeblich, die Macht in Griechenland zu erringen.

Eanes [ɪˈanɪʃ], Antonio *dos Santos Ramalho E.* [dusˈantuʃ ramˈaʎu-], portugies. General und Politiker, * Alcains 25. 1. 1935, unterstützte als Offizier den Umsturz vom 25. 4. 1974; wurde Generalstabschef der Armee; seit 1976 Staatspräsident.

Earl [əːl, zu altnord. jarl ›Krieger‹], urspr. angelsächs. Bez. des Edelfreien, dann des Ealdormans (Alderman); mit der normann. Eroberung (1066) wurde das Amt beseitigt, der Titel E. blieb und sank seit dem 14. Jh. auf die dritte Rangstufe nach Duke und Marquess. Die weibliche Form ist *Countess* [kˈaʊntɪs].

Early Bird [ˈəːlɪ bəːd, engl. ›früher Vogel‹, d. h. ›Frühaufsteher‹], **Intelsat I,** erster (amerikan.) kommerzieller Nachrichtensatellit der Welt. Der 38,5 kg schwere Satellit (Kapazität 240 Telephonkanäle oder ein Fernsehkanal) wurde am 6. 4. 1965 gestartet; 1969 abgeschaltet.

East African Community [engl.], Abk. **EAC,** → Ostafrikanische Gemeinschaft.

East Anglia [ˈiːst ˈæŋglɪə], **Ostạngli|en,** histor. Landschaft, etwa die heutigen Gfsch. Norfolk und Suffolk, gehörte zu den sieben Kleinkönigreichen der → Angelsachsen.

Eastbourne [ˈiːstbɔːn], Stadt in der engl. Cty. East Sussex, an der Kanalküste, (1975) 72700 Ew.; Seebad.

East Kilbride [ˈiːst kˈɪlbraɪd], ›Neue Stadt‹, geplant für 100000 Ew. in Schottland, in der Strathclyde Region, südlich von Glasgow, (1975) 75000 Ew.

Eastleigh [ˈiːstliː], Industriestadt in S-England in der Cty. Hampshire, (1973) 46300 Ew.; Pendelverkehr nach Southampton, das südlich an E. anschließt.

East London [ˈiːst lˈʌndən], afrikaans **Oos Londen,** Stadt in der südöstl. Kapprovinz, Rep. Südafrika, an der Mündung des Buffalo River in den Ind. Ozean, (1980) 160600 Ew.; Hafen.

East Lothian [ˈiːst lˈəʊðɪən], ehem. Cty. in SO-Schottland, Verwaltungssitz war Haddington.

Eastman [ˈiːstmən], 1) George, amerikan. Erfinder und Industrieller, * Waterville (N. Y.) 12. 7. 1854, † (Selbstmord) Rochester (N. Y.) 14. 3. 1932, begann 1884 mit W. C. Walker die Rollfilmherstellung, entwickelte 1888 den Kodak-Photoapparat und gründete 1901 die Eastman Kodak Co., Rochester.

East

2) Max Forrester, amerikan. Kritiker, * Oanandaigua (N. Y.) 4. 1. 1883, † Bridgetown (Barbados) 25. 3. 1969; war einflußreich durch seine pragmatisch-hedonist. Ästhetik ›Enjoyment of poetry‹ (1913) sowie ›The literary mind: Its place in an age of science‹ (1931). Hg. der sozialist. Ztschr. ›The Masses‹ (1911–18) und ›The Liberator‹ (1918–22).

Eastman Kodak Co. [′i:stmən k′əʊdæk-], Rochester, N. Y., weltgrößtes Unternehmen der photograph. Industrie; gegr. von G. Eastman. Dt. Tochterges.: Kodak AG, Stuttgart.

East Riding [′i:st r′aɪdɪŋ], VerwBez. der ehem. Cty. York in England, Hauptstadt war Beverley.

East River [′i:st r′ɪvə], Wasserstraße an der Ostseite der Insel Manhattan, New York, USA, rd. 26 km lang, 200–1200 m breit; verbindet den Long Island Sound mit der Upper Bay; durch den Harlem River mit dem Hudson verbunden.

East Saint Louis [′i:st sənt l′u:ɪs], Industriestadt in Illinois, USA, am Mississippi, gegenüber Saint Louis, (1970) 70000 Ew. (davon 69% Neger).

East Sussex [′i:st s′ʌsɪks], County in SO-England, 1795 km², (1975) 657300 Ew.; Verwaltungssitz ist Lewes.

Eaubonne [ob′ɔn], Françoise d'E., frz. Schriftstellerin, * Paris 12. 5. 1920,; Romane (›Les tricheurs‹, 1959, dt.), krit. Essays und Biographien (u. a. über Rimbaud, Verlaine, Franz Liszt).

Eau de Cologne [o:dəkɔl′ɔɲ, frz.], **Kölnisch Wasser,** alkoholisch-wäßrige Auflösung oder Destillat ätherischer Öle, im wesentl. aus Bergamotte, Zitrone, Orange und Orangenblüten. Das Originalrezept stammt aus Italien. E. de C. wird in Köln von mehreren Firmen hergestellt, größter Produzent ist ›4711‹.

Eau de Javel [o:dəʒav′εl, frz.], wäßrige Lösung von Kaliumhypochlorit. 1792 von C. L. Berthollet erstmals hergestellt; Destillations- und Bleichmittel.

Eau de Labarraque [o:dəlabar′ak, frz.], wäßrige Lösung von Natriumhypochlorit; wirkt oxidierend und bleichend.

Eau-de-vie [o:dv′i:, frz. ›Lebenswasser‹], Branntwein.

Eban, Abba Solomon, israel. Politiker (Verein. Arbeiterpartei), * Kapstadt 2. 2. 1915, war 1948–59 Vertreter Israels bei der UNO und Botschafter in den USA, 1960–63 Erziehungs-Min., 1966–74 Außen-Min.

Ebbe [aus nd., zu ab ›weg‹], das Fallen des Meeresspiegels im Gezeitenwechsel.

Ebbegebirge, Ebbe, Höhenzug im südwestl. Sauerland, zw. Volme- und Lennetal, in der Nordhelle 663 m hoch; Naturpark.

Ebbinghaus, 1) Hermann, Psychologe, * Barmen (heute Wuppertal) 24. 1. 1850, † Halle (Saale) 26. 2. 1909, war seit 1894 Prof. in Breslau und Halle, förderte bes. die experimentelle Erforschung von Aufmerksamkeit und Gedächtnis. Die *Ebbinghaus-Kurve* des Vergessens zeigt, daß Gelerntes zuerst schnell, dann fort-

schreitend langsamer vergessen wird. Beim *E.-Test* zur Prüfung der verbalen Intelligenz ist ein lückenhafter Text sinnvoll zu ergänzen *(Lückentest).* WE. Über das Gedächtnis (1885); Grundzüge der Psychologie, 2 Bde. (1897–1902).

2) Julius, Philosoph, Sohn von 1), * Berlin 9. 11. 1885, † Marburg (Lahn) 16. 6. 1981, seit 1927 Prof. in Freiburg i. Br., Rostock und Marburg; urspr. Hegelianer, später Kantianer.

Ebeltoft, Gem. auf der Halbinsel Mols, Ostjütland, (1976) 3600 Ew.; Fachwerkhäuser, neues Rathaus (1576; Mus.), Färberhof mit Werkstatt (17. Jh.).

Eben|alp, Alpweide im Säntis, im schweizer. Kt. Appenzell-Innerrhoden, 1450–1650 m ü. M., durch Seilschwebebahn von Wasserauen (Schwendibachtal) erreichbar. Am felsigen Osthang der E. die Klause Wildkirchli.

Eben am Achensee, Fremdenverkehrsgemeinde südlich des Achensees, Tirol, (1981) 1800 Ew.; Seilbahn auf den Rofan.

Ebenbild Gottes, bibl. Theologie: → Imago Dei.

Ebenbürtigkeit, die durch Gleichheit des Geburtsstandes bewirkte rechtl. Gleichstellung. Das Erfordernis der E. diente im MA. dazu, die Stände getrennt zu halten. Als Richter, Zeuge, Zweikampfgegner oder Vormund brauchte sich niemand einen ›Untergenossen‹ gefallen zu lassen. Bei der Ehe war die E. von Bedeutung, da Erbrecht, Lehnsfolge und Rechtsstellung der Kinder davon abhingen; beim Adel spielte sie noch im 19. Jh. (Mißheirat, morganat. Ehe), im Privatfürstenrecht bis ins 20. Jh. eine Rolle.

Ebene, die gedachte oder reale ebene Fläche.

1) Teil der Erdoberfläche mit fehlenden oder kaum wahrnehmbaren Höhenunterschieden. Wo ein Relief vorhanden ist, spricht man von einem Flachland oder einem Hochland. Nach der Höhenlage unterscheidet man *Tiefebenen* (bis etwa 200 m ü. M.) von *Hochebenen* (bis über 4000 m, etwa in Tibet); nach der allgemeinen Lage *Binnenebenen* (im Inneren der Festländer) von *Rand-* und *Küstenebenen;* nach der Entstehung *Abtragungsebenen* und *Aufschüttungsebenen,* wie die meisten Fluß-E. oder viele eiszeitl. Schotter-, Sander- und Löß-E.

2) Geometrie: linearer Raum der Dimension 2. – Im dreidimensionalen euklidischen Raum ist eine E. durch drei Punkte eindeutig bestimmt. Legt man ein kartesisches Koordinatensystem zugrunde, dann bildet die Gesamtheit der geordneten Zahlentripel (x, y, z), die Lösungen der Gleichung ax + by + cz + d = 0 sind, als Punkte interpretiert, eine E.

3) Teilsystem der Grammatik, z. B. Phonologie, Morphologie, Semantik, Syntax.

Ebene der Tonkrüge, Hochebene in Laos, Tranninh-Ebene.

Eben-Es(z)er [hebr. ›Stein der Hilfe‹], in den Philisterkämpfen (1. Sam. 4, 1 ff.) genannter bibl. Ortsname.

Ebenheiten, ebene Plateaus im Elbsandsteingebirge, etwa 100 bis 120 m über der Elbe am Fuß der ›Steine‹.

Ebenholz, dunkle bis tiefschwarze, harte Edelhölzer: das *echte* oder *schwarze E.* mit braunem bis tiefschwarzem, sehr dichtem und hartem Kernholz trop. Bäume (Gatt. *Diospyros)* Afrikas und Asiens; E. wird für Intarsien, Kunsttischlerei, Klaviaturen, Holzblasinstrumente, Griffe, Stöcke und Drechslerwaren verwendet. Das *unechte* oder *künstl. E.* wird durch Beizen hellfarbiger, leichter Hölzer wie Birn-, Buchsbaum- und Eibenholz hergestellt.

Ebenholzgewächse, Ebenaceen, Ebenaceae, Fam. mit über 300 trop. baumförm. Holzgewächsen, die z.T. Ebenholz liefern. Eßbare Früchte trägt die Dattelpflaume.

Ebenholzpflanzen, Ebenales, Ordn. meist außereurop. Holzgewächse wie Ebenholzgewächse, Sapotengewächse.

Ebenist, seit dem 17. Jh. frz. Bez. für Kunstschreiner, die Möbel bes. mit Ebenholzintarsien herstellten.

Ebenrode, von 1938 bis 1945 Name der ostpreußischen Stadt Stallupönen.

Ebensee, Markt im Salzkammergut, Oberösterreich, Industrieort an der Mündung der Traun in den Traunsee, (1981) 9000 Ew.; Zentralsalzhütte Österreichs; Ammoniak- und Sodafabrik (Solvay-Konzern); Seilschwebebahn auf den Feuerkogel (1594 m).

Ebenstrauß, rispiger Blütenstand, bei dem alle Einzelblüten gleiche Ebene bilden.

Eber, das männliche Schwein.

Eberbach, 1) Stadt im Rhein-Neckar-Kreis, Bad.-Württ., am Neckar, im südl. Odenwald, (1981) 15500 Ew.; Ruine einer Hohenstaufenburg. E., seit etwa 1230 Stadt, kam 1330 an die Pfalzgrafschaft, 1803 an Leiningen, 1806 an Baden. **2)** Stadtteil von Eltville (seit 1972), Hessen, ehem. Zisterzienserkloster, 1135 durch Bernhard von Clairvaux gegr., 1803 aufgehoben. Die roman. Kirche, 1145 bis 1150 begonnen, wurde 1170–86 vollendet.

Eberborg, Altschneider, spätkastrierter Eber.

Eber|esche, Sorbus, artenreiche Gatt. der Rosengewächse in der nördl. gemäßigten Zone; Holzgewächse, z.B. die Art. *E., Vogelbeerbaum* oder *Krammetsbeere (Sorbus aucuparia),* mit unpaarig gefiederten Blättern, gelbweißen Blüten und scharlachroter Scheinfrucht; *Speierling, Spierapfel* oder *Spierling (Sorbus domestica),* mit weißen bis blaßroter, Blüten und birnförmig-kugeliger, gelber, rotbäckiger Scheinfrucht; *Mehlbeere (Sorbus aria),* mit orange- bis scharlachroter, innen gelber Scheinfrucht; *Elsbeere (Sorbus torminalis),* mit ahornähnl. Blättern und lederbraunen, hellpunktierten Scheinfrüchten; *Zwergmispel* oder *Zwergmehlbeere (Sorbus chamaemespilus),* nur strauchig, mit rosenroten Blüten und scharlach- bis braunroter Scheinfrucht.

Eberfische, Caproidae, Fam. der Petersfischartigen mit rüsselförmig vorstülpbarem Maul und hochrückigem Körper. Der *E. (Capros aper)* lebt im Mittelmeer und Ostatlantik.

Eberhard [ahd. ebur ›Eber‹, hart ›stark‹], Fürsten:

Bamberg. **1) E. II.,** Bischof (1146), * um 1100, † 17. 7. 1172, Ratgeber Kaiser Friedrichs I.

Franken. **2) E.,** Herzog, † Andernach 2. 10. 939, jüngerer Bruder König Konrads I.; mit seinem Tod erlosch die Herzogswürde in Franken.

Salzburg. **3) E. II.,** * um 1170, † Friesach (Kärnten) 1. 12. 1246, wurde 1196 Bischof von Brixen, 1200 Erzbischof von Salzburg; unterstützte die Staufer im Kampf gegen das Papsttum; begründete die Landesherrschaft der Erzbischöfe von Salzburg.

Württemberg. **4) E. I. der Erlauchte,** Graf (1279 bis 1325), * 13. 3. 1265, † 5. 6. 1325, widersetzte sich erfolgreich dem Versuch der Habsburger, das Hzgt. Schwaben wiederherzustellen. Unter ihm begann Württemberg, ein einheitliches Territorium zu werden.

5) E. II. der Greiner [›Zänker‹], **der Rauschebart,** Graf (1344–92), * 1315, † 15. 3. 1392, Enkel von 4), bemühte sich, sein Territorium abzurunden und gegen die Städte zu sichern. Am 23. 8. 1388 besiegte er den Schwäb. Städtebund bei Döffingen.

6) E. im Bart, als Graf E. V., als Herzog (1495) **E. I.,** * Urach 11. 12. 1445, † Tübingen 24. 2. 1496, vereinigte im Vertrag von Münsingen 1482 die seit 1442 getrennten Landesteile (Urach, Stuttgart), sicherte die Unteilbarkeit des Landes; gründete 1477 die Univ. Tübingen.

7) E. III., Herzog (1628–74), * Stuttgart 16. 12. 1614, † ebd. 3. 7. 1674, trat 1633 dem Heilbronner Bund bei, mußte 1634 nach der Schlacht bei Nördlingen sein Land verlassen, das er 1638 z.T., 1648 ganz zurückerhielt. 1660 trat er dem Rheinbund bei.

Eberesche: Vogelbeerbaum; a Fruchtzweig, b Stück des Blütenstandes, c Fruchtquerschnitt

8) E. Ludwig, Herzog (1677–1733), * Stuttgart 18. 9. 1676, † Ludwigsburg 31. 10. 1733, bis 1693 unter Vormundschaft, befehligte im

Eber

Span. Erbfolgekrieg das Oberrhein. Reichsheer. Mit der Anlage von Ludwigsburg, einer stehenden Truppe und Verwaltungs-, Wirtschafts- und Schulreformen erschöpfte er die Mittel des Landes. Seine Geliebte Christiane Wilhelmine von Graevenitz übte starken polit. Einfluß auf ihn aus.

Eberhard-Karls-Universität, die Universität Tübingen.

Eberhard von Cersne, mhd. Dichter, 1408 urkundlich als Kanonikus in Minden nachgewiesen; Minne-Allegorie (›Der Minne Regel‹, darin erste dt. leoninische Hexameter).

Eberle, 1) Josef, Pseudonym Sebastian **Blau,** Schriftst., * Rottenburg (Neckar) 8. 9. 1901, war 1945 bis 1971 Hg. der ›Stuttgarter Zeitung‹, schrieb Gedichte in schwäb. Mundart, daneben solche in lat. Sprache; Essays, Feuilletons.
WE. Aller Tage Morgen (Erinnerungen, 1974); Caesars Glatze (1977).
2) Joseph, Pseudonym: Edgar **Mühlen,** kath. Publizist, * Ailingen (heute Friedrichshafen) 2. 8. 1884, † Salzburg 12. 9. 1947, einflußreich durch die von ihm 1918 gegr. Zeitschrift ›Das neue Reich‹ (bis 1932) und ›Schönere Zukunft‹ (bis 1941).

Eberlin, Johann Ernst, Komponist, * Jettingen (Bayrisch-Schwaben) 27. 3. 1702, † Salzburg 21. 6. 1762, wurde ebd. 1729 Organist, 1749 Hof- und Domkapellmeister.

Eberlin von Günzburg, Johann, Theologe und Schriftst., * Kleinkötz bei Günzburg um 1468, † Leutershausen bei Ansbach 13. 10. 1533, seit 1525 Reformator der Gfsch. Wertheim; zündende Predigten und volkstüml. Flugschriften (›Die 15 Bundsgenossen‹, 1521–23).

Ebermannstadt, Stadt im Kr. Forchheim, Bayern, im Tal der Wiesent, gilt als Eingangstor zur Fränk. Schweiz, (1981) 5700 Ew.

Ebernburg, seit 1969 Ortsteil von Bad Münster am Stein-E., Rheinl.-Pf. Die Burg, Anfang des 16. Jh. Besitz F. v. Sickingens, war damals Zufluchtsort für Hutten, Melanchthon u. a. Anhänger der Reformation.

Eberraute, die Edelraute.

Ebers, Georg, Ägyptologe, * Berlin 1. 3. 1837, † Tutzing 7. 8. 1898, Prof. in Jena und Leipzig, schrieb viele spannende archäolog. Romane (›Eine ägypt. Königstocher‹, 3 Bde., 1864).

Ebersbach, 1) Industriestadt im Kr. Löbau, Bez. Dresden, (1977) 12500 Ew.; Kirche mit 54 Gemälden (bibl. Szenen, 1733), Orgelprospekt (1685).
2) Ebersbach an der Fils, Stadt (seit 1975) im Kr. Göppingen, Bad.-Württ., (1981) 14100 Ew.

Ebersberg, Kreisstadt in Bayern, am Rand des *Ebersberger Forstes,* mit (1981) 8500 Ew.; ehem. Kloster, 934 von den Grafen von Sempt gegr. (Kirche 13. Jh., um 1500 und im 17.–18. Jh. umgebaut).

Eberstein, ehem. Grafschaft im Murgtal (Baden). Die Grafen von E. starben 1660 aus. Stammsitz war die Burg E. bei Baden-Baden, seit dem 13. Jh. Neu-Eberstein oberhalb von Gernsbach. Seit dem 14. Jh. kam die Grafschaft an Baden.

Eberswalde, seit 1970 Teil von → Eberswalde-Finow.

Eberswalde-Finow [-o], Hauptstadt des Kr. Eberswalde, Bez. Frankfurt, am N-Rand des Barnims am Finowkanal, (1981) 53200 Ew.; Kranbau, Walzwerk, Rohrleitungs-, Apparatebau, Gießereien, chem., Papier- u. a. Industrie. E.-F. entstand 1970 durch Zusammenlegung der Städte Eberswalde und Finow.
In Finow kam 1913 einer der bedeutendsten vorgeschichtlichen Goldfunde in Dtl. zutage. Der Hort lag in einem Deckelgefäß aus Ton. Neben acht verzierten Trinkschalen enthielt er Schmucksachen, Goldbarren und anderes Rohmaterial im Gesamtgewicht von 2,54 kg. Der Fund aus der Bronzezeit ging 1945 in Berlin verloren.

Ebert, 1) Carl, Theaterintendant, * Berlin 20. 2. 1887, † Santa Monica (Cal.) 14. 5. 1980; anfangs Schauspieler, 1927 Intendant in Darmstadt, leitete 1931–33 und 1954–61 die Städt. Oper Berlin, begründete 1934 in der Emigration die Festspiele in Glyndebourne.
2) Friedrich, Politiker (SPD), *Heidelberg 4. 2. 1871, † Berlin 28. 2. 1925, Sattler, dann Redakteur, seit 1912 MdR., 1913–19 Parteivors. Am 9. 11. 1918 wurde E. Reichskanzler; am 11. 11. übernahm er die Leitung des Rats der Volksbeauftragten; am 11. 2. 1919 von der Weimarer Nationalversammlung zum vorläufigen Reichspräsidenten gewählt. 1922 verlängerte der Reichstag unter Verzicht auf die unmittelbare Volkswahl die Amtszeit bis 30. 6. 1925. E. war ein kluger Vermittler zwischen den parteipolit. Gegensätzen und übte sein Amt überparteilich und neutral aus.
LIT. W. Besson: F.E. (²1970).
3) Friedrich, Politiker (SPD, seit 1946 SED), Sohn von 2), * Bremen 12. 9. 1894, † Ost-Berlin 4. 12. 1979, 1928–33 MdR. (SPD), in der Zeit des Nationalsozialismus in Konzentrationslagern; gehörte 1946 zu den Mitbegründern der SED; 1948–67 Oberbürgermeister von Ost-Berlin; 1960 Mitglied des Staatsrats.

Ebert-Groener-Pakt, Vereinbarung vom 10. 11. 1918. Die militär. Führung (Gen. W. Groener) verpflichtete sich, das zurückkehrende Frontheer bei der Erhaltung der öffentl. Ordnung in Dtl. einzusetzen; die polit. Führung (F. Ebert) versprach, dem Offizierskorps bei der Bewahrung der Disziplin zu helfen.

Eberth, Karl Joseph, Anatom, Pathologe und Bakteriologe, * Würzburg 21. 9. 1835, † Berlin 2. 12. 1926, Prof. in Zürich und Halle, entdeckte (1880) den Erreger des Typhus.

Eberwurz, Carlina, Korbblütler-Gatt. mit rd. 20 Arten in der nördl. gemäßigten Zone der Alten Welt. Kräuter mit dornigen, buchtig gezähnten bis tief fiederspaltigen Blättern und Blütenkörbchen mit weißl. (gebl., rötl.), röhrenförmigen, zwittrigen Blüten. Die Art. E. (Carlina vulgaris) wächst auf kalkhaltigen Böden, Heiden,

Trockenwiesen, in trockenen Wäldern, die *Silberwurzel, Wetterdistel* oder *Sonnenrose (Carlina acaulis)* auf Magerwiesen und steinigen Hängen. Die Böden der Körbchen sind nach Entfernen der Hüllblätter und Blüten eßbar *(Jägerbrot)*.

Ebingen, ehem. Stadt in Bad.-Württ., seit 1975 Teil von Albstadt.

Ebioniten [hebr. ebjonim ›die Armen‹], grch. **Ebionäer,** auch **Nazoräer,** die 66/67 n. Chr. von Jerusalem nach Pella im O-Jordanland ausgewanderten Judenchristen; sie hielten sich im O-Jordanland, Syrien und Zypern bis ins 5. Jh. und hatten noch auf die Entstehung des Islam Einfluß. Jesus war für die E. der wahre Prophet (Messias), nicht Gottessohn.

Ebisu, einer der 7 japan. Glücksgötter (Shichi-Fukujin), Gott des Wohlstandes und Beschützer der Märkte, dargestellt in altjapan. Tracht mit Angel und Fisch.

Ebla, heute **Tell Mardich,** Ruinenstätte 70 km südl. von Aleppo; ital. Ausgrabungen brachten Teile einer großen Stadt zutage; Tontafelarchiv mit Keilschrifttexten: etwa 15000 Texte mit internat. Verträgen, Berichten, Steuerlisten, literar. und religiöse Texte (Gilgamesch), Schulfibeln; sie bezeugen, daß E. zw. 2400 und 2250 v. Chr. Mittelpunkt eines bed. Königreichs gewesen sein muß.

EBM, Abk. für Eisen-, Blech-, Metallwarenindustrie.

Ebner, Ferdinand, österr. Philosoph, * Wiener Neustadt 31. 1. 1882, † Gablitz (NÖ) 17. 10. 1931; seine Philosophie nahm den christl. Existentialismus G. Marcels vorweg; Hauptwerk ›Das Wort und die geistigen Realitäten‹ (1921).

Ebner-Eschenbach, Marie Freifrau *Ebner von Eschenbach,* geb. Gräfin *Dubsky,* Schriftstellerin, * Zdislawitz (Mähren) 13. 9. 1830, † Wien 12. 3. 1916, verh. mit dem österr. Physiker und späteren Feldmarschalleutnant Moritz Frhr. von E.-E. (* 1815, † 1898); schuf nach lyr. und dramat. Versuchen Erzählprosa: formal dem Realismus zugehörig, von sozialem Verantwortungsgefühl bei aristokrat. Grundhaltung; Aphorismen (1880).

WE. Romane und Erz.: Božena (1876); Dorf- und Schloßgesch. (1883, 1886); Das Gemeindekind, 2 Bde. (1887–88); Lotti, die Uhrmacherin (1889); Unsühnbar (1890); Glaubenslos (1893); Bertram Vogelweid (1896); aus Spätherbsttagen (1901); Erz., 2 Bde. (1901–02). – Meine Kinderjahre (1906). – Ges. Werke, hg. v. E. Gross, 9 Bde. (1961); Werke, 3 Bde. (1978). Kleine Romane (1957); Meistererz. (1976).

LIT. A. Bettelheim: M. v. E.-E.s Wirken u. Vermächtnis (1920).

EBO, Abk. für Eisenbahn-Bau- und Betriebsordnung.

Éboli, Ana *de Mendoza y la Cerda* [-'ɔθa i la θ'ɛrða], Fürstin von, * Cifuentes (Guadalajara) 29. 6. 1540, † Pastraña (Guadalajara) 2. 2. 1592, verh. mit Ruy Gómez de Silva (* 1516, † 1573), später zum Fürsten von É. erhoben, Gegenspieler des Herzogs von Alba. É., poli-

tisch ehrgeizig, wurde infolge ihrer Indiskretionen und Intrigen 1579 vom span. Hof verbannt. Ihre Liebschaften mit Philipp II. und dessen Sekretär Antonio Pérez sind Hofgerüchte. – Gestalt in Schillers ›Don Carlos‹.

Ebony ['ɛbənɪ, engl. ›Ebenholz‹], Hauskatzenrasse, Neuzüchtung aus Siamkatzen mit bes. schlankem, keilförmigem Kopf; das glatte Fell ist schwarz, glänzend, die Augen sind grün.

Ebrach, Markt im Kr. Bamberg, Bayern, im Steigerwald, (1981) 2000 Ew.; ehem. Zisterzienserkloster (1127–1803, seit 1851 Strafanstalt) mit frühgot. Kirche (13. Jh., Innenausstattung Ende 18. Jh.). Klostergebäude u. a. von J. L. Dientzenhofer und B. Neumann (1687–1730).

Ebro, lat. **Iberus,** Fluß der Iberischen Halbinsel, 927 km lang, entspringt im Kantabrischen Gebirge und mündet in das Mittelmeer. Wegen unregelmäßiger Wasserführung kaum befahrbar. Die Nebenflüsse aus den Pyrenäen, bes. Aragón, Gállego und Segre, bringen im Frühjahr Schmelzhochwasser. Das große *Ebrobecken* (um Saragossa) ist durch Bewässerung (seit dem 13. Jh.) sehr fruchtbar, im Mündungsgebiet (Delta) Reisanbau.

Ebrolin, Hausmeier der fränk. Teilreiche Neustrien und Burgund (658/59–80), † (ermordet) 14. 5. 680, scheiterte mit dem Plan einer einheitl. Statthalterschaft.

Ebsdorfer Grund, südwestl. Teil des fruchtbaren Amöneburger Beckens, Hessen.

Ebstorfer Weltkarte, inhaltsreichste Radkarte des MA., 30 Pergamentblätter mit Jerusalem als Mittelpunkt, im 13. Jh. entworfen, urspr. im Besitz des Klosters Ebstorf bei Uelzen, seit 1835 im Staatsarchiv in Hannover, dort 1943 durch Bomben vernichtet; Nachbildung im Kloster Ebstorf.

Ebullioskopie[lat.-grch.], Verfahren zur Bestimmung der Molekülmassen von gelösten, nicht flüchtigen Stoffen, aus der Erhöhung des Siedepunktes der Lösung im Vergleich zum reinen Lösungsmittel.

Ebur [lat.], Elfenbein.

Eburodunum, das römerzeitl. Yverdon am Westende des Neuenburger Sees; Thermen.

Eburonen, kelt. Stamm der Belgen an Maas und Rhein; 53 v. Chr. von Caesar vernichtet.

ECA, Abk. für **Economic Commission for Africa** [engl.], regionale Wirtschaftskommission des Wirtschafts- und Sozialrats der Vereinten Nationen, 1958 gegr., Sitz: Addis Abeba.

Eça de Queirós ['ɛsa ðə keir'ɔʃ], José Maria, portugies. Schriftst., * Póvoa de Varzim 25. 11. 1845, † Paris 16. 8. 1900, begründete den portugies. Gesellschaftsroman.

Écaille [ek'aj, frz. ›Schuppe‹, ›Schale‹], Schildkrötenschale zum Einlegen von Galanterie- und Bijouteriewaren.

Écarté *das,* frz. Kartenspiel mit 32 Blättern der Pikettkarte, für 2 Spieler. Jeder Spieler erhält 5 Blätter, das 11. Blatt bestimmt die Trumpffarbe. Gewinner ist, wer zuerst 5 Zählpunkte hat.

Ecba

Ecbasis cuiusdam captivi per tropologiam [›Flucht eines Gefangenen in belehrender Gestalt‹], kurz **Ecbasis captivi**, lat. Tierepos, etwa von 1043–46 von einem Mönch in St.-Evre bei Toul verfaßt.

Eccard, Johannes, evang. Kirchenkomponist, * Mühlhausen (Thüringen) 1553, † Berlin 1611, Schüler von O. di Lasso in München, 1578 Organist in Augsburg, 1580 Hofkapellmeister in Königsberg und seit 1608 in Berlin.

Ecce homo [′ɛktse-, lat. ›siehe, (welch) ein Mensch‹, Joh. 19,5], Übers. der Vulgata für den Ausruf des Pilatus, mit dem er den gegeißelten und dornengekrönten Jesus dem Volk vorstellte. In der bildenden Kunst jüngste aller Passionsszenen (seit um 1450): Christus erscheint erbarmungswürdig, das Volk als höhnender Pöbel (H. Bosch, M. Schongauer, A. Dürer, L. van Leyden, Tizian).

Ecce homo: Kupferstich aus der Passion Christi von Martin Schongauer

Eccles [eklz], Stadt in der engl. Metrop. Cty. Greater Manchester, (1971) 38 500 Ew.

Eccles [eklz], Sir John Carew, austral. Physiologe, * Melbourne 27. 1. 1903, war Prof. in Canberra, (seit 1966 in Chicago und Buffalo; klärte die Synapsen-Übertragung an Nervenzellen im Rückenmark und Kleinhirn. Mit A. L. Hodgkin und A. F. Huxley erhielt er 1963 den Nobelpreis für Medizin.

Ecclesia [lat.], grch. **Ekklesia** [›Versammlung‹], 1) N. T.: die von der Urkirche aus dem allgemein-grch. Sprachgebrauch (die ordnungsgemäß einberufene Versammlung der freien Bürger eines Stadtstaates) oder aus dem N. T. übernommene Bez. für ihre eigenen Versammlungen; i. w. S. die Gemeinschaft der Christen; von Paulus zur Abgrenzung vom polit. Sinn des Wortes als *E. Gottes* oder *Christi* näher bestimmt.

2) kath. Dogmatik: die die *E. militans* (die auf Erden gegen die Sünde, i. w. S. um ihren gesellschaftl. Anspruch ›streitende Kirche‹), die *E. patiens* (die ›leidende Kirche‹ der Gerechten im Fegfeuer) und die *E. triumphans* (die ›triumphierende Kirche‹ der Heiligen im Himmel) umfassende Gemeinschaft der Heiligen.

Ecclesiam suam [lat. ›seine Kirche‹ hat Christus Jesus gegründet], Enzyklika Pauls VI. vom 6. 8. 1964 über die Aufgaben der Kirche zu Beginn seines Pontifikats.

Ecclesiastes [lat.], **Ekklesiastes** [grch. ›Prediger‹], Prediger Salomo, bibl. Buch (→ Kohelet).

Ecclesiasticus, Vulgata: das bibl. Buch Jesus → Sirach.

Ecclesia und Synagoge, die allegor. Umschreibung des Verhältnisses zw. der Kirche des Neuen Bundes und dem Volk des Alten Bundes. In der Kunst: Darstellungen durch 2 Frauengestalten: in der karoling. Buchmalerei Begleitfiguren der Kreuzigung, im 13. Jh. Großplastiken. Ecclesia wird als Siegerin mit Krone, Kreuzesfahne und Kelch gestaltet, Synagoge als Besiegte mit gebrochener Lanze und verbundenen Augen, der die Gesetzestafeln entgleiten.

Ecdyson [n. grch. ekdysis ›das Herauskriechen‹], Hormon der Insekten, das die Häutungen der Entwicklungsstadien (Larve, Puppe) steuert.

ECE, Abk. für **Economic Commission for Europe** [engl.], regionale Wirtschaftskommission des Wirtschafts- und Sozialrates der Vereinten Nationen, 1947 gegr., Sitz: Genf.

Ecevit [′ɛdʒevit], Bülent, türk. Politiker (Republikan. Partei), * Istanbul 1925, Journalist, 1961–65 Arbeits-Min., brachte als Gen.-Sekr. (1966–71) seine Partei (1972–80 Vors.) auf einen sozialdemokrat. Kurs. Als MinPräs. (1973–74) entsandte er nach dem Scheitern der Genfer Zypernkonferenz ein türk. Expeditionsheer nach → Zypern. 1977 und 1978–79 MinPräs.

Echallens [eʃal′ã], Bezirksort im schweizer. Kt. Waadt, am Orbezufluß Talent, (1980) 2 200 Ew.; Schloß (13. Jh.).

Echappement [eʃapm′ã, frz.] *das,* bei einer Uhr das Unruhschwingsystem und die Hemmung.

Echegaray y Eizaguirre [ɛtʃegar′ai i eiθag′irre], José, span. Dramatiker, * Madrid 19. 4. 1832, † ebd. 16. 9. 1916, mehrfach Minister; bühnenwirksame Mantel- und Degenstücke oder Theaterstücke über Gesellschafts- und Gewissenskonflikte. Mit F. Mistral 1904 Nobelpreis für Literatur.

Echeveria [etʃe-], die Gatt. Nabelkraut.

Echeverría [etʃeβɛrr′ia], Estebán, argentin. Dichter, * Buenos Aires 2. 9. 1805, † Montevideo 19. 1. 1851, Wegbereiter der Romantik in Lateinamerika.

Echeverría Álvarez [etʃeβɛrr′ia ′alβarez], Luis, mexikan. Politiker (PRI), * Mexiko 17. 1. 1922, Jurist, 1964–70 Innenminister, war 1970–76 Staatspräsident.

Echidna [grch. ›Schlange‹], grch. Mythos: ein Ungeheuer, halb Weib, halb Schlange.

echin ... [grch. echinos ›Igel‹], igel ...

Echinit [grch.] *der,* versteinerter Seeigel.

Echinodermata [grch.], **Echinodermen,** → Stachelhäuter.

Echinoidea [grch.], **Echinoiden,** → Seeigel.

Echinokokken [grch.], *Blasen- oder Hülsenwürmer,* die Finnen der im Darm des Hundes und Fuchses lebenden Bandwürmer Echinococcus granulosus und multilocularis. Die durch den Finnenbefall verursachte *Echinokokken-, Blasenwurmkrankheit* oder *Echinokokkose* kann beim Menschen je nach Lokalisation der E.-Blasen durch operative Entfernung geheilt werden.

Echino|rhynchosis [grch.], Kratzerwurmkrankheit.

Ecclesia (links) und Synagoge (rechts) am Straßburger Münster

Echinus [lat. ›Seeigel‹, aus grch.], 1) Gatt. der Seeigel.

2) der wulstartige Teil des dorischen Kapitells zw. Säulenschaft und Abakus.

Echiurida [grch.], die Igelwürmer.

Echnaton, der ägypt. König → Amenophis IV.

Echo [grch.], 1) akustischer Widerhall, entsteht bei Reflexion des Schalles an relativ großflächigen Hindernissen. Zur deutlichen Trennung zweier Schallimpulse etwa 0,2 s, der Abstand des Hindernisses muß also wenigstens etwa 33 m sein. Schneller aufeinanderfolgende mehrfache E., z.B. in Räumen mit parallelen Wänden, verschmelzen zu einem zusammenhängenden Eindruck, dem *Nachhall.*

2) durch Reflexion elektromagnet. Wellen an

Hindernissen (Inhomogenitäten) verursachte Erscheinung; kann störend oder nützlich sein. Störend z.B. in der Flugsicherung (Mehrdeutigkeiten bei Landeverfahren), nützlich beim Radar zur Positionsbestimmung (auch hier gibt es jedoch störende ›Geisterbilder‹ und ›Engelechos‹).

3) Musik: die Wiederholung einer kurzen Phrase in geringer Tonstärke.

Echo, Nymphe, die nach Ovid ihrer Stimme bis auf die Fähigkeit beraubt wurde, die letzten Worte einer Rede zu wiederholen.

Echo, frühere amerikan. Ballonsatelliten, die als passive Nachrichtensatelliten dienten. E. 1 (1960, Gewicht 75 kg) hatte 30,5 m Durchmesser, E. 2 (1964–1969, 250 kg) 41 m Durchmesser und stellte das erste gemeinsam mit der UdSSR durchgeführte Satellitenprogramm dar.

Echo|enzephalographie, neurolog. Untersuchungsverfahren; verwendet das Echo von Ultraschallimpulsen zur Diagnostik raumfordernder Krankheitsprozesse im Gehirn (Geschwulstbildungen, Blutungen); ergänzt die Enzephalographie und Arteriographie.

Echogewölbe, Flüstergewölbe, Flüstergalerie, Räume, die Schallwellen durch Zurückwerfen an parallelen oder gewölbten Wänden wie in einem Rohr weiterleiten und schließlich fast in einem Brennpunkt vereinigen, so daß Töne oder Worte ungewöhnlich weit von der Schallquelle entfernt stark vernehmbar werden; bereits im MA. bekannt und besonders im 18. Jh.

Echograph, Schreibgerät eines Echolotes zum Schreiben eines Echogrammes.

Echo|instrumente, Musikinstrumente, die das natürl. Echo nachahmen sollen, z.B. Echoklavier. *Echotrompete,* ein Orgelregister, das durch schwächere Intonation Echoeffekte ermöglicht.

Echolalie [grch.], automat. und sinnloses Nachsprechen von Wörtern.

Echolot, kombiniertes Sende-Empfangsgerät zum Messen der Entfernung von einem Schallreflektor durch Bestimmung des entfernungsproportionalen Zeitunterschiedes zwischen dem Aussenden der Schallimpulse (Glockenzeichen, Explosionsdruckwellen, Ultraschall) und dem Empfang der Echoimpulse. In der Seefahrt und als Fischlupe sowie in der Geologie und der Werkstoffprüfung eingesetzt.(Bild S. 284)

Echo-Orientierung, Echolotung, Echo|ortung, Echopeilung, Orientierung mancher Tiere durch selbstausgesandte Laute, die von den Gegenständen ihrer Umgebung zurückgeworfen werden. So senden Fledermäuse, einige Fliegende Hunde, Delphine, Spitzmäuse und einzelne höhlenbewohnende Vögel Schall-Signale aus und bestimmen aus dem zurückkehrenden Echo die eigene Lage im Verhältnis zu Hindernissen im Raum. Die Fledermäuse senden Peiltöne im Ultraschallbereich aus; Stärke, Tonhöhe (Doppler-Effekt), Zeitabstand und Richtung des Echos vermitteln ihnen ein räuml. ›Bild‹ (›Bildhören‹). Sie erkennen im Flug z.B. Drahthindernisse von nur ⅕ mm Stärke.

Echo

ECHO-Viren, Abk. von engl. **enteric-cytopathogenic-human-orphan** [ent′erık saıtopæθədʒ′enık hj′u:mən ′ɔ:fən]. E.-V. sind Enteroviren. Die meisten Antigentypen werden nur bei Gesunden gefunden (daher orphan, ›Waise‹, benannt, d. h. ›Virus ohne Krankheit‹). Nur wenige E.-V. verursachen fieberhafte Erkrankungen beim Menschen (z. B. Gehirnhautentzündung).

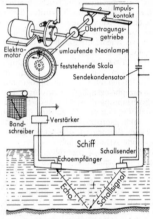

Echolot (schematisch)

Echsen [eigtl. ›Dechse‹, entstanden durch falsche Trennung von Eidechse], **Eidechsen** i. w. S., **Sauria,** Unter-Ordn. der Schuppenkriechtiere mit Schädelknochen, die i. Ggs. zu den Schlangen miteinander fest verbunden sind, bes. der Unterkiefer. Die Arten sind meist klein, nur der Komodo-Waran erreicht 3 m Länge. Körper mit höckerigen oder schindelartigen Hornschuppen, bei einigen Fam. mit Hautknochen unterlegt; die Beine können rückgebildet sein. E. bewohnen meist wärmere Gebiete und fressen Kleintiere, seltener Pflanzen; Fortpflanzung durch Eier oder ›lebendgebärend‹; rd. 2500 Arten umfassen folgende Fam.: Geckos, Flossenfüßer, Nachtechsen, Agamen, Chamäleons, Leguane, Skinke, Eidechsen, Schlangen-, Gürtel-, Teju-, Ringel-E., Schleichen, Doppelschleichen, Höcker-, Krusten-E., Warane und Taubwarane.

Echsengewächse, Saururaceae, Fam. ausdauernder Kräuter an sumpfigen Standorten.

Echsenschwanz, Molchschwanz, Saururus, Gatt. der Echsengewächse mit je einer Art in Ostasien und im atlantischen N-Amerika.

Echte Knochenfische, Teleoste|i, Über-Ordnung der Knochenfische i. w. S. (Osteichthyes).

Echte Not, german. Recht: Gründe, die das Versäumen eines Gerichtstages oder einer Lehenspflicht entschuldigen, bes. Königsdienst, Pilgerfahrt, Krankheit, Hausbrand.

Echterdingen, ehem. Gem. in Bad.-Württ., seit 1975 Teil von Leinfelden-Echterdingen.

Echternach, Echtern, Kantons- und Marktstadt im östl. Luxemburg, an der Sauer, mit (1973) 3900 Ew. – Ehem. Benediktinerabtei, eine Stiftung des hier verstorbenen hl. Willibrord, Bischof von Utrecht (Kirche 1727–31, karoling. Krypta, Klosterbauten 1727–36).

Die *Echternacher Springprozession* am Pfingstdienstag ist einer späten Sage nach ein Dankfest für das Aufhören einer Tierseuche in karoling. Zeit oder des Veitstanzes in jüngerer Zeit. Die Teilnehmer springen nach 3 Schritten vorwärts jedesmal 2 Schritte zurück oder 5 vor und 3 zurück.

Echter von Mespelbrunn, Julius, Fürstbischof von Würzburg, → Julius, Fürsten.

Echtlosigkeit, altdt. Recht: Verlust der Rechtsfähigkeit (›Echt‹).

Echtzeitbetrieb, Realzeitbetrieb, Betrieb einer Datenverarbeitungsanlage mit Aufgaben, deren Ergebnis in kürzester, von der Aufgabe bestimmten Zeit vorliegen muß (Prozeßrechner).

Écija [′eθixa], Stadt in der span. Prov. Sevilla, Andalusien, am linken Ufer des von hier an schiffbaren Genil, (1970) 36 100 Ew.; Altstadt mit Barockpalästen und Kirchen (Gotik, Barock), z. T. mit hohen Glockentürmen.

Eck, 1) Johann, eigtl. *Maier aus Eck (Egg),* der theolog. Hauptgegner der Reformation, * Egg an der Günz 13. 11. 1486, † Ingolstadt 10. 2. 1543, wurde 1510 Prof. der Theologie in Ingolstadt, disputierte 1519 mit M. Luther in Leipzig, brachte 1520 die päpstl. Bannandrohungs-Bulle von Rom, beteiligte sich 1526 am Religionsgespräch zu Baden (Aargau), 1530 am Augsburger Reichstag (Hauptanteil an der Confutatio), 1541 an den Religionsgesprächen zu Worms und Regensburg.

2) auch *Egk(h),* Leonhard von, bayer. Kanzler, * Kelheim 1480, † München 17. 3. 1550, seit 1519 Kanzler Herzog Wilhelms IV.

Eckart, der getreue E., tritt zuerst in der Harlungensage als Pflegevater der beiden Harlunge auf. Schon zur Zeit des Nibelungenliedes scheint E. eine sprichwörtl. Rater- und Warnergestalt gewesen zu sein: als die Burgunder in Etzels Land kommen, findet sie ihn an der Grenze. Das spätere MA. läßt ihn als Warner am Eingang des Venusbergs stehen. Weitere dichter. Bearbeitungen des E.-Stoffes bei Goethe, L. Tieck, L. Uhland.

Eckart, Meister E., Eckehart, Dominikaner, der bedeutendste und geistvollste dt. Mystiker, * Hochheim (bei Gotha oder Erfurt) um 1260, † Avignon vor dem 30. 4. 1328, war 1293–94 lector sententiarum in Paris und erwarb 1302 ebd. den Magister-Grad; 1303 Ordensprovinzial für ›Sachsen‹, 1311–13 als magister regens wieder in Paris, später in Straßburg; von hier betreute er im Auftrag seines Ordensgenerals bes. im Elsaß, später in der Schweiz Frauenklöster; zuletzt war E. Prediger und Magister in Köln. Der wegen seiner Lehren gegen ihn geführte Prozeß führte ihn nach Avignon. Nach seinem Tod wurden 28 seiner Sätze von Papst Johannes

XXII. verurteilt (1329). – Wirksam war E. vor allem in seinen Predigten, die die scholast. Gelehrsamkeit für das innere Leben umprägten und das ›Ungeschaffene in der Seele‹ (das ›Seelenfünklein‹) hervorheben. Als ›Lebemeister‹ begründete E. damit einen neuen Typ christlicher Volksfrömmigkeit. Die Heilsgeschichte, die Kirche und die Schrift treten zurück gegenüber der unmittelbaren Begegnung zw. Gott und der gläubigen Seele. Aus seiner myst. Erfahrung erwuchs E. eine neue spekulative Theologie, die er mit wortschöpfer. Sprachgewalt vortrug. Seine Schüler waren H. Seuse und J. Tauler. Bis zum 18. Jh. nahezu vergessen, nahm ihn der dt. Idealismus als seinen Vorläufer an.

Eckartsberga, Stadt im Kr. Naumburg, Bez. Halle, an den südöstl. Ausläufern der Finne, (1970) 2200 Ew.; über der Stadt die Ruine der Eckartsburg, von Markgraf Eckhard von Meißen um 1000 gegr., seit 1247 im Besitz der Wettiner.

Eckball, allg. Schuß oder Wurf der angreifenden Mannschaft von einem der Eckpunkte (Schnitt von Tor- und Seitenlinien) in der gegner. Spielhälfte, wenn der Ball von einem verteidigenden Spieler über die eigene Torlinie (Torauslinie) gespielt wurde.

Eckblatt, Eckknolle, blattartige Verzierung an den vier Ecken einer Säulenbasis, die zw. der quadrat. Fußplatte und dem runden Säulenfuß vermittelt; in der byzantin., roman. und frühgot. Kunst.

Eckblatt (Notre-Dame, Paris)

Ecke, 1) Gemeinsamer Punkt zweier benachbarter Seiten eines Vielecks.

2) Gemeinsamer Punkt dreier oder mehrerer Kanten eines Polyeders.

Eckehard, Eckehart, Eckhart [ahd. ekka ›Spitze‹, hart ›stark‹], männliche Vornamen.

Eckehart, Mönche in St. Gallen, → Ekkehart.

Ecken Ausfahrt, Eckenlied, mhd. Gedicht aus dem Umkreis der Dietrichsage, um die Mitte des 13. Jh., erzählt, wie der ruhmgierige Riese Ecke und sein Bruder Fasolt im Kampf gegen Dietrich von Bern fallen.

Eckener, Hugo, Luftfahrtpionier, * Flensburg 10. 8. 1868, † Friedrichshafen 14. 8. 1954, trat 1908 in den Luftschiffbau Zeppelin ein, brachte 1924 den für die USA gebauten ZR III (LZ 126) nach Nordamerika (erste Atlantiküberquerung), unternahm mit LZ 127 (›Graf Zeppelin‹)

u. a. eine Amerikafahrt 1928, Weltfahrt 1929 und Polarfahrt 1931. 1936 führte er fahrplanmäßige Fahrten nach Nordamerika mit LZ 129 (›Hindenburg‹) ein, bis sie mit der Katastrophe von Lakehurst (1937) ein Ende nahmen.

Eckenlinie, 1) Diagonale.

2) Gerade durch eine Ecke eines Dreiecks oder eines Tetraeders.

Ecker [got. akran ›Frucht‹, zu ›Acker‹], **1)** Eichen- (Eichel) oder Buchenfrucht (Buchecker).

2) Eckern, Eicheln, Farbe der dt. Spielkarte.

Eckermann, Johann Peter, Schriftst., * Winsen a. d. Luhe 21. 9. 1792, † Weimar 13. 12. 1854, übersandte Goethe 1822 seine Schrift ›Beiträge zur Poesie mit besonderer Hinweisung auf Goethe‹, seit 1823 bei diesem als (unbezahlter) Helfer für Ordnung und Redaktion seiner Manuskripte und seines Alterswerks. Aus dieser Gemeinschaft entstanden die ›Gespräche mit Goethe in den letzten Jahren seines Lebens‹ (Bd. 1 und 2: 1836, Bd. 3, unter Benutzung von Aufzeichnungen F. Sorets, 1848); von Nietzsche als ›bestes dt. Buch überhaupt‹ bezeichnet.

LIT. J. Petersen: Die Entstehung der E.schen Gespräche mit Goethe und ihre Glaubwürdigkeit (²1925; Nachdr. 1973); H. H. Houben: J. P. E., 2 Bde. (1925–28).

Eckernförde, Stadt im Kreis Rendsburg-E., Schlesw.-Holst., (1981) 23100 Ew., an der *Eckernförder Bucht*, Ostseebad. – Eine Burg E. ist 1197 bezeugt; Nikolaikirche (15. Jh., Schnitzaltar von H. Gudewerdt d. J., 1640).

Eckersberg, Christopher Wilhelm, dän. Maler, * Blåkrog bei Apenrade 2. 1. 1783, † Kopenhagen 22. 7. 1853, Schüler von J. L. David in Paris; histor. Bilder, Landschaften, Seestücke, Bildnisse.

Eckflügler, Schmetterlinge aus der Fam. Fleckenfalter mit eckigem Rand der Vorderflügel. Raupen mit Dornen, Puppen oft mit Metallflekken; z. B. Admiral, Distelfalter, Tagpfauenauge, Großer und Kleiner Fuchs, Trauermantel.

Ecklohn, tarifvertraglicher Stundenlohn eines repräsentativen Arbeitnehmers meist mittlerer Lohngruppe, nach dem die Löhne anderer Arbeitnehmer prozentual berechnet werden (z. B. ungelernter Arbeiter 80%, Vorarbeiter 115% des Ecklohns).

Eckmann, Otto, Maler, Zeichner, * Hamburg 19. 11. 1865, † Badenweiler 11. 6. 1902, Vorkämpfer des Jugendstils (Zeichnungen in der ›Jugend‹ und im ›Pan‹), entwarf die *Eckmann-Schrift*.

Eckschwänze, Tetragonurídae, Fam. der Quallenfische; Tiefseebewohner; im Mittelmeer lebt der bis 25 cm lange *Alet* oder *Quadratschwanz*.

Eckstein, 1) festes Gefüge von Quadersteinen als Haus- oder Tempelfundament, an den sichtbaren Stellen mit bes. wertvollen Steinen; als Metapher im A. T. und in N. T. als Symbol für Christus als Grund des Heils und die anstößige (ungewöhnliche) Weise seiner Offenbarung in Armut.

2) Kartenspiel: Karo.

Ecks

Eckstine [ˈɛkstaɪn], Billy, eigtl. William Clarence E., amerikan. Jazzmusiker (Gesang, auch Trompete), * Pittsburgh 8. 7. 1914, mit seiner Big Band 1944–47 ein Hauptvertreter des Bebop.

Eckzahn, dens caninus, Caninus, → Zahn.

ECLA, Abk. für **Economic Commission for Latin America** [engl.], regionale Wirtschaftskommission des Wirtschafts- und Sozialrates der Vereinten Nationen, 1948 gegr., Sitz: Santiago de Chile.

Éclair [eklˈɛːr, frz.] *das,* mit Creme oder Schlagsahne gefülltes, stangenförmiges, glasiertes Gebäck.

ECM-Flugzeug, ECCM-Flugzeug, ein Militärflugzeug zur elektronischen Kampfführung, ausgerüstet mit Geräten für elektron. Gegenmaßnahmen (ECM, Abk. für engl. Electronic Counter Measures) oder für elektron. Schutzmaßnahmen (ECCM, Abk. für engl. Electronic Counter-Counter Measures).

Eco, Umberto, ital. Schriftst., * Alessandria (Piemont) 1932, Philologe; schrieb den Roman ›Il nome della rosa‹ (1980, dt. Der Name der Rose).

École Biblique [ekˈɔl biblˈik, frz.], Zentrum der bibelwissenschaftl. Arbeit der Dominikaner in Jerusalem, gegr. 1890 durch M.-J. Lagrange.

École d'Avignon [ekˈɔl daviɲˈɔ̃], → Avignon, Schule von Avignon.

École de Paris [ekˈɔl də parˈi], zusammenfassende Bez. für nach Paris emigrierte Künstler, etwa seit 1905, wie die Russen M. Chagall, Ch. Soutine, der Bulgare J. Pascin, der Italiener A. Modigliani sowie frz. Künstler, die sich ihnen anschlossen. Sie standen mit ihren irisch. Bildern i. Ggs. zum Kubismus. Der Spanier J. Miró und der Deutsche M. Ernst waren die wichtigsten Vertreter des Surrealismus. – Nach dem 2. Weltkrieg wurde Paris erneut Zentrum für Maler aus aller Welt, bes. des Informel. Ende der 50er Jahre trat New York an die Stelle von Paris.

École normale supérieure [ekˈɔl nɔrmˈal syperjˈœːr], in Frankreich Hochschule mit hohem Niveau (bes. die École Normale Supérieure in Paris, gegr. 1794).

Economist, The E. [ðɪ iːkˈɔnəmɪst], brit. Wirtschaftszeitschrift, gegr. 1843, erscheint wöchentlich samstags in London.

Economy-Klasse [iːkˈɔnəmɪ-, engl.], seit 1958 verbilligte Beförderungsklasse, anfangs im Nordatlantik-Personenluftverkehr.

Econ Verlag, Düsseldorf, GmbH; gegr. 1950 von Erwin Barth v. Wehrenalp (* 1911).

ECOSOC, Abk. für **Economic and Social Council** [engl.], der Wirtschafts- und Sozialrat der Vereinten Nationen.

Écossais [ekɔsˈɛ, frz. ›schottisch‹] *das,* großkariertes Seiden- oder Chemieseidengewebe.

Écossaise, Ekossaise [ekɔsˈɛːz, frz. ›schottisch‹] *die,* urspr. alter schott. Rundtanz zum Dudelsack, nach 1700 von Frankreich ausgehend, ein Gesellschaftstanz im schnellen ¾-Takt.

Écouen [ekwˈä], Ort im frz. Dép. Val-d'Oise, (1975) 4600 Ew. Das monumentale Renaissanceschloß (1535–78) ist heute Renaissance-Museum.

écrasez l'infâme! [ekrazˈe lɛfˈaːm, frz., zu ergänzen: superstition ›rottet den verfluchten Aberglauben aus!‹], in den Briefen von Voltaire seit 1759 wiederkehrende Formel gegen die Kath. Kirche.

Écrins, Barre des É. [bardezekrˈɛ̃], Gipfel des Pelvoux-Massivs in den Frz. Alpen, 4102 m ü. M.; Naturpark *Écrins.*

Écru|seide [ekrˈy-, frz. ›roh‹, ›ungebleicht‹], die Bastseide.

Écu [ekˈy, frz. ›Schild‹], frz. Münzen, nach ihrem Gepräge, dem königlichen Wappenschild, benannt.

1) Écu d'or [frz. ›goldener Schild‹], auch **Couronne d'or** [frz. ›goldene Krone‹], frz. Goldmünze seit Ludwig IX. bis 1653.

2) Écu d'argent [frz. ›Silberschild‹], frz. Silbermünze 1641 bis 1803.

Ecuador [n. der Lage unter dem Äquator], amtlich **República del E.,** Republik im NW Südamerikas, 283561 km² (einschl. Galápagos-Inseln), mit (1980) 8,35 Mio. Ew. Hauptstadt ist Quito; Amtssprache: Spanisch. Währung: Sucre (s/.) = 100 Centavos (Ctvs.).

E. ist in drei Landschaftszonen gegliedert. Im W entlang der Küste des Pazifik mit dem Golf von Guayaquil erstreckt sich ein 50–150 km breites Tiefland, das einem Küstengebirge (bis 1800 m ü. M.) durchzogen wird und im N feuchtheißes, im S trockenes Klima aufweist. Zw. den beiden parallelen Gebirgsketten der Andenregion mit zahlreichen Vulkanen (Chimborazo 6310 m, Cotopaxi 5897 m) liegt ein Hochland, das in viele Becken geteilt ist (mittlere Höhe 2200–2900 m ü. M.) mit kühl gemäßigtem Klima. Der Osthang der Anden fällt steil zum östl. Tiefland im Stromgebiet des Amazonas ab, das weithin mit trop. Regenwald bedeckt ist.

Die größten Bevölkerungsgruppen (je rd. 40%) sind Mestizen und Indianer. Die Indianer der Sierra sprechen meist Ketschua oder Chibcha. Neger und Mulatten (je rd. 5%) leben überwiegend im Küstentiefland. Die Weißen (10%), überwiegend in den Städten, bilden die herrschende Schicht. Die übrige Bevölkerung führt ein ärmliches Dasein. – 90% der Bev. sind katholisch. Größte Städte: Quito, Guayaquil, Cuenca.

Wirtschaft. In der Land- und Forstwirtschaft (auf nur 15% der Gesamtfläche) arbeiten rd. 50% der Erwerbstätigen. Auf Plantagen im Küstenland Anbau von Bananen und Kaffee; im Hochland für den Eigenbedarf Getreide, Kartoffeln, Gemüse; ferner Rinder-, Schaf- und Schweinezucht. Die Regenwälder im östl. Tiefland (rd. 60–70% der Gesamtfläche) werden noch wenig genutzt.

Die Förderung der meisten Bodenschätze (bes. Eisen- und Kupfererz) fällt kaum ins Gewicht.

Erdölförderung (1979: 10,3 Mio. t, gegenüber 1971: 180000 t) seit 1917 auf der Halbinsel Santa Elena; seit 1972 im NO des Landes. Die Industrialisierung wird stark gefördert. Ausfuhr (1979: 2,06 Mrd. US-$): Erdöl (40%), Bananen (11%; 1971: 42%), Kakao (17%), Kaffee (20%). Einfuhr (1,99 Mrd. US-$, bes. Rohstoffe, Maschinen und Fahrzeuge). Haupthandelspartner: USA (36% der Ausfuhr, 38% der Einfuhr). Wichtigste Verkehrsträger sind die Straßen (rd. 5000 km Asphalt- und rd. 20000 km Schotterstraßen). Die Bedeutung der Eisenbahn (rd. 1200 km) geht zurück. Größter Seehafen ist Guayaquil. Internat. Flughäfen: Guayaquil und Quito.

Staat. Nach der Verf. von 1979 ist E. eine Präsidiale Republik; Einkammerparlament. Das Staatsgebiet ist in 20 Prov. geteilt mit je einem von der Reg. ernannten Gouverneur.

Allg. Wehrpflicht mit 2jährig. Dienstzeit. – Die allg. Schulpflicht vom 6. bis 14. Lebensjahr ist nur z. T. verwirklicht; Unterricht an öffentl. Schulen unentgeltlich; Analphabetenquote: rd. 25%.

Geschichte. Als die Spanier 1533/34 das Land eroberten, gehörte es zum Reich der Inka. 1822 beseitigte Bolívar die span. Herrschaft; E. kam an Kolumbien. Seit 1830 ist es selbständige Republik. Seine Geschichte ist von vielen inneren Unruhen und Bürgerkriegen ausgefüllt. Den streng kath. Konservativen, die 1874 E. in einen theokrat. Staat zu verwandeln suchten (›Republik des Heiligsten Herzen Jesu‹), traten die kirchenfeindl. Liberalen entgegen. Ihr Führer E. Alfaro regierte 1895–1911 (mit Unterbrechungen) autokratisch; er setzte eine welt. Kulturpolitik durch. Unter Präs. J. Ayoro (1925–31) herrschten verhältnismäßig ruhige Zeiten; 1931 wurde der langjähr. Grenzstreit mit Kolumbien beigelegt. Danach war das polit. Leben von Wirren und Staatsstreichen beherrscht. 1942 mußte E. den größten Teil des Amazonas-Tieflandes an Peru abtreten. Staatspräs. war 1961–63 Arosemena Monroy; von 1963 bis März 1966 regierte eine Militärjunta (Militärdiktatur), von April bis Nov. 1966 war C. Yerovi Indaburu Staatschef. Nach der Wahl einer Verfassunggebenden Versammlung war O. Arosemena Goméz von Nov. 1966 bis Aug. 1968 provisor. Präs. 1968 wurde J. M. Velasco Ibarra zum fünften Mal zum Präs. gewählt; er setzte 1970 die Verfassung außer Kraft und regierte seither als Diktator. 1972 wurde er abgesetzt. General G. Rodríguez Lara stellte sich an die Spitze einer Militärreg., die im Jan. 1976 von einer Militärjunta unter der Führung von Vizeadmiral A. Póveda Burbano gestürzt wurde. Nach Wahlen im April 1979 wurde im Aug. ein Zivilist Präs.: Jaime Roldos (Sammlung der Volkskräfte/CFP); nach seinem Tod (Flugzeugabsturz, 24. 5. 1981) folgte O. Hurtado als Präs.

Ed., Abk. für lat. editio (→Edition); **ed.,** Abk. für lat. edidit, hat herausgegeben.

EDA-Komplexe, Elektronen-Donator-Acceptor-Komplexe, liegen vor, wenn zwei Moleküle unter teilweiser Elektronenübertragung vom ›Donator‹ zum ›Acceptor‹ in enge Wechselwirkung treten, ohne daß eine echte Bindung gebildet wird. Im Vergleich zu den Komponenten zeigen E.-K. in ihren Spektren charakterist. neue Absorptionen. Gewisse E.-K. sind technisch wichtig wegen ihrer Halbleitereigenschaften, z. B. bei der Xerographie.

Edam-Volendam, Stadt in der Prov. Nordholland, Niederlande, (1976) 21500 Ew., entstanden aus der Stadt Edam mit altem Rathaus (1737), Grote Kerk (eine spätgot. Hallenkirche) und dem Fischerdorf Volendam; Vermarktung der kugelförmigen *Edamer Käse.*

edaphisch [grch. edaphos ›Erdboden‹], vom Erdboden abhängig, bodenbezogen.

Edaphon [vgl. edaphisch] *das,* Begriff für die Mikroorganismen des Bodens.

Edaphophyten [vgl. edaphisch], im Boden lebende Pflanzen, besonders Bakterien und Pilze.

Edda, Name zweier Werke der altisländ. Literatur, der Prosa-Edda oder Snorra-Edda und der Poetischen oder Lieder-Edda (früher auch Sæmundar-Edda genannt).

1) Die **Snorra-Edda,** verfaßt von Snorri Sturluson zw. 1220 und 1230, erhalten in Handschriften des 13. und 14. Jh., ist ein Lehrbuch für junge Skalden, die daraus die poet. Ausdrücke, namentlich die Umschreibungen (→Kenning) und die verschiedenen Versarten lernen sollten. Da die Umschreibungen vielfach der Mythologie entnommen sind, beginnt die Snorra-Edda mit einer Darstellung der altnord. Mythologie in dialog. Form, der Gylfaginning (König Gylfis Täuschung); es folgen die Skáldskaparmál (Sprache der Dichtkunst), eine Aufzählung und Erläuterung der Kenningar und anderer poet. Ausdrücke, reich an Zitaten aus der Skaldendichtung des 9.–12. Jh., und schließlich das Háttatal (Aufzählung der Versarten), ein Preislied Snorris auf den norweg. König Hákon und den Jarl Skuli mit 102 kommentierten Musterstrophen für alle skaldischen Metren.

2) Die **Lieder-Edda** ist eine Sammlung von etwa 30 Liedern aus Mythologie und Heldensage, überliefert in einer Handschrift der zweiten Hälfte des 13. Jh. (Codex Regius). Die Sammlung wurde, als man sie im 17. Jh. wiederfand, dem Sæmundr Sigfússon, einem isländ. Gelehrten des 11./12. Jh., zugeschrieben und ›Edda‹ genannt; weil man sie für die Vorlage der Snorra-Edda hielt. Die Lieder stammen vorwiegend aus der Wikingerzeit, dem 8.–11. Jh.; manche sind schon von der kontinentalen Balladenform des 12. Jh. beeinflußt. Die Götterlieder sind von verschiedener Art: Visionsdichtung wie die Völuspá (›Der Seherin Gesicht‹), Götterschwänke, dialog. Wissensdichtung, Spruchdichtung wie die Hávamál (›Sprüche des Hohen‹, d. h. Odins) u. a. Von den Heldenliedern zeigen die Lieder des Nibelungenstoffes (das ›Alte Atlilied‹, die Sigurd- und Gudrunlieder) gelegentlich Spuren dt.

Vorlagen. Im Unterschied zur kunstvollen Skaldendichtung haben die Eddalieder eine zwar dichterisch gehobene, aber volkstümliche Sprache.

Eddington [ˈedɪŋtən], Sir Arthur, brit. Astronom und Physiker, * Kendal 18. 12. 1882, † Cambridge 22. 11. 1944, begründete die Erforschung des inneren Aufbaus der Sterne, stellte die Pulsationstheorie der Cepheiden auf und entdeckte die Beziehung zw. den Massen der Fixsterne und ihren Leuchtkräften.

Eddy [ˈedɪ], Mary, geb. *Baker* [bˈeɪkə], * Bow (N. H.) 16. 7. 1821, † Boston 3. 12. 1910, entwickelte eine eigene Methode der geistigen Heilung (1866/67) und gab ihr mit dem Werk ›Science and health‹ (1875) das weltanschaul. Fundament. 1892 gründete sie in Boston die erste Gemeinde der ›Christian Science‹.

Ede, 1) Gem. in der Prov. Gelderland, Niederlande, (1975) 79400 Ew.; Kunstfaserproduktion.

2) Stadt in W-Nigeria, mit (1971) 162600 Ew.

Edeka Handelsgruppe, Hamburg, genossenschaftlich orientierte Einkaufsorganisation des Lebensmitteleinzelhandels.

Edel, Elmar, Ägyptologe, * Ludwigshafen a. Rh. 12. 3. 1914, Prof. in Bonn, schuf eine Grammatik für die ägypt. Sprache des Alten Reiches und entdeckte kretisch-myken. Ortsnamen in ägypt. Texten.

Edelfalter, Schmetterlinge, die Ritterfalter.

Edelfäule, Befall der Weinbeeren durch den Pilz *Botrytis cinerea.* Die Beeren schrumpfen zu edelfaulen Rosinen ein und liefern Moste mit sehr hohem Zuckergehalt, aus denen natursüße Dessertweine (Frankreich, Südeuropa), Ausleseweine und Trockenbeerenauslesen gewonnen werden.

Edelfreie [ahd. adaling], lat. **nọbilis,** bei den german. Völkern der durch edle Abkunft ausgezeichnete und im Stand der Freien höher angesehene Adel.

Edelgase, die gasförmigen, chemisch äußerst reaktionsträgen Elemente Helium, Neon, Argon, Krypton, Xenon und Radon der nullten Gruppe des Periodensystems mit abgeschlossener Elektronenanordnung der Atome. Sie wurden 1892 von J. W. Rayleigh und W. Ramsay als Bestandteile der Luft entdeckt: 100 Liter Luft enthalten 932 cm³ Argon, 1,5 cm³ Neon, 0,5 cm³ Helium, 0,11 cm³ Krypton, 0,008 cm³ Xenon. Zusammen mit Mineralwässern und aus Erdgasquellen treten oft Gase aus, die größere Mengen an Argon und Helium enthalten. Verwendung in der Beleuchtungs-, Tieftemperatur-Kerntechnik (Helium) und Medizin.

Edelgaskonfiguration, Chemie: vollbesetzte Elektronenschalen wie bei den Edelgasen; die energet. bes. günstige E. wird vom Atom anderer chem. Elemente beim Eingehen einer chem. Bindung angestrebt.

Edelhagen, Kurt, Tanz- und Jazzorchesterleiter, * Herne 5. 6. 1920, † 8. 2. 1982.

Edelkastani|e, Eßkastani|e, Castạnea satịva,

Art der Buchengewächse, von Kleinasien bis Dtl. verbreitet. Die E. hat längl. scharfgesägte Blätter und ist einhäusig; die einsamigen Früchte heißen *Kastanien* oder *Maronen.*

Edelkorallen, Corạllium, Gatt. der Oktokorallier, die in Tiefen von 3 bis etwa 300 m im Mittelmeer, an den Kanarischen Inseln, im Malaiischen Archipel und an der Südküste Japans vorkommen; z. B. die *Rote E. (Corạllium rụbrum)* mit weißen bis tiefroten kalkigen Achsenskeletten; sie wächst in baum- oder strauchartigen Stöcken in Korallenbänken. Bes. geschätzt sind ein zartes Rosa (Engelshaut) und ein kräftiges Rosa (Lachsfarbe). Die Verwendung zur Herstellung von Schmuck, Amuletten usw. reicht bis in die Bronzezeit zurück.

Edelman [ˈeɪdlmæn], Gerald Maurice, amerikan. Biochemiker, * New York 1. 7. 1929, seit 1960 Prof. an der Rockefeller University, New York. 1969 gelang es E. erstmals, den Aufbau eines Antikörper-Moleküls vollständig zu entziffern; dafür erhielt er 1972 mit R. Porter den Nobelpreis für Medizin.

Edelmann, urspr. der Angehörige des aus der ›Altfreiheit‹ gewachsenen Adels, später jeder Ritter.

Edelmarder, Art der Raubmarder.

Edelmetalle sind Silber, Gold und die Platinmetalle Ruthenium, Rhodium, Palladium, Osmium, Iridium, Rhenium und Platin. Sie besitzen geringe Affinität zu Sauerstoff und oxidieren oder korrodieren daher nicht. Gegenüber Säuren verhalten sich die E. unterschiedlich: Silber löst sich in Salpetersäure und konzentrierter Schwefelsäure, Gold, Platin und Palladium lösen sich in Königswasser. Die übrigen Platinmetalle sind selbst in diesen Säuren unlöslich.

Edelnelke, die Gartennelke.

Edelpapagei, Lọrius rorạtus, Papageienart, über Neuguinea, Molukken, Kleine Sunda-Inseln verbreitet; die Männchen sind grün, die Weibchen rot.

Edelpilz, eßbarer Pilz, z. B. der Champignon.

Edelraute, Eberraute, Bez. mehrerer Alpenpflanzen: so Arten von Beifuß, Kreuzkraut, Trauergarbe.

Edelreis, → Veredlung.

Edelrost, natürliche oder künstliche → Patina.

Edelsittiche, Psittạcula, Papageien-Gatt. mit 12 Arten von W-Afrika bis Borneo; Geschlechter versch. gefärbt.

Edelstahl, Stahlsorte, die eine höhere Reinheit als Qualitäts- oder Grundstahl hat.

Edelsteine, Minerale, die sich durch Schönheit der Farbe oder Lichtwirkung sowie durch Härte und Seltenheit auszeichnen und deswegen zu Schmuck verarbeitet werden. Unter den Begriff E. fallen auch organ. Produkte wie Korallen, Bernstein und Perlen. Zu den wertvollsten E. zählen der → Diamant, Varietäten des → Beryll (Smaragd, Aquamarin), der Rubin und der Saphir (→ Korunde), Varietäten des → Chrysoberyll (Alexandrit und Cymophan, ›Katzenauge‹), Opal u. a. Eine relativ geringere Seltenheit kommt in dem Begriff ›Schmuckstein‹ zum Ausdruck; die Bez. ›Halbedelstein‹ ist unzulässig. E. sind Begleitminerale anderer Minerale und Erze. Sie werden im modernen Bergbau, in Tagebauen und Steinbrüchen gewonnen; alluviale Anreicherungen (Edelsteinseifen) werden durch einzeln arbeitende Schürfer ausgebeutet (Auswaschen von Flußsanden). Durchsichtige E. werden zur Entfaltung der Lichtwirkung facettiert geschliffen (→Brillant), durchscheinende und undurchsichtige meist gewölbt (gemugelt, Cabochon) oder als flache, gravierfähige Siegelsteine. Das Schleifen umfaßt Klopfen und (oder) Sägen, Ebauchieren (Grobschleifen) und Facettieren (Polieren). (Bilder S. 197)

Synthetische Steine sind kristalline Substanzen, die ganz oder teilweise durch chemotechn. Verfahren hergestellt wurden, deren chem. Zusammensetzung, Feinstruktur und physikal. Eigenschaften den natürl. E. identisch sind. In wirtschaftl. bedeutenden Mengen hergestellt werden Korunde (Rubin, Saphir, auch Sternrubin und -saphir), Spinelle, Smaragd, Granat-Varietäten; nur zu techn. Zwecken Bergkristall und Diamant.

Imitationen sind chemotechnisch hergestellte Substanzen, die ohne Übereinstimmung der chem. Zusammensetzung und physikal. Eigenschaften den natürlichen E. nur äußerlich gleichen, insbes. Gläser, keram. Massen und Kunstharze.

Die E.-Kunde *(Gemmologie)* erarbeitet Methoden zur Unterscheidung natürl. E. von Synthesen und Imitationen. Hilfsmittel sind u. a. Röntgenanalyse, kristallopt. und photometr. Messungen, Mikroskopie, Spektroskopie. Die E.-Kunde ist Universitätslehrfach (z. Z. Mainz, Heidelberg). Ausbildungsträger ist die Deutsche Gemmologische Gesellschaft (Sitz: Idar-Oberstein).

Geschichte. In der Antike kamen E. vorwiegend aus den Ländern des Orients, seit der Entdeckung Amerikas auch aus Süd- und Mittelamerika; im 19. Jh. sind bes. in Brasilien, der UdSSR, auf dem afrikan. Kontinent, Madagaskar und in Australien neue Fundstätten erschlossen worden. Das Schleifen war im Altertum kaum verbreitet; es entwickelte sich im Spät-MA. aus dem Mugeln, bei dem der E. auf der Schauseite gewölbt-poliert und an den Ecken abgerundet wurde. Hoch entwickelt war seit röm. Zeit die Steinschneidekunst. Aus frühen Ansätzen im 5. Jh. erreichte die farbenfrohe Schmuckverwendung von E. im MA. einen Höhepunkt in Werken kirchl. Kunst und den Insignien der Herrscher. Die Verwendung als profaner Schmuck setzte sich durch nach der portugies. Erschließung des Seeweges in den Orient. Hiermit verbunden war die Vervollkommnung der Bearbeitungstechnik. Der Brillantschliff wurde entwickelt. Die Diamantschleiferei ist seit dem 16. Jh. in Antwerpen und Amsterdam ansässig, heute jedoch weit verbreitet.

LIT. W. F. Eppler: Prakt. Gemmologie (1973); Enzyklopädie der Minerale und E. (1977).

Edeltanne, die Weißtanne (→Tanne).

Edelweiß, Leontopodium, Korbblüter-Gatt. mit etwa 40 Arten, bes. in den inner- und ostasiat. Hochgebirgen und Steppen. Weiß- oder grauhaarige Kleinstauden (wenige Halbsträucher); bräunl. bis gelbl. Blütenkörbchen, die nur röhrenförmige Blütchen enthalten. Das rein europ., bis 30 cm hohe E. *Leontopodium alpinum* hat sternförmig ausgebreitete, oberseits schneeweißfilzige Hochblätter; es wächst an Felsen sowie auf steinigen Matten. Das E. steht unter Naturschutz.

Edemissen, Gemeinde im Kr. Peine, Ndsachs., (1981) 10 200 Ew.

Eden [hebr. ›Wonne‹], **Garten E.,** das →Paradies.

Eden [i:dn], Fluß im nördlichen England; in seinem Tal der Landsitz Edenhall, bekannt durch Uhlands Ballade ›Das Glück von Edenhall‹.

Eden ['i:dən], Sir (1954) Robert Anthony, Earl (1961) of *Avon* ['eɪvən], brit. Politiker (Konservative Partei), * Windlestone 12. 6. 1897, † Alvediston (Wiltshire) 14. 1. 1977, war 1931–33 Unterstaatssekr. des Auswärtigen, 1934–35 Lordsiegelbewahrer, 1935–38 Außen-Min. Mit seinem Rücktritt wandte er sich u. a. gegen die Beschwichtigungspolitik (›appeasement‹) des Premier-Min. A. N. Chamberlain gegenüber Hitler und Mussolini. 1939–40 war E. Staatssekr. für die Dominions, 1940 Kriegs-Min., 1940–45 und 1951–55 wieder Außen-Min. Als solcher hatte er großen Einfluß auf die brit. Kriegs- und Nachkriegspolitik. Mit seiner Europapolitik (Eden-Plan, 1952) strebte er eine enge Verbindung der europ. Staaten an; war maßgeblich an der Schaffung eines westeurop. Verteidigungssystems (Pariser Verträge) und am Genfer Indochina-Abkommen (1954) beteiligt. 1955 wurde er Premier-Min. und Führer der Konservativen Partei. Nach der starken nationalen und internat. Kritik an der britisch-frz. Intervention am Suezkanal (1956) trat er im Jan. 1957 zurück.

Edenkoben, Stadt und Luftkurort im Kr. Südliche Weinstraße, Rheinl.-Pf., (1981) 5500 Ew.

Edentata [lat.], die Säugetier-Ordn. Zahnarme.

Eder, linker Nebenfluß der Fulda, 177 km lang, entspringt am 676 m hohen *Ederkopf* im Rothaargebirge, mündet südöstlich von Baunatal. Nebenflüsse sind Nuhne, Orke, Itter, Elbe, Ems und Schwalm. Die *Edertalsperre* staut die E. bei Waldeck zum *Edersee;* (1200 ha Fassungsvermögen 202 Mio. m³).

Eder, Josef Maria, Photochemiker, * Krems 16. 3. 1855, † Kitzbühel 18. 10. 1944, leistete Grundlegendes für die Entwicklung der Photographie.

Edessa, 1) Hauptstadt des Nomos Pella, Griechenland, (1971) 14 700 Ew.
2) antike Stadt, →Urfa.

Edewecht, Gem. im Kr. Ammerland, Ndsachs., (1981) 13 700 Ew.

Edfelt, Johannes, schwed. Schriftst., * Kyrkefalla (Skaraborgs län) 21. 12. 1904, Lyriker und Essayist.

Edfu, Stadt in Oberägypten, → Idfu.

Edgar [ags. ead ›Besitz‹, gar ›Ger‹], männl. Vorname.

Edge-Insel [ˈedʒ-, engl.], norweg. **Edgeøya** [ˈɛdʃœja], die südöstlichste der Hauptinseln von Spitzbergen, 5030 km², stark vergletschert.

Edgeworth [ˈedʒwəːθ], Francis Ysidro, brit. Volkswirtschaftler und Statistiker, * Edgeworthstown-House (Irland) 8. 2. 1845, † Acland Home (Oxford) 13. 2. 1926, war 1890–1922 Prof. in Oxford, gilt als Wegbereiter der mathemat. Wirtschaftstheorie in Großbritannien.

Edikt [lat.], obrigkeitl. Bekanntmachung; im röm. Recht Verordnungen des Magistrats, bes. der Prätoren, als Jahresprogramme für die Rechtspflege. Später auch Erlasse der Kaiser.

Edikt von Nantes [-nãt], → Nantes, Edikt von.

Edinburgh [ˈedɪnbərə], Hptst. Schottlands in der Lothian Region, (1979) 455 100 Ew.; am Firth of Forth; kultureller und wirtschaftl. Mittelpunkt Schottlands, Sitz der höchsten Behörden, eines Bischofs der schott. Hochkirche und eines kath. Erzbischofs. E. hat Univ. (seit 1583), Akademie, Museen, Galerien, Bibliotheken; pharmazeutisch-chem. Ind., Präzisionsgeräte- und elektron. Ind., graph. Gewerbe, Papierherstellung, Schiff-, Maschinenbau, Brauereien; nahebei Kohlen- und Eisenerzbergbau. Seit 1947 finden jährl. die E.er Musik- und Theater-Festspiele statt. – Die Altstadt wird überragt von der auf 130 m hohen Fels gelegenen alten Burg. Zu den bedeutendsten Baudenkmälern der Stadt gehören die Burg, nach 1000 als Königssitz entstanden, heute Museum, St. Giles's Cathedral (1385 zerstört, 1387–1500 Neubau) mit 49 m hohem Glockenturm (1495), Holyrood Palace, die Residenz der schott. Könige, 1650 zerstört, 1671–79 wieder aufgebaut. – Die Ableitung des Namens, gälisch ›Dun Edin‹, ist umstritten. Um 1000 wurde E. schott. Königssitz, um 1450 Landeshauptstadt.

Edingen-Neckarhausen, Gem. im Rhein-Neckar-Kreis, am Neckar zw. Heidelberg und Mannheim, (1981) 13 700 Ew.; Industriegem.

Edirne, früher *Adrianopel,* Hptst. der Prov. E. in der europ. Türkei, (1975) 63 300 Ew.; a. d. Maritza. Die Stadt hat oriental. Gepräge, bes. durch die vielen Moscheen (Moschee Selims II., 1566–74). – E., von Kaiser Hadrian gegr. (Hadrianopolis), wurde 1361 von Murad I. erobert und war 1366–1453 Sitz der osman. Sultane. 1829 wurde in E. der russisch-türk. Krieg durch den Frieden von Adrianopel beendet.

Edison [ˈedɪsn], Thomas Alva, amerikan. Elektrotechniker, * Milan (Ohio) 11. 2. 1847, † West Orange (N. J.) 18. 10. 1931, erfand 1876 das erste Kohlekörnermikrophon, eine Vervollkommnung des Bellschen Telephons, 1877 den Phonographen, 1879 die Kohlenfadenlampe

(schon 1854 von H. Göbel angegeben), zeigte 1881 einen unmittelbar mit einer Dampfmaschine gekuppelten elektr. Generator, nahm 1882 in New York das erste öffentl. Elektrizitätswerk der Welt in Betrieb, entdeckte 1883 die Glühemission *(E.-Effekt),* erfand 1899 den Kinetographen (Filmaufnahmegerät) und 1895/96 das Vitaskop (Laufbildprojektor). Zu seinen letzten großen Erfindungen gehören der Eisen-Nickel-Akkumulator (1904) und ein Betongießverfahren. Insgesamt meldete E. über 1000 Patente an.
LIT. R. W. Clark: E. (a. d. Engl., 1981).

Edith [ags. ead ›Besitz‹, ›Glück‹, gyth ›Kampf‹], Heilige, Tochter des engl. Königs Edgar (959 bis 975), † 16. 9. 984. (Tag: 16. 9.).

Editha, ags. **Eadgyth,** Tochter des engl. Königs Eduard d. Ä. († 924), erste Frau Ottos I. (seit 929).

Edition [lat.], **1)** Abk. **Ed.,** Ausgabe, Herausgabe.
2) im Zivilprozeß die Vorlegung einer Urkunde, die nicht im Besitz der beweisführenden Partei ist. Sie wird vom Gericht auf Antrag des Beweisführers angeordnet (§§ 421 ff. ZPO).

Edle Herren, Edler (E. von ...), Rangklasse zw. dem Freiherrn und dem untitulierten Adel.

Edmonton [ˈedmən̩tən], Hauptstadt der Prov. Alberta, Kanada, (1976) 461 000 Ew. (Metropol. Area 554 000 Ew.); Sitz eines kath. Erzbischofs; Universität. Mittelpunkt reicher Farmgebiete, Erdöl- und Erdgasvorkommen.

Edmund [ags. ead ›Besitz‹, ›Glück‹, mund ›Schutz‹], seit 855 König von Anglien, 870 von den Dänen erschlagen. Heiliger (Tag: 20. 11.).

Edo, Bini, Volk in S-Nigeria; war Staatsvolk des alten Reiches Benin.

Edo, Yedo, bis 1868 Name der heutigen japan. Hauptstadt → Tokio.

Edom, Arabia Petraea, im Altertum das Hochland östlich der Araba-Senke zw. dem S-Ende des Toten Meeres und dem Roten Meer, seit dem 13. Jh. v. Chr. Gebiet der aramäischen **Edomiter,** die durch Sagen von Esau genealogisch mit Israel verbunden sind; unter David und Salomo Provinz mit israelit. Vögten. Im 5. Jh. v. Chr. wurden die Edomiter von den Nabatäern verdrängt und wanderten nach W (Idumaea) ab. Um 125 v. Chr. gliederte sie Johannes Hyrkanus durch Zwangsbeschneidung der jüd. Kultgemeinde ein.

EDS, Abk. für Elektronisches Datenvermittlungs-System.

Edschmid, Kasimir, urspr. Eduard *Schmid,* Schriftst., * Darmstadt 5. 10. 1890, † Vulpera (Schweiz) 31. 8. 1966, begann als expressionist. Erzähler und Programmatiker, schilderte in Romanen und Reisebüchern vergangene und gegenwärtige Kulturen, schrieb den Büchner-Roman ›Wenn es Rosen sind, werden sie blühen‹ (1950), den Simón-Bolívar-Roman ›Der Marschall und die Gnade‹ (1954).
WW. Reiseberichte: Afrika – nackt u. angezogen (1930, erw. 1951); Italien, 5 Bde. (1935–48, 3 Bde., 1955–57).

Eduard [ags. ead ›Besitz‹, ›Glück‹, weard ›Hüter‹], engl. **Edward** [ˈedwəd], ags., engl. und brit. Fürsten:

1) **E. der Bekenner**, angelsächs. König (1042–66), * Islip (Oxfordshire) um 1003, † London 5. 1. 1066, hatte eine Vorliebe für die Normannen. 1161 heiliggesprochen (Tag: 5. 1. und 13. 10.).

2) **E. I.**, König (1272–1307), * Westminster 17. 6. 1239, † Burgh-by-Sands bei Carlisle 7. 7. 1307, aus dem Haus Plantagenet, kämpfte lange gegen die frz. Krone um seine frz. Besitzungen (u. a. Aquitanien), begründete 1303 durch die Verbindung seines Sohnes E. II. mit Isabella, Tochter des frz. Königs Philipp IV., die engl. Ansprüche auf den frz. Thron. In England beendete E. durch den Sieg bei Evesham (1265) den Aufstand der Barone; unterwarf Wales (1284) und vorübergehend auch Schottland.

3) **E. II.**, König (1307–27), Sohn von 2), der erste Herzog von Wales (seit 1301), * Caernarvon Castle (Caernarvonshire) 25. 4. 1284, † (ermordet) Berkeley Castle (Gloucestershire) 21. 9. 1327, unterlag den Schotten 1314 bei Bannockburn, wurde von seiner Frau Isabella von Frankreich gestürzt.

4) **E. III.**, König (1327–77), Sohn von 3), * Windsor 13. 11. 1312, † Sheen (heute Richmond) 21. 6. 1377, begann wegen seiner Erbansprüche auf die frz. Krone 1339 den → Hundertjährigen Krieg, siegte 1346 bei Crécy, mußte aber fast allen Gewinn des Friedens von Brétigny (1360) später wieder preisgeben.

5) **E.**, Prince of Wales, Sohn von 4), * Woodstock (Oxfordshire) 15. 6. 1330, † Westminster 8. 7. 1376, nach seiner Rüstung der ›Schwarze Prinz‹ genannt, Heerführer im Hundertjährigen Krieg; 1362 Prinz von Aquitanien (1371 vertrieben).

6) **E. IV.**, König (1461–83), aus dem Hause York, * Rouen 28. 4. 1442, † Westminster 9. 4. 1483, gelangte durch den Sieg bei Towton über Heinrich VI. aus dem Haus Lancaster auf den Thron (→ Rosenkriege); drängte die Macht des Parlaments zurück.

7) **E. V.**, König (1483), Sohn von 6), * 2. 11. 1470, † im Tower vermutlich im Aug. 1483, von seinem Onkel, dem Herzog von Gloucester (→ Richard III.), für unehelich erklärt, verschwand mit seinem Bruder Richard (* 17. 8. 1472) auf ungeklärte Weise.

8) **E. VI.**, König (1547–53), Sohn Heinrichs VIII. und der Johanna Seymour, * Hampton Court 12. 10. 1537, † Greenwich 6. 7. 1553. Unter ihm wurde die Reformation durchgeführt. Mit E. erloschen die Tudors im Mannesstamm.

9) **E. VII.**, König (1901–10), ältester Sohn der Königin Viktoria und des Prinzgemahls Albert von Sachsen-Coburg-Gotha, * London 9. 11. 1841, † ebd. 6. 5. 1910, wirkte bei seiner Vorliebe für Frankreich und einer persönl. Abneigung gegen seinen Neffen Wilhelm II. an der brit.-frz. Entente von 1904 mit.

10) **E. VIII.**, * White Lodge 23. 6. 1894, † Paris 28. 5. 1972, bestieg am 20. 1. 1936 den Thron, dankte jedoch am 11. 12. 1936 wieder ab, da sich bes. die brit. Regierung gegen seine Absicht wandte, die zweimal geschiedene Wallis Simpson zu heiraten. Seitdem lebte E. als Herzog von Windsor im Ausland (seit 1945 in Paris).

Edukt [lat.], Ausgangsgestein bei der Metamorphose.

EDV, Abk. für elektronische Datenverarbeitung.

Edwards [ˈedwədz], Jonathan, amerikan. Theologe, * East Windsor (Conn.) 5. 10. 1703, † Princeton (N. J.) 22. 3. 1758, seit 1757 Präs. des College ebd. Seine Bußpredigten (1734) leiteten die ›große Erweckung‹ ein; präzisierte den calvinistischen Determinismus mit dem Gedanken der moralischen Verantwortlichkeit des Menschen.

Edwardsee [ˈedwəd-], **Rutanzige-See**, früher *Albert-Edward-See*, seichter brackiger See im Zentralafrikan. Graben, 914 m ü. M., 2150 km²; an der Grenze Zaire/Uganda. Abfluß durch den Semliki zum Albertsee.

Edwin [ags. ead ›Besitz‹, ›Glück‹, wine ›Freund‹], männlicher Vorname.

Edzard I., der Große, Graf von Ostfriesland, aus dem Hause Cirksena, * Greetsiel 15. (16.?) 1. 1462, † Emden 14. (15.?) 2. 1528, behauptete in der Sächs. Fehde (1514–18) Ostfriesland als selbständiges Territorium und sicherte durch die Primogenitur dessen ungeteilten Bestand.

EEC, Abk. für **European Economic Community** [engl.], die → Europäische Wirtschaftsgemeinschaft.

EEG, Abk. für Elektroenzephalogramm.

Eemshaven [-və], niederländ. Großhafen im Ausbau am Dollart im NO der Prov. Groningen.

Efate, Insel der Neuen Hebriden.

Efendi, Effendi, früher türk. Ehrentitel.

Eferding, Bezirksstadt in Oberösterreich, (1981) 3100 Ew.; got. Pfarrkirche, Starhembergsches Schloß.

Efeu *der*, **Hedera**, artenarme Gatt. der Araliengewächse. Die einzige dt. Art, *E., Eppich, Wintergrün* oder *Immergrün* (*Hedera helix*), ist ein kriechender und mit Haftwurzeln bis 30 m hoch kletternder Strauch mit ledrigen, immergrünen Blättern und gelbgrünen Blüten, die eine erbsengroße Beerenfrucht liefern. Der E. kann über 500 Jahre alt werden. (Bild S. 292)

Effe, volkstümliche Bez. für die Flatterulme.

Effekt [lat.] Wirkung, Ergebnis; Leistung.

Effekten, geschäftsübl. Bezeichnung von Wertpapieren, die leicht übertragbare Urkunden über Mitgliedschafts-, Forderungs- oder Anteilsrechte sind und sich wegen ihrer Vertretbarkeit zum Handel an der Börse (Effektenbörse) eignen. Die wichtigsten Arten sind Aktien, Kuxe, Pfandbriefe, Obligationen.

Effektivgeschäft, ein Geschäft, bei dem die Warenlieferung sofort nach Geschäftsabschluß erfolgt oder nach einer gewissen Zeit beabsichtigt ist; Ggs.: → Differenzgeschäft.

Effektivität, Grundsatz des Völkerrechts, wonach die Wirksamkeit und Dauerhaftigkeit einer von den betroffenen Staaten hingenommenen tatsächlichen Situation (Verlauf einer Grenze, Etablierung einer illegal zur Macht gelangten Regierung usw.) selbständige rechtl. Bedeutung besitzt, bes. ohne oder gegen geltende Rechtsnormen rechtl. Verbindlichkeit erlangt.

Efeu: a blühender Sproß, b Blüte, c Beeren, d nichtblühendes Zweigstück mit Haftwurzeln. (a und b etwa ⅖ nat. Gr.)

Effektivlohn, wirklich ausbezahlter Lohn; er liegt i. d. R. über dem Tariflohn, weil dieser einen Mindestlohn darstellt. Die Differenz zw. E. und Tariflohn ist die *Lohndrift.*

Effektivverzinsung, Verzinsung eines festverzinslichen Wertpapiers, die sich aus Relation des Nominalzinses zum jeweiligen Kurswert errechnet.

Effektlacke, Lacke, die mit dekorativem Oberflächeneffekt auftrocknen (z. B. Runzeln).

Effel [ɛfˈɛ, frz. ›Wirkung‹], Jean, eigtl. François *Lejeune* [ləʒˈø:n], frz. Karikaturist, * Paris 12. 2. 1908, † ebd. 11. 10. 1982, zeichnete Bilderfolgen: ›Die Erschaffung Evas‹ (1960), ›Die Erschaffung der Welt‹ (1960), ›Die Erschaffung des Menschen‹ (1961).

Effelsberg, Ortsteil von Bad Münstereifel, NRW; bei E. vollbeweglicher 100-m-Parabolspiegel des Max-Planck-Instituts für Radioastronomie (Bonn).

Effet [frz. ›Wirkung‹], **1)** in Ballsportarten die dem Ball verliehene Drehung (Drall), die die Bahn des Balles beeinflußt.

2) Billard: Wirkung eines seitlich geführten Stoßes auf die Kugel.

Effizienz [lat.], Wirksamkeit, Leistung.

Effloreszenz [lat. ›Aufblühung‹], **1)** Oberbegriff für krankhafte Hautveränderungen. *Primär-E.* sind erster Ausdruck einer Hauterkran-

kung wie Fleck (Macula), Knötchen (Papula), Bläschen (Vesicula), Blase (Bulla), mit Eiter gefülltes Bläschen (Pustel, Pustula), Quaddel (Urtica). *Sekundär-E.* sind: Schuppe (Squama), Kruste (Crusta), Abschürfung (Erosion, Exkoriation), Schrunde (Fissur, Rhagade), Geschwür (Ulcus) und Narbe (Cicatrix).

2) Mineralogie: svw. Ausblühung.

effluieren [lat.], ausfließen. *Effluvium,* Ausfluß, Ausdünstung.

Effner, Joseph, Baumeister und Dekorateur, getauft Dachau 4. 2. 1687, † München 23. 2. 1745, war 1715–26 bayer. Hofbaumeister (abgelöst durch F. Cuvilliés), bis um 1729 für den Hof tätig.

WE. Schloß und Park Nymphenburg mit Pagodenburg (1716), Badenburg (1718), Magdalenenklause (1725); Schloß Schleißheim mit Treppenhaus; Palais Preysing in München.

Effusion [lat.], Ausfluß, Erguß.

Eforije, Seebad und Kurort in Rumänien an der Schwarzmeerküste, (1974) 8500 Ew.

EFTA, Abk. für **European Free Trade Association** [engl.], → Europäische Freihandelsgemeinschaft.

EG, Abk. für → Europäische Gemeinschaften.

e. g., Abk. für exempli gratia, zum Beispiel.

eG, Abk. für eingetragene Genossenschaft.

egalisieren, ausgleichen, gleichmachen.

Égalité [frz.], die Gleichheit, eine der Hauptforderungen der Frz. Revolution von 1789, bezogen auf die Gleichheit aller vor dem Gesetz.

Egartenwirtschaft [aus ahd. egerda ›Brachland‹], süddt. Form der Feldgraswirtschaft zur Eigenversorgung: Grünlandnutzung wechselt mit Getreide-(Kartoffel-)Anbau.

Egbert [ahd. ekka ›Spitze‹, beraht ›glänzend‹], König von Wessex (seit 802), † 839, lebte als Flüchtling am Hof Karls d. Gr., erlangte nach der Schlacht von Ellendun (825) die Führung des südengl. Kgr. und zog 838 auch Cornwall ins Westsachsenreich.

Egbert von Trier, * um 950, † Trier 8./9. 12. 993, Sohn des Grafen Dietrich I. von Holland, seit 977 Erzbischof von Trier, baute zahlreiche von den Normannen verwüstete Kirchen und Klöster wieder auf. In seinem Auftrag wurden der Andreas-Tragaltar (Trier, Domschatz), der Egbert-Psalter (Cividale) und der Codex Egberti (Trier, Stadtbibliothek) hergestellt.

Egede, Hans, norweg. evang. Missionar, * Trondenäs (N-Norwegen) 21. 1. 1686, † Stubbekøbing (Falster) 5. 11. 1758, wirkte 1721–36 als ›Apostel der Eskimos‹ in Grönland.

Egedesminde [-mˈɛnə, dän. ›Egedes Andenken‹ n. H. Egede], **Ausiait,** unter 68°n. Br. an der W-Küste gelegene Stadt Grönlands, (1975) 3400 Ew.

Ege-Gebiet, türk. Agäis-Gebiet, d. h. das westl. Anatolien zw. dem Golf von Edremit und dem Dalaman-Fluß.

Egel, Sammel-Bez. für borstenlose Ringelwürmer mit 33 Segmenten; Mundsaugnapf und Haftscheibe liegen am Körperende; Leibeshöhle mit reich verästeltem Kanalsystem; Nervensystem: Gehirn mit bauchseits gelegener Ganglienkette. Alle E. sind Zwitter. Die meisten E. saugen Blut, einige verschlingen kleine Würmer und Insektenlarven. Die E. umfassen 3 Gruppen: die *Kiefer-E.* mit 3 halbkreisförm., chitinigen Kiefern im Schlund (z. B. *Blut-E.*, *Land-E.*, *Pferde-E.*); die *Rüssel-E.* mit rüsselartig vorstülpbarem Schlund (z. B. *Fisch-E.*, *Enten-E.*); die *Schlund-E.* ohne Rüssel, ohne Kiefer, mit erweiterungsfähigem Schlund (z. B. *Hunde-E.*).

Egelkraut, Bez. für Sumpf- und Wasserpflanzen wie Zypergras, Binsen, Hahnenfuß, Sonnentau.

Egell, Paul, Bildhauer, Stukkateur, Elfenbeinschnitzer und Graphiker, * 9. 4. 1691, † Mannheim 10. 1. 1752, wurde, nach Lehrjahren bei B. Permoser 1712–17 in Dresden, 1721 kurpfälz. Hofbildhauer in Mannheim. Sein Hauptwerk waren die nur in geringen Resten erhaltenen Figuren des Hochaltars der Unteren Pfarrkirche (1739 bis 1741) in Mannheim. E. ist der erste bed. Bildhauer des frühen Rokoko in Dtl.; einzigartig sind seine Elfenbeinarbeiten. I. Günther war kurze Zeit sein Meisterschüler.

Egelschnecken, Limacidae, Fam. der Landlungenschnecken ohne Schale, z. B. Ackerschnecke.

Eger, 1) *die,* tschech. Ohře ['ɔhrʒɛ], linker Nebenfluß der Elbe, 316 km lang, entspringt im Fichtelgebirge, mündet bei Theresienstadt in der Tschechoslowakei.

2) tschech. **Cheb** [xɛp], Stadt im Westböhm. Kreis, Tschechoslowakei, an der E., (1975) 27950 Ew. – E. wird 1061 erwähnt. Bei der als Mittelpunkt der Region E. *(Egerland)* errichteten Burg (1125, Mitte 12. Jh. Kaiserpfalz; heute Ruine) entstand die Kaufmannssiedlung, die 1242 Stadtrechte erhielt und seit 1277 Reichsstadt war. 1322 wurde E. durch Ludwig den Bayern an Böhmen verpfändet. Altertüml. Charakter hat bes. der Marktplatz (13. Jh.) mit dem Stadthaus, in dem Wallenstein ermordet wurde, dem alten Rathaus (18. Jh.) u. a. Die got. Hallenkirche St. Niklas (um 1230) wurde spätgotisch umgebaut.

3) ['ɛgɐ], ungar. Name der Stadt → Erlau.

Egeria, röm. Quell- und Geburtsgöttin mit Kult in Afrika und Rom (vor der Porta Capena).

Egerling, der → Champignon.

Egestion [lat.], Entleerung, Entfernung von Substanzen aus dem Körper durch best. Öffnungen, z. B. den *Porus branchialis* der Seescheiden.

Egge, Gerät zum Einebnen und Feinzerkrümeln der Ackeroberfläche, auch zum Ausreißen von flachwurzelndem Unkraut und Grasnarben, zum Vermengen von vorher gestreutem Dünger oder Saatgut mit dem Boden und zum Abrechen von Pflanzenresten.

Egge, Eggegebirge, nord-südlich streichende bewaldete Höhenzüge (Kreideschichtkämme) in Ostwestfalen mit starkem Ost-, flachem Westabfall; im Velmerstot 468 m hoch.

Eggebrecht, Axel, Schriftst. und Publizist, * Leipzig 10. 1. 1899, Filmdramaturg und Kritiker, später Drehbuchautor, Verf. von Hör-, Fernsehspielen, Essays; Roman: ›Leben einer Prinzessin‹ (1929); Erinnerungen.

Eggenburg, Stadt im Bez. Horn, Niederösterreich, (1981) 3700 Ew. – E., 1125 genannt, seit 13. Jh. Stadt; roman.-got. Pfarrkirche, Stadtmauer; Krahuletz-Museum (Geologie, Urgeschichte).

Eggenfelden, Stadt (seit 1901) im Kr. Rottal-Inn, Bayern, 415 m ü. M. an der Rott, (1981) 11000 Ew.; spätgot. Pfarrkirche, Franziskanerkloster und Kirche (1654–58 errichtet), Rathaus (17. Jh.).

Eggenstein-Leopoldshafen, Gem. im Kr. Karlsruhe, Bad.-Württ., (1981) 12700 Ew.; Kernforschungszentrum Karlsruhe.

Eggerth, Marta, Schauspielerin und Sängerin. * Budapest 17. 4. 1912, trat in Wien, Budapest und Berlin auf; 1931 von Richard Eichberg für den Film entdeckt, 1934–36 und seit 1938 in den USA; verh. mit Jan Kiepura.

Egghead ['eghed, engl. ›Eierkopf‹] *der,* meist abwertende engl. Bezeichnung für Intellektuelle.

Eggishorn, Aussichtsberg (2927 m) über dem Aletschgletscher, Kanton Wallis, Schweiz.

Eggjum ['ɛjjum], **Eggja** ['ɛjja], Hof in SW-

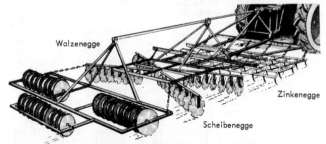

Egge: E. bestehen aus einem großflächigen Rahmen mit feststehenden, gegeneinander versetzten Zinken (Zinken-E.) oder mit um eine horizontale Achse drehbaren Zinkensternen (Walzen-E.) oder Scheiben (Scheiben-E.).

Norwegen, Fundort einer Steinplatte mit der längsten Inschrift (192 Zeichen) in der älteren Runenreihe aus der Zeit um 700 n.Chr.

Eggnog [engl. egg ›Ei‹, nog ›Mischgetränk‹], alkohol. Getränk mit heißer Sahne und Eiern.

Egill, sagenhafter Meisterschütze, Bruder Wielands. In der altnord. Thidrekssaga muß E. einen Apfel vom Kopf seines Sohnes schießen.

Egill Skallagrímsson, einer der bedeutendsten isländ. Skalden, etwa 910–90 n.Chr. Sein Leben beschreibt die *Egilssaga* (13. Jh.).

Eginetico [edʒi-], Cornante, Pseudonym des ital. Dichters → Frugoni.

Egisheim, frz. **Eguisheim** [egis'ɛm], Gem. im frz. Dép. Haut-Rhin (Oberelsaß), (1975) 1500 Ew. – Die Burg, eine stauf. Pfalz, war eine achteckige Anlage mit Mittelturm (in der Frz. Revolution abgebrochen). Über E. die Burgruine Hohen- oder Dreienegisheim *(Drei Exen)* mit den Türmen Weckmund, Wahlenburg und Dagsburg. Die *Grafen von E.*, Nachkommen der Etichonen, der Herzöge im Elsaß, starben 1225 aus. Bekanntester Angehöriger des Geschlechts war Papst Leo IX. (1049–54).

Egk, Werner, Komponist, * Auchsesheim bei Augsburg 17. 5. 1901, † Inning (Ammersee) 10. 7. 1983, war nach Musikstudien in Frankfurt a.M. und München 1936–41 Dirigent an der Berliner Staatsoper, 1950–53 Direktor der Hochschule für Musik in Berlin; seitdem freischaffender Komponist. E. ist einer der erfolgreichsten Komponisten der Gegenwart, bes. auf dem Gebiet der Oper und Orchestermusik.

WE. Opern: Die Zaubergeige (1935, Neufassung 1954); Peer Gynt (1938); Irische Legende (1955, Neufassung 1970); Der Revisor (nach N. Gogol, 1957); Die Verlobung in San Domingo (nach H. v. Kleist, 1963). – Ballette: Joan von Zarissa (1940); Abraxas (1948); Die chinesische Nachtigall (1953); Casanova in London (1969).

EGKS, Abk. für Europäische Gemeinschaft für Kohle und Stahl (→ Montanunion).

Egli, volkstüml. Bez. für den Flußbarsch.

Egli, 1) Emil, schweizer. ref. Theologe, * Flaach (Kt. Zürich) 9. 1. 1848, † Zürich 31. 12. 1908, wo er seit 1892/93 Prof. für Kirchengeschichte und christl. Archäologie war; Mit-Hg. der Werke Zwinglis.
2) Emil, schweizer. Kulturgeograph, * Ravensbühl (Zürich) 24. 7. 1905, trat für Umweltschutz und Erholungslandschaften ein.

WE. Erdbild als Schicksal (1959); Mensch und Landschaft (1975; mit Bibliographie).

Eglomisé, ausgeschabte Vergoldung in der Hinterglasmalerei nach dem Pariser Kunsthändler J. B. Glomy (Ende des 18. Jh.).

eGmbH, Abk. für eingetragene Genossenschaft mit beschränkter Haftung.

Egmont, Mount E. [maʊnt 'egmənt], Maori-Name *Taranaki*, Berg auf der Nordinsel Neuseelands, erloschener, schneegekrönter Vulkankegel, 2478 m hoch; Nationalpark.

Egmont, Egmond, Lamora(a)l Graf von E.,

Fürst von Gavere, * Schloß La Hamaide (Hennegau) 18. 11. 1522, † (hingerichtet) Brüssel 5. 6. 1568, war Statthalter von Flandern und Artois. Mit Wilhelm von Oranien und Graf Hoorn trat er an die Spitze der Adelsopposition gegen die span. Verwaltung der Niederlande. Als die Unruhen zum offenen Aufstand wurden (1566), zog sich E. zurück; dennoch wurde er von Alba am 9. 9. 1567 verhaftet und mit Hoorn enthauptet. – Trauerspiel von J. W. v. Goethe (1788; ungeschichtlich), dazu Bühnenmusik von L. van Beethoven (1810).

Ego [lat.], das → Ich.

Egoismus [von lat. ego ›ich‹], **Selbstsucht**, die Gesamtheit der Antriebe und Strebungen, die von der eigenen Person ausgehen und diese in den Mittelpunkt stellen, zunächst auf der biolog. Grundlage des Lebens- und Selbsterhaltung, aus der sich ein ichbezogenes, andere verletzendes Verhalten entwickeln kann.

Egolzwiler Kultur, jungsteinzeitl. Kulturgruppe der Schweiz, die ihren Namen aus einer der zahlreichen Seeufersiedlungen herleitet, die das Wauwilermoos umgeben.

Egotismus [von lat. ego ›ich‹], Anfang des 18. Jh. in England (›egotism‹) aufgekommener, vom Frz. (›égotisme‹) übernommener Begriff, der zunächst die Neigung bezeichnet, sich in den Vordergrund zu stellen, dann im Sinn von Egoismus gebraucht.

Égoutteur [egut'œːr, frz.] *der,* mit Siebgewebe überzogene Walze der Papiermaschine zur Verbesserung der Papierstruktur, z. T. zur Herstellung von Wasserzeichen.

Egozentrik [lat.], **Ichbezogenheit**, eine Haltung, die alle Erfahrungen auf das eigene Ich hinordnet. Sie ist im Unterschied zum Egoismus nicht auf das Handeln, sondern auf die Auffassung und Verarbeitung des Erlebten ausgerichtet.

Egranus, Johannes Sylvius, eigtl. *Wildenauer,* evang. Theologe und Humanist, * Eger (Böhmen), † Joachimsthal (Böhmen) 11. 6. 1535, seit 1521 ebd. 1. evang. Pfarrer. Urspr. Anhänger Luthers (in der Bannandrohungsbulle erwähnt), vertrat er unter dem Einfluß des Erasmus eine innerkirchliche Reform der Kath. Kirche.

Egrenieren [frz.], **Entkernen**, das Abtrennen der Baumwollfasern von dem Samen; *Egreniermaschine*, Baumwoll-Entkernungsmaschine.

Égyptienne [eʒipsj'ɛn, frz.] Druckschrift, die zu Beginn des 19. Jh. in England entstand und nach der damaligen Ägypten-Mode den Namen erhielt.

e. h., Abk. für ehrenhalber.

Ehard, Hans, Politiker (BVP; CSU), * Bamberg 10. 11. 1887, † München 18. 10. 1980; Beamter, vorwiegend im bayer. Justizdienst, war in Bayern 1949–54 Vors. der CSU, 1946–54, 1960–62 MinPräs., 1954–60 Präs. des Landtages und 1962–66 Justizminister.

Ehe [ahd. ewe ›Gesetz‹], auf Dauer angelegte Lebensgemeinschaft zweier (Monogamie) oder mehrerer (Polygamie) Menschen verschiedenen

Geschlechts. Biologische und psycholog. Grundlage der Ehe ist die Sexualität, die sich mit geistigen und seelischen Motiven (Partnerschaft, gegenseitige Achtung, Geborgenheit) zur Liebe erweitert. Durch das Kind wird die Ehe zur Familie.

Die Ordnung der E. ist von den sittlichen und religiösen Grundlagen abhängig, auf denen die einzelnen Gesellschaften beruhen. Infolge ihrer gesellschaftl. Bedeutung steht die E. unter öffentl. Rechtsschutz, mindestens aber unter der Obhut der gesellschaftl. Sitte. Die religiösen und die rechtl. Bindungen der E. kommen in feierlichen Formen der Eheschließung zum Ausdruck. Die *Partnerwahl* ist oft durch Rang- und Besitzgesichtspunkte bestimmt. In neuerer Zeit wurde die E. in den Industrieländern in ihrer traditionellen Form in Frage gestellt, was auch Ausdruck in einem Anstieg der Ehescheidungen fand. Wesentliche Aspekte waren die Auflösung patriarchal. Strukturen, die Individualisierung der Beziehung durch eine stärkere Betonung des partnerschaftl. Gedankens, die Lockerung des traditionellen Rollenschemas, bes. unter dem Einfluß der Emanzipationsbestrebungen der Frau: Berufstätigkeit der Frau, Kooperation bei häusl. Aufgaben, Umkehrung der früheren Rollenverteilung (›Hausmann‹); z. T. werden nichtinstitutionalisierte Beziehungen (*eheähnl. Gemeinschaften*) vorgezogen. Gegenüber Versuchen einer Erweiterung der Zweiergemeinschaft *(Gruppen-E.)* überwiegt im allg. die Tendenz zur monogamen Partnerbindung.

Den im Rahmen des gesellschaftl. Wandels entstandenen vielfältigen äußeren und inneren Gefährdungen der E. entsprechend wurden in neuerer Zeit beratende (Eheberatung) und therapeutische (Ehepaartherapie) Hilfen geschaffen.

Wesentl. *gesellschaftl. Funktion* der E. ist die Ordnung der Beziehungen zw. den Geschlechtern. Jedoch werden durch die E. auch soziale Momente wie Arbeitsteilung, Bestimmung und Legitimierung von Positionen und Rollen des Familien- und Verwandtschaftssystems geregelt. Soziale Aspekte spielten bisher auch bei der Partnerwahl eine Rolle. Sie bewegte sich (bes. in ständisch gebundenen Gesellschaftsordnungen) in einem Kreis sozial nahestehender oder als ebenbürtig gewerteter Personen und war durch Konfession, Rang und Besitz mitbestimmt. Mit wachsender sozialer Mobilität wurden solche Schranken zunehmend durchbrochen.

Als Akt der Verselbständigung gegenüber der Herkunftsfamilie wird z. T. die *Früh-E.* gedeutet, die auf Grund der oft noch mangelnden Lebenserfahrung und unabgeschlossenen Persönlichkeitsentwicklung der Partner meist höhere Risiken birgt.

Die soziolog. Forschung untersucht bes. die Interaktionsmuster der ehel. Paargemeinschaft, ihr Verhältnis zu anderen Gruppen und Institutionen und den Wandel des ›Eheleitbildes‹ in der Gesellschaft.

Religionsgeschichtlich erscheint die E. in den Volksreligionen als eine Institution, die für die tragende Gemeinschaft (Volk, Sippe, Stamm) von entscheidender Bedeutung ist und daher als religiöse Pflicht erachtet wird. – Nach *kath.* Lehre ist die E. unter Getauften eine zum Sakrament erhobene Naturehe. Unter Berufung auf die Hl. Schrift gilt sie als unauflösliche und ausschließlich durch die Willenseinigung zw. Mann und Frau begründete Gemeinschaft (Ziele: Familien- und Geschlechtsgemeinschaft, Kinderzeugung). Eine nur nach bürgerl. Recht geschlossene E. gilt nicht. – Die Reformatoren verstanden die E. von der Schöpfungsordnung her als für alle Menschen, nicht nur für die Christen eingerichtet und daher ist die Eheschließung in den *evang.* Kirchen ein rein weltl. Akt, der jedoch erst durch die Trauung zu einer christl. E. führt. Im Prinzip wird die Unauflöslichkeit der E. vertreten, doch wird grundsätzlich weder der Auflösung unhaltbar gewordener Ehen noch der Wiederverheiratung Geschiedener widersprochen.

Kulturgeschichte. Im Alten Orient herrschte die *Polygynie* vor, jedoch konnten die meisten Männer selten mehr als eine Frau ernähren. Bei den Juden hielt noch Moses an der Vielehe mit meist 4 Frauen fest. Diese Grundregel lebt im Koran weiter, ist aber heute in den meisten islam. Ländern durch staatl. Gesetzgebung aufgehoben. Im A. T. herrschte das absolute Patriarchat; Kinderlosigkeit galt als Strafe Gottes; die *Leviratsehe* verpflichtete den Schwager der kinderlosen Witwe zur Heirat mit ihr. Im Alten Ägypten besaß die Frau Geschäftsfähigkeit. Die Priesterkaste war zur Monogamie verpflichtet. Perser und Ägypter kannten die *Geschwisterehe* für das Herrscherhaus.

Bei den Griechen betraf der Grundsatz der Monogamie die Gattin in bezug auf die erbrechtl. Nachfolge. Die Ehefrau hatte keinen Anteil am gesellschaftl. und geistigen Leben, in dem die Hetäre eine größere Rolle spielte. Bei den Römern war die Emanzipation der Frau (bis auf die staatsbürgerl. Rechte) möglich geworden. Daneben gab es das *Konkubinat* als rechtlich anerkannte Dauergemeinschaft. Die christl. Alte Kirche förderte den Grundsatz ehel. Treue, der Unauflöslichkeit der E., verwarf Unzucht und Konkubinat. Die Eheschließung wurde seit Augustinus ein Sakrament. Bei den Germanen war die E. eine vorwiegend ökonom. Gemeinschaft – in den herrschenden Kreisen ein Politikum, aus dem sich die mittelalter. Kinderehen und die Vielehen german. Stammesfürsten trotz der von Tacitus gerühmten Monogamie erklären. Das Sippenrecht kannte die *Kaufehe*, den *Frauenraub* und die *Friedelehe* ohne eheherrl. Gewalt über die Frau, was als *Nebenehe* die Polygynie des Adels ermöglichte. Hieran schließt bis ins 18. Jh. die *morganatische* oder *E. zur linken Hand* an. Kebsverhältnisse existierten hingegen als Konkubinat der Unfreien oder mit solchen. Mittelalterl. Grundherren mußten ihre

Zustimmung zur E. Unfreier geben; noch in barocker Zeit gab es vermögensrechtl. Voraussetzungen für die E. von Bauernkindern. Erst im späten 16. Jh. wurde das Konkubinat reichsgesetzlich verboten.

Volkskunde. Zahlreich bekannt sind Orakel, wodurch Heiratslustige erfahren wollen, ob, wann und mit wem sie in die E. treten werden, ebenso Formen der Einleitung einer E. und des Eheversprechens (Verlobung, Hochzeit). Das Vertrauen in die Glücksmacht der E. und die Angst um dieses Glück brachten eine Unzahl von abergläub. Vorstellungen und Brauchhandlungen hervor. Der Ehering und der Ehetaler gelten als Bürgen des Eheglücks. Dem Volksglauben nach müssen ungetreue Eheleute nach ihrem Tod ›geistern‹. Viele Sagen berichten, daß Verstorbene ihren Ehepartner nachholten.

LIT. H. F. K. Günther: Formen und Urgesch. der E. (²1951); Th. Bovet: Die E. (¹⁵1974); Die Institution der E. (1979); Marie-Odile Metral: Die E. (1981).

Eheberatung, medizinische und hygienische, ethische und soziale Hilfe für die individuelle Vorbereitung auf die Ehe und deren richtige Führung *(Familienberatung)* auf der Grundlage des Zusammenwirkens von Ärzten, Juristen, Sozialarbeitern und Psychologen. Kurz vor dem 1. Weltkrieg entstanden *Eheberatungsstellen,* später solche der Arbeitsgemeinschaft für Jugend- und Eheberatung (Detmold, gegr. 1949) und der Kirchen: Kath. Zentralinstitut für Ehe- und Familienfragen (Köln, gegr. 1952) und evang. Diakonisches Werk. Die konfessionell und politisch neutrale PRO FAMILIA (Deutsche Gesellschaft für Sexualberatung und Familienplanung e. V.) unterhält Beratungsstellen in fast allen Großstädten.

Ehebetrug, Ehe|erschleichung, das arglistige Verschweigen eines Ehehindernisses bei Eingehung einer Ehe oder die arglistige Verleitung des anderen Teils zur Eheschließung. Die frühere Strafbarkeit dieses Verhaltens nach § 170 StGB ist 1973 aufgehoben worden. Auch das schweizer. StGB kennt keine besondere Strafvorschrift gegen E. Dagegen werden *Ehetäuschung* und *Ehenötigung* nach § 193 des österr. StGB auf Verlangen des Verletzten bestraft.

Ehebruch, der Beischlaf eines Ehegatten mit einer dritten Person während bestehender Ehe. In der Bundesrep. Dtl. und in der DDR steht der E. nicht mehr unter Strafe. Dagegen wird in der Schweiz (Art. 214 StGB) und in Österreich (§ 194 StGB) der E. auf Verlangen des verletzten Ehegatten bestraft, in der Schweiz allerdings nur dann, wenn die Ehe wegen des E. geschieden oder getrennt wurde.

Röm. Recht. In vorklass. Zeit war E. Angelegenheit des Hausgerichts. Öffentliches Delikt wurde der E. durch das Julische Ehebruchsgesetz vom Jahr 17 v. Chr. Seit dem 3. Jh. n. Chr. war der E. ein Kapitalverbrechen, das mit dem Tod bestraft wurde.

German. Recht. Der Mann durfte die Ehebrecherin töten oder schimpflich aus dem Haus jagen. Die Verletzung der ehel. Treue durch den Mann galt nach weltl. Recht als straflos. Im MA. wird dagegen auch der E. des Mannes bestraft (Verbannung, Geldstrafe), jedoch meistens geringer als derjenige der Frau.

Ehefähigkeitszeugnis, wird von Ausländern bei der Eheschließung gefordert: Eine Behörde ihres Heimatlandes muß bestätigen, daß kein in den Gesetzen dieses Landes begründetes Ehehindernis besteht (§ 10 Ehe-Ges.).

Ehegattenbesteuerung, die Besteuerung der Einkünfte von Ehegatten in der Einkommensteuer. Durch das Bundesverfassungsgericht wurde am 17. 1. 1957 die Zusammenveranlagung der Ehegatten (§ 26 EStG) wegen der Benachteiligung der Familien, in denen beide Ehegatten verdienen, für verfassungswidrig erklärt. 1958 wurde grundsätzlich ein Splittingsystem eingeführt, bei dem das Gesamteinkommen der Ehegatten nach Abzug von Freibeträgen halbiert und die sich dann ergebende Steuer verdoppelt wird.

Ehekontrakt, → Ehevertrag.

eheliches Güterrecht, Regelung der vermögensrechtlichen Wirkungen der Ehe. Falls die Ehegatten keinen Ehevertrag geschlossen haben, gilt die *Zugewinngemeinschaft* als gesetzl. Güterstand (§§ 1363 bis 1390 BGB). Danach gilt für das in die Ehe eingebrachte Gut der Grundsatz der Gütertrennung. Jeder Ehegatte kann sein Vermögen selbständig verwalten und nutzen. Nur bei Verfügungen über das ganze Vermögen des Ehegatten oder bei Verfügungen über Gegenstände des ehel. Haushalts ist die Zustimmung des anderen erforderlich. Der Vermögenserwerb während der Ehe *(Zugewinn)* bleibt Eigentum des erwerbenden Ehegatten, jedoch wird bei Auflösung der Ehe (Ehescheidung, Urteil auf vorzeitigen Ausgleich) oder vertraglicher Einführung eines anderen Güterstandes ein Zugewinnausgleich vorgenommen. Es wird für jeden Ehegatten der ›Zugewinn‹ (=Differenz zw. Anfangs- und Endvermögen) ermittelt; übersteigt der Zugewinn des einen den des anderen, so erhält dieser eine Ausgleichsforderung auf einen Betrag, der der Hälfte des Überschusses entspricht. Sie ist vererblich und übertragbar. Dabei wird das während der Ehe durch Erbschaft, Schenkung oder als Ausstattung Erworbene dem Anfangsvermögen zugerechnet, sofern es nicht den Einkünften zuzurechnen ist. Dem Endvermögen werden nach Abzug der Schulden Beträge hinzuaddiert, um die sich das Vermögen eines Ehegatten in den letzten 10 Jahren ohne Einverständnis des Partners durch unentgeltl. Zuwendungen ohne sittl. Pflicht, durch Verschwendung oder Handlungen in der Absicht, den anderen zu benachteiligen, vermindert hat (§ 1375 BGB). Ggf. kann die Erfüllung des Zugewinnausgleichs wegen grober Unbilligkeit verweigert werden (§ 1381 BGB). Auf die Ausgleichsforderung eines Ehegatten ist anzurechnen, was ihm der andere durch Rechtsgeschäfte unter Lebenden, z. B. durch Schenkung, mit der Bestimmung zugewendet hat, daß es auf die Ausgleichsforderung angerechnet werden soll. Dabei werden im Zweifel solche Zuwendungen angerechnet, die den Wert üblicher Gelegenheitsgeschenke übersteigen.

Unter bestimmten Umständen kann ein Ehegatte auf *vorzeitigen Ausgleich* des Zugewinns klagen, z. B. wenn der andere seinen wirtschaftl. Verpflichtungen aus dem Eheverhältnis nicht nachkommt und sie auch in Zukunft nicht erfüllen wird, die Ehegatten seit 3 Jahren getrennt leben oder sonst eine erhebl. Gefährdung der künftigen Ausgleichsforderung besteht (§§ 1385, 1386 BGB). Ggf. kann das Familiengericht die Forderung stunden (§ 1382 BGB).

Beim Tod eines Ehegatten wird der Ausgleich des Zugewinns dadurch verwirklicht, daß sich der gesetzl. Erbteil des überlebenden Ehegatten um ein Viertel erhöht; unerheblich ist hierbei, ob die Ehegatten einen Zugewinn erzielt haben oder nicht (§ 1371 BGB).

Vertraglich vereinbaren können die Ehegatten statt des gesetzlichen Güterstandes die *Gütergemeinschaft* (§§ 1415 ff. BGB) oder die *Gütertrennung* (§ 1414 BGB). Dritten gegenüber können bei Rechtsgeschäften die Änderung oder der Ausschluß des gesetzlichen Güterstandes nur dann entgegengehalten werden, wenn dies im Güterrechtsregister des zuständigen Amtsgerichts eingetragen oder dem Dritten bekannt war.

In der DDR galt zunächst die Gütertrennung als gesetzl. Güterstand. Das Familiengesetzbuch vom 20. 12. 1965 führte als gesetzl. Güterstand die *Vermögensgemeinschaft* ein. Die während der Ehe erworbenen Sachen gehören beiden gemeinsam außer persönl. Gegenständen u. a. Bei Beendigung der Ehe wird das gemeinschaftliche Eigentum geteilt.

In Österreich gilt der Grundsatz der *Gütertrennung;* Gütergemeinschaft der Ehegatten kann jedoch vereinbart werden (§ 1233 ABGB), wozu es stets eines Notariatsaktes bedarf.

In der Schweiz gilt, soweit kein Ehevertrag geschlossen wurde, die *Güterverbindung,* bei der das Eigentum am Mannes- und Frauengut getrennt bleibt, die Verwaltung und Nutzung dem Mann zustehen (Art. 178–251 ZGB). Am Vermögenszuwachs *(Vorschlag)* ist die Ehefrau beteiligt.

Ehelichkeit, eheliche Abstammung. Ein Kind ist ehelich, wenn es nach der Eheschließung geboren, vor Beendigung der Ehe empfangen worden ist und der Mann innerhalb der Empfängniszeit (302.–181. Tag vor der Geburt) der Frau beigewohnt hat. § 1591 BGB stellt die (widerlegbare) gesetzl. Vermutung auf, daß der Ehemann seiner Frau innerhalb der Empfängniszeit beigewohnt hat und das Kind aus ehel. Verkehr stammt.

Ehelichkeitserklärung, →Legitimation.
Ehelosigkeit, →Keuschheit, →Zölibat.
Ehemündigkeit, →Eherecht.

Eheprozeß, das zivilprozessuale Verfahren in Ehesachen (§§ 606 ff. ZPO).
Eherecht, 1) *staatl. E.* Die Ehe wird in der Bundesrep. Dtl. als Rechtsinstitut durch das GG (Art. 6) geschützt. Sie kommt durch Vertrag zustande (§§ 1353 ff. BGB; Ehegesetz v. 1946). Eine gültige Ehe kann nur vor einem Standesbeamten in Gegenwart von 2 Zeugen geschlossen werden *(obligator. Zivilehe,* § 11 Ehe-Ges.). Die kirchl. Trauung hat grundsätzlich keine bürgerlich-rechtl. Wirkung und darf erst nach der standesamtlichen vorgenommen werden. Die Partner müssen *ehefähig* sein. Sie sind es erst, wenn sie volljährig sind, d. h. das 18. Lebensjahr vollendet haben. Von dem Alterserfordernis kann nur befreit werden, wenn der Antragsteller das 16. Lebensjahr vollendet hat und sein künftiger Gatte volljährig ist. Zudem bedürfen Minderjährige und sonst in der Geschäftsfähigkeit Beschränkte der Einwilligung ihres gesetzl. Vertreters (Eltern, Vormund). Mädchen unter 16 Jahren erhalten die Heiratserlaubnis auch dann nicht, wenn sie ein Kind erwarten. Der Eheschließung soll ein Aufgebot vorangehen.

Eheverbote: Ehehindernisse gemäß §§ 4 ff. Ehe-Ges. bestehen für: 1) Verwandtschaft in gerader Linie und für voll- und halbbürtige Geschwister; 2) Schwägerschaft in gerader Linie, wobei Befreiung möglich ist; 3) bereits bestehende Ehe (Verbot der Bigamie); 4) Verwandtschaft oder Schwägerschaft wie unter 1) und 2), wenn sie durch Adoption begründet sind (Befreiung durch Vormundschaftsgericht möglich); 5) Nichtablauf der Wartezeit für geschiedene oder verwitwete Partnerin (10 Monate nach Beendigung ihrer früheren Ehe, Befreiung möglich); 6) Fehlen des vormundschaftl. Zeugnisses über die vermögensrechtl. Auseinandersetzung mit den Kindern aus früheren Ehen; 7) Fehlen des Ehefähigkeitszeugnisses für Ausländer; Befreiung möglich.

Wirkungen der Eheschließung: Ehegatten sind einander zur ehel. Lebensgemeinschaft verpflichtet (§ 1351 BGB), die nach außen durch einen gemeinsamen Namen *(Ehenamen)* zum Ausdruck kommt. Die Ehegatten können gegenüber dem Standesbeamten den Geburtsnamen des Mannes oder der Frau zum Ehenamen wählen. Geben sie keine Erklärung ab, so wird der Geburtsname des Mannes zum Ehenamen. Ein Ehegatte, dessen Geburtsname nicht Ehename wird, kann seinen Namen dem Ehenamen voranstellen. – Die Ehegatten sind einander verpflichtet, durch ihre Arbeit und mit ihrem Vermögen die Familie angemessen zu unterhalten. Beide Ehegatten sind berechtigt, erwerbstätig zu sein, haben dabei aber auf die Belange des Partners und der Familie Rücksicht zu nehmen. Wer den Haushalt führt, regeln sie in gegenseitigem Einvernehmen. Ist einem Ehegatten die Haushaltsführung allein überlassen, so erfüllt dieser seine Verpflichtung, zum Unterhalt der Familie beizutragen, durch diese Tätigkeit. Jeder Ehegatte ist berechtigt, Geschäfte zu angemessener Deckung des ehelichen Lebensbedarfs der Familie mit Wirkung auch für den anderen Ehegatten zu besorgen. Jeder Ehegatte kann diese Berechtigung des anderen beschränken oder ausschließen. Die Berechtigung zur Geschäftsführung erlischt, wenn die Ehegatten getrennt leben. Über die Wirkung der Ehe auf das Vermögen der Ehegatten →eheliches Güterrecht.

Bei Verletzung von zwingenden Eheverboten (vgl. Abschnitt Eheverbote 1–3) ist die Ehe *nichtig*. Diese Nichtigkeit kann jedoch erst geltend gemacht werden, wenn sie durch Gerichtsurteil festgestellt worden ist. Nichtig in diesem Sinn ist eine Ehe gleichfalls bei Nichtbeachtung wesentl. Formvorschriften sowie bei vorübergehender Störung der Geistestätigkeit während der Eheschließung. Die übrigen Eheverbote haben für den Bestand der einmal geschlossenen Ehe keine Bedeutung. – Ferner kennt das Ehegesetz die Möglichkeit der *Aufhebung* der Ehe durch Gerichtsurteil (Aufhebungsklage). Aufhebungsgründe sind: mangelnde Einwilligung des gesetzl. Vertreters bei Minderjährigen; Irrtum über die Eheschließung oder die Person des Partners; Irrtum über die persönl. Eigenschaften des Partners, deren Kenntnis bei verständiger Würdigung des Wesens der Ehe von der Eingehung abgehalten haben würde, z. B. Beiwohnungsunfähigkeit; arglistige Täuschung durch den anderen, jedoch nicht hinsichtlich der Vermögensverhältnisse; Eheschluß unter Einwirkung einer Drohung. Bei Rückkehr eines fälschlich für tot Erklärten kann sein zurückgebliebener und wiederverheirateter Ehegatte die Aufhebung der neuen Ehe begehren. Ein Urteil, das die Ehe aufhebt, wirkt wie ein Scheidungsurteil.

Ehescheidung: Eine Ehe kann nur durch gerichtl. Urteil auf Antrag eines oder beider Ehegatten geschieden werden (§ 1564 BGB). Sie ist dann mit Rechtskraft des Urteils aufgelöst. Es gilt das Zerrüttungsprinzip: die Ehe kann geschieden werden, wenn sie gescheitert ist, d. h. wenn die Lebensgemeinschaft nicht mehr besteht und nicht erwartet werden kann, daß die Ehegatten sie wieder herstellen. Das Scheitern der Ehe wird *unwiderlegbar* vermutet, 1) wenn die Ehegatten seit einem Jahr getrennt leben und die Scheidung übereinstimmend beantragen; 2) wenn die Ehegatten seit drei Jahren getrennt leben. In diesem Fall kann auch gegen den Willen eines Ehegatten geschieden werden. Früher kann die Ehe nur geschieden werden, wenn die Fortsetzung der Ehe aus Gründen, die in der Person des anderen Gatten liegen, unzumutbar ist. Eine Einschränkung gilt als Härteklausel (§ 1568 BGB), wenn die Ehegatten noch nicht länger als 5 Jahre getrennt leben, z. B. wenn und solange die Aufrechterhaltung der Ehe im Interesse der aus ihr hervorgegangenen minderjährigen Kinder ausnahmsweise notwendig ist.

Durch die Ehescheidung entfallen die allgemeinen Ehewirkungen ebenso wie Erb- und Pflichtteilsrechte (diese z. T. schon mit Stellung des Scheidungsantrages § 1933 BGB). Erhalten bleiben Ehenamen (§ 1355 BGB) und in gewissen Grenzen der *Unterhaltsanspruch*. Grundsätzlich hat zwar jeder Ehegatte nach der Ehescheidung für sich selbst zu sorgen, kann ein geschiedener Ehegatte dies nicht, so hat er einen Unterhaltsanspruch. Wann dies der Fall ist, regelt das Ges. im einzelnen (§§ 1570ff. BGB), z. B. wenn von dem geschiedenen Ehegatten wegen Alters, Krankheit, Vorhandenseins pflege- oder erziehungsbedürftiger Kinder oder wegen notwendiger eigener Ausbildung, Fortbildung oder Umschulung eine Erwerbstätigkeit nicht oder noch nicht erwartet werden kann.

Nach der Ehescheidung wird ein *Versorgungsausgleich* (§§ 1587ff. BGB) durchgeführt. Es wird verglichen, welche Anwartschaften oder Aussichten auf eine Versorgung (Rente, Pension) jeder Ehegatte während der Ehezeit erworben hat; übersteigen die des einen diejenigen des anderen, so erhält dieser einen Ausgleichsanspruch auf die Hälfte des Überschusses. Die Parteien können den Versorgungsausgleich durch Ehevertrag (§ 1408 BGB) ausschließen.

Das Familiengericht bestimmt, wem die *elterliche Sorge* über gemeinsame minderjährige Kinder nach der Ehescheidung zustehen soll; es soll dabei von einem gemeinsamen Vorschlag der Eltern nur abweichen, wenn dies das Wohl des Kindes erfordert.

In der *DDR* ist das E. im Familiengesetzbuch v. 20. 12. 1965 geregelt. Es ist durch einen strikten Gleichheitsgrundsatz geprägt. Die Ehemündigkeit ist für Mann und Frau auf 18 Jahre festgelegt. Die Ehegatten wählen einen gemeinsamen Familiennamen; beide haben für die Aufwendungen der Familie aufzukommen. Im Scheidungsrecht gilt das Zerrüttungsprinzip, im Unterhaltsrecht geschiedener Ehegatten das Bedürftigkeitsprinzip.

Das *österr.* E. beruht auf dem 1938 eingeführten dt. Ehegesetz, mit der Neuordnung vom 1. 7. 1975. Die persönl. Rechte und Pflichten der Ehegatten zueinander sind gleich. Bei dem Erwerb hat jeder Ehegatte mitzuwirken, soweit dies zumutbar und nach den Lebensverhältnissen der Ehegatten üblich ist. Die Ehegatten haben den gleichen Familiennamen zu führen; dieser ist i. d. R. der Name des Mannes, doch können die Verlobten vor der Eheschließung bestimmen, den Familiennamen der Frau als gemeinsamen Namen anzunehmen. Die Ehemündigkeit beginnt beim Mann mit dem vollendeten 19., bei der Frau mit dem vollendeten 16. Lebensjahr.

In der *Schweiz* ist das E. ähnlich wie in der Bundesrep. Dtl. geordnet (Art. 131–158 ZGB). Ehefähig ist der Mann mit der Vollendung des 20., die Frau mit dem 18. Lebensjahr. – Neben der Scheidung ist die *Trennung* anerkannt. Von ihr ist als kurzfristige Eheschutzmaßnahme die

Aufhebung der ehel. Gemeinschaft zu unterscheiden. Nach der Scheidung nimmt die Ehefrau den Namen wieder an, den sie vor Abschluß der Ehe getragen hat. Beibehaltung des ehel. Namens ist nur durch Namensänderung möglich. Für die Zuteilung der Kinder sind einzig deren Interessen zu berücksichtigen.

2) *kirchl. E.* Nach kath. Lehre ist die Ehe ein Sakrament, das sich die Brautleute gegenseitig spenden und das nur durch die kirchl. Trauung gültig wird (Formpflicht; cc. 1012 bis 1143 CIC). An diese kanon. Form der kirchl. Eheschließung vor dem zuständigen Pfarrer und 2 Zeugen, eingeführt durch das Dekret ›Tametsi‹ des Tridentin. Konzils (1563), sind alle katholisch getauften oder zur Kath. Kirche konvertierten Christen gebunden, die mit Katholiken oder (getauften oder ungetauften) Nichtkatholiken (Mischehe) die Ehe eingehen. Die gültige kirchl. Eheschließung wird durch Brautunterricht, Brautexamen und (in der Regel) Aufgebot vorbereitet. Die Befreiung (Dispens) von *Ehehindernissen* liegt, abgesehen von einigen päpstl. Vollmachten, bei den Ortsoberhirten. Von den trennenden Ehehindernissen sind bes. wichtig: Impotenz (Dispens unmöglich), eine schon bestehende Ehe (Dispens unmöglich) und die Weihe vom Diakonat an aufwärts (Dispens von der Diakonats- und Priesterweihe möglich). Alle Eheschließungen, bei denen wenigstens ein Partner katholisch ist oder war, sind ungültig, wenn die Formvorschrift oder ein Dispens nicht erfüllt war. Die Gültigmachung ungültiger Ehen mit Rückverlegung der kanon. Wirkungen (›Sanatio in radice‹) steht grundsätzlich den Bischöfen zu. Die gültige, vollzogene Ehe zw. zwei Getauften kann nur durch den Tod gelöst werden. Die nichtvollzogene Ehe kann durch feierl. Profeß eines Gatten oder päpstl. Gnadenerweis aufgelöst werden. Zum Schutz der Ehe besteht eine straff ausgebaute kirchl. Ehegerichtsbarkeit. Vor ihr kann eine Ungültigkeitserklärung (*Annullierung*) der Ehe wegen fehlender Dispens von den trennenden Ehehindernissen, fehlendem freien Willen zur Ehe (und Nachkommenschaft) zum Zeitpunkt der Eheschließung bei nachgewiesenem Zwang oder nachgewiesener geheimer Bedingung angestrebt werden.

Die evang. Kirchen haben kein eigenes E. entwickelt, weil nach ihrer Ansicht die Ehe nicht durch einen kirchl. Rechtsakt zustande kommt. Gegenstand kirchl. Rechts ist lediglich die gottesdienstl. Handlung anläßlich der Eheschließung.

LIT. G. Beitzke: Familienrecht (1976); H. J. Göhring: Die Scheidung und ihre Folgen (1976); E. Ambrock: Ehe und Ehescheidung (1977); Eva M. v. Münch: Das neue Ehe- u. Familienrecht von A–Z (Tb. ⁷1981).

ehern, aus Erz, eisern; hart, unbeugbar.

eherne Schlange, ein Schlangenbild, das Moses gefertigt und gegen Schlangenbiß aufgerichtet haben soll, später von Hiskia aus dem Tempel in Jerusalem entfernt.

ehernes Meer, ehernes Waschbecken auf 12 ehernen Rindern im Vorhof des Salomon. Tempels; bei der Zerstörung Jerusalems (586 v.Chr.) von den Babyloniern zerschlagen; typologisch als Taufbecken gedeutet und so in der christlichen Kunst dargestellt.

Ehescheidung, → Eherecht.

Ehevermittlung, Eheanbahnung, die gewerbsmäßige Vermittlung von Ehemöglichkeiten. Eine versprochene Vergütung *(Ehemaklerlohn)* kann nicht eingeklagt, das Geleistete jedoch nicht zurückgefordert werden (§ 656 BGB).

Ehevertrag, Ehekontrakt, Vertrag, durch den Ehegatten oder Verlobte ihre güterrechtl. Verhältnisse abweichend vom gesetzl. Güterstand regeln (→ eheliches Güterrecht).

Das österr. Recht versteht unter der E. die Eheschließung. Die Vereinbarungen über güterrechtl. Verhältnisse bezeichnet es als *Ehepakte* (§ 1217 ABGB).

Ehingen (Donau), Stadt im Alb-Donau-Kreis, Bad.-Württ., Große Kreisstadt, (1981) 22 000 Ew.; St.-Blasius- und Liebfrauenkirche (beide got.), barock umgestaltet), Konventskirche (1712–19), ehem. Ritterhaus (1692), ehem. Ständehaus (1749). – E., seit 1228 Stadt, kam 1343 von den Grafen von Berg an Vorderösterreich, 1805 an Württemberg.

Ehinger, Heinrich, dt. Konquistador, * Konstanz, † 1537 (?), 1519 als Faktor des süddt. Fernhandels in Saragossa nachgewiesen. 1528–30 beteiligte er sich an der Kolonisation der Welser in Venezuela. Früher galt er als mit A. Dalfinger identisch.

Ehlers, Hermann, Politiker (CDU), * Berlin 1. 10. 1904, † Oldenburg 29. 10. 1954, Jurist, in der Bekennenden Kirche tätig, seit 1945 Oberkirchenrat, war 1950–54 Präs. des Bundestages, 1952–54 stellv. Bundesvors. der CDU.

Ehmke, Horst, Jurist und Politiker (SPD), * Danzig 4. 2. 1927, seit 1963 Prof. in Freiburg i. Br., war 1967–69 Staatssekretär, 1969 Justiz-Min., 1969–72 Min. im Bundeskanzleramt, 1972–74 Bundes-Min. für Forschung und Technologie sowie für das Post- und Fernmeldewesen; seit 1977 stellv. Fraktionsvors.

Ehre, die auf der Selbstachtung beruhende, daher als unverzichtbar erlebte Achtung, die der Mensch von seinen Mitmenschen beansprucht. Die bürgerl. E. ist das Maß an Achtung, das jedem unbescholtenen Menschen zukommt. Sie ist Ausfluß der in der Art. 1 GG garantierten Unantastbarkeit der Menschenwürde, außerdem strafrechtlich geschützt (→ Beleidigung).

Ehre, Ida, Schauspielerin, Regisseurin und Theaterleiterin, * Prerau (Mähren) 9. 7. 1900, bis 1933 Schauspielerin, durfte 1933–45 nicht auftreten; gründete 1945 die Kammerspiele in Hamburg.

Ehren|amt, ohne Dienstbezüge wahrgenommenes öffentl. Amt. Zur Übernahme eines E. kann der Bürger gesetzlich verpflichtet sein.

ehren|amtliche Richter, früher meist *Laienrichter* genannt, üben als Beisitzer bzw. Schöffen gleichberechtigt neben den Berufsrichtern die rechtsprechende Gewalt aus. Sie bedürfen keiner jurist. Berufsausbildung.

Ehrenberg, Herbert, Politiker (SPD), * Collnischken (Kr. Goldap) 21. 12. 1926, Diplom-Volkswirt, 1976–82 Bundesmin. für Arbeit und Sozialordnung.

Ehrenberger Klause, paßähnliche, 2 km lange Engstrecke in den Lechtaler Alpen, Tirol, Österreich, 945 m ü. M.; Straße und Bahn Reutte-Ehrwald.

Ehrenbreitstein, seit 1938 Stadtteil von Koblenz (rechts des Rheins). Die Burg über dem Rhein, um 1000 begonnen, wurde im 16.–18. Jh. zur Festung ausgebaut, 1801 von den Franzosen gesprengt, 1815–32 von den Preußen erneut ausgebaut.

Ehrenburg, Erenburg, Ilja Grigorjewitsch, russ. Schriftst., * Kiew 27. 1. 1891, † Moskau 31. 8. 1967. Durch seinen krit. Roman ›Tauwetter‹ (1952, zweiteilige Neufassung 1956) leitete er die gleichnamige Periode der kulturpolit. Diskussion nach Stalins Tod ein.

Ehrenbürger, eine Person, der wegen ihrer bes. Verdienste um eine Gemeinde die Ehrenbürgerschaft verliehen wurde. Mit dieser Auszeichnung verbinden sich keine bes. Rechte und Pflichten; sie kann bei unwürdigem Verhalten entzogen werden.

Ehrendoktor, → Doktor.

Ehren|eintritt. Der E. (Intervention) gemäß Art. 55–63 Wechsel-Ges. soll einen bestimmten Wechselbeteiligten dagegen schützen, daß seine kaufmännische Ehre durch einen Rückgriff Schaden leidet. Der E. kann durch eine auf dem Wechsel vermerkte ›Notadresse‹ vorbereitet sein (›gerufene Intervention‹). Die Intervention kann in einer Ehrenannahme (Ehrenakzept) oder einer Ehrenzahlung bestehen.

Ehren|erklärung, die Erklärung eines Beleidigers, daß er den Beleidigten nicht habe kränken wollen; häufig zur Vermeidung einer Beleidigungsklage.

Ehrenfels, Christian Freiherr von, Philosoph, * Rodaun (heute Wien) 20. 6. 1859, † Lichtenau (NÖ) 8. 9. 1932, war seit 1900 Prof. in Prag; Wegbereiter der Gestaltpsychologie.

Ehrenfried [ahd. arn ›Adler‹, fridu ›Schutz‹], männl. Vorname.

Ehrenfriedersdorf, Stadt im Kr. Zschopau, Bez. Karl-Marx-Stadt, im Erzgebirge, am Greifenstein, (1970) 6700 Ew.; St.-Nikolai-Kirche (14.–15. Jh.) mit Schnitzaltar (Anfang 16. Jh.); hatte Zinnbergbau vom 13. Jh. bis 1923.

Ehrengericht, ein mit Standesgenossen besetztes Gericht zur Untersuchung und Beilegung von Verfehlungen in bestimmten Berufen und Ständen.

Ehrenhof, Cour d'honneur [ku:rdɔn'œ:r, frz.], der Haupthof von Schloßbauten für die Vorfahrt vor dem Hauptportal; gerahmt vom fürstl. Wohntrakt (Corps de logis) und seinen Flügelbauten.

Ehrenkreuz, verschiedene Orden dt. Klein-

staaten und Auszeichnungen, die einigen Orden angegliedert waren. Gegenwärtig gibt es das *Österreichische E. für Wissenschaft und Kunst.*

Ehrenlegion, frz. **Légion d'honneur** [leʒjɔ̃dɔn'œ:r], wichtigster frz. Orden, gestiftet 1802. Ordensgrade: Ritter, Offiziere, Kommandeure, Großoffiziere; Großkreuze gelten international als Norm für die Verdienstordensklassen.

Ehrenpatenschaft, die vom Staatsoberhaupt bei Familien mit einwandfreiem Ruf übernommene Patenschaft (in der Bundesrep. Dtl. für das 7. lebende Kind).

Ehrenpreis, Veronica, Gatt. der Rachenblüter mit rd. 300 Arten; ein- oder mehrjährige Kräuter, z. T. Sträucher und Bäumchen, mit gegenständigen Blättern und zweifächeriger Kapselfrucht. Häufige Unkräuter auf Äckern, Brach-, Öd- und Gartenland sind *Feld-E.* oder *Vogelkraut (Veronica arvensis); Efeublättriger E., Hühnerdarm* oder *Hühnerbiß (Veronica hederifolia);* ausdauernd z. B. *Gamander-E., Männertreu, Frauenbiß, Augentrost* oder *Wildes Vergißmeinnicht (Veronica chamaedrys); Echter E., Heil aller Schäden, Heil aller Welt, Grundheil (Veronica officinalis).* Als Salat oder Volksarznei eignet sich *Bachbunge, Wassersalat, Wasserheilkraut (Veronica beccabunga).*

Ehrenpreis: 1 Gamander-E.; a Frucht, b aufgesprungene Frucht. 2 Bachbunge; c Einzelblüte. (Hauptbilder ²/₅ nat. Gr.)

Ehrenrechte, bürgerliche E., alle Rechte, die einem Staatsbürger zustehen. Ihre Aberkennung (früher §§ 31ff. StGB) ist seit 1969 nicht mehr möglich. Wer jedoch wegen eines Verbrechens zu Freiheitsstrafe von mindestens einem Jahr verurteilt wird, verliert für fünf Jahre die Fähigkeit, öffentl. Ämter zu bekleiden; in bes. Fällen kann auch das Wahlrecht aberkannt werden (§ 45 StGB).

Ehrenstein, Ortsteil von Blaustein im Alb-Donau-Kreis, Bad.-Württ., bekannt durch ein im Blautal aufgedecktes jungsteinzeitl. Dorf vom Ende des 4. Jahrtsd. v. Chr.

Ehrenstein, Albert, Schriftst., * Wien 23. 12. 1886, † New York 8. 4. 1950; expressionist. Gedichte (Der Mensch schreit, 1916), Erz. (Tubutsch, 1911; Der Selbstmord eines Katers, 1912).

Ehrenwort, feierl. Versprechen einer Leistung oder Unterlassung unter Berufung auf die Ehre. Das E. ist rechtlich bedeutungslos.

Ehrenzeichen, alle sichtbar zu tragenden Abzeichen, die zur Belohnung verliehen werden und die nicht → Orden heißen.

Ehrfurcht, lat. reverentia, die aus dem Gefühl des Ergriffen-Seins von dem sittl. Eigenwert eines anderen Menschen oder einer die eigene Person übersteigenden und anrührenden geistigen oder relig. Macht entstehende Haltung der Achtung und inneren Anerkennung.

Ehrgeiz, lat. ambitio, das Streben, andere an Ehre, Macht und Ruhm zu übertreffen.

Ehrhard, Albert, kath. Kirchenhistoriker, * Herbitzheim (Elsaß) 14. 3. 1862, † Bonn 23. 9. 1940, Prof. in Würzburg (1892), Wien (1898), Freiburg i. Br. (1902), Straßburg (1903) und Bonn (1920); war ein Führer des wissenschaftl. Reformkatholizismus.

Ehrhardt, Hermann, Seeoffizier und Freikorpsführer, * Diersburg (Baden) 29. 11. 1881, † Brunn am Walde bei Krems (NÖ) 27. 9. 1971, bildete Anfang 1919 die *Brigade E.,* mit der er die kommunist. Räteherrschaft in Braunschweig und München bekämpfte und am Kapp-Putsch teilnahm.

Ehringsdorf, südl. Ortsteil von Weimar. Die Travertinbrüche von Weimar-E. haben (1914–25) neben Tier- und Pflanzenresten des letzten Interglazials (Eem-Warmzeit) altsteinzeitl. Feuersteingeräte und menschl. Skelettreste mit Merkmalen der Neandertalgruppe geliefert.

Ehrle, Franz, Kardinal (seit 1922), * Isny 17. 10. 1845, † Rom 31. 3. 1934, Jesuit, war 1895–1914 Präfekt der Vatikan. Bibliothek, seit 1929 Bibliothekar und Archivar der Röm. Kirche; bed. Mediävist.

Ehrlich, Paul, Serologe, * Strehlen (Schlesien) 14. 3. 1854, † Bad Homburg v. d. H. 20. 8. 1915, Mitarbeiter Robert Kochs in Berlin, seit 1899 Direktor des von ihm gegr. ›Instituts für experimentelle Therapie‹ (später ›Paul-Ehrlich-Institut‹) in Frankfurt a. M. Er führte neue diagnost. Verfahren bes. zur Färbung von Blut und Gewebeschnitten ein. E. wurde mit der Entdeckung (1910) des Salvarsans Begründer der modernen Chemotherapie. Seine Seitenkettentheorie stellte die Immunitätslehre auf eine neue theoret. Basis. 1908 erhielt er mit E. Metschnikow den Nobelpreis für Medizin.

Ehrlicher, Werner, Volkswirtschaftler, * Effelter (Oberfranken) 22. 2. 1920, Prof. an der Univ. Freiburg i. Br. (1959–63 und wieder seit 1972), Hamburg (1963 bis 1972); beschäftigt sich bes. mit finanzwissenschaftl. und geldtheoretischen Problemen.

Ehrlichkeit, die Zuverlässigkeit in der Achtung fremden Eigentums und der Unterlassung von Betrug und Täuschung; eine charakterliche Haltung.

Ehrlosigkeit, im MA. die Minderung der Rechtsfähigkeit durch Verurteilung zu entehrenden Leibesstrafen (an ›Haut und Haar‹) oder durch Begehung einer ehrlosen Tat.

Ehrwald, Gem. im Bez. Reutte, Tirol, (1981) 2200 Ew.; Ausgangspunkt der österr. Zugspitz-Seilbahn.

Ehrwürden, Euer E., Ew. E., kaum noch übl. Anrede von Angehörigen geistl. Orden oder Kongregationen.

Ei, lat. Ovum, bei Tieren und Menschen meist in den weibl. Geschlechtsorganen, z. B. dem Eierstock, abgesonderte Zelle sowie bei Pflanzen die weibl. Fortpflanzungszelle. Das Ei enthält die wesentl. Anlagen für die Entwicklung eines Organismus.

Zunächst vermehren sich in den Geschlechtsorganen die Urkeimzellen durch Vergrößerung ihres Volumens und durch Verminderung des diploiden Chromosomensatzes auf die Hälfte (Wachstums- und Reifungsperiode). Bei dieser Eireifung gelangt die Hälfte der Chromosomen des werdenden Eies in einen der Polkörper (Richtungskörper) an der Eioberfläche, so daß das befruchtungsbereite Ei einen haploiden Chromosomensatz hat.

Die *Eizelle* besteht aus Eikern und Eiplasma (Bildungsplasma), das Eiplasma aus Rinde (Cortex) und Innenplasma (Entoplasma). Der Nährstoff (Nahrungsdotter) kann im ganzen Ei verteilt sein (alecithales Ei), nur an einer Seite (telolecithales Ei) oder zentral (zentrolecithales Ei) angehäuft sein. Am oberen, spezifisch leichteren Ende eines telolecithalen E. liegt der bildungsplasmareiche animale, am unteren Ende der bildungsplasmaarme vegetative Pol. Am animalen Pol werden vom Eikern aus die Richtungskörperchen abgeschieden.

Die *Eihüllen* (Eihäute) schützen die Eizelle. Die *primären Eihüllen* werden von der Eizelle selbst (Dotterhaut) oder von den Zellen des Eierstockes oder der Eifollikel gebildet. Bei Säugetieren bestehen sie urspr. aus 3 Häuten, von denen die äußerste von der Gebärmutterschleimhaut (*Decidua*), die beiden anderen, die Zottenhaut (*Chorion*) und die Schafhaut (*Amnion*), von der Frucht gebildet werden. Beim Menschen verklebt die äußere Hülle etwa im 5. Monat mit der Gebärmutterschleimhaut und verkümmert, so daß nur die Zotten- und Schafhaut übrigbleiben, die das Fruchtwasser umschließen. Die *sekundären Eihüllen* werden von den Wandungen des Eileiters (Kalkschale, Schalenhaut und Eiweißhülle der Hühnereis) oder von Anhangsgebilden des Eileiters (Schalendrüsen vieler Wirbelloser) ausgeschieden.

Bei Säugetieren und beim Menschen sind die E. mikroskopisch klein (0,2 mm beim Men-

Eibe

schen); sie entwickeln sich im Innern des mütterl. Körpers, der ihnen für das weitere Wachstum Nährstoffe liefert. Bei den Vögeln und Kriechtieren treten zu der Eizelle Eiweiß und Eikalkschale. Lurche und Fische entleeren die von einer schleimigen Hülle (Eigallerte) umgebenen E. ins Wasser (Laich). Haifische und Rochen befestigen ihre hartschaligen E. mit Fäden an Wasserpflanzen. Der Laich der Weichtiere besteht aus schleimigen, an Wasserpflanzen haftenden Eipaketen (Wasserschnecken), oder die E. sind durch Schalen geschützt (Tintenfische). Die Landschnecken legen hartschalige E. Die Insekten- und Wurm-E. sind meist durch derbe Schalen geschützt. Oft werden mehrere E. in einen Kokon abgelegt. Bei Wasserflöhen, Rädertierchen und einigen Insekten werden im Sommer dotterarme Sommereier und im Herbst dotterreiche Wintereier gebildet. Marine Ringelwürmer der Gatt. Dinophilus bilden kleine E., aus denen Männchen entstehen, und große, in denen sich Weibchen entwickeln.

Die *Eizahl* ist am größten meist bei Tieren ohne Brutpflege. Bandwürmer und Spulwürmer erzeugen jährlich zw. 40 und 60 Mio. E., Karpfen 750000 E.; der Stichling dagegen, der Brutpflege treibt, nur etwa 100. Vögel legen in der Freiheit jährlich höchstens 30 E. Von den zahlreichen E., die in jedem Eierstock der Frau vorhanden sind, werden im Laufe des Lebens etwa 400 ausgestoßen. – Fossile Vogeleier fand man im Tertiär von Westnebraska und bei Nördlingen im Ries.

Die *Eierkunde (Oologie)* untersucht die Schale der Eier und ermöglicht die Bestimmung von Vogeleiern meist bis zur Art.

Als *Lebensmittel* dienen die E. des Hausgeflügels (Haushuhn, Ente, Gans, Pute, Perlhuhn), mancher Wildvögel (z. B. Möwen-, Wachtel- und Kiebitzeier) sowie der Rogen mancher Fische (→ Kaviar).

Kulturgeschichte. Als Quelle des Lebens erscheint das Ei im Fruchtbarkeits- und Heilzauber, ebenso im Totenritual als Grabbeigabe und als Opfer. Im Mythos entsteht aus einem ›Welt-Ei‹ die Welt (Polynesier, Peruaner, Japaner, Inder, Griechen u. a.). Im Abendland ist das Ei Symbol des Christentums, es ist das Zeichen der Auferstehung.

Eierbräuche und Eierspiele sind zahlreich, bes. zu Ostern, z. B. Eiersammeln, Eierlaufen, Eierlesen oder -klauben, Eierrollen oder -walgen, Eiertänze.

Eibe die, **Taxus baccata,** Nadelholzart der Eibengewächse, in Europa, im Orient und in N-Afrika heimisch; ein immergrüner, buschig verzweigter Strauch oder bis 20 m hoher Baum mit rötlichbrauner Rinde, flach nadelförmigen Blättern und zweihäusigen Blüten. Die abwärts gerichteten männl. Blüten bilden kugelige Köpfchen, die weibl. bestehen aus einer einzigen aufrechten Samenanlage, um die sich im Reifestadium ein roter Samenmantel *(Arillus)* hüllt. Die Jungtriebe, Nadeln und Samen enthalten *Taxin,* ein bitteres, giftiges, narkotisch wirkendes Alkaloid; der rote Samenmantel ist ungiftig (sehr süß). Das harte, elastische, politurfähige Holz dient, schwarz gebeizt, als ›dt. Ebenholz‹.

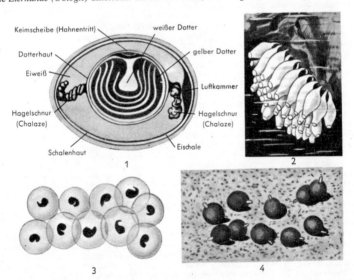

Ei: 1 Hühnerei. 2 Eikapseln der Purpurschnecke. 3 Eiergruppe aus dem Laichklumpen des Grasfrosches. 4 Eier der Stabheuschrecke

Eibengewächse, Taxaceae, Fam. der Eibenpflanzen mit der Gattung Eibe.

Eibenpflanzen, Taxales, Ordn. der Nadelhölzer.

Eibe: a Zweig mit weibl. Blüten, b weibl. Blüte, c Zweig mit männl. Blüten, d männl. Blüte, e Zweig mit Früchten, f Fruchtlängsschnitt, g Blattquerschnitt (a, c und e ⅖ nat. Gr.)

Eibenstock, Stadt im Kr. Aue, Bez. Karl-Marx-Stadt, 620 m ü. M. im Westerzgebirge, (1970) 8700 Ew. Vor 1200 gegr. Waldhufendorf, entwickelte sich infolge großer Zinn- und Silberfunde im 16. Jh. zur Bergstadt (Stadtrecht seit 1500).

Eibisch, Bez. für Arten von Althee, Hibiscus.

Eibl-Eibesfeldt, Irenäus, Verhaltensforscher, *Wien 15. 6. 1928, Schüler von K. Lorenz, seit 1970 Leiter der Arbeitsgruppe Humanethologie im Max-Planck-Institut für Verhaltensphysiologie in Seewiesen und Professor in München.

Eich, Günter, Schriftst., *Lebus (Oder) 1. 2. 1907, † Salzburg 20. 12. 1972, studierte Rechtswiss. und Sinologie, verh. mit Ilse Aichinger. E. begann mit Natur- und Erlebnisgedichten, schrieb später auf dem Erlebnis der Zeit beruhende Lyrik, zuletzt hintersinnig-ironische Prosaskizzen. In den 50er und 60er Jahren wirkten seine Hörspiele prägend für die Gattung.

WE. Prosa: Maulwürfe (1968); Ein Tibeter in meinem Büro (1970). – Lyrik: Gedichte (1930); Abgelegene Gehöfte (1948); Untergrundbahn (1949); Botschaften des Regens (1955); Zu den Akten (1964); Anlässe und Steingärten, Gedichte (1966). – Hörspiele: Träume (1950); Die Mädchen aus Viterbo (1953); Das Jahr Lazertis (1954); Zinngeschrei (1955); Allah hat hundert Namen (1957); Die Brandung von Setúbal (1958). – Ges. Werke, 4 Bde., hg. v. Susanne Müller-Hanpft u. a. (1973); Gedichte (1973).

LIT. K. P. Post: G. E. (1977); P. H. Neumann: Die Rettung d. Poesie im Unsinn (1981).

Eichberg, Richard, Filmregisseur und -produzent, *Berlin 27. 10. 1888, † München 8. 5. 1952, gilt als Pionier des dt. Unterhaltungs- und Abenteuerfilms, 1938–49 in den USA. Filme: Die keusche Susanne (1926); Der Kurier des Zaren (1936); Der Tiger von Eschnapur, Das ind. Grabmal (beide 1938).

Eiche, Quercus, Gatt. der Buchengewächse mit über 200, meist baumförmigen Arten, bes. in N-Amerika, Europa (in S-Europa immergrüne Arten) und im westl. Asien. Die männl. Blüten stehen in Kätzchen an der Spitze der vorjähr. Triebe, weibl. einzeln oder gebüschelt in den Blattwinkeln der jungen Triebe, umgeben von einem später becherförmigen, verholzenden Fruchtbecher *(Cupula).* Die Frucht *(Eichel, Ekker),* eine eiförmige bis zylindr. einsamige Nuß, dient zur Schweinemast und Wildfütterung. Blätter meist fiederspaltig bis buchtig, selten ganzrandig. Einheimische Arten sind: Stiel- oder Sommer-E. *(Quercus robur)* und Trauben-, Stein- oder Winter-E. *(Quercus petraea).* Die mitteleurop. Zerr-E. *(Quercus cerris)* hat fadenförmige Nebenblätter; die südeurop. Kork-E. *(Quercus suber* und *Quercus occidentalis)* liefern Kork. – Das mittelschwere, dauerhafte, hell- bis dunkelbraune Kernholz ist hart, unter Wasser beständig, elastisch und dient bes. zur Herstellung von Furnieren, Fässern, Eisenbahnschwellen, Parkett und als Bauholz. Aus der Rinde (Lohrinde) werden Gerbmittel gewonnen.

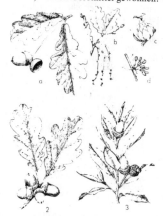

Eiche: 1 Stieleiche; a Fruchtzweig, b blühender Zweig mit weibl. (oben) und männl. (unten) Blütenstand, c weibl., d männl. Blüte; 2 Traubeneiche, Fruchtzweig; 3 Steineiche, Fruchtzweig. (Hauptbilder etwa ⅕ nat. Gr.)

Eichel, 1) lat. *Glans,* der vorderste Teil des männl. Gliedes (Penis).

2) Frucht der Eiche.

3) Eicheln, Eckern, eine Farbe der dt. Spielkarte.

Eichelhäher, Art der Rabenvögel, →Häher.

Eichelwürmer, Enteropneusta, Klasse der Kragentiere, wurmförmige Meerestiere der Gezeitenzone; leben stets in einer aus erhärtetem Hautschleim und Sandkörnchen bestehenden Röhre.

eichen [mhd. ichen ›abmessen‹, zu lat. aequus ›gleich‹], prüfen und stempeln von Meßgeräten und bestimmten Behältnissen durch die Eichbehörden auf Grund des Eichgesetzes v. 11. 7. 1969.

Eichenbock, Art der Bockkäfer.

Eichendorff, Joseph Frhr. von, Dichter, * Schloß Lubowitz (Oberschlesien) 10. 3. 1788, † Neisse (Oberschlesien) 26. 11. 1857, nahm 1805 in Halle das jurist. Studium auf, ging 1807 nach Heidelberg, wo er J. v. Görres, A. v. Arnim, vielleicht auch C. Brentano kennenlernte, 1809 nach Berlin (Umgang mit Adam Müller, Arnim und Brentano) und zum Abschluß seiner jurist. Studien 1810 nach Wien; hier schloß er sich bes. F. Schlegel an. E. nahm an den Freiheitskriegen teil; trat 1817 in den preuß. Staatsdienst ein (Breslau, Danzig, Königsberg, 1831 bis zur Pensionierung 1844 im Kultusministerium in Berlin); nach wechselnden Aufenthalten (u. a. Wien) lebte er seit 1855 in Neisse. – E.s Gedichte, später Höhepunkt dt. romant. Lyrik, sind gekennzeichnet durch volksliedhafte Schlichtheit, in der Bilder aus der Natur zum Ausdruck für Seelisches werden. Die erste selbständige Samml. der Gedichte erschien erst 1837, nachdem viele der schönsten schon in die vorangehenden Erz. eingestreut waren (weitere Gedichtbände 1843, 1850 und 1856). – Auch als Erzähler war E. wesentlich Lyriker; er bevorzugte die offene Form einer losen Szenen- und Bilderfolge. 1812 beendete er einen die eigene Jugend widerspiegelnden Roman, den F. Fouqué unter dem Titel ›Ahnung und Gegenwart‹ 1815 anonym herausgab. Die lyrisch-musikal. Form und typisch romant. Motive kehren in den meisten Erz. E.s wieder (›Das Marmorbild‹, 1819; ›Aus dem Leben eines Taugenichts‹, 1826; ›Dichter und ihre Gesellen‹, 1834; ›Das Schloß Dürande‹, 1836; ›Die Glücksritter‹, 1841). E. schrieb auch Trauerspiele (›Ezelin von Romano‹, 1828; ›Der letzte Held von Marienburg‹, 1830), ironisch-satir. Märchenspiele (›Krieg den Philistern‹, 1824) und das Lustspiel ›Die Freier‹ (1833). In den poet. schwächeren späten Versepen (›Julian‹, 1853; ›Robert und Guiscard‹, 1855) tritt die kath.-christl. Tendenz stärker hervor. Sie bewirkte auch die wachsende Vorliebe E.s für die span. Dichtung (Übers.: Geistl. Schauspiele von Calderón, 2 Bde., 1846–53) und bestimmte die Maßstäbe in den literarhistorischen Spätwerken (›Über die ethische und religiöse Bedeutung der neueren romant. Poesie in Dtl.‹, 1847; ›Der dt. Roman des 18. Jh. in seinem Verhältnis zum Christentum‹, 1851; ›Zur Gesch. des Dramas‹, 1854; ›Gesch. der poet. Lit. Dtl.s‹, 2 Tle., 1857).
WE. Sämtl. Werke, histor.-krit. Gesamtausg., hg. v. W. Kosch u. A. Sauer, fortgef. v. H. Ku-

nisch (1908ff., zuletzt Bd. 18/1, 2, 1975); Werke, hg. v. J. Perfahl u. a., 5 Bde. (1970ff.); Werke, hg. v. W. Rasch (1977).
LIT. H. v. Eichendorff: J. v. E. (1864, neu bearb. v. K. v. Eichendorff u. W. Kosch, 1923); J. Nadler: E.s Lyrik (1908, Nachdr. 1973); J. Kunz: E. (1951, Nachdr. 1973); K. D. Krabiehl: J. v. E.-Bibliographie (1971); O. Seidlin: Versuche über E. (²1978). – Ztschr.: Aurora (seit 1929).

Eichengallen, an Blättern, Knospen oder Fruchtbechern von Eichen durch Gallwespen hervorgerufene Gallen, meist gerbstoffhaltig.

Eichengallwespen, an Eichen lebende Gallwespen mit Generationswechsel, die z. B. an Wurzeln, Rinde, Blättern, Sproßspitzen, Blüten und Früchten Gallen erzeugen.

Eichenwickler, Grüner E., Tortrix viridana, Schmetterling mit hellgrünen, weiß gesäumten Vorder- und grauen Hinterflügeln. Die schwarzgrünen Raupen fressen bes. Knospen und junges Laub von Eichen.

Eichhase, Ästiger Porling, Polypilus umbellatus, verzweigter, bräunl. Löcherpilz; in jungem Zustand Speisepilz. Ihm ähnlich ist der dunklere *Klapperschwamm.*

Eichhorn, Karl Friedrich, Rechtsgelehrter, * Jena 20. 11. 1781, † Köln 4. 7. 1854. Durch seine ›Dt. Staats- und Rechtsgeschichte‹ (4 Bde., 1808–23) wurde er der Begründer der historischen Schule im dt. Recht.

Eichhorn|affen, die Krallenaffen.

Eichhörnchen

Eichhörnchen, Sciurus vulgaris, Nagetierart der Hörnchen, verbreitet über Europa, Sibirien bis zum nördl. Japan und China in über 40 Unterarten. In Mitteleuropa: *Westl. E., Eichkätzchen* oder *Eichkater (Sciurus vulgaris fuscoater),* in Wäldern und Parklandschaften heimisch. E. sind gute Kletterer und Springer von Baum zu Baum, wobei der buschige Schwanz als Steuer dient; sie sind im Sommer rotbraun, im Winter grau, in Gebirgen meist braunschwarz bis schwarz. Der Bauch ist leuchtend weiß. E. bewohnen ein selbstgebautes, kugelförmiges Nest (*Kobel*) oder Vogelnester und Baumhöhlen. Tragzeit: 38 Tage, 3–7 Junge. Hauptfeinde: Marder und Greifvögel.

Eichkamp, Ortsteil im 7. VerwBez. Charlottenburg von Berlin (West-Berlin).

Eichkätzchen, Eichkater, Unterart des Eichhörnchens.

Eichmann, Karl Adolf, * Solingen 19. 3. 1906, † (hingerichtet) Ramle (Israel) 1. 6. 1962, Handelsvertreter, Mitgl. der NSDAP, Obersturmbannführer der SS, seit Okt. 1939 Leiter des Judenreferats im Reichssicherheitshauptamt, organisierte die Judentransporte in die Vernichtungslager. Nach dem Krieg entkam er nach Argentinien. 1960 vom israel. Geheimdienst nach Israel entführt, wurde er in einem Prozeß (Jerusalem) am 15. 12. 1961 u. a. wegen Verbrechen gegen das jüd. Volk zum Tod verurteilt.

Eichmaß, Aichmaß, früheres mittel- und süddt. Flüssigkeitsmaß, zwischen 1 und 2 l.

Eichrodt, Ludwig, Pseud. Rudolf **Rodt,** Schriftst., * Durlach 2. 2. 1827, † Lahr 2. 2. 1892, veröffentlichte 1855–57 mit A. Kußmaul in den ›Fliegenden Blättern‹ die parodist. Gedichte des ›schwäb. Schullehrers Gottlieb Biedermeier‹ und prägte damit die Bezeichnung für den Lebensstil der Zeit des Vormärz.

Eichsfeld, nordwestl. Randgebiet des Thüringer Beckens, durch die Täler der Wipper und Leine in Oberes (im S) und Unteres E. (im N) geschieden. Die Umgebung von Duderstadt heißt *Goldene Mark.*
Das E. ist 897 genannt. Es wurde von Mainz aus christianisiert. Kurmainz gewann im 13. Jh. die Landeshoheit. 1342 kaufte es das Unter-E. hinzu. 1803 an Preußen, 1807 an das Kgr. Westphalen, 1815 wieder an Preußen, das das Unter-E. 1816 an Hannover abtrat.

Eichstätt, 1) Kreisstadt in Bayern, im Tal der Altmühl, Große Kreisstadt, (1981) 14300 Ew.; kath. Bischofssitz, katholische Universität. Das eigenartige Bild der Stadt ist geprägt durch das Baumaterial (in der Umgebung gebrochener weißer Kalk) und bes. den Solnhofener Schiefer der Dächer. Naturkundl. Museum. – E. entstand um den Dom des 8. Jh. und erhielt 908 Marktrecht. Um 1200 wurde daneben die Bürgerstadt angelegt. Der Dom ist heute im wesentlichen eine got. Hallenkirche (14.–15. Jh.). Die Kapuzinerkirche (1623–25) birgt eine Nachbildung des hl. Grabes (Mitte 12. Jh.). Nach dem Brand von 1634 erhielt E. sein barockes Erscheinungsbild (ehem. Residenz am Residenzplatz, Sommerresidenz, bischöfl. Palais); südöstlich der Stadt die Willibaldsburg (14. Jh., jetziger Bauzustand um 1609, Pläne von E. Holl).
2) Das Bistum E. wurde 745 von Bonifatius gegründet. Die Reformation splitterte weite Teile des Sprengels ab (z. B. Nürnberg). Das unzusammenhängende Territorium des Hochstifts, seit 1803/06 bayerisch, wurde bei der Reorganisation der bayer. Bistümer (1817 und 1821) der Kirchenprovinz Bamberg eingegliedert.

Eid, urspr. die Anrufung einer verehrten Macht zum Zeugen für die Wahrheit einer Aussage (*Aussageeid*) oder die Ehrlichkeit einer Zusage (*Versprechenseid*) und zum Rächer des falschen oder gebrochenen E. *(Meineid)*. Heute ist der E. eine bes. bekräftigte, sittlich verpflichtende Aussage, deren Unwahrheit vom Staat und von der Gesellschaft geahndet wird.
Rechtlich ist der E. eine auf obrigkeitl. Anordnung in best. Form abgegebene verbindl. Erklärung, entweder das Versprechen, etwas tun oder lassen zu wollen *(promissorischer Eid, Voreid:* E. auf die Verfassung, Diensteid) oder die Versicherung, etwas getan oder gelassen zu haben *(assertorischer E., Nacheid:* Zeugeneid vor Gericht). Im Prozeßrecht ist der E. bei Zeugen und Sachverständigen von Bedeutung. Im Zivilprozeß wurde 1933 der Parteieid durch die (u. U. eidliche) *Parteivernehmung* ersetzt (§ 452 ZPO). Im Strafprozeß wird der Angeklagte zum E. nicht zugelassen. Bei Zeugen kann das Gericht von einer Vereidigung absehen, z. B. beim durch die Straftat Verletzten und dessen Angehörigen, bei gemeinsamem Verzicht der Staatsanwaltschaft, des Angeklagten und des Verteidigers. Die Vereidigung geschieht nach Hinweis auf die Bedeutung des E. *(Eidesbelehrung)* in der Weise, daß der Richter an den Schwurpflichtigen die Worte richtet: ›Sie schwören bei Gott dem Allmächtigen und Allwissenden, daß Sie nach bestem Wissen die reine Wahrheit gesagt und nichts verschwiegen haben‹ *(Eidesnorm).* Der Schwurpflichtige spricht hierauf unter Erhebung der rechten Hand: ›Ich schwöre es, so wahr mir Gott helfe‹ *(Eidesformel).* Die religiöse Beteuerung kann auch weggelassen werden (§ 66c StPO). Der wissentl. oder fahrlässig falsche E. ist als *Meineid* oder fahrlässiger Falscheid unter Strafe gestellt (§§ 154, 163 StGB).
Das österr. Recht kennt seit 1895 die eidl. Parteivernehmung; der Zeugeneid ist ähnlich wie im dt. Recht geregelt (§§ 371 ff. ZPO). In der Schweiz gibt es in einigen Kantonen noch den Schiedseid (immer mehr tritt an seine Stelle die Parteienaussage oder -befragung).
Die schon im A. T. hervorgehobene Heiligkeit des E. wird auch im N. T. betont (Hebr. 5,16), wenn Jesus ihn auch ablehnt (Mt. 5, 37; Jak. 5, 12): der Mensch könne sich nicht eigenmächtig über Gott als Zeugen verfügen. Die Berufung auf Gott im *religiösen E.* verpflichtet nach der Lehre der kath. Moraltheologie das Gewissen.

Eidechse, 1) i. w. S. jede Echse, →Eidechsen.
2) lat. **Lacerta,** Sternbild des Nordhimmels.

Eidechsen, Lacertidae, Fam. der Echsen, schlanke Kriechtiere mit 4 langzehigen Füßen und schlängelnder Fortbewegung; Bewohner trockener Gegenden der Alten Welt; Kleintier- und Pflanzenfresser. Bei Gefahr werfen E. ihren Schwanz ab (Autotomie). Die größte europ. Art ist die bis 60 cm lange *Perl-E. (Lacerta lepida).* In Mitteleuropa sind z. B. heimisch die bis 25 cm lange, als Weibchen bräunliche, als Männchen grünliche *Zaun-E. (Lacerta agilis),* die bis 40 cm lange, leuchtend grüne, an der Kehle blaue *Smaragd-E. (Lacęrta vįridis)*, die der Zaun-E. ähnliche, in Mitteleuropa lebendgebärende, in SW-Europa eierlegende *Berg-E. (Lacęrta vivipara)*. Im südl. Europa und im westl. Dtl. lebt die *Mauer-E. (Lacęrta murąlis)*. Die *Sandläufer-E. (Psammodrǫmus)* haben gekielte Schuppen, die *Fransenfinger-E. (Acanthodąctylus)* Stachelkämme längs der Zehen, die *Schlangenaugen-E. (Ọphisops)* Lider als durchsichtige Kapseln. → Halsbandeidechsen.

Eidechsenkuckuck, Rennkuckuck, Geocǫccyx, langschwänziger, am Boden laufender Kuckuck der Trockengebiete Mittel- und Nordamerikas.

Eidechsenwurz, Eidechsenpflanze, Sauromatum, Gatt. der Aronstabgewächse im trop. Asien und Afrika; einige Arten entwickeln sich aus freiliegender Knolle *(Wunderknolle)* als Trokkenblüher (ohne Wasser- und Erdversorgung).

Eider *die,* Fluß in Schlesw.-Holst., 188 km lang, entspringt im Hügelland südlich Kiel, mündet unterhalb Tönning mit 5 km breitem Trichter in die Nordsee. Ein Teil des Flußlaufs wird oberhalb Rendsburg vom Nord-Ostsee-Kanal aufgenommen. In Rendsburg ist die E. zum Eiderhafen aufgestaut.

Eiderdänen, polit. Partei in Dänemark, die vor 1864 Schleswig (bis zur Eider) mit Dänemark unter derselben Verfassung vereinigen, aber Holstein davon ausschließen wollte.

Eider|enten, Somatęria, Gatt. der Meeres-Tauchenten mit 2 Arten; von Ostgrönland bis zu den Friesischen Inseln die E. *(Somatęria mollįssima)*, nur im N die *Pracht-E. (Somatęria spectą bilis)*. In der Brutzeit rupfen sich die E. die hellgraubraunen Daunen aus, um das Nest auszupolstern und die Eier zu bedecken.

Eiderstedt, Halbinsel an der W-Küste von Schlesw.-Holst. zw. dem nordfries. Wattenmeer (Hever) und der Eidermündung. Urspr. eins der inselartigen ›Dreilande‹ E., Everschop, Utholm, wurde E. durch Eindeichungen 1489 landfest und wuchs mit den anderen beiden zur Landschaft E. zusammen.

Eidesfähigkeit, Fähigkeit zur Eidesleistung im Prozeß. Sie ist in der Bundesrep. Dtl. an die Vollendung des 16. Lebensjahres geknüpft *(Eidesmündigkeit)*.

Eideshelfer, im alten dt. Recht meist die Sippengenossen, die die Glaubwürdigkeit der schwurpflichtigen Partei im allgemeinen beschworen.

eidesstattliche Versicherung, Mittel der Glaubhaftmachung im Prozeßrecht und in Sachen der freiwilligen Gerichtsbarkeit, jedoch kein Ersatz für den Beweis von Tatsachen (§ 294 ZPO). Sie kann mündlich oder schriftlich abgegeben werden und unterliegt der freien Beweiswürdigung. Auf wissentlich oder fahrlässig falscher e. V. stehen Freiheits- oder Geldstrafe (§§ 156, 163 StGB). Die e. V. ersetzt im Zivilrecht den Offenbarungseid (Ges. v. 27. 6. 1970).

Eidętik [von grch. eidos ›Aussehen‹, ›Wesen‹], **1)** die Lehre von dem begrifflich allgemeinen Wesen, von den idealen Bedeutungen, bes. in der Phänomenologie (E. Husserl).
2) von E. R. Jaensch geprägte Bez. für die Lehre von den subjektiven Anschauungsbildern, die als nachbildartige, physisch wahrgenommene Bilder oder spontan, ohne entsprechende, reale Reizgrundlage zustande kommen; bes. für das Erleben im frühen Kindesalter typisch, in dem sich erst allmählich die Fähigkeit entwickelt, zw. realen Wahrnehmungen und bildhaftem Erleben *(Eidęse)* zu unterscheiden; auch bei manchen Erwachsenen *(Eidętiker)*, möglicherweise auf Grund besonderer Anlagen (eidetische Begabung).

Smaragd-E.   Zaun-E.   Perl-E.   Berg-E.

Eidechsen

Eidgenossenschaft, Schwurbund. **Schweizerische E.,** → Schweiz.

Eidgenössische Technische Hochschule, Zürich, Abk. **ETH,** 1854 gegr., 1855 eröffnet, dem schweizer. Bundesrat unterstellt.

Eidgenössische Turn- und Sportschule, Abk. **ETS** (Sitz: Magglingen, Kt. Bern), schweizer. Bundesinstitut, gegr. 1945, Ausbildungszentrum.

Eidophorverfahren, Projektionsverfahren zur Wiedergabe von Fernsehbildern auf großen Bildschirmen (z. B. Kinoleinwand). Beim E. wird die Helligkeitsverteilung des Bildes in Form eines Ladungsrasters auf die Oberfläche einer zähen Flüssigkeit (Öl, geschmolzenes Paraffin), des **Eidophors,** aufgezeichnet. Dies geschieht, ähnlich wie in der Bildröhre des Fernsehempfängers, durch einen hochfrequent modulierten, zeilenweise abgelenkten Elektronenstrahl. Durch die gemäß der Bildhelligkeit von Punkt zu Punkt unterschiedl. Ladung wird die Oberfläche des Eidophors unterschiedlich stark wellenförmig deformiert und damit seine Lichtbrechung beeinflußt. So entsteht auf dem Bildschirm ein dem Ladungsbild auf dem Eidophor entsprechendes Projektionsbild.

Eidos [grch. ›Aussehen‹, ›Wesen‹], Grundgestalt, das gemeinsame Wesen der verschiedenen Dinge ein und desselben Artbereichs; bei E. Husserl vom Faktum (Tatsache) unterschieden, ebenso eidetische oder Wesenswissenschaften von Tatsachen- oder Wirklichkeitswissenschaften.

Eidsvoll [ˈɛjdsvɔl], **Eidsvold,** Gem. in der norweg. Prov. Akershus, (1976) 14500 Ew. In E. wurde am 16. 2. 1814 die Unabhängigkeit Norwegens von Dänemark ausgerufen und in einer Nationalversammlung (11. 4.–20. 5. 1814) am 17. 5. die norweg. Verfassung beschlossen.

Eierfrucht, Eierpflanze, die Aubergine.

Eierleger, eierlegende Säugetiere, → Kloakentiere.

Eierlikör, Likör aus mindestens 20 Vol.-% Alkohol, frischem Eigelb (mindestens 240 g im Liter) und Zucker.

Eiermann, Egon, Architekt, * Neuendorf/Berlin 29. 9. 1904, † Baden-Baden 19. 7. 1970, war 1947–70 Prof. an der TH Karlsruhe.
WE. Dt. Pavillon, Weltausstellung Brüssel (1956–58, mit S. Ruf); Kaiser-Wilhelm-Gedächtnis-Kirche, Berlin (1961–63); Dt. Botschaft, Washington (1962–64); Olivetti-Verwaltung, Frankfurt (1969–72).

Eierpilz, Eierschwamm, der → Pfifferling.

Eierschlangen, Dasypeltinae, Unterfam. eierfressender Nattern mit je einer Gatt. in Afrika (*Dasypeltis*) und Indien (*Elachistodon*).

Eierstab, Zierleiste aus abwechselnd eiförmigen und pfeilspitzartigen Gebilden, unten, manchmal auch oben, von einem Astragalus abgeschlossen; in der Antike bes. an ion. Bauten (→ Kymation).

Eierstock, lat. **Ovarium,** Teil des menschl. und tier. Körpers, in dem sich die weibl. Ge-

schlechtszellen (Eizellen, Eier) entwickeln, Bei zweiseitig symmetrischen Tieren ist der E. paarig, bei strahlig gebauten radiär angelegt. Bei vielen Würmern ist er fadenförmig, bei Insekten büschel- oder kammförmig aus Schläuchen (*Ovariolen*) zusammengesetzt.

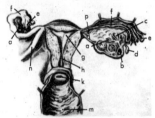

Eierstock: weibliche Geschlechtsorgane von vorn, z. T. aufgeschnitten; a Eierstock mit Graafschen Follikeln (b), c Nebeneierstock mit bläschenförmigem Anhang (d), e Fimbrien, f Eileiter, g Gebärmutterhöhle, h innerer, k äußerer Muttermund, m Scheide, n rundes Mutterband, p Eierstockband (etwa ⅖ nat. Gr., nach Spalteholz)

Mensch und Säugetiere haben paarige E., die beim Menschen im kleinen Becken rechts und links neben der Gebärmutter liegen, vom Bauchfell gehalten und durch das Eierstockband mit der Gebärmutter verbunden sind, bei der geschlechtsreifen Frau etwa Größe und Form einer Mandel (mit Schale) haben. Jeder E. besteht aus dem Mark und der 1–2 mm dicken Rinde. In dieser entstehen mit Flüssigkeit gefüllte (1,5 mm große) Bläschen, die Graafschen Bläschen oder Follikel. Die Flüssigkeit wird von den Wandzellen des Bläschens abgesondert. In dieser Wand liegt das Ei, das im reifen Zustand einen Durchmesser von etwa 0,2 mm hat. Die Zahl der in beiden E. angelegten Eier beträgt zur Zeit der Pubertät etwa 400000; davon kommen nur etwa 400 zur Reifeentwicklung, jährlich 12–13. In der Regel alle vier Wochen, zw. zwei Menstruationen, platzt ein Bläschen (*Follikelsprung, Eisprung, Ovulation*); das frei gewordene Ei wird von den trichterförmigen Enden (Fimbrien) des Eileiters aufgenommen und von diesem in die Gebärmutter befördert. Das entleerte Bläschen wandelt sich zur einer Hormondrüse, dem *Gelbkörper (Corpus luteum)*. Tritt keine Schwangerschaft ein, so zerfällt der Gelbkörper bei der nächsten Menstruation und wird zum weißlich narbigen Körper; bei erfolgter Empfängnis dagegen bleibt er bis zur 10.–12. Schwangerschaftswoche in Funktion. Die E.- oder Ovarial-Hormone, deren Produktion von übergeordneten Zentren wie Hypothalamus und Hirnanhangdrüse gesteuert wird, regeln v. a. die period. Veränderungen der Gebärmutterschleimhaut. Der E. erfüllt somit 2 Arten von Tätigkeit, einmal die generative mit dem Hervorbringen befruchtungsfähiger Eier (Follikelreifung, Ovulation), zum anderen die innersekretorische (vegetative) Tätigkeit (Bildung von Follikel- und

Eier

Gelbkörperhormon, →Geschlechtshormone), die bereits vor der fruchtbaren Phase beginnt und über sie hinaus andauert.

Eiertanz, Eierlaufen, urspr. Fruchtbarkeitstänze mit getragenen oder zw. am Boden liegenden Eiern; heute noch virtuose Schautänze, etwa in Indien, oder volkstüml. Geschicklichkeitsspiele. Übertragen: gewundenes Verhalten in heikler Lage.

Eifel *die,* linksrhein. Teil des Rheinischen Schiefergebirges zw. Mosel und Kölner Bucht, ein welliges Rumpfhochland, von einzelnen flachen Bergrücken wie Schneifel (697 m) durchzogen; sie setzt sich fort in den Ardennen. Die Hauptflüsse Kyll, Lieser, Alf und Elz zur Mosel, Ahr, Brohl, Nette zum Rhein, sind in die Randlandschaften tief eingeschnitten. Die E. ist aufgebaut aus Schiefern, Quarziten und Grauwakken, in Senken auch aus Kalken und Triasresten; in der mittleren und östl. E. Reste von tertiärem und diluvialem Vulkanismus wie Maare, Schlakkenvulkane, Basaltkuppen (Hohe Acht 747 m). Nachvulkan. Säuerlinge werden genutzt für Kohlensäuregewinnung und Sprudel (Bad Bertrich, Daun, Gerolstein, Sinzig, Apollinaris-Sprudel bei Bad Neuenahr-Ahrweiler). Das Klima ist rauh. Bei Adenau liegt der →Nürburgring.

Eifel, Eifélien [ɛfelj´ɛ̃], **Eifélium** *das,* Stufe des Mitteldevon.

Eifersucht, leidenschaftl. Streben nach Alleinbesitz der emotionalen Zuwendungen einer Bezugsperson oder eines Partners mit Angst vor jedem möglichen Konkurrenten.

Eifersuchtswahn, wahnhafte Gewißheit, betrogen zu werden, meist bezogen auf den Geschlechtspartner.

Eiffel [ɛf´ɛl], Alexandre Gustave, frz. Ingenieur, * Dijon 15. 12. 1832, † Paris 28. 12. 1923, konstruierte zahlreiche Brücken und Hallen sowie 1885–89 den 300,51 m hohen **Eiffelturm,** dessen Entwurf auf M. Koechlin (* 1856, † 1946) zurückgeht.

Eifurchung, →Entwicklung.

Eigelege, in einem Legeakt abgelegte Eier, bes. von Vögeln, Kriechtieren und Insekten. Ihre Zahl schwankt von 1 Ei (z. B. bei Pinguinen) über 3–5 Eier (Habicht), 9 bis 11 (Sumpfschildkröte), 90–100 (Nilkrokodil) bis rd. 2000 Eier (Bienenkönigin).

Eigelsteine [aus mlat. agulia ›Nadel‹, ›Spitze‹], röm. Grabdenkmäler in Igel bei Trier (Igeler Säule), Mainz und Köln. E. heißen auch die Obelisken in Rom, Arles und Vienne.

Eigen, Manfred, Chemiker, * Bochum 9. 5. 1927, arbeitete über chem. Reaktionskinetik, Enzymreaktionen, Ionentransport durch Membranen, Anwendung der Mathematik und physikal. Modellvorstellungen in Biophysik, Evolutionstheorie. Erhielt 1967 den Nobelpreis für Chemie mit R. G. W. Norrish und A. Porter.

Eigenbesitz, der Besitz mit dem Willen, den Gegenstand wie ein Eigentümer zu beherrschen (§ 872 BGB). E. ist z. B. Voraussetzung für die Ersitzung.

Eigenbetrieb, kommunales Wirtschaftsunternehmen ohne eigene Rechtspersönlichkeit, doch mit verselbständigter Organisation und Wirtschaftsführung gegenüber der allg. Gemeindeverwaltung (z. B. Versorgungs- und Verkehrsbetriebe).

Eigenbewegung, →Fixsterne.

Eigengeschäft, Propergeschäft, ein Geschäft, bei dem jemand im eigenen Namen für eigene Rechnung kauft oder verkauft.

eigenhändig, gebührenpflichtiger Vermerk auf Sendungen mit Wertangaben, Einschreibesendungen und Postanweisungen, diese dem Empfänger persönlich zuzustellen.

Eigenheim, vom Eigentümer bewohntes Einfamilienhaus, teilweise auch mit zusätzl. Einliegerwohnung.

Eigenkapital, Differenz zw. den Aktiva (Bruttobilanzvermögen) und dem Fremdkapital eines Unternehmers. Bei Kapitalgesellschaften (AG, GmbH) wird es aufgegliedert in Nennkapital (Grundkapital, Stammkapital) und Rücklagen (gesetzliche und freie).

Eigenkirche, im MA. die im Eigentum eines weltl. oder geistl. Grundherrn stehende Kirche (auch Klosterkirche: **Eigenkloster**). Der Grundherr hatte kraft seiner sachenrechtl. Herrschaft über den Kirchengrund auch die öffentlichrechtl. Befugnis für die Ernennung des Geistlichen, bei Eigenklöstern des Abtes oder Propstes; ihm stand auch der Kirchenzehnt. Ertrag der E. zu. Das Übergreifen des E.-Rechts auf das Verhältnis des Königs zur Reichskirche führte zum Investiturstreit. Das höhere E.-Wesen wurde durch das Wormser Konkordat von 1122 beseitigt, das niedere zur Inkorporation und zum Patronat umgewandelt.

Eigenlenkverhalten, ein bestimmtes Fahrverhalten bei Kurvenfahrt. Die dabei auftretenden Seitenkräfte können vom Reifen nur aufgenommen werden, wenn er nicht genau in der augenblicklichen Fahrtrichtung, sondern um einen bestimmten Winkel (Schräglaufwinkel) versetzt abrollt. Ist der Schräglaufwinkel an den Hinterrädern größer als an den Vorderrädern, weist das Fahrzeug ein *übersteuerndes E.* auf. Größere Schräglaufwinkel der Vorderachse kennzeichnen das *untersteuernde,* gleiche Schräglaufwinkel vorn und hinten das *neutrale E.* Übersteuernde (kurvenwillige) Fahrzeuge erfordern bei steigender Kurvengeschwindigkeit ein Zurücknehmen des Lenkeinschlags (Gegenlenken), untersteuernde (kurvenunwillige) Fahrzeuge müssen durch zunehmenden Lenkeinschlag in der Bahn gehalten werden.

Eigenmacht, verbotene E., →Besitz.

eigenmächtige Abwesenheit von der Truppe oder militär. Dienststelle wird, wenn sie länger als 3 Tage dauert, mit Freiheitsentzug bis zu 3 Jahren bestraft (§ 15 Wehrstrafgesetz); früher *unerlaubte Entfernung.*

Eigenname, lat. **nomen proprium,** bezeichnet im Ggs. zum Gattungsnamen eine einzelne Person oder Sache.

Eigennutz, Streben nach eigenem Vorteil (Egoismus); nach B. de Mandeville die Antriebskraft des Wirtschaftslebens (→Homo oeconomicus).

Eigenschaftswort, Beiwort, das Adjektiv.

Eigenschwingungen, Physik: die durch einmalige Anregung ausgelöste Schwingung eines abgeschlossenen Systems. Die Anzahl der Eigenfrequenzen entspricht der Zahl der Freiheitsgrade, in denen das System schwingen kann. Schwingungsfähige Gebilde haben im allg. mehrere E., die durch äußeren Anstoß gleichzeitig angeregt werden (→Resonanz).

Eigentum, die umfassende Besitz-, Verfügungs- und Nutzungsmacht, über Gebäude, Grund und Boden (unbewegl. Sachen) und sonstige Habe (bewegl. Sachen, Rechte u. a.) innerhalb der Grenzen der Rechtsordnung nach freiem Belieben zu bestimmen. Hierzu steht im Gegensatz die bloß tatsächl. Sachherrschaft (→Besitz). Diese rechtl. Verfügungsmacht kann einer Gesamtheit von Berechtigten *(Kollektiv-, Gemein-E.)* oder einem einzelnen zustehen *(Privat-E.).*

In der Bundesrep. Dtl. ist das E. grundsätzlich gewährleistet mit der Begrenzung, daß ›der Gebrauch des E. zugleich dem Wohl der Allgemeinheit dienen soll‹ (›soziale Bindung‹, Art. 14 GG). In der modernen Sozialordnung sind viele E.-Begrenzungen wirksam, z. B. im Städtebau die Festsetzung der Fluchtlinien, in der Wirtschaft die Mitbestimmungsrechte der Arbeitnehmer. Der Übergang von der E.-Begrenzung zur E.-Entziehung ist fließend. Diese ist nur als Enteignung zum Wohle der Allgemeinheit oder als Überführung in Gemeineigentum (Sozialisierung) zulässig. Statthaft ist ferner die Einziehung im Straf- und Verwaltungsverfahren sowie die E.-Umschichtung (Bodenreform, Lastenausgleich). Wird das E. zum Kampf gegen die freiheitlich demokratische Grundordnung mißbraucht, kann das Bundesverfassungsgericht die Verwirkung des E. aussprechen (Art. 18 GG). In der DDR wird nach Art. 10 der Verf. zw. sozialist. E. (→Volkseigentum), genossenschaftl. Gemein-E. und dem E. gesellschaftl. Organisationen unterschieden, die im Ggs. zum Privat-E. stehen. In Österreich (Art. 5) und in der Schweiz (Art. 23) ist das E. ähnlich wie in der Bundesrep. Dtl. gewährleistet.

Im *Privatrecht* (§§ 903–1011 BGB) genießt das E. einen besonderen dingl. Rechtsschutz. Es besteht ein Herausgabeanspruch gegenüber jedem unrechtmäßigen Besitzer und zugleich ein Schadensersatzanspruch für Verschlechterung und entgangene Nutzungen, wobei zw. gut- und bösgläubigen Besitzern unterschieden wird (§§ 985 ff. BGB). Es gibt u. a. einen Unterlassungsanspruch gegenüber Störungen. Das E. an einem Grundstück erstreckt sich auf den Raum über und unter dem Grundstück, es wird eingeschränkt durch das Nachbarrecht. Erworben wird das E. an Grundstücken durch Auflassung und Eintragung in das Grundbuch, das E. an

bewegl. Sachen durch Einigung über den E.-Übergang und Übergabe der Sache. Die Übergabe kann ersetzt werden durch Abtretung des Herausgabeanspruchs, wenn die Sache im Besitz eines Dritten ist, oder durch Vereinbarung eines Besitzmittlungsverhältnisses wie Miete, Leihe, wenn der Veräußerer im Besitz bleiben will. Außerdem kann das E. an bewegl. und unbewegl. Sachen durch Ersitzung erworben werden.

Gemeinsames E. sind das Mit-E. und das gesamthänderische E. Beim *Mit-E. (Bruchteils-E.)* kann jeder Eigentümer über seinen Anteil verfügen und jederzeit Teilung verlangen. Die Verwaltung steht allen gemeinsam zu. Beim *Gesamthands-E.,* das im Gesellschaftsrecht, ehel. Güterrecht und der Erbengemeinschaft vorkommt, sind die Einzelfälle verschieden gestaltet, jedoch können die Gesamthänder grundsätzlich nur gemeinsam über die Sache verfügen.

In der DDR wird entsprechend nach § 22 ZGB das *persönliche E.* geschützt, das auf die materielle und kulturelle Bedürfnisbefriedigung der Bürger beschränkt ist. Ähnl. Regelungen wie in der Bundesrep. Dtl. gelten in Österreich (§§ 353 ff. ABGB) und der Schweiz (Art. 641 ff. ZGB).

Ob und wieweit das *Völkerrecht* privates E. im Ausland (bes. Kapitalanlagen) schützt, ist zweifelhaft. Der vielfach behauptete Völkerrechtssatz, daß nur eine Enteignung gegen angemessene und prompte Entschädigung, nicht aber eine entschädigungslose Konfiskation zulässig sei, ist in der Staatenpraxis weitgehend unwirksam.

Die *kath.* Lehre vom E. beruht auf dem Gedanken des Thomas von Aquino, daß die ird. Güter von Gott zunächst für alle Menschen bestimmt seien (Primärkommunismus) und sich aus diesem Gemein-E. erst sekundär ein Privat-E. gebildet habe. Daraus folge die Sozialpflichtigkeit allen E. (Einsatz des Privat-E. zum gemeinen Nutzen, Rechtsanspruch des einzelnen auf ein für ihn und seine Familie hinreichendes Privat-E.). Daher ist die Schaffung gestreuten Privat-E. eine Grundforderung der kath. Soziallehre. – Die *evang. Kirchen* kennen keine allgemein gültigen Aussagen über das E.

Eigentumsvorbehalt, die bei dem Verkauf einer bewegl. Sache getroffene Vereinbarung, daß die verkaufte Sache bis zur Zahlung des Kaufpreises Eigentum des Verkäufers bleiben soll.

Eigentumswohnung, durch das Gesetz über das Wohnungseigentum und das Dauerwohnrecht v. 15. 3. 1951 i. d. F. v. 30. 7. 1973 geschaffene Rechtsform der Wohnungsnutzung und Kapitalanlage.

Eigenverbrauch, Entnahme aus einem (z. B. landwirtschaftl., handwerkl.) Betrieb für betriebsfremde Zwecke (den Familienhaushalt u. a.); der E. ist umsatzsteuerpflichtig.

Eigenzustand, in der Quantentheorie Bez. für einen Zustand eines physikal. Systems, in dem einer physikal. Größe, z. B. der Energie, ein bestimmter, scharf festgelegter Wert und nicht nur eine Wahrscheinlichkeitsverteilung zukommt.

Eiger, vergletscherter Kalkgipfel der Finsteraarhorngruppe, Berner Oberland, südlich von Grindelwald. Die sehr steile *Eiger-Nordwand,* Einstieg in 2220 m Höhe, bis zum Gipfel in 3970 m, wurde vom 20. bis 24. 8. 1938 von den Deutschen A. Heckmair und L. Vörg und den Österreichern H. Harrer und F. Kasparek erstmals durchstiegen. Die Erstbegehung im Winter gelang 1961 einer dt. Viererseilschaft unter T. Hiebeler.

Eignungsuntersuchung, Anwendung diagnost. Verfahren, bes. der Medizin und Psychologie *(Eignungspsychologie),* zur Feststellung der individuellen Voraussetzungen für die Erfüllung best. Aufgaben. Medizinische und Leistungstests *(Eignungstests)* werden durch Interviews, Verhaltensbeobachtungen, Handschriftbegutachtung (Graphologie) und Lebenslaufanalysen ergänzt.

Eigtved [′aigtveð], Nicolai, dän. Baumeister, * Egtved (Westseeland) 22. 6. 1701, † Kopenhagen 7. 6. 1754, lernte bei M. D. Pöppelmann in Warschau.

WE. (in Kopenhagen): Residenzschloß Christiansborg (1733 bis 1745); Nationalmus. (ehemals Prinzenpalais, 1743/44); Gestaltung des oktogonalen Platzes Amalienborg mit Frederikskirche (1754ff.).

Eihautfressen, Plazento|phagie, das Fressen der Eihäute (Nachgeburt) durch das Muttertier, kommt bei allen Fleischfressern vor.

Eijkman [′ɛjkman], Christiaan, niederländ. Hygieniker, * Nijkerk (Prov. Gelderland) 11. 8. 1858, † Utrecht 5. 11. 1930, Prof. ebd., erkannte die Beriberi als Folge von Mangel an ›antineuritischem Vitamin B₁‹. Dafür erhielt er 1929 mit Sir F. G. Hopkins den Nobelpreis für Medizin.

Eike von Repgau (Repgow, Repegouw), Rechtskundiger aus Reppichau bei Aken an der Elbe, * 1180/1190, † nach 1233, als Zeuge in Urkunden zw. 1209 und 1233 nachweisbar; schrieb als Ratgeber der Fürsten von Niederund Obersachsen, Thüringen und Brandenburg den Sachsenspiegel, vermutlich auch die ›Sächsische Weltchronik‹.

Ei|leiter, Oviduþkte, Kanäle, die aus der Keimdrüse (Ovarium) abgegebenen Eier aufnehmen und nach außen leiten. Bei Wirbeltieren sind sie ausgestattet mit einer trichterförmigen Öffnung, mit mit Fransen (Fimbrien) besetzt ist, die das Ei in den Eileiter einstrudeln.

Beim Menschen ist der E. *(Tuba uteriṇa)* ein paariges, röhrenförmiges, muskulöses Organ, das sich mit seiner Öffnung über den Eierstock legt und das reife Ei aufnimmt (Eiabnahmemechanismus). Der E. besteht aus einem Anfangsteil *(Ampulle),* einem engeren Abschnitt *(Isthmus)* und dem Teil, der in die Gebärmutter übergeht. Meistens wird die Eizelle in der Ampulle befruchtet. Durch Bewegung der Tubenmuskulatur und Flimmerhaare wird das Ei in die Gebärmutter befördert.

Ei|leiterschwangerschaft, Tubenschwangerschaft, Form der Extrauteringravidität.

Eileithyia, urspr. vorgrch. Geburtsgöttin mit auch später noch selbständigem Kult auf Kreta und in Lakonien, dann der Artemis und der Hera gleichgesetzt.

Eilenburg, Kreisstadt im Bez. Leipzig, an der Mulde, (1977) 22100 Ew. Die Burg, 961 genannt, kam vor 1000 an die Wettiner, die damit die Herren von Eulenburg belehnten. Die Stadt wurde Anf. 13. Jh. gegr.; Kirche St. Andreas und Nicolai (15.–16. Jh.), roman. Bergkirche, Rathaus (1544/45).

Eilgut wird von der Bahn zu erhöhten Tarifen gegenüber Frachtgut beschleunigt befördert.

Eilhart von Oberg **(Oberge),** mhd. Dichter aus braunschweig. Ministerialengeschlecht, dichtete um 1170 das Liebesepos ›Tristrant‹, die erste dt. Bearbeitung dieses urspr. kelt. Stoffes, nach einer verlorenen frz. Vorlage.

Eilsen, Bad. E., Gem. und Heilbad im Kr. Schaumburg, Ndsachs., am SW-Rand der Bückeberge, (1981) 2400 Ew.; Schwefel-Schlammbad.

Ei|überweisung, Direktüberweisung, die direkte Zusendung des Überweisungsträgers ohne Einschaltung von Zentralstellen an die Bank des Begünstigten, die den Überweisungsbetrag sofort dem Konto des Begünstigten gutschreibt. Die Abrechnung wird nachträglich über das Girosystem durchgeführt.

Eilzug, zuschlagfreier Reisezug für meist mittlere Entfernungen, der an Haltepunkten und kleineren Bahnhöfen nicht hält.

Eilzustellung erfolgt für Briefe, Postkarten, Postanweisungen u. a. auf Verlangen des Absenders gegen Eilzustellgebühr am Bestimmungsort durch besondere Boten von 6 bis 22 Uhr. Nachts wird nur zugestellt, wenn der Absender dies besonders verlangt.

Eimert, Herbert, Musikschriftst. und Komponist, * Kreuznach 8. 4. 1897, † Düsseldorf 15. 12. 1972, einer der frühesten Vorkämpfer der Zwölftonmusik, war maßgeblich an der Gründung des Studios für elektronische Musik am Westdt. Rundfunk in Köln 1951 beteiligt, dessen Leiter er bis 1962 war. 1955–62 gab er die Schriftenreihe ›Die Reihe‹ heraus und wurde 1965 Leiter des Studios für elektron. Musik an der Musikhochschule Köln. – Das Lexikon der elektron. Musik (²1977, mit H. U. Humpert).

Ein|akter, Schauspiel in einem Akt, im 18. Jh. entwickelt, stärker verbreitet seit Ende des 19. Jh. (H. v. Hofmannsthal, A. Schnitzler), häufig auch von Dramatikern des modernen Theaters verwendete Form (S. Beckett, E. Ionesco).

Ein|anker-Umformer, elektr. Maschine zur Umformung der Frequenz und – im Einzelfall – auch der Phasenzahl elektr. Energie. Gleichstrom ist dabei der Grenzfall: Frequenz null.

Ein|äscherung, → Feuerbestattung.

Einaudi [ein′a:ʊdi], Luigi, ital. Politiker und Finanzwissenschaftler, * Carrù (Piemont) 24. 3. 1874, † Rom 30. 10. 1961, war 1903–49 Prof. für Finanzwiss. in Turin; Präs. der Bank von Italien (1945–48); 1948 bis 1955 Staatspräsident.

Einback, weiches Milch-Hefegebäck, aus dem durch nochmaliges Backen *Zwieback* hergestellt wird.

Einbahnstraßen, Straßen, die nur in einer Richtung befahren werden dürfen.

Einbalsamierung, Verfahren, Leichname vor der Verwesung zu schützen, indem man ihnen die Eingeweide entnimmt und sie mit fäulniswidrigen Stoffen durchtränkt. E. war schon im Altertum bekannt (→Mumie). Der Körper trocknet ein, Haut und Fleischteile schrumpfen und werden lederartig.

Einbaum, aus einem ausgehöhlten Baumstamm bestehendes Boot.

Einbäume (Amazonas-Gebiet)

Einbeck, Stadt im Kr. Northeim, Ndsachs., (1981) 28 900 Ew.; malerische Innenstadt mit z. T. erhaltener Befestigung; ehem. Stiftskirche St. Alexandri (13.–15. Jh.), Marktkirche St. Jacobi (Ende 13. Jh.), Rathaus (1550), Fachwerkhäuser (bes. 16. Jh.). – E. war seit 1272 welfisch. Der Starkbierexport (*Einbecker Bier*) ist seit 1351 belegt.

Einbeere, Paris, artenarme Gatt. der Liliengewächse im gemäßigten Asien und in Europa. Die *Vierblättrige E.,* Gift-, Teufels-, Moos-, Steinbeere, *Kleine Tollkirsche,* Schlangenkraut (*Paris quadrifolia*) ist eine kalkliebende, giftige Staude schattiger Laubwälder.

Einbildungskraft, nach I. Kant das Anschauung und Verstand verbindende Vermögen, einen Gegenstand auch ohne dessen Gegenwart vorzustellen; als *produktive E.* Voraussetzung für Erkenntnisse a priori. (→Phantasie).

Einblattdrucke, einseitig bedruckte Blätter. E. traten sogleich zu Beginn des Buchdrucks auf (Türkenablässe, Fehdebriefe, Pestblätter, Wunderberichte, Zeitgedichte) und waren z. T. Vorstufe der Zeitungen. Bed. Künstler haben bes. im 16. Jh. Holzschnitte für die E. geschaffen (A. Dürer, H. Baldung, L. Cranach).

Einbrenne, Mehlschwitze, in Fett geröstetes Mehl zum Verdicken von Suppen und Soßen.

Einbruch, gewaltsames Eindringen in verschlossene Räume, meist als *Einbruchdiebstahl* (→Diebstahl).

Einbürgerung, Naturalisierung, der staatsrechtliche Hoheitsakt, durch den einem Ausländer die Staatsangehörigkeit verliehen wird. Voraussetzungen sind in der Bundesrep. Dtl.: Niederlassung im Inland, unbeschränkte Geschäfts-

fähigkeit, Unbescholtenheit, Gewähr für Lebensunterhalt. Rechtsanspruch auf E. besteht nicht.

eindeutig, Logik: zweistellige Relation (Abk. R), bei der zu jedem Gegenstand x nur ein Gegenstand y existiert und die dann auch als ›Abbildung‹ bezeichnet wird. Gilt zugleich die Umkehrung, ist R *eineindeutig.*

Eindeutung, Deutung eines unverständl. Wortes durch geläufiges Sprachgut (z. B. ›Sintflut‹ als ›Sündflut‹).

Eindhoven [ˈɛjntho:və], modern ausgebaute Industriestadt in Nordbrabant, Niederlande, (1975) 192 000 Ew., TH seit 1957; Philips-Werke, van Doornesche Automobilfabrik (DAF-Wagen, jetzt Volvo).

Einem, Gottfried von, Komponist, *Bern 24. 1. 1918, Schüler von B. Blacher, Vors. des Kunstrates der Salzburger Festspiele, Prof. an der Wiener Musikakademie. WE. Opern: Dantons Tod (1947, nach G. Büchner); Der Prozeß (1953, nach F. Kafka); Ballette, Chor-, Orchester- und Kammermusik, Lieder.

Ein|emsen, Gepflogenheit vieler Singvögel, eine Ameise in den Schnabel zu nehmen und deren Sekret bes. an Schwanz, Flügeln und Bauchgefieder abzuwischen, um Außenschmarotzer abzutöten.

Einer, Rudern: kleinstes Rennboot, doppelseitig von Skulls angetrieben, Länge rd. 7,50 m; auch einsitziges Paddelboot.

Eines Mannes Rede ist keines Mannes Rede, man soll sie hören alle beede, dt. Rechtssprichwort für lat. audiatur et altera pars.

Einfamilienhaus, ›ein für das Wohnen nur einer Familie bestimmtes Haus‹ (Einheitsbauordnung). Das E. kann als frei stehendes Einzelhaus, als Hälfte eines *Doppelhauses* oder als *Einfamilien-Reihenhaus* errichtet werden.

Einfangprozesse, Strahlungseinfang, Kernreaktionen, bei denen ein Teilchen (Neutron, Proton, α-Teilchen, Elektron) von einem Atomkern eingefangen (absorbiert) wird. Dabei entsteht ein angeregter Kernzustand, der durch Aussendung von γ-Strahlung oder Zerfall in einen Endzustand übergeht. Die Wahrscheinlichkeit für einen E. hängt von den reagierenden Teilchen, deren Energie und dem absorbierenden Kern ab und wird durch den energieabhängigen Wirkungsquerschnitt (auch *Einfangquerschnitt*) beschrieben. Wichtig sind z. B. *Neutroneneinfang* (im Kernreaktor), *Elektroneneinfang* (von freien Elektronen oder aus den inneren Schalen der Atomhülle: *K-Einfang, L-Einfang*).

Einfeldsystem, landwirtschaftl. Nutzungssystem, bei dem mit Hilfe jährl. Düngung jedes Jahr das gleiche Getreide angebaut wird.

Ein' feste Burg ist unser Gott, von M. Luther wohl 1528 nach dem 46. (45.) Psalm gedichteter und vertonter Choral, später in vielen Kompositionen verwendet (J. S. Bach, M. Reger).

Einflußgebiet, 1) räumlicher Bereich, in dem sich die Einrichtungen einer Stadt oder eines zentralen Ortes auswirken (Verwaltung, Einkaufsmöglichkeit, Zeitung u. a.); → Einzugsgebiet.

2) Völkerrecht: auch **Einflußsphäre,** fremde Gebiete, auf die ein Staat seinen polit. und wirtschaftl. Einfluß unter Ausschluß oder Zurückdrängung anderer Staaten erstreckt hat. Vor dem 1. Weltkrieg wurden E. oft vertraglich abgegrenzt (China, Vorderasien, Nordafrika).

Einfriertemperatur, Glasübergangs|temperatur, ein für hochpolymere Stoffe kennzeichnender Temperaturbereich, bei dem sie aus dem weichen, unter Umständen elast. Zustand in den beglasartig-starren Zustand übergehen. Die E. bestimmt den prakt. Einsatzbereich von Kunststoffen hinsichtlich der Verarbeitungs- und Gebrauchstemperatur. Sie ist auch maßgebend für den gummielast. Zustand von Elastomeren. Beim Erwärmen geht bei der E. ein Kunststoff aus dem glasigspröden in den durch eine Mikrobrownsche Beweglichkeit der Moleküle (eine Brownsche Bewegung in Teilbezirken der Makromoleküle) erreichten weichen Zustand über.

Einfühlung, das Sich-Hineinversetzen in eine andere Person oder einen anderen Gegenstand; in der Psychologie abgegrenzt von der Identifikation; war als Methode der verstehenden Erschließung seel. Momente bes. in der geisteswissenschaftl. verstehenden Psychologie von Bedeutung.

Einfuhr, Import, → Außenhandel.

Einfuhrbeschränkung, Behinderung der Einfuhr im allg. oder best. Waren oder Waren aus best. Ländern; bes. zum Schutz der inländ. Wirtschaft oder für den Ausgleich der Zahlungsbilanz. Die staatl. Maßnahmen der E. sind u. a. Zölle, Einfuhrkontingentierungen, Devisenbewirtschaftung.

Einfuhr- und Vorratsstellen, 1950–52 in der Bundesrep. Dtl. errichtete Anstalten des öffentl. Rechts unter Aufsicht des Bundesernährungsministeriums zur Abstimmung zw. Einfuhr und Eigenerzeugung landwirtschaftl. Erzeugnisse und zur Beeinflussung der Preise durch Anlage von Vorräten. Die vier E.- u. V. (für Getreide und Futtermittel, für Fette, für Schlachtvieh, Fleisch und Fleischerzeugnisse und für Zucker) wurden 1976 in das ›Bundesamt für landwirtschaftl. Marktordnung‹ (BALM), Frankfurt a. M., umgewandelt.

Eingabe, schriftl. Gesuch an eine Behörde. In der DDR Bez. für das Recht der Bürger, sich mit Vorschlägen, Hinweisen, Anliegen oder Beschwerden an Volksvertretungen oder andere Staatsorgane zu wenden (Art. 103 Verf.). Einzelheiten regelt das Ges. über die Bearbeitung der E. der Bürger vom 19. 6. 1975. Für die Bundesrep. Dtl., Österreich und die Schweiz → Petition.

eingebrachtes Gut, das Gut, das ein Ehegatte als sein Vermögen in die Ehe einbringt (→ eheliches Güterrecht).

Eingemeindung, Vereinigung von Gemeinden durch Eingliederung einer Gemeinde in eine andere oder durch Auflösung mehrerer Gemeinden und Bildung einer neuen Gemeinde. Wird nur die Grenze gegenüber einer fortbestehenden Gemeinde verschoben, handelt es sich um eine *Umgemeindung.* E. und Umgemeindungen (Gebietsänderungen) richten sich nach den nicht ganz einheitl. Bestimmungen der Gemeindeordnungen. Die E. darf nur aus Gründen des öffentl. Wohls erfolgen.

eingestrichen, Musik: die Oktave vom eingestrichenen c (c′) bis h (h′).

eingetragen, (behördlich) gebucht. **eingetragener Verein,** Abk. **e. V.,** ein Verein, der durch Eintragung in das Vereinsregister des Amtsgerichts Rechtsfähigkeit hat.

Eingeweide [von ahd. weida ›Speise‹ (die den Hunden vorgeworfen wurde)], lat. **Intestinum,** grch. **Entera,** die in den Höhlen des menschl. und tier. Körpers enthaltenen Organe. Entsprechend ihren Aufgaben werden die E. eingeteilt in: 1) Verdauungsorgane; 2) Atmungsorgane; 3) Harnorgane; 4) Geschlechtsorgane; 5) Organe mit innerer Sekretion. – I. w. S. gehören zu den E. auch Gehirn, Augen, Ohren sowie Herz, die großen Blutgefäße und die Milz.

Eingeweidebruch, → Bruch.

Eingeweidefische, Ophidioidea, Unterordn. der Barschartigen Fische mit langgestrecktem Körper, kleinen kehlständigen Bauchflossen, allen Flossen ohne Stachelstrahlen. Die E. umfassen 3 Fam.: die *Brotuliden (Brotulidae)* mit 155 Arten, darunter Tiefseebewohner und blinde Höhlenfische; die *Bartmännchen (Ophidiidae)* mit Bauchflossen auf dem Kinn (›Bart‹); die *Nadelfische* oder *E. (Carapidae)* mit bes. langem, oft durchsichtig hellem Körper ohne Schwanzflosse, Bauchflossen und Schuppen, der After liegt unter der Kehle. Meist bewohnen sie Hohlräume anderer Tiere, z. B. den Darm von Seewalzen oder Seegurken, auch den Körper von Manteltieren, Seesternen, Muscheln.

Eingeweidegeflecht, Sonnengeflecht, Solarplexus, der Bauchaorta aufliegendes Geflecht des sympathischen Nervensystems, für die Eingeweide des oberen Bauchraums.

Eingeweidesack, dünnwandiger, sackartiger Rückenteil der Weichtiere, der die Eingeweide birgt.

Eingeweidesenkung, grch. **Enteroptose,** Senkung der Baucheingeweide infolge von Erschlaffung und Dehnung der Bänder, an denen sie befestigt sind. Häufig sind nur einzelne Organe betroffen wie Magen (Magensenkung) oder Nieren (Wanderniere).

Eingliederungshilfe für Behinderte, eine Art der Hilfe in besonderen Lebenslagen nach dem Bundessozialhilfeges. i. d. F. v. 13. 2. 1976 (§§ 39–47). Anspruch auf E. f. b. haben alle körperl., geistig oder seelisch wesentlich Behinderten ohne Rücksicht auf die Ursache ihrer Behinderung.

Einhandsegler [nach dem Windjammer-Ausspruch: ›eine‹ Hand für das Schiff (zum Manövrieren), ›eine‹ Hand für den Mann (zur Sicherheit)], Bez. für einen Segler, der in Alleinfahrt, aber meist nicht in einem Einmannboot, auf Fahrt geht.

Einhard, Biograph Karls d. Gr., *im Maingau um 770, † Seligenstadt 14.3. 840, kam um 794 aus dem Kloster Fulda an Karls Hof und wurde dessen Vertrauter, Gesandter und Leiter der kaiserl. Bauten. Er war mit Imma († 836) verheiratet. Auf eigenem Grund stiftete er die Klöster Michelstadt und Seligenstadt, für die er Reliquien aus Rom beschaffte. Sein bedeutendstes literar. Werk ist die ›Vita Caroli Magni‹, die erste Herrscherbiographie des MA. Die Sage von E. und Karls Tochter Emma beruht auf einer Verwechslung.

Einhäusigkeit, →Monözie.

Einheit, 1) systemat. E. (systemat. Taxa), jene Gruppen, in die die Pflanzen und Tiere der Übersicht wegen eingeteilt werden. Die niedrigste E. ist die Art, bei Bedarf werden Unterarten, Varietäten, Formen, Rassen usw. unterschieden. – Die Arten werden zu Gattungen, diese zu Familien, die Familien zu Ordnungen und Reihen (nur bei Pflanzen) und diese zu Klassen zusammengefaßt. Die höchsten systemat. E. sind die Abteilungen (nur bei Pflanzen) und Stämme des Reiches der Pflanzen und Tiere.

2) Die E. im Ring der ganzen rationalen Zahlen sind die Zahlen 1 und −1. Die E. im Ring der ganzen Gaußschen Zahlen sind, 1, −1, i, −i.

3) Truppenkörper, Kompanie, Schwadron, Batterie. Mehrere E. bilden einen Verband.

4) →Maßeinheiten.

Einheitengesetz, Kurzbez. für **Gesetz über Einheiten im Meßwesen der Bundesrep. Dtl.** v. 2.7. 1969 und dessen Änderung vom 6.7. 1973 mit seiner Ausführungs-VO vom 26.6. 1970 und deren Änderung vom 27.11. 1973. Das E. trat am 5.7. 1970 in Kraft.

Das E. führt die →SI-Einheiten mit ihren →Vorsätzen für dezimale Vielfache und Teile als gesetzl. Einheiten ein (→Maßeinheiten). Übliche Namen für SI-Einheiten, deren dezimale Vielfache wie Liter, Tonne, Bar, Hertz und Grad Celsius, bleiben zugelassen. Als gesetzl. Einheiten, die nicht vom SI her definiert sind, gelten die Zeiteinheiten Minute, Stunde und Tag, die Winkeleinheiten Vollwinkel, Grad und Gon sowie auch die atomaren Einheiten atomphysikalische Einheit der Masse und das Elektronvolt. Außerdem werden als gesetzliche abgeleitete Einheiten mit eingeschränktem Anwendungsbereich genannt: die Dioptrie für den Brechwert optischer Systeme, das Ar und das Hektar zur Angabe des Flächeninhalts von Grundstücken, das metrische Karat zur Angabe der Masse von Edelsteinen und das Tex zur Angabe der längenbezogenen Masse von textilen Fasern und Garnen.

Gesetzlich festgelegt sind die Einheitennamen und die Einheitenzeichen. Sie sind im geschäftl. und amtl. Verkehr anzuwenden. Die Nichtbefolgung des E. kann als Ordnungswidrigkeit angesehen und mit einer Geldbuße geahndet werden. Ausgenommen von dieser Regelung ist der geschäftl. und amtl. Verkehr nach Ländern, die der EG nicht angehören. Für die Umstellung auf die meisten der gesetzl. Einheiten war eine Frist bis zum 31.12. 1977 gesetzt.

Durch das E. werden gleiche Einheiten für Größen gleicher Art in allen Wissensgebieten (Ausnahme: Atomphysik) eingeführt. Für die Kraft ist es das Newton, für Arbeit, Energie und Wärme das Joule und für Leistung und Wärmestrom das Watt. Da die Stunde eine gesetzl. Einheit ist, bleibt neben dem Joule auch weiterhin die Kilowattstunde eine gesetzliche Einheit.

Einheitensystem, ein Maßsystem, in dem für jede Größenart eine und nur eine Einheit vorhanden ist, z.B. für die Größenart Länge im SI das Meter. Daher gehören z.B. Zentimeter und Millimeter diesem System nicht an.

Einheitenzeichen, Buchstaben oder Buchstabengruppen, die an die Stelle der Namen von Maßeinheiten treten.

Einheitsgewerkschaft, ein Typus gewerkschaftl. Zusammenschlusses. Im Ggs. zur Richtungsgewerkschaft ist die E. parteipolitisch, konfessionell und weltanschaulich unabhängig.

Einheitskreis, ein Kreis mit dem Radius der Länge 1.

Einheitskurzschrift, die seit 1924 vereinheitlichte dt. Kurzschrift.

Einheitsliste, →Wahlrecht.

Einheitsmietvertrag, von den Hauseigentümern (Grundbesitzern) und Mietervereinen gemeinschaftlich ausgearbeitetes Muster eines Mietvertrages.

Einheitspartei, →Partei.

Einheitsschule, der einheitl. Aufbau aller Schulen eines Landes. Zuerst von J. A. Comenius gefordert, wurde die E. bes. von der Aufklärung und der dt. Schulreformbewegung, hauptsächlich in Form einer gemeinsamen Grundschule und einer weiterführenden Schulbildung ohne Rücksicht auf Konfession, Stand und Vermögen der Eltern angestrebt. 1920 wurde die 4jährige Grundschule als E. eingeführt. In der Folgezeit trat der Gedanke der E. in seiner durch das 19. Jh. geprägten Form stärker zurück hinter der Forderung nach einem differenzierten Schulsystem mit höchstmöglicher Durchlässigkeit der Bildungswege und wurde im Konzept der Gesamtschule neu gefaßt. Grundlegend ist das Prinzip der E. für das Schulwesen der sozialist. Länder, wo es im Rahmen der polytechn. Bildung verwirklicht ist.

Einheitsstaat, ein Staat, in dem nur eine einzige Staatsgewalt über das einheitl. Staatsgebiet und das einheitl. Staatsvolk herrscht; es gibt insbes. nur eine einheitl. Gesetzgebung, Rechtspflege und Verwaltung, die von einer Stelle aus geleitet werden. Im Unterschied zum Bundesstaat und Staatenbund ist die auch im E. vorhandene Untergliederung des Staatsgebiets rein organisator. Natur.

Einheitsübersetzung der Heiligen Schrift, die

von den kath. Bischöfen des deutschsprachigen Gebiets (Bundesrep. Dtl., DDR, Österreich, dt.-sprachige Schweiz, Luxemburg, die Bistümer Lüttich, Brixen, auch Straßburg) verantwortete offizielle Übersetzung der gesamten Hl. Schrift für den kirchl. Gebrauch in Gottesdienst und Schule. 1972 erschien das N. T. (endgültige Fassung 1979), 1974 das A. T.; weite Teile beruhen auf der Zusammenarbeit des Kath. Bibelwerks mit dem Evang. Bibelwerk.

Einheitswert, der festgesetzte steuerl. Wert für land- und forstwirtschaftl. Betriebe, Grundbesitz, gewerbl. Betriebe und Mineralgewinnungsrechte, der einheitl. für die Vermögensteuer, Grundsteuer, Gewerbesteuer, Grunderwerbsteuer und Erbschaftsteuer gilt. Die E. werden auf Grund des Bewertungsgesetzes 1965 i. d. F. v. 26. 9. 1974 ermittelt; das Verfahren ist in §§ 179ff. Abgabenordnung geregelt. E. werden allgemein in Zeitabständen von 6 Jahren für den Grundbesitz und in solchen von 3 Jahren für Betriebsvermögen festgestellt.

Einhorn, 1) ein Fabeltier in Pferdegestalt mit geradem, spitzem Horn auf der Stirn. Im A. T. erwähnt, war es in frühchristl. Zeit ein Sinnbild für gewaltige Kraft und wurde auf Christus bezogen; im MA. bes. durch den →Physiologus bekannt und als Symbol der Keuschheit Maria zugeordnet, da es seine Wildheit verliere, wenn es sein Haupt einer Jungfrau in den Schoß lege.
2) *Monoceros,* Sternbild der Äquatorzone.

Einhufer, die →Pferde.

einhüftig, ein steigender gewölbter Bogen, dessen Kämpfer auf verschiedener Höhe liegen, z. B. bei gemauerten Treppenläufen.

einhüllende Kurve, Kurve, die jede Kurve einer anderen Kurvenschar oder Geradenschar mindestens einmal berührt.

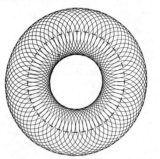

einhüllende Kurve

Einigung, Recht: Vertrag, durch den ein dingl. Recht an einer Sache (z. B. Eigentum) begründet, übertragen oder verändert wird (§§ 873, 929, 1032, 1205 BGB).

Einigungs|ämter, 1) früher die Einigungsstellen bei den Industrie- und Handelskammern.
2) in Österreich Behörden zur Beilegung arbeitsrechtlicher Streitigkeiten.

Einigungsstellen, 1) betriebl. Einrichtungen zur Beilegung von Meinungsverschiedenheiten zw. Arbeitgebern und Betriebsrat (§ 76 BVG).
2) bei den Industrie- und Handelskammern eingerichtete Schlichtungsstellen zur Beilegung von Wettbewerbsstreitigkeiten in der gewerbl. Wirtschaft.

Eining, seit 1972 Ortsteil von Bad Gögging, Kr. Kelheim, Niederbayern. Bei E. liegen die Ruinen des Römerkastells Abusina.

einjährig, annuell, annual, Pflanzen von einjähriger Lebensdauer; Symbol ⊙.

Einjähriges, auch **mittlere Reife,** früher Bez. für die Obersekunda-Reife.

Einjährig-Freiwilliger, in Preußen, 1871–1918 im Dt. Reich und 1868–1918 in Österreich-Ungarn ein Wehrpflichtiger, der auf Grund höherer Schulbildung (Einjähriges) und bei Übernahme der Kosten für Bekleidung und Verpflegung nur ein Jahr zu dienen brauchte (Reserveoffiziersanwärter).

Einkammersystem, die Organisation der an der Gesetzgebung beteiligten Volksvertretung in nur einer Kammer im Unterschied zum Zweikammersystem.

Einkaufsbuch, das Wareneingangsbuch.

Einkaufsgenossenschaften sind gewerbl. Waren- und Dienstleistungs-(ohne Zentral-)Genossenschaften des Handels, Handwerks u. a. In der Landwirtschaft die Bezugsgenossenschaften.

Einkaufszentrum, englisch **Shopping-Center** [ˈʃɔpɪŋˈsentə], einheitlich geplante und errichtete Konzentration von Einzelhandels- und Dienstleistungsbetrieben. 1923 wurde erstmals in Kansas City (USA) ein E. errichtet, in der Bundesrep. Dtl. 1964 das Main-Taunus-Zentrum bei Frankfurt a. M.

Einkehrtag, kath. Seelsorge: Tag religiöser Vertiefung, von den Exerzitien durch zeitl. Beschränkung und freiere Gestaltung unterschieden.

Einkeimblättrige, Monokotyledonen, Monokotylen, Monocotyledoneae, Gruppe der Decksamer mit über 30000 Arten (z. B. der Gräser, Palmen, Liliengewächse, Orchideen), die i. Ggs. zu den Zweikeimblättrigen alle Pflanzen mit nur einem Keimblatt (Kotyledo) am Keimling umfaßt. Weitere Merkmale: u. a. parallelnervige Blätter, meist dreizählige Blüten, ›geschlossene‹ Leitbündel (ohne Kambium).

Einkindschaft, lat. **unio prolium,** früher die Gleichstellung von Kindern aus verschiedenen Ehen.

Einklang, Unisono, das Singen oder Spielen der gleichen Töne, auch in verschiedenen Oktaven, von mehreren Stimmen oder Instrumenten.

Einkommen, der einer Wirtschaftseinheit (Person, Gesellschaft, Verein) aus der Teilnahme am Wirtschaftsprozeß (entweder durch Arbeitsleistung und/oder für die Bereitstellung von Vermögen) je Zeiteinheit, z. B. je Monat, zustehende Gegenwert (i. d. R. in Geld, aber auch in Naturalien) als *Arbeits-, Besitz-* oder *Vermögens-E.*

Einkommensdisparität, Agrarpolitik: der Unterschied der Einkommen von Arbeitskräften in der Landwirtschaft und in den nichtlandwirtschaftl. Bereichen.

Einkommensteuer, eine Personensteuer, die nach dem Einkommen des einzelnen Steuerpflichtigen bemessen wird. Nach dem Einkommensteuergesetz (EStG) sind in der Bundesrep. Dtl. alle Personen, die ihren Wohnsitz oder gewöhnl. Aufenthalt im Inland haben, unbeschränkt mit sämtl. Einkünften steuerpflichtig, andere Personen nur beschränkt mit ihren inländ. Einkünften; jurist. Personen unterliegen der Körperschaftsteuer. Als Zeitabschnitt für die Berechnung der Einkünfte gilt das Kalenderjahr, bei Landwirten und Gewerbetreibenden das Wirtschaftsjahr. – Steuerfrei sind u. a. Leistungen aus einer *Krankenversicherung, Arbeitslosengeld, Geld-* und *Sachbezüge* der auf Grund allg. Wehrpflicht dienenden Soldaten, *Kindergeld.* Bei der Ermittlung des Einkommens werden *Werbungskosten* und *Sonderausgaben* abgezogen, auf Antrag können außergewöhnliche Belastungen nach Abzug zumutbarer Eigenbelastung berücksichtigt werden. Sonderfreibeträge: nach Vollendung des 50. *(Haushaltsfreibetrag,* nur bis 1982) und des 65. Lebensjahres *(Altersfreibetrag).* Bei der veranlagten E. wird das Einkommen nach dem Tarif des Einkommensteuergesetzes versteuert. Verheiratete können zw. dem Splittingverfahren und der getrennten Veranlagung wählen. Seit 1975 werden Kinderfreibeträge nicht mehr gewährt.

Die *Erhebung* der E. erfolgt bei den Einkünften aus nichtselbständiger Arbeit durch Abzug vom Arbeitslohn (Lohnsteuer), bei Einkünften aus Gewinnanteilen an Kapitalgesellschaften sowie als stiller Gesellschafter durch einen Abzug vom Kapitalertrag (Kapitalertragsteuer). Die übrigen Einkommen werden jährl. auf Grund der vom Steuerpflichtigen abgegebenen Steuererklärung veranlagt (veranlagte E.); in diesem Fall sind vierteljährl. Steuervorauszahlungen nach der vorjährigen Veranlagung zu leisten, die dann bei der folgenden Veranlagung verrechnet werden.

Das Aufkommen aus der E. steht Bund und Ländern gemeinschaftlich zu. Ein durch Bundesgesetz zu bestimmender Anteil wird an die Gemeinden weitergeleitet. Die E. ist die ergiebigste aller Steuerarten in der Bundesrep. Dtl. 1982 betrugen die Gesamteinnahmen aus der E. 159 Mrd. DM oder rd. 42% des gesamten Steueraufkommens.

In der DDR hat die E. nur für einen beschränkten Personenkreis, so private Unternehmer, Gesellschafter, Hauseigentümer und freiberuflich Tätige, Bedeutung. Sie ist von der Lohnsteuer unabhängig und unterliegt einer starken Progression (bis 90%).

In Österreich gilt ein E.-Ges. v. 24. 11. 1972, das ein dem dt. ähnliches System vorsieht. In der Schweiz erheben Bund, Kantone und Gemeinden progressive E. oder allgemeine Erwerbssteuern.

Geschichte. Erstmalig verwirklicht wurde die E. 1799 in England in der ›income tax‹, die unter W. Pitt d. J. als Kriegsabgabe erhoben wurde. Nach einigen Vorläufern (z. B. auch in Sachsen) wurde 1891 in Preußen durch die *Miquelsche Steuerreform* eine der heutigen Regelung vergleichbare E. eingeführt, die allmählich in allen dt. Bundesstaaten übernommen wurde. Erst im Zug der Erzbergerschen Finanzreform wurde 1920 eine einheitl. Reichs-E. geschaffen. In Österreich wurde erstmals 1896 eine progressive E. eingeführt (E. Böhm-Bawerk). In der Schweiz erhebt der Bund seit 1916 eine E. (Wehrsteuer), die seit 1840 in Kantonen und Gemeinden entwickelt wurde.

Einkommensverteilung, → Distribution.

Einkristall, Begriff zur Kennzeichnung großer Einzelkristalle gegenüber polykristallinen Aggregaten.

Einladung, Fechten: bewußtes Freigeben einer Blöße, um den Gegner zum Angriff zu reizen.

Einlage, 1) in Geld oder sonstigen Vermögenswerten bestehende Beitrag eines Gesellschafters zur Förderung des Gesellschaftszwecks. Die E. wird Teil des Gesellschaftsvermögens.

2) → Depositen.

3) Zwischenlage aus Gewebe oder Vliesstoffen zum Formgeben und Formhalten bei Kleidungsstücken.

4) Fußstütze im Schuh zur Hebung eines eingesunkenen Fußgewölbes.

Einlagenpolitik, währungspolit. Instrument der Dt. Bundesbank. Nach § 17 Bundesbank-Ges. sind die öffentl. Haushalte (Bund, Länder usw.) verpflichtet, ihre Kassenbestände im Zentralbanksystem zu halten, um damit dem volkswirtschaftl. Geldkreislauf Geldmittel bis zu ihrer Verwendung zu entziehen *(kontraktive E.).* Wünscht die Bundesbank eine Ausweitung des Kreditschöpfungsspielraums, kann sie die Kassenhaltung der öffentl. Hände bei Geschäftsbanken veranlassen *(expansive E.).*

Einlagerungsverbindungen, chem. Verbindungen, bei denen kleinere Atome in Lücken des Kristallgitters einer anderen Verbindung oder eines Elements eingelagert werden, ohne deren Dimension wesentlich zu verändern; z. B. Fe_3C, Ti_2H.

Einlassung, Zivilprozeß: die auf Abweisung der Klage zielende Stellungnahme des Beklagten zur Hauptsache (Bestreiten, Einreden, Rechtsausführungen; Ggs.: *Nichtverhandeln* oder *Geltendmachung prozessualer Mängel).*

Einlauf, 1) Darmeinlauf, das Einbringen größerer Flüssigkeitsmengen durch den After in den Dickdarm mit Hilfe eines graduierten Irrigators.

2) Durchlaufen, -reiten oder -fahren der Ziellinie, z. B. bei Laufwettbewerben, im Pferdesport, im Motorsport; auch die Rangfolge im Ziel.

Einlaufwette, Pferdesport: Wette, bei der die richtige Reihenfolge der beiden erstplazierten Pferde benannt werden muß.

Einlege|arbeit, → Intarsia.

Einlege|geräte, Übergabegeräte, eiserne Hände, meist mit Greifern ausgerüstete einfache Manipulatoren, die vorgegebene Bewegungsabläufe nach einem festen Programm ausführen.

Einlieger, urspr. Personen, die ohne Anteil an Grundbesitz und ohne eigenes Haus bei einem Bauern gegen best. Dienste oder Abgaben in Geld oder Naturalien zur Miete wohnten, ohne persönl. und berufl. Bindung an ihn. **Einliegerwohnung,** vermietbare, selbständige Kleinwohnung im Einfamilienhaus.

Einlösungspflicht, Verpflichtung einer Zentralbank, die von ihr ausgegebenen Banknoten in Währungsmetall (Gold, z. T. auch Silber) umzutauschen. Die E. wurde seit 1914 in fast allen Ländern aufgehoben, 1971 auch die für die internat. Währungsordnung bedeutende Gold-E. des amerikan. Schatzamtes für Dollarguthaben ausländ. Zentralbanken.

Einmal|eins, geordnete Zusammenstellung aller Produkte je zweier natürl. Zahlen unter 10 *(kleines E.)* oder unter 20 *(großes E.).*

Einmanngesellschaft, eine Kapitalgesellschaft, deren sämtl. Anteile in einer Hand vereinigt sind. Dies ist rechtlich kein Widerspruch, weil die Gesellschaft als solche eine jurist. Person, folglich von der Zahl ihrer Mitgl. nicht abhängig ist; seit 1980 auch für die GmbH gesetzlich.

Einmannjolle, Segeln: Jollenklasse, die als Regattaboot von einem Mann gesegelt wird; olymp. Klasse ist seit 1952 das Finndingi.

Einmieter, Inquilinen, Tiere, die sich in Bauten anderer Tiere als Mitbewohner einnisten, z. B. einige Ameisengäste.

Einnahmen, Zahlungseingänge (bar, per Scheck, Überweisung) eines Wirtschaftssubjektes (z. B. Unternehmen) von anderen; betriebswirtschaftlich zu unterscheiden von Ertrag.

Einnistung, → Nidation.

Ein|öde [ahd. einoti ›Einsamkeit‹], einzeln gelegener Hof *(Einödhof),* der seine Lage oft durch Abbau erhielt.

Ein|ödriegel, der höchste Berg des Vorderen Bayerischen Waldes, 1121 m hoch.

Einpeitscher, im brit. Unterhaus der → Whip.

Einpflanzung, → Implantation.

Einrede, das Recht, eine geschuldete Leistung zu verweigern. Die E. ist aufschiebend *(dilatorisch),* wenn sie dem Anspruch nur zeitweilig entgegensteht, z. B. E. des nichterfüllten gegenseitigen Vertrages, oder endgültig *(peremtorisch),* wenn sie die Ausübung des Anspruchs dauernd ausschließt, z. B. E. der Verjährung.

einrichten, eine gemischte Zahl in einen unechten Bruch verwandeln, z. B. $3\frac{1}{3} = \frac{10}{3}$.

Einsamkeit, die Abgeschiedenheit des einzelnen Menschen von seiner Umwelt in räumlicher und/oder seel. Hinsicht. E. als Dauerzustand wird i. a. als gestörte Daseinsform betrachtet, da der Mensch seinem eigenen Wesen nach als auf Gemeinschaft angelegt gilt und sich in Wechselwirkung mit dieser erst optimal entfalten kann. Zur Verwirklichung best., konzentrierte Sammlung er-

fordernder geistiger Ziele wie auch im Bereich religiöser Askese kann E. jedoch als positives Mittel der Daseinsgestaltung gewählt werden.

Einsamkeits-Insel, russ. **Ostrow Ujedinenija,** Felseninsel in der Westsibir. See, Nordpolarmeer, etwa 20 km² groß, 1878 von E. Johannesen entdeckt.

Einsatz, Musik: Beginn einer Stimme oder eines Instruments beim Zusammenspiel.

Einsatzgruppen, dt. Sonderkommandos im 2. Weltkrieg, die im Polen- und Rußlandfeldzug den kämpfenden dt. Armeen folgten. Seit etwa 1941 hatten sie die Aufgabe, in den besetzten Ostgebieten den jüd. Bevölkerungsteil, die kommunist. Führungsschicht der UdSSR, Partisanen und Zigeuner zu ermorden.

Einsatzhärten, ein metallisches Werkstück härten durch Anreichern seiner Oberfläche mit Kohlenstoff.

einsäuern, Gemüse (Weißkohl, Gurken, Bohnen) haltbar machen durch künstlich erzeugte Milchsäuregärung (schwaches Salzen).

einschalen, die zum Betonieren erforderl. Bauteilformen oder kompletten Schalungen herstellen, auch Errichten von Lehrgerüsten für die Formgebung und Lastaufnahme von Bogen oder Gewölben.

Einschienenbahn, spurgeführtes Transportmittel mit einer Fahrschiene zum Tragen und Führen der Fahrzeuge. Das Fahrzeug hängt unter der Schiene *(Hängebahn,* z. B. in Wuppertal seit 1901) und befährt diese mit seinen Laufwerken, oder es wird mit senkrecht auf die Schiene stehenden Triebrädern angetrieben und mit seitlichen Führungsrädern gehalten *(Sattelbahn).* Eine Sattelbahn ist die ALWEG-Bahn (nach dem schwed. Industriellen Axel Lenhart Wenner-Gren), 1952 bei Köln erstmals erprobt.

Einschlafen der Glieder, → Parästhesie.

Einschließung, früher eine Form der Freiheitsstrafe, 1–15 Tage, durch Strafrechtsreform 1969 aufgehoben.

Einschluß, 1) in Mineralen während des Kristallwachstums eingeschlossene Gasblasen, Flüssigkeitströpfchen oder feste Substanzen; auch Fremdstoffe in magmat. Gesteinen u. a.
2) oft unerwünschte, meist nichtmetallische Stoffe in Metallen und Legierungen, die das Festigkeitsverhalten von Bauteilen gefährlich beeinflussen können. Sie gelangen in den Schmelzen oder Gießen in den Werkstoff.

Einschlußverbindungen, → Clathrate.

Einschmelzlegierungen, Legierungen zum Einschmelzen in Glas oder Quarz wie etwa die Stromzuführungsdrähte in Glühlampensockeln. Sie dürfen mit Glas oder Quarz nicht reagieren und müssen einen ähnlichen Ausdehnungskoeffizienten wie diese haben.

Einschnitt, → Zäsur.

Einschreiben, in Österreich **eingeschrieben,** frz. **recommandé** [rəkɔmãd'e], engl. **registered** [r'edʒıstəd], ital. **raccomandata,** amtl. Bez. für Postsendungen, bei denen auf Verlangen des Absenders gegen Gebühr die Einlieferung bescheinigt und gegen Empfangsbestätigung des Berechtigten ausgeliefert wird.

Einsegnung, → Konfirmation, → Segen.

einseitige Rechtsgeschäfte, Rechtsgeschäfte, bei denen die Willensbetätigung (Erklärung) nur einer Partei zur Hervorbringung rechtlicher Wirkungen genügt, z. B. Kündigung.

Einsicht, Erkenntnis eines Problemzusammenhangs, bes. wenn sie durch unmittelbares Verstehen eines Sachverhaltes aus dessen innerer Struktur gewonnen ist.

Einsiedeln, Wallfahrtsort (seit dem 14. Jh.) im Kt. Schwyz, Schweiz, in einem Hochtal beim Sihlsee (Staukraftwerk), (1980) 9600 Ew.
Am Ostende von E. liegt das Benediktinerkloster *Marie E.,* 934 über der Zelle des ermordeten Einsiedlers Meinrad gegr., durch Kaiser Otto I. Reichskloster, bedeutend für die Klosterreform des 10. und 11. Jh. 1394 trat Österreich die Vogtei über E. an Schwyz ab; seit 1907 ist E. Abtei nullius (Abt seit 1969 G. Holzherr). Das heutige barocke Kloster wurde Anfang des 18. Jh. nach Plänen von C. Moosbrugger erbaut; Ausstattung von den Brüdern Asam u. a.

Einsiedler, 1) Klausner, einzeln lebender Mönch.
2) **Solitär, Pezophaps solitaria,** flugunfähiger Drontevogel der Insel Rodriguez; ausgerottet.

Einsiedlerkrebse, Eremiten, Bernhardskrebse, Paguridae, Fam. der zehnfüßigen Krebse, die meist leere Schneckengehäuse bewohnen; ihr weichhäutiger Hinterleib steckt im Schalenhohlraum. Manche E. leben in Symbiose mit Seeanemonen, die an dem Nahrungsrest der aasfressenden Krebse teilnehmen und diese durch ihre nesselnden Tentakel vor Angreifern schützen. Der wachsende E. überträgt ›seine‹ Seeanemone auf ein größeres Gehäuse. In der Nordsee lebt der *Bernhardskrebs (Eupagurus bernhardus),* im Pazifik der bis 30 cm lange *Palmendieb, Kokosräuber, Beutelkrebs* oder die *Diebskrabbe (Birgus latro),* durch lungenartig entwickelte Kiemen an das Landleben angepaßt.

Einsiedler|orden, die aus Einsiedler-Vereinigungen hervorgegangenen Orden (→ Augustiner) oder Orden, deren Mitgl. in Klausen innerhalb des Klosters leben (→ Kartäuser).

Einsiedlerspiel, Brettspiel, → Solitär.

Einspänner, Wagen mit nur einem Zugtier; Bauer mit nur einem Pferd. In Österreich: schwarzer Kaffee (im Glas) mit Schlagsahne.

Einsprenglinge, große, oft gut ausgebildete Einzelkristalle in porphyrischen Gesteinen.

Einspritzdüse, → Einspritzpumpe.

Einspritzpumpe, bei Verbrennungsmotoren meist eine Kolbenpumpe, die eine best. Kraftstoffmenge bei einer best. Kurbelwellenstellung mit einem best. Einspritzverlauf über ein Druckventil durch Einspritzleitungen und *Einspritzdüsen* dem Motor zuleitet.

Einspruch, 1) Zivilprozeßrecht: Rechtsbehelf der säumigen Partei gegen ein Versäumnisurteil (§§ 338 ff. ZPO) und des Schuldners gegen den Vollstreckungsbescheid (§ 700 ZPO).

2) Verwaltungsrecht: ein förml. Rechtsbehelf gegen eine Verwaltungsmaßnahme. Über ihn entscheidet die Behörde, die sie vorgenommen hat. An seine Stelle ist heute i. d. R. der Widerspruch getreten.

Einsprung, Einlauf, Öffnung an Wildgatterzäunen, durch die das Wild hinein, aber nicht zurück kann.

Einstachler, Aluteridae, Fam. der Haftkiefer; Bewohner tropischer Meere.

Einstand, Tennis Bei E. haben beide Spieler 3 Punkte gewonnen (›40 beide‹). Gewinnt danach jeder der Spieler abwechselnd je 1 weiteren Punkt, entsteht wieder E.

Albert Einstein

Einstein, 1) Albert, Physiker, * Ulm 14. 3. 1879, † Princeton (N. J.) 18. 4. 1955, in München aufgewachsen, mit 15 Jahren in die Schweiz übergesiedelt. Als ›techn. Experte dritter Klasse‹ des Berner Patentamtes veröffentlichte er 1905 drei bed. Abhandlungen: In der ›Theorie der Brownschen Bewegung‹ gab E. auf rein klass. Grundlage einen direkten und abschließenden Beweis für die atomist. Struktur der Materie. In der Abhandlung ›Zur Elektrodynamik bewegter Körper‹ begründete er die spezielle Relativitätstheorie. Aus dieser zog er wenig später den Schluß auf die allg. Äquivalenz von Masse und Energie, ausgedrückt durch die Formel $E = mc^2$. In der dritten Arbeit erweiterte E. den Quantensatz von M. Planck (1900) zur Hypothese der Lichtquanten, die unmittelbar zur Auffassung der Dualität Welle–Teilchen führte. Die Lichtquantenvorstellung fand sehr skeptisch Aufnahme und setzte sich erst nach Aufstellung der Atomtheorie von N. Bohr (1913) durch. – E. wurde 1909 als Prof. an die Univ. Zürich berufen, ging 1911 nach Prag, 1912 zurück nach Zürich und wurde 1913 nach Berlin berufen als ordentl. hauptamtl. Mitgl. der Preuß. Akademie der Wiss. und Direktor des Kaiser-Wilhelm-Instituts für Physik.
1914/15 begründete er die *allg. Relativitätstheorie.* Der Nachweis der auf dieser Grundlage vorhergesagten Lichtablenkung im Gravitationsfeld durch die brit. Sonnenfinsternis-Expe-

dition 1919 brachte E. weltweit öffentl. Anerkennung; 1921 erhielt er für seine Beiträge zur Quantentheorie den Nobelpreis für Physik.

Von 1920 an hat E. versucht, eine einheitl. Theorie der Materie aufzustellen, die neben der Gravitation auch die Elektrodynamik umfassen sollte, die jedoch ohne endgültigen Erfolg blieb. – Obwohl er 1917 eine für die statist. Interpretation der Quantentheorie richtungweisende Arbeit veröffentlichte, hatte er später gegen die Deutung von N. Bohr und W. Heisenberg ernste, in seiner philosoph. Weltauffassung begründete Bedenken. – Auf Grund seiner jüd. Abkunft verzichtete E. 1933 auf seine akadem. Ämter in Deutschland und fand in Princeton, USA, eine neue Wirkungsstätte.

LIT. M. Born: Die Relativitätstheorie Einsteins ([5]1969); R. W. Clark: A. E., Leben u. Werk (a. d. Engl., 1974); B. Hoffmann: A. E. (a. d. Engl., 1976); P. Frank: A. E., sein Leben u. seine Zeit (1979).

2) Alfred, Musikforscher und -kritiker, * München 30. 12. 1880, † El Cerrito (Calif.) 13. 2. 1952, Vetter von 1), seit 1927 in Berlin, emigrierte 1933. – Hg.: Ztschr. für Musikwiss. (1918–33); v. H. Riemann, 9.–11. Aufl. (1919–29); Köchel-Verzeichnis der Werke Mozarts in gründlicher Neubearbeitung (1937; mit Ergänzungen: Michigan 1947).

3) Carl, Kunsthistoriker und Schriftst., * Neuwied 26. 4. 1885, † (Selbstmord als Flüchtling) bei Pau (Südfrankreich) 5. 7. 1940, lebte seit 1928 in Paris, nahm 1937 am Span. Bürgerkrieg teil; Roman ›Bebuquin‹ (1912).

Einstein-de-Haas-Effekt. Ein an dünnen Quarzfäden aufgehängtes Eisenstäbchen wird in einem magnet. Wechselfeld zu mechan. Schwingungen angeregt (A. Einstein, W. J. de Haas, 1915).

Einsteinium [n. A. Einstein], Zeichen **Es,** künstl. instabiles chem. Element aus der Reihe der Transurane; Ordnungszahl 99. E. wurde 1952 in den Reaktionsprodukten der ersten Wasserstoffbombe entdeckt.

Einsteinsches Gesetz, 1) von A. Einstein in der speziellen Relativitätstheorie aufgestellte Beziehung über die Gleichwertigkeit von Masse und Energie $E = m \cdot c^2$ (c = Lichtgeschwindigkeit). Anwendung: z. B. Bindungsenergie der Atomkerne = Massendefekt $\cdot c^2$.

2) Beziehung zw. der Frequenz f einer Welle und der Energie W der zugeordneten Teilchen: $W = h \cdot f$ (h = Plancksches Wirkungsquantum). Einer elektromagnet. Welle der Frequenz f entspricht ein Teilchenstrom (Photonen) der Energie W.

Einstellung 1) durch Erfahrungen, kulturelle, milieubedingte und erzieherische Einflüsse sowie Interessen, Strebungen, Gefühle oder Stimmungen vorgeprägte Ausrichtung des Denkens, Wahrnehmens, Vorstellens und Verhaltens in bezug auf best. Objekte. Die sozialpsycholog. E.-Forschung beschäftigt sich mit den persönlichkeitspsycholog. und soziokulturellen Ursachen und Wirkungen von E., Meinungen und Vorurteilen.

2) Prozeßrecht: Beendigung eines gerichtl. Verfahrens.

3) Fernsehen, Film: kleinste Herstellungseinheit bei der Dreharbeit.

4) die Begründung eines Arbeitsverhältnisses (Arbeitsvertrag, Dienstvertrag).

einstweilige Anordnung, Maßnahme des Gerichts im Rahmen des vorläufigen Rechtsschutzes, die der Entscheidung zur Hauptsache vor- oder nachgeschaltet sein kann.

einstweilige Verfügung, gerichtl. Maßnahme zur Sicherung einer gefährdeten künftigen Zwangsvollstreckung. Sie ist zulässig wegen eines Anspruchs, der nicht auf eine Geldzahlung gerichtet ist, sowie zur einstweiligen Regelung eines strittigen Zustands. Ausnahmsweise ist auch eine e. V. bei einer Geldforderung möglich, z. B. kann einem Unterhaltspflichtigen durch e. V. die Zahlung auferlegt werden (§§ 935 ff. ZPO).

Eintagsfieber, Ephemera, fieberhafte, 1–3 Tage dauernde, wahrscheinlich durch Viren ausgelöste Erkrankungen, oft von Herpes labialis begleitet.

Eintagsfliegen, Hafte, Maifliegen, Ephemeroptera, Überordn. der Insekten mit rd. 2000 Arten, 1–6 cm lang, mit 2 Paar Flügeln, die Hinterflügel oft reduziert; Hinterleib mit fadenförmigen Anhängen *(Cerci).* Die wasserbewohnenden Larven atmen durch Tracheenkiemen. Die Entwicklung dauert 1–3 Jahre; die Vollkerfe selbst leben nur wenige Stunden oder Tage. Heimische Arten: *Uferaas* oder *Weißwurm (Polymitarcis virgo), Theißblüte (Palingenia longicauda)* und die *E. (Ephemera vulgata).*

Eintänzer, frz. **Gigolo** [ʒigɔl'o], in Tanzlokalen angestellter Tanzpartner.

Einthoven [ˈejntho:və], Willem, niederländ. Physiologe, * Semarang (Niederländisch-Indien) 21. 5. 1860, † Leiden 29. 9. 1927, Prof. ebd.; schuf Grundlagen für die Elektrokardiographie. 1924 Nobelpreis für Medizin.

Einung, im MA. die beschworenen Vereinbarungen, bes. Bündnisse und Verträge unter Standesgenossen, Landfrieden, städt. Strafsatzungen; auch die dadurch begründeten Verbände selbst, z. B. Zünfte. – In der Schweiz ist E. auch die hoheitlich oder genossenschaftlich entstandene dörfl. Ordnungsgewalt, diese Ordnung selbst oder Strafe und Buße für ihre Übertretung.

Einwanderung, die Zuwanderung in ein Staatsgebiet aus anderen Staaten. Deutschen ist die E. in die BRD rechtlich jederzeit gestattet (Art. 11 GG). Für die E. von Ausländern sind, abgesehen vom Ausländergesetz, vor allem die Vorschriften über Einbürgerung der Reichs- und Staatsangehörigkeitsgesetzes v. 22. 7. 1913 i. d. F. v. 2. 7. 1976 maßgeblich.

Einwegflasche, standardisierte Getränkeflasche, die nicht zurückgenommen wird.

Einweg-Gläser, auf einer Seite halbdurchlässig

verspiegelte Gläser. Die Durchsicht ist nur vom Dunklen ins Helle möglich.

Einwendung, Zivilprozeß: das Geltendmachen von Gegennormen, welche entweder die Entstehung eines behaupteten Rechts hindern (*rechtshindernde E., z.B.* Nichtigkeitsgründe beim Rechtsgeschäft wie Geschäftsunfähigkeit, Sittenwidrigkeit) oder das behauptete Recht beseitigen (*rechtsvernichtende E., z.B.* Erfüllung, Erlaß).

Einwilligung, 1) Zivilrecht: die vorherige Zustimmung eines Dritten zu einem Rechtsgeschäft im Unterschied zur *Genehmigung,* die nachträglich abgegeben wird. **2)** Strafrecht: Die E. des Verletzten ist bei Körperverletzung (z.B. nach der Rechtsprechung bei ärztlichen Eingriffen) nach §226a StGB als Rechtfertigungsgrund anerkannt, es sei denn, daß die Tat trotz der E. gegen die guten Sitten verstößt. Bei anderen Straftatbeständen hat die E. rechtfertigende Kraft, wenn es sich um die Verletzung *verzichtbarer Rechtsgüter* handelt.

Einwurf, Wiedereinbringen des ins ›Aus‹ gegangenen Korb-, Fuß- oder Handballs von einer Seitenlinie.

Einzahl, → Singular.

Einzel, Spielform in Badminton, Squash, Tennis und Tischtennis, bei der auf jeder Seite ein Spieler kämpft.

Einzelgrabkulturen, Kulturen der späten Jungsteinzeit, bes. in N-Dtl. und Skandinavien. Der Name bezeichnet die Eigenart der Individualbestattung i.Ggs. zu den Sippengräbern der nordischen Megalithkultur.

Einzelhaft, die abgesonderte Verwahrung eines Gefangenen; war 1969–76 aufgehoben.

Einzelhandel, wirtschaftl. Tätigkeit von Unternehmen mit dem Ziel, Güter (Handelswaren) an Letztverbraucher (private Haushaltungen) abzusetzen, sowie die Gesamtheit dieser E.-Unternehmen. Der E. überbrückt durch seine Tätigkeit die räumliche, sachliche, zeitliche und persönliche Distanz zw. den Vorlieferanten (Hersteller, Großhändler u.ä.) und den Letztverbrauchern. Er übernimmt dabei Dienstleistungen für beide Geschäftspartner. Wichtige Funktionen sind: a) Raumüberbrückung (Warentransport), b) Zeitüberbrückung (Lagerhaltung), c) quantitative Warenumgruppierung (Sammeln, Aufteilen), d) qualitative Warenumgruppierung (Sortimentierung), e) Angebots- und Nachfragelenkung (persönl. Beratung, Werbung, Preisfestsetzung), f) zeitl. Zahlungsausgleich (Vorfinanzierung, Kreditierung), g) Informationsbeschaffung (Beschaffungs- und Absatzmarktforschung).

Es gibt zahlreiche Betriebsformen des E., die nach einer Reihe von Merkmalen unterschieden werden: 1) nach Art und Umfang des Warenkreises (z.B. Spezialgeschäft, Fachgeschäft, Kaufhaus, Warenhaus); 2) nach Art des wirtschaftl. Betriebsträgers (vom Händler getragener E.-Betrieb, Verkaufsfiliale der Fabrik);

3) nach dem Standort des Warenangebotes (Ladengeschäft, ambulanter Handel, Versandgeschäft); 4) nach der Organisationsform der Bedienung (Fremdbedienung, Freiwahl, Teilselbstbedienung, Selbstbedienung); 5) nach dem Gebrauchszustand der Waren (Neu-, Altwarenhandel).

Ein|zeller, Lebewesen, die i.Ggs. zu den Vielzellern (Gewebetiere, Metazoen) nur aus einer Zelle bestehen, z.B. Protozoen, Bakterien und viele Algen.

Einzelrichter, i.Ggs. zum Kollegialgericht ein Richter, der allein Entscheidungen trifft, so im Zivilprozeß und in der Freiwilligen Gerichtsbarkeit der Richter beim Amtsgericht, in Strafsachen beim Amtsgericht der Strafrichter.

Einzelvertrag, in der DDR ein Arbeitsvertrag mit Angehörigen der Intelligenz ›in Anerkennung ständiger hervorragender Leistungen‹. Der E. ist mit Vorteilen (z.B. Entlohnung, Altersversorgung) gegenüber dem Betriebskollektivvertrag verbunden.

Einziehung, 1) Strafrecht: die Wegnahme von Sachen oder Werten als Strafe oder Sicherungsmaßnahme (*Konfiskation);* die E. erfolgt durch Urteil, meist nach vorheriger Beschlagnahme. **2)** Verwaltungsrecht: im Wegerecht ein Verwaltungsakt, durch den ein öffentl. Weg (Straße) dem öffentl. Verkehr dauernd entzogen wird *(Entwidmung).*

Einzug, 1) das Einrücken von Anfangszeilen oder ganzen Satzteilen zur Hervorhebung. **2)** Inkasso fälliger Forderungen.

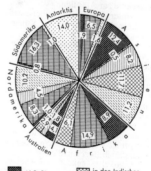

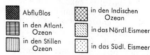

Einzugsgebiete: Abflußgebiete der Meere
(in Mio. km^2)

Einzugsgebiet, 1) das ober- und unterirdische Entwässerungsgebiet eines Flusses mit allen seinen Nebenflüssen. Das E. eines Meeres – mit allen ihm zufließenden Flüssen – wird als *Abflußgebiet* bezeichnet. **2)** auch **Einzugsbereich,** das durch eine oder mehrere zentrale Einrichtungen (z. B. höhere Schulen, Bibliotheken, Theater u. ä.) versorgte Areal. Das E. eines Zentralortes kann bes. auch durch die Arbeitsmarktverflechtungen bestimmt werden.

Eipel *die,* slowak. **Ipel'** [ˈipelj], ungar. **Ipoly** [ˈipoj], Nebenfluß der Donau, 254 km, entspringt im Slowakischen Erzgebirge; bildet z. T. die Grenze zw. Ungarn und der Slowakei.

Ei|pilze, O|omyzęten, O|omycetạles, Ordn. der Algenpilze, die sich durch Oogamie fortpflanzen.

Eipper, Paul, Schriftsteller, * Stuttgart 10. 7. 1891, † Lochham bei München 22. 7. 1964; Tierbücher: ›Tiere sehen dich an‹ (1928), ›Die gelbe Dogge Senta‹ (1936).

Éire [ˈɛərə], irisch für Irland; 1937–49 amtlich für die heutige Republik Irland.

Eirẹne, lat. **Irẹne,** die grch. Friedensgöttin, neben Eunomia und Dike eine der Horen; nach Hesiod Tochter des Zeus und der Themis; Kult erst von den Athenern nach ihrem Friedensschluß mit Sparta (374 v. Chr.); aus diesem Anlaß entstand wohl die Statue des Kephisodot. – In Rom entsprach ihr die Göttin Pax.

Eis, 1) feste Modifikation des Wassers (H_2O), schmilzt unter Normaldruck bei 0°C (273,15 K); mit steigendem Druck nimmt die Schmelztemperatur ab, da *(Le-Chatelier-Prinzip)* die Dichte von flüssigem Wasser größer ist als die von festem. Diese aus der Kristallstruktur des E. resultierende → Anomalie des Wassers ist von großer Bedeutung. Sie beruht auf der Fähigkeit der H_2O-Moleküle zur Ausbildung von Wasserstoffbrücken. Unter Ausnutzung seiner relativ großen Schmelzwärme kann E. zu Kühlzwecken verwendet werden.

In der Atmosphäre ist E. meist kristallin (Plättchen, Nadeln, Prismen, Graupeln, Hagel), auch amorph als Eiskörnchen, abgelagert als Reif (Rauhreif). Viele Wolken bestehen ganz oder z. T. aus Eiskristallen, die sich aus dem Wasserdampf nicht unmittelbar durch Sublimation *(Eiskeim),* sondern durch Gefrieren über ein flüssiges Stadium bilden.

2) Speiseeis, Gefrorenes.

Eisack *der,* ital. **Isạrco,** Fluß in Südtirol, 95 km lang, entspringt westl. über dem Brenner und mündet unterhalb Bozen in die Etsch.

Eisbein, gepökeltes, gekochtes Schweinebein.

Eisberg, im Meer schwimmende große Eismasse *(Treibeis),* entsteht durch Kalben (Abbrechen) der ins Meer vorgeschobenen Zungen von Talgletschern oder des Inlandeises. E. von Talgletschern haben meist bizarre Formen, sind typisch im nördl. Atlantik, wie sie den grönländ. Gletschern entstammen, mit dem Labradorstrom südwärts treiben und bei der Neufundlandbank die Schiffahrt gefährden. E. vom antarkt. Eisschild gleichen riesigen Tafeln (**Tafeleisberge**). Nur ⅓ bis ⅛ der Masse eines E. ragt über die Meeresoberfläche heraus.

Eisblau, Farbton zwischen Blau und Grün.

Eisblume, 1) Eiskraut, Art der Mittagsblume.

2) Eisblumen, Eiskristalle, die sich in oft blumenähnlicher Anordnung z. B. auf Fensterscheiben ausbilden, auf denen die niedergeschlagenen Wassermoleküle noch so beweglich sind, daß ihre Kristallkeime in einer best. Orientierung anwachsen können.

Eisbrecher, kräftiges, mit starker Antriebsanlage und besonderer Vorschiffsform versehenes Spezialschiff zum Aufbrechen und Freihalten einer Fahrrinne bei Eisgang.

Ei|schwiele, embryonales Gebilde, →Eizahn.

Eiselsberg, Anton Frhr. von, österr. Chirurg, * Schloß Steinhaus (OÖ) 31. 7. 1860, † St. Valentin 25. 10. 1939, Prof. in Utrecht, Königsberg und Wien, gab neue Methoden für Magen-, Darm-, Gehirn- und Rückenmarksoperationen an. Mit der Gründung der Unfallstationen (1909) Vorkämpfer der Unfallchirurgie.

Eisen [got. isarn ›festes Metall‹, i. Ggs. zur weichen Bronze], lat. **ferrum,** Zeichen **Fe,** das vierthäufigste Element der Erde (etwa 5 Gew.-%) und wichtigste Schwermetall, Ordnungszahl 26; 4 natürl. stabile Isotope mit den Massenzahlen 54, 56 (92%), 57 und 58. E. ist ein silberweißes, in reiner Form dehnbares, unter 768 °C *(Curiepunkt)* magnetisierbares Metall, von dem 3 Zustandsformen mit den Umwandlungspunkten bei 906 und 1401 °C bekannt sind. Die elektr. Leitfähigkeit und das Wärmeleitvermögen des E. betragen ⅓ bis ⅙ von denen des Kupfers. – Chemisch gehört E. zu den *Übergangsmetallen.* Als unedles Metall wird es von verschiedenen verdünnten Säuren gelöst. Gegen konzentrierte Salpeter- und Schwefelsäure ist es beständig, ebenso an trockener Luft. An feuchter Luft bildet es *Rost.* In feinverteilter Form entzündet es sich schon bei gewöhnlicher Temperatur an der Luft *(pyrophores E.‹).*

Viele Minerale sind →Eisenverbindungen, insbes. erdweit verbreitete gesteinsbildende Silikate. Gediegenes E. *(tellurisches E.),* das stets Beimischungen von Kohlenstoff und Nickel enthält, ist dagegen in der Erdkruste selten.

Zusammensetzung der technisch verwertbaren E.-Erze: Arme Erze enthalten 25–40% Fe, gute 40–55%, reiche 55–70% Fe. Die Erze werden durch Aufbereitung angereichert, gelockert oder agglomeriert. Das technische E. wird durch Verhüttung von E.-Erzen, E.-Schlacken, Kiesabbränden, Gichtstaub und durch Umschmelzen von Alt-E. und Legierungen hergestellt. Als Zuschlagstoffe dienen Mangan-Erze, Phosphat-Kreide, Kalkstein oder Dolomit, kieselsaure Schlacken, Tonschiefer, Bauxit, Sand und Flußspat. Reduktionsmittel sind der Kohlenstoff in Form von Koks oder Holzkohle, Kohlenoxid und Wasserstoff. **Roheisen** (hüttenmännisch kurz ›Eisen‹ genannt) ist wegen seiner hohen Gehalte an den Eisenbegleitern C (Kohlenstoff), Si (Silicium), P (Phosphor) und S (Schwefel) nicht schmiedbar. **Stahl** nennt man heute jedes schmiedbare Eisen.

Das *Rennfeuer* ist das älteste Verfahren zur Stahlgewinnung. Es wird in seiner einfachsten

Form in einer Grube mit einem Gemisch von Holzkohle und Erz durchgeführt; dabei wird ein teigiger Stahl, die *Luppe*, erzeugt. Moderne *Direktreduktionsverfahren* führen ohne ein von der Endstahlanalyse stark abweichendes Zwischenprodukt zu Stahl. Von ihnen haben die Tieftemperatur-Reduktionsverfahren Betriebsreife erlangt.

Hochofenverfahren. Roheisen und Gießereieisen werden meist in einem 10–30 m hohen Schachtofen hergestellt, dem *Blashochofen*. Darin wird im ersten Verfahrensschritt eine Zwischenschmelze *(Roheisen)* erzeugt, deren Analyse stark von der angestrebten des Stahls abweicht, so daß die eigtl. Stahlherstellung einen weiteren Schritt erfordert. Gebläse liefern den *Blaswind*, ein elektrisch angetriebener Aufzug fördert den *Möller* (Erz und Zuschläge) und den Koks in Wagen, Kübeln oder mit Förderband auf die *Gicht*, die Einfüllöffnung des Ofens; in Zeitabständen von drei bis sechs Stunden wird das Roheisen abgestochen und entweder durch Rinnen in *Transportpfannen* gefüllt oder zunächst in ein *Masselbett* geleitet. Im Hochofen verbrennt der Koks vor den mit Wasser gekühlten Düsen *(Windformen)* zu Kohlendioxid, CO_2, das durch den Koks im Überschuß zu Kohlenoxid, CO, umgewandelt wird. Durch dieses CO werden im Schacht 40–70% des Erzes reduziert, unter Erzeugung von CO_2 (indirekte Reduktion). In der *Rast* und im *Gestell* befindet sich eine mehr oder weniger flüssige Schmelzmasse, in der die saure Gangart des Erzes und die Koksasche mit dem zugesetzten Kalk eine Kalksilikatschlacke bildet und vorreduziertes Erz durch CO reduziert wird; das entstehende CO_2 wird sofort wieder in CO umgewandelt (direkte Reduktion). Das bei den hohen Gestelltemperaturen geschmolzene E. nimmt die *E.-Begleiter* C, Mn (Mangan), Si, P und S auf, die den Schmelzpunkt des reinen E. von 1528 bis auf etwa 1100 °C erniedrigen. Das flüssige Roheisen setzt sich im Gestell unter der leichteren Schlacke ab und wird mit Temperaturen von 1250 bis 1450 °C abgestochen. Der Blaswind wird durchweg in mehreren *Cowper-Apparaten (Winderhitzer)* erhitzt.

Eisen: Der von der Abstich-Rinne des Siemens-Martin-Ofens her vorgebohrte Abstich wird mit einer Stange durchgestoßen

Frischverfahren. Zur Stahlerzeugung wird durch Frischen (Oxidation) der Kohlenstoffgehalt des Roheisens von rd. 3,5–4,5% auf den für die gewünschte Stahlqualität erforderlichen Gehalt herabgesetzt. Beim veralteten *Puddelverfahren* wird die Entkohlung durch Umrühren des Bades (Puddeln) gefördert. Beim *Windfrischverfahren* (nach H. Bessemer, 1855) wird das siliciumreiche Roheisen in einem birnenförmigen Konverter mit saurer Ausmauerung (Sand, feuerfeste Steine) von ›Wind‹ durchblasen; oder das phosphorreiche, aber siliciumarme Roheisen wird in einem basisch ausgemauerten (Dolomit) Konverter (S. G. Thomas, 1877) unter Zugabe von Kalk zur Bindung der Phosphorsäure in der Schlacke verblasen. Die gemahlene Schlacke wird als Düngemittel verwendet *(Thomasmehl)*. *Herdfrischverfahren:* Im Siemens-

Eisen: (links) Hochofen mit seitlicher Gichtgasabführung; im unteren Ofenteil die Heißwind-Ringleitung für die Winddüsen; (rechts) Schlackenabstich

Martin-Ofen wird mit der Regenerativgasfeuerung (Friedrich Siemens, 1856) eine Ofentemperatur von 1700 °C erreicht. Émile und Pierre Émile Martin haben 1864 in einem solchen Ofen erstmalig flüssigen Stahl hergestellt. Hierbei kann ein Stahl von bestimmtem Kohlenstoffgehalt und Legierungsgehalten erschmolzen werden *(Siemens-Martin-Stahl; Bild S. 198). Tiegel-* oder *Gußstahlverfahren:* Es wurde von B. Huntsman (1740) erfunden und bes. von A. Krupp (um 1830) weiterentwickelt. Hier wird in mit Brennstoff beheizten Tiegeln für 30–50 kg Inhalt sehr reiner, meist hochlegierter Stahl ohne oder nur mit geringem Frischen erschmolzen. *Elektrostahlverfahren:* Im Lichtbogenofen oder im Hochfrequenz-Induktions-Tiegelofen wird die Schmelze elektrisch erhitzt. Beim heute weit überwiegend angewendeten *Sauerstoffaufblasverfahren* wird das Eisen durch Aufblasen technisch reinen Sauerstoffs auf das Eisenbad gefrischt *(LD-Stahl, LD-AC-Stahl, Oxygenstahl).*

Eisenerzförderung (Eiseninhalt in Mio. t)

Land	1960	1970	1980
UdSSR	61,8	106,1	136,4
Australien	2,9	28,7	60,1
USA.	45,1	53,3	47,5
Brasilien	3,6	24,7	62,2
Kanada	10,8	29,2	31,6
VR China	16,5	24,2	40,3
Indien.	6,4	19,7	25,2
Liberia	2,0	15,8	13,0
Schweden	13,1	19,8	17,7
Venezuela	12,7	14,1	9,4
Frankreich	23,7	17,9	9,3
Welt.	240,3	422,4	518,8

Wirtschaft. Der Anteil der Bundesrep. Dtl. an der E.-Erzförderung ist unbedeutend (1980: 0,6 Mio. t Fe-Inhalt); die eigene Förderung wurde aus Kostengründen mehr und mehr eingestellt. Die Konzentration der Förderung auf relativ wenige Länder hängt damit zusammen, daß sie über bes. reichhaltige Erze verfügen und es wirtschaftlicher ist, erst diese Erze abzubauen. E.-Erz wurde daher zu einem bedeutenden Welthandelsgut.

Physiologische Bedeutung: E. gehört zu den lebensnotwendigen Spurenelementen; es ist für den Aufbau des roten Blutfarbstoffes (Hämoglobin) im Körper notwendig, ebenso für die Atemfermente des intrazellulären Stoffwechsels (Zytochrome). E. muß täglich mit der Nahrung zugeführt werden in einer Minimalmenge von 12 mg für Erwachsene, 7–12 mg für Kinder, 15 mg für Jugendliche und Schwangere. Der E.-Bedarf wird durch die übliche gemischte Kost gewöhnlich gedeckt.

Krankhafter *Eisenmangel* entsteht bes. durch gehäufte Blutverluste (z. B. Blutungen bei Ma-

gengeschwür, Darmkrebs), bei ungenügender Zufuhr (einseitiger Kost) und ungenügender Aufnahme durch den Darm. Feststellbar ist der E.-Mangel am erniedrigten *Eisenspiegel* des Blutserums; normaler Eisengehalt des Blutes: bei der Frau etwa 90, beim Mann etwa 120 Millionstel Gramm in 100 ml Serum. Lange dauernder Eisenmangel führt zur *Eisenmangelanämie.*

Geschichte. E. wurde in vorgeschichtl. Zeit (→Eisenzeit) erst gewonnen und verarbeitet, nachdem Bronze bereits bekannt war. Die Eisenerzeugung spielte sich noch in röm. Zeit in urtümlichen Formen ab (offene Gruben oder niedrige Schachtöfen). Bis ins 14. Jh. wurde E. i. a. nur nach dem Rennverfahren produziert. Nach 1300 begann man, es auch in kleinen Hochöfen zu erzeugen, wenn man auch erst seit dem 16. Jh. vom eigtl. Hochofen sprechen kann. Anfang des 14. Jh. gelangte man auch zum E.-Guß. Die Einführung des Kokses in den Hochofenprozeß (A. Darby d. J., 1736), die Erfindungen des Tiegelgußstahls (B. Huntsman, 1742), des Zylindergebläses (J. Smeaton, 1768) und des Flammofenfrischens mit Steinkohle (Puddelverfahren, H. Cort, 1784) brachen dem E. als Werkstoff des Maschinen- und Industriezeitalters die Bahn. 1857 erfand E. A. Cowper den Cowperapparat. Alfred Krupp gelang es, auch kohlenstoffärmere Stähle im Tiegel zu erschmelzen und größere Blöcke zu gießen. Der Stahlformguß wurde erfunden (J. Mayer, 1851). H. Bessemer entwickelte das Windfrischverfahren (1856), das durch das von S. G. Thomas und P. C. Gilchrist 1877 eingeführte Thomasverfahren eine weitgehende Verbesserung erfuhr. Das Herdfrischverfahren wurde durch F. Siemens (Regenerativfeuerung, 1856) und E. und P. Martin eingeführt. Seit 1907 entwickelten A. Grönwall u. a. den Elektrohochofen.

LIT. F. Toussaint: Der Weg des E. (⁷1977).

Eisen [εz′εn], Charles, frz. Zeichner, Maler, * Valenciennes 17. 8. 1720, † Brüssel 4. 1. 1778; Illustrations- und Vignettenkünstler; galante Blätter und Dekorationsentwürfe.

Eisenach, Kreisstadt im Bez. Erfurt, im Tal der Hörsel und am NW-Rand des Thüringer Waldes, (1981) 50600 Ew. E. ist Sitz zahlreicher Behörden, des evang. Landesbischofs von Thüringen (seit 1922), hat Fachschulen, Kirchenmusikschule, Theater, Museen, Botan. Garten; vielseitige Industrie: Kraftfahrzeugbau (ehem. Zweigwerk der BMW).

E. wurde um 1150 planmäßig unterhalb der Wartburg, dem Sitz der Landgrafen von Thüringen, gegr. und erhielt 1283 Stadtrecht. Die roman. Kirche St. Nikolai (um 1200), die Dominikanerkirche (1235ff.), die spätgot. Annenkirche, die Marktkirche St. Georg (um 1180, wesentlich Bau des 16. Jh.), das Rathaus (1508, 1638; z. T. zerstört) und das spätgot. Lutherhaus erinnern an das Stadtbild des MA. Seit 1572 war E. mit Unterbrechungen Residenz einer ernestin. Seitenlinie der Wettiner und kam 1741 an Sachsen-Weimar. 1742–45 entstand das Stadtschloß (jetzt Museum); Bachhaus, Reuterhaus mit Richard-Wagner-Sammlung.

Eisen|alaun, Mineral, →Halotrichit.

Eisenbahn, Bez. für Schienenbahnen mit Ausnahme der Straßenbahnen und Bahnen besonderer Art (z.B. Schwebebahnen). Zu den E. rechnen auch S-Bahnen (Stadtschnellbahnen), nicht Hochbahnen oder Untergrundbahnen. Letztere sind von den Straßenbahnen abgeleitete und weiterentwickelte Stadtbahnen. Nach der Spurweite unterscheidet man *Regelspurbahnen* (auch *Normal-* oder *Vollspur,* 1,435 m, z.B. in den meisten europ. Staaten), *Breitspurbahnen* (über 1,435 m, z.B. in der Sowjetunion mit 1,524 m, in Spanien und Portugal mit 1,676 m) und *Schmalspurbahnen* (unter 1,435 m, z.B. in Japan, Süd- und Ostafrika, *Kapspur* mit 1,067 m).

Nach der Beschaffenheit und techn. Ausstattung werden *Haupt-* und *Nebenbahnen* unterschieden. Nach dem Verkehrszweck werden die E. in solche des *öffentl.* (für jegliche Personen- und Güterbeförderung) und des *nichtöffentl.* Verkehrs (Anschluß-, Werk-, Grubenbahnen) unterteilt; nach den Besitzverhältnissen in *Staats-* und *Privatbahnen. Kleinbahnen* sind Bahnen des öffentl., nicht allgemeinen Verkehrs, z.B. Stichbahnen in ein Seitental.

Zuggattungen. Die ersten E.-Züge fuhren mit Personen- und Güterwagen gemischt. Heute unterscheidet man allg. Personen- und Güterzüge. Zu den *Personenzügen* gehören *Nahverkehrszüge (N)* zur Bedienung der Unterwegsbahnhöfe zw. schnellen Beförderung zw. nahe gelegenen Eisenbahnknotenpunkten, *Eilzüge (E)* zur schnellen Beförderung zw. nahe gelegenen Eisenbahnknotenpunkten und *Schnellzüge (D)* für den nationalen und internat. Personenfernverkehr. Diese Grundaufgaben werden durch weitere Personenzuggattungen verfeinert, wie S-Bahn-Züge, DC (Abk. für City-D-Züge, D-Züge mit 1. und 2. Wagenklasse zum Anschluß von innerdt. Verkehrsknotenpunkten an das Intercity-Netz), Intercity-Züge, TEE-Züge. Die Zugeinheiten können aus lokbespannten Zügen mit Personenzugwagen oder aus Triebwageneinheiten bestehen. Die Höchstgeschwindigkeit der N beträgt bis zu 120 km/h, der E und D bis zu 160 km/h und der IC und TEE künftig bis zu 200 km/h. Zu den *Güterzügen* gehören *Nahgüterzüge (Ng)* für die Bedienung nahe gelegener Bahnhöfe, *Durchgangsgüterzüge (Dg)* für die Bedienung großer Eisenbahnknotenpunkte (Rangierbahnhöfe) und *Schnellgüterzüge (Sg)* für den schnellen Güterfernverkehr. Hinzu kommen weitere Gattungen zur Verfeinerung der Grundaufgaben, z.B. TEEM (Trans-Europ-Express-Marchandises-Züge) für den internationalen Güterfernverkehr. Die Auto-Reisezüge dienen der Beförderung von Personen mit ihren Kraftfahrzeugen (v.a. Saisonverkehr). Die Län-

Eisenbahn: 1, 2 Erster Eisenbahnzug in Deutschland (1835, Ludwigsbahn) mit je einem offenen, gedeckten und geschlossenen Personenwagen. 3 Erste Pferde-Eisenbahn auf d. europ. Festland (1828, Linz-Budweis). 4 Einer der ersten amerik. Schlafwagen, von G. M. Pullman (1864, zeitgenössische Darstellung)

ge der Personenzüge beträgt bis zu 400 m, die der Güterzüge bis zu 700 m und ihr Zuggewicht bis über 2000 t.

Geschichte. Spurgeführte Bahnen, d.h. in Kalkfelsboden eingehauene Spurrillen für Fuhrwerke, gab es schon im alten Griechenland. Seit dem 16. Jh. wurden (bes. in Bergwerken) als Schienen längsliegende Holzbohlen verwendet, die 1767 in England zum erstenmal mit Eisen beschlagen wurden. Zur besseren Spurführung wurden die Räder mit Spurkränzen versehen. 1789 führte W. Jessop die Grundform der heutigen Schiene ein. 1801 erteilte das engl. Parlament die Konzession für die erste öffentl. Pferde-E. von Wandsworth nach Croydon, die jeder mit eigenem Fuhrwerk benutzen konnte. 1825–32 wurde die erste kontinentale Pferde-E. Linz-Budweis eingerichtet, 1860 die erste Londoner, 1865 die erste Berliner Pferdebahn. Die von G. Stephenson gebaute Lokomotive wurde 1825 bei der ersten öffentl. Dampf-E. (zunächst nur für Güter) Stockton-Darlington eingesetzt. Die erste Personen-Dampf-E. verkehrte seit 1830 zw. Liverpool und Manchester. Die erste Dampf-E. Dtl.s (mit der engl. Spurweite von 1,435 m) befuhr als Ludwigsbahn die am 7. 12. 1835 eröffnete Strecke von Nürnberg nach Fürth. 1837–39 folgte die 116 km lange Strecke Leipzig-Dresden. Für ein gesamtdt. E.-Netz ohne Rücksicht auf die Kleinstaaterei setzte sich bes. F. List ein. Für das Dt. Reich fiel der Höhepunkt des E.-Baus in die Zeit von 1870 bis 1880. Ende des 19. Jh. waren die wichtigsten E. in Dtl. in 9 Länder-E. zusammengefaßt; sie wurden 1921 reichseigen (seit 1934 Dt. Reichsbahn, in der Bundesrep. Dtl. formell seit 1951 Deutsche Bundesbahn). Den fahrplanmäßigen Verkehr führte bereits die Nürnberg-Fürther Linie mit stündl. Zugfolge ein (vom 8. 12. 1835 an). Die Fahrgeschwindigkeit der E. stieg schon im 19. Jh. bis auf 120 km/h an. Die erste Diesellokomotive der Welt wurde 1912 mit 1000 PS gebaut und fuhr bis 100 km/h. Erste elektr. E. fuhren 1903 (Marienfelde-Zossen, Berlin [Potsdamer Bf.]-Lichterfelde-Ost), 1910 wurde die Hauptstrecke Bitterfeld-Dessau mit 10000 V (später 15000 V) und 16⅔ Hertz eröffnet.

Die ersten Personenwagen der E. glichen Kutschen. Sie paßten sich später in Fahrgestell und Aufbauten dem Schienenweg an. In Europa zeigte ihre Innenausstattung zw. der 1. und 3. oder gar 4. Klasse krasse Unterschiede, die das Abteilsystem noch unterstrich. In Nordamerika benutzte man bereits seit 1835 Durchgangswa-

Entwicklung der Eisenbahnen

Streckenlängen in km	1850	1860	1870	1880	1890	1910	1950
Nordamerika	15100	53400	90300	164700	303000	460900	484300
Verein. Staaten	14515	49292	85139	150717	268409	392808	364300
Kanada	114	3359	4018	11087	21329	39800	70391
Mexiko	11	32	349	1120	9718	24717	24200
Südamerika	–	500	2800	10000	27600	65500	105300
Argentinien	–	–	732	2273	10244	28636	42885
Brasilien	–	129	691	3200	9500	21778	35807
Chile	–	195	732	1800	3100	5804	9915
Afrika	–	443	1800	4600	10100	36900	73600
Ägypten	–	443	1056	1500	1547	4132	7500
Franz. Nordafrika	–	–	517	1379	3105	4829	8162
Südafrika	–	–	105	1617	4229	15781	23798
Australien, Ozeanien	–	400	1800	7800	18900	31700	52700
Austral. Bund	–	367	1694	5775	15710	27142	43300
Asien (ohne UdSSR)	–	1400	8200	16200	31700	85000	166100
Türkei (asiat.)	–	43	234	372	853	4564	12000
Indien	–	1350	7683	14977	26299	50677	54200
Pakistan	–						24000
China	–	–	–	11	200	8627	23600
Japan	–	–		121	2333	8255	24300
Sowjetunion (Rußland)	600	1600	11200	24000	32400	76250	123000
Europa (ohne UdSSR)	22900	50273	93700	145200	192500	282000	315400
Deutschland	6044	11633	19575	33838	42869	63062	43500
Schweiz	27	1096	1449	2547	3199	5426	5200
Österreich	1357	2927	6112	11434	15308	24881	6048
Ungarn	222	1616	3477	7078	11246	21062	8716
Tschechoslowakei	–	–	–	–	–	–	13133
Polen	–	–	–	–	–	–	26165
Frankreich	3083	9528	17931	26189	36672	51188	41429
Belgien	897	1730	3136	4141	4554	5061	5030
Großbritannien	10653	16787	24999	28854	32297	37717	32184
Schweden	12	522	1708	5906	8018	14491	16657
Italien	427	1800	6134	8715	12855	17634	21632
Spanien	28	1918	5475	7481	9878	14805	17823
Jugoslawien (Serbien)	–	–	–	–	540	1021	11574
Rumänien	–	–	245	1387	2493	3763	10246
Welt	38600	108000	209800	372500	616200	1038200	1320400

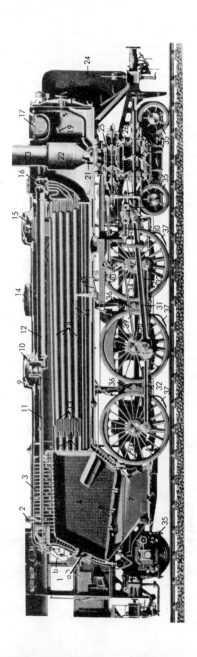

Eisenbahn: Dampflokomotive: Schnitt durch eine 2'C1'-Einheits-Schnellzuglokomotive der Dt. Reichsbahn. – Führerhaus, Dampferzeuger: 1 Führerhaus; 1 Dampfreglerhebel; 2 Sicherheitsventil; 3 Stehkessel mit Stehbolzen; 4 Feuerbüchse, in der die Kohle verbrannt wird; 5 Feuerschirm; 6 Rost; 7 Aschenkasten; 8 Rauchrohre, in denen die aus der Feuerbüchse kommenden heißen Rauchgase entlangströmen und dabei ihre Wärme an das die Rauchrohre umgebende Wasser abgeben; 9 Dampfdom, in dem sich der aus dem Wasser gebildete Dampf (Naßdampf) ansammelt; 10 Dampfregler; 11 Reglerwelle zum Betätigen des Dampfreglers vom Führerstand aus; 12 Dampfleitungsrohr, in dem der im Dampfdom angesammelte Dampf nach dem Überhitzer geleitet wird; 13 Überhitzerrohre, in denen der aus dem Dampfdom und dem Dampfleitungsrohr kommende Naßdampf überhitzt wird; 14 Sanddom; 15 Speisedom; 16 Dampfsammelkasten, in dem der aus den Überhitzerrohren kommende Dampf zusammenströmt und von da aus durch das Dampfeinströmrohr (hinterm Schornstein) zu den Zylindern strömt; 17 Vorwärmer für das kalte Speisewasser; 18 Abdampfrohr, das einen Teil des Abdampfes vom Blasrohr aus dem Vorwärmer zuführt; 19 Rauchkammer; 20 Rauchkammertür; 21 Blasrohr, von dem aus der in den Zylindern entspannte Dampf in den Schornstein strömt; 22 Funkenfänger; 23 Schornstein; 24 Windleitblech. – Triebwerk: 25 Schieberkasten mit Schieber (Kolbenschieber), der den aus dem Dampfeinströmrohr zuströmenden Dampf in geeigneter Weise dem darunter befindlichen Zylinder zuleitet; 26 Zylinder; 27 Kolben; 28 Kolbenstange; 29 Kreuzkopf; 30 Gleitbahn für Kreuzkopf; 31 Treibstange; 32 Kuppelstangen; 33 Treibrad mit Gegengewicht; 34 Kuppelräder; 35 Laufräder; 36 Bremsklötze; 37 Sandstreuer. – Steuerung: 38 Gegenkurbel; 39 Schwingenstange; 40 Schwinge; 41 Schieberschubstange; 42 Voreilhebel; 43 Anwerf- und Steuerstangenhebel; 44 Steuerstange (nach dem Führerhaus verlaufend).

gen mit Mittelgang. Ein Pionier des Wagenbaus wurde G. M. Pullman (1858ff.). Auf den Einfluß der Pullman-Wagen geht die erste dt. Schlafwagenverbindung Berlin-Ostende (1873) zurück wie auch die Einführung dt. Speisewagen ab 1880. Der Durchgangszug (D-Zug) mit gedeckter Verbindung zw. den Wagen ist ebenfalls amerikan. Ursprungs.

Zunächst bremste allein die Lokomotive die auflaufenden Wagen, später saß auf jedem Wagen ein Bremser, der dann mit dem Einbau durchgehender Bremsen abgelöst wurde. 1834 wurden auf der Linie Liverpool-Manchester Standsignale mit drehbaren Holzpfosten und roten Brettern eingeführt. Seitdem werden für Eisenbahnsignale versch. Formen, Farben und Geräusche verwendet. Schon Anfang der 1850er Jahre verwendeten 39 E.-Verwaltungen den 1837 erfundenen Morsetelegraphen. Das Telephon wurde 1878 im dt. E.-Dienst eingesetzt; ein bahneigenes Fernsprechnetz entstand.

Eisenbahnanlagen, alle ortsfesten Anlagen der Strecken und Bahnhöfe für den Eisenbahnbetrieb.

Eisenbahnbedienstete, die bei der Eisenbahn beschäftigten Beamten, Angestellten und Arbeiter. Die E. der Dt. Bundesbahn stehen im Dienst des Bundes. Die Bundesbahnbeamten sind unmittelbare Bundesbeamte, für die mit einigen Ausnahmen (§§ 20ff. Bundesbahn-Ges.) die allgemeinen beamtenrechtl. Vorschriften gelten. Die Rechtsverhältnisse der Angestellten und Arbeiter regeln sich z. T. nach besonderen Tarifverträgen.

Eisenbahnbetrieb, allg. Bez. für Zugbildung, -förderung und -auflösung schienengebundener Fahrzeuge.

Eisenbahn-Blockeinrichtungen, Teil der Eisenbahn-Signalanlagen zur Sicherung von Zügen auf Strecken *(Streckenblock)* und in Bahnhöfen *(Bahnhofsblock)* durch elektromechan. oder elektr. Sperren *(Blocken)* oder Entsperren *(Entblocken)* der Stellorgane der für die Zugfahrt maßgebenden Signale.

Eine Zugfahrt auf Signal ist erst möglich, wenn durch *Vorblocken* das Gegenausfahrsignal des benachbarten Bahnhofes auf eingleisigen Strecken geblockt ist und evtl. weitere, auf das Streckengleis weisende Ausfahrsignale ebenfalls geblockt sind. Eine erneute Zugfahrt auf eines dieser Signale kann erst stattfinden, wenn der Zug die *Blockstrecke* geräumt hat, das am Ende der Blockstrecke gelegene Signal sich in ›Halt‹-Stellung befindet und mit Empfang des *Rückblockes* (Entblockens) die Signalfreigabe wieder möglich ist. Der *Streckenblock* verhindert das Einlassen eines Zuges in ein besetztes Streckengleis und damit die Gefahr des Auffahrens auf den vorausgefahrenen oder des Zusammenstoßes mit dem entgegenkommenden Zug. Entsprechende Aufgabe hat der *Bahnhofsblock* für Hauptgleise in einem Bahnhof.

In mechan. und elektromechan. Stellwerken müssen die Blockeinrichtungen durch den Fahrdienstleiter von Hand *(Kurbelblock)* betätigt oder ausgelöst *(Relaisblock)* werden, in elektr. Stellwerken geschieht dies automatisch mit der Zugfahrt *(Selbstblock)*. Eine Strecke kann in mehrere Blockabschnitte eingeteilt sein, die durch *Blocksignale* begrenzt werden. Diese werden bei mechan. Signalanlagen durch *Blockwärter* auf *Blockstellen* von Hand bedient, bei elektr. Zugfahrt automatisch *(Selbstblocksignale)*. Grundsätzlich darf sich in jedem Blockabschnitt nur ein Zug befinden (›Fahren im Raumabstand‹). Andere Arten der Abstandshaltung sind: Fahren auf Sicht, Fahren auf elektrische Sicht, Fahren auf Zeit.

Eisenbahnbremsen dienen als *Betriebsbremse* zum Halten und zum Verringern der Geschwindigkeit von Fahrzeugen, als *Schnellbremse* oder *Notbremse* zum Halten bei Gefahr. Beim Bremsen muß die Wucht des Zuges entweder durch Reibungswärme aufgezehrt oder in eine andere

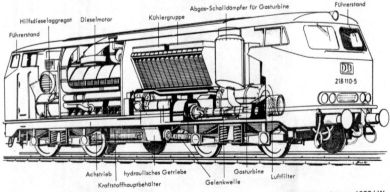

Eisenbahn: dieselhydraulische Lokomotive 218 der Dt. Bundesbahn, gebaut seit 1968; Leistung 1850 kW, Gewicht 80 t, Länge über Puffer 16,40 m

Energieform umgewandelt werden, z. B. beim elektr. Betrieb durch Stromrückgewinnung.

Bremsbauarten sind, je nach Art der Kraftwirkung, 1) *Radbremsen*, bei denen Reibungskräfte über Bremsklötze auf die Radreifen (Klotzbremse) oder über Bremsbacken auf besondere, an den Achsen befestigte Bremskörper (Trommel- oder Scheibenbremse) ausgeübt werden; 2) *Schienenbremsen*, bei denen Reibungskräfte unmittelbar auf die Schienen ausgeübt werden; 3) *Triebwerksbremsen*, bei denen durch die Bewegung im Triebwerk Kräfte erzeugt werden, die den normalen Antriebskräften entgegengerichtet sind (Kraftbremsen). Bei Radbremsen unterscheidet man, je nach Art der Krafterzeugung, *Handbremsen*, bei denen die Bremskraft durch menschl. Kraft, und *Luftbremsen*, bei denen die Bremskraft durch die Wirkung verdichteter (Druckluftbremse) oder verdünnter Luft (Saugluftbremse) in einem Bremszylinder erzeugt wird. Hierbei dient die Luft nicht nur als Kraftträger, sondern auch zur Steuerung des gesamten Bremsvorganges. Bremsen, bei denen die Bremskraft z. B. durch Gewichte (Gewichtsbremsen), durch Dampfdruck (Dampfbremsen), durch elektromagnet. Wirkung (Solenoidbremsen) oder durch Reibrollengetriebe (Heberleinbremse) erzeugt wird, sind ebenso wie die Saugluftbremsen für Vollbahnfahrzeuge von untergeordneter Bedeutung. Die mechan., durchgehenden, selbsttätigen Druckluftbremsen sind bei Eisenbahnfahrzeugen gewöhnlich Klotzbremsen, bei Triebwagen auch Scheibenbremsen und Magnetschienenbremsen.

Eisenbahner, Beschäftigter im Dienst der Dt. Bundesbahn, auch Lehrberuf für den mittleren nichttechn. Dienst bei Nichtbundeseigenen Eisenbahnen. *E.-Organisationen* sind die Gewerkschaft der Eisenbahner Deutschlands im Dt. Gewerkschaftsbund (DGB), Gewerkschaft der Lokomotivführer und -heizer, Gewerkschaft Dt. Bundesbahnbeamter und -anwärter im Dt. Beamtenbund.

Eisenbahnfahrpläne legen die Abfahrt-, Ankunft- sowie Durchfahrzeit auf Betriebsstellen fest, um einen pünktl. und regelmäßigen Betriebsablauf zu gewährleisten. Grundlage der Fahrplangestaltung ist der *Bildfahrplan* mit den Zeitwegelinien der Zugfahrten, aus dem z. B. die *Buchfahrpläne* für das Zugpersonal hervorgehen. Für den kommerziellen Gebrauch werden *Kursbücher* herausgegeben und *Aushangfahrpläne* veröffentlicht. Rechtlich sind die E. als verbindl. Beförderungsangebot, für dessen Erfüllung die Eisenbahn nach den Beförderungsbedingungen haftet.

Den fahrplanmäßigen Verkehr führte bereits die Nürnberg-Fürther Eisenbahn 1835 ein. Seit 1872 fanden regelmäßig *Fahrplankonferenzen* zw. Dtl. und den Nachbarländern statt. Daraus entstand die heutige ›Europ. Reisezug-Fahrplankonferenz‹, 1930 zusätzlich die ›Europ. Güterzug-Fahrplankonferenz‹.

Eisenbahnfernmeldeanlagen, Eisenbahnnach-

richtenanlagen. Die Eisenbahnen besitzen eigene, meist ausgedehnte Netze von E. Die *Fernsprechanlagen* werden als Selbstwählanschluß-, Ortsbatterie- oder Zentralbatterieverbindungen betrieben. Die Nachrichtenübertragung geschieht über Freileitungen längs der Eisenbahnstrecken, Erdkabel in etwa 0,80 m Tiefe neben den Gleisen oder Richtfunkstrecken. Über große Entfernungen werden Spezialkabel (Hohlleiter) für Trägerfrequenzverbindungen verlegt. Bei Bahnbetriebsunfällen können eigene Unfallnachrichtenverbindungen zw. Unfallstelle und Betriebsstellen geschaltet werden.

Die *Funkanlagen* sind meist als Betriebsfunkeinrichtungen zw. Betriebsstellen, Rangier-, Bau- und Bahnunterhaltungskolonnen sowie Rangierloks gebräuchlich. In großen Rangierbahnhöfen können Rangierloks über Funk ferngesteuert werden. Triebfahrzeugführer stehen mit Stellwerken über Zugbahnfunk in Verbindung. Reisende können in bestimmten Zügen (TEE- und IC-Zügen) über Zugtelephonie nach Anmeldung bei der Zugsekretärin Ferngespräche mit Anschlußteilnehmern im öffentlichen Postfernsprechnetz führen.

Die *Fernschreibanlagen* bestehen aus einem bahneigenen Fernschreibnetz mit Selbstwähleinrichtungen. Für Fernschreiben stehen Blattoder Streifenschreiber (Hellschreiber) zur Verfügung, beide evtl. mit Lochstreifengebern. Für bestimmte Betriebsaufgaben (Schreiben von Rangierzetteln, Platzbelegungszetteln) gibt es besondere Fernschreibanlagen.

Uhrenanlagen werden als Nebenuhren durch Gleichstromimpulse mit ca. 2 s Dauer von Hauptuhren im Eisenbahnnetz zentral gesteuert. – Über *Lautsprecheranlagen* werden Reisende und Betriebspersonal auf Bahnhöfen und in Zügen informiert. Manche Lautsprecher, z. B. für Rangierer, Benutzer von Bahnübergängen mit Anrufschranken, besitzen Wechselsprechanlagen zur Rückfrage auf dem nächsterreichbaren Stellwerk. Auch automat. *Zuglaufanzeiger* zur Unterrichtung der Reisenden auf Bahnsteigen über Abfahrtzeit und Zuglauf gehören zu den E.

Eisenbahngeschütz, bis 1945 ein schweres Geschütz, das auf der Schiene fortbewegt und in Stellung gebracht werden konnte.

Eisenbahnkupplungen, Zug- und Stoßvorrichtungen zur Übertragung der Zugkräfte zw. Lokomotive und Wagen sowie der Pufferdruckkraft beim Bremsen und Auflaufen. Die *Mittelpufferkupplung* vereinigt die Vorrichtungen für Zug und Druck, z. B. die *Scharfenberg-Kupplung* bei U- und Straßenbahnen. Die für ganz Europa zur Einführung in z. Z. nicht absehbarer Zukunft vorgesehene *automat. K.*, die beim Kuppelvorgang zugleich auch die Brems- und elektr. Steuerleitungen verbindet, bietet dem Rangierer maximalen Schutz, da nur noch das Entkuppeln zwar manuell, aber von der Seite des Fahrzeugs aus geschieht. Bis zu ihrer Einführung in Europa herrschen noch die getrennten Zug- und Stoßvorrichtungen vor. Von außen gesehen befindet sich rechts am Fahrzeug der ebene Puffer, links der gewölbte. Die Zugvorrichtung der Eisenbahnwagen besteht aus zwei Zughaken für 85 t Bruchlast, deren Führungen in den Kopfstücken des Wagenteils stecken, der durchgehenden Zugstange mit innerer Zugvorrichtung und an den Zughaken angreifenden Schraubenkupplungen.

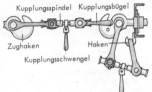

Eisenbahnkupplungen: Schraubenkupplung

Eisenbahnoberbau, Teil des Bahnkörpers, der die Fahrzeuge zu tragen und zu führen, d. h. die von ihnen ausgeübten stat. und dynam. Kräfte in Vertikal- und Horizontalrichtung aufzunehmen hat; außerdem muß er den Eigenspannungen (z. B. durch Wärme- und Kälteeinwirkung) standhalten. Das *Schotterbett* wird im Regelfall aus wetterfestem Hartgestein (z. B. Basalt) je nach Gleisbelastung in unterschiedl. Körnungen (z. B. in Körnung 1 mit Kantenlängen von 30 bis 65 mm) hergestellt. Die Regelbettungshöhe beträgt 30 cm. Für den Schwellenunterkante beträgt 30 cm. Für den Schnellverkehr erprobt die Dt. Bundesbahn einen Betonplattenoberbau, der als Schotterersatz eine durchgehende bewehrte Betonplatte für Schwellen- oder direkte Schienenauflagerung besitzt. Als *Schwellen* werden bei der Dt. Bundesbahn Holz- oder Stahlbetonschwellen verlegt. Die teerölgetränkten *Holzschwellen* bestehen meist aus Kiefern- oder Buchenholz mit einer Länge von 260 cm, Fußbreite von 26 cm und Höhe von 16 cm (Regelform). Die *Stahlbetonschwellen* mit Längen von 240 bis 260 cm werden zur Vorspannung mit Rundstählen bewehrt, um den unterschiedl. Lastangriffsfällen gewachsen zu sein. Als *Schienen* werden heute *Breitfußschienen* in lückenlos geschweißten Gleisen verlegt. Nicht zusammengeschweißte Schienen werden an den Enden (*Schienenstößen*) durch Laschen miteinander verschraubt. Die Dt. Bundesbahn verwendet in stark belasteten und schnellbefahrenen Gleisen die Schienenform UIC 60 mit 172 mm Schienenhöhe, 150 mm Fuß- und

74,3 mm Kopfbreite. Daneben kommen Schienen S 54, S 49 u. a. mit schwächeren Abmessungen für weniger wichtige Gleise in Frage. Die Schienen werden aus Thomas- oder Siemens-Martin-Stahl gewalzt und in Längen von 30 m geliefert, dann auf 120 m Länge in Werkstätten zusammengeschweißt und an die Einbaustellen gefahren. Zur Schienenauflagerung und -befestigung auf den Schwellen werden verschiedene *Kleineisenteile* gewählt, wie Unterlagsplatten zum Festschrauben auf Holzschwellen und mit Hakenschrauben zum Einklemmen des Schienenfußes, Winkelführungsplatten mit Spannbügeln für Stahlbetonschwellen u. a. Die Schienen liegen mit Rücksicht auf die konischen Radreifen, der eine zentrierende Wirkung beim Fahrzeuglauf besitzt, mit 1 : 40 nach innen geneigt auf den Unterlagsplatten oder Schwellen. Dieser *Querschwellenoberbau* stellt eine elastische Gleislagerung dar, die bes. beim Schnellverkehr große Maßgenauigkeit erfordert.

Eisenbahnrecht, die Gesamtheit der sich auf Eisenbahnen beziehenden Rechtsnormen. Dazu gehört vor allem das Allg. Eisenbahnges. v. 29. 3. 1951, geändert durch Ges. v. 24. 8. 1976, das u. a. das Recht zu Bau und Betrieb öffentl. Eisenbahnen, die Pflicht zu Ausbau und Ergänzung des Eisenbahnnetzes und die Grundlagen des Tarifwesens regelt.

Eisenbahnschienen, → Eisenbahnoberbau.

Eisenbahnsignalanlagen, Eisenbahnsignalwesen, früher *Eisenbahnsicherungswesen,* Sammelbez. für alle signaltechn. Einrichtungen (*Signaltechnik*) zur Sicherung und Abwicklung des Eisenbahnbetriebes; dazu gehören Stellwerks- und Blockeinrichtungen, Schalt- und Stromversorgungsanlagen, Leitungen und Kabel, ortsfeste Signale (→Eisenbahnsignale), Weichenstell- und -verschlußeinrichtungen, Gleisschaltmittel (Schienenkontakte) und Zugbeeinflussungseinrichtungen.

Eisenbahnsignale, sichtbare und hörbare Zeichen im Eisenbahnbetrieb zur sicheren und flüssigen Durchführung von Zug- und Rangierfahrten.

Hauptsignale sind die wichtigsten E., die als Ausfahr-, Einfahr-, Zwischen-, Block- oder ›Deckungssignale‹ vor Gefahrstellen verwendet werden und die Fahrtfreigabe auf den anschließenden Gleisabschnitt anzeigen. An Stelle der bisherigen *mechan. Signale (Form- oder Flügelsignale)* werden mehr und mehr *elektr. (Licht-) Signale* verwendet. Diese enthalten farbige Si-

Riegelsperre   Riegel

Eisenbahnkupplungen: Automatische Eisenbahnkupplung. a Auflaufen (Zentrierung der Kupplungsköpfe durch Gleiten auf den äußeren schrägen Flächen); b Eindringung (die Riegel drücken sich gegenseitig zurück); c Verkuppelte Köpfe (die Riegel fallen wieder zurück und werden durch Einwirkung der Riegelsperre blockiert)

gnalbilder als Ruhe- oder Blinklicht und zeigen Fahrtverbot oder -freigabe und Geschwindigkeitsbeschränkungen an. Die Hauptsignale stehen entweder rechts (wie meist in Dtl.) oder links vom Gleis. Ihr Abstand vom Gefahrpunkt

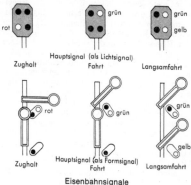

Zughalt — Hauptsignal (als Lichtsignal) Fahrt — Langsamfahrt

Zughalt — Hauptsignal (als Formsignal) Fahrt — Langsamfahrt

Eisenbahnsignale

ist vorgeschrieben, er berücksichtigt einen von der zulässigen Streckengeschwindigkeit abhängigen Durchrutschweg hinter dem Signal. Die Hauptsignale werden in Verbindung mit Eisenbahn-Blockeinrichtungen entweder durch Stellwerkspersonal bedient oder automatisch vom Zug gestellt. Die Flügelsignale bestehen aus einem Signalmast mit senkrecht schwenkbaren Flügeln und besitzen am Gelenkpunkt der Flügel angebrachte Laternen für die Nachtbilder. Bei den Lichtsignalen verwendet man Tag und Nacht die gleichen Signalbilder. Grundsätzlich bedeutet bei dt. Signalen ›Rot‹: Zughalt; ›Grün‹: Fahrt; ›Grün‹ in Verbindung mit ›Gelb‹ (senkrecht untereinander): Langsamfahrt.

Vorsignale kündigen an, welches Signalbild das folgende Hauptsignal auf Nebenbahnen in 400 m, auf Hauptbahnen in 700 m oder 1000 m Entfernung zeigt. Die Wahrnehmung des Vorsignalbildes entbindet den Triebfahrzeugführer nicht von der Beobachtung des Hauptsignales. Bei den dt. mechan. Vorsignalen wird eine senkrecht stehende gelbe Scheibe horizontal nach hinten geklappt, bei den elektr. wechseln zwei schräg übereinander angeordnete Lichter von ›Gelb‹ in ›Grün‹, wenn das zugehörige Hauptsignal in ›Fahrtstellung‹ geht. Ist Langsamfahrt zu erwarten, erscheinen am Formsignal die senkrecht stehende Scheibe mit einem schräg nach unten weisenden gelben Flügel, am Lichtsignal ein grüner und ein gelber Lichtpunkt. Auf dicht oder sehr schnell befahrenen Strecken, z. B. Stadtschnellbahnstrecken, werden Haupt- und Vorsignale an einem Mast vereint (*Mehrabschnittssignale*) oder in kombinierten Signalbildern angeordnet, um die Signalbildfolge der vorliegenden Blockabschnitte für eine flüssige und leistungsfähige Betriebsweise im vorhinein anzuzeigen. An Stelle der ortsfesten Signale kön-

nen die Signale auch als *Führerstandsignale* in die Triebfahrzeuge übertragen werden, z. B. beim Fahren auf elektrische Sicht, wenn entsprechende Einrichtungen der Zugbeeinflussung im Streckengleis vorhanden sind.

Übrige Signale: *Gleissperrsignale* geben den Rangierabteilungen Weisungen für Halt oder Fahrt. *Langsamfahrsignale* kennzeichnen langsam zu befahrende Gleisabschnitte, z. B. bei starken Gleiskrümmungen oder Baustellen. *Richtungs-, Geschwindigkeits-* und *Beschleunigungsanzeiger* ergänzen Hauptsignale. *Weichensignale* zeigen den eingestellten Fahrweg an der Weiche an. *Fahrleitungssignale* kennzeichnen wichtige Abschnitte der elektr. Fahrleitung, *Zugsignale* die Zugspitze (bes. bei Nacht) und den Zugschluß. Ferner gehören zu den E. sichtbare und hörbare Signale der im Zug- und Rangierbetrieb tätigen Personen, wie der *Abfahrtauftrag* des Aufsichtsbeamten oder Zugführers mit dem Befehlsstab. Die dt. E. sind in der *Eisenbahn-Signalordnung* (*ESO*) gesetzlich verankert und z. B. im *Signalbuch* der Deutschen Bundesbahn ausführlich dargestellt.

Eisenbahntarife, die Verzeichnisse der für die Benutzung der Eisenbahnen zu entrichtenden Preise. Einteilung: Nach Art der Beförderungsgegenstände werden unterschieden: *Personen-, Gepäck-, Expreßgut-, Güter-* und *Tiertarife;* nach der Form der Darstellung: für jede Station ausgerechnete *Stationstarife* und streckenbezogene *Entfernungstarife,* die bei gleichen Einheitssätzen je km *Kilometertarife,* bei mit zunehmender Entfernung stetig abnehmendem Einheitssatz *Staffeltarife* heißen; je nach Geltungsbereich: *Binnentarife* und *direkte Tarife;* nach der Art ihrer Festsetzung: *Regel-* oder *Normaltarife* und *Ausnahmetarife.*

Die Höhe der Bundesbahntarife unterliegt der Genehmigung des Bundesministers für Verkehr. Die ungünstige wirtschaftl. Entwicklung der Dt. Bundesbahn führte in den letzten Jahren in immer kürzeren Abständen zu Tariferhöhungen.

Eisenbahn-Telegramm|annahmestelle, Eisenbahnfernschreibstelle, ist berechtigt, Telegramme von Reisenden anzunehmen, auch von jedermann, wenn keine öffentl. Annahmestelle am Ort ist. Die Telegramme werden der Post übergeben oder durch Bahnfernschreibnetz befördert.

Eisenbahntruppen, für den Bau und Betrieb von Eisenbahnlinien im Krieg ausgebildete Soldaten, 1939/1945 *Eisenbahnpioniere* genannt.

Eisenbahn|unterbau, Teil des Bahnkörpers, besteht aus dem Erdkörper der Strecke (Damm, Einschnitt oder Anschnitt) mit den zugehörigen Kunstbauten (z. B. Brücken), nach obenhin begrenzt durch das *Planum.* Dies ist eine geebnete, zur Abführung des Oberflächenwassers mit 1:20 abgedachte Auflagerfläche für den *Oberbau* (→ Eisenbahnoberbau).

Eisenbahnverbände, Vereinigungen mit der Aufgabe, die Einrichtungen und Vorschriften der Eisenbahnen verschiedener Länder einander anzugleichen, um den Eisenbahnverkehr über die staatl. Grenzen hinaus zu erleichtern: ›Internat. Eisenbahnkongreßvereinigung‹ (AICCF), ›Verband der den internat. Übereinkommen über den Eisenbahnfrachtverkehr (CIM) und über den Personen- und Gepäckverkehr (CIV) beigetretenen Staaten‹, ›Internat. Konferenzen für Techn. Einheit im Eisenbahnwesen‹, ›Verein Dt. Eisenbahnverwaltungen‹, ›Internat. Eisenbahnverband‹ (UIC) mit dem von ihm errichteten ›Allg. Ausgleichsamt für Eisenbahnabrechnungen‹, Internat. ›Fahrplankonferenzen‹, ›Güterwagenverband‹,›Eisenbahntransportkomitee‹ und ›Bundesverband Dt. Eisenbahnen‹.

Eisenbahnverein, kurz für **Verein Deutscher Eisenbahnverwaltungen,** gegr. 1846, wesentlich beteiligt an der Vereinheitlichung von Verkehrsrecht und Normen der Betriebsmittel. 1918 im ›Verein mitteleurop. Eisenbahnverwaltungen‹, 1945 im ›Internat. Eisenbahnverband‹ (UIC) aufgegangen.

Eisenbahnverkehr, Beförderung von Personen und Gütern. auf schienengebundenen Fahrzeugen in geschlossenen Zügen. E.-Dienst, Abfertigung und unmittelbare Beförderung in Zügen von Reisenden und Gütern.

Eisenbahnverkehrsordnung v. 8. 9. 1938, Abk. **EVO,** enthält Rechtsbestimmungen für die Eisenbahnen und ihre Verkehrsteilnehmer.

Eisenbahnwagen zur Beförderung von Personen, Gepäck und Gütern aller Art haben gemeinsam das Untergestell mit der Zug- und Stoßvorrichtung und der Eisenbahnbremse, den offenen oder gedeckten Wagenaufbau oder Wagenkasten (aus dem stählernen Kastengerippe und der Verschalung aus Stahlblech oder Leichtmetall bestehend) und das Laufwerk mit Radsätzen, Achslagern und Tragfedern.

Reisezugwagen sind *Personenwagen* (Sitzwagen, unterteilt nach Abteil- und Durchgangswagen), Liegewagen, Speise-, Büfett- und Schlafwagen, Reisezug-Gepäckwagen, Autoreisezugwagen und Bahnpostwagen. Abteilwagen mit Außentüren werden in Dtl. nicht mehr gebaut. Der Bauart nach unterscheidet man zwei-, drei-, vier- und sechsachsige Wagen, der Ausstattung nach 1.- und 2.-Klasse-Wagen verschiedener Komfortstufen und nach der Raumaufteilung *Abteil-* und *Durchgangswagen* verschiedener Bauarten. Für Bauart und Ausstattung der Reisezugwagen gibt es vier *Komfortstufen:* 1) qualifizierter Fernverkehr (TEE/IC-Züge mit voll klimatisierten Abteil- und Großraumwagen); 2) allg. Fernverkehr (DC/D-Züge mit Standard-Schnellzugwagen mit Seitengang); 3) Bezirks- und Nahverkehr (Eil- und Nahverkehrszüge mit Eilzug- und Nahverkehrswagen mit Großraumabteilen, Mittelgang und zusätzl. Mitteleinstieg); 4) Ballungsverkehr (S-Bahn-Verkehr mit Trieb- und Wagenzügen für schnellen Fahrgastwechsel). Die Wagen der Komfortstufen 1–3 sind mit Gummiwulstübergängen eingerichtet.

Güterwagen werden je nach Aufbau und Verwendungszweck eingeteilt in Güterzug-Gepäckwagen, Güterwagen des öffentl. Verkehrs (bahneigene Wagen), Dienstgüterwagen und Privatwagen. Man unterscheidet offene Güterwagen (E-Wagen) und gedeckte Güterwagen (G-Wagen), aus der Sicht der Wagenkonstruktion heute jedoch besser E-Wagen der Regelbauart oder für mechanisierte Schüttgutentladung, G-Wagen der Regelbauart oder mit besonderen Kastenaufbauten sowie Flachwagen der Regel- oder Sonderbauart. *Offene Wagen* und Wagen mit *öffnungsfähigem Dach* sind typische Wagen für Massen- und Schüttgüter, so u. a. der zweiachsige offene Selbstentladewagen ohne und mit Dach (Ed/Td), der vierachsige großräumige Selbstentladewagen mit schlagartiger Entladung ohne und mit Dach (Fad/Tad) sowie der sechsachsige Großraum-Erztransportwagen Fad 150 für eine erhöhte Achslast von 22 t (Ladung 100 t), ferner Hubkipper (Eo-u) und Mittenselbstentladewagen (El-u), Muldenkippwagen (Fz) und Staubbehälterwagen (Uc, Uac). *Gedeckte* zweiachsige *Güterwagen* der klassischen Bauart (G) werden zukünftig durch vielseitiger verwendbare, großräumige *Schiebewandwagen* mit Festdach (Hbis) und *Schiebewand/Schiebedachwagen* (Tbis) ersetzt. Um den Anforderungen der Wirtschaft besser entsprechen zu können, werden Güterwagen mit Sondereinrichtungen entwickelt, so u. a. *Drehgestellwagen* mit öffnungsfähigem Dach (Taes), gedeckte *Fährbootwagen* (Tcef) oder *Universal-Kühlwagen* mit großer Ladefläche (Ibbh) zum Transport verderblicher Güter. *Flachwagen* bilden neben solchen der klassischen zweiachsigen Bauart (Kj) die Grundlage für alle Formen des kombinierten Verkehrs, so u. a. 2- bis 32achsige *Tiefladewagen* (Uai) für Großraum- und Schwerlasttransporte, *Doppelstockwagen* für Autotransporte (Lae), *Behälter- und Containertragwagen* (Lb) und Tragwagen für den Huckepackverkehr (Skss-z) mit Wechselbehältern und Sattelanhängern. *Dienstgüterwagen* sind für den inneren Betrieb der Eisenbahn, z. B. zur Beförderung von Schutt, *Bahndienstwagen* für den Hilfsdienst, die Streckenunterhaltung, für Prüfgeräte, Unterricht und Versuche (Meßwagen) bestimmt. *Privatgüterwagen,* oft in geringer Stückzahl hergestellt, dienen dem Transport besonderer Frachtgüter, z. B. Öle, Teer, Wein, Chemikalien, Kohlenstaub, überwiegend in Kesselwagen.

Eisenbahnwerkstätten, umfassen die Bahnbetriebswerke (Bw), Bahnbetriebswagenwerke (Bww), Kraftwagenbetriebswerke (Kbw) sowie die Ausbesserungswerke (Aw).

Eisenbahnzeit, die Zeit, nach der im Bahnbetrieb gerechnet wird; in Dtl. mitteleuropäische Zeit.

Eisenbakteri|en, vorwiegend fadenförmige Chlamydobakterien, die Eisenhydroxid ablagern und speichern und dadurch gelb bis braun gefärbt sind (*Sphaerotilus, Crenothrix*). Andere Arten (*Leptothrix*) können ähnlich auch Mangandioxid speichern.

Eisenbarth, Johannes Andreas, urkundlich *Eysenbarth,* Heilkünstler (Augenarzt, Stein- und Bruchschneider), * Oberviechtach (Oberpfalz) 27. 3. 1663, † Münden (Hannoversch Münden) 11. 11. 1727, war ein erfolgreicher Arzt seiner Zeit, wurde aber durch sein marktschreierisches Auftreten zum Typus des Quacksalbers *(Der Doktor E.).* – Oper: ›Doktor E.‹ von H. Zilcher (1921); Roman: ›Doktor E.‹ von J. Winckler (1928); Volkslied: ›Ich bin der Doktor E.‹.

Eisenberg, Kreisstadt im Bez. Gera, (1977) 13300 Ew.; Industrie: Porzellan, Schamottewaren, Musikinstrumente, Armaturen, Möbel, Fleischwaren. – Schloß Christiansburg (1677), Rathaus (1577). – E., von Anfang an Besitz der Wettiner, gehörte seit 1826 zu Sachsen-Altenburg und kam 1920 an Thüringen.

Eisenbeton, frühere Bez. für Stahlbeton; in der Schweiz und in Österreich auch heute noch üblich.

Eisenblüte, besondere Form des Minerals Aragonit.

Eisen|erz, Bezirksstadt in der Steiermark, (1981) 10100 Ew.; altes Bergbauzentrum, Bergwerkschule, Bergmuseum, Hüttenwerke; südöstlich von E. liegt der *Erzberg* (1465 m ü. M.), dessen Spateisenstein (32% Fe, 2% Mn) seit römischer Zeit abgebaut wird.

Eisen|erze, Minerale und Gesteine mit einem Mindesteisengehalt von ~20%, die eine bergmänn. Gewinnung und wirtschaftl. Verhüttung ermöglichen. Es werden sulfid. und oxid. E. unterschieden. Die wichtigsten *E.-Minerale:* Magnetit (72% Fe), Hämatit (70% Fe), Limonit (63% Fe), Siderit (48% Fe), Chamosit und Thuringit (28–40% Fe), Pyrit (46% Fe) und Magnetkies (~60% Fe) dienen über die Kiesabbrände als E.

Eisen|erzer Alpen, Berggruppe in der Grauwackenzone der österr. Ostalpen, zw. Enns-, Mur-, Liesing- und Paltental; im Gösseck 2215 m hoch.

Eisengeld, urspr. eiserne, meist in roher Barrenform als Zahlungsmittel verwendete Stäbe, später aus Eisen selbst geprägtes Geld. E. war bei den heutigen Kulturvölkern in der Zeit vor den eigtl. Münzen im Gebrauch, z. B. als *Eisenbarren* während der Latènezeit in Nord- und Mitteleuropa. Zu Münzen wurde Eisen wegen seiner leichten Oxidierbarkeit im Altertum und MA. nur selten, z. B. in Griechenland im 4. Jh. v. Chr., verarbeitet. Im 1. Weltkrieg wurde in Dtl. Notgeld aus Eisen mit einem Rostschutzüberzug hergestellt.

Eisenglanz, Mineral, → Hämatit.

Eisenglimmer, schuppig-glimmerartige Ausbildung versch. Eisenminerale. (Goethit, Hämatit u. a.); der eisenhaltige Glimmer Lepidomelan.

Eisenguß, Gußstück aus Gußeisen sowie die Erzeugung (das Gießen) von solchen Gußstücken, industriell in der *Eisengießerei,* → Gießerei. Der *Eisenkunstguß* entwickelte sich im 16. Jh. v. a. für Ofenplatten (Ph. Soldau, Frankenberg) und Grabplatten mit Reliefdarstellungen (Gie-

ßereien von Wasseralfingen und Hirzenhain); im Klassizismus auch Plastiken und Medaillons. Gegen Ende des 18. Jh. schuf das Hüttenwerk Lauchhammer die techn. Voraussetzungen für die monumentalen Denkmäler in E. des 19. Jh.

Eisenhower [ˈaɪzənhauə], Dwight David, 34. Präs. der Verein. Staaten (1953–61), * Denison (Tex.) 14. 10. 1890, † Washington (D. C.) 28. 3. 1969, leitete als Oberkommandierender der alliierten Streitkräfte die Invasionen Nordafrikas, Siziliens, Italiens (1943) und der Normandie (1944), war 1945–48 Generalstabschef des Heeres, 1948–50 Präs. der Columbia Univ. (New York) und 1950–52 Oberkommandierender der NATO-Streitkräfte. Als Präs. versuchte er im Zeichen eines ›modern republicanism‹ die sozialpolit. Errungenschaften seiner Vorgänger zu konsolidieren und vorsichtig auszubauen (Medicare). Obwohl er seinem Außen-Min. J. F. Dulles (Zurückdrängen des Kommunismus, ›roll back‹) großes Vertrauen schenkte, wirkte E. in der Ostasienpolitik und im Suez- und Ungarnkonflikt 1956 eher zurückhaltend.

Eisenhower-Doktrin [ˈaɪzənhauə-], Kongreß-Botschaft des amerikan. Präs. D. D. Eisenhower (5. 1. 1957), sicherte – vor dem Hintergrund des Kalten Krieges – den arab. Staaten im Nahen Osten Hilfe bei der Bewahrung ihrer Unabhängigkeit zu; Begründung für die amerikan. Intervention in Libanon und Jordanien (1958).

Eisenhut, 1) eiserne Kopfbedeckung des spätmittelalterl. Kriegers.

Eisenhut, 15. Jh. (Zürich, Schweizer. Landesmuseum)

2) Akon|it, Acon|itum, Gatt. der Hahnenfußgewächse mit rd. 60 Arten, bes. in Gebirgen der nördl. gemäßigten Zone. Der blau blühende *Sturmhut* oder *E. (Acon|itum napellus)* ist Arzneipflanze.

Eisenhut, höchster Berg der Gurktaler Alpen, Österreich, 2441 m hoch.

Eisenhutfeh, herald. ›Pelzwerk‹, das urspr. aus den blauen Rücken- und weißen Bauchfellstücken des sibir. Eichhörnchens zusammengesetzt war; das so bezeichnete Schildfeld ist in eisenhutförmige Flächen in diesen beiden Farben aufgeteilt.

Eisenhüttenkombinat Ost, Abk. *EKO,* 1951–54 errichtetes Hüttenwerk nahe Fürstenberg (Oder); 1968 wurde das Walzwerk VEB Bandstahlkombinat ›Hermann Matern‹, Eisenhüttenstadt, dem EKO unterstellt.

Eisenhüttenkunde, die Lehre von der Metallurgie und Technologie des Eisens und Stahls.

Eisenhüttenstadt, Stadtkreis und Sitz der Verwaltung des Landkreises E., Bez. Frankfurt, (1977) 47 600 Ew., entstand seit 1950 als ›erste sozialist. Stadt‹ für die Beschäftigten des Eisenhüttenkombinats Ost, hieß zunächst *Stalinstadt,* wurde 1953 Stadtkreis, 1961 mit Fürstenberg (Oder) vereinigt und in E. umbenannt; Binnenhafen.

Eisenkerne werden beim Bau von Spulen, Elektromagneten, Transformatoren u. a. verwendet, um das Magnetfeld zu verstärken und in bestimmten Bahnen zu führen. Sie werden bei magnet. Wechselfeldern wegen der Wirbelströme nicht aus massivem Eisen, sondern aus geschichteten und gegeneinander isolierten Blechen aufgebaut.

Eisenkies, Mineral, FeS_2, → Pyrit.

Eisen-Kohlenstoff-Diagramm, die graph. Darstellung der Änderungen des Aggregatzustandes (fest – flüssig) und des kristallinen Gefüges von Eisen-Kohlenstoff-Legierungen beim Erstarren, Abkühlen und auch Erhitzen im Vergleich zum reinen Eisen.

Eisenkraut, Bez. für versch. Pflanzen wie Gelbes E., Ackersteinsame, eine Art der Flockenblume und der Verbene sowie der Ysop.

Eisenkrautgewächse, Verbenaceae, Fam. der Röhrenblüter mit rd. 2600 Arten, bes. trop. und subtrop. Pflanzen, darunter Teak, Keuschbaum, Verbene; auch Lianen und Baumwürger.

Eisenlegierungen. Die wichtigsten E. sind die verformbaren Stähle (→ Stahl) mit Kohlenstoffgehalten bis zu 1,7 oder 2% und die nur in Sonderfällen verformbaren Gußeisenlegierungen mit höheren Kohlenstoffgehalten.

Eisenpigmente, natürl. und künstl. Pigmente mit Eisengehalt: *Eisencyanblau, Berliner Blau, Pariser Blau, Miloriblau,* $Fe_7(CN)_{18}$, das Fe^{III}-Salz der Fe^{II}-Cyanwasserstoffsäure; empfindl. gegen Alkalien, deshalb in seiner Bedeutung zurückgegangen. – *Eisenoxidpigmente* sind beständig gegen Licht und Wetter, mit allen Bindemitteln verträglich, sehr farbkräftig und verhältnismäßig billig. Natürl. als *Ocker, Terra di Siena, Minette, Spanisch- oder Persischrot.* Künstl. Eisenpigmente werden in großen Mengen als *Eisenoxidgelb, Ferritgelb* (FeOOH, Goethit), *Eisenoxidrot* (Fe_2O_3), *Eisenoxidbraun* und *Eisenoxidschwarz* (Fe_3O_4) hergestellt.

Eisenplastik, Plastiken aus geschmiedetem und geschweißtem Eisen, bes. von Künstlern in den roman. Ländern seit etwa 1912 (P. Gargallo, J. González).

Eisenpräparate, eisenhaltige Arzneimittel gegen Anämie.

Eisenreich, Herbert, Schriftsteller, * Linz (Donau) 7. 2. 1925; zeitkritische Erzählprosa, Essays, Hörspiele.

Eisenschmuck, aus Eisen gefertigte Schmuckstücke. Fibeln aus Eisen der Latène- und silbertauschierte Schnallen der Völkerwanderungszeit waren Gebrauchsgegenstände. – In Eisenfein-

guß gefertigter Schmuck wurde zuerst 1789 in Frankreich angeboten, um zu veranlassen, echten Schmuck für das Vaterland zu opfern. In Dtl. wurde das Tragen von E. in der Zeit der Erhebung gegen Napoleon zur patriot. Tat und bald auch zur Mode.

Eisenseiten, engl. **Ironsides** [ˈaɪənsaɪdz], seit 1648 die geharnischten Reiter O. Cromwells. Urspr. war ›Ironside‹ der Beiname des angelsächs. Königs Edmund II. († 1016).

Eisensinter, Mineral- und Gel-Gemenge aus wasser- und SO_3-haltigen Eisenphosphaten und -arseniaten in stalaktitischen Formen.

Eisenspat, Mineral $FeCO_3$, Siderit.

Eisenstadt, 1) Hauptstadt des österr. Bundeslandes Burgenland, am SO-Fuß des Leithagebirges, 182 m ü. M., (1981) 10 200 Ew.; Bischofssitz; Textil-, Bekleidungs-, chem. Industrie; Weinbau. – E., 1264 erwähnt, wurde 1648 königlich-ungar. Freistadt. Im Esterházyschen Schloß (14. Jh., im 17. Jh. barock umgebaut) war J. Haydn 1761–90 Kapellmeister (Mausoleum in der Bergkirche).
2) Das Bistum E. ist 1960 aus der 1922 aus dem burgenländ. Teilen der ungar. Diözesen Raab und Steinamanger gebildeten Apostol. Administratur E. entstanden.

Eisenstein, → Bayerisch Eisenstein, → Markt Eisenstein.

Eisenstein, 1) Ferdinand Gotthold Max, Mathematiker, * Berlin 16. 4. 1823, † Berlin 11. 10. 1852, wurde schon als Student im 3. Semester von der Univ. Breslau zum Dr. h. c. promoviert. E. arbeitete über Zahlentheorie und transzendente Funktionen.
2) Ejzenštejn [ɛjzənʃtˈɛjn], Sergej Michajlowitsch, sowjet. Filmregisseur und Schriftst., * Riga 23. 1. 1898, † Moskau 11. 2. 1948, drehte 1925 den durch die Aussagekraft seiner Bilder und Montagen bahnbrechenden russ. Revolutionsfilm ›Panzerkreuzer Potemkin‹; während der Stalinzeit in seiner Arbeit behindert und kritisiert. Weitere Filme: Streik (1924); Oktober (Zehn Tage, die die Welt erschütterten, 1927); Generallinie (1929); Que viva México (1931, unvollendet); Iwan der Schreckliche, 2 Tle. (1942–45).
LIT. W. Sudendorf: E. (1975).

Eisen- und Stahlindustrie gliedert sich in eisenschaffende und -verarbeitende Industrie. Als Eisenind. i. e. S. wird die meist großbetrieblich organisierte eisenschaffende Industrie bezeichnet, als eisenverarbeitende die Kleinindustrie.

In der Bundesrep. Dtl. zählt die E.- u. S. zu den bed. Industriegruppen. Regionale Schwerpunkte sind Nordrhein-Westfalen und das Saarland. Das zur Herstellung benötigte Eisenerz wird vorwiegend importiert. Bedingt durch weltweiten Verbrauchsrückgang (bes. seit 1974) und starke ausländ. Konkurrenz befand sich die Eisen- und Stahlherstellung 1975 wieder auf dem Produktionsniveau von 1968. Die Anzahl der Hochöfenanlagen ging seit 1960 bis 1976 von 156 auf 84 zurück (davon waren 32 außer Betrieb); dazu kam bei den Stahlwerksanlagen ein Umstellungsprozeß von Siemens-Martin- und Thomas- zu Oxygen-Verfahren. Ende 1980 beschloß die EG-Kommission Produktionsquoten für Stahl.

Welterzeugung an Roheisen und Rohstahl (in Mio. t)

Land	Roheisen 1965	Roheisen 1980	Rohstahl 1965	Rohstahl 1980
Bundesrep. Dtl. . . .	27,0	33,9	36,8	43,8
DDR	2,3	2,4	4,4	7,0
Belgien	8,4	9,9	9,2	12,3
Frankreich	15,8	19,2	19,6	23,2
Großbritannien . . .	17,7	6,3	27,4	11,4
Italien	5,5	12,2	12,7	26,5
Luxemburg.	4,1	3,6	4,6	4,6
Niederlande	2,4	4,3	3,1	5,3
Schweden.	2,3	2,4	4,7	4,2
Österreich	2,2	3,5	3,2	4,7
Spanien	2,3	6,4	3,5	12,7
Tschechoslowakei. .	5,8	9,6	8,6	15,2
Polen	5,4	10,0	9,1	18,0
Rumänien	2,0	9,1	3,4	13,5
UdSSR	66,2	109,0	91,0	148,0
Ungarn	1,6	2,6	2,5	3,9
Südafrika	3,3	7,2	3,3	. . .
USA	80,6	62,4	121,8	104,3
Kanada	6,4	10,9	9,1	15,9
Brasilien	2,5	13,1	3,1	15,3
Mexiko	0,9	5,3	2,3	7,1
Indien	6,9	8,5	6,3	9,4
Japan	27,5	87,0	41,2	111,4
Volksrep. China. . .	14,0	38,0	12,0	37,1
Australien	4,2	7,0	5,4	7,6
Welt	324,7	506,7	458,0	713,7

Eisenveilchenbaum, ein Eukalyptus.

Eisenverbindungen. Eisen tritt in seinen Verbindungen hauptsächlich in den Oxidationsstufen 2, 3 und 6 auf, seltener 0, 1, 4, 5 und –2. (Ältere Bezeichnungen für 2wertige E.: Ferrooder Eisenoxydul-Verbindungen, für 3wertige E.: Ferri- oder Eisenoxid-Verbindungen.)

Eisen(II)oxid, FeO, ist in reinem Zustand nicht bekannt. Bei der Reduktion von Eisen(II)oxid entsteht der schwarze *Wüstit,* der einen Sauerstoffüberschuß hat und etwa die Formel $Fe_{0,95}O$. *Eisen(III)oxid,* Fe_2O_3, entsteht beim Erhitzen von Eisen(III)hydroxid und kommt in der Natur in versch. Formen vor, z. B. als *Roteisenstein (Eisenglanz, Hämatit)* und als *Brauneisenstein,* $Fe_2O_3 \cdot xH_2O$. Das geglühte reine Fe_2O_3 wird als Poliermittel benutzt *(Polierrot, Englischrot)* sowie als rote Anstrichfarbe *(Berlinerrot, Eisenmennige).* Durch starkes Glühen von Fe_2O_3 sowie bei der Verbrennung von Eisen entsteht

schwarzes magnet. Fe_3O_4, ein *Eisen(II,III)oxid (Hammerschlag),* in der Natur als *Magneteisenstein (Magnetit)* vorkommend. Wird Eisen(II)-salzlösung mit Lauge versetzt, so entsteht weißes *Eisen(II)hydroxid,* $Fe(OH)_2$, das an der Luft und bei Einwirkung von Oxidationsmitteln in braunes *Eisen(III)hydroxid,* $Fe(OH)_3$, übergeht. Die bei Zusatz von Lauge zu Eisen(III)salzlösungen ausfallenden braunen, wasserhaltigen Eisen(III)hydroxide gehen beim Trocknen und Erhitzen in Fe_2O_3, *Hämatit,* über. Beim Rosten des Eisens entsteht *Eisen(II)oxidhydrat,* FeO(OH). In starken Laugen lösen sich die Eisenhydroxide etwas unter Bildung von *Ferrat(II),* $[Fe(OH)_6]^{4-}$, und *Ferrat(III),* $[Fe(OH)_6]^{3-}$, durch gleichzeitige Einwirkung von Chlor und konzentrierter Alkalilauge auf Fe_2O_3 entstehen purpurrote *Ferrate(VI),* FeO_4^{2-}. Manche Oxide 2wertiger Metalle bilden mit Fe_2O_3 Doppeloxide vom Typus des Spinell, unrichtig *Ferrite* genannt, z. B. $MgFe_2O_4$, Magnesiumferrit.

Beim Erhitzen von elementarem Eisen in Chlorwasserstoffgas entsteht weißes, sublimierbares *Eisen(II)chlorid,* $FeCl_2$. Das beim Lösen von Eisen in wäßriger Salzsäure gebildete Eisen-(II)chlorid kristallisiert aus der Lösung als $FeCl_2 \cdot 6 H_2O$. Wird Eisen im Chlorstrom erhitzt, so entsteht *Eisen(III)chlorid,* $FeCl_3$, in Form rotbrauner, metallisch glänzender, im Chlorstrom sublimierbarer Kristalle. Bei der Oxidation von Eisen(II)chloridlösungen erhält man Eisen(III)chloridlösungen, aus denen versch. *Hydrate,* z. B. das Hexahydrat, $FeCl_3 \cdot 6 H_2O$, auskristallisieren. Beim Erhitzen dieser Produkte entsteht unter HCl-Abspaltung rotes *Eisen(III)oxidchlorid,* FeOCl. Eisen(III)chlorid findet vielfache techn. Anwendung. Mit Eisen-(III)chloridlösung getränkte Watte wirkt blutstillend. Weitere Halogenverbindungen sind das grüne *Eisen(III)fluorid,* FeF_3, und das braune *Eisen(III)bromid,* $FeBr_3$, beide aus den Elementen darstellbar.

Eisen(II)sulfid, FeS, fällt aus Eisen(II)salzlösungen mit Ammoniumsulfid als grünlichschwarzer, in Säure lösl. Niederschlag aus. An feuchter Luft oxidiert es sich zu Eisen(III)hydroxid und Schwefel. Technisch wird es durch Zusammenschmelzen von Eisen und Schwefel hergestellt; es dient zur Schwefelwasserstofferzeugung. Im *Pyrit,* FeS_2 *(Eisenkies, Schwefelkies),* liegt ein Eisen(II)disulfid mit S_2^{2-}-Ionen vor. Er dient zur Schwefelsäuregewinnung und Eisenherstellung. *Eisen(III)sulfid,* Fe_2S_3, ist nur in Form von Doppelsulfiden beständig, z. B. als Kupferkies, $CuFeS_2$ ($Cu_2S \cdot Fe_2S_3$). – *Eisen(II)-sulfat,* $FeSO_4$, entsteht technisch beim Lösen von Eisenabfällen in Schwefelsäure und kristallisiert als hellgrüner, an der Luft unbeständiger *Eisenvitriol,* $FeSO_4 \cdot 7 H_2O$, aus. Er ist das technisch wichtigste Eisensalz und findet zahlreiche Anwendungen, z. B. für Tinten, in der Gerberei, im Pflanzenschutz und zur Holzkonservierung. – Das Doppelsulfat mit Ammonium, $(NH_4)_2Fe(SO_4)_2$ *(Mohrsches Salz),* ist an der Luft beständig und findet in der Maßanalyse Verwendung. – *Eisen(III)sulfat*, $Fe_2(SO_4)_3$, entsteht beim Abrauchen von Fe_2O_3 mit konzentrierter Schwefelsäure als weißes Salz, das in Wasser unter Abscheidung brauner, basischer Salze hydrolysiert.

Eisen(II)carbonat, $FeCO_3$, fällt aus Eisen(II)salzlösungen mit Alkalicarbonat als weißer Niederschlag, der an der Luft leicht unter Bildung von Eisen(III)hydroxiden oxidiert wird. In der Natur kommt $FeCO_3$ als *Spateisenstein (Siderit)* vor. In kohlensäurehaltigen Wässern löst sich Eisen(II)carbonat unter Bildung von *Eisen(II)hydrogencarbonat*, $Fe(HCO_3)_2$, das auch Bestandteil mancher Mineralwässer *(Eisensäuerlinge)* ist. Lufteinwirkung führt zur Abscheidung von *Eisen(III)oxidhydrat (Ocker)*. Das hellgrüne *Eisen(II)nitrat*, $Fe(NO_3)_2 \cdot 6\ H_2O$, und das fast farblose *Eisen(III)nitrat*, $Fe(NO_3)_3 \cdot 6\ (9)\ H_2O$, sind Salze des Eisens mit Salpetersäure. *Eisen(II)phosphat* kommt als Mineral *Vivianit*, $Fe_3(PO_4)_2 \cdot 8\ H_2O$, vor. Die Eisensalze der Kieselsäure sind im Gemisch mit anderen Silikaten als gesteinsbildende Minerale weit verbreitet. Das *Eisen(III)rhodanid*, $Fe(SCN)_3$, entsteht aus Eisen(III)salzlösungen mit Alkalirhodaniden als intensiv rotgefärbter, lösl., mit Äther extrahierbarer Stoff, der zum empfindlichen Eisennachweis dient. In wäßrigen Lösungen aller einfachen Eisensalze liegen infolge von Hydrolyse hydratationsisomere Ionen vor, die sich in der Farbe unterscheiden.

Zahlreiche Komplexverbindungen des 2- und 3wertigen Eisens zeichnen sich durch besondere Beständigkeit aus. Mit Cyanidionen entstehen *Hexacyanoferrat(II)ion*, $[Fe(CN)_6]^{4-}$, und *Hexacyanoferrat(III)ion*, $[Fe(CN)_6]^{3-}$, deren Kaliumsalze als gelbes oder rotes *Blutlaugensalz* bekannt sind. Die Hexacyanoferrationen reagieren mit zahlreichen Kationen unter Bildung schwerlösl. Niederschläge, z. B. das rotbraune *Kupferhexacyanoferrat(II)*, $Cu_2[Fe(CN)_6]$. Das entsprechende Zinksalz wird zur maßanalyt. Bestimmung des Zinks benutzt, *Eisen(II)hexacyanoferrat(II)*, $Fe_4[Fe(CN)_6]_3$, und *Eisen(II)hexacyanoferrat(III)* sind intensiv blaugefärbte Niederschläge *(Berlinerblau, Turnbulls-Blau)*, die zum Nachweis des Eisens geeignet sind. Die intensive Färbung rührt von der gleichzeitigen Anwesenheit zweier Wertigkeitsstufen des gleichen Elements her *(charge-transfer-Komplex)*. Wird eine Cyangruppe im Hexacyanferrat-Ion durch eine andere Gruppe ersetzt, so entstehen die *Prussiate*, z. B. das Natriumnitrosylprussiat, $Na_2[Fe(CN)_5NO] \cdot 2\ H_2O$ (Nitroprussidnatrium).

Eisenpentacarbonyl, $Fe(CO)_5$, ist eine gelbe Flüssigkeit vom Siede-P. 103 °C, die aus feinverteiltem Eisen und Kohlenmonoxid bei 100–250 bar und 150–220 °C entsteht. Durch therm. Zersetzung von Eisenpentacarbonyl entsteht sehr reines Eisen *(Carbonyleisen)*. *Trieisendodecacarbonyl*, $Fe_3(CO)_{12}$, bildet tiefgrüne Kristalle. Im *Dicyclopentadienyleisen*, $Fe(C_5H_5)_2$ *(Ferrocen)*, einer orangefarbenen, stabilen, unzersetzt

sublimierbaren, 1951 entdeckten Verbindung, ist das Metallatom zw. den zwei parallel angeordneten C_5H_5-Molekülen unter Einbeziehung der π-Elektronen der Doppelbindungen eingebettet (Sandwich-Struktur).

Eisenvitriol, $FeSO_4 \cdot 7\ H_2O$, als Mineral Melanterit genannt.

Eisenwerk-Gesellschaft **Maximilianshütte mbH** (Maxhütte), Sulzbach-Rosenberg (Oberpfalz), gegr. 1851.

Eisenwurz(el), eine Flockenblume.

Eisenwurzen *die*, Gebiet der niederösterr. Kalkvoralpen zw. Enns, Ybbs und Erlauf, nördlich des Eisenerzer Erzberges.

Eisenzeit, nach Stein- und Bronzezeit die dritte große vorgeschichtl. Periode, gekennzeichnet durch allgemeinere Verwendung des Eisens als Werkstoff für Werkzeuge, Waffen und Geräte (Eisenschmuck und -prunkwaffen kommen vereinzelt schon in der Bronzezeit bes. des Nahen Ostens vor).

Als Erfinder der Eisentechnik gelten die Hethiter, die 1400/1200 v. Chr. eine Art Eisenmonopol im Vorderen Orient hatten. Von ihnen haben sie wahrscheinlich Philister, Assyrer und frühe Griechen erlernt. Von der Balkanhalbinsel aus verbreitete sich die Kenntnis der Eisenverarbeitung über ganz Europa, wobei eine Fülle regionaler Kulturgruppen entstand. Aus den archäolog. Funden ist auf ein deutliches Zeitgefälle von SO nach NW zu schließen; in Griechenland setzte die E. um 1100 v. Chr., in Skandinavien stellenweise erst um Christi Geburt ein.

In Europa wird die vorchristl. E. außerhalb des Bereichs der grch. und etrusk. Hochkulturen in einen älteren und einen jüngeren Abschnitt geteilt, wobei als wichtigster Vertreter der älteren Stufe die Hallstattkultur gelten kann, der jüngeren die Latènekultur. Die nachchristl. E. wird, dem Einsetzen schriftl. Quellen entsprechend, gebietsweise verschieden gegliedert. In N-Europa war die Wikingerzeit der Abschluß der frühgeschichtl. E.

Ältere Eisenzeit. Ihre älteste Ausprägung auf europ. Boden hat die E. in der protogeometr. und geometr. Periode Griechenlands (etwa 1100–700 v. Chr.) gefunden. Auf der Balkanhalbinsel entstanden auf der Grundlage spätbronzezeitl. Kulturgruppen mehrere E.-Kulturen (Glasinac-Kultur, Noua-Kultur). Auch in Italien entwickelten die einzelnen Landesteile eigene Kulturen (Este-Kultur, Golasecca-Kultur, Villanova-Kultur u. a.). Die ältere E. Spaniens stand im Zeichen bronzezeitl. Traditionen mit Urnenfelder- und Hallstatt-Einflüssen. In Frankreich ist neben der Hallstattkultur im O des Landes bes. die Gruppe von Jogasses bekannt, die auch auf England übergriff (All Cannings Cross-Kultur). In Dtl. bestanden die 3 kulturellen Großräume der jüngeren Bronzezeit fort: In S-Dtl. herrschte die Hallstattkultur, in Mittel- und O-Dtl. mit Böhmen zunächst noch die Lausitzer Kultur in mehreren örtl. Abwandlungen, in N-Dtl. eine Gruppe von Kulturen, deren Träger wohl schon Germanen waren (Harpstedter Gruppe, Jastorf-Gruppe, Nienburger Gruppe) oder die aus einer Mischung mit den Trägern der Lausitzer Kultur hervorgingen. In ihr Gebiet drangen neue Kulturgruppen ein (Gesichtsurnenkultur). Diese Ausbreitung scheint kriegerischer Natur gewesen zu sein, wie das Auftreten vieler Burgwälle in der Lausitzer Grenzzone annehmen läßt. Auch in S-Dtl. und Frankreich entstanden zur gleichen Zeit Fluchtburgen und befestigte Herrensitze (Heuneburg, Mont Lassois).

Jüngere Eisenzeit. In der jüngeren E. (etwa seit 500 v. Chr.) standen weite Teile Europas im Zeichen der Latènekultur. Als ihre Träger sind kelt. (gallische) Völker bezeugt, die in kriegerischen Invasionen aus einem Kerngebiet in S-Dtl. und O-Frankreich auf N-Italien, Teile der Balkanhalbinsel und Kleinasiens, die Iberische Halbinsel und England-Irland ausgriffen. Meist kam es zur Mischung mit den einheim. Bevölkerungen. Die Herkunft der Latènekultur ist im Marne-Gebiet auf dem Boden der Jogasses-Gruppe und im Rhein-Mosel-Land zu vermuten. Im nördl. Mittel- und N-Europa verhinderten german. Völker ein Eindringen der Kelten, gerieten aber kulturell unter keltischen Einfluß.

Die *Kultur* der älteren E. zeigt zunächst nur geringe Unterschiede gegenüber der vorangegangenen Urnenfelderkultur. Doch werden bald Tendenzen zur Konzentration wirtschaftl. und polit. Macht bemerkbar (z. B. Salzgewinnung und -vertrieb in Hallstatt und Halle a. d. Saale) und zur Quelle ungewöhnlichen Reichtums. Anlagen bewehrter Fürstensitze sowie friedl. (Handelsbeziehungen) wie auch kriegerischer Kontakte der Stammes- oder Kulturgemeinschaften entstanden. In O-Europa ist der Beginn der E. durch das Aufkommen des Reiterkriegertums geprägt (Kimmerier, Skythen). Nach Ausweis der Grabfunde ist auf eine deutliche soziale Schichtung der Bevölkerung zu schließen, wobei das Luxusbedürfnis der Herrenschicht einerseits die Entstehung einer spezialisierten Handwerkerschaft (Waffen- und Goldschmiede), andererseits den Fernhandel begünstigte (grch. Importgüter im Hallstatt- und Latènegebiet). Die Kunst der Verzierung wurde auf viele Bereiche angewendet: Waffen, Hausrat, Schmuck, Kultgeräte. Die Verwendung des Eisens zu landwirtschaftl. Geräten (Pflugschar, Sense) führte zu einer Intensivierung der Ackerbaus. In der jüngeren E. führten kelt. Stämme nach grch. Vorbild die Geldwirtschaft ein. Es entstanden Wehranlagen (Oppida), die nicht mehr allein in Notzeiten als Fluchtburgen dienten, sondern dauernd bewohnt waren (Städte). Nach Verteilung und Größe der Oppida zu urteilen, müssen manche Stammesverbände mehrere zehntausend Köpfe gezählt haben.

Im Vergleich mit den vorangegangenen Perioden ist die E. durch eine immer schnellere soziale und kulturelle Entwicklung gekennzeichnet, die zu staatsähnlichen Stammesorganisationen führte und gelegentlich die Hochkulturen des Mittelmeerraumes in Gefahr brachte (Skythenzüge nach Mitteleuropa, Kelten-, Kimbern- und Teutoneneinfälle in Italien). Andererseits wurden kulturelle Anregungen aus dem Süden in sehr viel stärkerem Maße übernommen als in den früheren Kulturperioden.

Eisermann, Gottfried, Soziologe, * Berlin 6. 11. 1918, seit 1962 Prof. in Bonn; Beiträge zur Wirtschafts- und Wissenssoziologie und Dogmengeschichte der Sozialwissenschaften.

eisern, in der alten Rechtssprache: unablösbar festgesetzt, bes. gebräuchlich in der Pacht, wo ›eisernes Vieh‹ (eisernes Inventar) ständig bei dem Gut bleiben und immer wieder ergänzt werden soll: ›eisern Vieh stirbt nie‹. *Eisernviehvertrag,* die Vereinbarung, durch die der Pächter eines Grundstücks das Inventar mit der Verpflichtung übernimmt, es bei Beendigung der Pacht zum Schätzungswert zurückzugeben (§ 587 BGB).

Eiserne Front, Zusammenschluß (1931–33) des Reichsbanners Schwarz-Rot-Gold mit Gewerkschafts- und Arbeitersportverbänden.

Eiserne Garde, rumänisch **Gardă de fier** [gardə-], faschist. Bewegung in Rumänien, 1930 hervorgegangen aus der von C. Codreanu 1927 gegr. ›Legion Erzengel Michael‹, nationalistisch, christlich-mystisch, antisemitisch, für Gewaltanwendung, erstrebte die nat. Erneuerung (u. a. Stärkung des Bauernstandes, Ausschaltung der nichtrumän. Minderheiten). 1933 wegen versch. Terrorakte verboten, 1935 als Partei ›Alles für das Vaterland‹ neugegr., 1938 erneut verboten. Als ›Legionärsbewegung‹ (Führer H. Sima) trat sie 1940 der Reg. des Marschalls J. Antonescu bei. Nach einem Putschversuch (1941) wurde die E. G. aufgelöst; ihre Führer gingen ins Exil.

Eiserne Krone, 1) spätkaroling. Reif (2. Hälfte des 9. Jh.), urspr. Frauenkrone, wohl für die Mutter des Kaisers Berengar I.; im Dom von Monza aufbewahrt. Der eiserne innere Reif ist nach einer Legende des 16. Jh. aus einem Nagel vom Kreuze Christi gefertigt. Mit der E. K. wurden zu Königen von Italien gekrönt: Konrad III. (1128), Karl V. (1530), Napoleon I. (1805), Ferdinand I. von Österreich (1838).

Eiserne Krone (Monza, Domschatz)

2) Orden der E. K., von Napoleon I. als König von Italien 1805 gestifteter, 1816 von Österreich übernommener Orden, 1918 erloschen.

Eiserne Lunge, Gerät für →künstliche Atmung.

Eiserne Maske, Mann mit der E. M., unbekannter frz. Staatsgefangener z. Z. Ludwigs XIV., der erst in Pinerolo, dann auf der Insel Sainte-Marguerite, seit 1698 in der Bastille gefangengehalten wurde und hier am 19. 11. 1703 starb; er trug stets eine schwarze Samt-(nicht Eisen-)Maske.

Eiserne Ration, Verpflegungsvorrat, der von jedem Soldaten im Einsatz mitgeführt wird und nur im Notfall angegriffen werden darf; heute: *Überlebensration.*

Eiserner Bestand, Betriebswirtschaftslehre: der Mindestbestand an Vorräten (z. B. Rohstoffe, Werkzeuge) in einem Lager.

Eiserner Hut, bergmännisch für Oxidationszone.

Eiserner Vorhang, 1) feuersicherer und rauchdichter Vorhang, der die Bühne gegen den Zuschauerraum abschließt (z. B. bei Feuergefahr). Zuerst 1782 in Lyon verwendet.

2) polit. Schlagwort, von W. Churchill 1946 geprägt, bezeichnet bildhaft die von der UdSSR seit dem 2. Weltkrieg betriebene Abschließung ihres Machtbereichs (bes. in Europa) von der übrigen Welt.

Eisernes Kreuz, Kriegsauszeichnung für alle Dienstgrade, gestiftet 1813 von Friedrich Wilhelm III. von Preußen für die Dauer des Krieges, erneuert 1870, 1914 und 1939 auf Kriegsdauer; bis 1914: 2 Klassen und Großkreuz; zuletzt (1944) außerdem mit Ritterkreuz, Eichenlaub mit Ritterkreuz, dieses mit Schwertern, auch mit Brillanten, Ritterkreuz des E. K. mit Goldenem Eichenlaub mit Schwertern und Brillanten. Seit 1958 darf das E. K. (ohne Hakenkreuz) wieder getragen werden.

Eisernes Tor, 1) Donaudurchbruchstal zw. den Südkarpaten und dem Ostserb. Gebirge, durch das ein Teil der rumänisch-jugoslav. Grenze verläuft; i. e. S. der östl. Teil des Durchbruchs, i. w. S. das rd. 120 km lange Durchbruchstal (mit Stromengen und Talweitungen). Durch den Bau eines rumän.-jugoslaw. Staudammes oberhalb Turnu Severim erhöhte sich der Wasserspiegel um über 30 m, es entstand ein 150 km langer Stausee; die Insel Ada Kaleh und einige Orte wurden überflutet. Auf dem verbesserten Schiffahrtsweg (ehem. durch Felsriff und Stromschnellen behindert) können 5000-t-Schiffe bis Belgrad fahren.

2) Paß in SW-Rumänien zw. dem Bistra-Tal und dem Tal von Hateg, verbindet das Banat mit Siebenbürgen.

3) Paß im Balkan, stellt die Verbindung von Sliwen (Bulgarien) nach N her.

Eis|essig, → Essigsäure.

Eisfeld, Stadt im Kr. Hildburghausen, Bez. Suhl, an der Werra, rd. 5500 Ew.; Stadtkirche St. Nikolai (1488ff.), Schloß (12.–17. Jh.).

Eisfische, Chaenichthyidae, Fam. der Barschartigen Fische mit 18 Arten; schuppenlos, keine roten Blutkörperchen; Bewohner antarktischer Gewässer.

Eisfüchse, Gatt. der Echten → Hunde.

Eisglas, Craquelée-Glas [krakl′e-, frz.], entsteht durch Abschrecken von ofenheißem Glas derart, daß sich im Glaskörper ein dichtes Netz von Sprüngen bildet. Der Zusammenhalt wird durch nachfolgendes kurzes Erhitzen wiederhergestellt. Eine Art E. wird auch durch Anätzen mit verdünnter Flußsäure hergestellt.

Eisheilige, Kälterückfälle Mitte Mai (12.–14.): Pankratius, Servatius, Bonifatius), in Nord-Dtl. statt des 14. der 11. (Mamertus), in Süd-Dtl. auch noch der 15. (kalte Sophie).

Eishockey: Spielfeld

Eishockey [-hɔkɪ engl.], Mannschaftsspiel zw. zwei Parteien von je 6 schlittschuhlaufenden Spielern (3 Stürmer, 2 Verteidiger, 1 Torwart; dazu 12 Ersatzspieler). In einer Spielzeit von dreimal 20 Minuten versuchen die Feldspieler, eine Gummischeibe (Puck, 2,54 cm hoch, 7,62 cm Durchmesser, 150–170 g schwer) mit Schlägern in das vom Torwart geschützte gegner. Tor zu schießen. Die Spielfläche, im Idealmaß von 30 × 60 m, ist in 3 Drittel unterteilt, die durch blaue Farbmarkierungen das Verteidigungsdrittel, das Mitteldrittel (oder neutrale Zone) und das Angriffsdrittel kennzeichnen. An den Stirnseiten der Spielfläche sind 2 Tore von 1,83 m Breite und 1,22 m Höhe mit Stahlstäben auf der markierten Torauslinie verankert. E. wird von 3 Schiedsrichtern geleitet. Dt. Meisterschaften finden seit 1912, Weltmeisterschaften seit 1920 statt; E. ist olympische Disziplin seit 1924. (weiteres Bild S. 338)

Eiskrautgewächse, Aizoaceae (Ficoidaceae), Fam. der Zentrospermen mit rd. 2500 Arten; Kräuter, selten Sträucher, mit sukkulenten Blättern im Mittelmeerraum und in S-Afrika, z. B. Mittagsblume, Lebende Steine, Neuseeland-Spinat.

Eiskunstlauf, künstlerisch-sportl. Darbietung auf Schlittschuhen zu Musik, als Einzellauf für Damen und Herren, als Paarlauf und Eistanz auf einer Eisfläche von 30 × 60 m. Bei nationalen und internat. Meisterschaften dürfen nur Läufer der Meisterklasse starten. Mindestalter 12, für Eistanz 16 Jahre. Der Einzellauf besteht aus Pflicht (Figurenlaufen), Pflichtkür (Kurzprogramm) und Kür.

In der *Pflicht* gibt es 69 (in Dtl. 41) Pflichtfiguren, die auf einem vorgeschriebenen Bogen mit 4–5 m Durchmesser deckungsgleich in guter Haltung schwungvoll zu laufen sind. Jede der Figuren hat einen Schwierigkeitsgrad von 1 (leicht) bis 5 (schwierig). Die Kampfrichter geben für jede gelaufene Figur eine Note von 0 (nicht gelaufen) bis 6 (tadellos). Die Note eines jeden Kampfrichters wird jeweils mit der Wertzahl der gelaufenen Pflichtfigur multipliziert; danach ergibt sich die Gesamtpunktzahl. Die Pflichtfiguren sind entsprechend ihrer Wertzahl zu Gruppen zusammengefaßt, von denen nur eine am Tag vor dem Wettkampf für die Ausführung ausgelost wird. Die *Pflichtkür* umfaßt mehrere vorgeschriebene Figuren, die in einem gemeinsamen Vortrag hintereinander gelaufen werden müssen. Beurteilung: A-Note: Genauigkeit der Figuren; B-Note: Art der Vorführung. In der *Kür* wird zu selbst gewählter Musik ein freies Programm, bestehend aus Schrittkombinationen, Sprüngen wie Axel, Flip, Lutz, Rittberger, Salchow, meist mit doppelter oder dreifacher Umdrehung, ferner Butterfly, Pirouetten und Figuren wie Waage, Mond und Zirkel dargeboten. Vorgeschrieben ist nur die Laufzeit: für Herren 5, für Damen 4, für Paare 4,5, im Eistanz 4 Minuten. Die Kür wird mit A-Note für den techn. (sportl.) Wert und B-Note für den künstlerischen Gesamteindruck beurteilt. Seit 1975 wird die Pflicht mit 30, das Kurzprogramm mit 20 und die Kür mit 50 Prozent des Notenwertes bewertet. – Beim Paarlauf (ein Herr und eine Dame) kommen Hebefiguren und Schleudersprünge hinzu. Wettbewerbe werden in einer Pflichtkür und einer Kür entschieden. Die Noten der Pflichtkür bilden 30 Prozent, die der Kür 70 Prozent der Gesamtnote.

Seit 1896 finden Weltmeisterschaften für Herren statt, seit 1906 für Damen, seit 1908 für Paare. E. ist olymp. Disziplin seit 1924.

Eisleben, auch *Lutherstadt E.,* Kreisstadt im Bez. Halle, (1977) 28 400 Ew.; Geburts- und Sterbehaus Luthers; Andreaskirche (15. Jh.), Nikolaikirche (15. Jh.), Annenkirche (16. Jh.), Peter-und-Paulskirche (um 1500), Rathaus (1519–30). – E., 994 erwähnt, seit dem 12. Jh. Stadt, war Besitz der Grafen von Mansfeld, kam 1708 an Kursachsen, 1815 an Preußen.

Eisler, 1) Gerhart, Politiker (KPD; SED), Sohn von 3), Bruder von 2), * Leipzig 20. 2. 1897, † Eriwan 21. 3. 1968, Journalist, war u. a. Funktionär der Komintern in China und (1933–39) der KPD-Auslandsleitung. 1940 bis 1949 in den USA, wurde er dort wegen Spionage zugunsten der UdSSR zu 4 Jahren Haft verurteilt. Seit 1949 in der DDR; Leiter des Amtes für Information (1949–53), Leiter des Staatl. Rundfunkkomitees, 1967–68 Mitglied des ZK der SED.

2) Hanns, Komponist, * Leipzig 6. 7. 1898, † Berlin 6. 9. 1962, Sohn von 3), Bruder von 1), Schüler von A. Schönberg; seit 1933 im Exil, seit 1950 als Lehrer am Staatskonservatorium in Ost-Berlin; E. vertonte die Nationalhymne der DDR; schrieb Massenlieder, Film-, Bühnenmusik (zu Brecht u. a.).

3) Rudolf, Philosoph, * Wien 7. 1. 1873, † ebd. 14. 12. 1926; vertrat eine von I. Kant und W. Wundt beeinflußte, kritisch-realist. Erkenntnistheorie; seine philosoph. Lexika, bes. das ›Wb. der philosoph. Begriffe‹ (3 Bde., 1899; neubearb. als ›Histor. Wb. der Philosophie‹, hg. v. J. Ritter, 1971 ff.) und das ›Kant-Lexikon‹ (1930) gehören zu den philosoph. Standardwerken.

Eislingen/Fils, Stadt im Kr. Göppingen, Bad.-Württ., (1981) 18 200 Ew.

Eismeere. Nördliches E., → Nordpolarmeer, **Südliches E.,** die die Antarktis umgebenden Gewässer.

Eismeerstraße, Hauptverkehrsweg in N-Finnland, von Rovaniemi durch Finnisch-Lappland zum Inarisee.

Eisner, Kurt, Publizist und Politiker (SPD; USPD), * Berlin 14. 5. 1867, † (ermordet) München 21. 2. 1919, zunächst Anhänger F. Naumanns, stieß später zur Sozialdemokratie (1899–1905 in der Schriftleitung des ›Vorwärts‹, 1905 als ›Revisionist‹ entlassen). Danach war er bes. als Theaterkritiker tätig. Als Pazifist schloß er sich 1917 der USPD an und beteiligte sich 1918 führend am Munitionsarbeiterstreik (Jan.–Okt. 1918 in Haft). In der Novemberrevolution (1918) rief er den ›Freistaat Bayern‹ aus und wurde MinPräs. Er vertrat einen eigenen, philosophisch begründeten Sozialismus, wobei er verfassungspolitisch Rätesystem und Parlamentarismus miteinander verbinden wollte. Auf dem Weg zur Eröffnung des neugewählten Landtages, in dem die USPD nur mit 3 Abg. vertreten war, wurde E. von A. Graf Arco ermordet. Sein Tod wurde zum Signal für die Ausrufung der Räterepublik.

Eis|pickel, Hilfsmittel beim Bergsteigen, um in Eis und Schnee Stufen schlagen zu können.

Eis|sprung, besser **Follikelsprung,** → Ovulation, → Eierstock.

Eis|punkt, Gefrierpunkt des Wassers unter Normaldruck, 0 °C (273,15 K).

Eisriesenwelt, ausgedehntes Höhlensystem im Tennengebirge, Land Salzburg, Österreich. Der vereiste Hauptgang mündet über dem Salzachtal bei Werfen in 1640 m Höhe ü. M. (mit Seilbahn erreichbar).

Eissalat, Krachsalat, starkrippige und dickblättrige Form des Kopfsalats; gut haltbar.

Eisschießen, früher *Eisstockschießen*, Wurf- und Zielspiel auf dem Eis oder auf Asphaltbahnen. Das Ziel ist die würfelförmige Daube, in deren Richtung der Eisstock gleitend geworfen wird.

Eisschnellauf, Schnelligkeits- und Dauerwettbewerb auf Schlittschuhen für Damen und Herren auf dem Eis. Die Normalbahn besteht aus einer 400 m langen, nicht überhöhten Rundbahn aus Natur- oder Kunsteis mit jeweils zwei 100 m langen Geraden. Aufgeteilt wird sie in zwei Laufbahnen (Doppelbahn) von je 4–5 Meter Breite. Gegenüber der Startgeraden befindet sich die Wechselgerade, auf der die paarweise startenden Läufer jeweils die Bahn wechseln müssen, wobei der von außen kommende Läufer Vorfahrt hat, wenn sich die Läufer auf gleicher Höhe befinden. E. ist olymp. Disziplin für Herren seit 1924, für Damen seit 1960.

Eissegeln, Wettbewerb mit segelbootartigen Gestellen auf Metallkufen, Eisyachten auf Läuferplanken, der auf Eisflächen (Seen) ausgetragen wird. Es wird seit 1929 als Wettkampf (Regatten) betrieben (erste dt. und Europameisterschaften).

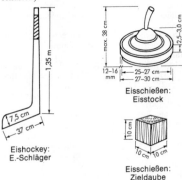

Eishockey:
E.-Schläger

Eisschießen:
Eisstock

Eisschießen:
Zieldaube

Eis|speedway [-spi:dwei, engl.] *der*, Motorradrennen auf dem Eis nach den Regeln der Speedwayrennen, meist auf einer 400-m-Bahn. Die Reifen sind mit 120 Spikes von 28 mm Länge gespickt.

Eisstock, Eisschießen: pilzähnl. Wurfgeschoß aus einer Holzplatte mit Griff.

Eis|tanz, Tanz eines Paares auf dem Eis, jüngste Disziplin im → Eiskunstlauf, 1949 vom Paarlauf getrennt. Die Schritte müssen tänzer. Charakter haben und im Rhythmus der Musik gelaufen werden; Sprünge, Hebefiguren (außer kurzem Abheben), Pirouetten, länger als einige Sekunden Auseinander- und Nebeneinanderlaufen ohne Führung sind nicht erlaubt. Ein E.-Wettbewerb besteht aus Pflicht (seit 1968 als Spuren-

bildtanz) und Kür. Pflichttänze werden mit einer Note (0–6) bewertet, der Kürtanz mit einer A-Note und B-Note. Dt. Meisterschaften finden seit 1950, Weltmeisterschaften seit 1952 statt. E. ist seit 1976 olymp. Disziplin.

Eis|taucher, Vogelart der Seetaucher.

Eisvögel, 1) Alcedinidae, Vogel-Fam. mit rd. 90 Arten, bes. der Alten Welt; meist Waldbewohner. Der *europ. E. (Alcedo atthis)* ist oben azurblau, unten rostfarben, hat kleine korallenrote Füße; lebt an fischreichen Gewässern.

europäischer Eisvogel

2) Schmetterlinge, Fleckenfalter.

Eisweine, Weine von hoher, pikanter Süße; aus vollreifen Trauben, die bei mindestens –7 °C hartgefroren sind. Das Verfahren wurde 1880 entdeckt.

Eis|yacht, Eisschlitten, für das Eissegeln bestimmtes Boot.

Eiszeit, Abschnitt der Erdgeschichte, in dem infolge Klimaänderung die Vergletscherung ein wesentlich größeres Ausmaß hatte als heute. Die Lage von ehem. Gletschern oder Inlandeis wird aus dem Vorkommen von Moränen oder Tilliten, erratischen Blöcken und Gletscherschliffen erschlossen. Eine allgemein anerkannte Erklärung für das Auftreten von E. gibt es noch nicht. Mögliche Ursachen (von denen wohl mehrere zusammentreffen müssen), außerhalb der Erde: Reduzierung der Sonneneinstrahlung, Änderung der Sonnenfleckentätigkeit, kosmische Nebelmassen; Änderungen in der Erdbahn; auf der Erde selbst: Verlagerung des Pols oder des Golfstroms, Veränderung des Kohlensäuregehalts der Luft durch verstärkten Vulkanismus. Außer im Quartär gab es E. v. a. während des Paläozoikums.

Das *quartäre Eiszeitalter* (Diluvium, Pleistozän) ist die Epoche unmittelbar vor der geolog. Gegenwart. Sein Anfang liegt etwa 1 000 000, sein Ende rd. 10 000 Jahre zurück. Als Folge eines allg. Temperaturrückgangs fand eine äquatorwärtige Verlagerung der Luftdruck- und Windgürtel und damit eine globale Verschiebung der Klimagürtel statt. Im Mittelmeergebiet wirkte sich die E. als eine Pluvial- oder Regenzeit aus. Der Wechsel von Kaltzeiten mit ausgedehnten Vereisungen **(Glaziale)** und Warmzeiten mit Gletscherrückgang (**Interglaziale**) ist für das Pleistozän kennzeichnend. Die Warmzeiten ähnelten in Klima und Vegetation der Gegenwart. In der Würm-Kaltzeit lag in Mitteleuropa das Januarmittel (auf die damalige Meereshöhe umgerechnet) zw. $-14°$ und $-22\,°C$ und das Julimittel zw. $+10°$ und $+5\,°C$. Vereist waren Nordeuropa, die Alpen, Teile Sibiriens, Nordamerikas und Patagonien. Insgesamt erreichte das vergletscherte Gebiet eine Fläche von rd. 55 Mio. km^2 (heute rd. 15 Mio. km^2, bes. Antarktis, Grönland, Spitzbergen und höhere Teile der Hochgebirge).

In Europa reichte das nordische Inlandeis bis an die dt. Mittelgebirge und nahm eine Fläche von 6,5 Mio. km^2 ein. Die Alpen waren bes. im W vergletschert, die Talgletscher stießen weit ins Vorland hinaus. Lokalvergletscherungen sind in den Vogesen, im Schwarzwald, Harz, Böhmerwald, Riesengebirge sowie in den Pyrenäen und in der Tatra nachgewiesen. Die Vereisung erreichte in der Riß-Kaltzeit ihre größte Ausdehnung. Die nördl. Waldgrenze lag in Europa südlich der Alpen. Das eisfreie Gebiet zw. den Alpen und dem Inlandeis wurde von einer Frostschutt- und Lößtundra eingenommen; dort lebten Mammut, Höhlenbär, wollhaariges Nashorn, Wisent, Reh, Eisfuchs, Lemming u. a. kältegewohnte Tiere. Mit dem Pleistozän ist auch die Geschichte der Menschheit und ihrer Kulturen (Altsteinzeit) aufs engste verknüpft. Der Rückgang des Eises wurde durch Haltepausen (Interstadiale) mit leichter Klimaverbesserung unterbrochen; neuerliche kurzfristige Eisvorstöße werden Stadialzeiten genannt. Das Pleistozän hat weitgehend die Morphologie der Landschaft, bes. in den vergletscherten Gebieten, geprägt.

Ztschr.: Quartär, hg. v. L. F. Zotz (seit 1938); E.-Alter und Gegenwart, Jb. d. Dt. Quartär-Vereinigung, hg. v. P. Woldstedt (seit 1951).

Das quartäre Eiszeitalter (Gliederung)

	Alpen	Nordeuropa
Holozän	Postglazialzeit	
Jung-Pleistozän	Würm-Kaltzeit	.Weichsel-Kaltzeit
	Riß-/Würm-Warmzeit	Eem-Warmzeit
Mittel-Pleistozän	Riß-Kaltzeit	Saale-Kaltzeit
	Mindel-/Riß-Warmzeit	Holstein-Warmzeit
Alt-Pleistozän	Mindel-Kaltzeit	Elster-Kaltzeit
	Günz-/Mindel-Warmzeit	Cromer-Warmzeit
	Günz-Kaltzeit	Menapium
	Donau-Günz-Warmzeit	Waal-Warmzeit
Ältest-Pleistozän	Donau-Kaltzeit	Eburonium
	Biber-Donau-Warmzeit	Tegelen-Warmzeit
	Biber-Kaltzeit	Prätiglium

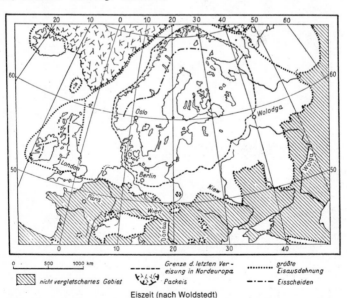

Eiszeit (nach Woldstedt)

0 500 1000 km · nicht vergletschertes Gebiet · Packeis · Grenze d. letzten Vereisung in Nordeuropa · größte Eisausdehnung · Eisscheiden

339

MUSIKBÜCHER VON BROCKHAUS

WILHELM FURTWÄNGLER

Aufzeichnungen 1924 – 1954
Herausgegeben von Elisabeth
Furtwängler und Günter Birkner.
359 Seiten.
Ganzleinen.

Briefe
327 Seiten. 4. Auflage.
Ganzleinen.

Gespräche über Musik
117 Seiten. Ganzleinen.

**Konzertprogramme,
Opern und Vorträge 1947 bis 1954**
64 Seiten. Kartoniert.

**Die Programme der Konzerte
mit dem Berliner Philharmonischen
Orchester 1922 – 1954**
48 Seiten, ein Bildnis. 2. Auflage.
Broschiert.

Ton und Wort
Aufsätze und Vorträge 1918 bis 1954.
275 Seiten, 7 Notenbeispiele.
10. Auflage.
Ganzleinen.

Vermächtnis
Nachgelassene Schriften. 167 Seiten,
ein Bildnis. 5. Auflage.
Ganzleinen.

ELISABETH FURTWÄNGLER

Über Wilhelm Furtwängler
168 Seiten, 4 Abbildungen.
2. Auflage. Ganzleinen.

JÖRG DEMUS

Abenteuer der Interpretation
256 Seiten mit 32 Notenbeispielen,
13 Abbildungen auf Kunstdruck-
tafeln und einer Discographie.
3. Auflage. Ganzleinen.

WALTER GIESEKING

So wurde ich Pianist
148 Seiten mit 35 Abbildungen und
15 Notenbeispielen, Verzeichnis der
Kompositionen, Schallplatten und
Bandaufnahmen. 4. Auflage.
Ganzleinen.

PAUL BADURA-SKODA/
JÖRG DEMUS

**Die Klaviersonaten
von Ludwig van Beethoven**
223 Seiten mit 235 Notenbeispielen.
2. Auflage. Ganzleinen.

IN IHRER BUCHHANDLUNG

dtv-Atlas zur Musik

Tafeln und Texte

Systematischer Teil
Historischer Teil: Von den
Anfängen bis zur Renaissance

Band 1

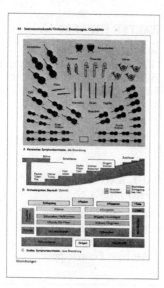

Musik zum Anschauen

dtv-Atlas zur Musik
von Ulrich Michels
Tafeln und Texte
Originalausgabe
2 Bände
Band 1: Systematischer Teil.
Historischer Teil: Von den
Anfängen bis zur Renaissance

Aus dem Inhalt:
Musikwissenschaft, Akustik,
Gehör, Instrumentenkunde,
Musiklehre (Harmonielehre,
Generalbaß, Zwölftontechnik),
Gattungen und Formen.
Antike Hochkulturen (Mesopotamien, China, Griechenland),
Spätantike und frühes Mittelalter, Mittelalter, Renaissance
(Vokal- und Instrumentalmusik
der verschiedenen Länder).
dtv/Bärenreiter 3022

In Vorbereitung:
Band 2: Vom Barock bis zur
Gegenwart.

Kunst und Architektur

**Wieland Schmied:
Zweihundert Jahre
phantastische
Malerei
Band 1**
Von Piranesi bis de Chirico

dtv
Kunst

Heinz Geretsegger/Max Peintner:
**Otto Wagner
1841-1918
Unbegrenzte
Großstadt**
Beginn der modernen Architektur

dtv
Kunst

**Walter Koschatzky:
Die Kunst
der Zeichnung**
Technik, Geschichte, Meisterwerke

dtv
Kunst

Arnold Hauser:
Der Ursprung der
modernen Kunst
und Literatur
Die Entwicklung des
Manierismus seit der
Krise der Renaissance
dtv 4324
Soziologie der Kunst
dtv 4415

Leonardo Benevolo:
Geschichte der
Architektur
des 19. und 20. Jahr-
hunderts
2 Bände
dtv 4315/4316

Heinz Geretsegger
und Max Peintner:
Otto Wagner 1841 – 1918
Unbegrenzte Großstadt
Beginn der modernen
Architektur
dtv 2864

Max Hirmer und
Eberhard Otto:
Ägyptische Kunst
Architektur, Plastik,
Malerei in drei
Jahrtausenden
2 Bände
dtv 4092/4093

Walter Koschatzky:
Die Kunst der
Zeichnung
Technik, Geschichte,
Meisterwerke
dtv 2867
Die Kunst der Graphik
Technik, Geschichte,
Meisterwerke
dtv 2868

Lewis Mumford:
Die Stadt
Geschichte und
Ausblick
2 Bände
dtv 4326

Werner Müller
und Günther Vogel:
dtv-Atlas zur Baukunst
Band 1:
Allgemeiner Teil
Baugeschichte
von Mesopotamien
bis Byzanz
Band 2:
Baugeschichte
von der Romanik
bis zur Gegenwart
dtv 3020/3021

Lionello Puppi:
Andrea Palladio
dtv 2881

Wieland Schmied:
Zweihundert Jahre
phantastische Malerei
Band 1: Von Piranesi
bis de Chirico
Band 2: Von Max Ernst
bis heute
dtv 2859/2860

Große Künstler

Horst Janssen:
Die Kopie

Bruno Ernst:
Der Zauberspiegel
des M. C. Escher

dtv
Kunst

Werner Hofmann:
Goya
Traum, Wahnsinn, Vernunft

dtv
Kunst

Hans Bisanz:
Alfred Kubin
Zeichner, Schriftsteller
und Philosoph
dtv 2863

Arik Brauer:
Das Runde fliegt
Texte, Lieder, Bilder
dtv 2885

Bruno Ernst:
Der Zauberspiegel
des M. C. Escher
dtv 2879

Horst Janssen:
Die Kopie
Mit 127 Bildern
von Horst Janssen
und 55 Vergleichs-
abbildungen
dtv 2877

Horst Janssen:
Querbeet
Aufsätze, Reden,
Traktate,
Pamphlete,
Kurzgeschichten,
Gedichte
und Anzüglichkeiten
Mit 96 Zeichnungen
dtv 2882

Christian M. Nebehay:
Gustav Klimt
Sein Leben
nach zeitgenössischen
Berichten und Quellen
dtv 1146
Egon Schiele
Leben und Werk in
Dokumenten und
Bildern
dtv 2884

Erwin Mitsch:
Egon Schiele
1890 – 1918
dtv 2876

Manuel Gasser:
Celestino Piatti
Das gebrauchs-
graphische,
zeichnerische und
malerische Werk
1951 – 1981
dtv 2880

Werner Hofmann:
Goya
Traum, Wahnsinn,
Vernunft
dtv 2878

Arnold Schönberg/
Wassily Kandinsky:
Briefe, Bilder und
Dokumente einer
außergewöhnlichen
Begegnung
dtv 2883